The Dynamics of Consensus Democracy

합의제 민주주의 동학

한국민주주의의 민주화

선학태 저

Democratizing Korean Democracy

전남대학교출판부

선학태

영국 뉴캐슬 대학원 정치학박사
서울대 대학원 교육학박사
서울 사대 졸업

전 전남대 교수
스위스 베른대학·스웨덴 스톡홀름 대학·
독일 하이델베르크 대학·핀란드 템페레 대학·
오스트리아 비엔나 대학·네덜란드 암스테르담 대학
초빙연구원

주요 저서

『사회적 합의제와 합의제 정치』
『한국민주주의의 뉴패러다임』
『사회협약정치의 역동성: 서유럽 정책협의와 갈등조정 시스템』
『민주주의와 상생정치: 서유럽 다수제 모델 vs 합의제 모델』
『갈등과 통합의 정치』
『한국정치경제론』
『분단과 통일: 외국 경험적 사례와 한국』(공저)
『자유주의는 진보적일 수 있는가』(공저)
『Democratic Consolidation and Labour Politics: Theoretical Framework』
『The Political Economy of Democratic Consolidation: Civil Society, Political Society, Economic Society, and State in South Korea.』

합의제 민주주의 동학: 한국민주주의의 민주화

인 쇄 2015년 10월 30일
발 행 2015년 11월 5일

저 자_선학태
발행인_지병문
발행처_전남대학교출판부
등 록_1981. 5. 21. 제53호
주 소_61186 광주광역시 북구 용봉로 77
전 화_(062) 530-0571~2
영업부_(062) 530-0573
팩 스_(062) 530-0579
홈페이지_http://www.cnup.co.kr
이메일_cnup0571@hanmail.net

값 33,000 원

ISBN 978-89-6849-251-8 (93340)

이 도서의 국립중앙도서관 출판예정도서목록(CIP)은 서지정보유통지원시스템 홈페이지(http://seoji.nl.go.kr)와 국가자료공동목록시스템(http://www.nl.go.kr/kolisnet)에서 이용하실 수 있습니다.
(CIP제어번호 : CIP2015029341)

서문

민주주의는 갈등을 전제로 한다. 갈등이 없는 사회에서 민주주의는 무의미하다. 갈등은 민주주의의 발전 동력이다. 갈등을 조정하고 사회통합을 실현하고자 하는 데서 민주주의는 출발한다. 서유럽 민주주의의 역사가 이를 웅변한다. 서유럽 민주주의의 발전은 예외 없이 사회적, 정치적 갈등과 분열을 해소하는 과정이었다. 다수자-소수자, 승자-패자, 강자-약자, 부자-가난한자 간 포용·상생정치를 통해 사회적 균열과 정치적 갈등을 조정하고 국민통합을 견인하는 합의제 민주주의(consensus democracy)가 제도화된 것이다. 따라서 합의제 민주주의의 역동성은 이론적, 경험적 차원에서 학술적 호기심을 자극한다.

국내 민주주의 연구는 합의제 민주주의보다는 다수제 민주주의(majoritarian democracy)에 집중되어 있다. 다수제 민주주의는 정치의 효율성·안정성을 명분으로 권력집중을 지향하는 반면, 합의제 민주주의는 사회갈등을 조정·관리하기 위한 권력분점(power-sharing)을 민주주의의 주요 가치로 상정한다. 이처럼 민주주의의 양대 모델 간에 차별성이 존재함에도 아직 적잖은 국내 연구자·정치개혁론자들은 민주주의를 다수제 모델과 동일시하고 합의제 모델을 다수제 모델의 안티테제로 이해하는 데 인색하다. 물론 특정 합의제 민주국가의 정당정치, 권력구조, 노사정정치, 복지정치 연구는 축적되어 있다. 그러나 합의제 민주주의 동학과정을 체계적으로 접근한 연구는 여전히 빈곤하다. 따라서 합의제 민주주의 연구는 개척자의 발길을 기다리고 있다. 이 저서가 감히 합의제 민주주의 동학과정을 천착하려는 이유이다.

이 저서는 4부-20장으로 구성된다. 저서의 서론 격인 제1장은 왜 합의제 민주주의 천착이 필요한가라는 물음을 던지며 저서의 목적을 제기한다. 제1부는 민주주의의 기본 관점을 이해하는 수단으로서 갈등-민주주의 관계, 민주주의 공고화,

절차적 민주주의-실질적 민주주의의 순환구조, 다수제 모델과 합의제 모델의 기본 차별성 등 몇 가지 논점을 살펴본다. 제2부는 다수제 민주주의의 권력집중 제도변수와의 비교시각에서 합의제 민주주의의 권력분점·공유 제도변수 클러스터를 체계적으로 논의한다. 즉 합의제 민주주의의 하부구조인 비례대표제-다당제, 합의제 민주주의의 상부구조인 연립정부/행정권-입법권균형, 조합주의정치, 연방제-양원제 등에 관한 기초적인 이론적 논의를 진행한다. 제2부는 꼭 10년 전에 집필했던 『민주주의와 상생정치』의 제3·4장을 재구성 및 업데이트했다.

제3부는 합의제 민주주의 동학과정을 분석한다. 우선 다수제 민주주의의 승자독식-배제정치와 비교시각에서 합의제 민주주의의 비례대표제가 유인하는 연합정치(coalition politics)-조합주의정치(corporatist politics)-조정시장경제(CME, 경제민주화)-복지국가로 이어지는 정치경제 틀을 구안하고 이 틀에 입각하여 시장경제-복지국가를 유형화한다. 이를 기본적인 토대로 하여 스웨덴·핀란드·덴마크·네덜란드·독일·스위스·오스트리아 등 서유럽의 합의제 민주국가들의 복지·노동시장 재편과정에서 합의제 민주주의의 제도적 중심축인 연합정치-조합주의정치 연계가 어떻게 작동하였는가를 분석한다. 그리고 다수제 모델과 합의제 모델의 노사정 시스템이 각기 어떻게 작동하였는가를 이해하기 위해 영국·아일랜드 사례를 비교 분석한다.

제4부는 합의제 민주주의의 정치제도를 준거 틀로 하여 한국민주주의의 민주화, 즉 '포스트 87년 헌정체제'를 디자인한다. 이를 위해 우선 다수제 민주주의에 입각한 87년 헌정체제의 한계, 즉 승자독식 소선거구제-양당 독과점체제의 정치적 양극화, 대통령제-중앙집권제-단원제국회의 권력독점 체제, 이에 따른 김대중·노무현·박근혜정부의 사회적 대화 실험·실패, 재벌개혁실패-복지국가후진성-사회경제양극화, 복합적 사회갈등구조 등을 분석한다. 포스트 87년 헌정체제, 즉 합의제 헌정체제의 한 제도적 축인 사회적 대화 기제를 설계한다. 이를 위해 사회적 대화의 정책의제, 즉 연대임금-재벌개혁-유연안정성조합-사회투자국가-조세체계 연계에 기초한 경제민주화-복지국가 그리고 사회경제 이슈의 갈등조정 시스템이 설정되고 있으며, 사회적 대화의 정상적 작동을 위한 합의제 정당정치 패턴은 비례대표제가 유인하는 이념블록 교차 연합정치의 제도화로 상정한다. 포스트 87년 헌정체제를 보다 정교화하기 위한 합의제 헌정체제의 제도적 매트릭스는 권력분

점 비례대표제-이념블록다당제-연합정치-연정대통령제-핀란드식분권형대통령제-연방제형지방분권화-양원제로 이어지는 조합으로 논의되고 있으며, 권력구조 개편에 앞선 선거제도 혁신의 선차성을 역설한다. 마지막으로 동서독 통일과정의 후유증에 유념하고 합의제 제도조합, 특히 스위스 콘코르단츠 민주주의에 바탕을 둔 남북한 통합국가 모형을 설계한다.

이 저서는 학술적 가치를 높이려고 노력했다. 첫째, 연합정치-조합주의정치 간 연동관계의 다양성을 인식하는 이론적 관점의 발견이다. 이는 합의제 민주주의 연구에 독보적인 레이파트 학파(Lijphart school)의 이론적 틀과 차별화되고 있는 지점이다. 레이파트 학파는 연합정치-조합주의정치 간 연동패턴이 합의제 민주국가에 따라 상당한 편차를 보인다는 사실을 간과하고 있다. 그들의 인식 틀과는 달리 연합정치는 언제나 자동적으로 조합주의정치의 안정적 작동을 유인하는 것은 아니며, 양대 정치시스템은 단선적, 획일적인 인과관계로 상정될 수 없는 것이다. 이런 관점에서 이 저서는 연합정치-조합주의정치 간 연동패턴을 이론적으로 세분화하고 있으며, 이를 경험적으로 검증하기 위해 게르만·노르딕 합의제 민주국가들의 복지·노동시장 재편과정의 차별성을 분석하고 있다.

둘째, 외부 경제적 압력에 대응하는 복지·노동시장 재편과정을 견인하는 정치제도적 동학의 함의를 탐색하고 있다는 데 의미를 부여할 수 있다. 합의제 민주주의의 정치제도적 동학은 복지·노동시장 재편을 견인하는 정치적 조정기제이다. 기존 민주주의 연구들은 이 지점에 별로 착목하지 않았다. 즉 정책의 인풋사이드(input-side)인 정치적 의사결정 제도가 어떻게 작동하고 국가별 정치제도적 동학의 차이에 따라 복지·노동시장 재편과정이 어떻게 차별화되는가를 간과한다. 글로벌화, 특히 1990년대 이후 게르만·노르딕 합의제 민주국가들의 복지·노동시장 재편과정은 세계화 및 경제통화연맹(EMU)에 대응하는 합의제 정치제도적 조정·합의의 산물이다. 따라서 이 저서는 게르만·노르딕국가들의 복지·노동시장 재편이 연합정치-조합주의정치라는 합의제 정치적 의사결정 제도와의 인과관계 속에서 진행되는 과정을 분석했다는 점에서 학술적 가치가 없지 않다.

이 저서는 실용적 가치에도 관심을 갖는다. 첫째, 다수제 민주주의와의 비교시각에서 합의제 민주주의의 차별적인 인식 틀을 올바르게 이해하는 데 도움이 될 수 있도록 했다. 다수제 민주주의는 정치경쟁 결과로 얻어진 수적 다수와 수적 우위로 정치적 승부를 가리는 수의 정치(numerical politics)이다. 따라서 다수제 민주주의는 권력의 '승자독식 vs 패자전실' 구조를 유발하고 이로 인해 계층·노사·이념·세대·지역 간 갈등사회를 조정·통합하는 데 근본적인 한계를 드러낸다. 반면 합의제 민주주의는 협력과 호혜성에 기반을 둔 합의주의(consensualism)를 지향한다. 즉 위다척소(衛多斥少)의 원리가 아니라 다수의 최대화를 실현하기 위해 다수파-소수파 간에 공존·상생하는 정치이다. 따라서 합의제 민주주의는 이념·계급·계층·지역·세대·생태 등 다양한 갈등이 상존하는 사회를 조정 관리하는 데 효과적이다. 무엇보다 사회경제적인 약자·소수·비주류를 포용하고 정치적 의사결정 과정에 그들의 참여를 동등하게 허용하는 수평적, 수직적 권력분점·공유의 제도화를 꾀해 지속가능한 사회통합을 이끌어내고자 한다. 이러한 인식과 관점이 전반에 관류하는 이 저서는 합의제 민주주의의 제도적 작동과정의 분석을 통해 경험적 차원에서 그 양적·질적인 우월성을 확인시켜 주는 연구가 되도록 했다.

둘째, 정책생산을 유인하는 이해관계 투입과정에 주목하고 있다는 점에서 절차적 민주주의의 지평을 넓히는 데 도움이 되도록 했다. 글로벌화 이전엔 게르만·노르딕국가들의 합의제 민주주의는 사회정책 확대와 노동시장보호 강화를 통해 자본주의의 구조적 모순인 경제효율성-사회형평성 간 상충관계를 극복하는 정치적 의사결정 제도로 작동했다. 반면 글로벌화 이후 그들 국가의 합의제 민주주의는 비인기 정책인 복지·노동시장 재편과정의 비난분산정치(blame dispersion politics)로 작동했다. 즉 다수의 거부권자(veto players)를 내장한 합의제 민주주의는 복지·노동시장 재편과정의 정치적 책임공유와 정치적 리스크분산 효과를 통해 갈등을 조정하고 개혁정책의 입법화를 상대적으로 순탄하게 진행시키는 정치적 의사결정 제도로 작동했다. 작금 한국 정치권은 경제민주화·조세·복지 정책의 인풋사이드에는 주목하지 않고 그 정책콘텐츠가 무엇이고 어떠해야 하는가에만 관심을 집중한다. 하지만 민주주의에서 정치의 중심은 정책의 아웃풋사이드(output-side)보다는 정책의 인풋사이드에 있다. 이 점에서 저서는 한국사회의 경제민주화·노동시장·복지 정책조합을 산출하는 정치적 의사결정 제도적 요건이 무엇이고 어떻게 작동해야 하는가에 초점을 맞추고 있기에 한국형 합의제 헌정체제를 탐색하는 데 활용될 수 있다. 특히 사회적 대화의 구조적 조건이 취약한 한국 노동시장 개혁은 노사를 동등하게 참여·대표할 수 있는 합의제 정당정치가 어떻게 작동해야 하는가에 대한 시사점을 제공할 것이다.

셋째, 정치적 의사결정 제도가 보다 정교하게 설계되어야만 실질적 민주주의가 확대될 가능성이 높아질 수 있다는 새로운 민주주의담론을 자극할 것이다. 정치권, 심지어 진보 사회과학계조차 한국민주주의가 비록 보수정부 하에서 훼손되고 있지만 적어도 절차적 차원에선 대체로 완성단계에 근접했고 이제는 실질적 민주주의의 경제·사회정책 콘텐츠 개발을 통한 사회경제적 양극화 극복을 한국민주주의의 주요 과제로 인식하는 트렌드가 강하다. 저서는 그 같은 한국민주주의 이해의 오류를 바로 잡아 주지 않을까 기대해 본다. 즉 한국민주주의의 선차적 과제는 단순히 실질적 민주주의 확대가 아니라 권력분점을 통해 우리 사회의 다양한 집단·계층·지역, 특히 사회적 약자들의 '동등하고 효과적'인 정치참여의 제도화를 견인하는 절차적 민주주의(합의제 민주주의)의 정교화에 있다는 새로운 관점과 문제의식을 제기할 것이다.

넷째, 한국민주주의의 민주화 프로젝트에 공헌할 수 있다. 한국민주주의는 소선거구다수대표제-거대양당제-단일정당정부-갈등적노사정관계를 한 축으로 하고, 중앙집권적단방제-단원제국회를 다른 한 축으로 하는 전형적인 다수제 모델이다. 이 같은 제도적 매트릭스를 내장한 한국민주주의는 배제의 정치(politics of exclusion)로 인한 대표성의 사각지대를 유발하는 등 극도의 제도적 피로(institutional fatigue) 현상을 드러낸다. 그 결과 한국사회의 복합적인 갈등과 분열이 정상적으로 조정·관리되지 못하고 있으며 특히 노사정 갈등이 상시 분출되고 있다. 이는 한국민주주의 위기의 적신호이다. 이러한 의미에서 저서는 한국민주주의의 민주화를 위한 대안적 패러다임으로서의 합의제 민주주의에 입각한 '포스트 87년 헌정체제'를 설계하는 데 경험적 메시지를 던질 것이다.

마지막으로 남북한 통합국가모형을 설계하는 데 유용하다. 다수제 민주주의에 의해 설계된 남북한 통합국가는 북쪽 지역을 정치적으로 항구적 소수파로 남아 있기를 강제한다. 그 결과 남북한 통합이익과 비용이 남북 지역 간에 차등적으로 배분되고 남북 지역 간 갈등이 확산하여 통합과정 자체가 좌초되는 교각살우의 민족 대재앙이 현실화될 수 있다. 이러한 최악의 시나리오를 피하는 처방은 합의제 민주적 남북한 통합국가를 설계하는 것이다. 민족통합은 남북한 갈등구조를 효과적으로 조정해 가는 프로세스이기 때문이다. 합의제 민주주의는 화이부동(和而不同)의 원리에 따라 작동하는 '모두스 비벤디'(*modus vivendi*)의 정책결정-사회통합 시스템을 내장한다. 이러한 의미에서 이 저서는 북한사회를 정치사회적으로 포용하는 시스템을 개발하고 남북한 갈등조정을 제도화할 수 있는 합의제 민주주의 관점에서 남북한 통합국가 모형을 설계하는 데 유의미한 아이디어를 제공할 것으로 기대된다.

민주주의가 시장과 사회의 가진자와 강자의 이익만을 대변한다면 민주주의의 매력은 사라진다. 민주주의가 때로 우리의 지성과 감성을 흥분시키는 이유는 그것이 사회경제적 약자·소수자·비주류의 눈에 맺힌 이슬을 닦아 주는 마력을 내장하고 있기 때문이다. 불행하게도 한국민주주의는 약자·소수자·비주류에게 고통과 절망을 주는 강자·부자 민주주의로 역주행하고 있다. 그 결과 사회경제 양극화의 '눈물의 계곡'이 속절없이 깊어만 간다. 민주주의의 첫 단추고리인 선거정치는 이를 교정하기는커녕 되레 악화시키는 원죄이다. 투표의 절반이 사실상 '쓰레기'로 처리되고 있는데도 투표가치의 심각한 불평등이라는 이 최악의 위헌적 사태에 헌법재판소는 침묵한다. 그래서 논어는 "其本亂而末治者否矣"라는 가르침을 주었던가.

한국민주주의는 민주화 이후 열광-좌절의 악순환 사이클을 파노라마처럼 연출했다. 몇 차례의 정권교체, 세계 유례가 없는 국회의원 인물교체, 메시아를 기다리는 안철수현상, 경제민주화-복지국가-100%대한민국 정책비전 등 국민가슴을 흥분시켰다. 하지만 청와대-여의도 정치의 작태는 변하면 변할수록 옛 모습을 닮아가는 불임(不妊)정치를 일상화한다. 이 현실에 국민대중은 절망한다. 물론 민주주의의 작동에서 정치엘리트의 철학과 리더십은 중요한 변수이다. 그러나 다수제 모델의 승자독식 87년 헌정체제가 교체되지 않는 한 천하의 인걸, 아니 세종대왕이 재림해도 완승-완패 게임으로 작동하며 정치양극화-경제양극화-사회양극화를 확대재생산하는 한국민주주의의 자화상은 달라지지 않는다. 실제로 우리 국민은 적나라하게 경험했다. 민주화운동의 전설 김대중도, 세상을 바꿔보자고 온몸으로 절규했던 노무현도, 민주화제단에 눈물과 피를 뿌렸던 '386 젊은 피'도 87년 헌정체제의 덫에 걸려 한국민주주의의 열광-좌절 사이클을 단절하는 데 실패한 장면을 생생하게 목도한 것이다.

한국민주주의는 정권교체나 '물갈이'가 아니라 민주주의패러다임 교체를 갈망한다. 단언컨대 합의제 민주주의야말로 한국민주주의의 만악을 처방하는 유용한 준거 틀이다. 합의제 민주주의의 본령에 "河海不擇細流 故能就其深"의 맥이 관통한다. 그것은 단순히 권력을 배분·구성하는 데 그치지 않는다. 선거제도-정당체제-정부유형·이념성-국회·행정부관계-중앙정부·지방정부관계-노사정관계-시장경제유형-조세·복지국가유형에 강력한 인과적 임팩트를 투사한다. 한마디로 합의제 민주주의의 정치경제적 함의는 막중하다. 이러한 의미에서 이제 대한민국은 극도의 제도적 피로 현상을 드러낸 87년 헌정체제를 '박물관 골동품'으로 청산하고 한국민주주의의 르네상스를 열어가는 합의제 헌정체제로 그랜드 디자인해야 할 타이밍이 아닌가싶다. "역사는 모든 국민에게 기회를 준다. 그러나 이 기회를 선용하고 안하고는 그 국민의 자유다. 다만 기억할 것은 주어진 기회를 선용하지 않는 국민에게 역사는 무서운 보복을 했다는 사실이다."라고 설파한 라스키(Harold J. Laski)의 경고가 범상치 않은 큰 울림을 준다.

바라건대 비록 미흡한 글줄이지만 저서의 문제의식이 대한민국 틀을 바꾸는 메가 프로젝트의 제도적 어젠다 설정에 '한 장의 벽돌'이 되었으면 하는 작은 소망을 가져본다. 길가에 핀 이름 모를 풀잎도 쓰임새 여하에 따라서는 약초로 쓰일 수 있으리라. 책을 마무리하면서 도도히 흐르는 세월의 풍화작용을 감지한다. "한 송이 국화꽃을 피우기 위해 봄부터 소쩍새가 그렇게도 울었나 보다"의 속뜻이 헤아려진다. 그래도 석양의 낙조, 아니 태양의 경이로움을 연출하는 '해 뜨는 지평선'을 바라보련다.

끝으로 적지 않는 분량인데도 책의 출간에 협조해 준 전남대학교출판부의 송미숙 팀장님, 배광현 디자이너와 관계자 여러분께 깊이 감사드린다. 아울러 섬세하게 교정을 봐 준 전남대학교 호남학연구원 김혜미 연구원과, 그림과 표를 정교하게 다듬어 준 며느리 김인애의 도움을 잊을 수가 없다. 그리고 평소 보상이 없는 희생을 강요당하면서도 언제나 '웃음 띤 저항'으로 자료 찾기에 협조해 준 아내에게 고마움과 함께 이 책을 헌정하고자 한다.

2015년 10월

불초 선학태

차례

서문 / iii

제1장 왜 합의제 민주주의인가? 1
1. 자본주의-민주주의 간 공존 • 1
1) 시장경제-민주주의의 구조적 갈등관계 / 1
2) 연합정치-노사정협치(協治) 연동: 경제효율성-사회형평성 선순환 / 4
2. 한국민주주의의 민주화 • 7
1) 한국민주주의 패러독스 / 7
2) 87년체제의 승자독식-갈등조장과 뉴 민주주의패러다임 부재 / 11
3) 포스트민주화 민주주의패러다임 / 16

제1부 민주주의의 몇 가지 관점

제2장 민주주의의 기본 인식 24
1. 갈등과 민주주의 • 24
2. 민주주의 공고화: 갈등조정의 제도화 • 26
3. 절차적 민주주의-실질적 민주주의의 순환관계 • 30

제3장 민주주의의 다수제 모델 vs 합의제 모델 35
1. 다수제 모델과 합의제 모델의 기본 차별성 • 35
2. 영국 다수제 모델 vs 게르만국가 합의제 모델 • 38
1) 영국의 다수제 모델 / 38
2) 게르만국가의 합의제 모델 / 42
3. 합의제 모델의 신생민주주의 공고화 가능성 • 48

제2부 다수제 모델의 권력독과점 vs 합의제 모델의 권력분점: 제도변수 클러스터

제4장 선거제도-정당체제 ········· 52
1. 다수대표제 vs 비례대표제 • 52
1) 차별성 / 52
2) 선거방식·선거구크기·진입장벽 / 54
3) 불비례성 / 57
2. 양당제 vs 다당제 • 58
1) 단일사회균열-양당제의 논거 / 58
2) 양당제 논거에 대한 합의제 모델의 반론: 다당제 / 60
3. 서유럽 국가들의 선거제도-정당체제 • 63
1) 소선거구제 국가 vs 비례대표제 국가 / 63
2) 이념블록 정당체제 / 67

제5장 정부유형 / 행정부-입법부 권력관계 ········· 88
1. 내각행정권의 독점형 vs 분점·공유형 • 88
2. 행정부-입법부 권력관계: 행정권우위 vs 행정권-입법권 균형 • 91
3. 서유럽 국가들의 내각유형 / 행정부-의회 권력관계 • 98
1) 영국 단독내각 vs 노르딕·게르만·라틴국가 연립내각 / 98
2) 영국 행정부우위 vs 노르딕·게르만·라틴국가 행정부-의회 균형 / 104

제6장 이익집단-국가 관계 ········· 108
1. 다원주의 vs 조합주의 • 108
2. 조합주의 시스템의 유연화 • 111
3. 서유럽 국가들의 이익대표체계 • 113

제7장 중앙정부-지방정부 / 상원-하원 간 권력분할 ········· 119
1. 중앙집권적 단방정부 vs 지방분권적 연방정부 • 119
1) 차별성 / 119
2) 다문화사회와 연방주의 / 120
3) 연방제적 지방분권 / 124
2. 입법권의 집중 vs 분점 • 126
1) 단원제 vs 양원제 / 126
2) 균형적 양원제 vs 불균형적 양원제 / 128
3. 서유럽 국가들의 중앙정부-지방정부 / 상원-하원 권력분할 • 130

제3부 합의제 민주주의의 정치경제

제8장 합의제 민주주의의 정치경제 틀과 경제민주화-복지국가 유형화 …· 138

1. 다수제 모델의 배제정치 vs 합의제 모델의 포용정치 • 138
2. 비교시각에서 본 합의제 민주주의의 정치경제적 틀 • 144
3. 선거제도-생산체제-복지국가 연계 • 151
4. 생산체제-복지국가 유형별 국가사례: 노사정정치-정당정치 연계 • 161
   1) 조정시장경제-사민주의 복지국가: 스웨덴·덴마크 / 161
   2) 조정시장경제-기민주의 복지국가: 네덜란드·독일 / 165
   3) 자유시장경제-자유주의 복지국가: 영국·아일랜드 / 170
5. 복지국가 정치경제의 이론적 함의 • 173

제9장 스웨덴·핀란드 합의제 민주주의 동학: 임금·복지·노동시장 재편 … 175

1. 문제의식 • 175
2. 이론적 틀 • 176
   1) 합의제 정당정치와 조합주의정치 변화의 유형화 / 176
   2) 이론적 가설 / 178
3. 스웨덴·핀란드 민주주의의 양대 제도적 축 • 181
   1) 정당 간 연합정치 패턴 / 181
   2) 조합주의정치의 변화 / 184
4. 합의제 정치동학: 정책개혁 과정 • 188
   1) 이념블록 소수정부-조합주의 퇴조 vs 초이념블록 과대규모연합-조합주의 제도화 / 188
   2) 정당(연합)정치 패턴과 조합주의정치 변화의 인과성 / 193
5. 이론적 함의 • 196

제10장 네덜란드 합의제 민주주의 동학: 임금·복지·노동시장 재편 ·········· 198

1. 문제의식 • 198
2. 합의제 민주주의의 갈등조정 • 200
   1) 정치제도적 매트릭스 / 200
   2) 정치경제적 틀 / 201
3. 합의제 정당정치 • 203
   1) 정당 간 연합정치 / 203
   2) 합의제 정치문화 창출 / 205
4. 조합주의적 정책협의 • 207
   1) 사회협약정치 / 207

2) 노동시장 변화 / 210
5. 민주주의의 합의제 정치동학 • 212
1) 조합주의정치와 연합정치의 제도적·기능적 연계 / 212
2) 갈등조정의 제도화 / 215
6. 비난회피정치 / 217

제11장 노동시장 유연안정성 정책조합의 정치동학: 덴마크·네덜란드 비교 … 220
1. 문제의식 • 220
2. 이론적 분석틀 • 222
1) 유연안정성 정책조합 매트릭스 / 222
2) 이론적 가설 / 224
3. 양대 유연안정성 정치시스템 • 228
1) 정당 간 연합정치 / 228
2) 노사(정) 간 사회적 대화 / 233
4. 유연안정성 정치의 합의제 정책네트워킹: 유연성-안정성 정책조합 창출 • 237
1) 덴마크의 초이념블록 연합소수정치-약성 사회적 대화 / 237
2) 네덜란드의 초이념블록 연합과반·과대규모정치-강성 사회적 대화 / 241
5. 노동시장의 실적평가: 유연성-관대성-적극성 • 243
6. 비교평가 및 정치경제적 함의 • 248

제12장 독일 협상민주주의 동학: 노동시장·복지국가 재편 ………………………… 251
1. 문제의식 • 251
2. 이론적 가설 • 254
3. 독일민주주의의 하이브리드 모델 • 258
1) 소연정 / 대연정: 의회-연립정부 간 경쟁-협력 사이클 / 258
2) 조합주의-다원주의적 노사정정치: 산업별·기업별 사회적 파트너십 / 266
4. 정당정치-노사정정치의 연계: 정당정치 중심 정책결정프로세스 • 272
1) 콜 기민당 / 기사당 / 자민당 연정의 정책개혁 / 272
2) 슈뢰더 적 / 녹연정의 정책개혁 / 276
3) 메르켈 기민당 / 기사당 / 사민당 대연정의 정책개혁 / 283
5. 하이브리드 정치모델의 중도지향적 '제3의 길' • 288

제13장 스위스 합의제 정치동학: 복지국가 정치경제 재편과 사회통합 ….. 292
1. 문제의식 • 292
2. 합의제 정치의 틀 • 294
1) 정치제도적 매트릭스 / 294

2) 갈등조정 시스템 / 294
3. 합의제 정치의 제도적 작동 • 297
1) 정당 간 연합정치의 의사결정 기제 / 297
2) 조합주의적 정책협의 / 300
4. 합의제 정치메커니즘 동학과 정책산출 • 303
1) 연합정치-조합주의정치의 제도적 기능적 연계: 의사결정 중심축의 이동 / 303
2) 경제 및 사회정책의 협의시스템 / 307
5. 실용주의적 정책-경로의존성-상생문화 • 311

제14장 오스트리아 합의제 민주주의 동학: 복지·노동시장 재편 ……………… 314
1. 문제의식 • 314
2. 이론적 가설 • 317
3. 합의제 정치동학의 양대 제도적 축 • 321
1) 정당 간 대연정/소연정: 의회-연립정부 간 긴장-협력 사이클 / 321
2) 조합주의정치의 부침 / 329
4. 정당정치-조합주의정치의 연계 • 334
1) 사민당/자유당 소연정 및 사민당/국민당 대연정-조합주의정치의 정책개혁 / 334
2) 국민당/자유당 소연정-조합주의정치 정체 / 340
3) 제3·4기 대연정-조합주의정치 회생 / 346
5. 재(再)오스트리아화: 야누스적 복지개혁 • 350

제15장 영국 다수제 모델과 아일랜드 합의제 모델의 노사정 시스템 ……… 355
1. 문제의식 • 355
2. 이론적 틀 • 357
1) 노사정시스템의 개념화 / 357
2) 분석 틀 / 358
3. 민주주의의 노사정정치 패턴과 작동 • 361
1) 영국 다수제 모델 vs 아일랜드 합의제 모델 / 361
2) 영국: 정책협의시스템의 해체와 다원주의 정치 / 364
3) 아일랜드: 노사정 정책협의시스템 / 368
4. 노사정 시스템 작동의 인과적 메커니즘 • 372
1) 사회문화 및 이익집단의 조직력·전략 / 372
2) 정당-의회 정치 / 376
3) 정부의 정책능력 / 380
5. 이론적·경험적 함의 • 382

제4부 한국민주주의의 민주화: 포스트 87년 헌정체제-합의제 민주주의 디자인

제16장 다수제 모델의 87년 헌정체제:
경제민주화·복지국가 지체-갈등사회 ······ 388

1. 승자독식 소선거구제-양당 권력독과점체제: 정치적 양극화 • 388
2. 대통령제-중앙집권제-단원제국회의 권력독점·독치(獨治) • 392
   1) 제왕적 대통령 패러독스: 대통령(행정부)-국회 충돌 / 392
   2) 중앙집권제-단원제국회의 지역갈등 조장정치 / 396
3. 사회적 대화 실패 • 398
   1) 김대중·노무현 정부의 사회협약정치 실험·실패 / 398
   2) 박근혜 정부의 '비전 2040위원회' 실패 / 401
4. 재벌중심 신자유주의경제-복지국가 후진성 • 407
   1) 재벌개혁 실패-사회경제 양극화 / 407
   2) 저(低)복지-저조세부담 국가 / 412
5. 계급·계층·이념·세대·지역 갈등 • 419
6. 87년 헌정체제의 정치적 양극화-사회경제적 양극화-갈등사회 • 424

제17장 사회적 대화-경제민주화-복지국가-갈등조정의 정치제도적 조건:
합의제 정당정치 ······ 427

1. 문제의식 • 427
2. 사회적 대화-합의제 정당정치 간 제도적 친화성 • 430
   1) 사회적 대화의 개념화와 시장조정 기제 / 430
   2) 사회적 대화의 분권화와 의제의 다양화 / 432
   3) 사회적 대화에 친화적인 연합정치 / 434
3. 사회적 대화의 시장경제 조정과 정책의제 • 436
   1) 상생발전형 시장경제: 혁신-통합 선순환 / 436
   2) 연대임금-재벌개혁-유연안정성 연계 / 439
   3) 노동시장의 유연성-안정성 정책조합 / 444
   4) 3fares-사회투자국가-조세체계 연계 / 448
4. 사회적 대화의 분권화 • 453
   1) 정책협의 시스템의 중층화와 시스템적 연계 / 453
   2) 메조레벨 정책협의: 지역·업종노사정협의회 및 로컬거버넌스 / 458
5. 사회적 대화의 정치제도적 인프라 • 461
   1) 비례대표제-결선투표제-연합정치의 제도적 조합 / 461

2) 연합정치 패턴: 좌-우 초이념블록 연립정부 / 465
6. 합의제 민주주의-경제민주화-복지국가-사회통합 연계 • 473

제18장 합의제 헌정공학의 수평적 권력분점 제도 478
1. 문제의식 • 478
2. 합의제 헌정모델의 민주주의 공고화 효과 • 480
1) 민주주의 공고화와 헌정체제의 관계 / 480
2) 합의제 헌정모델의 갈등조정·사회통합 효과 / 481
3. 권력구조 개편논쟁 • 484
1) 합의제 헌정모델의 관점 / 484
2) 독일·오스트리아 정부형태, 한국 권력구조의 대안적 모델인가? / 489
4. 합의제 헌정체제의 하부구조 • 496
1) 독일식 권력분점 비례대표제 / 496
2) 권역별 비례대표-소선거구 연동제의 함정과 대안 / 500
3) 이념블록 다당제 / 505
5. 합의제 헌정체제의 상부구조 • 507
1) 이념블록 교차 연합정치-연정대통령제 / 507
2) 핀란드식 분권형 대통령제: 국회-정부/대통령-총리 갈등조정 / 514
3) 사회적 대화: 성장-복지 선순환 / 517
6. 합의제 헌정체제의 제도화 가능성 • 520
1) 합의제 헌정체제 비판에 대한 반(反)비판 / 520
2) 문화-제도-엘리트 간 상호작용: 문화결정론적 비관론 탈피 / 523
7. 합의제 헌정공학의 지향성과 선거제도 혁신의 선차성 • 529

제19장 합의제 헌정공학의 수직적 권력분점 제도 535
1. 문제의식 • 535
2. 합의제 헌정체제의 수직적 권력분점 • 536
1) 연방제-양원제 제도적 조합 / 536
2) 연방제-양원제의 권력분점 사례 / 538
3. 연방제형 지방분권화 • 542
1) 당위성 / 542
2) 중앙정부-지방정부 및 국회-지방의회 권한·권력 분할 / 544
3) 광역자치단체의 광역화 / 547
4) 연방제형 지방분권화의 기대효과 / 548
5) 연방제형 지방분권제 반론에 대한 재반론 / 550

4. 상하 양원제 • 552
1) 지역등권주의 / 552
2) 하원-상원 권력균형 / 553
3) 연방상원의 비토권: 자치주의 정치적 안전망 / 554
4) 양원제의 기대효과 / 555
5. 호남정치력 복원: 제2 민주화운동 • 558
1) 호남정치 패러독스 / 558
2) 정치제도 혁신의 의제설정: 비례대표제-연방제-양원제 / 560
6. 연방제형 지방분권화-양원제 국회의 지역갈등 조정기제 • 564

제20장 스위스 콘코르단츠 민주주의 관점에서 본 남북한 통합국가모형 …… 566
1. 문제의식 • 566
2. 스위스 콘코르단츠 민주주의의 제도적 매트릭스 • 569
1) 복합적 사회균열에 대한 합의제적 접근 / 569
2) 합의제 정치의 제도적 메커니즘 / 571
3. 남북한 정치통합에 대한 콘코르단츠 민주주의적 접근 가능성 • 575
1) 향후 남북한 통합과정에서의 갈등관계 / 575
2) 남북한 통합사회와 스위스 사회의 유사성과 차별성 / 578
4. 남북한 통합국가의 합의제적 디자인 • 583
1) 분권적 연방국가 / 583
2) 균형적 양원제-이념블록 정당체제-비례·등가대표제 / 585
3) 대통령협의회 / 589
4) 시민투표제 / 591
5. 남북한 통합과정의 선행조건 • 592

보 론 유럽통합의 합의제 거버넌스: '사회적 차원'과
동아시아 지역통합적 함의 …… 595
1. 서론 • 595
2. 유럽연합의 초국적 정치체제: 합의제 정치모델과의 유질동상 • 597
1) 유럽(각료)이사회-유럽의회-유럽집행위의 권력분점 / 597
2) 유럽 사회적 대화: 노사(정) 간의 권력분점 / 601
3. 유럽통합의 초국적 의사결정 네트워킹: '사회적 차원' 발전 • 604
1) 유럽(각료)이사회-유럽집행위의 사회정책 / 604
2) 유럽 사회적 대화-유럽(각료)이사회·집행위의 제도적·기능적 연동 / 610

4. 유럽통합의 동아시아 지역통합에 대한 시사점 • 617
1) 동아시아 지역통합의 합의제 거버넌스 작동 가능성 / 617
2) 동아시아 지역통합의 정치적 의사결정 절차 / 620
5. 결론 • 622

참고문헌 / 627
찾아보기 / 653

제1장

왜 합의제 민주주의인가?

1. 자본주의-민주주의 간 공존

1) 시장경제-민주주의의 구조적 갈등관계

시장은 잔인하다. 시장이 박물관에 보내져야 할 '골동품'은 아니지만 누구도 '고삐 풀린 시장경제'(unbridled market economy)의 횡포와 변덕, 자기파괴성(self-destructiveness)으로부터 자유롭지 못하다. 자본주의 시장경제는 '만인의 만인에 대한 경쟁' 원리에 따라 작동하며 '약육강식과 승자독식의 속성'이 지배한다. 그래서 평등의 원리에 따라 작동하는 민주주의와 충돌한다. 자본주의 시장경제는 소유한 부의 다과에 따라 상이한 영향력을 전제하는 '자본의 지배'와 불평등 사회를 수반하는 데 반해, 민주주의는 생산수단의 소유와 관계없이 1인 1표의 원칙에 기초한 '인민의 지배'와 평등사회를 추구한다. 또 자본주의 시장경제의 관심은 경쟁·성장·효율성 가치에 두는 데 반해, 민주주의의 관심은 연대·분배·형평성에 맞춘다. 이런 까닭에 자본주의 시장경제-민주주의는 구조적으로 갈등과 긴장관계에 놓여 있다(Wolf 1988: 20-23; 선학태 2011: 18-20).[1)]

첫째, 자본주의 시장경제는 시민들이 국가(민주정부)를 움직여서 이뤄지는 '정치적 자원배분'보다는 생산자원 소유주에 의한 '시장적 자원배분'을 선호한다. 시장적 자원배분 메커니즘은 '보이지 않는 손'에 의하여 경제자원을 가장 효율

1) 그러나 자유주의론자들에 따르면 자본주의 시장경제와 민주주의는 각각 생산자-소비자 간, 정치인-유권자 간의 자유경쟁에 의해 경제적 자원과 정치권력의 배분이 이루어질 때 가장 효율적이고 최적 상태에 이르게 되는 것으로 상정한다(Streeck and Schmitter 1985: 4-6). 이런 자유주의 관점에서 본 자본주의 시장경제와 민주주의는 서로 강화하는 보완관계에 있다.

적으로 배분한다는 것이다. 그러나 이는 허구이다. 시장경쟁은 공공재의 공급 결여, 외부효과(externalities), 규모수익체증(increasing returns to scale) 등을 발생시키는 불완전성으로 인하여 효율적 자원배분에 실패할 가능성을 안고 있다. 이러한 시장의 불완전성은 시민의 삶의 질을 개선시키는 데 한계를 드러내고 민주주의의 질적 발전을 방해한다.

둘째, 자본주의 시장경제는 분배적 정의를 보장하지 않는다. 자본주의 시장경제가 내장하는 '경쟁과 자율조정 기제'는 경쟁력이 약한 개인과 집단과 기업에게 냉혹할 정도로 잔인하다. 경쟁에서 패배한 낙오자들에게 사회안전망을 제공하는 데 인색하고 사회경제적 불평등을 야기한다. 물질적 경제적 안전을 확보하지 못한 시민에게 민주주의가 보장하는 평등한 정치적 투표권은 큰 의미가 없다. 결국 자본주의 시장경제는 사회경제적 불평등에 따른 이익갈등으로 인해 공동체의 해체를 초래할 수 있는 자기파괴성을 내재하고 있어 평등사회를 지향하는 민주주의를 항시적으로 위협한다.

셋째, 자본주의 시장경제와 동일한 자유경쟁 원리에 기초하는 자유민주주의가 권력배분·구성 방식으로 채택하는 '시장적' 권력배분은 근본적으로 51%의 시민이 49%의 운명을 좌지우지할 수 있는 결정방식이다. 특히 다수파와 소수파가 고정되어 있을 때 심각한 사회갈등이 분출될 수 있다. 권력으로부터 영원히 소외되는 소수파는 정치적 좌절감과 박탈감을 갖기 때문이다. 이러한 사태는 평등한 사회를 추구하는 민주주의를 위협한다.

넷째, 사적 소유제를 기반으로 하는 자본주의는 권력자원(자금·조직·정보·홍보·인맥 등) 동원능력과 기회의 불평등을 초래한다. 따라서 이는 절차적 민주주의가 추구하는 정치참여의 기회를 침해한다. 정치적 경쟁에서 승리하기 위해 활용되는 권력자원 동원 측면에서 자본가들은 절대적 우위에 있다. 그들은 재력의 힘을 동원하여 직접 의회에 진출하거나 자신의 이해를 관철해 주는 정치세력을 지지하며 정치인과 정부관료들로 하여금 자신의 정치적 경제적 이익에 봉사하도록 로비 또는 압력을 가할 수 있다. 따라서 아무리 공정하고 민주적인 경쟁규칙이 적용된다고 하더라도 정치적 자유경쟁 메커니즘은 정치적으로 자본가들에게 유리하게 작용하고 사회적 약자에게는 정치적 불평등을 심화시킨다. 이것은 '인민의 지배'에 기초하는 민주주의를 침해한다.

다섯째, 자본주의 시장경제 하에서 자본가들은 여러 채널을 통해 국가정책 결정·집행과정을 유리하게 이끌어 낼 수 있다. 그들은 국가경영자들과 사적 유대(혼맥·학연 등)를 형성하고 이데올로기 기구(대학·연구소·언론 등)를 소유하거나 재정적 지원을 통해 친자본적·친시장적 세계관을 창출·확산함으로써 국가의 정책결정과정에 영향력을 행사할 수 있다. 보다 본질적 측면에서 자본가들은 생산과 투자를 결정하는 특권을 통해 국가재정, 정권유지·재창출, 노동을 포함한 모든 시민들의 경제생활(고용·소득·복지·소비 등)에 영향을 미치는 구조적 힘(structural power)을 보유한다(Przeworski and Wallerstein 1988: 23-24). 만일 의회·정부가 반기업적·반시장적 정책·입법을 선택하는 경우 자본가들은 자본스트라이크(투자축소·철회, 자본이탈 등)를 감행할 수 있으며 이런 상황은 성장·고용 감소, 실업, 인플레이션 등 사회경제적 위기를 초래하여 정치인들의 권력 재창출을 불가능하게 한다.

따라서 국가와 사회는 자본가들이 선택한 자원배분 방식에 구조적으로 제약된다. 결국 자본의 구조적 힘은 민주적으로 선출된 국가경영자들로 하여금 정부의 안정적 재정 확보나 시민들의 정치적 지지를 극대화하기 위해서 자본의 사업신뢰(business confidence)를 조성해 주는 방향에서 권력을 행사토록 한다.[2] 그 까닭에 자본과 노동 간 자유시장적 경쟁은 노동대중에게 불리한 게임으로 만들 개연성이 높으며 평등을 지향하는 민주주의를 위협한다.

마지막으로 자본주의 시장경제하에서 자본·국가에 대한 노동대중의 영향력도 만만치 않다. 노동대중운동은 정치지향적인 집단적 정체성을 갖고 파업·전투적 행동으로 국가경제를 파국으로 몰고 정치세력화를 통해 민주적으로 구성된 정권에 대한 퇴진운동을 전개할 수 있다. 나아가 노동대중은 글로벌화가 가속화되어 감에 따라 노동계급의 국제적 연대인 '아래로부터의 글로벌화'(globalization-from-below)를 구축함으로써 자본·국가에 의해 추진되는 '위로부터의 글로벌화'

2) 이것은 국가의 도구적·구조적 자율성(instrumental and structural autonomy)의 한계를 의미한다. 국가자율성은 국가와 대내외 자본세력 간 관계를 추상화하는 '관계적'(relational) 개념이다. 헤밀턴(N. Hamilton)은 국가자율성을 도구적 자율성과 구조적 자율성으로 구분했다(1982: 4-39). 그에 따르면 도구적 자율성은 대내외 자본세력의 압력·간섭으로부터 자유로울 수 있는 국가의 힘을 지칭하고 구조적 자율성은 대내외 자본세력의 반대에도 불구하고 그들의 이익에 반하는 정책을 결정, 집행할 수 있는 힘을 지칭한다. 이에 관한 상세한 논의는 선학태 2003: 35-41 참조.

(globalization-from-above)에 저항할 수 있다(Falk 2000: 50-55; Stevis and Boswell 2000: 154-161).[3] 이처럼 노동대중은 자본축적을 주도하는 자본과 사회통합의 종국적 수호자인 국가를 위협한다(Therbon 1992: 28). 특히 계급 간 이익갈등은 단순히 경제적·사회적 차원에 그치지 않고 정치적 차원, 국가영역으로까지 연장됨으로써 민주주의를 위협한다(Rothstein 1987: 303).[4]

이런 논의의 맥락은 자본주의 시장경제와 민주주의는 구조적으로 공존하기 쉽지 않다는 것을 웅변한다. 이런 관점에서 마르크스주의는 '양립할 수 없는 계급갈등론'을 제시한다. 즉 자본주의적 생산관계는 노동자의 이해인 임금과 자본가의 이해인 이윤이 양립할 수 없는 객관적 갈등관계를 초래함으로써 민주주의와 양립하기가 불가능하다는 것이다.

2) 연합정치-노사정협치(協治) 연동: 경제효율성-사회형평성 선순환

그렇다면 자본주의 시장경제와 민주주의 간에는 숙명적으로 공존과 양립이 불가능한 것인가? 2차 대전 이후 서유럽 민주주의의 핵심 과제는 어떻게 하면 자본주의 시장경제와 민주주의를 조화시키느냐 하는 문제였다. 이는 자본주의 시장경제의 두 주체인 체제 도전세력으로서의 노동계급과 체제 수호세력으로서의 자본가 계급 사이에 계급타협이 어떤 조건에서 가능할 수 있느냐 하는 문제이다. 계급타협의 이론적 인프라를 제공한 것은 케인즈주의적 복지국가였다(Sun 2001: 136-138). 케인즈주의적 복지국가는 시장실패(market failure)를 극복하기 위한 국가의 유효수요 창출을 중시한다. 즉 국가가 완전고용과 복지제도의 확충이라는 이중적 프로그램을 집행하는 것이다. 이를 통해 사회 전반의 소득

---

3) '아래로부터의 글로벌화'는 평등·복지·분배 등을 추구한데 반해, '위로부터의 글로벌화'는 탈규제·자유화·복지축소 등을 통한 지속적인 성장과 국제경쟁력을 강조한다.

4) 노동운동의 역사는 국가·자본을 상대로 '더 많은 민주주의'(more democracy)와 '삶의 질 고양'을 위한 투쟁으로 점철되어 왔다. 실제로 서유럽 민주주의의 발전은 예외 없이 자본주의적 산업화로 새로이 성장한 노동세력을 정치의 제도권 내로 편입하여 계급·계층갈등을 해소하는 과정이었다. 이 점에서 테르본(G. Therborn)은 민주주의를 자본주의 시장경제의 모순의 산물로 보고 민주주의 심화과정을 노동계급의 행동과 압력에 따르는 이익갈등의 조정과 제도화로 규정했다(1977). 일부 정치경제 이론가들도 노동세력을 민주주의의 추동자로 상정한다. 즉 국가·자본을 상대로 전개된 노동운동은 민주주의를 정치영역에서 사회경제영역으로 전환, 즉 절차적 민주주의(procedural democracy)를 실체적 민주주의(substantive democracy)로 발전시킨다(Huber *et al.* 1997).

이 증대하고 특히 저소득층으로 소득을 재분배하여 구매력이 증가하면 투자와 생산이 자극되고 실업이 감소하는 선순환이 이루어진다는 것이다. 결국 국가개입을 통해 시장의 비효율성과 비윤리성을 시정하고자 했던 케인즈주의적 복지국가는 시장경제의 횡포와 변덕으로부터 노동자들을 보호하고 계급·계층갈등을 해소함으로써 자본주의 시장경제와 민주주의 간의 구조적 긴장과 갈등을 완화하는 틀로 자리매김 됐다.

그러나 글로벌 시장화는 케인즈주의적 복지국가의 기반을 침식하고 위협하기 시작했다. 사실 1970년대 전반의 오일쇼크에 따른 스태그플레이션 현상이 케인즈주의적 복지국가의 아킬레스건을 때렸을 때 서유럽 국가들의 보수우파 정당들은 케인즈주의적 복지국가를 후퇴시키고 신자유주의로 경도되어 갔다. 이런 조짐은 글로벌 시장수요의 변화에 능동적으로 대응하려는 생산전략의 하나인 포스트포드주의(다품종·고품질소량 생산방식)의 출현으로 가속화되었다. 포스트포드주의 생산패러다임은 케인즈주의적 복지국가를 슘페터적 근로복지국가(Schumpeterian workfare state)로의 전환을 재촉했다(Jessop 1994: 29). 슘페터적 근로복지국가는 공급측면의 개입을 통한 개방경제의 경쟁력 강화를 위해 생산체제 및 노동시장 유연화에 치중한다. 이런 신자유주의적 상시 구조조정은 시장경제의 낙오자와 열패자 양산 등으로 사회양극화를 심화시킨다. 이는 신자유주의적 시장경제가 계급·계층 간에 사회경제적 이득과 비용을 차등적으로 배분하고 갈등을 증폭시켜 민주주의의 지속가능성을 위협하고 있음을 의미한다(Katzenstein 2003: 25). 이러한 글로벌 시장화의 충격 앞에서 계급·계층갈등을 조정하고 공동이익(positive-sum)을 추구함으로써 자본주의 시장경제와 민주주의 간의 공존 가능성을 높이기 위한 시스템은 무엇인가?

지속가능한 자본주의 시장경제는 '시장경제를 통한 경제효율성'과 '민주적 참여를 통한 사회형평성' 간의 조화를 요구한다. 이를 위해 2차 대전, 특히 글로벌화 이후 서유럽 민주주의의 관심은 자본주의 시장경제를 규율하는 '민주적 시장경제', 즉 조정시장경제(coordinated market economy, CME)를 창출하는 데에 모아졌다. 조정시장경제는 시장경제가 만들어내는 사회경제적 이슈를 해결하기 위한 국가와 사회의 개입과 조정을 필요로 한다. 특히 신자유주의적 시장경제는 실업, 비정규직, 근로빈곤층, 부와 소득의 양극화 등 '눈물의 계곡'(valley of tears)을 깊게 하고 있는데 이 경우 국가와 사회가 '전환의 비용'을 분담할 수 있는 시장의 정치적 조정메커니즘을 마련할 수 있을 때 시장경제는 지속가능하다. 시장의 정치적 조정기제란 조정시장경제의 제도화를 유인하는 민주적인 의사결정시스템을 지칭한다. 이는 시장의 실패자·낙오자를 보호하고 이를 통해서 사회갈등을 완화하여 사회통합을 달성하는 기제로 작동한다.

그렇다면 어떤 시장의 정치적 조정시스템이 창출돼야 하는가? 이익·사회집단은 자신들의 이해관계와 지향가치에 영향을 미치는 정책결정의 라운드 테이블에 참여할 수 있기를 기대한다. 특히 시장경제에서 낙오되고 실패한 집단과 계층은 시장경쟁이 유발하는 불평등과 소외와 차별과 배제를 극복하는 수단으로 민주적 의사결정 과정에의 제도적 참여를 통해 자신들의 사회경제적 시민권이 보장되기를 갈망한다. 따라서 민주적 의사결정 시스템이 제도화돼야 한다. 자본주의 시장경제의 이해당사자들이 의사결정 과정에 동등(equal)하고 효과적(effective)으로 참여하는 것이 제도화될 때 이는 그들의 이해관계와 지향가치를 조율하는 시장의 정치조정기제로 작동한다(Topperwien 2004: 46-47). 이에 부합하는 정치제도는 무엇인가?

시장경제, 특히 글로벌 시장의 압력과 충격은 국내 정치제도에 여과된다. 어떤 국가가 그러한 압력과 충격을 정상적으로 조정하고 흡수할 수 있는가 여부는 그 나라의 정치제도가 어떻게 설계되어 있느냐에 달려 있다(Crepaz 2002: 184; Alesina and Glaeser 2007: 제4장). 정치제도란 선택과 결정을 내리는 권력의 배분에 관한 규칙과 규범이고 이를 운영하는 과정과 절차를 의미한다. 구조와 정치행위자의 긴장관계는 정치제도를 통해 해소된다. 이러한 정치제도는 분배, 복지(재분배) 등 자본주의 시장경제의 변화 경로에 깊은 영향을 미치는 변수이다(Iversen and Sockice 2009: 452). 그런데 레이파트(A. Lijphart) 학파에 의하면 민주주의 정치제도는 다수제(majoritarian) 모델과 합의제(consensual) 모델로 분류된다. 합의제 모델의 첫 정치제도적 인과 메커니즘인 비례대표 선거제도는 다당제에 따른 정당 간 의사결정권 분점인 연합정치(coalition politics)와 노사정 간 의사결정권 분점인 협의정치(conceratation politics) 사이의 인과적 연계를 유인한다(Keman and Pennings 1995: 273-274; Lijphart 2012: 170-173).[5] 합의제 민주주의의 본질은 실질적 정책콘텐츠 그 자체보다는 그것이 창출되는 프로세스에 있다(Crepaz and

Birchfield 2000: 209).

이러한 의미에서 이 저서는 합의제 정치적 의사결정 제도의 양대 축인 연합정치-노사정협의정치 간 연동이 민주주의-자본주의시장경제의 공존과정을 매개하는 주요 제도적 변수로 작용한 것으로 가정한다. 환언하면 합의제 민주주의가 자본주의 시장경제의 구조적 모순인 경제효율성(경제자유화·성장)-사회형평성(경제민주화·복지) 사이의 상충관계(trade-off between economic efficiency and social equity)를 선순환 관계로 전환하는 기제를 내장하고 있다는 가정이다. 이 가정이야말로 합의제 민주주의에 대한 이론적, 경험적 연구를 개척하는 동기유발의 지점이다. 이러한 문제의식에서 이 저서는 합의제 민주주의의 연합정치-노사정협의정치가 이론적으로 어떻게 연동되었으며 서유럽 게르만(Germanic)·노르딕(Nordic) 국가들의 합의제 민주주의가 글로벌화 이후 임금-노동탈규제-일자리-복지-훈련교육 등 복지-노동시장 재편의 정책조합을 창출(형성)·제도화하는 정치적 프로세스에서 어떻게 작동했는가를 분석·검증하는 데 목적을 둔다.

2. 한국민주주의의 민주화

1) 한국민주주의 패러독스

현재 한국민주주의는 정치적으로 '87년체제', 경제적으로 '97년체제' 속에서 작동하고 있다. 87년체제는 정치적 자유주의세력이 반자본주의-반미주의를 지향했던 급진적 진보세력 및 스튜던트파워·시민적 저항세력과 함께 1987년 반독재 민주화항쟁을 분기점으로 정치적 민주주의를 복원하는데서 출발했다. 97

---

5) 노사정협의정치는 조합주의정치(corporatist politics)를 지칭한다. 조합주의정치의 두 연원이 있다. 우선 기독교민주주의 전통이다. 노동-자본 갈등이라는 자본주의의 모순이 노출되자 1891년 교황은 기독교적인 처방을 담은 칙령을 발표했다. 즉 사적소유권 폐지나 계급투쟁을 주장하는 사회주의를 거부하고 "노동 없는 자본 없고 자본 없는 노동 없다."는 명제 아래 계급 간 화해-협력과 소득분배정의를 촉구했다. 이를 계기로 서유럽에서는 기독교민주주의 정당과 노조운동이 활성화되었는데 결국 교황의 칙령은 조합주의정치의 시발점이다(Schmitter 1989: 67). 둘째, 노동계급 혁명을 주창하는 마르크스·레닌주의와는 달리 실용주의적인 점진적 개혁파인 사회민주주의자들은 노동-자본 협력 가능성을 이론적으로 주장하고 시장실패를 극복하기 위한 국가의 경제개입의 필요성을 제기했다. 사민주의적 계급협력론도 조합주의정치의 등장에 지적 인프라로 작용했다. 이처럼 기민주의와 사민주의는 서유럽에서 19세기 말과 20세기 전반기에 각각 우파정당과 좌파정당이라는 정치세력으로 공존시키면서 자본주의가 내장하는 노동-자본의 모순과 갈등을 해결하는 틀로서 조합주의정치를 잉태했다.

년체제는 1997년 외환금융위기를 계기로 한국경제가 글로벌 시장에 보다 깊숙이 편입·강제되는 가운데 신자유주의 경제체제로 재편되는 과정에서 등장했다.

한국민주주의는 적어도 자유권, 참정권 및 국가권력 행사에 대한 통제 등 정치적 민주주의에서 미국 민주주의와 비교하여 전혀 손색이 없을 정도로 진전되고 있다. 서유럽 민주주의의 발전 경로에 비추어 보건대, 정치적 차원의 민주주의가 작동하기 시작하면 그 파급효과는 사회경제적 콘텐츠를 실현하는 사회경제적 민주화로 이어진다. 정치적 민주주의가 강화되면서 사회경제적 시민권이 확대되는 경로를 밟은 것이다. 역으로 사회경제적 민주주의의 진전이 기반이 돼서 정치적 민주주의가 더욱 정교화·공고화되는 트랙을 경유했다. 이러한 순환구조를 통해 서유럽 민주주의는 사회균열·갈등을 조정·관리했다. 지금 한국민주주의에 정치적 민주주의-사회경제적 민주주의 간 상호보완적 순환구조가 존재하고 있는가? 그리고 한국민주주의가 우리 사회에 상존하는 균열과 갈등을 정상적으로 관리·조정하고 있는가?

그런데 신자유주의는 시장에 개입하는 국가가 만병의 근원이고 반대로 시장의 자율적 작동이 만병의 통치약으로 인식하는 독트린이다. 그것은 민주화를 자본의 자유보장, 세금감축, 균형예산, 탈규제를 통한 시장기능 활성화, 민영화, 노동시장 유연화, 복지서비스 재상품화, 정치 다운사이징 등 자본친화적 가치를 존중한다. 나아가 신자유주의는 정치를 비효율성의 근원으로 보고 시장의 효율성 원리를 정치적 영역에도 적용하기를 선호하며 '고비용 저효율 정치구조'의 철폐를 강조하는 정치개혁 담론을 주창한다. 그렇지만 신자유주의의 시장근본주의는 '승자독식의 경제사회'를 만들어내며 시장경쟁의 승자-패자 간 격차를 확대시킴으로써 사회통합을 약화시키고 사회적 균열과 갈등을 초래한다. 결국 신자유주의는 시장을 규율하고 분배의 형평과 사회복지를 증진하는 정치와 민주주의의 역할과 긴장관계에 있다.

민주주의는 사회의 다양한 이익과 요구를 조정하여 사회통합을 실현하는 체제이다. 일차적으로 그것은 신자유주의적 시장경쟁이 만들어내는 불평등과 차별과 소외, 그리고 그로 인한 갈등과 대립을 정치의 메커니즘으로 완화하고 조정하여 사회를 통합하는 기제이다. 이런 점에서 민주주의를 진정으로 열망하는 사람들은 시장경쟁의 낙오자·열패자, 즉 실업과 고용불안과 소득감소에 떨고 있는 집단과 계층이라 할 수 있다. 그들은 시장의 횡포와 변덕으로부터 자유롭지 못하고 항상 '시장의 회초리'에 적나라하게 노출되어 있다. 따라서 그들은 민주적으로 선출된 국회-정부가 시장경쟁이 유발하는 불평등과 차별과 소외를 완화하고 서민층·중산층 등 보통사람들에게 일자리·교육·의료·주택 등 삶의 조건을 개선해 주기를 기대하고 요구한다. 그들은 그러한 기대와 요구를 갖고 투표에 참여한다. 그렇다면 한국민주주의는 그들의 기대와 요구에 제대로 부응하고 있는가?

97년체제가 신자유주의적 가치, 즉 시장경쟁, 시장자율성, 효율성, 경쟁력 등을 사회 전체의 지배적 가치로 확산시키는 가운데 김대중·노무현 민주정부에서 현 박근혜 정부에 이르기까지 정부의 이념적 성향에 관계없이 신자유주의 정책을 추진해 오고 있다. 그 결과 우리 사회에 빈부격차, 고용불안정, 실업, 비정규직 노동자의 대량배출과 차별, 소득불평등, 사회해체 등 '눈물의 계곡'이 속절없이 깊어만 가고 있다. 이런 고통은 한국민주주의의 버팀목이 되었던 중산층에게도 예외가 아니다. 구조조정과 노동시장 유연화로 중산층은 크게 축소되었을 뿐만 아니라 신빈곤층으로 추락하여 그들의 경제적 안정이 무너지고 있다. 한마디로 97년체제 하의 사회경제적 양극화 현상이 확산되고 있다. 물론 사회경제적 양극화는 비단 97년체제에서만 유래된 것은 아니다. 그것은 개발독재의 유산인 노동·서민 배제적 재벌중심의 성장일변도 체제가 고착화된 한국 사회경제구조에 대한 개혁을 동반하지 않은 채 정치적 민주화만 일방적으로 진행된 87년체제에서 이미 잉태되고 있었다. 그렇다고 하지만 97년체제를 관리·조정해야 하는 한국민주주의 하에서 노동자와 서민과 중산층의 사회경제적 삶의 질이 더욱 악화되고 있다는 사실은 어떻게 설명되어야 하는가?

앞서 지적했듯이 정치적 민주주의는 계속 진전되고 있다. 비록 이명박·박근혜 보수정부에 들어서서 훼손되고 있다는 비판이 제기되고 있지만 시민의 자유권·참정권·국가권력통제권 등 정치적 민주주의는 "강물이 때론 돌부리에 부딪쳐 돌아가도 결국 바다로 흐르듯이" 진화하고 풍요로지고 있다. 그런데도 사회경제적 차원에선 민주주의의 가치와 규범에 반하는 불평등과 차별과 소외와 배제는 더욱 심화되고 있다. 무엇보다 97년체제는 비정규직배출·중소기업한계화·영세자영업·근로빈곤층·실업·교육양극화·생태파괴·저출산고령화 등 새로운 사회경제적 이슈들로 인한 사회의 위험과 긴장, 분열과 갈등을 유발하는 '냉혈 자본주의'(cruel capitalism)로 전락하고 있다. 정치적 민주주의의 진전이 사회의 공공성·형평성 강화로 이어지지 못하는 지체 현상이 지속되고 있는 것이 작금 한국민주주의의 현주소이다. 정치적 시민권의 진전과, 일자리·고용안정·교육·소득분배·복지 등을 내용으로 하는 사회경제적 시민권의 역진 사이에 커다란 '단절의 강'이 도도히 흐르고 있는 것이다. 한마디로 사회경제적 민주주의는 역주행하고 있다. 바로 여기에 한국민주주의 패러독스가 자리 잡고 있다. 말하자면 한국민주주의는 정치적 민주주의와 사회경제적 민주주의가 서로 반비례 경로를 밟아 가고 있는 형국이다(최장집 2006: 20). 결국 신자유주의 시장경제가 만들어내는 불평등·차별·소외·배제는 투표를 비롯한 완전한 정치적 권리의 행사를 무의미하게 한다.

민주주의란 정치적 참여의 제도화를 통해 불평등과 차별과 소외를 시정하고 보통 사람들의 사회경제적 삶을 개선시켜 주는 체제이다. 그럼에도 GDP 규모의 세계 12위, 교역량 세계 10위권 안팎의 OECD 가맹국가라는 사실에 걸맞지 않게 한국사회의 노동과 서민과 중산층이 특히 배분·복지에서 보편적 시민권을 여전히 부여받지 못하고 있는 현실은 한국민주주의의 아킬레스건이다. 한국의 사회보장 지출이 OECD 가맹국 가운데 최하위권에 머물러 있는 사실이 그것을 웅변한다. 뿐만 아니라 한국민주주의는 핵심적인 생산자 집단인 노동을 기업의 정당한 파트너로 인정해야 하는 사회통합적 문제의식에 둔감하다. 결과적으로 민주화 이후 30여 년의 역사를 가진 한국민주주의는 사회경제적 측면의 민주적 개혁에 무기력했다고 평가할 수밖에 없다. 민주주의를 가장 절실하게 필요로 하는 집단과 계층이 삶의 현장에서 몸부림치며 가장 고통 받고 있는 현실은 한국민주주의의 커다란 아이러니가 아닐 수 없다.

물론 역대 정부들은 신자유주의적 정책을 강력히 추진하면서도 노동자와 서민과 중산층의 사회경제적 권익을 높이고자 부단히 노력했다. 김대중 정부는 시장실패자들을 보호하기 위한 '생산적 복지정책'을 집행했다. 진보정부를 자처했던 노무현 정부도 사회경제적 양극화의 심각성을 인식하고 이 문제에 본격적으로 태클을 걸기 위한 여러 해법을 제시했다. 보수정부인 박근혜 정부까지도 대통령 후보 시절 화려한 복지국가를 주창하여 실제로 공보육을 확대했고 기초연금을 위한 하위 70%의 노인에게 소득수준에 따라 차등적으로 지급하는 기초연금법개정안을 실행했다. 그러나 역대 정부의 복지정책들이 신자유주의 정책의 사회경제적 충격과 희생을 치유하기에는 너무나 역부족이다. 비유컨대 "위암 환자에게 소화제를 처방하는 수준"이다. 박근혜 정부는 후보 시절의 그 화려했던 복지공약을 일방적으로 파기했다. 무엇보다 김대중·노무현 진보정부는 서민과 중산층의 정부를 표방했음에도 불구하고 결과적으로 과거 군사독재 정권들보다 더 사회경제적 양극화를 심화시킴으로써 당초 의도와는 전혀 무관하게 가장 반노동적·반서민적·반중산층적인 정부가 되었다는 평가를 비켜가지 못했다. 이제 실업과 소득감소와 고용불안에 떨고 있는 노동과 서민과 중산층은 "누구를 위한 국회·정부이고 무엇을 위한 민주주의냐" 회의하고 분노하고 있다.

요컨대, 민주화 이후의 한국민주주의 패러독스는 정치적 민주화와 사회경제적 민주화가 서로 역진적으로 전개되고 있다는 데 있다. 한국민주주의는 정치적 민주화를 사회경제적 민주화로 전환함으로써 민주주의의 사회경제적 기반을 강화하는 데 실패한 것이다. 그 결과 한국민주주의의 현실은 무늬만 민주주의이지 실제로는 사회경제적 양극화로 인해 민주주의를 가장 열망하고 필요로 하는 노동과 서민과 중산층이 가장 고통 받고 있다. 한국민주주의는 사회경제적 콘텐츠를 풍요롭게 채우지 못하는 한 민주주의로서의 진정한 가치와 의미를 갖지 못한다. 사회경제적 양극화의 심화는 과연 무엇 때문에 민주화를 이룩했고 왜 민주주의가 필요한지, 그 정당성조차 의심받게 한다.

2) 87년체제의 승자독식-갈등조장과 뉴 민주주의패러다임 부재

한국민주주의의 87년체제가 정치적 차원에서 진전되었다는 것이 민주주의의 질이 높아졌다는 것을 의미하지는 않는다. 87년체제가 상정하고 있는 민주주의는 수적 다수와 수적 우위로 정치적 승부를 가리는 '수(數)의 정치'(numerical politics) 혹은 다수결 지배에 기초하는 다수제 민주주의(majoritarian democracy)를 전제한다. 구체적으로 87년체제는 소선거구다수대표제-거대양당체제-단일정당정부-제왕적대통령-경쟁적노사정관계를 한 축으로 하고, 중앙집권제-단원제국회를 다른 한 축으로 하는 전형적인 강성 다수제 민주주의에 입각하고 있다.

결국 87년체제는 다수제 민주주의의 특성인 권력의 '승자독식 vs 패자전실' 구조를 적나라하게 유발하며 승자독식 민주주의로 전락하고 있다. 따라서 87년체제는 민주화 이후 한국민주주의 공고화(consolidating Korean democracy)를 지체시키고 있다. 민주화·세계화 이후 한국사회에는 사회경제적 · 정치적 갈등이 복합적으로 분출하고 있음에도 87년체제는 이를 제대로 반영 · 대표하기는커녕 되레 조장하고 있다. 87년체제에서 특히 권력 독과점 양당체제의 재편이 파노라마처럼 연출되었고 국회의원 교체율이 세계 그 유례를 찾을 수 없을 만큼 총선 때마다 대규모로, 그것도 이른바 '젊은 피'로 '물갈이'가 이루어졌지만 한국 정당체제는 여전히 사회적 기반에 뿌리를 내리지 못하고 있다.

이런 정치구조는 당파 간에 화합과 상생으로 나아가기보다는 오히려 분열과 상극이 일상화되는 제로섬 게임의 정치문화를 만들어냈다. 대선에서 승리한 대통령은 국가권력을 거의 싹쓸이하여 정치적 완승-완패를 낳고 근소한 표차로 집권에 실패한 야당은 정치적 허탈감과 상실감으로 사사건건 정부여당의 국정운영의 발목을 잡는다. 집권여당은 야당으로부터 국정수행에 협력을 받지 못한 고 온갖 방해만을 받는다고 투정을 하는 반면, 야당은 국가적 난제를 풀어 가는 데 국정파트너로 인정받지 못하고 있다고 강변한다. 여기에 지역주의 구도가 중첩되면서 야당-대통령 간의 극한 대립으로 인한 국정마비의 상황이 일상화되고 있다. 분명코 이는 87년체제가 내장하고 있는 승자독식 민주주의의 한계라 하지 않을 수 없다. 결국 승자독식 민주주의의 87년체제에서는 안정적인 정책 산출과 국정수행이 불가능하다.

한국민주주의의 87년체제를 지배하는 이러한 정치구조의 한계는 사회경제적 민주주의의 실현을 더욱 어렵게 하는 요인으로 작용한다. 한국자본주의의 97년체제가 만들어내는 사회경제적 양극화 현상은 87년체제의 승자독식 민주주의와 무관하지 않다. 그런데도 정치권과 언론은 물론이고 학계를 비롯한 전문가들은 우리 사회에 실존하는 사회적 균열과 갈등을 관리 · 조정하지 못한 현행 승자독식 민주주의 패러다임의 심각한 문제점과 한계를 엄중하게 인식하지 못한다. 그들의 정치개혁 담론은 승자독식 민주주의의 틀 내에서 대체로 정치부패 척결, 깨끗한 정치, 정치의 저비용 · 고효율, 선거구 재획정, 당운영 민주화, 공천혁신 및 오픈프라이머리 등에 그 초점이 맞추어지고 있다. 그들의 정치개혁에 대한 접근은 한국민주주의의 사회적 맥락에서 정당체제의 민주화에 천착하지 않는다. 이런 까닭에 민주화 이후 한국민주주의는 현실 생활에 기초한 사회경제적 이슈영역을 정면으로 대면하고 그 영역에서 분출하는 이익·가치 갈등을 해소·조정하는데 부합하는 정치혁신 시스템을 개발하지 못하고 있다. 그 결과 87년체제는 중산층과 서민, 그리고 노동과 농민을 실질적으로 대표하지 못하고 갈등을 조장하고 있는 형국이다. 이는 심각한 민주주의의 결손(deficit of democracy)이라 지적하지 않을 수 없으며 87년체제의 승자독식 민주주의를 대체하는 대안적 민주주의 패러다임의 부재를 뜻한다.

그렇다면 한국민주주의는 이제 '포스트 87년체제-97년체제'를 탐색해야 하는 전환기에 놓여 있다. 민주주의 패러다임의 혁신이 절실하다. 그럼에도 미래 한국민주주의를 위한 포스트 87년체제-97년체제의 정치적·사회경제적 청사진이 설계되지 않고 있다. 87년체제-97년체제를 뛰어넘어 민주화 이후의 한국사회가 절실하게 갈구하는 국가발전을 위한 새로운 민주주의 패러다임이 제시되지 않고 있는 것이다.

국내 사회·정치세력은 신자유주의적 세계화의 충격과 지식정보사회에 대응하기 위해 어떤 민주주의 모델을 제시하는가? '뉴라이트', '선진화포럼', 보수정당 및 이명박·박근혜 정부 등을 포함한 보수진영은 오로지 자유민주주의-시장경제를 열창한다. '기업하기 좋은 나라'라는 담론을 주창하며 기업규제 혁파, 노동시장 유연화, 법인세 감세, 선택적 복지, 글로벌스탠더드, 정치다운사이징, 정치효율성·안정성 등 신자유주의 정치경제 독트린을 최고의 가치·규범으로 제시한다. 이 틀에서 벗어난 일체의 담론은 좌파세력의 선동적인 포퓰리즘으로 규정한다. 한마디로 그들에게 포스트 민주화(87년체제) 정치적·사회경제적 청사진이 없다고 해도 지나친 말이 아니다. 오로지 성장(경제활성화)을 통한 일자리 증대이고 일자리가 최고의 복지이다. 따라서 그들에게 국가에 의한 재분배는 경제성장을 해치는 좌파정치에 불과하다. 그들은 성장만으로 일자리를 창출하는 데는 한계가 있고 사회경제적 양극화가 성장동력과 경쟁력을 약화시킬 수 있다는 점에 대한 엄중한 문제의식을 갖고 있지 않다.

보수진영과 정반대의 독트린을 담지한 진보좌파 진영도 이렇다 할 포스트민주화 정치적·사회경제적 청사진을 제시하지 못했다. 그들은 비판과 반대와 투쟁 일변도의 관성 그 자체를 넘어서지 못했던 것으로 회상된다. 민주화 이후 변화된 상황에서 민주주의의 가치와 규범에 상응한 새로운 사회와 국가를 설계할 그 어떤 비전과 전략과 정책실행 프로그램을 유인할 수 있는 대안적 민주주의 패러다임을 제시하지 못했다는 평가가 적지 않다. 특히 과거 민주노동당-통합진보당의 정책비전은 단순히 반세계화, 반신자유주의를 주창하며 기간산업 국유화-무상교육-무상의료-1가구1주택 법제화-부유세 등을 요구하는 근본주의적인 유토피아에 그쳤고 이를 관철하기 위한 제로섬적인 정치게임에 익숙했다. 주택·교육·의료·고용 등의 일상 생활영역에서 양질의 서비스를 정책화하기 위해 다른 정당과 대화하고 협상하기 위한 정치혁신 패러다임을 제시하지 못했으며 우리 사회에 상존하는 다양한 균열과 갈등을 합리적으로 해결하기 위한 세련된 갈등조정 시스템을 마련하지 못한 무능을 드러냈다.

이른바 진보정부들 또한 신자유주의적 세계화의 흐름에 직면하여 한국민주주의의 미래지향적 민주화에 대한 전략적 상상력을 발휘하는 데 충분하지 못했다. 단순히 신자유주의적 구조조정의 전도사가 아니라 세계화에 효과적으로 대응하고 민주주의의 가치와 원리에 상응하는 다른 대안적인 정치적·사회경제적 혁신패러다임을 개발하고 실천하는 데 한계를 보였다. 물론 김대중 정부는 '시장경제를 통한 경제적 효율성'과 '민주적 참여를 통한 사회적 형평성' 간에 조화와 균형을 달성하는 '민주적 시장경제'를 국정철학과 비전으로 제시했다. 노무현 정부 또한 '국민과 함께 하는 민주주의'와 '더불어 사는 균형발전사회'라는 국가발전 비전을 표방하며 정치적으로는 참여민주주의, 경제적으로 성장-분배 선순환을 국정목표와 비전으로 제시했다. 더불어 두 진보정부는 사회적 대화-협의를 통한 민주적인 갈등조정 시스템을 실험하기도 했다. 이는 정치적 시민권뿐만 아니라 사회경제적 시민권을 확대하겠다는 진보정부의 강렬한 의지의 선언이었으리라.

그러나 두 자유주의 진보정부의 국정목표와 비전은 민주주의의 가치와 원리에 부합하는 구체적인 전략과 정책으로 실천되지 못한 채 공허한 수사적 담론으로 그쳤다. 그들은 국가발전 비전을 실현하기 위한 대안적 경제정책 및 사회정책 프로그램을 수립하고 이를 실천하기 위한 정치시스템을 디자인하는 데에는 인색한 것이다. 이렇게 된 데에는 경제정책과 사회정책이 과거 권위주의 관치경제에서 '잔뼈'가 굵어지고 민주화 이후 신자유주의로 무장된 고위 정책관료들과 전문가 집단에 의해 주도되었기 때문이었을 것이다. 이유가 어떻든 자유주의 진보정부들은 절차적 정당성과 도덕적 우월성을 과시하면서도 국정수행에서는 참신하지 못했다. 특히 참여정부 내 개혁파들의 노동, 복지, 분배정의 등에 관한 개혁어젠다는 정책담론과 레토릭 수준에 머물렀다. 성장-분배, 효율성-형평성 선순환을 당위적으로는 강조했지만 그것을 현실적인 정책으로 구현할 정치시스템은 설계되지 않았다. 그 결과 두 진보정부 하에서 엄청난 대립과 갈등이라는 사회적 비용을 치르지 않으면 안 되었으며 앞서 언급했듯이 민주주의의 사회경제적 기반은 허물어졌다. 만일 진보정부들의 국정목표가 구체적인 전략과 정책의 실행으로 이어주는 정치시스템을 통해 설정되었다면 민주정부 하에서 고용불안, 빈부격차, 중산층 축소, 비정규직 대량배출, 신용불량자 양산, 교육양극화, 사회해체 등의 사회경제적 충격과 위험이 잘 관리 흡수되고 크게 완화되었을 것이다. 그러나 보수진영의 비판처럼 두 진보정부의 집권 10년이 '잃어버린 10년'이라고까지 혹평할 수는 없지만 자유주의 진보개혁세력은 노동과 서민과 중산층의 '먹고사는 문제' 해결에 유능하지 못했던 것만은 자명하다.

두 진보정부에서 민주화 운동의 훈장을 차고 국가요직에 대거 입성했던 이른바 '486세대'에 대해 언급하지 않을 수 없다. 그들은 누가 뭐라 해도 한국 민주화의 일등공신이고 견인차였다. 그들의 '땀과 눈물과 피'가 이 땅에 뿌려지지 않았다면 한국민주주의는 부활하지 못했을 것이다. 그들에 의해 반민주적인 유산이 청산되고 자유권과 참정권, 국가권력에 대한 통제 등 정치적 민주주의의 기본제도와 틀이 확립되는 데 혁혁한 공을 세웠다.

그러나 그들은 진보정부 하에서 한국민주주의의 사회경제적 기반이 붕괴된 책임으로부터 자유로울 수 없다. 진보정부 10년 동안 청와대·행정부·국회·정당 등에서 입법·정책과정의 주역을 담당했기 때문이다. 그들은 노동과 서민과 중산층의 사회경제적 삶을 실질적으로 향상시키고 민주주의의 가치에 상응한 어떠한 의미 있는 정책비전과 전략프로그램을 개발하고 정치적 갈등해결 시스템을 디자인하기 위한 대안적 민주주의 패러다임을 제시하지 못했다. 담론과 언술 수준에서는 '진보적'이었으나 생산구조 개혁, 재벌대기업의 지배구조개혁, 시장의 민주화, 노동정책, 사회정책 등에 관한 심도 있는 문제의식과 진지한 관점을 갖지 못했다. 성장과 시장, 그리고 다수결 정치의 신화로부터 탈피하지 못했고 아메리칸 스탠더드-드림에 파묻혀 있었다. 심지어 정부관료와 재벌과 함께 '신자유주의 삼각 정책동맹'의 한 축을 형성하기까지 했다. 요컨대 486 정치인들은 신자유주의적 세계화에 따른 한국사회의 급속한 변화 속에서 이에 대응하기 위한 민주화 이후의 정치적·사회경제적 혁신 추동을 위한 뉴 민주주의 패러다임을 창출해 내고 이를 실천할 전략과 정책과 시스템에 대한 진지한 고뇌와 번민이 부족했다.

3) 포스트민주화 민주주의패러다임

신자유주의는 2008년 글로벌 금융위기를 분수령으로 여실히 그 심각한 한계와 위기를 드러내며 지구촌 곳곳에서 도전 받고 있다. 그럼에도 신자유주의는 이제 지구촌에서 생존하기 위해서 어떤 나라도 거역할 수 없는 하나의 메가트렌드로 굳어져 가고 있다. 그러나 신자유주의적 세계화는 그 옹호론자들의 강변과는 달리 사회경제적 시민권의 신장이라는 장밋빛 미래를 담보하기보다는 불평등과 차별과 소외와 배제를 화석화시키는 주범으로 인식되고 있다. 한국사회도 예외가 아니다. 브레이크 없는 상시 신자유주의적 구조조정과 시장개방화의 충격과 도전으로 우리 사회에 '눈물의 계곡'이 더욱 깊어지고 있다. 시장의 낙오자·실패자들이 경험하는 상대적·절대적 박탈감은 그들을 사회적 정치적 갈등의 광장으로 끌어내어 한국민주주의를 위협한다.

그런데 신자유주의적 세계화 자체가 직접적으로 사회의 양극화를 초래하고 사회경제적 민주화를 지체시킨 요인으로 보는 인식은 설득력이 약하다. 그러한 인식은 문제 본질의 인과관계를 너무 단선적으로 보는데서 비롯된다. 중요한 것은 국가가 신자유주의적 세계화에 어떻게 대응하느냐에 있다. 신자유주의적 세계화의 충격과 도전에 대한 대응 전략은 국가에 따라 상이하게 나타난다.

글로벌 시장화에 대응하는 아일랜드와 영국의 전략은 대조적인 발전모델의 채택으로 나타났다(제15장 참조). 원래 아일랜드모델은 전통적으로 영국의 그것과 유사했다. 즉 다수제 정당정치-경쟁적노사정관계-자유시장경제-자유주의복지국가가 조합된 모델이었다. 그러나 글로벌화에 대응하는 영국의 발전전략은 신자유주의 시장경제모델-다수제 민주주의 강화였다. 그 결과 영국은 글로벌화 이후 유럽 다른 국가들과 비교하여 상대적으로 소득격차가 가장 심한 사회적 비용을 치르고 있다(Taylor-Goodby 2007: 19-21). 반면 아일랜드는 글로벌 시장화의 충격에 대응하기 위해 연합정치-사회적 대화 간 연동에 기초한 합의제 민주주의(consensual democracy)의 세련되고 정교한 정책파트너십 시스템을 작동시켰다(House and McGrath 2004: 53). 합의제 민주주의의 제도화는 사회경제적 타협이 정치적 타협으로 전환되고 역으로 정치적 타협이 사회경제적 타협을 촉진하는 선순환 메커니즘이 작동했다. 이로써 한때 가장 빈곤하고 후진적인 '유럽의 지진아'(European laggard)로 조롱받았던 아일랜드는 비록 2008년 글로벌 금융위기에 따른 재정위기를 경험했고 유럽적 기준에서 보면 사회적 불평등이 잔존하지만, 불과 20여 년 만에 경제효율성-사회형평성 조화를 통해 사회갈등을 관리·조정하고 민주주의를 공고화시켰다.

또 다른 사례인 스페인과 한국은 국가주도 수출산업화, 노동세력에 대한 권위주의적 억압, 군부권위주의 정권 등 유사한 발전도정을 경험했다. 그러나 글로벌 시장의 압력과 충격에 대응하는 양국의 발전전략과 그 결과는 달랐다. 한국은 신자유주의적 발전전략에 따른 사회경제적 양극화와 계급·계층갈등이 확산되는 반면, 유럽의 아프리카로 격하되었던 스페인은 2008년 이후의 재정위기를 경험하고 있지만 사회적 파트너십을 작동시켜 상대적으로 계급·계층갈등의 제도화와 신생민주주의 공고화 단계에 진입했다(선학태 2007).

이 같은 경험적 사례는 이론적 함의를 시사한다. 즉 신자유주의적 세계화 때문에 곧 바로 사회경제적 양극화가 심화되고 사회경제적 민주화가 지체된 것이 아니라 국가가 그것에 어떻게 대응하느냐에 따라 사회경제적 결과와 민주주의의 미래가 달라질 수 있다는 함의이다. 따라서 중요한 것은 어떤 국가가 신자유주의적 세계화에 어떠한 정치적·사회경제적 혁신시스템을 통해 대응하느냐 하는 점이다. 이는 민주주의 패러다임의 선택 문제이다.

그렇다면 한국민주주의의 포스트 민주화(87년체제) 민주주의 패러다임은 무엇인가? 대한민국의 현실이 신자유주의적 세계화와 민주주의, 그 어느 것도 부정할 수 없는 것이라면 양자는 어디에서인가 접점을 찾지 않으면 안 된다. 즉 시장개방과 민주주의 사이에 발생하는 구조적인 긴장과 갈등을 흡수·완화하는 대안적인 민주주의 패러다임을 천착해야 한다. 시장의 효율성과 민주주의의 공공성을 어떻게 창조적으로 매개·결합할 것인가에 한국민주주의 발전의 미래가 달려 있다는 거시적 관점에서 포스트민주화 민주주의 패러다임이 탐색되어야 한다.

단순화하면 민주주의 패러다임에는 앵글로-색슨식 다수제 민주주의와 유러피언 합의제 민주주의가 있다(Lijphart 2012: 2·3장). 우선 다수제 민주주의는 자유시장경제-선택적 복지체제에 친화적인데 반해, 합의제 민주주의는 조정시장경제-보편적 복지국가를 유인한다(Iversen and Soskice 2009: 444-449; Regini 2003: 253-256). 다수제 민주주의는 시장경제의 낙오자·열패자를 양산하고 사회경제적 양극화를 초래함으로써 시장조정 기능으로 작동하는 데 실패했다(Bartels 2008: 23-26; McCarthy *et al.* 2006: 제3장). 예컨대 미국 다수제 민주주의는 사회경제적 불평등과 인종차별, 사회저변층·소수인종의 사회경제적 시민권을 외면하는 부자·강자 민주주의로 변질, 미분열국(Disunited States of America)을 만들고 있다.[6] 미국사회가 '20 대 80'의 불평등구조를 넘어 '1 대 99'라는 승자독식 자본주의로 가고 있다는 분노의 함성이 아메리칸 드림의 상징인 월가를 강타한 것도 미국 다수제 민주주의의 치명적 한계를 반증한 것이었다(Hacker and Pierson 2010). 결국 양극화 현상은 세계 최고 명성을 자랑하는 미국민주주의를 형해화시키고 있다.

반면 다수제 민주주의의 안티테제인 합의제 민주주의는 게르만·노르딕국가들이 보여주듯 시민사회-시장-정치사회-정부 간 네트워크 관리체제를 통해 경제민주화-성장-복지를 선순환시킴으로써 계급·계층갈등을 제도화하는 시장조정 기제로 작동한다(선학태 2005, 2006). 이를 통해 종국적으로 민주주의-시장경제, 신자유주의-사회통합, 글로벌화-민주주의 공고화가 충돌하지 않고 상호 강화한다. 환언하면 노사(정) 간 사회경제적 정책파트너십과 이에 조응하는 합의제 정당정치(consensual party politic)를 유기적으로 연동시켜 글로벌화와 유럽시장통합에 따른 사회경제적 충격을 흡수·관리하는 데 성공한 것이다. 예컨대 전통

---

6) 부유층 1%가 전 민간 부의 약 30%를 차지하고 있으며, 전 국민을 대상으로 하는 의료보험이 존재하지 않은 유일한 '선진국'이다. 이른바 '오바마케어'에도 불구하고 의료보험료 납부에 경제적 부담을 느끼는 약 4천만 이상의 인구가 의료보험의 혜택에서 배제되어 있다.

적으로 좌우 이념적 간극이 크고 지정학적 리스크를 가진 핀란드·스위스 합의제 민주주의는 경제민주화-보편적 복지국가-국민통합의 버팀목이다(제9·13장). 특히 영세중립국인 스위스는 내부 사회에 존재하는 언어·종교·인종·문화·계급 등 복합적인 균열구조를 합의제 민주주의를 통해 관리 조정해 사회통합을 성공시키고 있다. 분단국가 위기를 경험한 독일도 합의제 민주주의를 통해 경제민주화-복지국가를 실현하고 통일 후유증을 극복하며 유로존 경제의 견인차 역할을 주도하고 있다.

이와 같은 민주주의의 다양성은 한국민주주의에 양가적 의미를 던지고 있다. 하나는 한국민주주의가 다수제 민주주의에 집착할 때 사회경제적 약자들을 구조적으로 배제하고 소외시키는 '절름발이' 민주주의로 전락할 수밖에 없다는 지점이다. 다른 하나는 한국민주주의가 다수제 모델에서 합의제 모델로 패러다임 교체(paradigm shift)가 이뤄지면 신자유주의적 세계화의 충격에 따른 한국사회의 균열과 갈등 조정·해결을 제도화하고 경제효율성과 사회형평성을 선순환시킬 수 있음을 함의하고 있다.

앞서 논의한 것처럼 한국민주주의는 세계 유례가 없는 강성 다수제 민주주의의 아이콘이다. 즉 소선거구제-거대양당체제-단일정당정부-권력독점대통령제 등에 의해 작동한다. 이 제도조합은 무한경쟁의 선거에서 승리한 정당-후보가 권력을 싹쓸이하는 승자독식 민주주의(winner-take-all democracy)이다. 이에 따른 정치적 양극화는 사회경제적 양극화의 씨앗을 뿌리고 있다(McCarty *et al.* 2006: 3-10). 따라서 이 저서는 다수제 민주주의에 입각한 87년체제의 적실성과 실효성에 대해 심각하게 회의하고 있다. 한국 승자독식 경제의 뒤에는 87년체제의 승자독식 정치가 자리하고 있다. 승자독식 경제라는 '불평등한 1% 자본주의'와 승자독식 정치라는 '불평등한 1% 민주주의'의 관계는 '동전의 양면'이다(Bartels 2008: 25-28, 10장).

이런 관점에서 볼 때 민주화 30여 년의 오늘의 시점에서 마냥 지체되고 있는 한국민주주의를 발전·공고화시킬 수 있는 시스템을 내장한 포스트민주화 민주주의 패러다임이 탐색되어야 한다. 이를 위해 한국민주주의의 민주화(democratizing Korean Democracy) 프로젝트가 천착되어야 한다. 그 랜드마크는 합의제 민주주의 패러다임이다. 포스트민주화 한국민주주의 구축을 위한 합의제 민주주의 패러다임의 제도적 시스템이 그랜드 디자인되어야 할 시대적 과제로 떠오르고 있는 것이다. 합의제 민주주의는 사회경제적 양극화를 극복하는 '포스트 97년체제', 즉 경제민주화-경제성장-복지국가를 이끌어낼 수 있는 정치적 제도적 동력이다. 요컨대 '한국민주주의의 민주화' 지향점은 합의제 민주주의이다.

이런 맥락에서 본 저서가 합의제 민주주의를 천착하고자 하는 까닭은 세 가지이다. 첫째, 합의제 민주주의는 한국사회의 시대정신으로 떠오른 경제민주화-복지국가를 견인하는 정치제도를 내장한다. 서유럽 국가들의 경제민주화-복지국가는 합의제 정치제도의 작동에 의한 '정치적 조정·합의'의 산물이다. 그런데도 작금 한국 정치권·시민사회·학계의 경제민주화-복지국가 담론은 사회경제적 양극화를 해소하기 위한 경제민주화-복지국가 정책콘텐츠가 무엇이어야 하고 어떠해야 하는가에 초점이 맞춰지고 있다. 따라서 경제민주화-복지국가의 정치제도적 함의는 주목을 받지 못한다. 즉 경제민주화-복지국가 정책산출(policy output)을 유인하는 인풋사이드(input-side)인 정치제도의 요건은 무엇이고 그것이 어떻게 작동하는가에 관해서는 침묵한다.

인과론적 측면에서 합의제 민주주의는 독립변수이고, 경제민주화-복지국가는 종속변수이다. 따라서 이 저서는 정책산출을 유인하는 이해관계 투입과정에 주목하고 한국민주주의가 경제민주화-복지국가 정책산출과 제도화를 위해 왜 합의제 민주주의로 전환되어야 하는가라는 문제의식을 제기한다. 이 물음을 해명하기 위해 다수제 민주주의와의 비교시각에서 합의제 민주주의의 정치경제적 맥락을 이론적 경험적 차원에서 비교분석하며, 이를 토대로 합의제 민주주의를 한국 경제민주화-복지국가의 정치제도적 인프라로 상정한다. 즉 다수제 민주주의를 대체하는 '한국민주주의의 민주화' 프로젝트로 상정되는 합의제 민주주의의 제도적 시스템, 즉 노사정 정책파트너십-합의제 정당정치 사이의 유기적 연동을 통해 경제민주화-경제성장-복지국가 선순환 기제를 디자인하고자 한다.

둘째, 합의제 민주주의는 한국사회의 새로운 갈등조정 시스템을 제공한다. 본시 민주주의란 사회의 다양한 요구와 이해와 가치들이 정책결정 과정으로 투입되는 프로세스를 중시한다. 민주화·글로벌화 이후 한국사회에는 다양한 특수

집단 간 이익·가치갈등이 분출하고 있다. 시장경제의 낙오자·실패자가 양산되고 사회경제적 양극화에 따른 계급·계층·지역·세대의 갈등이 확산하고 있는 것이다. 보수진영은 이를 집단이기주의로 규정한다. 그러나 사회갈등의 분출은 민주사회에서 지극히 자연스러운 현상이다. 문제는 갈등을 조정 관리하는 민주적 시스템이 존재하지 않다는 데 있다(최장집 2006: 112). 특수이익의 과격한 분출과 갈등 때문에 한국민주주의가 위기에 직면한 것이 아니라 민주적 의사결정 시스템이 부재하기 때문에 특수이익의 분출과 갈등이 과격해지고 있다.

따라서 한국사회의 특수이익을 조정할 수 있는 민주적 의사결정 시스템의 설계가 중요한 과제로 떠오르고 있다. 사회갈등은 이를 정치적으로 대표하는 의사결정 시스템의 작동 부재에서 비롯되기 때문이다. 그런데 특수 이익·가치는 사회공동체의 이익·가치와 충돌한다. 이를 해결하기 위한 민주적 메커니즘의 요체는 이해당사자들을 정책결정 과정에 참여시키는 데 있다. 정책결정 과정이 대통령·정부관료·전문가싱크탱크에 의해 주도되는 것은 민주주의의 가치와 원리와 거리가 멀다. 그 경우 사회경제적 이슈를 둘러싼 갈등이 필연적으로 발생하여 사회통합을 위협하고 궁극적으로 국가경쟁력을 떨어뜨린다. 따라서 다양한 이익·가치 갈등을 조정하고 사회통합을 달성하기 위해서는 새로운 정치적 의사결정 패러다임이 창출되어야 하다. 이에 대한 응답이 합의제 민주주의이다. 합의제 민주주의는 권력분점·공유에 기초한 정책파트너십과 갈등조정 시스템을 내장하고 있기 때문이다. 본 저서가 합의제 민주주의의 제도적 동학을 추적하는 이유이다.

셋째, 합의제 민주주의는 남북한 통합국가 모형을 설계하는 데 유용하다. 남북한의 갈등구조는 '국가 간 갈등'(inter-state conflict)과 '민족내부의 갈등'(intra-national conflict)이 중첩되는 장기갈등(protracted conflict)이다. 남북한 갈등해법이 없는 통일담론은 허위의식에 불과하고 진정한 민족통합은 불가능하다. 이런 점에서 남북한 갈등해결 과정은 남북한 통합과 불가분의 인과적 연계고리를 형성해야 한다. 동·서독 및 남·북예멘 지역갈등을 고려할 때 향후 남북한 통합과정도 남북 지역갈등을 피해 갈 수 없다. 그런데 다수제 민주주의는 남북한 지역갈등구조를 정상적으로 관리할 수 없다. 다수제 민주주의에 의한 남북한 통합국가권력의 배분과정은 승자독식 원리가 작동하기 때문이다. 즉 인구 우세에 기반을 둔 남한 정치세력의 권력독과점을 초래하는 반면, 북한 정치세력에 항구적인 정치적 소수파 지위를 강제할 것이다. 이 경우 남북 지역갈등이 증폭되고 북한의 정치세력은 통합국가로부터 철수하며 필경 통합국가가 붕괴되는 등 민족 대재앙의 사태가 올 수 있다. 이런 최악의 시나리오를 막기 위해 통합패러다임을 혁신하는 남북한 통합국가 모형이 설계될 필요성이 제기된다.

민족통합은 남북한 갈등구조를 효과적으로 관리, 제도화해 가는 과정을 의미한다. 이는 남북한 그리고 남북한 내부 각 집단이 이익을 극대화하고 손실(비용)을 최소화할 수 있는 '바람직한 상태'(Pareto optimal outcome)에서 가능하다. 합의제 민주주의는 이를 담보한다. 즉 합의제 민주주의의 제도적 장치들은 남북지역 간의 '합의·공존'에 바탕을 둔 '매끄러운 통합'(integration of smoothness)을 공고화하는데 실효성을 갖는다(Lijphart 1969: 225). 남북지역 간 정치통합의 이익과 손실을 차등적으로 배분하는 사태를 방지함으로써 어느 일방도 패배감·좌절감·박탈감을 갖지 않고 갈등을 조정할 수 있는 기제가 내장되고 있기 때문이다. 그래서 이 저서는 남북한 갈등의 성격과 내용을 분석하고 갈등해결을 제도화할 수 있는 합의제 민주주의 관점에서 통합국가 모형을 탐색하고자 한 것이다.

제1부 | 민주주의의 몇 가지 관점

제2장 민주주의의 기본 인식
제3장 민주주의의 다수제 모델 vs 합의제 모델

제2장

민주주의의 기본 인식

1. 갈등과 민주주의

갈등은 인간사회에서 시간과 장소를 초월해 발생하는 자연스런 현상이다. 갈등이 발생하는 원인은 우선 자원의 희소성에 있다. 제한된 사회경제적·정치적 자원을 배분하는 과정에서 집단 간, 집단-정부 간, 혹은 중앙정부-지방정부 간의 이해관계 불일치로 인해 갈등과 분쟁이 발생한다. 특정 집단이 적절한 자원배분을 받을 수 있는 기회를 박탈당하고 이 문제가 시스템을 통하여 원활하고 합리적으로 조정되지 못할 때 나타나는 박탈감이나 좌절감은 갈등과 분열을 야기하고 심화시킨다. 만일 사회공동체의 구성원이 공정한 규칙·규범에 따라 지속적으로 자원배분의 장에 참여하여 협의하고 경쟁할 수 있다면 갈등과 분쟁은 최소화되거나 발생하지 않을 것이다.

또한 갈등은 사회에 존재하는 다원적 가치에 대한 이해 및 수용의 부족으로 인해 발생한다. 사회집단의 경험, 전통, 문화, 사고 및 인식방법이 그 집단의 독특한 정체성을 형성한다. 다시 말하면 사회성원들은 종족·종교·계급·계층·언어·지역·이념 등에 따른 중첩된 집단화 현상을 보이며 각자의 목적과 이해관계에 따라 자신의 귀속의식과 일체감과 연대감을 갖는 형태로 정체성을 형성한다. 여기서 정체성이란 사회집단 구성원들의 신념 및 가치체계를 뜻한다. 한 집단의 정체성이 다른 집단의 정체성과 충돌할 때 자원의 희소성과는 별도로 갈등과 분쟁이 발생한다. 자원의 희소성에 기인하는 갈등과 분쟁이 때로는 특정 집단의 정체성에 영향을 주기도 하고 그 반대로 독특한 정체성이 자원의 희소성에 기인하는 갈등과 분쟁을 증폭시키는 경우도 있다. 특히 주도적인 집단이 배타적인 정체성을 키워갈 경우 갈등과 분쟁이 발생하거나 증폭될 가능성이 크다.

이와 같이 '집합적 행위주체' 간 갈등의 원인은 '이익 상충'과 '정체성 상충'으로 구분 할 수 있다(Azar 1990: 5-17). 그런데 갈등과 분쟁관계에 있는 집단·세력 간에 이익상보성(interest complementarity)이 증대하고 상대방의 정체성에 대한 위협이 감소할 때 쌍방 간의 상생과 공존 가능성이 높아져 갈등과 분쟁은 조정되거나 최소화된다. 역으로 집단 간 정체성의 차이가 인정되지 않고 특정 집단이 자신의 이익을 실현하지 못해 좌절감을 느끼거나 기회조차 주어지지 않는다고 생각하면 기존의 가치·이익 배분메커니즘에서 탈피하고자 하는 충동을 갖게 되고 그 충동의 강도에 따라 실제 갈등과 분쟁으로 발전하기도 한다. 바꿔 말하면 집단과 세력들이 정체성 차이를 인정하려는 의사나 능력이 없고 일방의 이익이 타방의 이익을 희생시키는 상황으로 인하여 이익상보성이 존재하지 않거나 또는 일방이 자신의 정체성을 상대방에게 강요하려고 하면 상생과 공존에 실패함으로써 그들 간의 갈등과 분쟁은 필연적으로 발생할 수밖에 없다. 집단과 세력 간의 갈등구조를 이 같은 인식의 틀로 접근하면 갈등은 정체성(가치)갈등과 이익갈등의 상호작용으르 확대 재생산된다고 볼 수 있다.

모든 사회는 정도와 유형의 차이는 있으나 이념·인종·종교·언어·문화·계급·계층·지역·환경 등과 같은 어떤 기준에 의해 균열 현상을 보인다. 사회적 균열은 사회구성원들 간에 이해관계와 정체성이 상충하여 반목과 대립을 빚는 갈등으로 나타난다. 균열된 사회란 분열집단 간에 정책적 이해관계와 지향가치(정체성)가 달라 투표, 시위 등의 정치참여 행태가 다르게 나타나는 갈등사회를 지칭한다. 이러한 균열과 갈등을 인정하지 않는 사회는 전체주의 사회다. 분명히 이해관계와 지향가치가 다름에도 불구하고 그로 인한 갈등과 대립이 표출되는 것을 억제하여 특정 집단이나 소수의 의견을 무시하는 사회는 결코 민주적이라 할 수 없다. 민주주의와 정치는 사회의 분열과 균열로 인해 발생하는 갈등과 분쟁을 전제한다. 사회집단들의 이해관계와 지향가치가 분열되어 있지 않으면 민주주의와 정치는 처음부터 무의미하다. 분열된 이익갈등과 가치갈등을 적절히 조정함으로써 사회통합을 지향해 가는 것이야말로 민주주의와 정치의 본질이다. 비록 강도와 유형의 차이는 있지만 모든 사회에는 집단들의 이해관계와 지향가치가 분열되고 갈등하기 때문에 민주주의와 정치의 작동이 필요한 것이다. 이해관계와 가치관이 너무 동질적인 사회라면 분쟁과 갈등을 조율하고 부동조화라는 상생의 정치를 지향하는 민주주의와 정치는 존재할 필요가 없다.

이런 관점에서 우리는 갈등을 민주주의와 정치발전의 동력으로 인식할 필요가 있다. 갈등과 분쟁이 없는 사회는 역동성이 없는 사회이며 변화와 혁신을 주도할 민주주의와 정치의 잠재력을 갖기 어렵다. 민주주의와 정치는 갈등을 해결하여 통합을 실현하는 과정이다. 말하자면 갈등해결을 통한 사회통합을 실현하고자 하는 데서 민주주의와 정치는 출발한다. 서유럽 국가들의 민주주의와 정치의 발전 역사는 이를 웅변한다(Slomp 2011: 5장). 서유럽 국가들에서는 역사적으로 다양한 사회적 균열과 갈등이 너무나도 격렬했기 때문에 역설적으로 민주주의와 정치가 발전했다. 그들 국가에서의 민주주의와 정치의 발전은 예외 없이 사회경제적 측면과 사회정치적 측면에서 발성하는 이익갈등과 가치갈등을 해소하는 과정이었다. 다수파와 소수파, 승자와 패자의 구분 없이 상생정치(win-win politics)를 통해 사회적 균열과 정치적 갈등을 조정·해결하고 국민통합을 이룩하는 시스템을 디자인하여 민주주의를 발전시킨 것이다. 더 나아가 그들 국가는 그 성공의 여세를 몰아 이제는 대외적으로 유럽연방국가의 건설이라는 거대한 민주주의 프로젝트에 박차를 가하고 있는 단계에 이르고 있다.

2. 민주주의 공고화: 갈등조정의 제도화

선행 민주주의 연구자들은 '민주적 이행'(democratic transition)과 민주적 공고화(democratic consolidation)의 차이를 인식한다. 민주적 이행은 국가권력에서 권위주의 세력을 축출하고 선거경쟁을 통해 민주정부를 수립하여 최소한의 민주적 절차를 갖춰 가는 과정이다. 이는 자유민주주의의 이론적 틀을 제공한 슘피터(J. A. Schumpeter)류의 민주주의를 지칭한다. 그에 따르면 민주주의는 "인민투표를 얻기 위한 자유롭고 공정한 선거경쟁에서 다수표를 얻은 정당 및 정치인들이 정치적 결정에 필요한 국가권력을 획득하는 제도적 장치"이다(Schumpter 1950: 269). 그의 민주주의 개념은 결국 '민주적 경정의 제도화'로 정의된다. 이보다 더 섬세한 개념화를 시도한 달(R. Dahl)은 민주주의를 정치적 경쟁 및 참여를 보장하는 '최소한의 절차'(procedural minimums)로 상정했다(Dahl 1971: 6). 그러나 이 같은 슘피터 및 달류의 민주주의는 한계를 갖는다. 왜냐하면 정기적이고 공정한 선거경쟁을 통해 대표와 정부가 구성되고 '최소한 절차'가 실현되었다고 해서 이것이 반드시 '주인-대리인 문제'(principal-agent problem)를 해결하고 사회적 균열과 정치적 갈등을 조정하는 것은 아니기 때문이다. 현재 민주주의 국가 가운데 상당수가 슘피터 및 달류의 민주주의를 실현했으나 권력 및 자원배분상의 불합리로 인하여 권력남용과 사회경제적 불평등이 만연하며 다양한 사회적 균열과 정치적 갈등과 분열이 조성되고 있는 사실이 이를 반증한다. 따라서 민주주의를 단순히 선거경쟁 및 '최소한의 절차'의 제도화만으로 개념화하는 것은 부적절하다. 슘피터 및 달류의 민주주의는 민주주의를 실현하기 위한 필요조건이지 결코 충분조건은 아니다. 그렇다면 내포적으로 심화되고 외연적으로 확장된 민주주의 개념이 필요하다.

앞에서 논의되었듯이, 민주주의는 사회에 존재하는 '이익과 가치의 다양성'을 인정하고 이로 인해 발생한 이익갈등과 가치갈등을 전제한다. 따라서 민주주의는 갈등조정을 위한 정교한 규칙과 규범을 필요로 한다(Rustow 1970: 362). 이러한 규칙과 규범은 갈등이 발생하는 사회의 다양한 가치와 이익과 비용을 배분하기 위한 것이다.

그런데 현대 민주주의는 유기체적 사회관과 밀접히 연관된다. 즉 그것은 시민사회-경제사회(시장)-정치사회-국가 등 '부분체제들의 복합체(a composite of partial regimes)이다(Schmitter 1992: 424-426; Encarnacion 1997: 387-419). 이런 점에서 민주주의 공고화는 각 부분체제의 제도화·민주화를 요구한다(Linz and Stepan 1996: 17-26). 우선 공동의 이익 혹은 가치를 추구하는 자생적이고 자발적인 결사체들의 활동영역인 시민사회이다. 이익표출·집약 채널 역할을 수행하는 시민사회의 결사체들이 보다 포괄적으로 조직되고 협력네트워크 및 사회적 신뢰를 구축하여 이익갈등과 가치갈등을 조정하는 파트너십을 구축할 수 있을 때 민주주의 공고화에 기여한다. 둘째, 경제적 생산과 분배 활동이 전개되는 경제사회(시장)이다. 경제사회가 자본의 생산성과 효율성을 제고시키는 한편, 시장경제의 비윤리성을 처방하는 복지제도를 통해 시장실패자들이 겪는 사회경제적 불평등과 차별을 보상할 수 있을 때 민주주의는 공고화 될 수 있다. 셋째, 시민들의 이익과 요구를 집약하여 국가정책에 반영하는 정치사회이다. 선거, 정당, 의회 등으로 구성하는 정치사회가 사회적 균열로 인한 갈등을 집약·표출·대표할 수 있는 규범, 규칙 및 절차를 갖고 작동할 때 민주주의는 공고화 될 수 있다. 마지막으로 합법적인 물리적 강제력을 행사하는 조직인 국가이다. 효과적이고 효율적인 정책결정 및 집행을 통해 갈등조정을 시도하는 국가능력, 그리고 경제적 지배세력의 압력이나 이익으로부터의 국가자율성은 민주주의 공고화의 중요한 관건이다.

민주주의는 이와 같은 각 부분체제들이 자신의 영역에서 갈등해결에 기여하면서 상호보완적으로 결합하고 순기능적으로 작동할 때 공고화된다. 바꿔 말하면 민주주의 공고화는 각 부분체제의 민주화가 상호 강화하며 보완해 가는 과정이다. 민주주의는 유기체적 사회관에 기초하고 있기 때문에 어떤 부분체제도 다른 부분체제의 지원 없이는 적절한 기능을 할 수 없다.

우선 시민사회는 민주주의의 작동을 위한 기반이다. 삶의 현실이 조성되는 사적 영역의 이슈들이 얼마나 이성적으로 표출되느냐 하는 것은 시민사회의 건강성을 가늠하는 척도이다. 시민사회가 건강하게 활성화되기 위해서는 정치사회와 국가가 시민들의 정치적 시민권(자유권·참정권·권력통제권)을 제약하는 조건을 최소화해야 한다.

둘째, 효과적인 국가능력과 조직화된 시민사회 없이는 시장경쟁이 만들어내는 불평등과 차별을 시정할 수 있는 경제사회의 민주화가 불가능하다. 시장의 작동과 발전이 사회윤리의 기반을 갖지 않을 때 시장은 타락할 수밖에 없다. 따라서 시장이 윤리적이고 민주적으로 작동하기 위해서는 능력 있고 민주화된 국가가 시장경쟁에서의 열등자, 낙오자를 보호하기 위한 복지정책을 산출해야 한다. 복지체제의 정도는 시장의 민주화 수준을 보여 주는 지표이다. 이와 더불어 시장 내부의 기업지배구조에 대한 시민사회의 감시와 통제가 있을 때 시장은 윤리적이고 민주적으로 작동한다.

셋째, 시장이 민주적으로 작동하기 위해서는 민주화된 국가가 필요하다. 시장의 아킬레스건을 시정하기 위해 개입한 국가가 시장보다 더 결함이 있을 가능성이 있기 때문이다. 국가의 시장개입에 공익수호보다는 국가관리자들의 사익추구 또는 국가관리자들과 이익집단과의 담합을 통한 지대 추구가 개입된다면 국가는 고삐 풀린 시장의 횡포와 변덕보다 더 비효율적인 자원배분, 자원낭비, 부패를 초래할 수 있기 때문이다. 그러므로 정부의 관료 및 정책에 대한 정치사회(선거·정당·국회)와 시민사회의 민주적 통제와 감시와 견제가 마련되어야 한다.

넷째, 경제사회(시장)의 민주화는 국가에 의한 정책, 재정지출, 그리고 의회의 입법에 의존한다. 따라서 시장의 민주화는 모두 정치에 의해 발의되어야 한다는 점에서 국가 및 정치사회의 민주화를 통해서 가능하다. 민주화된 정치사회 및 국가만이 시장에 대한 국가의 개입을 윤리적으로 정당화시키는 길이다. 동시에 시장에서 복지의 증진을 위한 국가개입의 내용도 국가 및 정치사회의 민주화의 정도에 따라 크게 영향을 받는다. 그러한 정치적 민주화는 정당체제, 선거법개정, 과감한 분권화 등을 포함하는 정치적 대표체제의 참여 폭을 넓히는 혁신을 요구한다.

다섯째, 정치사회의 중심 메커니즘인 정당과 정당체제가 시민사회에 존재하는 다양한 이익·가치 갈등과 균열을 제대로 대표하기 위해서는 시민사회의 이익·시민결사체가 촘촘하게 조직되고 그들과 정당·정당체제가 연계되어야 한다.

마지막으로, 선출된 의회와 정부는 대표성-책임성의 연계 원리에 따라 작동되어야 한다. 정부를 이끄는 통치자의 역할과 능력과 리더십이 중요하며 이를 위해서는 정당의 뒷받침을 받아야 한다. 정당의 역할이 없다면 선출된 민주정부는 사회적 기반과 연결될 수 없을 뿐만 아니라 거대한 국가관료기구를 민주적이고 유능하게 통제할 능력을 가질 수 없기 때문이다.

그러나 민주주의를 구성하는 부분체제들은 '양날의 칼'의 성격을 갖는다. 한 부분체제의 과잉 활성화·비제도화·비민주화는 다른 부분체제의 민주화를 가로막는다. 예컨대, 과잉 조직화·비제도화된 과격한 시민사회는 정치사회의 대표기능을 위협할 뿐만 아니라 국가와 시장에 부정적 효과를 줄 수 있다. 과대 성장한 국가는 시민사회의 발전을 질식한다. 경제사회(시장)의 비민주화·비제도화는 국가와 정치사회를 부패로 오염시킬 수 있다. 국민에 의해 선출되지 않는 관료제가 과잉 비대화되어 있을 때 정치사회의 정당 및 의회 기능이 약화될 수 있다. 정당의 난립은 민주정부의 통치능력을 제약한다. 정당 또는 정부가 경제사회에 과잉 개입하거나 혹은 시장만능주의에 치우치는 정책을 추진할 경우 성장 혹은 사회보장제도에 충격을 줄 수 있다. 이와 같이 시민사회-경제사회-정치사회가 상호 역기능적으로 작동할 때 부분체제 간의 갈등이 발생한다. 이러한 부분체제 간의 갈등과 긴장은 민주주의 발전을 방해한다.

이런 맥락에서 민주주의를 공고화하기 위해서는 부분체제 간의 긴장과 갈등을 줄이고 각 부분체제가 상호보완적이고 순기능적으로 강화하는 관계가 되게 하기 위한 제도적 디자인이 필요하다. 이러한 시스템 개발은 부분체제들 간의 권력분점·공유를 통해 가능하다. 부분체제 간의 권력분점·공유 시스템은 "시민사회-경제사회(시장)-정치사회-국가 간의 순기능적인 역동적 상호작용을 통해 이익과 비용(손실)을 공정하게 배분하고 가치를 조정함으로써 사회세력의 이익갈등과 가치갈등을 해소하고 궁극적으로 정치통합을 실현한다. 이를 위한 민주적 규칙과 규범을 모든 정치행위자들이 내면화·습관화해 갈 때 민주주의는 공고화된다. 한마디로 민주주의 공고화는 부분체제 간의 상호보완적 선순환 기제가 작동하여 사회경제적, 사회정치적 영역에서 '갈등조정의 제도화'(institutionalization of conflict coordination)로 규정될 수 있다.

3. 절차적 민주주의-실질적 민주주의의 순환관계

사회적 균열과 갈등이라는 문제 상황의 완화 또는 해소가 민주주의와 정치의 본질이고 과제이다. 균열과 갈등과 분열이 민주주의와 정치의 원료인 것이다. 민주주의와 정치는 사회적 균열과 갈등이 표출될 수 있는 제도적 통로를 마련하고 당사자 집단의 참여와 대표를 통해 이해갈등과 가치갈등을 정책결정 및 집행 과정을 통해 관리·조정하여 해소한다. 이로써 민주주의와 정치는 사회통합에 기여한다. 민주주의와 정치는 사회적 균열과 갈등을 완화·해소하는 제도적 장치를 창출할 수 있을 때 발전된다.

이 같은 민주주의와 정치의 속성을 이론적으로 접근하고자 할 때 여기에는 두 차원이 존재한다. 즉 민주주의의 절차와 프로세스에 초점을 두는 경우와 민주주의의 결과와 질적인 정책콘텐츠에 초점을 두는 경우이다. 절차와 프로세스에 초점을 둔 민주주의는 복수 정당과 정치인들에 의해 전개되는 경쟁적 선거과정에 자유권과 참정권(정치적 시민권)을 갖는 시민들이 참여하여 국가권력을 구성·배분하고, 정치적 의사결정에 참여하여 국가기구의 권력행사에 통제를 가하며, 권력기관 간에 견제-균형 기제가 작동하는 체제이다.[1] 요컨대 절차와 프로세스 중심의 민주주의는 선거경쟁 및 '최소한의 절차'의 제도화로 인식된다. 한편, 결과와 질적인 정책콘텐츠에 초점을 둔 민주주의는 경제적 번영, 일자리·교육·분배·복지·환경, 경제권력의 분권화 등과 같은 사회경제적 시민권 신장을 통한 삶의 질을 개선하는 체제이다. 결국 프로세스 중심의 민주주의는 절차적·형식적 민주주의로 통칭되고 정치적 민주주의 혹은 자유민주주의에 해당하는 최소강령적(minimalist) 정의인데 반해, 결과적 정책콘텐츠 중심의 민주주의는 실질적·내용적 민주주의로 통칭되고 사회경제적 민주주의에 해당하는 최대강령적(maximalist) 정의이다. 이 두 가지의 민주주의가 민주주의의 모든 요소를 다 포괄하는 것은 아니지만 민주주의의 중요한 속성을 이론적으로 설명하기에 적실성을 갖는다.

일반적으로 정치적 시민권의 신장이라는 절차적·정치적 민주주의의 발전은 사회경제적 시민권의 신장이라는 실질적·사회경제적 민주주의의 발전에 논리적으로나 경험적으로 선행한다. 절차적·정치적 수준에서 민주주의가 작동하기 시작하면 그 영향은 사회의 다른 수준, 하위영역으로 확산된다. 즉 절차적·정치적 민주주의가 강화돼 나가면서 실질적·사회경제적 민주주의로 발전한다. 역으로 실질적·사회경제적 민주주의의 발전이 기반이 돼서 절차적·정치적 민주주의가 강화, 심화된다. 민주주의는 이러한 선순환 구조가 존재할 때 정상적으로 작동한다(Rueschemeyer *et al.* 1992: 300). 이런 점에서 절차적·정치적 민주주의가 완성되고 이제 실질적·사회경제적 민주주의로 넘어가야 한다거나 절차적·정치적 민주주의와 실질적·사회경제적 민주주의를 별개의 차원으로 상정하는 것은 민주주의에 대한 올바른 인식이 아니다(최장집 외 2007: 19-22). 이런 점에서 절차적·정치적 민주주의의 발전을 위한 보다 정밀하고 지속적 노력 없이 사회경제적 민주화에 지나치게 경도되는 것은 매우 위험하다. 이 경우 과거 사회주의체

1) 슘피터(J. A. Schumpeter)의 민주주의 개념을 진일보시킨 달(R. Dahl)은 『폴리아키』(polyarchy)라는 저서에서 민주주의를, 정치적 경쟁 및 참여를 보장하는 7가지 '최소한의 절차'(procedural minimums)로 상정했다(1971: 6). 즉 투표권, 공무담임권, 지지표를 얻기 위해 경쟁하는 정치인들의 권리, 자유롭고 공정한 선거, 결사의 자유, 표현의 자유, 정보의 선택적 소스 등을 제시하고 있다(Dahl 1971: 3). 그의 민주주의 개념은 민주주의의 절차와 프로세스에 초점을 맞추고 있다. 결국 슘피터와 함께 달이 상정하는 민주주의 개념은 정부가 시민에 대해 어떤 정책콘텐츠를 갖고 어떻게, 그리고 어느 정도 반응하고 책임을 지는가에 대해서는 침묵하고 있다(O'Donnell 1996: 36).

제나 남미의 대중영합주의에서처럼 자칫 반민주주의의 수렁에 빠질 수 있다. 따라서 민주주의 발전의 안정적 제도화를 위해서는 보다 정교하고 세련된 절차적·정치적 민주화가 진행되면서 실질적·사회경제적 민주화가 그 뒤를 따라가며 삶의 질과 관련된 정책콘텐츠를 알차게 채워 주는 것이 바람직한 수순이다.

절차적·정치적 민주주의가 사회경제적 시민권의 신장을 동반하는 실질적 민주주의로 연결되기 위해서는 민주주의의 발전을 계급·계층 이해관계의 관점에서 파악하는 것은 매우 중요하다(고세훈 2005: 184). 서유럽의 역사적 맥락에서 볼 때 민주주의의 확대·심화 과정은 민주주의에 가장 큰 이해관계를 가진 노동·서민대중 세력의 정치화 과정이었다. 선거권의 확대를 통한 정치적 민주화 과정은 주로 거리에서 노동의 투쟁에서 비롯된 산물이었으며 복지국가 건설을 통한 실질적 민주화는 선거권 확대로 출발한 정치적 민주화가 열어 준 노동우호적인 중도좌파정당의 정책 활동에 힘입은 바가 컸다. 이 점에서 노동대중운동이 시장에서 자본과의 직접 충돌을 피하도록 하기 위해서는 정치권에서 그들의 강력한 정치세력화가 실현될 때 실질적·사회경제적 민주주의의 실현 가능성이 높아질 수 있다.

민주주의는 자본주의 시장경제와 구조적으로 긴장과 갈등관계에 있다. 왜냐하면 민주주의는 평등에 기초한 '인민의 지배'를 추구한데 반면에, 자본주의 시장경제는 '자본의 지배'에 따른 불평등한 사회를 수반하기 때문이다. 그럼에도 서유럽 국가들에서는 민주주의와 자본주의 시장경제가 양립과 공존하고 있다. 그것은 그 양자의 변증법적 상호작용이 만들어낸 권력자원(power resources)의 균형상태가 가능했기 때문이다. 절차적·정치적 민주주의를 자본주의 시장경제의 교정을 통한 실질적·사회경제적 민주주의와 연결시키는 매개는 노동과 서민대중에 친화적인 정책콘텐츠를 개발하는 진보세력의 권력자원(조직력, 득표력, 의회 및 내각점유율 등)이다. 절차적·정치적 민주주의는 실질적·사회경제적 민주주의를 견인할 수 있다는 의미에서 민주주의를 위한 필요조건이지만 그것이 충분조건은 될 수 없다. 절차적·정치적 민주주의가 실질적·사회경제적 민주주의를 견인할 수 있는 것은 자동적인 과정이 아니라 진보세력의 권력자원을 매개로 하기 때문이다. 즉 핵심적인 사회경제적 이슈들이 정치적 어젠다에 설정되고 궁극적으로 정책화의 결실을 맺는 것은 진보권력의 작동 없이는 불가능하다.

오늘날 미국 민주주의는 절차적·정치적 차원에서 최고조의 발전에 이르고 있으나 실질적·사회경제적 민주주의는 저발전 상태에 놓여 있다. 미국 민주주의는 심각한 사회경제적 양극화와 불평등에 직면하고 있고 인종적인 편견과 차별이 아직도 사라지지 않고 있다. 이 사실은 진보세력의 권력자원이 매개되지 않는 절차적·정치적 민주주의가 실질적·사회경제적 민주주의를 담보하지 못한다는 한계를 여실히 보여 준 사례이다. 미국의 경우 노동자의 힘이 극히 취약하고 정치적으로 의미 있는 중요한 집단이 아니며 서유럽적 의미에서의 진보정당이 존재하지 않는다. 그 결과 현 미국 민주주의가 소수인종과 사회 저변층의 사회경제적 시민권을 외면하는 '상류층(부자) 민주주의'로 변질되고 있다는 개탄의 목소리가 비등하다.

오늘날 신생민주주의 국가들에서도 절차적·정치적 민주주의가 실질적·사회경제적 민주주의로 발전되지 못하고 있다. 물론 그들 국가에서는 공정한 선거경쟁을 통해 민주정부를 수립하여 국민들에게 자유권과 참정권을 부여하는 등 '최소한의 민주적 절차'를 갖춘 절차적·정치적 민주주의를 실현했거나 근접하고 있다. 그러나 그들 국가는 권력자원 배분상의 불균형으로 인하여 사회경제적 불평등·소외·배제·차별이 만연하며 이에 따른 사회적·정치적 갈등과 긴장이 고조되고 있다. 이런 상황은 신생민주주의의 발전을 가로막고 있다. 이는 민주주의를 단순히 선거경쟁 및 '최소한의 절차'의 제도화로 정의하는 절차적·정치적 민주주의는 민주주의를 실현하기 위한 필요조건이지 결코 충분조건은 아님을 말해 준다.

자본주의 시장경제의 맥락에서 진보세력의 권력자원으로 매개되지 않는 절차적·정치적 민주주의는 사회경제적 차원의 실질적 민주주의로 이어지지 않는 불완전한 민주주의, 혹은 공허한 민주주의로 전락된다. 민주주의란 사회적·경제적 정의를 포괄해야 하는 윤리적 개념이다. 이는 사회적 균열과 갈등을 일으키는 불평등·소외·배제·차별을 최소화시키는 것으로 나타난다. 절차적·정치적 민주주의의 역동적 과정을 통해 산출해 낸 정책적 결과물이 사회경제적 차원의 다양한 문제를 실질적으로 해결하지 못하거나 불평등·소외·배제·차별과 이로 인한 갈등과 대립을 최소화·조정할 수 없으면 그 민주주의는 윤리적으로나 실용적으로 공허하다(고세훈 2005: 187). 그렇다고 이런 논점이 앞에서도 언급했듯이 절차적·정치적 민주주의가 중요하지 않다는 것을 말한 것은 아니다. 오히려 투표 참여의 폭과 내용은 민주주의의 성격을 규정하는 핵심 요인이다.

따라서 참여의 폭이 넓어지고 깊이가 깊어지는 것은 그 자체가 절차적·정치적 민주주의 발전에 중요한 의미가 있을 뿐만 아니라 민주주의의 역동적 발전 경로에서 '선차성'을 갖는다. 그러나 절차적·정치적 민주주의가 실질적·사회경제적 민주주의와의 연계 없이 단순히 참여의 형식과 절차에 초점을 맞추는 것은 그 의미를 크게 퇴색시킨다. 따라서 '민주주의의 지속적인 민주화', 즉 절차적·정치적 민주주의를 기초로 실질적·사회경제적 민주화를 심화시킬 뿐만 아니라 그것을 시장영역의 민주주의로 확대해 갈 때 민주주의는 진정으로 발전의 길을 걷게 된다. 절차적·정치적 민주주의는 사회경제적 민주화 혹은 시장의 민주화를 위한 전제 혹은 필요조건일 뿐, 결코 충분조건이 아니기 때문이다.

제3장

민주주의의 다수제 모델 VS 합의제 모델

1. 다수제 모델과 합의제 모델의 기본 차별성

시민사회-정치사회-국가-경제사회 등 민주주의를 구성하는 네 개의 부분체제들은 상호작용한다. 어떤 부분체제도 다른 부분체제 또는 나머지 모든 부분체제의 지원 없이는 정상적으로 작동할 수 없다. 특히 선거·정당·의회·정부·사법부 등으로 구성되는 정치사회-국가라는 두 부분체제는 사회적·경제적 균열로 인한 정치적 갈등의 해결과 관련된 규범과 절차의 영역으로서 다른 부분체제의 정상적 작동 여부에 중대한 영향을 미치며 종국적으로 민주주의의 성패를 좌우하는 주요 변수이다.

국가권력을 장악하고 행사하는 것을 목표로 하는 정치사회-국가 영역에서 민주주의는 갈등해결을 위해 통상적으로 '인민에 의한 정부(정치)'(government by the people)의 제도화를 필요로 한다. 이는 인민의 자유로운 참여와 선택에 의해 정부가 구성되고 인민들의 선호와 요구가 국가의 정책결정 및 집행 과정에 매개되며 이를 실현하는 정치행위를 감시하고 통제하는 제도적 장치들의 능력이다(Schmitter 1983: 898-899). 이를 통해 정부(정치)의 대표성(representativeness)이 확보된다. 정치적 대표성 확보를 위해서는 특히 정치적·사회경제적으로 취약한 어떤 집단(소수파)도 정치권력에 제도적으로 접근(accessible)하고 참여하는 데 차별이나 배제를 당해서는 안 된다.

그러나 민주주의는 '인민에 의한 정부(정치)'의 제도화만으로는 부족하다. 따라서 민주주의는 갈등해결을 위해 '인민을 위한 정부(정치)'(government for the people)의 제도화를 추가적으로 요구한다. 이는 인민이 선호하는 이익과 요구에 응답하고 부응하는 정부(정치)의 능력을 말한다(Schmitter 1981: 302). 다시 말하면 그것은 정부(정치)의 제도가 권위적 조정 및 자원배분을 위한 정책결정·집행을 수행하고 이를 통해 실현한 성과와 실적이 인민의 선호·욕구에 효율적이고 효과적으로 부응하여 이를 충족시킬 수 있는 응답성(responsiveness)이다. 또한 그것은 선출된 대표가 인민의 완벽한 대리인으로 행동하도록 통제하며 인민의 요구와 이익을 위해 행동하지 않는 대표는 투표를 비롯한 여러 제도적 장치에 의해 퇴출시킬 수 있는 책임성(accountability)과 관련된다. 이로써 정부의 통치력(governability)이 확보된다.

그런데 민주주의를 '인민에 의한, 인민을 위한 정부(정치)'의 제도화를 통한 갈등해결로 규정했을 때 근본적인 문제가 제기된다. 즉 인민의 의사가 일치하지 않고 그들의 요구와 선호가 상이할 때 도대체 "누가 지배하고 정부는 누구의 이익에 부응해야 하는가?"라는 딜레마이다. 이 딜레마에 대한 해법은 '다수자의 지배'(majority rule)이다. 이것은 다수제 민주주의의 본질이다. 말하자면 "다수자에 의한, 다수자의 이익에 부응하는 정부(정치)가 소수자에 의한, 소수자의 이익에 부응하는 정부(정치)보다 '인민에 의한, 인민을 위한 정부(정치)'라는 민주주의의 이상에 가깝다"는 신념에 기초한다(Lijphart 2012: 1-2).

또 다른 해법은 단순한 다수자가 아니라 '가능한 많은 인민의 다수자'이어야 한다는 것이다. 이것이 합의제 민주주의(consensus democracy)의 요체이다.[1] 민주주의의 합의제 모델은 다수자의 지배가 소수자의 지배보다 민주주의의 이상에 부합한다는 점에 있어서 다수제 모델(majoritarian model)과 다르지 않다. 그러나 합의제 모델은 다수자의 지배를 민주주의의 실현을 위한 최소한의 필요조건으로 상정한다. 그것은 의사결정에 참여하는 협소한 다수자에 만족하지 않고 다수자의 규모를 극대화하는 방안을 모색하려 한다. 이를 위해 합의제 모델이 내장하는 제도적 장치는 정부에의 광범한 참여와 정부정책에 대한 광범한 합의를

1) 합의제 민주주의는 협의제 민주주의(consociational democracy)와 구분된다(Andweg 2000: 512-514). 후자는 대연정, 비례성(정치대표, 공직임명, 공적기금의 배분), 상호비토(mutual veto) 또는 패키지딜(package-deal), 분절집단의 자율성 등 4가지 특징을 갖는다(Lijphart 1977a: 25-47). 레이파트(Arend Lijphart)는 4가지 특징을 갖는 협의제 민주주의를 확대하여 합의제 민주주의 개념을 도입했다(Lijphart 2012). 합의제 민주주의는 협의제 민주주의를 보다 정확하게 규정하려는 그의 노력에 의해 창출된 것이다(Lijphart 2003a: 427)

겨냥하고 있다. 다수제 모델은 근소한 과반다수당(때로는 과반에도 못 미치는 단순다수당)의 수중에 정치권력을 집중시키는데 반해, 합의제 모델은 다양한 방식으로 권력을 분점·공유(power-sharing)하려고 한다. 이에 따라 다수제 모델은 배타적이고 경쟁적이며 대립적인 정치를 연출시키는 경향을 보인 반면에, 합의제 모델은 포용, 협상 및 타협을 특징으로 하는 상생정치를 지향한다. 이 때문에 합의제 민주주의는 협상 혹은 상생민주주의(negotiation or positive-sum democracy)라고도 부른다(Lijphart 2012: 2).

이처럼 민주주의의 두 모델 간에 차별성이 존재함에도 불구하고 아직 많은 사람이 민주주의를 단순히 다수제 모델과 동일시하고 합의제 모델을 다수제 모델의 안티테제로 인식하지 못한다. 그들은 강력한 정치적 반대세력이 현대 민주주의의 필수조건이고 반대세력의 주요 목표는 다음 선거에서 다수당이 되어 집권하는 것으로 파악한다. 이러한 견해는 양당체제하의 전면적 정권교체를 필연적으로 동반하는 것으로 인식하는 다수제 모델의 가정에 기초한다. 이런 다수제 모델을 수용한 헌팅톤(Samuel P. Huntington)은 두 차례의 정권교체를 민주주의의 공고화 조건으로 제안했다(1991: 266-267). 그에 따르면 민주주의의 이행단계의 초기 선거에서 집권한 정당이 다음 선거에서 패배하여 승리한 다른 정당에게 정권을 이양하고 이 정권이 또 다른 선거에서 승리한 정당에게 또 다시 평화적으로 정권을 이양하는 전통이 수립되었을 때 민주주의가 공고화된다는 것이다. 그러나 공고화된 민주체제를 가진 독일, 네덜란드, 스위스, 벨기에 및 오스트리아 등 주요 서유럽 국가들은 헌팅톤식 정권교체를 경험하지 않았다. 그들 국가의 합의제 모델은 다당제도 속에서 합의제적 연정(consensual coalition)을 수립하고 이런 체제하에서 정부의 변화는 야당이 여당을 완전히 대체하여 집권하는 수준이 아니라 단순히 정부를 구성하는 정당들의 부분적 교체를 의미한다.

이와 같이 민주주의에는 다수제 모델과 합의제 모델이 존재한다. 레이파트에 따르면 모든 민주주의체제는 다수결주의(majoritarianism)와 합의주의(consensualism)를 각각 양극으로 하는 연속축의 어느 선상에 위치한다. 이러한 다수제-합의제 축에 따라 한 나라의 정치체제는 차별화 될 수 있다. 그런데 우리는 이 같은 다수제 모델과 합의제 모델로부터 주요 10가지의 민주적 제도 변수를 끌어낼 수 있다(Lijphart 2012: 2-4). 첫 번째의 차원은 선거제도-정당체제-집행권-행정부·입법부 관계-이익그룹 등의 제도적 장치들로 구성된 5가지의 특징적 변수클러스터(variable cluster)이다. 이는 정당-집행부 차원(party-executive dimension)이고, 중앙수준에서 작동하는 '수평적 권력분점제도'이다. 두 번째 차원은 중앙정부-지방정부 간 권력관계, 입법부 내 권력관계, 헌법개정 난이도, 위헌심사권 및 중앙은행 등에 관련된 제도적 장치들로 구성된 5가지 특징적 변수클러스터이다. 이는 단방제-연방제 차원(unitary- federal dimension)이고, 단방정부-연방정부 관계와 연관된 '수직적 권력분점제도'이다. 이와 같은 10가지 제도적 변수들은 다수제 모델과 합의제 모델 간에 차이를 보이고 있으며 각 모델의 제도적 변수들은 기능적으로 연계되어 있다. 여기서는 본 저서에서 중점적으로 논의되는 민주주의 모델의 제도변수만을 제시한다<표 3-1>.

▌표 3-1▐ 민주주의 모델의 제도변수 클러스터

민주주의모델 / 정치제도	다수제 민주주의	합의제 민주주의
선거제도	다수대표제	비례대표제
정당체제	양당제	다당제
정부유형	일당 단독정부	연립정부
의회-행정부 관계	행정부의 대(對)의회 우우	의회-행정부 균형
이익·시민집단-국가 관계	다원주의(경쟁적 노사정)	조합주의(사회적 대화)
중앙정부-지방정부 관계	중앙집권적 단방제	지방분권적 연방제
의회제도	단원제·하원우위 양원제	권력균형 양원제

2. 영국 다수제 모델 vs 게르만국가 합의제 모델

1) 영국의 다수제 모델

영국에는 지역 중심의 다민족 성격이 존재한다. 즉 잉글랜드, 스코틀랜드, 웨일즈, 북아일랜드 등 네 지역으로 구성되어 이들 지역의 인종적·문화적 정체성이 각기 다르다. 그리고 북아일랜드 내부에서는 종교적 균열(프로테스탄트와 가톨릭)이 존재한다. 그러나 이러한 지역적·인종적·문화적 정체성 및 종교적 차이는 영국정치에 큰 변수로 작용하지 않는다. 다만 영국에는 사회경제적 균열이라는 일차원적 이슈가 정치에 영향을 미치는 변수로 작용하고 있을 뿐이다(Slomp 2011: 93). 이는 영국사회가 게르만유럽 국가들과는 달리 심각한 균열사회가 아니며 따라서 상대적으로 동질적 정치문화를 갖추고 있음을 시사한다. 이런 배경에서 영국은 민주주의의 다수제 모델을 채택할 수 있었다.[2)]

그런데 다수제 모델의 관점에서 해석하면 민주주의는 '다수자의 지배'와 '다수인민에 의한 정부'를 의미한다. 이 주장은 다수당은 마땅히 지배하고 야당은 당연히 반대한다는 것이다. 다수제 모델이 상정하는 정치, 즉 다수당의 지배와 '정부 대 야당'(government vs opposition) 패턴은 야당에 대한 '배제 원칙'을 함축한다. 선거경쟁에서 승리한 정당이 정부의 모든 결정을 내리는데 반해, 패배한 정당들은 비판만 할 수 있고 정책결정에의 참여를 허용하지 않는다면 이것은 민주주의를 크게 훼손하는 것이라 할 수 있다.

영국 다수제 모델은 기본적으로 시장경제와 유질동상적(isomorphic) 구조를 갖는다. 바꿔 말하면 그것은 자본주의의 경제 원리인 자유경쟁-자유선택에 기초하는 정치제도라 할 수 있다. 따라서 영국 다수제 모델은 정치영역에서 정책과 투표가 교환되는 선거시장(electoral market)을 중시한다. 선거시장에서의 권력배분은 경쟁원리에 따른다. 이 같은 시장적 권력배분 과정은 다수파의 의사가 사회의 보편적 의사(universal will)로 규정되는 근거를 제공할 뿐만 아니라 다수파에 의한 권력의 행사를 정당화하고 있다. 이러한 점에서 영국 다수제 모델의 본질은 '다수자의 지배'이다. 다수자에 의한 그리고 다수자의 희망에 부합하는 정부가 소수자에 의한 그리고 소수자에 책임지는 정부보다 민주주의의 이상에 보다 근접한다는 것이다.

이러한 영국 다수제 모델의 주요 정치제도적 특징은 다음과 같다(Lijphart 1984: 6-9). 첫째, 선거제도는 시장적 권력배분방식, 즉 최다득표자당선제(plurality system or first-past-the-post system)를 선호한다. 둘째, 정당체제는 순환적 정권교체를 하는 양대 정당에 의해 지배되고 이 제도는 동질적 문화를 갖는 사회의

2) 영국의 의회는 런던의 웨스트민스터 궁에서 열린다. 그래서 다수제 민주주의는 웨스트민스터 모델(Westminster model)이라고 한다.

토양에서 작동한다. 셋째, 행정권은 1개 정당에 의한 근소한 과반수(또는 단순 다수당)의 내각에 집중된다. 넷째, 정부구조는 중앙집권적 단방제(central unitary system) 형태를 갖는다. 마지막으로 불균형의 양원제(asymmetric bicameralism)가 존재한다. 하원에 모든 입법권이 속하는 하원우위의 양원제이며 따라서 단원제의 특징이 나타난다. 따라서 하원의 다수파에 의해 변경될 수 없는 어떤 헌법적 규정도 없다.

이 같은 제도적 장치들을 갖춘 영국 다수제 모델은 민주주의와 공존한다. 주요 정당들 간의 정책프로그램이 큰 차별성을 보이지 않기 때문에 특정 정당이 권력으로부터 장기간 배제되는 동안에도 민주주의와 다수당의 지배가 상충하지 않는다(Lijphart 1981: 3). 또 영국 웨스트민스터민주주의는 제도적 차원에서 선거승자에게 권력을 집중시키지만 실제 권력구조의 운영은 극한 대결의 정치보다는 온건과 타협으로 이뤄지는 '합의-상생정치'를 낳는다. 정치는 서로 다른 견해들이 대화와 타협을 통해 조화시키는 기예이다. 이런 점에서 영국 다수제 모델에는 선거에서 승리한 집권당은 총선에서 패배한 야당의 이해와 관심에 대해 관용과 아량을 보여 주는 전통이 확립되었다. 수적 우세에 따른 다수의 이름으로 밀어붙이는 것은 민주성이 결여되며 또한 소수의 견해를 반영하지 않는 다수의 힘은 정당성이 없는 다수의 횡포라는 인식의 기틀이 마련되고 있는 것이다. 이 같은 영국 '수용의 정치'(politics of accommodation)는 타협-조화-통합의 정치로 발전하게 되는 시금석이다. 서로 다름을 인정하는 'agree to differ' 정신이 영국 다수제 민주주의의 핵심요소이다. 이는 영국사회가 균열과 갈등이 복합적이지 않고 정치문화가 상대적으로 동질적일 뿐만 아니라 주요 정당들 간의 정책프로그램이 큰 차별성을 보이지 않는 데에서 비롯되고 있다는 점을 주목할 필요가 있다.

그러나 영국 다수제 모델은 몇 가지 측면에서 그 적실성에 대한 문제의식을 제기할 수 있다. 우선 다수결 지배와 민주주의는 대때로 정반대로 대치될 수 있다. 왜냐하면 다수표를 얻은 승자에게 무조건 정당성과 합법성을 부여하는 다수결 지배는 비민주적이고 과두적인 지배구조를 항구적으로 재생산해 주는 절차가 될 수 있기 때문이다. 또 영국 다수제 모델의 정치현실은 자유 경쟁적이라기보다는 단일 거대정당 혹은 양대 정당이 파워블록(power bloc)을 구성하여 지배하는 독과점적 정치시장을 만들어 낼 수 있다. 바꿔 말하면 정치시장에서의 다수결주의는 국가권력의 배분·구성에 있어 정치적·경제적으로 우월한 다수파의 독과점적인 과다대표(over-representation) 사태를 초래하여 정치적·경제적인 소수파의 이익과 정치적 수요에 제대로 부응하지 못할 수도 있는 것이다. 선거에서 다수 득표를 한 후보자는 정치적 완승을 실현하는 반면, 여타 후보자들은 정치적 완패를 강요받아 정치적으로 배제될 수밖에 없다. 이는 승자독식(winner-take-all)과 소수파에 대한 다수파의 독재를 뜻하며 이 경우 정치시장은 사활적인 제로섬 게임의 무대로 전락될 수 있는 개연성이 상존한다. 따라서 영국 다수제 모델은 변증법적인 일반의사(general will)를 모색하는 방법으로서의 적실성에 결함이 있으며 정치사회 세력 간의 갈등해결 장치로서 한계를 드러낸다.[3)]

더욱이 영국 다수제 모델은 정부의 정책결정 과정에 선거시장의 패자(소수파)에 대한 배제의 원칙이 적용되고 있다는 점에서 약점을 갖는다. 이는 인종·언어·계급·계층·이념·지역 등에서 이질성이 존재하는 균열사회(cleavage society) 혹은 정권장악을 위한 정치적 갈등이 치열한 사회에서 가장 뚜렷하게 표출된다. 다수파 정당에 의해 표방된 정책은 소수파의 이익과 크게 이산(divergence)되는 경향이 있으며 지역주의 투표처럼 유권자들의 정당선호도가 정태성을 띠는 경우 정권교체의 가능성도 감소한다(Lijphart 1981: 3). 특히 정치문화적 요인에 따라 독자적인 정당, 이익집단, 매스미디어를 갖는 하위사회(sub-societies)로 크게 분열되어 있는 사회에서 영국 다수제 모델은 정치적 탄력성과 유연성을 발휘할 수 없다. 그러한 상황에서 영국 다수제 모델은 소수파의 정치권력에의 접근을 지속적으로 배제하고 극도의 정치적 소외감과 좌절감을 강제함으로써 그들이

---

3) 다수제 모델에서 투표 결과 산출된 다수의 견해는 전체를 구성하는 부분적 의사가 아니라 일반의사이기 때문에 다수파 독재는 선거메커니즘에 의해 정당성이 부여된다. 그러나 다수결주의는 일반의사를 파악하는데 적절한 수단이 될 수 없다. 일반의사의 파악은 이를 형성하는 과정에 다양한 사회구성원이 '등가의 원칙'에 따라 참여가 실질적으로 보장되어야 한다. 만일 소수의 의견이 경쟁의 논리에서 묵살되거나 시장기제에 의해 억압된다면 일반의사는 창출해 낼 수 없다. 이런 가능성이 항상적으로 잠복돼 있는 다수제 모델은 시장의 논리에 입각한 경쟁에서 승리한 다수의 권력독점과 과잉대표를 정당화하고 수적 우월한 다수가 상대적으로 열등한 소수를 억제할 수 있는 명분논리를 제공한다. 따라서 다수제 모델은 사회적 갈등을 해결하는 제도적 적실성에 한계를 갖는다.

정권에 대한 지지를 철회하는 사태를 초래한다. 그 결과 정치사회에 만성적 갈등과 불안이 증폭된다. 따라서 균열된 사회에서는 사회의 정치적·경제적 소수 열등세력과 집단을 포괄하는 합의제 모델을 대안적 갈등해결 모델로 탐색하고 있다.

2) 게르만국가의 합의제 모델

민주주의의 다수제 모델은 동질적 정치문화를 정치통합의 전제조건으로 인식한다(Lijphart 1971: 4). 공동체 통합은 기본적으로 사회구성원들 간 가치의 공유 여부에 좌우된다는 것이다. 통합이란 동질적인 정치공동체를 창출해 가는 과정에서 문화적·지역적 긴장과 갈등을 점진적으르 완화해 가는 것을 의미한다. 이러한 사고는 영미식 정치체제와 게르만유럽식 정치체제의 차별성을 설명하는 이론적 토대이다. 영미식 민주주의는 동질적인 정치문화로 인해 안정적이고 높은 효과성(effectiveness)을 보인다. 게르만유럽식 민주주의는 상이한 하위 정치문화가 혼재된 정치문화 분절화의 현상을 보여 항상 갈등과 대립이 잠재되어 있다.

그러나 민주주의의 합의제 모델은 동질적 정치문화를 정치통합의 전제조건으로 보지 않는다(Lijphart 1971: 7-9). 언어·종교·인종·이념·지역·민족 등에서 동일한 공동체가 통합의 본질적인 전제조건으로 간주되지 않는다. 합의제 모델의 기본 사고는 하위문화 집단의 엘리트들이 문화적 분절화가 야기하는 원심적(centrifugal) 경향을 상쇄시키는 협력적이고 화해적인 노력을 경주한다면, 문화적으로 분절된 갈등사회에서도 정치적 안정과 통합이 달성될 수 있다는 데에 있다.[4] 게르만유럽 국가들은 기본적으로 이 같은 합의제 모델을 지향하고 있다.

---

4) 레이파트는 민주주의를 정치문화와 엘리트 행태라는 분석의 양대 축을 통해 민주주의를 유형화했다(Lijphart 1968: 38). 즉 정치문화가 동질적(homogenous)이냐 혹은 분절적(fragmented)이냐를 횡축으로 하고 엘리트 행태가 협력적(coalescent)이냐 혹은 경쟁적(competitive)이냐를 종축으로 하여 탈정치적(depolitical) 민주주의, 구심적(centripetal) 민주주의, 원심적(centrifugal) 민주주의, 합의제 민주주의 등으로 구분했다. 탈정치적 민주주의는 정치문화가 동질적 또는 상호교차적 균열(cross-cutting cleavages)이고 엘리트 행태가 협력적인 사회에서 발생한다. 여기서는 정책결정 과정에서 정치엘리트 간에 담합이 이루어질 개연성이 있다. 구심적 민주주의(영국·미국·스칸디나비아국가 등)는 정치문화가 동질적이고 엘리트 행태가 온건하게 경쟁적일 경우 안정적이다. 정치문화가 동질적이고 실용주의적일 때 정치과정은 넌제로섬 게임의 성격을 띤다. 그러나 심한 분절사회에서의 정치적 경쟁은 정상적인 게임이 작동할 수 없다. 즉 원심적

앞서 언급한 바와 같이 복합적인 균열라인에 따라 별개의 하위사회(sub-society)로 분할된 다원적 사회(plural society)에서 영국 다수제 모델의 채택은 사실상 '다수파 독재'를 의미하며 이러한 정치적 상황은 매우 위험한 사회적·정치적 갈등과 대립을 초래할 수 있다.[5] 왜냐하면 권력에의 접근이 계속 불가능한 소수파는 정치적 소외와 차별의 심리를 갖게 될 것이고 따라서 정부에 대한 타협과 협력을 철회할 것이기 때문이다. 이 점에서 영국 다수제 모델은 민주주의의 합의제 모델로부터 도전을 받는다. 합의제 모델의 요체는 "어떤 결정에 영향을 받게 되는 사람은 모두 직접이든 선출된 대표를 통해서든 그 결정과정에 참여해야 한다"는 데에 있다.

따라서 합의제 모델은 정책결정 과정에 소수파(야당)의 참여 배제를 민주주의 위반으로 인식한다(Lijphart 2012: 30). 다원적 사회가 필요로 하는 것은 반대보다는 상생과 합의를 강조하고 배제보다는 참여를 활성화시키며 근소한 과반수에 만족하는 대신 다수자의 규모를 최대화하려는 것이다. 합의제 모델은 권력분점·공유를 가장 큰 특징으로 하기 때문에 '권력분점·공유 민주주의'(power-sharing democracy)라고도 불린다. 이는 다수제 민주주의와 대비되는 개념이다. 즉 정책결정이 다수자 지배의 원칙 혹은 '근소한 과반수'(bare-majority)에 의하여 이뤄지는

민주주의(프랑스의 제3·4공화국, 바이마르공화국, 오스트리아의 제1공화국 등)는 정치문화가 분절적이고 엘리트 행태가 경쟁적·갈등적인 경우에 등장하는 데 이 경우의 정치는 불안정을 피할 수 없다. 합의제 민주주의(전후 독일, 게르만유럽 국가)는 정치문화가 분절적이고 엘리트 행태가 협력적인 사회에서 발생하여 높은 문화적 이질성과는 관계없이 정치체제는 안정적이다. 상호 관용하고 화합하는 정치엘리트의 협력전략은 다양한 제도적 장치, 즉 연립정부, 소수파 권리를 보장할 수 있는 상호비토, 선거 및 정치적 임명직에서의 비례성 원칙, 분절집단들의 의사결정 자율성 등이 정착되어 있을 때 가능하다. 이러한 제도적 장치를 통해 가능한 경쟁적 요소를 제거함으로써 정치과정에 발생하는 갈등과 대립은 상쇄될 수 있다. 합의제 민주주의는 경쟁게임이 아니라 진지한 협상과 거래로 간주되고 있다(Lijphart 1969: 216).

5) 합의제 모델은 다원적 사회에 적용된다. 다원적 사회란 정당, 이익집단, 메스컴, 학교, 자발적 결사체 등이 종교·이념·언어·지역·문화·인종·민족 등과 같은 분절적 균열라인(segmented cleavage line)에 따라 조직되는 사회를 지칭한다. 이러한 균열에 의해 제약을 받는 주민은 다원적 사회의 분절집단이라 일컬어진다(Lijphart 1977a: 3-4). 예컨대 다수파인 프로테스탄트와 소수파인 가톨릭으로 분할된 북아일랜드의 다원적 사회에서 채택된 다수제 민주주의는 곧 다수파인 프로테스탄트를 대표하는 통일당(Unionist party)이 모든 선거에서 승리하여 1921년에서 1972년까지 집권의 독점을 의미했다. 1960년부터 전개된 가톨릭에 의한 대규모의 항의는 프로테스탄트-가톨릭의 내란으로 발전되었고 결국 영국정부의 군사적 개입으로 진압되었다. 그리고 영국 내각은 자신의 다수제 민주주의적 성격에도 불구하고 1998년 북아일랜드에서 비례대표제, 프로테스탄트세력과 가톨릭세력 간의 권력분점 등 합의제 모델의 필요성을 인정했다 (O'Leary 2002: 299-337).

경우 권력이 하나의 정당에게 집중되는 결과를 가져 온 영국 다수제 민주주의 모델과는 달리 합의제 민주주의 모델은 유력한 정당 간에 권력이 공유·분점되기 때문에 정책결정이 타협과 합의의 방식으로 이뤄진다.

이러한 합의제 민주주의 모델은 게르만유럽 국가들 가운데 특히 대국인 독일, 그리고 오스트리아·스위스·네덜란드 등 강소국들에서 사회적 갈등을 조정·해결하는 정치메커니즘으로 작동되어 왔다(Pappalardo 1981: 366).[6] 그들 국가는 각기 사회적 균열의 유형과 강도의 편차는 있지만 내부사회에 종교·언어·인종·문화·지역·계급·계층 등 분절된 다원사회(segmented plural society)가 구조화되었다. 그러나 블록 상호간의 침투불가성(impermeability between blocs) 논리가 강하게 작용했음에도 불구하고 각 블록의 분열집단(segmented group)들은 평화와 민주주의를 유지하며 공동체 의식을 갖고 장기간 공존과 국민통합을 유지해 오고 있다. 게르만유럽 국가들의 합의제 모델이 보여 주는 이런 통합력은 바로 다수파 지배의 논리를 견제하고 소수파 보호에 방점을 두는 제도적 장치에서 비롯된 것이다.

게르만유럽 국가들의 합의제 모델은 사회적으로 파편화(social fragmentation)되고 이데올로기적 분열(ideological compartmentalization)에 직면하고 있는 갈등집단 간에 상호 주요 사활적인 이익을 최대한 보장하기 위해 여러 집단엘리트 간의 권력분점·공유를 제도화함으로써 종국적으로 정치공동체로 통합시키는 데 그 목적을 두었다(Lijphart 1976: 6). 민주적 정치란 다양한 이익과 가치를 가진 사회 구성원들을 가능한 소외시키지 않고 공적 의사결정과정에 참여하도록 하는 데 주된 목적이 있기 때문이다. 그런데 특히 게르만유럽 국가들 중 오스트리아·스위스·네덜란드의 사회적 균열은 동질적인 사회에서 발견되는 일반적인 다원적 갈등 수준을 뜻하지 않는다. 그것은 분절집단 간의 연계가 결여되어 사회적으로 적대적인 하위문화적 분절(subcultural segmentation) 현상이 구조화되었음을 의미한다. 게르만유럽 강소국들의 다원적 사회는 독자적 정체성을 갖고 조직화되어 있는 하위문화 집단들을 가졌다. 각 분열집단들은 사회적 균열에 따라 조직

6) 합의제 모델은 사회적으로 파편화되지는 않았지만 정서적 측면에서 이질적인 사회, 그리고 문화적으로 동질적이지만 정치적 갈등과 대립이 상존하는 사회에서도 작동 가능한 대안이 될 수 있다(Lijphart 2012: 32).

되어 있는 독자적인 정당, 자발적인 결사체 등을 통해 다른 집단과 쉽게 조정될 수 없는 독자적인 이익과 정체성을 갖고 있었다.

이런 점에서 정치의 원심력을 최소화하기 위해 각 블록을 대표하는 정치엘리트간의 커뮤니케이션 채널이 게르만유럽 국가들이 채택한 합의제 모델의 작동에 매우 중요하다(Lijphart 1969: 216, 223). 엘리트 수준의 커뮤니케이션 채널이 균열된 분절집단들을 가교하여 하나의 정치공동체로 통합시키는 중요한 메커니즘이다. 갈등집단의 정치엘리트들이 커뮤니케이션 채널을 통해 정치공동체의 통합과 보존이라는 보다 큰 이익을 위해 자신들 간의 차이를 의도적으로 절제해야 한다는 점에서 게르만유럽 국가들의 합의제 모델은 '자기부정적 가정'(self-denying hypotheses)이라 규정할 수 있다(Daalder 1974: 611-612). 이데올로기적, 문화적 분열은 도그마적 정치를 촉발하지만 그 파편화의 경직성과 불안정을 상쇄시키려는 정치엘리트들의 의도적 노력만 있다면 심하게 균열된 사회라 하더라드 민주적 안정과 정치공동체의 통합력을 기대할 수 있다(Lijphart 1969: 212). 그러므로 정치엘리트들 간의 실천적인 정치적 조정력과 협상력은 갈등집단들 간의 다양한 이익과 요구들로 인한 대중 차원의 원심력을 저지시킬 수 있는 중요한 독립변수이다.

이런 점에서 게르만유럽 국가들의 합의제 모델은 '조정적·화합적 엘리트 협상문화'(accommodationist elite culture in transaction)를 요구했다. 그러한 조정·협상문화를 정착시키기 위해 게르만유럽 국가의 정치엘리트들은 의식적으로 다수제 모델의 규범인 경쟁적 관행의 회피, 즉 의도적 탈정치화(purposive depoliticization) 절차를 발전시켰다(Daalder 1974: 607). 사활적 문제들이 정치적 쟁점이 되지 않고 갈등관계에 있는 분열집단들이 수용가능토록 하는 유일한 해법은 정치엘리트들의 조정·타협이기 때문이다. 정치엘리트들의 타협과 협력이야말로 합의제 모델의 일차적인 특징이다(Lijphart 1977a: 1). 엘리트들의 타협과 협력은 다양한 형태로 발생한다.[7] 따라서 게르만유럽 국가들의 합의제 모델은 파편화된 정치

7) 사실 게르만유럽 국가들의 합의제 민주주의의 본질은 특정 제도적 장치가 아니라 문화적으로 분절된 사회에서 엘리트들의 광범위한 협력에 있다(Lijphart 1971: 10). 엘리트들의 타협과 협력은 다양한 형태로 발생한다. 중요한 것은 다원적 사회의 모든 중요한 분열집단 엘리트들이 대연정 정부에 참여하는 하는 것이다. 대연정은 의원내각제의 대연정 내각 혹은 대통령제의 대연정 등의 형태가 있다(Steiner 1981: 346). 그 밖의 엘리트들의 타협과 협력은 소수파 이익

문화가 존재하는 사회에 안정된 정치통합을 위한 '엘리트카르텔에 의한 정치'(government by elite cartel)를 의미한다(Lijphart 1969: 216, 222). 그러한 정치는 선거 경쟁성을 완화시켜 소수파 정치엘리트들로 하여금 정치적 완패로부터 자유로울 수 있게 해주어 고도로 분열된 갈등사회에서 안정적인 정치통합을 제공한다.

결국 게르만유럽 국가들의 합의제 모델은 다양성의 인위적 합일보다는 다양성의 공존에 비중을 두고 다수파와 소수파의 상생을 지향한다. 차별성을 지닌 다양성으로부터 안정적 통합(diversity into integration)을 이끌어내어 승자와 패자의 구분 없이 공존·공영하는 조화로운 정치적 기예(art)이다. 각 정치세력들이 정치적 의사결정 및 실행과정에서 배제 당하지 않도록 하게 함으로써 갈등해결을 이룩해 내는 국민통합 메커니즘이다(Daalder 1974: 605-608; Steiner 1981: 345-351; Lijphart 1981: 4-8). 게르만유럽 국가들의 이 같은 합의제 모델은 나라에 따라 차이를 보이지만[8] 일반적으로 영국의 다수제 모델과는 대조적인 몇 가지의 제도적 장치를 내장한다(Lijphart 1984: 23-30).

첫째, 선거제도는 비례성 원칙에 기초한다. 비례성은 정치적·경제적 자원이 열세한 소수파에게 일정한 몫을 보장해 주어 소수파의 정치적 완패와 경제적 소외를 방지한다. 다수파의 과잉대표와 소수파의 과소대표(under-representation)를 만들어 내는 영국 다수제 모델과는 달리 게르만유럽 국가들이 채택하는 비례대표제는 연방의회 의석을 정당별 득표율 비례에 따라 배분한다. 상원의 경우 지역갈등해결 방식으로서 인구규모 또는 지역면적에 관계없이 지역 등가대표성(parity representativeness)을 채택한다. 둘째, 비례대표제에 의해 복잡한 사회적 균열을 반영하는 다당제가 형성된다. 종교·언어·계급·계층·지역 등 사회적·경제적 요인의 편차로 고착화된 사회적 균열은 정당체제의 다차원적 성격에 반영되는데 일반적으로 정당체제는 '다당제를 하부 형태로 하는 보수-중도-진보 블록

보호를 위한 상호비토 혹은 동시적 다수(concurrent majority), 정치적 대표, 공직임명, 공적자금 배분, 분절집단의 독자적 자율성 등에서 나타난다.

8) 민주국가들의 실제 경험적 사례는 다수제-합의제 모델의 연속선(majoritarian-consensual continuum) 상의 어느 지점에 위치한다. 예컨대 미국은 양 모델의 중간 지점(혼합)에 있다. 집행권 집중, 양당제도, 최다득표제 등은 다수제적 요소인데 반해, 균형된 양원제, 연방주의 등은 합의제적 요소이다.

체제'로 나타난다. 셋째, 다당제가 유인하는 연합정치(coalition politics)이다. (근소한) 과반의석 확보를 기반으로 한 단일 정당이 독점 지배하는 내각에 행정권을 집중시키는 영국 다수제 모델과는 달리 합의제 모델은 권력분점의 제도화, 즉 진보-중도-보수 정당블록체제의 모든 주요 정당들이 내각의 행정권을 공유하는 연립정부를 구성한다. 연립내각은 분열사회의 갈등을 해소하는 데 유일한 대안은 아니나 게르만유럽 국가들에선 권력이 균열사회의 여러 블록의 대표들에 의해 분점되고 엘리트 카르텔에 의한 방식이라는 점에서 갈등해결을 통한 정치통합을 이룩하는 전형적인 장치이다(Lijphart 1969: 213). 특히 불이익을 받았거나 소외되었던 또는 그렇게 될 개연성이 있는 언어적·종교적·문화적·계급적·계층적·지역적 소수정당들이 자신의 분열집단들의 주요 이익과 가치에 연관되는 주요 정치적 의사결정 과정에의 참여가 제도적으로 보장된다.

게르만유럽 국가들의 합의제 모델이 채택하는 이상과 같은 제도적 장치들은 다수의 지배가 소수에 대한 억압을 만들어내는 성격이 아니며 다수자가 언제나 승자가 되고 소수자가 언제나 패자가 되는 논리를 거부하는 성격을 갖는다.[9] 영국 다수제 모델이 다수결 원칙에 의한 절대적 혹은 단순다수(absolute or simple majority)를 지향하는 경쟁적 의사결정 양식이라면 게르만유럽 국가들의 합의제 모델은 동시적 다수(concurrent majority)를 지향하는 우호적·협조적 의사결정 원칙을 고수한다. 영국 다수제 모델은 승자독식의 게임이 작동하고 있다면 게르만유럽 국가들의 합의제 모델은 승자와 패자가 확연히 구분되지 않는 민주적 메커니즘이다. 이를 통해 사회적 균열과 정치적 갈등을 관리·조정하고 있다. 영국식 정치체제는 동질적이고 세속적인 정치문화를 지니고 있는 데 반해, 게르만유럽 국가들은 상이한 하위문화(subculture)로 인하여 정치문화의 분절화의 특징을 보인다(Lijphart 1969: 207). 그렇지만 게르만유럽 국가들에서 갈등적이고 대립적인 분열집단들의 정치엘리트들은 문화적 분절화의 불안정 효과를 상쇄시키는 의도적 노력을 한다. 그들의 협력으로 사회적 동질성에서 찾아 볼 수 있는 정치적 안정을 이룩할 수 있다.

---

9) 게르만유럽 국가들의 합의제 모델은 그 밖에도 수직적 권력분점인 연방제-양원제 등을 내장하고 있다(제7장 참조).

3. 합의제 모델의 신생민주주의 공고화 가능성

합의제 민주주의는 사회적 균열이 존재하는 다원적 사회는 물론이고 지역적, 정서적 이질화로 인한 정치적 갈등과 긴장이 상존하는 사회에서도 정치개혁을 위한 매우 적절한 처방을 제공할 수 있다. 그렇다면 합의제 민주주의는 신생민주주의(a fragile democracy)가 벤치마킹할 수 있는 대상이다. 레이파트 학파(Lijphart school)는 합의제 민주주의가 분열사회를 위한 최적의 민주주의일 뿐만 아니라 특히 사회적 균열과 정치적 갈등이 상존하는 신생민주주의국가들에서 실현 가능한 유일한 해법이라고 주장한다(Lijphart 2002a: 37). 합의제 민주주의는 신생민주주의국가의 헌정체제 디자인(designing constitutional regime)을 위한 규범적 모델로서 적실성을 가질 수 있다는 것이다(Lijphart 1977a: 225, 1994: 12-15; Andeweg 2000: 517).[10)]

신생민주주의국가들은 나라에 따라 편차가 있으나 언어·인종·종교·지역·계급·정서 등으로 파편화(fragmentation)된 사회를 안고 있다. 이러한 불리한 정치환경에서도 그들 국가는 범지구적인 민주화의 물결을 타고 권위주의정권을 퇴장시킨 후 민주주의이행(transition to democracy) 단계를 이미 지나 민주주의 공고화(democratic consolidation) 단계에 진입하려고 노력하고 있다. 그러나 이 과정에서 한국민주주의를 비롯한 신생민주주의국가들의 상당수는 현재 형식적, 절차적 차원에서 다수제 민주주의에 따라 민주정부를 수립하는 데 성공하고 있으나 '갈등조정의 제도화'라는 신생민주주의 공고화 단계에서 많은 시련과 도전에 직면하고 있다(Diamond 1996: 28). 비교적 자유롭고 공정한 선거에 의해 정부를 구성하지만 여전히 '부분적으로 공고화된'(partially consolidated) 민주주의 또는 '장기적으로 비공고화된' (protracted unconsolidated) 민주주의에 머물러 있다. 그 결과 신생민주주의는 권력과 자원의 배분을 둘러싸고 만성적인 정치적 갈등과 긴장을 제대로 관리하고 있지 못하고 있는 상태이다.

어떤 신생민주주의국가는 비교적 문화적 동질성을 갖지만 지역적, 정서적 이질화에 따른 정치적 대립과 긴장이 상존하고 있는 경우도 있다. 한국민주주의

---

10) 1960년대에 출발한 합의제 민주주의 이론은 처음에는 주로 서유럽 소국들에 초점이 맞춰졌으나 곧 세계의 많은 다른 크고 작은 나라들에 대한 분석적 도구 혹은 규범적 모델로 적용되어 왔다(Scholten 1987: 7-11; Lijphart 2002b: 13).

의 현 주소가 이를 상징한다. 이는 신생민주주의국가들이 대표성-책임성, 그리고 정당성-효과성에 있어 만성적인 결손과 위기를 안고 있음을 의미한다. 따라서 신생민주주의국가의 관심은 어떻게 정치적 갈등과 긴장을 해결하는 절차와 규범을 제도화하느냐에 모아지고 있다. 말하자면 신생민주주의국가들은 자신들이 직면하고 있는 갈등을 민주적으로 관리하기 위한 정치제도적 디자인을 탐색하고 있다(Belmont *et al.* 2002: 2). 이를 통해서만이 신생민주주의가 겪고 있는 대표성-책임성, 그리고 정당성-효과성의 결손과 위기를 극복할 수 있고 민주주의 공고화에 이를 수 있기 때문이다.

합의제 민주주의 이론가들은 사회적 균열과 정치적 갈등을 신생민주주의 공고화의 큰 장애로 보고 합의제 모델이 다원적 사회의 헌정공학(constitutional engineering)에 기여할 수 있다는 데에 공감한다. 빈곤, 불평등, 인종·종교·민족 등의 사회적 균열 등 구조적 문화적 장애 요인에 직면한 신생민주주의도 공고화될 수 있다는 것이다. 물론 구조적 문화적 요소가 민주주의의 전망을 밝게 해 주는 데 도움이 되는 것은 사실이다. 하지만 합의제 민주주의 이론가들에 따르면 구조적, 문화적 악조건 하에서도 민주주의의 잠재력에 관한 낙관론이 가능하다(제18장 참조). 20세기의 전반기에 민주주의는 일반적으로 유리한 사회적, 경제적, 문화적 조건을 가진 나라에 국한됐지만 1974년 포르투갈에서 발단된 '제3의 민주화 물결'(third wave of democratization)과 1989년 소비에트공화국의 붕괴 이후 그런 유리한 조건을 갖추지 못한 많은 국가들이 민주주의 실험에 착수했다(Diamond 1999). 이러한 상황은 구조적, 문화적 악조건 하에서도 어떻게 하면 신생민주주의를 공고화시킬 것인가에 대한 관심을 고조시켰다.

제도적 공학(institutional engineering)이 그 가능성으로 부상했다. 특히 상이한 분열집단들을 가진 사회 혹은 정서적 이질화로 인한 정치적 갈등이 심하게 표출되는 사회에서 정치제도가 어떻게 디자인되느냐 하는 문제는 중요한 영향력을 가진 변수이다. 물론 심한 사회적 균열이나 정치적 갈등이 없는 사회에서는 정치제도와 신생민주주의 공고화 간에 별로 관련성이 없을 것이다. 정치제도가 특정 분열집단에 유리하게 혹은 불리하게 작용하는 상황을 어렵지 않게 비켜갈 수 있기 때문이다. 대조적으로 복합적 갈등이 상존한 분열사회에서는 정치제도 디자인이 특정 분열집단에 유리하게 혹은 불리하게 작용한다. 예컨대 소선거구 단순다수대표 선거제도는 소수그룹, 특히 지리적으로 분산 거주하고 있는 사회그룹에 매우 불리하게 작용한다. 이런 관점에서 정치제도 디자인은 사회적 균열과 정치적 갈등이 상존한 신생민주주의국가에서 정치엘리트들이 갈등을 민주적이고 효과적으로 관리할 수 있느냐의 여부에 중대한 영향을 미치는 독립변수라 해도 과언이 아니다(Belmont *et al.* 2002: 3).

나아가 합의제 민주주의 이론가들은 합의제 모델의 적용을 다원적 사회에서 동질적인 비다원사회(non-plural societies)로 확장할 것을 제안한다(Lijphart 1977a: 106; Steiner 1981: 344). 합의제 모델이 동질적 정치문화를 지닌 비다원사회의 갈등과 긴장을 조정 해결하는 데 기여할 수 있다는 것이다. 환언하면 비교적 문화적으로 동질적이지만 이질적인 이념적, 지역적 정서로 인하여 정치적 대립과 긴장이 상존하는 신생민주주의국가에 합의제 모델의 적용 가능성을 타진하고 있다.

합의제 민주주의 이론가들의 이와 같은 논점에 의하면 신생민주주의국가에서 발생하는 만성적인 정치적 갈등과 긴장을 조정 해결하고 사회통합을 위해서는 합의제 민주주의의 수평적, 수직적 권력분점·공유(power-sharing) 제도를 창출하는 프로젝트가 요구되고 있다. 권력분점·공유란 정치적 의사결정 과정에 다수파·소수파, 강자·약자, 부자·가난한자 구분 없이 주요 모든 공동체그룹들의 대표가 '동등하고 효과적'으로 참여하는 것이 제도화되는 것을 의미한다. 결론적으로 사회의 다양한 이해관계와 선호는 권력분점·공유의 제도조합에 의해서 조정될 수 있다는 관점에서 신생민주주의 공고화를 위한 합의제 제도적 매트릭스(institutional matrix)가 디자인되어야 한다.

제2부 다수제 모델의 권력독과점 vs 합의제 모델의 권력분점: 제도변수 클러스터

제4장 선거제도-정당체제

제5장 내각유형/행정부-입법부 권력관계

제6장 이익집단-국가 관계

제7장 중앙정부-지방정부/상원-하원 간 권력분할

제4장
선거제도-정당체제

1. 다수대표제 vs 비례대표제

1) 차별성

선거제도는 사회적 균열구조-정당체제-의회정치(혹은 정부)를 상호 매개하는 장치이다. 따라서 그것은 정치체제의 초석이며 민주주의모델을 규정하는 가장 강력한 정치의 조종 수단이다(Sartori 1968: 273). 선거제도의 변화는 정당체제의 변화를 불러오고 이 정당체제의 변화가 궁극적으로 권력구조에 영향을 미친다.[1] 이러한 선거제도의 유형은 다수대표제(plurality-majority)와 비례대표제(proportional representation)가 있다. 민주주의의 다수제 모델의 전형적인 선거제도는 다수대표제이며 합의제 모델은 전형적으로 비례대표제를 채택한다.

다수대표제는 각 선거구에서 오로지 단순다수표 또는 과반수표(총 유효투표의 50% 이상)를 획득한 한 사람의 승자만이 당선되고 다른 후보자의 득표는 사장되기 때문에 최다득표자당선제 또는 '승자독식' 선거제도라고도 불리어지고 있다. 이 방식은 다수결주의적 철학을 반영한다. 이와 대조적으로 비례대표제의 근본 목적은 다수자와 소수자 모두가 대표되고 어떤 정당이 과다대표 혹은 과소대표 되지 않고 정당이 얻은 지지투표를 의석에 비례적으로 환산하고자 하는 데에 있다. 이로써 비례대표제는 사표를 방지하고 유권자들의 지지율을 반영하

1) 선거제도-권력구조의 관계는 직접적이라기보다는 정당체제라는 매개변수를 통해 연계된다. 예컨대 비례대표제는 다당제-의원내각제와, 다수대표제는 양당제-대통령제와 조합을 이루는 경향을 보인다. 그렇다고 그것이 필연적인 제도적 조합이라고는 말할 수 없다(Mainwaring 1993: 198-228).

는 세분화된 대표성을 촉진하는 한편, 그 결과로 다수대표제의 경우보다는 소수당이 생존하기에 수월한 환경을 조성함으로써 다당제를 유인한다. 후보 당락이 궁극적으로 유권자들에 의해 결정되는 다수대표제와는 달리 비례대표제 하에서는 각 후보의 당락이 후보리스트 상의 서열에 의해 좌우되기 때문에 당의 강한 이념적 선명성과 규율을 요구한다.

이와 같은 선거제도의 차이는 정치의 차이를 설명해 주는 중요한 변수이다. 다수제 모델의 다수대표제는 정부를 구성할 정당을 의회에서 신속하게 결정해 줄 수 있기 때문에 정부 통치능력의 효과성을 제고시켜 주는 장점이 있을 뿐만 아니라 지지자와 대표자 간에 긴밀한 관계가 형성되어 지지유권자들의 이해관계를 잘 반영할 수 있다. 그러나 후보자가 유효투표수의 과반수가 아닌 단순다수만을 확보함으로써 당선될 때 발생하는 사표의 수가 일정 수준을 넘게 되면 다수대표제는 당선자의 정통성 문제를 파생시킨다. 또 다수대표제는 한 명의 다수득표자 이외의 후보자 모두를 패자로 만드는 상황을 초래하기 때문에 유권자들의 전략적 투표를 촉발시킨다. 패배할 것으로 예측되는 후보자를 선호하는 유권자들은 투표할 이유를 상실하거나 당선가능성이 있는 차선 내지는 차차선 후보에게 표를 던지는 것이다. 이에 따라 지명도 높은 후보자들을 다수 확보하고 있는 제1, 2당은 더욱 유리하게 된다. 특히 소선거구 다수대표제의 경우 양당제를 강화한다는 주장은 이로부터 비롯된다. 결국 다수대표제에서는 소수의 지지를 받은 군소정당이 의회에 진출하는 것은 매우 어려워지며[2] 당선자가 자신에게 투표하지 않는 유권자까지도 대표할 수 있는 도의적·정치적 책임감을 갖기가 쉽지 않다.

반면 합의제 모델의 비례대표제는 다수대표제의 한계를 극복할 수 있다. 무엇보다도 사표를 최소화하며 사회적 균열을 정당체제의 분화로 전환시켜 다당체제를 정착시킨다. 큰 정당을 과대대표시키고 작은 정당을 과소대표시키는 다수대표제와는 달리 비례대표제는 정당들의 득표율에 비례해서 그들에게 의회의석을 배분할 수 있기 때문이다. 이로써 의회정치는 사회의 다양한 이해관

2) 지역성이 강한 투표 성향을 보이는 다수대표제에서는 군소정당도 그다지 불리하지 않다. 예컨대 영국의 다수대표제 하에서 북아일랜드, 스코틀랜드, 웨일즈 지역의 군소지역정당들은 정치적으로 자신들의 위상을 확고히 하고 있다.

계를 반영할 수 있다. 그리고 군소정당은 자신의 주요 정치고객이 전국적으로 분산 거주하는 경우에도 비례대표제를 통해 의회에 진출할 수 있을 뿐만 아니라 집행부 내각에 연정의 형태로 참여할 수 있는 확률이 높아진다. 그러나 비례대표제는 나라에 따라 그 변형이 다양하고 그에 따라 약간의 문제점을 드러내고 있다. 예컨대 전국적인 비례대표제 경우 지방 및 지역 이해관계의 차이가 경시될 소지가 없지 않으며 전국적 유권자의 이해관계의 반영을 우선시하는 경향이 있을 수 있다.

2) 선거방식·선거구크기·진입장벽

선거제도는 선거방식, 선거크기 및 선거의 진입장벽 등의 측면에서 논의가 가능하다. 첫째, 전술한 바와 같이 선거방식에는 크게 다수대표제와 비례대표제가 있다. 다수대표제는 단순다수대표제(plurality) 및 과반수대표제(majority)로 세분된다. 전자는 가장 많은 유권자의 지지를 받은 후보가 당선되는 최다득표자당선제이고 후자는 당선을 위해 절대적으로 과반수를 요구한다. 이 요구를 충족시키는 방법은 1차 투표에서 어떤 후보도 과반수 투표를 얻지 못한 경우에 상위 두 후보를 놓고 결선을 위한 2중투표제(double-ballot)를 실시하는 것이다. 다시 말하면 과반수대표제는 과반수를 획득한 후보가 지속적으로 나타나지 않을 가능성을 대비하여 일반적으로 단순다수대표제와 혼용하는 방식을 취한다. 이 방식은 프랑스, 오스트리아 및 핀란드 등의 대통령 선거에서 종종 사용되는 방법이다. 그러나 이 방법은 의회 선거에서는 선거비용 문제 등을 고려하여 프랑스 등 소수의 국가만이 도입하고 있다.

비례대표제는 세 유형으로 구분될 수 있다(Lijphart 2012: 134-137). 가장 통상적인 형태는 정당명부식 비례대표제이다. 이 방식에는 몇 개의 변형이 있지만 그것들은 모두 기본적으로 정당들이 다수의 선거구(또는 전국단위의 선거구)에서 정당명부를 작성하고 유권자들은 지지 정당에게 투표한다. 그리고 의석은 정당들이 획득한 득표수에 비례하여 할당된다. 정당명부식 비례대표제는 다시 투표를 의석으로 환산하는 데 사용하는 수학공식에 따라 나누어진다. 가장 빈번히 사용되는 방법은 동트방식(d'Hondt formula)으로 이것은 군소정당보다 큰 정당에게 약간 유리하다(Lijphart 1994: 153-159).[3)]

다른 비례선거제는 혼합형 선거제이다. 예컨대 독일과 뉴질랜드는 의원의 약 절반은 소선거구 다수대표제에 의해 선출되며 나머지 절반은 정당명부식 비례대표제에 의해 당선된다. 이 경우 각 유권자는 한 표는 지역구 후보에게, 다른 한 표는 정당명부식 비례대표 후보에게 던지는 두 개의 표를 행사한다. 이러한 '단순다수-비례제'(plurality-proportional system)라는 혼합형 선거제도의 목적은 정당명부식 비례대표를 통해 지역구 의석 결과가 만들어내는 불비례성(disproportionality)을 상쇄시키는 한편, 지역대표성 약화라는 정당명부식 비례대표제의 한계를 불식하는 데 있다.4)

또 다른 비례대표제의 형태는 단기이양식투표(single transferable vote)이다. 이것은 유권자가 정당명부 대신에 개별적인 후보에 기표한다는 점에서 명부식 비례대표제와 다르다. 투표용지에는 후보의 이름이 나열되어 있고 유권자는 그들의 순위를 매기도록 되어 있다. 투표이양(vote transfer)은 두 종류가 있다. 그 하나는 당선에 요구되는 최소한의 몫을 가진 후보가 필요로 하지 않는 잉여투표는 그 다음으로 제일 높은 후보에게 이양된다. 다른 하나는 가장 약한 후보가 배제되고 그가 획득한 표는 동일한 방법으로 이양된다. 이러한 단기이양식투표는 그것이 개별적인 후보에 대한 투표도 허용하고 동시에 비례적인 결과도 가져온다는 장점을 결합시키고 있다.

둘째, 선거구의 크기다. 선거구의 크기는 구역에서 선출되는 후보자의 수를 의미한다. 이것을 그 구역의 지리적 크기나 유권자의 수와 혼동해서는 안 된다. 다수대표제는 1인선거구(소선거구)와 다인선거구(중대선거구) 모두에 적용될 수

---

3) 정당명부식 비례대표제는 명부가 폐쇄적, 개방적, 반개방적이냐 여부에 따라 차이가 있다. 폐쇄적인 정당명부식 비례대표제는 유권자들이 정당명부의 전체에 대해 투표를 할 뿐이고 명부에 나타난 어떤 특정 후보를 지지하는 투표는 할 수 없다. 따라서 후보의 당선은 정당이 작성해 놓은 순위에 따라 결정된다. 완전 개방적인 정당명부식 비례대표제(핀란드·스위스)에서 유권자는 명부에 나타난 개별 후보에게 투표할 수 있고 후보가 당선되는 순위는 각 후보가 개별적으로 획득한 득표수에 의해 결정된다. 명부가 부분적으로 개방적인 경우(벨기에)인데 이는 유권자들이 선호하는 개별 후보에 투표할 수 있지만 명부 순위는 정당에 의해 제시된다.

4) 일본은 1996년에 최다득표당선제-비례대표제를 도입했다. 즉 300명의 의원은 '1인선거구 최다득표자당선제'에 선출되고 180명의 의원은 정당명부식 비례대표제에 의해 선출된다. 각 유권자는 지역구 후보와 비례대표 후보에게 각각 1인 2표를 던질 수 있다. 이러한 특징은 독일의 혼합형 선거제와 흡사하다. 그러나 중요한 차이는 일본의 비례대표 의석이 보상적인 것이 아니고 완전히 별거의 의석이 된다는 데 있다.

있지만 그 방식은 주로 1인선거구에 적용되는 것이 원칙이다. 비례대표제는 다인선거구를 요구하는데 그 범위는 2인선거구로부터 단일의 전국구에서 의원 전부를 선출하는 것에 이르기까지 다양하다.[5] 선거구의 크기는 2가지 점에서 아주 중요하다(Taagepera and Shugart 1989: 112). 우선 그것은 다수대표제와 비례대표제에 중요한 영향을 미친다. 즉 다수대표제에서 선거구의 크기가 증가하면(중대선거구제의 경우) 비례성의 증대를 가져와 군소정당에게 유리하다. 다음으로 선거구의 크기는 비례대표제가 얻을 수 있는 비례성의 정도와 정당의 수에 중대한 영향을 미친다. 예컨대 10%의 소수자를 대표하는 어떤 정당이 5인선거구에서 의석을 확보하기가 어렵지만 10인선거구에서는 성공할 확률이 높아진다. 따라서 전국을 하나의 선거구로 하는 것이 득표율에 비례해서 의석으로 전환하는 데 가장 적절하다. 많은 나라에서는 두 레벨의 선거구를 채택하고 있다. 즉 유권자의 접근성(대표와의)과 대표성을 제고하기 위한 소선거구, 그리고 비례성을 높이기 위한 전국단위의 선거구를 결합시키고 있다. 독일의 '최다수-비례제'(plurality-proportional) 혼합형 선거제도에서처럼 전국 단위의 선거구는 소선거구에서 발생할 수 있는 불비례성을 보상할 수 있다.

셋째, 선거의 진입장벽(threshold)이다. 전국 단위의 비례대표 선거구는 의석의 비례성을 최대화하고 군소정당까지도 의석 확보를 용이하게 한다. 그러나 군소정당이 너무 쉽게 선거에서 의석을 확보하여 정당난립이 발생하는 사태를 막기 위해 광역 혹은 전국 선거구를 채택하고 있는 모든 나라는 대표를 얻기 위한 최소한의 진입장벽을 설정하고 있다. 예컨대 선거구 수준에서 최소한의 의석수나 전국 전체의 투표에서 최소한의 득표율을 규정하고 있다. 선거구의 크기와 선거의 진입장벽은 동전의 양면과 같다. 즉 진입장벽이 군소정당에 대해 가하는 제약은 선거구의 크기에 의해 가해지는 제약과 같은 기능을 한다.

---

5) 이상적으로 말하면 비례대표제하에서 한 선거구의 총 의석 수는 유권자의 수에 비례해야 한다. 따라서 선거구의 크기가 클수록 의원 수도 많아야 한다. 마찬가지로 다수대표제 하에서 모든 선거구는 유권자 수가 동일해야 한다. 이러한 맥락의 함의는 유권자 수의 증감이 있을 경우 선거구 경계는 끊임없이 재획정돼야 한다는 점이다. 특히 다수제 하에서 선거구 재획정은 이른바 게리맨더링을 피하기 위해 신중한 조정이 요구된다.

3) 불비례성

다수대표제 및 비례대표제 등 모든 선거제도는 큰 정당들을 과다대표시키고 작은 정당들을 과소대표하는 경향을 보인다(Rae 1967: 67-129). 첫째, 모든 선거제도는 불비례성의 결과를 가져오는 경향을 보인다. 둘째, 모든 선거제도는 선거상의 유효정당 수와 비교하여 의회 내의 유효 수를 감소시키는 경향을 보인다. 셋째, 모든 선거제도는 유권자의 과반수 지지를 얻지 못한 정당에게 의회의 과반수를 제조할 수 있다. 이러한 경향은 비례대표제에서보다는 단순다수대표제 및 과반수대표제에서 더욱 강하게 나타난다.

이런 점에서 볼 때 각 정당에 할당되는 의석의 몫은 그들이 얻은 투표의 몫과 수학적으로 꼭 같은 경우는 거의 없다. 그러므로 모든 선거제도는 불비례성의 결과를 만들어낸다. 모든 선거제도는 불비례성의 정도와 정당체제에서 정당의 수에 영향을 미친다. 불비례성의 정도는 투표-의석 몫 사이의 차이로 측정될 수 있다. 불비례지수에 있어 단순다수대표-과반수대표제는 높고 정당명부식 비례대표제는 낮다(Lijphart 2012: 148). 특히 대부분의 다수대표제에서 선거의 불비례성의 정도는 군소정당이 아예 대표되지 못한 채로 남아 있거나 심각하게 과소대표 되는 사태를 몰고 오는 경향이 높다.

대통령제(미국)에서 대통령 선거는 기본적으로 불비례성의 정도가 높다. 왜냐하면 선거방식이 단순다수-과반수제이기 때문이다. 대통령직을 획득한 정당은 국가권력의 모든 요직을 얻게 되는 반면에, 패배한 정당들은 국가권력 배분과정에 배제되는 것이 일반적인 현상이다. 이는 대통령제가 본질적으로 단일정당내각을 선호하는 다수제 모델의 성격을 띠고 있음을 시사한다.

선거제도가 거대 정당에게 유리하게 작용하여 나타나는 불비례성은 투표의 과반수를 얻지 못한 정당이 과반수 의석을 차지하게 될 때 심각하다. 이러한 과반수 의석은 선거제도에 의해 인위적으로 '제조된 과반수'(manufactured majority)이다(Rae 1967: 74-77). '제조된 과반수'는 어떤 정당이 투표와 의석 모두에서 과반수 승리를 하였을 때의 '획득된 과반수'(earned majority) 또는 어떤 정당도 투표와 의석에서 과반수의 승리를 거두지 못했을 때의 '자연적 소수자'(natural minorities)와 대조를 이룬다. '제조된 혹은 획득된 과반수'는 단순다수

-과반수 선거제도에서 나타나고 '자연적 소수자'는 비례대표제에서 두드러지게 발생한다. 일반적으로 '제조된 과반수' 사례는 영국에서 전형적으로 발견되고 '획득된 과반수' 사례는 미국 등 엄격한 양당 경쟁이 이뤄지는 다수대표제에서 발생한 현상이다. 이와는 달리 서유럽 국가들의 비례대표제는 '제조된 과반수' 혹은 '획득된 과반수'를 만들어내는 경우는 드물고 보통 '자연적 소수자'를 만들어낸다.

선거제도의 불비례성이 증대함에 따라 의회의 유효정당 수는 감소한다 (Lijphart 2012: 155-156). 영국과 미국이 이에 해당한다. 반대로 선거제도의 불비례성이 낮으면 의회의 유효정당의 수는 증대한다. 대부분의 서유럽국가들이 이에 해당한다.

2. 양당제 vs 다당제

1) 단일사회균열-양당제의 논거

정당체제는 정치적 갈등구조를 틀 지우는 사회적 균열을 반영한다. 따라서 실존하는 사회적 균열로 인하여 양당제 혹은 다당제가 형성된다.[6] 사회적 균열의 수와 유효정당의 수와는 연관성을 갖는다. 한 사회에서 여러 차원의 사회적 균열과 정치적 갈등이 존재하면 이런 모든 갈등이슈 차원을 반영할 유효정당의 수가 필요하다. 만일 두드러진 한 차원의 갈등이슈만 존재하는 사회라면 양당제가 바람직 할 수 있다. 다양한 사회적 균열이 존재하는 사회라면 양당체제는 여러 차원의 갈등이슈를 조정할 수 없다. 따라서 여기서는 다당체제가 요구된

---

6) 블론델(Jean Blondel)은 의석배분을 기준으로 하여 정당체제를 분류했다(1968: 184-187). 첫째, 의회의석을 획득한 군소정당이 존재하지만 두 개의 거대정당에 의해 지배되는 경우는 양당체제이다. 따라서 순수한 양당체제는 드물다. 일반적으로 영국·미국 등의 정당체제는 의석을 획득한 1개 이상의 추가적인 군소정당을 갖고 있음에도 불구하고 양당체제로 분류된다. 영국의 정당은 당내의 규율이 엄격한 반면에, 미국의 정당 내부는 진보, 중도, 보수 성향을 가진 세력들이 포진되어 있어 3분5열의 파벌 양상을 보인다. 둘째, 2·5정당체제(two-and- a-half party system)는 양대 정당 외에 군소정당이 있고 그것이 연정 잠재력(coalition potential)을 갖고 중요한 정치적 역할을 수행할 수 있는 경우 - 예컨대 독일의 자유민주당 - 이다. 셋째, 2·5정당체제보다 더 많은 중요한 정당이 의회의석을 확보하는 다당체제이다. 이는 다시 지배적 정당(dominant party)을 가진 다당체제와 지배적 정당이 없는 다당체제로 나누어진다. 전자의 예는 강력한 지배적 정당인 사회민주주의 정당을 가진 스칸디나비아의 3국이고 후자의 예는 스위스·네덜란드·핀란드 등 대부분 서유럽국가들이다.

다. 이런 맥락에서 민주주의의 다수제 모델은 정당들이 전형적으로 단일 갈등 이슈 차원 — 보통 사회경제적 차원 — 에 따라 분화되어 양당제를 선호한다. 반면 합의제 모델에 있어서는 사회경제적 갈등이슈 외에 종교적 갈등이슈, 인종적 갈등이슈, 언어적 갈등이슈, 지역적 갈등이슈, 문화적 갈등이슈 등 다차원적 성격을 반영하여 다당제를 지향한다.[7)]

영국과 미국의 양당제를 이상적으로 상정하고 있는 다수제 모델은 양당제가 다당제보다 더 안정적이고 효율적인 정치를 담보할 수 있을 뿐만 아니라 기본적인 민주주의의 가치에서 볼 때 질적으로 더 우월한 것으로 인식한다. 이런 관점에서 다수제 모델은 민주주의의 안정성과 질에 관련하여 양당제도가 갖는 장점을 다음과 같은 논거로 뒷받침하고 있다(Lijphart 1984: 107-111).

첫째, 양당제는 두 거대 정당들로 하여금 정치체제를 보다 안정시킬 수 있는 온건하고 중도적인 정책프로그램을 채택하도록 한다는 것이다. 정치적 스펙트럼에서 경쟁하는 두 거대 정당들이 있다면, 이들 정당의 선거승패는 어느 당에게도 지지를 보내지 않으면서 중도적 정치스펙트럼의 성향을 보이는 부동유권자의 지지 여부가 중요 변수이다. 왜냐하면 정치스펙트럼의 양끝에 있는 유권자들은 확실하게 각기 자신의 전통적인 고정지지의 정당에게 투표할 것이기 때문이다. 따라서 두 거대 정당은 모두 부동유권자에게 호소하기 위하여 온건하고

7) 정당체제는 정치적 이슈 차원을 반영한다(Lipset and Rokkan 1967: 1-67; Lijphart 2012: 76). 우선 사회경제적 이슈 차원이다. 사회경제적 정책에서 좌파정당과 우파정당은 차별성을 보인다. 좌파정당은 우파정당보다 정부의 시장개입, 경제의 공공부문 확대, 중앙정부의 예산증대, 소득재분배, 실업축소, 교육·공중보건·공공의료·사회복지에 대한 정부지출을 강조한다. 이는 집권당이 좌-우 스펙트럼상 어디에 위치하느냐가 정당의 정책 우선순위를 결정하고 정책결정에 영향을 미칠 수 있음을 시사한다. 일반적으로 서유럽 국가들에서 사회경제적 이슈에 대한 좌-우의 차이가 1960대 이후 쇠퇴하고 있는 것은 사실이지만 이러한 이슈 차원이 과거에 비해 다소 완화된 것이지 사라지지는 않았다. 또 종교적 이슈 차원이 있다. 이는 종교와 종교적 가치에 대한 정당의 태도 및 정책과 관계된다. 전후 서유럽국가들에서 종교적 이슈 차원은 사회경제적 이슈 차원처럼 현재는 그 중요성이 쇠퇴하고 있다. 예컨대 2차 세계대전 이후 독일의 기민당은 가톨릭과 프로테스탄트의 합동정당으로 시작되었다. 네덜란드에서도 1977년 국회의원 선거에서 가톨릭정당과 두 개의 주요 프로테스탄트정당이 합당하여 단일정당(기민당)으로 발전하였다. 스위스에서만 기민당이 거의 배타적으로 가톨릭정당으로 남아 있다. 그러나 종교적 정당과 세속적 정당은 도덕적·윤리적 이슈(결혼·이혼·산아제한·낙태·인간복제·성교육 등)에 따라 뜨거운 경쟁이 전개되고 있다. 이런 현상은 특히 1960년대 후반 이래 두드러졌다. 그 밖에도 당파적 이슈는 문화-인종적 이슈, 도시-농촌 이슈, 외교정책 이슈 및 물질-탈물질 이슈 등의 차원이 있다.

중도적인 정책프로그램을 개발하여 경쟁해야 한다. 결국 양당제하에서의 이러한 경쟁은 정치의 장기적인 안정과 효율에 도움이 된다는 것이다.

둘째, 양당제는 안정된 행정부를 보장한다는 것이다. 즉 양당제하의 행정부는 다수당 단독으로 구성되어 응집력을 가질 수 있을 뿐만 아니라 의회에서 확실한 과반의석의 지지를 받을 수 있기 때문에 안정되고 효과적으로 정책을 결정하고 집행할 수 있다는 것이다. 다수제 모델이 선호하는 양당제도론은 다당제하의 연립내각이 양당제하의 1당 내각에 비하여 항상 단명으로 끝나, 능력있고 효율적인 정책의 결정 및 집행이 불가능한 것으로 보고 있으며 이런 경향을 '정치의 공리'(axiom in politics)로 설명하고 있다. 따라서 다수제 모델은 다양한 이해관계를 가진 여러 정당들이 연립정부를 구성할 수밖에 없는 다당제가 항상 불안정하고 비효율적인 것으로 인식한다.

셋째, 양당제에서는 두 거대 정당이 상이한 대안적인 공공정책을 내놓고 이에 대한 유권자의 선택을 용이하게 해 준다는 것이다. 승리한 정당의 프로그램은 자동적으로 정부의 정책프로그램이 될 수 있으므로 지지한 유권자의 선호를 충족시킬 수 있는 것으로 보고 있다. 이에 반해 과반수가 되는 정당이 하나도 없는 다당제에서는 둘 혹은 그 이상의 정당들이 과반수를 위한 연정의 형성을 위한 타협을 해야 한다. 그러므로 연립정부의 프로그램은 각 정당의 개별적인 강령이나 정책이 아니라 정당 간의 타협안에 불과하다는 것이다. 따라서 양당제가 다당제보다 더욱 민주적인 것으로 보고 있다.

마지막으로 양당제에서는 집권당이 강력하고도 효율적인 국정운영을 수행할 수 있으며 이에 대한 책임 소재를 분명히 할 수 있다는 것이다. 반대로 다당제에서는 연립내각의 정책에 대한 책임은 연정에 참여한 모든 정당이 분담해야 하기 때문에 유권자는 개별적인 정당의 공과에 대한 책임을 묻기가 어렵다는 것이 다수제 모델의 주장이다.

2) 양당제 논거에 대한 합의제 모델의 반론: 다당제

민주주의의 합의제 모델은 양당제를 옹호하는 다수제 모델의 논거를 반박하는 동시에 다당제를 선호하는 근거를 주장한다(Lijphart 1984: 111-114). 첫째, 민주주의의 다수제 모델이 주장하고 있는 것처럼 사실 다당제가 비교적 내각의 단명을 야기할 개연성이 있는 것은 사실이다. 그러나 내각의 단명을 민주주의 체제의 불안정의 지표로 보는 다수제 모델의 가정은 과장된 것이다. 그리고 서유럽 소국들은 다당제를 채택하고 있으면서도 성공적인 민주주의의 역사를 가지고 있다. 따라서 다당제가 민주주의체제를 저해하는 치명적인 결함을 갖고 있는 것으로 보는 다수제 모델의 가정은 옳지 않다. 더욱이 장수의 내각이 반드시 민주주의체제의 안정에 공헌하리라는 보장도 없다. 예컨대 북아일랜드에서 통일당(Unionist party)은 1921~72년까지 집권함으로써 장수의 내각을 유지했다. 그러나 북아일랜드의 통일당 정부는 안정된 민주주의체제를 갖기는커녕 가톨릭-프로테스탄트의 갈등을 해결하지 못하고 마침내 내란에 직면했어야만 했다. 이 사례는 다수제 모델이 내각의 안정을 체제의 안정으로 혼동하고 있음을 시사한다.

둘째, 민주주의의 질을 위해서 최적이라는 양당제는 선거시장에서 유권자의 의미 있는 선택을 불가능하게 한다. 두 거대 정당이 정치적으로 중도적인 부동유권자의 지지를 끌어내기 위해 온건하고 중도적인 정책프로그램을 제시한다면 유권자는 차별성이 있는 대안적인 정책을 선택하는 데 어려움에 봉착한다. 양당제의 두 거대 정당은 차별화된 유의미한 정책프로그램을 제시하지 못할 것이기 때문이다. 게다가 두 거대 정당이 너무 중도적인 정책프로그램을 제시하면 스펙트럼의 양끝에 있는 유권자층을 정치적으로 소외시키게 된다. 따라서 그들 유권자는 정책차별성이 없고 너무 온건한 정책프로그램을 제시하는 정당 혹은 후보자에게 투표하기보다는 기권하는 경향을 보인다. 이에 반해 다당제는 사회적 균열을 반영하는 차별화된 정책프로그램을 제시하기 때문에 유권자들의 선택의 폭을 넓혀 준다.

셋째, 양당제는 정부행위에 대한 정당의 책임을 확실하게 하기 위한 필요조건이나 충분조건이 아니다. 다당제에서도 쉽지는 않지만 1당 단독내각을 구성할 수 있는 과반수 정당이 등장할 수 있다. 이 경우 다당제하에서도 정부의 책임을 분명히 할 수 있는 계기를 마련한다. 양당제에서도 정부의 책임을 보장하는 것은 다수당이 소수당과의 연정을 구성하지 않고 단독으로 내각을 수립하는 영국의 의원내각제인 경우이다. 미국처럼 행행부와 입법부를 별도로 선출하는 대통령제에서는 대통령이 속하는 정당과 의회의 다수당과는 다를 수 있다. 이 경우 양당제하에서도 정부의 정책책임은 필연적으로 분담된다. 양당제에서의 책임분담은 양원에 의회권한을 분담한 양원제의 경우에도 발생한다. 상원과 하원이 각기 다른 정당이 다수당을 차지할 수 있기 때문이다. 이런 점에서 국정의 책임소재를 1당에 분명히 돌아가게 하는 것은 영국의 정당정치에서만 두드러지게 나타난다.

넷째, 양당제는 시민사회에 단지 한 차원의 이수 — 예컨대 좌우 스펙트럼 — 만 있는 것으로 보는 다수제 모델의 가정에 크게 의존하고 있다. 이 경우 두 거대 정당은 유권자에게 온건좌파와 온건우파 사이에 양자택일의 선택을 제공할 수 있을 것이다. 그러나 시민사회에는 좌우 차원과 더불어 외교정책, 종교, 지역, 계급, 계층, 환경, 도시-농촌, 세대, 성별 등 다양한 차원의 갈등이슈가 복잡하게 얽혀 있을 뿐만 아니라 사회세력 및 부문 간의 이해관계가 매우 다양하다. 두 거대 정당이 시민사회의 이러한 다양한 갈등이슈와 이해관계를 담아내는 정책프로그램을 제시할 수는 없다. 설령 그렇게 할 수 있다고 하더라도 두 거대 정당은 선거에서 득표만을 겨냥하여 정당정체성을 크게 상실할 수 있는 백화점식 정책을 나열할 뿐이다. 더욱이 시민사회에 다양한 갈등이슈와 이해관계가 존재하는 경우 정당 간의 경쟁은 한 차원에만 국한된 것이 아니고 정당 간의 갈등은 다차원적이기 때문에 양당제는 유권자에게 지지정당의 선택에 있어 엄청난 제약을 가한다. 따라서 시민사회의 다양한 주요 갈등이슈와 이해관계의 선택이 모두 반영되는 다당제가 민주주의에 더 부합된다.

마지막으로 양당제는 국가권력의 배분에 있어 승자독식의 논리가 관철되어 정치경쟁을 완승과 완패라는 양 극단적인 사태를 유발한다. 특히 선거시장에서 양당 간의 경쟁을 제로섬적 대결국면으로 몰고 갈 가능성이 매우 높다는 사실을 놓쳐서는 안 된다. 이런 상황에서 정당 간의 공존-상생 정치가 자리 잡을 수 없고 상살(相殺) 정치가 난무할 것이다. 이에 반해 다당제에서는 어떤 정당도 과반수 의석의 확보가 어렵게 되어 모든 정당들이 자신의 정책프로그램을 국정에 반영시키기 위해서는 구조적으로 상대방 정당과 타협할 수밖에 없다. 이로써 정당들 간에 포지티브섬(positive-sum)적인 상생의 길이 열려 민주주의의 질을 한 단계 끌어올릴 수 있다.

3. 서유럽 국가들의 선거제도-정당체제

1) 소선거구제 국가 vs 비례대표제 국가

사회적 균열구조-정당체제-의회정치를 매개하는 선거제도는 소외된 지역과 집단의 정치적 좌절감을 감소시키고 그들의 사회경제적 이익과 요구를 의회정치의 틀로 수용할 수 있는 정당체제를 구축하는 데 기여해야 한다. 영국 및 프랑스 등 몇 나라를 제외하고 대부분의 서유럽 국가들은 이러한 요구에 부응하고 있다.

서유럽에서 영국과 프랑스만이 하원의원을 선출하는 데 있어서 비례대표제를 채택하지 않고 있다(제15장). 전통적으로 영국은 서유럽에서 유일하게 소선거구 단순다수대표제를 채택하고 있다. 왜 영국은 다수대표제를 채택하고 있는가? 사실 19세기에 다수대표제는 다른 서유럽 국가에서도 채택한 일반적인 선거제도였다. 그러나 대부분의 서유럽 대륙국가들에 존재했던 다양한 사회적 균열구조를 반영한 다당체제를 구축하기 위해서는 선거제도로서 비례대표제를 필요로 했다. 특히 사민주의 정당과 기민주의 정당은 비례대표제를 강력히 요구했다. 다수대표제하에서 그들 정당은 불과 소수의 선거구에서 의석을 획득했지만 비례대표제하에서는 많은 의석을 획득할 수 있었다. 이에 반해 영국에서는 사회적 균열라인이 고착화되지 않아 선거제도를 변경할 압력이 줄어들어 다수대표제가 그대로 존속되고 있다. 이로 인해 양당제가 확립되어 보수당과 노동당만이 정부구성에 참여한다. 군소정당도 존재하지만 이들 정당은 보수당 또는 노동당의 선거승리 및 단일정당정부 구성에 영향을 줄 수 있는 정치력이 없다.

프랑스도 다수대표제를 채택하고 있다. 즉 각 선거구별로 한 명의 하원의원을 선출하는 2중투표제이다.[8] 1차투표에서 유효투표의 과반수를 득표한 후보자가 당선되는데 1차투표에서 당선자가 없으면 1차투표에서 유효투표의 12.5% 이상을 득표한 후보자들끼리 2차투표를 해서 상대다수로 당선자를 선출하는 방식이

8) 상원의원은 간접선거로 선출된다. 선거인단은 해당 선거구(도)의 하원의원, 자치단체장, 자치단체의원들로 구성된다. 상원의원 선출방식은 이원화되어 있다. 4인 이하의 상원의원을 선출하는 선거구에서는 하원의원 선출방식과 동일한 2중투표제이다. 5인 이상 상원의원을 선출하는 선거구에서는 비례대표제로 최대가중치에 의해서 배분하여 각각의 명부에 제출된 순서에 따라 의석이 배정된다. 지역정부의 대표들인 상원은 지역과 중앙의 연결제도이다.

다. 이 같은 2중투표제는 정당으로 하여금 제2회에서 다른 정당과 공조하고 필요하다면 공조정당의 후보자를 지지하기 위해 자신의 후보자의 사퇴를 종용하게 한다. 유권자들이 1차투표에서 자신들의 선호도를 보다 솔직하게 표출하도록 유도하고 이에 근거하여 정당 간의 단합을 촉진시킴으로써 제3, 4당의 대표성이 다수대표제에서보다는 비중 있게 반영하도록 하는 효과를 갖는다. 그러나 프랑스의 2중투표제는 2회에 걸친 다수투표제의 성격을 띠고 있다는 점에서 결국 군소정당보다는 거대정당의 원내 과반 확보에 유리한 다수대표제의 한계로부터 자유롭지 못한 경우를 발생시킬 수 있다(Steiner 1995: 47-48).

영국과 프랑스와는 대조적으로 모든 서유럽 대륙국가들은 예외 없이 비례대표제를 채택하고 있다. 이를 통한 다당체제가 형성되고 정부구성은 보통 둘 이상의 정당 간의 연립 형태로 나타난다. 예컨대 네덜란드는 150명으로 구성된 4년 임기 하원의원을 각 당이 얻은 전국 총 득표수에 비례하여 배분하는 전국적인 정당명부식 비례대표제를 채택하고 있다(제10장). 각 당은 순번이 매겨진 후보자의 명부를 제시하고 이에 근거하여 유권자들은 자신들이 선호하는 한 개의 당을 선택한다. 그러나 지역구 개념이 없는 네덜란드식 비례대표제는 유권자들과 의원 간의 연계성을 단절시키는 요인으로 작용할 수 있을 뿐만 아니라 정당명부의 서열과 정강·정책의 결정이 당 지도부에 의해 이루어지면 이는 소수 정치보스들의 권위주의화가 초래될 소지가 없지 않다.

이 같은 네덜란드식 선거제도의 단점을 개선할 수 있는 방안은 스위스식 및 독일식 선거제도이다(제12·13장). 우선 스위스는 200개의 의석을 캔톤(Canton)이라는 지역단위로 분할하는 비례대표제를 채택하고 있다. 각 정당은 캔톤별로 해당 캔톤의 의석수만큼 후보자를 추천하는데 정당명부의 순번의 결정은 유권자들의 몫이다.[9] 즉 유권자들은 정당명부에 제시된 후보자 가운데 선호하는 후보자를 두 번까지 기입할 수 있다. 각 당의 캔톤별 의석수는 그 캔톤지역 내 정당득표율에 따라 결정된다. 이러한 스위스의 선거제도는 지역적 선호도를 가진 정당의 출현을 자극할 수 있으며, 캔톤지역 이익단체들이 특정 후보자에게 집단적으로 투표함으로써 정당들이 전국적인 국가정책보다 특정 이익집단들의

9) 스위스의 선거제도는 '개방명부' 비례대표제인 반면, 네덜란드의 선거제도는 '폐쇄명부' 비례대표제이다.

지엽적 이해관계에 함몰될 여지가 없지 않다.

독일의 경우 하원선거는 비례대표제가 중심 제도이지만 지역구 정당 후보자가 소선거구에서 선출되는 다수대표제를 이에 보완시키고 있다(제12장). 즉 600여명의 하원의원의 절반은 소선거구 다수대표제에 의해 선출하고 나머지 절반은 각 당의 전국득표율에 의거하여 비례적으로 분할하는 선거방식이다. 이에 따라 유권자는 선거에서 한 표는 지역구 정당후보에게, 다른 한 표는 선호하는 정당에게 행사한다. 후자의 투표는 전국적으로 합산된 후 정당별로 득표율에 비례하여 의석수가 배분되며, 배분된 의석수는 다시 주별(*Länder*)별로 할당된다. 이 할당된 의석수에서 각 당의 지역구 당선자수를 빼면 주별 각 당의 비례대표 의원수가 된다. 독일은 이 같은 전형적인 비례대표제를 통해 전후 기민당/기사당과 사민당의 양대 세력 간의 안정적인 정권교체를 과시하고 있다. 요컨대 게르만유럽 국가들의 비례대표제는 사회적 균열을 정당체제의 분화로 전환시켜 다당제를 유인한다.

그밖에 노르딕(스칸디나비아)유럽 국가들도 비례대표제를 채택함으로써 다차원적 이슈의 다당제를 지향한다. 큰 정당을 과대대표시키고 작은 정당을 과소대표시키는 영국 다수제 모델의 최다득표자당선제와는 달리 이러한 게르만·노르딕유럽 국가들의 비례대표제의 기본 목표는 정당득표율에 비례해서 의회의석을 배분하는 데 있다. 이런 점에서 게르만·노르딕유럽 국가들의 비례대표제는 다수의 정당들을 유인하여 유권자들의 다양한 선호·이익을 만족시키고 있으며 영국과 미국에 비해 비교적 높은 유권자들의 선거참여를 유도한다(Franklin 1996: 225).

게르만·노르딕유럽 국가들의 비례대표제는 소수파도 의회에 진출할 수 있는 기회를 부여하기 위해 진입장벽을 가급적 낮춘다. 진입장벽은 군소정당의 난립을 막기 위한 수단이기도 한다. 이 장치를 처음 도입한 독일은 총 투표의 5%이고 다른 게르만·노르딕유럽 국가들도 나라에 따라 2%에서 5%에 걸친 다양한 진입장벽 장치를 채택하고 있다. 노르딕유럽 국가들은 신생정당의 의회진입과 관련하여 핀란드를 제외한 3국이 최소 득표율을 규정하고 있다. 스웨덴과 노르웨이는 전국적으로 최소한 4%, 덴마크는 2% 등 진입장벽을 두고 있고 핀란드는 진입장벽이 없다. 진입장벽의 유무는 의회정당의 수에 영향을 준다. 진입장벽이 없는 핀란드의 유효 정당은 5.6개, 덴마크·노르웨이·스웨덴의 정당 수는 각각 4.8, 3.9 및 3.5이다.[10)]

비례대표제에서 각 선거구의 의회의석은 정당이 획득한 총 득표수에 따라 배분된다. 그러나 정당들은 의석배분 후에 각 선거구의 잔여분 득표수를 상실하기 때문에 정당들이 획득한 의석수가 완전히 전국적인 득표수에 비례한 것은 아니다. 이 때문에 비례대표제를 채택한 일부 게르만유럽 국가에서는 전국적 득표수와 의석수 간의 비례성을 증대시키기 위한 특별 장치를 활용하고 있다. 즉 모든 선거구의 득표수가 집계되면 전국적인 총득표수가 의석수를 능가하는 정당에게 전국 단위의 의석수가 배분된다. 이러한 배분방식은 선거구 선거에서 발생할지도 모르는 불비례성을 시정하기 위한 것이다. 그 한 사례로서 네덜란드는 전국을 한 선거구로 설정하여 의석수와 득표수 간에 거의 완전한 비례원칙이 실현되는 선거제도를 갖는다.

선거제도는 정당체제의 형성에 영향을 미치지만 역으로 양당제와 다당제 간의 차이는 선거정치의 역할에 중대한 영향을 미친다. 양당제를 채택하고 있는 영국은 선거결과가 바로 어느 정당이 집권하고 누가 정부수장이 될 것인가를 결정하는 유일한 국가이다. 선거에서 승리한 정당이 다른 정당에 어떤 양보나 연정수립 개연성 없이 모든 정부 요직을 장악하는 이른바 승자독식 원칙이 관철된다. 이에 반해 비례대표제를 채택하고 있는 게르만·노르딕유럽 국가들에서 선거 결과는 결정적이지 않다. 선거에서 패배한 정당이라도 승리한 정당이 51%로 승리하는 예외적 경우가 아니고서는 선거승자의 정부구성을 방해할 수 있거나 참여할 수 있는 기회를 가질 수 있다.

서유럽 대륙국가에서도 전통적인 사회적 균열라인의 점진적인 약화로 인하여 다수대표제의 요소를 도입하자는 의견이 제기되고 있다. 지역구 선거후보자들 간의 경쟁이 치열해지면 그들의 지역에 대한 관심이 높아질 것이고 유권자와 대표자 간의 거리를 줄일 수 있다는 것이다. 이런 배경에서 이탈리아에서는 정당체제에 경쟁성을 불어넣고 정당의 수를 줄이기 위해 1993년 다수대표제가 도입되었다.[11)] 그러나 그 효과는 이탈리아 국민들의 희망과는 달리 안정적인

10) 덴마크의 경우 군소정당에 유리한 2%의 진입장벽을 두어 약 10개의 정당이 의회에 진출하는 경우도 있다.

정당체제를 만들어내는데 별반 도움이 되지 못했을 뿐만 아니라 이탈리아의 북부지역과 남부지역 간의 정치적 갭을 더욱 벌려 북부지역에서 파다니아(Padania) 공화국의 탄생을 가져왔다.

2) 이념블록 정당체제

(1) 다차원의 사회적 균열라인과 정치적 갈등

정당체제는 사회적 균열과 정치적 갈등을 반영한다. 따라서 우리는 서유럽 국가들의 정당체제를 살펴보기 위해 먼저 서유럽사회의 균열과 이로 인한 정치적 갈등을 검토할 필요가 있다(Lijphart 1984: 127-141; Slomp 2011: 5장).

첫째, 언어-문화 균열이다. 의사소통의 수단으로서 언어는 모든 균열라인 중 가장 중요하다. 언어는 왜 서유럽 정치에서 중요한가? 언어는 문화의 표현인 동시에 문화적 정체성을 형성한다. 언어와 문화적 정체성은 서유럽의 전 역사를 통해 갈등과 대립의 원인이었고 가장 중요한 정치조직인 국가를 형성하는 요인이기도 했다. 이는 대부분의 서유럽 국가들의 정체성이 주로 언어에 기초하고 있음을 의미한다. 대부분의 서유럽 국가들은 소수파 집단의 포용을 위한 해법을 모색했는데 그 공통적인 해법은 소수민족에게 지역적 자율성과 연방주의로 나타난다. 가장 잘 알려진 사례는 여러 언어를 공용어로 채택하고 있는 스위스와 벨기에이다. 언어 소수파는 벨기에와 스위스에서 국가통합을 저해하는 최대의 난제였다.

둘째, 종교적 균열이다. 서유럽의 주요 종교는 가톨릭과 프로테스탄트인데 서유럽 역사는 이들 종교 간의 정치적 긴장으로 점철되어 왔다. 종교에 의해

---

11) 이탈리아도 1992년에 시작된 법관들의 '깨끗한 손'(Mani Pulite) 운동이 집권당인 기민당 정치인을 포함한 정치권 전체로 확산되는 가운데 과도정부인 치암피(Carlo Azeglio Ciampi) 수상은 1993년 선거법을 개정하여 새로운 상·하원 의원 선거제도를 의회에서 통과시키는 데 주력했다(Katz 1997: 298-302). 1946~93년까지의 순수 비례대표제를 수정한 1993년의 새로운 선거제도는 다수대표제와 권역별 비례대표제를 혼합한 제도였다. 다수대표제와 비례대표제의 혼합비율은 상·하원 공히 각각 75%와 25%이며 다수대표제 방식은 영국식 1구1인 단수다수제(소선거구제)이다(다만 상원의 선거구는 연방 구성단위인 '주'이다). 이 새로운 선거제도는 1994년 선거에서 이탈리아의 전후 역사상 최초의 정권교체를 가능케 했고 정당체제의 일대 지각변동을 초래했다. 그러나 다수대표제가 비례대표제보다 압도적으로 높은 비중에 있는 선거제도에서 득표율과 의석배분 간의 불일치가 크게 드러났다. 그래서 또 다시 2005년 정당명부 비례대표제로 개편했다.

야기된 갈등은 단순히 종교 간의 마찰에 국한된 것은 아니다. 그것은 교권세력, 그리고 사회생활에서 가톨릭교회의 영향력을 반대하는 반교권세력 사이의 균열라인이다. 이러한 갈등은 가톨릭국가에서 가장 두드러지게 나타났다. 19세기 가톨릭교회가 언제나 정치적·사회적 문제에 영향력을 행사하려 할 때 자유주의 세력은 가톨릭국가에서 반교회 운동의 주도적 역할을 했다. 자유주의 세력은 개인의 자유를 옹호했고 정치와 사회에서 교회의 지배적 역할에 반대했다. 20세기에는 사민주의 세력과 공산주의 세력이 가톨릭국가에서 주도적 반교회 세력으로서 등장했다. 이처럼 서유럽에서 종교는 정치적 갈등의 요인이었다. 하지만 오늘날 가톨릭과 프로테스탄트, 두 종파는 기독교민주주의라는 정치세력에 합류하여 협력하고 있다. 따라서 종교적 균열로 인한 정치적 갈등은 그렇게 심각하게 표출되지 않고 있다. 다만 북아일랜드만이 가톨릭-프로테스탄트 갈등의 유일한 사례로 남아 있다.[12)]

셋째, 지역균열이다. 서유럽에서 정치적 '중심'(center)과 '주변'(periphery) 간의 차이는 주변부의 저항 또는 분리운동도 불사하는 사태를 몰고 왔다. '중심'은 보통 정치적 중심으로서 수도를 포함하고 경제적 중심(산업지역)으로서 가장 부유한 지역이다. '중심'지역은 대규모 투자를 유치하고 정부정책에서 우선적인 관심의 대상이다. 이에 반해 '주변'은 정치적·경제적 '중심'에서 소외된 저발전 지역이고 농촌이다. '중심'과 '주변' 간의 불만은 상호적이다. '중심'은 주변부의 낙후성과 저개발 지역에 대한 낮은 국가 재정지원에 대해 불만을 토

---

12) 1998년 노벨 평화상은 북아일랜드 출신의 프로테스탄트 정치인과 가톨릭 정치인 두 사람에게 수여되었다. 두 사람은 북아일랜드에서 집요한 노력을 경주하여 프로테스탄트 다수파와 가톨릭 소수파 간의 갈등과 긴장을 완화하여 평화 분위기를 조성했다는 평가를 받았다. 북아일랜드에서 종교적 균열은 폭력으로 얼룩진 내전과 갈등의 원인이었다. 가톨릭 세력은 가톨릭국가인 아일랜드와의 합류를 요구한 데 반해, 프로테스탄트는 그러한 방향의 어떤 협상도 거부했다. 아일랜드 및 영국 정부의 대표뿐만 아니라 북아일랜드의 두 공동체 대표들은 오랜 협상 끝에 1998년 영국과 아일랜드 공동 지배하에 자치권을 인정받는 협약에 도달했다(O'Leary 2002: 294-295). 이로써 북아일랜드는 Great Britain의 지배를 받지단 그 일부는 아니며 Great Britain과 함께 United Kingdom을 이룬다. 북아일랜드의 갈등이 보여 주듯이 문화적 분절화는 언어의 의해서만 조성되지 않고 종교적 요인이 중요하게 작용한다. 종교적 동기에 의해 주요 전쟁들이 발발했지만 종교는 지속적으로 국가 간 또는 국가 내부의 분쟁을 유발하는 요인이었다. 영국과 아일랜드는 공통으로 영어를 사용하지만 그들 간의 문화는 상이한 종교 때문에 이질적이다. 대부분의 영국민들은 프로테스탄트인 반해, 아일랜드는 가톨릭국가이며 이러한 종교 간의 충돌은 비록 유일한 요인은 아닐지라도 북아일랜드 정치의 갈등의 주요 요인이었다.

로한다. 주변은 자신들이 정부의 지배를 받으면서도 망각의 대상이 되고 있다고 비판한다.

예컨대 이탈리아 북부의 경제적 중심부와 남부의 경제적 주변 사이의 격차가 그 대표적 사례이다. 1996년 이탈리아의 정치운동 세력인 북부동맹(Northern League)은 이탈티아 북부지역의 독립을 요구했다.[13] 북부동맹은 이탈리아 남부지역이 북부지역에 저급한 노동자, 마피아 및 부패정치만을 수출하고 있다고 주장했다. 프랑스의 경우도 경제적·정치적·문화적 중심인 파리와 나머지 지역과의 차이는 더욱 벌어지고 있는데 후자는 정부의 재정지출에 항상 불만을 표출하고 있다. 무엇보다도 중심-주변의 최근 유형은 1989년 재통일에 성공한 독일에서 발생했다. 동독지역 경제는 서독지역 기업들과의 경쟁에서 살아남지 못해 도산되었으며 수많은 실업을 초래했다. 동독지역의 주민들은 서독 중심의 정치와 서독경제의 지배에 불만을 터뜨리고 있는 데 반해, 서독지역 주민들은 동독지역의 재건을 위해 천문적인 돈을 쏟아 부었는데도 이에 동독주민들이 감사할 줄 모른다고 비난한다. 이처럼 중심-주변 갈등이슈는 분리운동, 투표행태 차이, 심지어는 주변지역을 대변할 정당의 등장으로 나타난다.

넷째, 사회계급 균열이다. 19세기 말 무렵 서유럽 노동운동은 산업 프롤레타리아의 처참한 생활 및 노동조건에 주목하고 사회적·경제적·정치적 평등을 요구했다. 노동운동은 투표권을 누리고 있었던 산업가, 지주 등이 중심이 된 '부르주아' 정치를 촉발시켰으며, 노동계급의 생활·노동조건의 개선을 위해 자신들의 정치조직과 노조를 결성했다. 주도적인 노동운동 이데올로기는 개혁적인 사회민주주의와 혁명적인 공산주의였다. 서유럽 국가들에서 한편으로는 사민주의와 공산주의 사이에, 다른 한편으로는 자유주의와 보수주의 사이에 전개된 투쟁은 제2차 세계대전 이래 정치의 핵심적인 균열라인을 형성했다. 대부분의 서유럽 국가들에서 대규모 중화학공업 분야의 숙련 노동자들은 노동운동의 중추를 이뤘고 사용자와의 협상력과 정치에 대한 영향력을 높이기 위해 비숙련 노동자들이 노동운동에 합류할 것을 호소했다. 이러한 호소는 노동자들의 '계급적 정체성'을 강화했다. 사회계급은 20세기 서유럽 정치를 강타했고

13) 이탈리아 북부동맹은 부패에 연루된 기민당과 사민당, 그리고 공산주의의 역사적 퇴장으로 인한 공산당이 각각 붕괴의 운명을 맞이한 직후 탄생했다.

특히 제2차 세계대전 이래 지배적인 균열라인이 되었다.

이상과 같은 다양한 사회적 문화적 균열은 때때로 중복되었다. 동일한 사람들이 여러 균열라인에 따라 분절되어 있는 경우 갈등의 개연성이 높아지고 이를 해결하기가 용이하지 않다. 북아일랜드에서 사회계급과 종교는 균열라인으로서 일정 부분 일치한다. 즉 빈곤한 가톨릭 세력은 중산계층에 속하는 프로테스탄트 세력과 대립되었다. 한편, 사회적 균열라인은 교차하기도 한다. 이 경우 갈등은 쉽사리 발생하지 않는다. 왜냐하면 대립하는 그룹들이 충성심과 일체감을 공유하기 때문이다. 예컨대 노동계급 중 일부는 가톨릭 신자인데 이런 경우 사민주의자들은 노동자들을 자신의 정당을 지지하도록 동원하기가 어려워진다. 가톨릭 노동자들은 동료 노동자들에 대해 계급적 동류의식을 가질 뿐만 아니라 중산층 가톨릭 신자, 심지어는 상류층 가톨릭 신자들에게까지 종교적 동류의식을 느끼게 된다. 이런 조건에서 사민주의 세력은 가톨릭 세력 및 자본세력과 치열하게 갈등을 전개할 수는 없다. 만일 그렇지 않으면 교회를 중심으로 가톨릭 노동자들을 한층 더 결속시켜 가톨릭 균열 축 혹은 블록을 보다 더 견고하게 할 것이기 때문이다.

그런데 서유럽 국가들의 전통적인 사회적 균열이 퇴조하고 있다(Slomp 2000: 26-28). 대부분의 서유럽 국가들에서 언어와 민족성은 이제 뜨거운 갈등이슈가 아니다. 오로지 스페인 바스크지역 주민들이 독립을 요구하고 프랑스 코르시카 섬 주민들이 자치권을 요구하고 있을 뿐이다. 프로테스탄트-가톨릭, 교권적-반교권적(clerical-anticlerical) 간의 갈등과 같은 종교적 균열도 정치적 위력을 상당히 상실했다. 많은 시민들은 교회에 나가지 않고 자녀들을 가톨릭 또는 프로테스탄트 학교 등 특정 종교학교에 보내지도 않는다. 종교적 색채의 초·중등학교 및 대학교는 지속적으로 존재하지만 종전에 비해 훨씬 더 관용적이고 개방적인 성향을 보이고 있다. 종교적 제휴관계의 쇠퇴와 정치에 대한 종교의 영향력 약화는 정치문화의 '세속화'(secularization)를 가져왔다. 이는 사회의 분절화(segmentation)와 균열화(pillarization)를 점진적으로 희석시키는 효과에 공헌하고 있다. 이제 시민들은 종교적 또는 정치적 지도자들에 의해 강제되는 행동양식에 제약을 받지 않는다. 서유럽에서 교회에 나가는 것은 사회적 의무가 아니며 도시 노인들만이 정기적으로 교회에 나가며 종교적 의무를 실천할 뿐이다.

중심-주변 지역격차도 그 정치적 위력을 상실해 가고 있다. 농민은 오늘날 대부분의 서유럽 국가에서 전 인구의 소수에 불과하다. 도시에 근접한 농촌지역은 교외로 바뀌어 휴식과 전원주택을 찾는 도시민들이 이주해 가고 있다. 농민당은 여전히 존재하지만 군소정당으로 전락하여 농민 이외의 유권자들의 지지를 얻어야 하는 상황에 놓여 있다.[14)]

이러한 변화보다 더욱 중요한 것은 사회계급 구조의 변화로 인해 정치에서 사회계급의 영향력이 줄어들고 있다는 점이다. 대부분의 서유럽 국가들이 산업 및 제조업 중심의 경제에서 탈피하여 후기산업 및 서비스 중심의 경제로 이동함에 따라 서비스 분야에 종사하는 근로자들이 노동계급의 주류를 형성해 가고 있다. 대규모 블루칼라 노동자들이 종사하는 전통적 산업과는 달리 서비스 분야의 근로자들은 '신 중산층'으로서 '계급적 지위'보다는 다양한 라이프스타일을 연출하며 전통적인 노동계급과 강한 유대감을 느끼지 못한다. 이러한 사회계급구조의 변화는 노동계급의 '계급의식 혹은 일체감'(class consciousness or identification)과 노동운동의 매력을 약화시키는 요인으로 작용하고 있다. 이에 따라 사민주의 정당들은 배타적인 노동친화적 정당으로부터 블루칼라층뿐만 아니라 화이트칼라층까지도 포용하는 대중정당으로 변신한 지 오래다.

이와 같이 전통적인 사회적 균열이 퇴조하고 있는 가운데 새로운 균열이 서유럽 정치를 강타하고 있다(Slomp 2011: 116-119). 물론 새로운 사회적 균열이 구사회적 균열을 완전히 대체하지는 않았다. 그렇지만 우선 성문제가 중요한 균열라인으로 새롭게 떠오르고 있다. 여성운동이 정치적 영향력을 발휘하고 있는 추세이다. 이는 정체성과 균열의 원인이었던 사회계급과 종교의 정치적 약화로 인해 나타난 현상으로서 1960~70년대에 등장했다. 오늘날 여성에 의해 운영되는 정당은 거의 없지만 서유럽 정치에서 여성의 역할이 주요 이슈가 되고 있는 것이다. 노령연금 수령자의 급증으로 인해 연령도 서유럽 정치에 영향을 주는 또 다른 변수이다. 많은 국가연금에 의존하고 있는 노인들은 국가연금의 삭감 조짐에 투쟁하기 위해 압력단체는 물론이고 심지어 정당까지도 결성할 움직

14) 도시-농촌 차원은 농촌인구의 감소로 말미암아 이 차원은 정당체제의 분화에 미치는 영향이 약화되고 있는 추세이다. 그러나 스위스에서 스위스국민당은 아직도 농촌이익을 대변하는 정당으로 간주되고 있다.

임을 점점 보이고 있다.

나아가 서유럽 사회에서는 이민노동자 및 정치적 망명자의 유입이 가장 강력한 정치적 갈등의 원인이 되고 있다. 1993년 프랑스 정부가 이슬람교 머리스카프를 썼던 여학생의 학교 입학을 거절한 사건이 있었다. 어떤 사람들은 이를 시민권 및 종교권의 침해로 보지 않으려고 애써 외면했지만 이 종교적 상징 사건은 국가와 종교 간의 분리 원칙에 위배되는 것으로 인식되었다. 이 사건이 보여 주고 있듯이 정부까지도 기독교가 압도적 우세를 보인 서유럽 대륙에서 이슬람교의 확산을 용인하지 않고 있는 것이다. 1960~70년대에서부터 서유럽에서 이슬람교가 이슈로 부상했다. 당시 서유럽 사회에서는 터키와 북아프리카에서 넘어온 수백만의 이슬람 노동자들이 서유럽 부국들의 산업지역으로 들어왔고 그 후 이들 인구의 비중이 증가 추세 속에 있다. 이슬람교도들은 서유럽에서 수세기 동안 기독교도들이 누려온 것과 동등한 권리를 요구했다. 수백만 이민노동자와 정치적 망명자들로 구성된 이슬람교도들의 영향력은 서유럽의 세속화된 사회를 위협하고 있다.

이슬람교도 이민 외에도 이탈리아·스페인·포르투갈 등 여러 국적의 이민들이 서유럽 부국들로 들어오고 있다. 그리고 크로아티아-세르비아 전쟁, 보스니아 내전, 코소보 갈등 등으로 인해 조국에 등을 돌린 구 유고슬라비아 출신의 약 2백만 정치적 망명자들이 서유럽에서 1990년대 최대의 이민그룹을 형성했다. 1992년에 그들 중 약 40만 명 이상이 독일로 이주했다. 외국인들은 독일인구의 9%로서 서유럽에서 최대 비중을 차지하고 있다. 이들 나라에서 외국인 이민분포는 전체 인구의 5~9% 사이를 차지한다. 전체 인구의 외국 이민 비중은 그리 높지 않지만 이들은 대도시 또는 산업지역에 밀집해 거주하면서 무시못할 소수파를 형성하고 있다. 파리에는 알제리인들이 30만 명 이상의 인구로서 최대의 외국인 집단촌을 이루고 있으며 베를린에는 약 14만 명 이상의 터키인들이 최대의 소수파를 형성하고 있다. 이민 및 망명자들의 결속은 번영을 구가하고 있는 서유럽 국가들의 정치적 난제인 동시에 모든 공공 및 민간 공론장의 주요 의제로 떠오르고 있다.

(2) 이념적 스펙트럼과 정당정체성

서유럽의 사회적 균열은 이념적 스펙트럼으로 투영된다. 서유럽의 이념적 스펙트럼에 있어 수평적 차원의 이념적 좌표는 노동계급을 보호하고 사회적 평등을 가져오기 위해 시장경제에 대한 국가의 개입 위치에 기초한다. 공산주의처럼 시장경제를 전면적으로 거부하는 노동운동 이념은 왼쪽 말단에 위치한데 반해, 정치적 우파 이념은 사회정책 형태의 국가개입에 반대하는 이념으로서 오른쪽 말단에 위치한다. 정치적 우파는 대외개방과 자유시장론을 제창하는 보수적 자유주의뿐만 아니라 경제에 대한 강력한 국가개입 또는 국가주도의 국민경제 옹호론을 제기하는 파시즘까지도 포함한다. 국가개입과 국가불개입의 양극단 사이에 사회민주주의와 기독교민주주의와 같이 어떤 형태의 국가개입을 주창하는 이념이 위치한다. 이러한 좌-우 균열라인은 서유럽 정치의 핵심이다. 특히 사회적 형평성 및 사회정책은 서유럽 정치의 핵심 이슈를 이룬다.

그러나 서유럽 정치는 그렇게 간단하지 않다. 전통적인 사회적 균열라인이 역시 지속적으로 역할을 수행한다. 그것은 성모랄 및 낙태 등과 같은 도덕적 가치와 가정생활에서의 자유와 권위와 관련한다. 여기서 수평적 차원의 이념적 좌표를 가로지르는 수직적 차원의 이념적 좌표는 국가, 교회 및 부모의 권위를 강조하는 보수주의(권위주의)와 개인의 자유를 옹호하는 자유주의 간의 차별성으로 나타난 두 번째 균열라인에 따라 구별된다.

이런 맥락에서 볼 때 서유럽 이념적 스펙트럼은 수평적 차원의 좌-우 균열과 수직적 차원의 권위주의-자유주의 균열의 조합으로 구성된다.[15] 두 균열라인에 진보적-보수적 기준이 활용된다. 진보는 수평적 차원에서 좌파의 위치와 수직적 차원에서 자유주의 쪽을 나타낸다. 보수는 수평적 차원의 우파 및 수직적 차원의 권위주의에 위치하는 것을 의미한다. <그림 4-1>은 수평적·수직적 차원의 서유럽 정치적 스펙트럼 구도이다(Slomp 2011: 101-103).

15) 서유럽 이념적 스펙트럼은 미국의 그것과 다르다(Alesina and Glaesser 2007: 110-119). 첫째, 미국에서 두 균열라인(좌-우와 자유주의-권위주의)은 중복된다. 이는 일정 부분 미국의 양당체제에 연유한다. 공화당은 민주당보다는 우파(사회적 이슈에 대해 보수적)이고 권위주의(도덕적 이슈에 대해 보수적) 성향을 보인다. 이 두 균열라인은 서유럽에서는 중복되지 않기 때문에 서유럽 정치는 미국정치보다 이해하기가 쉽지 않다. 둘째, 좌-우 균열은 서유럽 정치에서와는 달리 미국정치를 지배하지 않는다. 따라서 미국의 노동운동은 서유럽의 노동운동과는 달리 사회적 평등을 증진하는데 성공하지 못했다(Alesina and Glaesser 2007: 119-123).

▌그림 4-1▐ 유럽정치의 이념적 스펙트럼

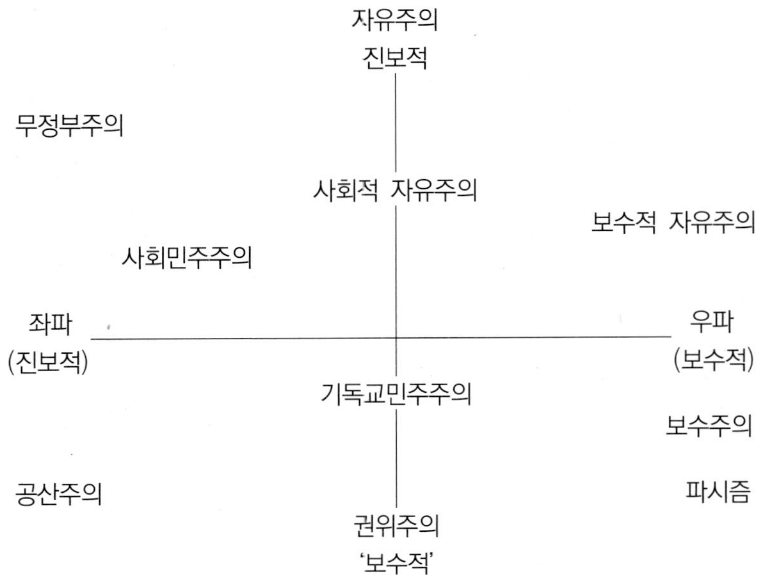

첫째, 보수주의는 서유럽에서 가장 오랜 역사를 가진 이념이다. 그 이념적 지향성은 위계적·권위적이다. 보수주의적 사회관은 아버지가 부인과 자녀들에게 권위를 행사하고 이들을 보살핀다는 전통적인 가족관에 근거한다. 고용주가 종업원에게, 왕이 백성에게 행사는 권위도 이러한 가족관계에 따라 유형화된 것이다. 이러한 불평등한 관계에서 하위자는 복종할 의무를 가지며 반대급부로 그들은 권위자의 보살핌을 받는다. 이러한 보수주의는 유기적 사회관을 갖는다. 인체와 사회를 구성하는 모든 부분은 조화롭고 유기적인 통일체를 구성하여 인체와 사회의 건강을 위해 필요한 기능을 수행하지만 상위기관과 하위기관 간의 구별이 있다. 하위부분(손·발)은 상위부분(머리)에 복종해야 하고 하위기관은 상위기관에 순종해야 한다. 그렇지 않으면 몸과 사회가 제대로 작동할 수 없다는 것이다.

권위를 중시하는 보수주의의 자유시장에 대한 태도는 분명하지 않다. 원래 자유시장 경제는 가족생활, 전통적 권위를 붕괴시킨다는 이유로 보수주의 이념에서 거부되었다. 그러나 오늘날 대부분의 보수주의자들은 자유시장 경제를 공공연히 지지한다. 경제에 대한 국가개입을 옹호하는 보수주의자들도 있지만 그것은 사회적 목표의 추구보다는 국가권력의 강화 목적에서이다. 보수주의 정당은 모든 서유럽 국가에 존재한 것은 아니다.[16] 일부 서유럽 국가에서 보수적 자유주의(conservative liberalism)는 정치적 스펙트럼의 오른쪽 말단에 위치한다. 서유럽에서 두 주요 보수주의 정당은 영국의 보수당과 프랑스의 드골당(현재의 대중운동연합)이다. 이 두 정당은 시장경제에 대해 상이한 정향을 보인다. 영국의 보수당은 보수적 자유주의 정당으로서 경제에 대한 국가개입의 절제를 선호한다. 이에 반해 프랑스 드골주의자(De Gaullist)들은 국제경제 및 정치에서 프랑스의 위대함을 과시하기 위해 경제에 대한 국가개입을 옹호했다. 1960년대 프랑스 대통령이었던 드골이 아마도 전후 서유럽에서 가장 선명한 보수주의 정치인이었을 것이다. 드골주의자인 프랑스 시라크(Jacques Chirac) 대통령은 '경제로부터 국가의 철수'를 선호하는 보수적 자유주의에 더 가깝다.

둘째, 자유주의이다. 자유주의에 따르면 개인자유는 사회의 핵심 요소이다. 즉 권위의 구속으로부터 자유이다. 사회는 지배자와 피지배자로 구성된 것이 아니라 자발적 사회계약에 근거한다. 사회계약을 통해 자유로운 개별 시민들은 시민공동체를 형성하고 시민권리에 기초한 시민성을 창출한다. 시민공동체에서 모든 시민들은 자신의 능력과 자질을 계발할 수 있어야 한다. 개인자유에 대한 유일한 제한은 타인에게 불이익을 주지 않고 타인의 자유를 축소해서는 안 된다는 것이다. 개인의 자기계발을 위한 두 요소는 교육과 사적 재산이다. 교육은 개인의 잠재능력을 계발하고 사회기회를 확대하기 때문에 인간자유의 토대이다. 재산권은 삶을 영위하고 문화 및 정치논쟁과 같은 비경제적 활동에 참여를 가능케 해주는 물적 토대이다.

자유주의자들은 자유시장경제와 의회민주주의의 초기 수호자들이었다. 초기 자유주의 사상에서 교육과 재산을 갖지 못한 사람들은 완전한 시민이 아니었으며 정치적 의사결정에 참여할 수도 없었다. 국가의 사회정책은 자유경쟁과 자유선택을 방해하는 요소로 비춰졌으며 국가의 유일한 과업은 국방이나 치안유지, 세금징수 등에 국한되었다. 그러나 사회민주주의의 등장 후 자유주의는 보수적(또는 전통적) 자유주의와 사회적 자유주의(social liberalism) 등 두 경향으로 분열되었다. 보수적 자유주의는 지속적으로 국가개입 자제를 옹호했던 반면에 사

16) 동유럽 공산주의자들은 강력한 권위와 강력한 국가를 지지하는 주요 보수주의 정당을 구성하고 있다.

회적 자유주의는 사회입법 및 사회정책을 강조하여 사민주의에 근접한다.

서유럽 정치에서 자유주의는 도시 중산층 이상의 계층의 지지를 많이 받고 있는데, 기업인들은 보수적 자유주의로 경도되는 반면에 전문인과 지식인은 사회적 자유주의의 중추를 이룬다. 보수적 자유당은 대부분의 서유럽 국가에 존재하지만 보수적 자유주의를 표방하는 영국의 보수당과는 달리 그들 정당의 위상은 정치사회를 강력하게 지배하지는 못하고 있다. 과거 대처 영국 수상이 서유럽에서 가장 대표적인 보수적 자유주의 매파였다. 서유럽의 자유주의자의 대부분은 보수적 자유주의자들이다. 사회적 자유당은 보수적 자유당보다 일반성이 떨어지는 정당이다.

셋째, 세 가지 주요 노동이념에는 아나키즘, 사민주의, 공산주의 등이 있다. 아나키즘은 착취자에 저항하는 대규모 총파업으로 이어지는 자발적인 노동자 활동과 종국적으로는 국제적 혁명을 지향한다. 산업사회 이전에 있었던 소규모 작업장이 중앙의 권위주의적 간섭을 받지 않고 지배적인 생산형태가 되도록 재수립하고자 한다. 사유재산은 공동체 재산을 확립하기 위해 폐지되는 것을 선호하며 자유시장 경제를 거부한다.

19세기 후반에 새로운 노동운동 이념인 마르크스주의가 등장했다. 마르크스는 아나키즘이 산업발전을 거부하기 때문에 후진적인 노동운동으로 규정하고 이를 거부했다. 대신 산업발전은 사회주의의 토대를 이루는 것으로 인식했다. 마르크스주의 이론에서 자본주의는 내부 분열요인과 조직화된 노동계급의 혁명에 의해 붕괴될 때까지 발전하는 것으로 인식한다. 궁극적으로 노동계급은 산업을 인수하고 공동재산을 통한 사회주의 질서를 확립한다. 19세기 말 무렵 마르크스주의 운동은 사민주의와 공산주의로 분열된다.[17)]

---

17) 공산주의는 마르크스주의의 수정을 반대하고 노동계급의 주요 목표로서 혁명에 집착했다. 1917년 러시아 혁명은 마르크스주의의 두 흐름간의 단절을 가져 왔다. 사민주의는 시장경제와 의회민주주의를 옹호했는데 반해 공산주의는 의회민주주의를 노동계급에 대한 지배계급의 착취와 억압을 도와주는 '부르주아 민주주의'로 규정하고 이를 거부했다. 대신 자본가계급과 투쟁하고 계급차별을 종식시키기 위해 노동계급은 다른 계급에 대한 독재권력을 행사해야 한다는 것이다. 이는 소비에트공화국을 포함한 공산국가들에서 '프롤레타리아독재'(dictatorship of the proletariat)로 나타났다. 사실상 프롤레타리아독재권력은 '프롤레타리아의 전위대'인 공산당에 의해 행사되었으며 공식적 교의로부터 이탈한 일체의 것에 대해서 엄격한 제재를 가하는 전체주의적 국가권위를 의미했다. 공산당 내부에서 권력은 당내의 일체의 반대를 억압하고 '노동계급의 영웅'으로 공식적 인정을 받는 당 지도자의 수중에 집중되었다.

사민주의는 투표권의 확대를 요구하고 정치참여를 위한 정당을 결성하기 시작했다. 노동자들의 투표는 사민주의 정당으로 하여금 의회의 다수당을 차지하여 정부 장악을 가능케 해 줄 것으로 인식됐다. 보편적인 참정권을 요구했던 사민주의는 사회계급운동일 뿐만 아니라 민주화운동이었으며 사회정책과 의회민주주의를 중시했다. 사민주의자들은 의회정치 참여를 통해 혁명보다는 개혁을 강조했다. 사민주의는 제2차 세계대전 이후 서유럽에서 최대의 노동운동 이념인 동시에 가장 광범위하게 확산된 이념이었다. 서유럽 각 국의 사민주의 정당들은 비단 노동계급뿐만이 아니고 전 국민을 보호하기 위한 사회정책을 주창했다. 사민주의는 도덕 및 가족가치관을 관용한다는 점에서 그 위상은 자유주의와 권위주의의 중간에 해당한다. 오늘날 서유럽 국가들에서 사민주의 정당들의 위상은 확고하며 일부 서유럽 국가에서는 집권당으로 남아 있다.

사민주의는 혁명을 포기할 뿐만 아니라 자유시장 경제가 국가권위의 통제를 받은 사회주의 경제로 완전히 교체될 수 있다는 사고를 거부한다. 대신 시장경제의 부정적 작동은 광범위한 사회정책에 의해 완화될 수는 것으로 믿고 있다. 대조적으로 공산주의는 국가에 의해 모든 노동자들을 엄격하게 규율하고 기술적·경제적 발전이 모든 경제 및 사회활동에 대한 국가통제 조건과 중앙집중적인 계획경제 하에서만 달성될 수 있다는 신념을 갖고 있다. 이런 맥락에서 공산당은 극좌적이고 극단적인 권위주의 이념적 좌표에 위치한다. 동구 공산국들의 해체 이후 서유럽에서 공산당에 대한 지지는 프랑스, 이탈리아 등 몇 개의 국가에서 육체노동자의 일부에서 나타났으며 대부분의 동구 공산당은 해체되거나 민주적 개혁정당으로 변신했다.

넷째, 기독교민주주의이다. 마르크스주의적 계급투쟁을 비난하며 교황 레오 13세는 1891년 교황칙령에서 여러 이해관계 및 계급 사이의 조화, 그리고 사용자와 노동계급의 지도자들 간의 '협의적 행동'을 요구했다(Schmidt 1989: 67). 이의 연장선에서 기독교민주주의자들은 자유주의자들의 개인주의를 반대했으며 사민주의자들이 선호하는 국가행동을 거부했다. 그들은 가정과 사용자단체 및 노조와 같은 자발적 단체의 사회적 역할을 강조한다. 사용자단체와 노동자단체는 서로 투쟁하지 말고 협력하여 사회경제적 정책을 처리해야 한다는 것이다. 국가를 억제하고 사회적·경제적 활동이 자발적 단체들에게 맡겨져야 한다는 사고였다. 이런 사고는 사회적 합의주의(corporatism) 시스템의 발단이었다.

기민주의는 마르크스주의의 등장에 대한 반작용으로서 주로 가톨릭에 의해 발전되었다. 그 이념은 권위와 사회정책의 결합인 일종의 '사회적 얼굴을 가진 보수주의'를 지향했다. 가톨릭 교회는 권위뿐만 아니라 가톨릭 조직 내의 위계 구조를 강조했다. 일부 서유럽 국가에서는 프로테스탄트 세력이 사회정책에 관해 가톨릭 세력과 거의 동일한 사고를 가진 별도의 조직을 결성했다. 이러한 공통분모는 가톨릭 세력과 프로테스탄트 세력으로 하여금 협력하여 기독교민주주의 운동을 구축하도록 했다. 기민주의의 이념적 좌표는 좌-우 균열라인에서 우파에 속하지 않고 자유주의-권위주의 균열라인에서 극단적인 권위주의에 기울어지지도 않는다. 그것은 좌-우 균열라인의 중간에 위치하며 자유주의-권위주의 균열라인에서는 권위주의 쪽으로 조금 경도되어 있다. 기민주의 정당은 대부분 권위에의 헌신에 매력을 느낀 가톨릭 중간계급 및 농민의 지지를 받고 있다. 그렇지만 기민주의는 상당한 정도의 노동계급으로부터도 지지를 받는다. 기민주의의 프로테스탄트에 대한 호소력은 약한 편이며 프로테스탄트는 사민주의와 다른 비종교적인 정치운동에 지지를 보내는 경향을 보인다. 기민당은 노동계급의 지지를 얻기 위한 사민주의 정당과 경쟁하지만 타협과 협상은 기민주의의 트레이드마크이다.

다섯째, 파시즘과 나치즘은 극우정당의 이념적 지향이다. 파시즘은 사민주의와 공산주의의 분열을 비난하고 국가적 통일과 '국가적 대의'를 강조했다. 이를 위해 전체 국민은 동원되어야 한다. 파시즘의 보수주의적 성격은 국가권위, 위계구조와 질서의 강조에서 반영되고 있다. 이러한 이념적 규범은 독일의 나치즘에도 그대로 투영되었다. 파시즘 및 나치즘 운동은 국가지도자를 국가적 통일과 국민적 의지의 상징으로 선언했고 국가지도자에게 거의 절대적 권력을 부여했다. 이처럼 파시즘과 나치즘은 극단적인 권위주의 운동과 극우적인 성향의 이념적 좌표에 위치한다. 경제에 대한 국가개입의 주요 목적은 사회적 평등이 아니라 강력한 국가와 대외 팽창을 위한 것이었다. 파시즘의 위계구조에 대한 강조와 노동운동의 억압은 농촌지역 보수주의자들에게 매우 매력적인 이념으로 비춰졌다. 나치즘은 산업이데올로기적 성격이 강하며 특히 소기업인, 도시 중산계급에게 광범한 호소력이 있었다. 육체노동자와 대기업인들도 나치즘을 지지했다. 오늘날 서유럽 정치에서 노골적으로 파시스트라고 자칭하는 정당은 거의 없지만 새로운 인종주의 정당들이 파시스트와 일부 유사성을 드러내고 있다.

마지막으로 1970년대 이래 새로운 이념이 탄력을 받고 있다. 우선 1970년대 석유위기는 에너지 소비에 대한 공론화를 자극했고 환경에 대한 관심을 고조시키는 환경주의를 불러일으켰다. 1970년대 말과 1980년대에 녹색정당뿐만 아니라 그린피스(Greenpeace)와 같은 국제적 녹색행동 단체가 출범했다. 그들은 생태계 보호, 핵무기 및 핵발전소 건설 등을 주요 이슈로 제기했다. 1986년에 발생했던 심각한 우크라이나 체르노빌 핵발전소 사건은 녹색운동이 제기하는 대의명분의 호소력을 확산시켰다. 오늘날 서유럽에서 녹색운동의 동의를 받지 않거나 생태 및 환경효과에 대한 검증 없이는 사회적·경제적 인프라의 어떤 변화도 이뤄질 수 없다. 정치운동으로서의 환경주의는 사민주의 정당의 대안적 좌파정당으로 성장하고 있다. 그 주요 지지층은 도시에 거주하는 젊은층, 고학력자 및 대학생들이다. 그 이념적 위상은 좌파적이고 가족가치에 대해 관용의 성향을 보이고 있다는 점에서 자유주의에 근접한다. 녹색당은 대부분의 서유럽 국가에 존재하지만 아직은 거대 정당으로 성장하지 못하고 있다.

게다가 신민족주의와 인종주의까지 등장했다. 서유럽에서 민족국가의 등장은 민족주의를 동반했다. 서유럽 민족주의는 언어 또는 민족성에 기초한 국가건설에 관심을 두었다. 1970년대에 경제조건의 변화는 새로운 형태의 민족주의와 인종주의를 야기했다. 신민족주의는 외국인 유입에 따른 민족문화의 훼손을 방지하는 데 관심을 두고 있는데 반해, 인종주의는 외국인에 대한 내국민의 우월성을 과시했다. 서유럽 역사에서 인종주의는 유태인 차별에서 알 수 있듯이 매우 뿌리가 깊다. 현재 서유럽 인종주의의 희생자는 외국인 노동자와 정치적 망명자이며 그들의 대부분은 이슬람교도들이다. 세계화의 추세와 전통산업의 쇠퇴로 인하여 아프리카 및 중동지역에서 온 수많은 이민노동자 및 정치적 망명자들이 최근 직장을 잃은 실업자로 전락하고 있다. 그리고 그들은 서유럽 국가의 내국인 일자리를 잠식하고 치안불안, 범죄, 마약 등 사회불안을 야기하고 있다. 이런 상황은 서유럽민족주의와 인종주의를 더욱 촉발시키고 있다. 이에 따라 신민족주의와 인종주의의 주요 테마는 엄격한 이민정책을 수립하여 실천하는 것이다. 예컨대 스위스의 국민당, 오스트리아의 자유당, 프랑스의 국민전선 등은 이 테마를 통해 선거시장에서 폭발적인 반향을 불러일으키고 있다.

나아가 1970년대 석유위기는 새로운 유형의 경제정책과 경제적 사고인 신자유주의를 가져왔다. 신자유주의는 인플레이션, 실업 상승, 국가재정적자 가중 등이 국가정책의 확대에 기인하는 것으로 인식한다. 정부는 더 이상 경제조절에 개입하지 말아야 하고 자유시장이 자율적으로 작동하도록 내버려두어야 한다는 것이다. 신자유주의는 점점 신경제패러다임을 완전한 이념으로 확장하면서 실질적으로 고전적 자유주의와 맥을 같이 하는 민간 창의와 개인책임의 창달을 요구했다. 이러한 신자유주의는 서유럽 정치에 중대한 영향을 미치고 있다. 경제에 탈규제, 공공부문의 민영화 등이 크게 진행되고 있으며 국가재정 및 국가채무가 주요 정치적 관심 사항이 되고 있다. 유럽연합(European Union)이 이러한 사태발전을 유도하고 있는데 이는 기업에 대한 국고보조금을 엄격히 제한할 것을 강제하고 공공부문을 완전히 개방하여 회원국 간의 자유경쟁을 유도하는 형태로 이뤄지고 있다. 자유시장에 대한 재평가는 모든 전통적 이념과 정당에 대한 파급효과가 크다. 예컨대 사민주의는 사회정책에 대한 자신의 전통적 주장을 완화하고 있다. 국가재정 적자와 고실업의 압박 하에서 서유럽 국가의 사민주의 정당들은 민간 창의에로 관심을 두기 시작했으며 국가활동의 폭을 줄이는 작업을 진행하고 있다. 기민당들도 예외가 아니다. 나라에 따라 편차는 있으나 신자유주의는 자유시장에 대한 관심을 높이고 사회적 평등에 관심을 줄이는 가운데 이념적 우경화의 길을 걷고 있다.

(3) 사회적·이념적 균열과 정당정치 변화

사회적·이념적 균열의 구조화는 정당정치를 통해 전개된다. 영국을 제외한 대부분의 서유럽 국가에서 정치적 스펙트럼은 사민주의 정당, 기민주의 정당, 자유주의 정당 및 보수주의 정당 등 '다당제를 하부형태로 하는 진보좌파-중도-보수우파 정당블록' 구도로 형성되어 있다. 이 진보좌파-중도-보수우파 정당블록 구도가 다양한 사회적·이념적 균열을 효과적으로 정당정치에 투영한다. 그러나 서유럽 국가들은 정치적 스펙트럼의 구성에 있어 국가적 편차를 보이고 있다.

영국의 정치적 스펙트럼은 대륙보다 협소하다. 노동당(Labour party)과 보수당(Conservative Party), 두 주요 정당은 주로 사회계급에 기초한다. 일정 부분 이 양대 정당은 지역적 이익을 표현하기도 한다. 예컨대 스코틀랜드지역은 노동당을 지지한다. 그럼에도 정당정치에 있어 지역적 정체성의 강도는 제한적이다. 영어가 유일한 공식 언어일 뿐만 아니라 프로테스탄트가 주류를 형성하는 영국 종교 또한 정치적 영향력이 큰 사회적 균열 요인으로 작용하지 않는다. 사회계급이 주요 사회적 균열이기는 하지만 노동당이 혁명적 이념을 표방한 극좌정당이 아니기 때문에 사회계급도 정치에 미칠 파급효과가 큰 분열적 요인이 아니다. 이런 맥락에서 영국사회는 심각한 균열현상을 보이지 않는 비교적 동질적 사회라 할 수 있으며 정치적 스펙트럼은 서유럽 대륙에 비해 단순하다. 따라서 영국의 정당정치는 양대 정당에 의해 작동한다. 다른 정당, 특히 자유당(Liberals), 1980년대 후반 자유당과 사민당이 합당한 자민당(Liberal Democrats), 그리고 민족정당들도 선거에서 경쟁하고 하원 의석을 확보하고 있으나 다수당이 되어 내각구성에 참여하는 경우는 없다. 영국 정당정치의 특징은 사회경제적 이슈라는 한 차원에서 주요 정당 간 정강·정책에 최소한의 차별성이 존재한다는 데에 있다. 다만 영국 당파적 이슈 차원에서 한 가지 예외가 있다면 그것은 영국의 외교정책을 둘러싸고 때때로 보수당과 노동당 사이 혹은 각 정당 내부에서 의견차이를 드러내고 있다는 점에 불과하다.

노르딕국가들은 서유럽의 다른 국가들에 비해 상대적으로 문화적 사회적 동질성을 갖고 발전하였다(Aylott 2011: 299-302). 이 지역의 통일된 언어와 종교는 인종적 단일성에 연유한다. 덴마크, 노르웨이, 스웨덴, 핀란드는 각각 동일한 언어를 사용하고 루터파 개신교가 이들 국가에 지배적으로 분포하여 종교적으로도 동질적이다. 따라서 이들 국가의 정치적 스펙트럼도 영국처럼 상대적으로 협소하고 좌-우 갈등도 제한적이다. 언어적 소수파도 없고 이들 국가는 모두 프로테스탄트국가로서 종교는 거의 정치적인 관련성이 없다. 최근 프로테스탄트가 지배하는 몇 개의 소규모 기독교정당들이 결성되었지만 정치적인 영향력은 크지 않다. 영국에서처럼 사회계급은 주요 사회적 균열이 되고 있는데 따라서 사민주의 정당들이 이들 국가의 정당정치를 지배하고 있다(Bergman and Strøm 2011a: 8장). 정치적 우파는 보수주의 정당과 보수적 자유주의 정당으로 분열되어 있다. 그리고 노르딕국가들에서 국가수도와 농촌 간의 균열라인은 보수당의 왼쪽에 위치한 농민당의 결성을 가져왔다.

서유럽의 게르만국가들의 정치적 스펙트럼 역시 협소하지만 사회적 균열라인은 작용하고 있다. 영국과 노르딕국가들과는 대조적으로 종교는 게르만국가 모두에서 정치에서의 역할이 두드러졌다. 독일에서 종교의 역할은 사민당의 지지기반인 북부 프로테스탄트와 기민당이 지배하고 있는 남부 가톨릭 간의 균열을 의미한다. 종교적 균열과 함께 계급적·지역적 균열을 반영하여 독일정당은 자민당·기민당·기사당 등의 보수우파-중도 진영과 사민당·녹색당·좌파당 등의 진보좌파 진영으로 포진되어 있다. 이러한 다당체제에서 한 정당이 절대다수의 의석을 획득하는 것은 사실상 불가능하다. 그래서 정치적 스펙트럼상 동류에 속하는 정당끼리 연립정부를 구성하여 통치하는 것이 관례화 되어 있다. 저지대 및 알프스형 게르만국가들에서 기민당은 정치적 스펙트럼의 중간에 위치하는데 그 왼쪽에 사민당이, 오른쪽에 보수적 자유당이 자리잡고 있다. 사민당과 보수적 자유주의 정당은 기민주의와는 지속적으로 거리를 좁히면서 기민당의 연정파트너 제의를 수용하곤 했다. 더욱이 사민주의 노동운동에는 물론이고 가톨릭 노동운동 및 기민당 내에 '노동좌파'가 존재한다. 따라서 기민당은 사회적 형평성 이슈에 민감한 반응을 보인다. 정치적 스펙트럼상 중간에 위치하는 기민당이 사회적 형평성에 대해 보이는 민감한 관심은 정치에 대해 사회계급이 갖는 균열라인으로서의 위력을 점차 감소시키고 있다(Slomp 2000: 44-45).

저지대 및 알프스형 게르만국가 중 특히 스위스와 벨기에는 어떤 정당도 의회의석 과반에 크게 미치지 못하는 다당체제이다. 그것은 두 가지 요인으로 설명이 가능하다. 하나는 스위스와 벨기에는 영국과는 달리 여러 균열라인에 따라 분열된 다원적 사회라는 점이다. 이러한 균열의 중복성은 그들 국가의 정당제도의 다차원적 성격에 투영되고 있다. 스위스에서 종교적 균열에 따라 주로 가톨릭 교리를 실천함으로써 지지를 받는 기민당(Christian Democrats), 그리고 교회에 거의 혹은 전혀 가지 않는 가톨릭과 프로테스탄트로부터 대부분의 지지를 받는 사민당(Social Democrats) 및 급진민주당(Radical Democrats)으로 나누어지고 있다. 사회경제적 균열은 주로 노동계급으로부터 지지를 받은 사민당과 중간계급의 지지를 받은 급진민주당으로 나누고 있다. 스위스국민당(Swiss People's party)은 프로테스탄트 농민들로부터 강력한 지지를 받고 있다. 언어적 균열은 스위스의 정당체제의 분화를 크게 야기하는 요인은 아니다. 그러나 스위스국민당의 지지는 주로 독일어 사용자들로부터 받고 있고, 사민당·기민당·급진민주당 등의 3개의 정당들은 언어적 균열 현상을 보이고 있는 캔톤정당(cantonal party)들과 느슨하게 연대해 있다.

마찬가지로 가톨릭 국가인 벨기에에서도 종교적 균열에 따라 보다 충실한 가톨릭 교도들을 대표하는 기독교사회당이 가톨릭 교리를 거의 실천하지 않거나 아예 실천하지 않는 가톨릭을 대변하는 사회당과 자유당으로부터 분리되었다. 사회당과 자유당은 계급적 차이에 의해 분화되었다. 이런 분화로 1960년대 말까지 벨기에는 두 개의 거대 정당인 기민당(Christian Democratic party)과 사회당(Socialists), 그리고 중간 크기의 자유당(Liberals) 등 3당체제를 가졌다. 스위스와는 대조적으로 벨기에의 언어적 균열은 3개의 주요 지배정당들을 더욱 세분화시켰는데 네덜란드어를 사용하는 지역정당들과 프랑스어를 사용하는 지역정당들을 만들어냈다(McRae 1986: 130-148). 이로써 극도의 다당체제가 형성되었다. 즉 약 12개의 정당들이 하원에서 의석을 획득하고 이 중 9개의 정당들은 내각구성에 참여할 수 있을 정도의 정치력을 과시한다.

라틴유럽에 속하는 프랑스와 이탈리아의 경우 일반적으로 정치적 스펙트럼은 게르만국가들 또는 영국보다 훨씬 광범위하고 다양하게 나타났다. 즉 좌파에는 사민주의정당, 공산당, 심지어 아나키스트 세력까지, 우파에는 보수당, 보수적 자유당, 극우정당까지 포진하고 있었다. 프랑스 정당체제는 이념적 스펙트럼으로 볼 때 국민전선(극우)·대중운동연합(중도우파)·프랑스민주연맹(중도우파) 등의 보수우파 진영과 노동자투쟁당(극좌)·공산당(극좌)·사회당(중도좌파)·녹색당(중도좌파) 등의 진보좌파진영으로 구성되어 있다.[18] 이 같은 '다당제를 하부구조로 하는 보수우파-진보좌파 정당블록' 구도 속에서 이원적 권력구조가 형성되었다. 즉 좌-우 정파들의 전략적 제휴가 이원집정제를 탄생시켰다고 볼 수

18) 1980년대 이후 프랑스 정당정치의 주요 변화는 이념적으로 정통 마르크스주의에 충실했던 공산당의 쇠퇴라 할 수 있다. 그 결정적 요인은 좌파정당인 사회당과의 경쟁에서의 패배이다. 제2차 세계대전 이후 30년 동안 프랑스 공산당은 프랑스 좌파를 대변하는 정당으로 당시 소규모였던 사회당과는 경쟁이 되지 않았다. 그러나 공산당은 1971년 이후 미테랑이 이끄는 사회당의 차별화 전략(전통적 사회주의 이념의 희석), 그리고 1980년대 확산된 공산주의 위기로 1980년대 후반부터 쇠퇴하기 시작했다. 프랑스 정당정치의 변화 가운데 또 하나는 극우세력인 국민전선의 부상이다. 1980년대 프랑스 사회의 고실업, 이민 및 범죄율 증가 등은 인종주의 감정에 호소하는 국민전선을 중요한 정치세력으로 부상시키는 데 크게 기여했다.

있다. 이탈리아는 1990년대 초반의 정치적 변동이 있기까지 반세기 동안 기민당(DC)과 공산당(PCI)이 양대 정당체제를 구성했지만 의회진입을 위한 봉쇄조항을 두지 않는 순수 비례대표제에 따라 15개 정도의 정당들이 의회에 진출했다. 그때까지 이탈리아 정치사를 지배해 온 기민당은 정부를 독점하며 국가정당화 되었으며 제1야당이었던 공산당은 영원한 야당으로 남았다. 그러나 1992년 정치권의 정풍운동으로 인한 정치체제의 지각변동을 거쳐 1994년에 출범한 제2공화국 현재 이탈리아 정당들의 분포를 정치적 스펙트럼상 분류해 보면 중도 보수진영으로서 기민당 후신이라 할 수 있는 국민당(PPI)·기독교민주센터(CDC)·기독민주연맹(CDU), 사민당의 후신인 전진이탈리아당(FI), 공화당(PRI) 등이 포진하고 있으며 좌파진영에는 공산당의 후신인 좌파민주당(DS)·재건공산당(PRC)·사회당(SI) 등이 포함된다.[19] 그밖에 군소정당으로서 녹색당, 네오파시스트인 민족연맹(AN), 북부지역의 자치(지방분권적 연방제)를 주창하는 북부동맹(LN) 등 몇 개의 정당들이 활동하고 있다.

프랑스와 이탈리아의 좌파정당은 반교권주의적인데 반해, 보수우파정당들은 가톨릭 신자들의 지지를 받았다. 사회계급균열과 종교균열 간에 일정 부분 중첩되는 이들 국가의 정치적 스펙트럼은 많은 좌-우 갈등을 야기하여 고도의 양극화 현상을 보인다. 왜냐하면 좌파정당과 우파정당이 이념적 거리가 먼 좌-우 균열라인의 양극단에 위치하고 있을 정도로 이념적 거리가 멀기 때문이다. 이러한 사회계급 이슈의 힘은 녹색당이 성장할 기회를 허락하지 않았고, 따라서 라틴유럽 국가들의 녹색당은 게르만국가들의 녹색당보다 정치적으로 훨씬 허약하다. 1990년대 이후 공산주의의 정치력이 소멸함에 따라 사민주의가 라틴유럽 국가들의 지도적 좌파정당으로 등장했다. 농촌지역을 대표하는 보수당과 보수자유당은 지지기반을 넓히는 노력을 하면서 급진성을 줄여가고 있다. 이러한 움직임은 '정치적 스펙트럼의 양극성과 좌-우 갈등'을 완화해 가고 있는 신호로 볼 수 있다.

그런데 서유럽 정당정치에서 전통적 사회균열의 작용이 쇠퇴하고 그 주요

19) 기민당 후신 정당들은 모두 보수주의와 가톨릭 정신에 입각한 민주주의를 표방하고 있다. 이탈리아 재벌 출신인 베를루스코니(S. Berlusconi)가 1994년 창당한 전진이탈리아당은 우파 보수주의와 자유시장경제를 정강으로 표방했다. 좌파민주당은 1996~2001년에 월계수연맹(L'Ulivo)의 좌파연정에 참여하면서 과거 공산당의 혁명주의 노선을 철회했다. 민족연맹은 보수우익 및 민족주의를 지향한다.

이념의 호소력이 약화되는 추세가 나타났다. 사실 이런 현상은 사민주의자들에 의해 발단되었다. 제2차 세계대전 후 서유럽 사민주의 정당들은 새로이 등장하는 중산계층의 지지를 끌어 모으기 위해 상징과 의식뿐만 아니라 마르크스주의를 포기하는 모습을 보였다. 사민주의 정당들의 이러한 변신은 보수주의자, 자유주의자 및 기민주의자들이 노동계급의 지지에 호소하는 선거전략에 대한 대응조치였다. 이념적 순수성보다는 대중 호소에 더 관심을 갖는 대중정당(catch-all party)의 출현은 정당충성심 및 정당일체감의 퇴조현상으로 이어졌다. 이는 한마디로 정치적 '탈(재)정렬'(de or re-alignment)이다. 지지정당을 수시로 바꾸는 '투표 부동층'의 수가 증가 일로에 있는 것이다.

서유럽의 이러한 정치적 '탈(재)정렬' 현상은 현재 서유럽 정당정치의 변화를 몰고 왔다. 농민당은 이제 농민들만의 지지에 의존할 수 없게 되었고, 기민주의 정당은 종교적 제휴관계의 약화를 고민해야 하며, 사민주의 정당은 전통적으로 중추적 정치고객인 블루칼라층의 감소를 심각하게 받아들이지 않을 수 없다. 각 종교집단 또는 사회계급 조직의 네트워크를 통해서 이뤄졌던 사회의 분절과 균열에 대응하는 정당의 전통적인 방법은 이제 별 효과가 없다. 많은 젊은층은 이제 가톨릭 및 사민주의 블록과 일체감을 갖지 않으며 그러한 블록과 무관한 유대를 맺고 있다.

이러한 변화는 서유럽에서 정치적 스펙트럼의 판도를 바꿔 놓고 있다. 물론 좌-우 균열은 지속적으로 정치적 태도와 투표행태를 결정하는 주요한 요인임에 틀림없다. 그러나 그것은 과거에 비해 상대적으로 중요성과 영향력을 잃었다. '권위주의 vs 자유주의' 균열라인이 새롭게 주목을 받으면서 부상하고 있다. 특히 '물질주의 vs 후기물질주의(post-materialism)' 균열라인이 나타나고 있다. 이 차원은 후기물질주의적 가치에 부합하는 참여민주주의와 환경주의는 서유럽의 중산층과 젊은이들에게 주목을 받고 있다(Inglehart 1997: 108-130). 그들은 자신들의 직장, 커뮤니티, 정부에서 이뤄지는 의사결정 과정에 더 참여하는 민주주의에 우선적인 목표를 지향한다. 고학력자와 부유층은 생태계 보호 등 녹색정향적인 후기물질주의적 가치를 강조한다. 특히 많은 젊은 층은 물질적 가치보다는 록 음악, 환경 및 문화예술 등 비물질적 가치에 관심을 갖고 있다.

이와 같이 물질적 가치(소득재분배 및 복지)로부터의 이탈은 후기물질주의에 대한 관심이 고조되고 있음을 의미한다. 후기물질주의는 특히 제2차 세계대전 후 상대적으로 풍요 속에서 자라온 세대에서 두드러지게 나타난 신드롬이다. 그들에게 좌-우 균열은 시대착오적이며 사민주의와 보수주의는 라이프스타일의 차이와 환경보호에 관심이 없고 오로지 물질적 가치에만 사로잡혀 있는 것으로 비춰지고 있다. 따라서 후기물질주의는 서유럽에서 정당체제의 분화를 초래하는 원천이 되고 있다. 전통적 이념의 후퇴와 후기물질주의의 부상은 사회계급 또는 종교적 제휴관계에 기반한 서유럽 정치에서 새로운 유형의 서유럽 정치로 바뀌어 가는 점진적인 이행과정이다.[20)]

그러나 서유럽 정당정치의 이러한 정치적 '탈(재)정렬' 현상에도 불구하고 대부분의 서유럽 시민들은 여전히 인물이 아니라 정당을 보고 투표한다. 서유럽 정치는 정당정치이고 다수제 민주주의를 채택하고 있는 영국에서도 유권자와 의원 간에는 직접적인 관계가 아니라 정당을 통한 간접적 관계를 맺는다. 서유럽 정치에서 중요한 것은 대표자 인물이 아니라 대표자가 소속되어 있는 정당이다. 왜냐하면 가톨릭 신자들은 가톨릭 친화적인 정당에 의해 대표되기를 희망하며 노동자, 농민, 자유주의 기업인, 그 밖의 다른 집단들도 자신들에게 우호적인 정당에 의해 대표되기를 원하기 때문이다. 서유럽 정치에서 중요한 것은 정당의 정강정책이다. 정당은 자신의 이념을 표방하고 분절집단의 이해관계를 우선적으로 대변하려 한다. 정당들은 의회 의원에 출마할 후보자 명부를 작성하는데, 대표자는 자신의 정치적 견해·소신·철학을 개진하는 것이 아니고 자신이 소속되어 있는 정당의 정강정책을 대변하며, 따라서 대표자의 발언은 무게가 실려 유권자들을 설득시킨다. 서유럽 정치에서 유권자들은 자신들이 투표할 정당명

20) 서유럽 정치에서 정치적 이슈의 중심이 계급, 종교 및 지역 등과 관련성이 희박해지고 있고 인물에 관심이 모아지고 있다. 선거운동에서 정치인들은 단지 자신들과 유사하거나 가까운 종교집단 또는 사회계급에게가 아니라 유권자 전체를 상대로 지지를 호소하려 한다. 이러한 선거 전략은 선거운동에서 이념 및 정책정강 대신 인물과 자질을 중시하는 분위기를 조성하며 심지어 TV에 비춰진 용모, 의상, 헤어스타일 등 지극히 피상적인 특징에 관심을 두게 한다. 비판론자들은 이를 '서유럽 선거정치의 미국화'로 부른다. 여기서 미국화는 정치인들의 정치철학과 정책보다는 그들의 외모, 가정생활, 성생활에 대한 유권자들의 관심이 고조되고 있음을 의미한다. 미국 대통령 선거는 언제나 인물본위로 치러지는 경향이 있다. 서유럽에서 인물본위 선거운동 추세는 전통적 이념의 퇴조와 무관하지 않다. 인물정치의 경향은 일정 부분 전통적인 사회균열이 희석되는 결과이기 때문에 정치적 갈등이 그만큼 줄어들고 있다는 반증일는지 모른다. 이러한 의미에서 본다면 서유럽 정치의 미국화는 정치적 진전인 것처럼 보일 수도 있다.

부에 등재해 있는 후보자 중 한 두 명의 이름을 알고 있을 뿐이다. 간혹 인기 있는 후보자가 많은 지지를 끌어 모을 수가 있는 데 이는 지극히 예외적인 경우이다. 일반적으로 정당은 그러한 인물투표를 높이 평가하지 않는다. 대표자(의원)들에 대한 정당의 장악을 약화시킬 우려가 있기 때문이다.

후보자를 선출하고 선거운동을 전개하며 재정지원을 하는 것은 정당이다.[21] 이에 따라 후보자는 정당의 정책을 피력하는 데 열중할 뿐이다. 후보자가 이로부터 탈선하는 경우 그 사람은 다음 선거에서 공천에서 탈락된다. 정당 지원 없이 무당파 의원을 추구하는 사람은 극히 예외적인 사례이다. 그리고 서유럽 정당들은 상설조직을 갖는데 특히 지방정치를 활성화시키는 지구당 네트워크를 구축하고 있다. 지구당은 정치적 이슈를 논의하는 정기 당원회의를 개최한다. 당원들은 정당 대의원 대회에 파견할 대표자를 선출한다.

미국식 오픈프라이머리(예비선거)는 서유럽에는 없다. 오픈프라이머리는 정책 이슈보다는 후보자에 초점이 맞춰지기 때문이다. 대신 선거 때 정당명부의 작성에는 두 가지 조건이 충족되어야 한다. 즉 관련 압력단체와의 연계, 그리고 특정 정책분야에서 전문성의 확보이다. 대부분의 정당들은 많은 압력단체와 공식적 비공식적 관계를 유지하고 그들에게 적정 수준의 의회의석까지도 보장한다. 예컨대 기민주의 정당은 중소기업인과 농민에게, 사민주의 정당은 노조지도자에게, 자유주의 정당과 보수주의 정당은 저명한 기업인에게 많은 의석 획득 기회를 부여하기 위해 이들을 정당명부에 등재한다. 이러한 방식은 정당이 단순히 이익단체들을 결집시키는 데 목적이 있지 않고 압력단체들에 의해 표출된 이해관계를 집약시키자는 데 의미가 있다. 전문성을 갖추기 위해 거대 정당들은 모든 정책분야의 싱크탱크를 보유하고 있다. 이런 전문가들은 자신의 전공분야에서 이슈가 토론될 때 당을 대변한다.

---

21) 선거에서 정당경부의 후보자 순위를 결정하는 것은 정당 지도부 또는 당원들의 특권이다. 정당 지도부는 임시 정당명부를 작성하여 이를 당원들에게 제출하고 정당위원회가 최종적인 결정을 내린다. 선거운동의 재정 또한 후보자가 아니라 정당에 의해 조달된다. 정당은 당비, 개인과 기업의 자발적인 기여금, 국고 등을 비롯한 다양한 채널로부터 재정지원을 받는다. 그러나 기업 돈은 정상적인 기여금과 뇌물 간의 경계가 모호하기 때문에 점차 의혹의 대상이 되고 있다. 서유럽국가에서 관급공사 발주를 물색하려는 기업들로부터 선거자금을 지원 받으려는 스캔들이 발생한다. 따라서 많은 서유럽국가에서 정치적 기여금은 반드시 공개하도록 되어 있다.

제5장

정부유형 / 행정부-입법부 권력관계

1. 내각행정권의 독점형 vs 분점·공유형

민주주의의 다수제 모델과 합의제 모델의 차이를 구분 짓는 정당-행정부 차원의 세 번째 변수는 정당들이 집행부 내각에 참여하는 폭과 관계된다(Lijphart 1984: 46). 단일정당에 의해 구성된 정부와 복수정당이 참여하는 연정 간의 차이는 권력집중이라는 다수제 모델과 권력분점·공유라는 합의제 모델 사이의 큰 대조로 집약된다. 다수제 모델은 의회 과반 또는 단순다수(과반 이하도 발생할 수 있음)를 차지하는 1개의 정당에 집행권을 독점하는 단일정당내각(single-party majority cabinet)을 선호하는 데 반해, 합의제 모델은 의회를 구성하는 주요 정당들이 집행권을 분점·공유하는 다당연정내각(multiparty coalition cabinet)을 선택한다. 후자의 경우 서로 경쟁관계에 있는 독립된 2개 이상의 정당이 의회 내에서 공조와 공동의 정부구성을 통해 당정책의 관철이라는 목표를 가지고 조직적으로 협력하는 연정이다.

다수제 모델이 선호하는 행정권 집중은 통상 단일정당내각으로 나타난다. 선거에서 승리한 정당이라고 해도 압도적인 득표력과 의석을 얻은 다수당이 아니고서는 근소한 과반수를 크게 상회하지 않는 것이 일반적이다. 따라서 선거에서 다수당이 되는 데 실패한 야당도 상대적으로 상당한 득표력과 의석을 확보한다. 그럼에도 선거에서 승리한 한 개의 근소한 과반수 정당(다수당)은 단독으로 내각을 구성한다. 이런 현상은 의원내각제에서 나타난다. 혹은 대통령 중심제하에서도 선거에서 과반수를 얻지 못했으나 상대방 후보보다 다수표를 얻은 후보가 대통령으로 당선되어 단독으로 내각을 구성한다. 이때의 내각구성에서도 야당은 제외되며 연립내각(coalition cabinet)은 비상상황을 제외하고는 구성되지 않는다. 내각은 압도적이 아닌 과반수를 근소하게 넘는 다수당 혹은 대통령에 의해 구성되며 거의 독점적으로 정치권력을 행사한다. 대통령제하에서 여소야대 의회인 경우도 마찬가지인데 이는 다수결 원칙에 의해 정당화된다. 특히 행정권이 1개의 근소한 과반수 정당(다수당)에게 집중·행사된다. 선거에서 상당한 득표력과 의석을 확보했으면서도 다수당이 되는 데 실패한 야당은 행정권에의 참여가 배제된 채 내각을 감시하고 비판하는 역할에 머무른다. 결국 1개의 근소한 과반수 정당이 집권 여당이 되어 국정을 주도한다.

민주주의의 다수제 모델이 선호하는 단일정당에 의한 행정권 집중에 대해 합의제 모델은 우려를 표명한다. 즉 사회적 균열이 상존한 다원적 사회에서는 이 같은 단일정당내각은 정치적 갈등을 해결하는 데 기여하는 것이 아니라 오히려 증폭시킬 개연성이 높아지는 경향을 보인다는 것이다. 선거에서 승리한 단일정당에 의해 정부권력이 독점되고 야당은 행정권(정부의 정책결정·집행 과정)으로부터 소외되면, 이는 사회적·정치적 갈등의 원인이 된다. 따라서 민주주의의 합의제 모델은 연립정부에 의한 행정권 분점·공유를 지향한다. 1당에 의한 근소한 과반수의 내각에 행정권이 집중되는 특성을 가진 다수제 모델과는 달리 합의제 모델은 모든 주요 정당으로 하여금 광범한 연정내각으로 행정권을 분점·공유하는 데 참여토록 한다.

그런데 대통령 중심제하에서는 의회 과반수를 차지하지 못한 정당도 단일정당 소수내각(one-party minority cabinet)을 구성할 수 있지만 의원내각제하에서는 과반수의 정당이 없는 다당제도이기 때문에 통상 연립내각이 구성될 가능성이 높다. 이때 연립내각은 대체로 세 가지 유형을 띤다(Lijphart 2012: 81-85).[1)]

첫째, '최소승리연정'(minimal winning coalition)이다. 여기서 '승리'(winning)는 내각을 구성하는 정당이 의회의석의 과반수를 컨트롤한다는 의미이며 '최소'

1) 연정은 정연정(real coalition), 준연정(pseudo-coalition) 등 여러 유형을 갖는다. 정연정은 경쟁정당 간의 한시적 연합으로 의회에서 다수의석을 차지한다. 정연정의 경우 일개 정당이 연정으로부터 탈퇴하면 의회의 의석다수가 와해되는 '최소승리연정', 그리고 3개 이상의 정당이 참여한 정연정에서 한 정당이 탈퇴해도 의회의 다수의석을 상실하지 않는 '과잉다수연정'(surplus majority coalition)이 있다. 이에 반해 준연정은 절대다수의 의석을 차지한 정당이 전술적 차원에서 다른 정당과 연정을 구성하는 경우이다(Lijphart 1984: 47-51).

(minimal)는 연정내각이 의회 과반수를 확보하는 데 필요하지 않는 어떤 정당도 포함시키지 않는다는 의미이다. 따라서 최소승리연정은 의회 과반수의 정당이 없을 때 어떤 2당 이상의 연립이 의석 과반을 차지하면 그것으로 만족한다는 의미에서 '최소과반수내각'(minimal majority cabinet) 혹은 '근소한 과반수내각'(bare-majority cabinet)이라고도 부른다. 이 경우 1개의 정당이 연정으로부터 탈퇴하면 의회 과반수가 무너진다. 최소승리연정이론의 기본가정은 정당은 자신의 권력을 극대화하는 데 관심을 두고 있다는 점이다. 권력은 내각에의 참여를 의미하고 최대한의 권력은 가능한 한 내각의 자리를 많이 확보하는 것이다. 따라서 연정에 참여하는 정당들이 내각구성에 있어 자신의 몫을 최대화하기 위해 불필요한 정당을 연립내각에서 배제시킨다.

둘째, 의회에서 과반의석에 필요한 이상의 정당을 참여시키는 과다규모연정(oversized coalition)이다. 보통 3개 이상의 정당이 참여한 연정내각으로서 1개의 소수정당이 탈퇴해도 의회의 다수(또는 과반)의석을 잃지 않는 과잉다수연정(surplus majority coalition)이다. 이러한 형태의 연정내각은 의석의 특별한 다수(2/3)를 요구하는 헌법개정이나 국가가 대내외적 위기에 봉착하여 주요 정당들이 협력해야 할 정책적·전략적 고려가 발생했을 때 등장하는 경향이 있다. 예컨대 영국의 보수당은 2차대전 동안 하원에서 확고한 과반수를 차지했으나 처칠의 전시내각은 보수당- 노동당-자유당 간 대연정이 형성되었다. 현재 스위스도 대표적인 과다규모연정내각을 채택하고 있다. 벨기에는 1993년 연방국가 수립을 위한 헌법개정 과정에서 과다규모연정이 등장했다.

셋째, 의회에서 제1당과 제2당이 연립하는 대연정(grand coalition) 경우이다. 대연정 동기는 정당 간의 이념적·정책적 동질성 혹은 유사성에 연유하는 경우가 있지만 국가적 도전 속에서 중도좌파 정당과 중도우파 정당 간에 이뤄지기도 한다. 예컨대 전후 연합국 군대의 점령과 전후 복구라는 국가적 어려움 속에서 오스트리아는 1949~66년에 두 거대 좌·우정당인 사회당/국민당 대연정이 구성됐다. 1966~69년, 2005~09년 구성된 독일의 기민당/사민당 대연정도 그 사례이다.

정당체제와 내각유형 간에는 밀접한 관련이 있다 의회정당의 수가 증가할수록 1당 최소승리내각의 구성 가능성은 줄어든다. 연정은 다원적 사회와 다당체제하에서 구성되는 경향을 보인다. 그러나 이러한 연정구성도 절대다수의 의회

의석을 확보하지 못했지만 정부를 주도해 나갈 수 있을 만큼 강하거나 혹은 정당체제 내에서 연정구성을 가능케 하는 '구조적 특수성'이 존재할 경우에만 가능하다. 여기서 말하는 '구조적 특수성'이란 주요 정당들이 권력쟁취를 위한 경쟁이 치열하며 선거가 정치적 갈등을 완화해 주는 메커니즘이 되지 못하고 오히려 갈등을 증폭시킴으로써 전반적인 정치적 통합과 조정이 요구되는 상황을 가리킨다. 정당체제가 양대 정당 주도의 치열한 경쟁체제인 경우 이 가운데 한 정당이 정치적 지향점을 같이 한 군소정당을 연정파트너로 선택하여 연립정부를 구성할 수 있다. 정당체제와 연립정부의 관계에서 주목해야 하는 점은 정책적 차원이다. 정책적 차원에서 정당이란 사회적·경제적·정치적·외교적·군사적 문제에 대한 해결책을 제시하는 '갈등조정자'이기 때문이다. 그리고 파트너 정당의 사회적 지지계층이 중시되고 있다. 왜냐하면 사회계층 간의 갈등이나 국가경제의 위기가 각 정당들로 하여금 연정을 구성하도록 할 수 있기 때문이다. 이 경우 연정에 참여하는 정당들은 상이한 사회계층의 이해관계에 토대를 둔 당 정책을 관철시키고자 한다.

2. 행정부-입법부 권력관계: 행정권우위 vs 행정권-입법권 균형

민주주의의 웨스트민스터 모델과 콘센서스 모델이 다른 점은 행정부-입법부 관계에서 발견된다. 다수제 모델은 행정부 우위의 모델인 데 반해, 합의제 모델은 행정부-입법부 간 균형관계를 보이고 있다. 물론 실제의 정치생활에서 양자의 관계는 완전히 균형관계에서 심한 불균형에 이르기까지 다양한 패턴을 보인다. 행정부-입법부 권력관계는 의원내각제와 대통령제 간의 차이에서 관찰될 수 있다. 다시 말하면 의회제 정부와 대통령제 정부는 행정부-입법부 권력관계에 관한 유력한 두 개의 공식적 장치이다. 두 정부형태는 몇 가지 중요한 차이를 갖는다(Lijphart 1984: 68-77; 2004: 96-109; 2012: 106-116).[2] 첫째, 의회제 정부

2) 정부형태는 국가형태와 구분되는 개념이다. 정부형태는 수평적 권력구조를 의미하는 것으로서 대통령중심제, 의원내각제, 분권형 대통령제 등이 있다. 국가형태는 수직적 권력구조로서 단방국가, 연방국가, 국가연합 등이 있다. 이런 점에서 권력구조는 단순히 대통령제냐 의원내각제냐 하는 것뿐만 아니라 대통령 중임제, 결선투표제, 부통령제, 지방분권, 비례대표제, 양원제 등을 포함한다. 그러나 권력구조의 핵심은 권력집중-권력분산, 특히 입법부-행정부 권력관계에 관한 것이다.

에서 최고의 집행권자인 수상과 그의 내각은 의회의 신임에 의존하는 동시에 의회의 불신임 결의에 의해 퇴진한다는 의미에서 입법부에 책임을 지고 있다. 대통령제에서 최고의 집행권인 대통령은 헌법이 규정한 임기동안 재직하며 정상적인 상황에서는 의회의 불신임결의에 의해 사직을 강요받지 않는다. 다만 대통령이 형사범죄를 저질렀을 경우에 탄핵절차에 의한 해임은 가능하다.

둘째, 대통령은 직접이든 아니면 인민이 선출한 선거인단을 통해서이든 인민에 의해 선출되며[3] 의회제 정부에서 수상은 입법부에 의해 선출된다. 수상의 선출과정은 다양하다. 예컨대 독일 총리는 연방하원에서 선출된다. 벨기에와 이탈리아에서는 내각이 의회에서 정당의 지도자들 간의 협상의 결과로 탄생되나 자격부여(investiture)를 위한 공식적인 의회의 투표를 필요로 한다. 영국에서는 여왕이 통상적으로 다수당의 당수를 수상의 자리에 임명하고 많은 다당체제 하에서도 의회에 진출한 정당 간의 흥정의 결과로 등장하는 내각은 공식적인 선거나 자격부여 절차 없이 국가원수에 의해 임명된다.

셋째, 의회제 정부는 집단적·협의적인 행정부를 갖는 반면에, 대통령제는 대통령 주도의 행정부를 갖는다. 의회제 정부의 내각에서 수상이 차지하는 권한과 위상은 나라에 따라 다양하지만[4] 의사결정 과정은 언제나 고도의 합의성(collegiality)에 기초한다. 이와는 대조적으로 대통령제 정부에서의 내각은 대통령의 자문에 불과하다. 의회제 정부에서 중요한 결정은 수상 단독이 아니라 내각 전체에 의해 이루어진 데 반해, 대통령제 정부에서의 중요한 결정은 내각의 자문을 받기도 하지만 그것 없이 혹은 그것에 반하여 내려질 수 있다.

넷째, 대통령 중심의 정부에서는 권력분립(separation of power), 그리고 의원내각제에서는 권력융합(fusion of power)이 각각 이뤄진다. 대통령제에서 권력분립

---

3) 대통령은 유권자에 의해 직접 선출되든지 아니면 선거인단에 의해 선출된다. 전자에는 프랑스·오스트리아·핀란드·아일랜드가 속하고 후자에는 미국이 속한다. 독일의 대통령은 연방하원과 같은 수의 주의회의 대표로 구성된 특별연방회의에서 선출된다. 스위스에서는 대통령을 의회가 매년 연방협의회의 위원 중에서 선출한다. 전통적으로 7인의 위원은 윤번으로 일년씩 재직하는 것으로 되어 있고 대통령에 선출된다고 해서 위원으로서의 권한이 크게 증대되는 것은 아니다. 그의 권한은 협의회의 위원자격에서 나온 것이지 대통령직에서 나온 것은 아니다.

4) 예컨대 독일·영국·스페인 등의 수상은 강력한 권한을, 이탈리아·네덜란드·노르웨이 등의 수상은 상대적으로 약한 권한을, 오스트리아·벨기에·덴마크·스웨덴 등의 수상은 앞의 두 국가그룹의 중간 정도의 권한을 갖는다(King 1994: 153).

은 행정부와 입법부의 상호 독립을 의미할 뿐만 아니라 동일한 인물이 동시에 의회나 내각의 구성원이 될 수 없음을 상정하고 있다. 대조적으로 의회제 정부에서 권력융합은 행정부가 입법부의 신임에 의존하고 있을 뿐만 아니라 동일한 인물이 의회와 내각에 겸직할 수 있음을 의미한다. 그러나 각료와 의원의 겸직에 관하여 의회제 정부 간에 차이가 있다. 영국의 의회제 정부는 각료와 의원의 겸직을 거의 절대적 요건으로 삼고 있다. 이에 반해 네덜란드·노르웨이에서는 그러한 겸직을 허용하지 않고 있다. 다만 이들 나라에서도 각료는 의회의 토론에는 참여한다. 이들 나라에서의 겸직불가의 원칙은 내각의 독립된 지위를 강조하는 것이기 때문에 그것은 의회에 대한 내각의 권위를 강화시키는 경향이 있다. 그러나 그것은 의회제 정부의 작은 변형에 불과한 것이며 대통령제에 근접한 요소라고는 볼 수 없다.

다섯째, 대통령은 입법부에 대한 해산권을 갖지 않는 반면에, 의회제 정부의 수상과 내각은 입법부에 대한 해산권을 보유하고 있다. 하나의 예외적인 분권형 대통령제로서 프랑스 대통령은 의회에 대한 해산권을 갖는 경우이다. 의회제 정부에서도 다양한 변형이 있다. 영국 의회제 정부에서 의회 해산권은 사실상 수상의 특권이다. 독일의 의회는 내각의 단독 재량권에 속하지 않고 수상의 건의에 따라 대통령에 의해 해산된다. 노르웨이의 의회는 4년의 임기로 선출되며 결코 수상에 의해 의회가 해산되지 않는다.

여섯째, 의회제 정부에서는 보통 이원적 집행부를 갖고 있다. 즉 별로 권한을 갖지 않는 상징적이고 의례적인 국가원수(군주 혹은 대통령), 그리고 행정부의 수반으로서 내각과 함께 대부분의 집행권을 행사하는 수상으로 나누어진다. 이 경우 순수한 의원내각제 및 대통령제의 유형과 다른 혼성형 정부라 할 수 있다. 스위스의 경우는 합의제적 대통령제(collegial presidency) 형태의 혼성형 정부를 지니고 있다. 스위스의 내각에 해당하는 연방협의회(Federal Council)는 의회에 의해 선출되지만 7인의 각료들은 4년의 고정 임기를 가지며 입법부의 불신임결의에 의해 해임되지 않는다. 심지어 미국헌법도 혼성형 정부의 성격을 규정하고 있다. 즉 만일 어떤 대통령 후보도 선거인단의 과반수를 얻지 못하면 대통령은 하원에서 선출한다.[5)]

마지막으로 두 명의 최고 집행권자 — 일정한 임기가 있고 인민에 의해 선출되는 대통령과 입법부에 의해 선출되고 여기에 의존하는 수상 — 가 동시에 존재하는 경우도 있다. 이에는 오스트리아·아일랜드·프랑스·핀란드 등이 속한다. 오스트리아와 아일랜드의 대통령은 인민에 의해 직접 선출되지만 그 권한이 약하다. 따라서 그들 나라의 민주주의는 의회제 정부처럼 작동되고 있다. 프랑스의 경우 5년의 임기로 인민에 의해 선출된 대통령이 국가원수이다. 그러나 대통령의 권한은 헌법이 부여하는 특권이기도 하지만 의회 다수당의 지지에 기초하고 있다. 따라서 대통령은 의회에서 자신이 속한 다수당의 지지를 받고 있는 한 강력한 권한을 가질 수 있지만 만일 의회에서 자신이 속하지 않는 정당이 다수당을 차지하고 있다면 권한을 수상에게 이양해야 하는 정치적 상황이 초래될 수도 있다.

이와 같은 차이를 보이는 의원내각제, 대통령제는 각각 장단점을 지닌다. 대통령제와 의원내각제의 장단점을 설명하는 다양한 기준은 대체로 효율성, 집행권의 안정성, 집행권과 입법권의 교착 가능성, 민주성, 승자독식, 대표성 등과 관련된다. 이에 기초하여 통상적으로 의원내각제와 대통령제가 갖는 장단점에 관한 논의는 두 가지에 점에 집중되어 있다. 의원내각제에서는 의회의 신임에 의존하는 행정부의 불안정이라는 문제와 대통령제에서는 행정부와-입법부 간 교착문제이다. 대통령제에서 대통령은 고정임기를 갖기 때문에 행정권의 안정성 혹은 효율성이 보장될 수 있다. 그러나 이러한 대통령제에서는 행정부와 입법부가 각기 독립되어 있고 행정부와 의회를 서로 다른 정당이 지배하는 소위 분할정

5) 미국 대통령 선거방식은 간단치 않다. 각 주의 유권자들이 특정 후보를 지지하겠다고 선언한 사람을 선거인으로 직접 뽑아(직접선거) 선거인단 수로 대통령을 결정하는 간접선거 방식이다. 예컨대 조지 부시 대통령 지지자들은 부시 대통령 지지를 약속한 선거인단을 선출한다. 따라서 11월 2일은 엄밀히 말하면 대선 일이 아니라 선거인단 선거일이다. 선거인단은 모두 538명으로 상원의원 100명과 하원의원 435명, 워싱턴 DC의 선거인 3명(상원의원 2명과 하원의원 1명)을 합친 수다. 과반수인 270명 이상을 확보해야 대통령으로 당선된다. 공식적으로는 12월 13일 선거인단이 대통령을 뽑지만 요식절차에 불과하다. 비록 드물지만 선거인단의 대선 투표 때 당초 지지선언과 다른 후보에게 표를 던지는 경우도 있다. 그런데 주별 선거인단 승자독식 방식이다. 각 주에서 1등을 차지한 후보가 그 주에서 할당된 선거인단을 모두 갖는 방식이다. 예컨대 선거인단 규모가 55명으로 가장 많은 캘리포니아주의 경우 11월 2일 선거에서 한 표라도 이긴 후보가 55표 모두를 차지한다. 이 대문에 국민의 표를 더 많이 얻고도 대통령 선거에서 패배할 수 있다. 2000년 대선에서 앨 고어 민주당 후보는 총 투표의 48.38%의 지지를 얻어 47.87%를 차지한 부시 공화당 후보에게 앞섰지만 선거인단 확보에서 267 대 271로 패배했다. 두 후보가 출마해 269 대 269로 똑같은 선거인단을 확보하면 대통령은 하원에서 부통령은 상원에서 선출한다.

부(divided government)의 상황이 발생함으로써 그들 간에는 행정부-입법부 교착(executive-legislative deadlock) 상태에 빠질 가능성이 있다(Cheibub 2002: 110-121).[6] 의원내각제에서도 수상과 내각은 영국(내각 수명이 길고 수상이 입법부를 압도함)에서와 같이 대단히 안정적일 수 있다. 말하자면 의원내각제에서도 하나의 정당에 의해 내각이 구성되는 경우 대통령제에서와 같은 정도의 내각의 안정성을 기할 수 있다. 그러나 연립정부의 의회 기반이 견고하지 않고 다수의 정당이 각축하는 의회에서는 내각이 자주 붕괴되기 쉽다. 그러나 의원내각제와 대통령제의 그러한 문제는 여러 가지 장치를 설치하여 해결할 수 있다. 전후 서독의 신헌법이 채택한 수상에 대한 '건설적'(constructive) 불신임결의 규정, 그리고 프랑스의 제5공화국이 채택한 내각의 퇴진에 대한 의회의 절대과반수의 동의 규정 등은 내각 안정을 달성했다.[7] 동시에 프랑스에서는 대통령이 의회를 해산하고 새로운 선거를 요구함으로써 행정부-입법부 간 교착상태를 타개하는 것이 가능하다.

대통령 선거에서 승리한 후보는 득표율에 관계없이 행정부 전체를 장악하는 승자독식성과 선거에서 실패한 후보는 모든 것을 상실하는 패자전몰(loser-lose-all)이 나타나는데(Linz 1994: 61) 의원내각제하에서는 대체로 과반의석을 차지하지

6) 미국의 권력구조는 권력집중이 아닌 견제와 균형(checks and balance) 기제에 기초한다. 이 구조는 고전적인 권력분립(separation of power)이라는 용어보다 권력공유(sharing of power)로 표현하는 것이 좀더 적절할지 모른다. 권력공유의 구조하에서 정책결정을 하기 위해서는 행정부와 입법부가 중요한 타협의 주체가 된다. 그런데 미국 현대 정치의 선거결과를 보면 1952년 이후 행정부와 의회가 동일한 정당인 단점정부(unified government, 여대야소)보다는 분할정부(여소야대)가 더 통상적으로 등장한다. 그러나 미국의 경우 여소야대의 상황이 과거에는 그렇게 심각한 문제를 야기하지 않는다. 정당 간의 이념적 차이가 적고 지구당 위주로 선거가 이뤄지고 정당의 기율이 약해 교차투표(cross voting)의 경향이 많기 때문이다. 더욱이 대통령은 대통령이 소속된 정당과 다른 의회의 다수당의 의원들을 설득력과 협상능력을 통해 자신의 입법프로그램에 동참시킬 수 있다. 따라서 여소야대의 상황이 대통령의 정책수행과 입법프로그램에 걸림돌이 되고 정국불안정의 원인이 되지 않았다. 그러나 최근 오바마 행정부에 들어선 미국의 여소야대 정국은 때때로 국정 마비 현상의 원인이 되곤 한다.

7) 내각의 불안정은 프랑스의 제3, 4공화국과 독일의 바이마르공화국에서 나타났다. 따라서 이들 공화국을 계승한 프랑스의 제5공화국과 서독연방공화국이 의회에 대한 내각의 지위를 강화하는 장치를 신헌법에 삽입시켰다. 1949년에 채택된 서독의 신헌법은 수상에 대한 불신임결의가 반드시 '건설적'이어야 한다고 규정했다. 즉 연방하원은 의원의 과반수로서 연방수상의 후계자를 먼저 선출하고 연방대통령에게 신임을 상실한 수상의 해임을 요구함으로써만 연방수상에 대한 불신임의 결의를 표시할 수 있다. 연방대통령은 그 요청을 수락해야 하고 선출된 자를 연방수상으로 임명해야 한다. 프랑스의 제5공화국도 내각의 퇴진은 의회의 절대과반수의 동의를 통해서만 가능토록 했다. 이로써 독일의 내각과 프랑스의 제5공화국 내각은 안정적이었다.

못하면 타 정당과 함께 연립정부를 구성해야 하므로 행정부의 승자독식이 어렵다. 그러나 이러한 의미에서의 승자독식은 양당제하의 의원내각제에서 더욱 심각할 수 있다. 대통령제하에서는 행정부 장악이 곧 입법부 장악이 아니지만 의원내각제에서는 입법부 장악이 곧 행정부 장악이기 때문이다.

정책의 국민대표성에 있어서도 의원내각제와 대통령제의 장단점이 나타난다. 대통령제의 경우 과반수 이하의 득표로 당선될 수 있어 그 과반수 이하의 득표로 대통령에 당선된 자가 표방했던 정책이 평균적 국민의 바람과 거리가 멀 가능성이 있는데 반해, 의원내각제에서는 다당제 하의 연립내각이 성립하는 경우 1당만의 정책이 아니라 여러 당의 정책타협으로서 최종정책이 성립됨으로 평균적 국민을 더 잘 대변할 수 있다.

의원내각제 정부와 대통령제의 이상과 같은 차이와 장단점을 고려할 때 대통령제-의원내각제에 관한 논쟁은 권력분산에 관한 것이라기보다는 권력분립에 관한 것이다. 대통령제가 행정권과 입법권을 분리시키려는 권력분립의 목적을 추구한다면 의원내각제는 행정권과 입법권을 결합시키는 것이다(Cheibub 2007: 33-41). 그러나 대통령제와 의원내각제는 모두 권력집중 가능성을 안고 있다. 대통령제는 대통령 개인에게의 권력집중이고 의원내각제는 특정 집단에게 권력이 집중된는 것으로 이해할 수 있다. 바꿔 말하면 대통령제가 미국을 제외하면 공간을 초월하여 특정 개인에게 권력이 집중되는 것이라면[8] 의원내각제는 시간을 초월하여 특정 집단에게 권력이 집중되는 것이다. 대통령제는 일인통치를 가져오는 반면에, 의원내각제는 다수(집단)에 의한 장기집권을 가져 올 수 있다. 따라서 대통령제와 의원내각제의 차이는 권력이 집중되는 곳이 개인과 집단이라는 차이만을 보일 뿐이지 권력집중과 권력분산이라는 차이를 보여주는 것은 아니다. 한마디로 의원내각제와 대통령제의 차이는 권력집중과 권력분산의 차이가 아니다. 미국식의 권력분산적인 대통령제가 있는가 하면 영국식의 권력집중적인 의원내각제도 있다. 따라서 의원내각제와 대통령제 간의 차이는 행정부와 입법부 간의 권력배분과 직접적인 관련이 없다.

행정부-입법부의 권력관계는 의원내각제와 대통령제의 내부에 여러 패턴이

8) 일반적으로 대통령제는 연방제를 갖춘 대국에 적합하다. 그러나 미국 대통령제가 중앙집권적인 중소국가에 이식되면 미국 특유의 견제장치는 사라지고 대통령의 권력은 막강해진다.

존재한다. 의원내각제에서 벨기에와 스위스는 내각-의회 간의 권력균형이 이뤄지는 사례이지만 영국처럼 내각-의회 관계에서 행정부 우위 현상이 나타날 수 있다. 대통령제에서도 미국에서의 권력분립은 대통령-의회 간의 권력균형이 이뤄져 있고 프랑스의 분권형 대통령제에서는 의회가 행정부에 예속되어 있는 패턴을 보이고 있다(Lijphart 2012: 115). 따라서 여소야대의 미국 대통령제가 프랑스의 분권형 대통령제보다 훨씬 더 분권적이다. 분산적 권력구조는 영구적 승자-영구적 패자의 관계를 극복하여 정권교체의 가능성을 높이든지 아니면 영구적 승자가 존재하더라도 승자독식이 되지 않도록 하여 영구적 소수의 권익을 보호하자는 것으로 이해할 수 있다. 권력집중이냐 권력분산이냐, 즉 행정부-입법부 간의 권력배분 문제는 대통령제와 의원내각제의 논쟁이 아니라 다수제 모델과 합의제 모델의 논의이다.[9]

그런데 의회제 정부에서 행정부-입법부 간 권력관계를 가늠하는 가장 좋은 지표는 내각수명(cabinet durability)이다. 장수의 내각은 권력관계에 있어 입법부에 대한 우위를 보일 가능성이 높고 단명의 내각은 입법부에 대해 약체일 가능성이 있다. 따라서 연정이론가들은 내각수명을 입법부에 대한 내각의 힘뿐만 아니라 체제의 안정을 나타내는 지표로 보고 있다. 그들에 따르면 단명의 내각은 건전하고 일관성 있는 정책을 개발할 충분한 시간적 여유를 갖지 못하고 이에 따른 비효율적인 정책결정 및 추진은 민주주의를 위협한다. 즉 입법부 우위에서 연유하는 내각 불안정은 체제의 불안정을 초래하는 지표로 보고 있다(Warwick 1994: 139).

내각유형은 내각수명과 관련이 있다(Lijphart 2012: 125). 최소승리내각(minimal winning cabinet) — 최소승리1당내각 혹은 최소승리연립내각 — 은 소수내각과 과다규모내각보다 항상 평균 수명이 길다. 따라서 최소승리내각은 소수내각과 과다규모내각의 경우에서보다 권력관계에 있어 입법부에 대한 내각의 우위를 갖는다. 특히 최소승리1당내각을 가진 국가는 권력관계에 있어 입법부에 대한 내각의 우위의 경향을 보인다. 과다규모연립내각(oversized coalition cabinet)과 1당소수내각(one-party minority cabinet)은 비슷한 내각수명을 지닌다. 소수연립내각

9) 그럼에도 불구하고 다수제-합의제에 대한 일반 국민들의 인식은 미약하며 권력구조 개편에 대한 논의는 주로 대통령제-의원내각제로 대체되어 있다.

(minority coalition)은 수명이 가장 짧다. 이 경우 내각-의회 권력관계에 있어 행정부보다 입법부의 우위 현상을 보인다.

미국 대통령의 권력은 세 가지 근거에 연유한다. 즉 법안 거부권, 대통령령 등 헌법에 규정된 권력, 대통령 소속 정당이 의회에서의 정치력에 기초한 권력, 인민 전체에 의해 직접 또는 간선 투표에 의해 선출된 공직자로서의 권력 등이다.[10] 그럼에도 미국 대통령제는 행정부-입법부 간의 권력균형이라는 합의제 모델의 특징을 보이고 있다. 그러나 미국 대통령제에서의 내각은 민주주의의 다수제 모델의 특징인 최소승리1당내각이고 거의 모든 집행권을 대통령 한 사람에게 집중시키고 있다. 따라서 그것은 집행권의 븐담과 연립내각이라고 하는 합의제 모델의 특징에 반한다.

군주의 권한이 제한된 입헌군주국(constitutional monarchy)에서 군주는 초연하고 불편부당한 통합의 상징인 명목상의 국가원수이다.[11] 의회제 정부에서 군주는 수상을 임명하는 권한을 보유한다. 의회에서 수상후보에 관하여 만장일치의 선택이 있을 때는 군주의 수상 임명권은 중요한 의미를 갖지 않는다. 그러나 수상의 갑작스런 사망이나 사임이 발생하든지, 다수정당이 난립한 의회에서 수상후보에 대한 정당 간의 합의가 이뤄지지 못하면 수상의 최종적인 선택에 대한 군주의 영향력은 결코 무시할 수 없다. 뿐만 아니라 다원적 사회에서는 군주의 역할은 상당히 중요한 정치적 자산일 수 있다. 왜냐하면 선거에 의해 선출된 국가원수는 누구든지 하위사회의 하나를 대표할 가능성이 상존하기 때문이다.

3. 서유럽 국가들의 내각유형/행정부-의회 권력관계

1) 영국 단독내각 vs 노르딕·게르만·라틴국가 연립내각

민주주의의 다수제 모델을 채택하는 영국은 선거에서 승리한 정당에 의해 구성된 단일정당내각을 채택한다. 영국의 양대 정당은 하원에서 거의 비슷한

10) 그러나 직선 대통령이 반드시 강력한 권한을 갖는 것은 아니다. 오스트리아·아일랜드의 경우 대통령은 보통선거에 의해 선출되지만 그의 권한은 비교적 제한적이며, 정부는 의회제에 따라 운영된다.

11) 입헌군주국에는 네덜란드·벨기에·룩셈부르크·노르웨이·덴마크·영국·스페인·스웨덴 등이 포함되는데 이들 국가는 모두 내각제 국가다. 이들 나라에서는 내각제 채택으로 인해 비록 잦은 내각교체가 발생한 경우에도 군주가 당파적 공방으로부터 초연하여 정치적 안정을 이룩한다.

세력을 갖고 있기 때문에 하원(House of Commons)에서 근소한 과반수로 승리한 다수당이 단독으로 내각을 구성한다. 하원에서 상당한 의석을 확보했으면서도 근소하게 의석이 적은 야당은 권력에의 참여가 배제된다. 1940~45년 동안 전시 연립내각을 제외하면 전후 영국에서는 연정의 사례가 없다. 다만 아주 예외적으로 보수당/자민당 연정(2010~15년 5월)이 구성되고 있다. 전형적인 단일정당 정부를 채택하면서도 영국정치가 크게 갈등과 대립을 치르지 않는 것은 영국사회가 지역적·민족적 균열이 존재하지만 서유럽 대륙국가들에 비해 심각하지 않고 상대적으로 고도의 문화적 동질성을 갖고 있는 사회일 뿐만 아니라 정책관의 차이를 크게 보이지 않는 양대 정당 간에 일정한 기간을 두고 순환적 정권교체가 원활하게 이뤄지고 있는 데에 연유한다.

스웨덴·덴마크·노르웨이·핀란드 등 노르딕국가들에서의 선거는 사민주의 정당과 여타 정당과의 경쟁이다(Aylott 2011: 299-302). 이런 점에서 선거는 좌-우 경쟁으로 전개되지만 선거결과가 반드시 정부구성을 결정하지는 않는다. 사민당내각은 공산당 등 좌파정당 그리고 분열상을 보이는 보수우파 정당블록의 반대에 직면하지만 야당세력은 사민당내각에 대해 강력한 반대세력을 결집시킬 능력과 의지를 보일 정도로 강력하지 않다. 노르딕국가들에서 1970~80년대에 보수주의 정당과 자유주의 정당이 연정의 형태로 잠깐 집권한 일이 있지만 1990년대어 사민주의 정당은 재집권에 성공했다. 그런데 노르딕국가의 사민주의 정당들은 의회과반 지지를 얻지 못하여 단독으로 소수내각(minority or undersized cabinet)을 구성한다.[12] 이들 국가에서 소수정부가 빈번하게 발생한 이유는 우선 의원이 정책결정에 영향을 주고 싶을 경우 정부구성에 참여하기보다 야당에 머무르면서 정부정책에 더 많은 영향을 행사할 수 있기 때문이다. 이를 가능케 한 중요한 제도적 장치는 의회위원회의 힘이다. 법안제출뿐만 아니라 정부정책에 대해 많은 영향력을 행사하는 강력한 의회위원회가 존재하기 때문에 정당들이 사민주의 정당의 내각구성에 참여하려는 인센티브를 갖지 못한다(Strøm 1990: 70-72). 따라서 단일정당에 의해 구성되는 소수내각의 등장 가능성

12) 다만 핀란드는 여타 노르딕국가들과는 달리 통상 어느 정당도 독자적으로 의회과반을 점유하지 못하게 하는 파편화된 정당체제하에서 과대규모연립정부(oversized coalition cabinet)를 제도화시키고 있다(Raunio 2011: 114, 122-124).

이 높아진다.

노르딕국가에서 소수정부가 빈번하게 출현하는 또 다른 이유는 정부가 이익정치와 밀접히 연관되어 있다는 데 있다. 이익단체는 정책형성·결정을 둘러싸고 정부와 직접 협상하기 때문에 이익집단의 정치적 지원을 받는 야당은 굳이 정부구성에 참여할 필요가 없다. 예컨대 사민주의 정당은 노조, 그리고 보수당은 사용자단체와 각각 연결되어 연립정부에 참여하지 않더라도 정부정책에 영향을 미칠 수 있다. 노르딕국가들에서 단일정당 소수내각은 입법안을 통과시키기 위해 정책이슈에 따라 내각구성에 참여하지 않는 1개 이상의 다른 정당들과 줄곧 정책협상을 시도해야 한다. 이처럼 여러 정당들과의 다면적 정책협상 과정으로 인해 노르딕국가들의 소수내각의 작동방식은 과대규모연정내각과 유사한 측면이 없지 않다.

영국과 노르딕국가들과는 달리 대부분의 서유럽 국가들에서는 연립정부 구성이 보편화되어 있다.[13] 소수집단이라는 이유 때문에 중앙정부의 정책결정·집행 과정에서 배제되는 것은 사회적·정치적 갈등의 원인이 된다. 따라서 게르만유럽 국가들의 합의제 모델은 사회적 균열구조에 바탕하고 있는 각 정당이 연립정부라는 정치적 참여제도를 통해 다민족·다문화·다언어·다종교 등에서 연유한 갈등관계를 조정하고 관리하여 국민통합을 이룩하고 있다. 연립정부는 사회적으로 분열되고 갈등하는 이익과 가치들을 서로 조정·타협하는 균형된 정책조합의 실행을 가능케 할 수 있기 때문이다. 이를 통해 정치적 의사결정과 공공재의 분배에 있어 소외된 지역·계층·집단을 가능한 최소화하고 그 결과로 높은 국민통합을 구축하고 있다(선학태 2004: 48).

연합정치의 특징으로 나타나는 정당 간의 교섭과 타협은 선거에서 의회의 과반의석을 확보한 정당이 없는 다당체제에서 비롯된다. 어떤 연정이든 간에 의회-행정부 사이의 연계를 모색한다는 점에서 공통적이다. 그 본질은 어느 정당도 의회에서 과반의석을 확보하지 못했을 때 작동하는 의회-내각 간의 역동적인 상호작용에 있다. 이 상호작용이 바로 서유럽 연합정치의 본질이다. 의회

13) 서유럽 내각유형은 최소승리1당내각(minimal winning, one-party cabinet), 최소승리연정, 1당소수내각(minority, one-party cabinet), 소수연정(minority coalition), 과다규모연정 등 다양한 형태로 나타난다.

차원에서 정당 간 연립은 연립내각의 구성을 의미한다. 그런데 연정내각에는 협소한 연립정부와 포괄적 연립정부가 있다. 전자는 정책조정 비용이 적게 소요되는 장점이 있지만 종종 의회에서 다수의 지지를 확보할 필요가 있어 제2당에게 불비례적 권한을 부여하는 단점이 있다. 포괄적 연정은 반대를 줄이고 정책에 대한 폭넓은 대중적 지지를 얻을 공산이 크다.

노르딕국가를 제외한 게르만국가에서는 연립정부의 구성이 대부분 다당제 위에서 이루어진다. 연립정부와 다당제의 관계에서 파트너 정당이 토대를 두는 사회적 균열이 중요한 고려 사항이 된다. 사회적 균열집단 간의 갈등이나 국민경제의 위기관리를 위해 각 정당들로 하여금 연립하도록 만들 수 있기 때문이다. 그래서 연정은 크게 정당의 이념적 위치와 정당의 정책적 지향점에 따라 그 성격이 분류된다.

게르만유럽 국가들의 연립정부는 중도우파 정당 간, 중도좌파 정당 간, 그리고 좌파정당과 우파정당 간에 성립되곤 한다. 또는 소수연립정부(minority coalition government)가 들어서기도 한다. 가장 의석수를 많이 차지한 제1당이 연립정부에서 배제되기도 하고 반드시 제1당을 중심으로 연립정부가 구성되지도 않는다. 또한 독일·네덜란드·벨기에에서는 기민주의 정당이 지배정당이고 좌-우 경쟁이 상대적으로 그다지 치열하지 않다. 벨기에·네덜란드의 기민당은 정치적 중심 세력으로서 사민당과의 중도-좌파 연정 또는 자유당과의 중도-우파 연대를 구축한다. 사민당과 자유당의 연정은 예외적인 사례에 해당된다. 네덜란드에서 그러한 이른바 '자주빛'(purple) 혹은 '적/청'(red-blue) 연정이 1994년에 집권했는데 이로써 거의 한 세기 동안의 기민당 정부의 지배에 종지부를 찍는 이변이 발생했다. 다당체제에서 한 정당이 절대다수의 의석을 획득하는 것이 사실상 불가능한 독일에서도 정당체제의 스펙트럼상 동류에 속하는 정당끼리 연립정부를 구성하여 통치하는 것이 관례화되어 있다. 2차대전 이후 서독에서 기민당/기사당은 자민당과 연립하여 1949~66년까지 통치하였고 1966~69년에는 기민/기사연과 제1야당인 사민당 간의 대연정이 이루어졌으며, 1969~82년에는 사민당이 자민당과 연립하였고 1982~98년에는 기민당/기사당이 자민당과 연립하였다. 특히 규모가 작고 보수자유당인 자민당은 양대 주요 정당인 사민당과 기민당의 연정파트너가 되곤 했지만 1998년에 총선에서 승리한 사민당은 자민당 대신 역사상 최초로 적/녹(red-green)연정을 선택했다. 오스트리아의 경우도 1945~66년까지 사회당 대통령과 국민당 총리의 대연정, 1986~92년 사이에 사민당(사회당의 개명) 총리와 무소속 대통령의 연정이 성립되었다.14)

7명의 각료들로 구성된 행정부인 스위스의 연방협의회(Federal Council)는 포괄적 연정내각의 대표적인 사례이다(제13장). 2차 대전 이후 스위스 행정부는 하원에서 각각 1/4 의석을 차지한 기민당, 사민당, 급진민주당, 그리고 하원의석의 1/8을 차지해 1959년부터 참여해 온 스위스국민당이 소위 2:2:2:1이라는 황금의 분할로 구성된 연정내각의 형태로 자리잡고 있다. 연정내각은 대략 크기에 따라 언어적 그룹이라는 또 다른 기준이 적용된다. 즉 4~5명의 독일어 사용자, 1~2명의 불어사용자, 종종 이탈리아 사용자가 각료로 선출된다. 이 두 기준은 비공식적 규칙이지만 엄격하게 준수된다. 벨기에 헌법 또한 공식적으로 집행부 내각에 언어공동체의 대표를 입각시킬 것을 필요조건으로 규정하고 있다(Slomp 2011: 463-467). 이미 다수파인 네덜란드어권과 소수파인 불어권을 대표하는 각료를 대략 동등한 수의 각료로 내각을 구성하는 것이 이미 관행으로 정착되었다. 이것은 1970년에 공식적 규칙이 되었고 신연방헌법도 내각이 가능한 수상을 제외하고 네덜란드어 사용 각료와 동등한 수의 불어 사용 각료를 참여시킬 것을 규정하고 있다. 이러한 규칙은 내각의 당파적 구성에는 적용되지 않는다. 그러나 2차 대전 이후 단일정당으로 구성된 내각은 단지 4년에 불과하고 1980년 이래 모든 내각은 4~6개의 정당으로 구성된 연정내각이었다.

라틴유럽에서는 좌·우 정당이 교대로 집권하는데 단일 사민주의 정당 정부 혹은 단일 보수당 정부가 등장하는 경향을 보인다. 따라서 선거는 영국에서처럼 실질적으로 좌·우 정당 간의 경쟁으로 전개되다. 연정은 별로 인기가 없고 필요한 경우 좌파정당들 혹은 우파정당들만으로 구성된다. 좌파정당과 우파정당 간의 거리가 매우 양극화되어 있기 때문에 라틴국가들에서는 좌·우파 정당을 포괄하는 대연정은 사실상 부재하다. 그러나 프랑스와 이탈리아에서는 반드시 그렇지만은 않다.

프랑스의 이원집정제(분권형 대통령제)인 경우 권력분점에 기초한 연립정부의

14) 2000년대 이후 게르만국가들의 연정 변화는 제3부를 참조할 것.

성격을 갖는다(Slomp 2011: 381-387).[15] 행정권이 대통령과 총리를 포함한 내각에 의해 거의 비슷할 정도로 분산되어 있다. 서유럽 다른 국가들의 내각제에서는 각료분배를 통해 권력분점이 이루어지지만 프랑스에서는 대통령과 총리를 중심으로 권력이 분점·공유된다. 대통령과 총리의 소속정당이 다른 경우 이른바 '동거정부'(cohabitation)가 구성된다. 예컨대 1981~2002년까지 사회당과 대중운동연합이 미테랑 좌파대통령-시라크·발라뒤르 우파총리(1986~88, 1993~95), 시라크 우파대통령-조스팽 좌파총리(1997~2002)의 형태로 '동거정부'를 통한 일종의 연립정부를 구성한 바 있다. 내각각료도 연정에 참여한 정당들에 의해 분점·공유된다. 프랑스의 이러한 이원집정제는 때로는 대통령과 총리가 대립하여 국정이 마비되는 경우도 없지 않으며 다양한 사회세력의 이익을 정치과정에 반영시킴으로써 사회갈등을 조정하는 데 어려움을 드러내곤 했다.[16] 이탈리아에서는 1993년 이전까지 실시되었던 100% 비례대표제가 의회 내에 과반수 정당의 출현을 불가능하게 하여 군소정당이 난립하는 가운데 전후 이탈리아 정치를 주도해 온 기민당이 좌·우파 정당을 가리지 않고 군소정당을 연정파트너를 선택하여 줄곧 연립내각을 추구했다. 그러나 앞서 지적한 1993년의 선거제도 개혁 이후 이탈리아 정치는 구 정치권의 몰락과 신진세력의 도약을 가져와 연정구도를 복잡하게 만들었다. 즉 중도 좌파연맹(월계수연맹)과 중도 우파연맹(자유의 집)이 교대로 정권교체를 실현해 가며 연정내각을 형성한 바 있다(Slomp 2011: 399-404).

---

15) 오스트리아·아이슬란드·아일랜드는 이원집정부적 헌법을 갖지만 실질적으로는 의원내각제로 운용되고 있다.

16) 프랑스 제5공화국의 이원집정제는 1950년대 알제리 독립 여부를 둘러싸고 국가적 분열이 심화되고 급기야 쿠데타의 위협이 고조되는 가운데 이러한 위기관리 차원에서 창출되었다. 그것은 내각제의 단점인 정국불안이나 마비를 대통령의 권한 강화로 보완하고 권력분점이라는 측면에서 대통령제가 지닌 승자 권력독식의 단점을 시정하는 데 기여할 수 있다. 그러나 이원집정제 하에서 대통령과 수상 사이의 권력분점이 권력갈등으로 나타날 수 있다. 특히 좌·우 동거체제가 형성되는 경우 이원화된 집행부 구조는 권력분점에 따른 대립과 갈등관계를 표출하는 비능률적 체계이기도 한다. 1986~88년, 1993~95년, 1997~2002년의 동거체제는 일종의 대연정(grand coalition)이라 할 수 있는데 이 대연정은 '통합정치', '타협정치'였다기보다는 권력분점에서 빚어지는 '반목정치', '갈등정치'였다. 특히 1993년 당시 의회의 주도세력은 단일정당이 아니라 대중운동연합과 프랑스민주연맹의 우파정당이 차지하여 연립내각을 구축했는데 동거체제에 참여한 우파 연립내각의 두 진영 간에 1995년 대선후보의 결선투표(run-off)과정에서 치열한 경쟁이 발생했다. 그 결과 당시 프랑스 동거체제는 대통령과 수상 간의 이념적 권력갈등에 우파 연립내각의 권력경쟁이 중첩되어 삼자 간의 권력대결을 이루게 되었다.

2) 영국 행정부우위 vs 노르딕·게르만·라틴국가 행정부-의회 균형

서유럽에서 의회권력과 정부권력의 관계는 국가에 따라 차이가 있다. 영국 웨스트민스터 모델의 단일정당 정부는 의회에 대한 행정부의 권한을 증대시킨다. 물론 영국 헌정에서 의회주권의 원칙은 절대적이다. 의회주권은 의회가 어떠한 법이라도 제정하고 개정하거나 폐지할 권리를 갖고 있다는 것을 의미한다. 입법부의 법제정권을 제약하는 성문헌법이 없다. 뿐만 아니라 영국은 의회정부제(의원내각제)를 채택하고 있는데 이는 내각이 의회의 신임에 의존하고 있음을 의미한다. 내각은 의회에 책임을 지는데 이에는 수상과 각료가 개별적으로 책임지는 경우와 내각이 집단적으로 책임지는 경우가 있다. 따라서 이론적으로 하원은 내각을 통제할 수 있다. 그러나 실제에 있어 내각이 하원에서 단결된 다수당의 지도자들로 구성되기 때문에 내각은 통상 하원의 다수당의 지지를 받는다. 집권당의 많은 평의원들은 정부를 지지하는 데 반해, 야당은 정부정책을 비판하고 있으나 거의 영향력을 행사하지 못한다. 따라서 내각은 법률안을 무리 없이 통과시킬 수 있다. 이런 맥락에서 영국의 의원내각제에서 내각은 의회에 대하여 우월한 입장에 있다. 무엇보다 이론적으로 행정권이 내각 자체에 있으므로 국정은 각의를 통하여 합의제적으로 운영되지만 실제로는 수상이 강력한 권한을 행사하는 내각주도형의 의원내각제이다. 행정권의 확대로 내각의 지위·기능이 강화되면서 수상의 지위·기능도 강화되고 있다.

노르딕유럽 국가들 가운데 스웨덴·노르웨이·덴마크는 입헌왕정의 의원내각제를 채택하고 있으며 핀란드는 분권형 대통령제이다(Bergman and Strøm 2011a: 3·4·6·7장). 의원내각제에서도 스웨덴·노르웨이는 다수제 모델로 분류할 수 있다. 따라서 이들 나라는 의회-내각 관계에 관한 한 영국처럼 내각우위의 현상을 보이고 있다. 그러나 스웨덴·노르웨이·덴마크인 경우 사민당 단독 소수내각 구성이 빈발하는 다수제 모델의 특성을 보이지만, 사민당 내각은 의회 차원의 입법연합을 보편화하고 있다. 핀란드는 1919년 이래 유럽에서 가장 오래된 분권형 대통령제 국가다. 핀란드 헌법에 따르면 행정부와 입법부는 엄격히 분리되며 6년 임기의 중임 가능한 대통령은 외교권, 수상을 포함한 내각구성권, 의회해산권 등 공식적으로 강력한 권한을 갖는다.[17] 그러나 핀란드 대통령은 1994

년, 2000년 개헌을 통해 이전의 간접선거에 의한 선출에서 직선으로 선출되는 동시에 권한이 약간 축소되었다. 1990년대 이후 수상의 권한이 상대적으로 강화되어 대통령의 권한은 수상에 비해 상대적으로 약화되었다. 예컨대 핀란드 대통령은 과거처럼 수상의 제청 없이 의회를 해산할 수 없다. 그러나 핀란드 대통령의 권한은 전체적으로 이전과 대동소이하다.

민주주의의 합의제 모델은 상대적으로 안정적인 과반수 지지에 기반한 균형적인 내각-의회 권력관계를 구축하며 이는 의회에 대한 내각우위를 보이는 영국의 웨스트민스터 모델과는 대조를 이룬다. 합의제 모델의 균형적 정부-의회 권력관계는 특히 서유럽의 알프스형 및 저지대 게르만 소국들에서 관찰된다. 그들 국가의 정부는 의회의 다수 지지를 잃지 않기 위해 다당연정내각(네덜란드·벨기에·스위스·오스트리아 등) 형태로 구성된다. 게르만 소국들의 연정내각은 의회 야당의 목소리를 경청해야 하고 주요 야당이 차기 연정파트너가 될지도 모르기 때문에 정부정책에 야당의 아이디어를 채택하려는 데 인색하지 않다. 알프스형 및 저지대 게르만 소국들에서 의회 야당의 영향력은 의회위원회에서 행사되며 의회위원회는 국가정책에 관한 열띤 의견교환이 이뤄지는 토론장이다. 이로써 정부는 야당과의 타협을 통해 합의시스템을 작동시키고 있다.

가장 포괄적인 합의시스템 사례는 의회에 진출하는 주요 정당들이 정부구성에 참여하여 포괄적 연정(broad coalition)을 이루고 있는 스위스이다. 스위스의 내각인 연방협의회는 의회의 주요 정당 간에 권력이 분점된 합의제적 대통령제(collegial presidency)이며, 이는 행정권의 분점·공유와 함께 행정권-입법권의 균형이라는 합의제 민주주의의 두 특징이 가장 잘 배합된 것이라 할 수 있다. 연방협의회의 각료들은 입법부에 의해 개별적으로 임기 4년으로 선출되지만 입법부는 그 임기동안 각료에 대한 불신임투표를 발의할 수 없다(Steiner 1974: 43). 이러한 공식적인 권력분점은 입법부와 행정부의 독립성을 각각 보장해 줌으로서 영국의 내각-의회 관계와는 달리 행정부-입법부의 권력균형을 이룬다. 벨기에는 영국에서처럼 입법부의 신임에 의존하는 내각을 갖는 의회제 정부의 형태

17) 핀란드는 지정학적 특수성에 기인하는 외교안보적 이유에서 분권형 대통령제를 채택했다. 국가운명이 역사상 거대국가 러시아와 유럽(스웨덴) 사이에서 균형 잡힌 중립외교의 성공 여부에 의해 좌우되기 때문에 외교 및 안보 관련 정책은 대통령의 관할 사항으로 전문화시켰다.

를 취하고 있다. 그러나 벨기에의 내각은 대체로 여러 정당들로 구성된 포괄적이고 응집력이 약한 연립이기 때문에 영국의 내각처럼 그렇게 우위를 과시하지 못한다. 벨기에의 내각이 종종 단명으로 끝난 사실은 그 위상이 상대적으로 약하다는 증거이다. 예컨대 1980~95년까지 다수당으로 구성된 6개의 연립내각이 있었으며, 따라서 벨기에의 내각은 의회와 진정한 타협관계를 유지했다. 독일의 정당들은 게르만 소국들에 비해 합의지향성이 상대적으로 떨어지지만 상원과 연방체제 그 자체가 정부와 의회야당의 정기적인 협상시스템의 작동을 유인한다.

내각-의회의 권력관계에 있어 라틴유럽 국가들의 경우 일반적으로 내각이 우위에 있다. 예컨대 1958년 제5공화국이 출범한 이후 프랑스에서 전개된 행정부-입법부 권력관계 패턴은 영국의 경우와 아주 유사한 행정부 우위의 패턴이었다. 그 이유는 대통령의 정당과 수상의 정당이 같은 경우는 말할 나위도 없고 다른 경우에도 프랑스의 대통령 혹은 내각은 통상적으로 의회의 과반 지지를 받을 수 있기 때문이다.[18] 그리고 제5공화국 헌법에 따라 대통령은 하원해산권을 보유하되 의회에 대하여 직접 책임을 지지 않는다.[19] 이런 상황에서 대통령제에서 강조되는 행정부와 입법부 간의 견제-균형 기제는 작동하기 어려우며 따라서 프랑스의 의회는 영국의 의회보다 한층 더 행정부에 종속되어 왔다.[20] 이탈리아의 경우 총리를 비롯한 모든 장관들은 대통령에 의해 임명되며 장관의 임명은 총리의 추천을 필요로 한다. 이탈리아의 총리는 영국이나 독일의 총리와 같은 정부수반으로서 막강한 권한을 보유하지 못하고 단지 각료회의의 의장으로서 상대적으로 약한 권한을 갖는다. 대통령은 양원합동회의에서 선출되지만 의회에 정치적 책임을 지지 않으며 양원 모두 또는 하나를 해산할 수 있

18) 헌법상 수상은 의회 다수당의 추천에 의해 대통령이 임명하며 수상의 추천으로 대통령이 내각을 구성하도록 되어 있다. 그러나 대통령의 정당과 의회의 다수당이 다른 경우 성립하는 동거체제하에서는 실제 대통령의 헌법상 내각임명권은 수상에게 이양된다.

19) 5공화국에서 대통령의 의회해산은 5번 있었다. 드골 대통령이 1962년과 1969년 두 차례, 미테랑 대통령이 1981년과 1988년 두 차례, 그리고 시락 대통령이 1997년 한 차례 실행했다.

20) 영국 내각과 마찬가지로 프랑스 내각의 결정은 의회에 대해 집합적 책임을 진다. 다시 말해 각 부처의 정책에 대해 각 부처 장관이 개별적으로 의회에 책임을 지는 것이 아니라 내각 구성원은 내각의 모든 사항을 집합적으로 결정하고 집합적으로 책임을 진다. 그러나 법률안 가운데 정부법률안의 비중이 점차 높아져 의원입법안을 압도하고 있으며 의원의 장관 겸직을 금지하고 있다. 이로써 의회에 대한 내각의 우위는 더욱 공고해졌다.

다.[21] 이는 의회에 대한 행정부의 우위를 뜻한다.

라틴유럽 국가들의 의회는 엄격한 정당감독하에 있다. 비록 대부분의 라틴유럽 국가들의 정부는 때로 연정의 형태를 띠기도 하지만 정부는 상대적으로 좌우 균열 정도가 높아 의회 야당과의 합의지향적 협상을 활성화시키지 못하고 있다. 영국에서 야당의 역할은 정부를 비판하는 것이고 게르만국가들에서 야당의 역할은 정부에게 영향력을 행사하는 것이라면 라틴유럽 국가들의 야당 역할은 정부에 흠집을 내 붕괴시키려 하는 것이다.

21) 이탈리아의 간선 대통령은 오스트리아와 아일랜드의 직선 대통령보다 훨씬 강력한 실권을 보유한다.

제6장

이익집단-국가 관계

1. 다원주의 vs 조합주의

정당-행정부 차원의 마지막 변수는 이익집단-국가 간의 관계에 관한 것이다.[1] 민주주의의 다수제 모델과 합의제 모델의 차이는 노동-자본-정부의 3자관계로 규정되는 이익대표체계(interest representation system)에서도 나타난다. 다수제 모델의 전형적인 이익대표체계는 독립적인 이익집단 간에 이뤄지는 경쟁적·비조정적 다원주의 시스템이다. 이에 반해 합의제 모델에서는 조정적·협의적인 조합주의(corporatism) 시스템이 전형적으로 나타난다.[2] 이처럼 다원주의-다수제 모델과 조합주의-합의제 모델은 각각 병존한다

1) 사실 이익대표체계는 정당-행정부 차원에 속하는 네 개의 제도적 변수와는 거리가 있다. 네 개의 제도적 변수는 서로 구조적으로 연계되어 있지만 그 어떤 제도적 변수와 이익대표체계 사이에는 구조적 연계가 없다(Taagepera 2003: 7). 대신 정당-행정부 차원의 다른 네 개의 제도적 변수와 이익대표체계는 정치문화를 통해 간접적으로 관계를 맺는다. 문화와 제도는 상호의존적 관계이다(Lijphart 2003b: 22-23). 즉 합의제 모델의 제도는 합의적 정치문화를 조성할 가능성이 높다. 이런 이유 때문에 실제로 갈등적이고 대립적인 문화가 존재하는 균열된 사회에서 합의제 모델의 제도가 채택된다. 역으로 합의적 정치문화는 합의제적 구조를 산출할 가능성이 높아진다. 문화와 구조간의 이러한 상호의존적인 관계에 입각하여 볼 때 다원주의 이익대표체계는 다수제 민주주의의 다른 네 개의 제도적 변수, 그리고 조합주의적 이익대표체계는 합의제 민주주의의 다른 네 개의 제도적 변수와 병존한다는 이론이 성립될 수 있다.

2) 자본과 노동 간의 협의·협력 관계의 제도화를 강조하는 서유럽 국가들의 사회협약 개념은 조합주의의 전통에서 발견된다. 19세기 후반에 자본주의의 발전과 함께 민주주의의 발전으로 보편적 투표제도가 확산되면서 노동세력은 사회주의 정당을 통해 정치의 장에 진출했다. 이 시기 서유럽에서 정치적 균열구조는 과거의 왕권과 귀족세력을 대변하는 보수주의와 신흥세력인 부르주아 이익을 대변하는 자유주의 간의 경쟁구조에서 자본이익을 수호하려는 세력과 노동이익을 옹호하려는 세력 간의 경쟁구조로 변하기 시작했다. 예컨대 영국의 경우 보수당과 자유당 간의 경쟁구도가 보수당과 노동당 간의 경쟁구도로 변모했다. 노동계급이 강력한 정치세력으로 등장하면서 노동과 자본의 갈등은 첨예화되었다. 이러한 배경에서 근대 조합주의가 생성되

(Lijphart and Crepaz 1991: 235).

두 시스템에 몇 가지 점에서 차이가 있다(Cawson 1978: 179-198; Regini 1984: 124-142; Hyug-Baeg Im 1992: 8-10). 그 차이는 기존 이론에 의하면 우선 이익집단이 조직되는 방식에서 발견된다. 다원주의에서는 노동이나 자본의 다수 조직이 독립적·분산적·경쟁적으로 조직되며 상급조직은 단위조직의 무임승차 유혹을 제어할 수 있는 통제력을 갖지 못한다. 예컨대 다원주의 시스템에서는 노동운동의 조직적 통일성이 약해 사업장 노조가 무리한 임금인상이나 파업을 전개해도 상급노조(산별노조, 중앙노조)가 이를 억제할 통제력을 갖지 못한다. 이에 반해 조합주의에서는 자본과 노동의 이익집단이 포괄적·중앙집권적으로 조직되어 상급노조가 단위조직들의 주장과 활동을 적절히 조율시키는 통제력을 갖는다.

둘째, 단체교섭에서 차이가 있다. 다원주의에서는 개별노조와 개별기업 간에 독자적으로 전개되며 이 과정에서 각 이익조직들은 개별적으로 조직이익 극대화 전략을 채택한다. 예컨대 개별 기업노조들은 국민경제에 미칠 파급효과를 고려하지 않고 무리한 임금인상(단기적 이익)을 요구하며 이를 위해 노동운동을 전투적으로 전개하는 제로섬적 분배갈등을 연출하는 경향을 보인다. 이에 반해 조합주의에서는 노동자단체-사용자단체-정부의 대표 3자협의(tripartite concertation)에 의하여 사회적 파이를 증대시킬 수 있는 사회협약(social pact)을 맺어 공공정책(거시 사회·경제정책)을 합의하고 집행하는 시스템을 갖춘다(Schmitter 1982: 263-

었는데 이는 세 축으로부터 출발한다. 우선 기독교민주주의적 전통에서 연원한다. 노동과 자본의 갈등이 심화되고 자본주의의 모순이 노출되자 1891년 로마교황은 사적 소유권의 폐지나 계급투쟁 등을 주장하는 사회주의를 거부하고 사랑으로 계급 간 화해와 협력을 촉구하는 기독교적인 처방을 담은 칙령을 발표하였다. 칙령은 국가가 노동관련 입법을 통해 소득의 공평한 분배를 수행해야 한다고 촉구했다. 이를 계기로 서유럽에서는 기독교민주주의 정당과 노조운동이 활성화되었다. 계급 간 화해와 협력이라는 교황의 칙령은 20세기 중반부터 나타나는 서구 조합주의의 시발점이 된 것이다(Schmitter 1989: 67). 둘째, 이탈리아 무솔리니 정권에서 등장했던 파시스트적 합의주의인데 이는 노동과 자본의 갈등을 해결하기 위해 자본조합과 노동조합운동이 국가에 종속되는 형태로 나타났다. 셋째, 사회주의 세력 내부에서 노동계급의 혁명을 주창하는 마르크스·레닌주의와는 달리 실용주의(수정주의)적 점진적 개혁파들인 사회민주주의자들은 사회주의의 실현이 민주적 절차를 통해 가능하며 노동과 자본의 협력 가능성을 이론적으로 주장하면서 시장실패를 극복하기 위한 국가의 경제개입의 필요성을 제기했다. 이상과 같이 특히 기독교민주주의와 사회민주주의는 19세기 말과 20세기 전반기에 자본주의가 내포하고 있는 노동과 자본의 모순과 갈등을 해결하는 틀로서 조합주의 시스템을 제시했으며 각각 서유럽에서 우파정당과 좌파정당이라는 정치세력으로 공존하고 있다.

264). 예컨대 중앙집권적이고 포괄적으로 조직된 노조는 자신들의 결정이 국가경쟁력·고용·인플레이션 등 국민경제에 미치는 영향을 고려하고 기업경영 및 정부정책상의 양보를 끌어내기 위해 자발적으로 임금인상을 자제하는 등 협력적 자세를 취한다.

셋째, 다원주의 시스템에서 국가는 이익집단 간의 경쟁이 이뤄지도록 게임규칙을 만들며 정부정책은 로비 혹은 압력의 형태로 나타난 이익집단 간의 경쟁결과를 반영하는 것으로 가정한다. 이에 반해 조합주의하에서 국가는 이익집단 간의 타협을 유도하기 위해 '보장자'(guarantor) 및 '보상자'(compensator) 역할을 수행한다. 예컨대 국가는 이윤의 재투자를 통한 경쟁력 제고와 일자리 창출을 유도하기 위해 자본에게 사업신뢰(business confidence)의 인센티브를 제공하며 노동에게는 자발적 임금인상 자제로 인해 발생하는 단기적인 물질적 손실을 보전하기 위해 사회보장제의 확충을 단행한다. 이렇게 해서 자본과 노동의 갈등은 시장에서 국가와의 정치적 교환(political exchange)의 장으로 이동된다.

결국 다수제 모델은 정치영역에서 '정부 vs 야당' 패턴을 경쟁적·대립적인 관계로 만들어 놓는 것과 마찬가지로 경쟁과 갈등을 다원주의적 이익대표체계로까지 연장시킨다. 이에 반해 합의제 모델은 국가-이익집단 간의 관계가 상호의존과 협력에 기초하는 이익의 교환체계를 지향한다. 이 같은 조합주의 시스템은 사회적 파트너십을 강조하고 경제사회에서 '승자독식 심성'(winner-take-all mentality)을 불식하려 한다. 이것은 조합주의 시스템이 합의제 모델과 깊은 상관성이 있음을 보여 주는 특징이다(Katzenstein 1985: 157).[3]

---

3) 조합주의는 합의제 민주주의와 유질동상(isomorphism)이다(van Waarden 2002: 50-51). 본시 서유럽 소국들이 정치적 갈등해결과 경제적응 메커니즘으로서 보편적으로 확립해 놓은 것은 합의제 민주주의와 조합주의이다. 서유럽 소국들에서 전자는 정치적 갈등해소와 정치통합을 분석대상으로 하는 반면에, 후자는 경제운용과 사회적 조정방식, 즉 경제정책과 사회정책 결정·집행과정을 자본과 노동이 타협과 협의를 통해 이룩하고 계급·계층갈등을 평화적으로 해결하는 현상을 분석대상으로 한다. 합의제 모델과 조합주의의 공통점은 사회경제적·정치적 약자를 사회 내로 통합시키고 정치세력들 간의 타협·협의·합의를 강조하는 민주적 체제모델이라는 점이다. 따라서 합의제 정치와 조합주의는 '우월한 민주주의'(superior democracy)의 형태로서 이론적·경험적 친화성을 갖는다(Scholten 1987: 25-28). 첫째, 양자는 규범적·분석적 개념으로서의 다원주의와 상반되고 있다. 둘째, 의회 중심적 혹은 다수결주의적 의사결정을 핵심으로 하는 다수제 모델의 수정에 관심을 갖는다. 셋째, 정책결정은 투표결과에 관계없이 강자와 약자, 다수파와 소수파의 이해관계가 잘 조율되는 산물로 인식한다. 넷째, 양자는 이익집단들이 고도의 응집력과 포용성을 갖고 이익집약(interest aggregation)을 제도화하고 있다는 점을 강조

이런 맥락에서 볼 때 이익대표체계는 정당체제와 내각유형과 상관성을 갖고 있다. 양당제와 '최소승리1당내각'을 갖는 민주국가는 다원주의 시스템을 지향하고 있으며, 다당제와 연정내각을 가진 나라는 상대적으로 조합주의 시스템을 지향하는 경향이 있다. 특히 정치적 연정과 이익집단 간에 형성된 조합주의 시스템은 타협과 합의를 실현하는 방법이다. 그러므로 정당 간의 협력은 이익집단 간 협력의 취약성을 보완할 수 있다. 다당제-연립내각-조합주의는 긍정적인 '구조적 상관성'을 갖는다(Lijphart 2012: 170-172). 서유럽 소국들이 이에 해당한다. 또한 양당제-단일정당내각-다원주의도 긍정적인 '구조적 상관성'을 갖는다. 미국과 영국이 이에 해당한다.

2. 조합주의 시스템의 유연화

최근에 들어 조합주의 시스템이 퇴조하고 있다는 주장이 제기되고 있다. 그러나 이러한 주장과는 달리 조합주의 시스템은 지속적으로 작동하고 있다. 첫째, 만일 조합주의 시스템의 쇠퇴가 있다면 이는 조합주의 시스템의 효능과 그 활용의 빈도가 감소되고 있다는 것이지, 그 시스템 자체가 사라졌거나 해체되고 있다는 것을 말하는 것은 아니다.

둘째, 조합주의 시스템은 퇴조하고 있는 것이 아니라 재구조화되고 새로운 방향으로 전개되고 있다(Wiarda 1997: 175). 즉 산업이슈를 둘러싼 조합주의의 노사정 관계가 보다 유연해지고 있으며 교육·의료·보건·복지·환경 등 새로운 후기 산업이슈들이 전면에 부상하고 있다. 이러한 새로운 이슈들이 관련 이익집단 — 교사·의사·약사·간호원·퇴직자·환경보호론자 — 과 정부대표 사이에서 정책협의로 빈번히 이뤄지고 있다.

셋째, 경제적 세계화가 거시경제정책에 대한 정부의 효과적인 정책조정 능력을 제약함으로써 전통적인 조합주의 시스템이 퇴조하고 있다는 주장은 설득력이 약하다. 세계화 속에서도 네덜란드·핀란드·오스트리아 등 서유럽 소국들은 노사정 정책협의를 꾸준히 작동시키고 있다. 개방경제를 채택하고 있는 서유럽

한다. 이러한 맥락에서 볼 때 합의제 정치와 조합주의는 정부(정치)영역 혹은 사회경제적 영역에서 파편화된 균열(fragmented cleavages)로 인해 발생하는 갈등을 조정하고 민주체제를 안정화시키는 데 공헌한다.

소국들은 글로벌경제의 변화에 민감한 충격을 받을 수 있기 때문에 이러한 충격과 도전을 흡수할 수 있는 조합주의 시스템을 보호장치로서 채택하고 있는 것이다(Armingeon 1997: 165; Berger and Compston 2002). 따라서 세계화가 노사정 정책협의에 부정적인 영향을 미치리라는 견해는 설득력이 없을 뿐만 아니라 오히려 조합주의 시스템은 장기적으로 활성화될 수 있는 여지가 있다.

넷째, 노조의 약화가 조합주의 시스템을 약화시키리라는 견해도 타당성이 없다. 네덜란드·아일랜드 사례에서 보듯이 노조의 힘의 쇠퇴가 반드시 조합주의 시스템의 전반적인 퇴조를 의미하는 것은 아니다. 노조의 조직력 약화는 정당정치에 의해 보완될 수 있다.

요컨대 서유럽 소국들의 조합주의 시스템은 건재하고 있다. 다만 세계화 시대에 대응하기 위해 조합주의 시스템은 유연화의 길을 걷고 있을 뿐이다. 1980년대까지의 조합주의 시스템은 전국단위의 사용자단체와 노조들 간의 협상인 '거시적 사회협약'(macro-social pact)에 관심을 가져 왔다. 이는 케인즈주의 경제학에 기초한 '수요중심의 사회협약'(demand-side social pact)을 지칭한다. 그러나 세계화 시대에 접어들어 산업별·지역별의 특수이익을 갖는 조직들과 국가 간에 이뤄진 '중위적 사회협약'(meso-social pact), 또는 사업장별·기업별 수준에서 노조와 경영진의 협상인 '미시적 사회협약'(micro-social pact)에 더 관심이 고조되고 있다(Cohen and Rogers 1992: 432). 이러한 경향은 신자유주의적 세계화로 인한 노동시장 유연화, 적극적 노동시장정책(취업훈련재교육·취업알선·일자리창출을 통한 고용증대), 세금감면을 통한 고용증대 등과 같은 새로운 주요 이슈에 대응하는 '공급중심 사회협약'(supply-side social pact)을 중시하고 있다(Traxler 1995: 279).

그러나 글로벌시장의 압력하에서 조합주의 시스템의 유연화 경향에도 불구하고 거시적 사회협약의 유효성이 소멸되는 조짐은 보이지 않고 있다(Thelen 1992: 242; Visser 1998). 거시적 사회협약은 거시적 경제사회정책에 관한 가이드라인을 제시함으로써 안정성과 예측성을 가져다주며 중위적 사회협약은 산업별·지역별의 주요 이슈, 그리고 미시적 사회협약은 생산성연합(productivity coalition)(노동경영참가-노동생산성제고 간 교환)을 통한 사업장·기업별의 고유한 특성을 탄력적으로 보완, 운영함으로써 경쟁력을 증대시킨다.

3. 서유럽 국가들의 이익대표체계

세계화 시대에 서유럽 국가들의 이익대표체계는 나라에 따라 상이한 양상을 보여 왔다(선학태 2006). 영국은 다원주의적 이익대표체계를 채택하고 있다. 물론 이에 대한 예외적인 경우가 있었다. 예컨대 1973년 영국 최상급 노동조합의회(TUC)와 노동당은 사회계약(The Social Contract)을 체결했다. 이 사회계약은 물가 통제, 사회복지 급여의 인상, 소득과 부의 재분배, 완전고용과 경제성장 등을 포함했다. 그러나 1978~79년 '불만의 겨울'(Winter of Discontent)이라는 전국적 파업이 분출했고 1979년 출범한 보수당 대처(M. Thatcher) 정권은 공급중심의 신자유주의 정치를 채택했다. 1997년 집권한 영국의 노동당 블레어(T. Blair) 정부도 사실상 보수당 정부의 공급중심적 신자유주의 정치를 '제3의 길'(Third Way)로 포장했다.[4] 블레어 노동당 정부는 노조의 정책참여를 배제했다. 이러한 노정 관계는 그 후 정부에서도 지속되었다(제15장). 이처럼 영국은 조합주의 시스템의 작동을 별로 경험해 본 일이 없다.

독일 기민당 정부는 1951년 노동자들의 경영참가를 허용하는 공동결정(*Mitbestimmung*)제도를 도입했다(제12장). 기민당/사민당 대연정은 1967년 노사정의 대표들이 참여하는 '협조행동'(Konzertierte Aktion)을 이끌어 냄으로써 조합주의 시스템을 작동시켰다. 1995년 노사정은 '고용을 위한 연대'(Bündnis für Arbeit)를 설립했으나 정상적으로 작동하지는 못했다. 1998년 출범한 사민당·녹색당으로 구성된 슈뢰더 정부는 노조대표와 사용자단체 대표들과 함께 '고용, 훈련 및 경쟁력을 위한 연대'(Bündnis für Arbeit, Ausbildung und Wettbewerbsfähigkeit)라는 공동선언을 발표하였다. 그러나 적/녹연정은 조합주의 시스템의 작동을 통해 '신중

4) 영국 노동당, 독일 사민당 및 프랑스 사회당 등 서유럽 중도좌파 정부들은 '제3의 길'을 지향했다. '제3의 길'은 1970년대 선진자본주의의 축적위기와 이에 따른 복지국가 위기에 대한 1990년대 후반 이래 케인즈주의적 사회민주주의와 신자유주의를 극복한다는 시대적 배경에서 영·독·불의 사민주의 정당들이 취한 대응전략이었다(Giddens 2000). 그러나 그들 국가의 좌파정당들은 신자유주의 정치의 또 다른 변형이라는 공통점을 드러냈다. 예컨대 경제정책에서 영국과 독일의 좌파정부는 기업·산업의 경쟁력 제고를 강조하는 탈규제를 대폭 수용하는 유사성을 보였다. 특히 사회경제정책 측면에서 영국과 독일은 경제적 평등과 사회적 정의라는 원칙보다는 일하는 자의 근로여건을 보장하며 국가의 경쟁력을 확보한다는 원칙으로 전환했다. 노동자들에게 '근로연계복지'(workfare)를 요구하며 공급측을 위한 탈규제를 강조했다. 결국 영국과 독일의 사민주의 정당들이 추구하는 '제3의 길'은 세계화 속에서 우파정권의 신자유주의 정책을 계승했으며 이에 따라 기존의 좌파적 정체성을 상실해 가는 길이라는 공통성을 띠었다.

도'(Neue Mitte)라는 '제3의 길'을 걸었는데 이는 결국 신자유주의적 성격으로 경도되어 전통적 사민주의의 지향가치와의 단절을 꾀했다. 이러한 흔적은 2003년 3월 슈뢰더 정부가 발표한 경제사회 개혁안 '어젠다 2010'에서도 드러난다.

서유럽의 게르만 소국들은 조합주의 시스템을 작동시켜 오고 있다. 세계화, 단일유럽시장으로부터 오는 대외적 도전, 그리고 고용불안·노조협상력저하 등 대내적 충격에 적절히 대응하기 위해 노조와 사용자단체는 상호협약을 작성하기 위해 내각, 정부의 각종 위원회에 참여한다. 계급 간 협약이 정책적 트레이드마크가 되고 있는 서유럽 소국들의 경험은 조합주의 시스템이 정치적 참여, 경제적 효율성, 그리고 사회적 형평성을 동시에 달성하여 모든 이해관계자 간에 이익과 비용을 공정하게 배분함으로써 체제의 대표성과 통치능력(governability)을 제고시키는 데 공헌할 수 있다는 사실을 시사한다.

스웨덴에서 조합주의 시스템은 1938년 파업과 공장폐쇄의 상호자제를 규정하는 살트세바덴협약의 체결로 출발했다. 전후의 조합주의는 1950년대 수상 관저인 하프순트(Harpsund)의 연례회의, 1970년대 초의 '하가타협'(Haga compromises), 1984년의 '로젠바트합의'(Rosenbad agreement), 1990년대에는 '렌베르크합의'(Rehnberg agreement) 등으로 이어졌다(제9장). 스웨덴 조합주의의 장치들은 협력과 타협의 가치에 의존했다. 그러나 1980년대 이후 스웨덴의 조합주의 시스템이 붕괴되고 정치체제는 다원주의적 성격을 띠게 되었다는 주장이 제기된다. 이러한 주장은 적어도 부분적으로 사실이다. 그러나 조합주의 시스템은 완전히 해체된 것은 아니다(Hermansson 2004: 32). 조합주의는 지역·지방수준에서 여전히 작동한다. 1980년대 동안 지방당국에 광범위한 의사결정의 분권화가 단행되었으며 1998년 사회적 파트너십과 정책조율에 대한 관심이 부활되었다. 1998년 총선 직후 노동과 자본은 '성장을 위한 동맹'(Alliance for Growth)이라고 부르는 정책협의를 시작했다.

오스트리아는 조합주의 시스템의 전형을 과시한 국가이다(제14장). 모든 사회경제적 정책결정·집행이 유관 주요 이익집단들과 정부의 협의·조율을 통해서 이루어졌다. 1957년 노동·자본·정부의 대표가 참여하는 '임금·물가균등대표위원회'(the Parity Commission for Wages and Prices)라는 사회협약기구가 수립되어 경제운영의 기본 메커니즘으로 작동하였다. 1980년대 이후 세계화의 충격으로 국영기업의 민영화, 긴축정책 등 변화를 겪었지만 조합주의 시스템은 중앙집중적 조정, 단체협약의 분권화 등 기존의 틀을 대체로 그대로 유지했다(Kittel 2000: 125). 오히려 직업훈련, 노동시간단축, 지역경제 구조조정 등 공급측면에서는 조합주의 시스템이 더욱 강화되었다.

네덜란드 또한 2차 대전 이후 노사정이 참여하는 경제사회협의회(Sociaal Economische Raad)를 설립했으며, 이 협의회는 정부의 사회경제정책에 대한 자문을 해오고 있다(제10장). 1982년에 출범한 기민당/자유당 연립정부하에서 노동시장의 경직성, 저성장, 실업증가, 복지팽창, 재정적자 등 이른바 '네덜란드병'(Dutch disease)을 치유하기 위해 노사정은 1982년 바세나르협약(Wassenaar Accord)에 합의했다. 임금자제와 근로시간 단축 그리고 고용창출에 목표를 둔 이 협약은 거시적 협약(macro-pact)으로부터 분권적(부문별·산업별·기업별·사업장별) 협약(decentralized pact)으로의 전환을 시도한 것이었다. 바세나르협약의 연장으로서 1993년 노사정 사이에 신노선협약(New Course Accord) 체결, 1999년 유연안정성법(Flexibility and Security Act) 제정으로 이어졌다. 유연보장법은 노동시장 유연화 강화와 유연노동자의 권리강화를 정치적으로 맞교환 한 것이다.

스위스와 벨기에는 정치성보다 시장성이 두드러진 자유적 합의주의 시스템을 확립했다(제13장).[5] 그러나 스위스의 자유적 합의주의 시스템은 세계화의 압력 속에서도 놀라울 정도로 안정적이다. 이는 스위스의 독특한 합의제 정치(consensual politics) 과정에서 보여 온 엘리트들의 협력적 문화학습과 협력적인 정치제도적 네트워크의 안정 효과에 연유한다. 또한 벨기에는 1944년 노사 간 사회협약을 체결했는데 이는 전후 산업관계에 관한 패키지딜의 전형적인 사례이다. 이는 벨기에 조합주의 시스템의 황금시대를 보여 주는 상징이라 해도 과언이 아니다. 특히 1998년, 2000년, 2002년, 2004년에 중앙협약이 창출되었고 그 협약들은 모두 의무적인 사회보장 기여금을 줄이는 정부의 결정에 의해 용이하

5) 스위스와 벨기에의 노조는 사용자 측보다 조직화 수준과 영향력에 있어 떨어진다. 카첸스타인에 따르면 스위스와 벨기에는 가장 전형적인 자유적 합의주의의 특징을 갖는다. 그러나 양국은 조합주의의 세 가지 일반적인 요소, 즉 3자협의(tripartite concertation), 상대적으로 소수이고 규모가 큰 이익집단, 정상조직의 대표성 등을 갖추고 있다. 특히 스위스 이익결사체들의 정상조직의 힘은 비교적 강력하여 정당들의 결속력보다 우월하다(Lehmbruch 1993: 52).

게 이루어졌다. 그러나 경제적 하강 국면에서 임금결정에 대한 정부의 개입이 반복됨에 따라 벨기에는 약성합의주의(weak corporatism) 시스템으로 작동되기도 했다(Vandaele 2004: 49).

서유럽 소국들에서의 조합주의 시스템의 작동은 몇 가지 요인에 기인한다. 우선 이익결사체들이 상대적으로 포괄적이고 중앙집중적으로 조직되어 있어 조직원들이 결사체 간 협약으로부터 이탈하는 것을 어렵게 할 뿐만 아니라 '개별적 최적전략'(individually optimal strategy) 대신 '집단적 최적전략'(collectively optimal strategy)이라는 조직행태를 보인다.[6] 따라서 분배갈등의 부정적 영향이 외부화(externalization)되지 않는다. 아울러 신자유주의적 세계화 속에서 사회보장체제가 크게 훼손되지 않고 있는 것도 서유럽 소국들의 조합주의 시스템을 성공시키는 근거가 되고 있다(Traxler 1995: 273-274). 나아가 서유럽 소국들의 조합주의 시스템은 사민주의 정당과 보수정당으로 편성되어 있는 정치지형에 힘입은 바 크다.[7] 좌파정당과 우파정당은 결사체와 연계된다.[8] 이를 통해 이익결사체 간 협의에 기초하는 조합주의 시스템은 정당 간의 협의에 기초한 합의제 정치(consensual politics)와 병행하여 발전된다(Lijphart and Crepatz 1991: 236). 스위스·벨기에에서처럼 조합주의 시스템이 상대적으로 취약하면 이는 합의제 정당

6) '집단적 최적전략'이란 집단재, 즉 사회적 파이 증대 또는 노동계급 전체의 이익을 도모하는 등 포괄적 노조가 사회적 이익을 추구하는 전략을 지칭한다. 이에 반해 '개별적 최적전략'은 분산적 노조가 사회적 파이의 크기를 감소시키는 것을 무릅쓰고 임금인상과 같은 자신만의 이익을 극대화하며 무임승차의 유혹에 빠져 있는 행태를 말한다(Olson 1982).

7) 서유럽 소국들에서 조합주의 시스템은 노동친화적인 사민주의 정당이 집권했을 때 보다 원활하게 작동했다. 정부의 의사결정과정에 노동계급의 이익을 증진하는 노조의 참여를 촉진시켰기 때문이다. 사민주의 정당의 집권은 노조로 하여금 총파업 또는 고임금 요구 등과 같은 정치적·경제적·사회적 비용을 줄이는데 협력토록 했으며 정책의 원만한 이행을 방해하는 행동을 자제토록 했다. 그것은 또한 사용자로 하여금 사민주의 정책의 가속화를 저지하기 위해서라도 노조와 타협하도록 종용했다.

8) 서유럽 국가들의 시민사회에는 정치적으로 적극적 활동을 수행하고 국가정책에 대한 영향력을 행사하는 압력단체가 있다. 가장 규모가 큰 압력단체는 노조와 사용자단체이다. 압력단체들은 잘 조직화되어 전국적인 활동을 전개하며 전국적인 정상조직에 의해 그 활동이 조율된다. 압력단체들은 정당과 연계하고 있으며 정당 내에서 압력을 행사한다. 정당은 의회와 정부에서 시민사회의 특정 조직이익을 대변하고 이익단체 지도자들을 위해 의회의석을 유보해 놓기도 한다. 예컨대 사민주의 정당은 노조간부에게, 기민주의 정당은 농민과 중소기업인에게 의회에 진출할 수 있는 기회를 제공한다. 이익단체와 정당 간의 긴밀한 유대는 다원주의 시스템에서처럼 의회를 상대로 로비활동을 전개하거나 의회와 정부의 관심을 끌어내기 위한 경쟁을 통해 여론을 동원할 필요성을 줄여 준다(Slomp 2000: 87-88).

정치에 의해 브상되곤 했다.

요컨대 서유럽 소국들은 국가에 따라 차이는 존재하지만 글로벌 경제의 충격과 도전에 노출되는 개방경제를 취하면서도 다원주의적 의사결정이 아니라 엘리트 간에 협력적·합의적 의사결정 방식을 특징으로 하는 합의제 모델의 주요 제도적 변수인 조합주의 시스템에 의해 계급·계층갈등을 제도화했다. 이를 바탕으로 서유럽 소국들이 성장·저실업·소득분배·저인플레이션 등 거시경제의 성과 측면에서 다원주의 시스템보다 우월하다(Crepatz 1996: 12-21; Minnich 2003: 35). 뿐만 아니라 조합주의 시스템의 장점은 정치적 정통성과 효과성을 제고시킨다. 왜냐하면 국가정책은 시민사회의 주요 단체들의 지지와 협력에 의존하기 때문이다.

게르만 소국들과는 달리 라틴유럽의 시민사회는 국가지향적이다. 사용자단체와 노조는 상호 간의 협상보다는 중앙정부를 상대로 한 문제해결을 선호한다. 즉 이념적으로 분열되어 있어 노조운동 내의 협력도 어려울 때가 자주 발생한다. 조합주의 시스템에 의한 이슈의 탈정치화는 소수 정책부문에만 가능하다. 사회적·경제적 이슈에서 정부는 이익단체들과 치열한 대결을 각오해야 한다. 그러므로 정부정책에 반대하는 정치적 파업이 빈번하게 발생한다. 노사정 3자협의체가 수립되기도 하지만 단명으로 끝난다.

예컨대 1946년 프랑스는 경제재건을 위해 사회의 다양한 이익집단, 특히 국가·노동·자본이 참여하는 경제사회위원회(*Conseil Economique et Sociale*)를 출범시켰다(선학태 2006: 11장). 프랑스는 전통적으로 중앙집권적 국가가 사회의 변화를 주도하는 역할을 담당하였는데 따라서 경제사회위원회도 국가의 주도적인 역할에 자문을 해 주고 국가의 정책결정과 방향설정에 참여하는 형식을 띠었다. 1997년 조스팽의 사회당 내각이 노동시간 단축을 통한 고용확대 프로그램을 추진하는 과정에서 노사정 대표가 참여하는 사회협의회(*assises sociales*)가 구성되었다. 그러나 이는 국가가 노동이나 자본을 동원하는 수단으로 작용하는 측면이 강했다. 프랑스의 이러한 경험에 비추어 보건대 프랑스의 조합주의 시스템은 근본적인 한계를 드러낸다. 이 때문에 프랑스는 만성적으로 대규모 시위에 시달렸으며 교통·교육 등의 부문에서 전국적인 파업과 마비상태가 빈번하게 발생한다.

1970년대 중반 이후 이탈리아에 밀어닥친 오일쇼크에 이은 스태그플레이션은 노사정 정책협의 시스템을 실험할 계기를 마련하 주었다. 1975~78년 노사정의 포괄적인 협약인 'EUR 프로그램'이 작성되었다. 이 협약은 조합주의의 첫 번째 시도였다(Regini 1984: 139). 그러나 EUR 협약은 실천되지 못했고 결국 1979년 좌절되었다. 1990년대에 이탈리아 조합주의 시스템은 부활되었다. 즉 1992년 7월 '소득정책, 반인플레이션 및 노동비용에 관한 프로토콜'(Protocol on Incomes Policy, the Struggle against Inflation, and the Cost of Labour)이 마련되었다(Locke 1995: 190; 선학태 2006: 12장). 그러나 이는 노사정 파트너십의 이상적인 모델로서 기여하지 못했다. 결국 이탈리아 조합주의 시스템의 작동은 실패한 것이다.

제7장

중앙정부-지방정부 / 상원-하원 간 권력분할

1. 중앙집권적 단방정부 vs 지방분권적 연방정부

1) 차별성

민주주의의 다수제 모델의 주요 특징은 다수자의 수중에 권력을 집중시키는 것이다. 합의제 모델의 특징은 권력분점·공유와 권력의 분할이다. 이러한 특징은 수직적 차원의 국가권력 관계에서도 적용된다. 한 나라에서 여러 수준의 정부 간 공식적 권력분할은 단방제-연방제 차원의 첫 지표이다. 여러 수준의 정부 관계의 성격은 권력이 집중되는 다수제 모델과 권력이 분산되는 합의제 모델에서 다르게 나타난다(Lijphart 2012: 175-181).

모든 민주국가에서 국가권력이 중앙정부와 비중앙정부 사이에 어느 정도 분할되는 것은 필연적이다. 그러나 다수제 모델에서는 그것이 매우 일방적인 분할로 나타난다. 다수자의 지배를 유지하기 위해 다수당은 중앙정부기구 뿐만 아니라 비중앙정부기구까지 통제하려 한다. 그러므로 다수제 모델은 중앙집권적 단방정부를 지향한다. 이에 반해 민주주의의 합의제 모델은 지방분권적 연방정부를 선호한다. 보충성 원칙(subsidiarity principle)에 입각한 연방주의는 연방정부와 이를 구성하는 단위의 정부 사이에 권력의 분할을 헌법에 보장한다.[1)]

1) 보충성 원칙은 모든 정치적·경제적·사회적 행위에 있어서 작은 단위의 공동체가 우선권을 가지며 보다 상위의 공동체(예컨대 연방정부)는 이들 하위 단위의 단위체가 수행하지 못한 영역에 한해서 도움 혹은 보조를 해 주는 원리를 의미한다(Linder and Vatter 2001: 95). 따라서 보충성 원칙은 분권적이고 하위 공동체의 자율성을 강조한다. 연방주의는 이러한 보충성 원칙에 입각한다. 보충성 원칙의 시각에서 볼 때 연방주의의 본질적 요소는 한 공동체를 구성하고 있는 구성원들이 자신들의 문제를 스스로 해결하고 또한 그 공동생활에 책임을 지는 '자기결정

그것은 지방분권을 수반하는데 연방의 구성단위에 상당한 자치권이 부여된다.

중앙집권적 단방정부 하에서는 선거정치·정당정치·의회정치가 중앙권력을 둘러싼 치열한 투쟁으로 작동할 개연성이 높다. 사회적 균열이 존재하는 국가에서는 더욱 그렇다. 중앙정부에 막강한 정치력과 경제력이 집중되기 때문이다. 그리고 중앙집권적 단방정부 하에서는 지역의 저발전을 중앙정부의 책임으로 전가시킨다. 따라서 중앙집권적 통치체제는 정치적 갈등을 확대 재생산할 우려가 매우 높다. 이에 반해 연방제적 지방분권화는 특정 지역에 기반을 둔 정치세력이 권력을 독점하는 수직적 지배구조가 아니라 각 지방정부가 균등한 권력을 갖고 수평적으로 공존공영 할 수 있으며 지역발전의 책임을 중앙정부가 아니라 연방을 구성하는 자치체 스스로에게 전가시킬 수 있다. 따라서 지방분권적 연방정부는 사회적 균열과 정치적 갈등 완화에 기여할 수 있다.

2) 다문화사회와 연방주의

다문화 사회(multicultural society)가 20세기 말 이후 현재에 이르기까지 확산되고 있다.[2)] 이는 냉전 종식, 인종주의 의식 고양, 세계화의 추세에 따른 것이다. 이러한 다문화 사회에서는 문화정체성이 부각되고 있는데 언어적·문화적·종교적·역사적·지역적 유대감 및 정서의 형태로 '일차적 그룹 애착'(primary group attachment)을 새로이 강조하는 추세로 이어지고 있다. 다문화 이슈가 새롭게 부각되고 있는 것은 우리가 지난 1990년대 이후 현재에 이르기까지 세계 도처에서 목도한 것처럼 다문화 사회가 평화롭게 존속될 수 없다는 증거이다(Ghai 2002: 163-168).

성'과 '자기책임성'이라는 민주주의 원칙에 있다. 연방주의적으로 형성된 사회에서 정치는 사람들의 일상적 삶 속에서 전개되는 갈등을 조절하는 '생활정치'로 자리매김 된다. 결국 연방주의와 보충성 원칙은 사회의 다원성과 소수의 의견을 최대한으로 반영하는 것을 그 근본 이념으로 한다. 다시 말하면 그것은 서로 다른 이익과 이해가 대립할 수 있는 다원화된 사회의 통합을 그 이념적 지향점으로 한다. 이 같은 패러다임은 '세계화'와 '지방화'라는 전지구적 변화의 본질이며 대의제 민주주의의 문제점에 대응하여 점증하는 지방정치의 근거이다.

2) 오늘날 세계인구의 약 95%는 상이한 문화적 공동체들로 분절화된 다문화 국가에서 살고 있다. 나머지는 어느 정도의 분권화가 이뤄진 단방국가에서 살고 있다. 다문화주의(multiculturalism)는 사회적 균열을 지닌 대부분의 국가가 풀어야 할 하나의 중대한 도전이다. 냉전질서 해체 이후 그들 국가는 냉전 시대 양 진영간의 갈등 속에 파묻혀 있었던 문제와 갈등에 대처해야 한다. 세계화 질서 속에서 많은 국가들은 다문화 사회를 통합시킬 수 있는 최선의 방법이 무엇이냐 하는 문제로 고민하고 있다.

글로벌 시장이 등장함에 따라 국민국가 주권은 약화될 것이라는 주장이 있다. 시장이 국가정책의 필요성을 잠식한다는 것이다. 이런 상황에서 국가권력은 점차로 사라질 것이고 정부는 정치전략을 추진할 자신의 능력을 상당히 상실할 것이다. 그러나 제품과 금융을 위한 글로벌 시장이 진전되는 가운데 제품과 서비스의 생산과 분배는 여전히 지역적인 상태로 남아 있다. 이민증가에도 불구하고 사회안전망, 공공의료체계, 여타 공공재 등의 산출은 국민국가의 몫으로 남아 있다. 이러한 모순 현상은 세계화와 지방화 사이의 대립된 경향을 시사한다. 세계화가 진전 될수록 지방의 필요와 요구를 조정할 압력이 커질 것이다. 글로벌 시대의 경쟁력은 지방의 경쟁력에 기반한다. 세계화와 지방화를 따로 떼어놓고 정치적·사회적 문제의 해법을 탐색할 수는 없다.

이러한 인식은 다문화 국가의 형성에 중요한 의미를 갖는다. 이는 지방정체성과 지방발전은 지방욕구의 민영화를 통해서 뿐만 아니라 지방공동체에 거주하는 주민들의 요구를 조율할 수 있는 정치구조에 의해서 충족될 수 있다는 것을 시사한다. 그러므로 글로벌 시장이 진전됨에 따라 지방정치의 요구가 동시에 증대되고 있다. 지방갈등은 소멸되지 않을 것이며 더욱 폭발력을 갖게 될 것이다. 비용-이익을 추구하는 경제인(*homo oeconomicus*)은 글로벌 시장에서 이익을 추구하지만 정치인(*homo politicus*)은 세계화가 초래하는 사회적·경제적 불평등을 해결해 주는 지방 보상책을 필요로 한다(Fleiner *et al* 2003: 203). 이런 점에서 다문화주의의 도전이 미래에 사라질 것으로 예상할 수 있는 근거는 없다.

세계화가 진전됨에 따라 지방화도 진전되고 있다. 따라서 다문화 국가의 사회분절화는 지속될 것이다. 이들 국가들이 이러한 새로운 도전에 대처할 전략을 개발하지 못하면 폭발적으로 증가하고 있는 지방의 요구를 충족시킬 수 없어 심각한 갈등과 긴장에 봉착하게 될 것이다. 이러한 갈등을 극복하기 위해서 다문화 사회를 통합시키고자 하는 국가들은 모든 시민 및 공동체들이 인정할 수 있는 국가정통성을 달성해야 한다. 이런 맥락에서 다문화 공동체들을 통합시키는 몇 가지 전략이 있다(Fleiner *et al* 2003: 204-207).

첫째, 관용의 정책이다. 관용을 받은 공동체 집단은 정치공동체를 구성하는 동등한 파트너로 인정되고 있다는 감정을 느낄 것이다. 관용은 모든 사람들이 인종, 종교 및 언어 때문에 차별 받지 않는 개인으로서 공동체 내에 삶을 영위

할 수 있도록 해 준다. 법률적 맥락에서 관용은 인권의 보장을 의미한다. 개인의 인권보호는 국가권력으로 하여금 언어, 종교, 인종의 차이로 인해 소수파에 속하는 개인에 대한 차별을 하지 못하게 한다. 그러나 단지 관용만을 받은 사람들은 '우리'를 구성할 수 없다. 소수파에게 국가는 '그들의 국가'이지 '우리의 국가'가 아니다. '그들'은 '우리'의 정책을 규정할 정당성을 갖지 않는다. 소수파들은 헌법에 내장된 보편적 가치에 따라 보호된다. 소수파에 대한 관용은 인간존엄성과 인권이란 보편적 원칙을 존중하는 모든 국가에서 최소한의 필요조건이다. 관용을 통한 화합은 공동체간의 갈등관리에 도움이 되고 상호이해에 기여하며 협력을 조성한다.

둘째, 소수파와 다수파 간의 균등화이다. 분절사회(segmented society)를 가진 국가가 전체 사회를 통합시키려면 다수파는 소수파가 공동체로서 동등하게 대우받도록 하는 집단적 권리를 인정해야 한다.

셋째, 연방제이다. 다문화 국가는 사회통합의 메커니즘을 통해 다양성을 증진할 수 있다. 이는 상이한 공동체들에게 권한과 자율성을 부여하는 헌법적 틀을 통해 가능하다. 국가가 다문화 사회를 통합시키려면 문화적 다양성을 진지하게 인정할 때 가능하다. 연방주의는 다양한 공동체의 관용, 자치권 및 문화적 다양성을 증진하는 헌법적 메커니즘을 부여한다.

연방주의는 다문화 사회의 거버넌스를 위한 해법이다. 연방주의는 자치(self-rule)와 공치(shared rule) 간의 균형을 헌법적으로 수립하는 것으로 정의할 수 있다. 연방주의는 다문화 국가가 다양성으로부터 혜택과 이익을 최대한으로 끌어내는 메커니즘으로서 '다양성 속의 통합성'(unity in diversity) 원칙을 헌법적으로 실행한다. 물론 다문화 사회의 해법에 연방주의만이 유일한 처방은 아니며 각 나라의 특수 상황에 따라 좌우될 것이다. 그럼에도 불구하고 연방주의는 다문화 사회의 갈등과 대립을 완화할 수 있는 매력적인 대안이다(Saunders 2003: 34). 연방주의는 국가권력을 수직적으로 분할하는 접근법이다. 전통적 소수파들의 문화적 다양성 또는 이민 유입에 따른 문화적 분절화는 국민통합을 위협하는 주요 이슈이다. 다문화 국가는 종종 보편적인 정치적 가치를 통하여 문화적 다양성을 조율할 수 없다. 다문화 사회에서 발생하는 갈등의 원인은 사회경제적 불평등, 개발의 격차, 자치권의 상실 및 차별, 민족적 소수파와 연관된 이

웃 국가의 개입, 소수파 문화의 불인정 등이다. 이런 상황에서 발생할 수 있는 갈등의 관리·해결을 위해 연방주의라는 효과적인 도구가 필요하다.

연방주의는 다문화 사회의 다양성과 통합성을 보장한다. 연방주의는 소수파로 하여금 연방 구성단위에서 다수파가 되도록 하며 따라서 "누가 누구를 지배해야 하는가?" 하는 문제를 해명해 준다. 연방주의는 상이한 언어, 종교, 문화, 지역을 인정하고 수용을 가능케 하는 수단을 제공한다. 무엇보다도 중요한 것은 연방주의는 소수파 문화를 배제하지 않고 문화적 다양성을 소중히 여기며 이를 포용한다. 연방주의는 지방정부로 하여금 중앙정부에 보다 쉽게 접근을 가능케 하고 주민에게 반응적인 성향을 갖도록 하며 다양한 공동체들이 정부의 정책결정 과정에 참여하도록 해 준다. 소수파는 국가적 파이의 배분 과정에서 소외되고 그들의 빈곤, 불평등, 억압, 박탈 등은 갈등과 긴장의 주요 요인이 되는데 연방장치는 이러한 불이익을 처리할 수 있다. 이는 연방수준에서 공동 관심사항을 해결하고 소수파의 요구와 이익을 대변하며, 일정 정도 자치권을 가진 행정 단위를 수립하고 사회적 결속과 균등화를 도입하여, 빈곤 지역의 지지를 얻어내는 방식으로 이뤄진다(Sadik 2003: 345). 이런 맥락에서 연방주의는 갈등이 존재하는 사회에서 국가의 정통성을 고양시켜 준다.

다문화 사회에서 국가건설의 어려움은 제도적 균형을 가져오는 정치적 타협을 모색하는 데 있다.[3)] 정치적 타협은 자신이 지향하는 체제를 설정할 정도의 막강한 힘을 가진 문화적 다수파와 헌법 틀에서 인정을 받고 정치적 의사결정에 참여를 요구하는 문화적 소수파 사이에 모색되어야 한다. 민주적 체제에서 문화적 소수파의 문화적 정체성을 인정하고 그들을 참여시키는 제도적 장치는

---

3) 집권화 지향 세력과 분권화 지향 세력이 문화적 균열과 일치한다면 연방주의는 중대한 도전에 직면한다(Fleiner *et al.* 2003: 209). 첫째, 신생민주주의 국가 혹은 성숙민주주의 국가 공히 연방주의는 헌법체제의 근본적 변화를 가져오기 때문에 상당한 위험부담을 지닌다. 따라서 문화적 다수파와 문화적 소수파 간에 이에 대한 충분한 신뢰가 쌓여 있어야 한다. 그러한 과정이 상향식 사회과정으로 촉진될 수 있는 방법이 모색되어야 한다. 둘째, 신생민주주의 국가에서 연방주의는 국가건설의 공고화에 걸림돌로 인식될 수 있다. 과거에 연방국가가 국가건설 과정에서 단방국가보다 더 어려움을 초래할 수 있다는 문제가 진지하게 검토되어야 한다. 셋째, 집권화 세력은 소수파가 너무 많은 권한을 갖게되는 것을 우려하지만 분권화 세력은 자치권을 갖는 지방단위에서만 소수파가 보호될 수 있다고 주장한다. 다수파 소수파 쌍방이 불이익보다는 이익을 발견할 수 있다면 연방주의의 가능성은 높아진다. 넷째, 지리적으로 분절된 사회에서 연방주의는 문화적 갈등 가능성을 줄이는 것이 아니라 오히려 증대시킨다는 비판이 제기된다.

수평적 차원의 권력분점·공유를 가능케 하는 집행권 분점, 다당체제, 비례대표 선거제 등이 있다. 이들 장치는 앵글로-색슨의 웨스트민스터민주주의 모델과는 대조적인 것으로서 다문화 사회의 갈등을 해결하는 데 적절하다. 그렇지만 연방주의 또는 분권화는 수직적 권력분점·공유를 보장하는 가장 중요한 장치이다.

3) 연방제적 지방분권

연방주의는 중앙정부와 지방정부 사이에 권력의 분할을 보장한다. 즉 글로컬리제이션(glocalization) 시대의 핵심 주체인 지방정부에게 지방의 특색 있는 발전 전략을 추진하고 경쟁력을 높이는 데 필요한 자치입법권, 자치행정권, 자치조직권, 자치재정권을 부여한다. 연방정부와 그 구성단위의 정부 사이에 또는 그 구성단위의 정부 사이에 거의 완전한 유사형태(isomorphism)가 존재한다.

연방주의의 목적은 특히 종교적, 인종적, 지역적 소수집단이 독특한 하위집단을 형성하는 다원적 사회에서 그 특수 소수집단에게 자치권을 부여하는 것이다. 이 같은 연방주의에는 비영토적 연방주의도 있다. 이는 비지리적으로 규정된 문화공동체에 자치권을 부여한다. 이를 우리는 '사회학적 연방주의'(sociological federalism)라고 칭한다(Lijphart 2012: 180-181). 사회학적 연방주의에서 일정 규모를 갖고 있던 문화적 소수집단에게 자체의 학교와 문화기구 등을 설립할 수 있는 권한이 부여되고 선거를 통해서 입법권과 과세권을 보유한 문화적 협의회의 설치를 허용한다. 문화적 협의회의 지배권은 지리적 거주와는 관계없이 그 문화적 커뮤니티의 성원에게 행사되고 있는 것이다. 예컨대 벨기에와 네덜란드의 중앙정부는 교육, 문화, 보건 등의 분야에서 중요한 준공적인 기능을 가진 시민결사체에 권한을 이양하고 정부의 보조금을 크게 제공하고 있다. 이러한 결사체들은 지리적으로 밀집되어 있지 않기 때문에 사회학적 연방주의는 연방주의의 구성단위가 지역이라는 전통적인 기준에 벗어나고 있다. 그것은 지역적 자율성과는 달리 기능적 자율성(functional autonomy)이라 지칭된다. 벨기에는 사회학적 연방주의로부터 1993년에 지역적 연방주의로 이동했다. 그러나 벨기에 연방주의의 구성단위 간에는 아직 비지리적으로 규정된 문화공동체(벨기에의 네덜란드어권과 프랑스어권)를 포함한다. 이와 같이 벨기에와 네덜란드에는 현재 문화적 협의회가 있다. 문화적 협의회는 소수민족이 지리적으로 밀집해 있으면 지방자치기구를 활용할 것이다.

중앙정부와 지방정부 사이에 권력분할은 연방제의 주요 원칙이다. 그렇다면 중앙집권과 지방분권의 정도를 어떻게 측정할 수 있는가? 연방주의의 지수는 한 국가 전체의 조세 중 중앙정부의 비중을 비교함으로써 가능하다. 일반적인 접근은 중앙정부와 비중앙(지방)정부의 활동을 수입과 지출을 측정하여 차이를 보는 것이다. 우리가 중앙정부에 대한 비중앙정부의 힘에 관심을 둔다고 하면 그들의 자원, 특히 세입에 초점을 맞추는 것이 보다 일반적이다. 비중앙정부의 세입은 비중앙정부가 자신을 위해서 징수한 세금(예컨대 지방세수)과 용도 제약이 없는 중앙정부의 보조금으로 이뤄진다.[4] 연방주의의 지수가 높을수록 중앙정부의 조세 비중은 낮다.

지방정부의 강화는 국민통합을 위태롭게 하지 않고 다양성의 조화를 만들어 낼 수 있다. 분권화는 예방적 기능을 한다. 부연하면 오늘날의 갈등이 정치권력과 경제자원에 대한 접근과 관련이 있고 민족성, 언어, 종교 등이 사람들을 갈등 속으로 동원하는 도구로 이용되고 있다면 분권화된 정부형태는 정치권력과 경제자원에 대한 통제권을 소수파를 포함한 모든 지역의 주민들에게 부여함으로써 잠재적인 갈등과 대립을 희석시키는 데 도움이 된다(Fleiner *et al.* 2003: 210). 말하자면 지역주민들로 하여금 지역발전의 책임이 중앙정부가 아니라 자치체 스스로에게 있는 것으로 인식하도록 하기 때문에 정치적 갈등 완화에 도움이 될 수 있다. 뿐만 아니라 자치권을 갖는 지방정부는 재원을 확보하여 지역주민을 위한 복지, 환경, 주택, 교통 등 삶의 질을 개선할 수 있다. 연방제적 지방분권의 제도화는 자율성과 자치권을 갖는 지방정부의 특화된 발전전략을 개발할 수 있는 기대효과가 있다. 즉 지역특성에 맞는 독자적인 지역발전계획을 수립하여 비교우위의 지역산업·중소기업·문화사업등을 개발, 육성하고 글로벌 시대의 포스트포드주의(postfordism)생산방식(품질지향의 다품종소량생산, 기업활동의 유연성)에 대응할 수 있다. 이러한 지방정부의 창의적이고 혁신적인 유연성은 지역 상호 간 경쟁을 자극하여 지역경제의 효율성과 경쟁력 강화를 유도해 낼 수 있다.

---

4) 조건부나 제약이 있는 양여금은 중앙정부가 명하는 목적을 위해서 집행되기 때문에 비중앙정부의 세입으로 간주할 수 없다.

그런데 지방 수준에서 국가의 정통성은 지방 당국이 지방 주민의 요구 사항에 반응할 수 있을 때만이 강화될 수 있다. 분권화는 이 점에서 이점을 지니고 있지만 정기적으로 극복하기가 용이하지 않은 기술적·정치적 어려움에 봉착한다. 또한 분권화는 부유한 지역과 빈곤지역 사이의 불평등 문제에 직면해야 하는 경우도 있다.

2. 입법권의 집중 vs 분점

1) 단원제 vs 양원제

단방제-연방제 차원의 두 번째 요소는 입법부 내에서 권한배분에 초점이 맞춰진다(Lijphart 2012: 187-188). 순수 다수제 모델에서는 대체로 단원제(unicameralism)를 채택하여 이에 입법권을 집중시키는 특징을 보인다. 다시 말하면 입법부의 구성에 있어 권력을 집중시키는 다수제 모델은 입법권이 단원(single chamber)에 집중되는 것을 선호한다. 왜냐하면 단일정당으로 구성된 내각에 의하여 지배되는 단원제 의회가 다수결 원칙에 따라 작동하기 때문이다. 반면에 순수 합의제 모델에서는 보통 양원제(bicameralism)를 채택하여 권력이 양원에 동등하게 배분된다. 합의제 모델이 입법부의 구성에 있어 단원제 아닌 양원제를 설치하는 가장 중요한 명분은 연방체제에서 소수자에 대한 특별 대표권을 상원(second chamber or upper house)에 부여하기 위해서이다. 이러한 소수자의 대표제가 어떤 의미를 갖기 위해서는 두 가지 조건이 충족되어야 한다. 즉 상원이 하원(first chamber or lower house)과는 다른 기초 위에서 선출되어야 하는 동시에, 하원과 동등한 실질적인 권한을 보유해야 한다. 실제에 있어서 민주국가들의 의회는 다양한 중간적인 형태들이 존재한다.

양원제는 다원적 사회에서 그리고 단원제는 보다 동질적인 사회에서 발견되는 제도라 할 수 있다. 그러나 양원제는 다원적 사회에서 뿐만 아니라 비다원적인 동질적 사회에서도 거의 동일한 빈도로 나타나고 있다. 양원제는 인구규모와 연방주의 등 두 개의 변수가 중요하게 작용한다. 즉 인구가 많고 연방체제인 나라는 전부 양원제 의회를 채택하고 있다. 역으로 인구규모가 1,000만 명을 갓 넘는 수준의 작고 단방제인 나라는 거의 전부가 단원제라는 특징을 갖는다.

이에는 예외가 있는데 오스트리아, 스위스, 아일랜드는 작은 나라이지만 양원제를 채택하고 있다. 연방-양원 및 단방-단원의 관계에서 일탈된 사례는 영국이다. 즉 영국은 중앙집권적 단방국가이지만 양원제 의회를 갖고 있다.

그런데 양원제 입법부의 상·하원은 여러 면에서 다른 경향을 보인다. 원래 제한적인 선거권을 기초로 하여 선출된 상원의 가장 중요한 기능은 보다 민주적으로 선출된 하원에 대하여 보수적 견제 역할을 하는 것이다. 이런 점에서 하원과 상원은 다음과 같은 차이점을 보인다(Lijphart 2012: 190-192). 첫째, 양원제를 채택하는 대부분의 민주국가에서 상원은 하원보다 작은 규모이다. 그 유일한 예외는 영국의 상원인데 그것은 1997년 총선 이후 659명으로 구성된 하원의 두 배 정도인 약 1,200명으로 구성되어 있다. 물론 하원보다 작은 규모를 갖는 다른 모든 서유럽 국가들의 상원의 규모는 다양하다. 예컨대 독일의 하원은 약 600명의 의원으로 구성되어 있으며 상원은 단지 69명의 의원에 불과하다. 스페인의 경우 하원은 350명인데 반해, 상원은 257명으로 구성되고 있다.

둘째, 의원의 임기는 하원보다는 상원이 보다 장기의 경향을 보인다. 하원의 임기는 2~5년이고 상원의 임기는 4~9년이며 영국의 상원은 종신제이다.[5]

셋째, 공식적 권한에 있어서 상원은 하원보다 하위에 있는 경향을 보인다. 예컨대 제안된 입법에 대한 상원의 반대결의가 때때로 하원에 의해서 무효로 처리되기도 하지만 대부분의 의회제 정부 하에서 내각이 하원에게만 전적으로 책임을 지는 경우가 많다. 양원제 입법부를 채택하는 나라 가운데 양원이 동등한 권한을 가진 나라는 스위스, 이탈리아, 미국 등이다.[6] 벨기에, 덴마크, 스웨덴 등도 한 동안 양원이 동등한 권한을 가지고 있었다. 그러나 벨기에 상원의 권한은 1995년의 새로운 연방체제에서 크게 축소되었으며 덴마크와 스웨덴은 1953년, 1970년에 각각 상원을 폐기했다.

넷째, 상원의 실질적인 정치적 중요성은 헌법이 보장하는 공식적인 권한뿐만 아니라 선출되는 방법에 의해 좌우된다. 모든 민주국가들의 하원은 모두가 유권자에 의해서 직접 선출된다. 미국과 이탈리아의 양원제 입법부는 직접 선출

5) 미국의 경우 임기 6년의 상원은 3분의 1을, 하원은 전체 의석을 2년마다 새로 선출한다.

6) 미국의 경우 모든 법안이 상·하원을 통과해야 하고 탄핵재판권을 상원이 가지고 있다는 점을 고려하면 상·하원의 권력은 서로 균형적이다.

되는 상원을 갖고 있으며 벨기에와 스위스의 상원의원 대부분도 인민에 의해 선출된다. 이에 반해 대부분의 서유럽 국가에서 상원의원은 간접적으로 선출된다. 보통은 중앙 입법부보다 아래 수준의 입법부에 의해서 선출된다. 아일랜드의 상원의원의 일부, 그리고 영국의 종신 귀족의원은 임명되기도 한다. 직접 선출되지 아니한 상원은 보통선거가 부여하는 민주주의적 정당성과 실질적인 정치적 영향력을 결여하고 있다.

다섯째, 상원이 일정한 소수파를 과다 대표시키기 위한 방법으로 선출되는 의원으로 구성되는 경우가 있다. 가장 두드러진 사례는 연방의 보다 작은 구성단위를 과다 대표하는 연방입법부의 상원이다. 연방 구성단위의 인구 규모에 관계없이 동일한 수의 대표로 상원이 구성될 때 그러한 과다대표 현상이 발생한다. 이러한 등가대표(parity representation)는 각 캔톤과 주에서 선출되는 2명의 의원으로 구성되는 스위스와 미국의 상원에서 발견될 수 있다. 독일의 연방상원은 연방의 구성단위가 동등하게 대표되고 있지는 않지만 작은 구성단위가 과다 대표되고 큰 구성단위가 과소 대표되는 사례이다. 오스트리아의 연방상원은 예외인데 상원의원은 작은 주(*Länder*)에게 특별 대표권을 부여하는 것이 아니라 각 주의 인구규모에 비례하여 선출된다. 마찬가지로 벨기에의 상원도 불어권 및 독일어권 소수자에게 단지 약간의 과다 대표권을 제공할 뿐이다. 이처럼 오스트리아와 벨기에의 상원은 과다대표를 거의 인정하지 않아 하원과 마찬가지로 인구 비례적으로 선출되고 있다. 영국의 상원에서 과다 대표된 소수자는 귀족계급이며 이 때문에 상원에서 보수당은 영원한 다수자이다.

2) 균형적 양원제 vs 불균형적 양원제

우리는 양원의 공식적 권한관계와 상원의 민주적 정당성을 기초로 하여 양원제 의회를 균형적(대칭적)인 양원제와 불균형적(비대칭적)인 양원제로 분류할 수 있다. 전자는 '강한 양원제'(strong bicameralism)이고 후자는 '약한 양원제'(weak bicameralism)라고 칭한다(Lijphart 2012: 192-194). 균형적 양원제의 입법부는 양원이 형식상 동등한 권한을 갖고 있는데 미국, 이탈리아, 스위스의 입법부가 이에 속한다. 독일과 네덜란드의 양원제 입법부는 완전히 동등한 권한을 갖지 않고 약간 불균형적인 형태를 보이고 있지만 그 두 나라의 입법부도 대칭적인 양원제로 분류되고 있다. 네덜란드의 상원은 주입법부(provincial legislature)에 의하여 간접으로 선출됨에도 불구하고 이 카테고리에 속한다. 왜냐하면 네덜란드의 상원은 모든 법안에 대하여 하원이 무효화시킬 수 없는 절대적인 거부권을 갖고 있기 때문이다. 독일의 상원은 네덜란드의 상원처럼 절대적인 법안거부권을 갖고 있지는 않지만 연방을 구성하는 주 집행부의 대표 — 보통 주 내각의 각료 — 로서 구성되어 있어 세계에서 가장 강력한 상원 중의 하나로 평가되고 있다. 양원제 의회를 갖고 있는 나머지 국가에서 양원 사이의 권력관계는 불균형적이다.

그런데 상원과 하원의 관계에 있어 균형적인 권한을 갖고 의원 선출방식이 상이한 이른바 '강한 양원제'와 의회제 정부는 근본적으로 양립이 불가능한 것으로 인식되고 있다. 의회제 정부는 집행부가 의회에 책임을 지고 있으며 만일 그것이 강한 양원제와 결합된다고 하면 양원이 모두 내각으로 하여금 책임지게 하는 권한을 갖고 있음을 의미한다. 강한 양원제에서는 양원이 상이한 기초 위에 구성되기 때문에 상원과 하원은 각기 상이한 정치적 다수자(당)를 가질 수 있다. 따라서 내각은 서로 일치하지 않는 두 개의 다수당의 신임을 별도로 얻어야 한다는 문제에 직면할 수 있다. 그러나 강한 양원제와 의회제 정부와의 양립이 불가능하다고 무조건 주장하는 것은 다수제 모델의 편견을 드러낸 것이다. 의회제 정부와 '강한 양원제'의 양립이 불가능한 것은 내각이 하원의 근소한 과반수를 기초로 하는 최소승리내각(minimal winning cabinet)을 전제로 하는 웨스트민스터 모델에서 발생할 것이다. 스위스의 사례에서 보듯이 만일 내각이 대연정이라면 그것은 상원과 하원이 다른 방식으로 선출되고 각각 차지하는 다수당이 다르다고 하더라도 양원의 압도적인 지지를 얻는 데에 별다른 문제가 없을 것이다. 그리고 과다규모내각(oversized cabinet)이라면 매우 다른 정당으로 구성된 양원에서도 적어도 과반수의 지지는 받을 수 있다.

연방주의의 입법부는 전형적으로 양원으로 구성되는데 하원은 인구 전체를 대표하고 상원은 연방의 구성단위를 대표한다. 예컨대 강한 양원제 입법부를 채택하는 미국, 스위스 등은 연방국가를 지향하고 있다. 이들 연방국가에 있어서 상원은 연방을 구성하는 단위의 이익에 대한 보루의 역할을 담당한다. '강력한 연방주의'는 '강력한 연방원'(strong federal chamber)인 상원을 갖고 있으며 따라서 강력한 양원제를 초래한다. 연방주의, 강력한 양원제, 그리고 연립내각 사이에는 아무런 모순이 없는 합의제 모델의 특징이라 할 수 있다.

3. 서유럽 국가들의 중앙정부-지방정부/상원-하원 권력분할

모든 서유럽국가들은 어떤 형태든 지방정부를 갖는다.[7] 그런데 서유럽국가들의 지방자치권은 나라에 따라 다양하며 국가규모와 지방 혹은 지역자치권 사이에는 직접적인 관련성은 없는 듯하다. 스위스, 벨기에 및 오스트리아 등 서유럽 소국들은 연방제를 채택하고 있는데 반해, 영국과 프랑스와 같은 서유럽 대국들은 상대적으로 중앙집권적이다.

사실 제2차 세계대전까지는 연방국가는 서유럽에서 예외적이었다. 당시만 해도 서유럽에서 유일한 연방국가 사례는 세계에서 가장 오래된 연방국가인 스위스에 불과했다. 스위스는 세계에서 가장 연방제적 지방분권국가이다. 스위스의 지방정부는 20개의 캔톤(canton)정부와 6개의 반캔톤(half-canton)정부가 있다. 반캔톤은 이전의 3개의 캔톤이 쪼개져 만들어진 것으로서 스위스 연방상원을 위해 2명의 대표자를 선출하는 캔톤과는 달리 1명만을 선출한다. 따라서 반캔톤은 헌법개정 투표에서 캔톤의 절반 투표권만을 가진 셈이 된다. 그러나 다른 모든 점에서는 반캔톤의 지위는 캔톤과 동일하다.

제2차 세계대전 이후 연방제는 부분적으로 미국의 영향을 받아 독일과 오스트리아가 연방 정치구조를 채택했고 그 후 벨기에, 그리고 일정 부분 스페인이 연방제를 수용했다. 스위스와는 대조적으로 서유럽의 전후 모든 연방체제는 '아래로부터'의 주도에 의해서라기보다는 위로부터 연방제화가 되었다. 독일 연방제는 여러 목적을 갖고 도입되었다. 즉 주변국가들로부터 제기되는 강력한 독일국가에 대한 우려를 줄이고 나치정권과 같은 전체주의 국가에서 발생할 수 있는 신생 독재정권의 등장을 방지하며 풀뿌리민주주의의 기회를 마련하는 데 목적을 두었다. 독일은 미국, 캐나다, 스위스, 오스트리아 등에서처럼 문화적·사회적 다양성들간의 화합수단으로 채택한 연방국가가 아니라 단일 게르만민족이

7) 예컨대 16개의 연방 주(*Länder*)와 16,043개의 게마인데(*Gemeinden*)로 구성된 독일은 1948년이래 연방국가이다. 지방자치권은 연방주에 따라 다양하다. 프랑스는 22개의 지역(*région*), 36,763 코뮨(*commue*)을 가진 중앙집권적 국가이다.

강한 정체성을 갖는 상황에서 연방주의를 구성한 사례이다. 따라서 독일 연방제는 연방과 주 간의 정책연계와 협력으로 진행돼 왔다. 이 같은 독일 협력적 연방주의는 연방정치와 주차원 정치의 독자성을 구분하기 어렵게 만들고 있다.

벨기에는 비지리적·지역적 연방주의를 동시에 채택하고 있는 특이한 사례이다(McRae 1997: 289).[8] 벨기에는 오랫동안 집권적인 단방국가였다. 그러나 1970년부터 벨기에는 점진적으로 분권적 연방주의를 지향하면서 1993년에는 공식적으로 연방국가가 되었다. 벨기에는 플란더즈(Flanders), 왈로니아(Wallonia), 브뤼셀 등 지리적으로 다른 3개의 지역,[9] 그리고 비지리적으로 지정된 3개의 문화공동체 — 네덜란드어 공동체, 프랑스어 공동체, 독일어 공동체 — 로 구성되어 있다. 이러한 이원적인 체제가 만들어진 주된 이유는 수도인 브뤼셀 지역은 대부분 프랑스어를 사용하는 시민이 거주하지만 그곳은 네덜란드어를 사용하는 플란더즈 지역으로 둘러싸여 있기 때문이다. 지역과 언어공동체 간에는 상당히 중복되어 있는 것은 사실이지만 정확히 일치한 것은 아니다. 플란더즈 지역에서 네덜란드어 공동체의 정부가 플란더즈 지역의 정부의 역할을 하는 것을 제외하고는 이들 각 지역과 언어공동체는 독자적인 자치권을 갖는 입법부 및 집행부를 가지고 있다. 이처럼 서유럽에서 연방제는 큰 국가에만 국한되는 것이 아니라 스위스와 벨기에를 비롯한 작은 국가들이 채택하는 데 앞장섰다.

이와 같은 연방제와 달리 서유럽 일부 국가는 소수 문화 때문에 특수 지역에 특별권을 부여한다. 영국의 스코틀랜드와 웨일즈, 그리고 이탈리아의 남부 티롤 지역은 강력한 국가가 이웃 지역을 정복하거나 병합한 후에 지역자치권이 확립된 사례이다. 연방제 발전의 최근 사례인 스페인은 소수파 지역자치권에서 완전한 연방체제로 점진적인 이동을 하고 있다. 스페인은 지역주의와 분리·독립의 요구가 있었던 까딸로니아, 바스크, 갈리시아 등 세 개의 언어 소수지역에 보다 많은 자치권을 부여했다.[10]

---

8) 비지리적 연방주의는 사회학적 연방주의라고 칭한다. 사회학적 연방주의는 현저하게 상이한 하위사회가 지리적으로 모여 있지 않는 다원적 사회에서 중요한 의미를 갖는다.

9) 플란더즈는 수도인 브뤼셀(플란더즈 지역으로 둘러 싸여 있다)을 제외한 벨기에의 북부지방이고 왈로니아는 벨기에의 남부지방이다. 플란더즈 지역은 네덜란드어를, 왈로니아 지역은 프랑스어를, 브뤼셀은 프랑스어와 독일어를 각각 사용한다.

10) 제2공화국(1931~39) 동안 이들 지역에 자치가 허용되었으나 이는 스페인내전(1936~39)과 이후 성립된 프랑코 정권 하에서 곧 와해되었다. 1975년 프랑코 정권의 붕괴 때까지는 이들 지역

이에 반해 영국, 스칸디나비아국가, 프랑스 및 이탈리아 등은 상대적으로 중앙집권적이다. 영국은 고도로 집권화된 단방국가의 특징을 보여 왔다. 따라서 지방 및 지역 수준의 정부는 서유럽에서 가장 중앙정부에 예속되어 왔으며 헌법적으로 부여된 어떤 권리 또는 권한도 누리지 못하고 있다. 스칸디나비아 국가 또한 단방제 국가형태에 속한다. 단방국가는 다른 서유럽 국가들에 비해 스칸디나비아 국가들이 중앙집권적이라는 점을 반영한다.

라틴유럽 국가들의 지방정부도 게르만닉 유럽국가들에 비해서 자치권을 보장받지 못하고 있다. 프랑스의 경우 많은 정치인들이 시장과 의원을 겸직하고 있다. 이를 통해 지방정부는 중앙정치에 발언권을 낼 수 있다. 물론 프랑스는 1980년대이래 세계적인 지방분권화 운동에 합류했다. 즉 1982년 미테랑 정권하에서 확정된 지방자치법은 200년 동안 지속되어 은 프랑스의 중앙집권적 지방행정체제를 지방분권적 지방행정체제로 전환시켰다. 그러나 지방자치의 실시에도 불구하고 프랑스에서는 지자체에 대한 중앙정부의 '사후적' 통제는 정치적·재정적·인사·행정적 차원에서 이뤄지고 있다.[11] 따라서 프랑스는 아직 중앙정부가 지방정부를 감독하는 고도의 중앙집권적인 국가이다. 이탈리아의 국가구조는 중앙집권적 단방제를 근간으로 하되 연방제적 요소를 가미했다.[12] 지

을 제외한 다른 지역에서는 뚜렷한 지역주의 성향이 나타나지 않았다. 그러나 그 후 경제적 격차의 심화, 지역정당의 등장, 선거과정에서의 지역주의 투표 등이 나타났고 1970년대 후반에 공세적 지역주의와 방어적 지역주의가 확산되었다. 이러한 배경에서 스페인은 1978년 신헌법의 채택으로 분권화가 촉발되었다. 1981년 '지역자치에 한한 협정'이 체결되어 지역단위를 기준으로 17개의 자치공동체가 만들어졌고 1992년 '자치에 관한 협약'을 체결하는 등 분권화에 가속도가 붙게 되었다. 스페인 경우 의회에 진출한 지역정당이 연정에 참여함으로써 연방주의의 수용에 큰 역할을 수행했다.

11) 중앙정부의 지자체에 대한 통제(윤기석 2004: 205-206)는 첫째, 국가권력을 대표하는 관선지사가 지방의회 및 집행부의 결정이 국가이익 및 전체 지방이익어 상치될 때 이를 취소할 수 있다. 둘째, 중앙정부는 지방의회가 정상적으로 작동되지 못할 때 이를 해산할 수 있다.

12) 1990년대 북부동맹(Lega Nord)에 의해 동원된 북부이탈리아의 지역주의운동은 연방주의의 주장으로 표출되었다(정병기 2000: 410). 북부동맹은 자신의 당원을 규합하고 북부이탈리아 지역인 '파다니아의 정체성'을 형성하며 북부이탈리아에서 자신의 헤게모니를 유지할 목적으로 분리를 위한 연방제를 주창한 것이다. 이에 영향을 받아 1996년 집권한 월계수연맹(L'Ulivo)의 중도 좌파정부도 이탈리아의 전통적인 중앙집권체제의 비효율성을 비판하며 수직적 권력구조 개편을 위한 연방제 구상을 적극적으로 수용하고 이를 위한 개헌을 추진했다. 그 결과 경찰, 교육 및 보건부문의 자치권(입법권과 행정권)이 진전되었다. 그러나 입법권·행정권·재정권 등에서 폭넓은 지방분권적 연방제 개헌은 실현되지 못했다. 특히 2001년 집권한 전진이탈리아당, 북부동맹 및 민족연맹을 주축으로 한 중도 우파연정은 중앙집권적 단방국가를 주장하는 민족연맹 및 전진이탈리아당과 연방제를 고수하는 북부동맹간의 갈등을 표출하면서 연방제 실시를 위한 개헌의 전망을 어둡게 했다.

방행정단위들 중 5개 주가 종족적·언어적 소수를 보호하려는 취지로 연방제적 요소를 가미한 특별자치법의 적용을 받는다. 이 특별자치주들은 일반 주들에 비해 배타적 입법권과 행정권을 가진다. 그러나 특별자치주들도 재정자치권과 관련하여서는 국가의 재정 및 조세정책의 제약과 통제를 받으며 독자적 권한이 협소하다.

서유럽국가들의 지방 및 지역자치권의 정도에 편차가 있음에도 불구하고 지방 및 지역공동체가 수행하는 과업에 있어 어떤 일관성은 존재한다(Slomp 2000: 93-95). 전형적인 지방 및 지역정부의 활동은 수도, 전기, 가스, 주택보조금, 건축허가, 지방도로, 도서관·극장·박물관과 같은 문화시설관리, 초등교육 및 사회보조 등 공익행정을 포함한다. 이러한 과업을 수행하기 위해 지방 및 지역정부는 자체 재원과 국고지원에 의존한다. 지방재원은 지방세와 지방 공공서비스의 사용자 납부금을 포함하는 데 대부분의 지방세는 소득 및 기업이윤에 기초한다. 이 지방세원은 지방자치단체의 총 지출의 일부에 불과하며 대부분의 지방재원은 중앙정부가 제공하는데 용도가 정해져 있지 않는 지방교부금, 용도(사업과 활동)가 지정된 국고보조금으로 충당된다. 그러나 중앙정부의 재원에 대한 의존과 지방자치권 간에 분명한 관계가 있는 것은 아니다. 네덜란드와 벨기에 등과 같이 지방정부의 재원이 거의 중앙정부에 의존한 나라에서도 상당한 정도의 자치권은 누리고 있다. 왜냐하면 그 나라들은 재원관리상의 효율성과 통제라는 명분으로 포괄적인 조세체계를 선호하기 때문이다.

서유럽 국가들에서 지방정부의 기능은 지난 몇 십 년 동안에 걸쳐 점점 확대되어 왔다. 1960~70년대에 지방정부의 과업 증대는 복지국가의 확대와 관련이 있다. 1980년대 이래 지방분권화는 중앙정부가 국가재정 적자를 줄이기 위한 수단으로 활용되어 온 것이다. 서유럽 국가들은 상응한 재정 이전 없이 국가공공서비스 업구를 지방당국으로 이양시켜 왔다. 더욱이 지방분권화는 가끔 중앙정부의 규칙을 지방정부의 권능으로 연장하는 현상을 동반한다. 그 결과 지방자치권이 실질적으로 증대되는 것은 아니지만 지방정부와 중앙정부의 상호의존 관계가 높아지고 있다. 이에 따라 중앙정부와 지방정부 사이에 긴장이 발생하기도 한다. 왜냐하면 지방정부는 상응한 재원증액을 동반하지 않은 채 과업과 업무만 증가하는 사태에 직면하기 때문이다.

지방분권화는 또한 지역단위의 기능을 확대시켜 왔다. 지역정부의 기능은 지방정부의 기능과 중첩되고 지역발전 계획, 사회인프라 프로젝트, 중등교육, 건강의료 등과 같은 중앙정부의 감독 하에 있는 업무이다. 지역정부도 지방정부를 감독한다. 지방 및 지역민주주의의 작동방식은 중앙정치와 유사하다. 영국에서는 한 정당이 지방정부를 지배하는 데 반해, 대륙국가들은 여러 정당이 연정의 형태로 지방 및 지역정부를 구성한다.

양원제-단원제와 연방정부-단방정부 사이에 강한 경험적 관계가 있다. 즉 모든 연방체제는 양원제 입법부를 채택하고 있는 데 반해, 단방국가들은 양원제 혹은 단원제를 갖고 있다. <그림 7-1>이 시사해 주듯이 서유럽에서 연방제적 지방분권화 정도가 증대할수록 단원제에서 양원제로의 변화가 발생하고 양원제의 탄력도 증가한다.

▌그림 7-1▐ 서유럽 국가들에서 연방제적 지방분권화와 입법부구조의 관계

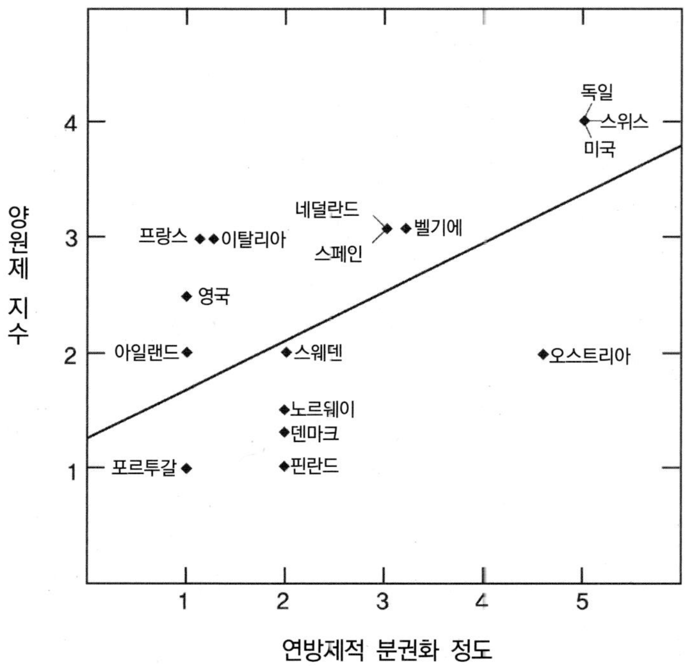

출처: Lijphart 2012: 202(1945~2010)

영국의회는 양원제이지만 상원과 하원 간의 권력관계가 불균등한 양원제를 채택하고 있다는 점에서 '비대칭적 양원제'(asymmetrical bicameralism)라 할 수 있다. 하원은 우의의 권한을 보유하며 상원의 권한은 비재정적 법안의 개정이나 지연에 한정된다. 이 같은 영국의 불균형적인 양원제는 사실상 단원제의 성격을 띠고 있어 입법부 차원에서 다수제 모델의 특징을 보이고 있다.

단방국가의 틀 속에서 일정 부분 지방분권적 국가로 분류되는 핀란드, 스웨덴, 덴마크 및 노르웨이 등 스칸디나비아 국가들은 중앙집권적 단방국가체제에서 전형적으로 나타나는 단원제를 채택하고 있다. 스웨덴은 원래 양원제를 채택하고 있다가 1971년 헌법개정을 통해 단원제로 변경했으며 덴마크 역시 1953년 이전의 양원제를 포기하고 단원제를 실시하고 있다.

라틴 유럽국가인 프랑스 및 이태리는 중앙집권적 단방국가체제를 채택하고 있지만 상대적으로 강력한 양원제를 채택하고 있다. 그 이유는 인구 규모에 기인한 것 같다. 프랑스의 상원과 하원은 동일한 권한을 지니고 있다. 예컨대 상원은 입법절차에 있어 동등한 권한을 갖고 있으며 법률안이 채택되기 위해서는 양원에서 통과되어야 한다. 반면에 국민으로부터 직선되는 하원은 간선되는 상원에 대해 우월적 지위를 향유하기도 한다. 예컨대 예산·재정법안은 하원에서 제출·의결되고 있기 때문에 하원의 비중이 상대적으로 높다. 그리고 상원은 정부를 불신임할 수 없지만 하원은 가능하다. 이탈리아의 의회는 상·하원이 정치 및 입법과정에서 동일한 권한을 갖는 순수 양원제이다. 상원은 다수대표제와 비례대표제에 의해 선출된 의원 315명과 약간 명의 종신의원으로 구성된다. 종신의원은 전직대통령, 사회·학계·예술·문학 부문의 최고 권위자로서 대통령에 의해 지명된 5명으로 이루어진다. 양원은 정부를 신임 또는 불신임하며 청문, 감사, 발의 등을 통해 정부의 활동을 통제한다.

네덜란드와 독일의 양원제 입법부는 약간 불균형적인 형태를 보이고 있지만 대칭적인 양원제로 분류된다. 네덜란드의 상원은 모든 법안에 대하여 하원이 무효화시킬 수 없는 절대적인 거부권을 갖고 있다. 독일의 상원은 네덜란드의 상원처럼 절대적인 법안거부권을 갖고 있지는 않지만 세계에서 가장 강력한 상원 중의 하나로 평가되고 있다. 이는 독일 상원이 16개의 주정부에 의해 선출된 대표들로 구성되고 각 주의 대표는 하나의 블록으로서 투표하기 때문이다.

이러한 구성과 투표는 약간 비민주적이라는 비판이 제기될 수 있지만 독일 상원을 미국 상원보다 더 강력한 연방 대표기관으로 만든다. 야당은 독일 상원에서 다수표를 행사하여 연방정부의 정책프로그램을 비토할 수 있다. 대립적인 상원에 직면할 때 독일 정부는 야당과의 협상을 통하여 교착상태를 예방하려 한다. 예컨대 1997년 헬무트 콜정부가 조세 및 노인연금 계획을 처리하기 위해 사민당과의 협약을 체결했다. 그러나 대부분 독일 상원의 역할은 여전히 실질적인 권한을 갖는 연방하원의 그늘 속에 가려져 있는 상태이다.

연방체제에서 상원은 연방 구성단위들을 대표한다. 이런 점에서 대부분의 서유럽국가들이 단원제 대신 양원제 입법부를 채택하는 것은 연방체제에서 작은 주를 포함한 소수파에게 상원에서 특별 대표권을 부여하기 위한 것이다. 전술한 바와 같이 소수파 대표가 의미를 갖기 위해서는 두 조건이 필요하다. 즉 상원 의원은 하원 의원과는 다른 방식으로 선출되어야 하고 상원은 하원과 거의 동일한 실질적인 권한을 보유해야 한다. 스위스 의회는 이 두 조건을 충족시키고 있다. 스위스에서 국민을 대표하는 하원은 비례대표제로 선출되며 캔톤을 대표하는 상원의 경우 등가대표제에 따라 각 캔톤은 2명의 대표자를 갖고 각 반캔톤은 1명의 대표자를 갖는다. 따라서 작은 캔톤들은 하원에서보다도 상원에서 훨씬 더 강력하게 대표된다. 이러한 절대 균형적이고 대칭적인 양원제는 스위스에서 하나의 '신성한 규칙'이다(Linder 1994: 47).

벨기에의 하원과 상원도 연방헌법 제정 이전에는 실질적으로 동등한 권한을 보유했고 그 구성도 비례적으로 이뤄졌다. 1995년 새롭게 탄생한 상원도 특히 문화적·언어적 집단을 대표하지만 대체로 비례적으로 구성되었다. 그러나 1996년 새 연방헌법은 상원 구성에 있어 프랑스어 혹은 독일어를 사용하는 소수자에게 과다 대표권을 부여하지 않고 있다. 게다가 새 연방헌법에 따른 상원의 권한은 옛 상원에 비교하여 축소되었다(Senelle 1996: 283). 예컨대 상원은 더 이상 예산 심의권을 가지고 있지 않다. 따라서 벨기에의 새 연방의회는 균형적인 양원제라기보다는 오히려 상대적으로 약화된 비대칭적 양원제임을 보여 주고 있다. 인구 규모가 작은 오스트리아는 연방제를 채택하고 있음에도 불구하고 약한 양원제 입법부를 갖고 있다.

제3부 | 합의제 민주주의의 정치경제

제 8 장 합의제 민주주의의 정치경제 틀과 경제민주화-복지국가 유형화
제 9 장 스웨덴·핀란드 합의제 민주주의 동학: 임금·복지·노동시장 재편
제10장 네덜란드 합의제 민주주의 동학: 임금·복지·노동시장 재편
제11장 노동시장 유연안정성 정책조합의 정치동학: 덴마크·네덜란드 비교
제12장 독일 협상민주주의 동학: 노동시장·복지국가 재편
제13장 스위스 합의제 정치동학: 복지국가 정치경제 재편과 사회통합
제14장 오스트리아 합의제 민주주의 동학: 복지·노동시장 재편
제15장 영국 다수제 모델과 아일랜드 합의제 모델의 노사정 시스템

제8장

합의제 민주주의의 정치경제 틀과 경제민주화-복지국가 유형화

1. 다수제 모델의 배제정치 vs 합의제 모델의 포용정치

사회갈등과 정당체제를 매개하는 민주적 장치인 의회 선거제도에는 통상 다수대표 선거제와 비례대표 선거제, 두 유형이 있다. 다수제 민주주의의 다수대표제는 각 선거구에서 (단순)다수표를 획득한 1등만이 당선되고 다른 후보의 득표는 사장되기 때문에 '승자독식' 선거제도로 불리어진다. 반면 합의제 민주주의의 비례대표제는 정당의 득표율에 비례해서 의회 의석을 배분한다. 이러한 대조적인 두 선거제도는 기능적으로 연계된 정치제도적 매트릭스 및 경제민주화-복지국가 능력의 차이를 보인다.

첫째, 정당체제의 차이이다. 소선거구제와 친화성을 갖는 다수대표제는 선호하지는 않지만 당선 가능한 후보에게 표를 던지는 비진성 투표(insincere voting), 즉 전략적 투표를 유도하여 양당제를 구조화한다(Colcmer and Negretto 2005: 72).[1] 거대 양당은 선거정치를 주도하면서 중위유권자(median voter)의 선호에 영합하는 선거 전략에 집중하는 경향을 보이기 때문에 정책 차별성이 크지 않으며, 중위그룹 양쪽에 존재하는 집단·계층의 이익·가치를 대표하는 데 인색하다(Iversen and Soskice 2009: 452-453). 이 경우 선거승패는 중도적 스펙트럼 성향의 무당파·부동층 지지 여부가 중요 변수로 작용하기 때문에 영국 블레어(T. Blair)

1) 소선거구 다수대표제/거대양당제에서 제3, 4의 정당이 존재하지만 정부 구성은 언제나 거대 양당 중 하나의 정당에 의해 구성되는 한, 양당제로 보는 것이 타당하다(Iversen and Soskice 2006: 168).

정부에서 보았듯이 좌파정당까지도 저소득층·빈곤층에 부합하는 (재)분배정책보다는 중간층 지지를 끌어내는 선거전략을 추구한다(Iversen and Stephens 2008: 604; Iversen and Soskice 2009: 479).[2] 또 거대 양당체제는 모든 집단·계층·세대의 이해를 대표할 수 있는 것처럼 정당정체성과 거리가 먼 백화점식 정책을 남발하여 실질적으로는 저소득층·빈곤층의 사회경제적 이해와 열망을 제대로 대변하지 못하는 대표성의 사각지대를 야기한다.[3]

▮그림 8-1▮ 사회공공지출-총조세수입

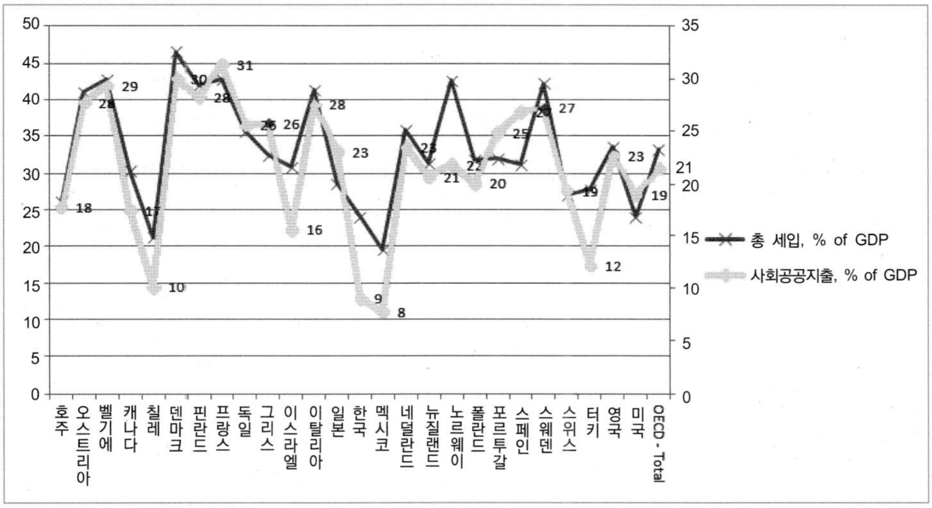

출처: OECD 2011.

더욱이 정당득표율-의석점유율 간 불비례성이 높은 소선거구제-양당제의 의원들은 보편적 사회정책보다는 특정 지역구 혜택 관련 정책에 관심을 두고 유권자에게 직접 책임을 져야 하기 때문에 증세정책에 소극적이다. 따라서 GDP 대비 조세수입-복지지출 비율이 낮다. 복지국가 크기와 총 세입의 상관관계를 나타낸 <그림 8-1>에서 알 수 있듯이 소선거구제-양당제 국가인 한국·멕시

2) 다수제 선거제도 하에서 통상 선거결과를 좌우하는 중간층(중위투표층)은 저소득집단보다는 세금부담에 중압감을 갖는 고소득계층·집단에 정치적으로 우호적이기 때문에 양대 정당은 복지세 도입을 선호하지 않는다.

3) "모두의 친구는 누구의 친구도 아니다"(A friend to everybody is a friend to nobody)라는 말을 상기할 필요가 있다.

코·칠레·터키 등은 저세입-저복지국가임을 보여주고 있다. 소선거구제-양당제 국가인 미국·영국·호주·캐나다 등도 한국·멕시코·칠레·터키보다는 더 양호하지만 다른 비례대표제-다당제 국가(오스트리아·벨기에·덴마크·핀란드·스웨덴)들에 비교해서는 현저하게 낮은 복지국가-총세입 구조를 보인다.

이런 현상은 소선거구-양당제 하에서 협소한 지역(구)개발 프로젝트 등 지역 공공재 중심의 선심성 예산배분정치(pork-barrel politics)가 작동하기 때문이다(Stratmann and Baur 2002: 506; Alesina and Glaeser 2007: 78). 환언하면 정치가 전 국민에 영향을 미치는 공공재인 복지를 생산하기보다 지역구 문제에 얽매이는 경향이 크며, 증세에 대한 책임소재가 분명하기 때문에 정당·의원들이 유권자가 싫어하는 증세를 회피한다. 박빙의 선거경쟁 결과에 결정적 영향을 미치는 중산층은 감세를 선호한다. 결국 소선거구 다수대표제-양당제 하에선 의원들이 국가재정과 지역(구) 주민 사이의 정치 브로커 역할에 민감·충실하는 반면, 사회의 다양한 집단·계층의 이해관계, 특히 저소득층·빈곤층의 욕구를 충족시킬 경제민주화-복지재정 확충에 소극적으로 반응한다.

반면 전국단위 대선거구제와 결합하는 비례대표제는 정당득표율-의석점유율 간의 비례성이 높아 이념적 스펙트럼을 확장하고 복합적인 사회갈등구조를 반영하여 가치·정책 차별화를 보이는 '다당제를 하부구조로 하는 좌파-중도-우파정당 블록'의 정당체제를 견인한다. 다당제 하의 각 정당은 중도정당에 의해 대표되는 중위투표층을 의식할 필요 없고 정치적 의사결정 과정에서 자신의 지지기반(정치고객)의 이해·가치를 대변하기 때문에 대표성의 사각지대는 최소화된다(Colomer and Negretto 2005: 66). 특히 비례대표제-다당제는 지역 이권배분 프로그램보다는 노동자·빈곤층·저소득층·실업자 등 다양한 집단·계층과 광범위한 투표자를 설득하고 혜택이 돌아갈 보편적 사회정책, 특히 경제민주화-재분배 정책개발에 우호적이다(Alesina and Glaeser 2007: 78). 이를 위한 GDP 대비 조세수입-복지지출의 비율도 높다(그림 8-1참조). 이 점에서 비례대표제-다당제는 정당·정치인으로 하여금 국민 모두의 관심사인 보편적인 공공재, 즉 경제민주화-소득이전-공공사회서비스의 확충을 놓고 치열하게 정책경쟁을 하는 강력한 제도적 인센티브이다.

둘째, 의회 및 행정부 내각 구성·이념적 정향의 차이다. 다수대표제-양당제에서는 의회정치를 사실상 두 거대 정당이 독과점하며, 집권당에 정책결정권을 집중시키는 '단일정당내각'이 구성된다. 집권당 단독정부는 대통령제·의원내각제 등 권력구조와 상관없이 등장하며, 특히 대통령제 경우 집권당이 의회 다수당인 단점정부도, 집권당이 의회 소수당이 되는 분점정부도 대통령-의회, 집권당-야당의 충돌에 따르는 교착상태(deadlock)를 피하기 어렵다. 이로 인해 다수대표제-양당제에선 좌파정당 정부가 출현하다고 하더라도 경제민주화-증세-재분배정책의 입법화과정이 순탄치 않다(Iversen and Soskice 2006: 168-169). 특히 선거판세의 향배를 좌우하는 중산층과 자본·고소득층을 대표하는 보수우파 정당의 복지 증세에 저항적이기 때문이다. 더욱이 다수대표제-양당제에서 노동친화적인 진보좌파 정당보다는 자본·기업에 우호적인 보수우파 정당의 집권 확률이 74% 정도로 높다(Iversen and Soskice 2009: 452). 따라서 다수대표제-양당제 국가는 사회경제적 약자들이 선호하는 재분배 정책보다는 기업·시장 친화적인 신자유주의 정책으로 경도되기 마련이다.

반면 비례대표제-다당제에선 의회권력을 지배하는 과반-패권 정당이 등장할 수 없으며, 의회 차원에서 정책과 가치에 따라 정당 간 연합정치의 제도화 가능성이 증대한다. 이 토대 위에서 갈등사회의 각 집단·계층·세력·세대를 대표하는 각 정당 간에 행정권이 분점·공유되는 연립정부(coalition government)가 제도화된다. 연립내각에서 산출된 정책들은 사회적 뿌리를 갖는 연정파트너 정당 간 정책조율·정책교환의 산물이다. 비례대표제-연합정치는 대통령제·의원내각제 등 권력구조와 상관없이 출현하는 경향을 보이며, 어느 권력구조 하에서도 의회-정부 간 거버넌스가 작동한다(Cheibub 2007: 82-86). 나아가 비례대표제-다당제 하에서는 좌파정당 주도 연립정부가 등장할 확률이 높아진다. 예컨대, 1945~98년 시기에 중도우파 연립정부 구성 비중은 26%에 그친 반면, 중도좌파 연립정부 구성 비중은 약 74%로 나타났다(Iversen and Soskice 2006: 166; 2009: 452). 이는 비례대표제-다당제가 공공재인 경제민주화-복지국가의 정책의제화-입법화에 우호적인 정치지형, 즉 중도좌파 주도 연립정부 구성을 유도하는 확률이 매우 높다는 것을 뜻한다. 노동-중간층 연대를 대표할 수 있는 좌파정당/중도정당 연합정치는 우파정당/중도정당 연합정치보다 임금조정-공교육-소득이전-증세-공공사회지출을 선호하기 때문에 노동·저소득층을 위한 경제민주화-재분배정책을 의제화-입법화하는 데 효과적이다(Alesina and Glaeser

2007: 79-81; Iversen and Soskice 2006: 175; Iversen and Soskice 2009: 452-455).

마지막으로 이익집단-정부의 관계 차이는 선거제도-정당체제 차이와 '구조적 상관성'을 갖는다(Lijphart 2012: 170-173). 다수제 모델의 소선거구 다수대표제-양당체제는 이익집단 간 자유경쟁적 이익표출과 분산적 그룹협상이 작동하는 다원주의적(pluralist) 노사(정) 관계와 조응한다(Cohen and Rogers 1992: 411-414).[4] 다원주의적 노사(정) 관계에서 자본은 시장임금(market wage)과 노동유연화에 관심을 갖는 반면, 노동은 기업별노조주의(enterprise unionism)에 입각한 사업장·기업 차원의 임금·사내복지·근로조건 등과 같은 협소한 단기적 이익(자기몫 챙기기)을 경쟁적으로 추구한다. 따라서 다원주의적 노사(정) 관계는 제로섬 게임적이고 갈등적이다. 경쟁적, 갈등적 노사(정) 관계에서 노조와 사용자단체는 각각 거대 양당·의회·정부의 정치적 의사결정 과정에 로비·시위·집회 등의 방식에 의해 이익표출과 압력을 행사하지만, 정책결정 주체는 정부이다(Compston 2002a: 1).

반면 합의제 모델은 이익단체-정부 간의 네트워킹과 파트너십을 통해 공공정책 결정이 이뤄지는 조합주의적(corporatist) 노사정정치와 제도적으로 맞물린다(Lijphart and Crepaz 1991: 235; Swank 2002: 41-44). 합의제 모델의 비례대표제 하에서 좌파정당 주도의 연립정부가 자발적 임금억제를 하는 노동에 관대한 사회복지를 통해 보상하면, 노조는 사용자 단체와의 적극적인 협상을 통해 사회적 합의에 도달하려는 동기를 갖는다(Alesina and Glaeser 2007: 79-80). 비례대표제 하에서는 우파정당도 야당이 되었을 경우 자신의 정치고객인 자본·기업·상류층의 이익을 보호하는 데 불리한 장소인 의회가 아닌 다른 통로의 의사결정구조, 즉 노사(정) 사회적 협의(social concertation)를 선호하는 경향을 보인다(Martin and Swank 2008: 184). 결국 비례대표제는 노동과 자본을 대표하는 좌파블록 정당과 우파블록 정당 중 어느 정당도 단독 과반의석 점유와 단독집권을 허용하지 않는 정당정치 지형을 제도화하기 때문에 이러한 좌우 균형적인 정당정치 공간은 조합주의정치를 유인하는 강력한 인센티브로 작용한다. 비례대표제-노사(정) 협의에서는 광범위한 대중을 대상으로 대규모 세금을 조성하는 데 효과적이며(윤홍식 2011:

4) 다수대표제 국가인 미국·영국의 노조들은 산업분규에 대한 정부·정당의 개입에 비판적이고 정부를 협상 파트너라기보다는 대결 상대로 보는 경향이 있으며, 사유재산을 수호하려는 국가와 자본에 투쟁적인 성향을 보인다(Alesina and Glaeser 2007: 80; 선학태 2006: 112-113).

63), 노사정 간에 노동유연성-경제민주화-복지국가 간 정치적 교환(political exchange)이 이뤄진다(Scholten 1987: 7-14; Regini 2003: 254). 자본도 노동유연성을 효과적으로 추진하기 위한 수단인 경제민주화-복지국가에 반대하지 않기 때문이다.

이상과 같이 다수제 민주주의의 소선거구 다수대표제는 거대양당제-집권당 단독정부-경쟁적, 갈등적 노사(정) 관계 등과 기능적으로 연계된 제도적 매트릭스를 유인한다. 이러한 제도적 패키지는 사회의 다양한 계층과 집단, 특히 시장경제의 실패자·낙오자를 제대로 대표하지 못하는 '배제의 정치'(politics of exclusion)를 낳는다.5) 따라서 다수제 모델에서는 경제민주화-보편적 복지국가를 지향하는 정당과 동맹세력이 취약하여 신자유주의적 정책에 반대할 수 있는 제도적 기회 가능성은 낮다(Swank 2002: 58). 실제로 1980년대 이후 급진적으로 진행된 신자유주의 정책은 소선거구 다수대표제를 채택하는 영국과 미국에서 추진되었으며, 몇 년 전의 런던 폭동·반(反)월가 시위 등도 소선거구 다수대표제 국가들의 정치참여 불평등에 따르는 사회경제적 양극화를 극명하게 보여 준 사건이다.

반면 합의제 민주주의의 비례대표제는 이념·정책 중심의 좌파-중도-우파 블록 다당제, 의회·정부 차원의 정당 간 연합정치, 조합주의적 정책협의(corporatist policy concertation) 등 기능적으로 연계되는 제도적 매트릭스를 유인한다. 이를 통해 사회의 다양한 집단·계층의 선호와 이익이 '동등하고 효과적'으로 정치과정에 투입되는 메커니즘(절차적 민주주의)이 작동하며, 이는 경제민주화-복지국가 콘텐츠(실질적 민주주의)의 산출로 이어진다. 무엇보다 합의제 모델의 비례대표제는 글로벌 시장경제의 횡포와 변덕에 위협받는 노동자와 사회약자에게도 높은 투표율을 통해 정치적 의사결정 과정에 효과적인 참여를 허용하는 '포용의 정치'(politics of inclusion)를 작동시키는 제도적 인센티브이다(Crepaz and Birchfield 2000: 205-206; Reynolds 2000: 168). 포괄의 정치는 연대임금·임금억제-증세·보편적 복지 등 산출에 효과적이다(Crepaz and Moser 2004; Crepaz 2002a; Hays 2003; Bichfied and Crepaz 1998; 윤홍식 2011). 요컨대, 합의제 모델은 경제민주화-복지국가를 갈구하는 집단·계층의 이해관계를 포괄적으로 대표하는 강력한 정치제도를 내장한다.

---

5) 미국과 한국의 소득상위 20%의 투표율은 각각 83%, 93%인데 반해, 소득하위 20%의 투표율은 각각 55%, 60%이다(강명세 2011: 17). 이는 저소득집단의 정치참여도가 낮아 그들의 이해가 대표되지 못하고 있음을 말해 준다.

2. 비교시각에서 본 합의제 민주주의의 정치경제적 틀

현대 민주주의는 시민사회-정치사회-시장사회(market society)-국가로 이어지는 '부분체제들의 복합체'(a composite of partial regimes)이다(Schmitter 1992: 424- 426; Encarnacion 1997: 387-419). 민주주의의 부분체제들은 상호보완적으로 작동한다. 이 과정에서 선거제도가 부분체제들 간의 작동 패턴을 규정한다. 선거제도는 절차적 민주주의의 제도적 인과 메커니즘 작동 과정에서 사회의 다양한 이익·가치를 대표하는 시스템에 영향을 미친다. 즉 선거제도는 시민사회-정치사회-국가라는 부분체제들을 매개하는 정당정치 패턴, 그리고 시민사회-시장사회-국가라는 부분체제들을 매개하는 노사정정치 패턴에 각각 영향을 미치는 독립변수이다. 구체적으로 정당정치 작동 패턴은 선거제도에 의해 영향을 받는 시민사회-정당체제-정당정부(party government)유형·이념성-행정부·의회관계 등에 의해 규정되며, 노사정정치 작동 패턴 또한 선거제도에 의해 영향을 받는 노조-사용자단체-(정부) 관계에 기초한 이익조정 양식에 의해 규정된다.[6] 선거제도가 유도하는 정당정치 패턴 및 노사정정치 패턴은 절차적 민주주의의 양대 제도적 중심축이며, 종국적으로 자본주의 시장경제 유형과 복지국가 유형을 규정한다(Iversen and Soskice 2006: 171-172; Cusack *et al.* 2007: 388).

자본주의 시장경제의 다양성은 공급에서 발생하는 문제를 노동과 자본이 어떠한 방식의 조정과 전략으로 해결하는가를 이론화한 생산체제론(production regime)에 의해 설명된다. 생산체제란 노사정관계, 임금조정, 기업지배구조(corporate governance), 기업 간 관계, 경영전략, 교육훈련, 노동시장 등과 같이 기업의 생산과정에 직간접적으로 연계된 제도들의 조합을 지칭한다. 생산체제론적 관점에서 본 자본주의 시장경제의 변화 경로는 두 유형이 있다. 즉 기업의 생산과정이 노사(정) 경쟁에 의해 이해관계가 조정되는 영미형 자유시장경제(liberal market economy, LME), 조합주의적 정책협의에 의해 이해관계가 조정되는 유럽형 조정시장경제(coordinated market economy, CME)이다(Soskice 1999: 103; Pontusson 2005: 17-20). 이는 노사정관계가 생산체제를 구성하는 핵심 변수이며,

6) 안재흥 2011: 11-12은 민주주의 정치와 자본주의 시장경제 사이에 공존이 가능하려면 정치적 대표체계와 기능적 대표체계가 상호보완 관계를 형성해야 한다고 주장한다.

생산체제의 다양성을 규정하는 기제임을 의미한다. 환언하면 생산체제 유형은 조합주의적 노사정정치라는 '비시장적 조정'(nonmarket coordination) 메커니즘의 작동 유무에 따라 달라진다(Swank 2002: 41-46; Regini 2003: 253-256; Iversen and Soskice 2009: 444-449). 특히 합의제 민주주의의 조합주의정치는 CME 생산체제를 견인하는 비시장 정치적 조정기제이다.

노사정정치는 종적으로 기업지배구조와 연계한다. 기업지배구조란 기업의 생산과정에서 임금, 투자, 고용과 해고, 경영전략, 연구개발, 자금조달 등에 관해 누가 의사결정 과정(how)을 주도하며, 누구의 이익(what)을 도모하는가 하는 기업(산업)민주주의 모델이다(Roe 2003: 30-35; 39-40). 이에는 이해관계자(stakeholders)모델과 주주(shareholders)모델, 두 유형의 기업지배구조가 있다. 조합주의적 노사정정치와 연계된 이해관계자모델은 주주·종업원·채권단·소비자·협력업체 등 이해관계자의 참여(혹은 이해 반영)에 의해 의사결정이 이뤄지고 그들의 이익극대화를 추구하는 반면, 경쟁적 갈등적 노사정 관계와 연계된 주주모델은 경영진·주주에 의해 의사결정이 주도되고 주주 이익극대화를 추구한다. 또 조합주의정치에 의해 조정되는 조정시장경제에는 중앙 수준 혹은 산업별로 직업훈련·노동유연화 영역에서의 기업 간 네트워크체제가 작동한다. 따라서 기업 간 관계는 협력적이다. 동시에 노사관계도 중앙레벨 혹은 산업레벨에서 임금조정 등 유기적인 조정·협력이 작동한다.

결국 CME 생산체제는 조합주의적 정책협의, 기업이해관계자중심 의사결정·이익극대화, 특화된 직업교육훈련, 기능적 유연화 및 'high road strategy' 등의 조합에 의해 작동하는 생산체제이며,[7] 시장경제의 다양한 이해관계 조정을 지향한다는 점에서 경제민주화의 요체이다. 반면 시장기제에 의해 조정되는 LME 생산체제는 경쟁적 갈등적 노사(정) 관계, 경영진·주주중심 의사결정·이익 극대화, 경쟁적 기업관계, 일반(기술)교육, 수량적 유연화, 기업별·사업장별 직업훈련·임금협상 및 'low road strategy' 등의 조합에 의해 작동하는 생산체제이다.

---

7) 'high road strategy'는 노사신뢰(산업평화) → 고용안정 → 기능적유연화 → 직업교육훈련 →기술혁신 → 숙련노동 → 고임금 → 근로자충성도·소속감 → 고생산성 → 고품질 등 유기적 선순환을 지향하는 전략이다. 반면 'low road strategy'는 노동시장 유연화, 비정규직 채용확대, 수량적 구조조정 등에 의한 비용감축 전략이다.

나아가 생산체제론은 생산체제의 패턴, 즉 공급측면에서의 노사정 간 이익조정 방식으로 복지국가를 설명하거나 역으로 복지국가가 노사정 간의 이익조정 방식에 영향을 미친다는 것을 강조한다. 중앙임금조정-이해관계자 기업지배구조에 기초하는 CME 생산체제의 경우 생산체제와 복지국가가 상호보완적으로 연계되기 때문에 자본이 소극적 노동시장정책(PLMP)-적극적 노동시장정책(ALMP)과 같은 정부의 복지정책에 반대하지 않는다(Iversen and Stephens 2008: 620-624).[8] 기업들이 성장·경쟁력을 높이기 위해 노동유연화-구조조정을 추진하고 근로자들의 충성심(애사심)과 우수인력을 확보하며 노동자들의 생산성 제고와 기업·산업특화 기술에 전념토록 하기 위해서는 공공복지가 필요하기 때문이다. CME 생산체제에서는 자본에 친화적인 우파정당이 집권해도 선거경쟁에서 승리하기 위해 능동적으로 복지프로그램을 도입하는 경향이 있다.[9] 노동조직력이 강하면 그 경향은 더욱 높아진다.

실제로 2차 대전 이후 우파정부에서 경제민주화-복지국가가 창출되었다. 예컨대 독일의 사회적 시장경제와 복지국가는 사민당이 아닌 기민당에 의해 주도되었고 영국도 보수당이 노동당과 함께 복지국가를 건설했다. 반면 시장임금-주주 기업지배구조를 특징으로 하는 LME 생산체제의 경우 기업은 노동시장의 수량적 유연화(numerical flexibilization) 강화를 통해 성장·경쟁력을 높이고 구직과 이직에 도움이 되는 일반기술교육을 선호하며, 기업의 조세와 정부재정에 부담을 주는 PLMP와 공공사회서비스 등과 같은 공공복지정책 강화에 반대한다. 이

8) PLMP는 노동시장에 진입하지 못하거나 퇴출됨으로써 발생하는 사회적 위험을 공적으로 관리하는 정책(조기은퇴·실업보험 등)인데 반해, ALMP는 실업자의 노동시장 재진입을 유도하는 정책(직업알선·직업훈련교육·일자리창출·창업지원 등)이다(선학태 2004: 144). 1980년대 중반 이후 유럽 복지국가들은 실업정책의 무게중심을 PLMP에서 ALMP로 이동했다.

9) 권력자원론(power resource theory)은 선험적으로 좌·우 이념에 따라 복지국가 선호도가 다른 것으로 가정한다. 즉 노동-좌파정당은 공공복지를 선호하는 반면, 자본-우파정당은 복지비용을 부담해야 하는 공공복지를 반대한다는 것이다. 특히 노동조직력과 좌파정당 정치력이 복지국가 선호도를 결정하는 변수이다(Korpi 2006). 그러나 노동-좌파정당과 자본-우파정당의 공공복지에 대한 스탠스는 획일적이지 않고 정치제도, 특히 선거제드에 따라 다양해질 수 있다. 비례대표제 국가에서는 우파정당·정치인도 선거경쟁에서 재선을 위해 공공복지 정책에 반대하지 않는다. 예컨대 독일의 사회적 시장경제와 복지국가 건설은 사민당이 아닌 기민당의 작품이고, 전후 영국에서도 버츠켈리즘(Butskellism)이 상징하듯이 보수당-노동당이 협력하여 복지국가가 건설되었다. 또 자본도 경영상의 이유로 복지정책을 선호할 수도 있다. 또 소선거구제하의 정치인들은 단순히 좌-우 이념에 따라 복지국가 선호도를 달리하는 것이 아니다. 재선을 최우선시하는 그들은 선거제도에 따라 공공정책 선호도를 달리한다.

와 같이 생산체제론은 생산체제의 패턴, 즉 공급측면에서의 조정방식으로 복지국가를 설명한다.

에스핑-앤데슨(Esping-Andersen 1990: 26-29)에 따르면, 복지국가에는 세 유형이 있다. 즉 복지제도의 탈상품화(de-commodification, 포괄성·보편성·관대성)를 기준으로 보편적인 공공사회서비스 중심의 사민주의 복지국가, 보편적 사회보험 중심의 기민주주의(보수주의) 복지국가, 시장의존적(기업복지·민간보험)·잔여적인 자유주의 복지국가이다. 이러한 복지국가 유형은 선거제도, 정당정치, 노사정정치 및 생산체제와 상호 연계에 의해 규정된다(Swank 2002: 65-66; Iversen and Stephens 2008: 613-614). 즉 사민주의 복지국가와 기민주의 복지국가는 비례대표 선거제-연합정치-조합주의적 노사정정치-CME 생산체제 등과 제도적 친화성을 갖는다. 반면 자유주의 복지국가는 다수대표 선거제-집권당단독정부-경쟁적·갈등적 노사정관계-LME 생산체제 등과 제도적 친화성을 갖는다.

종합하면 우선 <그림 8-2>에서처럼 다수제 민주주의의 다수대표 선거제도는 거대양당제-집권당단독정부-의회·행정부교착을 유발하는 정당정치와,

▌그림 8-2▐ 다수제 민주주의의 정치경제적 틀

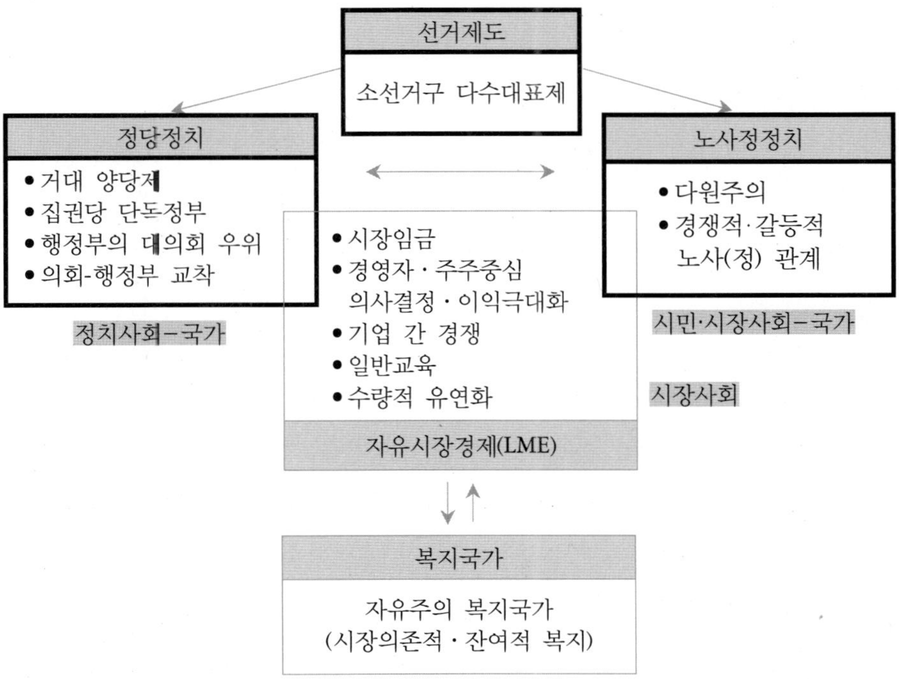

LME 생산체제-자유주의 복지국가를 매개하는 경쟁적·갈등적 노사정정치가 제도적으로 맞물린 정치경제적 틀을 견인한다. 그런데 다수대표제가 유인하는 거대 양당정치는 이분법적 양극단적 경정으로 작동하는 경향을 보인다. 이 경우 경제민주화-복지국가를 둘러싼 분배정치(distributive politics)에서 이해관계 차이를 보이는 노조와 사용자단체도 각기 상대방 측과 조합주의적 협상(corporatist bargaining)을 통해서보다는 거대 양당체제 내 자신에게 우호적인 정당 혹은 집권당 단독정부를 상대로 로비·시위 방식으로 직접 정치적 영향력을 행사하여 분배 목표(이익관철)에 도달하려는 유혹을 갖는다(Martin and Swank 2008: 184). 거대 양당정치가 동일 이념블록의 좌파정부 혹은 우파정부 구성을 추구하는 경우에도 이익단체들은 조합주의적 정책협의를 회피하려 한다. 노사의 이러한 행동전략은 노사정 간 격렬한 분배갈등(distributive conflicts)과 대립을 야기하며, 이러한 갈등적인 노사정 관계는 거대 양당 간의 제로섬적 경쟁을 더욱 촉발시키는 악순환이 반복된다.

반면 <그림 8-3>처럼 합의제 민주주의의 비례대표 선거제도는 좌파-중도-우파 블록의 다당제, 의회·정부에서의 정당연합, 의회-행정부 융합을 이어주는 연합정치와, CME 생산체제-사민주의·기민주의 복지국가를 매개하는 조합주의적 정책협의가 제도적으로 맞물린 정치경제적 틀을 견인한다. 연합정치가 의회·정부 차원에서 정당 간 교차파트너십(cross-partnership)에 기초한 협치(協治)를 통해 경제민주화-복지국가에 관한 정책교환·조율을 끌어내는 정당정치이며, 조합주의적 정책협의는 노사(정) 간 정책파트너십을 통해 경제민주화-복지국가에 관한 사회협약(social pacts)을 끌어내는 노사정정치이다(Scholten 1987: 2-3; Crepaz 2002b: 158-159).

그러나 비례대표제가 언제나 조합주의적 정책협의의 정상적 작동을 유인한 것은 아니다.[10] 다수대표제에서처럼 이념블록 중심의 정당정치, 즉 좌파블록과 우파블록이 이분법적으로 경쟁하고 양대 정당블록 간에 정부의 전면적 교체(wholesale alteration) 패턴이 이뤄지는 경우 그리고 정부유형이 순수 좌파(연립)정부 혹은 순수 우파(연립)정부로 등장하는 경우 조합주의적 노사정정치는 안정

10) 비례대표제-조합주의정치가 필연적 인과관계는 아니다. 따라서 비례대표제는 조합주의정치의 필요조건이지 충분조건은 될 수 없다.

▌그림 8-3▐ 합의제 민주주의의 정치경제적 틀

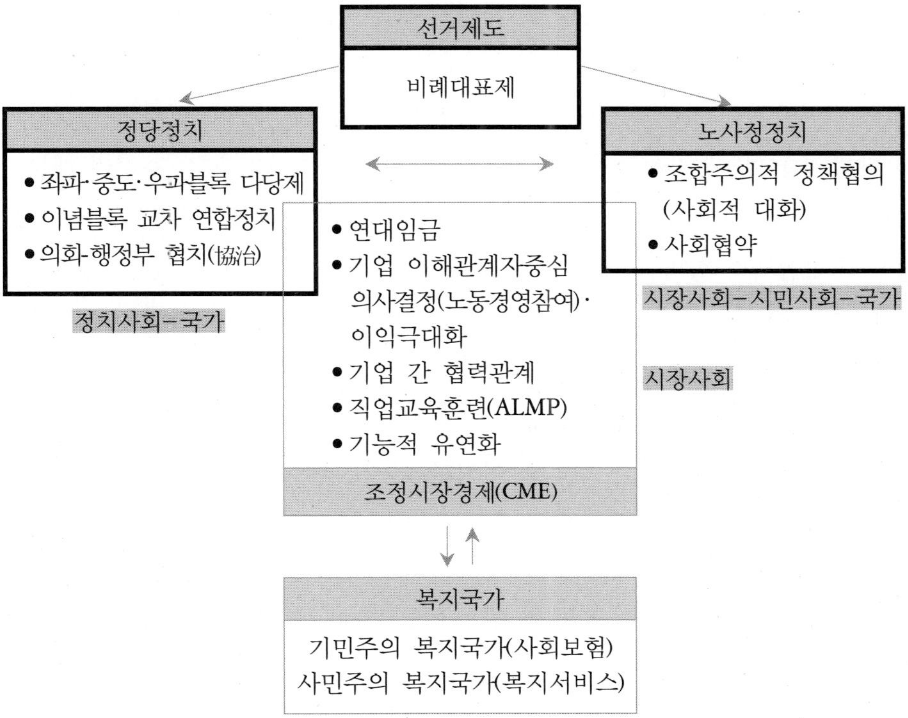

적으로 작동하지 못한다(Anthonsen and Lindvall 2009: 171-172). 왜냐하면 좌파블록과 우파블록이 양극단적으로 경쟁하는 정당정치에서 이익단체는 각기 자신과 연대하는 우호적인 정당이 정부를 장악하는 경우 조합주의적 노사정정치를 회피하고 그 우호적인 정당정부에 로비·시위 방식에 의해 직접 정치적 영향력을 행사하려는 유혹을 갖기 때문이다. 특히 기존 연구(Lehmbruch 1984: 74-78)의 주장과는 달리 강력한 노조-사민당 연대는 조합주의적 노사정정치의 작동에 부정적이다. 노조가 사민당에 집단 가입하고 사민당이 집권하여 보수우파블록과의 정치적 양극화 환경이 조성되면 노조는 사용자단체와 협상하지 않고 우호적인 사민당에게 직접 영향력을 행사하여 이익관철의 동기를 갖는다(Anthonsen *et al.* 2011: 120). 이 논리는 사용자단체와 우파정당의 관계에도 그대로 적용된다.

그러나 합의제 민주주의의 비례대표제 국가에서 이념블록 중심의 정당정치는 상대적으로 흔치 않고 의회·정부연합(legislative or executive coalition)을 통해 의회-행정부의 융합공간을 확대하는 다양한 유형의 정당연합(party coalition)으로 작동한다.[11] 우파-중도, 좌파-중도, 좌파-우파 등 이념블록을 뛰어넘는 정당 간 연합정치가 작동하는 경우 연립정부는 특정 이익집단에게 특혜를 주는 것이 어렵다. 이익단체들 또한 자신에게 우호적인 정당이 이념적으로 반대되는 정당과의 타협(정당연합)에 참여하지 않고서는 안정적인 집권을 기대할 수 없기 때문에 상대 이익단체와 협상 방식을 마냥 회피하지 않는다. 연립소수정부가 등장할 경우 이익단체의 협력을 받지 못하면 안정적인 의회 과반의석 정당의 부재로 인해 통치불능(ungovernability) 사태가 야기되기 때문에 의회 외곽의 조합주의적 정책결정 방식은 정부운영에 효과적이다(Blomhansen 2001: 408-412). 또 선거 압력에 직면한 연립정부는 임금억제-증세-복지재편-노동시장 탈규제 등 정치적으로 인기 없는 정책에 대한 책임을 이익단체들과 공유하기 위해 사회협약정치(social pact politics)를 추구하는 경향을 보인다(Hamann and Kelly 2011: 34).

이와 같은 합의제 민주주의의 양대 제도적 중심축인 정당 간 연합정치와 조합주의적 노사정정치는 두 조건에 의해 제도적으로 상호 연계하여 경제민주화-복지국가에 친화적으로 작동한다(Lijphart and Crepaz 1991: 235-236; Crepaz and Lijphart 1995; van Waarden 2002: 50-51). 첫째, 정당-이익단체의 융합을 통해서이다. 즉 이익그룹의 의사결정 과정에 연정파트너 정당의 대표를, 또는 연정파트너 정당들의 정책결정 및 의회 법안조율 과정에 유관 이익그룹의 대표를 각각 제도적으로 참여시킨다. 둘째, 노사정 정책협의를 통해 산출된 사회협약이다. 사회협약은 통상적으로 정당정치가 작동하는 의회의 입법화 절차를 밟으며, 이 과정에서 연합정치와 조합주의적 노사정 정책협의는 상호 유기적 연계 속에서 작동한다. 부연하면 노사정 협의의 정책네트워크는 정당정치의 비생산적, 소모적 논쟁의 대상이 될 소지가 있는 경제민주화-복지국가 정책 이슈에 관한 합의(사회협약)를 끌어냄으로써 정당정치 작동을 지원·보조하며, 역으로 정당 간 정책협의인 연합정치는 조합주의정치의 작동을 촉진한다.

---

11) 정당연합은 좌파정당과 우파정당 간 대연정(grand coalition) 정부, 이전 정부 구성에 참여한 한 개의 정당이 새로운 정부에 남는 부분교체(partial alteration)의 연립정부, 이전 정부에 참여하지 않았던 정당들이 구성하는 새로운 연립정부 등으로 나타난다.

3. 선거제도-생산체제-복지국가 연계

소선거구 다수대표제는 경쟁적 노사(정) 관계를 매개변수로 하여 경쟁의 원리가 지배하는 LME 생산체제-자유주의 복지국가의 연계를 견인한다(Iversen and Soskice 2015: 203). 실제로 앵글로-색슨 국가들의 소선거구 다수대표제는 거대양당제-집권당 단독정부와 제도적 친화성을 갖는 경쟁적 노사(정) 관계를 형성하며, 이는 시장임금(market wage)-주주 기업지배구조-높은 수량적 노동유연화-낮은 공공사회서비스-낮은 PLMP 등을 조합하는 정책조합에 바탕을 둔 LME 생산체제-자유주의 복지국가의 연계를 유도한다. 소선거구제-양당제 하의 정당·정부는 임금불평등과 사회적 위험에 노출된 저소득층을 위한 재분배정책을 추진할 인센티브를 갖지 않고 대신 중간층이 선호하는 정책에 관심을 갖는다. 설령 중도좌파 정당(left-of-center party)이 집권해도 선거경쟁의 결과에 캐스팅보트 역할을 하는 중간층에 부담이 되는 세금인상-복지정책에 우호적이지 않으며, 노동시장의 아웃사이더를 대표하지 못한다(Iversen and Soskice 2015: 204). 결국 소선거구제-양당제는 노동시장의 인사이더-아웃사이더 이중구조를 악화시켜 소득불평등을 야기한다. 실제로 글로벌화 이후 영국·미국 등 LME 국가들은 ALMP 지출 확대를 통해 성장·고용이 다소 향상되었으나 임금유연화-높은 고용유연화-낮은 PLMP-낮은 공공사회서비스 지출에 따르는 임금-소득 불평등은 상대적으로 크다. 그 결과 '두 국민'(two nations)의 양극화가 심화되고 있다(McCarty *et al.* 2006: 제3장; Bartels 2008: 23-26).

반면 비례대표제는 역사적 맥락에서 시장조정기제인 조합주의적 노사정정치를 매개변수로 하여 CME 생산체제(경제민주화)-보편적 복지국가의 연계를 유도하는 제도적 인센티브이다(Cusack *et al.* 2007: 388; Iversen and Soskice 2015: 196-199). 서유럽 합의제 민주국가들에선 비례대표제와 제도적으로 친화성을 갖는 조합주의적 노사정정치는 중앙임금조정-이해관계자 기업지배구조에 기초한 CME 생산체제 형성에 결정적인 역할을 했으며, 케인즈주의 복지국가 또한 조합주의적 정치교환(political exchange)의 산물이다. 구체적으로 노동은 연대임금·임금억제를 통해 자본의 투자·성장을 촉진하여 완전고용을 달성하고자 했다. 국가는 연대임금·임금억제로 양보하는 노동에게 사회적 임금(social wage)인 보편적 복지정책으로 보상하고 재정지출 확대로 고용을 창출하고자 했으며, 이를 통해 정치적 정당성과 사회적 안정성을 신장했다. 자본의 투자·성장 드라이브는 복지국가의 재정적 토대를 제공하고 임금억제를 수용한 노동에게 고용창출과 경영참여의 제도화로 화답했다. 이처럼 서유럽 합의제 민주주의국가의 비례대표제는 조합주의적 노사정정치의 매개를 통해 CME 생산체제와 보편적 복지국가를 제도적으로 연계시켜 생산과 분배, 성장과 복지의 선순환을 유도했다(Huber and Stephens 2001). 역으로 서유럽 CME 생산체제-보편적 복지국가는 조합주의적 노사정정치의 제도화를 촉진하여 비례대표제의 정당성을 강화했다.

▌그림 8-4▐ 선거제도-비시장적 경제조정-사회지출

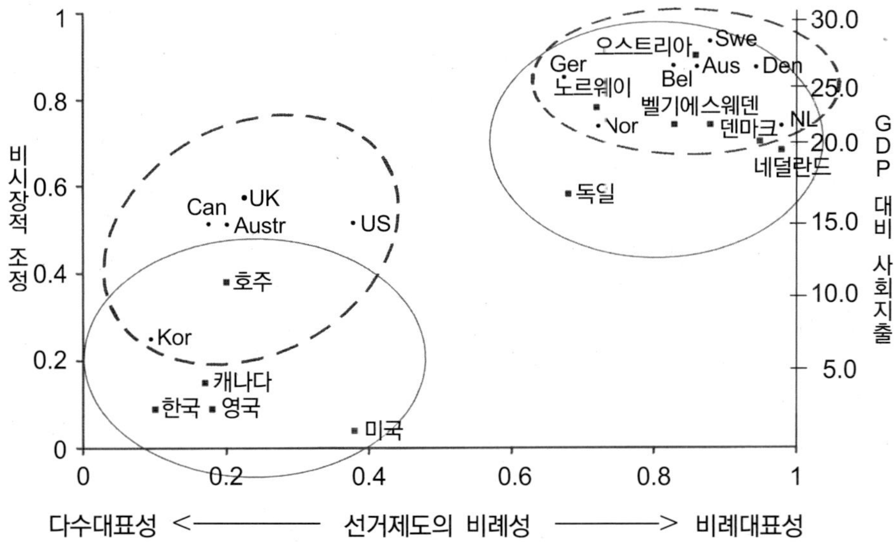

출처: Iversen and Soskice 2009: 444; 사회지출: OECE 통계(2010년)
한글국명: 비시장적 조정 수준; 영문국명: GDP 대비 사회지출 수준

1980년대 이후 글로벌화의 압력에 대응하는 서유럽 비례대표제 국가의 시장조정 기제는 임금조정-노동시장 탈규제-복지재편 등과 같은 정책개혁을 어젠다로 설정하는 공급중심(supply-side) 조합주의적 노사정정치이다(Traxler 1995: 279; Rhodes 2001: 177-179). 이러한 조합주의적 노사정정치는 정당 간 연합정치와 연계하여 작동한다. 서유럽 국가들의 비례대표제는 좌파정당-중도정당, 좌파정당

-우파정당, 우파정당-중도정당 등 다양한 형태의 연합정치를 유인하며, 정당 간 연합정치는 노사(정) 사회적 협의를 촉진한다. 결국 서유럽 복지국가 정치경제에서 합의제 민주주의의 양대 참여·대표 시스템, 즉 조합주의적 정책협의와 연합정치의 제도적 연계를 견인하는 비례대표제는 정치적 시장조정 기제로 작동하며 경제민주화-복지국가 수준을 규정한다. <그림 8-4>는 선거제도의 비례성 수준이 높은 게르만·노르딕유럽 국가들이 정치적 시장경제 조정과 GDP 대비 사회지출 측면에서 선거제도의 비례성 수준이 낮은 앵글로-색슨 국가와 한국보다도 높게 나타나고 있음을 보여주고 있다.

게르만·노르딕유럽의 정치적 시장조정 기제, 연합정치-조합주의정치의 제도적 기능적 연계는 글로벌화 이후 중앙·산별·기업별임금조정협상-이해관계자기업지배구조-PLMP하향조정-ALMP상향조정-공공사회서비스 등을 잇는 정책조합을 통해 경제민주화(노동경영참여·시장분배정의 등)-복지-성장이 선순환하는 CME 생산체제-사민주의·기민주의 복지국가의 연계를 견인한다. 그 결과 <그림 8-5>가 보여주듯이 노르딕·게르만유럽의 비례대표제-CME 국가들은 앵글로-색슨의 소선거구 단순다수대표제 국가들과는 달리 임금이 노사(정) 협상에 의해 연대임금·임금억제로 조정되기 때문에 상대적으로 임금불평등이 낮다. 또

▌그림 8-5▐ 생산체제-복지국가 유형별 임금불평등(1분위 대 9분위 격차)

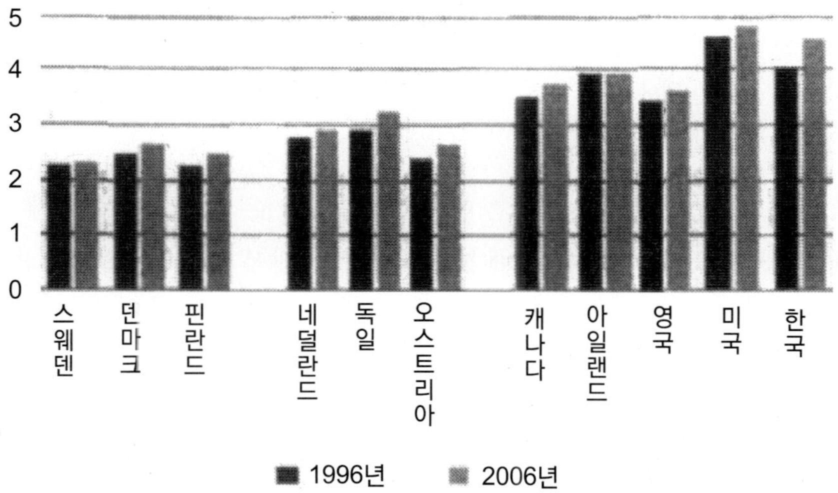

출처: OECD Employment Outlook 2008: 358

<표 8-2>가 보여주듯이 노르딕·게르만유럽의 비례대표제-CME국가들은 국가가 ALMP(산업·기업특수기술교육훈련)강화-관대한 PLMP로 노동시장에 개입하여 실업에 대응하고 국가의 보편적 공공사회서비스 지출이 높기 때문에 <표 8-1>에서 확인된 것처럼 앵글로-색슨의 소선거구 단순다수대표제 국가들에 비해 상대적으로 소득불평등(빈곤율·지니계수) 정도가 낮다.

▌표 8-1▐ 생산체제-복지국가 유형별 소득불평등

유형	국가	빈곤율		지니계수		
		1980년대	1990년대	1980년대	1990년대	2000년대
CME-사민주의 복지국가	스웨덴	7.10	6.55	0.22	0.23	0.26
	덴마크	-	-	0.21	0.21	0.24
	핀란드	5.55	4.80	0.21	0.23	0.26
	노르웨이	6.80	6.65	0.23	0.24	0.25
CME-기민주의 복지국가	네덜란드	5.50	7.25	0.22	0.23	0.26
	독일	6.58	8.25	0.26	0.27	0.30
	오스트리아	8.65	7.85	0.22	0.26	0.26
	벨기에	4.85	8.35	0.23	0.27	0.27
LME-자유주의 복지국가	오스트레일리아	12.05	14.03	0.29	0.31	0.34
	캐나다	11.20	11.35	0.28	0.30	0.32
	아일랜드	11.50	14.40	0.32	0.32	0.30
	영국	11.85	12.90	0.32	0.34	0.34
	미국	17.95	17.40	0.33	0.36	0.32
	한국	-	-	-	0.27	0.32

출처: 여유진 2010: 48

이처럼 게르만·노르딕유럽 비례대표제-CME 국가는 영미 다수대표제-LME 국가에 비해 상대적으로 시장분배(경제민주화)-재분배(복지국가)를 효과적으로 증진시키고 있다(Iversen and Soskice 2009: 442-443; 447). 영미 다수대표제-LME 국가의 사용자들이 노동유연화-잔여적 복지국가를 추구하는 것과는 달리, 서유럽 비례대표제-CME 국가에서는 사용자들도 경제민주화-보편적 복지국가의 전면적 해체를 요구하지 않는다.[12] 그것이 기업의 경쟁력을 높이는 데 요구되는 노

12) 서유럽국가의 사용자들은 비례대표제를 거부하지 않는다. 그 이유는 좌파정당의 정치력을 우

동시장 유연화 추진과정에서 노동자들의 저항을 줄일 수 있기 때문이다.[13)]

요컨대, 경험적으로 선거제도-생산체제-복지국가 사이에는 강한 상관관계를 갖는다. 이러한 상관관계는 <표 8-2>과 같이 비례대표제-CME 생산체제-사민주의 복지국가, 비례대표제-CME 생산체제-기민주의 복지국가, 다수대표제-LME 생산체제-자유주의 복지국가로 차별화할 수 있다(Swank 2002: 65-66; Iversen and Soskice 2009: 478). 그러나 글로벌화 이후 지식기반경제의 산업관계 제도에서 기존의 연대임금정책, 고숙련노동-저숙련노동 포용적 연합이 와해되고 있다. 이는 임금불평등, 노동시장 이중구조, 노조조직력 약화, 중앙임금조정 협상 퇴조 현상과 맞물려 있다. 이에 대한 정책대응은 국가 간 정치제도-정치연합의 차이에 따라 다르다. 바꿔 말하면 소득불평등과 노동시장의 인사이더-아웃사이더 균열에 대한 정책반응(실업·공교육·ALMP·공공고용 등)에서 정치체제 간의 뚜렷한 차별성을 보인다. 이는 제도적으로 유인하는 정치연합 배열(configuration of coalition politics)의 차별성에 연유한다(Iversen and Soskice 2015: 220-221).

▮표 8-2▮ 선거제도-생산체제-복지국가 연계

	비례대표제		다수대표제
	조정시장경제(CME, 경제민주화)		자유시장경제(LME)
	사민주의 복지국가	기민주의 복지국가	자유주의 복지국가
임금조정 기업지배구조 노동시장 유연화	임금연대·억제 이해관계자지배구조 high	임금연대·억제 이해관계자지배구조 medium	임금유연화 주주지배구조 high
공공사회서비스	high	medium	low
ALMP	high	medium or high	low
PLMP	medium or high	medium or high	low

공공사회서비스, ALMP, PLMP: OECD 사회경제지표(2006~2009) 참조

려해서가 아니라 비례대표제가 노동과의 협력, 즉 노사정 사회적 협의-CME 생산체제를 가능케 해 주는 기회를 제공할 것으로 기대하기 때문이다.

13) 지불능력이 있는 대기업인 경우 복지비 지출을 통해 숙련 노동자를 확보하고 그들의 충성도를 높인다면 복지에 반대할 이유가 없다. 그들은 자신들이 세금부담을 하는 공공복지보다는 숙련 노동자를 확보하는 수단으로 기업복지와 사회보험제를 선호한다. 반면 지불능력이 취약한 중소기업인 경우 직접 부담을 하는 사회보험보다는 조세기반의 복지프로그램에 대한 선호가 상대적으로 높다.

첫째, 비례대표제-CME 생산체제-사민주의 복지국가이다. 이러한 정치경제적 조건을 갖는 국가들은 스웨덴·덴마크·핀란드·노르웨이 등이다. 노르딕국가들의 포괄적(inclusive) 선거제도인 비례대표제는 기민당이 취약한 다당제(좌파-중도-우파 정당블록)를 형성한다. 전통적으로 강력한 노조의 권력자원(power resources)에 뿌리를 둔 사민당(소수) 정부 혹은 사민당 주도 연립(소수)정부와 조합주의적 노사정정치의 상호작용은 중앙임금협상-연대임금-이해관계자 중심 기업지배구조와 고(高)세입-고(高)복지(high revenue, high welfare) 등 생산체제-조세정책-복지국가의 연계를 제도화했다. 역으로 관대하고 포괄적인 공공사회서비스는 노동으로 하여금 자본과의 협상 테이블에 참여케 하여 시장조정 기제로서의 조합주의적 정책협의를 촉진한다.

비례대표제가 견인하는 정당 간 연합정치-조합주의적 정책협의라는 노르딕국가의 정치제도적 조건은 글로벌화에 대응하는 복지재편(welfare restructuring) 정치를 통해 기존 CME 생산체제-사민주의 복지국가의 틀을 재조정시킨다. 즉 노동시장유연성-ALMP강화-공공고용증대-보편적 공공사회서비스-연금·실업급여 소득대체율·자격요건조정-젠더평등정책(데이케어지출·여성고용)강화 등이 조합되는 유연안정성(flexicurity) 정책조합이 제도화되고 있다(Madsen 2004; Wilthagen and Tros 2004). 특히 여성노동참여확대-여성의 좌파적 정치동력화-공공사회서비스 일자리 증대 간의 피드백 사이클이 작동한다. 또 임금조정협상에 의한 임금보호-관대한 실업급여-보편적 공공사회서비스가 글로벌화 이후 재편되고 있지만 여전히 근로자들에게 직장 이동 없이 직업교육훈련 프로그램에 따라 산업·기업 특화기술(기능) 습득에 전념토록 유도하여 고(高)숙련노동이 재생산된다(Iversen and Soskice 2009: 442-443). 고숙련 노동은 노동의 기업경영 참여를 통한 산업평화와 더불어 고품질-고생산성-고시장분배-고재분배를 촉진한다. 요컨대, 글로벌화의 압력에 대응하는 노르딕국가들은 'high road strategy'에 기초하는 CME 생산체제-사민주의 복지국가를 제도화하고 있다<표 8-2 참조>. 특히 공교육·ALMP·소득재분배 정책에 의해 노동시장의 인사이더-아웃사이더 불평등이 최소화된다. 노르딕국가의 사민당 주도 연합정치는 저임금 노동의 이익을 포기하지 않고 납세능력이 있는 소득상위층에 세금부담을 요구하기 때문이다(Iversen and Soskice 2010: 7·13).

둘째, 비례대표제-CME 생산체제-기민주의 복지국가의 그룹은 네덜란드·독일·오스트리아·벨기에 등 게르만유럽 국가들이다. 기민주의 복지국가의 특이한 정치적 조건은 사민주의 복지국가와는 달리, 상대적으로 강력한 정치력을 갖는 기민당의 존재이다. 기민당은 계급 간 교차 연합정당(cross-class coalition parties)이어서 중간계급을 대표하는 중도정당(centrist party)들의 매력적인 연정파트너이다(Iversen and Stephens 2008: 611). 기민당-중도정당 간 연합정치는 독일 등에서 장기간 지속된다. 전통적으로 기민당 내 정파 간 재분배정책에 관한 합의가 쉽지 않기 때문에 복지국가의 중심축은 조세중심(tax-based)의 공공사회서비스보다는 소득-직장과 연계된 보편적이고 관대한, 기여금중심(contribution-based)의 사회보험과 직장보호에 있다. 따라서 사회보험 프로그램은 기업과 노동의 보험료에 따라 차등화 되고 특히 노동시장의 인사이더(insiders)와 아웃사이더(outsiders) 간 차등화 현상이 심하다. 그 결과 기민주의 복지국가의 재분배 수준은 사민주의 복지국가에 비해 상대적으로 낮다. 복지국가 유형별 GDP 대비 사회지출을 보인 <그림 8-6>에서 알 수 있듯이 실제로 기민주의 복지국가의 평균사회지

▌그림 8-6▐ 복지국가 유형과 GDP 대비 사회지출(%) 1980~2013

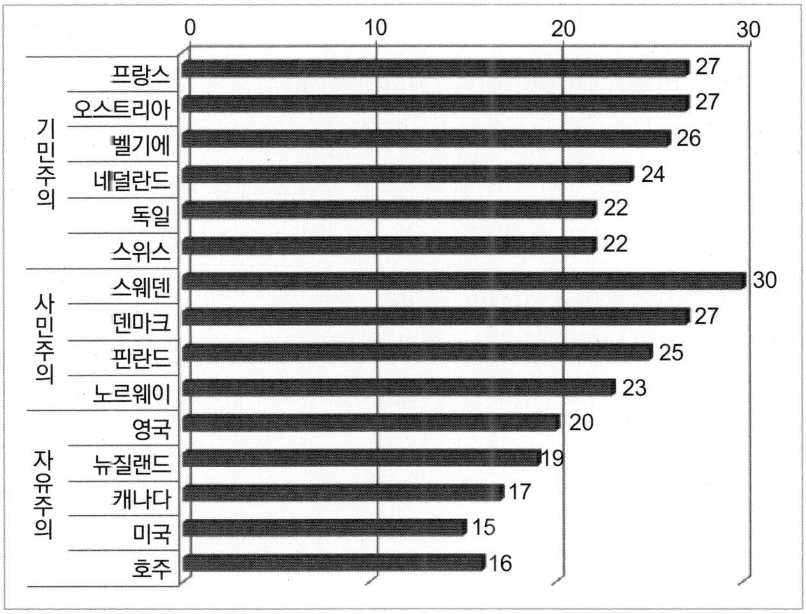

출처: 강명세 2014: 40

출은 24.6%로서 사민주의 복지국가 26.3%보다 더 낮게 나타나고 있다. 또 기민당은 사민당이 선거정치에서 비교우위를 보이는 데이케어 등 공공 서비스 정책 대신, 전통적으로 가정·전업주부에게 관대한 조세정책-소득이전 시스템을 통해 보조하고 여성의 가사 전념 유도 정책을 선호한다(Iversen and Stephens 2008: 612). 이런 까닭에 세 유형의 복지국가 가운데 기민주의 복지국가의 여성 노동 참여도가 가장 낮다.

기민주의 복지국가에서 노동시장의 이중성이 점점 심화되고 있다. 이는 좌파정당의 정치력이 약해지는 반면, 숙련노동·중간층·전문직·중상위층 등 다양한 이익집단을 대표하는 계층교차적(cross-class) 성향의 기민당/중도당 연합정치가 강력해지는 데서 연유한다(독일)(Iversen and Soskice 2010: 7·23). 기민당/중도당 연정은 핵심 정규노동자의 사회적·노동시장 보호에 친화적인 반면, 소득재분배, 저숙련노동 ALMP, 노동시장의 인사이더-아웃사이더 불평등 축소에는 소극적이다(Iversen and Soskice 2010: 15).

그러나 CME 생산체제-기민주의 복지국가군은 국가별 정치지형에 따라 다양한 수준의 재분배·노동시장 정책을 보인다. 그것은 <그림 8-7>이 보인 바와 같이 사민당과 기민당의 정치력에 좌우된다. 상대적으로 사민당의 정치력이 약하고 강력한 기민당이 존재하는 정치지형에서는 정부정책에 의해 노동시장 분절화 위험이 높아지는 경향이 있다. 왜냐하면, 비숙련 노동자들은 기민당에 의해 대표되지 못하며, 기민당 정부의 실업급여와 ALMP가 노동시장 밖에 있는 실직자 등의 요구에 충분히 부응하지 못하고 있기 때문이다(Iversen and Stephens 2008: 630). 반면에 강력한 사민당이 존재하는 기민주의 복지국가의 정치지형에서는 정부정책이 노동시장 변화의 영향을 흡수하는 쿠션 역할을 한다. 사민당 주도 연립정부의 ALMP와 실업급여가 상대적으로 높아 노동시장의 인사이더와 아웃사이더 간 차등을 최소화시키기 때문이다.[14]

---

14) 비례대표제 국가에서 역설적으로 자유·보수 등 우파정당의 정치력이 강할수록 노동시장의 아웃사이더를 포용하는 중도/좌파 연정(center-left coalition)이 구성될 가능성이 높아진다. 이러한 정치지형은 우파정당의 정치력이 약하고 기민당 혹은 중도정당의 정치력이 강력한 비례대표제 국가보다 소득재분배·저숙련노동 ALMP 등을 통한 노동시장의 아웃사이더 지출(outsider spending)에서 훨씬 우위를 보인다(Iversen and Soskice 2015: 214-215).

▌그림 8-7▌ 외부충격에 대한 정치체제 간 정책반응, 1981~2000

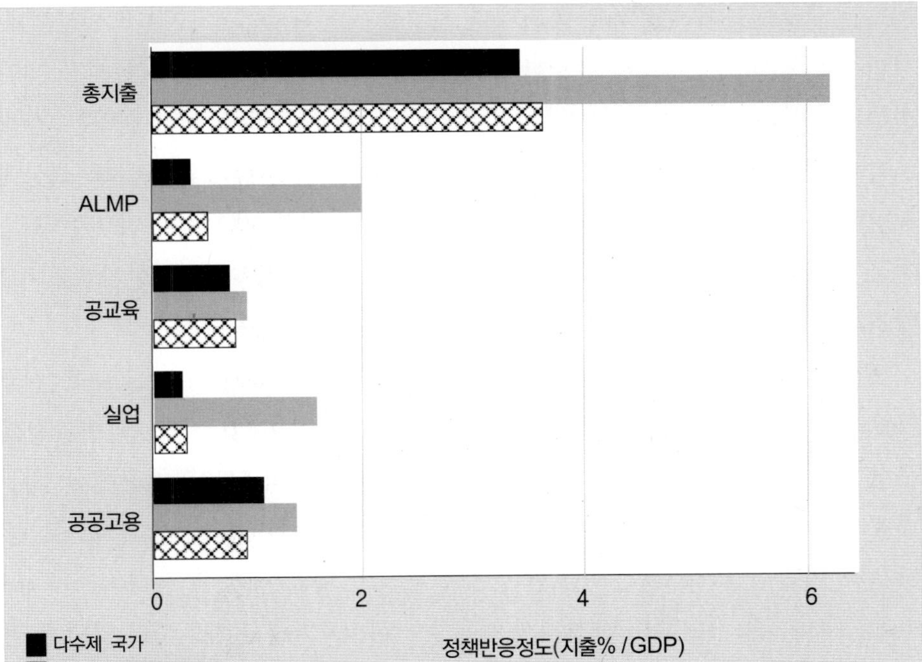

출처: Iversen and Soskice 2010: 33

전통적으로 좌파 정치력과 노동의 권력자원이 상대적으로 약한 베네룩스국가의 기민당은 자유주의 우파와 사민주의 좌파가 혼재되어 이념적 스펙트럼의 중간에 위치하는 강력한 중도 연합정당이다. 따라서 베네룩스국가의 기민당은 다양한 소득집단 간 타협을 반영하여 상대적으로 사회경제적 이슈에 대한 중도적 정책을 채택하는 경향이 있으며(Iversen and Stephens 2008: 604), 사민주의 복지국가들에 비해 상대적으로 좌파정당 주도 연립정부의 구성 가능성을 제거하거나 감소시킨다. 하지만 베네룩스국가의 기민당은 사회보험에 관한 한 관대한 재분배 정책을 실행하며, 중도좌파 정당 혹은 다른 군소 중도정당과의 연립정부를 구성하여 복지국가 축소에 반대한다.

더욱이 그들 국가의 비례대표제-다당제 하에서는 좌파정당주도 연립정부가 등장하는 사례도 드물지 않다. 그 경우 좌파정당 주도 연합정치는 평균수준의 지수를 상회하거나(네덜란드) 혹은 평균수준 지수의 조합주의적 정책협의와의 역동적 상호작용을 한다. 이런 기능적 연계성을 갖는 베네룩스 국가들의 정치제도는 글로벌화에 대응하는 복지재편 정치를 작동시키면서도 CME 생산체제-기민주의 복지국가 구축을 유도한다. 즉 임금억제-노동경영참여-노동시장 유연화-ALMP강화-사회보장(연금·실업보험·공공사회서비스) 조정 등을 조합하는 정책조합이 제도화된다(Iversen and Soskice 2010: 14-15). 이러한 베네룩스 CME 생산체제-기민주의 복지국가의 정책조합 양태는 대체로 CME 생산체제-사민주의 복지국가와 LME 생산체제-자유주의 복지국가의 중간 수준에 위치한다<표 8-2 참조>.

셋째, 다수대표제-LME 생산체제-자유주의 복지국가의 그룹은 앵글로-색슨 국가(미국·영국·캐나다·호주), 한국 등이다. 비례대표제-다당제가 정당 간 연립정부 구성을 유도하는 것과는 달리, LME 생산체제-자유주의 복지국가군에서 다수대표제-거대양당제 하의 정부는 유력한 좌파정당이 존재해도 상대적으로 중도우파 연합정당(coalition party) 단독으로 구성될 확률이 매우 높다(Iversen and Soskice 2006: 169). 또 LME 생산체제-자유주의 복지국가군의 패권적인 양당제 정당제제에서는 좌파정당이 아예 존재하지 않거나(미국) 정치력이 매우 취약한 군소정당인 경우(한국)가 대분부이지만, 설령 유력한 정치력을 가진 경우(영국·호주)에도 노조와의 연계가 취약하고 기업신뢰(business confidence)·투자촉진 등 자본의 이해와 논리에 충실 한다. 또 기민주의 복지국가에 존재하는, 상대적으로 관대한 재분배 정책에 우호적인 가톨릭 정당마저도 존재하지 않는다. 게다가 LME 생산체제-자유주의 복지국가군의 소선거구 다수대표제-거대양당제-집권당 단독정부는 노조와 사용자단체가 각기 자신에게 우호적인 정당이나 정부를 상대로 하여 로비·시위에 의해 경쟁적으로 이익 표출·관철을 시도하는 갈등적 투쟁적 노사(정) 관계와 제도적으로 맞물린다. 이러한 정치제도적 조건은 지역개발 중심의 재정배분, 중위투표자(median voter)의 선호·이익에 부합하는 정책경쟁을 유발시켜 중위그룹 이하의 집단·계층이익을 보호하는 재분배 정책에 소극적이며, 임금·근로조건·기업복지 등을 둘러싸고 노사 간 제로섬적인 투쟁을 촉발시킨다.

LME 생산체제-자유주의 복지국가군의 노동시장에서는 특정 부문 숙련된 기술노동이 아니라 일반 기술노동이 고용되며, 일자리를 잃으면 다른 일자리를 찾는 이동을 권장하는 고용·해고 유연화가 강조된다. 이런 까닭에 노동에 대한 보편적 복지를 강화할 필요성이 낮아지며, 시장의 복지공급(기업복지·민간보험) 역할과 개인의 복지책임을 강화하는 자유주의 복지정책이 지배한다. 국가는 소득·자산조사(means-test)에 따른 빈곤층·저소득층에게 공공부조를 제공하는 데 주력하고 시장차별적인 복지(market-differentiated welfare)를 선호한다. 기본적으로 저(低)세입-저(低)복지 형태로 조세체계-복지국가가 연계되고 있는 것이다. 또 국가는 기업의 사회보장세 축소를 통해 투자촉진과 고용촉진을 유도하는 전략을 선호한다. 결국 글로벌화에 대응하는 자유주의 복지국가들은 사민주의·기민주의 복지국가에 비해 상대적으로 높은 노동시장 유연화(임금·고용·해고 등)-낮은 공공사회지출-낮은 PLMP-낮은 ALMP를 조합하는 LME 생산체제-시장의존적 복지국가의 연계를 제도화한다(Iversen and Stephens 2008: 608)<표 8-2 참조>. 특히 노동의 수량적 유연화-비정규직확대-취약한 직업훈련교육-조직 다운사이징 등 비용감축경쟁전략(low road strategy)은 저숙련·저생산성·저복지의 원인이 되고 있다.

4. 생산체제-복지국가 유형별 국가사례: 노사정정치-정당정치 연계

1) 조정시장경제-사민주의 복지국가: 스웨덴·덴마크

스웨덴 CME 생산체제-사민주의 복지국가는 살트세바덴협약정치와 노조-사민당의 연대에 바탕을 둔 조합주의적 노사(정) 정치에 의해 발전되었다. 노사 중앙임금협상은 연대임금제(SWP)를, 노사정 정책협의체인 국가노동시장위원회(AMS)는 ALMP를 각각 산출했다(선학태 2006: 378-380). 이는 조합주의적 정책협의의 제도화를 통해 SWP-ALMP가 연계되었음을 뜻한다. SWP는 이해관계자 중심 기업지배구조를 유도해 냈으며, ALMP는 SWP로 인해 발생한 저성장 사양 산업의 실업을 흡수했다. 이러한 SWP-ALMP를 조합한 렌(Rehn) 모델의 제도화를 위해 사민당 정부는 1957년 사용자가 피고용인의 연금납부를 전액 부담하는 일반보충연금(ATP)과 일련의 보편적 사회복지를 입법화했다. 이로써 렌모델은 생산성제고·산업구조조정·경제성장·완전고용·소득분배·노사타협 등의 효과를 가져왔다(선학태 2006: 380-381). 요컨대, 스웨덴 조합주의적 노사정정치는 CME 생산체제-보편적 복지국가의 제도적 연계를 매개하는 정치적 토대로 작용했다.

노조(LO)-사민당 연대는 노사공동결정법(1976) 제정을 통한 기업민주화를 주도했으며(Rehn 1991: 124), SWP에 의해 야기된 과대 성장기업의 자본집중·집적을 견제하기 위해 공동결정제보다 더욱 혁신적인 마이드너(Meidner) 모델에 기초한 임노동자기금제(WEF, 노조 소유제에 의한 기업통제권)를 추진하고자 했다. 노조-사민당 정치력이 노사공동결정제-WEF를 결합한 기업지배구조를 구축하려 한 것이다. 그러나 WEF 논쟁은 LO와 사용자연합(SAF) 간 격렬한 이념적 대립을 야기했으며, 사민당에 맞서는 우파블록 3개 정당 간 연립정권(1976~82) 등장을 촉발시켰다. 이로 인해 1970년대 스웨덴 정당정치는 점차 좌우 이념블록의 양극화 현상을 드러냈다. 1982년 재집권한 사민당 정부가 공산당의 지지에 의존하여 비록 완화된 WEF를 입법화했는데도(Anthonsen *et al.* 2011: 128-129), 이에 대응하는 사용자단체(SAF)는 1983년 중앙임금협상 대신 산별임금조정을 허용하고 노조-사민당에 반대하는 우파블록 선거 승리 및 이념적 캠페인에 승부를 거는 대결 전략으로 나왔다. 이러한 대결 전략은 1991년 초 정부위원회에서 SAF가 탈퇴함으로서 절정에 이르렀다(Anthonsen *et al.* 2011: 125).

물론 수상 관저인 하프준드(Harpsund)의 노사정 정책협의는 1984년 '로젠바트합의', 1990년대에는 '렌베르크 합의'를 이끌어내는 등 조합주의정치가 완전히 소멸한 것은 아니다(Hermansson 2004: 11-12). 그러나 1990년대 초 연금개혁위원회가 구성될 때 노동시장 단체들은 배제되고 정당대표·관료·전문가들에게 연금개혁 설계가 맡겨졌다(Anthonsen *et al.* 2011: 125-126). 사민당은 1994년 재집권한 후 의회에서 다른 야당과 협력하여 실업보험 급여 축소 등 복지재편(welfare restructuring) 정치를 작동시키는 반면, 조합주의적 정책협의에 미온적이었다. 1990년대 이래 이익단체들 또한 조합주의정치에 의존하지 않고 정당·의회를 상대로 로비에 의해 정치적 압력을 행사한다(Hermansson 2004: 35-38). 공적 의사결정 과정이 점차로 정당·의회정치에 의해 지배되는 다원주의 정치, 즉 탈조합주의정치(de-corporatist politics) 현상이 발생한 것이다. 이는 의회에서 정당 간 입법연합(legislative coalition) 정치가 노사정 사회적 협의를 대체하고 있음을 뜻한다.

스웨덴 조합주의적 노사정정치의 퇴조는 좌우 이념블록 중심의 양극화된 정당경쟁에서 비롯된다. 스웨덴 정당정치는 유럽의 비례대표제 국가 중 가장 좌우 이념블록 사이의 경쟁이 격렬하다. 정당정치의 균형추 역할을 하는 중도정당은 지지율이 하강하여 정치적 공간이 좁아지고 있다(Hamann and Kelly 2011: 90-91; 106). 정부구성은 1980년대 이후 사민당 대 보수우파정당 연합 간의 전면적 교체가 반복적으로 발생한다. 이익단체들도 정당정치의 좌우블록 이념투쟁과 갈등 속으로 휘말리고 있는 형국이다. 이런 상황에서 이익집단들은 조합주의적 정책네트워크에의 참여보다는 자신에 우호적인 집권 정당에 직접 영향력을 발휘하여 이익을 관철하려 한다. 결국 스웨덴 좌우 이념블록 중심의 양극화된 정당정치는 조합주의 정책결정 메커니즘의 안정적 작동을 방해하고 있다(Anthonsen and Lindvall 2009: 178). 1982년 이후 지속되는 사민당 단독소수정부는 의회 야당들과의 비공식적 협력(입법연합)을 통한 의회 입법화 전략을 선호한다(Hamann and Kelly 2011: 91-96). 그러나 스웨덴 사민당 소수정부의 입법연합은 통상 좌파블록 내 정당(예컨대 녹색당·공산당)과 이뤄진다는 점에서 초이념블록 입법연합이 아니다.

한편, 덴마크는 노조(LO)-사민당 연대를 기반으로 한 조합주의적 거버넌스의 전통을 가진 전형적인 복지-성장 케인즈주의 복지국가이다(선학태 2006: 407-409). 즉 노사정정치는 중앙임금협상을 통해 연대임금제(경제민주화)를 선택했으며, 국가는 이로 인해 발생하는 저성장 사양산업의 실업을 관대하고 포괄적인 PLMP로 흡수하고 보편적 공공사회서비스 정책을 구축했다.

그러나 1970년대 덴마크 조합주의적 노사정정치는 위기를 맞는다. LO가 스웨덴식 WEF인 급진적 경제민주화 어젠다를 제안했기 때문이다. 자본권력에 대한 중대한 도전으로 인식한 사용자단체(DA)는 경제민주화를 강력히 반대했다. 이로 인해 노사 간 이념·분배 갈등이 극단적으로 분출하여 조합주의적 정책협의가 정체되었다. 당시 정치력이 약화된 사민당은 최초로 1978년 경제민주화를 반대한 우파인 자유당과의 연립정부를 구성하고 경제민주화 입법화를 철회할 수밖에 없었으며,[15] 이로 인해 LO와의 긴장관계가 조성되었다(Allern *et al.* 2007: 614-617).

---

15) 덴마크 정당정치는 이념적으로 인접한 정당 간 연립정부로 구성되는 블록정치(block politics)로 작동해 왔으나 1978년 그러한 정당정치 패턴에서 이탈하여 탈(脫)이념의 사민당-자유당 연정이 구성되었다.

경제민주화 실패를 경험한 LO는 1980년대에 들어 아이러니하게도 보수당/자유당/중도민주당/기독교인민당 연립정부(1982~1992) 및 자본을 상대로 협력적인 실용주의 전략을 구사했다. 이에 따라 연립소수정부와 제도적으로 연계된 사회적 협의체인 전국노동시장위원회(LAR), 지역노동시장위원회(RAR)는 자본의 요구대로 중앙임금협상제를 산업·지역별 임금협상제로 전환하는 분권화에 합의했으며, 특히 1987년 임금억제 협약인 '공동선언'을 발표했다. 이는 덴마크 조합주의정치의 부활을 의미하고 다른 이슈들에서도 노사정 3자 정책협의를 구축하는 토대가 되었다. 실제로 보수-자유 연립정부는 1980년대 말 노사정 정책협의체인 Zeuthen위원회를 구성하고 이를 통해 개혁정책을 시도했다(Anthonsen *et al.* 2011: 123-125). 국가연금제를 주창하는 LO-사민당과 이에 반대하는 DA-우파정당 간에 1970년대 극심한 이념·분배갈등의 원인이었던 연금개혁이 정책협의를 통해 노사 관리 하의 분권적 연금제로 절충 타결되었다.

사민당/사회(급진)자유당/중도민주당/기독교인민당 연립정부(1993~96)로 등장한 탈(脫)이념블록정치(de-bloc politics) 하에서(Green-Pedersen and Thomsen 2005: 157-159) Zeuthen 위원회는 1994·96년·98년 등 3차례에 걸쳐 임금 외에도 노동시장·복지 이슈 등 다양한 정책의제의 합의를 이끌어내는 유연안정성(flexicurity) 정치를 주도했다(Mailand 2002: 85-89; Elvander 2002: 125). 즉 세계화에 따른 수량적 노동유연화-ALMP지출확대-PLMP지출축소-사회보장정책(출산보상·유급휴가제) 강화 등으로 이어지는 정책조합이다(Madsen 2004). 또 사민당-사회자유당 연립정부(1996-2001) 하의 노사정 '3자포럼'은 1999년 '고용을 위한 전국행동계획'(NAPE)을 체결한다. 나아가 산업별·지역별·기업별 수준에서도 임금조정 이외 직업훈련프로그램-고용서비스 제공 등 정책 전반을 다루는 중위·미시적 레벨(meso-micro level)의 조합주의적 정책협의 시스템이 작동한다.

이로써 덴마크 모델의 전통적인 노동시장 경직성-포괄적 복지-관대한 PLMP 정책조합은 노동시장 유연화-ALMP 확대-PLMP 축소-관대한 사회보장 등을 조합한 '황금의 트라이앵글'(golden triangle), 즉 유연안정성 정책조합으로 전환되었다(Andersen and Svarer 2007: 3-5; Taylor-Gooby 2007: 9-10). 새로운 노사정 3자 포럼에 의해 광범위한 정책개혁 콘텐츠가 입법화되는 과정은 정당정치와 긴밀한 관계 속에서 작동한다. 정당·의회의 의사결정 과정에 사회적 파트너가 참여하여 이해관계를 조정하며, 의회에서도 LO-DA의 관계를 반영하여 우파정당, 중도정당, 좌파정당 간의 협력이 작동되었다(Jensen 2002: 78-80).

결국 덴마크의 경제민주화-사민주의 복지국가는 노사정 정책협의의 산물이며, 이는 1980년대 이후 이념블록을 뛰어넘는 정당 간 연합정치의 맥락 속에서 작동했다.[16] 1980년대 우파-중도 연립정부나 1990년대 좌파-중도 연립정부 모두 군소 중도정당, 특히 사회적 자유당의 지지에 의존했다. 덴마크의 정당정치는 좌파정당과 우파정당 간의 경쟁이라는 점에선 스웨덴과 유사하다. 그러나 스웨덴의 정당정치와는 달리 덴마크에는 중요한 군소 중도정당들이 존재하며, 중도정당은 좌파정당과 우파정당 블록사이를 오가며 자신의 지지 정당을 선택하면서 의회 입법연합의 균형추 역할을 수행한다(Damgaard 2000: 236; 239-240; Bille and Pedersen 2004: 25). 특히 연립(소수)정부인 경우 정책 사안에 따라 의회에서 야당과의 협력을 통해 입법연합을 구축하여 의회-행정부 융합 공간을 확장시킨다. 이는 스웨덴 정당정치와는 달리 양극적 경쟁을 연출하지 않는 덴마크의 초이념블록 정당정치가 조합주의적 정책협의 부활의 동력이었음을 웅변한다.

2) 조정시장경제-기민주의 복지국가: 네덜란드·독일

2차 대전 이전 자유주의 복지국가로 출발한 네덜란드는 전통적으로 정치적 좌파가 취약하고 중도정당인 기민당이 강력한 정당정치 지형 속에서 전후에도 보수적인 종교세력이 지배하는 노사(정) 협의체인 노동재단(FL)과 사회경제협의회(SEC) 등의 의해 복지국가 발전이 제약되었다(선학태 2006: 252-256). 그러나 1960년대 지지율 하락에 직면한 기민당 주도 연립정부는 중앙임금협상제-PLMP의 조합에 입각한 CME 생산체제-보편적 복지국가 연계를 발전시킨다.

그러나 덴마크에서처럼 네덜란드 조합주의적 노사정정치도 1970년대에 중앙임금협상제가 정체되는 위기에 직면한다(Hemerijck 2002: 230-232). 이는 네덜란드 정당정치 위기에서 연유한다. 당시 신생 좌파정당 출현, 기성정당의 지지도 하락 등 정치지형 변화 속에서 노동당은 진보적 연대를 강화하며 기민당과의 타협은 거부했다. 중도좌파 정당과 중도우파 정당이 교대로 집권하면서 좌

16) 1980년대 이후 핀란드에서도 정부의 정책개혁은 거의 사회협약을 통해 이뤄졌으며, 이는 탈이념블록의 포괄적 연립정부에 의해 제도화된다(Hamann and Kelly 2011: 100-106).

우블록 정당 간 경쟁이 양극화되었다. 이로 인해 노조와 사용자단체 간에도 계급적 이익정치의 확대에 따른 이념·분배 갈등이 격렬했다. 이처럼 양극화된 이념블록 정당정치와 계급적 이익정치는 조합주의정치와 양립하기 어려웠다. 이익단체들이 각기 상대방 파트너와 협상하기보다는 정부 내 우호적인 집권당에 직접 영향력을 행사하려는 유혹을 가졌기 때문이다.

그러나 기민당/보수자유당 연립정부(1982~1994) 하에서 네덜란드 조합주의정치는 부활했다. FL은 1982년 임금억제와 노동시간단축·일자리나누기 간의 정치적 교환을 합의한 바세나르협약, 1993년 임금협상 분권화, 비정규직 고용기회 확대 및 장애·질병급여 관대성 축소 등을 담은 신노선협약(New Course Accord)을 체결했다(Visser 1995: 287-293; 1998: 279-284). 또 이익단체들은 연금·노동시장 개혁 정치의 주역을 담당했다(Anderson 2007: 751). 이 같은 조합주의적 노사정정치의 부활은 전통적으로 중도정당인 기민당에 힘입은 바 크다. 덴마크의 중도정당보다 훨씬 규모가 큰 네덜란드 기민당은 사민주의 세력과 자유주의 세력이 혼재하여 노동과 자본 모두에 비교적 우호적이기 때문이다.

나아가 노동당/보수자유당/D'66 자주빛 연립정부(purple coalition, 1994~2002) 하에서 FL과 SER은 유연안정성협약(flexicurity pact)을 체결했다. 즉 정규근로자의 보호완화(비정규직 전환 조건 완화 등), 비정규직 노동의 보호(사회보험·법정최저임금제·유급휴가·정규직과의 동등한 시간당 임금 등), 사회안전망(장기실업·빈곤층 대책) 강화 등 세 축을 연계한 네덜란드 경제민주화-복지국가의 정책조합을 제도화했다(Oorschot 2004). 이는 한편으로는 노사의 타협이고 다른 한편으로는 노노 간 타협이다. 또 '자주빛' 연정은 노사(정) 간 사회적 협의와의 역동적 상호작용 속에서 유연안정성법, ALMP의 법적 틀인 '구직자고용법', 비정규직과 정규직의 동등한 법적 지위를 확보하는 '신노동시간조정법', '고용조건정책협약' 등을 입법화했다(Hermerijck and Vail 2004: 22-23). 이 같은 조합주의적 노사정정치는 정당정치가 실용주의적인 정당연합으로 복원되는 데서 비롯된다. 좌우 이념블록을 뛰어넘는 '자주빛' 연립정부가 네덜란드 조합주의정치 부활의 정치적 토대로 작동한 것이다. 좌파-우파 정당 간의 정부연합이 노동과 자본 등 특정 이익단체의 이해관계에만 집착할 수 없기 때문에 조합주의적 노사정정치의 안정적 작동을 유도했기 때문이다.

이로써 네덜란드는 PLMP 중심 복지체제의 생산적 기능에 한계를 보인 1970~80년대 초에 만연했던 저성장·고실업·고인플레·고재정난 등 '네덜란드 병'(Dutch Disease)을 치유하고 1980년대 이후 성장·물가·재정·고용 등에서 유럽연합의 평균보다 우월한 성과로 나타난 '네덜란드 기적'(Dutch Miracle)을 달성했다. 1990년대는 네덜란드의 이른바 'Polder Model'이 세계로부터 각광을 받은 사회적 파트너십의 황금기로 평가되고 있다(Hemerijck and Vail 2004: 13-25).

요컨대, 네덜란드의 CME 생산체제-기민주의 복지국가는 조합주의적 정책협의가 정당 간 연합정치와의 역동적 상호작용 속에서 제도화된다. 특히 글로벌화 이래 전통적인 정당연합과 계급 간 협력의 복원이 조합주의정치의 부활을 가능케 해 경제민주화-보편적복지국가 연계를 유인한 것이다. 정당정치에서 '조정의 정치'(politics of accommodation)가 복원됨에 따라 이익단체들은 정당체제 내부 자신들의 우호적인 정치세력에 직접적인 영향력을 행사하는 데 오는 이익보다는 상대방 이익단체와의 협력을 통해 얻는 혜택이 더 컸다(Anthonsen and Lindvall 2009: 183). 이것이 네덜란드 조합주의정치 부활의 동력이다. 특히 네덜란드 조합주의적 정책협의는 기민당-보수자유당 연립정부보다 이념블록을 뛰어넘는 노동당/기민당, 노동당/보수자유당 연립정부에서 더 양호한 실적을 기록한다(Woldendorp and Keman 2006: 304, 319).

한편, 독일의 사회보험 중심 비스마르크형 복지국가는 2차 대전 후 시장경제 조정을 위한 노사 협력의 토대가 되었다. 즉 기민연/기사연/자민당 연립내각(1949~66)은 1949년 노사 사회적 파트너십에 바탕을 둔 '사회적 시장경제'(social market economy)를 창출했다(Berger 2002a: 135-136; Manow 2002: 207). 이 제도의 지향가치는 시장경제의 자율과 국가의 시장개입을 통한 복지의 형평성이며, 이것이 전후 독일 정치경제의 기본 원리로 작용한다.

사민당과 연대한 독일노동총연맹(DGB)의 전략에 따라 1951년 보수우파 연립정부는 노동자들의 경영참가를 허용하는 공동결정(*Mitbestimmung*)제도를 도입했다(Roe 2003: 71-73; Lehmbruch 2002: 188). 공동결정제는 경영의 전략적 의사결정에 참여하는 기업 상부구조(감독이사회-경영이사회), 관리·업무에 관한 의사결정에 참여하는 사업장, 두 차원에서 작동한다. 기업경영 공동결정제는 산업별 연대임금제와 연계되었으며, 노사 단체협약은 전 산업으로 확대 적용된다

(Manow 2002: 2002-206). 산업별 연대임금은 기업이 출혈경쟁을 통해 숙련노동자를 유치하거나 피(彼)훈련교육자가 다른 직장으로 이동하는 유혹을 갖지 않도록 해주기 때문에 직업훈련교육 시스템이 정상적으로 작동한다. 결국 공동결정제로 상징되는 독일의 노사 파트너십은 독일식 CME 생산체제(경제민주화), 즉 사회적 시장경제의 발전의 토대이다.

사민당/기민당 대연정(1966~69) 하에서 노사정 정책협의체인 '협조행동'은 1967년 임금억제-고용창출-ALMP-소득보장정책의 정책조합을 노사정 간 정치교환으로 합의했으며(Leaman 2002: 142), 사민당/자민당(1969~82) 하에서 1976년에는 공동결정제를 입법화했고 노사 연대를 촉진했다. 이로써 전후 매크로레벨의 독일 조합주의적 노사정정치의 틀이 구축되었다.

기민연/기사연/자민당의 보수우파 연정(1982~98) 하에서 '협조행동' 대신, 정책협의는 노사 대표가 수상 관저에 모여 수상이 주제하는 '방갈로 토의'(Bungalow Discussion) 형태로 작동한다(Hancock 1989: 138). 이것은 대결적인 영국 노사정 관계와는 다른 독일의 신자유주의 독트린에 대한 대응 방식이다(Leaman 2002: 142). 1990년 통일과 세계화에 따르는 대량실업·재정악화·불평등에 대응하기 위해 1996년 노사정 정책협의체인 '일자리 연대'는 '방갈로 토의' 형식으로 임금억제-노동유연화-일자리창출-ALMP-복지재편(실업급여삭감)을 합의했다(Leaman 2002: 145).

적/녹연정(Red/Green coalition, 1998~2005)은 통일 이후 야기된 대량실업의 탈출구를 마련하기 위해 '신중도'(*Neue Mitte*)라는 '제3의 길'을 꾀했다. 그러나 '제3의 길'은 노동유연화-부문·지역간의 임금격차-복지재편(연금개혁·민간보험의무화·실업급여 자격요건강화 등)-ALMP 등의 정책조합으르 앞선 보수우파 연정의 신자유주의적 정책패러다임에서 크게 이탈하지 않았다(선학태 2006: 182-183). 물론 적/녹연정은 1998년 3자 노사정 정책협의체인 '일자리·훈련·경쟁력 연대'를 부활시켰다. 그러나 그것은 신자유주의적 정책을 논의하는 장으로 전락되었다(Schmidt 2005: 12). 이 때문에 노사 양측 모두 '일자리·훈련·경쟁력 연대'를 외면했다. 즉 노조는 자신에 우호적인 집권당인 사민당에 직접 정치적 영향력 행사를 시도하려 했으며, 사용자 측 또한 당시 연방상원의 다수당인 기민당과의 협상을 통해 요구 관철을 시도했다. 적/녹 연정이라는 이념블록정치가 노사로 하여금

'일자리 연대'를 외면하게 하는 정치적 요인이 된 것이다. 결국 '일자리 연대'는 붕괴하고 정책개혁은 의회정치에 의해 주도되었다(Hamann and Kelly 2011: 145).

2002년 총선에서 재집권한 적/녹연정은 새로운 노사정 정책협의체인 하르츠 위원회(Hartz Commission)의 권고안을 토대로 2003년 '어젠다 2010'을 연방 상·하원 조정과정을 경유하여 마련했다(Streeck and Trampusch 2006: 70-71). 그 핵심 내용은 독일경제의 유연화·경쟁력 제고를 위해 연금·건강보험·실업보험·조세 등 총체적 사회경제 개혁안이다. '어젠다 2010'의 일부(중소기업 고용보호 약화-실업급여기간 단축 등)는 2006년부터 발효되었다. 주목해야 할 것은 하르츠 위원회에 공식 노조인 DGB의 대표는 아예 초대되지 않았고 총 21명 회원 가운데 대부분이 대자본 대표·전문가로 구성되고 중소기업·노동 대표는 각기 1명·2명에 불과했으며, '어젠다 2010'의 핵심은 복지축소-노동유연화에 있었다는 점이다. 이는 독일 노사정 정책협의 약화를 의미한다.

결론적으로 독일 조합주의적 노사정정치는 정당정치 패턴에 영향을 받았다. 독일의 정당정치는 합의제 모델의 협상 원리와 다수제(웨스트민스터) 모델의 경쟁 원리가 교차하는 준(準)합의제 민주주의(quasi-consensual democracy)적 방식으로 작동한다(Lehmbruch 2002: 176-178). 사민당/자민당 최소승리연정(minimal winning coalition) 혹은 사민당/기민당 대연정(grand coalition) 등 탈(脫)이념블록으로 작동하는 정당정치는 조합주의적 정책협의를 촉진시켰다. 반면 정당정치가 좌우 이념블록 간 양극단적 경쟁으로 작동할 때 조합주의적 노사정정치는 안정적으로 작동하지 못했다. 특히 1990년대 이후의 보수우파 연정 혹은 적-녹 연정 하의 독일 정책협의는 통일후유증 치유를 위해 노동유연화-복지재편 등 신자유주의 정책의제를 논의하는 장으로 변질되고 있으며, 의사결정 중심이 정당정치가 작동하는 의회(야당과의 입법연합)로 이동하는 경향을 보인다. 그 결과 정부-사회적 파트너 간의 협력이 과거에 비해 상대적으로 줄어 조합주의적 노사정정치가 약화되고 있는 징후가 관찰된다(Schmidt 2005: 13; Hamann and Kelly 2011: 135, 147-148). 이 현상은 독일 다수제 정치의 성격을 반영하는 이념블록 정당 간의 경쟁적인 정당정치와 무관치 않다(Lehmbruch 2003: 147).

3) 자유시장경제-자유주의 복지국가: 영국·아일랜드

1945년 영국 노동당 정부는 '비버리지 보고서'에 입각해 무상공교육-무상의료서비스가 조합하는 케인즈주의적 복지국가를 구축했다. 보수당과 노동당 간의 정부교체에도 불구하고 적어도 1970년대 초반까지 케인즈주의적 복지국가는 유지되었다. 그러나 1976년 굴욕적인 IMF 구제금융, 1978~79년 '불만의 겨울'(Winter of Discontent) 등 사회경제 위기 국면에서 1979년 집권한 영국 보수당 정부의 정책 처방은 신자유주의적 대처리즘(Thatcherism) 실행, 그리고 1962년 보수당 정부가 창설하여 그간 간헐적으로 작동했던 노사정 정책협의체인 국가경제발전위원회(NEDC) 해체로 나타났다(Dorey 2002: 65-66). 이는 보수당 정부 하에서 LME 생산체제의 강화를 뜻한다.

1997년 집권한 노동당 정부는 '제3의 길'을 표방했다(Giddens 2000: 101-110). '제3의 길'은 노동시장 유연화-ALMP지출증대-PLMP지출축소-'일을 통한 자립복지'(welfare to work) 등 친기업적 친시장적 정책 실행을 통해 앞선 보수당 정부에서 약화된 케인즈주의적 복지국가를 사실상 해체하는 과정이었다. 노동당 정부가 강조한 사회투자정책도 보육·여성·교육·노령·연구개발·사회서비스 등 포괄적이고 보편적인 투자를 시도한 노르딕국가의 사민주의형과는 달리, 빈곤층·저소득층만을 대상으로 한 제한적인 투자의 성격을 지닌 자유주의형이었다(Taylor-Gooby 2007: 19). 더욱이 노동당 정부에서도 앞선 보수당 집권 때와 마찬가지로 여전히 정책협의는 작동하지 않았으며, 다원주의적 노사정 관계가 지배적으로 작동했다(Dorey 2002: 67-68). 즉 노동(TUC)과 자본(CBI)이 갈등적이고 경쟁적인 방식으로 정부에 압력을 행사했다. 그 결과 복지국가의 재편으로 인해 복지혜택에 의존할 수 없는 빈곤층과 소외계층이 증가하고 소득분배구조 악화에 따른 갈등이 확산되었다(Taylor-Gooby 2007: 35-36).

영국에서 노사정 정책협의의 작동 실패는 정당정치에 기인한다. 영국민주주의에서 정당정치의 대표성과 노사정 정책협의의 대표성은 상이하다. 즉 정당정치는 공식적으로 소선거구에 기초하는 '지역적 이익대표성' 원리에 따라 작동하는 데 반해, 정책협의는 '기능적 대표성' 원리에 따라 작동한다. 특히 영국의 다수제 정당정치에서는 보수당과 노동당 간에 누가 집권해도 야당과 집권당 간의 제로섬적인 경쟁이 연출된다(Crepaz and Birchfield 2000: 214). 이런 까닭에 영국 정당정치는 노사정 정책협의 시스템의 작동을 가로막는 커다란 장애물이다. 또 사회적 파트너들은 의회 혹은 선거인단에 대해 책임을 지지 않는다는 사실에 주목하여 정당정치는 노사정 정책협의를 불신한다. 더불어 영국 정당정치는 노사정 정책협의 시스템이 신속한 결정·실행을 방해한다는 이유를 들어 사실상 정책결정 과정을 주도한다. 시민들의 이해관계는 경쟁의 원리가 작동하는 정당정치를 통해 표출, 반영될 수 있는 것으로 인식되고 있다. 이러한 정당정치의 경쟁 원리는 노사정 관계에도 그대로 반영된다. 즉 분산적 이익집단들의 이해관계는 각기 로비·시위 등 경쟁적 갈등적인 방식으로 집권당 단독정부에 압력을 투사하는 형태로 표출된다(Gallagher *et al.* 1995: 370).

한편, 영국과 함께 다원주의적 노사정정치 시스템에 기초한 자유주의 복지국가로 분류되었던 아일랜드는 LME 생산체제가 CME 생산체제로 전환한 국가사례이다. 이는 글로벌 시장의 충격에 따른 사회경제 위기에 대응하는 조합주의적 노사정정치의 작동을 통해서 가능했다.

1986년 정부·노총·사용자연맹·농업조직이 참여하는 국가경제사회위원회(NESC)가 가동됐다. NESC는 Fianna Fáil 소수정부 하에서 1987년 임금억제-기업투명경영-일자리창출-사회보장확충을 조합하는 '국가재건 프로그램'(PNR), Fianna Fail/진보민주당 연정 하에서 1991년 임금억제-근로자경영참여-장기실업자·시간제 근로자 보호를 조합하는 '경제사회진보프로그램'(PESP)을 체결했다. 1993년 노사정 외에 농민단체, 정당대표, 그리고 실업자·청년·여성·장애인·빈곤층 등을 대표하는 자발적 결사체인 국가경제사회포럼(NESF)이 경제사회 정책어젠다를 개발하고 특히 실업과 불평등에 대처하는 국민적 합의를 이끌어내기 위해 설립되었다. NESF는 Fianna Fail/노동당 연정 하에서 1994년 '경쟁력·일자리 프로그램'(PCW), Fine Gael/노동당/민주좌파당 연정 하에서 1997년 '사회통합·고용·경쟁력을 위한 파트너십 2000'(Partnership 2000)을 체결했다. '파트너십 2000'은 그 동안 성장의 혜택에서 소외된 장기실업자를 비롯한 사회적 배제집단을 배려했다. 또 NESF는 Fianna Fail/진보민주당 연정 하에서 2000년 임금억제를 수용한 근로자들의 양보에 대한 보상으로 정부는 조세감면을 약속하는 '번영·공평성 프로그램'(PPF), 2003년 근로자들의 임금인상 자제에 보상으로 주택보급의 확대, 퇴직수당 인상 등을 조합하는 '지속적 진보'(SP)를 체결했다(Hardiman 2002: 22; 선학태 2011: 363-365).

PNR-PESP-PCW은 주로 경제성장·경쟁력 제고를 통하여 고용창출에, Partnership 2000-PPF-SP는 사회개혁·참여·형평성에 보다 역점을 두었다. 무엇보다 정당간 연립정부들은 모든 사회협약 체결 과정에서 임금억제라는 노동의 양보를 유도하기 위해 그들의 경제적 손실을 최소화하기 위한 낮은 인플레이션과 사회안전망이라는 보상정책 패키지를 구축했다(Roche 2007: 399-401). 특히 연립정부는 근로소득세율 인하와 사회취약계층의 보호를 위한 사회보장제도의 확충을 단행했으며, 기업은 임금인상 자제에 대한 보상의 차원에서 근로자들에게 기업경영 참여를 부분적으로 인정했다. 이로써 정책협의체에 참여한 사회적 파트너들은 사회협약의 필요성을 확신하는 정책학습(policy learning)의 기회를 갖게 되었다.

이 같은 노사정 정책협의 시스템 작동을 통해 아일랜드는 임금억제-노동경영참여-노동유연화-ALMP-사회형평성 강화를 조합하는 정책조합에 기초한 CME 생산체제-복지국가를 추구하는 과정에 있다. 그 결과 '유럽의 지진아'(European laggard)로 조롱받았던 아일랜드는 불과 25여 년 만에 실업률과 불평등 정도가 개선되는 등 양호한 거시 사회경제적 실적을 기록하는 '켈트 호랑이'(Celtic tiger)로 떠오른 '기적'을 이룩했다는 평가를 받고 있다.

아일랜드가 동일한 LME 생산체제-자유주의 복지국가 유형에 속했던 영국과는 달리, 조합주의적 정책협의 작동을 가능케 한 인과 메커니즘은 무엇인가? 한마디로 좌우 이념블록을 초월하는 연합정치이다. 영국식 정당정치의 '경쟁' 원리가 지배했던 아일랜드의 정당정치는 전통적으로 보수정당인 Fianna Fail와 Fine Gael이 선거시장에서 독과점적 득표율을 기록한 반면, 좌파블록 정당들의 정치력은 취약했다.[17] 그러나 1980년대부터 두 보수우파 정당의 득표율이 떨어져 아일랜드의 전통적인 웨스트민스터 정당정치 모델은 전형적인 합의제 정

17) 아일랜드의 정당체제에서 민족주의를 지향하면서도 노동우호적인 Fianna Fáil은 소농·노동자·중하위층으로부터 지지를 얻으며, 대륙유럽의 기민당과 유사한 보수우파 정당인 Fine Gael은 대농·전문인·기업·중산층으로부터 지지를 받는다. 군소정당으로 노동당, 녹색당, 진보민주당, 민주좌파 등이 있다.

당정치 모델로 전환됐다. 1987년 이후 아일랜드 정당정치는 단기이양식투표(single transferable vote)-다당제에 기초하여 의회에서 정당 간의 교차파트너십(cross-partnership)으로 협력하고 연립정부를 구성했다. 아일랜드의 노사정 정책협의는 이러한 정당 간 연합정치 속에서 제도화된다(O'Donnell and Thomas 2002: 168; Hamann and Kelly 2007: 982-984). 정권이 여러 차례 바뀌는 상황에서도 의회에서 정당과 정파를 초월해 정당 간 협력체제에 기반을 둔 연립정부는 노사정 정책협의의 틀을 유지하는 정치적 동력이 된 것이다. 따라서 설령 총선 결과에 따라 연정파트너 교체가 이뤄져도 경제정책의 갑작스런 변경이 야기될 가능성은 높지 않으며, 이는 노사정 정책협의시스템의 안정적 작동을 가능케 한다(Rhodes 2001: 186). 특히 Fianna Fáil, 노동당, 진보민주당과 노조 간의 우호적인 연계는 노동의 이익이 정책협상 테이블에서 정당에 의해 대표될 수 있도록 해주고, 노조로 하여금 과격한 투쟁전략을 철회하고 글로벌 시장의 충격에 대응하기 위한 '온건과 절제'의 전략을 택하도록 유도했다.

5. 복지국가 정치경제의 이론적 함의

합의제 민주주의국가들의 경제민주화-보편적 복지국가 연계는 노사(정) 관계와 맞물린 정치제도의 작동에 의한 정치적 조정(political accommodation)을 통해서 가능했다. 그 정치제도적 인과 메커니즘의 첫 단추는 합의제 민주주의의 비례대표 선거제도이다. 비례대표제가 유인하는 연합정치-조합주의정치의 제도적 기능적 연계는 글로벌화의 압력과 충격에 대응하는 합의제 민주주의국가들의 경제민주화-복지국가의 재편, 즉 나라에 따라 차별성을 보이나 대체로 연대임금지향 임금억제-이해관계자기업지배구조-노동유연화-PLMP지출축소·요건강화-ALMP지출확대-공공사회서비스-보편증세를 잇는 정책조합을 제도화하는 메커니즘으로 작동한다.

합의제 민주주의국가들의 복지국가 정치경제 분석이 주는 이론적 함의는 선거제도의 차이에 따라 상이한 경제민주화-복지국가의 정책조합이 산출될 수 있다는 점이다. 이런 의미에서 선거제도의 정치경제학적 함의는 막중하다. 기존 이론은 글로벌화는 개별 국가 내부 정치제도의 자율적 정책능력을 제약해 결국 모든 국가경제가 신자유주의 정책으로 수렴화한다고 주장한다(Rudra 2005; Li and Reuveny 2003). 하지만 영국과 같은 LME 생산체제-자유주의 복지국가와는 달리 게르만·노르딕유럽 CME 생산체제-기민주의·사민주의 복지국가의 정치제도는 글로벌 시장의 압력 속에서도 성장과 (재)분배 선순환의 토대가 된 경제민주화-보편적 복지국가의 정책조합을 차별화하는 정책자율성을 보였다. 또 전통적으로 LME 생산체제-자유주의 복지국가를 추구한 영국과 아일랜드는 글로벌화에 대응하는 전략이 달랐다. 영국은 노사정 정책협의 및 케인즈주의 복지국가의 해체로 대응했는데 반해, 아일랜드는 사회협약정치를 통해 CME 생산체제-복지국가를 지향하는 정책자율성을 과시했다. 이 점에서 각 국가의 경제민주화-복지국가 정책조합은 글로벌 시장의 압력과 충격에 대응하는 내부 정치제도의 차이에 따라 달라질 수 있다. 무엇보다 비례대표제-연합정치-조합주의정치라는 비시장적 시장경제조정의 정치제도는 시장분배(market distribution) 및 정부재분배(government redistribution)에 친화적인 정책 자율성을 내장하고 있다. 이것이 비례대표제의 정당성을 강화하는 근거이다.

비례대표제-연합정치-조합주의정치의 제도적 연계에 기초하는 사회협약정치는 게르만·노르딕유럽국가와 아일랜드에서 1980년대 이후 세계화가 압박한 임금억제-복지재편(연금개혁·실업급여기간축소 등)-노동유연화 등 정치적으로 인기 없고 민감한 정책개혁을 추진하는 전략이다(Hamann and Kelly 2011: 5~8장; Avdagic *et al.* 2011: Ⅲ장). 좌파정당 주도 연립정부든, 우파정당 주도 연립정부든 값비싼 선거비용을 치를지도 모르는 비인기 정책개혁을 협상하는 과정에 노조와 사용자, 연정파트너 정당을 참여시키는 것이 선거전략 상 유리하다고 판단했기 때문이다.

제9장

스웨덴·핀란드 합의제 민주주의 동학: 임금·복지·노동시장 재편

1. 문제의식

현대 민주주의는 시민사회, 시장사회, 정치사회 및 국가 등 '부분체제들의 복합체'(a composite of partial regimes)이다(Schmitter 1992: 424-426). 시민사회-정치사회-국가를 매개하는 메커니즘은 정당정치이며, 시민사회-시장사회-국가를 매개하는 메커니즘은 노사정정치(tripartite politics)이다. 정당정치와 노사정정치는 민주주의의 참여-대표체계이다.

레이파트(A. Lijphart) 학파는 정당정치와 노사정정치의 제도적 친화성을 주장한다. 그들의 연구에 따르면 합의제 민주주의(consensual democracy)의 첫 제도적 인과 메커니즘인 비례대표 선거제도는 다당제-연합정치(coalition politics)를 근간으로 하는 합의제 정당정치(consensual party politics)를 유인하며, 합의제 정당정치는 노동-자본-국가 간의 파트너십을 근간으로 하는 조합주의정치(corporatist politics)와 연계한다(Crepaz and Lihphart 1995; Keman and Pennings 1995: 273-274). 그러나 그들은 합의제 정당정치와 조합주의 정치의 관계를 단선적, 획일적으로 병존·연계시키는 한계를 드러낸다. 따라서 합의제 정당정치 패턴에 따라 조합주의 정치의 작동 양식이 역동적으로 변화할 수 있음을 간과한다. 이러한 문제의식을 갖는 제9장은 합의제 민주주의 동학과정에서 합의제 정당정치 패턴이 조합주의 정치의 변화에 영향을 미친다는 사실에 주목한다.

노르딕민주주의(Nordic democracy)는 다수제(majoritarian) 모델과 차별화된 합의제 모델로 인식되고 있다(Lijphart 2012: 251; Arter 2004: 586). 그런데 노르딕 국가

들은 1980~2000년대 중반에 글로벌 시장의 압력과 충격에 대응하기 위해 역동적으로 임금·노동시장·복지체제를 재조정하려는 정책개혁을 시도했다. 그러나 정책개혁 전략은 국가별로 다르다. 이 현상은 동일한 노르딕민주주의 국가인 스웨덴과 핀란드에서 가장 극명하게 발생했다. 전통적으로 유사한 산업관계와 복지체제를 공유했음에도 불구하고 정책개혁 과정에서 전통적으로 조합주의 국가로 일컬어진 스웨덴은 의회 입법정치를 선호했던 반해, 핀란드는 조합주의 정치로 접근했다. 이러한 상이한 정책개혁 전략으로 인해 스웨덴의 조합주의 정치는 불안정·퇴조하는 반면, 핀란드의 조합주의 정치는 안정적으로 제도화된다. 제9장은 양국 조합주의 정치의 상이한 변화 현상이 합의제 정당정치 패턴의 차이에서 비롯된 것으로 가정한다. 바꿔 말하면 합의제 정당정치 패턴이 조합주의 정치의 변화에 영향을 미치는 '자율적 실체'(autonomous entities)로 작용한 것이다(Hemerijck and Vail 2004: 9).

그렇다면 스웨덴·핀란드의 정책개혁 과정에서 합의제 정당정치 패턴-조합주의 정치 변화의 연계성을 탐색해 보는 연구는 노르딕민주주의 동학의 차별성을 이해하는 데 유의미한 상징적 사례의 전형성(typicability)을 갖는다. 이러한 인식에서 제9장은 스웨덴과 핀란드의 정책개혁 과정에서 어떤 합의제 정당정치 패턴이 어떻게 연계하여 조합주의 정치의 퇴조, 제도화를 유인했는가를 분석 검증하는 데 목적을 둔다.

2. 이론적 틀

1) 합의제 정당정치와 조합주의정치 변화의 유형화

노르딕민주주의의 합의제 정당정치와 조합주의 정치는 국가별 혹은 국가 내 시계열에 따라 다르게 작동한다. 따라서 노르딕식 합의제 정당정치 패턴과 조합주의 정치 변화가 각각 유형화될 필요가 있다. 우선 노르딕민주주의의 한 제도적 축인 합의제 정당정치에는 두 패턴이 있다. 즉 다당제의 양대 이념블록화, 동일 이념블록 정당의 단독(연립) 내각 등을 특징으로 하는 웨스트민스터(Westminster) 모델, 그리고 다당제 속 정당 간의 견제-균형, 경쟁-협력 및 연합정치 등을 특징으로 하는 메디슨(Madisonian) 모델이다(Strøm and Bergman 2011:

10-14, 20-21).

첫째, 노르딕식 웨스트민스터 모델은 '블록 정당정치'(bloc party politics)로 작동한다. 즉 좌우 이념블록으로 분극화된 다당제 속에서 양대 블록 정당 간의 선거경쟁 및 전면적 정권교체(우파정부 혹은 좌파정부 형태)가 반복된다. 블록 정당정치의 내각유형은 동일 이념블록 정당 간의 최소승리연정(minimum winning coalitions)도 간헐적으로 출현하지만, 통상 정당체제의 파편화로 인해 어느 정당도 과반의석을 차지하지 못하는 의회(hung parliament)와 연계된 소수정부로 구성되는 경향을 보인다. 소수내각은 정부구성에 참여하지 않으면서 내각 외곽에 존재하는 군소정당들 중 이른바 지지정당(support party)의 협력을 얻어 의회 과반의석을 확보하기 위한 '의회협약'(contract parliamentarism)을 체결하여 입법연합(legislative coalitions)을 형성한다(Bale and Bergman 2006: 422). 이처럼 노르딕식 웨스트민스터 모델의 블록 정당정치는 선거정치 및 내각구성 차원에선 양극적 경쟁으로 작동하는 한편, 의회정치 차원에선 과반의석을 점유하지 못한 집권당과 야당 간의 입법연합에 입각한 의회-행정부 거버넌스 공간을 확장하는 합의제 정치로 작동한다(Arter 2004, 584-587; Bale and Bergman 2006: 422-425).

둘째, 노르딕식 메디슨 모델은 '피벗 정당정치'(pivotal party politics)로 작동한다. 피벗 다당제에서는 좌우 이념블록을 뛰어넘는 연합정치의 구성 및 작동과정에서 핵심적 역할을 수행하는 피벗정당이 존재한다. 정책스펙트럼상의 중위의원(median legislators)들이 포진한 피벗정당은 때로는 좌파정당과, 때로는 우파정당과 연합하며 내각구성과 정책·입법 과정에서 균형추 역할을 수행한다(Strøm and Bergman 2011: 20). 피벗 정당정치에서는 좌파블록 혹은 우파블록 정당 간의 전면적 정권교체는 발생하지 않으며, 대신 이념블록 간 교차(cross-bloc)의 형태로 연립소수내각 혹은 연립과반·과잉과반내각이 구성된다. 초(超)이념블록의 피벗 정당정치는 의회-행정부 간 권력균형에 바탕한 거버넌스의 정책공간을 확장하는 동력이다. 특히 과대규모연정(oversized coalitions)은 의회 과반의석을 동원하는데 불필요한 1개 이상의 잉여정당(surplus party)을 참여시켜 '비난회피정치'(blame avoidance politics)로 작동한다(Andeweg 2011a: 191-192). 이 경우 복지체제 축소 등 비인기 정책개혁에 대한 책임을 가급적 다수 정당들에게 분산시킬 수 있다.

노르딕민주주의의 또 다른 제도적 중심축인 조합주의 정치는 두 유형으로 변화했다(Kenworhty 2003: 11; Christiansen and Rommetvedt 1999: 196-197). 첫째, 조합주의 정치의 약화·퇴조이다. 즉 노사정 간에 정치적 교환이 중단되거나 정책협약을 체결할 의지나 능력이 부재한 현상이다(Woldendorp 2011: 28). 이익단체의 정부정책에 대한 지지와 정부의 반대급부적 혜택을 정치적으로 교환하는 기제로 작동했던 스웨덴·덴마크·노르웨이 조합주의 정치는 글로벌화, 유럽단일시장화 이후 약화·퇴조의 경로를 밟으면서 로비즘 정치(lobbyism politics)로 전환해 갔다(Öberg *et al.* 2011: 374-382, 383-389; Rommetvedt *et al.* 2013: 463). 로비즘 정치에서의 정책결정 주체는 의회-행정부이며, 이를 상대로 로비를 전개하는 이익단체들은 단순히 정책정보 교환 혹은 자문에 그친다.

둘째, 조합주의정치는 정체에서 부활하거나 안정적 제도화 현상으로 나타난다. 이 경우 조합주의정치는 법안의 의회 제출 전 단계에서 이익집단-행정부 간의 네트워킹과 파트너십에 바탕하는 정치적 교환을 통해 정책개혁에 관한 사회협약(social pacts)을 이끌어내는 정책협의(policy concertation) 기제로 작동한다(Compston 2002a: 3-5). 조합주의정치의 부활·제도화 현상에서는 행정부의 공공정책 개혁과정에 이익단체들이 공식적 주체로 참여하는 제도화의 수준이 높다.

2) 이론적 가설

앞서 언급했듯이 레이파트 학파의 이론은 합의제 정당정치와 조합주의정치의 관계에 정태적(static)으로 접근한 나머지, 단선적이고 획일적인 인과성이 존재하는 것으로 상정한다(Lijphart and Crepaz 1991; Crepaz and Lihphart 1995). 그러나 제9장은 그들의 논점과는 달리, 합의제 정당정치가 언제나 자동적으로 조합주의정치의 안정적 작동을 유인하지는 않는 것으로 인식한다. 레이파트 학파의 인식 틀과는 달리 합의제 정당정치 패턴에 따라 조합주의정치는 퇴조·부활·제도화 현상으로 변화한다. 이러한 의미에서 합의제 정당정치 패턴을 한 축으로 하고 조합주의정치 변화를 다른 한 축으로 설정할 때 양축의 조합은 이론적으로 네 유형의 모델로 상정될 수 있다. 즉 피벗 정당정치-탈조합주의(decorporatist) 정치(로비즘 정치)의 연계, 블록 정당정치-조합주의정치의 연계, 블록 정당정치-탈조합주의정치의 연계, 피벗 정당정치-조합주의정치의 연계 등이다.

우선 피벗 정당정치-탈조합주의정치의 연계가설은 피벗 정당정치가 본질적으로 노동과 자본을 동등하게 대표하여 노사파트너십을 유인한다는 점에서 이론적으로 상정하기 어려우며, 경험적으로도 노르딕 국가에서 실재하지 않았다. 다음 블록 정당정치-조합주의정치의 연계 가설인 경우 노조와 연대한 좌파정당이 정부구성을 독점하고, 의회를 정치적으로 지배하는 블록 정당정치는 레이파트 학파가 상정하고 있듯이(Lijphart and Crepaz 1991: 243) 1970년대 이전 스웨덴·덴마크 사례에서처럼 노조-사민당 동맹에 정치적 위협을 느낀 사용자단체로 하여금 조합주의정치에 참여하도록 유도했다. 그러나 이 가설은 1980년대 이후 스웨덴·덴마크에서 노조-사민당 연대는 이에 대한 자본 측의 이념적 정치적 거부감으로 인해 되레 조합주의정치에 부정적으로 작용했다는 점에서 노르딕민주주의 동학을 분석하는 데는 적실성이 떨어진다(Anthonsen *et al.* 2011). 즉 글로벌화 이후엔 조합주의정치는 레이파트 학파의 논점과는 달리 행정부-의회의 좌파적 성향과 논리적인 인과관계에 있지 않다. 따라서 제9장은 노르딕민주주의 동학의 양대 중심축인 합의제 정당정치와 조합주의정치의 제도적 기능적 연계를 검증하는 분석틀을 설계하기 위해 나머지 두 개의 이론적 가설을 구체화한다.

첫째, 블록 정당정치-탈조합주의정치의 연계 가설이다. 블록 정당정치는 조합주의정치를 불안정·퇴조시키고 대신 로비즘 정치를 촉발하는 경향을 보인다(Anthonsen and Lindvall 2009: 171-172; Hamann and Kelly 2011: 42). 왜냐하면 좌우 양대 이념블록 정당 간의 양극적 경쟁·갈등이 심화되고 동일 이념블록의 좌파정부 혹은 우파정부 구성을 추구하는 정당정치 지형에서는 노동과 자본을 동등하게 대표하지 못하고 어느 한쪽에 일방적으로 우호적 정책 정향으로 인해 노사 이익단체들은 갈등관계를 드러내며, 조합주의정치를 회피하기 때문이다. 특히 과거 조합주의정치의 작동에 제도적 버팀목을 역할을 하던 노조-사민당 동맹관계가 약화되고 글로벌화 이후 노사 역학관계에서 힘의 우위를 점유한 자본이 경영 의사결정을 지체시키는 조합주의정치를 거부한다. 대신 이익단체들은 자신의 우호적인 정당정부 혹은 의회를 상대로 경쟁적인 로비를 통해 압박과 영향력을 행사하여 이익을 관철하려는 유혹을 갖는다(Martin and Swank 2008: 184).

또 블록 정당정치가 작동하는 단독 혹은 연립 소수정부(집권당)는 조합주의정치를 작동시키는 데 한계를 보인다. 소수정부는 의회 과반의석 동원을 위해 불가피하게 야당과의 입법협약(legislative agreements)을 체결하여 법안 통과를 시도할 수밖에 없는데, 이 과정은 야당의 정치적 영향력을 높이고 의회의 대(對)행정부 정책 견제력·협상력을 강화한다. 의회의 위상 강화는 행정부의 대의회 정책통제력 약화를 의미한다. 이러한 의회-행정부 간 균형적인 권력 지형 속에서 이익단체들은 정책적 반대급부를 제공할 소수정부의 의지와 능력을 불신, 조합주의정치를 회피하는 경향을 보인다(Christiansen and Rommetvedt 1999: 214; Öberg *et al.* 2011: 391; Rommetvedt *et al.* 2013: 464-468). 바꿔 말하면 노조와 사용자단체는 소수정부가 참여하는 공식적인 조합주의정치에의 참여 대신, 정치적 위상이 강화된 의회(의원)에 대한 비공식적 접촉(로비·시위·압력)을 통해 경쟁적 갈등적으로 이익 표출·관철을 시도한다. 그렇다고 의회권력 강화가 반드시 행정부의 위상 추락을 의미하는 것은 아니다. 비록 소수정부라 하더라도 여전히 정책·법안 입안 단계에서 강력한 행위자이다. 따라서 이익단체들은 이익관철을 위해 블록 정당정치가 작동하는 행정부에 대한 로비정치도 주저하지 않는다. 결국 의회로비와 행정부로비를 결합하는 이익단체들의 행동전략은 조합주의정치를 약화·퇴조시키고 있다.

둘째, 피벗 정당정치-조합주의정치의 연계 가설이다. 즉 의회-행정부의 거버넌스 공간을 확대하는 다양한 유형의 이념블록 교차 정당연합(party coalition)을 유인하는 피벗 정당정치는 조합주의정치를 안정적으로 제도화시킨다(Anthonsen and Lindvall 2009: 172). 초이념블록 연립정부는 정책개혁 과정에서 특정 이익집단에게만 특혜를 줄 수 없으며, 따라서 이익집단을 조합주의정치로 견인하는 인센티브를 제공한다. 특히 좌우 이념블록을 교차하는 피벗 연합정치는 강력한 좌파정부 혹은 강력한 우파정부가 들어설 정치적 공간을 원천적으로 배제하여 노동과 자본을 동등하게 대표할 수 있는 정치지형을 조성하기 때문에 이익집단들은 연립정부 내 우호적인 정당을 통해 영향력을 행사하려는 대신 적극적으로 조합주의정치에 참여하려는 동기를 갖는다.

연립과대규모정부인 경우 법안 통과에 필요한 안정적 의석을 동원할 수 있기 때문에 정책결정 주도권이 내각에 있다. 이는 내각이 이익단체들의 적극적인 조합주의정치 참여를 견인하는데 필요한 정책자율성을 갖고 있음을 의미한다. 이를 통해 연립과대규모내각이 대의회 정책통제권을 행사할 수 있을 때 이익단체들은 의회를 상대로 하는 로비정치보다는 반대급부를 제공하는 행정부의 정책의지와 능력을 신뢰하고 연립과대규모정부가 제의하는 조합주의적 정책교환을 수용한다.

나아가 조합주의정치를 통해 산출된 사회협약은 피벗 정당정치가 작동하는 의회의 입법화 절차를 밟는데 이 과정은 피벗 정당정치와 조합주의정치 사이의 유기적 연동을 유도한다. 또 피벗 정당정치가 매개하는 의회-행정부 간 협력은 '채찍과 당근', 강제력(법적 틀)과 정책능력 등의 권력자원(power resources) 수단을 통해 이익단체들을 조합주의적 정책협의에 견인한다. 결국 이 같은 메커니즘에 의해 피벗 정당정치와 조합주의정치는 구조적 유질동상(structural isomorphism)에 기반을 둔 제도적 기능적 친화성을 갖는다(van Waarden 2002: 50-51).

제9장은 이와 같은 두 이론적 가설에 의해 스웨덴·핀란드 합의제 민주주의의 임금·복지·노동시장 재편과정을 분석한다. 또 그 과정에서 왜 스웨덴의 조합주의정치는 퇴조하는 반면, 핀란드의 조합주의정치는 제도화되었는가를 양국 합의제 정당정치 패턴의 차별성과 연계하여 추적 분석하고자 한다.

3. 스웨덴 · 핀란드 민주주의의 양대 제도적 축

1) 정당 간 연합정치 패턴

스웨덴·핀란드의 합의제 정당정치의 양태는 다르다. 우선 스웨덴 정당체제에선 좌파블록에는 좌파당(Left, 구공산당), 사민당(SD), 녹색당(Green) 등이, 우파블록에는 중앙당(Ce), 기민당(CD), 자유당(Li), 신민주주의당(New Dem), 보수당(Co) 등이 각각 포진한다. 스웨덴 정당정치는 보수우파 정당연합(1976~82)의 집권을 계기로 좌우 이념블록 간에 양극적 경쟁으로 작동하면서 선거정치 및 정부구성 차원에서 웨스트민스터 모델과 유사한 지형을 보였다(Aylott and Bolin 2007: 631-632).

그러나 스웨덴 정당정치가 언제나 비타협적인 블록정치로만 작동한 것은 아니다. 스웨덴 정당정치에서 소수정부 구성이 보편적인 현상인데, 소수정부는 내각구성에선 이념블록 간 교차 연정을 추구하지 않지만 의회 차원에선 좌파정당 혹은 우파정당의 협력을 교대로 받으며 정치적 중도의 길을 걷는 회전축(pivot) 역할을 수행한다(Lewin 1998: 197). 이를 통해 소수정부는 자신의 정책에 협력·공조하는 야당과 지지협약(support agreements)에 입각한 입법연합을 형성하여 과반의석의 지지를 이끌어낸다(Bergman and Bolin 2011: 266). 예컨대 의회 차원에서 사민당 단독 소수정부는 비사회주의 정당과 좌파정당 사이에서, 그리고 비사회주의 연립소수정부(1991~94)는 좌파인 사민당과 우파인 신민주주의당 사이에서 균형추 역할을 수행했다. 의회입법 차원의 이러한 피벗정치는 스웨덴 민주주의의 통상적인 합의제 정당정치 패턴으로 자리매김했다.

특히 스웨덴 정당체제에서 전통적으로 지배적인 위상을 보여 왔던 사민당의 피벗정치가 주목할 만하다. 사민당 소수정부는 글로벌화의 압력에 대응하기 위한 정책개혁 과정에서 비사회주의블록의 정당과 입법연합을 형성하기도 했다. 예컨대 1995~97년에 의회에서 사민당-중앙당 협력은 예산개혁을 통과시키는데 기여했고 이를 계기로 중앙당의 두 대표가 사민당 소수정부의 두 각료직(재정·국방)을 배분 받았다. 입법과정의 지지정당(support party)에게 각료직을 제공한 것은 비록 비공식적이었지만 사실상 정부연합을 단행하는 스웨덴 정당정치의 혁신이었다(Aylott and Bergman 2011: 48). 그러나 그러한 정부연합은 극히 예외적이고 스웨덴의 사민당 소수내각은 전통적으로 다른 정당과의 정부연합 구성에 정치적 매력을 갖지 않았고 입법연합인 경우에도 통상적으로 좌파블록 내 야당을 선호한다. 예컨대 사민당은 1998년 사회주의블록 내 좌파당-녹색당과 함께 경제·고용·분배정의·성평등·환경 등에 관한 정책협력에 동의하는 공식적 의회협약을 체결하여 의회-행정부 거버넌스(linking parliament to cabinet)를 구축했다(Bale and Bergman 2006: 433; Bergman and Bolin 2011: 267).

이러한 의회 차원의 적/녹연합(Red-Green coalition)은 2002~2006년에도 건전재정, 성평등, 녹색스웨덴, 아동복지촉진, 노동생활개선 등과 같은 이슈에서 협력하는 지지협약을 체결했다. 하지만 1998년 이후 사민당-좌파당-녹색당 간 공식적 협력에 의한 좌파블록 구축은 우파블록과의 양극적 이념경쟁을 더욱 고착화시켰다. 비사회주의 정당들은 2006년 총선에선 상세한 공동 정책프로그램을 작성하고 이를 통해 반(反)사회주의블록의 선거운동을 전개했다.

반면 핀란드 정당체제는 노동-자본-농민 등 노르딕 국가들의 전형적인 3극계급구조를 반영하는 이념적 스펙트럼, 즉 균형 잡힌 좌파-중도-우파 블록의 다당제이다. 좌파연맹(LWA, 구공산당), 사민당(SDP), 중앙당(Ce, 구농민당), 자유인민당(LIB), 국민연합당(CON, 보수당) 등 5개의 주요 정당과 녹색동맹(GL), 스웨덴인민당(SW) 등을 비롯한 5여개의 군소정당이 의회에 진출해 있다. 핀란드 정당체제의 특이한 현상은 스웨덴어 사용집단을 대표하는 스웨덴인민당과 농민을 대표하는 중앙당이 정치적 스펙트럼의 중간에 자리매김 하는 중도정당(centrist party)으로서 상당한 정치력을 갖는다는 점이다.

핀란드의 의회 정당체제는 노르딕 국가들 중 가장 파편화 현상을 보인다. 어느 정당도 단일 선거구에서 과반 득표율과 전국 의회 과반의석을 점유하지 못하며, 스웨덴의 사민당(약 40% 안팎 득표율)과 같은 지배정당이 존재하지 않는다. 따라서 핀란드 정당정치는 글로벌화 이후 스웨덴과는 달리 연립과반내각 혹은 연립과대규모내각(oversized coalition cabinets)을 하나의 패턴으로 제도화하고 있다(Nousiainen 2003: 264-267). 특히 연립과대규모내각 구성이 핀란드 정당정치의 전통이다. 정당은 기본적으로 각료직 배분 및 정책영향력의 극대화를 노리고 있음에도 불구하고 연립과대규모내각 구성을 제도화하는 것은 복지체제 축소 등 비인기 정책개혁에 대한 대중적 저항과 책임을 가급적 다수 정당들에게 분산·공유시키고 차기 총선의 득표력 상실을 최소화할 수 있는 전략이 될 수 있기 때문이다(Jungar 2011: 136).

핀란드의 정당정치에서 좌-우 균열은 여전히 지배적이다. 1991~95년 부르주아 연정을 제외한 역대 대부분의 내각은 좌-우 정당들이 공동으로 참여하는 이념블록 교차 연정(cross-bloc coalitions)으로 구성된다. 이러한 초이념블록 내각에 통상적으로 사민당, 중앙당, 국민연합당 등 세 메이저 정당들 중 두 정당이 참여한다. 또 스웨덴인민당과 중앙당은 중위의원(median legislators)들을 컨트롤하고 유연한 중도주의적 이념적 지향성을 보이면서 우파정당 혹은 좌파정당, 때론 좌우 정당 모두와 번갈아서 연정을 구성하는 피벗정치의 역할을 수행한다(Raunio 2011: 121-123). 특히 스웨덴인민당의 반항구적인 연정파트너의 지위는 스웨덴어 사용 소수자의 권리를 보호하는 기제로 해석될 수도 있지만, 실제로는 그 정당의 유연한 이념적 정향에 연유한다. 따라서 핀란드 정당정치는 1970년대까진 격심했던 이념적 간극이 좁아지고 좌우 이념블록을 가로지르는 협력-

경쟁 사이클로 작동하고 있다.

핀란드의 초이념블록의 피벗 정당정치는 의회-행정부 거버넌스 공간을 확장하는 동력이며, 각 정당은 자신의 특정 이념적 정향에 입각한 정책프로그램에 과도하게 집착하지 않는다(Kangas 2007: 253). 따라서 핀란드의 연정내각은 정당 간 이념적 이질성에도 불구하고 놀라울 정도로 안정적이다. 사실 핀란드의 정당 간 입법정치 구조는 정치적 반대와 견제를 제기하는 다수의 거부지점(veto points)을 내장한다. 이로 인해 정당정치가 교착상태에 빠질 때 정당 간 긴장과 갈등을 관리하는 조정자 역할은 초당적인 대통령 혹은 수상에 의해 수행된다.

결론적으로 스웨덴 정당정치는 내각구성 차원의 좌우 이념블록 간 양극적 경쟁 및 전면적 정부교체 그리고 의회 입법연합정치가 공존한다는 점에서 블록정치와 피벗정치 사이의 어느 지점에 자리매김하는 반면(Arter 2004: 583- 584), 핀란드 정당정치는 내각구성 및 의회 차원에서 피벗정당에 의해 초이념블록의 연합과반·과대규모정치를 추구한다.

2) 조합주의정치의 변화

노조 이익단체의 조직력, 노조-사민당 연대, 중앙집중적 협상 역사 등 조합주의정치의 구조적 요건이 잘 갖추어진 스웨덴의 조합주의정치는 안정적으로 작동하는 반면, 그 구조적 요건이 스웨덴에 비해 상대적으로 취약한 핀란드의 조합주의정치는 불안정할 것으로 예상되었다. 그러나 글로벌화의 충격에 대응하기 위한 양국 정책개혁 전략은 그러한 예측을 비켜 갔다.

스웨덴의 조합주의정치는 글로벌화 이후 퇴조의 경로를 밟는다(Anthonsen *et al.* 2011: 125-126). 전후 줄곧 작동했던 중앙임금협상제가 1983년 사용자단체 주도에 의해 산업별로 분권화되었다. 또 국가 차원의 사회조정 메커니즘 붕괴 현상은 이익단체들이 참여한 국가도시계획위원회(1986), 국가교육위원회(1991) 등의 폐쇄 조치로 이어졌다. 무엇보다 스웨덴 조합주의정치의 극적인 해체는 사용자연합(SAF)이 국가노동시장위원회(AMS)를 비롯한 모든 정부위원회에서 철수를 결정한 1991년 초에 발단되었다.

실제로 조합주의정치의 퇴조는 스웨덴 모델의 핵심인 적극적 노동시장정책(ALMP) 영역에서 나타났다(Lindvall and Sebring 2005: 1061-1063). 본시 스웨덴 ALMP

의 입법 준비, 정책실행은 노동시장 단체들이 깊숙이 참여한 AMS의 산물이다. 그러나 사용자연합은 노동시장정책이 자유주의에 거부감을 지닌 노조-사민당-관료에 의해 좌지우지되는 것으로 인식했다. 이로 인해 노동시장정책을 둘러싼 노사 간, 좌우 간 이념적 갈등과 분열이 상존했다. 그들 간 수평적 조정은 부재하고 사민당-노조 간, 자본-정치적 우파 간에 수직적 통합만이 존재했다. 따라서 1990년대 이후 노동시장 단체들 간에 ALMP에 관한 제도화된 협상과 합의는 사라졌다. 특히 노동시장정책 관련 정부위원회는 관료·정치인들로 채워졌고 노동시장 단체들은 배제되었으며 노동시장정책에 대한 영향력을 상실했다. 1990년대 초·중반에 추진되었던 연금개혁도 의원·관료·전문가 그룹에 의해 설계되었다(Lindvall and Sebring 2005: 1064-1067). 핀란드를 비롯한 다른 서유럽국가들처럼 조합주의적 연금개혁 정치는 작동하지 않았으며, 노동시장 단체 및 연금수령단체 등 이익단체들은 연금개혁 정치과정에서 의도적으로 배제되었다.

이처럼 1980년대 전반기 이래 스웨덴의 조합주의적 정책협의가 약화·소멸되었다. 그렇다고 스웨덴의 조합주의정치가 완전히 해체된 것은 아니다. 예컨대 수상 관저인 하프준드(Harpsund) 노사정 정책협의는 1984년 '로젠바트합의', 1990년 '렌베르크 합의'를 이끌어냈다(Hermansson 2004: 11-12). 또 산별부문의 노사는 1997년 이래 임금조정 협상을 통한 협약을 타결하고 지방수준의 조합주의적 이익조정이 작동했으며, 노동시장 단체들은 비공식적 채널을 통해 여전히 정책결정 과정에서 중요한 역할을 수행한다. 그러나 사회적 파트너십의 규범과 조합주의정치가 글로벌화 이후 정책결정 양식으로서 부활·제도화됐던 핀란드·네덜란드 등 다른 서유럽국가들에 비춰 보건대, 스웨덴의 조합주의정치 퇴조는 분명하다. 대신 이익단체들은 의회·행정부 등 비조합주의적 정치대표체계를 상대로 로비에 의해 정치적 압력을 행사하여 이익관철을 시도했다. 정책개혁 과정에서 노동시장 단체들의 주체적 역할이 약화·상실되고 신자유주의적 경제사상이 득세하는 등 스웨덴의 탈조합주의화 현상이 뚜렷해졌다.

스웨덴과는 달리 핀란드의 정책개혁 과정은 조합주의적 협약정치에 의해 진행되었다.[1] 역사적 맥락에서 상대적으로 늦게 출발한 핀란드의 조합주의적 정

1) 핀란드산업·사용자연합(EK)와 핀란드노조(SAK)는 조직률이 높으나 전통적으로 다른 노르딕국가, 특히 스웨덴만큼은 강력하지 않다. 공산주의파와 사민주의파 간 격렬한 투쟁으로 점철돼

책개혁 정치는 노사정 간에 정책패키지의 정치적 교환으로 작동했다. 이 과정에서 정부는 노사단체에게 '채찍과 당근'을 구사하며 사회협약 체결을 제의·권고·종용하곤 했다(Kangas 2007: 263-264).

최초의 소득정책 협약은 휴가연장(1971), 질병수당(1972), 육아휴가연장(1980) 등과 같은 정부의 사회정책 패키지와 연계하여 진행되었으나 글로벌화 이후 체결된 사회정책 패키지 협약은 급여축소를 포함했다. 정부의 권고·제안에 따라 다수의 조합주의적 협약이 체결되었는데, 노동시간단축-물가연동임금제 협약(1984~85), 포괄적 사회협약(1986), 임금협약(1988~90), 임금인상-재정정책-교육-사회정책개혁을 포괄하는 사회협약(1990~92), 청년고용능력개선-지방협상발전-노동법준비를 포괄하는 협약(1993) 등이 포함된다(Kauppinen 1997: 39-40). 1990년대 초반에 들어 핀란드의 주요 수출시장이던 소련의 붕괴로 인해 성장률저하, 실업증가, 공공부채증가 등 경제위기가 확산되자 새로 집권한 중도-보수 연립정부는 노조의 지지를 받아 1992~93년 사이에 임금·세금·연금에 관한 노사정 협약을 체결했다. 그러나 이러한 사회협약에도 불구하고 중도-보수 연립정부가 조합주의정치에 반하는 복지·노동시장에 관한 급진적 개혁안을 꺼내들자 노조와의 관계는 갈등적인 양상을 보이기도 했다(Kauppinen 2000: 166-167).

그러나 1990년대 전반기에 비록 도전을 받았지만 핀란드 조합주의적 노동시장 제도는 경제위기 국면에서도 합의제 모드로 복원되었다(Kiander 2005: 108). 1995년 집권한 좌우 연립정부는 노조 지지를 끌어내어 임금·복지급여·연금 등에 관한 일련의 조합주의적 협약을 체결했다. 특히 노조는 정부-사용자단체가 노동비용을 안정화하는 데 사용하는 이른바 완충기금(buffer funds, 사회보험제의 잉여기금) 설립에 동의하는 조건으로 1995년 핀란드의 유럽통화연맹(EMU) 가입을 수용했다. 바꿔 말하면 노사정은 EMU의 요구조건(정부재정적자·공공부채 축소)을 충족시키는 수단으로 실업률감소·경쟁력제고·국가부채축소 등을 위한 경제활성화, 사회보장 지출삭감 등을 담은 포괄적인 사회협약(1996~97)을 체결했다. 이를 통해 실업률감소, 경제성장, 경쟁력제고 등이 달성되어 노사정은 EMU의 충격을 흡수하는 '완충기금'조성에 관한 조합주의적 소득정책협약(1998~99)

온 SAK는 사민당과 좌파연맹과 우호적인 관계를 갖는데 반해, EK는 보수당과 자유당과 정치적 친화성을 갖는다.

을 체결했다(Kauppinen 2000: 39-40). 완충기금제는 재정관리를 노동시장 단체들의 관장 하에 두었고 이로써 조합주의정치의 제도적 토대가 강화되었다(Kiander 2005, 106). 2003년 새로 집권한 중앙당 중심의 연립정부는 정책개혁 과정에의 노조 참여에 기초한 조합주의적 협약정치를 지속적으로 작동시켰다. 특히 스웨덴과는 달리 2002~04년 연금개혁이 조합주의적 협약정치에 의해 이뤄졌다(Hancke and Rhodes 2005: 209; Kangas 2007: 284-288).

핀란드의 조합주의적 협약정치는 전통적으로 노동의 보호에 초점이 맞춰졌으나 1990년대 들어선 기업보호 및 사업장 이슈 관련 협약내용에 무게 중심이 실렸다. 즉 분배협상(distributivity bargaining)에서 경쟁력협상(competitivity bargaining)으로 변신한다(Kauppinen 2000: 183-184). 이는 1980년대까진 소득분배가 조합주의적 협상의 주요 정책의제였으나 1990년대 이후엔 노사단체가 기업경쟁력을 제고하여 일자리 창출과 근로조건을 개선하는 공동이익을 위해 협력했음을 의미한다. 이에 따라 1990년대 후반에 들어선 노동단체들은 복지체제 재편을 수용해야 할 상황에 직면했다(Jungar 2011: 135-136). 연금축소 등 정책개혁 과정에서 복지프로그램의 소득대체율이 1990년대에 감소되었다. 노조가 이를 수용했던 것은 무엇 때문일까?

핀란드의 소득정책은 글로벌화 이후 조합주의적 3자협상에 의존했는데 이 과정에서 정부는 광범위한 사회정책 개혁패키지로 노동에게 보상적 인센티브를 제공했다. 이에 노조는 합리적인 집단행동 전략으로 반응했다. 즉 노조는 자신들이 선택한 모든 행동이 필연적으로 국가경제에 미칠 파장을 잘 인지하고 절제된 행동전략으로 조합주의적 협의라는 합의제 의사결정 시스템에 참여한 것이다. 사실상 글로벌화 이후 추진된 핀란드의 정책개혁 과정은 노동시장 파트너의 대표들로 구성된 실무단에 의해 주도되었다. 특히 노조는 정책개혁 과정의 이해관계자인 동시에 관리자이며, 따라서 직접적 단기적인 계급이익 대신 장기적 혜택과 일반적인 보편이익을 추구했고 이를 위해 자신들이 참여하는 조합주의적 협상과정에서 비토권 행사를 남용하지 않고 항상 신중 모드로 나왔다. 그들은 연금축소 등 복지체제 재편을 수용했고 이것이 복지체제의 장기적 지속가능성을 담보하는 유일한 길로 인식했다(Kangas 2007: 289-290).

결론적으로 조합주의적 협약정치의 조직적 조건을 잘 갖췄음에도 불구하고 스웨덴 민주주의의 조합주의적 정책결정 양식은 1980년대 이후 퇴조의 경로에 들어선데 반해, 스웨덴에 비해 조합주의적 협약정치의 조직적 조건이 상대적으로 취약한 핀란드의 조합주의적 거버넌스(corporatist governance)는 안정적으로 제도화하고 이를 통해 얻어진 사회협약은 가능한 최적으로 모든 사회적 파트너들의 이해관계를 대표했다.

4. 합의제 정치동학: 정책개혁 과정

1) 이념블록 소수정부-조합주의 퇴조 vs 초이념블록 과대규모연합-조합주의 제도화

글로벌화 이전 스웨덴 사민당 소수정부는 LO와 연대하여 연대임금정책(SWP)-ALMP-보편복지체제-노사공동결정제-임노동기금제(WEF) 등 광범한 보상적 사회경제 개혁프로그램을 구축함으로써 노조를 자발적인 임금조정에 견인하고자 했다.[2] 중앙당/자유당/보수당 연립과반정부(1976~82)는 WEF를 철회했으나 1982년 재집권한 사민당 소수정부는 야당인 공산당의 입법지지에 의존하여 WEF 원안을 완화시켜 입법화했다. 이에 반발한 사용자단체는 1983년 금속노조연맹을 상대로 한 엔지니어링협회(VF)의 산업별 임금협상을 허용했다. 이로써 스웨덴의 중앙임금조정 협상제는 사실상 와해되었다(Woldendorp 2011: 32, 1997: 64-65).

스웨덴의 사민당 소수정부는 글로벌화에 대한 대응전략으로 케인즈주의와 신자유주의를 절충한 '제3의 길'(Third Way)을 표방했으나 실제로는 신자유주의 정책을 강화했다. 사민당 소수정부의 '우클릭' 정책개혁 방향에 불만을 품은 노조는 1986년에 지방노조의 사민당 집단가입을 철회하는 등 LO-사민당 간에 이른바 '장미의 전쟁'(War of the Roses)이 발단되었다. 주지하듯이 노조-사민당 연대의 정치력이 스웨덴 조합주의정치의 작동·유지에 주요 동력이었다. 이 점에 비춰 볼 때 LO-사민당 간 갈등국면에서 사민당 소수정부가 조합주의적 협약정

2) ALMP와 보편복지체제는 SWP로 인해 발생한 저성장(낮은 경쟁력) 사양산업의 실업을 흡수했다. WEF(노조 집단소유제에 의한 기업통제권)은 SWP에 의해 야기된 과대 성장기업의 자본집중을 견제하기 위한 혁신적 모델이었다. 이 제도가 실행되면 자본소유자에서 노조로의 권력이동이 야기될 것으로 예측되었으며, 따라서 이를 둘러싼 노사간 격렬한 이념적 갈등이 분출했다.

치를 노동에 제의하거나 사민당 소수정부의 진정성에 회의를 갖는 LO가 그러한 제의를 수용할 가능성은 낮았다(Anthonsen *et al.* 2011: 129).

SAF 또한 WEF를 추진한 노조-사민당의 경제민주화 프로젝트에 반대하는 우파블록의 선거승리 및 이념적 캠페인에 승부를 거는 대결전략으로 나왔다. 이 대결전략은 1991년 초 SAF가 '조합주의 종언'(Farewell to Corporatism)을 선언하고 모든 조합주의적 협의체에 파견된 대표를 철수시킴으로써 절정에 이르렀다(Anthonsen *et al.* 2011: 125). SAF가 조합주의정치에서 철수한 이유는 우호적인 우파 정당연합의 선거승리가 확실시 되고 교체된 중도우파 연립정부의 정책에 직접 영향력을 행사하여 자신들의 이익이 관철될 수 있는 확률이 높아졌기 때문이다.

중앙임금조정에 입각한 소득정책의 부재에 따른 임금인상, 성장률·고용률 하락 등 경제위기를 맞은 1991년에 집권한 보수당/중앙당/기민당/자유당 간 보수우파 연립소수정부는 조합주의정치보다는 야당인 사민당의 협력을 받는 의회입법연합을 통한 정책개혁 전략을 선호했다. 비사회주의 연립소수정부가 추진한 연금개혁이 노동시장의 이익단체들을 배제하고 대신 사민당을 비롯한 5개 정당대표 및 관료·전문가들에 의해 설계 입법화되었다(Anderson and Immergut 2007: 371, 377-378; Anthonsen *et al.* 2011: 125-126). 정당들은 연금개혁이 선거정치의 이슈로 부상하는 것을 차단하고 그것을 의회 입법연합에 의해 추진했던 것이다. 또 사민당은 연금 하향조정 외에도 보수적 재정정책을 추구하며 실업·질병급여 축소와 같은 복지체제 재편, 소비세 인상, 유럽연합(EU) 가입 등 보수우파 연립정부의 정책패키지 및 입법을 지지했다(Nygard 2006: 367). 사민당의 이러한 '우경화' 정책정향은 1994년 총선의 매니페스토에도 그대로 연장되었다.

1994년 총선결과 다수당이 된 사민당은 이념블록 교차연정을 구성하자는 자유당의 제의를 거절하고 1995년 안정적인 과반의석을 확보하기 위해 야당인 중앙당과 경제·국방정책에 한정해 입법협약을 체결했다. 이로써 내각구성 차원에선 사회주의 정당블록과 비사회주의 정당블록 간 경쟁하는 조건에서 적어도 의회 차원에선 정책개혁을 입법연합을 통해 추진하려는 정당 간 합의가 성숙된 것이다. 따라서 사민당 소수정부는 노동시장 이익단체들이 참여하는 조합주의적 정책협의 대신, 의회 차원에서 중앙당과 협력하여 복지재편(질병·실업보험·연금급여축소)의 입법정치를 작동시켰다. 또 사민당 소수정부는 1996년 사회적 파트너들에게 임금·고용협약 체결을 제안하기도 했으나 노조가 파업을 전개하는 등 이를 거부하자 야당인 중앙당의 협력을 이끌어내어 사용자들이 정리해고에 관한 법적규제를 우회 돌파할 수 있도록 입법화를 단행했다(Timonen 2003: 97).

1998년 총선에서 불과 의석 34% 획득만으로 재집권한 사민당 소수정부는 안정적인 의회 과반을 확보하기 위해 동일 이념블록 내 야당인 좌파당/녹색당과의 입법협약(1998)을 체결했다. 적/녹연합은 정부연합(government coalition)이 아니고 단지 의회정치 차원에서 경제·예산, 고용, 분배정의, 성평등, 환경 등 특정 5가지 정책이슈에서의 협력을 뜻한다. 또 당시 사민당 소수정부는 노사정 협약이 장기적이고 안정적인 해법을 마련해 줄 것이라는 믿음을 갖고 사회적 파트너들과 협력할 것이라고 선언했다(Nygaard 2006: 372). 이에 따라 노사 단체들은 임금협상, 노사분쟁해결 등에 초점을 맞춘 성장협약(Pact for Growth) 협상을 시도했다. 그러나 협상은 결렬되고 사민당 소수정부는 좌파당과 녹색당의 지지를 받는 입법연합을 통해 산업분쟁을 해결하는 데 도움이 되는 중재권(Mediation Authority)을 담은 입법화를 단행했다. 또 사민당 소수정부는 연금개혁(1998) 등을 비롯한 복지체제 재편과정에 사회적 파트너들의 참여를 배제하는 가운데 좌파당과 녹색당의 지지를 받아 입법화를 주도했다(Woldendorp 2011: 33).

2002년 총선 후 의회 차원의 사민당-좌파당-녹색당 간 적/녹 입법연합이 연장되었고 이를 통해 각종 정책개혁이 조합주의정치 대신 의회 입법정치를 통해 진행되었다. 한편, 비사회주의 정당블록도 선거 전에 '스웨덴동맹'(Alliance for Sweden)이라는 전례 없는 정책협약을 체결했다. 이는 2002년 선거 참패로 보수당이 중도로 노선을 이동하는 데 기인했다. 이에 힘입어 2006년 보수당/중앙당/기민당/자유당 등 보수당 중심의 우파블록 연정도 조합주의정치 대신 입법정치를 통해 즉시 실업급여 삭감을 입법화했다.

이처럼 글로벌화 이후 스웨덴의 역대 이념블록 소수정부들은 노동시장·복지체제를 재조정하는 과정에서 조합주의적 정책협의 방식보다는 의회 차원에서 정당 간 협력과 합의에 기초한 입법연합정치 전략을 선호했다. 이런 상황에서 이익단체들도 조합주의정치에의 참여보다는 행정부·의회를 상대로 하는 로비에 의해 정치적 압력 행사를 선호했다(Hermansson 2004: 35-38). 정책개혁 과정이 점차로 행정부·의회정치에 의해 주도되었기 때문이다. 이는 스웨덴 민주주의에서 정당 간 입법연합 정치가 조합주의정치를 대체하고 있는 징표이다.

대조적으로 핀란드에선 보편적으로 등장하는 초이념블록 연립과대규모내각이 조합주의적 협약정치를 제도화시켰다. 1980년대 들어 좌우 연립과대규모내각은 노사 이익단체들에 제의하여 다수 포괄적인 사회경제 관련 협약을 체결했다. 특히 국민연합당/사민당/핀란드농촌당/스웨덴인민당 간 초이념블록 과잉과반연정(1987~91)은 노사단체와 함께 두 개의 임금협약(1988~90)을 체결했다. 인플레 및 공공부채를 다스릴 목적으로 임금 및 복지지출을 조정하려는 연립정부의 제의에 따른 것이다. 당시 핀란드의 연립과잉과반정부는 의회 의석 60% 이상을 동원할 수 있는 유리한 정치지형을 구축했기 때문에 일방적인 의회 입법정치에 의존하려는 유혹을 가졌을 것이다(Nousiainen 2003: 266). 하지만 좌우 연립과대규모정부는 의회 입법정치보다는 조합주의적 협약정치를 선택했다. 행정부-의회 내 연정파트너 정당 간의 역학관계와 이념적 교차(ideological cross)가 존재했기 때문이다(Hamann and Kelly 2011: 101-102). 부연하면 첫째, 자본친화적인 국민연합당(23.1%)은 수상직을 획득했지만 내각각료직 점유율에선 상대적으로 소수에 그쳤던 반면, 노동친화적인 사민당은 의회의 최대 다수당(26.7%)으로서 내각의 다수 각료직을 차지했다. 둘째, 국민연합당 출신 수상은 의회 입법화 프로그램의 성공을 위해 이념블록을 초월해 다른 연정파트너 정당들, 특히 사민당과의 정책 조율과 타협을 하지 않으면 안 되었다.

1990년대 초반 전 유럽을 강타한 경제침체는 주요 무역 파트너인 소련의 붕괴와 겹치면서 핀란드 경제에 저성장, 실업증가, 공공부채 증가를 야기했다. 경제위기는 집권 양대 연정파트너인 국민연합당과 사민당의 득표력과 의석점유율을 저하시키고 야당인 중앙당에 정치력 상승을 선사했다. 조합주의정치를 적극적으로 반대하지 않았던 중앙당은 국민연합당/기민당/스웨덴인민당과 중도-우파 연립과잉과반정부(1991~95)를 구성하고 임금·세금·연금에 관한 노사정 '3자 안정협약'(Tripartite Stability Pact, 1991)을 체결했다. 또 실업증가에 대응하기 위해 비사회주의 중도-우파 연립정부는 임금자제와 실업급여 축소를 결합하는 새로운 사회협약을 노사단체에 제안했다. 노조가 이를 수용하지 않자 중도-우파 연립정부는 조합주의적 협상을 철회하고 입법정치에 의한 실업급여조정 및 노동시장개혁 추진을 시사했다. 실제로 중도-우파 연립정부는 경제위기를 이용하여 모든 사회복지 지출삭감, 공공서비스 축소 등 인기 없는 정책개혁을 밀어붙이고 노조의 영향력을 축소시켰다(Dunphy 2007: 38). 중도-우파 연립정부의 이러한 일방적 의사결정 방식은 소비자와 투자자는 물론이고 국민대중의 신뢰를 훼손함으로써 경제위기의 심화를 장기화시켰다. 게다가 중도-우파 연립정부는 노조의 역할 축소 의도를 피력했고 조합주의적 임금협상을 폐기하려 했다. 노조가 이에 총파업으로 위협하는 등 정부-노조의 갈등관계가 고조되었다(Kauppinen 2000: 166-167).

그러나 1995년 집권한 사민당/좌파연맹/녹색동맹/국민연합당 간 과대규모 '무지개' 연정(1995~2003)은 사회경제 정책개혁 과정에서 조합주의적 의사결정의 협력모드를 복원시키는 전기를 만들었다(Kiander 2005: 94). 특히 1990년대 전반기에 지지율 하락에 직면했던 메이저 우파정당인 국민연합당이 사민당 주도 연립정부에 참여하여 사용자연합에 불리하지 않은 정치지형이 만들어짐으로써 핀란드 조합주의적 협약정치가 활성화되었다. 앞선 중도-우파 연립정부의 일방적인 의회정치 주도 정책개혁 방식을 철회하고 정치적 의사결정 과정에 노동시장 단체들의 참여를 끌어내어 인기 없는 정책개혁 이슈인 임금조정 및 복지·연금 급여축소 등에 관한 일련의 조합주의적 협약(1995·97) 체결을 제의하여 이를 성사시켰다. 2년 후에 노사정 소득정책을 갱신하는 새로운 임금협약을 체결했다(Timonen 2003: 61). 무엇보다 핀란드의 연금개혁 정치는 스웨덴과는 달리 노사정 간 합의가 이뤄진 후에 비로소 정부는 법안을 기획하고 의회에 상정했다.

이러한 좌우 연립과대규모정부-조합주의정치 간 연동과정에서 노조가 정부안을 거부하고 협상이 결렬되는 경우에도 정부는 의회 입법정치에 의해 일방적으로 정책개혁을 추진하는 유혹을 뿌리치고 지속적으로 사회협약 내용을 경신하는 인내심을 보였다. 물론 핀란드의 '무지개' 연립정부는 안정적 의회의석(72% 점유율)을 동원할 수 있는 정치지형 속에서 정책개혁 추진을 의회 입법정치에 의존하려는 유혹을 가졌을 것이다. 그러나 좌파정당과 우파정당이 두루 참여하는 포괄적인 초이념블록의 연정협약을 협상하는 과정은 노동과 자본의 이익을 동등하게 대표하는 정당정치 지형이라는 점에서 조합주의적 정책개혁에 노조와 사용자단체의 참여를 견인하는 강력한 인센티브로 작용했다. 이는 앞선 중도-우파 연립정부에서 일시 정체되었던 핀란드의 합의제 의사결정 양식이 안정적으로 부활했음을 의미한다. 흥미로운 것은 조합주의정치의 부활이 '무지개' 과잉과반 연정 시기와 아주 절묘하게 맞물린다는 점이다(Jungar 2011: 135-136). 국민연합당·스웨덴인민당 등 보수우파 정당들도 좌우 연립정부 하에서는 정치적 목소리를 낮추고 진보좌파 정당들과의 정책조율을 할 수밖에 없었다. 이는 노사 모두를 조합주의정치에 견인하는 기제로 작용했다.

2003년 무지개 연정의 붕괴에도 불구하고 새로 집권한 중앙당 중심의 연립정부는 조합주의적 협약정치를 지속적으로 작동시켰다. 즉 총선결과 다수당이 된 중앙당은 국민연합당을 배제하고 사민당·스웨덴인민당과 함께 중도-좌파 연정구성을 주도하고 노사정 조합주의적 정책결정에 접근했다. 그런데 중도-좌파 연립정부는 2004년 공공부문 연금개혁을 의회 입법정치를 통해 단행했다. 그러나 사실은 공공연금개혁이 2002년 민간분문 연금개혁의 조합주의적 협약을 모델로 하여 개혁되었기 때문에 노조와의 새로운 협상과정이 불필요했기 때문이다(Kangas 2007: 287). 중도-좌파 연립정부는 지속적으로 노조와의 임금협약을 협상하는 전통을 고수했다.

이상 살펴 본 것처럼 글로벌화의 충격과 압력에 대응하는 임금·노동시장·복지체제의 재조정 과정에 접근하는 스웨덴과 핀란드의 정치적 전략은 상이했다. 즉 스웨덴의 사민당 혹은 우파정당연합 소수정부는 노사 이익단체와의 조합주의적 정책협상을 생략하고 정책개혁 이슈를 의회 정당 간 입법연합정치 주도로 해결하는 전략을 추구했다. 대조적으로 핀란드 정부의 정책개혁은 조합주의적 협약정치의 작동을 통해 진행되었으며, 이는 적어도 3개 혹은 5개 정당이 참여하는 좌우 초이념블록 연립과대규모정부의 제의에 의해 가능했다.

2) 정당(연합)정치 패턴과 조합주의정치 변화의 인과성

글로벌화에 대응하는 사회경제적 정책개혁 과정에서 왜 스웨덴 정부는 의회입법정치를 선호하는 반면, 핀란드 정부는 조합주의정치를 선호했는가?

우선 글로벌화 이후 스웨덴 민주주의에선 탈조합주의정치화 현상이 발생하는데 이는 정당정치 패턴에 기인한다. 첫째, 스웨덴의 정당정치가 추구하는 내각패턴인 소수정부는 조합주의정치의 퇴조를 이끄는 변수로 작용했다. 스웨덴

소수정부는 야당과의 입법연합을 체결하여 법안 통과를 선호했는데 이 과정에서 정치적 의사결정 주도권이 행정부에서 의회로 이동하고 소수내각의 대(對)의회 정책 자율성이 제약되었다. 의회에 대한 소수정부의 정책자율성 약화는 행정부가 이익단체들의 다양한 요구를 충족시키는 데 정책능력의 한계가 존재했음을 의미하며, 이 때문에 조합주의적 이익교환(corporatist interest exchange)이 어려워졌다. 환언하면 스웨덴 의회의 대(對)행정부 정책 견제력과 통제력이 신장함에 따라 이익단체들은 조합주의적 정책교환을 통해 부여 받을 수 있는 소수정부의 반대급부적 정책능력을 불신하고, 소수정부가 직·간접으로 참여하는 조합주의정치 대신 우호적인 정당이나 의회를 상대로 한 로비정치에 대한 의존도가 높아졌다(Öberg *et al.* 2011: 376-378, 391). 특히 사용자연합은 자신과 긴밀하게 연계하는 보수우파 정당연합에 대한 로비정치에 의해 이익관철이 가능하다고 판단하고 스웨덴의 탈조합주의정치화를 주도했다.

둘째, 스웨덴 조합주의정치의 퇴조는 글로벌화 이후 더욱 뚜렷해진 좌우 이념블록 중심의 양극화된 정당경쟁에서 비롯된다. WEF에 대한 자본 측의 반대투쟁에서 발단되었던 LO와 SAF 간 격렬한 이념적 대립은 정당정치 차원에서 좌우 양대 이념블록 간의 양극화 현상을 촉발했다. 동시에 좌우블록 정당체제와 종(縱)적으로 연계된 스웨덴 노사 이익단체들은 정당정치의 좌우블록 이념갈등의 소용돌이로 휘말리고 있는 형국이다. 이런 상황에서 이익집단들은 각기 상대방과의 파트너십을 구축하는 조합주의적 정책협의체에의 참여보다는 정권이 교체될 때마다 자신의 우호적인 집권당 혹은 사실상 정책개혁 주도권을 가진 의회를 상대로 한 로비정치에의 집중을 통해 직접 영향력을 발휘하고 이익을 관철하려 했다(Anthonsen and Lindvall 2009: 178). 앞서 분석했듯이 특히 사민당 소수정부는 의회 차원에서 좌파당과 녹색당과의 입법연합을 통한 입법화 전략을 선호했는데, 이러한 적/녹 입법연합에 사용자단체는 강한 이념적 정치적 거부감을 드러내며 좌파블록에 우호적인 노조와의 조합주의적 협상에 연연하지 않았다. 결국 이분법적으로 양분된 이념블록 중심의 스웨덴의 정당경쟁은 조합주의정치의 안정적 작동과 양립하기가 어려웠다.

대조적으로 정책개혁 과정에서 핀란드 조합주의정치는 행정부-의회 거버넌스를 매개하는 정당 간 연합정치와의 유기적 연동을 통해서 제도화되었다. 첫째, 핀란드의 역대 연립과대규모정부는 스웨덴의 소수정부와는 달리 야당과의 입법연합을 구성하지 않고도 법안 통과에 필요한 안정적 의석(60% 초과)을 동원할 수 있었기에 이익단체들을 조합주의정치로 견인하는 자율적인 정책수단(채찍과 당근)을 구사할 수 있었다. 핀란드 과대규모 연립정부의 이러한 강력한 정책자율성은 내각이 대의회 정책통제권을 행사할 수 있었음을 의미한다. 따라서 이익단체들은 과대규모 연립정부의 정책 자율성·통제력을 신뢰하고 연립정부가 제의하는 조합주의적 정책교환에의 참여를 통해 반대급부적 혜택을 제공받고자 했다. 결국 핀란드 조합주의적 협약정치의 제도화는 노사정 간 정치적 교환을 견인하는 연립과대규모정부의 보상적 정책의지와 능력에 의해 가능했다(Woldendorp 2011: 25).

둘째, 정책거혁 과정에서 이념블록을 초월하는 핀란드 정당연합의 전통은 조합주의적 협약정치의 제도화를 촉진하는 강력한 정치적 인센티브로 작용했다. 핀란드의 초이념블록 연합정치는 노동과 자본을 정치적으로 동등하게 대표하여 좌파블록의 과도한 '좌클릭' 정책정향 혹은 우파블록의 과도한 '우클릭' 정책정향으로 경도될 수 있는 여지를 제약하고 균형적인 정책개혁 조합을 지향하는 조합주의정치에 노동시장 파트너들을 견인하는 동력이었다(Andeweg 2011a: 197-198). 특히 스웨덴의 중앙당과는 달리 상대적으로 강력한 정치력을 갖는 핀란드 중앙당의 피벗정치에 의해 이념적 정치적으로 중도실용주의 정책을 추구하는 초이념블록 연합정치 패턴이 제도화됨에 따라 노사 이익단체들은 조합주의적 협약정치를 통해 공생을 모색했다. 이념블록이 교차하는 연합정치는 이익단체들이 각기 상대방 파트너와의 조합주의적 협상을 회피하고 연립정부 내 우호적인 정당에 로비정치나 직접 영향력을 행사하려는 동기를 가질 수 없는 정치지형이었기 때문이다. 바꿔 말하면 초이념블록 정부연합은 특정 이익단체의 이해관계에만 편파적으로 집착하여 특혜를 줄 수 없었으며, 이러한 정당정치 지형은 노사를 협상테이블로 견인하여 조합주의정치를 안정적으로 제도화시키는 데 기여했다.

이상과 같이 스웨덴·핀란드 민주주의 동학과정에서 조합주의정치의 안정적 작동 여부는 정당정치 패턴에 의해 크게 영향을 받았다. 스웨덴에선 블록 정당정치가 추구하는 소수정부는 대의회 정책 자율성·통제력을 상실했으며, 이에 따라 노사 이익단체는 우호적인 정당 혹은 의회에 로비정치를 통해 직접 영향력을 행사하는 전략을 선호했다. 그 결과 스웨덴 민주주의는 정책개혁 과정에서 의회 입법정치가 조합주의정치를 대체했다. 반면 핀란드 민주주의는 초이념블록의 과대규모(과반) 연합정치가 계급 간 파트너십에 기초하는 조합주의정치를 안정적으로 작동시킬 가능성을 높이는 정당정치 지형임을 보여 준다.

5. 이론적 함의

노르딕민주주의 동학에 접근하기 위해 제9장은 스웨덴과 핀란드의 합의제 정치가 글로벌화의 압박에 대응하기 위해 임금·복지체제·노동시장을 재조정하는 정책개혁 과정에서 어떻게 작동하였는가를 분석했다. 스웨덴의 정책개혁은 이념블록 소수정부-탈조합주의(로비즘) 정치의 형태로 진행되었다. 그렇다고 스웨덴 민주주의가 웨스트민스터 모델에 근접했음을 의미하는 것은 아니다. 스웨덴 정당정치는 비록 탈조합주의정치를 촉발하고 내각구성에선 이념블록 소수정부를 추구했지만, 의회정치 차원에선 때론 이념블록 교차 입법연합, 때론 동일 이념블록 내 입법연합을 구축하여 정책개혁을 추진했다. 이런 맥락에서 볼 때 스웨덴 민주주의는 블록 정당정치와 피벗 정당정치, 웨스트민스터 모델과 합의제(메디슨) 모델 사이의 어느 지점에 자리매김하고 있다. 반면 핀란드 민주주의의 정당정치는 정책개혁 과정에서 이익단체-정부-의회 간 포괄적인 정책협상에 근간을 두고 초이념블록 연립과대규모정부를 통해 조합주의정치를 제도화하는 방식으로 작동했다. 역으로 핀란드의 조합주의정치는 사회적 파트너들에게 정당정치를 견제하는 강력한 수단을 제공했으며, 정당정치의 교착상태를 타개하는 데 기여했다. 따라서 초이념블록 연합과대규모정치는 조합주의적 정책협상에 힘입어 탈이념적인 실용주의적 정책개혁 해법을 탐색할 수 있었다. 결국 핀란드 민주주의는 정책개혁 과정에서 초이념블록 연합과대규모정치와 조합주의정치가 제도적 기능적으로 상호 보완하는 합의제 모델로 작동했다.

이와 같은 스웨덴·핀란드 민주주의 동학 사례의 비교분석은 이론적 함의를 던진다. 첫째, 소수내각이 대의회 정책통제력의 약화 현상을 돌파하기 위해 유동적인 입법연합을 구축하는 경우 이익집단들은 정치력이 강화된 의회를 상대로 하는 로비즘 정치를 선호하기 때문에 탈조합주의정치는 가속화한다. 둘째, 비례대표제-다당제-연합정치로 이어지는 민주주의 동학의 포맷에서 피벗정치는 좌-우의 협력을 이끌어내어 과반의석을 동원하는 테크닉이다. 이를 통해 정당 간 경쟁-협상-협력 사이클에 입각한 이념블록 교차의 연립과대규모내각은 대의회 정책통제력을 갖고 노동과 자본을 동등하게 대표하는 정책의지와 능력을 행사하는 정치적 기제로 작동하며, 이 경우 이익단체는 조합주의적 거버넌스에 참여하고자 하는 동기를 갖는다. 셋째, 민주주의 동학과정에서 합의제 정당정치는 이익집단의 포괄성·중앙집중성·독점대표성, 사민당-노조 연대 등 조합주의정치의 조직적 취약성을 보완·대체해 주는 역할을 수행한다. 조합주의정치의 조직적 특징을 갖춘 스웨덴 조합주의정치는 이익집단들 간 이념·분배 갈등을 촉발하는 블록 정당정치로 인해 해체되는 반면, 상대적으로 조합주의정치의 조직적 특징이 취약한 핀란드 조합주의정치의 안정적 제도화는 초이념블록 연합과대규모정치 패턴에 의해 가능했다. 따라서 노르딕민주주의의 합의제 정당정치-조합주의정치는 레이파트 학파의 이론적 틀과는 달리 획일적이고 단선적인 제도적 인과(institutional causality) 관계가 아니다.

마지막으로 노르딕민주주의 동학은 경제민주화-복지국가를 추구하는 한국정치에 시사하는 바가 크다. 특히 핀란드의 합의제 정당정치-조합주의정치는 민주주의의 인풋사이드(input-side)로 작동하여 임금·복지체제·노동시장을 재조정하는 정책개혁 과정에서 발생하는 갈등을 조정·관리하는 기제로 작동했다. 이 지점은 향후 한국민주주의가 경제민주화-복지국가 구축을 둘러싼 정책갈등을 조정 관리하기 위한 노사정 정치를 어떻게 디자인해야 하고 이의 안정적 작동을 유인하는 정당정치 패턴을 어떻게 제도화해야 하는가에 대한 유의미한 경험적 메시지를 제공한다.

제10장

네덜란드 합의제 민주주의 동학: 임금·복지·노동시장 재편

1. 문제의식

민주주의의 본질은 사회갈등을 조정 관리하고 사회통합을 이끌어내는 기제이다. 갈등의 골이 깊은 사회라 해서 민주주의가 불가능한 것은 아니다. 사회갈등은 민주주의 위기나 실패의 원인이 아니라 그 결과이다. 중요한 것은 사회갈등과 분열을 조정 관리하는 민주적 시스템이다. 따라서 어떤 국가가 갈등과 분열을 조정하고 사회통합을 달성할 수 있는가 여부는 그 나라의 민주적 시스템이 어떻게 디자인되고 작동하느냐에 달려 있다.

네덜란드는 전통적으로 종교갈등과 이념·계급갈등에 따른 사회의 '횡적 블록화' 현상이 존재했다. 특히 노사정 간의 갈등이 격렬했다. 즉 프로테스탄트파와 가톨릭파, 자유주의계열과 사회주의계열 등은 각각 별개의 노조와 사용자집단들로 갈라져 서로 대립하면서 정부와 충돌하곤 했다. 이익단체들은 각각 성향이 비슷한 정당을 지지했고 이로 인해 정당 간에도 대립이 격렬했다. 네덜란드는 특히 1970년대에 심각한 사회경제적 리스크에 직면했다. 즉 저성장-고실업-고복지-재정악화 등이 경제를 압박했으며 이는 노사정 갈등, 이념적 정치적 양극화를 촉발했다. 우리는 이를 '네덜란드 병'(Dutch Disease)이라 부른다. 1980년대 글로벌 시장의 충격은 '네덜란드 병'을 더욱 가중시켰다. 이 같은 국가적 위기는 네덜란드 민주주의를 크게 위협했다.

그러나 네덜란드 민주주의는 균열 축(pillarization)과 갈등을 해소하는 조정정치(politics of accommodation)로 작동했다. 특히 1980년대 이후 네덜란드 민주주의는 복지국가 정치경제 재편과정에서 갈등조정의 제도화를 통해 '네덜란드 병'을 치유하고 '네덜란드 기적'(Dutch Miracle)을 이룩했다는 평가를 받았다(Koole and Daalder 2002; Slomp 2004). 그렇다면 네덜란드 민주주의의 동력은 무엇인가? 이 장은 사회갈등을 관리 조정하기 위해 정교하게 설계된 네덜란드의 민주적 시스템 작동에서 그 해답을 찾는다.

네덜란드 민주주의는 합의제 정당정치(consensual party politics)-조합주의정치(corporatist politics)라는 합의제 민주주의(consensus democracy)의 두 갈등조정 시스템에 의해 작동된다(Andeweg and Irwin 2009: 33-38). 즉 정치운영 틀로서의 합의제 정당정치는 정당 간의 권력분점·공유(power-sharing)를 통해 작동되는 반면, 사회경제 이익조정 틀로서의 조합주의정치는 노동-자본-정부 간의 권력분점·공유를 통해 작동한다. 네덜란드 민주주의는 이러한 두 시스템을 통해 1980년대 이후 복지국가 정치경제를 재편하고 갈등조정을 제도화했다.

제10장은 네덜란드 민주주의 동학과정의 두 축인 합의제 정당정치와 조합주의정치 간에는 제도적 기능적 친화성이 존재하는 것으로 인식한다. 그런데 실제로는 네덜란드 조합주의정치는 정당정치 작동 패턴에 따라 위기, 부활, 제도화를 경험했다. 그렇다면 네덜란드 민주주의 동학과정에서 어떤 정당정치 조건이 조합주의정치 작동 여부와 양식을 규정했는가를 밝혀 보는 것은 의미 있는 연구가 될 것이다. 기존 조합주의 연구들은 이익단체들의 조직력, 강력한 노조-좌파정당 연대 등과 같은 구조적 제도적 조건에 초점을 맞춘 나머지, 조합주의적 협상을 촉진·지속시키는 역동적인 정당정치의 역할을 경시한다. 따라서 이 장은 정당정치가 조합주의정치에 영향을 미치는 자율적 행위자라는 시각을 갖는다(Hemerijck and Vail 2004: 9). 이러한 관점에서 이 장은 네덜란드 민주주의 동학 과정에서 어떤 정당정치의 조건이 어떻게 연계하여 조합주의정치의 위기 혹은 부활, 안정적 작동을 유인했으며 이를 통해 어떻게 복지국가 정치경제를 재편하고 사회통합을 달성했는가를 규명하고자 한다.

제10장의 분석 기간은 글로벌화의 충격에 대응하기 위해 합의제 정당정치-조합주의정치가 국제적 찬사를 받는 이른바 '폴더(Polder)모델'[1]을 창출했던

1) 폴더란 네덜란드의 지리적 조건, 즉 해면보다 낮은 간척지를 의미한다. 폴더모델은 네덜란드가 국민의 단합된 힘으로 바닷물을 막았듯이 1990년대 이후 사회적 파트너십으로 일궈낸 네덜란

1980년대~2000년대 중반까지의 네덜란드 민주주의 동학과정이다.

2. 합의제 민주주의의 갈등조정

1) 정치제도적 매트릭스

합의제 민주주의는 국가정책결정 과정에 권력분점의 제도적 조건이 다양한 사회이익을 대표하고 (재)분배 정책을 강화한다고 가정한다. 합의제 민주주의에는 기능적으로 연계된 정치제도적 매트릭스가 내장되어 있다(Lijphart 2012). 첫째, 정당의 득표율에 비례해서 의회 의석을 배분하는 비례대표 선거제도이다. 비례대표제는 이념적 스펙트럼을 확장하고 복합적인 사회갈등구조를 반영하여 가치·정책 중심의 '다당제를 하부구조로 하는 좌파-중도-우파 정당블록'을 유인한다. 비례대표제-다당제는 지역개발 프로젝트보다는 국민 모두의 관심사인 소득이전, 공공사회서비스를 확대하는 제도적 인센티브로 작용한다(Alesina and Glaeser 2007: 78). 둘째, 비례대표제-다당제에서는 의회권력을 독과점하는 패권정당이 등장할 수 없어 의회 차원에서 정책과 가치에 기초한 정당 간 연합정치(coalition politics)의 제도화 가능성이 증대한다. 또 의회 차원의 연합정치 토대 위에서 갈등사회의 각 집단과 계층과 세력을 대표하는 각 정당 간에 집행권이 분점·공유되는 연립정부(multiparty coalition cabinet)의 의사결정 과정이 제도화된다(Lijphart 2012: 80-92). 셋째, 비례대표제는 공공정책이 이해관계자(예컨대 이익·시민단체 등)와 정부 간의 공개적인 네트워킹과 파트너십을 통해 사회협약(social pacts)을 이끌어내는 조합주의정치(corporatist politics)와 제도적으로 조응한다(Martin and Swank 2008). 비례대표제-조합주의정치에서는 노동유연성과 복지 간 정치적 교환(political exchange)이 이뤄진다(Scholten 1987: 7-14; Regini 2003: 254). 자본도 노동유연성을 효과적으로 추진하기 위한 수단인 복지제도에 반대하지 않는다.

요컨대 합의제 민주주의는 정당 간 연합정치와 조합주의적 노사정 정치를 중심축으로 한다. 이를 통해 사회의 다양한 집단·계층의 선호와 이익이 '동등하고 효과적'으로 정치과정에 투입되는 메커니즘(절차적 민주주의)이 작동하며, 이는

드 기적을 상징한다.

보편적 복지 정책콘텐츠의 산출(실질적 민주주의)로 이어진다(Crepaz and Bircjfield 2000: 205-206).

2) 정치경제적 틀

현대 민주주의는 시민사회, 정치사회, 시장사회(market society) 및 국가 등 '부분체제들의 복합체(a composite of partial regimes)이다(Schmitter 1992: 424-426). 민주주의의 부분체제들은 상호보완적으로 작동한다. 이 과정에서 선거제도가 부분체제들 간의 작동 패턴을 규정한다. 특히 합의제 민주주의의 비례대표 선거제도는 시민사회-정치사회-국가라는 부분체제들을 매개하는 정당정치 패턴, 그리고 시민사회-시장사회-국가라는 부분체제들을 매개하는 노사정 정치 패턴에 각각 영향을 미치는 독립변수이다. 정당정치 패턴은 비례대표제가 유인하는 이념·정책 중심의 좌파-중도-우파 우파블록의 다당제, 의회·정부 차원의 정당 간 연합정치 등 기능적으로 연계되어 있는 제도적 매트릭스로 나타난다. 노사정 정치 패턴은 비례대표제가 유인하는 노사정 간 정책협의(policy concertation)를 통해 사회협약을 이끌어내는 조합주의적 이익조정(corporatist interest intermediation) 양식이다. 결국 비례대표제가 유인하는 정당 간 연합정치와 조합주의적 노사정 정치는 합의제 민주주의의 양대 제도적 중심축이며, 종국적으로 보편적 복지국가 수준을 규정한다(Cusack *et al.* 2007: 388). 연합정치가 의회·정부 차원에서 정당 간 교차파트너십(cross-partnership)에 기초한 협의를 통해 복지국가에 관한 정책교환·조율을 끌어내는 정당정치이라면, 조합주의적 정책협의는 노사(정) 간 정책파트너십을 통해 복지국가에 관한 사회협약을 끌어내는 노사정 정치이다 (Scholten 1987: 2-3).

합의제 민주주의의 양대 중심축인 정당 간 연합정치와 조합주의적 노사정 정치는 두 조건에 의해 제도적 기능적으로 상호 연계된다(Lijphart and Crepaz 1991: 235-236). 첫째, 정당과 이익단체의 융합을 통해서이다. 즉 이익그룹의 의사결정 과정에 연정파트너 정당의 대표를, 또는 연정파트너 정당의 정책결정 및 의회 법안 조율 과정에 유관 이익그룹의 대표를 각각 제도적으로 참여시킨다. 둘째, 노사정 조합주의적 정책협의를 통해 산출된 사회협약이다. 사회협약은 통상적으로 정당정치가 작동하는 의회의 입법화 절차를 밟으며, 이 과정에서 연합정치와 조합주의정치는 유기적 연계 속에서 작동한다. 이런 점에서 연합정치와 조합주의정치는 구조적 유질동상(structural isomorphism)에 기반을 둔 제도적 기능적 친화성(affinity)을 갖는다(van Waarden 2002: 50-51). 이는 성장과 분배(복지)의 선순환이라는 복지국가 정치경제를 구축하여 사회갈등조정을 제도화하며 특히 글로벌 시장에 대응하기 위한 복지국가 재편 과정에서 이해당사자들의 저항과 불만을 흡수·관리하는 메커니즘으르 작동한다.

의회·정부 차원의 연합정치(국가)는 시민사회와 공공 정책결정권을 공유함으로써 이익단체에게 구속력 있는 협약을 실행하는 정당한 강제력(법적 틀과 규칙)과 정책능력이라는 권력자원을 갖고 있으며 이를 통해 조합주의적 협상과 교환을 조성하기도 촉진하기도 한다. 동시에 이익단체에 제한된 권한을 부여함으로써 연립정부는 그들과 정보와 전문지식의 채널을 확대하고 정책조정을 시도한다. 사회적 타협은 사회적 파트너들의 전문적 행정적 자원을 동원함으로써 연립정부의 정책목표 달성 능력을 높일 수 있다. 그러므로 연립정부가 이익단체들 간 교환의 틀을 창출, 유지할 수 있을 때 조합주의적 거버넌스는 효과적으로 작동한다. 연립정부는 이익단체들 간 조합주의적 협약을 추인하는 절차를 통해 분배갈등과 협상 당사자들의 기회주의적 지대추구(rent-seeking)를 억제하는 데 도움이 된다.

그런데 합의제 민주주의의 비례대표제 국가에서 조합주의적 정책협의의 안정적 작동 여부는 정당정치 패턴에 달려 있다. 이념블록 중심의 정당정치의 조건에서 조합주의적 노사정 정치는 안정적으로 작동하지 못한다(Anthonsen and Lindvall 2009: 171-172). 왜냐하면 좌파블록과 우파블록이 양극단적으로 경쟁하는 정당정치에서 이익단체는 조합주의정치를 회피하고 자신의 우호적인 정당정부에 로비·시위 방식에 의해 직접 정치적 영향력을 행사하려는 유혹을 갖기 때문이다.

그러나 합의제 민주주의의 비례대표제 국가에서 이념블록 중심의 정당정치는 상대적으로 흔치 않고 의회·정부연합(legislative or executive coalition)을 통해 의회-행정부의 융합 공간을 확대하는 다양한 유형의 정당연합(party coalition)으로 작동한다.[2] 우파-중도, 좌파-중도, 좌파-우파 등 이념블록을 뛰어넘는 정당 간 연합정치가 작동하는 조건에서 연립정부는 특정 이익집단에게만 일방적으로 특혜를 주는 것이 어렵다. 이 경우 이익단체들 또한 자신에게 우호적인 정당이 이념적으로 반대되는 정당과의 타협(정당연합)하지 않고서는 안정적인 집권을 기대할 수 없기 때문에 상대 이익단체와의 조합주의적 협상 방식을 마냥 회피하지 않는다(Anthonsen and Lindvall 2009: 172-173). 또 선거 압력에 직면한 연립정부는 임금억제-증세-복지재편-노동시장 탈규제 등 정치적으로 인기 없고 민감한 정책개혁에 대한 책임을 이익단체들과 공유하기 위해 노사(정) 사회협약정치(social pact politics)를 추구하는 경향을 보인다(Hamann and Kelly 2011: 34).

3. 합의제 정당정치

1) 정당 간 연합정치

네덜란드는 전통적으로 종교·이념·계급 등 복합적인 사회균열 축으로 인한 정치적 갈등을 해결하기 위해 합의제 정당정치를 작동시켰다(Andeweg and Irwin 2009: 3~5장). 먼저 네덜란드 민주주의는 각 당에 전국 총 득표수에 비례하여 의석을 배분하는 정당명부식 비례대표제를 채택한다. 비례대표제는 사회균열 구조를 반영하는 '다당제를 하부구조로 하는 진보좌파-중도-보수우파 정당블록'의 정당체제를 형성한다. 즉 극좌파엔 공산당(CPN)-급진당, 온건 좌파엔 노동당(PvdA)-민주주의'66(사회적 자유주의)-녹색연합(GL), 중도정당엔 기민당(CDA)[3], 온건 우파에는 보수자유당(VVD), 극우파엔 농민당-개혁정치연합 등이 포진하고 있다. 2차 대전 이후 네덜란드 정치사회에는 노동당, 기민당, 그리고 자유당 등이 상대적으로 의회 의석 우위를 점유하고 있으나 네덜란드 정당정치에서 배타적·독점적 권한을 행사하는 패권정당은 존재하지 않는다. 비례대표제가 정치적 자원이 열세한 소수파의 과소대표를, 정치적 다수파의 과잉대표를 방지하여 언제나 다당제를 만들어내기 때문이다. 이러한 다당제는 정치의 탈분극화(de-polarization)와 갈등조정의 틀을 유인한다(Koole and Daalder 2002: 37).

---

2) 정당연합은 좌파정당과 우파정당 간 대연정(grand coalition) 정부, 이전 정부 구성에 참여한 한 개의 정당이 새로운 정부에 남는 부분교체(partial alteration)의 연립정부, 이전 정부에 참여하지 않았던 정당들이 구성하는 새로운 연립정부 등으로 나타난다.

3) 네덜란드 정당체제에서 기민당은 때로는 노동당에 대항하는 중도우파 정당으로 지칭되기도 하지만 일반적으로 중도좌파와 온건우파의 경계선상에 자리매김하는 중도정당으로 분류되고 있다(Hazen 1995: 78).

둘째, 균열된 네덜란드 사회의 여러 블록 간 갈등해결을 위한 장치는 의회를 구성하는 주요 정당들이 내각의 집행권을 공유하는 연립정부이다. 계급적, 계층적, 지역적 소수파 정당들이 자신의 정치고객의 주요 이해관계와 연관되는 의사결정 과정에의 참여가 제도적으로 보장된다. 1982년 기민당-자유당 간 중도우파 연정, 1989년 기민당-노동당 간 중도-좌파 연정이 등장했다. 이는 초(超)이념블록의 합의제 정당정치가 복원되었음을 의미한다. 기민당-노동당 연정에서 노동당은 기민당의 긴축재정 및 장애자복지지출 삭감, 사회복지 지출 동결 등에 동의했다(Wolinetz 1995: 190). 연정내각의 이러한 정책 실행결과 1994년 총선에서 기민당-노동당은 지지율 하락과 의석 축소에 직면한데 반해, D'66-자유당은 크게 의석 증가를 획득했다[4]. 특히 전통적 지배 정당인 기민당이 선거에서 참패했다. 그 결과 긴축재정과 복지비 삭감을 주도했던 기민당이 배제된 상태에서 1994년 8월 노동당(red)-자유당(blue)-D'66(blue) 간 이른바 '자주빛' 연립정부가 출범했다. 특히 자유당은 좌파정당인 노동당과의 연정에 참여하는 것을 주저했지만 협상을 통해 자유주의적 정부정책 프로그램을 성공적으로 도출하고 노동당과의 연정에 참여했다. 이는 네덜란드 정당정치의 지각변동이었다. 1998년 총선에서도 노동당-자유당-D'66 간 좌-우파 연립내각이 재등장했다. 그러나 2003년 총선 결과 기민당-자유당-D'66 중도우파 연정내각이 출범했는데[5] 이는 지난 8년 동안 정부구성에서 배제된 전통적 지배 정당이고 중도정당인 기민당의 정치적 부활을 상징한다.

네덜란드의 정당 간 연합정치는 어느 특정 지역, 종교, 계급의 패권을 인정하지 않고 여러 사회세력의 공존과 포괄을 중시하는 합의제 정당정치를 실현하는데 그 목적이 있다. 정치적 의사결정에 의하여 영향을 받는 집단과 세력 모두를 그 결정과정에 참여시킴으로써 특정 정당의 권력집중화·독점화를 방지하자는

---

4) 이는 선거유동성(electoral volatility)으로 인한 정당지형의 변화에 연유한다(Koole and Daalder 2002: 34-35). 1980년대까지는 우파정당 블록 혹은 좌파정당 블록 내부에서 투표자들이 지지정당을 바꾸는 블록내부(intra-bloc)에서, 1990년대에 이후엔 정당블록 내부에서도 여전히 높지만 정당블록 간(inter-party bloc)의 선거유동성이 상당히 증가했다.

5) 무소속 국회의원 후보였던 핌 포르틴(Pim Fortuyn)은 범죄증가와 이슬람이민 유입으로 인한 사회치안 불안 문제, 그리고 정부의 비대화 등의 문제를 제기했다. 그는 그 책임을 노동당에 전가했고 이는 노동당을 자극했다. 이런 상황에서 그는 총선 직전 암살당했다. 그의 암살은 2002년 총선에서 노동당의 패배와 기민당의 부활을 가져 왔다.

것이다. 선거에서 승리한 정당이 내각구성을 독식하여 선거에서 패배한 정당을 정책결정 과정에 배제시킨다면 그것은 결국 시민사회와 정치사회의 갈등을 야기할 수밖에 없기 때문이다.

2) 합의제 정치문화 창출

네덜란드 정당체제에서 과반 의석을 갖고 의회-정부를 단독으로 장악하는 패권정당이 존재하지 않는다. 이런 까닭에 정당정치에는 정당 간에 협조가 아니면 파국이라는 인식과 그에 따른 합의제 정치문화(consensual political culture)가 지배한다(Andeweg 1999: 132). 인식과 견해와 관점이 다른 정당들이 정치판을 깨어 파국에 이르기보다는 상대방 정당과의 타협이나 합의를 통해 정책갈등을 조정하고 함께 공생하는 지혜를 터득한 것이다. 정치세력들이 상호 관용하고 화합하고 반대세력을 배척하지 않는다. 그들 각각은 연정파트너 정당이 될 수 있는 가능성이 항상 열려 있기 때문이다. 예컨대 네덜란드의 사민주의 정당은 독자적인 노선을 통하여 자신들의 정책을 관철시키는 방식이 아니라 중도정당 혹은 우파정당과의 정책협의와 합의 속에서 사민주의 노선의 길을 모색한다. 노동당은 우파정당과의 정책협의를 하는 것이 결코 사민주의 노선의 포기가 아니라 생각하며 연립내각에서 상대 연정파트너 정당의 정책을 고려한다. 노동당의 사민주의 정책은 중도정당 혹은 우파정당과의 정책협의의 틀 속에서 접점이 모색되기 때문에 사민주의적 가치가 항상 정책에 선명하게 투영된 것은 아니다.

네덜란드 민주주의는 합의제 정당정치의 작동 결과 합의적 협의적 정치문화가 자리 잡고 사회적 균열이 점차로 소멸 재편되는 현상을 경험한다(Koole and Daalder 2002: 25-30). 예컨대 1960년대 중반부터 시작되어 1980년대 이후 사회적 균열축의 경계를 넘어 대부분의 이익결사체들이 통합되었다. 따라서 네덜란드는 더 이상 분열사회가 아니다. 레이파트(Lijphart 1968)의 민주체제 유형화 측면에서 볼 때 네덜란드 정치문화 구조는 '분절적'(fragmented) 정치문화에서 보다 '동질적'(homogeneous)인 정치문화로 변했다. 이는 한마디로 합의제 정당정치의 산물이다. 물론 1970년대 신좌파가 지배했던 노동당은 웨스트민스터 양당모델에 입각하여 유권자들에게 좌파정당 블록과 우파정당 블록 간 선택을 강요하는 양극화전략(strategy of polarization)을 취했다. 정당정치의 양극화는 대립적 갈등적 정치문화를 확산시켰다. 그러나 앞서 논의했듯이 1980년대 들어 합의제 정당정치가 복원되었다. 노동당이 양극화전략을 철회했고 이런 정치적 분위기 속에서 기민당-자유당 연정이 구성되는 등 정당정치의 행태는 협력적이고 합의 지향으로 변화했다. 무엇보다 1989년 기민당-노동당 간, 1994~2002년 노동당-자유당-D'66 간 좌우 초(超)이념블록의 연정 구성은 노동-자본 균열 약화, 정당정치의 세속화의 진전을 상징했다(Koole and Daalder 2002: 30, 34). 이는 네덜란드 정치문화의 탈분극화 현상을 촉진시켰다(Andeweg 1999: 120).

네덜란드의 이러한 정당 간 연합정치는 다음과 같은 합의제 규범문화를 확산시켰다. ① "의견이 서로 다를 수 있음을 동의"(agreement to disagree)하는 관용이다. ② 특정 정당이나 한 지도자의 독주를 거부하며 내각 및 각종 위원회들이 준수하는 협의적 집단적 합의적 의사결정 방식이다. ③ 대화와 타협, 소통과 공감과 합의를 모색하는 심리적 메커니즘이다. ④ 이해관계의 충돌로 인해 발생하는 갈등 이슈에 대한 실용주의적 접근이다. 네덜란드 합의제 정당정치는 이러한 관용과 화합, 타협과 합의, 실용주의적 규범문화를 정치엘리트들에게 내면화, 습관화시켰다. 어떤 정당도 단독으로 의회의석의 과반수를 차지하지 못하는 정당정치 상황에서 정치엘리트들 간의 타협과 협력과 합의는 실용주의적 행동양식을 통해서 가능하다(Andeweg 1999: 132). 앞으로 엘리트들의 관용과 화합, 타협과 합의, 실용주의적 규범문화는 네덜란드 합의제 정당정치의 작동을 지속가능하게 하는 요인이다.

네덜란드 합의제 정치문화의 집단적 협의적 의사결정 방식은 결사체·기업·교회 등 정치권 밖, 사회생활에서도 실천되고 있다. 네덜란드에서는 이익단체·교회·이사회 등에서도 지도자 한 개인에 의해 지배되지 않고 기업경영진은 기업가족으로 인식되고 있다. 개인관계에서도 다른 사람과 갈등하고 대립하지 않고 그룹과 관점을 달리하는 사람은 자신의 견해를 조율한다. 공개적인 갈등, 확신에 찬 소신, 격렬한 언쟁, 감정적 대응 등은 네덜란드 사회에서는 일반적 현상이 아니다(van Waarden 2002: 49). 사람들은 갈등과 분쟁을 조정을 통해서 해결하려고 한다.

4. 조합주의적 정책협의

1) 사회협약정치

2차대전 이후 네덜란드의 산업관계는 1945년 노동과 자본의 협력에 뿌리를 둔 '노동재단'(FL)이라는, 민법 관할 하에 있는 노사 자율적인 민간기구로 출발했다(Hemerijck 2002: 227-228).[6] 또 1950년 노사정이 참여하는 '사회경제협의회'(SEC)가 설립되었다. SEC는 정부에 의해 창립되어 공법 관할 하에 있으며 정부의 모든 사회 및 경제정책에 관해 자문에 응할 수 있는 법적 권리를 갖는다. 따라서 정부는 새로운 사회경제 입법안을 의회에 상정하기 전에 SEC의 자문을 얻어야 하는 법적인 의무를 갖는다. FL-SEC 간에는 타협과 역할분담이 이루어진다. 즉 FL은 임금 및 고용에 대한 일차적 컨설턴트로서의 법적 역할을 수행한데 반해, SEC는 구조적이고 장기적인 사회경제정책에 관심을 갖는다. 정부는 모든 정책협의 과정에 '제3의 파트너'로 깊숙이 개입하기 때문에 네덜란드 사회적 타협은 모두 3자주의(tripartism)이다. 요컨대 네덜란드 조합주의는 노사(정) 정책협의체인 FL-SEC의 설치로 제도화의 길을 걷는다.

1970년대에 양극화된 정당정치의 경쟁적 복지팽창 정책과 조합주의정치의 위기가 발생했는데 이 국면에서 네덜란드 경제는 고임금-저성장-고실업-고인플레이션에 직면했다. 네덜란드 정치는 당시 실업문제를 적극적 노동시장정책(ALMP)으로 해결하기보다는 소극적 노동시장정책(PLMP)으로 흡수시켰다.[7] 실업에 대한 이러한 접근은 1970년대 후반 GDP 대비 사회보장비 지출 급증, 기여금 부담에 따른 기업경쟁력 약화 등 악순환이 이어지는 '네덜란드 병'을 야기했다. 경제위기 속에서 1982년 11월 기민당-자유당 중도우파 연립정부(1982~1989)가 출범했다.

연립정부 하에서 노사는 저성장-실업증가-복지팽창(질병급여·장애급여의 관대

6) '노동재단'은 사회주의 노조(NVV), 가톨릭주의 노조(NKV), 캘빈주의 노조(CNV, 기민당과 연계), 그리고 사용자연합 등에 의해 설립되었다. 1976년에 NVV와 NKV가 통합하여 네덜란드 노조연합(FNV, 노동당과 연계)이 되었는데 이는 전체 조합원 중 63%를 차지하여 최대 노조이다.

7) 실업에 대한 국가정책은 ALMP와 PLMP가 있다. 전자는 직업알선, 직업교육, 기업의 취업보조금 등이 있다. 후자는 노동시장 밖으로 실업자들을 유인하여 이들에게 조기은퇴, 산업장애자 범위 확대, 실업보험 보조금 지급, 실업보험 조건의 완화 등이 있다.

성)-재정적자 등 '네덜란드 병'을 치유하기 위해 조합주의적 정책협의 시스템의 복원을 추구했다(Hemerijck 1995: 183-185).[8] 이에 따라 정부의 강력한 압력을 받은 FL에서 1982년 바세나르협약(Wassenaar Accord)이 체결됐다. 정부는 FL에 공식적으로는 참여하지 않았지만 협약이 체결되기까지 행정적 재정적으로 적극적인 지원을 했다.

바세나르협약의 기본 목표는 대량실업을 극복하기 위한 임금자제-근로시간 단축-고용창출이었다. 당시 노조는 자발적 임금자제(물가연동 임금제 폐지)로 기업의 투자를 촉진시키고 이를 통한 고용이 창출되어 복지 의존계층을 감소시켜 정부재정을 건실하게 할 수 있다고 믿었다. 이 협약에서 자본은 근로시간을 단축시켜 '일자리 나누기'(work-sharing)를 통한 고용증대로 화답했다(Visser 1998: 289). 그리고 정부는 세금감면, 복지개혁, 건전재정, ALMP,[9] 기업보조 확대를 약속했다. 요컨대 바세나르협약은 임금억제-기업경쟁력 회복-실업감소-재정적자 축소-세금감면-기업경쟁력 증가-고용증가-생산증가로 이어지는 선순환을 겨냥했다. 바세나르협약이 체결된 이후 SEC는 청년실업(1984년), 재교육훈련(1986년, 1987년), 장기실업(1986년, 1987년), 최저임금(1988년), 파트타임 근로(1989년) 등에 관한 만장일치의 광범한 정책 권고를 발표했다(Hermerijck and Vail 2004: 16).

기민당-노동당 간 중도-좌파 연정(1989~1994) 하에서 1993년 FL은 바세나르협약의 연장으로서 '신노선협약'(New Course Accord)을 체결했다. 이는 '소득보다 고용 우선'(jobs-before-incomes) 전략에 기초한 노조의 임금자제, '노동 없는 복지'(welfare without work)의 악순환 단절을 위한 국가의 복지개혁,[10] 교육훈련과

---

8) 네덜란드의 사회보장제 중 질병급여(sickness benefits)와 장애급여(disability benefit)는 '네덜란드 병'의 주범으로 지목되었다. 질병급여와 장애급여는 불경기시 인력감축을 위해 또는 생산성이 떨어지는 노동자들을 퇴출시키는 손쉬운 방법으로 사용되었다. 특히 장애급여는 자격기준의 모호성과 관대한 급여로 인하여 노동자들은 노동시장에서의 위험에 대한 대안으로 이용하였고 사용자는 해고의 어려움 대신 택하는 인력관리의 수단으로 이용하였다. 이는 곧 1970년대 재정지출을 증가시키는 요인으로 작용하였다.

9) 협약 이전 네덜란드 정부의 노동시장정책은 노동자들의 조기퇴직을 유도하는 관대한 PLMP에 초점을 맞추었으나 바세나르협약은 직업교육·훈련을 통해 실업노동자의 노동시장 참가를 주된 정책목표로 삼았다.

10) '노동 없는 복지'가 '복지에서 노동'(welfare to work)으로 전환되었다. 즉 ALMP를 통해 노동시장에 진입하려는 청년·저숙련·장기실업자에게 일자리를 제공했다. 복지개혁은 '네덜란드 병'의 주범인 장애급여와 질병급여 등 사회보장의 관대성을 축소했다. 80% 소득대체율, 급여기간의 무제한을 특징으로 했던 장애연금은 급여 삭감(70% 소득대체율로 하향조정), 급여자격 조

고용창출을 연계하는 국가와 사업주의 ALMP, 노동시간 단축을 통한 '일자리 나누기', 파트타임 근로 장려 등을 포함한다(Visser 1995: 287-293; Visser 1998: 279-284). 단순화하면 '신노선협약'은 임금자제-노동시간단축·일자리창출의 정치적 교환이며 바세나르협약에서 시작된 분산적 협약, 특히 중위적·미시적 협약(meso-micro pacts)을 더욱 가속화시키는 촉매제가 되었다. 노동시장 유연화를 추구하지만 기업별·사업장별 수준에서 해고 대신 파트타임 노동-일자리 나누기-직업교육훈련 강화를 추구했다.

1994년 노동당(red)-자유당(blue)-D'66(blue) 적/청 연립정부(1994~2002)는 조합주의적 이익조정 전략을 취했다. 이에 따라 1996년 사회경제 정책에 관한 SEC의 보고서에 입각해 FL은 신노선협약의 틀 속에서 '유연성과 사회보장'(flexibility and social security)의 주요 테마를 정교하게 다듬었다(Slomp 2002: 238). 즉 노사의 합의는 유연성(보다 많은 파트타임 노동)과 안정성(파트타임 노동의 법적 보호) 간의 균형을 강조했다. 이러한 협약은 적-청 연립정부 내부 파트너 정당 간 상이한 의견들을 조율하는 데 기여했다. 임금완화-노동유연안정성은 1997년 발간된 FL 보고서인 '어젠다 2002년'의 핵심이었다. 나아가 1996년의 유연안정성협약(Flexicurity Accord)은 1999년에 정규근로자의 보호완화(비정규직 전환 조건 완화 등) - 비정규직노동의 보호(사회보험·법정최저임금제·유급휴가·정규직과의 동등한 시간당 임금 등) - 사회안전망 강화(장기실업·빈곤층 대책) 등 세 축을 중심으로 '유연안정법'(Flexicurity Act) 제정으로 발전했다. 이 법은 노동시장 유연성 강화와 비정규직의 권리강화를 정치적으로 맞교환한 것이었다(Hermerijck and Visser 2000: 242)[11] 정규직(노동시장 인사이더)과 비정규직(노동시장 아웃사이더)의 격차를 좁혀 주는 분배연합(distributional coalition)을 형성하는 혁신안이었다. 이런 점에서 유연안정법은 한편으로는 노사의 타협, 다른 한편으로는 노·노 간 타협을 유도했다. 이는 파트타임 근로자로 전환되는 것에 대한 노동의 반발을

건 강화, 근로경력에 따른 급여 차등화, 연령에 따른 급여기간의 차등화 등으로 개혁되었다. 장애급여 이전에 12월 간 받을 수 있는 질병급여의 경우도 유사하게 개혁되었다.

11) 유연안정법은 특히 정부와 고용주로 하여금 법정 최저임금, 유급휴가, 시간당 임금, 연금, 사회보험 가입 등에 있어서 파트타임 근로자들에게 정규근로자들과 법적인 동등한 권리를 보장하도록 규정하고 있다. 물론 '유연보장법' 제정 이전에도 네덜란드는 이미 사회적 파트너십을 통한 노동시장 유연화를 추구했고 유연화의 사회적 충격과 파장을 최소화하기 위한 법제도를 만들었다.

줄여 줌으로써 노동시장 유연화를 더욱 촉진하는 데 기여했다.

2003년 출범한 기민당-자유당-D'66 연립정부가 표방한 주요 내용은 '참여-더 많은 일자리-규제 축소'(Participation, More Work Fewer Regulations)라는 정치협약에 규정되었다(Joop *et al.* 2004: 163-164). 연립내각은 초기 사민주의 계열-기민주의 계열, 두 거대 노조들과 대결적인 자세를 취했고 이로 인해 노조의 저항을 불러일으켰다. 그러나 2004년 11월 FL-SEC는 임금동결-사회보장지출(장애급여·실업급여) 삭감-조기퇴직-생애저축제 신설 등을 골자로 하는 '박물관광장협약'(Museum Square Pact)을 체결했다(Visser and Meer 2011: 217-221).

2) 노동시장 변화

네덜란드는 바세나르협약-신노선협약-유연안정성협약-박물관광장협약 등을 실행하는 과정에서 과거와는 다른 노동시장 변화를 경험했다(Slomp 2004: 74-76). 첫째, 노동윤리와 노동문화의 변화이다. 실업자들이 단순히 사회보장 수혜자로 머물러 있지 않고 노동시장에 (재)진입하는 현상이 나타났다.[12] 보험가입자가 적극적으로 일자리를 찾지 않으면 급여감축이라는 제제 조치가 가해졌는데 이는 네덜란드의 '저노동참여율-고급여수령자' 구조를 개선했다. 또 조기은퇴·질병·장애 등을 이유로 조기퇴직을 차단하는 등 도덕적 해이현상을 제거함으로써 노동시장 참여를 장려했다. 나아가 여성들이 노동시장에 적극적으로 참여하는 현상이 나타났다. 네덜란드에서 본시 가톨릭과 칼빈주의 이념은 전통적으로 여성을 가사에만 몰두하는 존재로 인식했다. 그러나 사회협약정치는 복지국가의 부담을 줄이고 국제경쟁력을 유지하는 수단으로 노동시장에 대거 여성들의 진출을 견인했다. 여성의 노동시장 참여는 파트타임 노동의 급증으로 나타났으며 기혼 여성의 소득은 그들 남편들로 하여금 풀타임 직장보다는 오히려 파트타임 일자리를 찾도록 하는 계기를 만들었다. 네덜란드에서 파트타임 일자리의 급증은 세계화에 대응하는 노동시장 유연성으로 높이 평가되고 있다.

둘째, 균열축의 경계를 넘어 대부분의 이익결사체들이 통합되었다. 이에 따

12) 사실 네덜란드의 낮은 노동참여율은 사회보장 급여 수령자의 과다 현상으로 나타났다. 1996년 약 230만 명 인구가 실업·질병·장애 등의 복지급여를 수령했다. 이 숫자는 2000년대 초 현재 220만 명 노령연금자를 포함해서 사회보장 급여 수령자는 총 550만 명에 육박한데 반해, 노동인구는 690만 명에 불과했다(van Waarden 2002: 63).

라 노사 결사체의 수, 결사체 엘리트들의 수가 줄어들어 정책협의의 논리가 보다 단순한 형태로 변했고 균열 축 내의 계급 간 연대가 이루어졌으며 정책 경쟁자들이 서로 갈등할 소지가 줄어들었다. 또 결사체 엘리트의 축소는 담론을 촉진시켰고 결사체는 이제 회원을 충원, 보존, 교육시키기 위해 이념적 호소에 더 이상 의존하지 않는다. 특히 이익결사체들은 노동자와 사용자들을 위한 교육훈련, 자문과 같은 공공재를 제공한다. 노사 카르텔은 민간 결사체들이 공공주권을 공유함으로써 이뤄지는 네덜란드 '조정·협의 경제'(coordinated or concerted economy)에 전형적으로 나타난다. 노사 카르텔은 수많은 중위적(meso) 미시적 수준의 협약을 체결한다. 이런 점에서 네덜란드는 '카르텔 천국'(cartel paradise)이라는 칭호를 받기도 한다. 이러한 광범위한 사회적 파트너십 개념은 네덜란드가 상대적으로 큰 경제적 성과를 이룩하는 데 기여하고 있다.

셋째, 노동과 자본 간의 균열이 크게 약화되었다. 노조들은 1980년대 이후 사회보장 지출삭감에 대한 항의 성명을 내기도 했지만 그들의 항의는 노사정 갈등을 격화시킬 정도의 영향을 미치지 않았다. 물론 노조 지도자 출신(W. Kok)이 이끄는 '자주빛 연정' 하에서 갈등은 오히려 증대되었다. 주요 노조연맹이 사민주의 블록(노동당)의 하위 파트너 지위에 머물러 있는 것을 철회하고 노조운동의 정치화를 시도했다. 노조들은 전국적인 항의 집회를 전개했고 이는 사회보장 축소에 대한 불만을 반영한 것이었다. 그러나 그러한 항의 집회는 사회불안을 초래할 정도는 아니었다. 오히려 자주빛 연정은 집권 8년 동안 상당한 인기를 유지했다. 이런 맥락에서 볼 때 네덜란드에서 노조운동의 정치적 저항은 조직화되기도 어렵고 효과적이지 못했음을 알 수 있다. 더욱이 정부도 조합주의적 정책협의 시스템을 제쳐두고 노조운동과 정면충돌을 하려 하지 않았다. 이러한 현상은 2002년 출범한 기민당-자유당-D'66 연립정부에서도 크게 달라지지 않았다. 사회경제정책에 관한 한 이전 기민당-자유당 연정은 물론이고 노동당-자유당-D'66 자주빛 연정의 선례를 따랐기 때문이다. 이것은 네덜란드 노동시장에 결사체적 거버넌스 시스템이 여전히 건재하고 있음을 말해 준다. 네덜란드 노동은 사회보장 개혁에 우려를 표명했지만 정부정책을 수용하고 순응하려는 문화가 노동시장을 지배하고 있다(Slomp 2004: 79). 특히 네덜란드 노동시장 유연화는 노동자들의 저항이 아니라 타협 지향적이고 협력적인 협상 시스템에 의해 이루어졌다.

5. 민주주의의 합의제 정치동학

1) 조합주의정치와 연합정치의 제도적·기능적 연계

앞에서 논의했듯이 조합주의적 노사정 정치와 정당 간 연합정치는 네덜란드 민주주의의 중요한 양대 축이다(van Waarden 2002: 50-52). 그런데 연합정치와 조합주의정치 간에 유질동상(isomorphic link), 즉 구조적 유사성이 존재한다(Lijphart and Crepaz 1991: 235-236). 이런 현상은 네덜란드 민주주의에 전형적으로 나타난다. 즉 네덜란드 민주주의 동학에서 조합주의정치는 구조면에서 연합정치와 제도적 기능적으로 연계되어 있다. 바꿔 말하면 연합정치는 조합주의정치의 위기·부활·제도화에 중요한 변수로 작용한다.

네덜란드 조합주의적 노사정 정치는 1970년대에 중앙임금협상제가 정체되는 위기에 직면한다(Hemerijck 2002: 230-232). 이는 네덜란드 정당정치 위기에서 연유한다. 좌파블록과 중도-우파 블록의 정당이 교대로 집권하면서 좌우블록 정당 간 경쟁이 양극화 현상을 보였다. 이로 인해 네덜란드의 전통적인 합의제 정당정치는 위기에 직면했다. 이는 당시 세 개의 종교정당(1979년 기민당으로 통합)이 언제나 보수자유당과 연대하여 정부구성을 선택했으며 가톨릭 노조와 사민주의 노조가 합병하여 자본과 기민당-자유당 연정블록에 매우 전투적 스탠스를 취한데서 비롯된다. 게다가 좌파블록과 우파블록은 오일쇼크에 따른 스태그플레이션이 복지국가의 아킬레스건을 때리는 상황에서도 경쟁적으로 복지국가 팽창을 시도했다. 이런 상황에서 노동당은 노조와 연대하여 기민당-자유당 연정블록에 반발하는 양극화 전략을 취했다. 노조와 사용자단체 간에도 계급적 이익정치의 확대에 따른 이념·분배 갈등이 격렬했다. 이와 같은 양극화된 이념블록 정당정치와 계급적 이익정치는 조합주의정치와 양립하기 어려웠다(Anthonsen and Lindvall 2009: 183). 노사 이익단체들이 각기 상대방 파트너와의 조합주의적 협상을 시도하기보다는 정부 내 우호적인 집권당에 직접 영향력을 행사하려는 유혹을 가졌기 때문이다(Visser and Meer 2011: 206).

그러나 1980년대 네덜란드 조합주의정치는 부활했다(Anthonsen and Lindvall 2009: 180-183). 이는 당시 만연되었던 사회경제적 위기 국면에 대응하고자 했던 실용주의적 합의제 정당정치가 복원되는 과정에서 비롯된다. 합의제 정당정치가 복원된 것은 '네덜란드 병'(저성장·고실업·고복지·재정악화)의 심각성에 대응하려는 정당들의 위기의식 속에서 1980년대 이후 기민당-노동당-자유당 등 좌파정당과 중도정당과 우파정당 간의 정책적 수렴화 현상을 보였기 때문이다. 특히 노동당이 이념적 양극화 전략을 포기한 1982년 이후 기민당은 노동당을 다시금 잠재적인 연정파트너를 고려했고 실제로 1989년 기민당-노동당 연정이 구성되었다. 앞에서 논의했듯이 기민당-자유당 연정(1982~89)과 기민당-노동당 연정(1989~94)이 노사로 하여금 1982년 바세나르협약, 1993년 신노선협약을 각각 체결토록 압박했다. 바꿔 말하면 사회협약 체결은 임금 등 노사 공동사회경제 이슈에 관해 합의·결정하지 못하면 노사 문제에 직접 개입할 것이라는 연립정부의 효과적인 위협에 의해 촉진되었다(Hemerijck and Vail 2004: 15-16; 39). 실제로 연립정부는 조합주의적 정책협의 시스템의 작동을 위한 행정적 재정적 압력을 구사했다. 또 이익단체들은 연금·노동시장 개혁 정치를 주도했다(Anderson 2007: 751). 이 같은 조합주의정치의 부활은 이념적 스펙트럼 상 중도정당인 기민당이 연합정치 과정에서 때론 우파정당, 때론 좌파정당을 연정파트너로 선택하는 등 균형추 역할을 하는 회전축 정치(pivotal politics)에 연유한다. 네덜란드 기민당은 사민주의 세력과 자유주의 세력이 혼재하여 전통적으로 노동과 자본 모두에 비교적 우호적인 스탠스를 취했기 때문이다. 결국 네덜란드 조합주의정치 부활은 기민당이 주도하는 고도로 제도화된 연립정부의 정책 압박에 의해 가능했다.

나아가 앞서 언급했듯이 노동당-보수자유당-D'66 자주빛 연립정부 하에서 FL-SEC은 유연안정성협약(flexicurity pact)을 체결했다. 또 자주빛 연정은 조합주의정치와의 역동적 연계 속에서 유연안정성법, ALMP의 법적 틀인 '구직자고용법', 비정규직과 정규직의 동등한 법적 지위를 확보하는 '신노동시간조정법', '고용조건정책협약' 등을 입법화했다(Hermerijck and Vail 2004: 22-23). 또 기민당-자유당-D'66 연정(2003~2006) 하에서 노사정은 '박물관 광장협약'을 체결했다. 이러한 조합주의정치는 네덜란드 정당정치가 실용주의적인 정당연합(party coalition)으로 복원되는데서 비롯된다. 좌우 초(超)이념블록의 '자주빛' 연립정부가 네덜란드 조합주의정치를 촉진하는 정치적 토대로 작동한 것이다. 좌파-우파 정당 간의 정부연합(government coalition)이 노동과 자본 등 특정 이익단체의 이해관계에만 집착할 수 없어 조합주의정치의 안정적 작동을 유도했기 때문이다. 이익그룹의 의사결정 과정에 연정파트너 정당의 대표를, 또는 연정파트너 정당의 정책결정 및 의회 법안 조율 과정에 유관 이익그룹의 대표를 각각 참여시켰다. 따라서 네덜란드 조합주의적 정책협의는 안정적이고 예측 가능한 정책 패키지를 산출하는 제도적 구조라기보다는 정당 간 연합정치와 사회적 파트너들 간에 역동적인 대화와 정치적 교환 과정이다. 이러한 연합정치와 조합주의정치의 제도적, 기능적 연계는 유연안정성 모델이라는 네덜란드 복지국가의 정책네트워크로 작동했다.

이와 같이 네덜란드 민주주의는 조합주의적 정책협의가 정당 간 연합정치와의 제도적, 기능적 연계 속에서 작동한다(Visser and Meer 2011: 205-221). 특히 1980년대 이래 전통적인 정당연합과 계급 간 협력의 복원이 조합주의 부활을 가능케 해 보편적 복지국가 정치경제 재편을 유도한 것이다. 정당정치에서 합의제 조정정치(politics of accommodation)가 복원됨에 다라 이익단체들은 정당체제 내부 자신들의 우호적인 정치세력에 직접적인 영향력을 행사하는 데 오는 이익보다는 상대방 이익단체와의 협력을 통해 얻는 혜택이 더 컸다(Anthonsen and Lindvall 2009: 183). 이것이 네덜란드 조합주의 부활-제도화의 동력이다. 특히 네덜란드 조합주의적 정책협의는 기민당-보수자유당 연립정부보다 노동당-기민당, 노동당-보수자유당 등 초(超)이념블록의 연립정부에서 더 양호한 실적을 기록한다(Woldendorp and Keman 2006: 304, 319).

한편, 노사(정) 조합주의적 협상(corporatist bargaining)·신뢰·타협·공익 규범은 합의제 정당정치 문화에 뿌리를 두고 있다(Becker 2005: 1086, 1098). 네덜란드의 노조와 사용자단체 등 이익결사체는 보충성(subsidiarity) 원칙에 따라 국가가 설정한 테두리 내에서 사회경제부문에 대한 일정 정도의 자율성을 갖고 사회경제적인 이익조정을 수행한다.[13] 정책협상 자율성을 갖는 정상 노조 및 사용자단체의 지도자들은 합의제 정당정치의 규범문화에 따라 결사체 간의 이해관계를 조정한다.[14] 즉 조합주의적 정책협상에 참여하는 이익결사체의 엘리트 간 조정

13) 보충성 원칙은 상위의 공동체(중앙정부)가 하위 단위의 공동체가 수행하지 못한 영역에 한해서 도움 혹은 보조를 해 주는 원리를 말한다. 따라서 보충성 원칙의 시각에서 볼 때 이익결사체는 공동생활에 '자기결정성'과 '자기책임성' 원칙에 따라 활동한다.

정치는 (a) 이해관계의 차이를 수용하고 관용하는 것, b) 소수파를 무시하는 결정을 채택하지 않는 것, c) 이해집단들의 비례적 대표 및 비용과 이익의 비례적 배분, d) 실용주의의 원리 등에 따라 작동된다(Haverland 1998: 1-10). 요컨대 바세나르협약-신노선협약-유연안정성협약-박물관광장협약 체결과정에서 나타난 조합주의정치가 안정적으로 작동한 것은 합의제 정당정치의 규범과 문화를 바탕으로 한 노사정 간의 상호 협력과 신뢰에 힘입은 바 크다.

2) 갈등조정의 제도화

네덜란드 민주주의의 연합정치-조합주의정치 연계는 다른 서유럽국가에서보다도 사회갈등을 효과적으로 관리하는 요인으로 작용했다(Slomp 2004: 71-72).

첫째, 정당 간 연합정치가 조합주의적 정책협의의 이념적 정치적 담지자 역할을 수행함으르써 정치의 탈분극화(de-polarization)와 갈등과 분열을 흡수 관리한다. 특히 이념적 스펙트럼상 중도적 성향을 보인 기민당에 의해 지배되는 구심력 정치(centripetal politics)가 일반시민의 과도한 정치적 동력화를 방지한다. 1994~2002년을 제외하고는 20세기 초반 이래 정부구성에서 줄곧 지배정당의 위상을 견지했던 기민당은 좌우 균열에서 중도적인 정향을 보인다. 노동당이 최대의 좌파정당이지만 1990년대 중·후반기를 제외하고는 정치력에 있어 거의 지속적으로 기민당에 비해 열세를 보였다. 물론 기민당의 지지도가 지속적으로 감소하는 추세를 보이고 있다. 그러나 네덜란드 정치는 여전히 기민주의에 의해 지배되고 있다.[15] 이를 반영하듯 2002년 이래 기민당은 재집권에 성공했다. 중도정당인 기민당은 보수자유주의의 우파정당, 사회적 자유주의의 D'66, 사민주의의 노동당을 각각 교대로 연정파트너로 선택한다. 이러한 기민당의 회전축

---

14) 결사체는 국가권력의 최고 요직에 선출되기 위한 주요 충원 채널이 되고 있다. 예컨대 노동당의 빔 코크(Wim Kok) 수상은 이전에 노조 지도자였고 그의 선임 수상인 기민당의 루버스(R. F. M. Lubbers)는 과거 사용자단체의 지도자였다. 이는 엘리트 차원에서 합의제 정당정치와 조합주의적 정책협의 간의 연계성을 시사해 주는 대목이다.

15) 이러한 현상은 여성이 노동시장에서 여전히 남성과 동등한 지위를 확보하지 못하고 있다는 사실에서 확인된다. 왜냐하면 여성은 가사에 전념할 것을 권장하는 기민주의의 전통이 여전히 자리 잡고 있기 때문이다. 물론 여성의 노동시장 참여 증가, 사회보장에서의 성차별 감소 등 노동윤리 및 노동문화가 변하고 있다. 파트타임 노동시장에 여성이 대거 참여하는 것은 여성해방의 상징이다. 그러나 여성은 여전히 상대적으로 저임금 일자리, 해고위험 등의 측면에서 볼 때 노동시장의 약자이다.

정당정치가 조합주의정치를 안정적으로 작동시켜 네덜란드 민주주의에는 탈분극화-구심력 정치가 지배한다. '자주빛 연정'에 참여했던 두 자유주의 정당도 기민주의의 전통인 탈분극화 정치를 그대로 고수했다. 정부구성에서 기민당의 일시적 배제 기간에도 좌-우파 정당 간 양극화를 야기하지 않았으며 오히려 좌-우파 정당 간 초(超)이념적 협력의 기회가 되었다(Slomp 2004: 76-77). 앞에서 지적했듯이 초이념블록의 정당정치가 조합주의정치를 안정화하여 갈등조정을 제도화시켰다. 요컨대 네덜란드 민주주의의 양대 축인 연합정치-조합주의정치의 연계가 사회세력 간 분열과 갈등을 희석시키려는 정치의 탈분극화를 유인한다.

둘째, 연합정치-조합주의정치의 연계를 주도했던 프로테스탄트 세력은 정치적 이슈들에 대한 '과학적' 해법을 모색한다. 그들은 자연과학, 계량경제학을 중시하는 데 네덜란드 정치는 이런 과학의 명성에 대한 오랜 전통을 갖고 있다. '과학적으로 검증된'(scientifically-based) 정책을 중시하는 프로테스탄트의 성실한 계량경제학적 데이터에 대해서 다른 분절집단의 대표들도 의심하지 않는다. 특히 중앙기획국(Central Planning Bureau)이 경제상황에 관한 계량경제학적 데이터에 근거하여 연합정치-조합주의정치의 사회경제정책 결정방식은 정책갈등을 조정하는 데 효과적이다. 이를 통해 네덜란드는 1970년대에 만연했던 '네덜란드 병'을 치유하고 1990년대 이후 성장·물가·재정·고용 등에서 유럽연합의 평균보다 우월한 성과로 나타난 '네덜란드 기적'을 달성했다. 결국 세계로부터 각광을 받은 네덜란드 폴더모델은 연합정치와 조합주의정치의 연계를 통해 가능했으며(Hemerijck and Vail 2004: 13-25) 이는 노사정 갈등조정의 제도화로 이어졌다.

셋째, 연합정치와 조합주의정치의 연계는 계급·계층의 탈분극화에 효과적으로 작용했다. 가톨릭 균열 축과 프로테스탄트 균열 축은 각각 노동, 중산층, 상류층 등 여러 사회 계급·계층 출신의 사람들을 포함했다. 하지만 연합정치와 조합주의정치의 기능적 연계에 힘입어 이제 그들은 사회적 균열을 가로질렀고 이 때문에 계급·계층 갈등 이슈의 돌출이 그렇게 심하게 표출되지 않는다.

마지막으로 연합정치-조합주의정치의 연계는 복지국가를 통해 갈등조정에 기여했다. 2차대전 이전 비스마르크형 사회보험제로 출발한 네덜란드는 전통적으로 정치적 좌파가 취약하고 중도적인 기민당이 강력한 정당정치 지형 속에서 전후에도 복지국가 발전이 제약되었다. 그러나 1960년대에 지지율 하락에 직면한 기민당 주도 연립정부는 중앙임금협상제-PLMP의 조합에 입각한 보편적 복지국가 정치경제를 발전시켰다. 즉 네덜란드 복지국가는 공공사회서비스 비중이 약하고 노사가 부담하는 기여금 중심적이기 때문에 보수주의 복지국가라고 할 수 있으나 소득지원의 보편성 원칙이 강하고 관대하다는 점에서 사민주의 복지국가와 유사하다. 이러한 네덜란드의 보수주의-사민주의 복지국가는 조합주의정치-연합정치의 산물인데 글로벌 시장화에 대응하는 노동시장 유연화에 대한 노동의 저항을 줄이는 버팀목 역할을 했다(Visser 1998: 290). 나아가 1980년대 이후 연합정치-조합주의정치의 연계는 네덜란드의 복지국가 정치경제 재편과정에서 야기된 갈등을 조정했다. 네덜란드 복지정책은 1980년대 이래 '노동 없는 복지'에서 '복지에서 노동'으로, PLMP에서 ALMP로 이동하는 일종의 복지정책 패러다임의 전환이 이뤄졌다. 이 과정에서 이해당사자의 저항과 반발을 최소화한 것도 의사결정 과정에 그들을 참여시킨 연합정치-조합주의정치의 연계를 통해서 가능했다.

6. 비난회피정치

네덜란드 민주주의는 연합정치-조합주의정치라는 양대 축의 제도적 기능적 연계에 의해 작동했다. 네덜란드 민주주의 동학에서 조합주의정치는 양극화된 정당정치와는 양립하기 어려웠다. 반면 네덜란드 조합주의정치는 중도정당(기민당)이 정당연합에서 회전축 정치를 수행하는 조건에서 부활했고, 좌우 초(超)이념블록의 연합정치의 조건에서 제도화되었다. 네덜란드 민주주의 동학과정에 나타난 연합정치-조합주의정치의 부활-제도화는 1980년대 이후 복지국가 정치경제를 재편했다. 즉 실업 문제에 대한 PLMP적 접근 방식으로부터 탈피하여 임금억제-노동시간 단축-일자리 나누기-파트타임 일자리 등 유연성 제고로 전환하는 한편, 정규직의 양보를 전제로 정규직과 비정규직의 동등한 법적 권리를 보장하고 ALMP를 강화하는 안정성을 지향했다. 이를 통해 연합정치-조합주의정치의 연계는 특히 글로벌화의 이익과 비용을 분산시키는 정책능력을 통한 갈등관리(conflict management) 기제로 작동했다. 이러한 의미에서 연합정치-

조합주의정치의 연계를 정당화하는 근거는 이해관계자를 사회경제정책 결정과정에 평등하게 참여시킴으로써 협력, 타협 및 합의를 이끌어내고 이익갈등을 조정하는 데에 있다. 요컨대 네덜란드 민주주의는 '비배제'(non-exclusion)-'비갈등'(non-conflict) 메커니즘에 따라 작동한다.

네덜란드 민주주의는 연합정치-조합주의정치의 제도적 기능적 연계를 통해 글로벌화가 압박한 임금억제-복지재편(연금개혁·실업급여기간축소 등)-노동유연화 등 정치적으로 인기 없고 민감한 정책개혁을 추진했다(Hamann and Kelly 2011: 33-35). 좌파정당 주도 연립정부든, 우파정당 주도 연립정부든 값비싼 정치적 비용을 치를지도 모르는 비인기 정책개혁을 협상하는 과정에 노조와 사용자를 참여시키는 조합주의정치를 작동시키는 것이 선거전략상 유리하다고 판단했기 때문이다. 따라서 연합정치-조합주의정치의 연계는 정책의 대표성·정당성을 증대시키고, 정책 책임성을 연정파트너 정당과 사회경제적 파트너에게 분산·공유시킴으로써 집단과 계층의 반발과 저항을 관리·흡수하는 비난회피정치(blame avoidance politics) 전략이다.

네덜란드 민주주의 동학의 갈등조정 사례는 한국 민주주의 발전을 위한 시스템을 디자인하는 데 시사하는 바가 크다. 현재 한국 민주주의는 신자유주의 시장경제가 야기하는 사회양극화와 노사(정) 간 갈등을 조정 관리하는 데 실패하고 있다. 네덜란드의 노사정 갈등조정이 제도화된 것은 민주적인 시스템, 즉 연합정치-조합주의정치의 제도적 기능적 연계에 연유한다. 노사(정)가 사회경제정책 결정과정에 동등한 참여를 통해 이해관계를 조율하고 이를 통해 정책콘텐츠를 개발했기 때문이다. 이 점에서 제10장은 노사정 갈등조정의 제도화를 위해 연합정치-조합주의정치 시스템을 어떻게 디자인해야 하는 문제가 한국 민주주의의 선결 과제라는 점을 확인시켜 준다.

물론 한국 사회에는 조합주의정치에 대한 회의론이 존재한다. 이익단체 및 좌파 정치세력화 등 구조적 제도적 조건이 미비하기 때문이다. 그러나 조합주의정치는 구조적 제도적 조건을 충족하지 못한 네덜란드에서도 제도화되었다. 바꿔 말하면 조합주의정치는 이익단체의 조직적 포괄성·중앙집중성·독점적 대표성, 강력한 노조-좌파정당 연대 등 구조적 제도적 조건을 전제하지 않는다(Molina and Rhodes 2002: 316-317). 이는 이익단체의 조직화, 노조-좌파정당 연대가 취약한 한국 자본주의 정치경제체제에서도 노사정 관계를 조합주의적 정책 협의의 틀로 디자인할 수 있으며, 이를 통해 경제민주화(재벌개혁)-보편적 복지 국가로 도약할 수 있는 가능성을 시사한다. 네덜란드 민주주의 사례 연구가 보여주듯이, 중요한 것은 조합주의정치의 안정적 작동 여부가 초(超)이념블록의 정당 간 연합정치의 제도화 여부에 달려 있다는 점이다.

제11장

노동시장 유연안정성 정책조합의 정치동학: 덴마크·네덜란드 비교

1. 문제의식

사용자는 경쟁력 제고를 위해 노동시장의 유연성(flexibility)을 추구한다. 반면 노동자는 노동시장의 권익 안정성(security)을 요구한다. 국가(정부·의회)는 행정적 재정적 정책수단 혹은 입법을 통해 노사 양쪽에 상충하는 노동시장 이해관계를 조율하도록 압력·권고·지원을 구사한다. 따라서 노동-사용자-국가 간에는 긴장과 갈등이 상존한다. 서유럽 국가들, 특히 덴마크·네덜란드는 일견 모순된 것처럼 보이는 유연성-안정성을 연계하는 균형적 정책조합을 통해 이익갈등을 조정하는 실험을 했다. 글로벌화 이후 임금-노동시장-일자리-복지-훈련교육 등을 포괄하는 개혁이슈를 조정하는 유연안정성(flexicurity) 정책조합이 이익단체-국가 간 정책협약(policy pacts)과 입법화를 통해 창출(형성)·제도화된 것이다(Avdagic 2011: 17).[1)] 이 점에서 노동시장의 유연안정성은 정치적 개념으로 상정될 수 있다(Wilthagen 1998: 1-2, 22).

덴마크·네덜란드는 글로벌 시장의 충격에 대응하는 과정에서 노동시장의 개혁을 위한 정책조합을 통해 이익갈등을 조정했다. 노동시장개혁의 유연안정성 정책조합이 (준)사회협약(social pacts) 형태로 형성된 것이다. 그런데 정치제도는 자본주의 시장경제의 변화, 특히 노동시장개혁 경로에 영향을 준다(Cusack *et al.* 2007; Lijphart 2012). 그러나 구조론과 전략적 선택론 등 기존 이론들은 정치제도

1) 제도화란 유연안정성 정책조합의 입법화를 통해 이를 행위자들이 정당한 준거점(reference points)으로 인식하는 지속가능한 과정이다(Visser and Rhodes 2011: 62).

적 동학이 노동시장의 정치적 조정과정에 주요 변수로 작용함을 간과한다. 따라서 제11장은 신제도주의적 관점에서 노동시장 유연안정성 정책조합의 창출·제도화를 견인한 정치제도적 동학에 주목할 필요성을 갖는다.

합의제 민주주의의 제도적 인과관계의 첫 단추인 비례대표제는 다당제-연합정치-의회·행정부 거버넌스-노사정협력 등의 제도적 매트릭스를 통해 노동시장의 변화를 견인한다(제8장). 이런 관점에서 볼 때 덴마크·네덜란드의 노동시장 정책네트워크는 비례대표제가 유인하는 노사정 간의 사회적 대화(social dialogue)이며(Compston 2002a: 3-5), 그 외연의 공간에서 사회적 대화의 안정적 작동을 촉진한 의회·정부 차원의 정당 간 연합정치(coalition politics)이다. 한마디로 노동시장의 유연안정성 정책조합은 비례대표제-연합정치-사회적 대화의 연동에 의한 '정치적 조정'의 결과물이다.

기존 국내외 연구들은 서유럽국가, 특히 덴마크·네덜란드의 노동시장 유연안정성 정책콘텐츠가 무엇이고 그 성과는 어떠했느냐에 분석초점을 맞추었지, 노동시장의 정책조합의 정치제도적 함의, 즉 정책인풋사이드(policy input-side)에 주목하지 않았다. 예컨대 정원호(2004, 2005)와 정희정(2008)은 네덜란드 혹은 덴마크 노동시장의 유연안정성 정책패키지·사회경제적 성과를 분석했지만, 양국 노동시장의 정책조합을 정치제도적 동학과의 인과관계에 대한 고려 없이 단순히 병렬적으로 비교 열거하는데 그쳤다. 또 양국 정책콘텐츠 및 사회경제적 성과(실업률·고용률 등)를 분석하는 국외 연구들은 여기서 열거할 수 없을 정도로 많다(Oorschot 2004; Andersen and Svarer 2007; Streeck and Trampusch 2007; Tros 2012). 이처럼 유연안정성 정치동학과정에 접근한 국내 선행연구는 전무하다. 물론 그들 연구도 덴마크·네덜란드의 노동시장 유연안정성 정책조합의 형성과정에서 노사정 간 타협·조정의 역할을 인지하고 있다. 그러나 사회적 대화가 의회·정부 차원의 연합정치와 맞물려 작동하면서 노동시장의 정책조합을 형성한 프로세스에 접근한 선행연구는 관찰되지 않는다. 따라서 제11장은 덴마크·네덜란드의 노동시장개혁 과정에서 정치제도, 즉 비례대표제가 유인하는 합의제 정치제도가 어떻게 작동하여 노동시장의 유연안정성 정책조합이 형성·변화되었는가를 비교 분석하고자 한다.

이를 위해 제11장은 덴마크와 네덜란드의 노동시장 개혁정치를 분석사례로 설정한다. 덴마크는 사민주의 복지국가인 반면, 네덜란드는 기독교민주주의의(기민주의) 복지국가이다. 상이한 복지국가 유형임에도 불구하고 글로벌화 이후 양국 노동시장은 유연성과 안정성을 유기적으로 균형화한 유연안정성 모델을 실행했다. 그러나 양국의 노동시장 개혁정치과정은 공통점과 차이점을 동시에 갖는다. 따라서 양국은 서유럽 합의제 민주국가들의 노동시장 개혁정치를 이해하는 데 경험적 상징성을 갖는다.

전통적으로 덴마크는 강력한 노조-중도좌파정당에 기초하는 사민주의 정치가 우세했던 반면, 네덜란드는 상대적으로 노조-중도좌파세력이 취약한 정치지형 속에서 기민주의 정치가 지배했다. 정치사회적 조건이 서로 다른 양국 노동시장 개혁정치과정을 비교분석하는 것은 한국 노동시장의 개혁정치를 유인하는 정치제도적 요건을 탐색하는 데 사사하는 바가 크다.

제11장의 구성은 다음과 같다. 우선 유연안정성 정책조합 매트릭스와 이론적 가설을 중심으로 이론적 분석틀을 구안한다. 다음 덴마크·네덜란드 유연안정성 정치의 양대 제도적 시스템을 비교논의하고 양국 연합정치-사회적 대화간 연동기제의 작동에 의한 유연안정성 정책조합의 형성·제도화 과정과 성과를 비교 분석한다. 마지막으로 양국 유연안정성 정치를 비교평가하고 정치경제적 함의를 이끌어낸다.

2. 이론적 분석틀

1) 유연안정성 정책조합 매트릭스

유연성-안정성 연계(flexibility-security nexus)는 산업관계론의 핵심 테마인 자본-노동 관계를 반영한다. 노동시장의 유연성은 자본의 생산성·경쟁력·성장을 겨냥하는 경제정책의 관점에서 요구되는 반면, 노동시장의 안정성은 노동의 노동권·사회권 신장을 통한 사회통합을 강화하려는 사회정책의 관점에서 요구된다.

덴마크·네덜란드의 1990년대 노동시장개혁 과정에서 개념화된 유연안정성 모델은 몇 가지 특징을 갖는다(Wilthagen 1998: 1-2; 22). 첫째, 정규노동자의 법적 사회적 권리완화(유연화)와 유연노동자(flex-worker, 비정규직)들의 권리강화(안정성)를 연계시키는 전략이다. 둘째, 여러 수준(중앙·산업·지역·기업 등)의 사회적 파트너 간, 사회적 파트너-정부 간에 공동으로 참여하는 협상과 타협, 사회경제 정책결정 과정을 통해 노동자와 사용자의 갈등적인 이해관계를 상생(win-win)·포지티브섬(positive-sum) 방식으로 조정한다. 셋째, 시장경쟁이 치열해지는 경제 환경변화에 따라 '직장 내 안정성'에서 '일자리 안정성'으로 무게 중심이 이동한다.

이러한 특징을 갖는 유연안정성 개념은 한편으로 노동시장·작업조직·임금의 유연성을, 다른 한편으로 노동시장 안팎의 취약집단을 위한 고용·사회보장 등의 안정성을 동시적 조정을 통해 제고하는 정책조합 전략이다. 유연안정성 개념 정의에서 핵심 요소는 '동시화'(synchronization), '취약집단', '조정'(coordination)이다(Wilthagen and Tros 2004: 170). '동시화'는 유연성정책과 안정성정책이 '동시에' 균형적으로 조합되고, 노동시장 유연화에 희생된 '취약집단'은 안정성을 보장받으며, '조정'은 유연성-안정성 정책조합을 노사(정) 간의 대화와 토론과 협상을 통한 합의로 이끌어낸다는 것을 뜻한다. 이 세 요소는 노동시장 전략이 유연안정성 모델을 추구하기 위한 필요조건이다. 따라서 이러한 필요조건 중 하나라도 미비하면 유연안정성 모델로 규정될 수 없다.

이 같은 유연안정성 모델의 개념구조를 이해하기 위해서는 노동시장에서 실행되는 유연성정책과 안정성정책의 여러 형태를 구분해야 한다(Wilthagen *et al.* 2003: 3). 유연성정책은 해고·고용을 통한 노동력 규모를 조정하고 고용형태(파트타임정규직, 기간·파견·호출 비정규직 등)를 다양화하는 외부-수량적 유연성(external numerical flexibility), 단축·증가·변형을 통해 노동시간을 조정하는 내부-수량적 유연성(internal numerical flexibility), 노동자 숙련도 향상이나 작업조직 재편을 통해 생산방식을 조정하는 기능적 유연성(functional flexibility), 생산성에 따라 임금이 조정되는 임금유연성 등이다. 반면 안정성정책은 특정 직장에서 상당한 근무기간이 유지되는 직장안정성, 실직하지 않고 지속적으로 취업상태를 보장하는 고용안정성, 실직할 경우 소득을 보장하는 소득안정성(사회보장), 가사와 취업이 양립하는 결합안정성(combination security) 등이다. 이처럼 유연성과 안정성은 다차원적 개념이다.

4가지 형태의 유연성 정책을 횡(橫)축으로 하고, 4가지 형태의 안정성 정책을 종(縱)축으로 할 때 노동시장개혁의 양대 축은 직·간접으로 상호 연계한 유연성-안정성 정책조합의 다양한 상충(trade-offs) 매트릭스로 유형화될 수 있다<표 11-1>.

▌표 11-1▐ 노동시장의 유연성 vs 안정성 상충관계

유연성/안정성	직장안정성	고용안정성	소득안정성	결합안정성
외부-수량적 유연성				
내부-수량적 유연성				
기능적 유연성				
임금 유연성				

노동시장의 유연성은 고용·소득에서 노동자의 이익을 침해할 수 있는 반해, 노동시장의 안정성은 사용자의 이익에 반할 수도 있다. 따라서 노동시장의 유연성과 안정성은 다양한 형태의 상충관계에 놓인다. 예컨대 사용자들의 외부-수량적 유연성 추구는 곧바로 노동자들의 직장안정성을 위협한다. 그러나 유연성과 안정성 사이에 언제나 상충관계만이 존재하는 것은 아니다. 내부-수량적 유연성은 사용자의 인건비 부담 축소와 근로자의 여가·가사 활용 등을 가져올 수 있다는 점에서 노사 모두 수용 가능하다. 기능적 유연성도 사용자에겐 작업조직 재편과 신기술 도입으로 생산성·효율성·경쟁력 증대를 도모할 수 있는 한편, 노동자에겐 생산성 증대에 따른 임금개선(소득안정성), 취업능력(고용안정성) 제고를 가져온다.

2) 이론적 가설

합의제 정치제도는 글로벌 시장의 압력과 충격을 흡수하는 노동시장의 정치적 조정과정에 작용하는 제도적 변수이다. 노동시장의 이익과 비용을 분산하는 정책능력을 갖는 합의제 정치모델의 비례대표제는 의회권력을 독과점하는 패권정당을 허용하지 않는 다당제를 유인한다(Crepaz and Birchfield 2000: 207-209; Lijphart 2012: 63-70). 즉 사용자의 이해를 대표하는 유연성 정치(flexibility politics)의 보수우파 정당도, 노사 어느 한쪽에 편향되지 않는 실용주의 정치의 중도정당도, 노동의 이익을 대표하는 안정성 정치(security politics)의 진보좌파 정당도 단독 과반의석 점유가 제도적으로 불가능하다. 따라서 의회·정부 차원에서 정당 간 교차파트너십(cross-partnership)에 기초한 연합정치가 제도화되며(Iversen and Soskice 2006), 이는 행정부-의회 거버넌스를 통해 유연안정성 정책조합의 입법화를 견인하는 기제로 작동한다. 한편, 비례대표제는 정당 간 연합정치를 매개로 노사정 관계에 영향을 미친다. 즉 비례대표제가 유인하는 연합정치는 노사 이익단체-정부 간 네트워킹과 파트너십을 통해 정책협약을 이끌어내는 노사(정) 사회적 대화를 유인하는 경향을 보인다(Martin and Swank 2008; Iversen and Soskice 2009; Lijphart 2012: 170-173).[2] 사회적 대화는 유연안정성 정책조합의 형성·제도화 과정에서 노사(정) 간의 이해관계 조정과 타협을 모색하는 정치적 교환(political exchange) 기제로 작동한다(Regini 2003: 254). 요컨대 연합정치-사회적 대화는 노동시장의 유연안정성 정치제도로 작동한다. 레이파트 학파를 제외한 기존 연구는 이런 이론적 논점에 주목하지 않는다.

연합정치-사회적 대화는 유기적으로 연동한다. 이 지점에서 레이파트 학파의 이론적 한계가 드러난다. 그들은 연합정치-사회적 대화라는 양대 정치시스템이 단지 행위자들 간 타협과 협력이라는 공통적인 정치문화에 의해 연계(Keman and Pennings 1995: 273-274; Lijphart 2012: 170)하는 것으로 인식한다. 그러나 연합정치-사회적 대화 간에는 연동기제가 존재한다. 첫째, 유연안정성 정책협의·법안조율 과정에서 이익단체-행정부-의회는 정당 간 연합정치에 의해 유기적으로 연계되며, 서로 상대방 대표를 교차참여(cross-participation)시키는 방식에 의해 연동한다. 둘째, 사회적 대화에 의한 유연안정성 정책협약은 구속력과 법률적 효력을 부여받기 위해 통상 연립정부의 승인 혹은 의회 정당연합에 의해 수정 보완되는 입법화 절차를 밟는다. 셋째, 연합정치가 작동하는 행정부-의회는 정책수단, 입법 등의 권력자원을 통해 노사(정) 간 유연안정성 정책협의를 견인하거나 압박·촉구한다(Hemerijck and Vail 2004: 9). 넷째, 사회적 대화는 정당-의회 정치에서 발생하는 유연안정성 정책갈등을 완화하는 압박기제로 작용하면서 연합정치의 원활한 작동을 견인할 수 있으며, 역으로 의회-정부 차원의 연합정치 사이클은 사회적 대화의 유연안정성 정책네트워킹을 촉진한다(Cusack *et al.* 2007: 380). 이러한 연동기제들은 연합정치-사회적 대화 간의 기능적 친화성을 정당화하는 정치적 근거들이다.

레이파트 학파의 이론은 연합정치-사회적 대화 간에 단선적인 인과관계가 존재하는 것으로 가정한다. 그러나 연합정치가 언제나 자동적으로 사회적 대화의 안정적 작동을 유인하지 않는다. 환언하면 연합정치-사회적 대화 간 연동은

2) 물론 비례대표제가 사회적 대화의 필요조건이지만 충분조건은 아니다.

단선적 획일적이지 않고 다양한 유형이 존재한다. 실제로 덴마크·네덜란드 유연안정성 정치동학 과정에서 연합정치-사회적 대화 간 연동패턴은 차이를 보인다. 이는 연합정치 패턴과 사회적 대화 강도의 차이에서 연유한다.

따라서 제11장은 레이파트 학파의 이론적 한계를 극복하기 위해 우선 비례대표제가 유인하는 블록(bloc)다당제 혹은 피벗(pivotal)다당제에 기초하는 상이한 연합정치를 유형화한다(Strøm and Bergman 2011: 30-31). 블록다당제는 좌파정당들과 우파정당들 간의 이념적 블록화와 양극적 경쟁, 블록정당 간의 전면적 정권교체, 선거·의회·내각에서의 '블록 내 연정'(intra-bloc coalition) 등과 같은 특징적 현상을 보인 '블록 연합정치'(bloc coalition politics)를 견인한다. 반면 피벗다당제는 좌우 초(超)이념블록 '피벗 연합정치'(pivotal coalition politics)를 유인한다. '블록 간 연합'(inter-bloc coalition)을 가능케 하는 피벗정당이 존재하기 때문이다. 피벗정당은 좌우블록의 어느 특정 정당과의 연대에 과도하게 집착하지 않고 이념블록을 뛰어넘어 연정파트너를 바꾸는 정치적 다변화 전략을 택한다. 예컨대 총선결과와 정책이슈에 따라 좌우 이념적 스펙트럼의 온건 중도정당(central or median party)은 때론 좌파정당, 때론 우파정당과 번갈아 바꾸는 연정사이클(coalition cycle)에서 지렛대(균형추) 역할을 수행하고, 정책·입법 과정에 피벗팅하며 의회-행정부 거버넌스를 견인한다(Müller and Strøm 2008: 191; Müller *et al.* 2008: 22; Andeweg 2011a: 149). 따라서 피벗 연합정치에서는 좌-우블록 정당 간 전면적 정권교체 대신 초이념블록 연립과반·과대규모내각(coalition majority or oversized cabinets) 혹은 연립소수내각(coalition minority cabinet) 구성이 보편화된다.[3)]

한편, 비례대표제가 정당 간 연합정치를 매개로 유인하는 사회적 대화의 강도도 국가에 따라 차별성을 보인다. 사회적 협의체의 대표구성·지속성 및 공식적·비공식적 협의·협상관행의 실천도에 따라 약성 사회적 대화, 강성 사회적 대화 등 두 유형이 존재한다(Lehmbruch 1984: 65-66; Swank 2002: 41-44). 약성 사회적 대화는 새로운 정책의제가 발생하면 임시 사회적 협의체가 구성되거나 혹은 이익단체-정부 간 정치적 교환기제가 약화되고 의회-행정부에 대한 이익단

3) 연합과대규모내각은 의회 과반의석 확보에 불필요한 1개 이상의 정당이 참여한 과잉과반연정(surplus majority coalition)인데 반해, 연립소수내각은 2개 정당 이상이 의회 과반의석을 점유하지 못한 과소내각(undersized cabinet)를 지칭한다.

체들의 로비즘정치(lobbyism politics)가 작동한다(Woldendorp 2011: 28; Öberg *et al.* 2011: 374-382, 383-389; Rommetvedt *et al.* 2013: 463). 강성 사회적 대화는 노사(정)가 동등하게 참여하는 제도화된 상설 사회적 협의체를 통해 정책협약을 이끌어내는 정치적 교환기제가 작동한다.

유연안정성 정치동학 과정은 연합정치 패턴과 사회적 대화 강도에 따라 다양한 조합의 유형화로 상정될 수 있다. 즉 블록 연합정치-약성·강성 사회적 대화 간, 피벗 연합정치-약성·강성 사회적 대화 간 연동이다. 그러나 블록 연합정치-강성 사회적 대화 간, 피벗 연합정치-약성 사회적 대화 간 조합은 적어도 합의제 정치모델에선 이론적으로 상정하기 어려우며, 경험적으로도 덴마크·네덜란드에서 실재하지 않는다. 따라서 제11장은 연합정치-사회적 대화 간 제도적 기능적 연동을 분석하는 틀을 설계하기 위해 나머지 두 이론적 가설을 설정한다.

첫째, 초이념블록 연합소수정치-약성 사회적 대화 간 연동 가설이다. 연립소수정부에선 유연안정성 정책결정권의 중심축이 야당의 정치력이 강화된 의회 쪽으로 이동한다. 즉 연립소수정부가 대(對)의회 정책주도권을 잃는 경우 이익단체들은 연립소수정부와의 사회적 대화보다는 의회의 정치적 의사결정(입법화)과정에 압력과 영향력을 행사하는 로비정치를 선호한다(Christiansen and Rommetvedt 1999: 214). 그러나 초이념블록 연립소수내각은 로비정치에 대응하기 위해 '협약 의회정치'(contract parliamentarism)를 통해 의회 야당의 협력을 이끌어내는 입법연합(정부법안 통과를 위한 의회과반연정)을 구축한다(Andeweg 2011a: 195). 이 같은 초이념블록 연립소수내각-야당 간 입법연정은 의회-행정부 거버넌스를 유인하는 기제로 작동하여 새로운 정책의제가 발생하면 사회적 협의체를 구성하여 유연안정성 정책협약을 이끌어낸다(Arter 2004: 584-587; Bale and Bergman 2006: 422-425). 실제로 (연립)소수내각-의회과반의 조합은 노르딕국가들에서 빈발한다. 예컨대 덴마크의 좌우 초이념블록 연립소수내각(1994~2002)은 집권 연정파트너트 정당-야당 사이의 '입법협약에 의한 정책조정'을 통해 임시 사회적 협의체를 구성하여 유연안정성 정책조합을 형성·제도화했다.[4)]

4) (연립)소수정부는 의회 지지정당(support parties)에게 상응한 반대급부를 제공한다. 지지정당이 연립내각에는 참여하지 않으면서도 의회 입법연합에 참여하는 이유는 비인기 정책결정의 책임에 따른 선거리스크에 대한 큰 우려 없이 (연립)소수정부 정책에 영향을 미치고 정책적 반대급

둘째, 초이념블록 연합과반·과대규모정치-강성 사회적 대화 간 연동 가설이다. 초블록연정은 유연안정성 정책조합 창출·제도화 과정에서 노동과 자본을 동등하게 대표하는 정치공간을 확대하고 특정 이익집단에게만 편파적으로 특혜를 줄 수 없으며, 따라서 이익집단을 사회협의체로 견인하는 인센티브로 작동한다. 특히 좌우 과대규모연정내각은 초(超)과반 의석을 동원하여 대(對)의회 정책통제권을 행사할 수 있고 이익단체들의 정책협의체 참여를 견인할 수 있는 정책자율성을 갖기 때문에 이익단체들은 반대급부를 제공하는 행정부의 보상적 정책능력을 신뢰하고 정책교환을 수용한다. 노동유연화-복지재편 등 비인기 정책결정을 시도하는 연정주도 정당(*formateur*)은 다른 파트너정당 혹은 이익집단과 정책개혁 책임을 분산·공유하고 선거리스크를 줄이기 위해 과반의석 확보에 불필요한 잉여정당(surplus party)을 참여시킨 과대규모연정과 사회적 대화를 추구한다. 이 지점에서 좌우 초이념블록 과대규모연정과 강성 사회적 대화는 절묘하게 맞물려 작동한다(Andeweg 2011a: 197-198). 초블록연정에서 이익단체들 또한 연립정부 내 우호적인 정당이 이념적으로 반대되는 정당과의 연정에 참여하지 않고서는 안정적인 집권을 기대할 수 없을 것으로 판단하면 상대 이익단체와의 사회적 대화를 회피하지 않는다(Martin and Swank 2008: 181-184; Anthonsen and Lindvall 2009: 172-173; Hamann and Kelly 2011: 43).

제11장은 이와 같은 두 가지 이론적 가설을 중심으로 덴마크·네덜란드의 유연안정성 정치동학 과정에서 나타난 연합정치-사회적 대화 간 연동패턴 현상을 분석한다. 이러한 이론적 틀은 정당 간 정치적 타협과 노사(정) 간 사회적 타협이 역동적으로 상호연계하면서 양국 노동시장의 유연성 정책패키지-안정성 정책패키지 간에 국가별 상이한 조합이 형성·제도화하는 과정을 분석 검증하는 준거이다.

3. 양대 유연안정성 정치시스템

1) 정당 간 연합정치

덴마크·네덜란드 정치체제는 공히 비례대표 선거제도가 유인하는 다당제-연

부 및 양보를 얻을 수 있기 때문이다.

합정치-의회·내각 거버넌스로 이어지는 기제에 의해 작동한다. 물론 양국 정당정치는 1970년대 좌우 이념블록의 양극화로 인해 웨스트민스터(다수제) 정당정치 패턴과 유사하게 작동하는 위기의 시대를 경험했다. 그러나 글로벌화 이후 양국 정당정치는 다시금 실용주의적 합의 지향적으로 변화했다(Andeweg and Iwin 2009: 41).

우선 덴마크의 유권자들은 각 지방당의 일반 당원들에 의해 작성된 비례대표 정당명부(혹은 정당명부의 선호후보)에 투표한다. 이러한 비례대표제는 의회 의석분포에 유권자들의 정당선호를 그대로 반영시키며 따라서 의회 정당체제는 사회갈등구조와 인과적으로 연계(causal linkage)된다. 덴마크 정당체제는 좌파-중도좌파-중도-중도우파-우파 등 5 이념블록으로 편성되는 다당제이다.[5] 덴마크의 다당제는 어느 특정 정당도 정책결정과정을 단독으로 주도하는 것을 허용하지 않고 정당 간 연합정치의 제도화를 유인한다.

글로벌화 이후 덴마크의 정당정치는 정당연합에 의한 연립소수정부(minority coalition cabinet)의 구성이 보편화 되었다. 연립소수정부 구성에서 '피벗정당'(pivotal party)이 중추적 역할을 한다(Gallagher *et al*. 2006: 250-251; Damgaard 2011: 81). 예컨대 급진자유당(RL)·중도민주당(CD)·기독교인민당(CPP) 등 중도성향의 군소정당이 사민당(SD) 혹은 보수당(Con)·자유당(Lib) 등 우파블록 정당을 번갈아 가며 연정파트너로 선택하곤 한다. 연립소수정부는 의회 차원에서 좌파정당 혹은 우파정당의 협력을 이끌어내는 초(超)이념블록의 피벗정치를 통해 입법연합을 형성하고 과반의석의 지지를 이끌어내는 합의제 정치로 작동했다.[6]

1982년 사민당 단독소수정부가 퇴진하고 보수당/자유당/중도민주당/기독교인민당의 보수우파-중도 연립소수정부(1982~88)가 들어섰다. 1993년에 사민당이 급진자유당/중도민주당/기독교인민당과 연합하여 예외적으로 연립과반정부

---

5) 2001년 이후 총선에서 사민당의 득표율과 의석율이 하락하여 제1당의 자리를 내놓는 반면, 자유당이 2001년 총선 이후 제1당의 지위를 얻었고 2005년 총선에서 급진자유당이 의회 의석을 획득하는 유일한 중도당이 되었다.

6) 1980년대 이전엔 사민당이 단독(소수)정부를 구성하곤 했다는 점에서 웨스트민스터 모델의 정당정치와 유사한 측면이 없지 않았다. 하지만 사민당 단독소수정부는 의회에서 이념을 초월하여 군소정당들과 입법연합을 형성하는 합의제 정치를 주도했다. 바꿔 말하면 사민당이 입법과정에서 다른 좌파정당 혹은 중도우파 정당의 지지를 이끌어내는 '피벗정당'으로서 정당 간 타협을 통해 의회과반을 동원했다.

(majority coalition cabinet, 1993~94)가 구성되기도 했으나 노동시장개혁이 본격적으로 진행된 1994년엔 사민당/급진자유당/중도민주당 연립소수정부(1994~2001)가 작동했다(Bille and Pedersen 2004). 1980년대의 중도우파 주도 연립소수정부나 1990년대의 중도좌파 주도 연립소수정부나 모두 '피벗정치'를 구사했던 중도정당(사회적 자유주의)들의 지지에 의존했다. 이는 덴마크의 정당정치가 양극단적이 아니라 초이념블록 피벗 연합정치로 작동했음을 말해주는 중요한 징표이다. 덴마크의 연합정치는 동일 좌파정부 혹은 우파정부 구성이 불가능하고 거의 모든 내각이 중도정당의 공개적 묵시적 지지에 의존했다. 이러한 정당정치 패턴은 적어도 극우 덴마크인민당(DPP)의 지지를 받아 출범한 보수당/자유당 보수우파 연립소수정부(2001~07) 구성 이전까지는 지속되었다.

덴마크 연립소수내각은 예산안·법안 통과에 필요한 의회과반 확보와 행정부-의회 간 거버넌스 작동을 위해 정책 사안에 따라 야당과의 끊임없는 협상을 해야 할 상황에 맞닥뜨리기 때문에 자신의 정책만을 고집할 수 없다. 따라서 집권 연정파트너 정당들이 정당정치 게임에서 반드시 완전한 승리를 하는 것은 아니며 내각연정에 참여하지 않는 야당도 반드시 모든 것을 잃은 것이 아니다(Damgaard 2011: 85). 이러한 정당정치 지형으로 인허 덴마크의 연정소수내각은 하나의 특정 이익단체에게만 우호적인 정책결정·집행이 사실상 불가능하다. 특히 1990년대 중후반 노동시장개혁 과정에서 사민당이 중도성향 의원에 대한 컨트롤타워 지위에 있는 중도민주당·급진자유당과 함께 구성한 초(初)이념블록 연립내각은 노동과 자본 중 어느 일방에게만 편파적일 수 없었다. 따라서 유연성-안정성 정책조합을 이끌어내는 노사정 사회적 대화를 촉진하는 정치적 동력으로 작동했다. 덴마크의 경우 군소 중도정당이 좌파블록 정당(사민당) 혹은 우파블록 정당(자유당·보수당)을 연정파트너로 선택하며 권력 균형추 역할을 하는 피벗 정당정치 속에서 중도지향의 실용주의적 정당경쟁의 복원이 사회적 대화의 부활을 유인하는 정치적 인센티브로 작용했다.

네덜란드의 정당정치 패턴도 덴마크와 크게 다르지 않다. 전국 단일선거구의 총 득표수에 비례하여 각 당에 의석을 배분하는 네덜란드 정당명부식 비례대표 선거제도는 종교·이념·계급 등 복합적인 사회균열구조를 반영하는 진보좌파-중도-보수우파 블록의 다당제를 유인한다(Andeweg and Irwin 2009: 3~5장).[7] 좌파

블록에는 노동당(PvdA)이 최대 정당이고 우파블록에는 자유당(VVD)이 최대 정당이다. 기민당(CDA)은 정당체제의 이념적 스펙트럼 상의 중도로 자리매김하는 네덜란드 최대 정당으로서 정당정치에서 '회전축' 역할을 수행한다(Anderson 2007: 720).[8] 이 같은 다당제는 네덜란드 정치의 탈분극화(de-polarization)와 갈등 조정의 구심력으로 작용한다. 다당제 틀 속에서 과반의석을 차지하고 의회·정부를 단독으로 독점적 권력을 행사하는 패권정당은 존재하지 않고 통상 2~3개 정당이 내각의 집행권을 공유하는 연립과반정부를 구성한다. 1994년까지의 연립정부는 기민당/자유당 중도-우파 연정(1982~89), 기민당/노동당 중도-좌파 대연정(1989~94) 등 통상 기민당에 의해 주도되었다.

그러나 1994년에 기민당 주도 연정 패턴을 깨는 선거의 지각변동이 발생했다. 기존 거대 정당인 기민당이 크게 의석을 상실하는 반면, 자유당과 D'66(사회적 자유주의)은 상대적으로 의석을 많이 점유했다. 선거유동성(electoral volatility)으로 인한 정당지형에 변화가 온 것이다(Koole and Daalder 2002: 34-35).[9] 이에 따라 네덜란드 'Polder Model'이 세계로부터 각광을 받았던 1994~2002년 전통적으로 지배정당으로 자리매김 되었던 기민당이 정부구성에서 배제되고 노동당(red)/자유당(blue)/D'66(blue) 좌우 초이념블록 자주빛연정(purple coalition)이 작동했다(Andeweg and Irwin 2009: 101). 이러한 초이념블록 연합정치는 의회-행정부 거버넌스를 유인했다.[10]

2002년에는 지난 8년 동안 정부구성에서 배제된 전통적 지배정당인 기민당이 자유당, 민중주의 정당인 LPF와 함께 중도-우파 연립정부를 구성했다가[11] 2003

---

7) 정당이 의석 확보를 위해 충족해야 할 진입장벽은 없고 사실상의 진입장벽은 하원 총의석수에 의해 나눈 득표수이다. 투표율에 따라 달라지기는 하지만 한 정당이 하원의 한 의석을 얻기 위해서는 약 60000표를 득표해야 한다.

8) 유럽 정당정치에서 기민당은 전통적으로 좌파정당보다는 뒤지지만 보수당보다는 더 복지국가 발전을 지지하기 때문에 좌파정당과 우파정당 사이의 어느 지점에 자리매김한다(Green-Pedersen 2002: 35-37).

9) 1980년대까진 우파정당 블록 혹은 좌파정당 블록 내부에서 투표자들이 지지정당을 바꾸는 블록 내(intra-bloc)의 선거유동성이 나타난 반면, 1990년대에 이후엔 정당블록 내부에서도 여전히 높지만 정당블록 간(inter-party bloc)의 선거유동성이 상당히 증가했다.

10) 네덜란드 의회는 양원제를 채택한다. 상원의원은 12개 지방정부에 의해 지명되는 간선제로 선출되고 상원은 법안을 발의 혹은 수정할 권한은 없고 단지 법안에 대한 동의 혹은 거부행위만 할 수 있다. 따라서 하원이 의사결정 과정에서 상원보다 더 중요한 역할을 수행한다.

11) 무소속 국회의원 후보였던 핌 포르틴(Pim Fortuyn)은 범죄증가와 이슬람이민 유입으로 인한

년 조기 총선결과 기민당은 자유당/D'66과 함께 중도-보수 연립정부를 구성했다. 2000년대 이후 비인기 노동시장개혁·복지재편 정책과 관련된 선거리스크가 높아지면서 네덜란드의 합의제 의사결정 관행은 상당히 약화되고 정당정치는 다소 양극화되어 의회정치도 대립적인 양상을 보였다. 그러나 이것이 네덜란드 합의제 정당정치가 소멸되었다는 것을 말하는 것은 아니다(Anderson 2007: 722).

결국 네덜란드의 정당정치는 어느 특정 계급·계층의 패권을 인정하지 않고 공존과 포괄을 중시하는 합의제 정치로 작동한다. 정치적 의사결정 과정에 특정 정당의 권력독점화를 허용하지 않고 의회-정부를 단독으로 장악하는 패권정당이 존재하지 않기 때문에 정당 간에 협조가 아니면 파국이라는 인식과 그에 따른 합의제 정치문화(consensual political culture)가 지배적이다(Andeweg 1999: 132). 무엇보다 기민당/노동당, 노동당/자유당/D'66 등 초이념블록 연합정치는 노사갈등을 완화하여 유연성-안정성 정책조합을 창출하는 사회적 대화를 촉진하는 정치적 동력으로 작용했다.

이와 같이 덴마크·네덜란드 정당정치는 기본적으로 권력분점의 제도화에 기초하는 '조정정치'(politics of accommodation)를 실천하는 합의제 연합정치로 작동했다. 다만 양국 정당정치의 차이가 있다면 덴마크는 전통적으로 중도좌파(사민당)정치가 강한 반면, 네덜란드는 전통적으로 정치적 좌파가 취약하고 중도정치(기민당)가 강한 점이다. 그러나 양국에는 공히 피벗 연합정치가 작동한다. 즉 덴마크의 군소 중도정당들은 사민당과 우파블록정당 사이를 오가며 자신의 지지정당을 선택하는 권력균형추 역할로 피벗팅하며 연립정부의 연정파트너로 참여하거나 의회 입법연합을 형성하곤 한다. 덴마크의 중도정당보다 훨씬 규모가 큰 네덜란드의 강력한 중도정당인 기민당도 '피벗' 역할을 수행하며 연합정치를 주도한다. 무엇보다 노동시장개혁 과정에서 양국 초이념블록 연합정치는 유연성 정치를 추구하는 보수우파 정당도, 실용주의 중도정당도, 안정성 정치를 추구하는 진보좌파 정당도 일방적으로 자신의 정책만을 고집할 수 없어 유연성-안정성 간의 균형적 정책조합을 창출하는 정치적 동력이었다. 연합정치의

사회치안 불안 문제, 그리고 정부의 비대화 등의 문제를 제기했다. 그는 그 책임을 노동당에 전가했고 이는 노동당을 자극했다. 이런 상황에서 그는 총선 직전 암살당했다. 그의 암살은 2002년 총선에서 노동당의 패배와 기민당의 부활을 가져 왔다.

제도화는 정치세력들 간 대화·타협하는 정치문화를 형성하며, 이는 정당정치와 맞물리는 노사정 간에도 균형적 세력관계를 유도하여 사회적 대화시스템의 작동을 유인한다.

2) 노사(정) 간 사회적 대화

덴마크·네덜란드는 전통적으로 노사 이익집단들이 정책결정·집행 과정에 참여하는 조합주의적 정책협의(corporatist policy concertation)국가이다.[12] 1970년대 초반에 이르기까지 양국의 노사(정) 사회적 대화는 임금인상자제-복지를 맞교환하는 수요(소득분배·복지 등) 중심의 정책어젠다를 협의하는 시스템이었다. 1970년대 일시 정체되었으나 글로벌 시장화 이후 양국의 사회적 대화의 정책어젠다는 과거 수요중심에서 노동시장 유연화, 사회복지재편, 직업훈련교육 등을 통한 국제경쟁력 제고, 실업자 재취업 등 공급중심으로 전환했다.

덴마크의 경우 노사정 3자 동수로 구성된 전국노동시장위원회(LAR) 및 14개의 지역노동시장위원회(RAR) 등과 같은 상설 사회적 협의체가 존재한다. 탈조합주의(de-corporatism) 현상을 보인 다른 일부 서유럽 국가들과는 달리 글로벌화 이후 노동시장의 정치적 조정권을 갖는 덴마크 사회적 협의체는 임금조정, 직업훈련교육 및 복지(사회보험)재편의 입법 준비단계에서 다양한 임시노사정위원회를 구성하고 사회적 합의를 도출하거나 의회·행정부에 조언하고 정책집행을 수행했다(Larsen 2004: 6). 1982년 덴마크노동조합연맹(LO)-덴마크사용자연합(DA) 간 중앙임금협상제가 분권화된 산업별·기업별 단체(임금)협상제도로 변화했으나 1980년대 후반이후 중앙 초산업적(매크로레벨) 협상과, 산업별·지역별·기업별(메조·마이크로레벨) 협상이 동시에 작동했다.[13]

1970년대 시도했던 경제민주화에 실패한 LO는 1980년대에 들어 자본을 상대로 협력적인 실용주의 전략을 구사했다. 이에 따라 사회적 협의체(LAR·RAR)는 자본의 요구대로 중앙임금협상제를 산업·지역별 임금협상제로 전환하는 분권화에

12) 덴마크 노사정정치는 다원주의 정치와 조합주의정치가 혼재하는 하이브리드형으로 인식되기도 한다(Due and Madsen 2008: 515).

13) 1994년 노동시장개혁 과정에서 사회적 대화의 분권화 증대로 지역의 노사단체와 지자체 등이 참여하는 RAR의 권한이 강화되었다. 그러나 LAR는 RAR의 목표를 규정하고 노동부는 RAR의 예산을 관장한다. 또 독일 공동결정제와 유사한 공동협의위원회(Joint Concertation Committee)는 생산성, 후생복지 등 작업장 수준의 문제를 다룬다.

합의했다. 특히 전통적으로 임금조정은 노사 자율적인 결정 사항이나, 1980년대 후반 경제악화와 실업 증가에 따라 LO-DA-정부는 1987년 네덜란드의 바세나르 협약에 비견되는 임금억제 협약인 '공동선언'(Joint Declaration)을 발표했다. 이는 1970년대 정체현상을 보인 덴마크 사회적 대화의 부활을 의미하고 다른 이슈들에서도 노사정 3자 정책협의를 구축하는 토대가 되었다(Anthonsen *et. al* 2011: 124).

덴마크의 노동시장 개혁과정도 LO-DA-정부 간 이해관계 조정과 타협을 모색하려는 사회적 대화와 합의에 의해 이뤄졌다. 무엇보다 덴마크 노동시장의 유연성정책-안정성정책 간의 정치적 교환(political exchange)을 통해 균형을 구축한 것은 노동시장의 이해당사자인 노사정 협의를 통해서 가능했다(Larsen 2004: 19). 덴마크 노동시장에서 경제적 자원의 분배를 둘러싸고 잠재적으로 충돌하는 사회적 파트너들의 이해관계는 상대방의 이익을 고려하는 협상게임으로 전환되었다. 전통적으로 덴마크의 사회적 대화는 한편으론 고용·해고에 제한이 없는 자유주의적 노동시장, 다른 한편으론 임금노동자의 사회경제적 보호(복지국가)를 균형적으로 조화시킨 노동시장 모델의 실현가능성을 보여 주었다(Due and Madsen 2008: 525). 이는 1980년대 이전 이미 덴마크 노동시장에선 노사정 협의시스템이라는 긴 역사적 타협을 통해서 유연성정책-안정성정책 간의 균형적 조합이 구조화되었음을 의미한다.

덴마크 노동시장의 유연안정성 정책조합은 1990년대 들어 사회적 대화라는 조정 틀에 의한 적극적노동시장정책(ALMP) 강화를 통해 더욱 정교화된다. 이를 위해 1991~92년 임시 노사정 3자 정책협의체인 Zeuthen위원회가 설치되었다. Zeuthen위원회는 개인별 맞춤형 훈련교육 및 실업보험체계에 '적극화'(activation)개념 도입을 제안했다(Larsen 2004: 13). '적극화' 개념은 1994년(1차), 1996년(2차), 1998년(3차) 노동시장개혁에 반영되었다. 또 노사정 협력은 1999년 '고용을 위한 전국행동계획'(NAPE)을 구체화했다. 이처럼 3차에 걸친 노동시장개혁과 NAPE는 실업자를 비롯한 보다 많은 사람을 노동시장에의 적극적인 참여를 유도하는 조치이다. 한마디로 덴마크 유연안정성 정칙조합의 세 번째 축인 ALMP은 Zeuthen위원회에서 타결된 타협의 산물이다. 이로써 덴마크 노동시장의 고용·해고유연화와 사회보호체제 간의 관계를, ALMP 프로그램을 통해 균형적으로 결합시킨 유연안정성의 '황금 트라이앵글'(golden triangle)이 창출되었다(Madsen 2004: 189).

이처럼 덴마크의 사회적 대화는 노동시장의 유연성-안정성 정책교환을 설명하는 사회정치적 장치이다(Madsen 2004: 205-206). 자유-보수주의 연립정부(2001~07)하에서도 사회적 대화에 의해 구축된 황금트라이앵글의 유연성-안정성 정책 틀은 지속적으로 유지 발전되어 간다.

네덜란드 또한 노사(정) 간 협력과 협상을 특징으로 하는 사회적 대화를 통해 협의경제(Concertation Economy)를 구축했다(Visser and van Meer 2011: 228). 노사 2자 정책협의체인 노동재단(STAR)은 임금·사회보험·직업훈련·고용·해고 등 기업 및 사업장 단위의 이슈에 관한 합의를 도출하는 반면, 노사정 3자 정책협의체인 사회경제협의회(SEC)는 중장기적인 경제정책·사회정책·노동정책·EU정책 등 거시적인 정책의제를 논의한다.[14] 가톨릭의 유기적 사회사상에 뿌리를 둔 양대 정책협의제는 사회경제 정책결정·입법 과정에서 정부·의회의 자문역할을 수행하며 협상의 결과는 통상 정부가 발의한 법안의 토대가 된다(Anderson 2007: 718-720). 네덜란드 사회적 대화는 1970년대에 정치적 양극화와 계급갈등의 첨예화로 인해 정체되었다가 1980년대 연금-노동시장정책 영역 등에서 부활했다. 이에 따라 네덜란드 노사(정) 협의는 특히 노동시장의 유연성정책과 안정성정책을 논의하는 중요한 정치적 조정의 장으로 작동했다.

기민당/자유당 중도-보수 연립정부하에서 1982년 11월 노동재단은 바세나르 협약을 체결했다. 노조는 임금인상을 억제(물가연동제 폐지)를 수용하는 반면, 사용자는 노동시간 단축(내부-수량적 유연성)과 일자리나누기(고용안정성)를 보장하는 형태로 교환한 것이다. 이로써 네덜란드 사회적 대화가 복원되었다. 바세나르협약 이후 노사정 협의체인 사회경제협의체는 청년실업(1984년), 재교육훈련(1986·87년), 최저임금(1988년), 파트타임근로(1989년) 등에 관한 광범한 노동시장 개혁정책 권고를 발표했다(Hermerijck and Vail 2004: 16). 또 노동재단은 1993년 신노선(New Course)협약을 체결했다. 즉 노조는 임금인상을 억제하고 단체협상 수준을 부문별·지역별 수준으로 분권화하는 데 동의하는 반면, 사용자단체는 추가 노동시간 단축을 통한 일자리 창출, 직업훈련 강화, 파트타임노동과 정규근로자의 공동결정 참여 등을 약속했다(Visser 1998: 279-284). 정부는 노조의 임

---

14) 네덜란드의 노조조직률은 약 25% 안팎에 머물지만 단체협약의 구속력이 전 산업부문으로 확대된다.

금인상자제를 보상하는 조치로 노동자들의 세금부담을 하향조정(소득안정성)하고 비정규직 근로자들의 법적지위 향상(임금·연금 차별 시정에 의한 소득안정성)을 약속했다.

이러한 네덜란드 노사(정) 정책협의 메커니즘은 공적연금·직장연금 개혁(1993년, 1997년) 과정에서도 그대로 작동했다(Anderson 2007: 729-746). 무엇보다 1996년 사회경제 정책에 관한 사회경제협의체의 보고서에 입각해 노동재단은 신노선협약의 틀 속에서 '유연성과 사회보장'(flexibility and social security)의 주요 테마를 정교하게 다듬었다(Slomp 2002: 238). 즉 노사의 합의는 유연성(보다 많은 파트타임노동)과 안정성(파트타임노동의 법적보호) 간의 균형을 강조했다. 이 시기는 네덜란드 사회적 파트너십의 황금기로 평가되고 있다(Andeweg and Irwin 2009: 144-146). 또 2004년 11월 노동재단·사회경제협의체는 임금동결-사회보장지출(장애·실업급여) 삭감-조기퇴직-생애저축제 신설 등을 골자로 하는 '박물관광장협약'(Museum Square Pact)을 체결했다(Visser and van Meer 2011: 217-221). 이처럼 네덜란드 사회적 대화는 노동시장의 유연성-안정성 정책에 접근하는 조정과 개혁과정의 궤적이고 정책학습과 문제해결의 과정이다.

요컨대 네덜란드 사회적 대화의 작동과정에서 사용자는 소득안정성을 양보했던 반면, 노조는 고용유연성을 양보했다(Visser and van Meer 2011: 216). 또 노사는 직장보호보다는 취업능력 제고에 우선순위를 놓는 데 진일보했다.

결론적으로 덴마크·네덜란드의 사회적 대화는 포지티브섬(positive-sum) 전략을 통해 유연성정책과 안정성정책 사이의 상충(trade-offs) 관계를 균형으로 전환하는 기제로 작동했다. 그러나 양국에는 주요 차이점이 있다. 덴마크 사회적 대화의 유연성-안정성 정책은 동시적으로 개발된 것이 아니라 순차적으로 개발된 역사적인 경로의존성(path dependency)의 산물이다. 즉 전통적으로 노동시장유연성과 사회보장관대성이 구축된 후 1990년대에 노등시장정책의 적극성이 마련되어 비로소 유연안정성의 '황금트라이앵글'로 자리매김 되었다. 반면 네덜란드의 경우 저성장·실업·재정악화 등 사회경제 위기를 돌파하기 위한 사회적 대화는 바세나르협약을 기점으로 박물관광장협약에 이르기까지 노사(정)가 의도적으로 유연성정책과 안정성정책을 교환한 사례이다.

4. 유연안정성 정치의 합의제 정책네트워킹: 유연성-안정성 정책조합 창출

1) 덴마크의 초이념블록 연합소수정치-약성 사회적 대화

전통적으로 덴마크 노동시장의 정치적 조정은 노동시장 파트너들과 정치행위자들의 긴밀한 상호작용 관계 속에서 작동했다(Due and Madsen 2008: 521). 이는 사민당(SD) 단독소수정부에 의해 주도되었다. 사민당 소수정부는 의회 입법과정에서 이념블록에 상관없이 다른 군소정당의 지지를 이끌어내는 피벗정치(pivotal politics)에 의해 과반의석을 동원하는 합의제 정치를 주도했다. 사민당주도 연합정치에 연동된 덴마크 사회적 대화시스템은 한편으론 자유로운 해고·고용과 높은 직장이동성 등 외부-수량적 유연성, 다른 한편으론 소득대체율이 최고 90%(저소득층인 경우)에 이르는 관대한 실업보상-공공사회서비스를 통한 소득안정성이 균형을 이룬 유연안정성 모델을 구축했다(Due and Madsen 2008: 525). 이는 덴마크 노동시장에선 글로벌화 이전 이미 연합정치에 연동되는 노사이익단체 간에 유연성정책-안정성정책의 정치적 교환이 작동했음을 뜻한다(Larsen 2004: 19).

그러나 덴마크에서 사회적 대화가 언제나 정상적으로 작동한 것은 아니다. 특히 1970년대 덴마크는 좌우 이념블록 정당정치와 계급갈등이 맞물리면서 사회적 대화가 작동불능 상태에 빠졌다. 글로벌화 이후에도 보수당/자유당/중도민주당/기독교인민당 중도-우파 연정소수내각(1982~88)의 입법 추진과정에서 의회의 대(對)행정부 정책통제권이 강화되었을 때 이익단체들은 대(對)의회 로비정치를 통해 이익관철을 시도하려 했다(Christiansen and Rommetvedt 1999: 214). 물론 자본과 대립각을 세웠던 LO가 1980년대 중반 실용주의 전략으로 돌아서 자본과의 협력적 스탠스를 취하고 사회적 대화에 참여하자 노사정은 합의에 의한 임금억제 협약으로 '공동선언'(1987)을 발표했다. 이어 보수-중도 연립소수정부는 노사정 정책협의체인 Zeuthen위원회를 통해 노동시장 개혁정책을 시도하고자 했다. 하지만 보수당/자유당/급진자유당 연립소수정부(1988~90)에선 연정파트너인 군소중도정당인 급진자유당의 반대로 사회보장제도는 유지되었으나 고용 등 노동시장정책에 별다른 변화가 없었고 되레 신자유주의 정책 시행결과 실업률·빈곤층 증가 등 후유증이 심각하게 표출되었다. 이러 사회경제 위기 속에서 1980년대 덴마크의 사회적 대화는 유럽단일시장에 따른 정부 정책 자율성 축소, 의회 야당의 정치력 강화에 의해 정체되었다. 사회적 대화에 의한 노동시장개혁의 정치적 교환과정에서 정부의 정책통제력이 약화되었고 연립소수정부는 사회적 파트너들에게 제공할 만한 정치적 인센티브를 별로 갖지 못한 것이다(Öberg *et al.* 2011: 389-390). 그 결과 1980년대 덴마크에선 이익집단들의 로비정치가 사회적 대화를 대체하는 양상까지 발생하기도 했다.

1990년대 들어 비로소 덴마크 노동시장의 유연안정성 균형적 정책조합은 연합정치-사회적 대화의 연동에 의해 정교화된다. 사민당이 주도하는 초이념블록 연립소수정부(1993~2002)는 야당과의 의회협약(parliamentary contract)을 통해 정책을 조율하고 임시 정책협의체인 Zeuthen위원회의 합의에 기초한 강력한 권고에 따라 고용보호완화법을 제정했다. 이를 통해 노동시장 유연성을 증대시키는 한편, 1990년대 중후반 '적극화'(activation) 개념에 기반을 둔 직업훈련정책을 강화하는 등 대대적인 노동시장개혁을 단행했다(Lind and Møller 2006: 10-14; Kvist and Pedersen 2007: 102). 사실 1990년대 이전엔 덴마크는 전통적으로 사민주의 복지국가에 입각하여 실업자에 대한 높은 소득보상 중심의 PLMP에 역점을 두었다. 그러나 1990년대 초 구조적 실업이 급증하고 소득불평등이 커감에 따라 이 문제를 실업자·사회취약집단 당사자들의 책임으로 바라보는 인식이 정당·이익단체들의 이념블록에 상관없이 전사회적으로 광범하게 확산되었다. 실업자·사회취약집단은 소득이전의 단순한 수동적 수혜자가 아니라 '적극화' 프로그램에 의무적으로 참여해야 한다는 것이다. 이에 따라 '적극화' 개념이 주요 정치적 어젠다로 부상했다.

이러한 상황에서 '실업억제'에 목표를 둔 덴마크의 사민당 주도 초이념블록 연립소수정부는 1994년 한편으로는 실업보험체계를 재편하고, 다른 한편으로 실업자를 취업으로 유도하는 ALMP(일자리 창출·직업교육훈련·취업알선·구직)를 강화했다(Madsen 2004: 195). 이런 노동시장 개혁조치는 개인별 맞춤형 훈련교육 및 실업보험체계에 '적극화'개념 도입을 요구한 Zeuthen위원회의 제안에 따른 것이다(Larsen 2004: 13). 이에 따라 초이념블록 연립소수정부는 야당의 협력을 얻어 의회-행정부 거버넌스 구축을 통해 Zeuthen위원회가 발의한 '적극화' 프로그램을 입법화했다. '적극화' 개념은 덴마크 노동시장의 정책패러다임 전환

을 상징한다.15)

덴마크의 노동시장개혁은 몇 가지 특징이 있다(Madsen 2004: 193; Kvist and Pedersen 2007: 102-104; Andersen and Svarer 2007: 11-13). 첫째, 실업급여 수급 기간이 점차 축소되더니 1999년 4년으로 단축되었다. 이 기간이 만료되면 실업자는 실업보험 수급자격이 소멸되고 대신 자산조사에 기초한 사회적 부조를 신청해야 한다. 둘째, 노동시장의 '권리와 의무' 개념이 도입되었다. 수동적(passive) 기간(1년)에 실업자는 직업훈련교육 등 '활성화' 프로그램 참여 없이 실업급여를 신청할 수 있다. 다음 실업자는 적극화(activated) 기간(3년)에 들어가는 데 이 기간은 '활성화' 프로그램(구직·직업훈련 등) 참여라는 조건으로 실업수당을 받는다. 따라서 개인은 한편으론 소득지원을 받을 권리를 갖지만 다른 한편으론 근로의욕 저하를 막기 위해 적극적인 구직활동과 일할 의지를 가져야 할 의무를 지닌다. 셋째, 개인액션플랜(individual action plan) 도입이다. 6개월 이상의 실업자는 직업교육훈련 등 취업계획을 노동사무소에 제출하고 이를 준수하지 않을 경우 실업급여 수령이 중단된다. 마지막으로 재직자의 육아·교육훈련·안식휴가로 발생한 빈 일자리를 실업자로 대체하는 직장순환제(job rotation)의 실시다. 이러한 노동시장개혁의 핵심은 '적극화' 개념이다. 앞서 언급했듯이 전통적으로 덴마크의 노동시장은 자유로운 해고와 높은 직장이동성 등 높은 외부-수량적 유연성, 최고 90%에 이르는 관대한 실업보상과 사민주의 복지국가를 통한 소득안정성이 균형을 이룬 유연안정성 모델을 달성한 바 있다.

그러나 노동시장의 외부-수량적 유연성과 소득안정성은 단순한 병렬관계가 아니다. 덴마크의 유연성-안정성 정책조합은 1990년대 이래]직업훈련교육을 통한 노동자의 숙련도 향상과 실업자의 재취업을 위한 ALMP 강화에 의해 유기적으로 결합되어 있다. 덴마크 노동시장의 '트라이앵글' 정책조합을 유인한 정치적 동력은 초이념블록 연립소수정부-사회적 대화의 연동기제이다. 특히 사민당 주도 연립소수정부는 의회 차원에서 군소 중도정당의 협력과 지지를 끌어내는 피벗정치를 통해 안정적인 과반의석에 기반한 입법연합을 구축했다. 노동과 자본을 동등하게 대표하는 이 같은 초이념블록 연합정치는 어느 특정 노사

15) 덴마크의 노동시장 정책패러다임 전환은 유럽국가들의 노동시장개혁을 선도했다.

이익단체에게 편파적으로 우호적일 수 없었으며, 다라서 노동시장의 유연성-안정성 균형적 정책조합을 이끌어내는 사회적 대화를 촉진하는 정치적 동력으로 작용했다. 이익단체들 또한 특정 우호적인 정당만을 상대로 로비정치를 통해 독단적으로 이익관철을 할 수 없었다. 무엇보다 노조(LO)는 안정성 정치를 추구하지만 다수당 지위를 누리지 못한 사민당에게 일방적으로 편파적 입법을 요구하지 않고 사용자단체(DA)를 상대로 협력 대화를 할 수밖에 없었다. DA도 유연성정치를 추구하는 우파정당블록이 독자적으로 집권할 수 없는 정치지형에서 LO와의 협상을 회피할 수 없었다. 결국 덴마크의 초이념블록 연립소수정부가 ALMP에 관한 노사정 합의를 이끌어내는 사회적 대화시스템의 안정적 작동을 유인했다(Anthonsen and Lindvall 2009: 179). 덴마크 의회도 LO-DA 파트너십을 반영하여 이념블록 정당 간 상생정치로 작동하고 노동시장의 유연안정성 정책조합의 한 축인 '적극화' 프로그램의 입법화에 협력했다.

2001년 보수당/자유당 연립소수정부(2001~2007)도 사회적 파트너들과의 공감 속에서 덴마크 노동시장의 유연안정성 정책조합 틀을 유지했다(Lind and Møller 2006: 8-10; Kvist and Pedersen 2007: 104; Due and Madsen 2008: 522-523). 첫째, 일정 부분 공공서비스와 민간서비스 간의 자유선택을 강조하기도 했으나 사민주의 복지국가를 유지했다. 둘째, 실업자를 위한 '적극화'정책에 부분적으로 민영화 조치를 취했으나 구직활동에 강력한 인센티브를 제공하기 위해 '적극화'프로그램과 실업보험을 조정하고 2010년까지 고용증대를 겨냥하는 야심찬 구조개혁을 단행했다. 셋째, '적극화'법을 수정했다. 즉 권리와 의무의 원칙은 그대로 존속했지만 '적극화'프로그램 그 자체보다는 최단 시일 내로 실업에서 탈피하여 일자리를 얻을 수 있는 가장 효과적인 방법을 모색하고 활용하는 데 두었다. 보수당/자유당 연립소수정부는 사회적 파트너들이 2007년의 훈련교육체계에 관한 단체협약의 준수에 노력한다는 조건에서 공공지출 확대를 약속했다. 이러한 맥락은 보수당/자유당 연립소수정부에서도 세계화와 단일유럽시장 등 외부 환경으로 오는 압력에 대응하여 ALMP 강화를 통한 '더 많은 사람에게 일자리' 보장과 더불어 부분적 재편에도 불구하고 관대한 사회적 안전망과 사민주의 복지국가를 해체하지 않음으로써 노동시장의 유연성과 안정성 간 균형적 정책조합의 기본 틀이 유지되었음을 뜻한다.

2) 네덜란드의 초이념블록 연합과반·과대규모정치-강성 사회적 대화

네덜란드는 1970년대에 덴마크처럼 정당정치의 이념적 양극화로 인해 사회적 대화가 정체되었으나 글로벌화 이후 이념블록을 교차하는 연합정치가 복원되었으며, 이는 사회적 대화시스템을 부활시킨 추동력으로 작용했다. 연합정치-사회적 대화 간 연동을 통해 유연성정책과 안정성정책 간 '정치적 교환'을 시도하는 협상기제가 작동한 것이다(Visser and van Meer 2011: 207). 연립정부는 정책의제를 먼저 던지고 중립적 입장에서 행정적 재정적 공공개입 카드로 노사 양쪽 동등하게 압력 혹은 지원을 행사하여 노사 간 타협을 유도하곤 했다.

임금억제-노등시간단축·일자리나누기를 교환한 바세나르협약(1982) 체결과정에서 기민당/자유당 연립과반정부(1982~89)는 글로벌 시장의 압력에 대응하기 위한 노동시장개혁의 필요성을 인식하고 노사 이익단체 양쪽에 협약을 체결하도록 압박했다. 이는 정치적으로 인기 없는 노동시장정책을 추진하려는 연립정부의 정치적 전략이었다(Hamann and Kelly 2007: 981). 또 기민당/노동당 대연립정부(1989~94)는 노동재단(STAR)으로 하여금 1993년 정규직보호완화-비정규직사회보험개선을 교환한 '신노선협약'을 체결하도록 압박했다. 사용자들은 노동당이 핵심 연정파트너로 참여한 좌우 대연정이 일방적 로비로 영향력을 발휘할 수 있는 정치지형이 아님을 인식하고 노조에 대한 협상스탠스를 보였다(Visser and van Meer 2011: 215). 이처럼 유연성정책과 안정성정책 간의 정치적 교환으로 타결된 두 정책협약은 노동과 자본을 동등하게 대표하는 연립정부의 효과적인 압력에 의해 촉진되었다(Hemerijck and Vail 2004: 15-16; 39). 동시에 두 정책협약의 입법화는 사민주의 세력과 자유주의 세력이 혼재하여 전통적으로 노사 모두에 우호적 중도정당인 기민당에 의해 주도되었다. 즉 기민당은 두 유연성-안정성 간 균형적 정책협약의 입법연합정치 과정에서 때론 우파정당, 때론 좌파정당을 연정파트너로 선택하는 등 균형추 역할을 하는 '피벗정치'(pivotal politics)에 의해 실현가능했다.

1995년 말 노동당/자유당/D'66 연립과반정부(1994~98)의 멜케르(A. Melkert) 사회고용부 장관은 노동시장의 '유연성-안정성' 간 정책균형을 달성하고자 하는 보고서를 제출했다. 그러나 그의 제안은 연립정부 내부의 견해 차이로 어떤 합의에도 이르지 못했다. 설상가상으로 노사는 각기 우호적인 각료를 상대로 로비활동을 행사했다. 즉 사용자는 자유당을 상대로 임시직 노동시장의 자유화 확대를 요구했던 반면, 노동은 노동당을 상대로 그에 반대하는 로비를 전개했다. 이를 돌파하기 위해 연립정부는 노동재단에 '유연성과 안정성'에 관한 정책 협의를 의뢰·압박했다. 이때 좌파성향의 최대 노조인 FNV(1982년 가톨릭노조-사민주의노조 합병)는 1995년 노동시장 유연화를 수용하고 '직장안정성에서 고용안정성'을 위한 교육·훈련 등 ALMP의 필요성을 강조했다(Wilthagen 1998: 15). 이에 따라 노동시장정책에 관한 사회경제협의체의 보고서에 입각해 노동재단도 '신노선협약'의 틀 속에서 1996년 4월 '유연안정성협약'(Flexicurity Agreement)이라는 사회적 대타협을 이끌어냈다. 이 합의는 사용자에 유연성 허용과, 노동자에 안정성 보장을 교환하는 정책 패키지-딜(package-deal)이다. 협약은 노동당 주도 연립정부에 의해 환영 받았고 이에 기초해 1997년 7월 '유연성-안정성법안'(Flexibility and Security Act)은 별다른 수정 없이 하원을 통과했다(Slomp 2002: 238; Wilthagen and Tros 2004: 175).

네덜란드 '유연성-안정성법'은 노동시장의 유연성 증진과 안정성 강화 사이의 균형을 타결한 것이다(Wilthagen and Tros 2004: 176; Hermerijck and Visser 2000: 242; Houwing *et al.* 2007: 66-67). 첫째, 사용자에게 비정규직(기간제·임시직 등) 노동과 파트타임 정규직의 사용에 재량권을 제공했다. 둘째, 정규직 노동보호 축소(비정규직 전환조건 완화 등)를 통한 외부-수량적 유연성을 제고하는 한편, 사회보험·최저임금·유급휴가·시간당임금 등에서 풀타임정규직과 동등하게 비정규직노동·파트타임정규직의 법적지위 강화를 통한 고용·소득·결합 안정성을 제고한다. 이로써 사용자와 노동자 간, 풀타임정규직과 파트타임정규직 간, 정규직과 비정규직 간에 비용과 리스크를 분산했다.

노동당/자유당/D'66 연립과대규모정부(1998~2002)는 ALMP의 법적 틀인 구직자고용법(1998, 기능적 유연성), 노동자들이 자신의 노동시간을 조절하는 '노동시간조정법'(2000, 내부-수량적 유연성)을 제정했다. 특히 노동시간조정법은 육아·출산 등 특별한 상황이 발생했을 때 근로시간을 변경할 수 있는 권리를 근로자에게 부여하여 직장과 가사의 양립을 가능하게 하는 결합안정성을 보장했다. 나아가 기민당/자유당/D'66 연립과반정부(2003~07)는 노동재단·사회경제협의체에 의해 체결된 '노사 간 고용조건정책협약'(2003), '박물관광장협약'(2004)을 입법화했다(Visser and van Meer 2011: 217-221). 이 협약들은 '유연성-안정성법'의 연장선상에서 환경변화에 따라 노동시장을 재조정하기 위해 체결된 것이다.

바세나르협약에서 발단된 네덜란드 노동시장 개혁과정은 노동시장유연성-사회보장관대성-ALMP 등 3대 중심축을 잇는 유연성-안정성 정책조합의 제도화이다. 유연성-안정성 정책조합의 입법화 과정은 전형적으로 노동재단·(사회경제협의체)과 정부·의회의 연합정치가 제도적 기능적으로 연계되어 조정되었다. 노동재단(사회경제협의체)이 합의에 도달했어도 만일 정당정치가 이념블록 간 양극화로 작동했다면 유연성-안정성 정책조합의 입법화는 실패했을 것이다. 중도-진보좌파 혹은 중도-보수우파 블록정당 간 초이념적인 조정정치(politics of accommodation)가 작동함에 따라 노사 이익단체들은 각기 정당체제 내 우호적인 정치세력(정당)에 직접적인 영향력을 행사하는 데서 오는 이익보다는 상대 이익단체와의 협상을 통해 얻는 혜택이 더 컸다(Anthonsen and Lindvall 2009: 183). 한마디로 네덜란드의 이념블록을 넘나드는 정당 간 연합정치가 유연성-안정성 간 균형적 정책조합을 이끌어낸 사회적 대화의 제도화를 유인하는 정치적 동력이다. 환언하면 유연안정성 정책조합이 기획되고 입법화된 것은 기민당/노동당, 노동당/보수자유당/D'66 등 초이념블록연합정치-사회적 대화의 연동 속에서 가능했다.

5. 노동시장의 실적평가: 유연성-관대성-적극성

첫째, 노동시장의 유연성이다. 이는 기업경쟁력 제고를 위해 변화하는 시장상황에 대응하고 비용절감에 기여한다. 비례대표제-조정노동시장 국가인 덴마크·네덜란드는 모두 외부-수량적 유연성을 추구했다. 그러나 양국의 유연화전략은 미세한 차이를 보인다. 사민주의형 조정노동시장 국가인 덴마크의 경우 전통적으로 정규직노동의 해고·고용유연화를 추구했고, 1990년대 들어 이를 더욱 강화했다. 따라서 덴마크는 네덜란드와는 달리 단순다수대표제-자유노동시장 국가들(영국·미국)처럼 노동의 법적 해고보호가 낮다. 하지만 덴마크 외부-수량적 유연성은 근로자들에게 불안감을 주지 않는다. 산업구조의 중심인 중소기업들(80%)의 낮은 진입장벽으로 인해 근로자들은 기업 간에 용이하게 직장을 이동할 수 있고 관대한 실업급여가 보장되기 때문이다.

반면 전통적으로 높은 고용보호 수준을 유지했던 기민주의형 조정노동시장 국가인 네덜란드는 바세나르협약(1982) 이후 정규직 보호를 완화하고 비정규직 사용을 수월하게 하는 수량적 유연성을 강화했다. 이에 따라 네덜란드는 서비스와 지식기반산업으로 재편되었고 1990년대 들어 고학력·여성·청년층의 정규직파트타임노동과 유연노동자(비정규직)의 비중이 급증하면서 그들의 보호가 강화되기 시작했다. 이 점은 대부분의 근로자들이 정규직이기 때문에 비정규직 보호의 필요성이 제기되지 않는 덴마크의 노동시장과 다르다. 여성노동자의 약 70%가 파트타임노동자이다. 이 경우 파트타임노동이라는 외부-수량적 유연성과 여성의 직장-가사 양립을 보장하는 결합안정성 사이에 균형이 이뤄졌다. '노동시간조정법'(2000) 이후 노동자들이 자신의 노동시간을 조절하는 수량적 유연성도 이 연장선에 있다.

노동시장 유연성 정도를 파악하는 가장 핵심적인 지표는 동일 근무처에서 근무한 기간인 일자리 근속기간이다. <표 11-2>에서 덴마크·네덜란드의 평균 근속기간은 각각 8.7년, 11.4년이다. 덴마크의 평균 근속기간은 영국(8.8년)과 비슷한 수준으로 낮다. 이는 덴마크가 네덜란드보다 글로벌 시장에 유연하게 대응하고 있음을 뜻한다. 한국의 경우 비교국가 가운데 최저의 근속기간을 보여준다. 이는 한국의 노동시장이 매우 유연화되어 있음을 말해 준다.

노동시장 유연성 정도를 확인할 수 있는 고용보호 지표에서도 덴마크는 1990년대 전반기에 상대적으로 큰 폭으로 낮아진 반면, 네덜란드의 고용보호 수준은 1990년대 후반부터 약화되었다<표 11-3>. 이는 덴마크 노동시장에서 1990년대 들어 실업률보다 고용률이 가장 중요한 과제로 인식되면서 실업자가 취업할 수 있도록 지원하는 ALMP이 강화되었기 때문이다.

▌표 11-2▐ OECD 근속기간 비교(2006)

	전체	남	여
덴마크	8.7	11.0	7.6
네덜란드	11.4	12.0	9.9
영국	8.8	9.5	7.9
미국	4.9	5.0	4.8
한국	4.5	5.6	2.9

자료: OECD.statEXTRACTS(http://stats.oecd.org/Index.aspx?DatasetCode=LMPEXP).

▌표 11-3▐ 고용보호지표

국가	1985	1995	2008
덴마크	2.40	1.50	1.50
네덜란드	2.73	2.73	1.95
영국	0.60	0.60	0.60
미국	0.21	0.21	0.21
한국	-	2.80	1.90

자료: OECD Indicators on Employment Protection-annual times series datal 1985-2008.

둘째, 노동시장의 관대성이다. 관대한 사회복지는 노동시장 유연화에 대한 노동자들의 저항을 완화한다. 덴마크는 공공사회서비스 중심 사민주의 복지국가로, 네덜란드는 소득이전 중심의 기민주의 복지국가로 발전했다. 이런 차이에도 불구하고 전통적으로 조기퇴직연금, 장애·실업급여 등 현금지원 중심의 소극적 노동시장 지출비용(PLMP)은 양국 모두 다른 서유럽 국가들에 비해 상대적으로 높았다. 그러나 1980년대 이후 양국은 연금·실업급여 등 사회보장체제를 축소 지향적으로 재편한다. 그럼에도 불구하고 양국은 유연한 노동시장의 희생자인 실업자에게 관대한 소득보상의 인프라를 지속적으로 갖추고 있다. 따라서 양국 노동자들은 수량적 유연화에 대응하는 실업보험을 통한 고도의 소득안정성을 누린다.[16)]

실업보험의 관대성 정도는 실업시 개인소득이 실업 이전의 소득에 비해 얼마나 유지되는가를 나타내는 임금대체율과 급여기간에 따라 달라진다. <표 11-4>은 40세 연령을 기준으로 국가별 실험보험의 관대성 수준이다. 비례대표제-조정노동시장 국가인 덴마크·네덜란드의 임금대체율은 각각 68%와 71%로 실업 전 소득의 2/3에 육박한다. 네덜란드의 실업보험인 경우 실직 이후 1년차 71%에서 2년차 59%로 감소하여 3년차 이후로는 3%로 대폭 줄어드는 현상을 보인 반면, 덴마크의 경우 실업보험 지급이 시작된 첫해부터 4년차까지 68% 수준의 높은 임금대체율을 유지하는 관대성을 보인다.[17)] 양국 실업보상체계의

16) 덴마크의 사회보장과 사회적 부조는 다른 노르딕국가들에 비해 중산층과 고소득층보다 저소득층(실업자·환자·비경제활동자 등)에 더 관대하다(Kvist and Pedersen 2007: 101-102). 실업보험기금은 일부 노사 보험료에 의해 충당되지만 실질적으로는 국가 재정지원이 재원의 대부분이다.

▌표 11-4▐ 실업보험의 관대성

	1년	2년	3년	4년	5년	5년평균
덴마크	68	68	68	68	9	56
네덜란드	71	59	3	3	3	28
영국	28	28	0	0	0	6
미국	28	0	0	0	0	6
한국	31	0	0	0	0	6

자료: OECD. OECD Employment Outlook 2009.

소득대체율은 다수대표제-자유노동시장 국가들에 비해 압도적으로 높다. 미국과 한국의 임금대체율은 각각 28%, 31% 수준으로 실업 전 소득의 1/3에도 밑돌고 있다. 실업보험 급여기간도 실직 후 단지 6개월에 불과하다.

셋째, 노동시장의 적극성이다. 복지체제가 재정적 기반을 갖추려면 고용률이 높아져 납세자가 많아져야 한다. 따라서 전통적으로 소득보상에 치중한 덴마크·네덜란드는 고실업, 실업급여급증, 재정악화에 직면하자 1990년대 이후 유연안정성을 구성하는 3대축 중 하나인 취업능력 및 고용안정성 제고를 위한 직업훈련교육·일자리창출·창업지원 중심의 '적극화' 프로그램을 핵심 노동시장 정책의제로 채택했다. 이는 직장안정성에서 고용안정성으로 전환을 의미한다. 1990년대 이후 양국의 '고용기적'은 이 같은 노동시장의 '적극화'에서 비롯된다.

사실 덴마크의 유연안정성 정책조합은 1990년대 초기까지 유연한 해고·고용-관대한 실업보험이 결합하는 형태였다. 그러나 이러한 정책조합은 ALMP와의 균형을 갖출 때 잘 작동할 수 있다. 따라서 앞서 분석했듯이 덴마크는 노동시장개혁을 통해 PLMP를, 수량적 유연성-소득안정성 사이의 균형을 유지하는 '근로연계복지'(workfare) 중심의 ALMP로 전환했다(Andersen and Svarer 2007: 3).[18] 네덜란드도 1990년대 후반부터 노동시장정책의 무게 중심이 정규직과 비정규

17) 덴마크는 실업대책으로 재직자의 육아·교육훈련·안식휴가로 발생한 빈 일자리를 실업자로 대체하는 직장순환제(job rotation)을 실시한다.

18) 근로연계복지는 실업급여 혹은 사회적 부조의 자격요건을 유지할 전제조건으로 노동시장 참여를 요구하는 일자리 활성화 프로그램을 말한다.

직 간 차별해소보다는 정부·기업의 직업교육훈련체계 강화를 통해 고용안정성을 보장하는 일자리창출과 취업능력 제고로 이동했다. 특히 '멜케르 일자리'(Melkert Jobs)라는 공공부문의 일자리창출 정책이 시행되었다(Wilthagen 1998: 8). 실업자들이 사회보장 수혜자로 머물지 않고 노동시장에 (재)진입했다. 적극적으로 일자리를 찾지 않으면 실업급여 감축이라는 제제 조치가 가해졌기 때문이다(Slomp 2004: 74-76).

ALMP는 상당한 비용을 요구한다. <표 11-5>에서 보듯이 덴마크·네덜란드 노동시장정책은 '적극적'이든 '소극적'이든 영미·한국보다 국가재정 지출이 훨씬 높게 나타나고 있으며, PLMP와 거의 유사한 수준으로 ALMP 공공지출이 이뤄진다.[19] ALMP 공공지출이 높은 것은 글로벌화 이후 높아진 노동시장 유연화에 따르는 고용불안이 삶의 불안정으로 이어지는 것을 차단하고 실업급여 수혜자 지위에서 취업자 지위로 이동하게 하기 위한 것이다. 또 기업에겐 글로벌 시장과 기술에 신속히 대응하기 위해 잘 훈련된 유연노동력을 배출하기 위한 것이다. 영국·미국·한국은 ALMP에 대한 정부재정 지출이 낮다. 이는 실업을 선제적으로 대응하는 ALMP에 대한 관심이 적고 노동시장 유연성 증대가 곧바로 노동자들의 고용불안 심화로 이어지고 있음을 시사한다.

▌표 11-5▐ 노동시장정책지출(2008)

	적극적 노동시장정책	소극적 노동시장정책
덴마크	1.3	2.0
네덜란드	1.1	1.4
영국	0.3	0.2
미국	0.1	0.3
한국	0.1	0.3

자료 : OECD 2009; Employment Outlook 2009.

19) ALMP 강화는 노사 모두에게 이익을 제공한다. 즉 근로자들의 도덕적 해이 현상을 방지하고 실업자의 기능(skills)과 노동숙련도를 업그레이드시키려는 사용자의 요구를 충족시킨다. 노동자에겐 취업능력과 노동생산성을 높이고 이에 따른 높은 임금과 고용안정을 보장하는 것으로 나타났다(Andersen and Svarer 2007: 19-25; Kvist and Pedersen 2007: 110).

6. 비교평가 및 정치경제적 함의

제11장은 노사의 이해관계를 정치적, 기능적으로 대표하는 정치제도적 인풋사이드, 즉 연합정치-사회적 대화 간 연동의 관점에서 덴마크·네덜란드 노동시장의 유연성-안정성 정책조합이 형성되는 정치과정과 실적을 비교분석했다. 유연안정성 정책조합이 구축되는 과정에서 양국 정당정치-노사정정치의 관계는 유사했다. 첫째, 1970년대 양극적인 이념경쟁을 주도했던 양국 사민주의 정당은 글로벌화, 특히 1990년대 이후 중도정당 혹은 우파정당과의 연합정치로 돌아섰고 이를 계기로 정체되었던 노사(정) 파트너십이 부활했다. 둘째, 덴마크의 급진자유당과 네덜란드의 기민당은 이념적 스펙트럼상 중도정치를 지향하면서 좌파정당과 우파정당을 번갈아 연정파트너를 선택하는 '피벗정당'의 역할을 수행했으며 이는 노사(정)협의의 안정적 작동을 유인했다. 셋째, 좌우 이념블록을 뛰어넘는 양국 연합정치는 노동과 자본을 동등하게 대표하는 정치지형이 되어 유연성정책-안정성정책 간 정치적 교환 기제인 사회적 대화를 촉진하는 제도적 동력으로 작용했다. 넷째, 양국에서 사회적 대화가 이끌어낸 유연안정성 정책조합은 연립정부 내 파트너정당 간의 상이한 의견들을 조율하는 데 기여했다. 특히 사회적 대화기구의 압력이 때때로 정부-의회 내 반대나 알력을 극복하는 강력한 수단이 되기도 했다.

결론적으로 덴마크·네덜란드 노동시장의 유연성-안정성 간 균형적 정책조합은 연합정치-사회적 대화 간 역동적 상호작용의 산물이다. 사회협약의 의회 입법화 경로가 행정부-의회 협치를 유인하는 정당 간 연합정치와 노사(정) 사회적 대화를 유기적으로 연동시킨 것이다.

그러나 양국 정당정치-노사정정치 관계에는 차별성도 존재한다. 덴마크 연립소수내각에선 노사정정치가 노사 이익집단들의 대(對)의회 로비정치로 작동한 경우가 있었다. 이는 이념적으로 블록화된 보수우파 연립소수정부가 자율적 정책능력을 갖지 못해 노동을 협상테이블로 견인하는 매력적인 정책인센티브를 제공하지 못한 데서 비롯된다. 또 덴마크의 초이념블록 연립소수내각인 경우에도 야당과의 협약정치를 통해 정부법안 통과에 필요한 입법연합을 시도해야 했기 때문에 새로운 정책의제가 발생하면 비로소 임시 사회적 협의체를 구성하여 노동시장의 유연성-안정성 관련 준(準)정책협약을 이끌어낼 수밖에 없었다. 반면 네덜란드의 노동시장 개혁정치과정은 초이념블록 연립과반·과대규모연정이 안정적으로 제도화된 사회적 대화시스템과 맞물려 작동하면서 다수의 유연성-안정성 정책관련 협약을 입법화했다. 이는 네덜란드의 초이념블록 연립과반·과대규모내각이 덴마크의 초이념블록 연립소수내각보다 사회적 대화시스템의 안정적 작동 가능성을 높이는 정치적 변수로 작용했음을 시사한다. 요컨대 덴마크는 초이념블록 연합소수정치-불안정한 사회적 대화로, 네덜란드는 초이념블록 연합과반·과대규모정치-안정적인 사회적 대화로 작동했다. 이러한 연합정치-사회적 대화 간 상이한 연동패턴은 양국 노동시장의 유연안정성 정책조합 조정·형태를 차별화하는 변수로 작용했다. 그러나 제11장은 양국에서 연합정치-사회적 대화 간 연동패턴의 차이와 노동시장 정책조합의 차이의 사이에 어떤 논리적 인과관계가 존재하는지를 규명하지 못했다. 이에 대한 후속 연구가 필요하다.

제11장은 정치경제적 함의를 이끌어낼 수 있다. 첫째, 블록 연합정치보다 블록 교차의 연합정치가 사회적 협의체제를 촉진하여 유연성-안정성 간 균형적 정책조합의 창출·제도화 가능성을 높이는 정치제도적 요건이다. 이념블록을 넘나드는 연합정치는 안정성을 요구하는 노동의 이해와 유연성을 요구하는 자본의 이해를 동등하게 대표하는 정치공간을 마련하여 노사 이익단체들의 사회적 파트너십 참여를 견인하는 데 기여한다. 동시에 노사 파트너십은 블록 교차의 연합정치의 안정적 작동에 기여한다. 따라서 합의제 정치모델의 제도적 중심축인 연합정치-사회적 대화는 독립변수-종속변수 양식의 일방적인 단선적 인과적 틀이 아니라 상호보완적으로 연동된 쌍방적 인과관계가 존재한다. 반면 블록 연합정치의 좌-우 정당 간 양극적 경쟁은 노사 이익단체들의 갈등관계를 촉발하여 사회적 대화를 불안정·약화시키며, 노사 갈등관계는 초블록 연합정치를 어렵게 한다. 즉 동류 이념블록의 좌파연합정치 혹은 우파연합정치가 작동할 때 노사 이익단체는 각기 우호적인 정당정부·의회정당을 상대로 한 로비에 의해 압박과 영향력을 행사하여 이익을 관철하려는 유혹을 가지며, 노사 이익단체의 로비정치는 초블록 연합정치의 공간을 좁힌다.

둘째, 연합정치-사회적 대화 간 연동의 관점에서 노동시장 개혁정치에 대한 접근방법은 기존 이론적 관점(신조합주의론·권력자원론 등)과 차별화된다. 기존 이론적 시각은 노조조직력과 좌파정치력이 노동시장 정치와 정책에 영향을 미치는 것으로 가정한다(Molina and Rhodes 2002: 316-317 Lehmbruch 1984: 74-78). 이런 기존 연구관점에서 보면 사회적 대화시스템에 의한 노동시장 정책협약 체결은 상대적으로 노조조직력-사민당정치력이 강한 덴마크 노동시장에선 강화되는 반면, 전통적으로 노조조직력-좌파정치력이 취약한 네덜란드 노동시장에선 퇴조현상을 보였을 것이다. 그러나 제11장의 경험적 분석은 사회적 대화시스템의 안정적 작동 수준과 정책협약 체결빈도 측면에서 볼 때 이익단체의 로비정치가 발생하기도 했던 덴마크가 네덜란드에 비해 상대적으로 더 '약성'으로 나타났음을 확인했다. 제11장이 시사하는 바는 그러한 정치사회학적 패러독스를 해명하기 위해 사회적 대화시스템의 작동과정에서 정당 간 연합정치가 노조조직력-좌파정치력 등 권력자원(power resources)의 조건을 대체할 수 있다는 인식이 필요하다는 점이다(Iversen and Soskice 2009: 452). 따라서 제11장이 연합정치-사회적 대화 간 연동에 입각한 합의제 정치적 관점에서 양국 노동시장 개혁정치과정에 접근한 것은 이론적, 경험적 설득력을 갖는다.

셋째, 덴마크·네덜란드 유연안정성 정치동학 과정은 한국 노동시장의 정치적 조정을 위한 합의제 정치시스템을 어떻게 디자인할 것인가를 탐색하는 데에 시사점을 준다. 노동시장의 합의제 개혁정치는 거시적 차원에서 신자유주의와 케인스주의 복지국가 간 균형적 정책패키지를 통해 종국적으로 민주주의와 자본주의 시장경제 간 공존과 양립을 견인한다. 이러한 의미에서 한국 노동시장 개혁정치의 합의제 정치제도가 설계되어야 한다. 사회적 대화시스템의 정상적, 안정적 작동은 합의제 정당정치를 요구한다. 즉 노동과 자본을 동등하게 대표하는 정책경쟁-협력 사이클, 정치적 의사결정과정에 특정정당의 패권적 권력독점화를 불허하는 진보좌파-중도-보수우파 다당제의 견제·균형기제, 이념블록 간에 교차하는 권력분점의 연합정치(cross-bloc coalition politics)로 작동하는 정당정치가 제도화되어야 한다. 이러한 패턴의 합의제 정당정치패러다임으로의 교체는 권력배분·구성 방식인 선거제도의 혁신을 통해서만이 가능하다. 즉 노사갈등을 은폐하고 봉합하는 현재의 권력독점 단순다수대표제에서 한국사회에 실존하는 이념·계급·계층·지역·환경·갈등, 특히 노사갈등을 동등하고 효과적으로 대표할 수 있는 권력분점 비례대표제로의 전환이다.

제12장

독일 협상민주주의 동학: 노동시장·복지국가 재편

1. 문제의식

독일 정치사는 순탄하지 않았다. 혼란과 난맥상으로 민주주의와는 거리가 먼 권위주의·파시즘 통치로 얼룩졌다.[1)] 무엇보다 양차 대전 전범국가인 독일은 얄타협정에 의해 분단국가 위기를 강요받았다. 그럼에도 독일은 오늘날 정치안정을 구축하고 경제적으로 '라인강 기적'을 이룩했으며 통일을 실현하고 그 후유증을 치유하여 유로존 경제의 견인차 역할을 수행한다. 그 정치적 동력은 역사적 뿌리를 둔 복합적인 사회갈등과 분열의 조정, 특히 분단국가 위기에 대응하고자 했던 옛 서독 정치인들의 전략적 선택인 합의제 민주주의이다.[2)]

1) 독일은 역사적 맥락에서 사회갈등과 분열이 상존했다. 16세기 루터의 종교개혁을 계기로 그를 지지한 북부 독일지역과 가톨릭을 사수하는 남부독일로 양분된 독일의 분열상은 프로테스탄트-가톨릭 간 갈등을 촉발시켰다. 종교적 갈등에 자유주의-사회주의 간 이념갈등, 노사갈등, 독일 북부-남부 간 지역갈등 등이 동시다발적으로 분출했다. 비스마르크는 이러한 종교적 이념적 계급적 지역적 갈등과 분열에 따른 독일사회 해체를 우려하고 이에 권위주의 리더십과 철혈통치로 대응했다. 바이마르공화국에서도 원심적 민주주의(centrifugal democracy), 즉 갈등·분열의 정치가 격렬하게 소용돌이쳤으며 이는 히틀러 나치에 의한 반노동적, 반사회주의적 극우정권의 길로 이어지는 씨앗을 뿌렸다.

2) 독일민주주의는 합의제 민주주의와 경쟁민주주의(competitive democracy or *Konkurrenzdemocratie*) 등 깔끔하게 이분법적 분류로 인식하기에는 적절하지 않다는 점에서 유별난 사례이다. 왜냐하면 독일민주주의는 한편으로 양극적인 경쟁이 작동하는 정당체제를 보이고, 다른 한편으로 합의제적 권력분점과 협상을 지향하는 정당정치(정책형성) 패턴이 작동하기 때문이다. 특히 독일민주주의의 합의제 모델의 세 요소, 즉 협의주의(consociationalism)-중위(meso)·미시(micro)사회적파트너십-연방주의 간에 긴밀한 관계가 존재한다. 이런 점에서 독일민주주의는 정치적 갈등관리를 위한 상이한 레퍼토리, 즉 줄곧 긴장관계가 존재하는 합의제 민주주의와 경쟁민주주의의 혼합으로 인식될 수 있는 협상민주주의(negotiated democracy or *Verhandlungsdemocratie*) 혹은 준(準)합의제 므델로 개념화되고 있다(Lehmbruch 2002: 176-178).

레이파트 학파(Lijphart school)는 합의제 민주주의의 제도적 틀을 제시했다. 즉 비례대표제-다당제-연합정치(의회·행정부)-조합주의로 이어진 수평적 권력분점(power-sharing)제도이며, 연방제-양원제로 이어진 수직적 권력분점제도이다(Lijphart 2012: 3장; Norris 2008: 5~8장). 레이파트 학파에 따르면, 정당 간 연합정치(coalition politics)는 노사(정) 간 정책협의에 입각한 조합주의정치(corporatist politics)와 제도적 친화성을 갖는다(Lijphart 2012: 33-37, 170-173; Crepaz and Lijphart 1995; Keman and Pennings 1995: 273-274).[3] 연합정치가 노사(정) 이익갈등을 조정하는 조합주의정치를 제도적으로 유인한다는 것이다. 실제로 합의제 민주주의 국가들의 정책개혁 과정에서 조합주의적 협상은 정당정치의 역할을 고려하지 않고서는 분석될 수 없다. 조합주의정치에 의한 사회협약은 연립정부의 제의 혹은 참여에 의해 타결된다. 요컨대 합의제 정당정치는 노동과 자본 간 이익갈등을 조정하는 조합주의정치를 견인한다.

그러나 레이파트 학파는 합의제 민주주의국가 간에 존재하는 연합정치-조합주의정치 관계의 차이와 다양성에 주목하지 않았다. 그들의 연구와는 달리 연합정치-조합주의정치 사이에 항상 제도적 친화성이 존재하는 것은 아니다. 즉 조합주의 국가는 통상 행정부-의회 차원의 연합정치가 작동하는 반면, 연합정치가 제도화된 국가에서 언제나 조합주의정치가 작동한 것은 아니다. 조합주의정치는 연합정치라는 조건에서 작동하지만, 연합정치는 반드시 조합주의정치를 유인하는 것은 아니다. 이 같은 이론적 퍼즐을 해명하기 위해 본 연구는 두 가설적 명제를 제시한다. ① 합의제 민주주의의 연방제-양원제 패턴은 연합정치를 제약하여 조합주의정치의 변화패턴에 인과적 임팩트를 가한다. ② 합의제 민주주의의 연합정치 패턴은 조합주의정치의 변화패턴에 인과적 임팩트를 가한다. 제12장은 이를 독일 합의제 민주주의 동학과정의 경험적 분석을 통해 검증할 필요성을 갖는다.

독일 합의제 민주주의는 2차 대전 이후 작동해 온 독일 조정시장경제(coordinated

---

3) 정부-이익단체 간 권력분할, 특수이익과 공익 간 양립을 유도할 수 있는 조합주의정치에 관한 논쟁이 있다. 옹호론자들은 조합주의정치를 경제·노동시장 정책을 조정하기 위한 노사(정) 간 전략적 파트너십으로 인식한 반면, 반대론자들은 국민들이 선출한 국회의원과 의회가 책임지는 정책과정에 이익단체들의 참여 정당성에 의문을 제기한다.

market economy)의 제도적 앙상블이다. 환언하면 독일 사회적 시장경제-기민주의 복지체제의 구축은 독일 합의제 정치체제를 통해서 가능했다(Carlin and Soskice 2009: 92).[4] 그러나 독일은 글로벌화·유럽단일시장화의 충격·압박에 대응하기 위해 종래의 복지확대-노동시장보호 정책조합을 재조정하는 개혁프로젝트를 착수했다. 통일을 계기로 재정 부담이 가중되고 연금, 의료, 노동시장, 직업교육훈련, 산업관계, 이민 등의 문제가 독일경제를 압박했기 때문이다(Kitschlet and Streeck 2004: 28; Streeck and Trampusch 2006: 62-65; Wiesenthal 2004).[5] 그런데 정책개혁은 제도적 정치과정이다. 따라서 독일 정책개혁 과정을 이해하기 위해서는 독일 합의제 민주주의의 제도적 틀을 고려해야 한다. 독일 합의제 민주주의는 권력집중을 막고 권력분점·공유의 거버넌스에 기초한 정책협상과 타협을 유도하는 제도로 구성되어 있다. 즉 정당명부식 비례대표제-다당제-연합정치-조합주의적 이익중재 등 수평적 권력분점(Carlin and Soskice 2009: 70)과 연방정부-주정부, 상원-하원 등 수직적 권력분점으로 인해 정책개혁 과정에 영향을 미치는 다수의 제도적 비토지점(veto points)과 비토플레이어(veto players)가 존재한다. 이러한 제도적 틀은 정책개혁 과정을 제약한다.

특히 1990년 통독 이후 독일의 정책개혁은 노사정 3자 협상 절차보다는 다수 제도적 비토세력이 개입하는 정당-의회정치의 입법과정이라는 전략으로 진행되었다. 앞서 제기한 두 가설적 명제에 따르면 그러한 독일 정책개혁 전략은 합의제 민주주의의 제도적 틀에서 비롯된다. 그렇다면 독일 합의제 민주주의의 복지·노동시장 재편정치 과정은 연방제-양원제 패턴 및 연합정치 패턴이 조합주의정치 변화패턴에 어떻게 인과적 임팩트를 가했는가를 분석하는 데 유의미한 상징적 사례의 전형성(typicability)을 갖는다. 독일 사례를 선정한 이유이다.

이런 문제의식에서 제12장은 독일 합의제 민주주의체제가 복지·노동시장 재편과정에서 어떻게 작동했는가를 살펴보고자 한다. 특히 독일 합의제 민주주의체제의 연방제-양원제 패턴 및 연합정치 패턴이 조합주의정치의 변화패턴에 어

4) 독일식 기민주의 복지국가는 복지혜택의 정도가 직업과 소득수준에 따른 개인의 부담금에 의해 결정되는 차별화된 사회보험적인 성격을 갖는다. 따라서 사민주의 복지국가보다 재분배 효과가 낮다.

5) 예컨대 통일 이전에는 5% 이하에 머물렀던 실업률이 1997년에는 9%를 상회했고 이로 인해 실업급여 비용이 치솟아 공공부채가 증가했으며 경제성장률도 겨우 1%대에 이르렀다.

떤 차별적인 인과적 임팩트(causal impact)로 작용했는가를 분석한다.

2. 이론적 가설

제12장은 우선 기존 연구들의 한계를 극복하기 위해 정당정치-노사정정치 관계를 제약하는 합의제 민주주의의 수직적 권력분점제도에 주목한다(Saunders 2003: 34; Lijphart 2008: 83-84; Norris 2008: 7장; Lijphart 2012: 10-11장). 정당정치-노사정정치는 단순한 진공상태가 아니라 합의제 민주주의의 수직적 권력분점제도의 제약 속에서 작동하기 때문이다. 따라서 유사한 합의제 민주주의 국가에서도 수직적 권력분점제도가 어떻게 설계되어 있느냐에 따라 정당정치-노사정정치의 관계에 차이를 낳는다(Armingeon 2002a: 149-150). 환언하면 합의제 민주주의의 수직적 권력분점제도, 즉 연방정부-주정부-연방상원-연방하원 간 권력관계가 정당정치-노사정정치의 관계에 영향을 미친 주요 제도적 변수이다. 그런데 독일 합의제 민주주의의 수직적 권력분점 제도는 협력적 연방제-균형적 양원제 패턴이다(Lijphart 2012: 177-179, 192-196). 즉 연방정부-주정부는 기능적인 상호의존·협력 기제가 작동하도록 행정권·재정권·입법권을 분점·공유하며, 연방하원-연방상원은 균형적으로 입법권을 분점·공유한다. 특히 연방상원은 주(정부)의 이익에 반하는 법안에 대해 거부권을 행사하며, 따라서 입법과정은 상원-하원 간, 상·하원의 다수당 간, 연방정부-상원야당 간 등 복잡한 협상-공치(co-governance) 기제의 작동을 요구한다.

연합정치-조합주의정치의 단선적, 획일적 인과관계를 가정한 레이파트 학파의 연구와 차별화하기 위해 연합정치 패턴과 조합주의정치의 변화패턴을 각각 세분화한다. 비례대표제-다당제가 유인하는 연합정치를 두 모델로 유형화한다(Strøm and Bergman 2011: 30-31). ㉠ '블록 연합정치'(bloc coalition politics) 패턴이다. 즉 좌우정당 간의 이념블록화·양극적경쟁, 의회-내각에서의 '블록 내 연정'(intra-bloc coalition), 의회-행정부 관계의 이념적 분극화 등의 현상이다. ㉡ 좌우 초(超)이념블록 연합정치 패턴이다. 즉 좌우정당 간 이념적 간극 축소 및 경쟁-협력 사이클, '블록 간 연정'(inter-bloc coalition), 의회-행정부관계의 갈등조정 등의 현상이다(Müller and Strøm 2008: 191; Müller *et al.* 2008: 22; Andeweg 2011b:

149). 한편, 조합주의정치 변화가 유형화된다(Swank 2002: 41-44; Kenworhty 2003: 11; Christiansen and Rommetvedt 1999: 196-197). ㉠ 조합주의정치의 약화·퇴조 패턴이다. 즉 노사정 간의 정치적 교환(political exchange)이 중단되고 대신 로비정치(lobbyist politics) 현상을 보이며(Woldendorp 2011: 28; Öberg *et al.* 2011: 374-382, 383-389; Rommetvedt *et al.* 2013: 463), 전문가·관료 중심의 비상설 정부주도 협의체가 작동하고, 결국 정부의 일방적 정책개혁이 진행된다.[6] ㉡ 조합주의정치의 제도화 패턴이다. 즉 상설 조합주의적 협의체가 정책개혁 법안의 의회제출 전 단계에서 노사(정) 간 정책협의(policy concertation)-합의의 절차적 기제로서 지속적으로 작동한다(Compston 2002a: 3-5).

연방제-양원제 패턴을 X축으로 하고 연합정치-조합주의정치 변화의 관계패턴을 Y축으로 설정할 때 이론적으로 가능한 여러 유형의 조합가설이 상정될 수 있다. 그러나 여기서는 독일 합의제 민주주의의 복지·노동시장 재편정치과정의 분석에 적실성 있는 이론적 가설만을 설정한다. 즉 협력적연방제-균형적양원제-블록·초블록연합정치-탈조합주의정치 간 조합가설이다.

그 논리적 근거는 다음과 같다. 연방정부-주정부 간, 연방하원-연방상원 간 수직적 권력분점의 정도가 높은 제도적 조건은 연합정치에 강한 제도적 제약을 가하고 연방연립정부의 정책자율성을 낮춰 결국 조합주의정치를 약화·퇴조시킨다. 환언하면 헌법이 주정부에 연방정부에 대한 독립적인 행정권·재정권·입법권을 부여하고, 연방하원의 법안에 제동을 거는 주(정부)-연방상원의 거부권을 보장하는 경우 연방연립정부는 노사 쌍방에 정책적 반대급부를 제공하여 그들의 조합주의적 정치교환 참여를 유인할 정책자율성에 제약을 받아 정책개혁 드라이브를 주도하지 못한다. 주정부(혹은 주의회)-연방상원-야당 등 다수 제도적 거부권자와의 복잡한 정책협상을 진행해야 하기 때문이다. 따라서 연방연립정부는 정책개혁과정에서 노사와의 추가적인 지루한 협상을 회피하고 의회 입

6) 이익단체-국가 간의 관계, 즉 이익조정 패턴은 조합주의와 다원주의가 있다. 조합주의적 이익중재 양식은 공공정책 결정·실행 과정에 이익결사체들의 참여를 제도화한다. 이 경우 이익결사체는 국가의 '보조적 관료기구'(auxiliary bureaucracies)로 전환한다(Lehmbruch 1999: 94). 조합주의적 이익조정 방식과는 달리 다원주의적 이익중재(pluralist interest intermediation)는 국가(정부)를 상대르 이익단체들의 로비·시위 등 갈등적 경쟁적 방식으로 이익갈등이 표출되며, 따라서 정책과정에 이익단체들의 참여가 제도화되지 않고 필요에 따라 단순히 정책정보 교환 혹은 자문에 그치는 경향을 보인다.

법정치를 선호한다. 이런 정치지형에서는 결국 조합주의정치가 의회-행정부에 대한 노사의 로비정치 혹은 의회 입법과정의 정당 간 협상 방식으로 대체된다. 실제로 독일 연방정부는 블록연정이든 혹은 초블록연정이든 상원과 하원의 다수당이 다른 경우 정책개혁 과정에서 사회적 파트너들보다는 상원 다수당(야당)과의 협상을 선호했다. 연방상원의 거부권이 노사정 간 정책협약에 제동을 걸 가능성이 항상 열려 있기 때문이다.

경쟁-협력의 사이클이 반복되는 정당정치의 다이내믹 패턴은 복지축소나 증세와 같은 인기 없는 정책개혁 전략(과정)에 영향을 준다. 그렇다면 정당정부(party government)가 유권자들에게 정치적으로 민감한 임금조정·복지국가재편·노동시장탈규제 등 정책개혁의 전략으로서 조합주의적 사회협약, 아니면 정당정치에 의한 의회입법을 선호케 하는 조건은 무엇인가? 정당정치 패턴에 의해 규정되는 정부유형(type of government)이다. 즉 이념블록을 뛰어넘는 정당 간 연립정부는 유사한 이념블록 정당 간 연립정부(즉 순수 좌파연립정부 혹은 순수 우파연립정부)에서보다 조합주의정치가 안정적으로 작동할 가능성이 큰 정치지형이다. 이러한 문제인식을 갖고 연합정치 패턴을 X축으로 하고 조합주의정치의 변화패턴을 Y축으로 설정할 때 이론적으로 가능한 여러 유형의 조합가설이 상정될 수 있다. 그러나 여기서는 독일 복지·노동시장 재편정치 과정의 분석에 적실성 있는 두 이론적 가설을 선별·설정한다.

첫째, 블록연합정치-탈조합주의정치 간의 조합가설이다. 블록연합정치는 조합주의정치를 불안정·퇴조시키고, 대신 로비정치를 촉발하는 경향을 보인다(Anthonsen and Lindvall 2009: 171-172, 167-168). 그 논리적 근거는 세 가지다. ㉠ 좌파연립정부 혹은 우파연립정부 형태의 블록연합정치는 노동과 자본을 동등하게 대표하지 못하고 어느 한쪽에 일방적으로 우호적 정책정향을 선호하며, 따라서 노사 이익단체들은 갈등관계를 드러내고 조합주의적 정치교환을 회피한다. ㉡ 블록연합정치에서 노사 이익단체는 각기 우호적인 정당정부 및 의회정당을 상대로 한 경쟁적인 로비·압박·영향력을 행사하여 이익을 관철하려는 유혹을 갖는다. ㉢ 블록연합정치는 의회-행정부 관계의 이념적 분극화와 갈등을 촉발하여 조합주의적 정책협약(corporatist policy pacts)의 의회입법화가 쉽지 않으며, 조합주의정치도 노사갈등으로 인해 정체되거나 의회와의 마찰을 피하지 못한다. 실제로 독일 적/녹 좌파 연립정부는 노조의 대(對)의회 로비정치를 촉발시키고 정부주도의 정책협의체를 구성하는 등 조합주의정치를 무력화했다. 따라서 좌파(연립)정부는 조합주의정치에 더 우호적이라는 기존 연구는 재검토되어야 한다. 독일 기민당/기사당/자민당 중도-우파 소연정은 정당정치의 블록화에 따른 의회-행정부 관계의 이념적 분극화와 사회적 파트너십의 실패·정체를 낳았다. 요컨대 블록연합정치는 조합주의정치와 충돌한다.

둘째, 초이념블록연합정치-조합주의정치 간의 조합가설이다. 정책개혁 과정에서 좌우 이념블록 교차의 소연정·대연정은 조합주의정치의 안정적 작동을 유인한다. 그 논리적 근거는 이렇다. ㉠ 초블록연정은 노동과 자본을 동등하게 대표하는 정치적 공간을 확대하고 특정 이익집단에게만 편파적으로 특혜를 줄 수 없으며, 따라서 이익집단을 조합주의적 정책협의체로 견인하는 인센티브로 작동한다. ㉡ 초블록연정에서 이익단체들은 자신의 우호적인 정당이 이념적으로 반대되는 정당과의 연정에 참여하지 않고서는 안정적인 집권을 기대할 수 없을 것으로 판단하면 상대 이익단체와의 조합주의적 정책협상을 회피하지 않는다(Martin and Swank 2008: 181-184; Anthonsen and Lindvall 2009: 172-173). ㉢ 좌우 대연정 내각은 초(超)과반 의석을 동원하여 대(對)의회 정책통제권을 행사할 수 있고 이익단체들의 조합주의적 정책협의체 참여를 견인할 수 있는 정책자율성을 갖기 때문에 이익단체들은 반대급부를 제공하는 행정부의 보상적 정책능력을 신뢰하고 조합주의적 정책교환을 수용한다. ㉣ 이익단체-행정부-의회 대표의 교차 의사결정참여(cross-participation), 조합주의적 정책협약의 입법화 과정은 초블록대연정과 조합주의정치 사이의 구조적 유질동상(structural isomorphism)에 기반을 둔 제도적 기능적 친화성을 유인한다(van Waarden 2002: 50-51). ㉤ 초블록대연정은 정책개혁 책임을 노사 이익집단과 분산·공유하고 선거리스크를 줄이기 위해 조합주의정치를 선호한다. 또 초블록대연정은 의회의 초과반 의석을 점유하고 연정협약(coalition agreements)의 입법과정에 대한 정부의 통제를 강화하고 양대 정당이 각기 노동과 자본을 정치적 기반으로 했기 때문에 노사파트너십을 유인하는 정치적 인센티브로 작용한다.

독일 합의제 민주주의의 정책개혁 분석과정에서 이상과 같은 3가지 이론적 가설은 상호 경합 혹은 충돌이 예상된다, 이러한 의미에서 제12장은 연방제-양원제 패턴 혹은 연합정치 패턴 중 어느 제도적 변수가 조합주의정치 패턴변화에 지배적인 인과적 임팩트로 작용했는가를 규명할 것이다.

3. 독일민주주의의 하이브리드 모델

1) 소연정/대연정: 의회-연립정부 간 경쟁-협력 사이클

독일의 헌법적 권력구조(정부형태, 의회-행정부관계)는 정당정치와 맞물려 순기능적으로 작동한다. 독일 연방헌법은 정치적 의사-결정을 주도하는 정당국가(party state)를 지향한다(Schmidt 2007: 46-48). 따라서 독일 정당정치는 연방하원-연방상원, 연방정부-주정부의 구성 및 운영을 주도한다.[7] 그런데 사회균열-정당체제-의회-행정부를 이어주는 기제는 선거제도이다. 독일 합의제 헌정체제의 제도적 인과메커니즘의 출발 지점인 비례대표 선거제도는 사회갈등-정당체제 사이를 매개하고 의회 입법권과 정부 정책결정권의 분점·공유를 상징하는 연합정치의 제도화를 유인한다.

독일의 연방하원의원 선거제도는 소선거구 단순다수대표제-정당명부 비례대표제가 유기적으로 조합된 '2표 연동혼합제'이다. 비례대표 정당명부는 광역, 즉 주별로 작성되고 각 정당별로 전국 득표율에 비례하여 의석배분이 이뤄진다. 각 중앙당에게 할당된 의석수는 다시 각 지방당의 권역(주)별 득표율에 따라 할당된다. 그리고 권역별로 할당된 의석수에서 지역구 당선자수를 빼면 권역별 각 당의 비례대표 의원수가 된다. 지역구에서 최소 3석 혹은 정당투표에서 전국 유효투표의 최소 5%를 얻은 정당에게만 의석배분이 가능토록 한 '배제조항'이 있는데 이는 '건설적 불신임제'와 함께 독일 정당정치를 안정시켜주는 주요 장치이다. 정당득표율과 의석배분율이 비례하는 권력분점 비례대표제로 인해 각 정당은 당 혁신을 하지 않으면 정치적 존립이 어려워지고 지방연고에 의존하는 정당은 무력화될 뿐 아니라 소수정당의 의회진출 가능성이 높아진다. 독일 유권자들은 전략적 분리투표(strategic vote-splitting)를 행사한다(Saalfeld 2005: 222). 예컨대 군소정당 지지자들은 선호한 정당 간 연합정치를 상정하고

---

7) 독일 연방상원은 주정부에 의해 임명되고 주정부는 상원을 통해 연방의 입법과 행정 업무에 참여한다.

메이저 정당의 지역구 후보에 제1투표를 행사하는 반면, 메이저 정당의 지지자들은 제2투표를 연정파트너가 될 수 있는 군소정당에 투표한다.

독일 권력분점 비례대표제는 사회균열구조와 정당체제를 매개한다(Saalfeld 2005: 217). 즉 종교와 반교권주의(anti-clericalism), 상류계층과 사회저변층, 자본과 노동, 탈(脫)물질주의, 중심지역과 주변지역 간 격차 등 복합적인 사회균열과 갈등이 반영되는 '보수우파-중도-진보좌파 블록의 다당제'가 형성된다. 1961년 이후 독일 정당체제는 양대 정당인 기민당/기사당(CDU/CSU)과 사민당(SPD), 소수정당인 자민당(FDP) 등 3당체제로 구조화되었다.

기민당/기사당은 사용자와 국가가 피부양자(근로자·국민)를 돌보는 의무감·권위 등 기독교적 규범과 가치에 기초한 사회질서를 옹호하는 중도(우파)정당이다.[8] 과도한 개인주의-집단주의 비판, 반교권주의 거부 등은 기민주의의 규범적 가치체계이다. 특히 기민당은 종교집단·구중산층·토지소유층·농민·기업인·공무원·민간부문노동자·저소득층 등 지지기반이 계급·계층 교차적이고 초(超)종파적인 실용주의적 개혁성향을 보이는 대중적인 포괄정당이며, 좌파정당-우파정당 간 사이에 자리매김한다(Green-Pedersen 2002: 250-251).

기민주의의 트레이드마크는 일찍이 재분배를 통해 사후적으로 시장의 부정적 결과를 교정, 즉 시장경제와 사회정책의 조화를 강조하는 '사회적 시장경제'(*Soziale Markwirtschaft*)이다. 반면 사민당은 노동운동과 연계되어 노동·복지 등 사회개혁을 지향하는 중도좌파이며, 시장의 부작용을 선제적으로 최소화하는 '사회민주적 시장경제'를 지향한다. 사회정의(평등)·국제평화·환경보호 등 가치패키지는 사민당의 트레이드마크이다. 사민당의 정치고객은 1980년대 이후 공무원·화이트컬러·노령연금수급자·실직자·탈물질주의자 등 블루컬러 밖으로 지지층의 외연을 넓히고 있다. 자민당은 개인의 정치적·경제적 자유 및 사기업 이익보호를 지향하고 중산계급·고용주·기업경영인 등 상층 시민계급을 지지기반으로 한다. 자민당은 경제정책에선 기민당/기사당보다 오른쪽에 근접하는 반면, 시민권·사회문화·교육·반교권주의 이슈에선 사민당·녹색당과 정치적 의견을 공유한다(Schmidt 2007: 143-144).

---

8) 기사당은 바이에른주에 한정한 지역정당이고 기민당의 자매정당이지만 사회복지정책에선 사민당에 근접한다.

1970년대까지 독일 정당정치를 지배한 3당체제는 1983년 녹색당(GP)의 의회 진출로 인해 4당체제로 재편되었다. 녹색당은 생태·에너지·성평등·평화·국제주의·이주민통합·시민권 등 좌파지향적, 탈물질주의적 정책을 추구하며 그 지지층은 서비스부문의 근로자와 전문직, 고학력층이다(Schmidt 2007: 144-145). 4당체제는 통독 이후 동서 간의 새로운 경제적 사회적 문화적 갈등과 대립구조에 의해 구 동독지역의 관심과 이익을 대변하는 지역정당인 민사당(PDS, 구동독 사회주의통일당 후신)의 출현하여 5당체제로 발전한다. 2007년 사민당의 경제사회 정책에 반대하며 노동권과 사회정의를 주창하는 사민당 내 정통 좌파세력(WASG)과 민사당이 합당하여 좌파당(*die Linke*)이 결성되었다(Helms 2007: 224).[9]

과거 분극적 다원주의(polarized pluralism) 양상을 보인 독일 정당체제는 1950년대 이후 온건 다원주의적 연합정치로 발전했다. '원심적 정당경쟁'(centrifugal party competition)이 새로운 연정 논리로 대체된 '구심적 정당경쟁'(centripetal party competition)으로 제도화된 것이다(Saalfeld 2003: 80). 독일 다당제에선 권력분점 비례대표제로 인해 어떤 정당도 과반투표-과반의석의 점유가 제도적으로 불가능하기 때문에 이념블록 경계를 넘나드는 '정당 간 교차파트너십'(cross-partnership) 사이클이 반복된다. 이러한 사이클은 정당 간에 이념적, 정치적 갈등과 투쟁의 강도를 낮추고 소통-타협-합의의 정치문화를 정착시키는 기제로 작용한다.

독일 다당제에선 통상 소수정당의 협력 없이는 거대 정당인 기민당/기사당이든 사민당이든 독자적으로 정부구성이 어려운 구도가 지배적이다. 이 때문에 메이저 정당의 경쟁구도에서 보수정당인 자민당이 정치적 균형추 역할을 하면서 기민당/기사당과 사민당 중 어느 정당을 연정파트너로 선택하느냐에 따라 집권당이 결정되는 킹메이커로 자리매김한다(Schmidt 2007: 143; Saalfeld 2005: 224). 자민당의 이념적 전통은 보수적 자유주의와 진보적 자유주의가 혼재한데, 전통적으로 당내 전자 그룹은 경제정책에서 기민당-기사당과의 연정을 추구하는 반면, 후자 그룹은 시민권·사회문화·교육·생태 이슈에서 사민당·녹색당과의 연정을 선호한다. 이러한 경향성을 보인 자민당은 비대칭적으로 기민당/기사당과 사민당 사이의 정치적 위상을 갖고 피벗정치를 구사한다(Schmidt 2007: 143).[10]

9) 양대 정당의 지지율이 1970년까지에는 90%를 상회했으나 1990년대 후반 이후 70%대로 감소하고 신생 정당들이 의회에 진출하고 있다.

뒤집어 말하면 양대 메이저 정당인 기민당/기사당과 사민당은 경쟁적으로 정책 스펙트럼에서의 중위정당(median party) 역할을 수행하는 피벗정당인 자민당을 연정파트너로 획득하려고 했다(Saalfeld 2003: 80; 2005: 221, 225). 물론 역대 총선에서 10% 안팎의 득표율·의석율을 기록했던 자민당이 적/녹연정(1998~2005) 기간에 피벗정당 지위를 상실했고 2013년 9월 총선에선 정당득표율 5% 진입장벽을 넘지 못해 의석획득에 실패하기도 했다.[11] 그러나 자민당은 전통적으로 '사민당/녹색당 vs 기민당-기사당' 양대 좌우 이념블록의 간극을 완충하여 독일의 '정당정치의 중심성'(centrality of party politics)을 유지시키고 의회-행정부 관계를 조정하는 데 기여했다(Saalfeld 2005: 221). 요컨대 단순다수대표 선거제도에선 존재감이 위협받을 지위에 있는 자민당이 독일 합의제 정당정치에선 메이저 정당 간의 정치적 충돌리스크를 줄여주는 주니어 연정파트너 정당의 역할을 수행한다.

독일 다당제에서 기민당도 피벗정당의 역할을 수행한다. 기민당의 이념적 전통은 과도한 시장주의와 과도한 국가주의를 거부하는 사회적 자유주의(social liberalism)로 자리매김하며 전후 '사회적 시장경제' 창출의 동인으로 작용한 국가-시장의 유기적 연계를 지향한다. 이를 반영하듯 전통적으로 기민당의 정책 지향성은 사회경제 이슈에선 중도성향을 보이는 반면, 기타 이슈 영역에선 중도우파 혹은 보수적 관점을 보인다. 따라서 기민당은 때로는 자민당과의 소연정(1949~66, 1982~98, 2009~2013)을, 때로는 사민당과의 대연정(1966~69, 2005~09)을 선택하는 피벗정당으로 작동한다. 특히 2013년 9월 총선에서 제1당이 된 기민당은 사민당과의 제3기 대연정(2013~현재) 협상을 타결한 바 있다. 나아가 사민당도 피벗정당의 역할을 수행한다. 사민당은 이념블록을 초월하여 자민당과의 소연정(1969~82)을 구성했다. 사민당/녹색당 연정(1998~2005)은 비록 동일 좌파 이념블록 정부였지만 좌우이념 간 양극적인 경쟁으로 작동하는 '블록정당정치'는 관찰되지 않았다. 포괄적인 사회경제 개혁안인 적/녹 연립정부의

10) 자민당의 정강정책이 1970년대의 사회적 자유주의에서 1980년대 이후 보수적 자유주의로 전환되었는데 이는 결과적으로 경제적 부유층의 이익을 증진시켰다는 비판을 받았다.

11) 2009년 10월 기민당/기사당과의 연정에 참여하면서 외교, 법무, 보건, 경제, 개발 등 5개의 연방장관직을 차지했다. 하지만 조세인하, 원전에너지, 의료보험개혁, 사회보장제 등의 주제들에서 연정파트너들과 대립되는 입장을 취하면서 갈등을 보이게 되자, 이후 치러진 주의회 선거들에서 점차 지지율이 감소했다.

'어젠다 2010'은 야당과의 협상, 즉 연방상원의 다수당인 기민당/기사당의 입장을 수용하여 원안이 수정된 타협의 산물이다. 사민당이 이념블록을 가로질러 기민당과의 비공식적 대연정 기제에 의해 피벗정당으로 작동한 것이다.[12)]

독일 정당정치를 주도한 기민당·사민당·자민당 등 3개의 주요 정당들은 과거 협소한 정치고객을 넘어 선거지지층의 외연을 확장하는 폭넓은 실용주의적 정책프로그램을 채택한다. 기민당/기사당은 다른 경쟁 정당을 정책적으로 포용·흡수하는 스탠스를 취하며, 사민당과 자민당 또한 바이마르공화국 시대, 전후 정치적 친화성을 드러내지 않았던 사회그룹 및 정치세력을 편입하는 데 익숙해지고 있다. 특히 사회적 가치를 중시하는 기민당은 중도 및 중간계층을 공략하는 정책프로그램을 개발해 왔는데 이 트렌드는 메르켈 총리 이래 더욱 강화되고 있다. 결국 기민당/기사당은 좌향좌로, 사민당은 우향우로 움직이며 이념적, 정책적 스펙트럼의 중간 길로 수렴화 현상을 보인다. 기민당은 사회정책 영역에 있어서 중도우파에서 중도로, 사민당은 경제정책에 있어서 중도좌파에서 중도로 각각 이동하며 중도정책(the middle way policies) 산출로 나타난 것이다(Schmidt 2007: 207-210). 이러한 과정에서 양대 메이저 정당은 오른쪽엔 자민당, 왼쪽엔 녹색당 등 소수정당을 연정파트너로 선택하는 소연정(minimal-winning coalition), 아니면 대연정(grand coalition)을 구성한다. 소연정은 독일 정당정치의 보편적인 절차와 과정을 상징하는 데 반해, 대연정은 위기극복 등 특수상황을 위한 과정과 절차이다.

사회균열구조에 기반을 둔 정당 간에 연방정부-연방의회(혹은 주정부-주의회) 차원에서 제도화된 독일 합의제 의사결정과정은 사회경제적, 정치적 갈등을 관리하는 연합정치이다.[13)] 독일 연합정치는 내각각료-의원 겸임, 정부부처차관의

12) 독일의 대연정은 공식적 비공식적 형태가 있다. 전자는 연정협약에 의해 연립정부를 수립하고 연정 정책갈등(coalition policy conflict)을 연정위원회(coalition committee)에 의해 연정관리(coalition management or governance)하는 경우인데 반해(Miller and Müller 2010: 338-349), 후자는 연방하원(집권 연정파트너 정당)과 연방상원(다수당이 야당인 경우) 간에 조정위원회를 통해 상호 정책합의안을 이끌어내는 경우이다. 비공식적 대연정은 기민당/기사당/자민당 연정(1994~98)과 적/녹연정(1998~2005)처럼 하원의 다수당과 상원의 다수당이 상이하여 연방정부의 독자적 국정운영이 불가능할 때 정책갈등을 조정하는 협치의 틀로 작동한다(Dyson and Saalfeld 2010: 271-272).

13) 예컨대 사민당/기민당 간 대연정(이스라엘 연정), 사민당(적)/녹색당(녹)/자민당(노랑) 간 '신호등 연정'(*Ampel Koalition*), 기민당(검정)/녹색당(녹)/자민당(노랑) 간 '자메이카 연정', 사민당/녹

필수적인 의원신분, 법안기획과정에서의 의원-행정부관료 협의 등의 채널을 통해 행정부-의회 관계를 조정한다(Moury and Ferguson 2014: 43-44). 독일 연합정치는 선거 전·후 연정협상을 통해 연정협약(coalition agreements)을 체결하는데 이는 각료배분(portfolio allocation), 정책조율·교환을 통한 연합정책(coalition policy) 등을 포함하는 연정관리(coalition governance)기제이다(Andeweg and Timmermans 2008: 269-270). 연정관리기제는 연정이 구성된 후 발생하는 연정파트너 정당 간의 정책갈등을 조정하는 연정위원회(coalition committee)에 의해 작동한다.[14] 연정위원회에는 총리-부총리-파트너정당의장-의회정당지도자(원내대표) 등이 참여한다. 연방상원의 동의를 요구하는 연방법률인 경우 주정부 대표도 연정위원회에 참여한다. 결국 파트너 정당 간의 연정협약-연정위원회는 독일 합의제 헌정체제의 제도적 중심축인 내각-의회 관계에서 정책갈등의 여지를 줄이고 협력공간을 확장하여 입법과정의 효율적인 진행을 유도한다(Moury and Ferguson 2014: 52-53).

예컨대 제2기 기민당/기사당/사민당 대연정(2005~09)은 재정공고화, 연방개혁, 은퇴연령인상, 교육·연구투자확대, '어젠다 2010' 실행 등을 포괄한 연정협약을 체결했다. 좌우 초이념블록의 기민당/기사당/사민당 대(大)연립정부(grand coalition government)는 연방하원의 73% 의석과 연방상원의 80% 의석을 확보할 수 있어 입법과정이 순조로웠다. 기민당-사민당 간 이념적 차별성으로 인해 정책결정이 정체·교착 상태에 빠질 것이라는 일반의 우려에도 불구하고 연정협약이 내각결정으로 전환되는 확률은 앞선 좌파블록의 적/녹 소연정보다 훨씬 높았다. 이런 점에서 2013년 출범한 제3기 기민당/기사당/사민당 대(大)연립정부에서도 그러한 시나리오가 예측되고 있다.

연방의회만이 정당 간 견제-협력기제가 작동하는 유일한 공간이 아니다. 독일 합의제 헌정체제의 입법과정은 집권당-야당 간, 상·하원의 다수당 간의 비

색당/좌파당 연정 등으로 나타난다.

14) 독일 연립정부의 연정갈등 관리기제는 연정협약, 연정위원회, 정무차관 제도 등이다. 연정협약에는 명시적 합의, 묵시적 합의가 있는데, 전자는 정책의제의 실행 방법에 대한 구체적인 서술이 있는 경우이며, 후자는 정책의제에 대한 의사결정 절차(의원 자유표결, 특별위원회 의뢰 등)만을 규정한다. 의회 회기 기간 내 매주 초 열리는 연정위원회는 연정협약 실행 여부 모니터링, 핵심 의제 논의, 정당 간 갈등조정을 수행한다. 또 장관 아래에는 관료출신 행정차관과 정당출신 정무차관이 있는데, 정무차관은 장관 소속 정당과 다른 정당출신이고 장관의 정책결정·집행이 연정합의에 부합하는지를 감시·견제한다.

공식적 대연정을 요구한다. 독일 연방제가 정당정치에 제도적으로 강력한 대연정과 협의제 정부구성을 유인하기 때문이다(Schmidt 1996: 68). 독일 정당정치(정책과정)는 정당-정부-야당을 가로지르는 연방정부-주정부 간의 협상·타협이 작동하는 '협력적 연방주의'와 맞물려 있다(Saalfeld 2003: 38). 주정부가 선정한 대표자들로 구성된 연방상원은 주(정부)의 이익에 반하는 법안에 대해 거부권을 행사할 수 있다. 따라서 연방상원의 의무적인 동의절차를 필요로 하는 연방하원의 법안인 경우 상원-하원 간, 연정집권당-상원과반의석 야당 간의 협상-공치(co-governance)과정을 요구한다.[15] 연방상원은 상원의 동의절차를 밟아야 하는 의무가 없는 법안인 경우에도 비토권을 갖는다. 이러한 의미에서 독일 정당정치에서는 연방하원 선거에서 다수 의석 확보에 실패한 정당도 여전히 강력한 야당으로 남는다. 주의회 승리, 연방상원의 다수 획득을 통해 연방하원의 야당은 정치적으로 충분히 보상받을 수 있으며, 강력한 공치세력이 될 수 있다. 이 가능성은 정치투쟁의 강도를 줄이고 선거패배 수용을 쉽게 할 뿐만 아니라 야당과 그 지지자들을 정치적으로 통합시킨다.

그러나 독일 정당정치에는 경쟁원리에 따라 작동하는 다수제 모델의 특성이 존재하는 것도 부인할 수 없다. 예컨대 연방하원 제1투표방식인 소선거구 다수대표제, 연방하원의 과반지지에 의한 총리 선출 및 총리에 대한 '건설적 불신임투표'결정, 연방하원과 주의회에서 선출된 대표자로 구성된 연방회의의 과반에 의한 연방대통령 선출 등이다. 무엇보다도 1982~94년 기간의 기민당/기사당처럼 특정 정당이 상·하원 모두를 장악한 경우에는 정당 간 갈등-경쟁 기제가 작동하는 다수제 정당정치가 작동한다. 그러나 그 같은 예외적 경우를 제외하면 독일 정당정치는 통상 협력-상생 원리에 따라 작동하는 합의제 모델의 특성이 지배적이라는 점을 주목해야 한다. 특히 연방하원과 연방상원의 다수당이 다른 경우 입법과정은 하원·연방정부의 연정집권당과 상원·주정부의 다수당(야

15) 독일 양원제는 연방상원의 거부권 행사로 인한 입법교착(legislative stalemate or gridlock)을 야기하는 비토플레이어의 상징처럼 여겨지고 있다. 그러나 1949년 이래 하원을 통과한 법안이 상원 거부권으로 입법화에 실패한 사례는 3% 이하이다(Lehnert *et al.* 2010: 367-368, 379). 야당이 상원의 다수당인 경우에도 정당정치 갈등으로 이어지지 않고 되레 정부의 일방적인 입법드라이브를 자제토록 한다. 물론 연방정부는 야당이 상원을 다수당을 점유한 경우보다 상원의 다수당을 동원할 수 있을 때 입법실패가 거의 발생하지 않는다. 그러나 독일 양원제에서 정당정치의 갈등은 그렇게 심하지 않다.

당) 간 대연정을 제도적으로 강제한다(Schmidt 2007: 93; Dyson 2006: 111; Kitschelt and Streeck 2004: 27). 바꿔 말하면 입법은 연방하원과 연방상원의 양대 다수당 간 공식적·비공식적 대연정, 연방정부-주정부 간 공식적·잠재적 대연정이 구성되지 않는다면 연방정부의 단독 국정운영 드라이브는 사실상 불가능해진다.16)

독일 대연정국가(grand coalition state)의 제도적 핵심은 앞서 언급한 연방상·하원의 합동조정위원회(Joint Mediation Committee)이다. 각 정당의 의회의석 수에 비례하여 선정하는 16명의 하원대표와 16명의 상원대표로 구성되는 조정위원회는 입법과정에서 집권당-야당 간 대연정, 연방정부-주정부 간 연정을 통해 상·하원의 분쟁과 정책갈등을 해결하기 위한 타협안을 이끌어내는 역할을 담당한다(Schmidt 2007: 85).17) 연방법률은 연방상원의 동의절차 기준에 따라 의무적 동의법률(mandatory consent legislation)과 비의무적 동의법률(non-mandatory consent legislation)이 있다. 전자인 경우 단순 다수로 결정하는 조정위원회가 어떤 제안서를 도출해내지 못하거나 타협안이 상원 혹은 하원에 의해 제동이 걸리면 그 법안 통과는 실패한다. 후자인 경우 하원은 보통 2/3 majority로 상원의 반대 법안을 재의결할 수 있다.

결론적으로 협력적 연방제-균형적 양원제 틀 속의 독일 정당정치는 한편으론 타협-상생의 의사결정 과정이 작동하는 합의제 모델의 우위 속에서, 다른 한편으론 간헐적으로 갈등·경쟁이 작동하는 다수제 모델이 교차하는 준(準)합의제 민주주의(quasi-consensual democracy)를 제도화한다(Lehmbruch 2002: 176-178). 레이파트(2012: 251)도 독일민주주의는 스위스 콘코르단츠(*Konkordanz*) 모델과 영국 웨스트민스터(Westminster) 모델을 양극단으로 하는 중간 지점에 위치하는 것으로 인식했다. 실제로 독일 헌정체제에서는 콜(H. Kohl)정부(1982~98)에서처럼

16) 1969년 연방과 주, 그리고 주들 사이의 경제적 재정적 불균형을 해소하기 위해 주가 연방의 정책결정과정에 참여할 권한을 확대하는 협력적 연방주의가 기틀을 마련한 것은 바로 대연정(1966~69) 시기이다. 또 독일의 조합주의는 대연정 시기인 1967년 '경제성장과 안정화 촉진법'에서 출발한 거시적 경제정책의 계획이 '협조행동'이라는 노사정 3자 협상으로 귀결되면서 조합주의정치가 시작했다. 이처럼 독일의 합의제 민주주의는 대연정 시기에 기본 골격이 만들어졌다.

17) 독일 합의제 헌정체제의 입법과정은 대부분 정부안에서 시작된다. 관련 부처는 전문가·시민결사체·노조·정부산하기구 등을 초치하여 초안에 논평을 가하도록 한다. 입법 발의안은 의결을 거치기 위해 내각에 이송되며 정부안은 코멘트를 얻기 위해 연방상원에 제출된 다음 연방하원에 상정된다. 연방상원은 하원에서 통과된 법안을 접수하고 이를 조정하기 위해 상·하원 동수로 구성된 조정위원회 설립을 요구할 수 있다.

좌우 이념블록 간의 경쟁적, 대립적인 정당정치가 작동하기도 했다(Lehmbruch 2003: 147). 그 같은 예외적 사례에도 불구하고 권력분점 비례대표제가 유인하는 독일 합의제 헌정체제는 소연정 혹은 대연정의 연합정치라는 합의제 의사결정과정을 통해 의회-행정부 관계를 조정한다.

독일 소연정/대연정 연방정부의 정책지향점은 중도이다. 노동조직력-좌파정치력에 기반한 과거 스웨덴식 복지자본주의와 우파·중도 정당에 기초한 미국식 시장자본주의라는 양극단 사이에 위치하는 '제3의 길'(third way)인 것이다. 독일의 '제3의 길'은 중도지향적인 기민당과 복지친화적인 사민당 간 경쟁-대연정-상·하원-연방정부-주정부 등 다수 공치세력과 비토플레이어로 작용하는 정치제도의 영향을 반영한다. 결국 독일 합의제 헌정체제는 종국적으로 구조적 긴장관계에 있는 복지-성장 간, 자본주의 시장경제-민주주의 간 선순환을 유인하고 사회적·경제적·정치적 갈등을 조정·관리하여 사회통합을 촉진한다.

2) 조합주의-다원주의적 노사정정치: 산업별·기업별 사회적 파트너십

독일의 사회보험중심 비스마르크 복지국가는 시장경제 조정을 위한 노사협력의 토대가 되었다. 즉 기민당/기사당/자민당 연립내각(1949~66)의 경제상인 에르하르트(L. Erhart)는 1949년 노사파트너십에 바탕을 둔 독일식 조정시장경제(CME)인 '사회적 시장경제'(social market economy)를 창안했다(Manow 2002: 207). 시장메커니즘에 기초한 자유주의의 특징과 기독교적인 교리에 입각한 사회정의-사회보장-사회연대를 조합한 것이다.[18] 이러한 원리에 기초한 '사회적 시장경제'는 유능국가가 노동시장과 복지 영역에서 시장경제의 효율적 작동을 지원하는 비시장적 조정과 협력을 유인하는 제도적 인프라와 메커니즘을 창출하고 지속가능하게 한다(Dyson and Padgett 2006: 2-3).[19] 환언하면 경제효율성과 사회

18) 시장의 불완전성과 국가(정치)의 역할을 강조한다는 점에서 사회적 시장경제론과 케인즈주의는 유사하다. 그러나 전자가 질서자유주의를 표방한 보수주의적 입장인 데 반해, 케인즈주의는 다양한 정책수단을 통해 시장의 불완전성을 해결코자 한다. 1951년 석탄철강 공동결정권, 1952년 종업원평의회법, 1957년 연금개혁법, 1962년 연방공적부조법 등 포괄적인 사회입법과 노사관계법이 제정되었는데 이것이 사회적 시장경제의 근간이다(이호근 2004: 78).

19) 라인(Rhineland) 혹은 이해관계자(stakeholder) 자본주의로 지칭되는 독일 조정시장경제는 금융제도, 기업거버넌스, 협력적 산업관계, 기능훈련, 기술전이, 사회적 보호 등이 밀접하게 상호작용한다.

형평성(보편복지, 노사공동결정, 임금·근로조건 단체협상 등)이 선순환하는 중도지향적 정책조합을 추구한다. 독일 사회적 시장경제의 중도정책은 사회적 파트너-국가 간 조합주의적 관계라는 독일의 뿌리 깊은 전통에 근거한다(Bonatti and Fracasso 2013: 1029). 주요 공공정책 기능을 국가에 의해 감독되는 반(半)자율적, 준(準)공적인 제도에 위임하는 전통이다. 이런 조합주의적 전통은 전후 사회적 파트너십, 노사 간 자유 단체협상, 사회보장·노동시장정책 실행 과정에서 노사단체 협력 등에서 가시적으로 나타났다.

먼저 독일의 사회적 시장경제는 마이크로 레벨의 조합주의적 협의(corporatist concertation) 양식으로 나타났다 즉 노사 간 자율적 교섭을 중시했던 독일노동조합총연맹(DGB)의 전략에 따라 1951년 중도우파 연립정부 주도에 의해 입법화된 노사공동결정(*Mitbestimmung*)이다(Berger 2002a: 135-136; Roe 2003: 71-73; Lehmbruch 2002: 188). 공동결정제도는 크게 경영의 전략적 의사결정에 참여하는 기업 상부구조의 공동결정, 그리고 관리·업무에 관한 의사결정에 참여하는 작업장 단위의 공동결정으로 구분된다. 기업상부구조의 공동결정제인 경우 1000명 이상의 종업원을 가진 탄광·철강 산업분야에서 시작되었다. 즉 경영이사진의 임면권을 갖고 경영실적을 평가·감시하는 감독이사회(supervisory board)는 노동대표와 주주대표의 동수로 구성되고 집행기구인 경영이사회(managing board)에 한 사람의 노동대표 이사(labor director)의 참여를 보장했다. 1976년 사민당/자민당 연립정부 하에서 2천명 이상의 대기업으로 확대되는 공동결정법이 통과되었다. 작업장단위의 공동결정제인 경우 1952년 사업장 단위의 직장위원회(*Betriebsrat*)는 노동시간, 휴가 등에 관한 노사 공동결정권을 갖고 대량감원, 개별해고에 대한 의견을 제시할 수 있으며 이윤, 생산, 투자에 관한 정보를 제공받을 권한을 갖는다. 공동결정제도는 산업별 연대임금제와 연계되었다(Manow 2002: 202-206). 산업별 연대임금은 기업이 출혈경쟁을 통해 숙련노동자를 유치하거나 피(彼)훈련교육자가 다른 직장으로 이동하는 유혹을 갖지 않도록 해주기 때문에 직업훈련교육 시스템이 정상적으로 작동한다. 결국 공동결정제로 상징되는 독일의 마이크로 레벨 노사파트너십은 기업경영 및 노동시장 조정에 대해 노사가 대화·협의할 수 있는 포럼을 제도화함으로써 노동생산성을 제고시키고 갈등해소와 산업평화를 정착시키는 사회적 시장경제의 발전의 토대이다.

독일 사회적 시장경제의 산업관계는 대기업을 대표하는 독일산업연맹(BDI), 중소기업을 대표하는 독일사용자단체연합(BDA) 및 독일노동총연맹(DGB)에 의해 형성되었다. 다른 유럽국가들의 사용자단체와 달리 BDA는 노조와의 파트너십과 독일 복지국가를 옹호했다. 총 노조원의 약 80%를 점하는 DGB는 산하 금속노조(IG Metal) 등 8개의 산별노조를 포함하고 역사적으로 사민당과 긴밀한 관계를 유지했다. 노사 결사체들은 정부개입을 배제하고 임금·근로시간에 관한 독점적인 단체협상을 할 수 있는 권한을 헌법적으로 보장 받았다. 말하자면 독일의 산업관계는 정부는 법적으로 단체협상 과정의 외곽에 있고 사회적 파트너들의 협상자율권(*Tarifautonomie*, 임금조정에 대한 국가개입 부재)에 의해 영향을 받았다(Kitschelt and Streeck 2004: 6). 통상적으로 독일 단체(임금)협상은 주(지역)별 노사 결사체가 협약체결을 주도하는 산업별(부문별)로 진행되며, 독일 단체협약이 산하 구성원들에 대한 법적 구속력(적용율)은 약 80% 수준이다(Menz 2006: 85). 따라서 독일 산업관계는 후술한 바와 같이 노사정 협상의 매크로 레벨 조합주의는 매우 제한적이고 부문별 혹은 지역적 협의기제인 중위조합주의(meso-corporatism)가 발전했다.[20] 이처럼 전후 경제성장기에 형성된 독일모델은 주로 대기업에 의해 주도되었지만 중소기업의 요구에도 부합하는 산별 및 부문별 임금협상과 협의를 촉진하는 노동시장 제도를 중심축으로 한다(Wiesenthal 2004: 60).

나아가 독일 사회적 시장경제는 매크로 레벨 조합주의정치를 지향했다. 공공정책 기능을 국가에 의해 감독되는 준(準)공적인 제도에 위임함으로써 독일 조합주의적 네트워크는 노동시장 정책, 사회보험의 결정과정에서 노사정 파트너십으로 작동했다. 예컨대 사회보험(의료·연금 등) 자치기구의 구성원을 선출하는 사회선거(social election)가 실시되는데 이는 복지업무 행정에 국가관료 외에 보험료를 납부하는 노동자와 사용자가 직접 참여하여 보험료 책정, 급여수령조건 등 사회보험 관련 주요 업무의 공동결정을 할 수 있도록 하기 위해서이다(조성복 2013: 327).

---

20) 독일은 오스트리아·네덜란드 등의 강성조합주의(strong corporatism), 이탈리아 등의 약성조합주의(weak corporatism), 미국·캐나다·호주 등의 다원주의, 일본·프랑스 등의 노동 없는 조합주의와 구별되는 중성조합주의(medium corporatism) 사례로 분류하는 주장도 있다(Siaroff 1999; Crouch 1994).

연방고용청도 노사정이 참여하는 3자 네트워크에 근거한다. 독일의 주요 사회경제 이익단체들은 의회자문 절차에 공식적으로 대표된다.[21] 예컨대 경제정책, 사회정책, 농업정책 등과 같은 분야 관련 다양한 의회위원회는 노조, 사용자단체, 농민단체 등과 연관된 국회의원에 의해 지배되곤 한다. 또 이익단체는 정부 각 부처의 자문위원회에도 참여한다. 더욱이 저성장·실업증가 등 경제위기에 대응하기 위해 사민당/기민당 대연정(1966~69)은 '협조행동'(Concerted Action, 1967~74)이라는 노사정 정책협의체를 작동시켰다. '협조행동'은 1967년 임금억제-고용창출-ALMP-소득보장정책의 정책조합을 노사정 간 정치적 교환으로 합의했다(Leaman 2002: 142). '협조행동' 모델에 따라 '의료 협조행동' 등 다양한 협의체가 설립되었다.[22] 이로써 전후 수요중심(demand-side)의 매크로 레벨 조합주의적 노사정 정치의 틀이 구축되었다.

글로벌화의 압력과 충격에 대응하기 위해 기민당/기사당/자민당 보수우파 연정(1982~98) 하에서 시장 기제를 중시하는 공급중심(supply-sice)의 조합주의정치가 작동했다. 정책협의가 노사 대표가 수상 관저에 모여 수상이 주제하는 '방갈로 토의'(Bungalow Discussion) 형태로 작동한 것이다(Hancock 1989: 138). 그러나 '방갈로 토의'는 노사정 간 단순한 논의의 미팅이지 공식적 조합주의적 협의체가 아니다. 보수우파 연정은 통독 이후 기록적으로 치솟는 실업과의 전쟁을 시도할 목적으로 1996년 노사정 조합주의적 협의체인 '일자리 연대'(Alliance for Jobs)을 설립했다(Bispinck and Schulten 2000: 190). 또 적/녹 연정도 1998년 콜 정부의 노사정 정책포럼인 '일자리 연대'를 부활시켰다. 그러나 이와 같은 중도우파 연립정부든 적/녹 연립정부든 조합주의적 노사정정치는 별다른 성과는 얻어내지는 못했다.

이런 맥락에서 독일은 유의미한 조합주의 전통이 없지 않지만 조합주의 국가로 상정될 수는 없다. 독일의 노사정정치는 정부의 정책과정에 이익단체들의 참여가 제도화되지 않았다. 대신 개별 이익단체들은 의회와 정부를 상대로 하

21) 이익단체는 정당과의 관계를 맺는다. 사민당은 노동과 연계되는 반면, 생태단체는 녹색당과 사용자단체는 기긴당 혹은 자민당과 연계된다. 교육, 가족, 사회문화적 이슈에서 보수단체는 기민당/기사당과 연계한다.

22) 하지만 1976년 사용자측이 공동결정법의 확대에 불만을 품고 정책협의체에서 탈퇴하여 1977년 '협조행동'은 와해되었다.

는 로비활동(다원주의 정치)을 전개했으며, 이익단체-국가 간의 쌍방적 정책정보 교환 혹은 자문이 이익중재 과정을 지배했다. 또 조직력(조직의 집권성·포괄성) 등 이익결사체들의 권력자원이 정부의 정책결정 과정을 효과적으로 통제하는 데 충분치 않다. 특히 1990년대 초반 이래 산업관계는 통일국가의 재정악화 및 실업률 가중, 사용자들의 유연성 요구에 의해 위협받았다. 물론 정책개혁 과정에서 노조는 복지국가의 현대화(축소)를 가로막는 비토플레이어로 작동했다.

그러나 적/녹 연립정부가 '어젠다 2010'의 실행으로 2003년 이후 고통스러운 개혁을 밀어붙임에 따라 노동운동은 사민당과의 긴장이 크게 증가했으며,[23] 특히 사민당-DGB 연계의 제도화 수준은 통일 이전에 비해 상대적으로 낮아졌다. 노조 측도 자유주의적 개혁을 수용하는 노조와 자유주의적 개혁을 반대하는 노조로 양분되었다. 특히 그간 독일 산업관계를 주도했던 금속노조(IG Metall)가 2000년대 초반 들어 내부 개혁파와 새로 탄생한 공공부문 노조 등의 도전을 받게 되면서 노조운동의 내부 긴장이 확연해졌다(Schulze and Jochem 2007: 670). 게다가 1990년대 들어 독일산업협회(BDI)가 노조와의 파트너십과 독일 복지국가 구조를 옹호하는 독일사용자단체연합(BDA)의 강령에 이의를 제기함에 따라 사용자진영 내부의 분열을 드러냄으로써 정책개혁 과정에서 사용자들은 통일된 행위자로 활동할 수 있는 능력을 상실했다. 이에 따른 BDI와 BDA 양대 진영의 내부 결속력 잠식은 2000년대 이후 급속히 진행되는 노조 응집력 와해를 무색하게 할 정도이다(Thelen and Kume 2006: 26).

이러한 구조적 조건으로 인해 정책개혁 과정에서 이익그룹의 역할은 제한적이다. 사실 독일의 매크로 레벨 조합주의정치는 '협조행동'(1967) 이후 약 10여 년에 걸쳐 작동했을 뿐이며, 조합주의적 협약은 거의 체결되지 않았다(Leaman 2002: 142). 노조 참여의 전통은 연금 및 노동시장 등의 주요 정책개혁 과정에서 약화되었다. 진보좌파 적/녹 연정마저도 노조의 동의 없이 정책개혁을 진행했으며, 노조도 정당에 로비를 통해 자신들의 이해관계를 관철시키려 했다. 4장에서 논의한 바와 같이 보수우파 혹은 진보좌파 연립정부는 정책개혁을 둘러싼

23) 사민당-노조 연대는 1998년 적/녹 연정 이후 사민당의 정체성 위기, 즉 신자유주의 정책으로 경도됨에 따라 약화되었으며, 이것이 독일 조합주의정치의 약화를 초래하는 요인이라는 지적이 있다.

서로 다른 이해관계를 조정하기 위해 조합주의적 협약정치의 독일식 변형인 '위원회정치'(commission politics)가 등장했다(Dyson and Padgett 2006: 5-7). 정부주도로 구성된 '위원회'는 주요 이익단체들의 영향력을 감소시키고 정치적 의사결정 과정의 이너서클에 의한 결정을 정부의 결정으로 둔갑시킨다(Schulze and Jochem 2007: 700). 이러한 '위원회정치'는 노사정 간 정책합의를 이끌어내는 조합주의정치가 아니고 단지 정부의 가이드라인에 따라 정책개혁 권고안을 작성하고 이의 공론화 확산에 영향을 미쳤을 뿐이다. 특히 통독을 계기로 조합주의적 정책개혁의 정치적 기반은 잠식되었고 개혁정치의 패턴이 조합주의정치에서 신다원주의 정치로 이동하는 현상이 나타났다.

독일 사회적 파트너십은 조직적 조건의 취약으로 급속한 분권화 혹은 위기를 경험한다. 즉 조합주의적 거버넌스모델에서 노동의 대(對)자본 권력자원이 약해져 단체협상이 거시적 수준보다는 산별수준으로, 산별수준보다는 사업장 단위의 공동결정으로 이동한다(Heinisch 2000: 92-93; Carlin and Soskice 2009: 94).[24] 독일 사용자연합은 자신들의 권력자원을 이용하여 기존 제도적 틀 내에서 산업관계의 분권화와 노동시장 유연성, '일을 통한 복지'(workfare) 등을 추진하며 산업관계를 산업별, 지역별, 규모별로 차별화하고 있다(Menz 2006: 84). 특히 수출지향 금속부문의 사용자들은 임금·근로조건의 유연성을 추구하고 구 동독 지역의 사용자들은 사실상 결사체를 포기한다. 산업별 혹은 기업별 등 이중적인 단체협상-협약이 유지되는 가운데 협상력이 산업별에서 직장평의회(works councils)로 이동하고 있다. 독일의 이중적 산업관계에서 사업장의 공동결정은 공식적으로 노조에서 독립적이다. 그러므로 직장평의회는 자유롭게 사업장 수준의 타협을 이끌어낸다. 1990년대 이후 중소기업은 과도한 임금을 우려하는 반면, 대규모 기업들은 자신들의 협상력을 이용해 노조를 설득하여 미시적 협약(micro-level agreements) 체결을 수용한다. 바꿔 말하면 독일 산업관계는 사용자연합(BDA)이 부문별 협상과 보편적 임금협약을 회피하고 기업별 협상과 협약이라는 미시적 조합주의(micro-corporatism)를 통해 '사업장 협약'(plant-agreements)을 체

24) 독일의 노조조직율은 1980년 32%에서 2004년 23%로 떨어졌다. 그러나 2004년 단체협약 적용율이 떨어지긴 했지만 구 서독 지역에선 68%이고 구 동독지역에선 53% 수준이다(Carlin and Soskice 2009: 72).

결하는 트렌드를 보이고 있다(Menz 2006: 88).

이 같은 노사(정) 관계의 변화 속에서 1990년대 이후 독일정부는 실업증가에 대응하기 위해 저숙련 노동시장의 유연화를 창출하려는 의도적 노력을 경주했다. 유연 노동시장이 대부분 서유럽 국가들의 조정시장경제에서 공통적으로 일정 부분 진행되어 오고 있지만 이 현상은 독일에서 두드러진다. 이것이 독일사회의 소득불평등과 저임금 노동자 배출을 악화시키고 있다. 이중적 노동시장에 따른 독일 비정규직 등 외부노동자(outsiders) 증가는 노동유연화에 따른 것이다. 노동시장의 이중화는 고용보호, 임금 및 사회보장 측면에서 열악한 지위를 누리는 비정규직과 양호한 대우를 받는 핵심 내부노등자(insiders)로 나누어진 상태이다(Eichhorst and Marx 2011: 74). 이 현상은 일정 부분 독일 조합주의정치의 퇴조와 무관하지 않다.

결론적으로 독일의 이익단체-국가 간 이익중재 패턴은 부분적으로 조합주의, 부분적으로 다원주의로 표출되는 등 두 노사정정치 패턴이 혼재하는 중간 지점에 포지셔닝시킬 수 있으며, 단체(임금)협상의 분권화 현상은 노조에 불리한 산업관계의 미시화로 이어지고 있다.

4. 정당정치-노사정정치의 연계: 정당정치 중심 정책결정프로세스

1) 콜 기민당/기사당/자민당 연정의 정책개혁

연정파트너 간 정책 차이로 인해 사민당/자민당 연정(1972~82)이 붕괴되고[25] 콜(Helmut Kohl) 수상이 이끄는 기민당/기사당/자민당 연정이 출범했다. 콜 연립정부는 '작은 정부, 큰 시장' 노선을 표명했다. 선거정치 슬로건과는 달리 기민주의-자유주의 연정은 노동시장, 사회복지, 임금 등의 (획기적인) 정책개혁을 거의 시도하지 않았으나 1982~84년에 실업보험프로그램, 적극적 노동시장정책 및 사회부조 등의 정부지출 삭감을 입법화했다(Seelaib-Kaiser 2003: 149). 이러한 조치는 기민당/기사당이 사민당보다 경제적 이슈를 해결하는 데 더 유능할 것

25) 사민당은 1982년 총선에서 투표 지지율 하락이 아니라 정책 차이에 따른 자민당의 연정 탈퇴로 소수지위에 처했고 슈미트(H. Schmidt) 수상에 대한 연방하원의 '건설적 불신임'(constructive non-confidence)을 받아 정권을 상실했다.

으로 인식하는 여론의 우호적인 변화에 힘입어 촉진될 수 있었다. 게다가 대부분의 유권자들이 고실업 해소와 경제회복을 위해 긴축정책에 반발하지 않고 공감하는 반응이었다. 재정지출 삭감에 대한 유권자들의 용인과 지지를 배경으로 콜 정부는 노사정 간 조합주의적 의사결정 방식에 의존하지 않았다. 즉 유권자들이 긴축재정을 지지하고 연립정부가 1980년대 연방 상·하원에서 안정적 과반의석을 동원할 수 있는 상황이었던 기민당/기사당/자민당 연립정부는 노사정 협상에 의한 구조조정의 잠재적 비용을 치를 필요성이 없어지게 된 것이다. 독일에서 1989년 연금개혁이 있기까지 주요 개혁은 발생하지 않았다.

그러나 독일통일은 독일모델의 자생능력에 심각한 위협이었다. 통독 이후 수백만의 가난한 동독 노동자들이 노동시장에 진입하고 경쟁력 없는 동독 기업들이 파산하며 경기침체가 구조적 실업을 양산하고 사회적 기여금·복지지출이 증가하여 복지국가를 압박하는 등 독일모델에 긴장과 위기의 조짐이 보이기 시작했다. 특히 연금, 의료, 노동시장, 직업교육훈련, 산업관계, 실업급여비용 폭증, 저성장, 공공부채 증가 등의 문제가 독일경제를 압박했다(Kitschlet and Streeck 2004: 28; Streeck and Trampusch 2006: 62-65; Wiesenthal 2004). 이에 대응하여 1990년 재집권한 기민당/기사당/자민당 연립정부는 독일 정치경제를 새로운 경제현실에 적응시키기 위한 사회보험 재편, 실업대책 등과 같은 과감한 조치를 착수할 것으로 인식되었다. 하지만 예상과는 달리 즉각적인 정책개혁은 목도되지 않았다. 물론 통일 직후인 1993년 노동시장, 복지(특히 병가수당·노인케어·실업수당)에 관한 정부 법안이 발의되었다. 그러나 정부여당이 과반을 점유하지 못한 연방상원에서 법안은 대부분 거부되었다(Clasen 2005: 69).

1994년 총선에서 기민주의-자유주의 연정은 비록 지지율(-2.3%)과 의석(-25석)을 크게 상실했음에도 통일국면의 압력에 대응해서 민심을 부정적으로 자극할 만한 정책개혁을 유보한 탓으로 재집권에 성공했다. 그러나 연정파트너인 자민당은 무려 32 의석을 잃었다. 반면 사민당은 3%정도 지지율이 높아졌고 녹색당과 민사당은 지지율이 상승하였으며 특히 민사당은 사민당에 대한 잠재적 경쟁자로 부상하면서 구동독 지역에서 정치적 아성을 구축했다. 이처럼 통일 직후 경제침체로 좌파정당 블록으로 선거판세가 기울러지고 이에 따른 집권 연정여당의 의회 위상이 약화되는 상황에서 조합주의정치가 부활되었다.

통독과 세계화에 따르는 대량실업·재정악화·불평등이 심화되는 상황에서 1996년 1월 금속노조는 임금억제와 일자리창출을 교환하는 '일자리 연대'(Alliance for Jobs)라는 정책협의체를 제안했고 공급중심의 플랫폼을 표방했던 보수우파 연정과 사용자측이 이를 받아들였다. 1977년 조합주의적 협의체인 '협조행동'이 해체된 이후 18년 만에 독일 조합주의정치가 부활한 것이다.[26] 1996년 12월 노사정 정책협의가 '방갈로 토의' 형식으르 이뤄졌다(Bispinck and Schulten 2000: 190; Leaman 2002: 145). 여기서 임금억제-노동유연화-일자리창출-ALMP-복지재편(실업급여삭감) 등이 합의되었고 이러한 조합주의적 합의는 내각과 의회에서 추인되었다. 그러나 '일자리 연대'는 사용자연합의 시장지향적 규제완화(초과근무 사용) 요구와 보수/자유 연방정부의 해고보호 완화 및 복지(병가수당) 축소 계획에 저항하는 노조의 탈퇴로 성과 없이 단명으로 끝났다(Ebbinghaus and Hassel 2000: 50, 55). 특히 독일산업연맹(BDI)은 조합주의정치는 더 이상 산업평화에 유효하지 않음을 주장하면서 중앙단체협상을 철회하고 기업별 협상을 선호했다.

1980년대에 콜 정부는 상·하원에서 안정적인 과반을 차지할 수 있었으나 통독 이후 이 상황은 변화했다. 새로운 정당의 등장과 기민당/기사당과 자민당의 지지도가 하락하여 상·하원 간의 협상이 복잡하고 때론 예측 불허였다. 이런 정치지형에서 콜 정부가 독일통일로 야기된 경제사회 문제해결을 위해 시도한 다수의 개혁조치들이 연방상원의 다수를 차지했던 사민당·녹색당의 제동에 의해 무산되었다. 예컨대 1997~98년 사이에 시도된 콜 정부의 전면적인 세제개혁이, 실업문제를 선거 쟁점화하려는 사민당이 다수를 차지한 연방상원의 거부권으로 실현되지 못했다. 이런 상황에서 사용자연합이 요구한 병가수당 삭감과 같은 정책개혁이 보수우파 연정에 의해 일방적으로 입법화되었다. 이는 노조와의 조합주의적 협상보다는 사용자의 요구를 선호한 연정파트너인 자민당의 압력에 따른 것이다. 기민당의 선거 지지도가 점차 떨어지는 국면에서 콜 수상에겐 노조와 같은 사회적 파트너와의 협상보다는 연립정부를 유지하기 위해 자민당의 요구를 수용하는 것이 정치적으로 더 중요했다. 병가수당 삭감은 자민당

---

26) '협조행동'은 1967년 경제위기에 대응하기 위해 노동은 임금인상 자제, 자본은 고용창출을 위한 투자촉진, 정부는 노동시장정책과 소득보장정책을 추진하는 노사정 간 합의가 성립되어 독일 조합주의정치가 최초로 제도화되었다.

지지자들에게 자민당이 자유시장 원칙의 불가결한 수호자로 남아 있을 것이라는 믿음을 주었다. 이는 복지국가를 재편하는 과정에서 다수제 논리에 따라 작동하는 경쟁적 정당정치가 조합주의적 전략보다 우위에 있다는 것을 시사한다 (Lehmbruch 2003 146-147).

콜 연립정부의 주요 정책개혁은 연금에 관한 것이다. 연금제 위기는 통일 압력, 특히 구동독 지역의 치솟는 실업률로 더욱 악화되었다. 우선 전문가와 정치인들로 구성된 'Blüm위원회'의 권고에 기초하여 1989년 연금개혁안(Blüm I)을 마련했다. 독일의 저부담-고급여 연금구조는 1980년대 이후 낮은 경제성장 및 고령화 추세로 더 이상 존속되기 어려웠다. 따라서 1980년대 이후 연금개혁은 중요한 정치적 이슈로 부상했다. 1988~89년 사이에 진행된 기민당/기사당/자민당과 사민당 간 '합의회담'(consensus talks)을 통해 1989년 11월 연금개혁법이 상·하원을 통과했다(Schulze and Jochem 2007: 676-682). 그 핵심 내용은 여성 퇴직연령 인상, 총임금이 아닌 순임금에 연금연동, 조기퇴직시 연금급여 삭감 등이다. 이 연금개혁 과정은 기민당과 사민당 간 '정책합의'(policy consensus)에 의해 진행되었다. 이러한 양당 간 정책합의는 당시 야당인 사민당이 연방상원의 과반을 점유하지 못한 점으로 비춰 볼 때 연방상원의 비토권 행사라는 제도적 비토지점이라기보다는 지지도가 하강하는 양당의 정치적 전략에 따른 것이라는 해석이 가능하다. 즉 기민당/기사당/자민당 연립정부로서는 비인기 개혁에 대한 비판과 책임을 사민당과의 분산·공유한다는 전략이었으며, 사민당으로선 정부의 양보를 이끌어내어 개혁에 대한 비판으로부터 자유로울 수 있었다.

나아가 콜 연립정부는 'Blüm위원회'의 권고에 따라 1997년 연금급여체계에 인구학적 변수가 반영된 이른바 '1999 연금개혁법'(Blüm II)을 채택했다. 연금개혁안이 연방하원에 상정되어 기민당/기사당에 의해 통과된 반면, 사민당과 민사당은 기권했다. 더욱 흥미로운 것은 연정파트너인 자민당 의원들이 녹색당 의원들과 함께 투표에 불참했다는 점이다. 이에 따라 연금개혁안은 연정파트너인 자민당의 지지 없이 통과된 셈이고 연방상원으로 이송되어 중재과정을 거친 뒤에 최종 통과되었다. 'Blüm I'와는 대조적으로 당시 연방상원을 지배한 야당인 사민당과는 물론이고 연정파트너인 자민당 등 정당 간 합의는 없었다. 따라서 여기서도 연립정부 내 역학관계뿐 아니라 정당경쟁이 최종적인 정책개혁안을 산출했으며(Schulze and Jochem 2007: 685-686), 콜 정부는 연금개혁 과정에서 전통적인 본(Bonn) 정치의 특징인 합의제 정치를 작동시키지 않았다. 1980년대 후반까지의 독일 연금개혁의 협상과정은 야당의 지지를 어렵지 않게 얻을 수 있었으나 통독 이후 정치경쟁이 가열되어 감에 따라 연금정치의 합의제 정책결정이 쉽지 않게 된 것이다. 최종 연금개혁안은 임금대체율 삭감(70% → 64%), 급여수령 연령 상향조정, 급여수령 자격강화 등을 포함한다. 1998년 총선에서 기민당은 이 같은 개혁으로 인해 값비싼 정치적 대가를 치러 사민당에게 정권을 내주는 굴욕을 치렀다.

요컨대, 콜 연립정부의 정책개혁은 특히 통독 이후 노사정 간 조합주의적 협상보다는 대부분 정당 간 입법정치를 통해 진행되었다. 무엇보다 연금개혁 정치는 조합주의적 의사결정 방식이 아니라 일방적 방식으로 진행되었으며 이는 정당경쟁의 격화로 이어지고 상원의 다수당인 사민당이 정부의 많은 개혁안에 비토권을 행사하는 신호탄이었다. 콜 정부의 연금개혁 과정은 합의제 정치의 와해를 뜻한다(Schulze and Jochem 2007: 679). 양극적 정당체제에서 콜의 리더십은 너무 경직적이어서 복지개혁·노동시장재편 등 정책개혁을 위한 타협을 협상하지 못했으며 결과적으로 '개혁정체'(reform gridlock) 현상이 발생했다(Lehmbruch 2003: 147; Eichhorst and Marx 2011: 77). 사용자단체는 복잡한 협상을 요구하여 정책개혁을 어렵게 하는 독일 협상민주주의의 제도적 교착(institutional gridlock)을 비판했다.

2) 슈뢰더 적/녹연정의 정책개혁

1998년 총선결과에 따라 전후 독일 역사 최초로 앞선 연립정부의 어느 연정파트너 정당도 내각에 참여하지 않는 전면적 정권교체의 형태로 슈뢰더(E. Schröder) 사민당/녹색당 연립정부(Red-Green coalition, 1998~2005)가 구성됐다. 좌파정부가 통상 노조가 참여하는 조합주의적 의사결정 방식을 선호한다는 점을 고려할 때 슈뢰더 적/녹 좌파 연정은 조합주의정치를 작동시킬 가능성이 높아졌다. 또 적/녹 연립정부는 연방하원의 안정적 과반의석(345석)을 점유함에 따라 필요하면 성공적으로 입법화를 추진할 정치적 공간도 확보했다.

적/녹 연정은 통독 이후 발생한 대량실업의 탈출구를 마련하기 위해 1998년 '일자리·훈련·경쟁력 강화를 위한 연대'(Alliance for Work, Training and Competitiveness)라는 노사정 정책협의체를 부활시켰다(Schmidt 2005: 12). 양극적 정당정치에 갇혔던 콜 수상과는 달리 정책결정 무대를 정당정치에서 의회 외곽의 노사정 거버넌스로 방향을 튼 것이다. 이러한 조합주의적 전략을 통해 슈뢰더의 선거공약인 사회정의의 현대화를 위한 '신중도'(*die Neue Mitte*)라는 '제3의 길'을 추진하고자 했다. 즉 수요 측면에서는 작은 국가이나 공급 측면(시장활성화·경쟁력강화)에서는 강한 국가를 지향하는 것이다. 구체적으로 적/녹연정의 사회·경제정책 기조는 재정긴축, 기업 조세부담 경감, 사회보장 감축, 노동시장 유연화, 임금동결 등으로 나타났다. 국가가 교육 및 직업훈련 강화 기능을 통해 개인에게 고용능력(employability)을 부여하는 것이 새로운 사민당의 가치와 지향점으로 등장했다. 이처럼 독일식 '제3의 길'은 신자유주의적 성격으로 경도되었고 전통적 사민주의의 지향가치와의 단절을 꾀했다.

그러나 슈뢰더 연립정부의 '일자리 연대'는 노사정 간 이해차이와 정당경쟁의 논리에 지배되어 가시적 성과를 내지 못했다(Streeck and Trampusch 2006: 69; Dyson 2006: 117-120). 슈뢰더 좌파연립정부는 재정적 한계에 봉착한 사회국가의 경쟁적 재편을, 노조는 대량실업 극복을 위한 적극적 고용정책 및 사회국가의 지속적 발전을, 사용자단체는 노동시장 유연화와 사회보험체계 개혁을 각각 요구했다. 2002년 초까지 8차에 걸친 '일자리연대'의 회동이 개최되었으나 적/녹연정의 주요 개혁조치들 중 단 한 건도 합의를 끌어내지 못하고 실패로 막을 내렸다. 노사 이익단체들은 '일자리연대'를 통해 정책개혁을 추진할 만한 조직력·중앙집중적의사결정·협상력 등 조직적 동력을 상실했고, 2002년 무렵 노사간 상호신뢰는 와해되었으며, 이런 상황에서 조합주의적 정책개혁협약은 체결될 수 없었다. 노조는 우호적인 사민당이 집권한 정국에서 직접 사민당과의 정치적 의사소통 창구를 통해 자신의 요구를 관철하고자 했다. 특히 라퐁텐(O. Lafontaine)의 좌파 전통주의(재분배를 통한 사회연대 패러다임)와 슈뢰더의 현대화주의(노동시장 참여 인센티브를 통한 경쟁력 패러다임) 사이의 이념적 차이에 따른 사민당의 분열이라는 내홍을 겪는 슈뢰더 정부의 '일자리연대'에 큰 기대를 걸지 않았다. 사용자 측 역시 적/녹 좌파연정에 이념적 거부감을 드러냈으며 1999년 사민당이 주의회 선거에서 연속 패배하여 연방상원에서 다수를 차지한 기민당의 거부권 행사를 기대하고 사민당주도 좌파연립정부의 '일자리연대'에 참여하고 싶은 인센티브가 사라졌다. 결국 노사 모두가 참여를 주저하는 '일자리연대'는 붕괴되었으며 그 저변에는 사민당-기민당 중심의 이념블록 정당정치의 논리가 작용했다.

복지국가 재편과 구조적 실업 문제가 주요 정치적 이슈로 떠오름에 따라 슈뢰더 적/녹 연립정부는 조합주의정치 대신 정당정치에 기초한 입법화 전략을 통해 정책개혁을 시도하려 했다. 이러한 정책개혁 전략의 전환은 '일자리 연대'의 와해 이후 노조-사민당 관계가 소원해진데서 비롯되었다. 따라서 슈뢰더 연립정부는 연방상원의 다수당인 기민당과의 협상을 통해 필요한 정책개혁의 입법화를 단행하고자 한 것이다(Kitschelt and Streeck 2004: 29-30). 이러한 전략적 접근은 1990년대에 들어 다소 '우향우' 성향을 보인 연정파트너 녹색당의 협력에 의해 탄력을 받았다. 사민당/녹색당의 개혁목표가 주요 경쟁자인 기민당/기사당의 정책정향으로 경도됨에 따라 정책개혁은 연방상원에서의 연합정치, 즉 비공식적 대연정의 입법화 전략을 통해 추진되었다(Lehmbruch 2003: 165).

적/녹연정은 연정협약에 따라 2000년 7월 소득세 인하를 핵심으로 한 조세개혁을 추진했다. 그러나 하원을 통과한 조세개혁법은 주정부의 상당한 조세수입 감소가 예상되는 상황에서 야당이 다수를 점유한 연방상원의 거부권 행사가 예상되었다. 따라서 주정부 연합체 성격이 갖는 상원의 양보를 얻기 위해 연방정부는 조세개혁에 반대하는 개별 주정부의 재정적 요구를 수용하였고 그 결과 2000년 7월 상원에서 그들 주정부의 찬성을 얻어 조세개혁안이 통과되었다. 결국 연방정부와 주정부, 하원과 상원 간 비공식적 대연정의 타협에 의해 합의가 도출되었다(김상철 2015: 113-115). 그러나 조세개혁에 의해 저소득층의 소득이 고소득층으로 전이되는 역진적인 소득재분배가 이뤄졌다. 또 적/녹연정은 2000년 건강보험의 효율성(비용절감) 증진을 위해 의료서비스 질의 개선 그 자체뿐 아니라 피보험자와 의료서비스공급자 간 계약관계를 현대화하는 건강보험개혁을 입법화했다. 즉 비용억제를 위해 경쟁 도입, 의료서비스의 효율성과 질을 증진하는 것이었다.

2000년 8월 슈뢰더 정부는 연금개혁을 발표했다. 개혁안은 연금 급여액을 70%에서 64%로 축소하는 등 사민당의 연대세력인 노조의 이해에 반하는 것이었다. 따라서 개혁안은 여성단체, 야당인 기민당/기사당, 연금단체, 사민당 내 좌파에 의해 강력한 저항에 직면했으며, 특히 노조는 연금급여 축소를 반대했던 반면, 사용자 측은 퇴직연령 인상을 요구했다(Schulze and Jochem 2007: 694-695). 그런데 기본 연금제도는 주정부에 재정부담을 주지 않기 때문에 기본 연금법은 기민당/기사당이 과반을 점유한 연방상원의 동의 절차가 필요한 의무적인 법안이 아니었다. 따라서 2001년 1월 하원을 통과된 기본 연금제도의 개혁안은 기민당의 요구를 반영하지 않았다. 연금개혁은 합의와 타협보다는 배제와 통제에 기초한 것이다. 2001년 적/녹 연립정부의 연금개혁, 사적 개인연금과 기업연금에 대해 세제혜택을 부여하는 조치의 정치과정도 정당정치가 주도했다. 연금개혁은 법정 연금급여 대체율을 인하(70% → 64%)하고 자발적 민간 보험제를 도입하는 등 독일 연금정책의 패러다임 전환을 가져왔다.

연금개혁 정치과정은 여러 이해관계 세력에 참여의 길을 열어주는 장치, 즉 연정파트너 정당 간, 정부와 야당 간, 정당과 이익그룹 간, 사민당 내 좌파와 우파 간 등 매우 촘촘한 협상의 정당정치 기제로 작동했다(Schulze and Jochem 2007: 693). 결과적으로 연금혼합(pension mixture)은 연금개혁 과정에서 다양한 이해관계가 걸린 공간을 만들어내는 제도적 비토, 정당경쟁의 동학, 주요 정당 내 정치(intra-party politics) 등에 의해 설명될 수 있다. 예컨대 사적 연금(Riester-Rente)이 비의무적 성격을 띠고 있는 사실은 연립정부 내 뿐 아니라 야당의 비판을 받았기 때문이다(Schulze and Jochem 2007: 693). 나아가 적/녹연정은 법적 연금이 은퇴 후 소득유지를 보장할 패러다임에서 탈피하고 PAYG체제에서 다층체제로 전환할 개혁을 입법화했다. 이러한 패러다임 전환은 하원에서 기민당/기사당 반대에 부딪쳤지만 연방상원 과반의석 동원으로 실현되었다. 당시 적/녹 연립정부도 야당도 단독으로 연방상원을 통제할 수 없었지만 연립정부는 피벗 역할을 수행하는 중립적인 주들에 지원금을 제공함으로써 그들을 개혁안 동의로 견인할 수 있었고 리스터개혁의 직장연금에 관한 특혜를 부여하여 노조의 지지를 확보할 수 있었다. 이는 비공식적 대연정 부재시에도 협상과 타협을 통해 비토권자들을 우회할 수 있음을 시사한다(Haverland and Stiller 2010: 439).

2002년 총선 직전인 8월 적/녹연정은 노동시장개혁을 위해 하르츠위원회(Hartz Commission)를 설립했다. 위원회는 슈뢰더 수상, 2명의 노조대표, 1명의 중소기업 대표, 6명의 대기업 대표로 구성되었으며, 독일 최대노조인 DGB와 독일사용자연맹인 BDA 대표의 참여를 배제했다. 또 몇 명의 노동시장 전문가 및 사민당의 현대화주의자(modernizers, 정치인)를 참여시켰다(Dyson 2006: 121). 대량실업의 당사자인 실업자들의 대표 참여는 배제되었다. 한편, 재집권에 성공한 적/녹연정은 2002년 가을 비임금 노동비용 감축 수단으로 사회보장제도의 현대화 개혁을 위해 학계 전문가, DGB 출신 전통주의자, 사회정책 수혜자단체 대표, 경영컨설턴트, 산업대표, 관료 등을 개별적으로 차출하여 '뤼룹위원회'(Rürup Commission)를 설립했다(Dyson 2006: 126-127). 그러나 하르츠위원회와 뤼룹위원회의 설립은 DGB와 BDA가 배제된 노동시장 정책협의체라는 점에서 노사정이 동등하게 참여한 기존 '일자리 연대'라는 조합주의정치철학과의 단절을 뜻한다. 결국 적/녹연정은 '일자리 연대' 실패 이후 노사정 간 조합주의정치를 철회하고 비록 연립정부의 일방주의는 아니었으나 극히 일부 노동 대표만 참여하는 정부주도의 위원회로 대체했다.

야당인 기민당/기사당이 Lower Saxony 주 선거에서 승리하여 연방상원에서 과반을 점유한 직후 2003년 3월 하르츠위원회는 포괄적인 사회경제 개혁안을 담은 '어젠다 2010'을 적/녹 연립정부에 권고했다. 노동계(DGB)와 사민당 내 좌파 전통주의자들은 개혁안을 사실상의 '복지국가 해체'로 규정하고 '동일노동, 동일임금' 등 사회정의 및 사회연대의 원칙의 복원을 주장했다. 이러한 집단적인 반발 속에 사민당·녹색당 의원만의 찬성으로 하원을 통과했다. 그러나 적/녹연정은 야당, 즉 상원의 다수당인 기민당/기사당의 거부권 행사 가능성을 우려하여 상·하원 합동조정위원회를 설치하고 기민당의 입장을 수용하지 않으면 안 되었다. 결국 적/녹연정의 원안이 수정된 '어젠다 2010'은 2003년 10월 조정위원회의 협상이 마무리되어 상원을 통과했다(Dyson 2006: 122-123).[27] 한편, 2003년 8월 뤼룹위원회는 경쟁력 증진에 부응하고 인구구조의 변화에 대응하는 사회정책의 지속가능성을 위해 연방정부의 최대 지출 항목인 독일 PAYG 연금제도의 근간을 바꾸는 급진적 개혁안을 제안했다. 즉 '연대' 중심에서 '고

---

27) 1989년의 사민당의 베를린 원칙강령과 1994년 기민당의 함부르크 원칙강령은 전통적 복지국가의 한계를 인식하고 경제성장과 국가경쟁력 회복을 위한 선결조건으로 사회복지국가 재편과 노동시장개혁을 담았다.

용' 친화적으로 사회정책 패러다임 전환이다(Dyson 2006: 129). 그러나 뤼룹위원회는 잠재적 반대세력을 제어하는 틀로서 한계를 드러내자 적/녹 연립정부는 연방상원 과반을 점유하고 있는 기민당/기사당과의 '비공식적 대연정 회담'(informal grand coalition talks)을 통해 2004년 봄 입법화했다(Dyson 2006: 129-130; Schulze and Jochem 2007: 694-695).

노동시장 유연성, ALMP 강화, 기업경쟁력 강화, 사회보장체제 재편, 규제철폐 등사용자 측의 이해를 반영하는 공급중심의 정책개혁 패키지를 담은 '어젠다 2010'의 핵심 내용은 다음과 같다(Streeck and Trampusch 2006: 70-71; Hemerijck and Vail 2004: 31-32; Boyler 2009; Eichhorst and Marx 2011: 78). 노동시장 개혁을 다룬 하르츠구상, 즉 하르츠법안 I(실업보조금 수령기준 강화, 파견제, 시간제 노동, 직업교육 강화 등), 하르츠법안 II(자영업 규제완화와 개인창업 지원, mini-jobs와 midi-jobs 등 유연한 노동형태의 일자리창출 촉진)은 2003년 1월에 실행되었다. 2004년 1월 발효된 하르츠법안 III(연방노동청의 연방고용소개소 전환을 통한 실업자들의 직업중개)와 2005년 1월 발효된 하르츠법안 IV(정리해고 규제 철폐, 중소기업 근로자의 고용보호 축소, 32개월 → 12개월로 실업급여기간 단축, 실업보조와 사회부조의 실업급여로 통합 등)이다. 한편, 뤼룹위원회가 시도한 사회보장 시스템 현대화의 관건은 사회보장의 재정확보에 있다. 이는 의료시스템과 연금제도의 개선에서 찾았다. 전자는 의료보험기관의 통폐합, 의료부조금(간병인 비용 등) 폐지이고 후자는 사용자의 연금부담률을 줄이고 근로자의 연금부담률을 높이는 데 있다. 근로자의 연금브험 수령연령을 65세 → 67세로 상향조정함으로써 더 많이 일하고 더 적게 받는 연금제도로 전환되었으며 연금급여액은 기존의 70%에서 2030년 64%로 낮아진다.

이처럼 적/녹연정의 '어젠다 2010'은 '독일병'(재정적자·고실업)의 해소라는 기치 아래 하르츠위원회의 노동시장개혁을 통해 독일경제에 유연성과 경쟁력을 불어 넣어 성장동력과 일자리창출을 제고하는 한편, 뤼룹위원회의 사회보장시스템 현대화(복지국가 축소)를 통해 세제를 개편하는 적/녹 2기 연정의 핵심 개혁안이다. 이로써 글로벌화의 충격과 통일비용에 대응하기 위해 앞선 보수/자유 연정에서 추진하고자 했지만 실패했던 전후 가장 급진적인 최대 사회경제적 구조개혁이 비로소 가능해진 것이다. '어젠다 2010'의 설계과정은 독일민주주의의 절차와 내용이라는 측면에서 몇 가지 해석이 가능하다. 첫째, '어젠다 2010'이라는 정책개혁 과정은 조합주의적 의사결정 방식 대신 정당 간 합의제적 의사결정 방식(비공식적 대연정)에 의해 주도되었다. 특히 당시 상원의 다수당인 기민당의 거부권 행사가능성은 슈뢰더 연립정부로 하여금 일방적으로 '어젠다 2010'을 통과시키지 못하게 했으며, 따라서 개혁안을 마련하는 과정에서 기민당/기사당의 반대를 고려하여 상·하원 조정위원회의에서 원안을 수정하도록 했다.

둘째, 정부 주도 하르츠위원회와 뤼룹위원회에 참여 인사의 제한으로 인해 광범위한 사회적 의사를 담아내지 못하고 정부의 정책어젠다를 선택하는 한계를 보여 정책개혁안의 정당성과 대표성이 결여되었다는 비판을 면키 어렵다. 특히 비록 노동계가 일부 참여했으나 '어젠다 2010'에는 그들의 목소리가 제대로 반영되지 못했고 사민당의 정통좌파의 불참과 배제 역시 슈뢰더 정부의 개혁정책에 대한 정통성을 크게 위협했다. 그 결과 특히 하르츠법안 IV는 노조와 사민당 내 좌파그룹의 강력한 저항에 부딪쳤다. 사민당 내 좌파세력은 대량실업과 재정부담에 대응하여 기존 복지정책을 수정하려는 '하르츠법안 IV'를 빈민법으로 규정하면서 2004년 '선거대안 노동과 사회적 정의'(WASG)라는 당을 신설하고 2007년에 동독 민사당과 함께 좌파당을 창당했다.[28] 결국 하르츠법안 IV는 2005년 이후 총선·지방선거 특히 2009년 총선에서 사민당이 주·지방선거에 연패하는 혹독한 정치적 비용을 지불하는 요인으로 작용했다.

셋째, 슈뢰더 적/녹 좌파연정이 표방한 신중도의 제3의 길은 '어젠다 2010'을 분수령으로 사실상 신자유주의 정책으로 경도되었다. 사민당이 추구하는 고전적 가치인 '연대, 사회정의, 분배'가 '일하는 복지'라는 정책기조로 바뀐 것이다. 특히 '어젠다 2010'의 노동시장 유연화와 사회지출 감축 등은 사회보호의 축소로 해석될 수 있다. 어젠다 2010은 일자리 창출엔 공헌했던 반면, 노동시장의 이중성, 기업·부문·지역 간 임금차등화 등 부정적 효과가 발생했다.[29] 이로 인해 특

---

28) '어젠다 2010'은 사민당 내 정통좌파인 라퐁텐과 구 동독지역의 좌파세력(민사당) 지도자인 기지(G. Gysi)가 제휴하여 좌파연합을 결성하는 계기를 만들었다. 좌파연합은 '연대, 사회정의, 분배'를 기치로 2005년 조기 총선에 나섰고 사민당·녹색당 지지표를 잠식하고 제5 정치세력으로 등장했다.

29) 하지만 2009년 경제위기에 직면해서도 메르켈 수상은 독일의 사회적 시장경제는 자본주의 국가들이 벤치마킹해야 할 새로운 모델이라고 했다(Bonatti and Fracasso 2013: 1031).

히 하르츠법안 IV의 사회적 부당성을 비판하는 공감대가 확산되었다(Eichhorst and Marx 2011: 79). 이것은 2005년 적/녹연정의 정권 재창출 실패의 원인이다.

결론적으로 일자리연대, 하르츠위원회·뤼룹위원회 등 슈뢰더 적/녹연정하의 조합주의적 정책협의 및 정부위원회는 공식적 제도의 정책 교착상태를 우회하고 사회적 파트너, 전문가들을 참여시켜 집권연정 내 혹은 야당의 정치적 반대와 저항을 줄이는 독일 협상민주주의(negotiation democracy)의 틀이다. 그러나 적/녹연정의 노동시장개혁과 복지체제재편 과정에서 독일 조합주의적 의사결정 제도는 작동하지 않았고 그 정치적 공간을 비공식적 대연정으로 작동하는 정당정치가 채우기 시작했다(Hemerijck and Vail 2004: 34).

3) 메르켈 기민당/기사당/사민당 대연정의 정책개혁

슈뢰더 적/녹연정의 신중도정책의 결정판인 '어젠다 2010'으로 인해 사민당은 잇달아 주의회 선거에 패배했고 특히 2005년 5월 인구가 가장 많은 주이고 자신의 아성인 노르트라인-베스트팔렌 주의회 선거에서조차 기민당에 패배했으며, 연방상원은 보수당 일색으로 변했다. 이에 대응하여 슈뢰더 수상은 의회에 신임여부를 물은 결과 불신임을 받아 사임했고 조기 실시된 2005년 9월 총선에서 사민당은 좌파연합에 의석을 내 주었던 반면, 기민당·기사당은 자민당에 의석을 빼앗겼다(Helms 2007: 226).[30] 특히 좌파연합의 약진이 두드러졌다. 이러한 총선결과는 사회복지 재편 및 노동시장개혁에 따른 노조-사민당 간 갈등, 사민당의 정체성 혼돈, 그리고 경제성장 정책을 제한하는 환경정책으로 인한 기민당-경제인 간 갈등, 기민당의 정체성위기 등에서 비롯되었다.

이 같은 급변한 정치지형에 대한 국민의 불안감은 '독일병'이라고 지칭할 정도의 경제위기 극복을 위한 최상의 선택으로 기민당/기사당/사민당으로 구성된 메르켈(Angela Merkel) 대연정(2005~09)의 부상을 가져왔다.[31] 기민당과 사민당은 이전 정부에서 조합주의적 협상(일자리 연대), 비공식적 대연정(콜정부)처럼 실패로 끝난 협치의 틀을 신뢰할 수 없고 높은 거래비용이 소요되는 점을 인식하고

30) 기민당의 의석상실은 어젠다 2010의 입법화 과정에서 사민당-기민당의 비공식적 대연정 형성에 대한 유권자들의 표심을 반영한 것이다.

31) 독일의 대연정 등장은 위기와 상관성을 갖는 데 반해, 오스트리아 대연정은 통상적인 정부모델이다(Dyson and Saalfeld 2010: 271).

이를 대체하는 공식적 대연정을 선택한 것이다(Dyson and Saalfeld 2010: 274).[32)]

대연정의 정책담론은 평등과 사회정의에 모아졌으나(구춘권 2007: 177-178; Eichhorst and Marx 2011: 79-80), 사회경제 개혁프로젝트는 기본적으로 '하르츠개혁'의 연장선 위에서 추진되었다.[33)] 대연정은 2006년 8월 '하르츠법안 IV'를 보다 정교화하고 유연화한 법안을 발효시켰다. 법안은 첫째, 실업급여를 신청한 사람에게 일자리 또는 재교육이 제공되며 이를 거부한 사람은 최대 60%까지 급여가 삭감되는 내용을 담았다.[34)] 이는 장기적인 복지의존층을 예방하며 일자리 수용태세를 점검하려는 취지에서 도입되었다. 둘째, 고령노동자의 실업급여를 다시 18개월에서 24개월로 연장했고 장기실업자를 위한 고용보조금 지원제가 도입되었다. 그런데 최저임금이 최초로 독일 정책어젠다에서 주요 이슈로 부상했다. 하르츠개혁에 따른 저임금노동의 급증에 따라 부당한 보상(급료)에 대한 우려가 광범위하게 확산되었기 때문이다. 노조와 사민당은 법정 최저임금제를 채택하려 했으나 기민당의 반대에 봉착해 어떤 포괄적 합의에도 도달하지 못했다. 이처럼 대연정 정부의 노동시장정책 개혁은 '어젠다 2010'과 같은 급진적인 신자유주의적 개혁을 더 이상 밀어붙일 수 없었고 하르츠개혁의 틀 속에서 미세한 조정에 그쳤다.

적/녹연정하에서 마스트리히트조약의 재정적자 기준을 충족시키지 못함에 따

32) 대연정 정부에서 사민당은 14개 각료 중 8개 각료직(재무부·교통건설부·외교부·국제개발부·법무부·노동복지부·보건부)을 차지했고 기민당은 총리 외에 6개 각료직(경제부·농업부·국방부·내무부·여성가족부·교육과학부)을 가져감으로써 양적 질적 측면에서 균등한 배분이 이루어졌다. 특히 전통적으로 가족의 가치를 중심하는 기민당은 여성가정부 장관을 가졌고 사민당은 노동복지부 장관을 얻었다.

33) 대연정은 연정협약에 따라 독일 연방제 개혁을 추진했는데 개혁법안이 2006년 6월 연방하원과 상원을 통과했다(Dyson and Saalfeld 2010: 270). 그 핵심 내용은 첫째, 입법절차를 보다 신속하게 진행시키기 약 60%에 달하는 연방상원의 동의가 요구되는 법안 비율을 35~40% 비중으로 끌어내렸다. 이는 정부가 발의한 법안이 연방상원의 거부권에 의해 제동이 걸리는 상황을 완화하려는 의도가 깔려 있었다. 둘째, 연방과 주의 입법권한을 규정하여 입법과정에서 양자 간 갈등소지를 제거하려 했다.

34) 독일은 튼튼한 복지제도, 체계적 직업교육, 해고보호법, 산업별 동일임금, 대기업과 중소기업의 격차해소 등을 통해 지속해서 안정된 일자리를 만들어낸다. 장기 청년실업자에게는 그의 구직을 도와줄 전문 인력이 배치된다. 노동고용청(*Agentur für Arbeit*)이 일자리 정보를 찾아 중개하고, 사회복지사는 실업자의 실생활에 불편한 점은 없는지 살핀다. 그러나 실업보조금을 받는 이는 노동고용청의 구직 관련 면담에 의무적으로 참석해야 하는데 면담에 응하지 않을 경우에는 일정 기간 동안 실업수당을 받을 수 없다.

라 대연정은 연정협약에 따라 국가재정 안정화를 추진했다. 기민당의 메르켈 총리와 사민당의 부총리 겸 재무장관은 부채감축에 합의했다. 물론 양자 간에 방법론의 차이는 있었다. 총리는 정부지출 축소를 주장한 데 반해, 재무장관은 정부수입 증대를 내세운 것이다. 따라서 양자는 정책조율·교환을 시도했다. 즉 지출 축소에서는 주택소유자에 대한 보조금과 통근자에 대한 세금우대 조치를 폐기했고 수입증대에서 기민당은 사민당이 제안한 부유세를 수용했으며, 사민당은 기민당이 부가가치세율을 16%에서 19%로, 연금보험료율을 19.5%에서 19.9% 등으로 인상조정하자는 제안을 수용했다(김상철 2015: 116; 고상두 2015 4-5). 이를 통해 증대된 재원은 재정공고화 및 간접임금비용을 낮추기 위해 실업보험 분담금 인하에 사용되었다. 또 대연정 집권 기간 경기가 호전되어 재정여건이 개선되자 연립정부는 기업의 국제경쟁력 향상을 위한 영업세 인하에도 합의했다.

대연정은 독일의 심각한 저출산 문제로 출산·양육정책을 근본적으로 바꾸는 계기를 마련했다. 기민당 출신 라이엔(von der Leyen) 여성가족부장관은 가정주부와 아동보육 강화 정책을 추진했다. 맞벌이 부부가 보모를 채용할 경우 세금우대를 해 주었고 보육을 위해 휴직할 경우 10개월 간 급여의 2/3 지급을 보장했다. 대신 라이엔 장관은 2007년 1월 사민당의 요구인 부모수당을 도입했다. 매달 일정액을 일괄적으로 지급했던 육아수당 대신 부모수당을 도입하는 법안을 발효시킨 것이다. 부모수당은 출산 후 휴직하는 부모 한 쪽의 소득을 보상해 지원한다. 즉 휴직하는 부모 한 쪽의 세후소득의 67%, 최대 1800유로까지 12월까지 지원된다. 이 제도는 직업을 가진 부모들의 출산·육아와 직업을 조화시키려는 목표를 갖고 도입되었다(김성수 2011: 61-62).

2005년 9월 총선과정에서 기민당·사민당 모두 비인기 정책인 연금수령 나이의 상향조정을 공약하지 안했으나 집권 대연정은 '리스터연금'을 장려하는 한편, 연방정부의 재정적 덫이었던 법적연금보험제도 개혁에 착수했다. 그러나 연금은 정치적 사회적으로 매우 민감한 문제라 대폭적인 수술이 쉽지 않다. 따라서 대연정은 연금급여를 인하하지 않는 대신 적/녹연정 당시 뤼룹위원회의 권고를 수용하여 연정협약에서 연금수령 연령을 65세에서 67세로 상향조정할 것을 합의했고 2012년에 시작해 2029년에 종료하는 방식의 점진적 추진으로 개혁의 가닥을 잡았다. 법적 연금수령 연령 인상은 노령노동자의 고용률을 개선하는 입법 발표와 함께 이뤄졌다. 물론 45년 이상 연금보험료를 부담한 피고용자들은 기존처럼 65살부터 수령할 수 있는 예외조항을 두었다. 연금수령 연령 인상은 사용자단체의 환영을 받았지만 유권자의 2/3, 사민당 내 좌파, 녹색당과 좌파당은 반대했다.[35] 특히 노조는 대연정의 개혁안에 조직적인 저항운동을 전개했다. 그러나 연방하원의 초과반(72.7%)을 동원할 수 있었던 대연정은 2006년 연정협약에 기초하여 법안을 작성하고 이를 압도적으로 통과시켰으며, 이 법률은 기민당/사민당 대연정으로 구성된 주정부에 의해 통제되었던 연방상원(52% 과반)에서도 2007년에 무난히 통과되었다(Haverland and Stiller 2010: 434-435).

대연정은 건강보험의 재정안정화를 주요 의제르 상정했다. 1990년대 이래 추진된 건강보험 개혁은 비용민영화, 급여체계의 효율성 증진에도 불구하고 재정구조의 안정화 조치는 취하지 못했다. 특히 적/녹연정의 건강보험 개혁은 사용자부담을 줄여 간접임금비용을 낮추는 것을 핵심으로 했다. 따라서 급진적인 건강보험 재정개혁의 필요성이 제기되었다. 2005년 9월 총선 당시 기민당과 사민당은 다른 건강보험 개혁안을 제시한 바 있다. 기민당은 소득연계 대신 고정(정액·일률) 보험모델(flat-rate insurance model)을 공약했던 반면, 사민당은 전국민의료보험을 내놓았다. 전자는 임금비용과 의료비용을 분리하여 기업들의 노동력 채용을 보다 용이하게 만들려는 구상이었던 반해, 후자는 공무원 자영업자 및 전문직 등 소득이 높은 사람들을 법적 의료보험에 편입시켜 임금·소득에 따른 기여금에 근거하는 '시민보험'(citizens' insurance)을 통해 건강보험 수입을 개선하려는 시도였다. 녹색당과 좌파당은 사민당의 정책과 유사했다. 자민당은 민간보험 확대와 사용자부담액 동결을 요구했다.

이러한 정당정치의 갈등과 함께 2007년 대연정의 건강보험개혁 과정에는 연방정치가 작용했다. 비토권자로서의 연방상원이 최종적인 건강보험개혁 과정에 개입하여 연방분열정치가 정당정치를 압도한 것이다. 전통적으로 부자들이 거주하는 기민당/기사당 집권 주들이 자신들의 과도한 부담을 이유로 건강보험

35) 대연정, 특히 2006년 말 사민당 출신 노동복지부 장관에 의해 도입된 '연금67'은 2009년 총선의 쟁점이 되었고 사민당은 하르츠법안 IV에 이어 또 다른 신자유주의 정책을 주도하여 선거에서 참패하는 결정적 요인이었다(김성수 2011: 60-63, 67). 복지를 감축하는 사민당의 개혁프로그램에 반대한 좌파당의 득표율이 향상되었는데 좌파당은 하르츠법안 IV의 지원 대상인 실업자 및 빈민층을 주된 지지세력으로 삼았다.

개혁안을 반대했다. 연방정치와는 별도로 건강보험 이해관계자인 노사단체가 개혁안에 동의하지 않았는데 특히 노조는 노동자와 저소득층이 향후 부담할 과도한 보험료를 문제 삼았다. 의료서비스단체도 개혁안이 의료서비스 공급체계에 미칠 악영향을 경고했다.

이해관계자들의 갈등 속에서 기민당과 사민당은 건강보험 재정수입을 안정화할 수 있는 정치적 타협안을 모색해야 했다. 이에 따라 대연정 내각은 집요한 협상 끝에 2006년 10월 타협안에 합의를 토대로 입법안을 채택했고, 의사·병원·의사협회·정책전문가·일부주의 격렬한 반대 속에서 기민당과 사민당이 하원의 초과반과 상원의 과반을 동원할 수 있어 2007년 2월 연합의회에서 건강보험 개혁법을 통과시켰다. 이러한 건강보험 개혁안은 보험의 유연성·투명성 제고, 2009년 정부가 운영하는 건강기금(Gesundheitsfonds) 도입을 골자로 했다. 피고용자와 사용자의 분담금 및 정부의 지원금(세금)으로 새로운 건강기금이 조성되고 이 기금이 공공보험기관(의료조합)들에게 배분된다. 건강보험 개혁은 의료조합과 의료서비스공급자 사이, 공적 건강보험과 민간 건강보험 사이에 경쟁요소를 도입하여 의료비용의 절감을 시도했다(Haverland and Stiller 2010: 437-438).

대연정의 정책개혁 과정에서 조합주의정치가 작동했는가? 대연정 시기 정책개혁 법안이 의회에 상정되기 전 사회적 파트너들의 대표를 참여시키는 조합주의적 정책협의는 존재하지 않았다. 공식적 대연정이라는 정당정치가 조합주의정치를 대체한 것이다. 공식적 대연정은 사회적 파트너들과의 정책협의 없이도 선거 비용·리스크가 높은 개혁을 추진했다. 앞선 적/녹연정은 '연금 67'라는 전문가위원회의 권고를 수용하지 못했으나 공식적 대연정은 이를 입법화하는 데 성공한 것이다. 공식적 대연정은 정책개혁 과정에서 연방하원·상원에서 2/3 이상의 의석을 통제할 수 있어 양대 연정파트너 정당에게 67세로 연금수령 연령의 상향조정에 따르는 선거 비용·리스크를 분산하고 책임을 공유시키는 제도적 환경(지형)을 마련해 주었다. 따라서 공식적 대연정은 사민당 내 좌파의 반대와 노조의 저항에도 불구하고 '연금67' 개혁안을 입법화할 수 있었다(Haverland and Stiller 2010: 439, 441). 공식적 대연정의 건강보험 개혁도 사회적 파트너들과의 타협에는 이르지 못했으나 연정 내 정치적 갈등, 연정과 주들과 갈등조정을 통해서 가능했다. 이러한 맥락에서 독일의 공식적 대연정은 정치적 제도적 장애

요소를 극복하고 정책패러다임 전환과 선거비용이 우려되는, 유의미한 개혁(연금수령 연령 67, 건강보험개혁)을 추진하는 데 우호적인 정치지형을 제공했다(Dyson and Saalfeld 2010: 279).

대연정 시기에 변화하는 경제적 맥락에서 대응하는 기민당과 사민당의 정책 정향은 중도화하면서 이념적 정책적 간극이 희석되었다. 이로 인해 2009년 총선에서 사민당은 하르츠 IV 및 연금67로 상징되는 신자유주의적 개혁으로 선거참패를 경험했다. 그러나 역설적이게도 사민당의 개혁인 '어젠다 2010'의 양가적 현상이 발생했다. 한편으론 실업률하락, 경제정체, 재정적자, 대량실업 등 독일모델 위기를 촉발하는 구조적 문제들이 대연정 이후 크게 완화 조짐을 보이고 독일경제의 경쟁력이 향상되는 반면, 노동시장 양극화-저임금-소득불평등이 높아졌다(Eichhorst and Marx 2011: 81-82).[36)]

5. 하이브리드 정치모델의 중도지향적 '제3의 길'

지금까지 논의된 것처럼 독일 협상민주주의는 비례대표제가 유인하는 다당제-연립정부, 연방제-양원제와 같은 정치적 의사결정제도, 그리고 기민당과 사민당이라는 양대 메이저 정당의 경쟁구조, 자민당·녹색당·좌파당 등과 같은 마이너 정당들의 메이저 정당과의 연정-경쟁 구조로 인해 일방적이고 급격한 정책개혁이 정치적으로 어려웠다. 따라서 독일 협상민주주의의 정책개혁은 제도적 비토지점과 비토플레이들 간에 책임을 공유하고 정치적 리스크를 분산하며 메이저 정당 간, 메이저 정당과 마이너 정당 간 온건하고 완만한 개혁에 대한 협상-타협과정이다.

글로벌화의 충격과 통일후유증에 대응하는 독일민주주의의 정책개혁 궤적은 세 가지다. 첫째, 기민당·사민당 주도 혹은 기민당/사민당 (대)연립정부의 정책개혁은 노사정 간 조합주의적 협상 대신 정당정치에 입각한 의회 입법화 전략에 의해 추진되었다. 통독 이후 점점 이념적 정책적 간극이 좁아져 가는 두 메이저 정당은 원칙적으로 복지국가에 우호적인 계층교차(cross-class) 대중정당이

36) 현재 독일민주주의의 노동시장재편과 복지개혁은 노동시장을 유연화하고, 연금과 의료보험 등 소득보장을 후퇴시키며, 실업자에 대한 정부지원을 줄이는 대신 개인 구직압력을 부과하고 미래에 대한 교육투자를 늘리는 사회부조와 아동양육 및 노인요양보호 등 사회부양을 강화한다.

며, 복지국가 축소에 반대하는 유권자에 의존도가 높다. 따라서 그들 양대 정당은 노사 이익집단과의 협상에 의존할 필요 없이 협력적인 입법화 전략을 통해 의도한 정책개혁을 큰 저항 없이 추진할 수 있었다. 둘째, 정책개혁이 연정집권당-야당 간 협상 및 정부주도 위원회의 합의에 의해 진행되었다. 독일민주주의의 복잡한 협상시스템은 노사 쌍방에 정책적 반대급부를 제공하여 그들을 조합주의정치에의 참여로 견인할 수 있는 연방정부의 정책자율성에 제약을 가했다. 특히 주정부의 연합체 성격으로 구성된 연방상원의 강력한 거부권은 연립정부로 하여금 사회적 파트너들보다는 오히려 상원 야당과의 협상을 통해 정책개혁을 추진토록 유도했다. 정부주도 위원회 설립은 정책개혁 과정에 정당성을 부여하기 위한 조치였으나 위원회는 노사정이 동등하게 참여하는 조합주의적 정책협의체라고 말할 수 없다. 셋째, 공식적 대연정은 사회적 파트너들과의 정책협의 없이 정치적 비용이 높은 정책개혁을 추진할 수 있었다. 연방하원·상원의 초과반 의석을 통제할 수 있었던 좌우 대연정 정부는 조합주의정치에 의존하지 않고서도 정책개혁의 선거리스크를 분산하고 정치적 책임을 공유시키는 정치지형을 제공한 것이다.

민주적 정치제도는 정책결정과 주요 정치행위자들의 정책선택에 영향을 미친다. 그런데 독일민주주의의 정책선택은 중도지향적이었다. 이는 시장주도 자본주의와 복지국가 자본주의라는 양극단 사이에 위치하는 '제3의 길'(third way)이다. 또 독일의 정책개혁 과정은 급진적이지 않고 단계적이었다. 이 같은 점진적인 중도정책은 중도지향적인 양대 친복지국가 정당 간 경쟁, 비공식적 공식적 대연정, 연방정부-주정부, 상원의 거부권 등 (다수 공치세력과 비토플레이어가 작동하는) 독일민주주의의 복잡한 협상시스템에 연유한다. 따라서 정부는 노사와 추가적인 협상을 시도할 필요성이 반감된다. 노사정 협상은 상원의 야당과의 협상 혹은 정부주도 위원회로 대체되었다. 이로 인해 노사정 협상은 빈번하지 않는 반면, 의회 입법과정이 완전히 일방적 형식은 아니지만 정당 간 협상방식에 의해 진행되었다. 1990년대 이후 설령 노사정 조합주의적 의사결정 기제가 작동한 경우에도 이에 조응하지 않는 정당정치 패턴에 따라 실패했다.

독일의 노사정정치는 정당정치 패턴에 영향을 받았다. 독일의 정당정치는 정책개혁 과정에서 합의제 모델의 협력-상생 원리와 다수제(웨스트민스터) 모델의 경쟁 원리가 교차하는 준(準)합의제 민주주의(quasi-consensual democracy)적 방식으로 작동했다(Lehmbruch 2002: 176-178).[37] 이 점에서 독일민주주의는 영국 웨스트민스터(다수제) 모델과 스위스 콘코르단츠(합의제) 모델의 이중구조가 절묘하게 혼재하는 하이브리드 모델로 자리매김할 수 있다. 기민당/사민당 대연정과 사민당/자민당 최소승리연정 등 초(超)이념블록으로 작동하는 정당정치는 조합주의적 정책협의(1967~77)를 촉진시켰다. 반면 콜 정부에서처럼 정당정치가 좌우 이념블록 간 양극단적 갈등·경쟁으로 작동할 때 조합주의적 노사정정치는 안정적으로 작동하지 못했고 정책개혁은 정체되었다. 특히 1990년대 이후의 기민당/기사당/자민당 보수우파 연정 혹은 적/녹연정 하의 독일 정책협의체는 통일후유증 치유를 위해 노동유연화-복지재편 등 정부주도 신자유주의 정책의제를 논의하는 장으로 변질되었으며, 이로 인해 결국 조합주의정치는 실패하고 의사결정 중심이 정당정치가 작동하는 의회로 이동하는 경향을 보였다. 슈뢰더 정부는 상원에서 연정집권당-야당 간 비공식적 대연정을 통해 정당정치의 교착상태를 돌파하고 '어젠다 2010'라는 대대적인 정책개혁에 성공했다(Lehmbruch 2003: 165-166).

그 결과 통독 이후 적어도 거시적 레벨의 독일 조합주의적 노사정정치는 약화·해체되는 뚜렷한 징후를 보였다(Schmidt 2005: 13). 이 현상은 독일 다수제 정치의 성격을 반영하는 이념블록 정당 간의 경쟁적인 정당정치와 무관치 않다(Lehmbruch 2003: 147). 예컨대 기민당/기사당은 연정파트너인 자민당이 정책개혁을 조합주의정치 방식으로 접근하는 데 반대하고 의회에서 이를 해결할 것을 주장했다. 이념블록 정당정치의 갈등이 조합주의적 정책협의를 약화·해체시킨 것이다. 제2기 대연정의 정책개혁 과정도 조합주의정치 대신 기민당·사민당이 지배하는 의회영역으로 이동했다.

독일민주주의의 합의제적 의사결정 과정에는 다당 경쟁, 소연정/대연정, 준공적 제도(노사단체), 연방상·하원, 연방정부-주정부 등 제도적 비토플레이어와 공치(co-governing)세력이 다수 포진해 있다. 공치제도와 제도적 비토플레이어들

37) 예컨대 연방하원 제1투표방식인 소선거구 다수대표제, 연방하원의 과반지지에 의한 수상 선출 및 수상에 대한 '건설적 불신임' 투표결정, 연방하원과 주의회에서 선출된 대표자로 구성된 연방회의(*Bundesversammlung*)의 과반에 의한 연방대통령 선출 등이다.

은 만장일치 혹은 적어도 2/3 찬성과 같은 비다수제(non-majoritarian) 의사결정-갈등해결 방식을 요구한다.[38] 따라서 독일민주주의의 정치적 투입과정은 절차적 민주주의에 부합한다. 그러나 독일민주주의의 다수 비토지점과 비토플레이어는 때때로 1990년대(콜 정부)의 '정책개혁지체' 현상이 보여 주듯이 정책개혁 과정의 동력과 입법 회로를 제약하고 책임소재를 불분명하게 하며 유의미한 정책개혁을 지체시키는 정치적 비용·비효율을 야기한다. 특히 독일민주주의의 정치적 인풋-아웃풋 간극(input-output gap)을 확대하는 원인으로 작용한다(Schmidt 2007: 183). 즉 정치적 인풋의 과잉현상이 정책결정 능력을 떨어뜨리며, 정책적 아웃풋의 질과 양을 훼손할 여지가 있다. 이로 인해 유권자들은 사회경제적 욕구를 충족하지 못하고 정치적 좌절을 경험한다. 이처럼 독일민주주의의 정치적 인풋-아웃풋 간극은 독일민주주의의 긴장을 조성한다.

그러나 정치적 인풋-아웃풋 간극이 독일민주주의를 마비시킬 정도의 위기를 야기한 것은 아니다. 제도가 정치적 선택과 정책을 결정하지는 않기 때문이다. 입법과정에 참여하는 모든 정치행위자들의 협력에 의해 정치적 인풋-아웃풋 간극을 줄이고 있으며, 결국 독일민주주의의 정치적 의사결정 제도는 지속적으로 갈등조정과 문제해결의 전제조건으로서 협력-상생-합의 정치를 이끌어내고 있다. 환언하면 독일 합의제 민주주의는 다수 비토플레이어들과 공치세력이 존재함에도 불구하고 정책개혁 과정에서 촘촘한 협상기제의 지속적 작동과 고도의 제도적 탄력성과 적응력을 견지한다. 특히 독일 정당정치는 공식적, 비공식적 대연정, 연정협약, 연정위원회 등 연정협치(coalition governance)에 입각한 수평적 정책조정 기제와 연방정부-주정부 간의 수직적 정책조정 기제의 작동으로 정책차이에도 불구하고 유의미한 정책개혁을 추진했다(Dyson and Saalfeld 2010: 281). 요컨대 독일 합의제 민주주의의 정책개혁-갈등조정 과정은 다수 공치세력과 비토플레이어의 정교한 '견제와 균형' 기제와 포지티브섬적 게임(positive-sum game) 방식으로 작동했다.

38) 독일정치에서 어떤 정당도 과반 투표·의석 이상을 얻는다는 것이 제도적으로 불가능하다는 점에서 2/3 다수 지지는 집권당과 야당 간의 협력을 전제하는 사실상 '과대규모 연정'(oversized coalition)이다. 따라서 2/3 다수결 원칙은 독일민주주의의 구조인 협의주의와 '대연정'을 강화한다(Schmidt 2002a).

제13장

스위스 합의제 정치동학: 복지국가 정치경제 재편과 사회통합

1. 문제의식

스위스 사회는 다양성 그 자체이다. 상이한 종교·언어·인종 등으로 인해 다양한 문화적 정체성을 갖는 분절집단들이 존재하며 계급·계층 간 경제적 이해관계의 차이에 따른 자유주의와 사회민주주의라는 이념적 양극화 현상이 나타난다. 그러나 이러한 중층적 균열구조로 인한 스위스 사회의 문화적 다양성과 갈등은 정치적으로 통합되어 오히려 국가발전의 동력으로 승화되고 있다. 스위스가 보여 주는 이 같은 '다양성 속의 통일성'(unity in diversity) 혹은 '갈등사회의 정치적 통합'의 비결은 무엇인가?

사회갈등은 정치제도에 여과된다. 정치제도가 어떻게 설계되어 있느냐 하는 문제는 어떤 국가가 사회갈등을 조정하고 흡수하여 정치적 통합 과정에 영향을 미치는 주요 변수이다(Crepaz 2002a: 184). 스위스는 권력집중 제도보다는 다양한 분절집단들이 정책결정 과정에 동등하게 참여하는 권력분점을 특징으로 하는 합의제 정치(consensual politics)에 의해 사회갈등을 조정 관리한다. 갈등사회에서는 자칫 소수파의 항구적 배제를 초래해 사회통합이 위협 받을 수 있기 때문이다. 그렇다면 스위스 합의제 정치의 구체적인 제도적 메커니즘은 무엇인가? 스위스 합의제 정치는 연합정치(coalition politics)-조합주의정치(corporatist politics)라는 두 갈등조정 시스템에 의해 작동된다. 즉 정치운영 틀로서의 연합정치는 정당 간의 권력분점·공유를 통해 작동되는 반면, 사회경제 이익조정 틀로서의 조합주의정치는 노동-자본-정부 간의 권력분점·공유를 통해 작동한다. 스위스 합의제 정치는 이러한 두 시스템을 통해 1980년대 이후 복지국가 정치경제를 재편하고 갈등조정을 제도화했다.

스위스는 다른 서유럽 조합주의 국가와는 달리 전통적으로 노조운동이 취약하고 중앙임금협상제가 제도화되어 있지 않다. 그럼에도 정책결정에 관한 한 개별 정책분야에서 강력한 조합주의적 협상이 안정적으로 작동하는 전통이 존재한다. 제13장은 스위스 조합주의정치의 안정적 작동이 연합정치에 연유하는 것으로 가정한다. 스위스의 연합정치는 연방의회-연방정부 차원에서 작동하며 연방의회-연방정부는 스위스 연방제를 구성하는 캔톤(canton)-꼬뮌(commune), 이익단체 등과 상호작용하고 시민투표·시민발안 등 직접민주주의에 의해 견제를 받는다.[1)] 이는 스위스 합의제 정치 동학과정에서 연합정치와 조합주의정치 간에 친화성(affinity)이 존재한다는 것을 시사한다.

그렇다면 스위스 합의제 정치 동학과정에서 어떤 정당정치 패턴이 조합주의정치의 안정적 작동을 유인했는가를 밝혀 보는 것은 의미 있는 연구가 될 것이다. 기존 조합주의 연구들은 이익단체들의 조직력, 강력한 노조-좌파정당 연대에 초점을 맞춘 나머지, 조합주의적 협상을 촉진·지속시키는 역동적인 정당정치의 역할을 경시한다. 따라서 제13장은 정당정치가 조합주의정치에 영향을 미치는 자율적 행위자라는 시각을 갖는다(Hemerijck and Vail 2004: 9). 또 조합주의정치에 관한 기존 연구는 정당정치가 조합주의적 합의 사항을 단순히 인준하는 장으로 인식한다. 그러나 1980년대 이래 복지국가 정치경제 재편에 관한 문헌에서 정당정치의 역할이 강조되고 있다. 스위스의 복지국가 정치경제 재편과정에서도 정당정치가 이익단체보다 포괄적인 이해관계에 관심을 갖고 시민투표의 압력을 받기 때문에 경제·사회정책 개혁을 주도했다. 따라서 제13장은 스위스 합의제 정치동학 과정에서 연출하는 정당정치-조합주의정치 간의 유기적 연계에 주목한다. 이러한 관점에서 제13장은 스위스 합의제 정치동학 과정에서 연합정치가 어떻게 작동하여 조합주의정치의 안정적 작동을 유인했으며 이를 통해 어떻게 복지국가 정치경제를 재편하고 사회통합을 달성했는가를 규명하고자 한다.

1) 연방의회-연방정부가 추진하는 국제조약 체결, 헌법개정은 의무적 시민투표(mandatory referendum), 연방법률 및 쌍무 국제조약은 선택적(optional) 시민투표에 부쳐질 수 있다(Papadopoulos 2001).

2. 합의제 정치의 틀

1) 정치제도적 매트릭스

합의제 정치패러다임은 권력분점의 제도적 조건이 국가정책결정 과정에 다양한 사회이익을 대표하고 (재)분배 정책을 강화한다고 가정한다. 합의제 정치패러다임에는 기능적으로 연계된 정치제도적 매트릭스가 내장되어 있다.

첫째, 정당의 득표율에 비례해서 의회 의석을 배분하는 비례대표 선거제도이다. 비례대표제는 이념적 스펙트럼을 확장하고 복합적인 사회갈등구조를 반영하여 가치·정책 중심의 '다당제를 하부구조로 하는 좌파-중도-우파 정당블록'을 유인한다. 둘째, 비례대표제-다당제에서는 의회권력을 독과점하는 패권정당이 등장할 수 없어 의회 차원에서 정책과 가치에 기초한 정당 간 연합정치의 제도화 가능성이 증대한다. 또 의회 차원의 연합정치 토대 위에서 갈등사회의 각 집단과 계층과 세력을 대표하는 각 정당 간에 집행권이 분점·공유되는 연립정부(multiparty coalition cabinet)의 의사결정 과정이 제도화된다(Lijphart 2012: 80-85). 셋째, 비례대표제는 공공정책이 이해관계자(예컨대 이익·시민단체 등)와 정부 간의 공개적인 네트워킹과 파트너십을 통해 사회협약(social pacts)을 이끌어내는 조합주의정치와 제도적으로 조응한다(Martin and Swank 2008). 비례대표제/조합주의정치에서는 노동유연성과 복지 간 정치적 고환(political exchange)이 이뤄진다(Scholten 1987: 7-14; Regini 2003: 254). 자본도 노등유연성을 효과적으로 추진하기 위한 수단인 복지제도에 반대하지 않는다.

요컨대 합의제 정치는 정당 간 연합정치와 조합주의적 노사정정치를 중심축으로 한다. 이를 통해 사회의 다양한 집단·계층의 선호와 이익이 '동등하고 효과적'으로 정치과정에 투입되는 메커니즘(절차적 민주주의)이 작동하며, 이는 보편적 복지 정책콘텐츠의 산출(실질적 민주주의)로 이어진다(Crepaz and Bircjfield 2000: 205-206).

2) 갈등조정 시스템

비례대표 선거제도는 시민사회-정치사회-국가라는 부분체제들(partial regimes)을 매개하는 정당정치 패턴, 그리고 시민사회-시장사회-국가라는 부분체제들을 매개하는 노사정 정치 패턴에 각각 영향을 미치는 독립변수이다. 정당정치 패턴은 비례대표제가 유인하는 이념·정책 중심의 좌파-중도-우파 우파블록의 다당제, 의회·정부 차원의 정당 간 연합정치 등 기능적으로 연계되어 있는 제도적 매트릭스로 나타난다. 노사정 정치 패턴은 비례대표제가 유인하는 노사정 간 정책협의(policy concertation)를 통해 사회협약을 이끌어내는 조합주의적 이익조정(corporatist interest intermediation) 양식이다. 결국 비례대표제가 유인하는 정당 간 연합정치와 조합주의적 노사정정치는 합의제 정치패러다임의 양대 제도적 중심축이며, 종국적으로 보편적 복지국가 수준을 규정한다(Cusack *et al.* 2007: 388). 연합정치가 의회·정부 차원에서 정당 간 교차파트너십(cross-partnership)에 기초한 협의를 통해 복지국가 정치경제 이슈에 관한 정책교환·조율을 끌어내는 정당정치라면, 조합주의적 정책협의는 노사(정) 간 정책파트너십을 통해 복지국가 정치경제 이슈에 관련된 사회협약을 끌어내는 노사정 정치이다(Scholten 1987: 2-3).

합의제 정치의 양대 중심축인 정당 간 연합정치와 조합주의적 노사정 정치는 두 조건에 의해 제도적, 기능적으로 상호 연계한다(Lijphart and Crepaz 1991: 235-236). 첫째, 정당과 이익단체의 융합을 통해서이다. 즉 이익그룹의 의사결정 과정에 연정파트너 정당의 대표를, 또는 연정파트너 정당의 정책결정 및 의회 법안 조율 과정에 유관 이익그룹의 대표를 각각 제도적으로 참여시킨다. 둘째, 노사정 조합주의적 정책협의를 통해 산출된 사회협약이다. 사회협약은 통상적으로 정당정치가 작동하는 의회의 입법화 절차를 밟으며, 이 과정에서 연합정치와 조합주의정치는 유기적 연계 속에서 작동한다. 이런 점에서 연합정치와 조합주의정치는 구조적 유질동상(structural isomorphism)에 기반을 둔 제도적 기능적 친화성을 갖는다(van Waarden 2002: 50-51). 이는 성장과 분배(복지)의 선순환이라는 복지국가 정치경제를 구축하여 사회갈등조정을 제도화하며 특히 글로벌 시장에 대응하기 위한 복지국가 재편 과정에서 이해당사자들의 저항과 불만을 흡수·관리하는 메커니즘으로 작동한다.

의회·정부 차원의 연합정치는 시민사회와 공공 정책결정권을 공유함으로써 이익단체에게 구속력 있는 협약을 실행하는 정당한 강제력(법적 틀과 규칙)과 정책능력이라는 권력자원을 갖고 있으며 이를 통해 조합주의적 협상과 교환을 조성하거나 촉진하기도 한다. 동시에 이익단체에 제한된 권한을 부여함으로써 연립정부는 그들과 정보와 전문지식의 채널을 확대하고 정책조정을 시도한다. 사회적 타협은 사회적 파트너들의 전문적 행정적 자원을 동원함으로써 연립정부의 정책목표 달성 능력을 높일 수 있다. 그러므로 연립정부가 이익단체들 간 협상·교환의 틀을 창출, 유지할 수 있을 때 조합주의적 거버넌스는 효과적으로 작동한다. 연립정부는 이익단체들 간 조합주의적 협약을 추인하는 절차를 통해 분배갈등과 협상 당사자들의 기회주의적 지대추구(rent-seeking)를 억제하는 데 도움이 된다.

그런데 비례대표제 국가에서 조합주의적 정책협의의 안정적 작동 여부는 정당정치 패턴에 달려 있다. 이념블록 중심의 정당정치의 조건에서 조합주의적 노사정 정치는 안정적으로 작동하지 못한다(Anthonsen and Lindvall 2009: 171-172). 왜냐하면 좌파블록과 우파블록이 양극단적으로 경쟁하는 정당정치에서 이익단체는 조합주의정치를 회피하고 자신의 우호적인 정당정부에 로비·시위하는 방식에 의해 직접 정치적 영향력을 행사하려는 유혹을 갖기 때문이다.

그러나 비례대표제 국가에서 이념블록 중심의 정당정치는 상대적으로 흔치 않고 의회·정부연합(legislative or executive coalition)을 통해 의회-행정부의 융합 공간을 확대하는 다양한 유형의 정당연합(party coalition)으로 작동한다. 우파-중도, 좌파-중도, 좌파-우파 등 이념블록을 뛰어넘는 정당 간 연합정치가 작동하는 조건에서 연립정부는 특정 이익집단에게만 일방적으로 특혜를 주는 것이 어렵다. 이 경우 이익단체들 또한 자신에게 우호적인 정당이 이념적으로 반대되는 정당과의 타협(정당연합)하지 않고서는 안정적인 집권을 기대할 수 없기 때문에 상대 이익단체와의 조합주의적 협상 방식을 마냥 회피하지 않는다(Anthonsen and Lindvall 2009: 172-173). 또 선거 압력에 직면한 연립정부는 임금억제-증세-복지재편-노동시장 탈규제 등 정치적으로 인기 없고 민감한 정책개혁에 대한 책임을 이익단체들과 공유하기 위해 노사(정) 조합주의정치를 추구하는 경향을 보인다(Hamann and Kelly 2011: 34).

3. 합의제 정치의 제도적 작동

1) 정당 간 연합정치의 의사결정 기제

스위스의 선거제도는 비례대표제이다.[2] 비례대표제는 스위스 사회의 복합적 균열구조를 투영하여 '다당제를 하부구조로 하는 좌파-중도-우파 정당블록구도'를 구조화한다(Kerr 1987: 109-112; Kriesi and Trechsel 2008: 86-90). 주요 4대 정당이 존재한다. 사민당(SPS)은 사회경제적 평등을 지향하고 노동자를 지지층으로 하는 좌파정당이다. 기민당(CVP)은 가톨릭의 가치관에 입각하여 개인 자유와 가족 유대를 강조하고 노동자·농민 보호를 위한 사회적 시장경제(social market economy)를 주창하는 중도정당으로 자리매김 했다. 스위스국민당(SVP)은 농민·중소기업인·프로테스탄트·글로벌 시장실패자 등을 주요 지지층으로 삼고 국가 경제개입 축소, 적극적인 농업정책, 반이민-반유럽연합·유엔 정책 등을 표방한 보수우파 정당이다(Ladner 2001: 130; Kriesi and Trechsel 2008: 95).[3] 자민당(FDP)은 경제적 자유주의를 표방하여 자본·중산층·프로테스탄트의 지지를 받는 중도우파 정당이다. 이 같은 정당체제는 이익집단들과 긴밀한 관계를 맺고 있으며[4] 과반 득표력을 넘는 다수당을 허용하지 않기 때문에 정당 간 타협과 협력의 연합정치를 유도한다. 나아가 정당체제는 연방체제와 시민투표의 제약을 받는다(Lane 2001: 13; Ladner 2001: 124). 즉 연방체제는 중앙당의 집권성 약화와 캔톤 지방당 강화를 통해 양자 간 협력을 유도하며[5] 연방·캔톤 수준에서 실시

2) 투표일에 유권자는 정당이 각 캔톤에 배정된 의석 수 만큼 후보자를 수록한 정당명부 혹은 선거관리 당국이 후보자 이름을 기재하지 않는 백지명부(blank list) 중 어느 하나를 사용한다. 정당명부인 경우 유권자가 특정 정당명부를 그대로 투표함에 넣으면 그 정당은 명부에 추천한 후보자의 수만큼 득표하고 각 후보자는 1표씩 얻는다. 한편, 투표자가 백지명부의 경우 정당명과 후보자명을 자유롭게 기재할 수 있다. 이 때 그 정당과 후보는 각기 1표씩 얻는 셈이 된다. 정당명부와 백지명부를 사용하는 투표 결과 각 당의 캔톤별 의석수는 그 캔톤지역 내에서의 정당 득표율에 따라 결정되며 정당명부에 제시된 후보는 각자의 득표수의 순위에 따라 차례로 당선된다.

3) 스위스국민당은 '위대한 고립'(splendid isolation)을 선호한 일부 스위스 국민들 사이에 상당한 대중적 호소력을 가져 1999년, 2003년 총선에서 대승을 거두었다(Church 2004; Kriesi and Trechsel 2008: 94-98). 여세를 몰아 국민당은 스위스 정치체제를 다수제 모델로 전환하고자 하며 협의주의적(consociational) 권력분점·공유 장치에 참여하지 않으려 한다(Steiner 2002: 119). 이는 스위스 합의제 정치가 장차 순탄치 않을 것임을 예고한다.

4) 예컨대 사민당과 노동조합연맹, 스위스국민당과 스위스농민조합, 기민당과 기독교전국노조연맹, 자민당과 경제단체 등은 각각 긴밀한 관계를 맺고 있다.

되는 시민투표는 정당정치의 협의주의적 의사결정, 즉 연합정치를 촉진한다.

4대 정당은 연방의회의 대부분 의석을 점유한다. 스위스 연방의회는 국민을 대표하는 국민협의회(National Council, 하원)와 캔톤을 대표하는 주협의회(Council of the States, 상원)로 구성된 양원제이다(Lijphart 1984: 25-26). 200명의 하원의원은 앞서 언급했듯이 26개 선거구에서 비례대표제에 의해 선출된다. 반면 46명의 상원의원은 캔톤의 인구규모와 관계없이 등가성(parity) 원칙에 따라 20개의 일반 캔톤에는 2명씩, 6개의 반캔톤에는 1명씩 배정되어 다수대표제로 선출된다. 이는 주협의회에서 소규모 캔톤의 이익을 최대한으로 보장하려는 특별대표권을 부여하는 데 의미가 있다.[6] 균형적 권력관계를 갖는 연방 상·하원의 입법과정은 이익집단-정당-캔톤의 대표들로 구성된 전문가위원회(expert committee)에서 의견을 듣는 사전청취제를 채택한다. 물론 이러한 의사결정 과정은 때론 많은 거래비용(transactional costs)이 소요될 수도 있다.[7] 그러나 일단 합의에 도달하면 연방의회에서 의결된 법률이 성공적으로 집행될 가능성이 높다. 요컨대 스위스 연방의회의 입법과정은 특정 정당이 모든 것을 독식하지 않고 정당 간 협상을 통해 조금씩 양보하고 조금씩 얻는 연합정치에 따라 작동한다. 연방의회에서의 연합정치는 법률안이 시민의 불만을 사게 되어 선택적 시민투표에 회부되지 않도록 하려고 의사결정 과정에 신중하게 접근한다. 의회를 통과한 법안이 시민투표에 의해 폐기될 수도 있기 때문이다.

연방의회의 4대 정당은 연방대통령을 포함한 7인 각료로 구성된 대연정내각(grand coalition cabinet)을 구성한다(Klöti 2001: 22-29). 즉 4대 정당 간에 소위 '마술의 공식'(magic formula)이라는 2 : 2 : 2 : 1의 각료 비율에 따라 집행권을 분점·공유하는 연방협의회(Federal Council)이다. 연방협의회는 신속한 다수결 의사

5) 연방제에 의해 영향을 받는 스위스 정당체제는 캔톤별로 상이하고 중앙당은 캔톤 정당의 연합체에 불과하다(Kriesi and Trechsel 2008: 89).

6) '1인 1표'라는 민주주의 원칙과 '모든 캔톤에 동등한 투표'(every canton an equal vote)라는 연방주의 원칙이 상충하는 사례가 있다. 캔톤 간에 인구 규모가 다르기 때문이다(Linder and Vatter, 2001: 98). 스위스 연방제의 문제는 작은 캔톤이 큰 캔톤에 의지하는 무임승차이며 작은 농촌지역 캔톤은 상원에서 과다 대표되고 큰 도시지역 캔톤은 복지국가의 재정부담을 지고 있다는 데 있다(Lane 2001: 8).

7) 이는 특히 민주주의 원칙과 연방주의 원칙 사이에 상충하는 경우이다. 이러한 상충은 상원과 하원의 의견이 다를 때와 시민투표에서 국민의 다수와 캔톤들의 다수가 불일치할 때 야기된다.

결정 방식이 아니라 협상과 심의 과정에 기초한 합의제 의사결정 방식으로 작동한다(Lane 2001: 11-12). 연방협의회의 의사결정 과정에서 각 부처의 이해관계에 집착하는 부처주의(departmentalism) 행태가 드러나기도 하지만 여러 사회집단의 욕구와 이해관계를 조율하는 집단성(collegiality) 원칙이 지배한다(Klöti 2001: 27). 이 같은 스위스 연방협의회의 의사결정 방식은 종교·언어·인종·계급 등 스위스 사회의 분절집단 간 공존-화합을 모색하기 위한 제도적 대응이다.

스위스 연방정부는 정책결정·집행 능력과 자원이 제한되어 있기 때문에 캔톤-꼬뮌과 상호 연계하는 협력적 연방주의(co-operative federalism)에 따라 작동한다(Klöti 2001: 21).[8] 부연하면 연방정부는 거시 경제정책을 집행할 전국적인 행정기구를 갖지 않을 뿐만 아니라 작은 예산 비중(총 세입 중 30%)으로 인해 독자적으로 케인즈주의적 수요관리를 거의 집행할 수 없기 때문에 정책의 입안·집행에서 전국적 조직네트워크를 가진 이익집단-캔톤-코뮌의 협력에 크게 의존한다. 이 과정에서 연방정부는 캔톤의 연방법률 준수 여부를 감독하는 반면, 캔톤은 자신의 대표자를 진출시키는 연방상원, 연방 입법과정의 사전청취, 시민투표·시민발안 등과 같은 제도적 채널을 통해 연방차원의 정치적 의사형성에 참여한다.

균형적인 권력관계에 있는 연방협의회-연방의회의 의사결정 과정은 꼬뮌-캔톤-연방 수준에서 시행되는 직접민주주의에 의해 제약을 받는다(Linder 1994: 97-105; Klöti 2001: 21-22). 이 때문에 정당 간 연합정치가 작동하는 연방정부-연방의회는 시민투표를 추진할 잠재력을 갖는 주요 이익집단-캔톤정부와의 합의를 모색하는 지루하고 복잡한 협상과정을 치러야 한다.[9] 이 과정에서 정당은 특정 정책에 대해 반대하는 시민투표를 시도할 개연성이 있는 다른 정당들을 의사결정 과정에 적극적으로 포용한다. 이것이 스위스의 협의주의적 의사결정(consociational decision-making) 패턴을 강화시킨 요인이다. 이처럼 직접민주주의는 시민이 차기 선거를 기다릴 필요 없이 투표를 통해 정당 간 연합정치가 작동하는 연방정부-연방의회의 의사결정 과정에 직접 참여하고 통제권을 행사하도록

8) 스위스 연방제는 수직적 차원과는 다른 캔톤 간 협약(concordat)을 통해 수평적 협력적 연방주의로도 작동한다(Linder and Vatter 2001: 104).

9) 특히 연방 수준의 시민투표제는 투표자의 과반수 지지와 함께 캔톤들의 과반수 지지를 요구하는 '이중 과반수'(double majority) 원칙이 적용된다(Linder and Vatter 2001: 117).

제도화하고 있다. 이를 통해 의회의 대표성실패(representation failure)는 완화되고 정부의 반응성(responsiveness)과 책임성은 향상된다.[10)]

2) 조합주의적 정책협의

스위스는 전통적으로 정치성보다 시장성이 두드러진 자본 우위의 자유주의 정치경제를 수립했다. 다른 서유럽 소국들과는 달리 스위스의 시장기능의 확대와 경제운용의 탈정치화는 구조적 조건에 기인한다(Katzenstein 1984: 112-114). 첫째, 자본이 노동에 비해 압도적으로 우세한 조직력과 정치력을 발휘했다. 자본이익을 대표하는 스위스통상산업연합(Vorort)은 중앙집중적인 조직체계를 구축했고 이를 바탕으로 국가의 자유주의 경제정책 결정과정을 주도했다. 둘째, 노동운동의 조직력은 사회정치적으로 강력한 세력이 되지 못했다(Levy 2004: 52-53). 노동운동의 상대적 취약성은 제조업 기업들이 해외투자를 추구했고 국내 중소기업들에는 기술집약성과 전문성을 갖춘 노동자들이 많았다는 데 그 원인이 있다. 여기에 종교·인종·언어 등 사회적 균열이 노동운동의 분절화를 더욱 부추겼다. 스위스의 이런 구조적 조건은 노사 대등한 타협이 아니라, 노동을 시장질서에 포섭하는 자본 우위의 계급타협으로 유도하는 자유적 조합주의(liberal corporatism)를 유인했다(Armingeon 1997: 170).[11)]

스위스는 연방정부 차원의 포괄적인 거시경제정책을 이익단체들과 조정하는 조합주의적 정책협의를 작동시키는 사례는 흔치 않다. 앞서 지적했듯이 연방제에 기초하는 중앙정부의 가용자원이 매우 제한적이기 때문이다. 노사정 간 패키지딜(package-deal)은 임금인상 자제를 하는 노조에게 보상해 줄 수 있는 캔톤정부-연방정부 간의 신속한 사회 및 조세정책 조정이 이뤄졌을 때 가능하다

---

10) 만장일치 기제인 의회-정부의 정당 간 연합정치와 다수결 의사결정 기제인 시민투표 간에 제도적 모순(institutional contradiction)이 존재한다는 비판이 있다(Lane 2001: 6). 그러나 시민투표제는 연방정부-연방의회의 의사결정의 투명성을 높여주며 정당 간 협상-타협-합의를 압박하는 효과가 있다. 의회-정부가 정책-입법 과정에서 모든 주요 정치그룹 간에 타협을 이룩함으로써 시민투표 청원 가능성을 최소화하려 한다(Linder 2004: 4).

11) 스위스 노사는 1938년 금속산업 분야에서 '산업평화협약'(Industrial Peace Agreement)을 체결함으로써 사회적 파트너십 시스템을 구축했고 이 협약에 기초해서 직장폐쇄 및 파업포기 등 노사갈등을 규율했다. 비슷한 시기의 스웨덴 '살트세바덴협약'(Saltsjöbaden Accord)은 노동에 우호적인 사민당의 집권 하에 체결됐던 것에 반해, 스위스 산업평화협약은 잠재적으로 노동에 비우호적인 자유주의 정권(자민당)하에서 체결됐다.

(Armingeon 2002b: 130). 그러나 이것은 캔톤의 자율성 때문에 스위스에서 실현될 가능성이 높지 않다. 실제로 스위스 조합주의정치에서는 다른 서유럽 소국처럼 중앙단체협상에 기초한 소득정책을 도입하려는 시도가 별로 없었다. 단체협상의 중앙화를 통해 노조의 자발적인 임금억제를 도모하려는 소득정책은 스위스의 자본이 원치 않았기 때문이다. 단체임금협상은 부문과 기업 수준에서 이뤄지는 경우가 많고 국가경제 전체의 수준에서 단체협상·조정은 별로 없다(Kriesi and Trechsel 2008: 107). 노조와 사용자단체는 중앙 차원의 패키지딜을 이행하는 데 제한적인 조직적 능력을 갖고 있을 뿐이기 때문이다(Traxler 1994: 175).

그러나 다른 조합주의국가와는 달리 스위스는 노조운동이 약하고 임금결정 체계가 분권화되어 있으나 정책결정에 관한 개별 정책분야에서 강력한 조합주의적 정책협의의 전통이 존재한다. 케인즈주의적 수요관리에 관한 패키지딜은 이뤄지지 않지만 이익단체들은 기술표준의 설정, 직업훈련 조정, 복지개혁 등 경제생활에 대한 준공적(quasi-public)인 조절에 적극적인 협력을 아끼지 않는다. 정치적 의사결정 방식에서 전통적으로 법안이 의회에 상정되기 이전에 조합주의적 정책협의체, 즉 이익단체-전문가-정부관료가 참여하는 연방전문가위원회(federal expert committee)는 법안 초안을 협상하여 설계한다. 실재로 1970년대에 실행되었던 연금-실업보험 개혁과정은 조합주의적 협상-합의에 의해 진행되었다(Hausermann *et al.* 2004: 42-44). 연금개혁은 사회적 파트너-캔톤정부 대표-민간전문가로 구성된 전문위원회에서 기존 연금급여보다 두 배로 인상하는 개혁안을 통과시켰다. 특히 1972년 제도화된 3층 연금체제(three-pillar pension system) 분야에서 강력한 조합주의정치가 작동했다(Hausermann *et al.* 2004: 33-59; Bonoli 2007: 219-222).[12)]

1990년대 적극적 노동시장 영역에서도 이익단체들은 노동법의 입안과 실행 과정에 참여했으며 따라서 노동시장 개혁은 주요 이익단체들 간 조합주의적 정

---

12) 이는 IMF를 비롯한 신자유주의론자들이 선호하는 이른바 '3층연금제도'를 지칭한다. 즉 1층은 자산조사방식 혹은 최저연금방식에 입각해 연방정부가 제공하는 의무적 공적 관리되는 연금제도(mandatory publicly managed pillar)이고 2층은 노사 기여금에 의해 관리하는 의무적 연금제도(mandatory privately managed pillar), 즉 직장연금이며 3층은 임의 사적연금제도이다. 스위스는 연금정치에서 국가의 역할을 축소하고 노후소득 보장에서 시장과 개인의 책임을 강화하는 데 초점을 맞추었다(Armingeon 2001: 150). 이는 집단 간 연대, 소득재분배, 국가에 의한 공적 관리를 강조하는 북유럽식의 연금제도의 기본 가치와 대립된다.

책협의에 의해 진행되었다(Anthonsen and Lindvall 2009: 184). 또 전문가위원회는 1년 간 협상 끝에 노사의 동등한 기여금에 바탕을 둔 재정을 통해 의무연방보험제를 채택했다. 이처럼 1970년대와 1990년대의 연금-실업보험-노동시장 개혁과정은 스위스의 전통적인 조합주의적 의사결정 방식에 의해 진행되었다. 이런 스위스 조합주의적 정책결정은 직접민주주의에 의해 유인된다(Kriesi and Trechsel 2008: 109). 시민투표에 부쳐질 가능성은 사회적 파트너들로 하여금 시민투표를 피하기 위해서라도 조합주의적 정책협의를 하도록 압박한다. 따라서 직접민주주의는 노동과 자본이 협상·타협하여 이익갈등을 해결하는 조합주의적 정책협의 시스템을 정치적으로 뒷받침하는 제도적 버팀목이다.

그러나 1990년대 이래 스위스의 조합주의적 정책협의는 압력을 받고 있다(Hausermann *et al.* 2004: 35-38). 첫째, 이익단체들의 대표성 약화는 조합주의적 협상을 약화시키는 요인으로 작용했다. 세계화에 따르는 수출부문 및 내수부문 기업들 간 이해관계의 차이로 인해 사용자단체 내부 결속력이 약화되었다. 노조 또한 구성원들의 다양한 이해관계를 대표해야 하는 도전에 직면했다. 이러한 이해관계 차이는 서비스 부문의 고용, 노동시장의 여성 참여, 파트타임 근로자 등의 증가에 따르는 노동시장 변화에서 비롯된다. 이는 노조의 내부 결속력과 권력자원을 약화시키고 연금-실업보험 개혁에 대한 이해관계가 다른 여성, 비정규직 등 새로운 집단들의 새로운 사회적 요구로 인해 사회정책 개혁에 접근하는 조합주의적 협상을 훼손시키고 있다. 둘째, 1990년대 경제성장 저하, 실업보험 및 노령연금 분야에서 사회지출 증가에 직면함에 따라 공공지출 증가냐 긴축이냐를 둘러싸고 노사 간 정치지형의 양극화가 조성되었다. 즉 사용자단체(UPS)는 사회보장 지출 증가에 반대하는 반면, 노조(USS)는 복지국가 축소에 반대했다. 이러한 사회적 파트너들의 비타협적 태도가 노사 간 이념적 양극화 현상을 초래하고 연금-실업보험 개혁에 대한 조합주의적 협상을 위협했다.

이에 따라 조합주의정치는 타협에서 교착으로 변화했다(Hausermann *et al.* 2004: 42-44). 예컨대 1990년대의 연금-실업보험 개혁과정은 사회적 파트너들이 연방전문가위원회에서 (연금과 관련된)정년을 둘러싸고 협상이 결렬되는 등 합의에 도달하는 데 실패했다. USS-사민당은 남여 공히 62세로 주장한 데 반해, 자민당-UPS는 65세 정년을 공표했다. 실업보험 개혁도 조합주의적 합의에 실패했다. 1990년대에 증가하는 실업에 대응하기 위해 의회가 실업급여 대체율을 80%에서 70%로 축소했던 것에 대해 노조는 급여 축소에 반대하는 반면, 사용자단체는 추가 축소를 요구했다. 결국 1993년 시민투표를 통해서 비로소 이 긴급명령은 채택되었다. 이 같은 결정과정은 노사 견해 차이로 실업급여 수준을 둘러싸고 조합주의적 협상-타협이 교착 상태에 빠졌음을 말해 준다. 요컨대 1970년대에 조합주의적 협상이 포괄적인 협약을 체결했던 것과는 달리 1990년대에는 조합주의적 협의를 통한 타협이 실패했다. 이는 정당-의회정치의 역할에 중요한 함의를 지닌다.

4. 합의제 정치메커니즘 동학과 정책산출

1) 연합정치-조합주의정치의 제도적 기능적 연계: 의사결정 중심축의 이동

본시 이익집단-정부 간 조합주의정치의 성패는 정당정치의 지원에 좌우된다. 특히 의회에서 통과되어야 하는 사회협약(공공정책)인 경우에 더욱 그렇다. 이런 의미에서 스위스 합의제 정당정치는 제도적, 기능적으로 긴밀하게 연계되어 있는 조합주의정치와 나란히 작동한다. 바꿔 말하면 스위스의 조합주의적 의사결정 과정은 협의제 정당정치(consociational party politics)에 의해 안정적으로 작동한다.

첫째, 4대 정당으로 구성된 연방 연립정부는 조합주의적 이익중재(interest intermediation)를 지원한다. 스위스 연방헌법은 사회경제적 사안에 관한 법률을 제정할 때 그 법에 영향을 받을 것으로 예상되는 이익결사체들에게 법률 제정 이전에 협의·자문에 응할 수 있는 권한을 부여하고 있다. 특히 노동조합은 공공정책의 결정 및 시행과정에 참여하여 영향력을 행사할 수 있는 통로를 확보했다(Parri 1987: 35). 역으로 연방정부는 공공정책을 실행하는 데 이익결사체들의 참여를 요구할 헌법적 권한을 갖는다.[13] 이러한 제도적 지형은 이익단체들에게 정부 정책결정 과정에의 접근을 보장하며 국가 또한 정보와 지식을 얻는

13) 스위스의 이익단체들은 국가에 통합되고 있다. 연방협의회는 산업단체, 노조, 농민단체 등 이익단체들에게 보조금을 지원하며 이러한 보조금에 따른 준수해야 할 부대조건으로 인해 이익단체들은 준(準)공적인 제도이다.

데 자발적 결사체들을 필요로 한다. 이 같은 상호의존 관계는 결과적으로 연방연립정부로 하여금 조합주의적 정책협의를 촉진하게 하는 효과를 발생시킨다.

둘째, 스위스 정부-의회의 대연정은 높은 거래비용을 야기하기 때문에 입법 초안은 의회에 상정되기 이전 모든 이해당사자들의 접근이 가능토록 하는 정교한 제도적 절차를 밟는다(Sciarini 2004: 511). 입법 초안은 우선 전문가-이익단체-캔톤-정당 등의 대표가 참여하는 전문가위원회에 의해 작성된다(Kriesi and Trechsel 2008: 117). 다음 이 초안은 연방협의회 혹은 행정부처에 의해 착수된 협의 절차에 들어가는 데 이 절차에는 주요 정당-이익단체-캔톤 등의 대표가 정부발의 입법초안 조율에 참여하여 의견을 개진할 수 있다. 특히 노사 이익단체가 정부 입법 발의과정에 직접 접근한다. 법안이 의회에 상정되기 이전의 이러한 두 단계는 갈등을 조정하기 위한 절차이다. 시민투표제가 의회 입법 이전 단계의 협력적인 의사결정-협상 절차(전문가위원회·실무단작업·공청회 등)를 유인한다(Kriesi 2001: 60-61). 이러한 절차는 관련 모든 이익결사체들을 정당-의회 정치과정에 참여시킨다. 각 이익결사체는 정부가 발의한 법안이 자신들의 이익과 요구를 충족시켜주지 않으면 입법 과정 말미에 시민투표를 추진할 것이라고 위협할 수 있는 비토권을 행사하기 때문이다. 결국 의회 입법화 이전 단계의 까다로운 절차는 타협적인 해법의 모색을 유도하며 이로써 산출된 타협안은 보통 정당 간 연합정치가 작동하는 의회 심의 과정에서 최소한의 수정에 그칠 뿐이다. 이는 스위스 조합주의정치가 연합정치와 유기적으로 연계되면서 작동하고 있음을 의미한다.

셋째, 정당-의회 정치와 이익집단들의 연계이다. 예컨대 사민당과 노조는 엘리트들의 정기적 교류, 회원들의 인적 중복 등의 형태로 의회정치 차원에서 강력한 연대를 구축하고 있다.[14] 이처럼 이익단체들은 스위스 정당-의회 정치와 연계된 협상 시스템의 파트너이다(Mach 2004: 279-313). 연합정치와 조합주의정치를 작동시키는 엘리트들은 서로 잘 아는 사이이며 동일 엘리트가 두 시스템에 중복 참여하는 경우가 많다. 예컨대 한 엘리트가 연방정부-연방의회에서 캔톤과 이익집단을 대표하기도 하고 협의주의적 정책협상의 장에서 정당을 대표

14) 그밖에 농민조직과 보수정당, 개신교도들이 거주한 프랑스어권 지역과 자민당, 가톨릭 세력과 기민당, 개신교도들이 거주한 독일어권 지역과 국민당 등이 상호 연계되어 있다.

하기도 한다. 이를 토대로 1970년대 연금-실업보험 개혁에 관한 조합주의적 협약(전문가위원회의 합의)은 정당정치가 작동하는 연방의회에서 법안으로 거의 만장일치로 통과되었다(Hausermann *et al.* 2004: 44). 또 1990년대의 적극적 노동시장 및 노동시장 개혁 등에 접근하는 조합주의적 정책협의 시스템을 안정적으로 작동케 했던 정치적 토대는 좌파-우파 균열에 따르는 스위스 과대규모 연정(oversized coalition)의 전통이다. 연방협의회는 1950년대 후반 이후 자민당-기민당-스위스국민당-사민당 등 4대 정당 간 반항구적인 연립정부이다. 따라서 스위스 정치에서 강력한 좌파정부 혹은 강력한 우파정부가 들어설 가능성은 사실상 닫혀 있기 때문에 이익단체들은 조합주의 시스템을 회피하고 연립정부 내 우호적인 정당을 통해 직접 영향력을 행사하려는 동기를 갖지 않는다(Anthonsen and Lindvall 2009: 184-185). 즉 좌우 이념블록을 뛰어넘는 스위스 대연정은 지난 30년의 스위스 조합주의정치의 상대적 안정성을 설명하는 중요한 요소이다.

넷째, 정당 간 연합정치의 협력적 정책결정 방식이 노사정 조합주의적 의사결정 방식을 촉진했다. 스위스 정당정치의 주요 정치엘리트들은 정부-의회의 의사결정과정에서 다수결 방식을 사용하지 않고 협력과 합의를 존중하는 행동패턴을 내면화·습관화했다. 다수결 의사결정 방식은 갈등을 정상적으로 조정할 수 없기 때문이다. 무엇보다 정당정치에 영향을 주는 연립정부-연방제-양원제-직접민주주의 등과 같은 스위스의 정치제도적 지형은 조합주의적 정책결정·집행 과정에서 타협과 협상을 촉진하고 갈등적인 경제정책을 실현 가능할 합의된 정책으로 산출해 낸다. 요컨대 합의제 정당정치의 정책협의·합의 시스템이 조합주의적 정책협의 시스템을 촉진시켰다.

그러나 전문가위원회의 합의가 만장일치로 의회를 통과했던 1970년대까지와는 달리 최근 들어 의회는 점차 이익단체들에 의해 도출된 합의를 인준하는 데 인색하다(Bonoli 2007: 209). 1980년대 이래 이뤄진 모든 주요 복지 개혁안은 의회에서 철저히 재구성되었다. 이는 스위스국민당의 선거 승리에 따른 정당 간 정책경쟁이 치열해진 결과이다. 이에 따라 특히 1990년대 이래 사회적 파트너들은 정책결정 과정의 주도권을 잃고 있다. 복지개혁 과정에서 의사결정의 중심축이 조합주의적 협상에서 정당-의회 정치로 이동하고 있다. 바꿔 말하면 1990년대는 조합주의적 협상이 교착 상태에 빠져 합의를 끌어내는 데 실패하곤 했다. 이는 앞서 지적했듯이 복지국가 재편, 이념적 양극화, 이익단체의 대표성 약화 등에 따르는 사회적 파트너들 간 이해관계의 차이에서 유한다(Hausermann *et al.* 2004: 45-48). 연금-실업보험 개혁안 도출에 정당-의회 정치가 중요한 역할을 했다. 하원위원회는 사회적 파트너들을 협상 테이블에 끌어들여 새로운 타협안을 조정했다. 특히 적극적 노동시장정책을 추구하는 개혁안이 노사로 하여금 새로운 개혁 패키지에 동의하도록 했다. 새로운 타협안은 실업급여 기간을 연장하는 대신 실업자에게 ALMP 프로그램 참여를 의무화시켰다. 나아가 상하 양원 합동위원회는 ALMP 프로그램 비용 증가를 우려한 캔톤들의 대표를 협상 테이블에 참여시켜 최종적인 합의안을 도출했다. 노동법 개혁, 의무적 직장연금,[15] 아동양육시설에 대한 재정지원 등 1990년대에 있었던 일련의 사회정책 개혁 사례도 유사한 패턴의 의사결정권 재조정이 이어졌다. 이처럼 1990년대 연금-실업보험-노동시장 개혁 등에 관한 의사결정 과정의 중심축이 사회적 파트너들 간 조합주의정치에서 정당-의회 정치로 이동하고 있다.

그러나 스위스의 정치적 의사결정의 중심축이 1990년대 이래 정당-의회 정치의 장으로 이동하고 있음에도 불구하고 1970년더까지 지배적이었던 조합주의적 정책협의가 단순하게 의회에서 정당 간 합의로 대체된 것은 아니다. 연금-실업보험 개혁이 의회에서 최종적으로 작성된 타협안은 정당들 외 사회적 파트너들의 참여 속에서 도출되었다. 예컨대 직장연금법이 의무적인 2층 연금에 관한 헌법 조항에 채택된 이후 10여 년 만에 의회를 통과했는데 이는 사용자단체가 수용할 수 있는 해법을 모색하는 데 많은 시간이 소요되었기 때문이다. 또 사용자단체와 노조는 정치대표기구에의 직접 참여를 통해 정책결정 과정에 영향력을 행사한다. 스위스에서 국회의원이 되는 것은 하나의 '파트타임 잡'이나 다름없기 때문에 정치인들은 자신의 관련 단체의 회원 신분을 유지하면서 의회에서 자신들의 이해관계를 표출한다. 결국 최종적인 타협안은 조합주의 행위자들과 정당들의 공동 작품이다(Sciarini 2004: 553). 이것이 스위스 민주주의에서 정당정치와 조합주의정치가 제도적으로 연계되는 지점이다.

요컨대 스위스의 정당-의회 연합정치의 협의주의적 의사결정 시스템은 이익

15) 1982년 의무적 직장연금을 도입하는 개혁이 있었다. 연금에 남녀 평등권을 기혼 여성에게 부여했다. 이는 여권 신장이 매우 지연된 스위스에선 중대한 변화였다(Bonoli 2007: 240).

집단과 국가 간의 조합주의정치의 작동을 유인하는 제도적 인센티브이다. 정당-의회 연합정치가 중요한 정책결정을 주도하지만 이 과정에서 정책에 대한 찬반 의사를 드러내는 등 이익그룹의 영향력이 강력하다(Bonoli 2007: 240-241). 시민투표의 위협은 정당-의회로 하여금 정책개혁 이슈에 대한 이해관계자들이 시민투표를 시행하지 않도록 사회적 파트너들이 참여하는 의사결정 과정의 타협 모색을 압박하기 때문이다.[16)]

2) 경제 및 사회정책의 협의시스템

연합정치-조합주의정치의 연계를 중심축으로 하는 스위스의 수평적 수직적 정책협상 시스템은 서로 다른 제도적 장치에 의해 견제를 받으면서 실용주의적이고 현실적 정책을 산출해 낸다. 이로써 정책 패러다임의 경직성을 탈피하고 있다. 경제정책들은 상이한 경제이론과 정치적 가치의 조화와 균형에 의해 정당화되며 과도한 케인즈주의적 혹은 신자유주의적 전략의 위험과 단점을 회피했다. 바꿔 말하면 스위스는 신케인즈주의적(neo-Keynesian) 거시경제 조정으로 인한 인플레이션 압박과 재정적 부담을 갖지 않았으며 동시에 순수 신자유주의 정책으로 발생한 사회경제적 양극화와 정치적 갈등이라는 값비싼 비용을 치르지 않았다. 그리고 1980년대 이래 스위스에는 재정적자 및 국가채무 등 여타 서유럽국가들에서 직면했던 문제들이 발생하지 않았다(Armingeon 2002b: 122).[17)]

의회 정당들은 경제정책에 관한 하나의 분명한 입장만을 채택하도록 정부에 강요하지 않는다. 이것은 의회가 매 4년마다 정부각료를 일단 선출하면 집행부는 의회 조치에 의해 교체되는 것을 우려할 이유가 없기 때문이다. 이러한 제도적 장치로 인해 각 정당 출신 정부각료들은 경제정책에 관해 타협을 하지 않을 수 없다. 스위스 의회에는 특정 정당의 요구에 기초하는 정부의 경제정책을 끌

16) 시민발안도 새로운 이슈를 정치적 어젠다로 제기하여 정당-의회-정부로 하여금 입법화하도록 압박한다.

17) 상호 연계된 협상 틀인 연합정치-사회적 파트너십의 정책결정 영역 밖에 존재하는 스위스중앙은행의 통화주의적 성향은 정부-의회-이익단체들이 어떤 무리한 경제정책을 쓸 수 있는 여지를 원천적으로 제약한다(Iversen 1998: 35-36). 그 결과 스위스는 정부재정 적자 및 공공채무가 적다. 스위스 국민들은 조세증대·재정지출 확대, 사회보장 기여금 증대 등을 반대하고 정부재정의 건전성, 물가안정과 고용보장을 소중히 여기며 사용자, 노동자, 농민 등 특정 이익그룹의 이익을 챙기려는 어떤 정책도 불신한다.

어낼 수 있는 힘과 의지가 있는 강력한 정당이 존재하지 않는다. 따라서 의회 정당들은 내각으로 하여금 자유주의 혹은 케인즈주의 중 어느 하나에 집착하게 하는 경제정책을 끌어낼 수 없다.

좌파정당은 통상 하원에서보다 상원에서 더 적은 의석수를 갖는다. 따라서 설사 좌파정당이 다른 정당의 지원을 받아 하원에서 좌파적 경제정책을 통과시키는 데 성공한다 할지라도 그 정책은 상원에서 실패하곤 한다. 스위스 의회는 균형적 권한을 갖는 양원제이기 때문이다. 중도적인 기민당은 사회적 보호와 원활한 경제발전을 겨냥한 개입주의적 경제정책을 지지하는 경향이 있다. 반면 보수우파적인 스위스국민당은 독일어권에 거주하는 프로테스탄트 농민 및 노조원들을 대표하면서 시장 보호주의 정책을 지지한다. 자민당은 신자유주의 경제정책을 선호한다. 연방협의회의 경제정책 결정은 서로 다른 이념적 정치적 성향을 가진 자유주의 정치인, 기민주의 정치인, 사민주의 정치인, 프로테스탄트 보수정치인 등으로 구성된 대연정에 의해 이뤄지기 때문에 스위스 경제에서는 자유주의적 정책 혹은 좌파성향의 정책 중 어느 하나에 의해 일방적으로 추진되는 경우는 없다. 요컨대 의회-정당체제-대연정의 협상시스템은 어느 하나의 정책패러다임만을 뚜렷이 하는 경제정책의 채택 가능성을 낮춘다.

이러한 제도적 지형으로 인해 정부의 경제정책은 상이한 여러 접근법의 복합체적 성격을 갖는다. 거시 경제정책인 경우 더욱 그렇다. 특히 1970년대와 1990년대 이후에 연방정부는 수요관리를 통해 경기순환을 원활하게 하려고 노력했다. 일반적으로 좌파정당은 재정확대 정책을 요구했던 반해, 우파정당들은 그것을 반대했다. 결국 전체적인 재정정책은 친(親)경기순환적이면서도 정부예산의 친순환적 요소를 줄이는 일부 반(反)순환적 요소가 추가되는 타협안이 도출되었다. 이러한 타협안은 정당 간의 제휴·협력에 의해 실현되곤 했다. 1990년대의 재정확대 프로그램은 조세정책(기업 법인세 감소 등)에서 양보한 사민당에 대한 보상의 성격을 띠고 있었다. 스위스 당국은 비록 케인즈주의적 경제접근을 매우 제한적으로 활용하는 것도 사실이지만 그렇다고 해서 정부의 경제정책이 자유주의적이라고도 말할 수 없다(Armingeon 2002b: 127).

한편, 스위스는 다른 서유럽국가들과는 달리 조합주의 시스템의 작동에도 불구하고 케인즈주의적 복지국가를 추구하지 않았다. 따라서 스위스는 오랫동안 복지지체국(welfare laggard)으로 분류되었다(Armingeon 2001: 153-157). 몇 가지 이유가 있다. 첫째, 스위스는 일찍이 합의제 정치의 제도화를 통해 민주적 안정을 향유했기 때문에 역설적으로 복지국가를 통해 노동계급의 도전에 대응할 동기가 약했다.[18] 둘째, 스위스의 장기간 완전고용 상태가 기능적으로 복지국가를 대체했다. 셋째, 스위스 국민들은 전통적으로 지방공동체(꼬뮌) 당국에서 사회부조를 제공받을 수 있어 연방정부 차원의 사회보장 도입이 절실하지 않았다. 넷째, 스위스 조합주의적 정책협의는 산업별·지역별 수준에서 사회협약을 체결했기 때문에 복지국가를 확대시키는 동력이 되지 못했다. 다섯째, 스위스 정당정치에서 복지 친화적인 사민당의 정치력은 1959년에야 비로소 연방정부 내각에 참여하는 등 우파정당인 자민당의 내각 점유율에 비해 상대적으로 취약했다. 마지막으로 스위스에서 시민투표에 회부될 가능성은 전통적으로 복지재원 마련을 위한 새로운 세목 신설, 세금인상 등을 시도하려는 정치인들의 자율성을 크게 제약했다.

그러나 1980~90년대에 전례 없는 경기침체에 따른 실업증가, 노령화 등으로 인해 스위스는 정부의 복지지출 확대를 통해서 복지국가를 급속토록 확대시켰다. 그 결과 스위스는 전형적인 유럽대륙형 복지국가에 근접했다(Armingeon 2001: 150; Kriesi and Trechsel 2008: 162-166). 이런 까닭에 스위스 복지레짐에서는 사회복지의 급여가 보험료 납부 액수(기여금 중심)에 따라 차등화되는 사회보험 프로그램이 강조된다. 그것은 특정 직업집단에 특혜를 제공하여 지위차등화(status-segmentation)라는 계층화 효과를 유발한다. 탈상품화(decommodification) 효과는 주로 안정적인 고용상태에 있는 남성 가구주에게 집중되어 있고 따라서 사회 전반적으로는 탈상품화 효과가 제한적이다. 게다가 스위스의 복지레짐은 자유주의 복지레짐의 특징이 여전히 존재한다. 예컨대 기여금이 소득 수준에 따라 징수되는 건강보험제 등이 바로 그것이다. 또 사회보장 대상자는 자격요건, 급여 수준 등에 있어 철저한 자산조사(means test)에 기초해 선정되며 공공부문 고용도 다른 서유럽 국가들과 비교할 때 소규모이다. 그러나 사회보험 대상 인구가 증가하고 그 수혜 정도도 관대해졌으며 특히 1990년대에 사회보장 지출은 급증했다. 이 때문에 1980~90년대 사이에 스위스는 네덜란드 등 다른

18) 독일 비스마르크는 사민주의 세력에 대한 억압을 효과적으로 행사하기 위해 노동계급을 위한 사회보장제를 확립했다.

서유럽 국가들과는 대조적으로 오히려 사회보장 급여를 확대했다. 1980년대 이후 스위스 복지국가가 발전되는 것은 연합정치와 조합주의정치를 중심축으로 하는 스위스 합의제 정치 시스템 작동에 연유한다(Armingeon 2001: 157-161).

스위스 복지정책은 연합정치-조합주의정치 중심의 다중적 협상 시스템에서 결정되기 때문에 축소되지 않는 경향을 보인다. 복지축소는 이 두 시스템에서 엘리트들의 합의를 필요로 한다. 만일 합의에 이르지 못하면 모든 참여자들은 시민투표를 추진할 권한을 갖는다. 따라서 정책결정자들은 그러한 사태를 회피하기 위해 타협을 시도하며 협상의 장에서 자신들을 지지하는 고객들에게 영향을 미치는 복지국가 축소를 반대하는 경향을 보인다. 복지국가 축소를 추구하는 모든 법률은 시민투표에 의해 부결된다. 이것은 시민투표 참여자들이 바로 정책의 수혜 고객들이기 때문이다. 물론 직접민주주의는 복지제도 확대도 어렵게 한다. 그러나 시민투표는 기존 복지제도 보호 효과를 갖는다(Kriesi and Trechsel 2008: 164-166). 실제로 1990년대 사회보험 재정 적자 증가, 신자유주자들의 공세에도 불구하고 다른 서유럽 국가들과는 달리 스위스 실업보험 급여는 시민투표 압력에 의해 축소되지 않았다.

다른 연방국가처럼 스위스에서도 복지재정, 복지정책 결정 및 집행이 연방정부, 캔톤정부, 꼬뮌정부 등 여러 수준에서 이루어진다. 노인연금, 실업보험, 장애인보험, 건강보험 등과 같은 핵심적 복지정책은 연방정부가 담당한다. 1998년 현재 연방정부가 총 사회지출의 약 58%를 차지했다. 그러나 캔톤정부와 꼬뮌정부도 여전히 사회부조, 사회보험 등 사회정책의 주요 분야를 담당하고 있는 데 총 사회보장비는 각각 27.3%, 14.3%를 지출하고 있다(Armingeon *et al.* 2004: 20-21). 하지만 스위스 캔톤 수준의 복지레짐(welfare regime)은 각 캔톤 별로 차이를 보인다. 즉 캔톤에 따라 자유주의 복지레짐, 보수주의 복지레짐, 사회민주주의 복지레짐 등 다양한 복지유형을 갖는다(Armingeon *et al.* 2004: 26-27). 이러한 복지레짐 유형의 차이는 캔톤 수준에서 사민당, 기민당, 국민당, 자민당 등 정당 간에 다양하게 조합된 연정 구성에 연유한다. 따라서 캔톤정부에 여러 정당들이 참여하는 연정의 포괄성 때문에 캔톤 별 복지제도는 특정 정당이 선호하는 유형만을 반영하는 순수한 복지레짐으로 나타나지 않고 정당 간의 상대적 역학관계에 의해 영향을 받는다.

요컨대 연합정치-조합주의정치의 연계에 의해 산출된 경제·사회정책은 자유주의적인 것도, 사회민주주의적인 것도, 케인즈주의적인 것도 아니다. 대신 스위스의 정책은 여러 다양한 접근법이 실용주의적으로 혼합된 성격을 지닌다(Kriesi and Trechsel 2008: 153). 말하자면 케인즈주적(사민주의적) 요소(관대한 실업급여, 적극적 노동시장 정책), 자유주의적 요소(고용보호 취약, 실업자에 대한 경직된 통제), 보호주의적 요소(외국인 노동력의 공급통제, 외국인 투자에 대한 고금리) 등이 혼재되어 있다. 이러한 정책적 혼합성은 특히 조합주의정치와 연계된 연방 및 캔톤 정부-의회 차원의 연합정치에 기인한다.

그런데 연합정치-조합주의정치의 엘리트 카르텔에 의해 산출된 경제·사회정책은 직접민주주의의 압박을 받는다(Armingeon 2002b: 131-132). 시민투표가 경제·사회정책 협상과정을 견제하는 다수결주의 장치이기 때문이다. 시민투표에 부쳐질 가능성은 정치엘리트들로 하여금 시민투표를 피하기 위해서라도 서로 협상·타협하도록 강제한다. 특히 각 정당은 특정 정책에 반대하는 시민투표를 추진할 개연성이 있는 다른 정당을 포용하는 데 열정적이다. 또 정부-의회는 시민투표를 추진할 수 있는 잠재력을 가진 이익단체들과 협상·타협을 모색한다. 결국 스위스 직접민주주의는 연합정치와 조합주의정치의 연계에 기초한 실용주의적 정책결정을 유도하고 다양한 이익그룹 간의 이익과 비용 배분 과정에서 불평등을 가져오는 정책에 제동을 거는 제도적 버팀목이다.

5. 실용주의적 정책-경로의존성-상생문화

스위스 합의제 정치는 연합정치-조합주의정치라는 양대 축의 제도적 기능적 연계에 의해 작동했다. 좌우 이념블록을 뛰어넘는 스위스 연합정치는 조합주의정치의 상대적 안정성을 담보한 제도적 인센티브이다. 의회-정부 차원의 연합정치가 중요한 정책결정을 주도하지만 이 과정에 참여하는 이익그룹의 영향력이 강력하다. 시민투표의 위협이 정당정치가 작동하는 의회-정부로 하여금 정책결정 과정에서 이익그룹들과의 타협을 모색하도록 압박하기 때문이다. 연합정치-조합주의정치의 제도적 기능적 연계를 중심축으로 하는 스위스의 수평적 수직적 정책협상 시스템은 서로 다른 제도적 장치에 의해 견제를 받는다. 이로써 정책 패러다임의 경직성이 탈피되고 있다.

스위스의 사회·경제정책은 좌파적이지도 자유주의적이지도 않다. 그것은 정책패러다임의 일관성 있는 전략이 아니라 오히려 다양한 성격의 정책들이 실용주의적으로 혼재되어 있다. 주요 사회경제 주체들과 집행기구들이 모두 정책결정 과정에 참여하고 있기 때문에 장시간 충분한 심의와 토론 끝에 일단 정책이 결정되면 그것은 양질의 정책이 되어 모두에게 받아들여진다. 스위스의 실용주의적 모자이크성(patchwork) 사회·경제정책이 성공한 것은 다른 서유럽국가 정부들이 일관성은 있을지 모르지만 경직된 사회경제 전략을 추구하는 데서 비롯된 문제들을 비켜갈 수 있었다는 데에 연유한다.

스위스 합의제 정치의 다중적 견제 장치(veto points)는 의사결정의 지연, 혁신능력의 한계, 정치적 결정의 책임 소재 불분명 등 협상 파트너들 간 거래비용을 높이고 효율적인 결정을 저해한다는 비판이 제기된다(Papadopoulos 2001: 46-48; Lane 2001: 5; Linder 2004: 25-26). 또 스위스 사회·경제 정책이 '미래지향적'(proactive) 대응이지 못하고 단순히 과거문제에 대한 '반응적'(reactive)이라는 대한 비판이 없지 않다. 그러나 1980년대에 노동시장 위기에 직면했을 때 스위스 정부는 재빨리 실업보험을 구축했으며 1993년 노동시장에 문제가 발생했을 때 의회, 노조, 사용자들은 혁신적인 적극적 노동시장 체제를 만들어냈다. 이런 점에서 정책이 일정 부분 '반응적'인 성격을 띠고 있을지 모르지만 종종 신속하게 결정되는 것은 전형적인 스위스의 타협문화에 연유한다. 더욱이 시민투표를 청원할 수 있는 비토권자들(veto players)이 의사결정 과정에 참여하는 여러 지점이 존재한다. 그들의 주장이 조합주의정치의 장에서 충분히 투영되지 않으면 그들은 자신들의 요구에 민감한 의원들을 통해 정당-의회 정치의 장에 참여할 수 있다. 법안 의회상정 이전의 다중적인 정책회로(policy circuit)는 제도적 과잉(institutional redundancy) 메커니즘일 수 있다. 그러나 제도적 과잉은 정책실패를 피하는 데 도움이 되는 틀이고 창조적 잠재력을 갖고 정책개혁 기회를 증대한다(Hausermann *et al.* 2004: 50).

나아가 스위스의 합의제 정치시스템 작동은 단기적으로 오히려 하위문화 간의 분열을 강화시킨다는 비판이 있다. 하위문화가 정치의 블록화를 구축하는 요인으로 작용하여 대중의 정서와 심리를 지배할 것이기 때문이다. 그러나 장기적으로 보면 스위스 합의제 정치시스템 작동은 사회갈등을 완화시킬 것이다.[19] 이런 상황에서는 합의제 정치시스템이 불필요하게 될지 모른다(Steiner 2002: 109). 그러나 스위스 정치에는 강력한 제도적 경로의존성(institutional path-dependency)이 존재한다(Lane 2001: 15).

스위스 합의지 정치제도는 정치엘리트들에 의해 전략적으로 선택(strategically choice)된 제도적 혁신 사례이다. 스위스 합의제 정치제도의 창출은 공존과 상생 문화의 산물이 아니다. 역으로 합의제 정치제도 작동이 기존 스위스 사회분열과 갈등의 문화를 점진적으로 공존과 상생의 문화로 변용하는 수순을 밟았다. 한마디로 현대 스위스의 정치문화는 합의제 정치제도에 의해 창출되었다. 예컨대 다당제-대연정-연방제-직접민주주의는 '협상과 타협을 통한 갈등해결' 행동양식(문화)을 형성했던 제도적 요인이다(Linder 2004: 14-15). 협상과 실용적 타협, 호혜적 교환을 통한 갈등의 해결은 전형적인 스위스의 정치문화로 정착했다.

이 같은 스위스 합의제 정치제도-협상·타협 문화의 관계는 아직 공존과 상생의 문화가 성숙되지 않는 한국 정치에 시사하는 바 크다. 한국 정치는 민주화 이후 새로운 정치리더십 교체의 빈발에도 불구하고 구조화된 다층적인 사회갈등과 분열을 조정 관리하는 데 실패하고 있다. 그 원인이 정치 패러다임의 실패, 정치제도의 실패에서 비롯되는 것으로 인식된다. 주지하듯 한국 정치제도는 다수제(majortarian) 패러다임에 근거한다. 다수제 정치패러다임은 승자독식의 제로섬 경쟁 논리를 내재하고 있기 때문에 복합적 사회갈등을 조정하는 데는 근본적인 한계를 드러낸다. 이 점에서 다수제 정치제도의 안티테제인 합의제 정치제도의 작동을 통해 협상·타협 문화를 창출하고 사회갈등을 조정 관리하는 스위스의 경험적 사례 연구는 한국의 권력분점 제도를 탐구하는 기초 작업으로서 의미가 없지 않다.

---

19) 종교적 균열과 언어적 균열은 상호 교차했다. 예컨대 프랑스어를 사용하는 사람들 가운데 프로테스탄트 신자들과 가톨릭 신자들이 혼재했다. 이러한 상호 교차균열은 스위스 사회와 정치를 안정시키는 데에 도움이 되었다. 예컨대 프랑스어를 사용하는 가톨릭 신자들은 독일어를 사용하는 가톨릭 신자들과 공통적인 견해를 가졌기 때문이다.

제14장

오스트리아 합의제 민주주의 동학: 복지·노동시장 재편

1. 문제의식

오스트리아의 현대사는 실로 파란만장한 비극적 드라마의 연속이었다. 한때 중부·동부유럽을 호령했던 합스부르크 대제국을 건설하기도 했지만 그 붕괴 후 후발 산업화-자유화-민주화에 따른 알프스 산간 변방국가로 전락한 충격은 오스트리아인들의 엄청난 심리적 공황과 정신적 내상 그 자체였다. 제1공화국(1919~38)의 진영라인에 따른 갈등과 대립은 원심적 정치(centrifugal politics)를 촉발시켰다(Pelinka 1998: 9-36). 이념갈등, 진영 간 내전, 파시즘독재, 나치독일합병, 승전국분할점령 등 국가적 파국으로 점철되었다. 따라서 오스트리아 정치인들은 제2차 대전 이후 연쇄적인 역사적 비극으로 얼룩져 정치적 공존이 불가능할 정도의 극단적인 이념적 '진영의식'을 보인 사회블록을 포용하기 위해 전략적으로 합의제 민주주의를 선택했다(Luther and Müller 1992: 8-9). 사회블록-정당블록의 갈등정치가 작용하는 경쟁-완승-권력독점에 기초한 영미식 웨스트민스터 모델보다는 권력분점-타협-협력에 기초한 합의제 모델을 제도화한 것이다. 합의제 정치는 오스트리아가 계급·계층갈등 조정과 사회평화를 통해 성장-복지의 유기적 선순환을 구축하고 마침내 유럽의 변방국가에서 '축복의 섬'(island of the blessed), 대표적인 강소국으로 부상하는 제도적 동력이다.

오스트리아 합의제 민주주의의 양대 제도적 축은 합의제 정당정치와 조합주의정치이다. 정당 간 연합정치가 정치적 갈등을 조정하는 합의제 정당정치의 제도라면, 사회적 파트너십은 노사(정) 간에 사회경제 정책을 협의하여 노사

(정) 갈등을 조정하는 조합주의정치의 제도이다. 오스트리아 합의제 민주주의에서 이익집단들과 정부는 연합정치를 구성하는 정당들과 제도적 인적 복합구조 속에서 존재했으며, 따라서 연합정치와 사회적 파트너십은 일체성과 동시성과 호혜성을 갖고 유기적으로 연계되어 역동적으로 작동했다. 이는 오스트리아의 합의제 정당정치-조합주의정치 간 친화적 연동을 유인했다.

오스트리아 합의제 민주주의의 연합정치-조합주의정치 연동은 사회적 시장경제-기민주의 복지국가를 견인했다.[1] 환언하면 경제성장을 위한 임금차별화의 시장적 소득정책과 사회적 불평등을 완화하기 위한 소극적 노동시장정책(관대한 사회보험) 사이의 연계가 조합주의적 정치교환을 통해 형성되었으며, 조합주의정치의 정상적 작동은 정당 간 연합정치, 특히 사민당/국민당 좌우 대연정에 의해 유인되었다. 이로써 사민당과 국민당의 이념과 노조와 사용자연합의 이익을 아우르는 시스템이 작동했다. 한마디로 공익의 관점에서 국가가 시장경제에 개입하여 사회경제적 약자를 보호하기 위한 사회정책 모델을 제도화한 것이다. 오스트리아의 사회정책 모델은 비스마르크형 보수주의(기민주의) 복지레짐(conservative welfare regime)이다. 이는 질병·산재·실업·노령 등 사회적 위험에 대처하는 사회브험 모델에 입각하고 건강보험·실업보험·노령연금의 기여금과 급여액을 고용과 고용능력에 연계시키며 소득·직장 차등화(블루컬러와 화이트컬러, 사기업근로자와 공무원), 보험급여수령, 현금지급, 사회보험 자치행정 등을 특징으로 한다. 따라서 노동시장에 참여할 의사나 능력이 없는 사람들은 사회적 보호를 받을 수 없었다(Heinisch 2012: 138).

그러나 오스트리아 합의제 민주주의는 글로벌화 및 유럽단일시장화의 충격·압박에 대응하기 위해 종래의 복지-노동시장 정책조합의 재조정 프로젝트에 착수하지 않을 수 없었다. 1980년 이래 역동적으로 복지·노동시장을 재편하는 정책개혁을 강제한 외생변수의 변화가 발생했기 때문이다. 즉 신자유주의 부활, 복지국가 확대에 따른 세금부담을 느낀 중산층의 사민당 지지도 하락, 사민당·

---

1) 1980년대 후반 이후 오스트리아는 사회적 시장경제에서 한 걸음 더 나아가 '생태사회적 시장경제'를 지향하고 있다. 즉 경제성장과 사회보장이라는 사회적 시장경제의 두 개념에 '생태'라는 제3의 개념을 보태면서 사회적 시장경제의 발전적 보완을 시도했다(Riegler 2003: 102). 이는 중도우파인 국민당에 의해 강하게 제기되었다.

국민당 중심의 기존 정치질서에 대한 대중의 피로감 확산, 반체제적인 민중주의적 자유당의 정치적 약진, 유럽화, 글로벌 시장의 경쟁 등 거시경제 환경변화에 따른 수출경쟁력 약화·저성장, 비정규직 노동의 급증, 사회보장 재정악화 현상이다. 이러한 사회정책의 외생변수 변화는 사민당-국민당, 특히 자유당-국민당으로 하여금 개인책임·성과중심의 새로운 사회정책을 설계하는 정치적 어젠다를 개발토록 유도했다(Heinisch 2012: 132-136).

여기에 1980년대 후반, 특히 2000년대 이후 오스트리아 모델의 대표 브랜드인 합의제 민주주의가 흔들리는 징후를 보였다. 정당경쟁이 증가함에 따라 합의제 정책스타일은 변화했고 정부-사회적 파트너들 간 정책적 거리가 멀어지는 한편, 정책네트워크가 붕괴되는 조짐을 보인 것이다. 특히 진영의식의 퇴조에 따른 오스트리아의 정치지형에 지각변동을 야기한 1999년 총선결과 국민당/자유당 소연정이 등장하는 데서 비롯된다. 이런 상황은 합의제 민주주의에서 경쟁(갈등)민주주의로의 패러다임 전환으로 규정되기도 한다. 물론 2007년 정당정치는 사민당/국민당 대연정으로 회귀함으로써 오스트리아 합의제 정치의 전통과 관행은 복원되었다. 그럼에도 2007년 사민당/국민당 대연정은 과거 제1·2기 사민당/국민당 대연정의 정치력에 미치지 못하고 있으며, 앞선 정부들이 추진했던 유럽화, 산업구조조정, 경제자유화 및 탈규제의 경제사회적 충격과 압박을 완화·분산·흡수하는 중요한 수단으로서 사회·노동시장 정책개혁 프로젝트에 대면하고 있다.

오스트리아 합의제 민주주의의 정책개혁에 관한 선행연구들은 공통적으로 복지·노동시장 재편정치를 추동하는 합의제 정치체제 동학의 정책인풋사이드(input-side), 즉 정당정치-노사정정치가 구체적으로 어떻게 맞물려 작동했는가에 주목하지 않았다. 따라서 정책산출(policy output)인 복지·노동시장 재편을 이끌어낸 오스트리아 합의제 민주주의의 정치적 의사결정과정이 분석될 필요성이 제기된다. 환언하면 오스트리아 합의제 민주주의의 정당정치-노사정정치가 어떤 관계로 작동하면서 정책개혁 프로세스가 진행되었는가를 분석해야 한다는 것이다. 이런 문제의식을 갖고 제14장은 오스트리아 합의제 민주주의가 복지·노동시장 재편과정에서 어떻게 작동했는가를 살펴보는 데 있다. 특히 연합정치 패턴이 조합주의정치의 변화에 어떤 인과적 임팩트(causal impact)로 작용했는가를 분석한다.

2. 이론적 가설

합의제 민주주의는 구조적 인과 연쇄를 갖는 제도적 장치를 내장한다. 즉 비례대표 선거제도가 유인하는 다당제는 연립내각과 행정부-의회 권력균형, 그리고 조합주의를 창출하는 경향을 보인다. 이러한 구성요소들 간의 유기적 상호작용은 갈등조정과 사회통합을 제도화한다. 합의제 민주주의의 양대 제도적 축인 합의제 정당정치와 조합주의 간에는 차이가 존재하지만,[2] 유사점이 더 부각되고 있다(Crepaz 2002b: 158-159). 즉 양대 시스템은 권위주의적, 다수결주의적 의사결정 양식보다는 협력적, 타협적 의사결정 양식을 지향한다(McRae 1979: 520). 이 점에서 레이파트 학파는 합의제 정당정치와 사회적 파트너십이 갈등과 대립보다는 협력과 상생의 게임이 작동하는 '타협문화'(culture of compromise)를 매개로 상호 연계한다고 주장한다(Lijphart 2002b). 특히 렘브르흐에 따르면 양대 시스템 간에 개념적 친화성(conceptual affinity), 즉 구조적 유질동상(structural isomorphism)이 존재한다(Lehmbruch 1979: 59).

오스트리아 합의제 민주주의에도 양대 제도적 축이 작동한다. 하나는 의회-행정부 관계를 조정하는 정당 간 연합정치이고 다른 하나는 노사 이익단체 간 이익을 조정하는 사회적 정책파트너십이다(Pelinka 2002: 141-142).[3] 양대 시스템은 정당과 이익집단의 융합에 의해 작동된다. 사회적 파트너십의 주요 의제는 정당의 통제를 받으며 정당정부의 주요 의제 또한 이익단체의 통제를 받는다. 이러한 정치적 의사결정의 동시성은 제도적 인적 차원에서 나타난다. 제도적

---

2) 두 시스템은 제도의 공식성, 행위주체, 정책분야의 측면에서 차별성이 존재한다. 합의제 정당정치는 헌법적 틀 속에서 선출된 정당의 지도자들에 의해 경제·종교·지역·인종 등 포괄적인 정책이슈에 관한 의사결정을 내리는 기제이다. 반면 사회적 파트너십은 자본과 노동을 대표하는 비공식적, 헌법외적(extra-constitutional) 제도로서 그 엘리트들은 선거로 선출되지 않아 정당 지도자들보다 정통성에서 취약하고 사회경제적인 이슈만을 다룬다.

3) 오스트리아 사회적 파트너십은 경제·사회 문제에 관한 이익갈등을 조정하고 합의를 이끌어내는 노사(정) 거버넌스 체제이다. 환언하면 그것은 노동과 자본이라는 계급구조로 분열되고 사민주의 정당과 기민주의(자유주의 혹은 보수주의) 정당이 상호 경쟁하는 오스트리아 사회에서 나타난 사회경제적인 이익대표체계이다. 이를 통해 오스트리아 이익집단들은 정당·의회·정부 등 국가기구들과 직간접적으로 연계되어 국가의 사회·경제정책 결정과정에 깊숙이 관계하며 국정 전반에 영향을 미치고, 특히 정당을 매개로 자신들의 이익을 입법부와 행정부에 투입한다. 이익집단과 정당 간의 수직적 관계는 이익집단 간 혹은 정당 간의 수평적 관계와 결합하여 입체적·복합적인 협력네트워크를 형성한다.

연계는 주요 이익단체들을 의회 상정 이전 단계의 정당정부 법안(입법초안)조율 과정에 공식적으로 참여시키는 기제로 나타난다. 정당과 이익그룹을 연계하는 인적 중복은 주요 이익그룹의 의사결정 과정에 주요 정당의 인사를 참여시키거나 또는 주요 정당의 의사결정 과정에 이익그룹의 대표를 참여시킨다. 이 같은 제도적 인적 연계는 합의제 정당정치와 사회적 파트너십이 유기적 상호작용 속에서 작동하고 있음을 뜻한다. 요컨대 오스트리아 합의제 민주주의의 정당정치-노사정정치는 제도적, 기능적 연동으로 작동한다.

그런데 오스트리아 합의제 민주주의의 정당정치-노사정정치는 단순한 진공 상태가 아니라 수직적 권력분점제도의 틀 속에서 작동한다. 따라서 정당정치-노사정정치의 관계는 수직적 권력분점제도가 어떻게 설계되어 있느냐에 따라 그 영향을 받는다. 즉 연방정부-주정부-연방상원-연방하원 간 권력관계가 정당정치-노사정정치의 관계에 영향을 미친 주요 제도적 변수이다. 그런데 오스트리아 합의제 민주주의의 수직적 권력분점 제도는 연방정부우위연방제-연방하원우위양원제 패턴이다. 즉 연방정부는 거의 배타적으로 행정권·재정권·입법권을 행사하며, 주정부는 연방정부의 결정사안에 대해 단지 집행업무만 수행하고 주의회 권한도 제한적이며, 입법과정은 연방상원의 거부권이 존재하지 않기 때문에 사실상 연방하원에 의해 주도된다. 한마디로 연방정부-주정부 간, 연방하원-연방상원 간의 권력관계가 비대칭적(asymmetrical)인 유형이다(Norris 2008: 167; Lijphart 2012: 201-202).

나아가 제14장은 레이파트 학파의 연구와 차별화하기 위해 수평적 권력분점 제도인 연합정치 패턴과 조합주의정치의 변화패턴을 각각 세분화한다. 우선 비례대표제-다당제가 유인하는 연합정치를 두 모델로 유형화한다(Strøm and Bergman 2011: 30-31). 우선 '블록 연합정치'(bloc coalition politics) 패턴이다. 즉 좌우정당 간의 이념블록화·양극적경쟁, 의회-내각에서의 '블록 내 연정'(intra-bloc coalition), 의회-행정부 관계의 이념적 분극화 등의 현상이다. 다음으로 좌우 초(超)이념블록 연합정치 패턴이다. 즉 좌우정당 간 이념적 간극 축소 및 경쟁-협력 사이클, '블록 간 연정'(inter-bloc coalition), 의회-행정부관계의 갈등조정 등의 현상이다(Müller and Strøm 2008: 191; Müller *et al.* 2008: 22; Andeweg 2011b: 149).

한편, 조합주의정치 변화도 유형화된다(Swank 2002: 41-44; Kenworhty 2003: 11;

Christiansen and Rommetvedt 1999: 196-197). 우선 조합주의정치의 약화·퇴조 패턴이다. 즉 노사정 간의 정치적 교환(political exchange)이 중단되고 대신 로비정치(lobbyist politics) 현상을 보이며(Woldendorp 2011: 28; Öberg *et al.* 2011: 374-382, 383-389; Rommetvedt *et al.* 2013: 463), 전문가·관료 중심의 비상설 정부주도 협의체가 작동하고, 결국 정부의 일방적 정책개혁이 진행된다. 다음으로 조합주의정치의 제도화 패턴이다. 즉 상설 조합주의적 협의체가 정책개혁 법안의 의회 제출 전 단계에서 노사(정) 간 정책협의(policy concertation)-합의의 절차적 기제로서 지속적으로 작동한다(Compston 2002a: 3-5).

이상의 수직적 수평적 권력분점제도의 개념적 틀을 바탕으로 해서 연방제-양원제 패턴을 X축으로 하고 연합정치-조합주의정치 변화의 관계패턴을 Y축으로 설정할 때 이론적으로 가능한 여러 유형의 조합가설이 상정될 수 있다. 그러나 여기에서는 오스트리아 합의제 민주주의의 복지·노동시장 재편정치과정의 분석에 적실성 있는 이론적 가설을 설정한다. 즉 연방정부우위연방제-연방하원우위양원제-초블록연합정치-조합주의정치의 간 조합가설이다.

그 논리적 근거는 두 가지다. 우선 연방정부-주정부 간, 연방하원-연방상원 간 수직적 권력분점 정도가 낮은 제도적 조건에서는 연합정치에 대한 제도적 제약이 약해 연방연립정부의 정책자율성은 높으며 조합주의정치는 안정적으로 작동한다. 연방연립정부의 높은 정책자율성은 이익단체들의 조합주의정치에의 참여를 견인할 수 있는 정책능력을 강화시키기 때문이다. 이런 정치지형에선 이익단체들도 로비정치보다는 반대급부를 제공하는 행정부의 정책능력을 신뢰하고 조합주의적 정책교환에 참여하려는 동기를 갖는다. 다음으로 연방연립정부는 비토권을 행사하는 제도적 비토플레이어가 소수이기 때문에 사회적 파트너들과 정책개혁의 책임공유를 통한 정치적 리스크의 최소화 전략으로 조합주의정치를 선호한다. 실제로 이 두 현상은 오스트리아 사민당/국민당 대연정 연립정부(1987~2000, 2007~현재)의 복지·노동시장 재편정치 과정에서 나타났다.

또 연합정치 패턴을 X축으로 하고 조합주의정치의 변화패턴을 Y축으로 설정할 때 이론적으로 가능한 여러 유형의 조합가설이 상정될 수 있다. 그러나 여기서는 오스트리아 복지·노동시장 재편정치 과정의 분석에 적실성 있는 두 이론적 가설을 선별·설정한다. 첫째, 블록연합정치-탈조합주의정치 간의 조합

가설이다. 블록연합정치는 조합주의정치를 불안정·퇴조시키고, 대신 로비정치를 촉발하는 경향을 보인다(Anthonsen and Lindvall 2009: 171-172, 167-168; Hamann and Kelly 2011: 42).

그 논리적 근거는 세 가지다. ㉠ 좌파연립정부 혹은 우파연립정부 형태의 블록연합정치는 노동과 자본을 동등하게 대표하지 못하고 어느 한쪽에 일방적으로 우호적 정책정향을 선호하며, 따라서 노사 이익단체들은 갈등관계를 드러내고 조합주의적 정치교환을 회피한다. ㉡ 블록연합정치에서 노사 이익단체는 각기 우호적인 정당정부 및 의회 연정집권당을 상대로 한 경쟁적인 로비·압박·영향력을 행사하여 이익을 관철하려는 유혹을 갖는다. ㉢ 블록연합정치는 의회-행정부 관계의 이념적 분극화와 갈등을 촉발하여 조합주의적 정책협약(corporatist policy pacts)의 의회입법화가 쉽지 않으며, 조합주의정치도 노사갈등으로 인해 정체되거나 의회와의 마찰을 피하지 못한다. 오스트리아 국민당/자유당 소연정은 정당정치의 블록화에 따른 의회-행정부 관계의 이념적 분극화와 사회적 파트너십의 실패·정체를 낳았다. 요컨대 블록연합정치는 조합주의정치와 충돌한다.

둘째, 초이념블록연합정치-조합주의정치 간의 조합가설이다. 정책개혁 과정에서 좌우 이념블록 교차의 소연정·대연정은 조합주의정치의 안정적 작동을 유인한다. 그 논리적 근거는 다섯 가지이다. ㉠ 초블록연정은 노동과 자본을 동등하게 대표하는 정치적 공간을 확대하고 특정 이익집단에게만 편파적으로 특혜를 줄 수 없으며, 따라서 이익집단을 조합주의정치로 견인하는 인센티브로 작용한다. ㉡ 좌우 대연정 내각은 초(超)과반 의석을 동원하여 대(對)의회 정책통제권을 행사할 수 있고 이익단체들의 조합주의적 정책협의체 참여를 견인할 수 있는 정책자율성을 갖기 때문에 이익단체들은 반대급부를 제공하는 행정부의 보상적 정책능력을 신뢰하고 조합주의적 정책교환을 수용한다. ㉢ 초블록대연정은 정책개혁 책임을 노사 이익집단과 분산·공유하고 선거리스크를 줄이기 위해 조합주의정치를 선호한다(Andeweg 2011a: 197-198). 이러한 초블록연합정치-조합주의정치 간의 조합가설은 오스트리아 사민당/국민당 대연정에서 현실화되었다. 즉 대연정은 의회의 초과반 의석을 점유하고 연정협약(coalition agreements)의 입법과정에 대한 정부의 통제를 강화했고 양대 정당이 각기 노동과 자본을 정치적 기반으로 했기 때문에 노사파트너십을 유인하는 정치적 인센티브로 작용했다.

3. 합의제 정치동학의 양대 제도적 축

1) 정당 간 대연정/소연정: 의회-연립정부 간 긴장-협력 사이클

오스트리아의 헌법적 권력구조는 정당정치와 연계하여 작동한다. 오스트리아 합의제 헌정체제에서 사회갈등·분열을 대표하는 정당체제를 규정하는 독립변수는 권력분점 비례대표 선거제도이다. 비례대표제는 정당체제의 변화를 몰고 오고 정당체제의 변화는 궁극적으로 권력구조, 즉 정부유형과 의회-행정부 관계에 영향을 미친다.

국민의회(Nationalrat) 의원 선거제도는 정당명부 비례대표제이다. 독일 선거제도와는 달리 오스트리아는 소선거구 단순다수대표제에 입각한 지역구 후보-의원 개념이 존재하지 않는다. 선거구는 전국-9개주-43지역 등 3층 단위구조로 편성되어 있다 따라서 오스트리아 비례대표제는 각 정당으로 하여금 전국적 이해관계와 지역적 이해관계를 동시에 대표하도록 유도한다. 1992년의 선거제도 개혁은 유권자-후보 간 연계와 유권자에 대한 의원의 직접적 책임을 강화하기 위해 정당명부의 특정 인물을 택하는 선호투표를 도입했다(Müller 1997: 216). 이로 인해 당지도부의 후보 통제력이 느슨해지고 동일 정당후보들 간에도 선거승리를 위해 경쟁한다. 각 정당은 전국 투표의 4% 이상을 획득해야 의석을 배분받는다. 비례대표제에도 불구하고 오스트리아의 의회진출 정당체제는 다른 서유럽국가들에 비해 상대적으로 크게 파편화되어 있지 않다.

오스트리아에서는 권력분점 비례대표제로 인해 전통적으로 사회와 정치를 블록화시킨 진영(Lager) 간의 이념적 균열과 정치적 갈등이 반영된 정당체제가 구축되었다. 즉 농민·쁘띠부르주아(자영업자)·가톨릭을 대변하는 가톨릭보수주의('흑색', black)의 국민당(ÖVP), 블루칼라층·도시주민을 대변한 사회주의('적색', red)의 사회당(SPÖ), 화이트칼라층·관료를 대변하며 민중주의를 표방한 게르만민족주의('청색', blue)의 자유당(FPÖ) 등 각 진영은 독자적인 정치세력화를 구축하고 경쟁·대립했다(Slomp 2011: 498-498).

3극 정당체제에도 불구하고 오스트리아 정당정치는 중도좌파 사회당과 중도우파 국민당이라는 양대 정당을 중심축으로 구심적 경쟁(centripetal competition) 체제로 작동했다.[4] 사회당과 국민당은 이념적 스펙트럼의 차이에도 불구하고 권력분점·공유에 기초한 '대연정 연방정부'(grand coalition federal government, 1945~66)의 출범에 합의했다.[5] 대연정의 원칙은 각 연정파트너가 내각각료 배분 등 정부의 모든 자원과 혜택을 비례적으로 공유해야 한다는 점이다(Rose 2000: 31). 주와 지방정치도 연방정부 대연정의 모델에 따라 작동했다. 대연정을 구성하는 양대 정당은 노사 이익집단들과의 이념적, 제도적 인적 복합구조 속에서 작동했고 대연정-사회적 파트너십은 일체성과 동시성을 갖고 노사갈등을 조정했다. 물론 오스트리아 정당정치에 이념적 분극화 현상도 발생했다. 국민당 단독과반정부(1966~70), 사회당 단독소수정부(1970~83) 등 다수제 모델식 이념적 정치적 경쟁으로 나타난 것이다.[6] 그러나 이러한 이념적 양극화 현상은 사회당/자유당 좌우 소연정(1983~86)과 제2기 사회당/국민당 좌우 대연정(1987~2000)의 부활로 소멸했다. 이로써 오스트리아 민주주의는 좌우 이념블록을 가로지르는 합의제 정당정치에 의해 작동되게 되었다.

오스트리아 합의제 정당정치는 '진영의식'에 의한 분절된 '정치적 하위문화'

---

4) 1980년대 초까지 투표율과 의석율에서 90% 이상을 점유했으나 1999년 60%로 급락했다가 2002년 79%로 반등했다(Pelinka and Rosenberger 2000: 135).

5) 대연정은 합의제 정당정치의 전형적인 제도적 유형이다. 그 장점은 거대 양당이 정부 구성에 참여함으로써 정부의 대표성이 높아진다. 또 대연정에선 정책정체(policy gridlock)가 줄어들 수 있다. 메이저 정당들의 공조를 통해 야당의 방해를 효과적으로 통제하고 정책개혁을 수행할 수 있다는 것이다. 특히 양원제 국가의 경우 하원에서 '최소승리연립' 정부를 구성하더라도 상원에서 다수를 동원하지 못하면 주요한 정책개혁을 위해서는 비토세력(상원 다수당)과 부가적인 협상을 벌이지 않으면 안 된다. 그러나 대연정은 거대 양당이 양원을 모두 통제하므로 그 같은 정책개혁 정체는 발생하지 않는다. 따라서 대연정은 정치적 위기, 특히 복지국가 재편 등 비인기 정책개혁인 경우 양당의 합의를 통해 난국을 돌파할 수 있는 장점이 있다. 그러나 대연정의 약점은 양대 정당의 '정치적 카르텔'이 형성될 개연성이 있다. 즉 대연정이 출범하면 야권에는 정치적으로 미약한 군소정당만 남게 되므로 실제로는 야당 부재 현상이 야기되며 정책적 대안의 실종을 의미한다. 또 대연정을 구성하는 양대 정당이 '무소불위의 권력을 독과점할 수 있으며 양대 정당이 연정체제 내에서 갈등을 일으키는 경우 오히려 정책의 정체 내지 교착을 불러올 수도 있다. 대연정이 오랫동안 지속되는 경우 '대연정 피로'가 누적될 수 있으며, 이 경우 좌우의 포퓰리즘이 발호하거나 항의투표가 발생하며 그 결과 정치지형의 반전이 찾아온다.

6) 1966~83년에 국민당과 사민당은 국민회의에서 50% 이상의 의석을 얻어 단독정부를 구성하는 등 웨스트민스터 민주주의로 변화했다. 그러나 대연정의 붕괴가 제1공화국의 원심적 민주주의(centrifugal democracy)로 회귀하지는 않았다. 더욱이 의회 밖에서 노사정, 사회적 파트너들 간 네트워크는 지속적으로 작동했다(Pelinka 2009: 4).

에 기반을 둔 당파적 결속·정체성·충성심을 보이면서도 역설적으로 정치통합을 추구했다. 특히 사회당-국민당 양대 메이저 정당은 다수결 원칙에 입각한 제로섬적 경쟁정치보다는 상호 협력적이고 타협적인 행동패턴에 기초한 화합-상생 정치를 작동시켰다(Luther and Müller 1992: 10-11; Pelinka 2002: 141-145). 이를 통해 전후 10년간에 걸쳐 전승 4개국에 의한 분할점령이라는 국가적 위기에 대응했다. 이념적으로 대척점에 있었던 양대 정당이 좌우합작 정부를 수립하여 분할점령국들을 상대로 그야말로 10년이라는 긴 세월 동안 집요한 협상의 대장정을 통해 '중립화 통일독립국가'라는 기념비적 업적을 남긴 것이다. 또 양대 정당은 오스트리아식 사회적 시장경제인 오스트로-케인즈주의(Austro-Keynesianism)를 공유했고 본질적으로 복지국가 친화성을 견지하면서 사민주의와 기민주의의 도그마에 집착하는 이념적 편향성에 경도되지 않았다.

물론 사회당/국민당 대연정의 문제점이 드러났다. 야당이 대연정을 효과적으로 통제하고 대안을 제시하는 역할을 수행하기 어려웠으며 권력 집중·남용·부패를 낳는 거대한 기득권구조를 만들어냈다. 그럼에도 불구하고 오스트리아의 좌우 대연정은 권력분점·공유를 통해 정치적 대표성·정당성을 제고하고 정부정책의 이념적 편향성을 차단했다. 오스트리아의 의회-행정부 관계는 사회블록을 대표하는 사회당-국민당이 타협과 합의에 의해 의사결정을 하는 연합정치에 의해 조정되었다. 내각각료직을 공유하는 정부연합(government coalition)과 의회에서 양당 간 연대투표를 통한 정책-입법연합(policy or legislative coalition)이 상호 보완적으로 작동했다. 오스트리아 대연정의 의사결정 기구는 총리-부총리-양당 대표 등이 참여하는 연정위원회(coalition commission)이다. 사회당-국민당 간 정책 갈등은 연정위원회에 의해 조정되었다. 연정위원회의 결정은 내각에서 인준되고 이는 무리 없이 의회를 통과한다(Schulze and Schludi 2007: 561-562; 576-587). 이러한 오스트리아의 합의제 정당정치는 진영의식을 점진적으로 불식했다. 즉 이념적 균열과 사회적 정치적 갈등을 조정 완화하고 노동-자본 간 대화·협의시스템인 사회적 파트너십과 유기적으로 연계되어 경제성장과 복지국가 건설의 제도적 초석을 이루었다.

그러나 뿌리 깊은 진영의식 장벽의 붕괴현상은 오스트리아 합의제 정당정치가 요동치는 분기점이 되는 역설을 잉태했다. 젊은 세대가 진영의식을 거부하는 사회의 탈(脫)블록화를 선도했는데 이는 오스트리아 합의제 정당정치의 전제조건인 사회적 균열이 소멸되고 진영의식 중심으로 카르텔화된 기존 양대 정당 간 대연정의 권력기반이 점차 와해되었음을 뜻한다. 오스트리아 합의제 정당정치가 일종에 '성공에 의한 자기잠식'(self-elimination by success) 현상에 직면한 것이다(Pelinka 2009: 7-10). 여기에 1980년대 들어 환경·생태·반핵·평화 등 녹색정향(green orientation)과 이민·범죄·마약 등 새로운 사회적 이슈가 선거정치의 주요 의제로 부상했고 이로 인해 유권자들의 정당일체감 약화, 투표행태의 유동화 등이 빠른 속도로 진행되고 정당 간 선거경쟁도 격화되었다.

그런 정치사회적 변동은 1980년대 오스트리아 정당체제의 재편을 촉발했다. 1983년 총선결과는 오스트리아 합의제 정치를 주도해 온 사회당과 국민당에 대한 대중지지가 하락하는 등 그들에 의한 정치시장 독과점지배의 종언을 알렸다. 이 트렌드는 1986년 총선에서 양대 메이저 정당의 득표·의석 상실, 녹색당(Die Grünen)의 의회진출 및 자유당의 약진 등으로 보다 가시화되었다(Plasser and Ulram 1999: 32).[7] 특히 자유당은 교육수준이 낮고 무산자 의식이 강한 유권자들의 선호를 받았으며, 녹색당은 부르주아 가정 태생이고 고학력의 젊은층의 지지를 받았다. 자유당과 녹색당은 오스트리아 정치체제의 전략적 잠재력 변화를 유도했다. 1986년부터 전개되는 사태발전은 일종의 탈오스트리아(Deaustrification) 현상으로 나타났다(Kittel 2000). 즉 사회당-국민당과 사회적 파트너 간의 엘리트 중심의 합의제 정치는 여전히 지속되었지만 엘리트들은 점점 시민사회의 정치적 행태를 통제할 수 없었다. 젊은층은 점점 사회당과 국민당이 보낸 정치적 시그널을 따르지 않았고 대신 자유당과 녹색당에 압도적 지지를 보냈다. 따라서 사회당과 국민당의 정치력은 점점 퇴조해 갔다.

이러한 탈오스트리아 현상은 일종의 '성공에 의한 자기잠식' 현상에 기인한다. 이런 정치상황 속에서 자유당은 사회당과 소연정(1983~86)을 구성하기도 했으나 자유당 지도자인 하이더(J. Heider) 중심의 극우 게르만민족주의파가 득세하자 사회당은 그에 대응하여 조기 총선을 치러 자유당과의 소연정을 철회했다. 자유당과 녹색당의 정치력 상승에 따른 정당체제의 재편에 위협을 느낀 사

7) 양대 메이저 정당 득표율은 전후 줄곧 95% 안팎이었으나 1986년 총선에서 85.8%로 급락하더니 1995년에는 60%대로 점차 하락했다.

회당-국민당은 제2기 대연정(1986~2000)을 부활시켰다(Pelinka 2002: 321).

제2기 대연정 동안에도 1980년대 중후반의 탈오스트리아 현상은 가속화되었다. 젊은 블루칼라층을 비롯한 노동계급 유권자의 상당수가 사민당(1994년 사회당 개명)에서 자유당으로 선호정당을 바꿨으며, 고등교육을 받은 젊은 세대들도 늘 지지했던 국민당보다는 자유당과 녹색당에 대한 지지로 돌아섰다. 자유당은 이민반대, 반EU, 양당기득권 카르텔체제 반대, 경직화된 사회적 파트너십 반대 등 민중주의적 저항 레토릭을 구사했으며, 이는 노동자·청년 등을 비롯한 폭넓은 대중적 공감을 불러일으켰다.[8] 극단적인 경제적 자유주의론자들이 자유당에서 이탈하여 자유포럼(LF, 1993)을 결성하여 의회에 진출하기도 했으나 자유당의 득표율은 1986년 9.7%, 1994년 22.4%로 급상승했다(Pelinka 2002: 335). 결국 오스트리아 정당체제는 기존 사민당·국민당 중심의 패권적 양당체제의 와해와 정당정치 지형의 구조적 변화, 즉 다양화와 경쟁화로 나타났다. 이로 인해 사민당/국민당 연립정부와 야당(자유당·녹색당) 간의 갈등이 심화되었다. 이처럼 오스트리아 정당정치가 2000년대 이후 '양대 블록화'로 변화하는 조짐을 보였다. 정당정치의 양대 블록화는 의회-행정부 간 긴장을 촉발했다. 이로 인해 법안 통과율이 낮아졌는데, 예컨대 1991년 이전에는 40% 안팎이었으나 2000년 이후 15% 안팎으로 하락했다.

그런 정당정치 지형변화는 1999년 총선결과의 대규모 지각변동으로 이어졌다. 사민당과 국민당의 득표율이 크게 하락하고 자유당과 녹색당의 득표율이 증가했다(Plasser and Ulram 1999: 32). 사민당의 득표율은 1986년 43%에서 1999년 33%로, 국민당은 1986년 41%에서 1999년 27%로 추락했다. 양대 정당의 득표율 하락은 자유당의 득표력 상승으로 반영되었는데 자유당은 1986년 9.7%에서 1999년 27%로 급증하여 선거사상 최초로 국민당을 압도했다. 1990년대 투표유동성이 급증한 것은 EU규정과 경제하강에 따른 공기업 정리해고, 공적부조 삭감, 세금감면 폐지 등에 대한 제2기 대연정의 물질적 보상과 보호

8) 자유당의 기존 정당체제에 대한 공격은 그 이념 속에 내장되었다. 자유당의 이념적 정향은 경제적 자유주의, 반국가주의, 정치계급의 특권과 정당부패에 대한 공격, 외국인과 자유이민정책을 반대하는 경제적 민족주의 등의 조합으로 나타났다. 1986년 총선 이후 자유당은 극우정당과의 경계가 분명치 않는 포퓰리스트 저항정당으로 변형을 경험했다(Müller 2003: 94-95).

가 동반되지 않아 선거지지층을 견인하지 못한 데서 비롯된다. 따라서 유권자들은 대연정에 의한 사민당-국민당의 권력독점, 정책무능 및 정치부패에 피로감과 환멸을 드러냈다. 더욱이 외국인에 대한 혐오증이 게르만민족주의로 무장된 자유당과 일체감을 갖게 했다. 세계화의 실패자와 낙오자는 범죄를 자행하고 치안을 불안케 하며 특히 자신들의 일자리를 빼앗아 가는 외국이민들에 반대정책을 분명히 한 자유당에 공감을 표시한 것이다(Rose 2000: 32).

그 결과 나치 잔존세력에 의해 결성된 자유당이 오스트리아 정당체제를 뒤흔드는 잠재적 폭발변수로 부상했다. 특히 자유당 지도자 하이더는 전후 국가기구와 공공부문을 지배한 사민당/국민당 대연정체제를 맹렬히 공격했다(Müller 2004: 347). 자유당은 당 강령에서 이익단체가 법적 근거나 민주적 정당성 없이 사회적 파트너십을 통해 정부와 의회의 정책결정 과정에 접근하는 특권의 제한을 규정했으며, 오스트리아 중앙노조인 ÖGB 독점권을 견제하기 위해 독자적인 오스트리아노조연맹을 창립했다. 1999년 총선에서 사민당은 블루컬러 35%의 지지를 획득하는 데 그친 반면, 자유당은 숙련근로자의 47%, 비숙련 근로자의 45%의 지지를 받았다.

그런 정당정치 지형 속에서 제1당인 사민당은 연정구성에 실패하고, 제3정당으로 추락한 국민당과 제2정당으로 부상한 자유당 간 중도-우파 소연정(2000~06)이 구성되었다(Müller 2004: 346; Schulze and Schludi 2007: 587-588). 오스트리아 대통령이 당시 자유당의 극우주의적 성향에 정치적 반감을 갖고 사민당-국민당의 새로운 연립정부 구성을 종용했으나 각료배분과 예산삭감에 대한 사민당 내 노조 출신 의원들의 반대로 연정협상은 실패했다. 결국 1999년 총선결과로 사민당/국민당 대연정이 국민당/자유당 소연정으로 교체되고 지난 30여 년 동안 오스트리아 정치를 주도해 온 사민당은 야당으로 물러나는 정치적 굴욕을 비켜가지 못했다. 그러나 극우 포퓰리즘적 선거캠페인을 전개했던 자유당의 연정 참여는 오스트리아 국내는 물론이고 유럽국가들의 우려와 충격을 불러일으켰다.[9)]

9) 그러나 자유당의 연정참여는 크게 우려할 만한 수준은 아니었다. 오히려 자유당은 시장개혁을 지향하는 자유주의적 면모를 가졌다. 실제로 국민당-자유당의 연정협약(coalition pact)은 예산적자의 축소, 민영화, 작은 정부, 조세인하, 정보기술 강화 등 신자유주의적 정책들을 포함했다. 우려와는 달리 국민당/자유당 연립정부는 유럽연합으로부터 제명이나 회원 자격 정지를 가져올 수 있는 어떤 행위도 하지 않았다.

국민당/자유당 연정은 이전 사민당/국민당 연정에 비해 정치력이 매우 취약했다(Müller and Fallend 2004: 808). 의회의석 측면에서 사민당/국민당 대연정은 1995~99년에 67.8%를 점유했던 반해, 국민당/자유당 소연정은 2000~03년에 56.8%에 그쳤다. 또 이념적 정치적으로 분열된 야당(녹색당·자유포럼·자유당)을 상대했던 국민당/사민당 대연정과는 대조적으로 국민당/자유당 소연정은 이념적 차원에서 상대적으로 동질적이고 연정구성 가능성이 열려 있는 야당블록(사민당-녹색당)에 직면했다. 더욱이 국민당/자유당 소연정이 복지국가 축소 등 급진적 신자유주의 정책을 일방적으로 밀어붙임에 따라 그에 대한 여론의 반응은 부정적이었다. 이처럼 취약한 정치력에도 불구하고 국민당/자유당 소연정은 정책양보를 통한 야당과의 타협과 협력하려는 합의제(consensual) 전략 대신 의회 과반의석을 동원하여 야당블록을 무력화하고 자신들의 정책이득 극대화를 시도하려는 다수제(majoritarian) 전략에 의존했다. 이는 사민당-녹색당 중심의 야당블록에 대한 국민당-자유당 정당블록의 양극적 경쟁을 촉발했다.

사실 1990년대 후반 이래 오스트리아의 정당경쟁은 이념적 양극화의 조짐을 보였다(Müller and Fallend 2004: 818; 선학태 2005: 220-221). 즉 국민당과 자유당은 더욱 우경화되었고, 사민당과 녹색당은 더욱 좌경화에 경도되어 각 블록 내 정당 간의 이념적 간극은 좁아졌지만, 정당블록 간 이념적 거리는 늘어갔다.[10] 이로 인해 선거·의회 공간에서 국민당-자유당 우파블록과 사민당-녹색당 좌파블록 사이의 정책경쟁이 격화되었다. 이 같은 정당블록의 정치적 양극화 현상은 국민당/자유당 소연정 시대에 두드러졌다.[11] 결국 국민당/자유당 소연정은 오스트리아 정당정치의 좌우 양대 이념블록 간, 특히 집권당블록-야당블록 간에 양극적 경쟁 양상을 야기했으며, 의회-행정부 관계에 이념적 분극화와 갈등을 촉발했다. 국민당/자유당 소연정 시기의 의회-행정부 간 이념적 정치적 갈등은

10) 경제적 이슈는 전통적으로 오스트리아 정당체제를 구조화시키는 주요 요소였으나 1980년대 후반 이래 이민, 범죄, 마약 등과 같은 새로운 사회적 이슈 관련 정책 차원에서 국민당은 자유당의 활동에 적극 동조했다. 한편, 사민당-녹색당 야당블록의 협력은 국민당/자유당 연정을 잠식하고 붕괴시키는 것을 겨냥했다.

11) 연정 양당 간 정책갈등으로 2002년 11월 조기총선을 치렀는데 총선결과는 국민당의 득표력은 15.4% 상승한 반면에, 자유당은 16%를 상실하는 참패를 맞이했다. 국민당은 사민당, 녹색당 등 다른 정당들과 연정협상을 시도했으나 실패하고 결국 국민당/자유당 제2기 연정을 2003년 재출범시켰다.

사민당/국민당 대연정 시기에 비해 상대적으로 낮은 입법효율성으로 이어졌다. 결국 국민당/자유당 소연정이 초래한 오스트리아 정당정치의 블록화는 다수제 헌정체제의 양극적 양당정치와 유사하게 작동했으며, 오스트리아 합의제 헌정체제의 또 하나의 제도적 축인 노사정 대화정치도 무력화·정체되는 요인으로 작용했다.

2006년 총선결과 정당 간의 정치력에 큰 변화가 발생했다. 사민당은 제1당으로 복귀한 반면, 국민당은 득표율에서 크게 하락했다. 이 선거결과는 국민당/자유당 연정에 의해 일방적으로 단행된 연금개혁이 유권자 60%가 거부할 정도로 대중의 지지를 받지 못한 반면, 사민당은 사회정책 이슈에 관한 한 국민당보다 훨씬 더 신뢰할만한 정당으로 인식되는 데서 비롯된다(Müller and Strøm 2008: 176-178). 지루한 연정협상 끝에 2007년 제3기 사민당/국민당 대연정이 부활했다. 연금개혁을 반대하는 대중의 광범위한 저항에도 불구하고 국민당은 계속 집권파트너로 남게 되었는데 반해, 자유당의 정치력은 총선 1년 전 분열하여 하이더가 오스트리아미래연맹(BZÖ)을 창당하는 등 내부 분열로 크게 약화되었다.

그러나 사민당-국민당 간 연정갈등으로 인해 제3기 대연정이 붕괴되고 2008년 조기총선이 치러졌다. 그 선거결과 거대 양당의 득표율은 2006년 70%에서 55%로 추락했던 반면, 최대 승자는 2006년 15.1%에서 2008년 28.2%로 득표율이 급상승한 두 극우정당 자유당·오스트리아미래연맹이었다. 그러나 거의 동질적인 이념적 지향성을 보였음에도 두 극우정당 간 상호 불신의 골이 깊어진 상황에서 2008년 제4기 사민당/국민당 대연정이 또 다시 부활했다. 제4기 대연정이 가능했던 것은 제3기 대연정 갈등이 극우정당의 득세를 촉발시킨 원인이 되었다는 인식을 사민당-국민당이 공유했고 특히 양대 정당의 실용주의적 정치인들이 앞선 제3기 대연정의 분열을 거울삼아 합의정치를 적극적으로 주도했기 때문이다(Luther 2009: 1058-1060). 물론 제4기 오스트리아 대연정(2008~현재)은 제1·2기 독과점적 대연정이 아니다(Strohmeier 2009: 34). 그럼에도 제4기 사민당/국민당 대연정은 의회의 안정적 의석을 동원할 수 있어 정책개혁에 박차를 가했다. 즉 기존의 공급 측면 경제와 노동시장 정책의 기본 틀을 유지하면서 앞서 국민당/자유당 소연정이 결행한 신자유주의 정책의 충격, 특히 연금개혁으로 심화된 사회적 불평등의 완화와 신자유주의적 정책변화의 희생자를 보상하려는 통합 노력을 시도했다. 더욱이 국민당/자유당 소연정 시기 사실상 중단되었던 노사정 간 사회적 파트너십도 복원되었다.

결론적으로 오스트리아 합의제 정당정치는 경쟁-협력, 갈등-합의 사이클로 작동해 왔으며, 이는 연립정부-의회 간 긴장-협력 관계를 유인했다. 물론 오스트리아 정당정치는 사민당-국민당 중심의 패권적 양당정치가 경쟁적 대립적 다당정치로 변모하기도 했다. 하지만 2007년을 분수령으로 오스트리아 합의제 정당정치의 본류는 회생했다. 결국 오스트리아 합의제 정당정치는 일시적으로 경로이탈적 현상을 보였지만, 다시금 좌우 이념블록이 교차하는 대연정에 의해 복지-성장 선순환을 추구한 제도적 동력으로서 경로의존적 궤도로 복원되었다.

2) 조합주의정치의 부침

오스트리아 합의제 정치의 또 다른 축은 조합주의정치이다. '호혜성'이라는 제도적 문화와 작동논리에 입각한 오스트리아의 사회적 파트너십은 정당-정부(각료·관료)-이익단체 간의 촘촘한 상호작용 네트워크에 기반하고(Kittel 2000: 109), 정치적으로 법률발의권, 정부자문, 의회입법 및 정당 의사결정 과정에 참여한다. 무엇보다 법안이 의회에 상정되기 전 사회적 파트너십의 협상을 통해 사회 및 경제정책을 입안·실행하고 있다는 점에서 노사 이익단체의 정책결정 영향력은 크다. 이익단체 대표들은 정부의 다양한 위원회와 의회 상임위원회의 심의과정에 참여하여 법안준비 및 입법과정에 자신들의 이익을 관철한다(Schulze and Schludi 2007: 565-566). 사회경제 정책의 입법과정에서 이익집단들은 조합주의적 네트워크를 통해 사회복지나 노동법 등 사회적 파트너들의 이해관계와 연관된 입법안을 위해 초안을 작성한다.

이 경우 이익집단의 전문가들은 해당 부처의 관료들과 밀접하게 공동 작업을 한다. 이 때문에 많은 법안은 국민의회에 의해 이뤄지기보다는 '의회 이전 단계'에서 이익집단-관료 간 토론을 통해 합의된다. 또 종종 입법 발의는 이익단체에서 온다. 어느 경우에도 입법초안은 주요 이익그룹과 협상되고 합의에 도달한다. 따라서 국민의회는 단지 이익단체 간 합의된 법안을 추인하는 절차인 경우가 많다(Crepaz 2002b: 163; Müller 2006: 12). 이 점에서 오스트리아는 서유럽에서 강력한 조합주의 국가 중의 하나이다. 하지만 1980년 이래 오스트리아의 조합주의정치는 사회협약을 체결하지 않았다. 고도로 제도화된 오스트리아 조합주의정치는 안정적인 노사정 거버넌스를 작동시켜 사회협약을 불필요하게 한 것이다. 노사정 간 조합주의적 협상기제가 경지·사회정책 개혁과정에 습관적 일상적으로 작동했기 때문에 오스트리아의 조합주의정치에서는 복지·노동시장 재편 및 임금조정에 관한 공식적 협약 체결이 불필요했다.

오스트리아 사회적 파트너십의 구조는 다층화 되었다. 중앙수준에서 노동과 자본의 정상조직들은 임금과 노동조건에 관해 하위 수준에서 이뤄지는 양자 협상을 위한 틀을 만들고 정부의 정책결정 과정에 참여한다. 1957년 총리, 각료, 전문가, 노동·자본의 대표가 참여하는 '임금·물가균등위원회'(the Parity Commission for Wages and Prices)라는 사회적 합의 기구가 경제운영의 기본 메커니즘으로 작동했다(Traxler 1998: 240-241). 균등위원회는 당초에 임금억제 및 물가조정에 관한 협의 공간으로 출발했으나 후에는 사회·경제정책 전반(복지·조세·재정 등)에 관해 사회적 파트너와 정부(총리·장관) 간의 대화와 협의를 위한 노사정 거버넌스의 제도적 포럼으로 진화했다.

중간 수준의 정책파트너십은 노총과 연방경제회의소 산하 부문별 집단에 기초한다. 이들 부문별 집단은 각 산업의 실질적 임금 수준을 협상한다. 이러한 부문별 사회적 파트너십은 1990년대에 접어들어 그 중요성이 증대되었다. 정상조직 간 협상에 의해 이루어진 기본 합의의 틀 내에서 산업별 세부사항은 부문별 조직 간의 협상으로 이양되는 추세가 나타났기 때문이다(Kittel 2000: 108-129). 기업 수준에서 노동과 자본의 관계는 법적으로 설립된 작업장협의회(work council)에 의해 제도화되었다. 특히 사용자단체는 단체협상을 개별기업 단위로의 유연화를 요구했다. 1997년 이래 개별기업들은 단체협약에 규정된 임금인상을 축소하는 기회, 노동시간 등 노동유연성을 갖게 되었다. 이들은 중앙과 부문별 수준에서 정해진 기본 틀 내에서 임금·근로조건의 세부사항에 관하여 협상할 수 있는 권한을 갖는다. 이는 오스트리아 산업관계의 분권화가 진행되고 있음을 뜻한다(Müller 2006: 6).

이처럼 오스트리아 정책파트너십은 분권화 경로를 밟았다. 특히 임금의 경우 중앙 노사단체는 조직의 포괄성, 중앙집중성, 독점적 대표성을 가졌음에도 불구하고 중앙임금 협상에 참여하지 않으며 대신 임금·물가균등위원회가 임금가이드라인을 책정하면 산업별 임금협상 및 기업별 임금협상을 통해 성과에 따라 임금을 자율적으로 조정했다. 이는 임금협상의 분권화를 의미한다. 이 때문에 산업별, 기업별로 임금격차가 발생했다. 오스트리아 노사정은 정책의 우선순위를 완전고용에 두고 정책파트너십을 통해 임금 차별화의 소득정책을 주요 정책수단으로 설정한 것이다.[12] 글로벌화 이후 오스트리아 사회적 합의제는 중앙집중적 조정, 단체협약의 분권화 등 기존의 틀을 대체로 그대로 유지했다(Kittel 2000: 125). 오히려 직업훈련, 노동시간 단축, 지역경제 구조조정 등 공급측면에서는 노사정 거버넌스가 강화되었다(Traxler 1995: 279-281).

1980년대 들어 조합주의정치의 영향력은 약간의 훼손이 있었음에도 불구하고 사회적 파트너십이 여전히 오스트리아 사회정책 결정과정의 비토플레이어로 작동했다. 오스트리아 조합주의정치의 작동은 우호적인 구조적, 전략적 제도적 조건에 연유한다(Traxler 1998: 245-258). 첫째, 이익단체는 의무적 회원제와 준정부적 관할권을 갖는 공법적 조직이다. 즉 노동을 대표하며 '붉은 진영'과 유대를 맺는 연방노동회의소(BAK)와, 자유화와 글로벌 경쟁에 비판적인 중소자본을 대표하며 '검은 진영'과 유대를 맺는 연방경제회의소(WKÖ or BWK)에 근로자와 사업주는 회비를 납부하고 의무적으로 회원이 되어야 한다. 이러한 강제성은 조직의 대표성과 정치적 영향력을 보장한다.

둘째, 이익집단들의 독점적 대표권과 중앙집중적 정책결정 구조이다(Tálos 2006: 430). 이러한 구조적 조건은 조직의 강력한 협상력과 집행력의 바탕이 되었다. 특히 가톨릭보수 노조와 사회주의 노조가 통합한 오스트리아노동조합총동맹(ÖGB)은 산하 13개 산업별 노조의 단체협상·행동에 대한 실질적 통제력을 행사하며 국가정책에 결정적인 영향을 미쳤다(Blaschke 2006: 150). 오스트리아산업연합(VÖI) 또한 조직력보다는 자금력에 바탕하여 정치적 영향력을 행사한다.[13]

셋째, 노동과 자본을 대변하는 사회당/국민당 대연정이다. 사회적 파트너들과 유기적 관계를 맺은 양당은 정통사회주의와 정통자유주의를 포기하고 노동

12) 1970년대에 오스트리아 조합주의정치가 네덜란드·덴마크와는 달리 건재한 이유는 임금차별화를 용인했기 때문에 소득정책 실행에 따른 완전고용의 부정적 피드백 효과가 노사정 관계에 영향을 주지 않았다는 데 있다.

13) 자본을 대표하는 오스트리아 상공회의소는 대기업과 중소기업, 공기업과 사기업, 그리고 산업부문들 간에 상충하는 이해관계를 조정하는 조직력을 갖지 않는다.

과 자본 간 사회적 타협의 제도화를 유도했다(Müller 1993: 453-454). 사회적 파트너들과 양대 정당 간의 공식적, 비공식적 대화의 통로를 늘렸고 타협과 합의를 이끌었다. 특히 ÖGB와 사민당은 이념적·인적·재정적·조직적인 협력네트워크를 구축했는데 사민당 집권시에 노조 간부와 당의 간부가 각료 및 의원에서 중복되는 경우가 많았다. 이렇게 조직력과 정치력을 갖는 노조는 지속적 성장이 고용확대의 관건이라는 인식에서 자발적인 임금억제 전략을 선택했으며, 이 전략은 정책파트너십의 작동을 촉진했다.

넷째, 정부는 정책결정 과정을 주도하지 않고 '중립적 중재자' 역할 수준에 머물렀다. 또 정부는 노조의 자발적 임금억제에 따른 경제적 손실과 노조별 임금격차를, 사회복지 확충을 통해 보전해 주고 ÖGB가 정부의 사회·경제정책 입안·집행 과정에 영향력을 행사하는 공식적 채널을 보장했다.

마지막으로 만장일치 결정제도이다. 이는 노동과 자본이 협상하는 모든 경제사회이슈의 의사결정 과정에서 적용되었다. 만장일치제는 결정과정에서 비토권 행사로 인해 정책파트너십의 효율성과 혁신성에 장애가 되기도 했지만 일단 결정된 내용은 상대적으로 충실하게 실행될 수 있었다.

요컨대, 이와 같은 조건의 작용으로 오스트리아의 노사정 거버넌스체제는 시장의 정치적 조정기제로 작동하며 정책결정 과정에 깊숙이 내장했다. 특히 대연정을 이끈 사민당과 국민당은 노사 이익단체와 복합적으로 연계되어 조합주의정치의 작동을 유인했다. 이러한 비시장적 메커니즘은 수요중심(사회형평성)과 공급중심(경제효율성·경쟁력)의 정책을 융합하는 '오스트로 케인즈주의'에 기초한 조정시장경제를 구축했다.

그러나 1980년대 중반 이후 오스트리아 사회적 파트너십은 점차 약화되는 경로를 밟았다. 그 핵심 기관인 균등위원회의 회합 빈도가 줄어들더니 1998년에는 중단되기도 했다. 그 후 정부, 의회 및 정당의 영향력 강화와 사회적 파트너십의 역할이 축소되었으며 이 현상은 정당체제의 파편화에 따른 심해진 경쟁에 의해 가속화되어 갔다. 특히 2000년 이후 오스트리아 정부는 적극적으로 조합주의적 정책결정 양식을 포기하려 했으며, 대신 노사정 협의 절차 없이 복지개혁의 입법화를 시도했다. 오스트리아 정책파트너십 약화를 재촉하는 데에는 몇 가지 변수가 작용했다(선학태 2011: 295-303; Tálos 2006: 438-441; Pelinka 2002: 323).

첫째, 의식 및 가치관의 변화다. 생태·평화·반핵 등 '녹색정향'과 젊은 세대의 개인성·경쟁성·창의성·혁신성 등 가치정향은 공동이익과 연대를 추구했던 오스트리아 정책파트너십을 위협했다(Crepaz 2002b: 161). 젊은 세대는 정책파트너십이 개방성·유연성·적응력·접근성·탈물질적 가치를 처리할 수 있는 능력을 결여한 것으로 인식했다.

둘째, 이익집단의 포괄성·중앙집권성·독점대표성 약화 현상이다. 사민당/자유당 연립정부의 국유대기업 축소 조치로 인해 노조조직률이 1980년 52%에서 2003년 34%로 하락했다. 또 글로벌 경쟁 및 EU가입으로 ÖGB와 연방노동회의소, 연방경제회의소 등 정상조직들은 1990년대에 들어 중앙수준에서 타결된 정치적 교환(political exchange)에 의한 합의사항을 산하 회원단체들에게 설득하기가 점차 어려워졌다(Müller 2006: 6).

셋째, 1990년대 이후 사회적 파트너의 압력에서 자유로워지는 정부의 정책 자율성이 강화되었다. 정부가 점차 직업훈련 및 노동시간 등 정책개혁 어젠다 설정을 주도하고 이익집단들은 단순히 그것들의 세부사항을 구체화하는 역할에 그치는 경향이 발생했다(Tálos and Kittel 2002: 47).

넷째, 정책파트너십에 대한 도전적 시그널이 정당들에서 왔다. 양대 메이저 정당의 지지도 하락에 따른 정치적 반사이익을 얻어 갔던 자유당·녹색당·자유포럼은 선거에 기초한 정당성 부재, 의회정치 훼손, 의무가입 회원제 폐지 등을 내세우며 조합주의적 정책파트너십에 비판적이었다(Tálos and Kittel 2002: 41). 정책파트너십이 발의·토론하는 법안이 정당하고 구속력이 있는 법률로 전환되기 위해서는 공식적인 법적 절차로서 의회를 통과해야 한다. 이 점에서 정책파트너십에 비판적인 정당들의 정치력 강화는 정책파트너십의 정당성 약화를 촉발했으며 역할이 강화된 의회는 과거와 달리 이익단체들에 의해 합의된 법안을 자동적으로 동의하는 데 주저했다(Tálos 1996: 117-118).

마지막으로 이익집단-정당 간의 제도적 인적 융합구조가 이완되었다. 특히 노사 단체의 간부가 의원으로 진출하는 비중이 감소했다(Schulze and Schludi 2007: 566). 더욱이 '인적 연합'이 부패와 스캔들로 값비싼 대가를 치르게 되고 권력집중·남용 유혹이 만연하여 정책파트너십의 정통성 위기를 야기했다.

그러나 정책파트너십 약화를 촉발하는 변수가 작용하고 있음에도 불구하고 오스트리아 조합주의정치는 여전히 주요 정책을 협의하는 제도로 작동한다. 무엇보다 2007년 대연정은 사회적 파트너십을 회생시켰다. 사회적 파트너들은 정당과의 수직적 네트워크를 구축하고 이익집단들 간의 수평적 네트워크를 구축하고 있다. 최근 들어 정부의 정책결정 과정에 공식 비공식적 참여 기회가 크게 줄었음에도 불구하고 이익집단 간, 즉 노동과 자본 간의 대화와 협력은 지속되고 있다. 오스트리아 조합주의정치의 틀에서 사회적 파트너들은 의회의 입법과정에 영향력을 행사하는 강력한 플레이어이다. 노사 정상단체는 자치적이고 고용 중심의 사회보험제도에 책임을 지고 있다는 점에서 사회정책 영역에서 중요한 역할을 수행한다.

4. 정당정치-조합주의정치의 연계

1) 사민당/자유당 소연정 및 사민당/국민당 대연정-조합주의정치의 정책개혁

1980년대 들어 오스트리아 복지국가는 실업·비정규직 증가, 저출산 고령화 및 재정적자 등으로 인해 축소지향으로 변화했다. 사회당/자유당 소연정(1983~86년)의 연금개혁은 복지국가의 팽창에서 축소로 그 역점이 바뀌는 신호탄이었다(Seeleib-kaiser *et al.* 2009: 35). 당시 연금부문의 과잉성장은 오스트리아 사회보장체계의 가장 큰 난제였고 재정적자가 커짐에 따라 연금개혁은 주요 정치쟁점화 되었다. 따라서 오스트리아 정부는 연금제도의 지속가능성을 보장하기 위해 1984년 기초최소연금 폐지를 단행했다. 앞선 1983년에 사회당/자유당 연립정부는 정리해고 시에 주는 실업보상을 중단했으며 사회보험 급여축소보다는 기여율 인상과 여러 공급중심의 조치를 취하고 ALMP를 강화했다.

그러나 사회당 단독정부(1970~83)에 이어진 사회당/자유당 소연정 당시 여전히 사민주의가 팽배한 이념적 지형 속에서 복지국가 재편은 전통적인 복지국가 체제의 기본 틀 내에서 진행된 미미한 수준이었다. 조합주의정치에 비판적인 자유당이 연립정부에 참여했음에도 불구하고 소연정의 복지국가 재편이 사회적 파트너십의 지속적 작동에 의해 추진되었기 때문이다. 조합주의정치는 여당과 야당이 합의를 거쳐 연금·실업급여 등의 정책거혁을 입법화하도록 유도했다. 즉 사회·경제정책 입안이 임금·물가균등위원회에서 협의를 거쳐 정부에 제출되었고 국민당과 사회당은 조합주의정치의 지속적 작동을 희망했기 때문에 어느 한 정당이 야당이어도 사회적 파트너들 간 협의된 정책을 수용했다.[14)]

그러나 오스트리아 조합주의정치가 변화의 조짐을 보이기 시작했다. 이는 정당이 이익단체와 다소 탈동조화(uncoupled) 현상을 보이는 등 정당정치 변화에서 발단되었다. 1986년 총선 이후 진영의식 약화 현상으로 유권자·이익단체의 정당일체감 하락, 투표유동성 증가에 따라 정당체제는 자유당·녹색당이 정치력을 얻어 기존 메이저 정당들을 위협하는 등 다원화, 경쟁화의 경로를 밟았다. 이민·환경 등 비경제적인 이슈가 부각되었는데 그 새로운 이슈는 조합주의정치시스템에 여과되지 않았고 결과적으로 정책결정 과정에서 사회적 파트너들의 역할을 축소시키는 요인이었다.

더욱이 예상과는 달리 세계화에 대응하는 과정에서 사민당/국민당 대연정은 집권 이후 경쟁력 강화를 위해서 완전고용이라는 전통적 경제정책 목표 대신에 재정건전화를 목표로 앞세웠다. 이를 위해 민영화, 탈규제, 공공서비스의 시장화, 공공지출 감축 등 신자유주의 정책이 추진되었고 1993~99년 재정적자 축소를 위해 대부분의 국영기업이 민영화되었으며, 유럽연합 가입(1995)을 실행했다.[15)] 신자유주의 정책은 국민당에겐 그 자체가 목표였던 반면, 사민당에겐 피벗 연정파트너(pivotal coalition partner)인 국민당에 대한 양보의 필요조건이었을 뿐 아니라 구조개혁의 수단이었다(Müller 2006: 9). 사민당-국민당 간 이념적 간극은 크지 않았고 전통적인 오스트로-케인즈주의와 결별하고 경제정책에서 공급지향 정책을 추구한 것이다. 대연정의 신자유주의적 공급중심의 정책정향으

14) 1966년 사회당/국민당 대연정 붕괴 후 국민당(1966~70) 혹은 사회당(1970~83) 단독정부에서 정부와 야당 간의 갈등은 심화되었고 야당의 반대로 주요 입법 무산이 증가했다. 그러나 단독정부(오스트리아 복지국가 확대 시기)하에서도 오스트리아 노사정 파트너십은 지속적으로 작동했다(Obinger and Tálos 2010: 105). 예컨대 사회당 단독정부는 사회적 파트너가 자치원리에 따라 연금과 실업보험의 의사결정·집행과정에 통제력을 행사하도록 강령적으로 '균등공동결정'(parity co-determination) 개념에 집착했다(Obinger and Tálos 2010: 103). 바꿔 말하면 사회당은 의회에서 '균등공동결정' 원칙을 일방적으로 밀어붙이려 하지 않고 대신에 사용자단체들과 합의를 도출해내려고 노력했다. 기업이사회에서 노동에게 이사의 1/3에 상당한 대표권을 부여하고 추가적인 제한 조치들을 포함하는 타협안에 도달한 후 비로소 그 법안은 야당이었던 국민당의 지지를 얻어 의회에서 통과되었다.

15) 주요 이익단체들은 유럽연합 회원국이 되면 국내 시장경제의 조정과정에서 자신들의 역할이 축소되리라는 점을 인지하고 있었음에도 정부의 EU가입 정책을 지지했을 뿐만 아니라 EU 어젠다 설정에도 중요한 역할을 수행했다(Müller 2006: 7-8).

로 인해 오스트리아 조합주의정치는 정책개혁 과정에서 정당정치와 마찰이 있었다. 특히 사민당과 ÖGB는 갈등관계를 보였고 경제·사회정책 개혁의 입법과정에서 조합주의정치는 의회와 대립했다. 여기에 의회-행정부 관계에서 자유당·녹색당 등 야당의 정치력이 강화되고 의회가 정치의 중심으로 이동하여 상대적으로 조합주의정치의 공간이 좁아졌다.

그럼에도 불구하고 사회당/국민당 대연정 시기 조합주의정치는 정체되지 않았다. 사회당/국민당 대연정은 이익집단과 정부 간의 이익조정과 정책적 합의를 이루는 데 유리한 정치지형이다. 사회당과 국민당은 각기 노동과 자본을 정치적 기반으로 하고 따라서 양대 정당 간 정치적 연합이 노사 간 공조와 협력을 유인하는 정치적 인센티브로 작용할 수 있기 때문이다. 실제로 사회당/국민당 대연정은 의회의 절대 다수를 점유하여 연정협약에 의거 입법과정에 대한 정부의 통제를 강화했고 정책개혁 과정에서 사회적 합의를 포기하지 않았다. 1987년 미망인·홀아비 연금수령조건 강화, 1992년 남녀연금수령연령 균등, 1993년 공적연금체계-사적연금체계 균등 등 일련의 연금개혁 과정에서 대연정은 전통적인 조합주의정치를 작동시켰다(Schulze and Schludi 2007: 576-579, 595-596). 적어도 1990년대 초까지 연금개혁은 사회적 파트너들의 제안과 협상으로 진행되었고 정부-사회적 파트너 간 긴밀한 정책협의로 연금개혁안이 작성되었다. 특히 노조는 연금개혁의 입안단계에서부터 참여하여 그 내용·타이밍·통과에 강력한 영향력을 행사했다.

이러한 과정은 어떤 주요 사회경제 정책개혁도 사회적 파트너의 참여가 없거나 반대하면 결정될 수 없다는 강력한 정치적 합의에 근거한다. 따라서 정책개혁과정은 매우 점진적이었다. 정책파트너십에 의한 의사결정은 정부 관련 부처와 이익단체 간 협의와 각료회의를 거쳐 정부의 입법안이 마련되고 이는 의회에 상정되었다(Tálos and Kittel 2002: 38-41). 의회-행정부 관계는 사회블록을 대표하는 사민당/국민당 대연정이라는 합의제 정당정치에 의해 조정되었다. 특히 오스트리아 대연정의 의사결정 기구는 총리, 부총리, 양당대표 등이 참여하는 연정위원회(coalition commission)이고 국민당과 사민당 간 (정책)갈등은 그에 의해 조정되었다. 연정위원회의 결정은 내각에서 인준되고 이는 무리 없이 의회를 통과했다.

그러나 사민당/국민당 대연정은 자유당과 녹색당의 반발을 촉발했다. 자유당과 녹색당의 약진으로 의회에서 야당의 정치력이 강화된 것이다. 자유당과 녹색당은 사회블록을 투영한 기득권 사민당-국민당 중심의 카르텔 정치, 반사회블록 정치, 조합주의정치를 비판했다. 따라서 사민당/국민당 연립정부와 야권블록 간의 갈등이 심화되었다. 오스트리아 정당체제가 1980년대 후반 '양대 블록화'로 변화하는 조짐을 보인 것이다. 정당정치의 양대 블록화는 의회-행정부 간 긴장을 촉발했다. 이로 인해 법안 통과율이 낮아졌고 사회적 파트너십이 의회와 갈등 양상을 보였다. 여기에 오스트리아 사회적 파트너십의 동요 현상은 정치경제 환경 변화에서도 왔다. 즉 1980년대 후반 이후 유럽화, 세계화에 따른 성장둔화, 실업증가, 공공부채 증가, 재정악화, 비정규직 확대 등으로 인해 정부와 이익집단 간, 이익집단 상호 간 이해관계의 조율과 합의가 점차 어려워졌다. 물론 사민당과 국민당 간 연정합의는 유럽연합 가입(1995) 이후에도 사회경제적 정책결정 과정에서 사회적 파트너들의 지속적인 참여를 보장할 것이라고 약속했다. 그럼에도 1980년대 초부터 실행된 점진적 구조조정, 재정안정화라는 정책노선이 대연정에 의해 지속되었을 뿐만 아니라 고강도와 속도전으로 실행되었다(Obinger and Tálos 2010: 109-113).

우선 대연정은 1993년부터 점차 실업급여 축소, 실업자의 적극화 프로그램에 의존했으며 1995~96년에 재정적자가 GDP 대비 5%를 초과함에 따라 마스트리히트 기준을 충족시키기 위해 급여축소를 포함한 재정긴축 정책패키지에 착수했다.

둘째, 비용 억제를 위한 건강보험 개혁이다, 다른 유럽 국가들처럼 그 핵심은 실적지향의 성과급제를 도입함으로써 입원기간을 단축하고 건강보험 기여금을 인상했으며 건강보험의 새로운 고용자 부담을 도입했다. 또 비용 면에서 가장 중요한 확대 조치는 1993년 여러 장애인단체의 압력을 받고 세금으로 기금이 조성되는 1993년 연방 장기 케어수당을 도입했다.

셋째, 오스트리아는 전통적으로 완전고용-소극적 노동시장정책(PLMP)-노동시간축소에 역점을 두었으나 사민당/국민당 연립정부는 1990년대 들어 실업보험의 급여조건 강화 및 소득대체율 축소 방향으로 궤도 수정했고 이를 위해 기여율을 높였다. 또 EU의 고용정책에 따라 PLMP 지출을 줄이고 ALMP를 강화하기 시작했으며, 노동시장유연화-관대한 사회보장-고용활성화 등 정책조합을 추구하는 유연안정성 개념을 부각시켰다.16)

마지막으로 재정적자에 따른 긴축정책을 강제하는 압박이 연금축소 조치와 기여율 인상으로 이어졌다.17) 1990년대 중반부터 국민당과 사용자단체가 탈규제·노동유연화·경제경쟁력 제고를 위해 비임금 노동비용 억제 등을 주창하는 상황에서 대연정은 1994년 조기은퇴에 따른 노령연금의 수령 자격요건을 강화했고, 1996년 자영업자와 농민의 연금기여율을 인상했으며, 1997년 사적부문의 조기은퇴 제한과 퇴직연령 인상 등을 입법화했고, 비정규직 고용 형태인 프리랜서와 신자영업자들도 질병 및 연금보험에 포함시켰다(Wissmann 2008: 37-39). 또 총임금이 아니라 순임금에 기초한 연금급여 지수를 변화시켰고 조기퇴직 시에 연금공제를 도입했다. 연금보험제에 새로운 자영업자를 포함시켰는데 이는 새로운 사회위험을 관리하기 위한 시도라기보다는 재정적 고려, 즉 기여금 충당을 위한 것이었다.

이 같은 일련의 정책개혁 과정에서 사민당/국민당 대연정이 점차로 주도했던 반면, 전통적으로 강력했던 노사 이익단체들의 영향력은 약화되었다. 사회적 파트너 간 긴장이 고조되었고 그들 간 권력자원도 자본우위의 비대칭적으로 변화했다. 게다가 EU 가입과 유럽통합에 따른 전반적인 자유화와 탈규제 현상은 정책수단 상실, 법적권한 축소, 유럽연합으로의 정책조정능력 이동 등을 야기했고 이로 인해 오스트리아 조합주의정치의 동력은 훼손되었다. 그렇다고 해서 사민당/국민당 대연정하에서 오스트리아 조합주의정치가 소멸된 것은 아니다.

물론 1994~97년의 연금개혁 과정에서 대연정 정부는 사회적 파트너들과 사전 협의 없이 주요 연금개혁을 발표했다(Schulze and Schludi 2007: 595). 사회적 파트너십이라는 오스트리아 합의제 정치의 전통과는 대조적으로 정부는 노조의 저항을 뚫고 연금개혁안을 채택한 것이다. 이에 사민당의 노조출신 의원들은

16) 오스트리아에서 안정적 노동시장을 형성하는 중추적인 역할은 공공서비스 기관인 노동시장서비스(AMS)이 담당한다. 노동시장서비스는 PLMP인 실업급여 지급에서 일자리 및 노동훈련교육 프로그램 연계 등 ALMP을 총괄한다.

17) 글로벌화 이후 오스트리아 복지국가는 전반적으로 확대일로어 있었다. GDP 대비 총 사회지출은 1980년 26.3%에서 1995년 29.2%로 증가했다. 그 결과 1990년대 중반 무렵 오스트리아는 재정적자로 인해 마스트리트 기준을 충족시키지 못해 유럽단일통화 가입이 어려울 것이라는 경고가 제기되었다.

연금개혁 법안에 반대투표를 할 것이라고 경고했고 ÖGB은 파업으로 맞섰다. 사민당과 노총 간에 전례 없는 긴장이 조성되었다. 이런 상황에서 정부는 선거 압력과 정치적 비용(지지층 이탈)을 우려하고 노조의 압력을 수용하여 연금개혁에 양보하지 않을 수 없었다. 결국 연금개혁안은 양대 메이저 정당 간 그리고 노조와의 합의를 통해 상당히 완화된 형태로 이뤄졌고 최종적으로 의회 입법화 절차를 밟았다(Schulze and Schludi 2007: 580-581, 584-587; Tálos and Kittel 2002: 47). 이 사례에서 분명히 드러난 것은 정부가 이제 정책개혁 과정에서 이익집단들에 대한 의존도를 줄이고 대신 자신의 주도성을 높이려는 시도가 감지되었다는 사실이다. 그럼에도 대연정은 노조 압박에 굴복하여 종국적으로 조합주의적 합의를 통해 연금개혁의 폭을 축소했다는 점이다.

이러한 조합주의정치의 지속적 작동에 힘입어 적어도 1990년대까지의 오스트리아 복지국가는 사민당/국민당 대연정의 사회정책 축소에도 불구하고 경로의존적(path-dependent)이었다. 물론 정부의 대대적인 긴축프로그램은 노령연금보험(13.5%), 실업보험(5.3%)에 대한 연방정부의 지원 삭감을 제안했고 중상위층·자본이득·에너지·자동차·담배 등에 대한 세금인상을 계획했다. 그러나 재정균형을 위한 복지축소 조치는 포괄적 패키지딜의 일환으로서 복지확대 조치에 의해 보상되었다. 즉 사민당/국민당 대연정 정부는 성평등 증진, 부모휴가 도입, 교육목적에 따른 결근휴가, 성평등 임금대체율 도입, 여성실업보상의 차별조항 폐기, 남녀 이주민에 대한 긴급 사회부조 자격 부여 등 사회정책을 확대했다. 또 유럽연합과 유럽단일시장 가입에 대한 사회적 파트너들의 지지를 끌어내기 위해 노동권을 제고하고 기업의 공동결정제를 강화했다. 나아가 경제환경 변화의 충격을 완화하는 수단으로 사회정책, 특히 노령연금과 실업보험제를 활용했다. 정부의 공공부문과 국유산업의 대대적인 구조조정이 추진됐을 때 사회적 파트너들과의 협력은 협상과 정책조정이 소수 주요 행위자들로 제한되는 것을 보장했다. 이로써 정부와 노동시장 단체들은 사회갈등을 내면화하고 복지축소의 충격을 완화하기 위한 정책을 도출할 수 있었다(Heinisch 2012: 137). 복지국가를 축소하는 조치를 취했음에도 불구하고 대연정이 추진했던 입법화된 정책개혁은 강령적으로나 이념적으로 오스트리아 사회모델의 경로이탈을 시도하는 것은 결코 아니었다(Heinisch 2012: 140).

결론적으로 사민당/국민당 대연정 시기에 오스트리아 조합주의정치는 과거처럼 영향력을 발휘하지 못하는 퇴조 징후(1990년대 후반)마저 노출했지만 크게 훼손되지는 않았고, 사회적 파트너들은 '복지국가 현대화 중재자' 역할을 수행했다(Obinger and Tálos 2010: 122-123). 대연정-조합주의정치 간 연계시스템은 복지개혁에 따르는 책임을 공유·분산시키는 비난회피정치(blame avoidance politics)로 작동했다. 따라서 연금개혁을 비롯한 제반 정책개혁은 본질적 변화라기보다는 다분히 경로의존적이었다. 보수주의적 복지국가의 기본 틀이 유지되면서 재정안정화에 기초한 프로그램 조정이었다. 다만 1990년대 전반기까지는 대체로 균형된 개혁이 입법화되었다. 장기 케어수당 도입과 가족 현금급여 강화 등과 같은 확대조치가, 치솟는 공공부채에도 불구하고 사회보험 급여삭감을 압도한 것이다. 반면 1990년대 후반에는 마스트리히트 조약이 요구하는 재정안정화라는 절박성으로 인해 상대적으로 큰 폭의 사회보험 삭감이 진행되었다.

2) 국민당/자유당 소연정-조합주의정치 정체

1990년대 후반의 긴축프로그램에 따른 사회적 파트너 간 긴장이 대연정파트너 정당 간으로 전이되었는데 이는 포퓰리즘 우파의 정치적 부상을 재촉했다.[18] 1999년 총선결과 대연정의 양대 파트너정당은 득표력을 상실한 반면, 자유당은 27% 득표력을 과시했다.[19] 제3당으로 추락한 국민당은 사회적 파트너십을 반대한 자유당과 중도-우파 소연정(2000~2006)을 구성했으며, 제1당의 득표력을 기록한 사민당은 야당으로 물러나 기존 사회적 파트너십의 수직적 한 축이 무너졌다. 2000년대 들어 정당, 정부, 의회가 정책파트너십과의 연계를 끊기 시작했으며 사회적 파트너십은 법안의 발의, 토론 및 의결과정에서 주도권을 상실하고 대신 의원들의 법안 발의가 늘어났다. 이는 조합주의정치에 대한 제도적 피로감을 느낀 유권자들의 지지에 상승세를 탄 자유당의 정치적 의지가 작용한 데서 비롯된다. 자유당이 정부구성의 연정파트너로 참여하는 것을

18) 1990년대 후반 사민당과 국민당의 정책 차이는 복지국가 재편에서 증가했다. 연정협약의 대강적 틀에서 정책적 디테일을 끌어내는 과정에서 양당 간의 주요 개혁정책이 합의되지 않거나 희석되는 등 정책교착(policy stalemate) 상태가 발생했다. 당시 국민당의 정책선호는 자유당에 훨씬 더 근접했다.

19) 내분으로 자유당은 '오스트리아미래연합'(Alliance Future Austria, BZÖ)으로 분당으로 인해 2002년 중도-우파 연정은 붕괴되었으나 총선결과 복원되었다.

분기점으로 사회적 파트너십이 크게 평가절하 된 것이다(Blaschke 2006: 152). 특히 사회적 파트너십의 틀에서 행사하는 노조의 비토권을 배제하기 위해 전통적인 정치적 의사결정 과정에서 노조의 준제도적 역할은 중단되었고 다수제 정치를 추구하고자 했다. 따라서 오스트리아의 합의제 정당정치와 조합주의정치는 사실상 중단되었다(Obinger and Tálos 2010: 113). 요컨대 국민당/자유당 중도-우파 연립정부는 사회적 파트너를 우회해서 입법을 통해 독자적으로 정책개혁을 추진하고자 했으며, 따라서 정치의 중심축이 정당정치가 작동하는 정부-의회로 이동했다.

국민당/자유당 소연정은 오스트리아 정당정치의 블록화를 야기했고 이에 따른 의회-행정부 관계의 이념적 양극화는 사회적 파트너십의 작동을 용인하지 않았다. 사실 1999년 총선을 분기점으로 해서 앞선 사민당/국민당 대연정과 자유당·녹색당 중심의 야당블록 사이에 발단이 되었던 오스트리아의 양극적 블록 정당정치가 또 다른 형태로 더욱 강화되었다. 제3당인 국민당과 제2당인 자유당이 중도-우파 연립정부를 구성한 결과, 비록 야당으로 밀려났지만 제1당인 사민당의 정치력이 커져 국민당/자유당 중도-우파 연립정부와 야당인 사민당·녹색당 사이의 갈등이 심화되었으며 이것이 의회-행정부 간 갈등을 촉발했다. 오스트리아의 우파정당 블록과 좌파정당 블록 사이의 이분법 정치가 의회-행정부 관계의 이념적 분극화 현상을 불러일으킨 것이다. 이로 인해 오스트리아의 양극적 정당블록 간 정치경쟁은 양당체제와 유사했다. 결국 국민당/자유당 소연정 하에서 의회의 합의제 정치 구축이 어려워졌으며, 이러한 정당정치 지형 속에서 의회-행정부 갈등관계로 인해 오스트리아 사회적 파트너십은 정체되었다.

자유당은 이익단체들의 영향력을 축소하는 대신 정부-의회의 영향력을 높이는 정책을 밀어붙였다. 국민당 또한 노조와 의회 야당과의 협상이 개혁을 희석시키고 의사결정과 논쟁 이슈의 공론화과정을 천연시킬 것으로 의심했기 때문에 경제사회정책 결정과정의 관행이었던 사회적 파트너십을 철회하려는 의지를 갖고 있었다(Müller 2006: 11). 국민당과 연대한 경제계는 정부의 정책결정 과정에 영향력을 행사하는 강력한 로비집단이 되었다. 국민당/자유당 정부 하에서 이전엔 사민당과 국민당이 각각 장악했던 노동부와 경제부가 통합되었는데 이는 조합주의정치, 특히 노동과 자본에 비례적으로 의사결정권을 배분했던 합의제 모델과의 단절을 상징했다(Heinisch 2012: 141). 노동은 사민당이라는 우군이 정부구성에 참여하지 못한 상황에선 중도-우파 연정의 신자유주의 정책의 입법화를 효과적으로 저지하기가 어려웠다. 사회적 파트십의 미래를 우려한 경제회의소는 노조에 대한 정부의 태도에 동의하지 않았다. 오스트리아 조합주의정치는 국민당/자유당 연정의 초기 단계에서부터 약화·주변화되었다.

국민당/자유당 소연정 하에서 사회적 파트너십의 틔조는 그간 자율적으로 관리되어 오던 오스트리아 협의제 모델의 핵심인 '사회보장행정집행위원회'(Executive Committee of the Social Security Administration)의 개혁과정에서 드러났다(Crepaz 2002b: 168; Heinisch 2003: 105, 2012: 142). 2001년 봄 국민당/자유당 소연정은 ÖGB와 노동회의소를 비롯한 노동의 저항을 뚫고 27개 보험기금을 관리하는 집행위원회의 사민당 출신 위원장을 퇴임시키고 그 자리를 자유당 대표로 대체했으며, 사회보장제를 당사자 자율행정에서 정부관리 주도로 하는 개혁 조치를 입법화했다. 위원회는 전통적으로 사민당 내 노조지도자들에 의해 주도되었기 때문에 중도-우파 정부의 그러한 시도는 노동의 반발을 불러일으켰고 이전 오스트리아 정치적 관행에서 크게 이탈한 것이었다.[20]

또 국민당/자유당 소연정은 연방노동회의소와 느조의 간부 '겸직 불허 조항'(incompatibility clause)을 포함하는 법안을 일방적으로 통과시켰다. 노조가 정부의 조치에 저항하자 자유당은 연방노동회의소에 노동자의 의무회비를 축소하려 했고, 노사단체의 대표가 의회 상설위원회 참여를 금지하겠다는 경고로 맞섰다. 이 사건은 사회적 파트너와 국민당/자유당 소연정 사이의 권력관계 변화를 보여 준다(Crepaz 2002b: 169). 즉 종전에는 정부에 거의 강제되다시피 했던 사회적 파트너들의 법안 제안들은 이젠 국민당/자유당 소연정에 의해 무시되었고, 연방노동회의소와 노조의 간부 '겸직 불허조항'은 정책파트너십의 효력을 더욱 훼손시켰으며, 노조와 사민당이 사실상 주도했던 집행위원회에 자유당의 대표 참여는 한 시대의 종언을 의미했다.

20) 2003년에 헌법재판소(행정고등법원)는 중도-우파 연정의 그 개혁 법률이 자율행정의 원칙을 위반했다고 보고 이를 무효화시켰다. 하지만 정부는 의회 2/3 의석을 점유하고 있었기 때문에 그 안건은 법원의 판결을 압도하여 법안으로 의결되었다.

국민당/자유당 중도-우파 연정의 최우선 정책목표는 국가부채를 야기하는 오스트로-케인즈주의라는 경제사회 정책패러다임을 바꾸는 것이었다. 균형예산을 일차적 목표로 설정하고 지출중심의 국가재정의 구조조정에 역점을 두었다. 오스트리아 경제의 경쟁력을 개선하기 위해 비임금 노동비용 동결을 겨냥했으며(Obinger and Tálos 2010: 114), 조합주의정치의 전통을 단절하고 일련의 고강도 정책개혁을 일방적으로 추진했다. '더 많은 자기책임, 더 많은 시장, 더 많은 유연성'(more self-responsibility, more market, more flexibility)을 표방하여 경제정책 패러다임을, 앞선 사민당/국민당 대연정에서 발단된 공급측면으로 더욱 강화했다. 즉 민영화, 탈규제, 노동시장유연화 등 신자유주의적 정책정향을 더욱 가속화했고 재정건전화를 위한 일련의 사회정책 개혁을 단행했다. 오스트로-케인즈주의와 단절하는 정책패러다임의 일환으로서 비스마르크 모델의 사회정책의 경로이탈이 진행된 것이다. 즉 소득과 직업에 따라 사회보험 급여의 차등화를 두었지만 높은 수준의 탈상품화(decommodification)라는 전통적인 복지국가 경로는 보편주의와 낮은 수준의 탈상품화를 결합하는 자유주의 복지국가로 이동했다.

우선 국민당/자유당 소연정은 조합주의정치를 우회하여 일방적으로 2000년 은퇴연령 인상, 조기은퇴페널티 강화, 미망인·홀아비연금 수령요건 강화 등을 포함하는 연금개혁의 입법화를 단행했다(Schulze and Schludi 2007: 589). 연기금에 대한 국고보조로 인한 부담을 덜어 재정의 건전화를 달성하기 위한 조치였다. 연금개혁 준비단계에서 이익단체와의 협의과정을 생략하고 개혁에 대한 노조의 데모와 파업에도 불구하고 대결전략을 선택하는 등 바로 연금개혁의 의회 입법단계로 들어갔다. 이를 사민당과 녹색당은 격렬하게 반대했다. 또 중도-우파 정부는 2002년 노령연금을 완전히 재편했는데 은퇴자의 물질적 '표준생활보존' 원칙에서 탈피하여 기본사회보장(안전망)을 선호하는 패러다임 전환이었다(Heinisch 2012: 145). 첫 조치로서 정부는 조기퇴직과 장기실업에서 퇴직으로 점진적 전환 중 택일하는 제도를 폐기했다. 새 연금제도는 62~68세 사이에 유연하게 퇴직할 수 있는 자유를 부여했으며, 완전 연금급여를 받는 데 필요한 기여금 납부 기간을 40년에서 45년으로 연장했다. 정부는 이에 대한 전례 없는 노동의 반발과 파업을 무시하고 비록 법안이 상원 비토권 행사로 몇 주간 유보되었지만 결국 입법화되었다. 이 사건은 노동과 좌파세력이 정부정책에 대한 비토권을 행사할 수 있었던 10여 년 전과는 판이하게 달랐다(Heinisch 2012: 143-144).

또 2003년 국민당/자유당 소연정은 균형예산을 명분으로 연금개혁 계획을 일방적으로 발표했다. 정부는 대안적인 개혁안을 개발하자는 ÖGB와 사용자들의 공동제의를 거부했다(Schulze and Schludi 2007: 592). 그 결과 오스트리아는 전례 없는 노동파업을 포함한 대규모의 저항과 데모를 경험했고 오스트리아 국민 60% 이상이 노조파업을 지지했는데 이는 오스트리아의 상대적인 낮은 파업율과 노동전투성 부재를 고려할 때 놀라운 사태로 기록될 만하다. 결국 2003년 조기퇴직급여 폐지, 조기퇴직자에게 부과했던 연간 연금삭감액 인상 등을 포함하는 연금개혁안이 국민의회-연방의회(*Bundesrat*)를 통과했다. 나아가 정부는 여러 피고용자 그룹(사적· 공적부문, 50세 이하 세대 등)의 연금체계를 조정하는 계획안을 발표했으나 2004년 여름까지 사회적 파트너들과 합의안에 도달하는 데 실패했다. 2004년 9월 행정부는 야당과 노조의 비판을 받았던 정부 전문가들에 의해 작성된 연금개혁 초안을 의회에 상정했고 2005년 초 사민당·녹색당의 반대 속에 4가지로 분리된 사회보장체제를 통합한 법안이 의회를 통과했다(Schulze and Schludi 2007: 593).

그 밖에 2000년 국민당/자유당 중도-우파 연립정부는 연금 이외의 복지국가 재편도 다수제 의사결정 방식에 의존하여 일방적으로 시도했다. 실업급여의 소득대체율을 57.9%에서 55%로 내렸고 실업보험을 위한 연방보조금도 폐지했다. 2004년 실업보장법 개정은 소극적 노동시장 지출 축소지향의 정책 방향을 더욱 가속화했다(Seeleib-Kaiser *et al.* 2009: 38). 구직압력 강화를 비롯한 비숙련노동자와 노령노동자의 취업기회 확대, 교육훈련 강화 등 적극적 노동시장 정책은 보강되었다. 건강보험 개혁이다. 그 정책목표는 건강보험 지출을 GDP 대비 8%로까지 비용절감, 경쟁원리에 입각한 성과중심의 재정모델 도입, 재정관리의 지역화(주정부 책임) 등에 맞춰졌다. 블루컬러노동과 화이트컬러노동의 건강보험 기여율 재조정을 위해 후자의 기여율을 인상했으며 병원치료와 처방에 대한 당사자 비용을 늘였다. 국민당/자유당 연립정부는 가족정책의 보수주의적 회귀를 단행했다. 2002년 보험중심의 부모휴가수당을 보편적 아동케어 급여로 대체했다. 그 자격요건은 노동시장 참여와는 분리시켰다.

또 제2기 국민당/자유당 연립정부는 직장과 가정의 양립을 가능케 하는 개혁을 입법화했고 2004년 17세까지의 아동양육을 하는 부모에게 파트타임근무 권한을 부여하는 법안을 통과시켰다. 전반적으로 중도-우파 연정은 전통적인 남성가장(male breadwinner) 모델을 강화했다(Obinger and Tálos 2010: 114-120). 개인책임과 선별주의의 강조를 통해 공적책임의 축소를 겨냥했던 국민당/자유당 소연정의 이 같은 일련의 사회정책 개혁과정에서 조합주의정치는 사실상 정체되었다. 국민당·자유당 중심의 우파정당블록과 사민당·녹색당 중심의 좌파정당블록이 의회-행정부 관계에서 이념적 대립각을 세웠으며, 이에 따라 조합주의정치도 노사갈등으로 인해 정체되거나 의회와의 마찰을 피하지 못했다.

이처럼 국민당/자유당 중도-우파 연립정부가 복지개혁 정치를 주도하고 사민당·녹색당 중심의 야권블록과 대립했고 이 과정에서 오스트리아의 전통적인 합의제 정당정치는 좌우 이념블록 정당 간의 대립정치로 퇴행했다. 선거정치, 의회정치 영역에서 정당정치의 제로섬적인 경쟁현상이 발생한 것이다. 특히 의회정치에서 연정집권당과 야당블록 간의 협상정치가 소멸되었다. 야당들은 연정집권당을 하나의 블록으로 인식했으며 통일전선을 펴 그들을 정치적으로 흔들었다. 연정집권당블록 혹은 야당블록 내부의 각 정당 간의 관계는 매우 유동적이었던 반해,[21] 연정집권당블록과 야당블록 간에 관계가 매우 경쟁적, 대립적이었다.

따라서 국민당/자유당 소연정 하에서 연정집권당 단독으로 통과된 법률의 비중이 급증했다(Müller and Fallend 2004: 823-824). 이러한 양대 블록정치는 조합주의정치와 충돌했다. 노조는 국민당/자유당 중도-우파 정부에 강한 거부감을 가졌던 반면, 사용자단체는 우호적인 국민당/자유당 정부에 로비정치로 통해 자신들의 이익을 관철시켰다. 따라서 국민당/자유당 정부 하에서 노사는 모두 조합주의정치에 참여 의사가 없었다. 요컨대 국민당/자유당 소연정 하에서 오스트리아 정당정치는 양대 블록의 경쟁적인 양극화 양상을 연출했으며 이분법적 블록 정당정치는 노사정 거버넌스를 무력화시켰다. 이 같은 정당정치의 변형과 사회적 파트너십의 퇴조를 두고 오스트리아 합의제 민주주의가 퇴색되었다는

21) 사민당-녹색당 야당블록의 협력은 자신들의 요구를 충족시키는 기술적·행정적 법률(나치유산 처리 법률, 사회적 파트너의 합의에 기초한 법률 등)에 국한했다.

주장이 나왔다(Rose 2000: 35).

요컨대 국민당/자유당 소연정의 사회정책 개혁은 사회적 파트너십의 외곽에서 진행된 패러다임의 전환, 즉 개혁의 내용·속도·강도 측면에서 기존의 개혁과 본질적인 차이를 드러낸 신자유주의 독트린에 입각했다. 따라서 공급중심의 경제정책 패러다임을 실현하기 위해 사회정책은 노동시장 유연성, 경쟁력, 부채억제 등과 같은 의제의 후순위로 밀려났다. 중도-우파 연정의 사회정책 개혁과정은 종전의 협상중심 조정정치 대신 의회의 다수결 의사결정 방식에 의존했고 노조의 비토권을 우회하기 위해 조합주의적 정책결정을 이탈했다. 노사정 거버넌스 대신에 정부의 일방적인 정책개혁 방식을 선택한 것이다.

이를 어떻게 설명할 수 있는가? 당시 사회적 파트너십의 후퇴는 협상제도의 비반응성, 사회적 파트너들의 타협의지 결여, 경제압력에 대한 대응 등에서 비롯된 것이 아니다. 대신 자유당/국민당 소연정은 조합주의 제도 자체를 거부했고 사회적 파트너들이 참여하는 정책개혁 프로세스의 정당성에 의문을 제기했다. 특히 조합주의정치제도와 관행에 대한 자유당의 비판은 선거전략과 이념적 정향에서 일관성을 보였으며 득표력 상승으로 이어졌다. 이는 앞선 사민당/국민당 대연정-조합주의정치에 대한 오스트리아 유권자들의 환멸을 반영했다. 그러나 국민당이 왜 노사정 파트너십을 포기했는지는 분명치 않다. 아마도 국민당의 득표율 하락과 무관치 않을 것이다. 국민당/자유당 소연정은 다수제 모델을 선호했는데 이는 1999년 총선에서 제3당으로 전락한 국민당의 정치력 약화에 기인한다. 이에 대응하여 조합주의정치를 약화시키는 것이 연정집권당의 선거전략이었다(Müller and Fallend 2004: 812). 이런 맥락에서 볼 때 오스트리아 정당정치 패턴은 1999년 이후 비임금 정책개혁 과정에서 사회적 파트너십이 작동하지 않는 현상(이유)을 설명하는 핵심 변수이다.

3) 제3·4기 대연정-조합주의정치 회생

2006년 총선결과 사민당은 제1당으로 복귀한 반면, 국민당은 득표율과 의석율에서 크게 하락했다. 이러한 선거결과는 국민당/자유당 연정에 의해 일방적으로 단행된 연금개혁이 거의 유권자 60%가 거부할 정도로 대중의 지지를 받지 못한 반면, 사민당은 사회정책 이슈에 관한 한 국민당보다 훨씬 더 신뢰할

만한 정당으로 인식되는 데서 연유한다(Müller 2008: 176-178). 자유당은 총선 1년 전 분열하여 하이더는 '오스트리아미래연맹'(BZÖ)을 창당했다. 지루한 연정 협상 끝에 2007년 제3기 사민당/국민당 대연정이 부활했다. 연금개혁을 반대하는 대중의 광범위한 저항에도 불구하고 국민당은 계속 집권 파트너로 남게 되었는데 반해, 자유당의 정치력은 내부 분열로 상당히 약화되었다. 제3기 대연정에 부활됨에 따라 오스트리아 합의제 정당정치는 회생했다. 즉 노사 간 제도적 협력, 좌우 정당블록 간 공존정치가 앞서 존재했던 국민당·자유당과 사민당·녹색당이라는 양대 이념블록 간 경쟁하는 다수제 정치를 더 이상 지속불가능하게 했다(Heinisch 2012: 145). 동시에 대연정의 정책과정은 1980~90년대의 점진주의로 회구했다.

부활된 제3기 사민당/국민당 대연정(2007~08)은 이념적 차이에도 불구하고 점점 정치력이 약화되어 가던 양대 메이저 정당 간의 실용주의적 동맹처럼 보였다. 좌우 메이저 정당 간 대연정은 사회적 파트너십의 회생을 견인하는 정치적 변수로 작용했다. 대연정은 사용자단체와 노동단체의 후견자 역할을 수행하는 국민당과 사민당이 정치적으로 제휴하고 있었으므로 노사정 간의 대화 및 협력은 자연스럽게 조성될 수 있었다.[22] 앞선 정부가 추구했던 복지국가 축소 시대를 종식하기 위해 복지국가 영역에서 조합주의정치를 복원시킨 것이다. 제3기 좌우 대연정의 정책개혁 동기는 앞선 국민당/자유당 중도-우파 연정에서 채택된 개혁조치에 파생된 부정적 영향을 완화하는 데서 비롯되었다. 경제와 노동시장정책에서 공급중심 정책경로는 여전히 불변상태에 있었던 반해, 인플레이션과 인구변화 등 사회경제 문제에 의해 촉발된 개혁조치들은 주로 장기적인 케어와 빈곤완화에 초점이 맞춰졌다.

하지만 국민당과의 대연정에 반대하는 사민당 내분으로 2008년 대연정은 붕괴되었다. 이 와중에 일시적으로 드러난 정치적 양극화의 징후 속에서 사회적

---

22) 합의제 민주주의에서 대연정과 사회적 파트너십은 제도적 친화성을 갖는다. 그러나 제2기 대연정(1987~2000) 후반에 이르러 사회적 파트너십은 제도적으로 위기를 맞는다. 이는 대연정하에서도 사회적 파트너십은 약화될 수 있음을 뜻한다. 그 뒤 국민당/자유당 소연정(2000~2007) 시기에 사회적 파트너십은 더욱 쇠퇴하여 그 종언까지 논의되는 지경에 이른다. 그러나 제3기 대연정(2007~현재)하에서 사회적 파트너십은 회생했다. 또 오스트리아에서 국민당 단독정부 혹은 사민당 단독정부에서도 사회적 파트너십은 지속적으로 작동했다. 이는 단독정부나 소연정이 출범한다고 해서 사회적 파트너십이 반드시 정체되지는 않음을 뜻한다.

파트너들은 일련의 조합주의적 타협안을 내놓았고, 이를 정책합의가 쉽지 않았던 양대 정당에 정책개혁 해법으로 제시했다. 노사 이익단체들은 대연정 붕괴로 잠시 서로 소원해진 사민당-국민당의 관계와는 달리 긴밀한 협력패턴을 유지할 수 있었다. 따라서 당시 사민당-국민당 중심의 정당정치 변수는 조합주의적 협력정치에 의해 견인되었다. 이론적으로 조합주의적 정책결정 전략은 정부로 하여금 지배정당 간 정책갈등을 조정하고 정책에 대한 정치적 지지토대를 구축하도록 해 준다. 실제로 사민당과 국민당 간의 이념적 차이가 존재하는 맥락에서 오스트리아 사회적 파트너 간의 강력한 협력 패턴은 좌우 양대 정당으로 하여금 중도지향의 정치적 스펙트럼으로 협상과 타협을 가능하게 해 주었으며, 따라서 사회적 파트너들은 양대 정당 간의 '중재자' 역할을 수행했다(Afonso and Papadopoulos 2013: 24). 한마디로 정당연합 지형은 조합주의적 정책결정 전략의 주요 인과적 견인차로 상정될 수 있다

조기 실시된 2008년 총선에서 자유당과 BZÖ 등 급진우파는 28.2%의 득표율을 기록함으로써 1999년 자유당이 획득한 26.9%를 상회하여 최대 승자가 되었다. 반면 전후 오스트리아 정치를 지배했고 2006년 총선까지만 해도 70% 의석을 점유했던 양대 메이저 정당의 2008년 총선 득표율과 의석율은 각각 55.2%과 59%로 곤두박질쳤다(Luther 2009: 1053). 그러나 자유당과 BZÖ은 서로 유사한 정책에도 불구하고 2005년 결별한 앙금으로 촉발된 불신과 적대감이 존재하는 상황에서 이념적으로 인접한 연정 옵션은 사민당/국민당 대연정의 재부활로 이어졌다. 제4기 대연정에서는 별다른 연정갈등이 발생하지 않았다. 이는 양당이 합의제 정치에 대한 집착이 강한 실용주의적 리더들에 의해 주도되었기 때문이다(Luther 2009: 1059-1960). 그러나 대연정은 헌법개정이나 주요 정책입법화에 필요한 국민의회 2/3 의석에 크게 미달하는 108(2006년 134) 의석점유에 그쳤다(Luther 2009: 1057). 따라서 제4기 대연정의 정치적 기반은 더욱 약화되었고 과거 제1·2기 독과점적 대연정의 정치력에 크게 미치지 못했다(Strohmeier 2009: 34).

제4기 사민당-국민당 간 연정협약의 핵심은 중간 소득층의 세금축소, 경제부양 정책패키지 등 오스트리아 경기하강을 해소하기 위한 것이었다. 연정협약은 가족, 교육, 건강 등과 같은 정책영역에 관한 다수 내용을 담았지만 정책적 디

테일을 마련하지 못했고 단지 사회적 파트너십 틀 내에서 보다 심도 있는 논의를 할 것이라는 것을 밝히는 데 그쳤다. 그러나 기존 오스트리아의 정치적 관행을 깨고 사민당은 신속한 사회정책 입법화에 도움이 된다면 정책 사안에 따라 어느 정당과도 유동적으로 과반의석 확보를 모색할 것이라고 선언했다. 그 결과 사민당과 국민당은 과거엔 상상할 수 없었던 여러 사회정책 어젠다에 관한 연정협약에 도달했다. 이에 따라 제4기 사민당/국민당 대연정(2008~현재)은 기존의 공급중심 경제의 기본 틀과 노동시장 정책의 기조를 유지하면서 이전 국민당/자유당 소연정이 결행한 연금개혁으로 심화된 사회적 불평등의 완화와 신자유주의적 정칙개혁의 희생자·낙오자를 보상하려는 통합노력에 박차를 가했다. 국민당/자유당 소연정이 과감하게 추진했던 신자유주의적 사회정책(우클릭)이 사민당/국민당 대연정에 의해 사회적 형평성 차원에서 완화 내지 보정(좌클릭)한 것이다.

이를 위해 제4기 사민당/국민당 대연정은 경제사회정책 관련 입법과정에서 오스트리아의 전통적인 시장조정 기제인 노사정 거버넌스를 복원하는 사회적 파트너십을 작동시켰다(Obinger and Tálos 2010: 118). 사민당/국민당 대연정과 사회적 파트너십의 연동과정은 '유연안정성'(flexicurity) 정책조합을 조정했다. 즉 경제의 공급측던 지향과 노동시장 정책을 그대로 유지하는 가운데 신자유주의적 개혁의 충격을 완화하고 그 폐해를 줄이기 위한 복지국가 확장에 관심을 가졌다. 예컨대 자유근로자를 실업보험에 받아들여 사회보험에서 정규근로자와 동등한 대우를 받게 했고 자영업자도 실업보험에 포함되었다. 또 양육비 증진을 위해 정부보조금 5%를 인상했고 이를 영구적으로 필요로 하는 정신 장애인에게도 연장했으며 가족수당도 확대했다. 글로벌 금융위기의 여파로 사민당은 사회정책 안정화와 노동시장 정책에 관한 공공지출을 밀어붙였다. 지지도 하락으로 수세적 입장에 선 국민당은 이러한 조치를 저지할 수 없었고 재정긴축과 시장드라이브에 관한 공약을 철회할 수밖에 없었다. 새 정부에 의해 기획되고 사회부 장관에 의해 주도된 가장 광범위한 혁신은 사회부조를 기본보충안정소득(basic supplemental security income)으로 전환이었고, 이를 독자적 생존 혹은 제3자 지원을 받을 수 없는 사람들에게 지원하는 것이다. 정부는 이를 2010년 9월 도입했고 오스트리아 사회정책의 새로운 장을 열었다.

이처럼 제4기 대연정 기간 오스트리아 정치의 양대 산맥인 사민당과 국민당은 모두 본질적으로 복지국가 친화성을 견지하면서 사민주의와 기민주의의 이상향에 집착하는 이념적 편향성에 경도되지 않았고 균형과 조화를 추구했다. 특히 사민당의 경우 앞서 언급한 것처럼 1987~2000년 동안 오스트로-케인즈주의에서 벗어나 공급측면에 대한 신뢰를 높이고 사회정책에서 평등 내지 재분배에 대한 요구를 완화하고 기민주의 원칙을 일정 부분 수용했다. 이는 제4기 사민당/국민당 대연정의 공급(성장)-수요(복지) 간 균형적인 정책기조는 오스트리아의 사회적 정책파트너십의 제도적 틀에 연유한다. 비록 균등위원회 등 핵심 제도의 쇠퇴가 관찰되기는 할지라도 이것이 정책협의의 중요성에 대한 쇠퇴를 수반하지는 않았다. 제4기 대연정 기간에 여전히 정치적 교환(political exchange)이 작동하는 많은 공식적·비공식적 포럼이 존재한다. 회의소의 의무적 회원가입제 등과 같은 오스트리아 정책파트너십의 필수적인 제도적 조건이 쉽게 폐지될 것 같지는 않다. 오스트리아 정치에서 비록 사회적 파트너와 정부 사이의 합의 빈도는 과거에 비해 상대적으로 줄어들고 있지만 노사정 정책협의와 이익조정은 하나의 규범으로 제도화되고 있다.

5. 재(再)오스트리아화: 야누스적 복지개혁

파란만장한 역사드라마의 원심적 정치를 경험했던 오스트리아의 제2공화국은 1945년부터 합의제 민주주의를 발전시켰다. 오스트리아 합의제 민주주의의 기본 철학은 경쟁-협력 간, 갈등-합의 간의 균형을 지향했다. 정치게임 규칙은 승자독식이 아니라 패자에게도 일정한 몫을 부여하는 것이다. 이러한 철학 이면의 역사는 정치적 하위문화로 인한 격렬한 국내 갈등과 분열이었다. 그럼에도 오스트리아 합의제 민주주의는 갈등과 분열의 제도화에 성공하여 정치적 '과잉 안정화'(over-stabilization)의 사례이다.

물론 1990년대에 들어 오스트리아 합의제 민주주의는 정치적 지지를 동원할 수 있는 활력이 점점 잠식되는 징후를 보였다. 정당체제가 권력독과점의 패권적 양당체제에서 권력분점의 경쟁적 다당체제로 변모하고 포퓰리즘 자유당의 정치적 상승세는 그러한 정치적 동력화의 드라마틱한 시그널이었다. 특히

2000년대 들어 좌우 연합정치, 사회적 파트너십 등 오스트리아 합의제 민주주의의 후퇴 조짐이 확연해지고 대신 양극적 이념블록의 정당정치와 이익집단의 로비정치 등과 같은 현상이 현저하게 부상했다. 우파정당블록과 좌파정당블록 간의 이념적 양극화와 경쟁으로 인해 의회-행정부 갈등이 촉발되고 이것이 조합주의정치를 정체시키는 원인으로 작용하는 등 다수제 민주주의와 유사한 특징이 발생한 것이다. 그래서 오스트리아 민주주의의 경쟁적 모델화, 탈오스트리아화를 우려하는 주장이 제기되었다. 일종의 '성공에 따른 자기부정' 현상이라 하지 않을 수 없다(Pelinka 2009: 7-14).

하지만 그러한 다수제 민주주의의 자궁은 흥미로운 패러독스를 잉태했다. 합의제 민주주의를 훼손하는 과정을 밟고 가는 바로 그 순간에 합의제 민주주의의 본류는 오스트리아 정치의 저변에 도도히 흐른다. 2007년을 분수령으로 제3기 사민당/국민당 대연정이 부활했고 이에 힘입어 조합주의정치도 회생했다. 결국 오스트리아 합의제 민주주의는 일시적으로 중도-우파 연정에 의한 경로이탈적 현상을 보였지만, 다시금 좌우 이념블록 교차 대연정-조합주의정치를 연동시키는 경로의존적 궤도로 복원되었다. 한마디로 오스트리아 민주주의는 재오스트리아화(Reaustrification) 경로로 진입했다.

오스트리아의 지배적인 양대 정당과 노사를 대표하는 주요 이익단체들은 이념적·인적·제도적으로 연계되어 정당정치와 노사정정치의 동시화가 이뤄져 있으며, 이 제도적 틀은 전후 오스트리아의 정치적 안정과 경제·사회발전을 견인했다. 물론 이러한 정치경제적 카르텔은 과도한 권력집중, 사민당·국민당의 '슈퍼권력', 야당의 약화, 정실주의 등 적지 않는 역기능을 수반했다. 그러나 그러한 정치적 결손에도 불구하고 오스트리아의 대연정-조합주의정치 연동은 정치적 안정과 사회평화를 추구하는 갈등조정 시스템으로 작동해 오고 있다.

오스트리아 합의제 민주주의는 연방제-양원제가 작동하고 있음에도 불구하고 비토지점(veto points)이 별로 존재하지 않는다(Schulze and Schludi 2007: 594). 연방제-양원제 간 제도적 조합은 정책입안과 법안통과에 제동을 거는 비토권을 보유하지 않는다. 환언하면 대연정-조합주의정치 연동이 비토지점(견제장치)로서의 연방제-양원제를 무력화시키고 정치적으로 압도한다. 그런데 오스트리아 합의제 민주주의의 정책개혁과정에서 노사정정치는 정당정치 변수에 의해 영향을 받았다(Afonso and Papapoulos 2013: 17).

예컨대 사민당/국민당 대연정에서는 상대적으로 조합주의정치가 안정적이었던 반해, 국민당/자유당 소연정에서는 조합주의정치는 퇴조했다. 이처럼 오스트리아 민주주의에서 조합주의적 타협정치와 일방적 정책결정방식은 세계화·유럽화(Europeanization)가 진행되는 과정에서 동시에 관찰되었다. 이러한 의미에서 오스트리아 합의제 민주주의의 정책개혁 사례는 두 가지의 이론적 함의를 던지고 있다. 하나는 집권 정당연합이 변화할 때 사회적 정책협의 패턴은 변화할 수 있다는 것이며, 다른 하나는 우파블록정당 일변도의 연합정치는 조합주의정치에 비우호적인 정치지형이라는 점이다. 요컨대 선거·의회 경쟁과 정부의 이념적 정치적 속성을 규정하는 정당정치 패턴은 조합주의정치의 변화(부침)에 영향을 미치는 강력한 변수이다.

오스트리아 합의제 민주주의는 성장-복지 선순환을 추구해 온 제도적 동력으로 작용했다. 국내외 정책환경 변화에 조응하여 오스트리아 합의제 민주주의의 복지국가 개혁과정은 좌우 이념블록 간 소연정 및 대연정에 의한 점진적인 합의적 개혁(1983~2000), 중도-우파에 의한 일방적인 경로이탈적 패러다임 전환(2000~2007) 그리고 다시 대연정에 의한 균형 잡힌 개혁(2007~현재)으로 이어진다. 오스트리아 복지국가 개혁과정을 집약적으로 표현하면 '사회투자국가화'이다(안병영 2013: 345). 이 모형은 신자유주의가 지향하는 경제적 효율성과 기존의 사민주의가 지향했던 사회적 형평성 사이에 조화를 추구하는 정책조합이다. 그런 의미에서 복지국가 축소와 시장지향만을 강조하는 신자유주의와 재분배적 복지국가가 지향하는 사민주의가 아니라 양자의 변증법적 지양을 추구하는 제3의 길이다.

따라서 오스트리아의 복지국가 개혁은 야누스적 얼굴(Janus-faced)을 띤다(Obinger and Tálos 2010: 126-128). 비스마르크 복지모델로부터 경로이탈이 진행되었던 반면, 비스마르크적 유산이 강화되었다. 소득·직업별로 사회보험 급여가 차등화되었던 복지체계가 개혁을 통해 완화되었다. 특히 2005년 연금개혁은 직업적으로 분절화된 연금체계가 장기적으로 같은 수준으로 통합되었고 의료보험도 현금급여와 기여율에서 존재했던 블루컬러 노동과 화이트컬러 노동 간의 차이가 소멸되었다. 또 연금제도가 다층화(multi-pillarization) 체제로 변화했다. 즉 국가중심의 공공복지체계가 기업복지, 민간복지 등으로 다원화됐다. 따라서 연금제도의 재분배적 성격이 약화되었다. 연금은 개인의 보험료 납부실적에 근거하여 산정되었고 이런 연금 산정방식은 노동시장의 인사이더(정규직 근로자)와 아웃사이더(비정규직 근로자·장기실업자) 간 이중구조를 유발했다. 고용 및 노동시장 정책에서도 비스마르크 모형에서 경로이탈이 발생했고, 이로 인해 2000~06년 사이 파트타임 근로자의 비율이 1997년 14.7%에서 2006년 21.1%로 급증했다. 1980년대까지 주류를 형성했던 '탈상품화' 기조는 2000년대 이후 재상품화(re-commodification)되는 추세를 보였다. 특히 1990년대 중반 이래 PLMP(사회보험 급여)에서 ALMP로 경로이탈 현상이 두드러졌다.

반면 정책개혁에도 불구하고 오스트리아 비스마르크 복지모형에 경로의존적 요소도 존재한다. 즉 가족정책은 남성부양자 모델에 기초하고 관대한 현금급여와 장기간 육아휴가의 조합에 바탕했다. 건강보험도 대체로 경로의존적이다. 독일과는 달리 사적보험 도입 가능성이 없었고 여러 질병기금 간 경쟁을 도입하지도 않았다. 복지국가 재정 측면에서도 비스마르크적 유산은 유지되었다. (1990년대 중반까지) 오스트리아 정부는 사회보장 기여금을 인상했다. 유럽연합 가입과 공급지향의 경제정책을 배경으로 비임금 노동비용의 안정화는 정치논쟁에서 중요성을 더 해 갔다. 저소득층과 노령노동자의 실업보험 기여금 면제 등 최근 정책변화에도 불구하고 사회보장 기여금은 오스트리아 복지국가 재정에서 지속적으로 가장 중요한 축을 이룬다. 오스트리아의 역대 정부는 사회보장 지출 축소를 통해 일반예산 건전화를 꾀해 왔으나 연금제도에 대한 정부 기여금은 되레 증가해 왔다.

이런 맥락에서 볼 때 오스트리아 복지국가는 지속성이 강하다. 이는 포괄적인 개혁을 거의 불가능하게 하거나 혹은 정치적으로 값비싼 비용을 치르게 하는 구조적 제드적 요인에 연유한다. 그 구조적 제도적 변수는 사회적 파트너십과 그 정치적 동맹세력이라는 강력한 비토플레이어의 존재이고 대연정을 지향하는 오스트리아 정치모델의 구조적 관행이다. 오스트리아 합의제 민주주의의 대연정-사회적 파트너십 간 연동은 광범위하거나 급진적인 정책개혁을 허용하지 않고 점진적 정책개혁을 요구한다. 게다가 다양한 자격요건과 급여수준뿐 아니라 사회보험체계의 차등적 성격으로 인해 전면적인 삭감과 보편적 해법은 실행될 수 없다. 따라서 글로벌화 이후 가장 드라마틱한 정책개혁이 의도적으로 기존 정치질서를 거부했던 중도-우파 정부가 집권했을 때 발생한 것은 놀라운 일이 아니다. 하지만 그 결과는 다음 총선에서 살아남을 수 없을 만큼 정치적으로 값비싼 대가를 치렀고 정치는 중도주의적 정향으로 회귀했다. 그러나 오스트리아 합의제 민주주의의 이런 현상이 전적으로 긍정적인 것만은 아니다라는 사실을 주목해야 한다. 즉 오스트리아 합의제 민주주의는 보다 포괄적이고 사회평등을 달성하기 위해 오스트리아 모델을 구조조정 할 수 있는 기회를 놓치고 있음을 간과해서는 안 된다.

제15장

영국 다수제 모델과 아일랜드 합의제 모델의 노사정 시스템

1. 문제의식

오늘날 지구상의 모든 국가는 글로벌 시장의 충격으로부터 자유로울 수 없다. 그 충격은 시장의 낙오자·실패자들의 배출로 인한 사회의 양극화와 갈등 분출로 나타난다. 서유럽 국가들도 예외가 아니다. 따라서 그들 국가는 글로벌 시장의 충격에 대응하려는 국내 노사정 시스템을 마련하고자 한다. "글로벌 시장화는 서유럽 국가들의 노사정 시스템을 수렴화시킬 것이다."라고 신자유주의자들은 주장한다.

그러나 서유럽 국가들에서 작동하는 노사정 시스템의 경험적 사례들은 신자유주의적 수렴론의 예측을 비켜 갔다. 글로벌 시장의 충격에 대응하는 그들 국가의 노사정 시스템은 다양한 변형으로 나타난다. 이를 단순화하면 어떤 나라는 이익집단들에 대한 국가의 역할을 줄이고 노조와 사용자집단 간의 자유경쟁에 기초하는 다원주의(pluralist) 노사정시스템으로 경도되는 반해, 또 다른 나라는 노동·자본·국가 간의 네트워킹과 파트너십에 기초한 노사정 정책협의(policy concertation)시스템을 지향한다.

이러한 상반된 노사정 시스템 패턴의 두드러진 경험적 사례는 영국민주주의와 아일랜드민주주의에서 관찰된다. 아일랜드가 1800~1922년까지 영국의 식민지로 통합된 이후, 양국은 전통적으로 다수제 모델에 입각하여 국가개입을 최소화하는 다원주의 노사정 관계를 구축했다. 그러나 1980년대 중후반 이후 글로벌 시장의 충격에 대응하려는 영국민주주의와 아일랜드민주주의는 대조적인 경로를 밟는다. 즉 영국민주주의는 기존의 다수대표제-양당제-집권당 단독정부 등의 제도적 매트릭스로 이어지는 다수제 모델에 따라 작동하는 반면, 아일랜드민주주의는 단기이양비례대표제-다당제-연립정부 등의 제도적 매트릭스로 이어지는 합의제 모델을 지향한다(Lijphart 2012: 10-15, 244, 252). 특히 영국 다수제 모델과 아일랜드 합의제 모델의 노사정 시스템은 뚜렷한 차별성을 드러냈다. 영국 다수제 모델의 경우, 간헐적으로 작동했던 기존 정책협의시스템을 해체하고 자본의 자유와 경제의 효율성을 강조하는 신자유주의 시장경제 모델에 조응하는 다원주의 노사정시스템으로 방향을 틀었다. 반면 아일랜드 합의제 모델은 전통적인 영국식 다원주의 노사정시스템-자유시장경제를 철회하고 글로벌 시장의 충격에 대응하기 위해 정교한 노사정 정책협의시스템-조정시장경제를 작동시켰다.

그렇다면 전통적으로 유사한 다원주의 노사정시스템을 경험했던 양국에서 어떻게, 그리고 왜 글로벌 시장의 충격에 대응하는 노사정 시스템의 패턴이 서로 다르게 변화하고 작동했을까? 제15장의 목적은 이 물음을 탐구하는 데 있다.

기존 연구들의 관점은 글로벌 시장 자체가 직접적으로 국내 사회의 양극화와 계급·계층 갈등을 초래하는 것으로 인식한다. 그러나 이러한 인식은 문제 본질의 인과관계를 너무 단선적으로 보고 있다는 데 그 한계가 있다. 중요한 것은 어떤 나라가 글로벌 시장의 충격에 어떤 노사정시스템으로 대응하느냐에 있다. 노사정시스템의 패턴에 따라 글로벌 시장의 충격에 대한 완충, 흡수 정도가 달라질 수 있기 때문이다. 이런 의미에서 영국 다수제 모델과 아일랜드 합의제 모델의 노사정 시스템 사례에 관한 비교 연구는 다원주의 노사정시스템과 노사정 정책협의시스템 중 어느 시스템이 글로벌 시장의 충격을 흡수 관리하는 데 더 효과적인가를 천착하는 데 유익한 경험적 지형(empirical terrain)을 제공할 수 있다. 이 지점이 영국 다수제 모델과 아일랜드 합의제 모델의 노사정 관계를 비교 연구하는 이유이다.

제15장은 분석의 초점을 글로벌 시장의 충격이 두드러지게 발생했던 1980년대부터 2000년대 중반까지의 두 나라 노사정시스템에 맞춘다. 즉 영국의 경우 보수당-노동당 정부 하의 노사정시스템, 아일랜드의 경우 여러 정당 간 연립정

부 하에서의 노사정시스템이다. 그리고 전국·중앙 수준에서 작동하는 두 나라의 노사정 시스템이며, 따라서 지방 및 산업별 수준에서 작동하는 노사정시스템은 다루지 않는다.

2. 이론적 틀

1) 노사정시스템의 개념화

자본주의 시장경제를 작동시키는 세 중심축은 노동, 자본, 국가이다. 역동적으로 상호작용하는 노사정 관계가 전략적으로 어떻게 구조화되느냐 하는 문제는 자본주의 시장경제 그 자체의 발전 혹은 퇴영은 물론이고 민주주의의 질적 수준을 가늠하는 바로미터이다.

일반적으로 민주주의국가들에서 노동-자본-국가 간 이뤄지는 정책결정 방식에는 다원주의시스템과 정책협의시스템 두 유형이 있다(Cawson 1978: 179-198). 우선 다원주의 노사정시스템은 공공정책을 둘러싸고 사회영역에서 경쟁하는 노조와 사용자단체 간의 '경쟁적 이익표출과 분산적 그룹협상 과정'으로 규정된다(Cohen and Rogers 1992: 411-414). 따라서 다원주의 노사정시스템에서는 노동과 자본이 정책결정·집행 과정에 영향을 미치지만 궁극적으로는 정부가 법적 구속력을 갖고 공공정책을 결정한다. 이는 다원주의 노사정시스템의 본질이다. 이에 반해 노사정 정책협의(policy concertation)는 공공정책이 노사정 간에 네트워킹과 파트너십을 통해 결정되는 시스템이다. 여기서 공공정책(예컨대, 재정정책·통화정책·산업정책·노동시장정책·고용정책·복지정책 등)은 정부와 이해관계자(사용자단체·노동단체 등) 사이의 공개적인 협상과 정치교환(political exchange)을 통해 이끌어낸 공식적·비공식적 사회협약(social pacts)의 산물이다(Compston 2002a: 3-5; Hassel 2003: 710).[1]

다원주의 노사정시스템에서는 정당과 의회가 정부-이익집단 관계를 매개하는 주요 채널이다. 반면에 노사정 정책협의시스템에서는 이익집단이 정부의 정

1) 사회협약은 이익단체 당사자 간에 체결될 수도 있다. 우리는 이를 사회적 파트너십(social partnership)이라 지칭한다. 그러나 이 같은 사회협약은 보통 정부의 동의, 거중조정, 추인 등을 받는다. 따라서 사회적 파트너십은 노사정 정책협의와 거의 유사한 의미로 사용된다.

책형성과 정책집행 과정에 실질적인 역할을 수행하고 있기 때문에 정당과 의회도 정책과정에 참여하는 파트너들 중의 하나로 인식된다. 또 다원주의 노사정 시스템에서는 다양한 이익집단이 정당과 의회를 상대로 로비, 시위 및 선거 등에 영향력을 행사할 뿐 정책결정과 집행에서 실질적 역할을 기대하기 어렵다. 반면에 노사정 정책협의시스템에서는 대표성을 인정받은 이익집단이 정책형성·집행 과정에서 실질적 참여를 통해 역할을 수행한다.

2) 분석 틀

노사정시스템의 작동은 정치경제현상이다. 정치경제현상을 이해하는 접근방법은 구조중심 접근과 행위자중심 접근 모두 유용하다. 구조중심 접근을 통해서 우리는 행위자의 전략적 선택(strategic choice)과 행동이 왜 일정한 범주 혹은 방향으로 제약될 수밖에 없는가를 이해할 수 있다. 또한 행위자중심 접근을 통해서 우리는 주어진 조건하의 선택지에서 관련행위자들이 왜 그러한 전략적 선택과 행동을 하게 되는가를 이해할 수 있다.

그러나 이 같은 두 접근 중 어느 일방의 완전한 타당성은 인정되지 않는다. 따라서 두 접근이 상호보완적으로 통합될 때 우리는 정치경제현상에 보다 객관적인 설명과 이해에 근접할 수 있다. 신제도주의(new institutionalism)가 그에 대한 이론적 돌파구를 제공한다. 따라서 제9장은 글로벌 시장의 충격에 대응하는 영국 다수제 모델과 아일랜드 합의제 모델의 노사정 시스템 작동에 대한 연구방법으로 신제도론을 채택한다.

신제도론은 전략적 선택론과 구조론의 이론적 강점을 보존하고 이론적 약점을 제거해 주는 대안적인 이론이다. 신제도론은 '합리적 선택' 제도론('rational choice' institutionalism)과 역사적 제도론(historical institutionalism)이 있다(Thelen and Steinmo 1992; Immergut 1998). 전자는 정치경제 행위자들의 전략적 대응과 미시적 상호작용, 그리고 이것이 제도의 형성과 변화에 미치는 영향을 분석하는 데 초점을 맞춘다. 이런 점에서 신제도론은 미시적 이론과 거시적 이론을 이론적으로 가교시킨다. 즉 행위자, 제도, 구조간의 역동적 상호작용을 포착하여 전략적 선택론의 자발론(voluntarism)과 구조론의 결정론을 극복한다.

신제도론적 관점에서 글로벌 시장의 충격에 대응하는 영국 다수제 모델과 아일랜드 합의제 모델의 노사정 시스템의 패턴과 작동과정은 구조적 조건(사회경제적 위기, 사회문화 등), 노사정 관련 제도(정당·의회 정치기제, 정부유형 등), 참여주체(노동, 자본, 정당, 정부 등)의 전략 등 세 변수의 역동적인 상호작용이다(Thelen and Steinmo 1992: 15).

우선 구조적 변수이다. 영국과 아일랜드의 사회경제적 위기 및 사회문화는 행위자들(노동, 자본, 정당, 정부 등)의 전략적 선택, 그리고 그 행위자들 간의 상호작용 양식을 정당화하거나 제약하는 변수이다. 둘째, 영국과 아일랜드의 노사정 관련 제도적 장치는 행위자들의 상호작용에 의해 형성되나 그들의 전략적 선택, 상호작용 양식(협력과 갈등)을 촉진하거나 제약함으로써 정책결정 과정에 영향을 미친다. 마지막으로 영국과 아일랜드 노사정의 전략적 선택이다. 노사정은 구조적 조건하에서 자신들의 생존을 위한 전략적 선택을 한다. 그들의 전략적 선택은 구조적 도전을 이용하고 적어도 역작용을 최소화하는 역할을 한다. 그들의 전략적 선택과 제도적 제약 속에서 발생하는 그들 간의 갈등과 제휴는 제도적 파라미터에 영향을 준다. 따라서 노사정은 기존 제도적 장치를 자신들에게 유리하게 변경할 수 있다.

이러한 의미에서 노사정의 전략적 선택과 행위는 노사정 관계 틀을 규정하는 데 중요한 변수이다. 이런 관점에서 영국과 아일랜드의 노사정 시스템 작동과정을 비교 분석하기 위한 준거 변수들은 다음과 같다.

첫째, 시민사회 영역이다. 우선 사회문화가 노사정 시스템에 영향을 미칠 수 있다(Berger 2002b: 345-346). 사회문화는 정치경제 주체들의 행동양식을 규정하는 변수가 될 수 있기 때문이다. 예컨대, 국가개입의 축소와 경쟁을 강조하는 자유주의 문화는 정책협의시스템 작동을 어렵게 하고 다원주의 노사정시스템을 선호하는 경향이 있다. 반대로 평등과 연대, 관용과 타협을 강조하는 사회문화는 정책협의 메커니즘 작동에 긍정적으로 작용한다. 또 이익집단의 조직 및 단체교섭 방식이 노사정 시스템 작동에 영향을 미친다. 노동이나 자본의 조직이 독립적·분산적·경쟁적으로 조직되고, 상급조직이 단위조직의 무임승차 유혹을 제어할 수 있는 통제력을 갖지 못할 때 다원주의 노사정시스템이 작동하는 경향을 보인다. 반면 자본과 노동의 이익집단이 상대적으로 포괄적인 상급노조가 단위조직들의 주장과 활동에 통제력을 행사하고 산하 노조들의 이해관계를 대변하는 대표성을 가질 때 노사정 정책협의시스템이 작동할 가능성이 높다. 한편, 개별기업 단체교섭 과정에서 각 이익조직들이 조직이익 극대화 전략을 채택할 때 다원주의 노사정시스템이 작동하는 경향이 있다. 예컨대, 개별 기업 노조들은 국민경제에 미칠 파급효과를 고려하지 않고 무리한 임금인상(단기이익)을 요구하며 노동운동을 전투적으로 전개하는 제로섬적 분배갈등을 연출하는 경향을 보인다. 반면 상대적으로 포괄성을 갖는 조직된 노조는 자신들의 결정이 국가경쟁력, 고용, 인플레이션 등 국민경제에 미치는 영향을 고려하고 기업과 국가의 양보를 끌어내기 위해 임금인상을 자제하는 등 협력적 자세를 취하는 경우 정책협의시스템이 작동한다.

둘째, 정치사회에서 정당정치 및 의회정치의 패턴이 노사정시스템 작동에 영향을 미친다(Hamann and Kelly 2007: 976-977). 정당과 노조 간 연계가 부재하거나 취약할 때 다원주의 노사정시스템이 작동하는 경향을 보인다. 특히 중도 좌파정당이 존재하더라도 노조와의 이념적·조직적 연계가 취약한 조건이라면 노조는 의회, 행정부를 상대로 로비·시위 등을 통해 이익표출을 한다. 노동의 정책선호는 자유 경쟁하는 정당이나 이익집단의 중재, 선거메커니즘에 의해 정책형성자에게 전달되는 것으로 인식되기 때문이다. 이 조건에서 노동-자본-국가 간의 정치교환(political exchange)을 통한 계급타협을 시도하는 정책협의시스템이 작동할 가능성은 낮아진다. 반면에 노동이 노동우호적인 정당과 유기적인 협력관계가 구축되는 조건에서는 노사정 정책협의시스템이 작동하는 경향이 있다. 특히 중도 좌파정당이 중도 우파정당과 권력분점(power-sharing) 형태로 의회에서 협력하거나 혹은 연립정부를 구성할 때 노사정 정책협의시스템은 성공적으로 작동할 가능성이 있다. 정치과정이 이익집단-정당-의회-관료 사이의 연합구조에 의해 정책결정 과정으로 나타나며, 이를 통해 노사정 정치교환은 계급·계층 대타협을 유도한다.

셋째, 노사정시스템 작동은 경제사회에서 정부의 정책능력의 차이에 영향을 받는다(Ebbinghaus and Hassel 2000: 47-48). 정부의 정책이 사회적 형평성 정책보다는 기업의 성장·경쟁력 제고를 유도하는 공급중심의 경제(supply-side economy)로 경도되었을 때 노사정 정책협의시스템 보다는 다원주의 노사정시스템이 작동할 가능성이 높다. 이에 반해 정부가 이익집단들 간 타협을 유도하기 위해 보장자(guarantor) 및 보상자(compensator) 역할을 수행하는 정책능력을 보일 때 노사정 정책협의시스템이 작동하는 경향을 보인다. 예컨대, 국가는 이윤의 재투자를 통한 경쟁력 제고와 일자리 창출을 유도하기 위해 자본에게 사업신뢰(business confidence)의 인센티브를 제공하며, 노동에게는 자발적 임금인상 자제로 인해 발생하는 단기적인 물질적 손실을 보전하기 위해 사회적 시민권을 보장하는 보편적 사회보장제도의 확충을 단행한다.

3. 민주주의의 노사정정치 패턴과 작동

1) 영국 다수제 모델 vs 아일랜드 합의제 모델

영국의 선거지도는 양당제에 유리한 소선거구 단순다수대표제(plurality system)이다.[2] 이 선거방식은 결과적으로 제1당과 제2당이 득표율에 비해 높은 의석점유율을 차지하는 반면, 나머지 정당들은 득표율에 못 미치는 의석점유율을 갖게 되는 차등화 현상을 야기한다. 이러한 불비례적 선거제도로 인해 보수당과 노동당은 과다대표되고 여타 정당은 과소대표되고 있다. 결국 영국의 단순다수대표제는 양당지제를 영속화시킴으로써 제3당의 대의 기능을 왜곡시킨다.[3] 특히 소수 소외계층이나 특정 이익단체의 이해를 대변할 정당이 의회에 진출할 수 있는 길을 차단하여 갈등을 정치권으로 끌어들이지 못하는 문제점을 갖는다. 이 같은 문제점은 영국 선거제도의 불비례성에 연유한다(Schulze and Moran 2007a: 52-54).

영국 시민사회는 심각한 균열이 존재하지 않는 동질적인 사회이고 사회경제적인 이슈의 차원만이 정당 간에 최소한의 차별성을 구분 짓는 변수이다. 따라서 이론적으로 볼 때 영국 정당체제의 특징은 사회경제적 이슈라는 한 차원에서 주요 정당들의 정책차별성이 존재한다는 데에 있다. 즉 보수당과 노동당을 구분하는 정치적 주요 변수는 사회경제적 정책에 대한 차별성이다. 좌-우 스펙

2) 스코틀랜드 의회, 웨일즈 의회, 런던 의회, 유럽연합 의회 등의 선거에서는 비례대표제를 도입했다(Flinders 2005: 75).

3) 지역적 인종적 차별성으로 인하여 스코틀랜드와 웨일즈 지역에 각각 민족당(National party)이 활동하고 있으나 보수당과 노동당의 패권 다툼에 있어 별다른 위협이 되지 못한다. 다만 2015년 5월 총선에서 스코틀랜드 독립당이 스코틀랜드 독립을 슬로건을 57석을 획득하는 이변이 발생했다.

트럼 선상에서 볼 때 노동당은 중도좌파를 대표하고 보수당은 중도우파를 지향한다. 이러한 차이는 선거정치에서 정당에 대한 투표자들의 지지 패턴에서도 반영되는데 노동계급에 속하는 투표자들은 노동당 후보를 지지하고 중산계급의 투표자들은 보수당 후보에게 표를 던지는 경향이 높다. 특히 단순육체노동자의 2/3는 노동정치에 뿌리를 둔 노동당에 투표하는 반면, 비육체 노동자의 3/4은 부와 재산과 지위에 오랫동안 연계된 보수당에 투표를 한다. 자민당 또한 사회경제적인 차원에서 중도적인 입장을 취한다.

영국민주주의는 보수당과 노동당을 중심으로 한 양당정치에 의해 작동된다. 다른 정당, 특히 자유당(Liberals), 1988년 자유당과 사민당(Social Democratic party)이 합당한 자민당(Liberal Democrats), 그리고 민족정당들도 선거에서 경쟁하고 하원 의석을 확보하고 있으나 유의미한 다수의석을 획득하여 내각구성에 참여하는 경우는 좀처럼 발생하지 않는다. 전후 의회의석은 보수당과 노동당이 점유하고 이들 양당 중 한 정당이 단독으로 내각을 구성한다. 바꿔 말하면 내각 집행권은 1개의 과반수 정당(또는 다수당)에게 집중되고 이 정당이 거의 독점적으로 정치권력을 행사한다.4)

입법부-행정부 권력관계에서 총리가 주도하는 내각은 하원을 조정하여 자신들의 입법안을 통과시킬 수 있다. 내각에 권력집중이 강화되고 있는 점에 비춰 볼 때 영국 웨스트민스터민주주의(Westminster democracy)의 행정부-입법부 관계에서 내각 우위 현상이 나타난다. 사실 권력집중 현상을 보이는 영국의 권력구조는 대결의 정치(confrontational politics)를 가져올 수 있는 제도이다. 그러나 실제 권력구조의 운영에서는 온건과 절제로 상징되는 정치가 작동하고 있다. 이는 사회적 균열이 복합적이지 않는 영국에서는 의회-내각 권력관계에서 나타난 내각 우위 현상이 그렇게 심각한 정치적 갈등을 야기하지 않고 있음을 시사한다. 그럼에도 영국 웨스트민스터민주주의는 정치적, 경제적으로 우월한 다수파에게 국가권력을 독과점적으로 배분하여 정치적, 경제적 소수파의 이익과 정치적 수요에 제대로 부응하지 못한다(선학태 2005: 162-163). 이때 정치시장은 제로섬 게임의 무대로 전락한다. 또 영국 웨스트민스터민주주의는 정부의 정책결정 과

4) 예외적으로 최근 보수당-자민당 연정(2010~2015년 5월)이 구성되기도 했다.

정에 선거패자의 참여를 배제함으로써 소수파에게 극도의 정치적 소외감과 좌절감을 강제한다. 그 결과 정치사회는 만성적 불안이 잠재한다. 따라서 영국 웨스트민스터민주주의는 정치사회 세력 간 갈등해결 장치로서 한계를 드러낸다.

요컨대 영국민주주의는 소선거구 단순다수대표제-양당체제-단일정당정부-행정부우위 등의 제도적 매트릭스에 작동하는 다수제 모델에 따라 작동한다. 다수당의 수중에 권력을 집중시키는 '정부 vs 야당' 패턴을 경쟁적, 대립적 관계로 유도하며, 이러한 경쟁과 갈등은 노사(정) 간 경쟁관계를 유발하는 다원주의적 이익대표체계(pluralist interest representation system)로 연장된다.

한편, 단기이양식투표(single transferable vote) 비례대표제에 기초한 아일랜드 정당체제는 사회·종교 균열에 뿌리를 둔 것이 아니라 영국으로부터 독립을 둘러싸고 내전을 치렀던(1921~23) 양대 대립세력 간의 정치적 갈등을 반영한다.[5] 즉 Fianna Fáil은 북아일랜드를 영국령으로 인정한 1921년 '영국·아일랜드조약'을 반대했던 반영(反英) 민족주의 기치를 내건 반면, Fine Gael은 그 조약에 찬성했다. Fianna Fáil은 줄곧 다수당 위치를 점유해 정치연합에 반대하고 단독정부 구성을 고집하며 소농·노동자·중하위층 등의 지지를 얻는 반면, Fine Gael은 자유보수주의와 경제긴축을 추구하며 대농·전문인·기업·중산층 등의 지지를 받는다. 사민주의를 표방한 좌파정당인 노동당(Labour Party)이 존재했으나 양대 중도우파 정당인 Fianna Fáil과 Fine Gael 중심의 양당정치에 밀려 선거에서 득표력이 취약했다. 그러나 1980년대 이후 아일랜드 양대 정당인 Fianna Fáil과 Fine Gael 이외에 자유주의와 경제긴축을 표방한 진보민주당(PD), 녹색당, 두 좌파당인 노동자당(WP), 민주좌파당(DL) 등이 새롭게 의회에 진출했다(Schulze and Moran 2007b: 765; Hamann and Kelly 2011: 59).

아일랜드 정당정치의 1989년 이전 정부구성은 Fianna Fáil 단독정부와 여타

---

5) 아일랜드의 단기이양식투표(STV)도 각 당의 전국 득표율과 의석점유율을 거의 정비례시킨다. 이는 정당명부의 서열의 결정권을 유권자들에게 과감히 이양하는 제도다. 아일랜드의 하원의원 선거는 41개 지역구로 분할하여 각기 적게는 3석 많게는 5석을 선출한다. 유권자들은 지역구 후보자들에 대한 선호도에 따라 순서대로 후보자들의 이름을 명기하게 된다. 첫 번째로 기명된 후보자들의 득표수를 합산하여 이들 중 일정 득표수를 초과한 후보자는 당선되고 여기서 초과한 득표수는 유권자들이 두 번째로 지명한 후보자들에게 이전된다. 두 번째의 지명자가 일정 득표수를 확보하면 당선된다. 이러한 절차를 지속하여 해당 지역에 따라 3석에서 5석의 당선자를 확정한다(Schulze and Moran 2007b: 763-764).

정당 간 연립정부, 두 양식으로 나타났다. 그러나 글로벌화 이후 아일랜드도 다른 유럽국가들처럼 투표유동성 증가, 정당일체감 감소로 인해 기존 양대 정당의 지지도가 하락하여 다당체제가 구조화됨에 따라 1989년 총선에서 과반득표에 실패한 Fianna Fáil은 단독정부의 전통을 깨고 진보민주당과 최초로 연립정부를 구성했다. 1993년 노동당은 Fianna Fáil이 주도하는 연립정부에 참여했다. 이로써 아일랜드에서는 종전의 'Fianna Fáil vs 나머지 정당군'을 중심으로 한 양대 블록 정당정치가 좌우를 넘나드는 정당 간 연합정치의 제도화로 전환되었다(Schulze and Moran 2007b: 766). 예컨대 Fine Gael/노동당/민주좌파당 연정(1994~97), Fianna Fáil/진보민주당 연정(1997~2007), Fianna Fáil/진보민주당/녹색당 제1·2기 연정(2007~2011), Fine Gael/노동당 연정(2011~현재) 등이다.

연합정치의 공간이 확대되자 행정부-의회 관계가 경쟁·갈등을 유발하는 전형적인 다수제 모델에서 상생·협력하는 합의제 모델로 이동했다. 따라서 정부의 법안이 별다른 정치적 갈등을 일으키지 않고 의회에서 무난히 통과되곤 했다. 이 같은 합의제 정치적 공간 확대는 세계화에 대응하는 노사정정치 기제로서 정책협의에 기초한 사회협약정치(social pact politics)의 제도화를 유인했다. 아일랜드 합의제 모델에서 지역대표성을 보인 의회의 입법정치는 때때로 기능적 대표성을 갖는 사회협약정치에 의해 훼손되는 경우도 없지 않다(Schulze and Moran 2007b: 763).

2) 영국: 정책협의시스템의 해체와 다원주의 정치

1970년대 중후반 영국경제는 저성장, 고실업, 복지재정의 팽창으로 인한 재정적자 누증 등 심각한 위기에 직면했다. 특히 1976년 5월 출범한 캘러한(J. Callaghan) 노동당정부는 긴축재정, 공공지출삭감, 통화량 및 신용통제 등 신자유주의적 구조조정을 담보로 하는 '굴욕적'인 IMF 구제금융을 받아들였다. 이런 상황에서 노동자들의 고통과 분노가 1978~79년 '불만의 겨울'(Winter of Discontent)이라는 전후 최악의 전국적인 대규모 파업으로 분출되었다.[6)]

6) 글로벌화 이전에 영국 노사정 임금조정이 전혀 없었던 것은 아니다. 노동당정부는 1965~69년, 1974~79년, 그리고 보수당정부는 1971~73년에 노조와 함께 소득정책 협상을 시도했다(Davies 1983: 453-454). 그러나 글로벌화 이후 정책개혁 과정에서 양당정부는 노사정 파트너십과 사회협약정치를 거부하고 의회 입법정치에 의존했다.

당시 경제적·사회적 위기에 대해 1979년 5월 집권한 대처(M. Thatcher) 보수당정부의 정책 처방은 이른바 대처리즘(Thatcherism)이다. 대처리즘은 공공부문의 민영화, 직접세(법인세, 사업소득세 등) 완화, 공공지출삭감, 노동자들의 재상품화(recommodification) 등을 중심으로 한 신자유주의적 글로벌 시장화의 신호탄이었다(Kavanagh and Morris 1989: 42). 이러한 경제정책 기조 하에서 보수당정부의 노사관계 개혁은 대처리즘의 신자유주의적 성격을 가장 극명하게 보여 주었다. 보수당정부는 노조운동을 영국경제에 인플레이션, 저생산성, 저경쟁력의 악순환을 유발시키는 원흉이며 사회혼란의 원인 제공자로 규정했다. 그녀의 노사관계 개혁은 노조운동의 약화를 겨냥했는데 그것은 1980년의 고용법, 1984년의 노동조합법, 1986년의 임금법 등 노동관련법의 도입을 통해 클로즈드숍(closed shop)의 폐지, 노조집행에 대한 규제 강화, 단체행동에 대한 제3자 개입금지, 단체행동에 반하는 조합원의 자유행동 허용 등의 형태로 나타났다. 이와 같은 보수당정부의 반노조적 입법과 정책은 노조조직률 감소 등 노조운동의 약화를 야기했다.

보수당정부는 노동을 사회적 동반자로 인정하지 않고 경제정책 결정 과정에서 영국 최대 노조인 TUC를 배제하는 가운데 정책협의시스템을 거부했다(Williams 2002: 57). 즉 "정책협의 시스템은 경제의 변화와 적응능력을 방해했고 경쟁과 새로운 기업의 창업을 제약"하는 것으로 인식했다. 보수당정부 하에서 노사정 정책협의시스템의 거부에 대한 가장 명백한 상징적인 조치는 1992년 4월 정책협의체인 국가경제발전위원회(National Economic Development Council)의 위상 하락과 해체이다. 당시 다양한 다른 노사정 3자 협의체들 또한 해체되었으며, 몇몇 3자 협의체에서 노조의 대표권은 축소된 반면에 고용주, 사업가들은 대체로 상응한 회원권 증대를 부여받았다(Dorey 2002: 65-66). 예컨대, 실업감소 정책을 개발하고 조정하기 위해 1973년 창립된 인력서비스위원회(Manpower Service Commission)를 1987년 훈련위원회(Training Commission)로 개명하고 여기서 사용자에게는 9명의 대표를 참여시킬 수 있는 권한이 주어진 반면, 노동은 3명의 대표에 그쳤다. 그리고 보수당정부의 장관들이 TUC의 대표를 만나는 경우도 정부의 결정과 목표에 관한 협의를 하기보다는 일방적으로 통보하는 자리에 불과했다.

또 보수당정부의 노사정 정책협의시스템에 대한 거부는 소득정책을 회피하는 데서 관찰된다(Dorey 2002: 66-67). 보수당은 소득정책이 항상 동반하는 노조와의 정치적 교환(political exchange) 관계를 구축하려는 의사를 갖고 있지 않았다. 즉 임금자제를 수용한 대가로 노조에게 사회적 임금(social wage)을 증대시켜줄 것이라는 기대는 상상할 수 없었다.

글로벌 시장의 충격이 영국사회를 강타하는 가운데 1997년 5월에 집권한 블레어(Tony Blair) 노동당정부는 '제3의 길'(Third Way)을 표방하였다(Giddens 2000: 101-110). '제3의 길'에서 노동당정부의 경제정책은 공공지출동결, 소득세인상 억제, 인플레 억제, 노동시장 유연화 등으로 전개되었다. 이는 기업의 투자·성장·경쟁력 제고를 유도하는 공급중심의 경제(supply-side economy)로 보수당과 구별되지 못할 정도의 친기업적·친시장적 정책에 토대를 둔 우경화로 경도되었음을 의미한다. 이로 인해 보수당 대처 수상의 신자유주의 노선에 노동당 블레어가 추종한다는 의미의 블레처리즘(Blatcherism)이라는 용어가 등장했다.[7] 노동당정부는 사회정책에서도 전통적인 노동당의 정책과 차별성을 드러낸다. 국가에 대한 복지의존도를 줄이기 위해 복지예산을 재배치하는 새로운 복지체계를 확립했다. 글로벌 시장의 충격에 대응하기 위해 적극적 노동시장 정책을 도입하여 자본의 요구에 순응하고 성장에 필요한 고용능력(employability)을 키우기 위한 기술지원, 직업교육훈련 투자를 크게 강조하는 한편, 복지수혜자들이 '앉아서 복지혜택을 받을 수 없게'하는 이른바 '일을 통한 자립 복지'(workfare or welfare to work)를 내세웠다. 동시에 노동정책에서도 기업의 수익성 향상과 일자리 창출을 노동시장 유연성을 통해서 실현하고자 하는 친기업적 관점에서 접근했다. 노동당정부의 이 같은 일련의 친기업적·친시장적 정책조합은 노사정 정책협의체에 대한 노동의 관심을 떨어뜨렸다.

노동당정부는 사실상 케인즈주의에 입각한 사민주의 정치를 탈피하고 보수당정부가 선호했던 노동시장의 공급중심 정책을 우선시했다(Hamman and Kelly 2011: 80). 앞선 보수당정부가 채택했던 일련의 반노조 입법을 그대로 유지하는

7) 블레처리즘과 대비되는 버츠켈리즘(Butskellism)은 1950년대 보수당 재무상이던 R. Butler와 노동당 당수 Gaitskell의 합성어로서 케인즈주의적 복지국가 건설에 좌·우 정치세력이 합의했다는 의미이다.

가운데 노조의 집단행동 통제 등으로 노조의 전반적 정치적 권력자원은 크게 위축되었다. 이런 정치적 지형 속에서 노동당정부는 단지 담론의 차원에서만 정책협의를 시도할 뿐, 사실상 이를 포기했다(김수행 2003: 99). 노동당정부는 경제정책 결정 과정에서 노사정 3자포럼을 부활시키려는 기대를 불식시키려 했으며 다원주의적 이익대표체계(pluralist interest representation system)를 강조했다. 블레어 자신도 과거에 유행한 정책협의시스템을 도입하는 것은 시대착오적이고 실용적이지 못한 것으로 인식했다(Dorey 2002: 67-68).

반면 많은 사용자들은 노동당정부가 자신들에게 보여 준 개방적이고 관대한 정책에 대해 만족했다(Dorey 2002: 71). CBI(사용자단체) 출신 사용자 대표들은 수상 및 각료들과 정기적으로 접촉을 가졌을 뿐만 아니라 '무역 및 산업부'를 정기적으로 방문했다. 그 외에도 사용자 대표들과 산업가들은 정부의 태스크포스팀, 자문위원회, 그리고 정책발의와 제안들을 검토하기 위해 노동당정부에 의해 설립된 각종 위원회 등에 자리를 부여받았다. 이러한 사용자들의 관대한 대표권은 노조에게는 부여되지 않았으며, 이것은 노동당정부가 노조보다는 CBI 및 경영계와의 정책협의와 파트너십을 발전시키려는 데 훨씬 더 많은 관심을 갖고 있다는 것을 의미한다. 이처럼 노동당정부 하에서도 노사정 정책협의시스템은 작동되지 않았다. 이전 보수당정부의 반(反)노사정협의 유산을 그대로 물려받아 유사한 노조와의 관계를 경시했다. 노동당은 2002~03년 산업분쟁을 전개하고자 했던 공공부문 노조에 대해 강력히 대응하기도 했다. 노동의 파업행위는 노동당의 정책프로젝트에 대한 노조의 불신을 의미했고 노동당과 노조의 관계를 더욱 소원하게 했다(Waddington 2003).

결국 영국은 글로벌 시장화 이후 사회협약 체결을 위한 노사정 정책협의시스템의 작동을 경험해 본 일이 없다. 1980년대 이전 간헐적으로 시도되었던 정책협의시스템마저 보수당 및 노동당 집권 하에서는 해체되는 과정을 겪었다. 노사정 관계에서 국가가 참여하는 갈등조정 메커니즘은 노조나 사용자 양측의 어느 편에서도 환영받지 못했다. 이것이 시사하는 바는 보수당 및 노동당 정부하의 노사정 관계에 다원주의적 이익대표체계가 지배하고 있다는 점이다. 영국 다원주의적 노사정 관계는 분산적 이익집단, 즉 노동과 자본이 갈등적이고 경쟁적인 방식으로 정부에 압력을 행사하는 경향을 보인다. 2005년 총선에서도 노동당정부는 비록 득표력과 의석점유에서 퇴조를 보였지만 의회에서 단독으로 과반의석을 동원하여 사회협약정치 대신 의회 입법정치에 의존하여 노동시장·복지개혁을 추구할 수 있는 정치지형을 구축할 수 있었다(Hamman and Kelly 2010: 82).[8]

보수당 및 노동당 정부 하에서 노사정 정책협의시스템이 해체되고 다원주의 노사정시스템이 정착되는 동안 어떤 정치적·사회경제적 결과가 나타났는가? 보수당정부 하에서 계층 간의 소득불평등, 지역 간의 산업발전 격차로 인한 갈등이 분출했고 이를 진압하기 위한 법과 질서의 필요성을 증가시켰다. 즉 경찰력 및 군대의 증강을 위한 공공지출을 우선순위에 두었고 지방교부금 삭감을 통해 지방정부의 역할을 축소했으며, 중앙정부의 권한을 강화하는 등 권위주의 국가의 양상을 드러냈다. 영국 경제는 1990년대 중반 무렵 인플레율, 실업률, 국민총생산 등 거시경제지표에서 불황의 조짐이 뚜렷했고 이것이 보수당으로 하여금 18년간의 정권을 상실케 하는 배경이 되었다. 노동당정부 하에서도 사회경제적 실적이 크게 달라지지 않았다. 예컨대 경제성장률은 1995년 2.7%에서 2004년 1.8%로 저하됐으며, 빈곤율의 경우 1995년 5.0%에서 2004년 5.3%로 증가했다(Taylor-Gooby 2007: 35-36). 그 결과 소득분배구조의 악화와 사회양극화에 따른 갈등이 분출되었다. 이것은 복지국가의 재편으로 인해 복지혜택에 더 이상 의존할 수 없게 된 극빈자, 공공지출 동결로 인한 피해를 입은 연금수혜자들의 소득이 감소한 데서 연유한 것으로 분석된다. 이 같은 맥락은 보수당정부 및 노동당정부 하에서 조직노동은 노동시장과 정치시장에서 그 영향력을 상실하였고 사실상 정책협의시스템은 국정 어젠다에서 사라졌으며, 빈곤층과 소외계층 그리고 사회경제적 불평등이 확산되었음을 의미한다.

3) 아일랜드: 노사정 정책협의시스템

1980년대 전반기에 글로벌 시장의 충격은 아일랜드 경제를 강타했다. 즉 당시 고용률, 실업률, 재정위기 등이 심각한 수준이었다. 이런 상황에서 많은 논

---

8) 다수제 정치제도를 가진 영국 노동당정부의 연금개혁 과정은 집권당 일방적으로 추진되지 않고 노사를 비롯한 광범위한 이해당사자가 참여하는 연금위원회(2002)라는 정책협의체와 야당(보수당)과의 합의제 정당정치의 작동으로 진행되었다는 연구가 있다(김영순 2013).

자들은 외채상환 정지 등 국가적 파산을 우려하기 시작했다. 그럼에도 당시 중도우파인 Fine Gale과 중도좌파인 노동당 간의 연립정부(1982~87)는 정책지향성의 차이에 따른 내부갈등 때문에 경제위기에 대응하기 위한 적절하고 단호한 조치를 취할 수 없었다. 무엇보다도 세입증가를 통하여 재정적자에 대응하려는 정책적 노력은 경기침체를 악화시켰다. 이런 상황에서 특히 고급인력이 해외로 빠져나갔고 위기와 절망감이 전 사회적으로 확산되어 갔다.

글로벌 시장의 충격에 따른 사회경제 위기 상황에서 야당의 전폭적인 지원에 힘입어 정부, 노총, 사용자연맹, 농업조직이 참여하는 국가경제사회위원회(National Economic and Social Council, NESC)가 가동됐다. 이에 따라 수상의 자문역할을 수행하는 싱크탱크(think-tank)인 NESC는 1986년 발전전략(Strategy for Development)을 발표했다. 발전전략은 정부재정 개혁의 절박성을 인정했으며 임금인상 자제가 경쟁력 향상에 필수적이라고 규정했다. 이러한 NESC의 보고서가 노사정 정책협의시스템을 발족시킨 신호탄이었다. 국내 사회경제적 위기감이 모든 참여자들의 마인드를 당시의 경제적 난국과 정책교착(policy stalemate)을 우회하는 전략을 개발하는 데 집중시키는 계기를 마련한 것이다(Hardiman 2002: 9). Fianna Fáil은 1987년 단독소수정부를 구성하여 경제위기를 극복하기 위해 임금억제와 공공사회 지출 억제를 시도했다. Fianna Fáil 정부의 혹히(Charles J. Haughey) 수상은 단독소수정부이기 때문에 정책을 바로 입법과정에 부치지 않고 노사정 3자 정책협의를 거쳐 논의하기로 했다.

이에 따라 10월에 NESC는 최초의 사회협약을 체결했다. 향후 3년 동안 첫째, 노조는 지나친 임금인상 요구와 파업을 자제하고 둘째, 기업은 투명경영과 이익금의 재투자로 일자리를 창출하며 셋째, 정부는 재정지출을 줄이고 소득세 감면과 사회보장제도를 확충하는 것을 뼈대로 하는 '국가재건프로그램'(Program for National Recovery, PNR)(1987~90)을 체결한 것이다(Roche 2007: 398). PNR의 체결은 혹히 수상의 단호한 의지, 그리고 사용자와 노조 지도자들과의 그의 개인적인 친분관계에 힘입은 바 컸다(O'Connor 2004: 89). 국제경제 호전, 인플레이션 하락의 상황에서 아일랜드는 PNR를 통하여 재정적자 규모를 크게 축소했고 경제성장을 위한 발판을 마련할 수 있었다. 동시에 사용자와 노조 지도자들은 정책협의시스템의 긍정적 효과에 대해 정당, 정치엘리트들과의 입장과 인식을 공유하였고(O'Connor 2002: 164), 이로써 경제의 '선순환'을 유지시키는 제도적·정치적 기반이 확고히 자리를 잡게 되었다. 따라서 PNR의 성공은 사회협약의 참여주체들에게 정책협의시스템의 우월성에 대한 학습효과를 부여했다.

Fianna Fáil/진보민주당 연립정부(1991~93) 하의 NESC는 1991에 경제사회진보프로그램(Programme for Economic and Social Progress, PESP)(1991~94)이라는 사회협약을 채택했다. PESP는 임금인상률에 관한 합의와 함께 근로자의 경영참여, 장기실업자 및 시간제 근로자의 보호 등을 규정했다. 1989년 경제가 회복단계에 접어들기 시작했지만 실업률은 1993년까지 여전히 높은 상태에 있었다. 이런 상황에서 사회적 파트너들이 실업에 대해 충분한 관심을 두지 않는다는 불만이 분출되었다. 이에 대한 반응으로 정부는 1993년 국가경제사회포럼(National Economic and Social Forum: NESF)을 설립하여 사회적 파트너십에 대한 관심과 의지를 심화시키고자 했다. NESF의 회원은 전통적인 사회적 파트너(노사정) 외에 농민단체, 정당대표, 그리고 실업자·청년·여성·장애인·빈곤층 등을 대표하는 자발적 결사체를 망라했다.[9] Fine Gael/노동당/민주좌파당 연립정부(1994~96) 하의 NESF의 역할은 경제사회 정책어젠다를 개발하고 특히 실업과 불평등에 대처하며 사회경제 공공정책에 관한 국민적 합의를 이끌어내기 위한 사회협약을 체결하는 것이었다. 1994년에는 경쟁력·일자리프로그램(Programme for Competitiveness and Work, PCW)(1994~96)을 채택했다(O'Donnell *et al.* 2011: 98-100). 당시 아일랜드 경제는 높은 성장에도 불구하고 여전히 15% 수준의 높은 실업률을 보였다. 따라서 PCW는 기업의 경쟁력 강화와 일자리 창출을 추진하여 실업 문제 해결을 목표로 설정했다.

PNR, PESP, PCW 등 사회협약의 성공적 집행으로 아일랜드 경제는 높은 경제성장률을 기록했으며 실업률도 크게 줄어들었다. 그러나 1990년대 중반 이후 공공부문 노조를 포함한 산별노조들은 사회협약이 경쟁력 강화라는 구실 아래 근로자들에게 많은 희생과 고통을 강요하고 있다고 비판했다. 이에 따라 제2기 Fine Gael/노동당/민주좌파당 연립정부(1997~2000) 하에서 이해관계자들은

9) NESF는 2002년 현재 국회 15명, 노조 5명, 사용자 5명, 농업조직 5명, 시민사회단체 15명, 중앙정부 5명, 지방정부 5명, 독립인사 5명 등 총 62명으로 구성됐다.

정책협의에 참여하여 '사회통합·고용·경쟁력 파트너십 2000'(Partnership 2000 for Inclusion, Employment and Competitiveness)(1997~2000)을 채택했다. 이 사회협약은 고용창출과 경쟁력, 그리고 사회통합을 동시에 강조했다. 무엇보다도 '파트너십 2000'은 그 동안 성장의 혜택에서 소외된 장기실업자를 비롯한 사회적 배제집단을 배려했고 이를 위해 그들 집단들의 대표들이 정책협의 과정에의 참여를 규정했다. '파트너십 2000'이 종료된 후 Fianna Fáil/진보민주당 연립정부(2000~03) 하에서 연립정부 아일랜드의 경제사회 주체들은 '번영·공평성을 위한 프로그램'(Programme for Prosperity and Fairness, PPF)(2000~03)을 채택했다. 이 사회협약의 핵심은 임금인상률에 합의한 근로자들의 양보에 대한 보상으로 정부는 향후 3년 간 25%의 조세감면을 약속했다. 또 Fianna Fáil/진보민주당 연립정부(2003~05) 하의 아일랜드의 경제사회 주체들은 근로자들의 임금인상 자제에 보상으로 주택보급의 확대, 퇴직수당 인상 등을 담은 '지속적 진보'(Sustaining Progress)(2003~05)를 체결했다. Fianna Fáil/진보민주당 연립정부(2006~현재) 하의 NESC의 '복지국가발전' 보고서에 따라 노사정은 2006년 임금자제, 그리고 고용권법 준수를 유도하기 위한 국가고용권기구(National Employment Rights Authority) 설립을 비롯해서 고용권·노동기준을 담은 '2016년을 향한 협약'(Towards 2016 Pact)(2006~16)을 체결했다(O'Donnell *et al.* 2011: 96, 101).

7차례에 걸친 사회협약들은 당면한 사회경제 문제에 대처하기 위한 고통분담과 보상의 내용에 관한 합의이다. 앞 3개의 사회협약 정책프로그램은 주로 경제성장 및 경쟁력 제고를 통하여 고용창출에, 뒤 4개의 협약 정책프로그램은 사회개혁, 참여, 형평성, 노동권 강화에 보다 역점을 두었다. 하지만 모든 협약의 특징은 임금인상 자제라는 노동자들의 양보인데 이로 인한 노동자들의 경제적 손실은 낮은 인플레이션과 정부와 기업의 보상정책 패키지에 의해 충당되었다. 특히 정부는 근로소득세율 인하와 사회취약계층 보호를 위한 사회보장제도 확충 그리고 적극적 노동시장정책(ALMP)와 인적자원 개발을 시도했으며 기업은 임금인상 자제에 대한 보상의 차원에서 근로자들에게 기업경영 참여를 부분적으로 인정했다.

이와 같은 노사정 정책협의시스템의 작동 결과 거시 사회경제적 성과는 어떠했는가? 한때 가장 빈곤하고 후진적인 '유럽의 지진아'(European laggard)로 조롱받았던 아일랜드는 불과 25여 년 만에 양호한 거시 사회경제적 실적을 기록했으며, 사회갈등을 관리·조정하는 데 성공했다는 평가를 받고 있다(House and McGrath 2004; Roche 2007: 419-421). 우선 경제성장률은 1986년에는 마이너스 0.4% 성장을 기록했지만, 노사정 정책협의시스템이 본격적으로 작동한 1980년대 후반부터 지속적인 경제호황을 경험했고 특히 1994~2002년 사이에는 연간 평균 GNP 성장률 8.8% 이상을 기록했다. 이는 같은 기간 동안 EU의 평균 성장률 2.5%를 3배 이상 웃도는 고도성장이었다. 이 무렵 국가채무도 경제성장에 따른 재정세입 증대에 힘입어 크게 축소되어 마침내 1997년 이후 재정흑자로 돌아섰고, 정부부채의 규모도 지속적으로 줄어들어 2002년에는 GDP 대비 32.4%로 하향되었다. 국가경제의 눈부신 발전은 국민소득의 증대를 가져왔다. 1988년 1인당 국민소득 1만 달러에서 8년만인 1996년에는 2만 달러로, 그리고 2002년에는 3만3000 달러를 넘어섰다. 이는 2002년 당시 영국(2만4000 달러), 독일(2만5000 달러)의 1인당 국민소득을 훨씬 능가하는 수치였다. 나아가 아일랜드의 급속한 경제성장은 고용의 증가로 나타났다. 만성적인 이민유출과 1987년 16.8%로 유럽 최고의 실업률을 보였던 아일랜드는 2002년 실업률을 4.2%로 끌어내렸다. 대부분의 유럽연합 국가들이 1990년대 높은 경기침체 및 실업률, 재정적자 및 국가부채 증가 등으로 인하여 사회경제적 어려움을 겪었다는 사실을 고려할 때 아일랜드 사회경제적 성과는 '켈트 호랑이'(Celtic tiger)로 떠오른 '기적'으로 평가할 만하다.

4. 노사정 시스템 작동의 인과적 메커니즘

1) 사회문화 및 이익집단의 조직력·전략

첫째, 사회문화는 노사정 시스템 작동에 영향을 미치는 변수로 작용한다. 그렇다면, 영국과 아일랜드의 지배적인 사회문화는 각각 무엇이고 이것이 두 나라의 노사정 시스템 작동에 어떻게 영향을 미쳤는가?

우선 영국의 자유주의적 사회문화는 영국 정책협의시스템의 작동을 어렵게 하고, 대신 다원주의 노사정 시스템을 강화시킨 요인으로 작용했다. 영국의 노동과 자본은 전통적으로 국가에 대해 뿌리 깊은 불신을 품어 왔다. 이러한 불신은 영국사회가 보여준 자유주의적 방임주의에 연유한다. 자유주의 가치와 의회주의적 이익대표 형태에 대한 영국민의 문화적 몰입은 국가의 역할을 제약하고 시민사회와 시장에 대한 국가의 간섭을 부당한 것으로 여기게 하는 중요한 요인이 된 것이다. 노동과 자본도 이로부터 영향을 받는다. 조직노동의 경우 노사관계에 대한 국가개입은 노조주의에 법적 제약을 가함으로써 사용자에게 유리하게 작용하거나 노조의 자율성과 활동을 축소할 것이라는 의구심을 항상 떨쳐버리지 못한다. 따라서 그들은 자유로운 노사 단체교섭에 집착한다. 영국의 사용자들과 산업지도자들 또한 노사관계에 대한 국가의 간섭에 대하여 반감을 드러내는 경향을 보여 왔다. 그들은 정부의 간섭이 경영진의 경영권과 기업 자율성을 위축시킬지 모른다고 우려하고 정치인들이 자신들의 정치적 목적에 따라 노조의 지지를 동원할 필요성을 갖고 있는 것으로 인식한다(Coates 1994: 207). 이로 인해 영국의 노동과 자본은 자신들이 정부의 정책결정·실행 과정에 너무 깊숙이 통합되는 것을 경계한다. 왜냐하면 노동과 자본은 정책협의에의 참여가 자신들의 자율성과 독립성을 약화시키고, 가시적이고 단기적 이득에 보다 관심이 있는 산하 조직원들을 소외시킬 것을 적지 않게 우려하기 때문이다.

이와 같이 노사관계에서 국가의 개입을 통해 이뤄지는 갈등조정 메커니즘은 노조나 사용자 양측의 어느 편에서도 환영받지 못했으며, 노사정 정책협의시스템은 영국민들의 반국가적·자유주의적 가치로 인하여 쇠잔될 운명을 지녔다(Cox 1988: 201). 따라서 정부의 개입 없이 노사 간에 자율적으로 단체교섭이 이뤄지는 자유주의에 기초한 노사 자발주의(voluntarism)와 다원주의가 영국 노사관계의 주요 특징으로 자리 잡았다.

이에 반해 아일랜드에서는 가톨릭 사회교리가 노사정 정책협의시스템의 작동에 긍정적으로 작용한 하나의 요인이 됐다. 가톨릭 사회교리는 아일랜드 사회문화 형성에 지대한 영향을 미친다. 물론 영국 통치를 받았던 아일랜드의 식민지 유산은 사회적 파트너십에 부적합한 가치와 구조를 만들어내는 측면이 없지 않다(O'Connor 2004: 86). 즉 아일랜드의 노사정 관계는 국가개입의 최소화와 자율적 단체협상을 추구한 영국식 모델에 근거한 자유주의에 기반을 두었다. 특히 노조 내부에 자율적 노사관계가 자유노조운동에 필수적이라는 신념에 근거하여 국가개입에 대해 이데올로기적으로 매우 혐오하는 경향이 존재했다. 연이은 정부들도 자유주의에 반한 정책협의시스템을 선호하지 않았다.

하지만 장기에 걸친 영국의 식민지 지배는 역설적으로 아일랜드 정책협의시스템의 역동성을 가져오는 사회문화를 잉태했다. 독립 후 아일랜드의 노동시장에는 식민지 유산에 강한 거부감을 느끼고 이를 청산하고자 하는 노사문화가 발생하기 시작한 것이다. 즉 1980년대 전반기까지의 아일랜드 노사정 관계는 아직 영국식 자발주의, 다원주의적 단체협상이 남아 있었지만, 그 협상과정은 보다 제도화됐고 점진적으로 합의 패턴으로 변하기 시작했다(Roche 2007: 395-398). 이는 아일랜드 사회에 깊숙이 뿌리내린 가톨릭 교리에 의해 더욱 촉진됐다. 1891년 로마 교황은 계급투쟁을 주장하는 사회주의를 거부하고 사랑으로 계급 간의 화해와 협력, 관용과 포용을 촉구하는 기독교적인 처방을 담은 칙령을 발표한 바 있다. 이 같은 교황의 칙령이 전통적인 가톨릭 국가인 아일랜드의 노동과 자본에 점진적으로 내면화·생활화되어 사회문화로 자리 잡아 갔다. 이에 힘입어 아일랜드의 노사는 실제로 1970년대 제1차 오일쇼크로 인한 세계경제의 침체기에 직면하여 수차례 걸친 중앙 차원의 임금협상 및 합의가 실현되곤 했다. 이러한 정책유산은 1980년대 후반 이후 아일랜드 노사정 정책협의시스템을 정상적으로 작동시키는 데 동력이 됐다.

둘째, 노사정 시스템의 작동은 시민사회에서의 노조와 사용자집단의 조직력과 전략에 의해 영향을 받는다. 영국 최상급 노조인 TUC의 영향력은 가입된 노조들이 자신들의 자율성을 확보하기 위해 중앙집권적 통제를 거부하기 때문에 유럽 타국, 특히 아일랜드의 중앙노조에 비해 매우 취약하다.[10] 영국 TUC는 산하 노조에 대한 통제력과 대표성을 갖고 있지 못해 부문별 조합들이 중앙 차원에서 체결된 사회협약을 준수하지 않고 파업에 돌입하곤 했다. 즉 중앙노조가 사용자집단 혹은 정부와 협력을 하는 경우가 있어도 하부조직에서 이를 따르지 않는 경우가 많았다. 따라서 보수당정부와 노동당정부는 TUC가 중앙 차원에서 이뤄진 합의사항의 준수를 유도할 수 있는 구속력을 갖고 산하 하급 노조들에게 강제할 의사나 능력이 없다는 인식을 갖고 있었기 때문에 소득정책을 거부했다. 노조 지도부가 중앙 차원의 합의사항에 대한 노조 조합원들의 순

10) 영국 TUC에는 현재 76개 노조가 산업별·직종별·직능별 노조, 그리고 일반노조 등의 형태로 가입해 있고 산하 조합원의 총수는 840만 명에 이르고 있다.

응을 유도할 리더십과 통제력을 갖고 있지 않다는 것이 반복적으로 입증되었기 때문이다. 이런 까닭에 여러 사업부문에서 산업 및 전국차원의 단체교섭이 줄어들고 기업 혹은 사업장 단위의 단체교섭이 나타나기 시작했다. 즉 단체교섭은 단위노조에 상주하면서 노사관계의 제반업무를 담당하는 숍 스튜어드(shop steward)의 관할 사항이다. 영국 노사관계는 이처럼 기업 및 사업장 중심으로 이뤄진다. 이것이 노사정 정책협의시스템을 해체시키고 다원주의 노사정 관계를 선호하는 원인으로 작용했다.

영국의 사회적 파트너들은 단기주의(short-termism) 전략을 선호하는데 이것은 사회적 파트너들이 중장기적 전략의 성격을 띤 정책협의 과정에 참여하는 것을 주저하게 한다. 예컨대 노조는 항상 고용기간 및 조건을 둘러싸고 사용자와의 협상과정에서 사업장 조합원들의 단기적인 물질적 이해관계에 주로 관심을 가져왔다. 이것은 정책협의 과정에 대한 노조들의 참여 의지를 더욱 약화시킨 요인으로 작용했다. 왜냐하면 정책협의에 참여했을 때 이는 특수 업종 혹은 산업부문의 노조 조합원들의 단기적이고 물질적인 이익을, 정부에 의해 설정된 중장기적인 국가이익에 예속시키는 상황을 수반하기 때문이다(Dorey 2002: 74).

영국과는 달리 아일랜드에서는 노조의 조직적 집권성, 그리고 태도와 인식이 정책협의시스템의 작동에 유리하게 작용했다(Prondzynski 1998: 56-58). 아일랜드 노동조합총연맹(ICTU)은 정상 노조로서 전 조합원들의 약 90%에 해당하는 약 43만 5천 명의 노동자를 대표한다. 특히 1980년 이후 노조들의 합병활동이 활발해지면서 아일랜드 노조운동은 협조적인 행동과 계급지향적인 정책을 추구하는 능력을 과시했다. 노동운동 내에서 ICTU의 영향력은 정책협의시스템이 작동하는 동안 증대되었는데 이는 1987년 이후 ICTU가 의사결정권에서 내부 민주적 메커니즘에 입각한 도덕적 권위를 갖고 있었음을 반영한 것이다.

조직력에 바탕을 둔 ICTU는 정책협의에 기초한 사회협약을 적극적으로 지지하는 태도와 인식을 가졌다(O'Connor 2004: 94). 정부-자본과의 제도화된 정치교환(political exchange)은 영국의 식민지 통치 동안 경험했던 노조주의의 불행한 운명을 청산하기 위한 ICTU 지도부의 전략적 선택에서 비롯되었다. 물론 노조 내부에서도 정책협의시스템에 대한 반대가 없었던 것은 아니다. 특히 영국식 노조의 사고를 가진 아일랜드 장인노조는 노조의 자율성을 제약하는 중앙 차원의 사회협약을 반대하는 전통적·이데올로기적 입장을 견지했다. 그들은 정책협의시스템이 경영계 어젠다에 속박을 강제하는 정치적 통합 양식이라고 비판했다. 그러나 일반노조 및 공공부문 노조들은 정책협의시스템이 글로벌 시장의 충격으로 발생한 아일랜드의 여러 사회경제 문제를, 신자유주의 정책으로 해결하려는 시도를 차단했던 것으로 판단했다.

아일랜드 사용자들 또한 비교적 잘 조직화되어 있는데 이는 정책협의시스템에 긍정적으로 작용했다. 아일랜드기업·사용자연맹(IBEC)은 정책협의 과정에서 기업을 대변하기 위해 보다 통일된 목소리를 낼 수 있었다. 이는 업계의 보다 장기적이고 전략적인 정책 어젠다를 형성하고 추구하는 능력을 증대시켰다. ICTU의 지도부처럼 IBEC의 지도부도 노사정 정책협상 결과에 대한 산하 회원들의 순응을 담보하는 공식적 대표성을 견지했다. 정책협의시스템이 전국 수준의 노사정 관계를 정상화시키면서도 기업수준에서 유연화 전략의 추구를 방해하지 않았다(Roche 1998: 112-114). 따라서 IBEC의 산하단체들도 정책협의시스템을 강력히 지지했다.

2) 정당-의회 정치

노사정 관계와 맞물려 있는 정당정치·의회정치·내각구성이 노사정 시스템의 작동에 영향을 미치는 중요한 변수이다. 이 점에서 영국과 아일랜드의 정당정치·의회정치·정부유형의 차이점을 분석하고 이것이 두 나라의 노사정 시스템의 작동을 각각 어떻게 규정했나를 논의하고자 한다.

영국정치는 '경쟁'과 '수(數)의 논리'가 정치권력을 가장 효율적으로 배분할 수 있는 메커니즘이라는 다수제 정치패러다임에 따라 작동한다(Lijphart 2012: 10-16). 이에 따라 단순다수대표제에 입각한 영국의 선거제도는 양당제를 유인하고 이 중 과반 이상의 의석을 확보한 정당에 단독으로 정권을 맡겨 연립정부의 등장을 허용하지 않는다. 이러한 정치적 동학 조건이 국가이익을 증진시키는 정책을 결정하고 이를 신속하게 추진하여 국정 효율성을 실현할 수 있는 것으로 인식한다. 특히 집권당은 언제나 단독으로 의회 과반의석 지지를 동원할 수 있는 조건에서 의도한 어떤 정책개혁도 노조에 의존하지 않고 일방적으로 입법정치로 밀어붙일 수 있었다(Hamann and Kelly 2011: 75). 따라서 영국 다수제 모델에서는 노사정 정책협의시스템이 경직적이고 신속한 결정·실행을 방해한다는 이유로 거부되고 있으며, 정책개혁 기능은 정당·의회 정치에 의해 주도되고 있다. 말하자면 시민들의 이해관계는 경쟁의 원리가 작동하는 정당·의회 정치를 통해 정상적으로 표출, 반영되고 실현될 수 있는 것으로 인식한다. 이러한 경쟁의 원리는 노사정 관계에서 다원주의적 이익대표체계(pluralist interest representation system)로 나타난다. 영국 다원주의적 이익대표체계는 분산적 이익집단들이 로비, 시위 등 갈등적이고 경쟁적인 방식으로 정부에 압력을 행사하는 형태로 나타난다(Gallagher *et al.* 1995: 370).

1990년대 후반 이후 토니 블레어 노동당의 경제정책은 완전고용 포기, 복지지출 삭감 등 케인즈주의의 점진적 해체로 나타났는데, 이는 노조를 당으로부터 이반시키는 요인으로 작용했다. 노동당은 축적위기로 간주된 상황에서 기업신뢰(business confidence)와 투자촉진이라는 자본의 이해와 논리에 충실했다. 영국 노동운동은 노동당과 엄밀하게 기능적으로 분화되었다. 노동운동은 정치활동이나 이념적 원칙을 자신의 단기적이고 경제적인 이익을 실현하기 위한 부차적 수단으로 간주해 왔다. 이러한 노동운동의 성격은 노동당 지도부가 자본의 논리에 쉽게 타협할 수 있는 결정적 조건을 형성시킨 요인으로 작용했다. 바꿔 말하면 당과 노동조합의 기능적 분화가 시사하는 바는 노동당 지도부가 노조운동의 구조적 압력의 부재 속에서 상대적으로 케인즈주의적 정책과 노사정 정책협의시스템을 쉽게 포기할 수 있었다는 점이다. 노동당과 노조 간에 기능적 분화가 발생한 원인은 보수당 집권(1979~97년) 하에서 노동당과 노조가 분열되었고 노동의 권력자원이 약화되었을 뿐만 아니라[11] 노동조직의 중앙집중성이 약하다는 데에 있다. 블레어 노동당 하에서도 노동당과 전국적 수준의 이익집단 간의 관계에서는 어떤 의미 있는 변화를 가져오지 못했다(Charlwood 2004: 391). 블레어 노동당의 정치전략은 노조와의 일정한 거리를 두는 데 역점이 주어졌다. 노동당이 노조의 영향력으로부터 자유로울 수 있는 정치적 구조를 구축한 것이다. 이런 노동당정치 조건에서 노사정 정책협의시스템 대신, '제3의 길'로 포장된 신자유주의에 기초한 다원주의 노사정 관계가 지배하게 됐다.

11) 노조 가입률도 1979년 60%에서 2000년 29%로 크게 감소했다(Schmidt 2002: 163-164).

영국에서는 어떤 기구나 조직도 의회보다 우위의 정치적 권한을 갖지 못한다는 의회 통치권론이 존재한다. 그런데 노사정 정책협의시스템이 작동하려면 의회의 의사결정권이 노조의 지도자들과 사용자 대표들과 공유되어야 한다. 하지만 이는 의회통치권을 침해할 수 있는 여지가 발생한다. 실제로 이것은 노사정 정책협의시스템에 대한 이데올로기적 공세에서 몇몇 보수파들에 의해 거론된 이유 중의 하나이다. 영국에서 정책협의시스템의 작동 실패를 가져오는 의회통치권의 또 다른 차원은 대표 양식이다. 영국 의회민주주의는 공식적으로 지역 선거구에서 개별 투표자들의 '지역적 대표'에 기초하고 있는 데 반해, 정책협의시스템은 자본(CBI)과 노동(TUC)의 정상결사체들을 통하여 '기능적 대표'에 기초한다. 사회적 파트너들은 의회 혹은 선거인단에 책임을 지지 않기 때문에 의회 및 선거인단은 정책협의시스템을 불신한다. 이와 같이 영국 의회통치권의 개념은 정부와 이익집단들 간 의사결정권 공유에 기초하는 노사정 정책협의시스템 작동을 가로막는 커다란 장애물이다(Marquand 1998: 173).

한편, 1980년대 이후 아일랜드의 정당정치는 영국 정당정치를 지배하는 '경쟁' 원리보다는 '상생' 원리에 따라 작동하는 합의제 정치패러다임을 지향한다. 이 같은 정당정치의 특성은 사회경제적 위기에 직면하여 사회협약을 체결하는 노사정 정책협의시스템 작동에 유리하게 작용했다(Hamann and Kelly 2007: 982-984). 아일랜드의 주요 정당들은 각각 정치고객을 둔 사회적 뿌리를 갖는다. 다당제를 하부구조로 하는 보수-진보 정당지형은 당의 전국 득표율과 의석점유율을 거의 정비례시키는 단기이양식투표(single transferable vote)에 연유한다.[12) 이 비례대표제는 계급·계층균열을 보수-진보 정당체제에 반영시키고 '온건한 계급정치'(moderate class politics)를 통해 계급·계층갈등을 제도화시키는 노사정 정책협의시스템을 작동시키는 데 중요한 역할을 했다.

아일랜드에서 노동우호적인 정당인 Fianna Fáil, 노동당, 진보민주당과 노조 간의 연계는 노동의 이익이 정책협상테이블에서 정당에 의해 대표될 수 있도록 해 주었고 노조의 전략적 행동에 영향을 주었다. 즉 노조의 지도부는 글로벌 시장의 충격에 대응하기 위해 과격한 투쟁 대신 '온건과 절제'의 전략을 택했

12) 이는 정당명부의 서열의 결정권을 유권자들에게 과감히 이양하는 제도다. 유권자들은 지역구 후보자들에 대한 선호도에 따라 순서대로 후보자들의 이름을 명기하게 된다.

다. 말하자면 노동우호적인 정당들이 어려운 고비마다 과격한 노동운동을 자제시키는 등 노조들의 절제와 타협적 태도를 이끌어내는 데 공헌했다. 이러한 연대는 제도적 학습효과가 발생하여 노사정 간의 신뢰에 기반을 둔 사회적 자본을 축적하는 데 기여했으며, 이것은 또 다시 노사정 정책협의시스템을 작동시키는 선순환 결과를 가져왔다.

아일랜드 정당들은 조합주의적 정책협의에 대해 긍정적이었다. 1990년대 이후 모든 정당들은 정책협의시스템에 대한 입장과 지지를 정부와 공유했으며, 그 유효성에 대한 합의를 모았다. 물론 초기에 Fine Gael과 노동당은 사회적 파트너십에 대해 비판적이었다. 왜냐하면 합의내용이 민주적으로 선출된 정부의 정책자율성을 제약하며 정책협의시스템이 대의제 민주주의를 위협한다는 이유에서이다. 그러나 이들 두 정당은 1990년대에는 연립정부에 참여하면서 정책협의시스템을 선택하는 데 적극적이었다. 각 사회협약들이 성공적으로 실행되고 '나도 함께'(me too)라는 정치문화가 확산되어 어떤 정부도 정책협의시스템을 폐기하지 않았다(O'Connor 2004: 93). 이는 선거정치에서 노동우호적인 정당이 정책협의시스템의 작동에 중요하게 작용했음을 시사한다. 요컨대, 아일랜드의 모든 정당들은 정책협의시스템이 경제·사회 정책결정에 대한 적절한 접근방식이라는 데에 합의를 모았다.

정당 간의 협력체제에 기반을 둔 의회정치와 연립정부의 노력이 아일랜드의 노사정 대타협을 성사시키는 데 공헌했다. 1987년 이후 아일랜드 정당정치는 자주 협상하여 의회에서 정당 간의 교차파트너십(cross-partnership)으로 협력하고 연립정부를 구성하곤 했다. 아일랜드 노사정 정책협의시스템은 이러한 정당정치 지형의 변화 속에서 작동했을 뿐만 아니라 그 제도화에 탄력을 받았다(O'Donnell and Thomas 2002: 168). 실제로 각 사회협약은 의회에서 정당 간의 협력체제에 의존한 연립정부에 의해 체결되었다. 예컨대 PNR은 Fianna Fáil의 소수정부에 의해 이뤄졌지만, PESP은 Fianna Fáil/진보민주당 연정, PCW은 Fianna Fáil/노동당 연정, '파트너십 2000'은 Fine Gael/노동당/민주좌파당 연정, PPF과 '2016년을 향하여'는 Fianna Fáil/진보민주당 연정에 의해 각각 체결되었다(Hardiman 2002: 22). 정권이 여러 차례 바뀌는 상황에서도 의회에서 정당과 정파를 초월해 정당 간 협력체제에 기반을 둔 연립정부는 노사정 정책협의의 틀을 유지하는 정치적 받침대가 됐다. 따라서 설령 총선 결과에 따라 연정파트너 교체가 이뤄져도 경제정책의 갑작스런 변경이 야기될 가능성은 높지 않으며, 이는 노사정 정책협의시스템의 안정적 작동을 가능케 했다(Rhodes 2001: 186). 연립정부는 사회협약을 통해 경제·사회정책을 조정했으며, 의회는 갈등 없이 노사정 간 사회협약을 입법화했다.

3) 정부의 정책능력

노사정 시스템의 작동은 경제사회에서 정부의 성격과 태도, 특히 보장자(guarantor) 및 보상자(compensator) 정책능력 차이에 달려 있다. 이 점에서 영국과 아일랜드의 정부가 친자본적인 보장정책과 친노동적인 보상정책을 어떻게 추구했나를 비교 분석할 필요가 있다. 부연하면 영국과 아일랜드의 정부가 과연 자본의 투자의욕을 촉진시키고 노동자에게는 보상패키지를 통해 노동운동을 온건화 시켜 왔는가를 비교 분석해 보면, 두 나라의 차이점은 무엇이고 이것이 노사정 시스템 작동에 미친 영향을 알 수 있다.

1980년 이후 영국 정부정책의 성격이 변화했다. 앞에서 논의한 바와 같이 이 변화는 주로 민영화, 외부계약(contracting out), 중앙은행의 독립성 부여 등과 같은 조치들이 취해져 경제영역으로부터 국가의 철수에 연유한다. 이러한 조치들에 따른 정부정책의 성격 변화는 유럽화와 글로벌화 과정에 의해 영향을 받았다. 결국 시민사회와 시장으로부터 철수에 따른 국가의 '공동화'(hollowing-out)현상으로 나타난다(Jessop 1994: 27). 이러한 영국 정부정책의 성격 변화는 또한 시민사회의 다양성과 경쟁성 증대를 초래했다. 바꿔 말하면 정부로부터 상당한 정도의 자율성을 누리는 자발적이고 경쟁적인 조직의 수를 증대시키고 복잡하게 함으로써 중앙정부의 지도에 저항한다. 결국 글로벌 시장화 이후 국가의 '공동화'와 시민사회의 변화는 영국 노사정 정책협의시스템 작동을 더욱 어렵게 하고 다원주의 노사정시스템으로 경도되게 하는 요인으로 작용했다.

글로벌 시장화 이후 영국정부의 성격이 공급 중심의 경제정책, 복지정책의 축소로 변화하는 것도 노조의 이탈을 가져와 정책협의시스템을 해체시키는 요인이었다. 보수당정부와 노동당정부는 공히 기술훈련, R&D, 교육투자, 수송, 통신 등을 중시하는 공급중심의 경제정책을 선호했다. 동시에 국가재정 및 통화정책의 핵심은 균형재정, 법인세 인하, 노동시장 유연화 등 기업의 안정적 투자 여건 조성에 있었다(Cressey 1999: 63). 복지의 경우 연금, 실업, 장애, 산재 등 기본 사회보험 분야에서는 보편주의를 적용하지만, 재정부담이 큰 연금은 민간보험을 장려하여 국가의 재정부담을 감소하려 했다. 만성적인 복지의존층은 재훈련·재교육을 통해 취업자군으로 편입시켜 자립할 수 있도록 하게 함으로써 복지수혜층을 줄이려고 노력했다(이연호 2003: 224-226). 이런 조건은 정책협의시스템에 노조의 적극적 참여를 유도해 낼 수 없다. 말하자면 글로벌 시장 속에서 영국의 노동 재상품화(recommodification) 정책은 정책협의시스템의 작동을 방해하는 요인으로 작용했다. 글로벌 시장의 충격이 사회복지의 제공에 의해 흡수되지 않았기 때문이다.

이에 반해 아일랜드에서는 정책협의체에 정부 대표의 적극적인 참여가 정책협의시스템의 작동을 촉진시키는 요인으로 작용했다. 정부의 입장에서 볼 때 정책협의시스템은 정책정당성 및 신뢰성을 제고할 수 있는 기회이다. 정부 대표가 참여하는 국가경제사회위원회(NESC)는 경제사회적 이슈, 예컨대 경쟁력 제고를 위한 완만한 임금 수준, 공공재정 건전화, 세제개혁, 노사갈등 완화, 공공부문 구조개혁, 분배정책, 공공정책의 질과 효과성 개선 등에 관한 합의를 모색하고 수상의 자문에 임했다. 무엇보다도 아일랜드 정부는 정책을 통해 노동에게 보상을 제공함으로써 그들의 양보를 유도하고 자본과의 협력하는 전략적 행동을 이끌어 내는 데 성공했다. 정부는 사회협약 체결과정에서 노동으로부터 임금인상 자제라는 양보를 유도하기 위해 사회안전망에 관한 여러 정책을 제시해 사회협약이 순조롭게 체결되고 집행될 수 있었다(Roche 2007: 399-401).

아일랜드 노사정 정책협의시스템의 작동은 완만한 임금인상과 노사안정을 가져왔고, 이를 바탕으로 아일랜드 정부는 외국자본을 유치하기 위해 매력적인 투자환경을 조성하는 보장자 역할을 수행했다. 자국에 투자하는 외국기업에게는 세금특혜 외에도 공장설비와 건물토지 구입에 들어가는 비용의 25~30%를 현금 보조금(cash grant)으로 지급했다. 특히 법인세를 10%로 낮추는 파격적인 조건이었다. 그 결과 아일랜드에 진출한 외국기업들은 정보통신, 의약 분야 등 하이테크 산업에 집중되어 아일랜드 경제발전의 견인차 역할을 했다. 아일랜드 정부는 외국인 직접투자에 의하여 경제효율성과 경쟁력을 제고시키면서도 사회협약에 포함된 사회보장 프로그램을 성실히 이행했다. 특히 요양간호수당, 유족연금수당, 보건안전급여, 입양급여, 편부모 수당, 실업보조, 고아연금, 장애수당 등 다양한 사회안전망이 구축됐다. 또한 실업문제를 해결하기 위해 아일랜드 정부는 적극적 노동시장정책(ALMP)을 강화했다. 정부의 이 같은 사회안전망 정책이 아일랜드 사회의 소득불평등을 크게 개선하지는 못했으나 노동을 포함한 사회취약계층에 대한 미래의 불확실성을 줄이는 데 일정 정도 기여했다.

요컨대, 아일랜드 정부는 국가경쟁력을 강화하는 한편, 시장의 낙오자인 사회취약계층을 보호하는 사회적 안전망 정책을 구축했다. 이로써 정책협의체에 참여한 사회적 파트너들은 사회협약의 필요성을 확신하는 정책학습(policy learning)의 기회를 갖게 되었다.

5. 이론적·경험적 함의

영국 다수제 모델과 아일랜드 합의제 모델의 노사정 관계는 전통적으로 자유주의와 다원주의 틀에 기반을 두었지만 글로벌 시장의 충격에 대응하는 양국의 국내 전략은 대조적인 정치적 선택으로 나타났다. 영국 다수제 모델은 시장주도의 신자유주의 경제관리를 지향하는 가운데 기존 노사정 정책협의시스템을 해체하고 다원주의 노사정시스템으로 경도돼 갔다. 그 이유는 정책협의시스템의 작동에 긍정적으로 작용하는 구조적, 제도적, 전략적 조건이 결여됐기 때문이다. 즉 전통적인 자유주의 문화, 이익집단들의 약한 조직력과 개별적 최적 전략, 기업노조주의에 따른 노동의 권력자원 허약성, 노동당과 노동조합의 기능적 분화와 분열, 노동당의 친자본적 논리, 기능적 대표성이 아닌 지역적 대표성에 기초한 의회정치, 자본친화적인 정부정책 등이다. 이런 조건은 영국 다수제 모델의 노사정 관계를 정책협의시스템보다는 다원주의 시스템으로 유도했으며, 그 결과 보수당정부 및 노동당정부 하에서 사회계층 간의 소득불평등이 심화됐다.

반면에 아일랜드는 노사정 정책협의시스템을 성공적으로 작동시켜 시장조정경제(market coordination economy)를 구축했다. 그것은 노사 화해를 강조한 가톨릭 교리, 이익집단들의 상대적으로 강한 조직력과 집단적 최적전략, 계층·노사갈등을 대표하는 정당체제, 노동우호적인 정당과 노조 간의 연계, 정당 간 교차

파트너십에 기반을 둔 의회정치와 연립정부, 양보와 보상을 유도하는 정부의 정책능력 등에 연유한다. 특히 Fianna Fáil이 연합정치에서 피벗정당(pivotal party) 역할을 수행함으로써 당초 노사정 파트너십에 부정적이었던 여타 경쟁정당들을, 1990년대 이후에는 사회협약정치에 대한 우호적인 스탠스로 유도했다 (Hamman and Kelly 2011: 83).

더욱이 노사정 정책협의시스템의 작동을 통해 산출된 사회협약은 공급중심의 생산성·경쟁력을 강화하는 정책패키지, 그리고 사회안전망을 통한 사회적 형평성을 높이는 정책패키지를 동시에 포함한다. 정책협의의 참여 주체도 전통적 협상 당사자인 사용자 및 노조뿐만 아니라 농민, 실직자, 청년, 여성 및 장애인 등 다양한 이해관계자들을 포괄한다. 이처럼 아일랜드 합의제 모델의 노사정 정책협의시스템은 이해관계자의 참여 폭 및 정책콘텐츠에서 혁신성을 보여 '아일랜드 기적'(Irish miracle)을 달성한 동력이 됐다. 여기서 우리는 글로벌 시장의 사회경제적 충격에 대응하는 영국 다수제 모델과 아일랜드 합의제 모델의 시스템적 적실성에 차이가 있음을 인지할 수 있다. 이를 토대로 두 가지 측면에서 이론적 경험적 함의를 끌어낼 수 있다.

첫째, 이론적 측면이다. 조절이론(regulation theory)을 비롯한 기존 이론들은 글로벌 시장이 모든 국가의 정책 자율성을 제약하고 다원주의적 노사정 관계로의 수렴화를 촉진하며, 따라서 국가의 공동화(hollowing out)를 가져와 노사정 정책협의시스템이 붕괴될 것이라는 이론적 관점을 제시한다. 하지만 기존 이론은 '글로벌 시장의 역설'(paradox of global market)에 주목하지 않고 있다. 제15장은 글로벌 시장의 충격에 대응하는 국가의 노사정 시스템은 획일화되어 있지 않다는 사실을 확인시켜 준다. 즉 글로벌 시장의 충격은 영국식 다원주의적 노사정 시스템을 가져올 가능성도 존재하지만, 아일랜드식 노사정 정책협의시스템을 촉진할 수도 있다. 글로벌 시장의 충격에 대응하는 국가의 정치적 선택은 그 국가 내부의 사회문화, 이익집단들의 역학관계 및 전략적 행동, 정당과 노조와의 관계, 정당체제, 의회 및 정부 영역에서의 정당 간 연합정치 여부, 정부의 정책능력 등 다양한 규정 변수들에 의해 나라에 따라 상이하게 나타날 수 있다. 따라서 제15장은 기존 이론의 이론적 편견(theoretical bias)을 극복하고 "국가는 구조적 제도적 전략적 조건에 따라 글로벌 시장에 대응할 수 있는 정책 자율성과 능력에 차이를 보일 수 있다"는 이론적 메시지를 제공하고 있다.

나아가 제15장의 연구결과는 글로벌 시장의 충격에 대응하는 한 국가의 노사정 관계가 다원주의 혹은 정책협의 중 어느 시스템을 지향하느냐 하는 문제는 그 국가가 선택한 민주주의 모델에 따라 영향을 받을 수 있다는 이론적 명제를 제공한다. 즉 다원주의 노사정시스템과 다수제 모델 간, 노사정 정책협의 시스템과 합의제 모델 간에 각각 제도적 친화성이 존재한다. 특히 아일랜드 합의제 모델의 정책협의 시스템 작동은 중요한 이론적 메시지를 제공한다. 즉 국회와 정부 차원에서 정당 간에 권력분점이 이뤄지는 연합정치가 제도화되면 이는 곧 노사정 대타협으로 이어질 수 있다. 역으로 노사정 대타협은 노동과 자본에 뿌리를 둔 정당 간의 정책협의에 바탕을 둔 연합정치를 촉진한다. 이 점에서 제15장은 연합정치와 사회파트너십 간에는 상호보완적 선순환 메커니즘이 작동할 수 있으며, 이를 통해 노사정 갈등의 조정 관리가 가능해 질 수 있다는 이론적 논점을 제시하고 있다.

둘째, 경험적 차원이다. 제15장은 한국의 포스트민주화 노사정 시스템을 개발하는 데 시사를 주고 있다. 1987년 민주화 이후 한국민주주의의 노사정 관계는 불안정을 노출해 오고 있다. 더욱이 1997년의 IMF 관리체제 이후 글로벌 시장에 깊숙이 편입된 한국경제는 현재 비정규직, 영세자영업, 근로빈곤층, 실업 등과 같은 소외·배제집단을 양산시키고 있으며 이로 인한 노사갈등이 상존하고 있다. 그러나 노사갈등 조정을 위한 세련된 노사정 시스템은 구축되지 못하고 있고 그 결과 사회통합이 위협받고 있다. 따라서 한국은 경제적 효율성과 사회적 형평성을 어떻게 선순환(virtuous circle)시킬 것인가의 관점에서 포스트민주화 노사정 시스템을 개발할 과제를 안고 있다.

물론 한국민주주의에도 '사회경제발전 노사정위원회'가 존재한다. 그러나 이 기구가 사실상 유명무실해진지 오래다. 정부 자본 노동이 각기 사회적 협의의 장을 다르게 해석하고 있기 때문이다. 즉 정부와 자본은 신자유주의 시장경제 강화를 위한 구조조정의 장으로 삼으려고 하는 반면에, 노동은 고용조건과 복지 여건의 개선을 위한 장으로 삼으려고 한다. 그런데 한국의 현행 노사정 관계는 기본적으로 영국 다수제 모델의 다원주의시스템과 유사하다. 그 결과 사회경제적 양극화와 계층·노사 갈등을 관리하는 데 한계를 드러내고 있다. 이 점에서 글로벌 시장의 충격을 흡수 관리하는데 상대적으로 성공한 아일랜드 합의제 모델의 노사정 정책협의시스템은 한국 사회의 계층·노사갈등을 제도화하는데 시사하는 바가 크다. 물론 노사정 시스템 작동의 성격을 규정하는 구조-제도-행위자전략 등에서 한국은 아일랜드와 다르다. 하지만 구조-제도-행위자전략 등은 정치경제 엘리트들의 전략적 선택에 따라 변화할 수 있다. 이런 의미에서 '참여'와 '정책콘텐츠 혁신성'을 보인 아일랜드 합의제 모델의 노사정 정책협의시스템과 그 작동조건은 포스트민주화 한국민주주의의 노사정 정책협의시스템을 디자인하고 이를 작동시키기 위한 개혁 요건, 특히 합의제 민주주의를 천착하는 데 벤치마킹 모델이 될 수 있을 것이다.

제4부 한국민주주의의 민주화: 포스트 87년 헌정체제-합의제 민주주의 디자인

제16장 다수제 모델의 87년 헌정체제: 경제민주화·복지국가 지체-갈등사회

제17장 사회적 대화-경제민주화-복지국가-갈등조정의 정치제도적 조건: 합의제 정당정치

제18장 합의제 헌정공학의 수평적 권력분점 제도

제19장 합의제 헌정공학의 수직적 권력분점 제도

제20장 스위스 콘코르단츠 민주주의 관점에서 본 남북한 통합국가모형

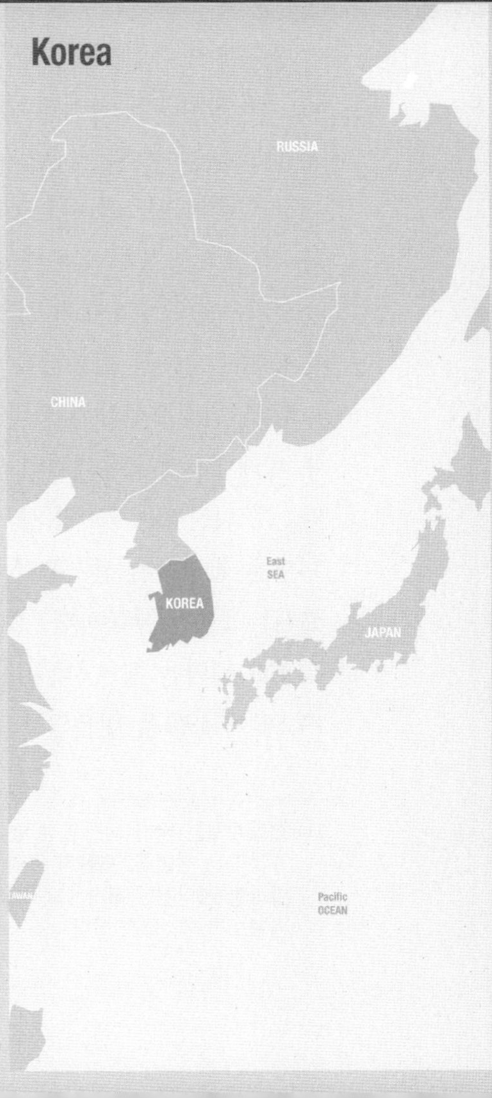

제16장

다수제 모델의 87년 헌정체제: 경제민주화·복지국가 지체-갈등사회

1. 승자독식 소선거구제-양당 권력독과점체제: 정치적 양극화

다수제 민주주의는 수적우위와 다수를 확보하기 위한 자유경쟁의 원리에 따라 작동하고 다수당에게 권력을 집중시켜 정치의 효율성을 추구한다. 하지만 경쟁-효율성 정치는 '승자독식(winner-take-all) vs 패자전실(loser-loses-all)'의 정치시장 양극화 구조를 유인한다. 이런 까닭에 다수제 민주주의는 갈등·분열 사회를 관리·조정 통합하는 데 근본적인 한계를 드러낸다. 한국 '87년 헌정체제'도 소선거구 단순다수대표 선거제도가 유인하는 거대 양당 독과점구도-집권당 단독정부-승자독식 대통령에 의해 작동하는 전형적인 다수제 헌정체제이다.[1)]

87년 헌정체제의 국회의원 선거제도는 소선거구 단순다수대표제와 정당명부 비례대표제가 유기적인 연관성 없이 독립적으로 결합된 '2표 병립혼합제'이다. 즉 의원정수 300명 중 246명은 소선거구 단순다수대표제에 의해, 나머지 54명은 전국단위 선거구의 정당명부 비례대표제에 의해 선출된다. 단순다수대표제는 1표만 부족하면 '쪽박'을 차고 1표만 더 얻으면 수십 가지의 유무형 특권과 혜택을 챙겨 '대박'을 터뜨리는 승자독식 선거제도이다. 51%를 획득한 1등 앞에 49%를 얻은 2등은 아무런 의미가 없는 것이다. 1등 득표자를 곧바로

---

1) 헌정체제는 국가 의사결정 방식의 설계도, 즉 공공정책을 결정·집행하는 권력의 구성·배분을 규정하는 헌법적, 법률적 규칙·규범·절차이다(Powell 2000: 11; Belmont *et al.* 2002: 4). 바꿔 말하면 이익집단-선거제도-정당-의회-행정부 간에 기능적으로 연결된 권력관계를 규율하는 정치제도적 클러스터이다.

대표로 결정하는 승자독식 단순다수대표제에 의해 선출된 의석 비중이 상대적으로 과다하여 비례대표제보다는 단순다수대표제의 효과가 압도적이다. 이로 인해 정당의 득표율-의석율 간의 심각한 괴리가 발생한다. 즉 거대 양당은 득표율에 비해 상대적으로 과다의석을 점유하는 반면, 군소정당은 과소의석의 점유에 그쳐 과소대표성으로 나타난다.

2012년 19대 총선에서 새누리당은 42.8% 득표율로 50.7% 의석율을, 민주통합당은 36.5% 득표율로 43.1% 의석율을 각각 점유했던 반면, 통합진보당은 10.3%의 득표율에도 불구하고 4.3% 의석밖에 획득하지 못했다. 이 득표율-의석율 간 괴리는 권역별 차원에서는 더욱 심각하다. 예컨대 19대 총선에서 새누리당의 경우 대구·경북지역 정당득표율이 60.4%였지만 지역구 의석율은 100%를 싹쓸이했으며, 민주통합당의 호남·제주지역 정당득표율은 52.7%였으나 지역구 의석은 84.9% 의석을 주워 담았다. 이처럼 현행 국회의원 선거제도는 정당득표율-의석점유율 간의 엄청난 불비례성(disproportionality)을 야기하는 승자독식성을 드러낸다.

이처럼 87년 헌정체제의 승자독식 단순다수대표제는 새누리당-새정치민주연합 중심의 지역분할 양당 독과점체제를 고착화한다. 양대 패권정당들은 제로섬적인 정치적 양극화-증오의 정치를 확대재생산한다. 그들은 한편으론 상대당을 타도의 대상으로 바라보며 치킨게임을 벌리는 상살(相殺)정치를, 다른 한편으론 적대적으로 공생하는 '오월동주(吳越同舟) 뱃놀이정치'를 연출한다. 반면 승자독식 단순다수대표제는 노동대중 및 사회경제적 약자를 대표하는 진보좌파 세력의 유의미한 의회진출을 사실상 봉쇄하고 있다. 최근 변화 조짐을 보이기도 하나 유권자들이 여전히 계급·계층적 이해관계에 부합하는 가치나 정책 중심의 정당-후보에게 투표하는 데 인색하기 때문이다. 사회 저변층이 되레 보수정당을 지지하고 노동자들이 노동우호적인 정당이 아닌 지역정당 후보에게 표를 몰아주는 등 1등이 될 만한 후보에게 전략적으로 투표한다. 이런 역설적 투표행태는 어쩌면 승자독식 단순다수대표제가 노동·복지를 대변하는 진보좌파 정당들에 내린 불가항력의 숙명적인 천형(天刑)일지 모른다. 이처럼 승자독식 소선거구 단순다수대표제는 정치시장의 무한탐욕과 약육강식으로 정당정치의 생태계를 황폐화한다. 왜 재벌의 경제시장 독과점은 혹독하게 비판하면서도 '정치

재벌급' 두 거대 정당의 폐쇄적 정치시장 독과점에 대해선 침묵하는가.

지역중심의 거대 양당 독과점정치는 국가의 정치적, 사회경제적 자원을 지역 이해-개발 중심의 관점과 논리에서 배분하는 유혹을 뿌리치기가 쉽지 않다. 따라서 새누리당-새정치연합 국회의원들은 국가재정과 지역(구) 주민 사이의 정치 브로커-로비 집단으로 전락하여 지역 토건·서비스 사업 유치경쟁에 전력투구한다. 그래야 재당선에 유리하기 때문이다. 예컨대 매년 연말 예산안 심의 때 여의도 호텔방에서 양대 기득권 정당 간 '밀실담합'을 통해 이른바 '쪽지 예산' 등 수천 건의 지역구 민원이 예산에 반영되고 저소득층 예산이 삭감되곤 한다. 물론 지역개발 프로젝트는 정당정치의 주요 정책의제로 설정되어야 한다. 하지만 지역개발 프로젝트는 사회 전체적으로 계급적, 계층적 이해관계를 반영하는 정책개발 및 국가재정 배분을 방해할 뿐만 아니라 지역개발의 이익과 비용도 지역사회의 계층·집단 간 차등적으로 배분하는 사태를 초래한다. 이런 점에서 지역개발이 '황금알'을 낳은 것은 결코 아니며 지역사회의 계급·계층·집단·세대 간 사회경제적 불평등·차별·소외·배제 구조를 교정하지 못한다. 결국 소선거구-다수제 선거제도가 유인하는 지역중심 독과점 양당정치는 지역선심성 욕구와 인물경쟁을 촉발하고 지역구를 넘어서는 전국민적, 전사회적 이해관계인 증세·복지·교육·의료 등 사회개발 및 경제양극화 해소에 대한 관심은 부차적이거나 아예 없다. 새누리당-박근혜 정권이 이를 여실히 보여준다.

2012년 총선·대선 과정에서 새누리당-새정치민즈연합은 북치고 나팔 불며 만병통치약을 선전하는 약장수처럼 '경제민주화다', '복지국가다' 하며 금방이라도 세상을 바꿀 것처럼 요란했다.[2] 그들의 경제민주화-복지국가 공약은 정말로 눈부셨다. 누가 정권을 잡아도 금방이라도 'European dream/Nordic dream/Swedish dream'이 현실화될 것 같은 가슴 설렘을 갖게 했다. 특히 복지국가로 국민통합, '100% 대한민국'으로 '제2의 한강기적'을 절규하며 "꽃이 피면 같이 웃고 꽃이 지면 같이 울자던" 박근혜 후보의 그 알뜰한 맹세, 국민가슴을 흥분

2) 다수제 대통령 선거과정에서 거대 양당과 후보들은 오로지 득표만을 위해 자신의 정체성과는 동떨어지고 숙성되지 않는 '백화점식 정책'을 즉흥적이고 무차별적으로 나열한다. 특히 보수당 박근혜 후보가 그랬다. 그 결과 18대 대선 당시 박근혜 후보-문제인 후보의 정책공약은 보수-진보라는 이념적 차별성 없이 경제민주화-복지국가로 집약되는 수렴화 현상을 보였다. 이는 다수제 선거제도-양당체제의 폐해이다.

시켰다. 그러나 새누리당-새정치민주연합 간 이분법적 블록정치 속에서 박근혜 정권의 경제민주화-복지국가 의제들은 이제 '아련한 옛사랑의 추억'으로 아롱거릴 뿐이다.

결국 87년 헌정체제의 승자독식 단순다수대표제-양당 독과점체제가 유발하는 정치적 양극화는 우리 사회의 다층적 복합적 균열·갈등을 대표하는 가치와 정책 중심의 이념블록 다당제를 유인하지 못하는 걸림돌이다. 이런 까닭에 경제민주화-복지국가 건설을 열망하는 시장경제의 낙오자와 실패자, 즉 삶의 현장에서 절망하며 몸부림치는 노동자, 영세자영업자, 실직자, 비정규직, 중소기업들의 목소리가 국회-정부의 정책결정 과정에 제대로 투입되지 않고 있다. 이는 새누리당-새정치연합, 거대 양당 독과점체제의 정치적 대표성 위기를 웅변한다.

승자독식 소선거구 단순다수대표제-양당 독과점체제의 정치적 양극화 현상은 미국의 경우도 예외가 아니다(Aldrich *et al.* 2013; McCarthy 2007). 민주당-공화당 양당 독점정치가 야기하는 대통령-의회 간, 상원-하원 간 갈등이 오바마 개혁정책의 발목을 잡는다. 민주당-공화당, 독점적 양당체제의 정치카르텔 속에서 미국의 다수제 정치시스템은 유권자들의 지역·인물 중심 투표, 의원들의 지역구 이해관계 몰입, 월가 금융 큰손 등 특정 집단을 대변하는 로비스트, 정치자금의 젖줄인 부자·기업 등에 의해 돌아간다. 미 의회는 가진자들이 만든 이익단체가 천문학적 자금을 뿌리는 대가로 사익을 공익으로 포장한 법안을 만들어내는 '장터'로 변질돼 부유층을 대변하는 로비무대로 전락했다. 그 결과 미국 양당 독점정치는 경제민주화-복지-노동 등 전국적 이슈에 둔감하다. 인구의 1/5이 의료보험 혜택을 받지 못하는 등 미국 복지제도가 서유럽 국가들에 비해 후진성을 탈피하지 못한 까닭이다.

이처럼 미국의 다수제 민주주의가 미국사회의 계급적·계층적 양극화, 사회저변층·소수인종의 사회경제적 시민권을 외면하는 '부자·강자민주주의'로 변질되고 있다. '다양성과 화합의 용광로'를 일궜다고 자랑하던 미국 양당 독점정치가 미합중국을 '두 개의 미국'으로 쪼개고 있다는 개탄의 목소리가 비등하다. 1989년 사회주의 몰락을 예언했던 후쿠야마 스탠퍼드 교수는 최근 미국 양당정치에 조종(弔鍾)이 울린다고 경고했다. 자기수정 기제를 상실한 미국 양당정치가 서로의 발목을 잡는 '거부권 정치'(vetocracy)로 전락하여 변화하는 상황에 유연하게 적응하지 못하고 쇠퇴의 길을 걷고 있다는 것이다. 외부의 충격요법이 필요하다고 통탄했다. 한국 국회에서 여야 간 정쟁이 벌어질 때 교본으로 삼았던 곳이 대화-타협 정치의 본산으로 회자된 미국 정당-의회정치가 아니던가. 그런데도 왜 이젠 손가락질을 받는 '양극화 정치'의 대명사로 전락하고 있을까. 한마디로 승자독식 소선거구 단순다수대표제-양당 독점체제에 기초한 미국 다수제 헌정체제의 정치적 양극화에 기인한다.

단언컨대, 한국정치의 만악의 뿌리는 승자독식 소선거구 단순다수대표제가 만들어내는 거대 양당 독과점체제이다. 양당 독과점체제는 제왕적 대통령제-중앙집권제-단원제로 이어지는 제도적 매트릭스와 맞물려 유권자양극화-국회양극화-반쪽대통령-이념양극화-정치문화양극화-국민양극화 등 세계 유례를 찾을 수 없는 최악의 정치적 양극화를 촉발하고 있다. 한국의 정치적 양극화는 미국의 정치적 양극화에 비견될 수 없을 정도의 악성이다. 승자독식 단순다수대표제-양당 독점체제에 따른 미국의 정치적 양극화인 경우 그나마 연방제-양원제-권력분점 대통령제에 의해 일정부분 조정될 수 있는 정치적 공간이 열려 있다는 점에서 그렇다.

2. 대통령제-중앙집권제-단원제국회 의 권력독점·독치(獨治)

1) 제왕적 대통령 패러독스: 대통령(행정부)-국회 충돌

87년 헌정체제의 단순다수 대통령 선거는 '완승-완패'의 정치게임이다. 득표율에 상관없이 승리한 대통령은 외교권·국방권·재정권·행정권·입법권·비상대권, 특히 국가요직 약 7,000자리의 직간접 인사권 등 정치적 전리품을 독식하는 '민선황제'로 등극한다, 반면 1표라도 부족하면 패자가 되어 여의도 동사무소 직원 한 사람도 추천할 수 없어 '정치적 폐족'에 가까운 굴욕을 당한다. 승자-패자 간 권력배분이 '100 대 0'인 것이다. 대선에 실패한 거대 야당은 마치 '닭 쫓던 개처럼 지붕만 쳐다보며' 망연자실해한다. 정치적 상실감·허탈감으로 '중심'을 잡지 못하고 비틀거리며 사사건건 대통령 흔들기에 밤낮을 가리지 않는다. 이런 '완승-완패' 정치게임에서 역대 정권이 열변하는 국민통합이 어떻게 실현될 수 있다는 말인가.

87년 헌정체제의 대통령제는 제왕적 권력독점·독치형이다. 한국 대통령제만큼 승자독식을 용인하는 국가는 세계 어디에도 유례가 없다. 제왕적 대통령은 늘 '힘과 수의 논리'를 동원한다. 과반의석 새누리당을 등에 업은 박근혜 제왕적 대통령이 야당을 국정파트너로 보지 않고 마치 '개들이 짖는다고 여왕의 발걸음을 늦출 수 없다'는 식의 권위주의적 일방독주의 통치드라이브가 이를 잘 보여준다. 이에 야당은 필사적으로 저항하며 충돌한다. 제왕적 대통령과 대선 실패 거대 야당 사이에 단절의 강이 도도히 흐르는 정치적 양극화 현상이 일상화된다. 결국 제왕적 대통령의 독치는 '갈등조정'이 아니라 '갈등조장'을 증폭시키는 한국정치의 비극과 재앙을 잉태한다.

87년 헌정체제의 제왕적 대통령제는 중앙집권제와 맞물려 작동한다. 한국의 선거·정당·국회는 제왕적 대통령을 축으로 한 중앙권력 장악을 향해 소용돌이치는 결사항전의 투쟁공간이다. 제왕적 대통령은 사실상 독점적 배타적으로 중앙권력과 정치·경제자원을 배분한다. 이런 까닭에 특정 지역에 기반을 둔 정당과 정치인들이 중앙권력의 정점인 대통령을 선출하는 선거경쟁에서 승리하여 중앙의 정치·경제자원을 독점한다. 실제로 제왕적 대통령이 특정지역 출신이면 권력·부·명예가 특정지역으로 쏠리는 현상이 발생한다. 예컨대 박근혜 정부의 인사정책이 호남출신의 '씨'를 말리고 있다는 혹평이 나오고 있다. 그렇기 때문에 제왕적 대통령권력을 장악하는 것이야말로 지역을 기반으로 경쟁하는 거대 양당의 생사가 걸린 문제이다. 지역주민들도 자신들이 지지해 준 대통령으로부터 인사와 자원의 배분에서 특혜를 얻으려고 '묻지마 투표'를 불사하는 반면, 특혜의 네트워크에서 배제된 지역주민은 자신들이 지지하지 않는 대통령의 정통성을 인정하지 않는다. 지역발전의 부진은 재원과 결정권을 독점하는 제왕적 대통령의 중앙정부 탓으로 돌린다. 이게 바로 제왕적 대통령이 유발하는 지역주의 정치의 실상이다.

87년 헌정체제의 제왕적 대통령(정부)-국회 관계는 어떠한가? 다수제 헌정모델의 전형인 갈등적 대립적 양상이다. 제왕적 대통령의 입법과정은 교착·충돌의 연속이다. 설사 집권여당이 과반의석을 상회한 단점정부(unified government)인 경우에도 야당이 완강하게 반대하면 여당의 선택은 날치기와 법안철회를 반복했으며 야당은 강력한 비토정당으로 물리력을 동원하여 저항했다. 제왕적 대통령-야당이 정면충돌하여 국정운영의 교착상태가 야기되는 여소야대의 분점 정부(divided government)에서도 크게 다르지 않았다. 결국 87년 헌정체제의 역대 제왕적 대통령-국회 관계는 사실상 작동불능이었으며, 그 양극화 속에서 법률 통과 비율은 10% 안팎에 머물렀다.

국내 주류 정치학자들은 미국의 대통령-의회 간에 '견제-균형' 기제가 작동한다고 강변한다. 하지만 그것은 정치적 레토릭이다. 사실은 잦은 미국 대통령-의회 충돌로 인해 법안통과 지연, 국정마비 및 군론분열이 빈발한다(McCarthy 2007: 244). 2013년 3월 연방정부 지출 자동삭감 '시퀘스터'(sequester)를 막지 못한 불통정치를 보였고, 10월 연방정부의 셧다운과 국가부채 디폴트 사태를 야기했다. 오바마 대통령이 정권의 명운을 걸고 돈이 없어 건강보험에 가입하지 못한 5,000만 명에게 정부와 기업이 지원해 그 가입을 의무화하는 이른바 '오바마케어'(Affordable Care Act) 2014년 회계연도 예산 심의를 둘러싼 대통령(민주당)-공화당 충돌 때문이었다.[3] 대통령-의회 간 '벼랑끝 정치'(brinkmanship politics) 상황에서 복지를 늘린다는 것이 얼마나 힘든지를 극명하게 보여주었다. 또 대통령-의회 갈등은 현재 오바마 개혁정책의 발목을 잡는다. 이민개혁(미국 내 500만 불법이민자에 시민권 부여), 총기규제(총기구매자 신원·전과 의무화) 등 오바마 대통령의 역점 정책이 공화당이 장악하고 있는 의회의 제동에 걸렸다. 그 배경에는 민주당-공화당 양당 독점정치의 극단적 갈등에 따른 의회-대통령(행정부) 충돌이 자리하고 있다.

2014년 말 한국 국회가 기적을 연출했다. 12년 만에 법정 기간 내 예산안이 국회를 통과한 것이다. 예산결산위원회가 예산안을 의결하지 못하면 정부 예산안의 '본회의 자동부의'를 규정한 이른바 '국회선진화법' 덕택이다. 국회선진화법은 다수제 헌정모델의 단순다수대표제-양당 독과점체제-제왕적 대통령제 하에서 여야 타협정치를 통해 대통령(정부)-국회 갈등관계를 조정하는 합의제 헌정모델의 입법정치를 강제한 제도적 장치다. 실제로 국회에서 여당 날치기와 야당 물리력의 충돌이 사라진 듯하다. 그러나 예산안은 국회를 통과했지만 19대 국회 전반기 법안 가결률은 9.9%로 18대 전반기의 13.6%에 못 미쳤다(한겨

3) 그동안 미국에서 시행되었던 공공의료보험제도는 메디케어(Medicare)라는 노인의료보험제도와 메디케이드(Medicaid)라는 극빈층 의료보험제도가 있다.

레 2014/12/?). 그래서 몸싸움을 연출했던 '동물국회'가 그리워진다는 희화 섞인 말까지 나오는 실정이다. 국회선진화법에 따르면 여야가 첨예하게 대립하는 쟁점 법안은 과반수보다 엄격한 재적의원 5분의 3(180명) 이상이 동의해야 본회의 상정이 가능하다. 따라서 여야의 이해가 엇갈리는 쟁점 법안의 입법과정은 거대 야당이 타협해주지 않으면 국회의 입법프로세스 진행이 원천 봉쇄되기 때문에 '식물국회'가 되고 결국에는 제왕적 대통령-정부의 국정운영도 사실상 작동정지 상태에 이른다.

한국 대통령은 그 제왕적 권력에 상응하여 정치적으로 무한책임을 질 수밖에 없다. 정부 정책실패, 경기침체, 사회경제적 양극화, 권력 비선라인 국정농단은 말할 나위 없고 심지어 주가하락, 세월호참사와 같은 안전사고, 부동산가격 등락, 과격한 폭력시위, 자연재해 등도 대통령 탓으로 돌린다. 또 제왕적 대통령은 정부정책으로 손해를 본 집단·세력, 그리고 정치적인 저항세력과 압력단체로부터 '막말'과 욕설을 일상적으로 듣는다. 제왕적 대통령의 절대권력은 절대부패한가? 쿠데타 대통령이든 민선대통령이든 거의 예외 없이 친인척·가족·가신·측근에 의해 저질러진 권력형 부정부패가 불거져 조기 레임덕 덫에 걸려 국정의 '영'이 안 선다.

결국 87년 헌정체제의 제왕적 대통령은 국민통합의 구심력 역할은커녕 '동네북', '식물대통령' 신세로 전락하는 현상이 반복된다. 임기 전반은 '제왕'인데 후반은 '식물'이다. 벌써 박근혜 제왕적 대통령의 남은 임기가 걱정스럽다는 소리가 들린다. '세월호정국'에서 가까스로 빠져나온 듯하더니 권력 비서라인의 난(亂), 성완종 부패리스트, 유승민 파동 등으로 휘청거리고 있다. 더욱이 권력독점의 대통령제를 바꾸자는 시민사회·정치권의 헌법개정론이 이를 반대하는 박근혜 대통령의 말 한마디에 제동이 걸렸다. 야당은 제왕적 대통령 적폐의 결정판이라고 연일 포문을 연다. 이처럼 제왕적 대통령은 거대 양당 간 극한적인 정치투쟁을 촉발시키고 여대야소든 여소야대든 모든 상황에서 야당과의 충돌로 국정마비를 야기한다. 갈등의 '조장정치'를 재생산하는 주범이라 해도 과언이 아닌 것이다. 한마디로 절대 권력자 제왕적 대통령의 자기파괴적 패러독스가 아닐 수 없다.

2) 중앙집권제-단원제국회 의 지역갈등 조장정치

87년 헌정체제의 지방자치제는 외형적으로는 지방자치의 틀을 갖추었으나 실제로는 지자체의 자율성과 자치권이 매우 취약한 '중앙집권적 통치의 변형'에 불과하다. 지방정부는 세계화-지방화가 동시에 진행되는 시대의 핵심적 주체임에도 불구하고 지방의 특색 있는 종합적 발전비전과 전략을 추진하는 데에 필요한 자치행정권·자치조직권·자치재정권·자치입법권을 행사하지 못한다.

이런 까닭에 중앙정부-청와대는 지방정부에 툭하면 '감 놓아라 배 놓아라' 간섭하며 일방적으로 통제한다. 특히 용도가 정해진 국고보조금의 비중이 증대하고 있는데 이를 통해 중앙정부-청와대는 지자체에 행정적, 재정적으로 개입한다. 중앙권력의 '입맛'에 따라 주무르는 재정배분 과정에서 장관·청와대를 상대로 구걸 읍소해 예산을 많이 따오는 게 자치단체장과 국회의원의 주요 활동 임무가 되고 있다. 중앙정부의 인·허가권 또한 지자체를 통제하는 관료권력의 무기이다. 그래서 인원축소, 예산감축을 야기할 소지가 있는 규제 완화에 중앙관료들의 저항이 거세다. 또 광역단체장의 업무 중 국가위임사무가 약 50~60%를 차지하는 데 이를 통해 중앙정부-청와대는 지자체의 행정 주도권을 장악한다. 단체장은 주민에 의해 직선되는 데도 불구하고 주민의 대표라기보다는 국가사무를 집행하는 대행기관으로서의 역할이 더 크다고 볼 수 있다. 지방의회도 국가의 위임사무에 대해 심의 의결이 불가능하다. 결과적으로 지자체는 중앙정부-국회 업무의 하청만 떠맡고 있는 셈이다. 이처럼 87년 헌정체제의 지방정부는 중앙정부-청와대의 획일적 통제 간섭으로부터 벗어나지 못하고 있다. 한마디로 지방정부·지방의회는 중앙정부·국회의 하청 '출장소'로 전락했다.

물론 노무현 정부는 지방분권화 로드맵을 제시·실행했다. 부분적으로 성과가 없지 않았다. 즉 제주특별자치제의 실시, 교육감 직선, 중앙행정권의 부분적 지방이양, 지방정치에의 주민참여제도(주민투표제·주민소환제) 등이 도입됐다. 그러나 참여정부의 지방화 정책은 중앙의 공공기관을 지방에 분산 이전하려는 하드웨어 중심이었고, 중앙권력과 권한을 지차체로 분산하려는 소프트웨어적 접근은 적극적이지 않았다. 특히 자치입법권, 자치재정권 등과 같은 지방분권화의 핵심은 거의 손대지 않았다.

지방분권화는 세계적 추세이다. 영국·프랑스·일본 등 선진국들은 기존의 광역자치단체를 더 광역화하는 형태로 대외경쟁력을 갖춘 지방분권화를 서두르고 있다. 지역사정에 정통한 지방정부가 나서서 글로벌 시장을 상대로 한 효율적인 경쟁을 진행하기 위해 지방분권과 재원의 지방이양에 박차를 가하고 있는 것이다. 그러나 한국은 이런 국제적 트렌드에 등을 돌리고 있는 것처럼 보인다. 여야 정치인들과 중앙정부 관료들은 중앙의 권력·권한·재정을 지방정부에 넘겨주는 데 인색하다. 권력·권한·돈줄을 움켜쥐고 있어야만 '떡고물'이라도 챙길 수 있다는 속내가 작용하고 있는 것처럼 보인다. 지방자치단체가 국제경쟁의 전면에 나서야 하는데 경쟁력을 뒷받침할 만한 권한·권력·재원이 없다. 따라서 지방정부는 오로지 중앙정부만을 쳐다보고 눈치를 보고 있는 형국이다. 이런 조건에서 지방정부가 어떻게 지방경쟁력을 높일 수 있겠는가.

나아가 87년 헌정체제의 중앙집권제는 단원제국회 와 조합되고 있다. 단원제국회 는 인구비례에 따라 의원 수가 결정되기 때문에 사실상 수도권 및 영남권 국회의원들에 의해 장악되고 있다고 해도 과언이 아니다. 그 결과 수도권-지방 간, 호남권-영남권 간 개발의 차이를 가져오는 입법·예산심의 중심의 의정활동이 전개되고 있다. 소수지역을 제대로 보호할 수 없고 지역주의 정치문화로 인한 갈등을 불식할 수 없다. 게다가 단원제국회 는 지역 이권배분정치(pork-barrel politics or earmark politics)를 강화하고 있다.

대통령제-중앙집권제-단원제국회 는 대통령 개인의 리더십이나 정치적 결정에 의해 국정이 좌우될 수 있다는 점에서 매우 위험한 비민주적 제도조합이다. 일반적으로 대통령제-중앙집권제-단원제 의회는 집권여당이 과반의석을 넘는 다수당일 경우에는 정치적 독주가 가능한 반면, 집권여당이 소수당일 경우 여소야대의 정국 속에서 책임정치를 구현하기가 어려워진다. 실제로 87년 헌정체제의 대통령제-중앙집권제-단원제국회 에서 집권여당이 국회 다수당일 경우 입법 과정에서 날치기 통과 등으로 인해 여야 간의 극한 대립이 초래되는 반면에, 여소야대의 국회인 경우에는 야당의 횡포로 말미암아 집권여당이 책임정치를 이행하기가 사실상 불가능하다. 대통령과 역대 정부들은 줄곧 여소야대의 국회와 대면하지 않을 수 없었고 야당과 대통령이 정면충돌하여 국정운영의 교착상태가 야기되는 분할정부적 상황에 봉착하곤 했다.

결국 87년 헌정체제의 제왕적 대통령제-중앙집권제-단원제국회 는 지역갈등의 조장정치를 재생산하고, 이는 건전한 정책경쟁을 불가능하게 한다. 지역에 탄탄한 지지기반을 갖는 양대 정당들은 지역대결 구도를 이용하여 정치적 기득권을 지켜나갈 수 있기 때문이다. 또 합리적인 정책 산출을 저해한다. 즉 정부재정이 지역개발 중심으로 지출되어 국가자원 배분이 왜곡되는 정책을 양산한다. 지역개발 프로젝트는 사회 전체적으로 계급적·계층적 이해관계를 반영하는 정책개발 및 국가재정 배분을 방해할 뿐만 아니라 지역개발의 이익과 비용도 지역사회의 계급·계층·세대 간에 차등적으로 배분하는 사태를 초래한다.

3. 사회적 대화 실패

1) 김대중·노무현 정부의 사회협약정치 실험·실패

김대중·노무현 자유주의 진보정부는 사회적 대화를 작동시킴으로써 사회경제적 갈등을 제도화하고 이를 통해 조정시장경제를 구축하려 했다. IMF 관리체제에서 비롯된 노동-자본-정부 간 갈등이 분출되는 상황에서 김대중 정부는 한국노총, 민주노총, 전경련, 경총 등 핵심 사회경제 주체들이 참여하는 '노사정위원회'를 통해 노동시장 유연화와 노동권 신장·복지제도 확충을 맞교환하는 사회협약(social pacts)을 체결했다. 그 내용은 신자유주의 정책을 추진하는 가운데 복수노조, 노조의 정치활동, 제3자 개입 등에 관한 노동 관련법상의 금지조항의 폐기, 복지체제에 대한 국가책임 확대 등을 포함한다. 노무현 정부 또한 사회경제구조 변화에 따른 복잡한 이익·가치갈등에 대응하기 위해 노동문제에만 국한하지 않고 교육, 차별, 빈곤, 환경, 저출산·고령화, 국가균형발전 등 주요 사회경제적 정책 어젠다에 관해 유관 이익·시민단체가 참여하는 다양한 정책협의체를 구성하여 몇 건의 사회협약을 체결한 바 있다. 이처럼 두 자유주의 진보정부는 사회적 대화를 작동시켜 사회갈등 해결과 시장조정의 제도화 가능성을 열어 놓았다.

그러나 두 자유주의 진보정부하에서 비록 일시적으로 사회협약이 체결되었어도 제대로 실천되지 않았다. 이런 까닭에 정책협의를 위한 정책의제의 선정이나 협의회 구성·운영 등에서 이해관계자의 적극적 참여와 협력이 부족하였고 실효성 있는 성과에 이르지는 못한 경우가 대부분이었다. 특히 참여정부 하에서 교육갈등, 환경갈등, 빈곤·차별, 저출산·고령화, 지역불균형 등의 문제를 해소하기 위해 설립된 각종 정책협의체는 이익·가치갈등 조정시스템으로서 제도화하는 데에 성공하지 못했다. 두 자유주의 진보정부는 때때로 노동과의 정책협의 과정을 생략한 채 일방적으로 구조조정을 추진함으로써 노사정위를 무력화했을 뿐만 아니라 노동에게 단순한 몇 가지 양보만을 제공함으로써 노사정위를 '상시 구조조정'에 대한 노동의 불만과 저항을 줄이는 기구로 전락시켰다. 노동은 노사정위를 고용조건 개선과 복지확충의 장으로 보는 반면, 정부는 자본과 더불어 구조조정의 장으로 삼으려 한 것이다. 그 결과 노동은 노사정위로부터 탈퇴 및 참여를 거듭하는 등 파행을 거듭했다. 이는 노사정위라는 정책협의 시스템이 상생협력의 노사정 관계를 제도화하는 데 실패했음을 뜻한다. 이런 현상은 노정위에 국한된 것이 아니고 참여정부에서 사회경제적 갈등이슈 해결을 위한 여타 정책협의체에도 유사하게 나타났다.

이런 상황에서 사회경제적 양극화는 심화되고 노사분규 등 동시다발적으로 분출하는 사회의 복합적 갈등과 분열이 자유주의 진보정부 10년을 얼룩지게 했다. 사회경제적 이슈를 둘러싸고 정치권은 물론이고 시민사회도 양분되었으며 이른바 거리정치(street politics)가 만연했다. 특히 참여정부 하에서 집권 초 화물연대 파업에서부터 시작하여 교육행정정보시스템(NEIS) 도입, 새만금 간척지 개발, 4대 개혁입법 추진, 행정수도 이전, 천정산 터널 공사, 비정규직 보호법안, 한미 자유무역협정 추진 등에 이르기까지 모든 국가적, 사회적 정책 사안들이 격렬한 갈등과 분열을 불러일으켰다. 우리 사회의 갈등 비용은 GDP의 27%(연간 300조)에 이르고 있다. 그래서 한국은 갈등공화국으로 전락한 것이 아니냐 하는 불명예스러운 오명을 받고 있다. 이 현상은 사회적 대화의 정책협의체가 갈등조정 시스템으로서 작동하지 않아 사회갈등과 분열의 제도화에 실패하고 있음을 말해주고 있으며 참여민주주의를 강조했던 자유주의 진보정부의 '아킬레스 건'이라 하지 않을 수 없다.

그러면 왜 두 자유주의 진보정부가 실험했던 사회적 대화가 제도화 가능성을 보여주지 못했을까? 여기서는 한국사회에서 사회적 대화의 정상적 작동과 제도화를 어렵게 하는 정치적 조건의 부재만을 논의한다(선학태 2011: 85).

첫째, 지역중심의 낡은 보수-중도 독과점적 정당체제 하에서 정당-이익·시민단체 간에 '후원자-고객' 관계가 형성될 수 없었다. 이는 주요 이익·시민집단들의 정책선호와 정치적 요구를 대표하고 부응할 수 있는 가치와 정책 중심의 정당체제가 제도화되지 못해 이익·시민단체들이 사회협약 체결 과정에 참여할 인센티브가 존재하지 않았다는 것을 말한다. 김대중 정부는 노동자와 농민, 서민과 중산층의 이익을 정치적으로 동원하고 대표할 수 있는 정당체제를 정착시키기는 데 관심을 두지 않았다. 대신 중도개혁 노선을 표방한 호남 지역정당과 충청지역에 지지기반을 둔 보수원조 자민련과의 지역적 연립정권을 유지하는 데 급급했다. 이러한 지역중심 보수-중도 양당제의 정당체제에서는 시장경제가 유발하는 사회경제적 이슈를 둘러싼 계급·계층·집단 간 갈등이 제대로 대표될 수 없고 노동의 협력을 끌어낼 수 없었기 때문에 노사정위의 정상적 작동을 기대할 수는 없었다. 예컨대 노사정위원회에서 합의된 사회협약(social pacts)이 국회의 입법화 과정에서 지역(구)중심의 거대 양당 독과점정치의 제동에 걸려 노동에게 더 불리한 방향으로 변질되거나 부결되었으며, 심지어 국회에 입법의제로 상정조차 되지 못하는 사태가 발생하곤 했다(선학태 2002: 219).

노무현 정부에서도 중도개혁 정당인 열린우리당과 보수정당인 한나라당은 합세하여 2006년 말 비정규직 근로자를 양산시킬 '비정규직 보호법'을 통과시키는 사례에서 보듯, 사회경제적 이슈에 관한 정책 차별성이 없는 두 거대 보수-중도 정당은 노동의 이익과 관점을 치열하게 주요 정책의제로 공론화하거나 정치적으로 대표하지 않았다. 이런 조건에서 노동은 자신들의 정치적 대리인을 찾지 못한 나머지, 정책협의체에의 참여를 거부하는 등 파행을 거듭했다.

요컨대 두 자유주의 진보정부의 신자유주의적 정책 추진과정에서 발생하는 빈곤층·저소득층·비정규직 등 사회의 소외세력이나 노동세력의 상대적, 절대적 박탈을 대표하는 사회경제적 정책프로그램을 갖고 서로 경쟁하는 정당체제가 제도화되지 않는 조건에서 정책협의 시스템의 정상적 작동을 기대할 수는 없었다. 한국정부는 자유주의 보수정부든 자유주의 진보정부든 입법과정이 야당의 반대에 부딪치면 국회-행정부 관계가 교착상태에 빠지고 이를 돌파하기 위해 행정부는 이익집단을 배제하고 입법을 주도하거나 행정입법(대통령령·국무총리령 등)을 동원해 정책을 일방적으로 밀어 붙였다. 이로 인해 이익단체들은 노사정 협의체에서 이탈하고 대규모 대(對)정부 투쟁을 전개하는 사태가 다반사가 되고 있다.

둘째, 두 자유주의 진보정부는 이해관계자들과의 정책협의 시스템을 정상적으로 작동시키기보다는 권력·관료·전문가 엘리트 중심의 의사결정 방식에 습관적으로 익숙했다. 김대중 정부의 정책결정 회로는 민주적 시장경제라는 자신들의 국정철학에 걸맞지 않게 성장·구조조정·시장개방이라는 정책 어젠다에 과도하게 집착하는 기술관료·전문가 등에 의해 주도된 폐쇄적 방식이었다. 이런 정책결정 구조에서 어쩌면 노사정위의 파행은 불가피했을 것이다(선학태 2003: 300-301). 기술관료·전문가 중심의 정책결정 스타일은 참여정부를 표방했던 노무현 정부에서도 크게 달라지지 않았다. 각종 정책협의체에서 합의된 사항은 언제나 정부의 가이드라인을 크게 벗어나지 못했으며 때때로 정책협의체에서 이루어진 합의는 관련 정부부처에 의해 묵살되곤 했다. 각종 정책협의체가 정부의 정책결정에 정당성과 면죄부를 부여하는 방식으로 활용될 뿐, 관련 이익·시민단체의 실질적인 정책참여의 통로 역할을 하지 못했다(윤상우 2007: 101).

예컨대 참여정부의 노동라인에 노동부 장관·청와대수석·노사정위원장·노동담당 여당 국회의원에 이르기까지 거의 모두 노동운동 출신이 포진했음에도 불구하고 노사정위는 정부의 가이드라인을 크게 벗어나지 못한 실무기구가 되거나 정책결정 과정에서 무기력한 기구로 전락했고 대신 노동부가 노사정 관계를 주도했다(노중기 2006). 그 결과 적대와 불신의 노사정 관계는 전혀 변하지 않았다. 이것이야말로 민주적 노사정관계를 정책브랜드로 표방했던 참여정부의 아이러니가 아닐 수 없다. 더욱이 한미자유무역 체결 과정에서 대내적 정책협상 프로세스를 생략했다. 즉 대통령 주변의 정책서클에 속한 관료·전문가 중심으로 진행된 나머지, 정책 이해당사자들인 노동자, 농민, 축산업자, 중소기업 등을 포함한 사회집단들을 배제, 소외시켰다. 이처럼 정부정책이 하향식 의사결정 방식으로 밀어붙여질 때 정부와 정책 이해관계자 간의 충돌과 갈등은 필연적이고 정책협의 시스템이 제대로 작동할 수 없는 것은 당연하다.

2) 박근혜 정부의 '비전 2040위원회' 실패

박근혜 정부 들어 정치권과 학계에 증세-복지의 당위론이 풍성하다. 그러나 증세-복지국가를 정치적으로 어떻게 만들 것인가에 대한 담론은 빈곤하다. 이런 상황에서 새누리당 원내대표가 2014년 4월 국회 대표연설에서 재정(조세)-복지의 사회적 대타협을 위한 초당적인 '비전 2040위원회' 설치를 통해 지속가능한 '한국형 복지모형'을 설계하자고 제안했다. 앞서 박근혜 대통령도 후보 시절엔 복지-조세부담 간극에 따른 갈등의 해결을 위한 사회적 대타협을, 신년기자회견에선 노사정 대타협을 주창한 바 있다. 이러한 제안은 사회적 대타협을 통해 사회적, 정치적으로 민감한 조세-복지라는 시대적 과제를 해결하겠다는 의지의 표현이라는 점에서 매우 시의적절한 문제의식의 발로로 평가할 만하다. 일견 새누리당-박근혜 정부가 조세-복지의 정치학을 제대로 인식하고 있는 것처럼 보인다.

사회적 대타협이란 시민사회-시장-국가 사이를 유기적으로 조합하는 수평적 의사결정 패러다임이며, 이익집단-국가 간의 정치적 교환(political exchange)을 통해 노사 등 이해집단들의 이익·가치 갈등을 조정하는 시스템이다. 이러한 의미에서 새누리당이 제안한 '비전 2040위원회'는 조세-복지 갈등을 조정 관리하기 위해 그 이해주체(사실상 전 국민)들이 참여하는 정책 네트워킹-파트너십에 기초한 사회적 대타협을 통해 한국형 복지-조세모형을 설계하려는 협의체로 이해할 수 있겠다. 그런데 사회적 대타협은 정당정치 패턴에 따라 영향을 받는다. 단순화하면 양극단적으로 경쟁하고 단일 이념정향 정당 단독으로 정부구성을 추구하는 정당정치에선 사회적 대타협 시스템은 불안정·해체되는 반면, 정당 간 연합정치와 연동되는 사회적 대타협 시스템은 안정적으로 작동하는 경향을 보인다.

이런 관점에서 여기서는 새누리당-박근혜 정부의 정책의지에도 불구하고 현행 우리의 정당정치 동학을 고려할 때 한국형 조세-복지모형을 산출하려는 '비전 2040위원회'라는 사회적 대타협 시스템의 작동가능성은 그리 높지 않다. 현행 사회적 협의체인 경제사회발전노사정위원회는 임금체계나 근로시간 단축 등 노사정이 함께 머리를 맞대고 풀어야 할 현안이 산적해 있지만 양대 노총의 외면에 직면하고 특히 그동안 노사정위를 명목상 유지해 준 한국노총마저 불참 선언으로 사실상 '식물위원회'로 전락한지 오래다. 기존 사회적 대타협 시스템의 실상이 이럴진대, 과연 조세-복지 정치의 '비전 2040위원회'라는 사회적 대타협 시스템을 구축할 수 있을 것이며, 설령 설치된다고 해도 그것이 안정적이고 정상적으로 작동할 수 있을까? 그 가능성은 자못 회의적이다. 여러 구조적 요인이 존재하지만 그 가장 핵심적 이유는 사회적 대타협 시스템의 정상적 작동을 유인할 정당정치의 부재에 있음을 지적하지 않을 수 없다.

무릇 사회적 대타협 시스템의 정상적 작동은 시장경제에서 상대적으로 불리한 노동을 대표하는 정당정치를 전제한다. 그러나 현행 새누리당-새정치민주연합이 지배하는 탈계급적, 탈계층적 지역분할 양당 독과점 정치에서 노동은 '비전 2040위원회'에 참여할 매력을 갖지 않는다. 앞서 논의한 바와 같이 김대중·노무현 정부의 사회적 대타협 시스템도 정상적으로 작동되지 않았다. 앞서 지적한 것처럼 당시 지역(구)중심의 거대 양당 독과점체제가 노동의 이익과 관점을 치열하게 주요 정책의제로 공론화하여 정치적으로 대표하지 못했기 때문이다. 두 자유주의 진보정부는 사회통합적 노사관계 구축이라는 정책비전을 제시했음에도 불구하고 재벌중심 성장일변도 발전모델에 입각한 신자유주의적 노동독트린으로 경도되었고 지역(구)중심의 거대 양당 독과점정치는 이를 효과적으로 견제하거나 노사정정치-국회 관계 설정에 속수무책이었다. 결국 반노동적이거나 노동에 비우호적이었던 지역(구)중심 양당 독과점정치는 두 자유주의 진보정부에서 노사정위원회에 노동참여를 독려할만한 아무런 정치적 인센티브를 제공하지 못했고 노동의 '거리정치'를 일상화시키는 주된 요인이었다.

박근혜 정부하의 정당정치도 안철수세력-민주당 통합으로 인해 변하면 변할수록 옛 모습으로 고스란히 복원되었다. 노동대중을 대표하는 진보좌파 세력이 승자독식 선거제도로 인해 유의미한 의석을 확보하지 못하고 있는 가운데 새누리당-새정치민주연합, 지역(구)중심의 양대 패권정당은 국회의석을 싹쓸이하고 있다. 거대 양당 국회의원들은 차기 선거 재당선을 위해 국가재정과 지역(구)주민 사이의 정치브로커·로비스트 행세를 하며 지역 토건·서비스사업 유치에 몰입한 나머지, 입법권 등 자신들의 정치적 의사결정권을 잠식할지 모르는 사회적 대타협 정치엔 체질적으로 알레르기 반응을 보인다. 심지어 거대 양당의 보수성향 정치인들은 정당한 노동운동을 노동집단이기주의로 매도하면서 노사정위원회가 자유시장경제의 원리에 반하고 세비만 축내는 무용지물의 기구로 평가절하하는 등 무식의 극치를 드러내기도 한다. 요컨대 노동의 상대적, 절대적 박탈을 제대로 대표하지 못하는, 세계 유례가 없을 정도의 기형적인 지역

(구)중심의 반노동적 거대 양당 독과점 정치지형은 노동에게 '비전 2040위원회'라는 사회적 협의체에 참여할 동기를 제공하지 못하고 있다.

나아가 자유주의 진보세력인 새정치민주연합을 포함한 야권 정당블록과의 양극적 경쟁관계에 있는 자유주의 보수블록 새누리당-박근혜 정부는 조세-복지정치를 위한 '비전 2040위원회'에 사용자단체의 참여를 견인하는 데 한계를 갖는다.[4] 사용자단체는 '비전 2040위원회' 참여보다는 자신들과 이념적 정향을 공유한 새누리당-박근혜 정부와의 직접적인 담판·로비를 통해 이익을 관철하려는 유혹을 떨쳐버리지 못하기 때문이다.

무릇 양극단적으로 경쟁하는 블록 정당정치 속에서 특정 이념정향의 정당 단독(혹은 연합)으로 정부가 구성되는 경우 사회적 대타협 시스템의 안정적 작동은 위협 받는다. 노사정 파트너십의 아이콘이고 조세-복지국가의 세계 챔피언이던 스웨덴의 사회적 대타협 시스템의 퇴조·해체 현상이 이 가설을 경험적으로 입증한다(제9장 참조). 스웨덴 정당정치는 보수우파 정당연합의 집권(1976~82)을 계기로 이념블록 간 양극화 속에서 순수 우파정부연합 혹은 순수 좌파정부 구성으로 작동하고 있으며, 이런 정당정치의 좌우 양극적 경쟁과 종(縱)적으로 연결된 노사 이익단체도 양극단적 갈등의 늪에 빠진 형국이다. 통념과는 달리 마치 양당제 국가에서 발생하는 양극적 정당정치-갈등적 노사관계 현상이 악화된 것이다. 따라서 스웨덴 노사 이익집단들은 사회적 대타협 시스템에의 참여보다는 이념적으로 동질적이고 정치적으로 우호적인 정당정부를 상대로 로비정치(lobbyism politics) 전략을 선호한다.

이런 의미에서 1991년 초 스웨덴 사용자단체(SAF)가 사회적 대타협 시스템의 종언을 선언하고 국가노동시장위원회(NLMB)를 비롯한 여러 3자 협의체에 파견된 대표를 철수시킨 것은 결코 우연한 일이 아니다. 당시 보수우파 정당연합의

4) 1년을 끌어 오던 노동개혁이 9월 15일 고용유연성-사회안전망 간 정치적 교환으로 타결되었다. 고용유연성강화, 고임금자의 임금인상자제(임금피크제), 청년일자리창출, 실업·산재보험확충, 근로시간단축, 통상임금범위확정 등 의제들이 일괄타결된 것이다. 박근혜 정부 하에서 공무원연금 개혁, 정년연장 등이 정치권 중심으로 이뤄졌다는 점을 고려할 때 이번 노사정 합의는 외환금융위기에 따른 노사정 대타협(1998년 1월) 이후 가장 획기적인 합의라는 평가를 받았다. 그러나 민주노총의 불참으로 노사정 대화체의 대표성이 문제로 제기되고 있고 특히 야당이 합의안에 반대하고 있다. 무엇보다도 새누리당-새정치연합 간 양극적 정책갈등으로 인해 합의안의 법제화 과정이 순탄치 않을 것이다.

선거승리가 확실시 되고 두 번째로 집권한 보수우파 연립정부(1991~94)의 정책에 직접 영향력을 행사하여 자신들의 이익관철 확률이 높아졌기 때문이다. 역으로 보수우파 정당연합과 양극적으로 경쟁하는 사민당(SD) 소수정부(1994~2006)는 내각연합 구성 대신 의회 차원에서 좌파당(Left Party) 혹은 녹색당과의 연합을 통한 입법화 전략을 선호하는데, 이러한 적녹(赤綠)연합의 좌파블록에 대해 스웨덴 사용자단체는 강한 거부감을 드러내며 사민당 소수정부-노조와의 협상시스템에 연연하지 않았다. 결국 스웨덴의 양극단적 정당경쟁-이념블록 정당정부가 사회적 대타협 시스템의 안정적 작동을 방해한 족쇄가 된 것이다. 스웨덴의 이 같은 양대 이념블록 정당정치와 사회적 대타협 퇴조·해체 사이의 인과성은 한국 정당정치-사회적 대타협의 관계를 예측하는 데 유익한 단서를 제공한다.

이런 문제인식에서 볼 때 자유주의 보수블록의 새누리당-박근혜 정부가 조세-복지 사회적 대타협 시스템을 설립하거나 안정적으로 작동시킬 확률은 낮다. 야권 정당블록과의 양극적 경쟁관계에 있는 새누리당-박근혜 정부는 단독으로 법안통과를 위한 안정적 과반의석을 점유하고 있는데, 이 지점은 (비록 '국회선진화법'의 존재에도 불구하고) 전경련·경총 등 재벌대기업 이익을 집약·표출하는 사용자단체에겐 대단히 우호적인 정치지형이라 하지 않을 수 없다. 따라서 재벌-사용자단체는 이념적, 정치적 정향을 달리하는 야권 정당블록의 정치력을 견제해야 할 절박함을 갖지 않는다. '신자유주의 성장동맹'의 중심축이고 신자유주의적 가치와 규범을 공유한 새누리당-박근혜 정부를 상대로 한 로비정치를 통해서 이익관철을 달성하는 데 정치적 장애물은 존재하지 않기 때문이다. 따라서 재벌-사용자단체는 자신들에게 필연적으로 노동에 대한 양보-화답을 강요할 것으로 예측되는 조세-복지 사회적 대타협 시스템 설립 자체를 부정적으로 인식하기 마련이다. 사실 국가경제를 지배하는 스웨덴의 수출 대자본(중화학공업)도 중소기업 중심의 덴마크의 사용자들과는 달리 적어도 1990년대 이후엔 사회적 대타협 시스템에 대해 조건반사적으로 거부 반응을 보이곤 했음을, 우리는 상기할 필요가 있다.

새누리당-박근혜 정부가 대선 당시 공약했던 재벌개혁-복지정책을 축소 내지 파기하고 경제활성화를 내세우며 규제 '암 덩어리'와의 전쟁을 선언 한 것은 자본스트라이크(capital strikes, 투자·고용축소, 생산기지 해외이전 등) 위협을 압박

무기로 활용할 위치에 있는 재벌-사용자단체의 집요한 유무형 대(對)정부 로비정치에 기인한다. 재벌 대자본은 대학·싱크탱크·언론매체를 소유하거나 재정적 지원을 통해 신자유주의적 가치와 규범을 확산시킨다. 또 그들은 청와대비서진-장차관-고위관료-유력정치인과의 혼맥·학맥·지연 혹은 고위공직자 역충원(reverse recruitment)에 의한 '관피아' 등 거미줄 같은 휴먼네트워크와 '끼리끼리 커넥션'을 구축하여 자금력·정보력·조직력을 총동원, 새누리당-박근혜 정부의 정책결정-집행 과정에 직간접으로 영향력을 행사하고 이를 유리하게 이끌어낸다. 이러한 유리한 권력자원(power resources)에 입각한 자본-권력 유착구조 속에서 왜 재벌-사용자단체가 한가롭고 '천진난만'하게 노조를 비롯한 다른 이익단체들과 지루한 협상을 해야 하는 사회적 대타협 시스템에 참여할 동기를 갖겠는가? 그들에겐 사회적 대타협 시스템이란 시장경제의 자유경쟁 원리와 규범에 근본적으로 반하는 것으로 비춰진다.

새누리당-박근혜 정권 그 자체 또한 그렇다. 그들은 법안통과를 위한 안정적 과반의석 이상(159석)이 점유하고 있는 터라 정책추진과 국정운영을 지체시킬지도 모를 정부 외곽의 사회적 대타협 시스템에 매력을 느끼지 못한다. 그러나 보다 근본적으로는 정부의 재정과 정권의 업적이 국가경제를 좌지우지하는 재벌대기업이 이룩한 실적에 의존하는 현실에서, 서유럽 국가들의 좌-우 교차 연립정부와 달리 새누리당-박근혜 정부는 재벌-사용자단체를 압박하여 사회적 대타협 시스템에의 참여를 강제하는 데 실효성 있는 정치적 수단을 갖고 있지 않다. 결국 자유주의 보수블록 새누리당-박근혜 정부는 구조적으로 자본친화적인 법제도를 만들고 정책을 결정·집행할 수밖에 없다. 이는 노동이 새누리당-박근혜 정부의 조세-복지 사회적 대타협 제안에 의혹의 눈초리를 보내며 외면하는 단적인 이유이다.

요컨대 재벌대기업-사용자단체의 막강한 구조적 힘(structural power)은 자신들과의 동질적인 이념정향을 갖는 새누리당 단독으로 집권한 박근혜 정부의 도구적·구조적 정책자율성(instrumental or structural policy autonomy)을 제어하여 사회적 대타협 시스템의 안정적 작동을 불가능하게 하는 요인이다(Przeworski and Wallerstein 1988: 23-24; Hamilton 1982: 10-13).[5] 이는 노동을 대표하며 재벌대기업-사용자단체의 구조적 힘에 대한 통제를 통해 사회적 대화를 견인할 수 있는 진보좌파

세력을 무력화시키는 87년 헌정체제의 한계를 의미한다.

4. 재벌중심 신자유주의경제-복지국가 후진성

1) 재벌개혁실패-사회경제 양극화

87년 헌정체제의 소선거구 단순다수대표 선거제도는 노동·복지를 정치적으로 대표하는 진보좌파블록 정치세력의 유의미한 국회 진출을 사실상 봉쇄하고 자유주의 보수정당(새누리당)-자유주의 진보정당(새정치민주연합) 간 양극적 정당정치를 구조화하고 있다. 이러한 불균형적인 이념블록 정당정치 공간은 노동참여를 견인하는 조합주의적 노사정정치의 제도화를 가로막고, 대신 로비·시위 등으로 이익관철을 시도하는 경쟁적·갈등적 노사(정) 관계를 재생산시킨다.

87년 헌정체제의 이러한 양극적 정당정치-경쟁적·갈등적 노사(정) 정치는 제도적, 기능적으로 맞물려 작동하며 97년 외환위기 이래 신자유주의 시장경제를 강화하고 있다. 다수제 정치체제는 경쟁적·갈등적 노사(정) 관계-자유시장경제와 친화성을 갖기 때문이다(Iversen and Soskice 2010: 6). 한국 신자유주의 시장경제의 운영은 재벌집단에 의해 주도되고 있다. 노동배제-기술관료중심 정책결정 등 국가주도 발전모델의 요소가 청산되지 않은 채 재벌중심의 신자유주의 정책 드라이브가 한국 시장경제의 생산체제를 지배하고 있는 것이다. 이러한 재벌중심의 생산체제는 경제민주화를 가로막는 가장 큰 걸림돌이다. 재벌체제의 유지와 한국민주주의 발전은 양립하기 어렵기 때문이다. 기업이란 다양한 이해관계자들(대주주·소액주주·경영진·노동자·채권자·관계기업·소비자·지역주민 등) 사이의 네트워크에 의해 만들어진 조직이다. 그럼에도 한국재벌의 지배구조는 독단적 의사결정구조-경제력집중-족벌·주주이익극대화로 이어지는 '가족소유-총수중심 경영체제'이라 해도 과언이 아니다. 따라서 재벌체제의 개혁 문제야말로 민주화

5) 헤밀턴에 의하면 자본주의사회의 국가는 종국적으로 자본이익에 부합되도록 운영되지만 자본이 국가를 직접 통치·개입·통제하는 것은 아니며, 국가는 도구적으로 자율성을 갖는다. 그러나 국가의 도구적 자율성에 의해 선택·추진된 정책은 자본주의 정치경제학적 특성을 고려할 때 구조적으로 자본계급성을 내재한다. 그에 의하면 자본은 생산수단을 장악하여 국가의 물질적 기반에 통제력을 갖기 때문에 국가는 자본에 의해 창출된 자본축적과 경제적 안정에 의존해야 함으로 자본주의적 계급구조를 재생산해야 하는 구조적 한계를 안고 있다. 국가의 구조적 자율성이란 자본의 실제이익에 반하는 정책(또는 행동)을 수행할 수 있는 능력(자율성)을 의미한다.

이후 노동협력을 끌어내어 노사정 거버넌스 시스템의 정상적 작동을 통해 한국 민주주의와 자본주의 시장경제의 공존 가능성 여부를 가늠하는 시금석이다.

재벌-사용자단체에 우호적인 이명박·박근혜 자유주의 보수정부는 앞서 언급한 이유 때문에 재벌개혁을 통해 경제민주화를 추동하는 데는 구조적으로 한계를 갖는다. 특히 2012년 말 대선과정에서 박근혜 후보는 경제민주화야말로 '시대정신'이라고 공약했지만 징벌적 손해배상(하도급법 개정안), 부당한 납품단가 인하, 일감 몰아주기 규제(공정거래법), 신규 순환출자 금지 등의 시행에 그치고 경제민주화의 종결을 선언했다. 사실 그들 자유주의 보수정부에 의한 재벌개혁 중심의 경제민주화를 기대하는 것은 연목구어이다. 반면 김대중·노무현의 자유주의 진보정부는 실질적인 재벌개혁을 통해 노동협력을 끌어내어 사회적 대화·협의시스템을 정상적으로 작동시키고 이로써 한국민주주의를 공고화할 수 있는 조건과 기회를 가졌다. 두 자유주의 진보정부의 집권세력은 재벌집단을 포함한 보수 기득권층에 지지기반을 두지 않았기 때문이다. 특히 김대중 정부는 수평적 정권교체에 따른 광범위한 대중의 지지라는 확고한 사회적, 정치적 기반도 갖추고 있었고 집권 초기 재벌에 대해 그 이전 어느 정부도 누려 보지 못한 정책자율성을 가졌다는 점에서 재벌개혁에 대한 기대감은 그 어느 때보다 높았다. 사실 천문학적 부채에 의한 방만 경영에 따른 외환위기(1997)의 책임에서 자유롭지 못했던 재벌 대기업은 당시 국민적 지탄이 하늘을 찌르고 있는 터라 자신의 운명을 정부에 위임할 수밖에 없을 정도로 재벌의 힘과 영향력이 취약했다.

그러나 기대와는 달리 김대중·노무현 자유주의 진보정부는 재벌개혁을 약속했던 집권 초기를 지나면서 민주주의의 가치와 규범에 상응하는 새로운 시장구조를 발전시키지 못했다. 우선 김대중 정부는 '민주적 시장경제론'이라는 국정철학의 표방에도 불구하고 재벌중심의 경제성장에 초점을 맞춘 신자유주의적 시장경제로 경도되었다. 노무현 정부 또한 재벌개혁에 성공했다고 평가할 수 없다. 그는 대선후보 시절 "재벌 돈 받고 선거 치르면 재벌정치하고 서민 표 받으면 서민정치 한다."라고 절규하면서 "재벌을 개혁한 최초의 대통령이 되고 싶다."고 설파했다. 정권 인수과정에서도 여러 차례 재벌개혁을 다짐하며 출범한 노무현 정부는 2003년 투명하고 공정한 시장경쟁시스템 구축을 위한 주요 정책과제로 산업자본의 금융 지배에 따른 폐해 차단, 대기업집단의 소유·지배구조 왜곡 시정, 금융회사 보유 자기 계열사 주식의 의결권 제한, 출자총액제한제도 등을 약속했다. 그러나 재계의 반발로 2003년 말 공정거래위원회의 '시장개혁 3개년 로드맵'과 2004년 재경부의 '산업자본의 금융지배에 따른 부작용 방지 로드맵'은 크게 후퇴한 것으로 발표되었다(조현연 2007: 193).[6] 그러나 재벌의 지배구조 개혁이 이렇다 할 효과가 나타나지 않았다.

결국 자유주의 진보정부의 재벌개혁은 좌절되었다. 물론 1997년 경제위기 이후 자유주의 진보정부 하에서 재벌개혁 및 기업지배구조 개선을 위한 법과 제도의 변화가 없었던 것은 아니다. 예컨대 사외이사제, 주식회사의 외부감사에 관한 법률, 감사위원회 설치, 소액주주권 강화, 독점규제 및 공정거래에 관한 법, 증권집단소송제 등 결코 그 의미를 과소평가할 수 없는 법적·제도적 개선 조치를 시행하였다. 그러나 자유주의 진보정부 하에서 한국 재벌의 경제적 독점과 시장지배력 구조는 큰 틀에서 변화가 없었다. 신자유주의 정책드라이브로 인해 되레 상위 재벌 대기업의 경제력 집중과 시장지배력은 이전 권위주의 시기보다 더 강화되었다. 한다디로 재벌 대기업 중심의 생산체제가 강화된 것이다.

그 결과 재벌대기업-중소기업 양극화는 악화되고 있다. 대기업-중소기업 간에 원·하청 불공정 하도급 거래가 시정되지 않아 갈등과 대립이 깊어진 상황에서 중소기업·상공인은 몰락하고 있다. 노사관계, 직업훈련, 기술인력, 임금협상 및 노동시장 유연성에서도 중소기업은 자신들과의 협력관계를 외면하고 일방적으로 진행하는 대기업들의 횡포·변덕의 충격 앞에 지속적으로 노출되어 있다. 예컨대 하청단가 인하 압력을 받는 중소기업들의 노동시장은 장시간 노동, 비정규직, 저임금, 불안정한 고용조건으로 매우 열악한 상태에 놓여 있다. 반면 전체 취업자의 10% 안팎에 불과한 대기업(혹은 공기업) 사업장의 근로자들은 강력한 노조의 보호를 받으며 고용보장과 고임금·고복지를 향유하고 있고, 그 비용 상승분은 중소협력업체들에게 전가된다. 또 대기업들은 어렵게 양성해 놓은

6) 노무현 정부는 '삼성과의 정치경제적 연계'를 보이기까지 했다. 예컨대 노무현 정부의 핵심 정책담론인 국민소득 2만불 시대론, 동북아 허브론, 동북아 중심국가론, 경제자유구역, 기업도시, 산업클러스터, 한미자유무역협정 등은 삼성경제연구소 보고서를 통해 발전되었다. 그리고 노무현 정부 하에서 재경부, 기획예산처, 공정거래위원회, 금융감독위원회 등의 고위관료들이 삼성인력개발연구원에서 지속적으로 수일 동안 경제교육을 받았다. 재벌을 관리·감독해야 할 정부기관이 재벌의 인력관리 교육 대상이 되었다는 사실은 다소 충격적 일로 비쳐진다(조현연 2007: 198; 박상훈 2007: 313-316).

중소기업들의 기술·기능 인력을 고임금의 유혹으로 빼간다. 이 점에서 하청 중소기업이 겪는 경영상의 어려움은 대기업의 노사가 사실상 공모한 결과이다. 이러한 '고삐 풀린' 대기업-중소기업 구조는 결국 수출산업-내수산업 양극화, IT산업-비IT산업 양극화, 노동시장 양극화(고용·임금·근로조건·사내복지), 정규직-비정규직 양극화, 수량적(numerical)-기능적(functional) 유연화 양극화 등의 확대 재생산으로 이어진다.7)

산업·기업구조 양극화-노동시장 양극화는 소득불평등과 빈부격차의 확대로 이어지는 사회적 양극화를 초래한다. <그림 16-1>이 보여 주듯이 2000년대 들어 노동소득, 시장소득의 지니계수가 모두 증가했고 가처분소득의 지니계수도 2000년 0.343에서 2011년 0.361로 상승했다. 노동시장의 불평등이 가구 소득불평등으로 그대로 이어지고 있는 것이다. 이는 한국사회의 소득불평등이 악화되고 있음을 뜻한다. 소득불평등을 나타내는 지니계수 국제비교에서도 한국은 1990년대에는 게르만·노르딕 국가들에 비교하여 그렇게 높지 않았으나 2000년대에는 자유주의 복지국가들 중에서도 상대적으로 높게 나타나고 있다(제8장 표 8-1참조).

▌그림 16-1▐ 가구 소득불평등의 변화 비교

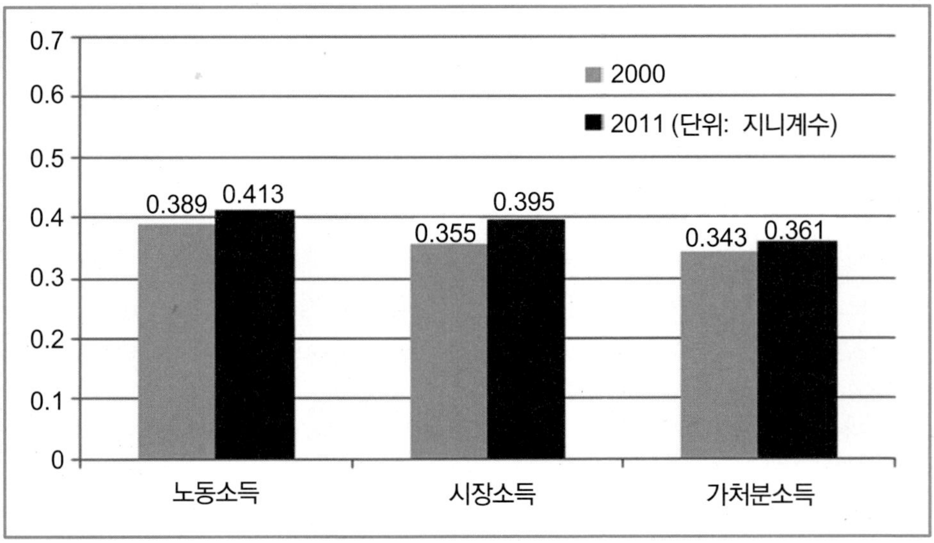

출처: 이병희 2014: 37.

7) 상세한 논의는 선학태 2008: 61-77을 참조할 것.

사회적 양극화는 계층양극화로 나타나는데 계층양극화는 빈곤층·소득상위층이 늘어나고 중산층이 줄어드는 'M자형' 사회, 또는 종전의 다이아몬드 형에서 20 대 80의 '눈사람형' 구조로 변모해 가고 있다. 한국사회의 이러한 계층구조는 하나의 국민을 '부자의 국민과 빈곤의 국민'이라는 '2개의 국민'으로 분열시킨다. 부·소득 양극화에 따라 계층 간, 지역 간, 거주지 간에 교육기회 격차도 심화되고 있다. 부모의 경제력·학력·사회적 지위가 자녀 세대에 전승되는 학력 세습화 현상이 발생한다. 소득·부의 양극화가 교육양극화, 역으로 교육양극화가 소득·부의 양극화 원인이 되는 악순환의 고리가 만들어진 것이다. '개천에서 용이 솟아오르는' 시대는 옛말이 된 지 오래다. 결국 한국사회는 '인간의 얼굴을 상실한 냉혈 시장사회'로 초대되어 가고 있다.

한마디로 한국민주주의의 사회경제적 기반 위기이다. 시장경쟁의 승자인 재벌집단이 독식하고 시장의 낙오자·열패자들이 대량 배출되어 감에 따라 일반대중의 사회경제적 삶의 질이 악화되고 사회해체 현상이 나타나고 있다. 사회경제적 양극화는 민주주의의 질적 수준을 떨어뜨려 사회통합을 위협한다. 신자유주의 시장경쟁의 낙오자·열패자들에 강제하는 절대적, 상대적 박탈감이 그들을 갈등·대결의 장으로 유도하여 한국민주주의를 위협하고 있는 것이다. 요컨대 사회경제적 양극화의 중심에 재벌집단이 자리하고 있다.

한국사회에서 자본권력의 비대화로 나타나는 대재벌의 존재는 노동참여를 견인하는 노사정 거버넌스 시스템의 작동을 저해하고 경제민주화를 가로막는 걸림돌이다. 자유주의 보수정부는 차치하고 자유주의 진보정부의 정책결정·집행과정에서도 대재벌의 영향력은 제어되지 않았다. 대재벌의 구조적 힘은 정부로 하여금 재벌의 사업신뢰(business confidence) 조성에 우호적인 경제정책을 결정·집행하도록 강제한다. 이 점에서 노무현 대통령도 "권력이 시장으로 넘어갔다."라고 실토한 바 있다. 그렇다면 경제민주화를 지체시키는 대재벌의 구조적 힘은 왜 제대로 통제되지 않는가?

그 이유는 87년 헌정체제의 다수제 제도적 배열(institutional configuration)에 잠재한다. 87년 헌정체제의 소선거구제는 새누리당-새정치민주연합이라는 거대 양당 권력독과점 체제를 만들어낸다. 패권적 양당체제는 경제민주화를 정체성으로 하는 진보좌파 정당의 국회진출 공간을 원천적으로 협소하게 한다. 따라서 진보좌파 정당의 경제민주화 선거공약은 실효성이 전혀 없는 공약(空約)에 불과하다. 물론 진보좌파 정당의 유의미한 국회 진출이 곧바로 경제민주화 실현을 보장하는 것은 아니다. 진보좌파 정당·정치인들이 경제민주화 요구에 민감하게 반응하여 이를 정책의제화-입법화하려는 의지와 능력이 중요하다. 그런데 87년 헌정체제의 소선거구제-양당체제는 진보좌파 국회의원의 경제민주화 정책선호도를 희석시키는 요인으로 작용한다. 진보좌파정당의 지역구 국회의원은 '동일노동-동일임금' 원칙에 입각한 시장분배 정의, 재벌개혁, 사회경제적 양극화 해소 등 노동을 포함한 전체국민에 영향을 미치는 경제민주화 정책을 의제화-입법화하는 데 성공했다고 하더라도 차기 지역구 선거에서의 재선을 보장받지 못한다. 따라서 소선거구제-양당체제에서 (당선 자체가 어렵기도 하지만) 설령 당선에 성공한 진보좌파정당의 국회의원이라 하더라도 전국적인 이슈인 경제민주화보다는 협소한 지역구개발 프로젝트(지역공공재) 중심의 선심성 예산배분정치(pork-barrel politics)에 몰입할 수밖에 없다(Stratmann and Baur 2002: 513). 지역개발 현안이나 지역구 서비스 확충과 관련된 의정활동 행태가 득표·재선에 더 유리하기 때문이다. 요컨대 87년 헌정체제의 다수제 제도적 배열은 경제민주화를 지체시키는 요인이다.

2) 저(低)복지-저조세부담 국가

87년 헌정체제-신자유주의 시장경제는 자유주의 복지국가와 기능적으로 친화적이다(제8장 참조). IMF 관리체제 이후 신자유주의적 구조조정 과정에서 발생한 시장 실패자·낙오자들에 대해 보상을 하기 위한 복지 프로그램이 마련되지 못한 것이 노사정 거버넌스 시스템의 작동을 어렵게 하는 요인이다. 사실 한국경제는 복지국가가 되기 위한 물적 토대를 갖추고 있다. 그럼에도 한국의 자유주의 복지체제는 영미 자유주의 복지국가와 비교해도 공공사회복지서비스 지출 비율이 크게 낮고 비정규직·근로빈곤층·영세자영업자·노인 등 다수가 복지제도의 사각지대에 놓여 있다. 물론 김대중·노무현 정부에서 경제성장보다 더 빠른 속도로 복지확대와 증세가 이뤄졌다. 또 보수성향의 박근혜 정부도 복지-고용-성장 간 선순환 구조를 마련하려는 '맞춤형 고용복지'를 5대 국정목표의 하나로 삼고 공보육·기초연금 등 확대에 나섰다. 그러나 한국민주주의는 여전히 복지제도의 저발전 수준에 머물러 있다.

첫째, 우리 국민의 상당수는 여전히 사회보험체제에서 배제되어 있다. 사회보험은 제도적 차원에서는 비정규직을 포함한 모든 근로자들을 가입대상으로 하고 있지만 실제 그 가입률은 매우 낮다. 전체 근로자의 약 50% 안팎을 점유하는 비정규직 근로자들이 사회보험의 사각지대에 놓여 있다. 산재보험을 제외한 주요 사회보험(국민연금, 건강보험, 고용보험)에서 정규직 근로자는 98~99%가 가입해 있지만 비정규직 근로자의 가입률은 40% 안팎 수준에 그치고 있다. 의료비 지출에서도 건강보험제도에 의한 보장률은 63%에 불과하여 거의 40% 가까이는 본인의 부담이다. 공적의료보장제도가 존재함에도 국민의 70%가 값비싼 민간의료보험에 의존하고 있다. 비정규직 근로자, 영세 중소기업 근로자 그리고 영세자영업자 등 정작 사회보험의 최우선 적용대상이 되어야 할 근로자들 상당수가 수혜 대상에서 배제되거나 혹은 가입자격이 있는데도 실제 가입하지 못하고 있다. 한국의 사회보험의 틀은 안정적인 근로경력과 보험료 납부능력을 갖는 대기업·중견기업·공기업들의 정규근로자에 유리하게 설계되어 있기 때문이다. 그 결과 어떤 의미에서 한국 사회보험제도는 오히려 소득격차를 넓히는 요인이 되고 있으며 소득재분배와 소득불평등 완화에 별로 기여하지 못한다.

둘째, 빈곤층 보호를 목적으로 한 공공부조인 국민기초생활보장제도 모든 빈곤층을 포괄하지 못한다. 물론 최저생계비 이하의 소득계층(전체 인구의 3%)에게 근로능력의 유무에 관계없이 생계·의료·교육·주거 등의 영역에서 통합적으로 급여를 지급하고 있다. 그러나 비수급 빈곤층이 전체 인구의 3.7%(177만 명)에 이르고 있어 사각지대가 크다. 소득이 최저생계비 이하임에도 부양의무자가 있다는 이유로 상당수의 빈곤층이 기초생활보장의 수급자에서 배제되어 있다. 잠재적 빈곤층인 차상위 계층도 공공부조제도의 사각지대에 있다. 이처럼 광범위한 취약근로계층이나 빈곤계층이 기초적 생활보장을 받지 못하고 있는 것은 사회통합을 저해한다.

셋째, 보육, 교육, 보건의료, 공공주택, 요양 등의 사회복지서비스를 국가가 포괄적으로 책임지는 시스템이 구축되지 않고 있다. 2012년 총선·대선 이후 복지서비스가 진전되고 있지만, 여전히 삶의 안정성 내지 사회적 위험에 대응하는 공공서비스의 측면에서는 매우 취약하다. 예컨대 한국의 공공주택비율은 3.4%로, 영국 22%, 독일 20%에 비해 턱없이 낮다. 선진국들의 경우 전체 병원 중 공공병원이 차지하는 비중이 70~80%에 이르는 데 반해 우리의 경우 10% 수준에 불과하다. 교육 역시 중학교까지 의무교육제가 실시되고 있지만 사교육비 지출이 GDP의 7~8%에 이르러 OECD 국가 중 가장 높은 사교육비 지출을 보이고 있다. 결국 주거, 교육 및 의료 등 생활의 가장 기본 욕구에 대한 본인의 소득의존도가 높다는 사실은 사회적 안전망이 미비하여 개인의 소득중단이나 소득감소에 의해 생활 자체가 위험에 빠질 수 있다는 것을 말한다.

이와 같이 복지제도의 미흡으로 인하여 IMF 관리체제 이후 발생한 빈곤층, 고용불안, 중산층 붕괴, 빈부격차 확대, 청년실업, 신용불량자 등 사회위험은 한국사회에 불평등과 차별과 소외의 심화를 야기한다. 이로 인해 범죄, 살인, 마약, 자살 등의 증가로 이어지는 사회해체 현상이 확산되고 있다. 거리와 공원을 배회하는 막막한 인생들의 수가 불어나고 있다. 국가와 사회로부터 버림받은 그들이 과연 대한민국에 태어났다는 긍지와 자부심에 기초한 국가정체성을 가질 수 있을까? 그들의 불행을 단지 개인의 무능이나 운명의 탓으로만 돌리고 국가와 사회는 그 책임으로부터 자유로울 수 있을까?

이런 의문은 사회복지비 지출 수준에서 집약적으로 확인할 수 있다. GDP 대비 공공사회지출은 OECD국가들인 경우 평균 약 22%인데 반해, 한국은 2014년 현재 10% 안팎에 그친다. 한국의 공공복지지출은 영미 자유주의 복지국가와 비교해 턱없이 낮고 OECD국가 중 멕시코 다음으로 최하위권에 머물러 있다. 한국과 유사한 정치경제적 발전 궤적을 걸어 온 스페인의 경우 신자유주의적 경제정책을 시행하면서도 복지제도의 확충에 박차를 가했다.[8)] 그 결과 2003년 현재 벌써 스페인의 총 사회지출은 GDP 대비 22%를 기록했다(OECD 2006).[9)] 한마디로 한국은 양적, 질적으로 복지후진국이다. 그래서 청년은 이른

8) 민주화 이후 스페인의 역대 정부는 노동에게 강요되는 신자유주의적 구조조정의 비용을 완화하기 위해 연금, 실업수당, 보건 및 교육 등에 대한 사회적 지출을 GDP 대비 2003년 최고 약 22%로 증가시켰다. 복지재원을 확보하기 위해 특히 사회당 정부는 사회협약의 규정에 따라 은행 비밀계좌 차단, 탈세에 대한 벌칙금 증액, 자산세 중과, 부유세 신설 등 포괄적인 세제개혁을 단행했다(선학태 2007).

9) 한국의 복지지출 수준은 다른 복지국가가 우리와 비슷한 일인당 국민소득 수준을 보였던 1980년대 복지지출 수준의 절반도 못된다. 국민소득 1만 달러 달성 당시 GDP 대비 사회복지 지출

바 '7포 세대'로 전락하고 노인은 OECD 평균의 4배가 되는 53%가 빈곤의 고통을 겪고 있으며, 이로 인해 대한민국은 자살공화국이라는 불명예를 안고 있다. 신자유주의적 구조조정의 비용(비정규직·정리해고·실업 등)이 사회복지 확충에 의해 보상되지 않는 조건에서 노사정 거버넌스 시스템은 사회적 대타협을 끌어낼 수 없다.

그렇다면 왜 한국의 복지제도는 여전히 낙후성을 탈피하지 못하는가?(선학태 2008: 131-134). 우선 개발독재 시대의 유산인 한국사회의 뿌리 깊은 '성장중독증' 현상이다. 경제성장만 되면 이른바 낙수효과(trickle-down effect)에 의해 빈곤·불평등 문제가 자연스럽게 해결될 것이라는 성장우선주의 인식이 한국사회에 여전히 지배적이다. 자유주의 진보정부도 그 패러다임에서 크게 벗어나지 못했다. 또 한국 복지제도의 낙후성은 제도적 경로의존성(path-dependency)에 연유한다. 김대중 정부 이후 역대정부 하에서 복지제도가 확충되고 사회지출비가 증가했지만 권위주의 정권에 의해 설계된 제도의 틀을 뛰어넘는 시스템적 전환(systemic shift)을 이루지 못했다. 예컨대 안정된 고용관계와 수혜자의 기여금을 전제로 하는 사회보험제도가 복지체제의 중심이다. 따라서 사회보험을 통해 소득불평등을 막으려는 한국복지체제는 태생적으로 한계를 드러낸다. 더욱이 한국사회의 복지동맹(welfare coalition)은 매우 취약하다(Kim 2007: 26). 대신 정부여당-야당-관료-재계-주류언론-보수전문가 등을 포괄하는 신자유주의 발전동맹이 탄탄하게 구축되어 있다. 따라서 중요한 지점은 신자유주의 발전동맹에 맞설 수 있는 시민·노동운동-진보좌파정당의 강력한 복지동맹이다. 복지동맹이야말로 보편적이고 포괄적인 복지프로그램을 추동하는 정치적 촉매제이다. 그렇다면 복지국가의 미성숙은 복지동맹의 미성숙에서 연유한다.

이와 같은 논거들은 한국 복지국가의 낙후성을 설명하는 데 설득력이 있다. 그러나 제도주의적 접근을 경시하고 있다는 점에서 그 한계가 있다. 그런데 권력자원론(power resource theory)의 관점에서 볼 때[10] 한국의 복지국가 후진성은

규모를 보면 미국 13.7%(78년), 일본 10.4%(81년), 스웨덴 27.8%(77년), 영국 18.3%(87년), 독일 25.7%(79년) 등으로 나타났다. 한국이 국민소득 1만 달러를 넘어섰던 1995년 당시 GDP 대비 사회복지 지출 규모는 5.3%에 머물렀다(선학태 2004: 120). 한국 복지비 지출구조에서 비중이 큰 항목으로 건강보험, 군인연금, 사학연금, 공무원 연금, 국민기초생활보장제 등을 들 수 있는데 건강보험이나 기초생활보장제를 제외하면 대부분 특정 사회계층에게 지급되는 돈이다.

노동 권력자원, 즉 노동시장의 취약한 조직력과 정치시장의 허약한 진보좌파 정치력에 연유한다. 하지만 복지친화적 세력으로 상정되는 노동의 정책선호는 획일적이지 않다. 실제로 한국의 조직노동운동은 적극적으로 복지정책 어젠다를 설정하지 않았고 공식적 비공식적 정책결정과정에서 공공복지 확충을 의제화하지 않았다. 왜 그랬을까?

한국 노동시장 행위자들의 정책선호도를 규율하는 변수는 87년 헌정체제의 노동시장 제도의 영향력이다(양재진 2014: 3-5; 선학태 2011: 35-37). 첫째, 기업별 노조제도이다.[11] 이 경우 노동운동 혹은 단체협상은 전국단위·산업별이 아닌 기업사업장 단위에서 전개된다. 따라서 근로자들의 분배협상은 임금인상·기업복지 개선에 매진하는 개별적 최적전략(individually optimal strategy)에 맞춰지고 노동계급 혹은 전체 국민에 혜택이 돌아가는 증세-공공복지 정책선호로 나타나는 집단적 최적전략(collectively optimal strategy) 협상유인은 상대적으로 크지 않다. 특히 사내의 다양한 후생복지 혜택을 누리는 대기업·공기업의 개별사업장 노동운동은 사회복지 확대를 협상어젠다의 핵심에 두지 않는다. 둘째, 한국 대기업은, 비용부담을 해야 하는 공공복지 정책선호도가 낮다고 가정한 권력자원론과는 달리 원활한 노동유연화를 추진하기 위해 공공복지의 필요성을 인정하기도 하지만, 공공복지보다는 근로자의 애사심향상-우수인력동원을 통한 경쟁력 제고를 위해 인금인상·사내복지 지원 협상을 선호한다. 한마디로 한국 복지국가의 후진성을 유발하는 원인 중 하나는 공공복지 정책을 선호하지 않는 87

10) 권력자원론 설명은 제8장 주석 9) 참조.

11) 한국의 기업별 노조체제는 과거 재벌중심의 경제정책을 계속해온 정부와 권위주의적 관리에 익숙한 사용자들이 노동운동의 정치화를 우려해 노조를 기업별로 묶어두려는 통제정책에서 유래한다. 기업별 노조의 특징은 다음과 같다. 첫째, 노조 조직은 기업의 틀을 넘어 조직되는 것이 아니라 기업 내부의 정규 종업원만을 대상으로 조직된다. 따라서 임시직, 일용직, 시간제 근무자 등은 조직대상에서 제외되는 경향이 있다. 둘째, 기업별 노조는 산별 노조와 달리 기업 단위의 독자적인 규약을 갖고 독자적인 재정을 운영한다. 단체교섭 또한 기업수준에서 행해진다. 물론 기업별 노조들이 수평적으로 결합해서 지역별·산업별 협의체 또는 전국적 중앙조직 등을 구성하는 경우도 있지만 이들은 하부에 있는 기업별 조합에 대해 실질적인 통제권을 행사하고 있지 못하며 노동조합운동은 최종적으로 기업별 조합의 집행기관에 의해서 움직여진다. 이에 따라 기업별 노조의 조직적 약점은 다음과 같다. ① 기업별 노조는 우선 종업원만이 조합원이 될 수 있기 때문에 종업원 신분이 우선시 되며 따라서 조합원들은 종업원의식을 극복하기가 어렵다. ② 기업별 노조체제는 하청노동자, 용역노동자들이 규약상 조합원자격을 갖지 못하므로, 동일한 노동을 하고 있으면서도 노동조건이 더욱 열악한 용역직, 하청노동자들을 조직할 수 없다(선학태 2006: 456).

년 헌정체제의 기업별 단체협상 제도에 비롯된다.

무엇보다 한국의 저(低)복지국가를 유발하는 가장 결정적인 정치적 변수는 소선거구 제도가 유인하는 제도적 매트릭스이고 이는 다시 낮은 조세부담의 원인으로 작용한다. <그림 16-2>에서 확인할 수 있듯이 한국은 저조세부담-저복지국가에 속한다. 이는 소선거구다수대표제-양당제-단일정당정부로 이어지는 87년 헌정체제의 정치제도적 배열구조에 기인한다. 87년 헌정체제의 소선거구제도 하에서 정당·지역구 국회의원들은 규범적, 당위적으로는 복지국가 건설을 역설하지만 공공복지의 적극적인 정책의제화-입법화를 통해 정치적 지지를 동원하려 하지 않는다. 그들은 공공재인 복지국가를 생산하기보다는 경쟁적

▌그림 16-2▐ 복지지출-조세부담 수준을 통해 본 한국 복지국가 위치

GDP대비 조세부담 \ GDP대비 복지지출	저복지 (15%미만)	중복지 (15~20%)	고복지 (20~24%)	초고복지 (25~30%)
초고부담 (40%대)		아이슬란드	노르웨이	스웨덴 덴마크 프랑스 핀란드 오스트리아 벨기에 이탈리아
고부담 (평균이상 30%대)		체코	네덜란드 스위스 룩셈부르크 영국	독일
중부담 (평균이하 30%대)	에스토니아	이스라엘 뉴질랜드 캐나다	폴란드 스페인 포르투갈 그리스	
저부담 (20%대)	한국 터키 칠레 멕시코	아일랜드 일본·호주 미국		

(조세부담 OECD평균 (34.2%): 고부담과 중부담 사이; 복지지출 OECD평균 (19.5 %): 중복지와 고복지 사이)

출처: 양재진 2015: 249. (가운데 두꺼운 실선은 OECD 평균수준)

으로 지역예산배분, 지역구 토목사업·서비스 확충 등 지역 챙기기에 몰두한다. 지역 챙기기 성패야말로 재선 당락을 좌우하는 거의 절대적인 변수이기 때문이다. 또 그들은 양당체제에서 유권자들에게 증세에 따른 정치적 책임을 직접적으로 져야하기 때문에 세금민감도(tax sensitivity)가 높다(Immergut and Anderson 2007: 6). 게다가 박빙 선거전 결과에 결정적인 영향을 미치는 한국사회의 중산층은 복지 증세 구도를 선호하지 않는 경향을 보이기 때문에 승자독식 소선거구제-양당제 하에서 박빙의 선거경쟁이 펼쳐지는 경우 친복지·증세 정당에 대한 지지를 철회할 가능성이 높다. 이 같은 이유들로 인해 87년 헌정체제는 결국 저세금-저복지의 경로를 유인한다.[12)]

전국단위로 선거를 치르는 87년 헌정체제의 대통령(후보) 혹은 정당지도부는 일견 증세-복지국가 정책선호도가 높을 것으로 예상된다. 그들은 전국민에게 혜택이 돌아갈 설득력 있는 사회·경제정책을 내세운 선거캠페인을 통해 지지를 동원해야 하기 때문이다. 그러나 87년 헌정체제에선 설령 증세-복지친화적인 진보적 대통령-집권당이라 하더라도 그들의 증세-공공사회복지 능력은 국회의 보수우파 혹은 국회-대통령 간 정책·입법 교착(policy or legislative gridlock)에 의해 무력화될 수밖에 없다. 권력이 대통령과 집권당에 집중되어 있는 87년 헌정체제는 증세-복지국가에 대한 정치적 책임을 단독으로 지는 정치적 부담·리스크가 매우 큰 정치구조이다. 따라서 권력독점-책임전담의 위치에 선 새누리당-박근혜 대통령에게 증세 드라이브는 '정치무덤'이다.[13)] 정권운명을 걱정하는 그들이 그런 정치도박을 감행하겠는가. 이 시나리오는 새정치연합이 정권을 잡아도 다르지 않다.

단언컨대, 어느 정당, 어느 후보가 집권해도 '87년 헌정체제'의 향후 증세-복

12) 비례대표제-다당제-연합정치에서 정당·의원들은 정당득표 극대화를 위해 특정 지역구민 이해보다는 폭넓은 계층·집단의 유권자들을 설득하는 데 유리한 중(고)세금-중(고)복지 등 재분배정책을 선호한다.

13) 캐나다 보수당정권은 소비세인상-복지축소를 했다가 1993년 총선에서 169석이 단 2석으로 대참패하는 '쪽박'을 차고 간판을 내렸다. 일본 민주당도 장밋빛 복지로드맵을 제시하고 소비세 인상을 추진하다가 불과 3년 후 자민당에 정권을 헌납했다. 박정희 정권의 몰락도 1977년 부가가치세가 그 씨앗을 뿌렸다는 분석이 있다. 종부세를 도입했던 노무현 정부도 중산층의 광범한 조세 저항과 이반을 촉발했고 결과는 2007년 대선에서 감세와 경제를 앞세운 이명박 후보의 압승이었다.

지정치 경로는 비관적이다. 물론 저조세부담-저복지국가의 이유를 정치제도만을 통해 설명할 수 없다. 그러나 소선거구-양당체제 국가인 미국이 서유럽의 비례대표제-다당제 국가들에 비해 낮은 조세부담-복지국가 수준에 머물러 있는 점을 고려할 때 87년 헌정체제는 한국 정당·국회의원들이 복지국가 건설을 위한 증세정책을 선거공약으로 내세울 수 없는 정치구조임에는 분명하다.

5. 계급·계층·이념·세대·지역 갈등

한국사회는 현재 다층적 복합적 갈등·분열이 구조화되어 있다. 첫째, 일반적으로 신자유주의적 구조조정 과정에서 노동자와 중산층은 고통스런 '전환의 비용'(transitional costs) 부담을 강제 받는다(Hellman 1998: 206-207). 한국의 경우 브레이크 없는 상시 신자유주의적 구조조정은 이익과 비용을 계급·계층 간에 불평등하게 배분한다. 즉 대량실업, 고용불안, 소득불평등 등의 형태로 '전환의 비용'을 유발한다. 그 결과 노동과 자본의 갈등이 상존한다. 시장의 적자생존 법칙과 '만인에 의한 만인의 경쟁'이 계급·계층 간에 시장경제의 승자-패자 간의 긴장과 갈등을 일상화시키고 있는 것이다. 시장의 낙오자·열패자들이 경험하는 절대적, 상대적 박탈감은 신자유주의적 구조조정에 저항하는 그들을 갈등과 대결의 장으로 끌어내어 한국민주주의를 위협한다. 무엇보다 노동자·신빈곤층·저소득층은 87년 헌정체제의 정당정치-의회정치를 불신하고 정부·자본이 자신들의 요구 사항을 수용하지 않는다고 항의하며 거리정치(street politics)를 격렬하게 전개해 나간다. 이처럼 노동-자본, 노동·빈곤층·저소득층-정부 간의 관계에 여전히 뿌리 깊은 불신·긴장·갈등이 쌓여 있다.

계급·계층갈등은 노동조합이나 농민집단, 경제인단체나 경영자단체, 그리고 시민단체 등과 같은 다양한 이익·시민단체들의 이해표출과 상충하는 이해관계를 공정하고 합리적인 정책으로 통합해 가는 민주적인 정치시스템이 부재할 때 필연적으로 발생한다. 87년 헌정체제는 사회경제적 양극화에 따른 계급·계층 간 이해관계를 민주적으로 조정·해소해 가는 세련된 갈등조정 시스템이 설계되어 있지 않다.

둘째, 한국사회에서 이념은 중요한 사회적 균열 축으로 자리 잡았다. 민주화 이후 국민들의 이념적 공간이 확대되면서 이념균열이 이제 현존하는 갈등의 원천으로 떠오른 것이다. 이러한 이념균열은 진보-보수, 또는 좌-우 갈등으로 표출된다. 현재 한국의 시민사회에는 이념블록 간에 교육·환경·복지·증세·부동산·국가보안법·자유무역협정·남북관계·대미관계 등 중요한 쟁점 사안이 발생할 때마다 첨예한 대립을 보이고 있다.

현재 한국사회의 이념적 스펙트럼은 극우보수, 온건보수, 뉴라이트, 온건진보, 급진진보 등으로 분화한다. 극우보수 진영은 자유민주주의-시장경제-박정희모델을 지지하며 철저한 냉전·반사회주의와 흡수통일을 주장한다. 온건보수 진영은 자유민주주의-시장경제를 지지하며 분배·복지보다는 성장을 상대적으로 더 강조하는 경제정책을 요구한다. 또한 한미동맹과 북한의 점진적 개혁개방을 통한 자유민주주의체제로의 통일을 지지한다. 뉴라이트 진영은 '공동체자유주의' 담론을 제기한다. 즉 성장제일주의에 따른 사회적 불평등을 치유하는 개혁정책을 추진해야 한다고 주장하고 산업화·민주화 이후의 시대적 국가과제로 '선진화' 담론을 설정한다. 그들의 선진화란 신자유주의적 글로벌(아메리칸) 스탠더드를 지칭한다.

한편, 온건진보 진영은 이념적으로 일부는 진보적 자유주의, 다른 일부는 사회민주주의의 가치를 지향한다. 그들은 성장-분배의 균형을 추구하며, 햇볕정책을 통한 북한의 개혁개방을 유도하고 남북한의 평화공존과 같은 대북정책을 지지한다.[14] 시장경제의 역동성·효율성을 인정하지만 그 불평등성을 보완하는 사회통합적 시장경제를 강조한다. 경제효율성-사회형평성, 시장경제-민주주의 간의 긴장과 갈등을 해소하는 해법으로서 사회협약정치를 강조한다. 끝으로 급진진보 진영은 민족해방(NL)과 민중민주(PD)를 이념적 지향가치로 설정한다.

---

14) 햇볕정책은 남한내부에서 냉전보수 세력에 의해 '밑 빠진 독에 물 붓기', '선심성 퍼주기'로 비판되면서 구조적으로 지역균열과 이념(냉전-반냉전)균열이 중첩되는 남남갈등을 유발했다. 예컨대 수구보수(냉전) 세력은 겉으로는 평화통일 자체를 반대하지 않지만 북한의 호전성 등을 들어 "힘의 우위에 기초하여 북한을 압박하고 이에 기초해 북한체제를 붕괴시켜야 한다"는 흡수통합 입장을 취하고 있는 반면, 자유주의(반냉전)세력은 "고류협력을 통해 북한을 세계자본주의체제에 포섭시키고 이에 기초해 북한체제의 변화를 유도해야 한다"는 입장을 취하면서 햇볕정책을 옹호한다. 그러나 냉전세력과 반냉전 세력의 이런 차이점에도 불구하고 반냉전세력 또한 장기적인 흡수통합을 전제하고 있는 것이 사실이다. 반면 사회민주주의세력은 "남북한 체제의 상호인정에 기초한 연방제통일"을 추구하면서 햇볕정책을 원칙적으로 지지하지만 그 한계를 지적한다.

즉 민족문제와 노동문제라는 한국사회의 두 핵심이슈에 관한 강렬한 문제의식을 집약적으로 제기한다. 그들의 중심 테마는 성장지상주의와 재벌대기업중심의 생산체제 철폐, 노동억압·배제의 경제정책 청산, 분배지향적 경제정책, 무상의료·무상교육, 외세를 배제한 자주적 민족통일, 반세계화 등이다.

셋째, 이념갈등은 세대요인과의 상승효과를 야기했다. 일반적으로 세대는 사회구성원의 사회정치적 특성인 보수-진보 이념갈등을 규정하는 데 있어 중요한 요인일 뿐만 아니라 선거결과를 분석하는 데 유용한 지표이다. 한국의 이념갈등에서도 세대효과가 나타나고 있다. 최근의 한국 선거에서 이념이 투표행태에 영향을 주고 또 전통적으로 세대는 이념과 깊은 관련을 갖기 때문에 세대갈등 문제가 제기되는 것이다. 한국사회에는 대체로 산업화 세대, 민주화 세대, 정보화 세대로 구분된다. 산업화 세대는 근대화 세대 혹은 5060세대로 통칭되고 민주화 세대는 이른바 486세대로 상징되며 정보화 세대는 디지털 세대인 20대가 주축을 이룬다. 한국정치에서 20대와 30대가 상대적으로 진보적이며 50대 이상이 상대적으로 보수적인 정치이념을 드러낸다. 세대 간 차이로 인한 갈등은 특히 군부권위주의 정권에 대한 극렬하게 저항했던 세대와 기타 세대 간 차이라는 형태로 나타난다. 50대 이상의 세대는 개발연대에 자신을 희생하면서 한국의 산업화와 경제발전에 직접 기여했다는 자부심과 이를 보호해야 한다는 사명감을 가지는데 반해, 과거의 386세대가 주축이 된 40~50대 초반은 한국민주화를 주도한 세대라는 자부심으로 갖고 있다. 이 점에서 이념갈등이 지속되는 한 세대 간 갈등도 끊임없이 제기될 수 있고 이념과 세대가 일치하는 부분만큼 갈등의 심각성은 높아질 것이다. 현재 세대갈등은 노동시장 개혁(예컨대 임금피크제 vs 청년일자리)을 둘러싸고도 발생하고 있다.

넷째, 지역갈등은 본질적으로 정치적, 경제적 자원을 독점한 패권지역과 여기서 배제된 소외지역 간에 전개되는 사회정치적 갈등의 성격을 갖는다. 한국사회의 지역갈등은 중앙의 국가권력이 오랫동안 영남지역에 지지기반을 둔 정치세력에 의해 독점되고 이에 따른 지역개발의 차등화에 기인한다. 실재로 영남정권에 의한 국가주도 산업화는 영남정권과 지역적 연고가 있는 재벌집단이 한국경제의 전면에 부상하여 경제적 헤게모니를 장악하는 결과를 초래했다. 이러한 영남의 정치적, 경제적 지역패권주의는 단순히 연고주의에 의해 만들어진 자연적인 현상이 아니고 영남정권이 정치적 정당성 위기 돌파나 정당성 강화를 목적으로 지역적 지지기반 확보를 위한 영남권 중심의 산업화를 시도했던 데에서 연유한다.

중앙집권적 국가체제와 대통령을 축으로 한 87년 헌정체제의 승자독식 권력구조는 지역균열 세력 간 제로섬적 관계를 고착화하고 있다. 중앙권력을 향해 소용돌이치는 선거·정당·의회 정치는 중앙권력 쟁추를 위한 지역 간 경쟁·대립의 장이 되고 있다. 이 구조에서는 정권의 정당성이 제약을 받는다. 합법적 선거절차를 통해서 집권을 했어도 패배한 세력은 정권을 무너뜨릴 생각에만 집착한다. 그 저변에 지역주의 정치동원의 논리가 작용한다. 그 결과 계급·계층갈등은 지역갈등에 질식되어 제대로 정치사회에 투영·대표되지 못한다. 계급·계층정체성은 잠복되는 경우가 많았고 대신 지역정체성이 두드러지게 표출되고 있는 것이다. 그 때문에 지역주의를 제외한 다른 갈등은 정치적으로 크게 주목받지 못한다. 예컨대 민주화 이후 노동운동이 크게 전개해 왔지만 지역주의 정치에 묻혀 본격적인 계급·계층정치로 발전하지 못하고 있으며 환경문제 역시 사회적으로 큰 이슈가 되고 있지만 정치적으로는 큰 변수가 되지 못한다. 이는 지역갈등이 한국민주주의 발전을 가로막고 있음을 뜻한다.

나아가 수도권-비수도권 간 발전격차에 따른 갈등이다. 수도권으로의 인구·경제·문화 집중은 '고비용·저효율 국토구조'이다. 이러한 발전격차는 비수도권 주민들에게 심각한 상대적 박탈감을 주고 수도권-지방 간 갈등을 촉발한다.

이상과 같이 한국사회의 균열구조는 일치균열(coinciding cleavage)에서 교차균열(cross-cutting cleavage)로 변화하고 있다. 종전 일치균열 사회는 영남(보수)과 호남(진보)으로 나타난 분열사회였다. 이 분열사회에서는 영남-보수라는 집단이 늘 승리하는 지배집단이 되는 반면, 호남-진보라는 집단은 영구적 소수가 될 개연성이 높았다. 그러나 이제 한국사회는 사회경제적 양극화, 계급·계층·이념·세대·지역 균열과 갈등, 교육·환경·복지·저출산·고령화 등 사회적 이슈를 둘러싸고 교차균열로 인한 갈등이 동시다발적으로 발생하고 있다. 따라서 한국은 '갈등공화국'이라는 불명예를 안고 있다. 실제로 <표 16-1>이 보여주듯이 노르딕·게르만 합의제 민주국가들의 사회갈등지수는 상대적으로 낮은데 반해, 한국의 사회갈등지수는 터키·칠레·그리스·이탈리아 등에 이어 4~5위를 기록하고 있다.

▌표 16-1▌ 사회갈등지수 국제 비교

국가명	2009년(N=28)		2010년(N=25)		2011년(N=24)	
	갈등지수	순위	갈등지수	순위	갈등지수	순위
한국	0.976	4	0.895	5	0.857	5
호주	.	.	0.457	16	.	.
오스트리아	0.34	20	0.316	18	0.375	17
벨기에	0.506	13	0.511	12	.	.
캐나다	0.476	15	0.472	15	0.468	14
칠레	1.325	2	.	.	1.246	3
덴마크	0.137	25	0.14	23	0.162	21
핀란드	0.163	24	0.167	22	0.162	21
프랑스	0.48	14	0.488	14	0.516	12
독일	0.354	19	0.357	17	0.368	18
그리스	0.998	3	1.332	3	1.551	2
아일랜드	0.464	16	0.495	13	0.484	13
이스라엘	0.891	5	0.851	6	0.825	7
이탈리아	0.869	6	0.933	4	1.06	4
일본	0.613	11	.	.	.	.
멕시코	.	.	13.406	1	.	.
네덜란드	0.229	21	0.242	19	.	.
뉴질랜드	0.428	18	.	.	0.427	16
노르웨이	0.224	22	0.225	20	0.215	19
폴란드	0.716	8	0.656	10	0.675	10
포르투갈	0.63	10	0.722	8	0.777	8
스페인	0.796	7	0.823	7	0.839	6
스웨덴	0.184	23	0.189	21	0.179	20
스위스	0.45	17	.	.	0.446	15
터키	3.474	1	3.621	2	3.097	1
영국	0.545	12	0.531	11	0.52	11
미국	0.682	9	0.682	9	0.697	9

주: 사회갈등지수(1)=(사회갈등요인지수1)/(사회갈등관리지수)

사회갈등요인지수1=정치갈등×0.4+경제갈등×0.4+민족문화갈등×0.1+인구스트레스×0.1

출처: 정영호 2014: 77.

87년 헌정체제는 한국사회의 갈등공화국을 관리하는 데 실패하고 있다. 그 이유는 강성 다수제 헌정체제에 비롯된다. 한국사회에는 사회경제적, 사회정치적 균열과 갈등이 복합적, 다층적으로 분출하고 있음에도 불구하고 소선거구 다수대표제 - 거대 양당 독과점체제 - 대통령 소속당(집권당) 단독정부 - 중앙집권적 지방자치 - 단원제 등의 제도적 매트릭스(institutional matrix)가 그 갈등구조를 제대로 관리 조정하지 못하고 있다. 이러한 다수제 헌정체제는 승자독식 논리에 따라 작동한다. 예컨대 내각 구성에서 한국만큼 승자독식의 사례를 찾기 힘들 것이다. 즉 한국의 경우 대통령이 선거에서 승리하면 그 지지율의 정도와 상관없이 '점령군' 행세를 하며 독자적으로 정부(내각)를 구성하며 앞서 지적한 것처럼 모든 국가권력을 싹쓸이하는 '민선황제'로 등극한다. 근소한 표차로 대통령 당선에 실패한 야당은 정치적 상실감에 빠지고 사사건건 정권에 비판하고 저항한다. 이러한 정치적 갈등은 한국 대통령제가 중앙집권형 지방자치와 단원제와 결합되어 있기 때문에 더욱 확대 재생산된다.

요컨대 87년 헌정체제는 한국사회의 불평등·차별·박탈·소외·배제 등을 해소할 수 없을 뿐만 아니라 극단적으로 갈등적, 대립적인 투쟁문화를 고착시킨다. 그 결과 사회분열과 갈등을 관리·조정하기 위한 안정적인 정책산출과 국정수행이 사실상 어려워지고 한국민주주의는 위협받고 있다.

6. 87년 헌정체제의 정치적 양극화-사회경제적 양극화-갈등사회

다수제 민주주의에 입각한 87년 헌정체제는 민주화 이후 한국민주주의를 역주행시키고 있다. 정당정치의 양극화는 노사정 거버넌스가 갈등조정 시스템으로서 정상적으로 작동하지 못하게 하며, 이러한 87년 헌정체제의 제도적 결함은 경제민주화-복지국가를 지체시키는 요인이다. 환언하면 87년 헌정체제는 정치적 양극화를 유발하여 제로섬게임의 노사정관계, 재벌대기업의 총수·족벌 독단적 기업지배구조 및 시장독과점, 노동시장 유연화, 기업·사업장별 시장임금, 후진적 사회안전망 등으로 이어지는 악성 신자유주의 시장경제-저(低)복지국가 정치경제를 처방하는 데 근본적인 한계를 드러내고 있다. 그 결과 대·중소기업 구조 양극화-노동시장 양극화-사회양극화가 확대재생산 되고 복합적인 정치·

사회갈등이 상시적으로 분출하고 있다<그림 16-3 참조>. 사실 신자유주의 시장경제가 만들어내는 사회경제적 양극화 현상도 정치적 양극화구조와 무관하지 않다. 87년 헌정체제는 경제민주화-복지국가의 정책의제화-입법화를 어렵게 하며 종국적으로 자본주의 시장경제와 민주주의 간의 공존가능성을 불가능하게 한다. 요컨대 민주주의의 다수제 모델에 입각한 87년 헌정체제는 '승자독식-양극화 정치', 이와 맞물린 '승자독식-양극화 사회경제'를 만들어낸다. 정치권력과 경제권력 간의 구조적 유착 속에서 약탈적 '갑'(甲)들의 횡포 앞에 '을'(乙)들의 눈물이 흐른다.

▌그림 16-3▐ 87년 헌정체제의 정치적 양극화-사회경제적 양극화-갈등사회 관계

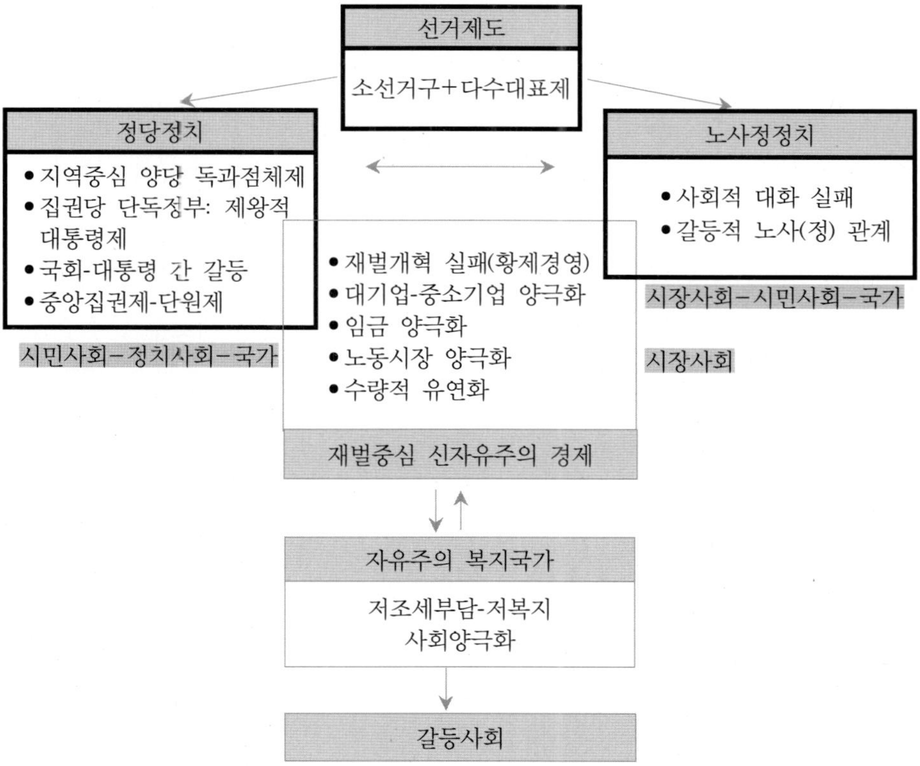

다수제 민주주의의 한계는 사실 미국민주주의도 예외가 아니다. 해커(J. Hacker)와 피어슨(P. Pierson) 교수는 미국의 다수제 민주주의가 공화-민주 양당 중심의 승자독식-양극화 정치를 만들어내고 이것이 승자독식-양극화 경제의 원인이라

고 날카롭게 지적한 바 있다(Hacker and Pierson 2010). 실제로 미국의 승자독식-양극화 정치는 부자 상위 1%가 미국 GDP의 23.5%를 독식, 나머지 99% 국민에게 절대적, 상대적 박탈감을 낳고 있다. 그래서 미합중국이 미분열국(Disunited States of America)으로 전락되는 현실에 개탄의 목소리가 비등하다. 미국 스티글리츠(J. Stiglitz) 교수도 「불평등의 대가」 라는 저서에서 미국이 "1%에 의한, 1%를 위한, 1%의 국가"가 됐다고 통탄한다. 결과적으로 민주당-공화당의 양극화 정치가 정책의 타협과 절충에 기초한 합의제 정치-정책갈등조정을 어렵게 하고, 이에 따른 경제민주화-복지확대 정치가 실패하여 소득불평등과 빈부격차가 더욱 심화되고 있다.[15)]

한국민주주의에서도 경제적 불평등이 정치적 불평등으로 이어지고, 정치적 불평등이 경제적 불평등을 더욱 악화시키고 있다. 예컨대 소득상위 20%의 투표율이 90%대에 이르고 있는 반면, 소득하위 20%의 투표율은 50%에 불과하다. 저소득층의 낮은 투표율은 거대양당·정부로 하여금 임금·소득 불평등에 고통받는 저소득 집단을 위한 재분배(복지)정책을 강력히 추진할 동기를 갖지 못하게 하고 되레 고소득층·중간층 이익에 충실토록 한다(Iversen and Soskice 2010: 23). 이는 민주주의 위기이다. 따라서 민주화 30여년이 되는 시점에서도 지체되고 있는 한국민주주의를 발전시킬 수 있는 시스템을 내장한 새로운 민주주의패러다임이 탐색되어야 한다. 즉 한국민주주의의 현행 다수제 모델을 대체하는 '포스트 87년 헌정체제'는 합의제 민주주의로 디자인되어야 한다. 새로운 민주주의패러다임은 시대정신의 올바른 판독이나 시대정신의 창조에서 나올 수 있다. 따라서 우리는 '시대정신판독능력'과 '시대정신창조능력'을 갖고 미래 한국의 포스트민주화 민주주의패러다임을 창출해야 한다. 그것은 우리 사회에 경제민주화-복지국가를 구축하고 실존하는 다양한 사회적 균열과 갈등을 해결하며 국민통합을 이끌어내어 한국민주주의 발전을 업그레이드시키는 정치적 '출구전략'이다.

---

15) 미국사회에서 복지 수급자 대다수는 흑인이기에 인종주의적 편견을 가진 백인 노동자들의 복지국가에 대한 거부감이 강하다. 따라서 흑인에 지지기반을 둔 민주당 정치인들도 복지확대에 적극적이지 못하고 심지어 기업·부유층의 정치후원금에 의존한다.

제17장

사회적 대화-경제민주화-복지국가-갈등조정의 정치제도적 조건: 합의제 정당정치

1. 문제의식

민주주의는 이익·가치의 상충으로 인한 사회의 갈등·분열·긴장·대립을 전제로 한다. 서유럽 국가들에선 역사적으로 다양한 사회균열과 갈등이 상존했기 때문에 역설적으로 민주주의가 발전했다(Slomp 2011: 89-91). 서유럽 민주주의는 정치참여의 평등을 지향하는 '프로세스'(how) 중심의 절차적 민주주의가 경제민주화-복지국가라는 '정책콘텐츠'(what) 중심의 실질적 민주주의를 촉진하면서 계급·계층 갈등을 제도화했다. 이러한 서유럽 민주주의의 역동적 발전 경로는 절차적 민주주의의 선차성을 시사하고 있다.

절차적 민주주의를, 자본주의 시장경제의 불평등·소외·배제·차별구조를 교정하는 실질적 민주주의로 연계시키는 매개 고리는 선거제도이다. 선거제도야말로 정당체제-의회의석분포-정부유형·이념성-의회·행정부관계-노사정관계-자본주의시장경제유형-조세·복지국가유형으로 이어지는 제도적 매트릭스를 규정하는 독립변수이다. 한 나라의 민주주의 발전 모델을 설계하는 가장 강력한 정치적 지렛대가 바로 선거제도이다. 이런 의미에서 선거제도가 갖는 정치경제적 함의는 막중하다.

이 같은 선거제도-민주주의모델의 연계성을 상정할 때 절차적 민주주의에는 다수대표 선거제에 기초하는 다수제 모델과 비례대표 선거제에 기초하는 합의제 모델이 있다. 다수제 민주주의는 정치적 의사결정 과정에 참여하는 행위자

수를 줄여 권력을 가능한 소수 행위자에 집중시키는 제도적 조건이 사회의 특수 이익집단의 영향으로부터 자율성을 확보하여 보다 효과적인 경제민주화-복지국가-사회통합을 산출할 수 있다고 가정한다. 반면 합의제 민주주의는 정치적 의사결정 과정에 가능한 다수 비토행위자(veto players)가 참여하는 권력분점(power-sharing)의 제도적 조건이 다양한 사회이익과 요구를 대표하고 경제민주화-복지국가-갈등조정을 효과적으로 산출할 수 있는 것으로 가정한다.

제1장에서 언급했듯이 한국민주주의 패러독스는 87년체제(정치적 민주주의)가 97년체제(신자유주의 시장경제)의 충격, 즉 사회경제적 불평등과 차별과 소외와 배제를 제대로 관리·흡수하지 못하고 시장조정-사회통합에 실패하는 데 있다. 따라서 우리는 '포스트 87년·97년체제'를 모색해야 한다. 87년·97년체제를 뛰어넘어 한국사회가 절실하게 갈구하는 시장의 정치적 조정시스템이 요구되고 있다. 그러나 아직 시장의 민주적 의사결정 시스템은 구축되지 못하고 있다. 시장경제의 이해당사자 집단들을 적극적으로 정책결정 과정에 참여시키는 정책 이해관계의 투입 메커니즘이 극도로 위축되고 국가관료 중심의 정책 산출메커니즘의 작동이 지배한다. 정부가 공공정책을 하향식 의사결정(top-down decision-making) 방식으로 밀어붙일 때 정책 이해관계자들과의 충돌과 갈등은 필연적이다.

한국사회의 분열과 갈등은 한국민주주의 위기의 결과이지 원인이 아니다. 바꿔 말하면 분열과 갈등을 조정하기 위한 민주적 정치시스템을 창출하지 못함으로써 분열과 갈등이 심화된 것이지, 분열과 갈등이 한국민주주의 위기를 초래한 것은 아니다. 따라서 이제 한국민주주의의 관심은 사회의 분열과 갈등을 민주적으로 관리·조정하기 위한 새로운 정치시스템을 어떻게 디자인하느냐에 모아지고 있다. 정치시스템을 잘 디자인하는 문제야말로 한국민주주의를 발전시키는 요체이기 때문이다. 이러한 관점에서 한국민주주의는 '포스트 87년체제' 구축을 통해 사회경제적 양극화를 극복하는 '포스트 97년체제'를 이끌어내기 위한 합의제 민주주의를 설계할 필요가 있다.

합의제 민주주의의 제도적 매트릭스를 유도하는 독립변수는 비례대표 선거제도이다. 합의제 민주주의는 경제민주화-보편적 복지국가와 제도적 친화성을 갖는다. 게르만·노르딕유럽 비례대표제 국가들의 경제민주화-보편적 복지국가는 조합주의적 정책협의(corporatist policy concertation), 즉 사회적 대화(social dialogue)의 산물이고[1] 이를 제도화한 것은 의회·정부 차원에서 작동하는 정당 간 연합정치(coalition politics)이다. 이러한 서유럽 복지국가 정치경제가 시사하는 바는 비례대표제가 연합정치-조합주의정치의 제도적 기능적 연계를 중심축으로 하는 합의제 민주주의 동학이라는 절차적 민주주의를 유인하며, 이것이 실질적 민주주의의 정책콘텐츠인 경제민주화-보편적 복지국가의 정치제도가 되고 있다는 점이다.

절차적 민주주의의 요체는 이해당사자들이 정치적 의사결정 과정에 '동등하고 효과적으로' 참여하는 과정이다(Lijphart 2012: 30; Topperwien 2004: 46-47). 이러한 인식 틀로 보면 한국민주주의의 아킬레스건은 시장경제의 낙오자·실패자를 비롯한 사회경제적 약자들의 이익과 가치가 정치적 의사결정 과정에 제대로 투입·대표되지 못하고 있다는 데 있다. 실질적 민주주의의 경제민주화-복지국가-갈등조정이 후진국 수준에 머물러 있는 까닭도 사실은 정치참여의 평등을 지향하는 절차적 민주주의의 제도적 결손에 있다. 한마디로 정치참여의 불평등이 사회경제 불평등-사회갈등을 만들어내는 구조이다.

하지만 현재 한국 정치권, 시민사회, 학계의 경제민주화-복지국가-갈등조정 담론은 사회경제적 양극화를 해소하기 위해 경제민주화-복지국가-갈등조정의 정책콘텐츠가 무엇이어야 하고 어떠해야 하는가에 초점이 맞춰지고 있다. 이런 까닭에 경제민주화-복지국가-갈등조정의 정치제도적 함의는 별다른 주목을 받지 못한다. 즉 경제민주화-복지국가-갈등조정을 가능하게 하는 인풋사이드인 정치제도의 요건은 무엇이고 그것이 어떻게 작동하는가에 관해서는 관심이 없다. 이런 문제의식에서 제17장은 정책 산출(policy output)을 가능케 한 이해관계 투입(input-side)과정에 주목하고 경제민주화-복지국가-사회통합 구축을 위해 노사정을 비롯한 사회적 파트너들 간에 협의해야 할 주요 정책의제를 설정·분석하며 이의 실행을 위한 합의제 민주주의의 '포스트 87년 헌정체제'의 제도적

1) 사회적 대화는 조합주의적 정책협의, 사회적 협의, 사회적 합의제 및 노사정 정책협의와 같은 개념으로 사용한다. 사회적 대화는 세계화 이후 노사(정)를 비롯한 이익집단·정당·시민단체·의회 대표 등 다양한 주체들이 참여하는 정책협의 과정을 통한 (준)사회협약(social pacts) 체결이라는 사회적 합의를 이끌어내는 이익조정의 제도이다(Compston 2002a: 3-5; Hassel 2003: 710). 특히 사회적 협의에서는 정당·의회와 이익집단 간의 연계가 지속적으로 작동하며, 다뤄지는 정책 또한 소득정책만이 아니라 노동시장정책·사회정책 등 다양한 의제를 포괄한다(Regini 2003: 256-258).

조합을 설계하고자 한다.

2. 사회적 대화-합의제 정당정치 간 제도적 친화성

1) 사회적 대화의 개념화와 시장조정 기제

비시장적 경제조정 기제를 내장하는 기존 정책결정 패러다임에는 두 가지가 있다(Alford 1985: 145-158). 첫째, 국가주의적 정책결정 패러다임이다. 이는 경쟁원리가 작동하는 이익·시민결사체·정당·의회정치 중심의 정책 산출을 비효율적인 것으로 보고 소수의 관료·권력엘리트 간 협상에 의해 이뤄지는 위계적 수직적 정책결정이 공공재(복지 등) 산출에 효과적인 방식으로 인식한다. 그러나 국가경영자들이 언제나 공익수호자가 되는 것은 아니며, 이기적인 지대추구자(rent-seeking)일 우려가 상존한다. 따라서 권력자·관료 중심의 톱다운(top-down)식 정책결정 방식은 시장경제의 정책 이해관계자 간의 이익·가치갈등 조정 메커니즘으로서의 한계를 드러낸다.

둘째, 다원주의적 정책결정 패러다임이다. 이는 공공정책 과정을 이익·시민결사체 간의 '자유경쟁적 이익표출과 분산적 그룹협상과정'으로 이해한다(Cohen and Rogers 1992: 411-414). 그러나 다원주의적 정책결정 방식에서 이익·시민결사체는 의회·정부의 정책과정에 경쟁적으로 이익표출만 시도할 뿐, 실질적 참여는 제도화되지 않는다. 특히 다원주의적 정책결정 과정을 주도하는 정당·의회정치의 제도적 피로(institutional fatigue) 현상이 나타난다. 즉 이미지·이벤트정치, 주인-대리인 문제(principal-agent problem), 정당의 비대표성 등으로 사회경제적 불평등·차별을 완화하는 시장경제 조정 메커니즘은 작동하지 않는다.

그렇다면 국가주의와 다원주의의 한계를 극복하는 대안적 정책결정 패러다임은 무엇인가? 사회적 합의주의(social corporatism)이다. 사회적 합의주의 패러다임에서 공공정책은 정부와 대표성을 가진 이익·시민결사체 간 협력과 호혜성(reciprocity)의 원리가 작동하는 정치적 교환(political exchange)이고 '이익·가치 조정'(intermediation of interests and values)으로 인식된다(Regini 2003: 254). 특히 자본주의 시장경제 하에서 발생하는 자본-노동 간 갈등이 시장경제를 위협한 경우 시장경제 조정 메커니즘으로서의 사회적 합의주의는 이익·시민결사체-정당-의회-정부 사이의 연합적 구조를 통해 노동-자본-국가 간의 상생협력을 가능케 하는 정치교환 과정이다. 이 점에서 사회적 합의주의는 국가주의와 다원주의를 '부분적 대처, 부분적 보완'(part substitute of and part supplement to), 즉 변증법적으로 지양(*Aufhebung*)하는 대안적인 의사결정 패러다임이다(Hirst 1994: 15-21; Ebbinhaus and Hassel 2000: 47-48).

사회적 합의주의와 유사한 개념이 있다. 하나는 사회적 파트너십·협의·대화(social partnership or concertation or dialogue)이다. 이는 사회협약이 이익·시민결사체 당사자 간에 체결되는 현상을 지칭한다. 제17장은 우리에게 익숙하고 일상적인 용어로 '사회적 대화'를 사용한다. 사회적 대화는 시장실패와 국가실패의 가능성을 전제하고 '정부(통치)와 시장에서 거버넌스로'(government and market to governance)라는 패러다임 이동을 지칭한다. 거버넌스란 시장경제의 다양한 이해당사자들 간 협력과 파트너십을 토대로 정책결정 및 집행을 통해 이익·가치갈등을 조정하는 수평적 정책네트워크(policy network) 관리이다(Hirst 2000: 19-20). 한마디로 이해관계자들 간 협치(協治)를 지칭한다. 정책네트워크란 시장경제의 이해관계자들 간 권력을 분점·공유를 의미한다.

결국 사회적 대화는 "정책의 이해관계자(이익·시민결사체·정당·정부 등) 간에 사회경제적 이슈를 둘러싼 토론·협상·교환·타협이 이루어지는 정책협의에 의해 체결된 사회협약을 통해 이익·가치 갈등해결을 제도화해 가는 사회경제적 거버넌스(socio-economic governance)"로 개념화할 수 있다(Cawson 1985: 24-27; Compston 2002a: 3-5; Hassel 2003: 710).

그런데 20세기 이후 서유럽 합의제 민주국가들의 정치경제의 핵심 과제는 민주주의를 통해 자본주의 시장경제의 횡포와 변덕을 규율하는 조정시장경제(coordinated market economy)를 창출하는 데 모아졌다. 조정시장경제는 자본주의 시장경제가 유발하는 사회경제적 이슈를 둘러싼 이익갈등과 가치갈등을 해결하기 위한 국가와 사회의 개입·조정을 요구한다. 특히 신자유주의 시장경제는 실업·비정규직·근로빈곤층·영세자영업자·저소득층 등 시장의 낙오자·열패자를 양산하는 데 이 경우 국가와 사회는 '전환의 비용'을 분담할 수 있는 정치적 시장조정 기제를 마련할 수 있을 때 시장경제는 지속가능하다. 정치적 시장조정 기제란 조정시장경제의 제도화를 견인하는 민주적인 의사결정 시스템이다.

시장경제의 이해당사자 집단들을 적극적으로 정책결정 과정에 참여시키는 이해관계의 투입기제가 작동할 때 조정시장경제는 제도화된다. 정부가 공공정책을 하향식 의사결정 방식으로 밀어붙일 때 정책 이해관계자들과의 충돌과 갈등은 필연적이다.

이익·사회집단은 자신들의 이해관계와 지향가치에 영향을 미치는 정책결정의 라운드 테이블에 참여하기를 열망한다. 사회적 대화는 이 열망을 충족시키는 시스템이다. 사회적 대화는 시장경제의 이해당사자 간에 상충하는 이익·가치를 조정하여 갈등을 최소화하고 정책의 실효성을 높이는 데 유효한 민주적인 의사결정 시스템이다. 시장경제의 이해당사자들이 의사결정 과정에 동등하게 참여하는 것이 제도화될 때 이는 그들의 다양한 이익·가치를 조율하는 시장조정 기제로 작동한다. 무엇보다 사회적 대화는 기업 생산과정에 참여하는 노동·자본 등 이해관계자들의 이익조정 기제이다. 뒤집어 말하면 조정시장경제의 생산과정은 이해관계자들 간 '경쟁'이 아니라 임금·기술훈련·노동시장·기업관계 등에 관한 '타협·합의'에 바탕을 둔 사회적 대화에 의해 작동한다.

2) 사회적 대화의 분권화와 의제의 다양화

글로벌 시장화는 자본이동 증대, 생산방식의 변화(포드주의의 포스트포드주의화), 사회경제구조의 변화(제조업 약화, 서비스 증대, 계급·계층 분화 등) 등을 야기하여 사회적 대화의 분권화와 의제 다양화를 촉진한다. 우선 거시적(macro-)레벨, 중위(meso-)레벨, 미시적(micro-)레벨 등 사회적 대화의 수직적 분권화 현상이다(Cawson 1985: 11-14). 매크로레벨 사회적 대화는 국가·사회 전체의 사회경제 이슈를 다루는 전국 차원의 정상 이익·시민결사체-국가 간 정책협의이다. 메조레벨 사회적 대화는 산업별·업종별·지역별 이익·시민조직들이 이해·가치관계를 협상·교환하는 등 특정 정책에 관해 국가(중앙정부·지방정부)를 상대로 벌이는 정책협의를 지칭한다. 마이크로레벨 사회적 대화는 기업·회사·작업장이나 소단위 조직 수준에서 이뤄지는 이해당사자 간 의사결정구조이다. 이 같은 사회적 대화의 수직적 다층화 현상은 글로벌 시장화에 의해 진행되고 있다.

매크로레벨 사회적 대화는 사회협약의 경직성으로 인하여 정책효율성을 저해하는 중앙집권적 하향식 시장경제 조정 방식으로 인식된다. 이에 따라 중앙

수준의 사회협약으로부터 벗어나 산업별·업종별·지역별의 메조레벨, 기업·작업장·소단위조직별의 마이크로레벨로 그 중심축이 이동하는 분권화 추세가 뚜렷해졌다(Cohen and Rogers 1992: 432). 그렇지만 이러한 경향에도 불구하고 매크로레벨 사회적 대화의 유효성이 소멸되는 조짐은 보이지 않는다(Compston 2002b: 312-316). 매크로레벨 사회적 대화는 국가·사회 전체의 사회경제 정책에 관한 가이드라인을 제시함으로써 안정성과 예측성을 가져다주며 메조레벨 사회적 대화는 산업별·업종별·지역별의 주요 특정 이슈를 협의한다. 그리고 마이크로레벨 사회적 대화는 기업·작업장·소단위조직별의 고유한 특성을 탄력적으로 보완, 운영하는 데 관심을 둔다. 특히 지방화 추세에 따라 지역주민의 협력을 끌어내는 새로운 개념의 메조레벨 사회적 대화, 즉 로컬거버넌스(local governance)가 주목을 받는다(곽진영 2004: 356-362). 로컬거버넌스는 지역사회의 공공재 산출, 다양한 공동 이슈에 관한 의사결정 과정에서 지방정부와 지역사회 이해당사자 간의 지속적인 상호 소통·협력이 이뤄지는 지역 차원의 민관(public-private) 정책파트너십이다.

한편, 글로벌 시장화는 사회협약의 의제 다양화를 유도한다(Regini 2003: 256-258). 이는 연성정치(soft politics)의 중요성을 반영한다. 즉 비정규직, 영세자영업, 보육, 교육, 보건의료, 주택, 문화, 환경, 저출산·고령화, 요양 등 새로운 후기 산업적 이슈들이 정치과정 전면에 부상하고 있다. 더욱이 1980년대 이후 일부 서유럽 국가들에서 작동하는 사회적 대화의 핵심 의제가 바뀌었다. 즉 과거 분배, 복지 및 완전고용 등의 테마에 무게를 둔 '수요중심 사회적 대화'(supply-side social dialogue)에서 벗어나 노동시장 유연화, 상시 구조조정, 적극적 노동시장정책(ALMP, 일자리·창출·취업훈련재교육·취업알선 등), 복지지출 구조조정, 세금감면을 통한 투자증대 등의 사회경제적 이슈가 정책협의와 사회적 파트너십의 주요 테마를 이루는 '공급중심 사회적 대화'(supply-side social dialogue)로 변화했다(Traxler 1995: 279).

나아가 1990년대 이후에는 네덜란드, 덴마크, 아일랜드 등과 같은 서유럽 국가들에서 '동반발전형 사회적 대화'(shared-developmental social dialogue)가 등장했다. 글로벌화, 유럽의 시장통합 및 사회경제적 변화는 국내 고용 및 복지문제를 제약하기도 했지만 그런 구조적 제약은 오히려 동반발전형 사회적 대화의 필요성과 능력을 제고시킨 것이다(House and McGrath 2004: 49). 동반발전형 사회적 대화의 의제는 일견 상반되는 가치인 것처럼 보이는 '성장·효율성·경쟁력 vs 분배·형평성·사회적 연대' 등 정책패키지를 상호보완적 선순환 관계로 구축하는 것을 목표로 한다. 이를 단순화하면 동반발전형 사회적 대화는 분배연합(distributional coalition)과 생산성연합(productivity coalition)이 정치적으로 수용될 수 있도록 '기능적'으로 연계한다(Rhodes 2001: 177-179, 2003: 135-137).

동반발전 사회적 대화의 작동과정은 두 가지 특징을 갖는다. 첫째, 참여 주체의 다양화이다. 즉 수요중심 혹은 공급중심 사회적 대화의 전통적 당사자인 노조·사용자단체에 국한하지 않고 비정규직·실업자·농민 등 다양한 이해관계 단체의 참여를 제도화한다. 둘째 정책의제의 다양화이다. 임금·노동시장·공교육·환경·의료·직업훈련·저출산·고령화 등을 비롯한 폭넓은 사회경제적 이슈이다.

3) 사회적 대화에 친화적인 연합정치

사회적 대화와 제도적 친화성을 갖는 정당정치 패턴은 무엇인가? 게르만유럽국가에서 작동하는 사회적 대화를 견인하는 합의제 정당정치(consensual party politics)는 연합정치이다(제8장).

연합정치에서는 기능적으로 연계하는 제도적 매트릭스가 작동한다. 정당별 득표율에 따라 의회의석을 배분하는 비례대표제는 사회 내에 실존하는 복합적인 사회갈등을 대표하는 가치·정책 중심의 다당제를 하부구조로 하는 진보좌파-중도-보수우파 블록의 다당제를 형성한다. 이런 정당체제에서는 시장경제의 낙오자·실패자를 대표하는 진보정당의 권력지분이 높아질 수 있으며 의회권력을 독과점하는 패권정당이 등장할 수 없어 의회 차원에서 정책과 가치에 기초한 정당 간 연합정치의 제도화 가능성이 증대한다. 특히 의회 차원의 연합정치 토대 위에서 갈등사회의 각 집단과 계층과 세력을 대표하는 각 정당 간에 행정권이 분점·공유되는 연립정부가 제도화된다. 정당 간 연립내각에서 산출된 정책들은 연정파트너 정당 간 정책조율과 정책교환 등 활발한 협상과 타협 정치의 산물이다. 결국 연합정치는 시장경제의 실패자·낙오자에게도 정책결정과정에 동등하고 효과적인 참여를 허용하는 제도적 인센티브를 갖는 포용정치(politics of inclusion)로 작동한다(Crepaz and Bircjfield 2000: 205-206).

연합정치가 주로 정당 간의 정책협의를 끌어내는 시스템이라면, 사회적 대화는 이익·시민결사체 간의 정책협의를 통해 합의를 끌어내는 시스템이다. 이 점에서 양대 시스템 간에는 중요한 유사점이 존재한다(Crepaz 2002b: 158-159). 우선 연합정치와 사회적 대화의 주요 속성과 본질은 권력분점·공유(power-sharing)의 제도화이다. 권력분점·공유란 정책결정 과정에 모든 이해관계 그룹, 즉 이익·시민결사체, 정부, 정당들의 대표가 참여하는 것을 뜻한다. 양대 시스템은 또한 사회경제적 이익·시민결사체와 정당의 융합에 의해 작동한다. 즉 사회적 대화에 참여하는 이익·시민단체들은 각각 자신들의 사회경제적 이익과 가치 실현을 위해 특정 정당의 지지층이 되는 고객-후원자(client-patron) 관계를 구축한다.

그리고 결사체-정당 간 융합은 정책결정이 정당뿐만 아니라 사회경제적 이익·시민단체의 규율을 받는 형태로 나타난다. 사회적 대화 차원에서 제기되는 사회경제적 이슈들이 정당의 통제를 받으며, 역으로 의회·정부 수준에서 다뤄지는 사회경제적 이슈들 또한 사회경제적 이익·시민단체의 통제를 받는다. 이러한 정책결정의 동시성은 제도적·인적 차원에서 나타난다. 제도적 측면에서 연정파트너 정당들은 모든 입법초안을 검증하기 위해 관련 이익·시민단체를 의회 상정 이전 단계의 법안조율 과정에 제도적으로 참여시킨다. 또한 연정파트너 정당과 이익·시민그룹을 연계하는 인적 중복을 통하여 유관 이익·시민그룹의 의사결정 과정에 연정파트너 정당의 대표를, 또는 연정파트너 정당의 정책결정 과정에 유관 이익·시민그룹의 대표를 각각 제도적으로 참여시킨다. 이 같은 제도적·인적 연계는 사회적 대화-연합정치가 유기적 친화성 속에서 작동하는 것을 뜻한다.

결국 사회적 대화는 구조적으로 연합정치와 병행·발전한다(Lijphart and Crepaz 1991: 235-236). 사회경제 영역에서는 사회적 대화에 의한 사회경제 주체-정부 간의 권력분점·공유, 정치영역에서는 연합정치에 의한 정당 간의 권력분점·공유가 각각 제드화된다. 이를 통해 사회경제적 타협이 정치적 타협으로 전환되고, 역으로 정치적 타협이 사회경제적 타협을 촉진함으로써 사회 갈등과 대립을 해소하고 안정을 도모한다. 요컨대 사회적 대화는 연합정치와의 제도적 친화성·상보성(institutional affinity and complementarity)과 구조적 유질동상(structural isomorphism)을 갖고 기술관료적·다수결주의적 정책결정 양식보다는 이해관계자 간의 정책결정 양식을 지향한다(van Waarden 2002: 50-51).

3. 사회적 대화의 시장경제 조정과 정책의제

1) 상생발전형 시장경제: 혁신-통합 선순환

한국사회에는 보수와 진보 사이에 신자유주의적 세계화에 대응하는 발전모델을 둘러싼 각축이 전개된다. 보수진영에는 두 모델이 존재한다. 재벌 대기업 중심의 성장제일주의를 추구하는 박정희 모델, 그리고 자유무역협정, 기업·산업 구조조정, 노동시장 유연화, 시장경쟁 규제혁파 등을 추구하는 신자유주의 모델이다. 두 발전모델의 공통 지점은 (재)분배보다는 성장·효율성·경쟁력 제고이다. 그러나 보수진영의 발전모델은 성장-고용-복지의 선순환 기제가 작동하지 않고 사회경제적 양극화를 심화시킨다. 한편, 자유주의 진보진영의 발전모델은 어떤가? 김대중 정부의 민주적 시장경제론이 있다. 시장경제를 통한 경제효율성과 민주적 참여를 통한 사회형평성 사이에 조화와 균형을 달성하자는 것이다. 노무현 정부 또한 균형발전모델로 동반성장 전략을 제시한 바 있다. 그러나 진보진영의 발전모델은 성장-분배 선순환을 지향하는 당위적 담론은 풍성했지만 그것을 구체적인 정책패키지로 구현하지 못하고 되레 신자유주의 발전모델로 경도되는 한계를 드러냈다.

포스트민주화 시대의 한국 사회경제 발전모델은 어떤 방향에서 설정되어야 하는가? 그것은 국가의 경제개입을 통해 모든 문제를 해결하려는 국가지상주의와, 모든 문제를 시장자율에 맡기려는 시장근본주의를 함께 배격해야 한다. 국가지상주의는 자유시장의 역동성을 훼손하는 반면, 시장만능주의는 '만인에 대한 만인의 경쟁'으로 경제사회를 양극화시킨다. '국가인가 시장인가', 혹은 '큰 시장인가 작은 정부인가'와 같은 이분법적 논쟁의 틀을 넘어서 국가-시장-시민사회 간 상호견제와 협력관계를 매개하는 사회적 대화시스템을 통한 적절한 역할분담·조정에 토대를 둔 사회경제 발전모델이 창출되어야 한다. 그것은 보수진영이 추구하는 친자본적인 성장·경쟁력 중심의 슘페터적 근로국가(Schumpeterian workfare state)와 구별되는 혁신국가(innovative state), 그리고 진보진영이 선호하는, 신자유주의의 파괴적 충격을 흡수하는 사회적 완충국가(social buffer state)의 조합에 의해 개발될 수 있다.

한국경제는 외환위기 이후 제조업 중심에서 새로운 성장동력으로 떠오른 지식기반경제와 고부가가치 서비스산업으로 이행하고 있다. 이 과정에서 수도권-지방, 대기업-중소기업, 수출부문-내수부문, 정규직-비정규직, 숙련노동-비숙련노동 간의 사회경제적 양극화가 심화되고 있다. 또 최근 지식기반경제는 '일자리 없는 성장'을 야기한다. 글로벌 경쟁력을 갖춘 대기업들이 고용유발 효과가 크지 않은 생산자동화 및 사무자동화 등 기술집약적 산업 중심의 경영을 추진하기 때문이다. '성장증대-고용유발'이라는 선순환 고리가 점차 약화되고 있는 것이다. 또 산업 간 연관관계가 약화되고 있다. 대기업을 중심으로 한 정보통신산업이 가공조립 위주의 성장에 주력하고 이를 위해 정보통신 관련 핵심 부품 및 자본재의 기술 수준이 낮아 중간재 대부분을 수입에 의존하기 때문이다. 그 결과 대기업-중소기업 및 최종재-부품 간, 수출부문-내수부문 간 연계구조가 취약하다.

글로벌화 이후 진행된 재벌대기업 주도의 혁신주도형 한국경제에 성장 → 고용 → 분배라는 호순환 고리가 약화되는 현상이 뚜렷해지고 있다. 이 현상은 한국경제가 단순한 경기순환상의 문제라기보다는 구조적인 성장동력 약화에 따른 '저성장 함정'에 빠져들어 더욱 악화되고 있음을 말한다. 그 결과 소득 상위 10%가 총소득의 45%를 점유하는 등 소득양극화가 심각하다. 따라서 경제정책은 반드시 사회적 연대정책과 병행해서 추진되어야 한다. 정보화 격차, 기술격차, 고용 없는 성장, 소득불평등의 심화 등에 따라 경제정책과 사회보장정책이 동시에 병행되지 않으면 혁신주도형 경제정책 자체 역시 어려움에 봉착할 수밖에 없기 때문이다. 게다가 외환위기 이후 저출산·고령화, 사회해체(이혼·자살·범죄·마약 등) 등 새로운 사회적 위험이 급속도로 증가하고 있으며, 자유무역협정·복지·교육·환경 이슈를 둘러싼 다층적 갈등이 확산되고 있다. 따라서 새로운 사회적 위험·갈등에 대한 대응책이 요구되고 있다. 그럼에도 사회적 위험·갈등을 관리하기 위한 사회안전망과 조정시스템은 매우 취약한 실정이다.

따라서 한국이 선진국으로 도약하려면 민주주의의 가치와 규범에 부합된 새로운 발전모델이 정립되어야 한다. 한국경제는 박정희 모델과 신자유주의 시장경제모델을 넘어서는 대안적 발전모델을 탐색하지 않으면 안 된다. 성장-복지가 상호보완적으로 선순환하는 발전모델이 창출되어야 한다. 17장에서는 이를 저성장과 양극화를 동시에 극복할 수 있는 '상생발전형 시장경제모델'(win-win market economy)로 상정한다. 상생발전형 시장경제모델은 사회적으로 조율된 생산체제 창출을 뜻한다. 제3부에서 논의했듯이 서유럽 합의제 민주국가들의 사회적 시장경제 모델이 그 대표적인 사례이다. 그들 국가는 사회적 정책협의 시스템을 작동시켜 산업정책-노동정책-복지정책을 패키지로 묶어 접근했으며, 생산성·효율성-형평성이 동시에 향상됨으로써 글로벌 경쟁에 효과적으로 대응한다. 복지체제의 근간을 유지하면서도 신자유주의적 국제환경에서 높은 적응력·경쟁력을 갖춘 생산체제를 발전시키고 있는 것이다. 한마디로 사회적 대화라는 비시장의 정치적 기제가 시장경제를 조정 관리한다. 그렇다면 상생발전형 시장경제모델을 관통하는 가치는 무엇인가? 그것은 혁신-통합이다(김형기 2006: 5-8).

첫째, 상생발전형 시장경제모델이 작동하는 원리는 혁신이다. 혁신은 낡은 패러다임을 창조적으로 파괴하는 과정이다. 혁신은 단지 기술혁신만을 지칭한 것이 아니고 혁신을 촉진하는 새로운 제도를 구축하는 제도혁신을 포함하는 총체적 개념이다. 혁신은 기업·대학·정부·시민사회 등에서 혁신주체가 형성되고 이들 혁신주체 간 네트워크가 구축될 때 일어난다. 혁신을 통해 효율성·경쟁력을 높이는 새로운 생산체제가 형성된다. 지식기반경제에서는 창의적인 지식과 기술에 의한 혁신이 경제성장의 원동력이다. 종전의 대량생산경제에서는 대량생산과 대량소비가 결합되면 혁신 없이 요소투입의 증가만으로도 고도성장을 달성할 수 있었다. 그러나 지식기반경제에서는 기술적 제도적 혁신이 생산성 획득과 경쟁력 제고의 새로운 원천이고 새로운 성장동력의 토대가 된다.

둘째, 통합의 원리는 상생발전형 시장경제모델을 구성하는 또 다른 중요한 축이다. 글로벌 시대의 지식기반경제에서 요구되는 혁신은 시장승자와 패자 간의 격차를 확대시키는 경향을 보일 것이기 때문에 통합의 원리에 의해 보완되지 않으면 안 된다. 이런 점에서 사회경제적 양극화 극복의 길은 기본적으로 통합의 원리에서 찾을 수 있다. 통합은 대기업-중소기업, 수출기업-내수기업, 수도권-지방 간에 상호보완적인 협력네트워크를 구축하여 상생의 동반성장을 위한 경제통합, 그리고 소득격차를 줄이고 차별과 배제와 소외를 없애는 사회통합 등을 포함한다.

혁신과 통합의 원리는 상승작용을 하면서 선순환 관계를 형성한다. 통합은 기술적, 제도적 혁신의 지속을 가능하게 하는 사회적 정치적 안정이라는 조건을 제공한다. 다시 말하면 통합은 사회집단 간의 갈등과 대립이라는 사회적 비용을 감소시키고 특히 사회경제 주체들의 상생·협력 네트워크를 구축하는 제도적 혁신을 지속가능하게 한다. 한마디로 통합은 지속가능한 혁신을 위한 조건이다. 역으로 혁신은 효율성·경쟁력·성장을 촉진하고 고성장이 사회통합의 물적 기초인 고복지와 공공재 증대를 뒷받침한다. 여기에서 고성장이 고복지와 공공재 증대를 낳기 위해서는 노사정정책협의-합의제 정당정치 간 연동이라는 정치혁신이 필요함은 물론이다. 요컨대 '지속가능한 혁신을 위한 통합'과 '지속가능한 통합을 위한 혁신'이 상호 촉진되는 선순환이 이루어질 수 있다.

결론적으로 사회적 대화가 혁신-통합의 원리로 작동할 때 성장-(재)분배 선순환이 형성되는 상생발전형 시장경제모델이 설정된다. 사회적 대화에 의한 상생발전형 시장경제모델은 노동배제적 재벌중심의 성장일변도 정책을 추구하는 개발독재 모델과 사회경제적 양극화를 초래하는 신자유주의적 시장경제모델을 넘어서는 새로운 대안적 발전비전이다. 상생발전형 시장경제는 대기업-중소기업, 노동-자본, 정규직-비정규직 상생협력이 조성되는 포스트민주화 사회경제 발전패러다임이며, 한국민주주의의 사회경제적 기반을 튼실하게 할 수 있는 새로운 발전모델이다.

2) 연대임금-재벌개혁-유연안정성 연계

민주화(87년체제) 및 IMF관리체제(97년체제) 이후 형성되고 있는 한국 복지국가 정치경제는 영미형 경쟁적 노사정관계-자유시장경제(LME)-자유주의 복지국가보다도 더 열악한 수준에 머물러 있다. 따라서 한국사회에서 경제민주화-복지국가가 시대정신으로 부상하고 있다. 경제민주화-복지국가만이 사회경제 양극화를 완화·해소할 수 있기 때문이다.

게르만·노르딕유럽 복지국가 정치경제에서는 비례대표제가 유도하는 조합주의적 노사정정치가 조정시장경제(CME, 경제민주화) 생산체제 형성을 주도했으며, 복지국가 발전 또한 조합주의적 정책협의에 의한 것이다. 바꿔 말하면 서유럽 비례대표제 국가의 CME 생산체제-보편적 복지국가 간 제도적 상호보완성은 조합주의적 노사정협치(協治)에 의해 매개되어 중앙·산업별·지역별·기업별 임금협상제-연대임금지향 임금조정-이해관계자 기업지배구조-보편적 복지국가의 유기적 연계에 기반을 둔다. 한마디로 서유럽 비례대표제 국가의 경제민주화-사민주의·기민주의 복지국가는 상향식·하향식 피드백 사이클이 작동하는 노사정 간 정치교환(political exchange) 기제의 산물이다. 이는 한국 복지국가 정치경제를 설계하는 데 벤치마킹 모델이 될 수 있다.

이러한 의미에서 한국 복지국가 정치경제인 열악한 LME 생산체제-자유주의 복지국가가 경제민주화(CME 생산체제)-복지국가로 전환되기 위해서는 갈등적 노사정관계를 종식하고 사회적 정책협의 시스템 작동에 의해 중앙·산업·지역·기업별임금협상-동일노동·동일임금조정-복지국가의 유기적 연계가 요구된다. 첫째, 경제민주화-복지국가는 노동의 연대임금, 기업의 투자·성장 촉진, 그리고 국가의 보편적 복지확대를 매개하는 노사정 간 정치적 교환이 작동할 때 그 제도화 가능성이 열린다. 부연하면 사회적 정책협의를 통해 연대임금 지향의 근로자 임금조정은 시장분배구조를 악화시키는 대기업-중소기업 간, 정규직-비정규직 간의 임금불평등을 개선하고, 연대임금-임금억제에 따른 기업의 투자·경쟁력·성장 제고를 통해 일자리 창출을 유도하며, 국가의 보편적 복지라는 사회적 임금(social wage)은 임금억제 형태로 양보한 노동에게 소득재분배구조 개선의 기회를 제공하는 선순환 사이클이 작동한다.

둘째, 경제민주화의 제1호인 임금조정은 재벌개혁으로 상징되는 경제민주화의 지평을 넓힌다. 임금조정과 재벌개혁은 노사 간에 상호 교환·연계될 수 있는 정책어젠다가 될 수 있기 때문이다. 물론 경제민주주의에 대해 합의된 개념 정의는 없으며, 재벌개혁이 경제민주화의 전부도 아니다. 그러나 한국 시장사회(market society)에서 재벌중심의 생산체제는 경제사회(시장)의 민주화를 가로막는 가장 큰 장애물이라는 점에서 재벌개혁이 한국 경제민주화의 요체이다.[2] 박근혜 정부의 초기에 정치권에서 제기되었던 경제민주화는 출자총액제한부활-순환출자금지-금산분리-부당내부거래금지 등과 같은 재벌 시장지배력 규제, 납품단가 후려치기금지-중소기업업종보호·기술탈취 방지-이익·성과공유제 등을 통한 대·중소기업 상생협력 등 경제적 양극화 해소를 위한 정책 아이템을 포함한다.

---

2) 재벌개혁을 포함한 경제사회(시장)의 민주화에 관한 상세한 논의는 선학태 2008: 제9장을 참조할 것.

그러나 제17장이 제기하는 경제민주주의의 문제의식은 경제양극화 해소를 위한 정책 아이템 그 자체보다 더 본질적인 차원에서 그 정책 아이템 산출을 유인하는 원천인 경제적 권력관계의 불평등을 겨냥한다. 합의제 민주국가들의 경제민주화는 노사정 간 경제권력 분점인 조합주의정치에 기초한 이해당사자 기업지배구조이다. 반면 한국 재벌대기업의 지배구조는 오너·족벌의 절대적 권력에 기반을 둔 독단적 '황제식' 의사결정 경영방식이다.[3] 따라서 재벌개혁의 핵심은 재벌대기업 자본권력에 대한 통제를 가능케 하는 이해관계자(stakeholders) 모델의 기업지배구조이다. 즉 재벌기업의 상부구조인 경영·이사회 차원의 전략적 의사결정 과정에 오너·전문경영인만이 아니라 노조·주주·소비자·채권단·협력업체·납품업체·지역사회 등 재벌대기업 이해관계자의 이익과 관점이 투입되게 하는 시스템이다. 이 시스템은 임금·투자·고용·해고·경영전략·기술훈련·자금조달·협력업체와의 관계 등에 관한 생산-경영과정이 이해관계자들의 참여(혹은 이해 반영)를 통해 조정되는 구조를 뜻한다. 또 생산성 및 품질 향상에 관한 작업장 단위의 의사결정 과정에 노사 파트너십의 제도화가 요구된다.

물론 스웨덴·덴마크·네덜란드·독일·아일랜드 등에서 시행되고 있는 노동자 경영참여의 제도화가 이해관계자 대기업지배구조의 핵심이다. 이러한 재벌대기업의 이해관계자 지배구조는 기업 이익과 비용의 분산을 유도하는 장치라는 점에서 총수(족벌)자본주의를 극복하는 한국 경제민주화의 본령이며, 노사를 비롯한 기업 이해관계자들의 이익조정을 통해 윈-윈 관계를 구축하여 기업의 경쟁력·효율성을 높이는 경영시스템이다.

재벌개혁 정치는 이해관계자들 간 사회적 대화 방식으로 접근하는 것이 노사정 갈등조정을 제도화할 수 있는 해법이다. 앞서 언급했듯이(제9·11장) 스웨덴·덴마크의 노동경영참여-임노동자기금제 등 경제민주화 논쟁은 노조-사용자 연맹 간, 좌우 정당블록 간의 양극단적인 이념적, 정치적 갈등을 야기했다. 이런 상황에서 노조는 조합주의적 정책결정 과정을 무시하고 집권당이었던 사민

3) 삼성·현대·LG·SK에 이어 최근 재계 서열 5위인 롯데그룹의 골육상쟁의 경영권 분쟁은 전근대적인 황제경영에서 비롯된다. 롯데사태의 근본원인은 재벌기업의 총수 지배체제와 경영권 세습에 있다. 재벌 총수가 황제처럼 군림하는 기업, 노동자의 권익이나 주주의 권리보다 총수를 비롯한 오너 일가 이익의 극대화를 위한 경영을 하는 기업, 2세·3세에 대한 경영권 세습을 당연시하는 기업 등이 재벌기업의 지배구조와 경영방식이다.

당중심의 좌파블록 정부를 상대로 한 로비를 통해 직접적인 압박전략을 행사했다(Anthonsen *et al.* 2011: 129-130). 이것이 1970년대의 덴마크 조합주의적 정책협의와 1980년대 이후의 스웨덴 조합주의적 정책협의가 위기에 봉착한 원인이며, 당시 그들 나라의 정치적 사회경제적 위기를 몰고 왔다. 이 점에서 한국 경제민주화의 핵심인 재벌개혁 드라이브가 노조-진보정당 연대의 압박에 의해 추진된다면 재벌-새누리당 보수우파 블록의 반발·저항으로 한국민주주의 위기를 몰고 올 엄청난 이념적, 정치적 갈등을 촉발시킬 것이다. 따라서 재벌개혁 정치는 노사정을 비롯해서 각 유력한 시민단체·정당 등이 참여하는 사회적 정책협의 시스템 작동을 통해 사회적 대타협을 이끌어낼 수 있을 때 재벌개혁을 둘러싼 이념적, 정치적 갈등조정이 제도화될 수 있다.

셋째, 대기업-중소기업 간 상생협력 체제 구축이 재벌개혁에 접근하는 사회적 대화의 또 다른 의제이다. 이를 위해 대기업과 중소기업의 노사가 참여하는 산업별, 업종별, 지역별 노사정 협의회를 구성하여 대·중소기업 공동으로 기술개발, 인력개발, 하도급 거래구조 개선, 임금격차 축소를 협의해야 한다. 사회적 대화에 의한 대기업-중소기업 상생협력은 시장친화적인 동시에 경제민주화에 부합하는 혁신주도 성장동력 의제의 상정을 요구한다.

① 대기업은 외국인 노동자 혹은 비정규직을 통해 간신히 연명해 가는 저기술 하청중소기업의 기술혁신능력을 높이기 위한 기술혁신을 지원하는 의제이다. 중소기업의 기술혁신은 지식·기술 창출 원천인 대학·연구기관과 결합하는 산학협력 체제의 구축을 통해 시도할 때 효과적이다. 특히 지방정부와 지역사회의 대학·경영자단체·노동조합이 파트너십을 형성하여 중소기업의 산업별 연구개발투자와 인적자원개발을 추진할 필요가 있다.

② 대기업이 중소기업의 부품소재 산업을 육성하는 정책의제이다. 현재 지식기반경제의 선도산업인 IT, BT, NT산업의 경우에 중간재인 핵심 부품소재는 대부분 수입에 의존한다. 따라서 부품소재 산업의 육성은 혁신형 중소기업의 일자리를 창출하는 데 기여하며, 경제양극화를 해소할 수 있는 성장동력이다. 바꿔 말하면 부품소재를 생산하는 혁신형 중소기업이 수출산업인 대기업에 고품질의 부품소재를 공급할 수 있게 되면 수출경쟁력도 높아질 뿐만 아니라 대기업-중소기업 간, 수출산업-내수산업 간의 유기적 연계가 강화되어 동반성장

이 가능하다.

③ 대기업-중소기업 상생협력 의제는 지식서비스산업과 사회서비스산업 영역이다. 연구개발, 정보통신, 데이터베이스, 소프트웨어, 금융보험, 디자인, 컨설팅, 광고, 교육, 보건의료, 회계, 법률, 문화 등 지식서비스산업은 고부가가치 생산이며, 양질의 일자리를 창출한다. 따라서 이제는 하드웨어 중심의 성장체제에서 고급일자리 창출능력이 높은 소프트웨어 중심의 성장동력이 필요하다. 또 육아, 양로, 보건의료, 장애보살핌, 공공행정 등 사회서비스산업도 삶의 질을 높일 뿐만 아니라 새로운 일자리 창출의 보고이다. 나아가 문화·관광·레저스포츠산업도 대기업-중소기업 상생협력을 통해 창의성과 문화를 바탕으로 다양한 콘텐츠를 산업화하여 높은 일자리 창출과 성장률을 동시에 견인할 수 있는 성장동력의 원천이다. 디지털 융합시대에 수요가 폭발적으로 증가하는 애니메이션, 게임, 만화, 영화, 음악, 방송영상 등 핵심 문화콘텐츠는 글로벌 시대의 경쟁력을 좌우하고 국부를 창출하는 성장동력이자 양질의 일자리를 제공한다.

④ 대기업-중소기업 상생협력체제 구축의 또 다른 핵심 의제는 중소기업의 부당한 납품 단가인하의 방지이다. 노사(정) 협의체는 원·하청기업 간 불공정 하도급 거래관행을 시정하여 거래의 투명성과 공정성을 높여야 한다. 대기업이 중소기업을 비용전가의 대상이 아니라 공동이익을 창출하는 동반자로 인식해야 한다. 대기업에만 의존하는 국가경제는 위기에 취약할 수밖에 없다. 튼실한 중소벤처가 있어야 경제위기관리능력이 증대할 수 있다. 지금 같은 하도급 관행이 계속되면 중소벤처는 결국 '대기업의 인력 파견업체'로 전락한다. 대기업이 경비절감에단 초점을 맞추면 중소기업은 고용이나 연구개발을 할 수 없다. 그 결과 건강한 경제생태계는 파괴되어 대기업만 살아남고 중소기업 영역은 황폐화된다. 따라서 대기업-중소기업 간의 상생협력 네트워크를 구축하는 것은 동반 성장동력이며 대기업-중소기업 간의 양극화를 극복하는 경제통합의 길이기도 한다.

넷째, 경제민주화를 위한 재벌개혁은 노동시장의 유연안정성 모델과 연계될 수 있다. 유연안정성 모델이 재벌대기업의 투자·경쟁력·성장을 촉진하는 성격을 갖는다는 점에서 재벌개혁-유연안정성 모델 간 정책조합은 노사정 간 정치적 교환이 가능한 정책개혁 아이템이 될 수 있기 때문이다. 그런데 신자유주의 글로벌화의 충격에 대응하는 덴마크·네덜란드의 조합주의적 노사정 정책협의는 유연안정성 모델을 사회협약으로 끌어내어 CME 생산체제-복지국가의 연계를 제도화했다. 유연안정성 모델은 현재 유럽연합의 새로운 시장경제 조정패러다임으로 채택되고 있으며, 세계 많은 국가에서 주목을 받는다.

따라서 한국 노동시장에서도 유연안정성 모델은 글로벌 시장화 시대에 성장-복지 선순환을 유인하는 경제민주화-복지국가를 연계하는 대안으로 부상하고 있다. 유연안정성 모델의 전제조건은 시장조정 기제인 조합주의적 노사정정치시스템의 작동이다. 자본의 유연성(flexibility)정책 요구와 노동의 안정성(security)정책 요구는 갈등적인 상충(trade-off)관계에 있기 때문이다. 따라서 유연안정성 모델의 창출이 재벌개혁과 맞물린 사회적 대화의 정책으로 의제화 되었을 때 경제민주화-복지국가의 상호보완성은 제도화될 수 있다. 유연안정성 모델은 노동시장 유연화-보편적 복지국가-ALMP이 유기적으로 연계하는 정책조합이다. 제17장은 한국 경제민주화-복지국가 프로젝트의 진행과정에서 유연안정성 모델의 중요성을 인식하고 아래에서 별도의 논의를 시도한다.

3) 노동시장의 유연성-안정성 정책조합

덴마크·네덜란드 합의제 민주주의는 정치적 조정을 통해 노동시장의 유연안정성 정책조합을 형성·제도화했다(제11장). 노사(정) 대화시스템을 통해 노동시장 유연성-관대한 사회복지-적극적 노동시장정책(ALMP)이 결합하는 황금의 삼각형(golden triangle)을 통해 사회통합 속에서 성장이 지속되고 있는 것이다(Taylor-Gooby 2007: 9-10). 따라서 양국 노동시장개혁은 정치적 과정이다. 양국 노동시장 개혁정치가 던지는 메시지는 정책콘텐츠 산출(cutput-side) 그 자체보다는 이를 유인하는 노사 이해관계가 동등하게 투입되는 정치적 의사결정 프로세스의 선차성이다. 환언하면 양국 노동시장의 정책조합은 노사정 간의 정치적 교환메커니즘이 작동하는 사회적 대화시스템의 산물이라는 점이다. 이러한 제도주의 관점은 한국 노동시장도 제도적 혁신을 통해 노동시장의 유연안정성 정책조합에 대한 접근가능성을 시사한다. 이런 의미에서 덴마크·네덜란드의 노동시장 개혁정치 과정은 한국 유연안정성 정책조합을 유인하는 데 효과적인 노동시장의 정치적 조정제도 설계에 중요한 함의를 갖는다.

현재 한국사회에는 노동시장의 유연성과 안정성을 대립관계로 인식하는 경향이 강하다. 유연성-안정성 담론과정에서 노동시장 파트너 간, 보수우파블록-진보(좌파)블록 간의 관점과 논리가 다르다. 자본-보수우파블록은 글로벌 경쟁력을 갖추기 위해선 사용자의 노동유연성정책 강화가 불가피하다고 주장하는 반면, 노동-진보(좌파)블록은 과도한 신자유주의적 유연화에 따른 노동위험의 충격을 흡수하기 위해 관대하고 촘촘한 안정성정책 강화를 요구한다. 따라서 유연성정책을 요구하는 자본의 이해와 안정성정책을 요구하는 노동의 이해 간의 대립과 갈등은 정치적 조정을 요구하고 있다. 노동시장의 유연성-안정성 간 균형적 정책조합이 이익집단 간, 이익집단-국가(정부) 간 정치적 교환의 정책의제가 되어야 하는 이유이다.

덴마크·네덜란드의 조합주의적 정책협의시스템은 글로벌 시장의 충격에 대응하기 위해 노사정 간 양보-보상-화답 사이클이 작동하는 정치적 교환을 통해서 노동유연성-사회보장-ALMP 등 노동시장의 3대 정책 축을 균형적으로 절묘하게 조합했다. 조합주의적 정책협의시스템에 의한 유연안정성 정책조합은 영미식 자유노동시장모델(높은 노동시장유연화-낮은 사회복지-낮은 ALMP)과도, 구(舊)스웨덴식 조정노동시장모델(낮은 노동시장유연화-높은 사회복지-높은 ALMP)과도 다른 '제3의 길' 혹은 '하이브리드 모델'로 평가되고 있다(Madsen 2004: 188-189, 205-206; Bredgaard 2012: 4).[4] 글로벌화 시대에 새로운 노동시장 조정패러다임, 즉 경제효율성-사회형평성 선순환을 달성하기 위한 노동시장 개혁전략으로 부상하고 있는 것이다.

그렇다면 덴마크·네덜란드에처럼 노사정 정책협의시스템에 의한 유연안정성 정책조합은 성장-복지가 선순환하는 한국형 조정노동시장(coordinated labor market)의 벤치마킹모델로 상정해 볼 수 있다(Taylor-Gooby 2007: 26-27). 신자유주의적 글로벌화의 압력과 충격에 따른 사회경제적 양극화가 확대·격화하는 현재의 위기국면에 효과적으로 대응하는 새로운 노동시장 개혁전략이 될 수 있다는 것이다. 한국의 새로운 노동시장 개혁전략은 이익단체-국가 간에 유연성정

4) 리스본정상회의(2000)는 유럽연합의 경제를 경쟁력 있고 역동적인 지식기반경제로 창출하고 이를 통해 양질의 일자리를 더 많이 창출하는 지속가능한 경제성장과 사회통합을 이룩할 목적으로 유연성과 안정성을 균형적으로 제고하는 비전을 제시했다(Klosse 2003).

책과 안정성정책을 정치적으로 교환하는 방식이다. 환언하면 유연성-안정성 정책갈등의 제도화는 이익·시민단체-기업·사용자단체-전문가-정당-국회-중앙부처-청와대 대표들이 참여하는 포괄적인 정책네트워크-파트너십이 작동하는 유연안정성 거버넌스 시스템 구축을 요구한다. 덴마크·네덜란드의 노동시장 개혁정치 과정에 비춰 보건대(제11장), 노동시장의 정치적 조정기제인 사회적 대화시스템의 작동을 통해서만이 유연성-안정성 정책갈등을 조정 관리하는 사회통합적 조정노동시장을 제도화할 수 있다. 따라서 한국 노동시장의 사회적 정책협의시스템은 노동시장유연성-관대한 복지국가-ALMP이 유기적으로 연계하는 균형적인 정책조합을 디자인해야 한다<그림 17-1>.

▌그림 17-1▌ 한국형 유연안정성 정책조합

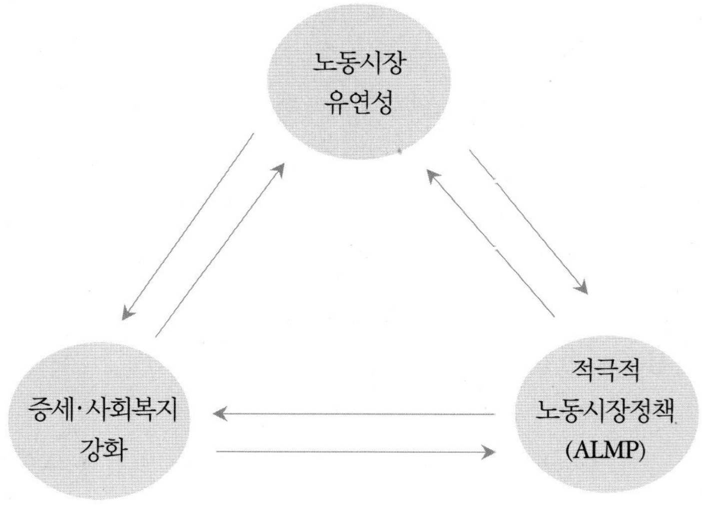

첫째, 노동시장 유연화-관대한 사회복지 연계이다. 기업이 글로벌 시장에 대응을 위해서는 일정정도 노동시장 유연화가 불가피하다. 노동시장 유연화가 기업의 경쟁력·투자를 촉진하여 사회복지의 재정적 토대를 마련하고 일자리 창출의 여력이 커질 수 있기 때문이다. 그러나 노동유연화는 심각한 사회적 위험(실직·비정규직·소득저하 등)을 야기한다. 따라서 노동시장 유연화의 충격을 흡수하는 조세-사회복지 강화가 절실하게 요구된다. 한국 노동시장은 글로벌화 이전 이미 케인스주의 복지국가를 경험한 덴마크·네덜란드 노동시장과는 달리 복지국가의 초보적 단계도 경유하지 않은 채 곧바로 신자유주의적 유연화가 과도하게 추진되었기 때문이다. 증세를 통한 촘촘하고 관대한 복지안전망 구축은 노동운동의 온건화를 유도하고 노동운동의 저항을 최소화하여 노동시장 유연화와 산업·기업의 구조조정을 통해 국가경제의 생산성·효율성을 높이는 사회적 인프라이다.

둘째, 노동시장유연화-ALMP 연계이다. 실직·비정규직·워킹푸어 등 노동유연화의 희생자·낙오자는 ALMP로 흡수한다. 즉 그들에게 재교육훈련·고용서비스 프로그램을 통한 재취업과 창업지원을 제공한다. 역으로 ALMP는 노동유연화에 대한 노동의 저항을 줄일 수 있다. 노동유연화의 희생자들이 ALMP에 참여하여 노동숙련도를 높이고 노동시장에 재진입하며 임금소득을 증대하는 기회가 열려 있기 때문이다. 따라서 노동시장 유연화가 가능하기 위해서는 교육훈련과 더불어 취업알선, 취업정보, 평생교육 및 고용서비스 등 ALMP를 선진화해야 한다. 그래야 근로자들이 기업구조조정, 고용유연화 및 기술변화에 불안감 없이 대응할 수 있다.

셋째, 증세·복지강화-ALMP 연계이다. 조세-사회복지 강화는 그 자체가 일자리창출(ALMP) 효과가 발생한다. 특히 사회복지서비스 확충은 숙련노동자와 비숙련노동자의 공동취업이 가능한 대규모 일자리 창출의 보고이다. 역으로 정부의 적극적 고용활성화 정책(ALMP)은 정부재정 압박요인인 복지 의존층의 도덕적 해이 현상과 PLMP의 비생산적인 역기능을 완화·해소할 수 있으며, 복지수혜자의 노동시장 재진입을 유도하여 전체 고용률·성장률을 높이는 효과가 있다. ALMP는 직업교육훈련-고숙련-고생산성-성장-고용-고임금-복지의 연계를 통해 저성장과 노동시장 양극화를 극복하는 데 기여한다. 또 우리 사회의 중소기업 근로자, 비정규직 근로자, 영세자영업자, 실업자, 빈곤층, 고령자 등과 같은 노동시장 취약계층에게 건강한 노동시장 복귀 기회를 제공함으로써 그들의 차별과 배제를 최소화할 수 있다. 이는 사회통합에 기여하는 사회안전망일 뿐만 아니라 사회보장비의 지출을 줄일 수 있는 방법이다.

이처럼 노동시장유연화-증세·사회복지-ALMP는 상호보완으로 연계한다. 이를 위한 한국 사회적 정책협의시스템은 노동시장의 유연성-안정성 간 균형적 정책조합 프로젝트의 로드맵을 디자인해야 하는 일차적인 제도적 지렛대이고 정치적 동력이다. 사회적 대화시스템이 작동할 때 노동시장개혁에 관한 정책조합의 대표성·정당성은 높아지고, 노동시장 파트너들과 정부는 노동시장개혁의 유연안정성 정책조합에 대한 책임과 정치적 리스크, 혜택과 비용을 분산시킬 수 있다(Hamann and Kelly 2007: 975-976; 2011: 34). 요컨대 사회적 대화시스템은 한국 노동시장의 유연성-안정성 정책이슈를 둘러싼 노사정 간 이해관계 상충에 따른 반발과 저항을 관리 흡수하는 갈등관리 기제로 작동한다.

4) 3fares-사회투자국가-조세체계 연계

현재 한국 복지국가 정치경제의 아킬레스건은 강화된 유연성 정책과 취약한 안정성 정책 간의 극심한 괴리이다. 안정성 정책은 한국의 '고삐 풀린 시장'(unbridled market)의 횡포와 변덕으로부터 시장경쟁에서 탈락한 실직자·파산자, 시장경쟁에서 불리한 비정규직·영세자영업자·청년·여성, 시장경쟁에 참가할 수 없는 아동·장애인·노년층 등을 보호하는 데 필수적이다. 따라서 안정성 정책의 지속적인 강화와 정교화는 사회적 대화의 정책의제가 되어야 한다. 안정화 정책조합은 3fares, 즉 일자리복지(jobfare)-사회복지(welfare)-학습복지(learnfare) 간의 유기적 연계이다.[5)]

첫째, 일자리복지는 민간·공공부문 일자리-지식서비스 일자리-사회적 일자리-최저임금인상·임금차별금지-근로시간단축·일자리 나누기 등의 정책조합을 통해 안정적인 임금 및 (양질)일자리 유지·창출을 지칭한다. 이는 특히 여성·고령자·미숙련자·실직자·빈곤층 등 사회취약계층을 노동시장에의 참여로 유도하여 빈곤을 차단하는 데 기여한다. 둘째, 사회복지는 국민기초생활보장 확충-사회보험 사각지대 해소-사회복지서비스 확충-공공임대주택 확대 등의 정책조합을 통한 사회안전망 구축이다. 이러한 소득보전형 복지체제는 전투적 노동운동의 온건화를 통해 노동유연화-기업투자촉진을 이끌어내는 사회안전망이다. 셋째, 학습복지는 직업교육훈련강화-산업·기업특화기술습득-평생학습체계 등의 정책조합을 통해 노동력의 질(전문성)을 고양한다. 이는 노동시장 취약계층의 취업능력과 기업생산성을 높여 종국적으로 교육훈련-성장-고용-복지의 선순환을

5) 상세한 논의는 선학태 2008: 219-237를 참조할 것.

통해 사회양극화를 극복하는 데 기여한다.

상호 유기적으로 연계하는 이 같은 3fares 정책조합은 노동력을 상품화하는 시장의존적인 자유주의 복지정책과도, 시민 탈상품화 중심의 국가복지를 강조하는 구(舊)사민주의적 복지정책과도 차별화된다(김형기 2006: 13). 이러한 3fares 정책조합은 재벌기업의 시장친화적 혁신주도 성장전략을 지원하는 성격을 갖는다. 시장친화적 혁신주도 성장전략은 인적자본과 기술혁신에 대한 투자를 강화하여 '토목건설 중심의 성장전략'에서 미래지향적인 '사람과 지식중심의 성장전략'으로의 전환을 뜻한다. 따라서 3fares 정책조합은 경제와 기업에 부담을 주는 것이 아니라 오히려 고도의 지식기반경제의 필요조건이고 고용의 질을 증진하여 양질의 일자리를 얻게 해 주며, 효율성과 성장을 촉진하는 생산적 요소이다(Palier 2006: 116). 이 지점에서 재벌개혁-3fares 정책조합은 노사정 간 정치적 교환 기제가 작동하는 정책 어젠다로 설정될 수 있다.

3fares 정책조합-사회투자정책(social investment policy)의 연계도 사회적 대화의 의제가 되어야 한다. 사회투자전략은 ALMP를 통해 일반인·취약계층의 인적자본을 향상시켜 이들을 노동시장에서의 적응능력과 취업능력(employability)을 높이고 이를 통해 개인의 복지와 삶의 조건 개선을 유도하고자 한다.6) 여성의 경제활동 증대로 아동양육, 고령화로 인한 노인케어, 근로빈곤층, 저출산, 노동시장 양극화, 계층적 양극화 등 새로운 사회적 위험이 구조화되고 있는 한국 사회에서 사회투자정책은 새로운 사회정책 패러다임으로서 그 유용성이 막중하다. 따라서 사회투자정책은 3fares 정책조합과의 연계하는 사회적 대화의 주요 의제이다. 사회적 대화는 사회투자전략의 핵심 목표인 인적자본 향상을 위해 고용정책, 여성정책, 교육정책, 보건의료정책, 복지정책 등에 통합적으로 접근해야 한다.

그런데 사회투자전략은 인적자본을 축적시켜 노동시장으로 참여시키는 것을 의미하기 때문에 노동시장에서 적절한 일자리가 제공되지 않으면 정책적 한계

6) 사회투자국가(social investment state)는 전통적인 사회복지국가의 비효율성을 피하기 위해 '제3의 길'의 사회정책을 지향한다(Sherraden 2003: 2). 즉 좌파(사민주의) 및 우파(신자유주의) 노선을 변증법적으로 지양하는 중도노선의 실용주의를 추구한다. 이는 영국의 토니블레어 정부, 독일의 게르하르트 슈뢰더 정부, 미국의 클린턴 행정부, 캐나다의 자유당 정부의 정책에서 나타났다. 사회투자국가론에 대한 상세한 논의는 선학태 2008: 제10장을 참조할 것.

가 있다는 점을 주목해야 한다(김연명 2007: 131). 한국에서 사회투자정책의 대상이 되는 인구집단은 일반적으로 기술과 학력 수준이 취약한 가구일 가능성이 높기 때문에 일을 할 의지가 있어도 그들이 일자리를 확보하는 데는 한계가 있다. 한국의 사회정책은 케인즈주의적 복지국가를 경험한 서유럽과는 달리 실업·노령·질병·산업재해 등 전통적인 사회적 위험 요인에 대한 사회적 보호 장치가 매우 불충분한 단계에 머물러 있다. 따라서 생산·공급지향적 복지의 성격을 띤 사회투자전략을 한국 사회정책의 핵심으로 채택하는 것은 바람직하지 않다. 사회취약계층은 물론이고 중산층까지 기초적인 사회안전망이 갖춰진 서유럽 복지국가에서 시도되는 사회투자전략을, 기초적 사회안전망마저 제대로 갖추어지지 않는 한국 경제사회에 그대로 채택할 때 자칫 사회양극화를 오히려 악화시킬 가능성이 높다. 사회보험의 사각지대, 특히 비정규직 근로자들의 대부분이 사회보험에서 배제되는 등 기본적인 사회보험의 보편주의를 달성하지 못한 상태이다. 한국 복지제도의 후진성에 대한 사전 고려 없이 무비판적으로 사회투자국가를 정당화하는 담론은 매우 위험하다(Ko 20007: 4).

따라서 케인즈주의 복지국가를 경험하지 못한 한국의 노사정 대화는 고전적 소득보장프로그램-사회투자프로그램을 유기적으로 결합시키는 관점을 정책의 제로 설정하는 것이 중요하다. 사회투자정책이 고전적 소득보장프로그램을 대체하는 것이 아니고 상호 보완하는 정책으로 의미가 있다(Sherraden 2003: 3; 김연명 2007: 129). 충실한 현금지급프로그램이 사회투자전략의 선결조건이라는 주장은 한국 사회정책에서 여전히 타당하고 유효하다. 예컨대 국민기초생활보장을 차상위 계층으로 확대·강화하고 이들에게 교육훈련 프로그램을 적극적으로 시행함으로써 노동시장 참여를 통한 빈곤탈출을 도와 줄 수 있다.

나아가 3fares-사회투자정책은 조세체계와 연계하여 접근하는 것이 합리적이다. 3fares-사회투자정책의 실행은 많은 재정을 요구하기 때문이다. 이런 관점에서 3fares 정책조합과 세금부담의 연계는 세 가지 메뉴로 상정될 수 있다(안종범 2011). 첫째, 저(低)세입-저복지(low revenue, low welfare)모델이다. 조세부담률과 국민부담률(사회보험 부담금 포함)을 각각 GDP 대비 25%와 35%로 높이면 복지지출은 14%로 늘릴 수 있다. 둘째, 중(中)세입-중복지(medium revenue, medium welfare) 모델이다. 조세부담률과 국민부담률을 각각 30%, 40%로 올리면 복지지출은 GDP의 18.5%로 높일 수 있다. 마지막으로 고(高)세입-고복지(high revenue, high welfare) 모델이다. 조세부담률과 국민부담률을 각각 35%, 45%로 올리면 복지지출은 GDP의 22%로 높일 수 있다. 이를 고려하면 한국 복지-조세정치는 일차적으로 최소한 영미 자유주의 복지국가 수준으로 공공사회서비스 지출을 확대하고, 다음으로 공공부조 강화, 사회보험의 사각지대 해소 및 관대한 보장성 등을 통해 중부 게르만유럽의 기민주의 복지국가, 종국적으로 공공사회서비스의 보편성·포괄성을 강화하는 노르딕유럽의 사민주의 복지국가 등 단계별 또는 부분적·동시성 발전경로를 따르는 것이 합리적이다.

그런데 작금 정치권에 조세-복지의 재조정 논쟁이 불붙고 있다. 국민의 '먹고사는' 의제가 공론화된 것은 환영할 일이다. 그러나 증세-복지의 정치적 기제를 어떻게 만들 것인가에 대한 담론은 빈곤하다. 따라서 증세-복지국가에 조응하는 정치기제의 창출이 선차적 과제라는 문제의식이 필요하다. 증세-복지의 정치동학을 이해해야 한다. 복지-증세는 동전의 양면이다. 박근혜 대통령이 증세 없이 복지하겠다는 것은 "남산에 그물을 쳐놓고 한강 잉어 떼를 잡겠다."는 식의 무모한 발상이다. 그러나 복지재원을 마련하기 위한 세금인상은 어렵다. "사람은 부모를 죽인 원수와는 악수할 수 있지만 자신의 재물을 빼앗으려는 자와는 같이 갈 수 없다."는 불편한 옛말이 있다. 증세는 정권명운을 뒤흔드는 폭발성을 갖는, 정치적으로 인기 없는 정책이슈다. 그래서 새누리당-박근혜 정권에 증세를 요구하는 것은 그들의 입장에선 어쩌면 정권을 내놓으라는 정치협박일지 모른다.

그렇다면 게르만유럽의 중부담-중복지 국가, 노르딕유럽의 고부담-고복지 국가는 정치적으로 민감한 조세-복지 의제에 어떻게 접근했을까? 정치·사회세력 간의 '권력-책임 분점' 정치기제가 작동했다. 즉 비례대표제가 유인하는 이념블록 다당제가 의회·내각에서 좌파-중도-우파 블록을 넘나드는 크로스오버 연합정치(cross-over coalition politics)를 제도화했으며, 각 사회블록을 대표하는 정당 간 연합정치는 증세 이슈에 관한 노사·계층 간 사회적 타협을 유인했다. 이로써 세금부담이 특정 계층·집단에게 집중될 소지를 낮춰 복지·조세갈등을 조정했다.

이 같은 서유럽 복지국가가 던지는 경험적 메시지는 명료하다. 즉 복지국가 조세체계는 정당 간 정치적 타협과 이해집단 간 사회적 타협의 산물이라는 지점이다. 예컨대 노르딕 사민주의복지국가에서 간접세 중심의 역진적 조세정책은 조합주의적 정치교환(corporatist political exchange)을 특징으로 하는 조세정치에 의해 가능했다.[7] 그들의 조합주의적 조세정치는 우파와 노동이 각각 선호하지 않는 법인세와 임금소득세의 인상은 어려웠지만 두 집단의 이해로부터 상대적으로 자유로운 일반소비세의 증세를 통해 대규모로 세입을 늘리고, 세출을 통해 불평등을 완화하는 전략을 실행했다(윤홍식 2011: 63-64). 독일 사민당/녹색당 소연정은 비록 온전한 조합주의적 협의체는 아니었어도 이른바 하르츠위원회(Harz Commission)와 뤼룹위원회(Rürup Commission)를 통해 조세-복지재편(어젠다 2010)을 추진했고, 메르켈 대연정은 부가세를 올리는 대신 사회보장제를 재편하고 최저임금제를 도입하면서 부자증세를 막아 사회적 타협을 유도했다(제12장 참조).[8] 이처럼 조합주의적 조세정치는 계급·계층 간의 정치적 타협을 전제하기 때문에 세금부담이 특정 집단에게 집중될 가능성이 낮고 복지·조세갈등을 조정하는 기제로 작동한다.

이 점에서 한국 복지-조세 연계정치(politics of linking welfare and taxation)는 복지-조세 이해당사자들(사실상 전체 국민)이 참여하는 조합주의적 정치교환 기제,

7) 스웨덴은 조세정치가 좌파헤게모니 하에서 누진적 개인소득세를 마련하기도 했으나, 일반 통념과는 달리 사회보장기여금, 일반소비세(간접세) 중심의 역진적 조세체계를 발전시켰다. 소비세는 역진적이라는 비판이 있었으나 기업투자-성장잠재력에 미치는 효과가 가장 중립적이기 때문이다. 예컨대 스웨덴 사민당 정부는 증가하는 공공복지지출 수요를 충당하기 위해 물품세(1959)와 부가가치세(1969)를 대체·도입했으며 세율을 지속적으로 올려 현재 25%에 달한다. 독일·영국을 비롯한 대부분의 OECD 국가는 이러한 소비세 인상 패턴에 벗어나 있지 않다(양재진 2015: 254-255). 독일·영국도 증세 해법으로 소비세를 활용한다. 그들 국가의 부가세율은 20~25%에 이른다. 반면 미국은 통념과는 달리 자유주의적 조세정치 하에서 조세 납부대상이 제한된 재산세·법인소득세 등 직접세 중심의 누진적 조세체계를 구축하였다. 현 저성장 국면을 고려할 때 한국의 증세정책도 경제의 부정적 효과를 최소화하기 위해서는 성장잠재력을 해치지 않고 기업투자에 미치는 효과가 중립적 세목인 부가세 등 소비세 중심으로 재조정하는 것이 하나의 해법이 될 수 있다. 소비세는 재산세, 소득세보다 조세저항이 크지 않다.

8) 전통적으로 독일은 다양한 비토세력, 특히 양원제로 인해 증세가 정치적으로 어려웠기 때문에 연방정부가 의회정치를 우회하여 상대적으로 인상이 용이한 사회보험기여금의 증대를 통한 복지확대를 꾀했다. 복지국가의 재정기반이 약화되었고, 슈뢰더 정부 이후 사회보험료 인하는 중요한 정치적 이슈로 부상했다. 이에 실업·의료보험료를 인하하는 대신 부가세가 인상됐다. 그럼에도 사회보험국가의 경로의존성은 유지되고 있다(김상철 2015: 125-126).

즉 노사정 정책협의로 작동할 때 복지·조세 갈등조정을 제도화할 수 있다.[9] 현재 한국사회의 복지국가 조세체계 담론과정에 갈등·대립이 상존하기 때문이다. 유럽 복지국가 확대는 전후 자본주의 황금기에 따른 조세수입 자연증가분이 컸던 상황에서 진행되었던 반해, 한국은 케인즈주의 복지국가로 성장하기도 전에 저성장 국면에 접어들어 복지·조세갈등이 분출되고 있다. 즉 성장의 낙수효과(trickle-down effect)론과 복지의 분수효과(fountain effect)론이 충돌하면서 선별적 복지냐 혹은 보편적 복지냐, 그리고 대규모 세수를 안정적으로 담보하는 간접세 중심의 역진적 조세체계(보편증세)냐 혹은 '능력에 따른 세금부담 원칙'에 의거 고소득층에 대한 직접세 중심의 누진적 조세체계냐 등을 둘러싸고 이해관계 집단 간, 보수우파 블록과 진보좌파 블록 간의 갈등이 첨예하게 분출되고 있다.[10] 따라서 복지-조세 연계정치는 복지·조세갈등을 조정 관리하기 위한 사회적 정책협의 방식으로 접근해야 한다.

4. 사회적 대화의 분권화

1) 정책협의 시스템의 중층화와 시스템적 연계

글로벌 시장의 압력 하에서 사회적 대화는 분권화 트렌드를 보이고 있다. 이 점에서 한국민주주의도 시장경제 조정기제로서 사회적 대화가 매크로레벨에서 메조레벨, 마이크로레벨로 재구조화하는 사회경제의 운영 원리로 자리매김 되는 것이 올바른 방향이다. 중앙정부–정상 이익·시민단체 간 정책협의만이 아니라 산업, 업종, 지역, 기업·작업장·소단위조직 등 수준에서도 대표성을 가진 이익·시민단체-정부(중앙정부·지자체)간에 다층적이고 중층적인 정책협의 채널을 제도화해 나갈 필요가 있다. 이는 사회적 대화가 한국사회의 민주화, 지방화, 특히 글로벌 시장의 압력과 충격에 효과적으로 대응하기 위해 분권화·다변화

9) 박근혜 정부를 포함한 역대 정부는 정부주도로 세출·세입구조 합리화를 통한 재원 마련을 위해 복지전달체계의 누수방지, 탈세방지, 조세감면 축소, 지하경제 양성화 등 조세정의를 통한 증세, 사회보험료 인상 등에 의존했다.

10) 새정치민주연합을 비롯한 진보진영은 부유세·복지세를 신설하고 부유층·대기업에 누진적 과세, 법인세 최고 세율 인상 등을 주장하고 있다. 일부 시민단체는 보편증세를 내세우며 저소득자·중소기업을 포함해 기존의 소득세·법인세 등 직접세 납부자에게 사회복지 목적세를 추가 과세하는 방안을 제시한다. 이 모두의 공통점은 직접세 중심이다.

되어야 함을 뜻한다. 이 같은 분권화된 정책협의 시스템 작동에서 매크로레벨의 사회협약은 산업·업종·지역·기업·작업장 등 메조레벨 및 마이크로레벨의 사회협약으로 이어진다. 매크로레벨의 사회협약은 경제 및 사회정책에 관한 가이드라인을 제시하며 메조레벨의 사회적 대화는 매크로레벨의 사회협약이 제시하는 가이드라인에 따라 산업·업종·지역별의 주요 특정 이슈를 협의한다. 그리고 마이크로레벨의 사회협약은 기업·작업장·소단위조직별의 고유한 이슈를 탄력적으로 담아낼 수 있다.

우선 매크로레벨의 정책협의 틀이다. 우리 사회에는 공공정책 결정과정에서 이해와 관점의 차이에 따른 사회경제적 갈등이슈들이 상존한다. ① 노동시장의 유연성-안정성 갈등이다. 유연성담론은 양극화 해소를 노동유연화를 통한 성장의 낙수효과(trickle-down effect)에 의해 가능한 것으로 인식하는 반면, 안정성담론은 분배의 분수효과(fountain effect), 즉 저소득층의 교육투자를 촉진하여 그들의 잠재력과 생산성을 높이며 사회적, 정치적 안정과 구매력 증대를 가져와 생산·투자·성장을 자극시킨다는 것이다. ② 자유무역협정 갈등이다. 그 실행은 '양날의 칼'이다. 즉 외부의 충격으로부터 성장동력을 찾는 해법이 될 수 있는 반면, 산업·기업·노사·계층·지역 간에 이익·손실(비용)을 차등적으로 배분하며 갈등과 대립을 야기한다. ③ '선택적 복지 vs 보편적 복지' 갈등이다. 선택적 복지담론은 조세부담에 따른 기업의 투자의욕 저하, 근로의욕 저하를 초래해 성장잠재력을 떨어뜨린다는 논리이다. 반면 보편적 복지담론은 촘촘한 사회안전망이 노동운동 온건화, 일자리창출에 기여하고 노동시장 유연화와 기업구조조정을 원활하게 하여 생산성·효율성을 향상시키는 제도적 인프라로 인식한다. ④ '공공성 vs 수월성' 교육갈등이다. 진보진영은 교육의 평등성·공공성 가치를 내세우는 반면, 보수진영은 교육의 수월성 가치를 중시한다. 그밖에도 사회적 차별, 환경갈등, 저출산·고령화, 수도권-지방 간 발전격차 등과 같은 국가적 사회적 갈등이슈들이 분출한다.

이 난제들은 관료·전문가들에 의해 결정·주도돼서는 안 될 정치적 과정을 요구하는 국가적, 사회적 정책의제들이다. 따라서 사회경제적 갈등이슈들을 조정·해결하기 위해 이해관계자들이 참여하는 매크로레벨 정책 협상 시스템을 개발할 필요가 있다. 즉 노사정거버넌스, 통상거버넌스, 복지거버넌스, 차별시정거버넌스, 교육거버넌스, 환경거버넌스, 저출산·고령화대책거버넌스, 지역균형발전거버넌스 등 시민사회-시장-국가를 매개하는 다양한 정책협의체의 설치이다<그림 17-2>.

▌그림 17-2▐ 매크로레벨 사회적 대화

사회경제적 이슈	정책협의체	이해관계자
유연안정성정책	노사정거버넌스	노조·사용자단체·농민단체 실직자·비정규직·빈곤층
자유무역협정	통상거버넌스	노동·농민단체·중소상공업자· 축산업자
복지의 보편성 vs 선별성 조세부담율 복지부유세	복지거버넌스	이익·시민단체·기업
교육의 수월성 vs 공공성 교육양극화	교육거버넌스	학부모·교육단체 교육관청·기업
직업훈련교육	능력개발거버넌스	비정규직·중소기업근로자· 저학력자·여성·장애인
각종 사회차별	차별시정거버넌스	여성 장애인·저학력자· 비정규직·외국인
저출산 고령화	저출산고령화거버넌스	종교계·노동계 경제계·여성단체
환경 vs 개발	환경거버넌스	환경단체
국토균형발전 지방분권화	지역균형발전거버넌스	수도권·지방

마이크로레벨인 기업·작업장·소단위조직 수준에서도 사회적 대화와 협의의 틀이 필요하다. 지식정보화, 포스트포드주의 생산방식의 시대에는 기업경영·작업장·소단위조직 참여를 토대로 한 기업·작업장·소단위조직 혁신이 중요한 과제로 대두되기 때문이다. 그런데 기업이란 다양한 이해관계자들(대주주·소액주주·경영진·근로자·채권자·협력업체·소비자 등) 사이의 네트워크에 의해 만들어진 조직이다. 이런 까닭에 유럽대륙식 '이해관계자 자본주의'(stakeholder capitalism)에서는 기업의 소유 및 경영의사결정 과정에 노사, 주주, 시민단체, 정부, 채권단, 납품업체, 소비자, 지역주민 등 기업 이해관계자들의 참여가 이뤄지곤 한다. 특히 독일과 스웨덴에서는 공동결정제(codetermination)로 정보의 공유, 의사결정 참여 등을 통해 이해관계자 파트너십을 제도화하고 있다(제9·12장). 이와는 달리 한국 재벌대기업들의 지배구조는 오너를 비롯한 경영진의 절대적 권력에 기반을 둔 독단적 의사결정 경영방식을 특징으로 한다. 따라서 한국의 기업도 기업 상부구조에서 경영 및 이사회 차원의 전략적 의사결정 과정에 기업 이해관계자(소액주주·종업원·소비자·협력업체·노조·시민단체 등)들의 참여에 기초한 파트너십 시스템, 그리고 작업장 단위에서 생산성 및 품질 향상에 관한 의사결정 과정에 노사 간 파트너십의 작동이 요구되고 있다. 이러한 마이크로레벨 파트너십은 노동의 인간화와 조직의 효율화에 기여하고 노사가 윈윈하는 관계를 구축하여 결국 기업경쟁력을 높이는 길이다.

무엇보다 매크로레벨과 마이크로레벨을 이어주는 메조레벨의 사회적 대화가 적극적으로 개발될 필요가 있다. 우리 사회에서 노사문제를 비롯한 모든 사회경제적 이슈는 전국 단위에서 일거에 해소될 수 없는 산업·업종·지역 특수적인 문제들과 연계되어 있기 때문이다. 메조레벨의 정책협의 시스템은 매크로레벨 정책협의 시스템을 안정적으로 뒷받침해줄 뿐 아니라 기업·작업장·소단위조직 수준의 소통·협의, 혁신을 지원하고 인도하는 가이드라인을 제공한다. 따라서 사회경제적 이슈에 대한 보다 안정적이고 효과적인 해결을 위해서는 메조레벨의 사회적 대화 구축에 보다 많은 관심을 집중해야 한다. 즉 산업·업종·지역별 협의회와 같은 정책협의 시스템의 제도화이다. 특히 오늘날 국민의 사회경제생활과 삶의 질에 영향을 미치는 많은 의사결정이 지역사회의 수준에서 이뤄지는 추세이기 때문에 지역 차원의 정책파트너십의 제도화가 중요하다. 지역 차원의 정책파트너십은 노동, 교육, 복지, 환경, 저출산·고령화, 직업능력개발, 문화 등 다양한 사회경제적 이슈 분야에서 매크로레벨 사회적 대화 시스템 작동의 핵심이며 시장실패를 보완·교정할 장치로서 메조레벨 정책협의 시스템의 효과를 제고하는 데 공헌할 수 있기 때문이다.

이 같은 중층화된 정책협의 시스템은 유기적으로 연계될 필요가 있다<그림 17-3>. 일선 단위(작업장·기업·소단위조직 등)의 이해관계자 간의 대화와 협의를 토대로, 지역·산업·업종에서 중앙으로 의견을 상향시켜 나가고 중앙 단위에서 이해관계 대표 간의 협의로 설정된 원칙과 합의가 하부 단위에서 준수될 수 있도록 하는 중층화된 정책협의 시스템이 작동해야 한다. 특히 메조레벨에서의 정책협의와 매크로레벨 정책협의 간의 시스템적 연계관계를 형성하는 것이 중요하다. 예컨대 중앙 노사정위와 지역노사정협의회 간 정보 공유채널의 확충 및 다양한 방식의 교류·협력 네트워크(지역순회 간담회·토론회·워크숍 정례화 등) 구축이 필요하다. 이와 같이 상향식 사회적 대화와 하향식 사회적 대화가 피드백 되고, 결과적으로 쌍방향적인 사회적 대화를 구축하는 것이 시장경제가 유발하는 사회경제적 이슈와 갈등을 조정하고 해소하는 메커니즘이 될 수 있다. 이를 통해 중앙 차원의 사회경제적 정책 어젠다들이 담론의 상향과 하향 과정을 반복하면서 지속가능한 성장-사회통합, 효율성·경쟁력-형평성·공공성을 기능적으로 선순환시키는 시장경제 조정의 원칙들이 자연스럽게 작동하도록 해야 한다.

▌그림 17-3▐ 사회적 대화의 시스템적 연계

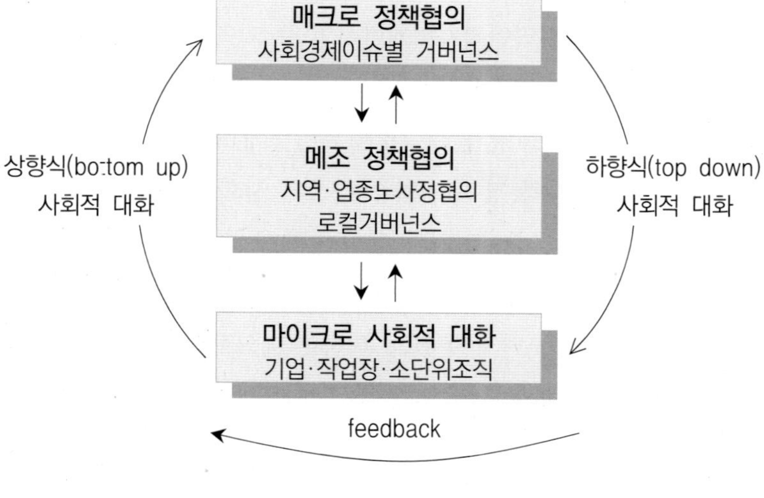

2) 메조레벨 정책협의: 지역·업종노사정협의회 및 로컬거버넌스

시장경제의 조정 수준을 높이는 데는 메조레벨의 정책협의 시스템의 지속적 작동이 매우 중요하다. 우선 지역·업종별노사정협의회의 제도화이다. 이는 매크로레벨 및 마이크로레벨의 정책협의를 통해 해결할 수 없는 사회경제적 이슈들을 풀어나가는 제도적 공간이다. 김대중·노무현 정부 하에서 노사정위원회라는 매크로레벨 사회적 대화의 실험이 한계를 보인 결정적 요인은 메조레벨에서의 정책협의 메커니즘의 부재로 산업·업종·지역·기업·작업장·소단위조직별 수준의 요구들이 매크로레벨의 정책협의로 한꺼번에 투입되었기 때문이다(김성훈 2004: 33). 또한 개별 사업장 파업 현안이 매크로레벨 노사정 관계를 경색시키기도 하고 역으로 불안정한 전국적 노사정 관계가 단위 사업장의 교섭과 협상을 어렵게 한 현상도 노사정 간 교섭과 협의에서 허리 역할을 맡아줄 메조레벨의 노사정 관계 형성이 미진했기 때문이다. 이러한 까닭에 노사정 간의 정책협의를 메조레벨에서도 활성화시킬 필요성이 제기되었고 그 방법의 하나로 지역·업종노사정협의회 운영문제가 주요 관심사로 부상하고 있다.

실제로 메조레벨의 노사정 정책협의를 제도화하려는 시도가 없지 않았다. 참여정부에서 노사정위는 메조레벨에서의 사회적 대화와 정책협의에 노력했고 특히 지역·업종노사정협의회를 활성화하려고 했다(김원 2006: 163). 하지만 이러한 시도는 성공하지 못했다. 1999년 제정된 '노사정위원회 설치 및 운영에 관한 법률(19조)'에 근거를 둔 지역노사정협의회의 경우 노동부의 지방고용심의회·고용평등위원회, 시도 및 시군구의 지역혁신협의회·직업교육훈련협의회·지역인적자원개발협의회, 교과부의 지역인적자원개발사업 등 지역에 따라 정책협의의 틀로 설치됐으나 지역별 이익대표조직의 취약, 정책역량의 미흡, 자치단체의 무관심, 재정의 한계, 중앙정부 주도 운영 등 여러 요인들에 의해 정상적으로 작동하지 못했다. 업종노사정협의회의 경우도 업종 수준의 사회경제적 이슈에 관한 정책협의가 이뤄지는 제도적 공간이었지만 설치에 관한 법적 근거조차 없고 산하단체에 대한 통제력과 대표성을 가진 업종별 이익대표조직의 미형성, 정책역량의 결여 등으로 정상적 작동을 하지 못했다. 더욱이 매크로레벨의 정책협의 틀인 노사정위와 지역·업종노사정협의회 간에는 법적 제도적인 연계성이 없어 노사정위가 지역·업종노사정협의회를 재정적으로 지원할 근거가 부재한 상태이다.

따라서 메조레벨에서 노사정 간의 정책협의가 제도적으로 정착되기 위해서는 지역·업종별 수준에서 노사정 간 정책협의를 위한 제도적 능력이 취약하다는 점을 고려하여 노사정위를 통해 이러한 제도적 능력을 배양할 필요가 있다. 먼저 지역단위 노사 간 정책협의 채널은 중앙단위의 노사 간 정책협의 채널과 연계하는 것이 요구된다. 네덜란드에서도 경제사회협의회(SER)의 지역적 조직에 해당하는 지역단위 SER이 설치되어 중앙과 지역의 노사 간 정책협의체제가 제도적으로 연계되어 있다. 따라서 우리의 경우도 중앙 단위의 노사정위와 지역노사정협의회 간의 제도적 연계성을 강화하고 재정적 지원이 가능하도록 노사정위원회법을 보완하는 작업이 필요하다(김성훈 2004: 59).

업종별협의회의 경우도 노사정위원회 내에 업종별 분과위원회를 설치하여 운영 및 재정상의 안정적인 지원이 뒷받침될 수 있도록 제도를 설계할 필요가 있다. 물론 정부와 일부 노사는 산업(업종)단위에서의 노사정 간 정책협의제에 부정적이다. 정브와 사용자측은 산업단위에서의 노사 간 협의제가 노조의 세력을 키우는 빌미가 되지 않을까 우려하는 반면에, 대기업 노조 또한 노조의 산별화에 따라 기득권이 훼손될 것을 우려하여 산업(업종)단위에서의 협의제 도입에 부정적이다. 그러나 업종별노사정협의체는 산업정책에 노조가 동등하게 참여하고 산업단위에서 생산성 제고를 위하여 노사정 간의 협력적인 대응을 이끄는 채널이다. 또한 그것은 상급단위의 노사정파트너십을 촉진하고 상급단위의 단체교섭을 수월하게 하는 기반을 구축함으로써 노사정 모두에게 기여한다(이선 2008: 152). 따라서 정부가 산업·업종단위 노사협의의 제도화를 정책적으로 지원하는 것이 절실하다.

결론적으로 지역·업종노사정협의회를 통해 메조레벨에서의 정책협의 능력은 향상된다. 다만 가능한 지역과 업종을 우선적으로 선정하여 집중적으로 육성한 뒤 성공 모델을 점차적으로 타 지역과 업종으로 확산해 나가는 단계적이고 전략적 접근이 바람직 할 것이다.

한편, 지역 시민사회가 활성화되기 시작하면서 최근 우리 사회에서도 노동문제를 제외한 여타 지역사회 이슈 해결을 위한 거버넌스적 접근의 중요성이 높아지고 있다. 즉 교육, 복지, 환경, 저출산·고령화, 직업능력개발, 문화 등 다양한 분야에서 지역민의 삶의 질과 지역경제 그리고 지역정체성 형성에 영향을 미치는 많은 의사결정이 지역 수준에서 중앙정부-지자체-이해관계자들 간의 정책네트워크가 작동하는 로컬거버넌스적 접근을 통해 진행되고 있다. 지역의 공공이슈에 대한 거버넌스적 접근이 지역민들의 의사를 반영하는 생활정치를 강화하고, 특히 경쟁력이 약한 지역사회 취약계층의 삶의 질을 제고시키며, 지역사회세력 간의 타협과 상생 메커니즘을 정착시킴으로써 지역사회의 갈등 비용을 최소화할 수 있기 때문이다.

그러나 로컬거버넌스 기구가 지역 명망가나 전문가 중심으로 구성되기도 하고 합의된 정책이 좌절되거나 실행되지 못하는 패턴이 반복되면서, 자치단체장들의 업적을 홍보하기 위한 장식품으로 전락되고 있다는 비난이 일고 있다. 그 결과 로컬거버넌스 기구들이 지역사회에서 일어나는 이해관계 분쟁을 조정·해결하기에는 아직 역부족이다. 따라서 지역사회의 역동성이 증가함에 따라 점점 더 복잡하게 얽혀져 가는 지역사회의 문제를 보다 민주적이고 효율적으로 조정하기 위해서는 교육, 복지, 환경, 저출산·고령화, 직업능력개발, 문화 등 지역 단위의 다양한 공공정책 어젠다를 협의하는 로컬거버넌스 시스템의 제도화가 절실하다. 로컬거버넌스의 발전은 지역 문제의 해결에만 기여하는 것이 아니라 전국적 또는 중앙의 문제를 해결하는 데도 크게 기여할 수 있다. 예컨대 중앙 수준의 사회경제적 이슈를 둘러싼 정책협의가 교착상태에 있을 때 지역 수준의 정책협의 시스템의 활성화가 분위기 반전을 가져오는 계기로 작용할 수 있다. 이런 의미에서 최근 지방선거 이후 제주도를 비롯한 일부 광역·기초자치단체 수준에서 실험되고 있는 '도정협의회'와 같은 다양한 로컬거버넌스 시스템 작동은 바람직한 방향이다. 다만 현재의 로컬거버넌스 기구들은 비공식 '외부 자문기구'의 성격을 띠고 있기 때문에 조례 제정을 통한 공식기구로 전환될 필요가 있다.[11] 또 로컬거버넌스 기구에 지역의 보수와 진보, 직능사회단체들의 균형 있는 참여를 설계하고 이를 통해 도출된 제안과 합의들을 중요한 정책으로 채택·집행함으로써 관과 민의 책임을 공유하는 제도화 노력이 수반되어야 한다.

11) 노사정위를 제외한 그간 실험했던 사회적 대화는 대부분 비공식적이거나 법적 근거에 의해 구성되지 않아 설령 사회협약이 체결되어도 아무런 구속력 없고 신사협정의 관행에 의존한다. 따라서 사회적 대화의 법적 제도적 구속력을 갖추는 것이 필요하다.

5. 사회적 대화의 정치제도적 인프라

1) 비례대표제-결선투표제-연합정치의 제도적 조합

연대임금-재벌개혁-유연안정성-3fares-사회투자정책-증세 연계, 즉 경제민주화-복지국가의 정책조합을 매개하고 사회갈등 조정·통합을 견인하는 조합주의적 정책협의, 즉 사회적 대화시스템은 어떤 정치제도적 조건에서 안정적으로 작동할 수 있는가? 역사적으로 조합주의적 노사정정치는 비례대표제 국가에서 형성·발전되어 왔다(Martin and Swank 2008).[12] 제3부에서 논의했듯이 합의제 민주국가들에서 CME 생산체제-복지국가의 연계를 매개하는 노사정 관계는 비례대표 선거제도가 견인하는 조합주의적 노사정정치이다. 이는 경제민주화-복지국가의 정책의제화-합의를 도출하려는 조합주의적 노사정정치가 비례대표 선거제도와의 제도적 기능적 친화성이 존재한다는 것을 의미한다. 제도주의 관점에서 볼 때 한국 복지자본주의 정치경제에서 조합주의적 정책협의의 작동을 통해 연대임금-재벌개혁-유연안정성-3fares-사회투자정책-증세 연계, 그리고 사회갈등 조정의 제도화를 유도하는 독립변수는 국회의원 선거제도의 비례대표제 강화이다. 그렇다면 국회의원 비례대표제 강화는 한국 대통령제와 제도적으로 맞물릴 수 있는가?

대통령제는 한국정치에서 제도적 내구성과 국민적 선호도가 높은 정부형태이다. 문제는 대통령(행정부)-국회(야당) 간의 상시적 교착상태(gridlock)를 어떻게 극복할 수 있느냐에 있다. 이를 위해 현행 대통령제와 제도적으로 조합 가능한 국회의원 선거제도는 정당연합(party coalition)을 유인하고 이를 매개로 대통령(행정부) - 국회 간의 협치(協治) 메커니즘이 작동하는 데 유리해야 한다(Colomer and Negretto 2005: 64). 첫째, 의회 선거제도는 전략적 투표를 줄이고 투표자의 선호가 투영되는 진성투표(sincere voting)를 촉진하여 보편적 공공재를 생산하는 데 우호적이어야 한다. 둘째, 의회 선거제도가 대통령 소속 정당이 의회 과반의석을 차지하여 단점정부를 구성하는 집권당 패권주의적 정치지형을 허용하지 않는 다당제 정당체제를 유인해야 한다. 셋째, 다당제 속에서 중도정당(centrist

---

12) 비례대표제는 조합주의정치의 필요조건이지, 충분조건은 아니다. 따라서 비례대표제 국가라해서 반드시 조합주의정치가 작동한 것은 아니다.

party)의 정책이 가능한 중위유권자(median voters)의 선호에 근접하며 '회전축 정치'(pivotal politics)로 작동해야 한다.

이러한 조건을 충족시키는 한국 국회의원 선거제도는 '2표 연동혼합형 비례대표제'(mixed-member proportional system)이다(Colomer and Negretto 2005: 65-67). 정당중심의 비례대표제와 인물중심의 다수대표제 간의 유기적인 조합이 이뤄지는 '2표 연동형 비례대표제'에서 의석은 득표율에 비례하여 각 정당에 배분되지만 의원은 부분적으로 정당명부에서, 부분적으르 소선거구에서 충원된다(제18장 참조). 전국단위 비례대표제는 협소한 지역의제보다 전국적 전사회적 의제인 경제민주화-증세·복지국가를 발전시킨 제도적 인센티브이다. 실제로 비례대표제 국가는 정당의 득표율-의석점유율 간 불비례성이 큰 소선거구 다수대표제 국가보다 보편주의적 재분배정책을 추구하며, 따라서 중·고조세 혹은 중·고복지국가이다(Iversen and Soskice 2006)(제16장 그림 16-2 참조). 소선거구 다수제에는 특정 지역구·집단을 겨냥한 선심성 정책을 펼칠 정치적 인센티브가 존재하는 반면, 비례대표제는 정당들이 보편적 사회정책 프로그램을 통해 선거경쟁을 할 인센티브를 제공하기 때문이다. 따라서 한국민주주의가 권역별로 정당명부가 작성되는 권역별 비례대표제보다는 전국단위의 정당명부 비례대표제를 채택하는 경우 각 정당·국회의원들로 하여금 모든 유권자의 혜택·이해관계에 관련된 정책의제인 연대임금조정-이해관계자기업지배구조-유연안정성정책-3fares-사회투자정책-증세체계 등 전국적 전사회적인 보편적 공공재에 관심을 갖도록 유인하는 데 효과적이다.

2표 연동형 비례대표제는 우리 사회에 상존하는 계급 간, 계층 간, 이념 간, 지역 간, 세대 간 등 다양한 갈등구조를 조직·대표하는 진보좌파-중도-보수우파 블록의 다당제를 유인한다. 다당제는 국회 과반의석을 점유한 패권정당이 부재하는 정당체제이다. 이러한 정당체제는 정부·국회의 정치적 의사결정 과정에서 특정 정당의 국회권력 독과점화를 불허하여 포용·상생 원리에 따라 작동하는 합의제 정당정치(consensual party politics), 즉 연합정치의 제도화를 유인한다.

물론 2표 연동형 비례대표제-연합정치가 한국 대통령제와 조응할 수 없다는는 비판이 제기될 수 있다. 그러나 권력구조 형태와 선거제도 사이에 논리적 필연성이 존재하지 않는다.[13] 따라서 2표 연동형 비례대표제-대통령제의 제도적 조합이 불가능할 이유가 없다. 오히려 그런 제도적 조합이 한국 대통령제의 권력독식을 완화하는 효과를 마련한다. 즉 비례대표제에 따른 다당체제가 연합정치의 제도화를 촉진하여 대통령제의 권력독점적 국정운영에 대한 견제 장치로 작용한다. 또 연합정치는 대통령제하에서도 의원내각제에서만큼 빈번하지는 않지만 결코 예외적으로 등장하는 것도 아니다(Cheibub 2007: 82-86). 연합정치-권력구조 관계에는 제도적 인과성이 존재하지 않기 때문이다. 대통령 소속 정당이 의회 과반의석을 차지하지 못할 때 연립정부가 발생할 확률은 50%가 넘으며, 국회의 정당구도가 다당제화 되어 집권당의 의석점유율이 낮을수록 대통령제는 의회 과반수를 확보하기 위한 해법으로 연합정치의 필요성과 가능성은 높아진다(Power 2010: 25).

나아가 대통령제 하에서 비례대표제-다당제-연합정치의 제도화 확률은 정치적 대표성을 높이는 바람직한 대통령 선거제도인 결선투표제(majority runoff or qualified plurality)와 결합하면 더욱 높아진다(Colomer and Negretto 2005: 67-71). MR 결선투표는 1차 투표와 2차 투표 사이에서 대통령-의회 간의 원활한 거버넌스 작동을 유인하는 연합정치의 형성을 촉진한다.[14] 각 군소정당 후보자는 1차 투표에서 획득한 지지율에 비례하여 정치적 보상을 받는다. MR의 장점은 유권자 과반 이상의 지지로 당선되는 데 있다. 한편, 결선투표 QP 방식은 대통령 당선자가 되는 데 필요한 득표율에, 예컨대 총 유효투표의 40% 혹은 45% 지지 등 진입장벽을 설치한다. 만일 어떤 후보도 진입장벽에 도달하지 못하면 1차 투표에서 상위 1, 2위 후보 간에 2차 투표가 실시된다. QP는 1차 투표에서도 광범위한 정당 간 선거연합이 이뤄질 수 있다는 점에서 MR보다 더 매력적이다. MR 방식에서는 1차 투표에서 과반 획득이 어렵고 따라서 후보들은 연합정치 형성을 2차 투표로 연장하는 반면, QP의 진입장벽은 보다 근접하기 쉽기 때문에 1차 투표에서도 정당연합을 통해 폭넓은 지지를 받는 대통령 당선자를

13) 대부분 서유럽국가의 의원내각제는 비례대표제, 영국 의원내각제는 소선거구 다수대표제, 그리고 미국 대통령제는 소선거구 다수대표제, 브라질 대통령제는 비례대표제와 각각 조합하고 있다.

14) 대통령의 단순다수 선출방식에서도 연합정치가 이뤄질 수 있지만 부작용이 크다. 이 경우 마이너 정당이 예상 지지율 혹은 실제의 득표율을 훨씬 뛰어넘는 각료직과 정책 양보, 또 다른 보상과 전리품(이권)을 챙기는 등 무리한 억지를 부릴 수 있다(Colomer and Negretto 2005: 68).

등장시킬 수 있다.

그런데 국회의원 비례대표제-대통령 결선투표제-연합정치의 작동과정은 중도정당의 피벗정치를 요구한다. 중도정당은 좌파 혹은 우파 성향의 투표자들이 포진하고 정책스펙트럼을 선택하는 투표분포에서 중간층의 중위투표(median vote)를 겨냥하며 좌-우 정책공간에서 실용주의적 중도에 포지셔닝한다.15) 따라서 중도정당의 국회의원들은 진보좌파정당 혹은 보수우파정당의 의원들과 정책 사안에 따라 상시적으로 협력하는 유연한 정치적 스탠스를 견지한다(Laver and Schofield 1990a: 110-119). 이 경우 다수제 민주주의의 블록 정당정치의 안티테제인 합의제 모델의 '피벗 정당정치'(pivotal party politics)에서 중도정당이 좌우 이념블록을 넘나들며 연합정치의 핵심적 역할을 수행하는 피벗정당으로 작동한다. 정책스펙트럼상의 중위의원(median legislators)들이 포진한 중도정당은 때로는 좌파정당과, 때로는 우파정당과 연합하며 내각구성과 경제민주화-경제활성화-복지국가 및 노동시장의 유연성-안정성 정책의 의제화·입법화 과정에서 피벗팅하며 특정 연립정부의 과반의석 확보 성립 여부를 결정한다. 이 같은 피벗 정당정치에서는 선거경쟁 결과로 좌파블록 혹은 우파블록 정당 간에 단독 전면적 정권교체는 발생하지 않는다. 연정내각의 정책과정은 정당 간 견제-균형, 경쟁-협력 사이클이 반복되는 합의제 정당정치에 의해 작동한다.

요컨대 국회의원 2표 연동형 비례대표제-대통령 결선투표제(MR or QP)의 조합은 어느 정당도 과반의석을 점유하지 못하는 다당제를 유인하며, 이러한 다당제 정당체제는 현재의 권력독식 제왕적 대통령제에서 권력분점(연정) 대통령제로의 전환을 촉진하는 연합정치의 제도화를 견인한다. 연합정치는 현행 한국 대통령제의 아킬레스건인 대통령-국회(야당) 간의 교착상태를 완화하는 제도적 연결고리이다. 환언하면 연합정치는 대통령-국회 간 협력메커니즘 작동을 촉진하고, 한국 제왕적 대통령의 '네거티브 권력정치'(negative power politics)에 대한

15) 2012월 대선을 앞두고 등장한 '안철수 현상'의 주인공인 안철수의 '새정치'는 자유주의라는 씨줄과 진보성이라는 날줄이 교차하는 이념적 지향성을 통해 '보수 vs 진보'라는 이분법 정치를 뛰어넘는 '제3의 길'의 중도정치를 지향하는 듯했다. 시장경제에 대한 국가개입의 절제를 선호하는 보수적 자유주의-중도우파, 그리고 국가의 과도한 개입주의를 추구하는 사민주의-중도좌파 사이의 어느 지점에 자리매김하는 것처럼 보였다. 중도좌파에서 중도우파에 이르기까지 폭넓은 정치적 스펙트럼을 갖는 중도의 관점에서 진보블록-보수블록 간의 이른바 '하이브리드 정치'를 하고자 했다.

대안적 해법이다(상세한 논의는 제18장 참조). 연립내각의 권력분점 대통령은 정책 사안에 따라 국회 차원에서 구조적으로 다른 야당과 협력할 수밖에 없고 이를 통해 경제민주화-복지국가 정책·입법연합을 구축하여 국회-행정부(대통령) 융합공간을 확대할 수 있기 때문이다.

2) 연합정치 패턴: 좌-우 초이념블록 연립정부

사회적 대화시스템은 어떤 정당정치적 조건에서 안정적으로 작동할 수 있는가? 제3부에서 분석했듯이 서유럽 합의제 민주주의의 비례대표제 국가들이 던지는 이론적 경험적 메시지는 경제민주화-복지국가 정책조합의 산출(output-side) 그 자체보다는 이를 견인하는 절차적 민주주의, 즉 정치적 의사결정 과정에 노사정, 정당 등 시장경제 이해관계자들의 평등한 정치참여를 보장하는 투입측면(input-side)의 정치제도적 맥락이다. 그들 국가가 CME 생산체제-사민주의·기민주의 복지국가 연계를 제도화해 가는 과정은 정당명부 비례대표제가 유인하는 두 유형의 참여·대표시스템, 즉 정당 간 연합정치와 조합주의적 노사정협치(사회적 대화)가 유기적으로 연계되는 합의제 민주주의 동학이다. 노르딕유럽의 스웨덴·핀란드·덴마크 사례, 게르만유럽의 네덜란드·독일·스위스·오스트리아 사례, 그리고 앵글로-색슨유럽의 영국·아일랜드 사례의 정치경제 동학과정은 한국 복지자본주의 정치경제를 디자인하는 데 시사하는 바가 크다.

이런 의미에서 연대임금-재벌개혁-노동시장유연안정성-3fares-사회투자정책-증세의 연계에 바탕을 둔 경제민주화-복지국가의 정치제도적 인프라는 비례대표제가 유인하는 연합정치-사회적 대화의 제도적, 기능적 연동이다.[16] 환언하면 경제민주화-복지국가 연계를 매개할 노사정 간 사회적 정책협의는 제로섬적 정책갈등을 유발하는 소선거구다수대표제-거대양당제-집권당단독정부의 다수제(majoritarian) 제도적 매트릭스가 아니라, 특정 정당의 정책독주를 허용하지 않고 권력분점에 따른 정책협의(policy concertation)를 유인하는 비례대표제-다당제-

16) 경제민주화-복지국가를 창출하기 위해서는 노동운동의 산별화를 통해 그 파편화를 제어해야 하지만 이보다는 정치제도적 배열(political institutional configuration)을 새롭게 짜야 한다. 특히 정치제도적 배열구조의 첫 단추인 비례대표제의 선거구를 전국단위로 하여 전국적인 사회경제적 이슈의 정책의제화를 유인해야 한다. 경제민주화-복지국가 창출은 정당·국회의원들이 전국적 지지도를 높이기 위해 경쟁할 때 순조롭게 진행된다.

연합정치를 잇는 합의제(consensual) 제도적 조합을 요구한다. 연합정치 과정에서 정당 간 '조금씩 양보하고 조금씩 얻는' 협상·타협이 작동하는 정책 조율·교환 메커니즘은 비례대표제에 의해 형성되는 각 정당과 연계된 노사 이익단체들 간의 네트워킹·파트너십에 기초한 사회적 대화의 작동을 촉진시키는 제도적 인센티브이다. 역으로 노사(정) 정책파트너십은 정당 간의 정책협의, 즉 연합정치를 촉진한다. 이처럼 연합정치-사회적 대화라는 두 참여·대표시스템의 정책네트워크 간에는 제도적 선순환 기제가 작동한다. 연합정치는 중앙정부의 차원에 국한하는 것은 아니다. 로컬거버넌스적 정책네트워크도 지역차원의 연합정치에 의해 촉진된다.

그런데 서유럽 복지국가 정치경제 사례가 명료하게 보여 주듯이(제3부), 경제민주화-복지국가 연계를 매개하는 사회적 대화시스템 작동은 합의제 정당정치, 즉 정당 간 연합정치의 제도화를 요구한다. 하지만 사회적 대화시스템의 안정적 작동 여부는 연합정치 패턴에 의해 영향을 받는다. 바꿔 말하면 연합정치 패턴은 사회적 대화시스템의 안정적 작동 여부를 규정하는 인과적 독립변수라 해도 과언이 아니다. 이러한 관점에서 제17장은 한국의 절차적 민주주의에서 정당정치-노사정정치의 관계, 특히 연합정치 패턴이 사회적 대화시스템의 작동에 미치는 임팩트에 관한 두 가지 시나리오를 상정한다.

첫째, 한국 정당정치가 양극적 이념블록 중심으로 경쟁하는 틀 속에서 유사한 이념블록 중심의 정부, 즉 진보좌파(연립)정부 혹은 보수우파(연립)정부를 추구하는 경우 사회적 대화시스템이 안정적으로 작동할 확률은 낮다. 왜냐하면 진보좌파정부 혹은 보수우파정부 구성을 추구하는 정당정치 패턴에서는 노·사 이익집단들이 각기 자신에 우호적인 정당이 국회 다수당을 획득하거나 집권하면 정부가 일방통행식으로 유리한 정책결정 과정을 밀어붙일 수 있기 때문에 사회적 대화와 같은 정부·국회 외곽의 추가적인 의사결정 방식을 회피하려 한다.

실제로 1980년대 이후 발생한 스웨덴 조합주의적 노사정정치의 불안정·해체 현상은 좌우 이념블록 간의 양극단적인 경쟁으로 연출되는 정당정치, 즉 블록정치(bloc politics)에 기인하며(제9장), 덴마크·네덜란드의 조합주의적 노사정정치도 좌우 이념블록 간 양극단적인 정당정치가 지배했던 1970년대에 위기국면에 직면했다(제11장). 이들 조합주의적 노사정정치 위기 사례는 모두 좌-우 양대 이념블록 정당 간의 충돌을 완충해 주는 중도정당의 정치력이 취약했으며, 대신 강력한 노조-사민당 정치가 지배했다는 공통점을 갖는다. 조합주의적 정책결정 과정이 노조-사민당의 긴밀한 연대에 의존하는 것으로 가정하는 기존 연구(Lehmbruch 1984 74-78)의 시각과는 달리, 강력한 노조-사민당 정치는 조합주의 정치의 작동에 부정적으로 작용했다. 사민당이 집권하여 우파블록 정당연합과의 정치적 양극화 지형이 조성되면 노조는 사용자단체와 협상하지 않고 우호적인 사민당과의 협력을 통해 정치적 영향력을 행사했다(Anthonsen *et al.* 2011 120). 독일의 조합주의정치 약화현상도 비록 강력한 노조-사민당 연대정치에 기인한 것은 아니지만, 특히 통일 이후 나타난 좌우 이념블록 중심의 경쟁적인 정당정치에 일정 부분 그 원인이 있다(제12장).

서유럽 합의제 민주국가들의 경험을 고려할 때 한국민주주의가 '2표 연동형 비례대표제'를 채택하는 경우라 하더라도 이념블록 중심의 경쟁적인 정당정치가 작동하는 조건에서는 안정적인 사회적 대화시스템의 작동을 기대할 수 없다. 이념블록 정당 사이에 이분법적인 경쟁이 전개되고 정부구성이 이념블록 정당 간 전면적 교체(wholesale alteration) 방식으로 이뤄지는 경우 노사는 사회적 대화보다는 각기 자신의 우호적인 집권세력과의 담판·로비를 통해 이해관계를 관철하려는 전략을 선호한다. 이 점에서 볼 때 새정치민주연합을 포함한 진보적 야권 정당블록과의 양극적 경쟁관계에 놓여 있는 자유주의 보수블록의 새누리당-박근혜 정부가 경제민주화-복지국가, 특히 노동시장의 유연안정성 정책조합 형성을 위한 사회적 대화시스템을 정상적으로 작동시킬 가능성은 낮다. 새누리당-박근혜 정부의 본질과 성격이 비(반)노동적 친재벌적이라는 점에서 재벌-전경련은 로비정치를 통해 이익관철을 시도하는 반면, 노동은 새누리당-박근혜 정부에 조건반사적으로 거부반응을 보인다. 한마디로 블록정치에 따라 작동하는 새누리당-박근혜 정부는 사회적 대화시스템의 작동에 비우호적인 구조이다.

역으로 진보(좌파) 정당블록 연립정부-사회적 대화의 정치적 조합도 상정해 볼 수 있다. 이 경우 재벌-사용자단체는 진보좌파 연립정부에 대한 극심한 이념적 이질감·거부감을 갖고 사회적 대화에의 참여를 집요하고 완강하게 거부할 것이다. 진보좌파 정당블록 단독으로 구성된 연립정부가 예컨대 경제민주화를 명분으로 재벌해체·대기업경영권제약·노동경영참여 등 급진적인 반재벌적 친노동적 정책의 의제화·입법화를 꾀하려는 경우 스웨덴·덴마크(1970년대)의 경제민주화(임노동자기금제 등) 추진사례에서 보듯이(제9·11장; Anthonsen *et al.* 2011: 120-121, 126), 노동-재벌-정부 간 이념적 대충돌을 야기하여 사회적 대화시스템의 안정적 작동은 불가능하다. 자신들의 본질적인 사업신뢰(business confidence)가 위협받는 상황에 대면하는 재벌-사용자단체는 노동-진보좌파 정부에 대해 모든 수단을 총동원하여 필사적으로 이념투쟁을 전개할 것이며, 국가경제를 담보로 하여 대대적인 자본스트라이크(투자·고용축소 및 철회, 생산기지 해외이전) 위협으로 맞설 것이다. 반면 노동운동은 이념적, 정치적으로 우호적인 진보좌파 정부를 상대로 재벌-사용자단체가 요구하는 노동시장의 유연성정책을 거부하는 대신 노동시장의 직장·소득·복지 안정성정책 강화만을 겨냥하는 로비정치(lobbyism politics) 전략에 집착하는 유혹을 뿌리치기 어렵다. 한마디로 진보좌파 블록 단독의 정당연합 정부에선 재벌-사용자단체의 비협조와 거센 저항으로 인해 경제민주화-복지국가의 정책의제화를 위한 사회적 대화시스템은 안정적으로 작동할 수 없다.

둘째, 한국 정당정치가 진보좌파-중도-보수우파 정당 간에 이념블록을 교차하는 연합정치를 추구하는 조건에서 경제민주화-경제성장-복지국가 사회적 대화시스템은 안정적으로 작동할 확률이 높다(Anthonsen and Lindvall 2009: 172). 이념블록을 넘나드는 연합정치는 노사 이익단체-행정부(대통령)-국회 간 유기적 협력을 촉진하는 강력한 연결고리이며, 경제민주화-경제성장-복지국가 정책협약의 입법화과정은 초이념블록 연합정치-사회적 대화 사이를 제도적 기능적으로 연동시킨다. 초이념블록 연합정치-사회적 대화 간 연동은 정책협약이 국회 입법화과정에서 변질·부결되는 정치적 공간을 허용하지 않는다. 그렇다면 그 논리적 경험적 근거는 무엇인가?

좌우 이념블록을 교차하는 연립정부는 노동과 자본을 동등하게 대표하여 경제민주화 vs 경제성장, 복지 vs 성장, 유연성 vs 안정성 등의 정책갈등을 조정하는 메커니즘을 내장한다(Andeweg and Timmermans 2008: 281-285; Andeweg 2011a: 197-198). 따라서 우파정당/중도정당, 좌파정당/중도정당, 좌파정당/우파정당 등 초이념블록 연립정부는 특정 이익단체에게만 편파적으로 우호적이거나 특혜를 일방적으로 부여할 수 없다. 중립적 입장에서 재정적, 행정적 정책수단에 의한 압력·권고·지원 등을 통해 노동시장 파트너를 협상테이블에 견인하는 정치적 동력으로 작용한다. 또 초이념블록 연립정부는 연정파트너 정당 간에 정책 차이가 발생하여 합의에 도달하기가 어려운 경우, 국회에서의 법안통과가 쉽지 않기 때문에 정당연합 내부의 반대와 이견을 초월하는 우회 방식으로 국회 외곽의 노사정 정책협의를 통해 논쟁적인 개혁정책을 추진하는 것이 더 용이해질 수 있다.

한편 노사 이익단체들 또한 초이념블록 연립정부 내 특정 우호적인 정당을 상대로 로비정치를 통한 일방적인 이익관철의 시도가 연정파트너 정당 간의 역학관계상 불가능하다. 따라서 그들은 초이념블록 연립정부의 노사 이익조정 중립성을 신뢰하고 사회적 대화에의 참여를 회피하지 않는다. 게다가 과반의석 정당이 부재한 초이념블록 연립정부에선 노사 이익단체들은 각기 우호적인 정당이 이념적, 정책적 차별성을 가진 다른 정당과의 정책조정·타협을 하지 않고서는 안정적인 연합 집권이 어렵다고 판단하고 상대 이익단체와의 협상·타협으로 행동전략을 바꿔 사회적 대화에의 참여를 거부하기란 쉽지 않다.

실제로 1970년대 일시적으로 퇴조한 덴마크·네덜란드 조합주의적 노사정정치가 1987년 우파-중도 간 연립정부 하에서 부활했고 좌파-중도-우파 간 연립정부에서 제도화되었다(제10·11장). 덴마크 정당정치는 좌파블록 정당과 우파블록 정당 간의 경쟁이라는 점에선 스웨덴 정당정치와 유사하지만 중요한 군소중도정당들이 존재한다는 점에서 차이를 보인다. 중도정당의 정치력이 점점 쇠잔해진 스웨덴과는 달리 덴마크의 군소 중도정당은 좌파정당과 우파정당 사이를 오가며 자신의 지지 정당을 선택하면서 의회 입법연합(legislative coalition) 혹은 내각연합(cabinet coalition)을 형성하곤 했다. 이러한 초이념블록 연합정치가 조합주의적 노사정정치의 작동을 부활·안정화시킨 제도적 동력으로 작용했다. 네덜란드의 경우 노동조직력-좌파정치력 등 기존 연구들이 주목하는 사회적 대화시스템의 구조적 조건이 상대적으로 취약한 조건임에도 불구하고 사회적 대화는 초이념블록 연합정치와 맞물려 정상적으로 작동했다. 네덜란드 사회적 대화시스템은 덴마크의 중도정당보다 훨씬 규모가 큰 강력한 중도정당인 기민당/보수자유당 연정에서 복원되었고, 노동당/D'66/보수자유당 좌파-중도-우파 연립정부에서 제도화되었다.

핀란드의 정당정치도 이념블록 중심의 경쟁이 아니고 좌-우블록 정당 간 권력분점과 과대규모(oversized) '무지개'(rainbow) 연합정치의 역사인데, 이것이 조합주의적 노사정정치의 정치적 토대로 작용한다(제9장). 스위스의 사민당/스위스국민당/자민당/기민당 간 좌우 대연정은 사회적 대화의 안정성을 담보한 제도적 인센티브이다(제13장). 즉 순수 좌파정부 혹은 순수 우파정부가 등장할 수 없기 때문에 노사 이익단체들은 사회적 대화를 경시하거나 정부 내 우호적인 정당에 직접 영향력을 행사하려는 동기를 갖지 않는다. 독일의 경우 사민당/자민당 및 사민당/기민당(제12장), 그리고 아일랜드 경우 Fianna Fáil/진보민주당, Fianna Fáil/노동당, Fine Gael/노동당/민주좌파당 및 Fianna Fáil/진보민주당 등 초이념블록의 정당정치는 조합주의적 정책협의를 촉진시켰다(제15장). 이런 사례들은 좌파-우파 정당 간 연합 혹은 중도정당이 참여하는 초이념블록 정당연합의 복원이 조합주의정치의 부활·제도화의 강력한 정치적 동력이 되고 있음을 웅변한다.

이와 같은 맥락에서 볼 때 '2표 연동형 비례대표제'에 기초한 한국 정당정치가 이념블록을 뛰어넘는 정부연합(government coalition)의 제도화를 추구하는 조건에서 노사정 대화정치는 안정적으로 작동할 확률이 높아진다. 초이념블록 연합정치에서 사회적(진보적) 자유주의를 지향하며 내각구성의 연정협상(coalition bargaining)과정에서 지렛대로 기능하는 중도정당의 피벗정당 역할이 중요하다(Müller and Strøm 2008: 191).[17] 덴마크 급진자유당과 네덜란드 기민당 등 좌-우를 넘나드는 중도 피벗정치는 노동시장의 유연성-안정성 간 균형적 정책조합을 이끌어냈던 사회적 대화시스템의 안정적 작동에 중추적 역할을 수행했다. 2표 연동 비례대표제가 필연적으로 등장시킬 한국 중도정당이 때론 진보좌파 정당, 때론 보수우파 정당을 연정파트너로 번갈아 선택하는 등 초이념블록 연합정치의 권력 균형추 역할을 하는 피벗정당으로 작동할 때, 경제민주화-유연안정성-복지국가 간 유기적 연계를 정책의제화하는 사회적 대화시스템이 안정적으로 작동하는 정치공간이 확장될 것이다. 중도정당은 통상 노사 중 어느 한쪽에 편

17) 사회적 자유주의에 관해서는 제4장 그림 4-1을 참조.

향되지 않는 실용주의 정치를 지향하기 때문이다.

무엇보다 합의제 민주국가들의 중도좌파 주도 초이념블록 연합정치-사회적 대화 간의 인과관계에 비춰 보건대 한국 정당정치가 진보좌파정당/중도정당 혹은 진보좌파정당/보수우파정당 등과 같은 중도좌파 주도의 초이념블록 연합정치로 작동할 때 이는 사회적 대화시스템이 효과적으로 작동할 수 있는 공간을 열어 주는 정치지형이다. 특히 진보좌파-보수우파 공동연립정부는 노동과 자본을 동등하게 대표하는 정치공간을 확장하여 경제민주화-성장-복지 간, 유연성-안정성 간 균형적인 정책조합을 산출하는 노사정 대타협을 유인하는 촉매제이다. 진보좌파-보수우파를 교차하는 초이념블록 대연정은 정책개혁 책임을 노사 이익집단과 분산·공유하고 선거리스크를 줄이기 위해 사회적 정책협의를 선호하기 때문이다(Andeweg 2011a: 197-198).

실제로 오스트리아 사민당/국민당 대연정에서 현실화되었다(제14장). 즉 좌-우 초이념블록 대연정은 의회의 초과반 의석을 점유하여 연정협약(coalition agreements)의 증세-복지재편 입법과정에 대한 정부의 통제를 강화했고 양대 정당이 각기 노동과 자본을 정치적 기반으로 했기 때문에 노사파트너십을 유인하는 강력한 정치적 인센티브로 작용했다.[18] 증세-복지재편 정치의 권한·책임이 양대 정당-사회적 파트너 간에 공유됨으로써 정치적 리스크를 분산시킨 것이다. 제3부에서 분석했듯이 오스트리아를 비롯한 합의제 민주국가들의 조세-복지 확대·재편 기제는 초이념블록 연합정치-사회적대화의 제도적 조합이다. 이러한 의미에서 한국 중(고)조세-중(고)복지 정치는 초이념블록 연합정치-사회적대화의 제도적 조합을 통해 국회-행정부(대통령) 협력공간의 확장과 입법생산성 제고를 통해서 순조롭게 작동할 수 있다. 증세-복지정치의 권한·책임이 연정파트너 정당-사회적 파트너 간에 공유됨으로써 정치적 리스크를 분산시킬 수 있기 때문이다.

---

18) 견강부회(牽强附會)식 가상 시나리오를 상정해 볼 수 있다. (소선거구 단순대표 선거제도하에서 실현가능성은 전무하지만) 새누리당/진보좌파정당 간 자유주의 보수-사민주의(?) 소연정, 새정치민주연합/진보좌파정당 간 자유주의 진보-사민주의 소연정, 새누리당/새정치민주연합 간 자유주의 보수-자유주의 진보 대연정 등 이념블록을 교차하는 연립정부가 구성되거나 혹은 그들 간 정부연합(government coalition)에까진 이르지 못하지만 의회협약(parliamentary contracts)에 입각한 입법연합정치가 구성되는 경우 사회적 대화시스템의 작동을 유인할 정치공간이 열릴 수 있는 가능성이 없지 않다.

초이념블록 연합정치 지형에선 재벌·사용자단체는 보수우파정당에 대한 로비정치를 통해 일방적으로 법인세 인하, 노동유연화 강화, 대기업규제 완화 등 친자본적인 정책만을 요구할 수 없다. 바꿔 말하면 경제민주화-경제성장-복지국가, 유연성-안정성 정책이슈를 협의하는 사회적 대화과정에서 재벌·사용자단체의 협상전략은 지배구조개선-증세·복지확대-투자확대-일자리창출-교육훈련강화-중소기업상생협력 등과 같은 양보·화답 스탠스를 선택할 수밖에 없다. 역으로 초이념블록 연합정치는 노동을 대표하는 진보좌파 정당의 양보·화답을 끌어낼 수 있는 기제로 작동한다. 진보좌파 국회의원·장관들은 다른 연정파트너인 중도정당 혹은 보수우파 정당들과의 유연성-안정성 정책조율·교환 협상과정에서 자신들 소속정당의 이념적 도그마에 빠져 전면무상의료·재벌해체 등 특정 급진적인 포퓰리즘 정책만을, '전부 아니면 전무'식으로 밀어붙일 수 없다. 대신 그들은 임금인상 자제, 재벌대기업 경영권보장, 노동유연성 등 일정 부분 친기업적 정책의 수용이 불가피하다. 진보좌파 정당의 그 같은 양보·타협 조치가 동반되지 않으면 연정갈등(coalition conflicts)으로 인해 초이념블록 연립정부는 더 이상 존속할 수 없기 때문이다. 노동대중-진보좌파정당의 탄력적인 양보·타협스탠스는 재벌·사용자단체를 사회적 대화시스템으로 견인하는 강력한 인센티브이다.

이렇게 해서 진보좌파 정당이 참여하는 초이념블록 연립정부는 경제민주화-재분배정책 의제에 관한 노사정 정책협의시스템을 효과적으로 작동시킨다(Alesina and Glaeser 2007: 79-80; Iversen and Soskice 2006: 165-166). 진보좌파 정당은 노조와 이념적·조직적·인적·재정적으로 연계하여 연정파트너인 중도정당 혹은 보수우파 정당을 상대로 노동의 이해관계를 대표하며, 자신의 정치고객인 노동대중이 '길거리 정치' 유혹을 자제하고 정책협상 테이블에 참여하도록 설득하는 데 유리한 정치력을 행사할 수 있기 때문이다. 이 시나리오는 합의제 민주국가들의 경험에서 검증되었다. 즉 노동과 사회취약계층의 이해관계·정책선호가 진보좌파정당들이 참여하는 연립정부의 정책 협상테이블에 대표되었을 때, 이는 노조로 하여금 산업현장의 과격한 투쟁전략을 피하고 '온건과 절제'에 의한 노사정 대타협에 참여하도록 유도했다. 예컨대 네덜란드·아일랜드의 노사정 대타협은 노동 우호적이거나 사민주의 진보좌파 정당이 자유주의 보수우파 정당

과의 협력체제에 기반을 둔 연립정부의 수립에 의해 가능했다(선학태 2006: 제 9·13·15장).[19]

이런 시나리오는 비유럽국가인 브라질에서도 현실화된 바 있다. 룰라 대통령(2002~2010)은 과격한 노동운동 경력의 좌파골수 지도자였지만 집권한 후 비례대표제로 인해 자신의 노동자당(PT) 의석점유율이 늘 20%를 밑돌자 좌-우 초이념블록 연정을 구성했다. 룰라의 좌우 초이념블록 연립정부는 한편으론 빈민-서민 복지정책을 확대하고, 다른 한편으론 매우 흥미롭게도 자신의 좌파브랜드에 걸맞지 않게 보수우파 연정파트너 정당들의 친기업적 신자유주의 정책을 과감하게 수용하여 노사정 대타협을 유도하곤 했다. 의회 외곽에서 '경제사회발전위원회'(CESD)를 창설하여 풀뿌리 조직과 교회, 업종별협회 등과 대화채널을 구축해 끊임없이 소통하며, 정책개혁에 대한 사회적 동의를 확보했다(Doctor 2007). 좌우 연립정부의 '노사 쌍끌이' 정책이 좌우 연정대통령(coalitional president)에 대한 자본의 신뢰를 끌어내기도 했지만 극도로 과격했던 노조들의 절제와 타협을 이끌어낸 것이다. 대통령제 국가인 브라질 경험에 비춰 보건대 한국민주주의에서도 초이념블록 연립정부 구성에 참여하는 진보좌파정당은 연정협약(coalition agreements) 협상·체결·실행과정에서 노동대중이 '길거리·광장정치'를 자제하고 유연안정성 정책협상 테이블에 참여하도록 설득하는 정치력을 발휘하라는 압력을 피해 가지 못할 것이다.

6. 합의제 민주주의-경제민주화-복지국가-사회통합 연계

결론적으로 경제민주화-복지국가-사회통합의 정치제도적 인프라는 합의제 민주주의 동학, 즉 연합정치-사회적 대화 간 연동이다. 비례대표제와 제도적 친화성을 갖는 초이념블록 연합정치-사회적 정책협의의 유기적 연계는 연대임금지향의 임금조정, 이해관계자재벌기업지배구조-대기업·중소기업상생협력, 노동시장의 유연성-안정성 균형화, 직업훈련·일자리·취업알선·창업 등 적극적 노동시장정책(ALMP), 일자리복지·사회복지·교육복지 등 3fares, 사회투자국가, 증세

19) 스페인의 좌파정당 정부도 사민당 출신 장관들이 노동의 권익을 대표하여 극도로 과격했던 노동운동을 자제시키는 등 노조들의 절제와 타협적 태도를 이끌어내는 데 공헌했다(Royo 2005: 66-70; Encarnacion 2001: 343).

로 이어지는 정책조합을 통해 성장-복지 선순환을 견인하는 한국형 CME 생산체제(경제민주화)-복지국가 연계를 매개하는 제도적 변수이다. 연합정치-사회적 대화-경제민주화-복지국가 연계는 글로벌 시장의 압력과 충격에 대응하고 다양한 사회갈등을 조정하는 사회통합 기제이기도 하다. 이 과정에서 사회적 대화의 중층적 정책네트워크, 즉 정책협의 시스템 간 상·하향식 피드백은 시장경제에서 발생하는 사회경제적 이슈인 노동·복지·환경·교육·저출산·고령화 등을 정책의제로 설정하여 사회통합을 견인하는 기제이다.

따라서 '국가인가 시장인가'와 같은 이분법적 논쟁의 프레임을 넘어서 '시민사회-시장사회-정치사회-국가'의 상호견제와 협력관계를 유인하는 한국형 합의제 민주주의의 틀이 디자인되어야 한다<그림 17-4>. 한국민주주의의 과제는 단순히 실질적 민주주의의 확대가 아니라 비례대표 선거제도가 견인하는 연합정치-사회적 대화의 제도적 기능적 연계로 작동하는 합의제 정치모델에 바탕을 둔 절차적 민주주의의 정교화에 있다. 그러므로 합의제 민주주의의 제도적 클러스터가 실질적 민주주의의 요체인 경제민주화-복지국가-사회통합 연계의 제도화 가능성을 높이는 독립변수로 작용한다는 새로운 관점의 민주주의 담론이 필요하다.

한국민주주의의 경제민주화-복지확대-증세 정치프로세스는 지지획득정치(credit-claiming politics)이기도 하지만 노사 간, 계층 간, 이념 간, 세대 간, 지역 간의 격렬한 갈등·분열을 촉발하여 정부-정당정치에 엄청난 정치적 리스크를 유발할 개연성이 높은 프로젝트이다. 합의제 민주주의는 그러한 정치적 리스크의 충격을 완충할 수 있다. 즉 비례대표제-연합정치-사회적 대화의 제도적 연동기제는 경제민주화-복지확대-증세 정책조합의 대표성·정당성을 증대시키고, 정책책임성을 연정파트너 정당-사회적 파트너에게 분산·공유시킴으로써 노사·계층·세대·지역의 반발과 저항을 관리·흡수하는 비난분산정치(blame dispersion politics) 전략이다. 정치적 반발·저항을 야기하는 비인기 정책개혁 과정은 비난회피정치(blame avoidance politics)를 요구한다(Pierson 1996 2001; Fink and Tálos 2004). 정치적 비용(저항)을 최소화하는 수단으로 정책개혁의 책임소재를 불투명(obfuscation)하게 진행하는 전략이 필요하다는 것이다. 비난회피정치의 책임분산효과는 정책·입법과정의 참여자 수가 많을수록 높아진다. 이런 의미에서 다수

▌그림 17-4▐ 한국형 합의제 민주주의-경제민주화-복지국가-사회통합 연계 틀

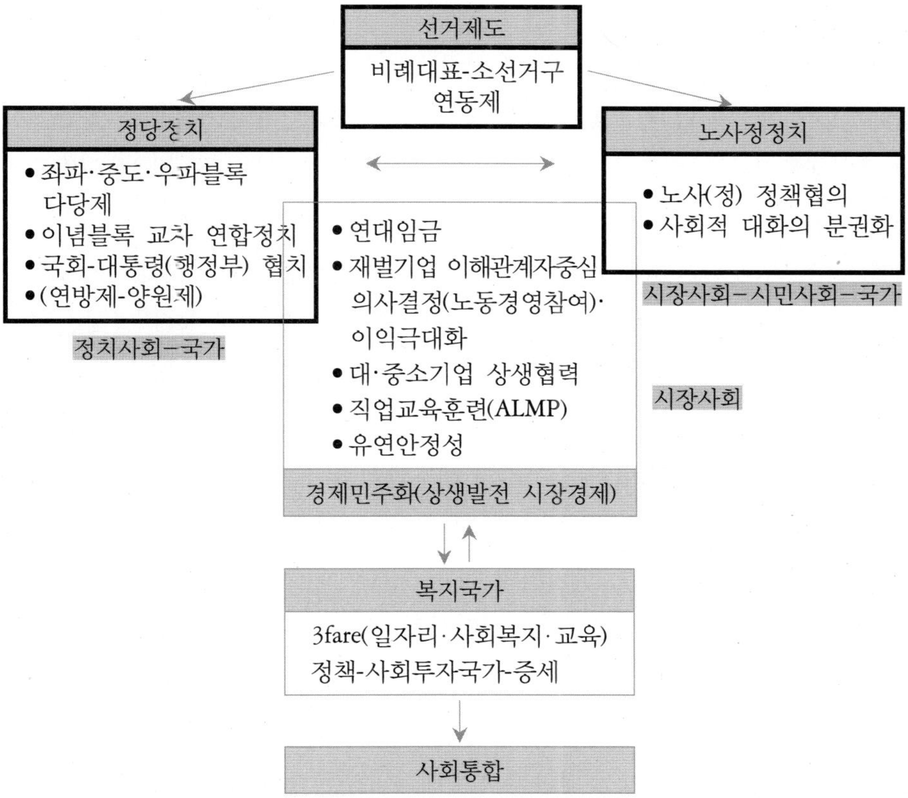

의 제도적 거부권행위자(veto players)를 내장한 합의제 정치모델의 연합정치-사회적 대화 연동기제는 경제민주화-복지확대-증세의 비난회피정치를 촉진한다.[20] 동시에 그것은 글로벌화의 이익-비용을 분산시키는 정책능력을 통한 갈등관리(conflict management) 기제이다. 요컨대 합의제 민주주의의 연합정 치-사회적 대화 연동은 절차적 민주주의-실질적 민주주의의 선순환구조를 통해 갈등·분열의 조정·관리를 제도화하는 한국민주주의 공고화(consolidating Korean democracy), 즉 한국민주주의의 민주화 프로젝트의 필요·충분조건이라 해도 과언이 아니다.

한국 사회과학계에는 합의제 민주주의의 사회적 대화-연합정치에 대한 비판

20) 거부권자(veto players)이론에 따르면 합의제 정치체제의 다수 제도적 거부권행위자가 정책개혁의 입법과정을 제약한다(Tsebelis 1995, 2002; Schmidt 2002a). 그러나 거부권행위자 이론은 피어슨 연구에 의해 도전받는다.

이 존재한다. 우선 사회적 대화가 작동할 수 있는 조건, 즉 노사 이익단체 및 좌파 정치세력화 등 구조적 조건이 존재하지 않기 때문이다. 그러나 조합주의적 노사정정치는 네덜란드·아일랜드처럼 그 구조적 조건을 충족하지 못한 나라에서도 제도화되었다. 조합주의적 정책협의는 노사 이익단체의 조직적 포괄성·중앙집중성·독점대표성, 강력한 노조-좌파정당 연대 등 구조적 제도적 조건을 전제하지 않는다(Molina and Rhodes 2002: 316-317). 이는 노사 이익단체의 조직화, 노조-좌파정당 연대가 취약한 한국 자본주의 정치경제체제에서도 노사정 관계를 조합주의적 정책협의의 틀로 전환할 수 있으며, 이를 통해 경제민주화-복지국가-사회통합으로 도약할 수 있는 가능성을 시사한다. 중요한 것은 조합주의적 노사정정치라는 사회적 대화시스템의 안정적 작동 여부가 좌파-중도-우파를 넘나드는 크로스오버 연합정치의 제도화에 달려 있다는 점이다. 이념블록 교차 연합정치의 제도화는 바로 비례대표 선거제도 강화에 의해서만 그 확률이 높아진다. 비례대표제가 강화되어야 하는 이유이다.

둘째, 사회적 대화의 정책결정은 정당정치·의회정치를 핵심으로 하는 대의제 민주주의의 상도에서 벗어난다는 비판이 있다. 이해당사자 간 정책협의를 통해 이끌어낸 사회협약은 다수결에 기초해서 선출된 정부, 의회정치를 무력화시킨다는 것이다. 그러나 사회적 대화의 정책네트워크는 자유권·참정권·선거경쟁과 같은 대의제 민주적 절차·과정과 양립할 수 없는 것이 아니며(Lembruch 1984: 72) 정당·의회정치를 대체하는 것이 결코 아니다. 오히려 사회협약이 궁극적으로 법률적 효력을 부여받고 사회협약에 참여하지 않는 국민대중에까지 구속력을 갖기 위해서는 의회 및 정부의 승인을 필요로 한다. 더욱이 의회는 정책협의체에서 이익·시민결사체 간의 정책협상을 통해 도출된 사회협약을 법안으로 상정하는 절차를 통해 본래의 사회협약을 수정 보완할 수 있는 권한을 갖는다. 따라서 사회적 대화와 대의제 민주주의는 갈등과 긴장 관계에 있지 않고 오히려 공존과 상호 보완관계에 있다.

셋째, 토론과 심의를 통해 합의에 도달하려는 사회적 대화-연합정치의 정책결정 과정이 비효율적이라는 비판을 받는다. 물론 관련 이해관계 그룹의 다양한 의견과 관점이 고려되어야 하기 때문에 첨예한 정책의제인 경우 이해관계자 간, 정당 간 타협과 협상의 과정과 절차에 긴 시간이 소요될 수 있다. 또한 변화와 혁신이 상대적으로 느리고 어떤 정책을 신속하게 변화시키는 것이 쉽지 않을 수 있다. 그러나 사회적 대화-연합정치의 작동을 통해서 일단 정책이 결정되면 별다른 정치적, 사회적 논쟁과 저항과 갈등을 불러일으키지 않고 신속하게 실행될 수 있다. 이 점에서 사회적 대화-연합정치는 단기적으로 의사결정 프로세스에 지연시킬 여지는 없지 않지만 중장기적으로는 관료중심, 의회중심의 다수결 의사결정에 따른 갈등과 대립을 최소화하여 효율적인 정책수행이 가능하다.

토머스 쿤(T. Kuhn)은 '과학혁명의 구조'라는 명저에서 현재의 패러다임이 과학발전에 부적절하다면 패러다임 전환(paradigm shift)이 필요하다는 메시지를 던졌다. 민주주의 발전도 과학발전과 유사하다. 기존의 민주주의패러다임이 경제민주화-복지국가-사회통합 창출에 한계를 드러낼 때 그 낡은 패러다임은 보다 적실성·실효성이 있는 패러다임으로의 교체가 불가피하다. 지금 한국민주주의는 단순한 '정권교체'가 아니라 민주주의패러다임 교체를 갈망한다. 노후화된 한국의 다수제 민주주의패러다임은 합의제 민주주의패러다임으로 그랜드 디자인되어야 한다. 한국의 갈등사회에서 다수제 민주주의는 '1% 특권층'에 혜택·이익을 집중시키고 '99% 서민층'에 비용·손실을 분산시키는 정치적 재앙을 야기하는 시스템을 내장하고 있기 때문이다. 합의제 민주주의패러다임으로의 전환 운동이야말로 '포스트 87년 헌정체제' 창출을 위한 한국 '제2의 민주화 물결'이다. 대한민국의 시대정신으로 떠오르고 있는 것이다. "99%에 의한, 99%를 위한, 99%의 정치"를 담보할 수 있기 때문이다. 지구가 평평하지 않고 둥글다는 패러다임 전환이 신대륙을 발견했듯이 합의제 민주주의가 경제민주화-복지국가-사회통합 연계의 제도화 길을 열어갈 것이다.

제18장

합의제 헌정공학의 수평적 권력분점 제도

1. 문제의식

헌법과 정치를 연결하는 헌정체제는 민주주의를 구성하는 핵심 요소이다. 민주주의 공고화(consolidating democracy) 여부는 어떤 헌정체제를 통해 이익·가치 상충에 따른 갈등과 분열을 조정 관리하느냐에 따라 좌우된다. 헌정체제의 본질은 권력집중인가, 아니면 권력분산인가 하는 문제이다. 따라서 민주주의 공고화 관점에서 헌정체제를 디자인하는 문제는 사회갈등을 조정 관리하기 위해 소수자·사회경제적약자의 권익을 보호하기 위한 권력분점(power-sharing)인가, 아니면 그들의 권익보호보다는 국정효율성을 명분으로 한 권력집중인가 하는 관점에서 접근하는 것이 타당하다. 결국 이는 헌정 모델의 선택 문제이다.

레이파트 학파(Lijphart school)에 따르면 헌정체제는 권력독점을 지향하는 다수제(majoritarian) 모델과 권력분점을 지향하는 합의제(consensual) 모델이 있다 (Belmont *et al.* 2002; Lijphart 2012). 전자는 단순다수 혹은 과반수의 선택을 전체 사회의 결정으로 받아들이는 '경쟁정치'의 효율성을 추구하는 반면, 후자는 '다수의 최대화'(maximization of majority)에 기초한 '상생정치'를 존중한다. 레이파트 학파는 합의제 모델의 헌정체제를, 갈등과 분열이 상존한 사회와 신생민주주의를 안정시키기 위한 최적의 민주주의 공고화 조건으로 상정한다(Lijphart 2008: 5·11장).

레이파트 학파의 관점에서 볼 때 한국민주주의는 공고화되었는가? 87년 헌정체제는 국정의 효율성과 안정성 제고를 명분으로 권력집중을 지향하는 강성 다수제 모델에 기초한다. 즉 양대 정당이 의정활동을 주도하고 집권당 단독정부를 축으로 한 대통령제가 중앙집권제 및 단원제국회 와 결합되어 작동한다.

하지만 87년 헌정체제는 극도의 '제도적 피로감'을 드러내고 있다.

민주화 이후 정치리더십의 교체가 빈발했다. 그러나 반독재 민주화운동의 전설적 영웅 김대중도, 세상을 바꿔보자고 온몸으로 절규했던 노무현도, 민주화제단에 '눈물과 피'를 뿌렸던 '386 젊은 피'도 87년 헌정체제의 덫에 걸려 이른바 '97년 경제체제'의 횡포와 변덕을 다스리는 데 성공하지 못했다. 그래서 우리 사회의 '눈물의 계곡'이 속절없이 깊어만 간다. 제도로서의 87년 헌정체제는 우리 사회의 다양한 집단과 계층과 지역을 '동등하고 효과적'으로 정치과정에 참여시키는 데 실패했다. 경제민주화-복지국가 후진성도 사실은 87년 헌정체제가 절차적 민주주의를 보다 세련되게 제도화하지 못한 데 그 원인이 있다. 그 결과 우리 사회에는 사회경제적 양극화에 따른 계급·계층 그리고 이념·지역·세대·생태 등의 균열라인에 따른 다층적, 복합적인 갈등과 분열이 동시다발적으로 분출하고 있다. 이러한 맥락은 정치리더십보다는 제도로서의 87년 헌정체제에 심각한 부적실성(irrelevance)과 제도적 결손이 존재하고 종국적으로 한국민주주의의 '공고화 지체'(protracted unconsolidated) 현상을 웅변한다. 따라서 우리의 관심은 사회의 분열과 갈등을 관리·조정하고 사회통합을 달성하려는 한국민주주의 공고화의 관점에서 헌정체제를 어떻게 디자인하느냐에 모아진다. 이는 한국민주주의의 민주화(democratizing Korean Democracy)라는 대장정의 한 과정이다.

분열과 갈등이 상존하는 사회라 해서 민주주의 작동이 불가능한 것은 아니다. 사회의 분열과 갈등은 민주주의 실패와 위기의 결과이지 원인이 아니기 때문이다. 같은 논리로 한국민주주의가 사회갈등과 분열을 해결하기 위한 헌정체제를 창출하는 데 실패함으로써 분열과 갈등이 확대재생산된 것이지, 분열과 갈등이 한국민주주의 공고화의 지체와 한계를 초래하는 것이 아니다. 이런 의미에서 제18장은 합의제 헌정모델이 갈등사회를 조정 관리하는 한국민주주의 공고화, 즉 한국민주주의의 민주화를 위한 제도적 매트릭스를 디자인하는 데 적실성을 갖는 것으로 상정한다. 이는 단순다수에게 권력집중을 허용하는 다수제 헌정모델보다는 합의제 헌정모델이 권력분점, 즉 정책결정과정에 참여하는 '다수의 최대화', '동등하고 효과적'인 정치참여의 제도화가 민주주의 공고화에 더 효과적이라는 레이파트 학파의 관점에 기반하고 있다(Lijphart 2012: 30; Topperwien 2004: 46-47). 따라서 제18장은 한국민주주의의 민주화를 위한 헌정체제의 제도적 프레임을 합의제 민주주의의 관점에서 설계한다.

정치권과 논객들은 다수제 모델의 토대 위해서 헌정체제 개혁을 4년중임 대통령제, 분권형 대통령제 등 권력구조 중심으로 논하는 나머지, 헌정체제가 내장하는 제도적 장치들이 기능적 연계성을 갖고 작동한다는 이론적 관점에 주목하지 않는다. 따라서 제18장은 헌정체제를 기능적으로 연계되는 여러 제도의 세트로 인식하는 합의제 헌정모델의 수평적 권력분점 제도, 즉 권력분점 선거제도가 유인하는 다당제-연합정치-연정·분권형대통령제-노사정 대화를 잇는 합의제적 제도변수 클러스터를 디자인한다. 그리고 한국민주주의에서 합의제 헌정체제의 제도화 가능성을 타진한다.

2. 합의제 헌정모델의 민주주의 공고화 효과

1) 민주주의 공고화와 헌정체제의 관계

민주주의는 사회에 존재하는 다양한 이익·가치 갈등을 전제한다. 따라서 갈등을 조정하기 위한 정교한 규칙과 규범을 필요로 한다(Rustow 1970: 362). 규칙과 규범은 갈등을 유발시킬 수 있는 사회의 다양한 가치를 조율하고 이익과 비용을 배분하는 제도이다. 결국 민주주의는 제도의 앙상블이다.

민주주의는 시민사회-시장(경제)사회-정치사회-국가 등 '부분체제들의 복합체'(a composite of partial regimes)이다(Schneider 1995: 221; Encarnacion 1997: 387-419). 민주주의의 부분체제들은 역동적으로 상호작용 한다. 어떤 부분체제도 다른 부분체제의 순기능적인 지원 없이는 정상적으로 작동할 수 없다. 부분체제 간 순기능적인 역동적 상호작용을 통해 이익·비용(손실)을 공정하게 배분하고 가치 차이를 조정함으로써 이익·가치 갈등을 해소하기 위한 규칙과 규범을 정치행위자들이 내면화·습관화해 갈 때 민주주의는 공고화된다. 한마디로 민주주의 공고화는 '갈등조정과 사회통합의 제도화'이다.

선거-정당-의회-정부 등이 작동하는 정치사회-국가라는 두 부분체제는 사회적, 정치적 갈등조정을 위한 규칙, 규범 및 절차의 클러스터를 통해 시민사회-시장사회의 정상적 작동 여부에 영향을 미친 핵심적인 제도적 변수이다. 이러한 정치사회-국가 사이의 권력관계를 규정·규율하는 제도의 세트가 헌정체제이다. 즉 헌정체제란 선택과 결정을 내리는 권력의 배분에 관한 공식적 규칙과 규범이자 그것들이 작동하는 과정과 절차를 의미한다. 시민사회-시장사회에서 이익·비용(손실)의 차등적 배분과 가치관의 차이를 둘러싸고 발생하는 갈등과 분열은 정치적 성격을 띤다. 정치는 시민사회-시장사회의 다양한 이해관계와 욕구들을 공공정책으로 전환하여 갈등조정과 사회통합을 달성해 가는 과정이고 헌정체제가 그 과정에서 주요 역할을 수행한다(Crepaz 2002a: 170). 이는 한 국가의 헌정체제가 민주주의 공고화 과정에 직접적으로 영향을 미치고 있음을 의미한다. 따라서 헌정체제는 민주주의 공고화의 성패를 좌우하는 핵심 변수이다.

헌정체제는 헌법적 권력구조와 선거제도-정당체제로 구성된다. 헌법적 권력구조와 선거제도-정당체제는 기능적으로 연결되는 제도적 체계이다. 따라서 헌법적 권력구조 개혁만으로 또는 선거제도-정당체제 개혁만으로 민주주의 공고화를 구축하는 것은 불가능하다(박명림 2008). 헌정체제가 기능적 연계성을 갖는 정치제도적 클러스터라는 점을 고려하지 않고 특정 한 부분 제도만을 끌어내어 이를 바꾸려는 접근방법으로서는 민주주의 공고화 프로젝트에 한계가 있을 수밖에 없다. 헌정체제는 상호작용하는 여러 부분 정치제도들의 세트이기 때문이다.

2) 합의제 헌정모델의 갈등조정·사회통합 효과

정치학적 관점에서 사회갈등을 조정 관리하는 데는 두가지 방법이 있다. 하나는 비용과 손실을 부담하는 사회 내의 특정 집단·계층·지역에 보상패키지를 제공하는 방법이며, 다른 하나는 집단·계층·지역의 대표를 정책결정 과정에 참여시키는 방법이다. 보상패키지는 결국 이해관계자가 정책결정 과정에 참여할 수 있느냐 여부에 따라 그 실현이 좌우된다. 정책결정 과정에의 참여 정도는 권력독점과 권력분점에 관한 문제이다.

자유경쟁 원리에 따라 작동하는 다수제 헌정모델은 현실적으로 양대 정당이 정치사회-국가를 독과점적으로 지배하고 승자독식과 패자전실(loser-lose-all)을 초래하는 사활적인 제로섬게임으로 작동하며, 따라서 복합적인 갈등사회를 관리하고 통합하는 데 근본적 한계를 드러낸다. 반면 협력과 호혜성 원리에 따라 작동하는 합의제 헌정모델은 수평적 권력분점·공유의 제도화, 즉 국가의 정책결정 과정에 다수 거부권자(veto players)의 참여를 허용하는 제도적 조건이 다양한 사회이익을 대표하고 사회갈등 조정과 사회통합에 효과적인 것으로 가정한다(Powell 2000: 14-33). 국가정책 결정과정에 소수·약자·비주류를 대표하는 정치적 채널을 만들자는 것이 합의제 헌정모델의 문제의식이다(Birchfield and Crepaz 1998: 177-180; Crepaz 2002a: 177-183). 합의제 헌정모델은 나라에 따라 차이를 보이지만 일반적으로 다수제 헌정모델과는 대조적인 제도적 장치들을 공유한다(Lijphart 2012: 2-4).

첫째, 합의제 헌정모델의 선거제도-정당체제이다. 다수제 헌정모델의 승자독식 단순다수대표제-양당체제는 중간층의 이익과 지역개발 프로젝트에 집중하여 재분배·복지 정책에 부정적 영향을 미친다. 반면 합의제 헌정모델의 비례대표제는 정당별 득표율에 따라 의회의석을 배분하여 이념적 스펙트럼을 확장하고 가치·정책 중심의 진보좌파-중도-보수우파 블록의 다당제를 형성한다. 비례대표제-이념블록다당제는 지역 이권배분 프로그램보다는 연금수급자·노동자·빈곤층·저소득층·실업자 등 다양한 집단과 계층에게 혜택이 돌아갈 수 있는 보편적, 사회적 재정지출 정책프로그램 개발을 통해 사회통합에 효과적인 제도적 인센티브이다(Persson and Tabellini 2003: 82).

둘째, 합의제 헌정모델의 의회-행정부 관계이다. 다수제 헌정모델의 승자독식 단순다수대표제-양당제는 단일정당정부를 구성하며 거대 패권적 양당정치는 제로섬게임으로 작동하고 의회-행정부는 양극적 갈등관계를 촉발하여 입법효율성을 떨어뜨린다. 대조적으로 합의제 헌정모델의 비례대표제-이념블록다당제는 제도적으로 정부를 단독으로 구성하는 과반의석의 패권정당을 허용하지 않기 때문에 2개 이상의 정당 간 집행권을 분점·공유하는 연정내각(coalition cabinet) 유형의 연합정치를 제도화한다. 연합정치는 연정협약(coalition agreements)을 통해 의회-행정부 (갈등)관계를 조정하며, 따라서 행정부는 의회 다수와 협력하여 입법효율성·생산성을 높인다. 물론 비례대표제가 '진보좌파 vs 보수우파' 두 블록구도로 양극화된 '블록 다당제'와 '블록 내 연정'(intra-bloc coalition)을 유인하는 사례가 없지 않다. 이 경우 승자독식 단순다수대표제-양당체제에서처럼 갈등적인 정당정치가 작동하며 따라서 의회-정부 관계는 갈등적 대립적이고 정책의 입법화 과정은 순탄치 않다. 그러나 권력분점 비례대표제가 유인하는 피벗 정당체제(pivotal party system)에서는 통상 좌-우를 교차하는 정당 간 초(超)이념블록 연합정치가 제도화된다. 환언하면 선거와 내각구성에서 피벗정당은 총선결과 혹은 정책이슈에 따라 때로는 좌파정당, 때로는 우파정당과 번갈아 연합하고 과반의석을 형성하여 의회-행정부 거버넌스를 구축하며 정책-입법 과정에서 균형추 역할을 수행한다(Strøm and Bergman 2011: 20).

권력분점 비례대표제가 유인하는 이념블록 다당제 등 합의제 헌정체제의 하부구조가 제도화되는 경우 합의제 헌정체제의 상부구조인 정부제도/의회-행정부관계를 규정하는 대통령제냐 의원내각제냐 아니면 분권형 대통령제(이원집정부제)냐 등의 권력구조는 결정적 변수가 아니다(Lijphrt 2008: 80-81). 사실 대통령제는 미국을 제외하면 공간을 초월해서 특정 개인에게 권력이 집중되어 '제왕적 대통령'을 만들어 내고, 의원내각제는 시간을 초월하여 특정 집단에게 권력이 집중될 가능성이 높으며, 분권형 대통령제는 대통령-총리 간 권력충돌을 조정하기가 쉽지 않다. 이러한 각 정부형태의 제도적 한계는 의회-행정부 간 갈등관계를 유발하여 정책입안-입법과정을 마비시킬 수 있다. 이를 극복하는 제도적 처방은 권력분점 비례대표제-초이념블록 연합정치의 제도화이며, 이는 정부제도의 한계를 극복하고 행정부-의회 간 갈등관계를 조정·관리하는 기제로 작동한다.

셋째, 합의제 헌정모델의 이익집단-정부 관계이다. 다수제 헌정모델은 노사 이익집단 간 경쟁적 이익표출과 분산적 협상에 토대를 둔 의사결정 시스템을 지향한다. 따라서 의회정치 외곽의 노사정 정책협의에 소극적이다. 설령 노사정 정책협의를 통해 정책협약을 체결해도 거대 양당이 독과점하는 의회가 대결정치로 인해 이를 입법화하는 데 실패한다. 결국 이익집단들은 사회적 협의체 참여를 기피하고 의회·정부를 상대로 로비정치 혹은 과격한 '길거리 정치'로 대응한다. 반면 합의제 헌정모델은 이익집단-정부 간 협의적 의사결정 방식인 노사정 거버넌스 기제를 내장한다(Lijphart 2012: 170-173; Lijphart and Crepaz 1991: 235). 즉 연합정치가 이익단체-정부 갈등관계를 조정한다. 특히 노동과 자본을 동등하게 대표하는 정치적 공간, 즉 진보좌파-보수우파 간 초이념블록 연합정치가 작동할 때 노사정 협의에 의해 정책협약을 이끌어내는 사회적 대타협 정치를 유인한다. 정책협약(policy pacts)의 입법과정은 정당 간 연합정치-노사정 거버넌스라는 쌍두마차를 견인하는 핵심고리이다.

요컨대 다수제 헌정모델의 제도적 패키지는 사회의 다양한 계층과 집단, 특히 시장경제의 실패자·낙오자·소수지역을 제대로 대표하지 못하는 '배제의 정치'(politics of exclusion)로 갈등사회를 부추기는 반면, 합의제 헌정모델이 내장하는 정당명부식 비례대표제-이념블록다당제-연립정브 등 기능적으로 연계된 제도적 조합은 글로벌 시장경제의 충격에 위협받는 노동자·사회취약계층·소수지역에게도 정치적 의사결정 과정에의 동등한 참여·대표를 허용하는 제도적 인센티브와 '포용의 정치'(politics of inclusion)를 통해 사회통합을 유도한다.

단일이슈로 분열된 사회에서는 다수제 헌정체제가 갈등조정과 사회통합에 효과적일 수 있다. 그러나 다차원 이슈로 인한 복합적인 갈등사회에서는 합의제 헌정제체가 갈등조정과 사회통합 과정인 민주주의 공고화에 효과적이다. 다수제 헌정체제는 사회의 소수자와 약자와 비주류에 대한 배려와 참여에 대한 제도적 결손을 갖지만, 합의제 헌정체제는 소수자와 약자와 비주류의 참여와 포용을 이끌어내려고 한다. 다수제 헌정체제는 단순다수 혹은 과반 지지를 확보하느냐 못하느냐에 따라 권력의 전부·전무를 결정하여 극단적인 갈등사회와 양립할 수 없는 데 반해, 합의제 헌정체제는 지지도에 따라 권력지분이 결정되어 갈등사회에서 지속가능한 민주주의 공고화를 구축하는 제도적 효과를 제공한다.

3. 권력구조 개편논쟁

1) 합의제 헌정모델의 관점

권력구조(정부형태, 국회-행정부관계) 개편논쟁의 핵심은 '권력독점 vs 권력분점'이다. 바꿔 말하면 의회-행정부 권력배분 문제는 대통령제와 의원내각제와 분권형 대통령제의 논쟁이 아니라 '다수제 헌정모델 vs 합의제 헌정모델'의 논쟁이다. 예컨대 영국 내각제와 한국 대통령제는 다수제 헌정모델의 정부 대(對) 의회 우위 권력구조인데 반해, 미국 대통령제와 게르만유럽 내각제는 합의제 헌정모델의 의회-행정부 권력분점 구조이다. 따라서 제18장은 권력구조 개편논쟁에 대해 대통령제·의원내각제·분권형 대통령제 중 택일적 접근이 아니라 다수제 헌정모델을 대체하는 합의제 헌정모델의 관점에서 바라본다.

작금 현행 대통령제의 승자독식 제왕적 권력구조를 혁파하기 위해 정부형태/국회-행정부관계를 핵심으로 하는 권력구조 개편논쟁이 제기되고 있다. 물론 신년 기자회견 자리에서 던진 박근혜 대통령의 말 한마디에 개헌담론은 잠시 수면 아래로 잠복되는 형국이다. 그렇다고 권력구조 개편중심의 개헌담론의 불씨가 완전히 사라진 것은 아니다. 개헌론의 핵심은 대통령권력 축소와 국회권력 강화이다. 그런데 대통령제는 '87년 헌정체제' 운영과정에서 한국화로 착근했고 제도적 내구성을 갖게 되었다. 하지만 대통령이 국가권력을 송두리째 장악하고 배분하는 승자의 제왕적 권력독식구조에서 정부정책에 대한 야당과 국회의 협력을 끌어내는 일은 쉽지 않다. 따라서 현행 대통령제의 승자독식 제왕적 권력구조를 개편하기 위해 정부형태 및 국회-행정부 관계를 핵심으로 하는 권력구조 개편논쟁이 불붙고 있다.

첫째, 정·부통령 4년 중임제인 미국식 대통령제이다. 미국 대통령제는 입법부-대통령 간 견제-균형 기제,[1] 연방제-양원제 등과 조합된다. 단순화하면 미국 대통령은 선전포고권·계엄권·긴급명령권 등 비상대권(하원)을 보유하지 않는 가운데 외교·국방권 행사에 치중하는 한편, 내정권은 보완적 업무만 갖지 사실상 주정부로 넘기는 권력분점형이다. 어느 의미에서 미국 대통령제는 프랑스 분권형 대통령제(대통령 의회해산권)보다 더 분권적이다(Lijphart 2012: 115-116). 그래서 양당제와 결합한 미국 권력구조(대통령-상원-하원 관계 등)는 다수제 헌정모델과 합의제 헌정모델 사이의 어느 지점에 위치한다(Lijphart 1984: 33-36). 여소야대 지형에서도 미국 대통령은 자신의 정책·입법 프로그램에 야당의원의 협력을 설득할 수 있으며 의원들의 자유투표(cross-voting)가 허용된다. 하지만 미국 권력분점형 대통령제도 그 제도적 관행적 유연성에도 불구하고 치명적인 제도적 결함이 내재한다. 이는 양당제-권력분점형 대통령 간 제도적 조합에 연유한다. '승자독식 vs 패자전실(loser-loses-all)'의 선거결과에 따른 극단적 제로섬게임의

1) 미국 대통령제에서는 입법부가 먼저 법안을 만들어 행정부에 제안하는 의제설정자(agenda-setter)이고 대통령은 입법부가 발의한 법안의 수정을 요구하지 못하고 그 제안의 수용·거부(take it or leave it) 여부만을 결정한다. 따라서 미국 대통령제의 행정부-입법부 관계에서는 입법부가 의사결정 주체이고 행정부는 입법부의 결정을 집행하는 대리인이다. 물론 미국 대통령은 의회가 제정한 법을 집행하기 위해 위임된 행정명령을 발할 수 있다. 반면 의원내각제에서는 행정부가 법안을 제출하는 의제설정자이며 의회는 동의 여부(거부권)를 결정한다(Tsebelis 2002; 문우진 2015). 입법부-행정부 관계에서 누가 의제설정자가 되느냐에 따라 입법결과가 달라진다. 즉 대통령제에서는 의회가 선호하는 입장이, 내각제에서는 행정부가 선호하는 입장이 각각 선택된다. 한국 대통령제에서는 국회도 행정부도 법안을 발의할 수 있다. 국회가 발의하는 경우 대통령은 이를 수정할 수 없고 거부권만 행사한다.

권력투쟁이 전개되고 대통령이 갖는 두 성격, 즉 초당파적 국가수반직과 당파적 정부수반직의 제도적 충돌이 발생하며, 여소야대 지형에서의 대통령-의회(야당) 간 적대적 갈등과 교착상태로 국정마비의 위험이 상존한다. 실제로 미분열국(Disunited States of America)으로 전락했다는 비판의 목소리가 비등하다.

이런 점에서 미국식 대통령제가 중앙집권제 국가인 대한민국에 이식된다면 그것은 정치적 재앙이다. 한국의 미국식 대통령제는 중임제로 인해 대통령의 집권여당 장악력을 강화시켜 제왕적 대통령 권한이 확대되고 결정권과 돈줄이 집중된 중앙집권제 틀과 조합된다. 따라서 특정 지역출신 대통령의 권력독식을 사실상 8년으로 연장시키고 중앙권력의 정점인 대통령직을 쟁취하기 위한 지역중심의 양대 패권정당 간 그야말로 '피 터지'는 결사항전의 정치투쟁과 지역갈등을 더욱 확대 증폭시킬 것이다. 연임 실패는 매우 드물게 나타나는 예외적 현상이라는 점에서 그렇다. 이때 대통령을 배출하지 못한 다른 지역의 정치적 상실감과 박탈감을 상상해 보라. 최악의 시나리오다.

둘째, 의원내각제에 대한 선호는 흔히 대통령제가 권력독점(집중)의 제도이고 의원내각제는 권력분점(분산)의 제도로 인식하는 데서 비롯된다. 서유럽 합의제 민주국가들의 의원내각제에서 정당 간의 수평적 권력분점인 연립정부가 빈번히 구성된 것은 사실이다. 따라서 의원내각제는 승자 권력독식성을 내재한 한국 대통령제를 일거에 대체할 수 있고 민주주의의 핵심인 대표성-책임성 원리를 가장 분명하게 실현하며, 사회의 분열과 갈등을 대표하고 조직하는 정당정치의 발전에 기여할 수 있다.

그러나 의원내각제가 권력분점 정부제도라는 인식은 오류이다. 다수제 민주주의를 지향하는 영국에서처럼 형식적으로는 여러 군소정당이 존재한다는 점에서 다당제이지만, 실제로는 거대 양당체제라는 조건에서 의원내각제를 도입하면 권력독식 현상은 더욱 심화된다. 집권당이 단독으로 의회는 물론 행정부까지 장악함으로써 한국 대통령의 권력독식성을 능가할 수 있기 때문이다. 더구나 대통령제를 유지해 온 한국 권력구조가 갑작스럽게 의원내각제로의 전면적 전환이 이루어지면 그 과정에서 오는 제도적·정치적 스트레스가 클 뿐만 아니라, 한국 정당정치의 저급한 행태를 고려할 때 내각의 잦은 교체에 따른 정치불안으로 국가적 위기에 봉착할 수 있다.[2] 지정학적 특수성으로 인한 외교안보의 중요성, 분단국가로서 통일과업을 추진해야 할 한국정치를 고려할 때 더욱 그렇다. 지정학적 리스크가 상존하는 현실은 국가원수로서 대통령의 강력하고 초당적인 역할을 요구한다.

셋째, 분권형 대통령제이다. 전국민적 정통성에 기반한 초당파적인 실권 대통령으로서의 국가수반(외정·비상국정)과 의회의 신임여부에 의존하는 당파적 실권 총리로서의 정부수반(내정·평시국정)이 공존하는 정부형태다. 대통령은 국민직선에 의해 선출되어 외교·국방 등 전 국민의 이익을 대변·집행하는 초당파적 거국적인 임무를 부여 받는 반면, 총리는 사회의 다양한 선호·이익을 대표하는 여러 정당이 경쟁-협력하는 의회에서 선출되기 때문에 당파적 성격을 회피할 수 없다. 대통령-총리 권력관계는 상황에 따라 변화한다(황태연 2005: 51-56; Norris 2008: 145-146; Lijphart 2008: 81). 즉 집권당이 의회 다수당인 경우 대통령은 조각권을 비롯한 국정을 사실상 주도해 대통령제에 근접하는 반면, 야당이 다수당이 된 경우 다수당 총리와 소수당 대통령으로 구성되는 이른바 동거정부(cohabitation government)가 등장하여 국정주도권이 총리에게 넘어가는 내각제에 근접한다. 따라서 분권형 대통령제는 총선결과에 따라 정부형태가 달라지는 제도적 유연성과 탄력성을 갖는다.

물론 분권형 대통령제는 국가 간 편차를 보인다. 프랑스·핀란드 등은 대통령우위 분권형 대통령제 국가인데 반면,[3] 오스트리아·아일랜드 등은 총리우위 분권형 대통령제(대통령의 제한적 의회해산권·군통수권·외교권) 국가이다. 공통점은 지정학적 특수성을 돌파하기 위한 합의제 권력구조로 분권형 대통령제를 채택했다는 점이다. 예컨대 극단적 이념갈등-파쇼정권-나치독일통치-연합군점령 등 파란만장한 역사드라마를 목도한 오스트리아, 그리고 스웨덴식민통치-러시아(소련)안보위협을 경험한 핀란드가 분권형 대통령제를 제도화했다. 특히 핀란드에선 전통적으로 좌우 이념적 간극이 크고 지정학적 리스크로 인해 안보정책·국민통합이 국가정책 우선순위에 자리매김 됐다. 이 때문에 대통령우위 정치체

2) 물론 그것은 독일처럼 총리 해임이 새로운 수상을 선출하는 경우에 한해서만 가결될 수 있는 '건설적 불신임'(constructive non-confidence)을 통해 완화될 수 있다.

3) 핀란드는 2000년 헌법개정을 통해 대통령 권력을 축소했으나 여전히 대통령의 의회해산권-비상대권을 용인하는 대통령우위 분권형 대통령제이다.

제가 구축되었다.[4)]

분권형 대통령제는 일견 한국 권력구조로 매력적이다. 지정학적 악조건을 지닌 분단국가이고 남북교류·국방·안보·통일외교 등 특수 업무·권한을 초당적인 대통령에게 전담시킨다는 점에서 그렇다. 바깥살림은 대통령에게, 안살림은 총리에게 맡기는 권력분점을 통해 한국의 제왕적 권력독점을 축소하고, 내정에서 내각제의 책임정치 강화, 특히 제도적으로 새누리당-새정치연합 대연정을 유도하여 입법효율성 제고를 기대할 수 있을지 모른다. 그러나 분권형 대통령제는 제도적 함정이 잠복돼 있다. 우선 한국의 거대양당 독과점체제-분권형 대통령제하에서 동거정부가 구성되는 경우 대통령-총리 간 권력충돌이 발생하여 국정이 난조에 빠질 수 있다. 프랑스 분권형 대통령제는 권력분점에 따른 대통령-총리 권력갈등 소지를 원천적으로 불식하기 위한 헌법개정(2002년)을 통해 대통령 임기를 5년으로 단축하고 대선·총선의 주기를 일치시켜 동거정부 수립가능성을 차단했다. 그러나 그러한 헌법개정에도 불구하고 현 올라드 정부에서처럼 좌파정당 출신이 대통령-총리를 동시에 점유하고 있는 프랑스 분권형 대통령제가 과연 합의제 정부로 작동하고 있는가라는 의문이 제기된다. 프랑스 분권형 대통령제는 대통령-총리 간의 헌법적 권력분점에도 불구하고 거대 양대 정당인 중도좌파 사회당과 중도우파 대중운동연합 사이의 정치적 양극화 현상으로 인해 결코 합의제 정부형태로 작동하지 않고 있다.

한국의 분권형 대통령제는 헌법상 대통령-총리 간 권력을 배분한다고 하더라도 어차피 권력과 돈줄을 독점하는 현행 '87년 헌정체제'의 중앙집권제 틀과 조합된다. 이 경우 대선·총선 과정은 중앙권력 장악을 둘러싸고 전국적 경쟁력을 갖춘 새누리당-새정치연합이라는 거대 양당 간 제로섬게임의 정치적 양극화를 재연시킬 것이며, 정치시장에서 여타 군소야당의 정치적 위상은 무의미해진다. 더 큰 함정은 대통령-총리가 모두 특정 정당에 의해 단독으로(혹은 동일한 정당연합에서 배출) 장악되는 시나리오다. 이 경우 과거 프랑스(1962~74, 1981~86)에서처럼 슈퍼대통령-슈퍼총리가 등장하여 그들에 대한 국회의 견제메커니즘

4) 아일랜드는 오랫동안 영국의 식민지였다가 1921년 독립했던 역사의 아픔을 갖고 있고 프랑스는 1950년대 말 식민지 알제리의 반프랑스 저항운동으로 국가적 위기를 계기로 분권형 대통령제를 채택했다.

은 사실상 무력화되고 분권형 대통령제는 권력분점의 효과를 상실한다(Keeler and Schain 1997: 95-97; Lijphart 2008: 81).

결론적으로 미국식 대통령제, 의원내각제, 분권형 대통령제 등 모두, 현행 제왕적 대통령 권력 축소에 일정부분 기여할지 모르지만 현행 87년 헌정체제의 소선거구제-양당 독과점체제-중앙집권제 간 제도적 조합 속에서는 거대 패권양당 간 순환적 정권교체, 아니면 특정 정당의 영구집권 가능성을 배제할 수 없으며, 이로 인해 87년 헌정체제가 유발했던 지역갈등을 더욱 증폭시킬 게 분명하다. 더욱이 각 권력구조가 과연 우리 사회에 존재하는 이념 간, 그리고 사회경제적 양극화로 인해 분출하는 계층·노사 간 갈등을 제대로 관리 조정하는 데 얼마나 유용할지 자못 회의적이다. 물론 그런 사회갈등 조정 문제는 법률적 정책적 차원의 관할 사항일 수 있다. 하지만 법률과 정책이 제아무리 금과옥조(金科玉條)로 만들어져도 이를 실행하는 정부형태가 사회갈등 조정에 순기능적으로 작동하지 못하면 사회통합에 실패할 개연성이 높다.

합의제 헌정모델의 관점에서 볼 때 다양한 권력구조 중 택일적 논쟁은 주요 변수가 아니다. 다수제 헌정모델의 틀 내에서 단순히 권력구조만의 택일적 개편은 사회균열과 정치갈등 해결에 도움이 되기는커녕, 오히려 증폭시킬 가능성이 높기 때문이다. 따라서 합의제 헌정공학(consensual constitutional engineering)은 선거제도-정당체제-권력구조 간의 순기능적 작동을 요구한다. 환언하면 합의제 헌정공학은 선거제도 개혁을 통해 어떻게 정당 간 수평적 권력분점-협력-상생 기제가 작동하는 연합정치에 의해 매개되는 정부유형, 국회-행정부 협치(協治) 관계를 통해 사회적 균열과 정치적 갈등을 조정 관리할 수 있느냐 하는 관점에서 권력구조 개편 문제에 접근한다.

2) 독일·오스트리아 정부형태, 한국 권력구조의 대안적 모델인가?[5]

(1) 독일 총리우위 이원집정부제(?)

독일 헌정체제는 권력독점을 막고 권력분점·공유에 기초한 정책협상과 타협

5) 정치권 일각에서 권력구조 개헌담론의 중심에 독일·오스트리아 정부형태가 '87년 헌정체제'의 대안적 정부모델로 부상하고 있다. 양국 정부제도가 한국 대통령제의 제왕적 권력독점 폐해를 처방하는 데 유용한 준거 틀이 될 수 있다는 것이다.

을 유도하는 합의제 제도적 앙상블이다. 그 권력분점·공유 시스템의 중심축은 비례대표제-이념블록다당제-연합정치-연방제-양원제 등으로 이어진다. 이러한 제도적 매트릭스는 정책결정 과정을 제약하는 비토지점(veto points)과 비토플레이어(veto players)로 작용한다. 바꿔 말하면 독일 헌정체제의 정책결정 과정은 연방정부-연방하원-연방상원-주정부-주의회 간의 촘촘한 경쟁-협상 사이클이 작동한다(Schulze and Jochem 2007: 662-666).[6] 이를 통해 다양한 이해관계 세력이 정치(입법)과정에 참여하고 정책개혁 콘텐츠에 영향을 미친다.

독일헌법은 수평적 권력구조인 대통령-총리-내각중심의 정부형태 및 의회-행정부 관계를 규정한다. 독일의 정부제도는 일반적인 통념과는 달리 의원내각제가 아니다. 즉 의회의 내각 불신임권과 내각의 의회해산권 간 균형적 견제메커니즘이 작동하는 순수 의원내각제의 본질적 요소에서 이탈하고 있다. 한마디로 '총리의 대(對)의회·대통령 우위 이원집정부제'에 근접한다(Schmidt 2007: 26-40; 선학태 2005: 181-182). 연방총리는 의회불신임으로부터 사실상 자유로운 존재이다. 따라서 독일 헌정체제는 총리민주주의(*Kanzlerdemokratie*)라 해도 과언이 아니다. 이 같은 정부형태/행정부-의회관계는 '건설적 불신임투표제'(*konstruktives Mißtrauensvotum*)에 근거한다. 즉 의회는 후임 총리를 선출한 후 비로소 현직 연방총리에 대한 불신임을 제기할 수 있는 제도이다.[7] 의회는 이 시도에 실패하면 해산된다.

독일의 '건설적 불신임제'는 스위스 집정부제에서 수입했다. 스위스의 정부형태는 연방내각인 연방협의회(Federal Council)라는 합의체가 국가원수이고 행정수반이며 7인의 집정관(각료)이 돌아가며 1년 임기의 대통령직을 수행하는 집단적 대통령제(collegial presidency)이다. 연방협의회를 구성하는 집정관은 양원 합동회의에서 임기 4년으로 일단 선출되면 의회는 집정관에 불신임을 발의, 해임할 수 없다(Klöti 2001: 22-29; 선학태 2005: 87, 312). 이로써 의회에 대한 내각의 독립성이 보장된다. 이 같은 스위스 집정관제와 유사한 독일 연방총리는 의회로부터

---

6) 독일의 연방제-양원제 권력구조는 제19장 참조.

7) 이 제도에 따라 총리가 교체된 경우는 1982년 자민당이 사민당과의 연정으로부터 탈퇴하고 기민당과 동조하여 기민당의 당수인 헬무트 콜(H. Kohl)을 후임 총리(1982~98)로 선출한 후 슈미트(H. Schmidt) 총리(1974~82)에 대한 불신임안을 통과시킨 사례이다.

상당한 독립성을 갖고 연방대통령 및 의회와의 관계에서 우위 현상을 보인다.

첫째, 연방하원과 주(*Länder*)의회에서 선출한 선거인단(하원의원과 동수)으로 구성된 연방회의(*Bundesversammlung*)에서 5년 (중임) 임기로 선출되는 간선 연방대통령이 존재한다(Slomp 2011: 362). 그는 군통수권·계엄권을 갖지 않고 초당파적 입장에서 국민을 도덕적, 정신적으로 통합하는 상징적인 구심점이다. 하지만 연방대통령은 국가를 대표하는 국가원수로서 연방의회의 동의절차를 전제로 외국과 조약을 체결하는 등 제한적 외교권을 행사하며, 연방하원에서의 다수당 대표를 정부수반인 연방총리로 추천한 후 연방하원이 이를 연방총리로 선출하면 그를 총리로 임명한다. 그러나 연방대통령은 법률을 서명·공포하지만 총리가 주도하는 연방정부-연방의회의 정책·입법과정에 직접적인 영향력을 행사할 수는 없다.

둘째, 연방총리는 연방대통령에게 연방각료의 임명과 해임을 제청할 수 있는데 연방대통령은 대부분 이를 받아들인다. 연방총리만이 의회에 책임을 지고 연방하원의 불신임 대상이 되며 연방각료들은 순수내각제에서와는 달리 연방하원이 아니라 연방총리에 책임을 지고 총리의 진퇴와 정치적 운명을 같이한다. 따라서 연방하원은 개별 각료에 불신임을 제출할 수 없고 내각은 총리에 대한 건설적 불신임투표에 의해 집단적으로 해산될 뿐이다(Moury and Ferguson 2014: 37). 또 총리는 국정의 비상상황에서 의회지지를 공고화하기 위해 연방하원에 신임투표를 요구할 수 있는데[8] 이 경우 연방하원 의원의 재적 과반지지를 얻지 못하면 총리는 반드시 사임할 의무는 없고 대통령에게 하원해산 혹은 의회 비상상태 선언을 요청할 수 있다(Saalfeld 2003: 36-37). 그러나 대통령의 연방하원 해산권은 재적의원 과반수 찬성으로 새로운 연방총리를 선출하는 경우 자동 소멸된다.

셋째, 연방총리는 순수의원내각제에서와는 달리 의회해산권을 갖지 않으며 연방대통령에게 그것을 건의할 뿐이다. 따라서 의회해산권은 연방대통령이 갖는다. 연방하원이 제기하는 총리에 대한 '건설적 불신임' 퇴진도 연방대통령을

8) 총리의 신임요구권은 5차례 행사되었는데, 예컨대 2005년 9월 연이은 선거참패에 대응하는 슈뢰더(G. Schröder) 총리(1998~2005)가 의회에 신임 여부를 물어 불신임을 받아 사임하고 조기 총선이 치러졌다.

통해서만 가능하다. 또 정치적 의사결정 과정에서 의회-총리 간 충돌이 발생할 경우 대통령은 비상상태 선언 등 이 위기를 조정하는 역할을 수행한다(Schmidt 2007: 37). 이 지점에서 독일 총리-의회의 상호 견제기능은 연방대통령을 통해서 중재된다. 그래서 독일 연방대통령은 비록 간선으로 선출되지만 정치적으로 가벼운 존재가 아니다. '군림하나 통치하지 않는' 유럽 의원내각제 국가의 국왕 이상의 헌법적 존재이다. 종합하면 독일의 정부제도는 간선 대통령과 제한적 수준에서 권력이 분점되는 총리의 대(對)의회 우위 이원집정부제에 근접한다.

결론적으로 독일 합의제 권력구조에는 다수 비트플레이어들과 다양한 공치제도(co-governing institutions)가 작동한다. 따라서 정책결정-입법 회로가 제약되고 유의미한 정책개혁이 지체되며 정치적 비용을 야기한다. 특히 독일 헌정체제의 정치적 인풋-아웃풋 간극(input-output gap)을 확대하는 원인으로 작용한다. 즉 정치적 인풋의 과잉현상이 정책결정 능력을 떨어뜨리며, 정책 아웃풋의 질과 양을 훼손할 여지가 있다. 정치적 인풋-아웃풋 간극은 독일정치의 긴장을 조성한다. 그러나 그것이 독일 합의제 헌정체제를 마비시킬 정도의 위기를 야기한 것은 결코 아니다. 제도가 정치적 선택과 정책을 결정하지는 않기 때문이다. 정책·입법과정에서 고도의 제도적 탄력성과 적응력을 견지하고 있으며, 그에 참여하는 모든 정치행위자들의 협력에 의해 정치적 인풋-아웃풋 간극을 줄이고 있다(제12장 참조). 요컨대 독일 합의제 헌정체제의 정치적 의사결정 제도는 지속적으로 갈등조정과 문제해결의 전제조건으로서 협력-상생-합의 정치로 작동한다.

그런데 앞서 언급한 것처럼 독일식 정부제도는 대통령-의회에 대한 총리우위 이원집정부제에 근접한다. 순수 의원내각제 그 자체가 아니다. 이는 독일의 '건설적 불신임제'에 근거한다. 따라서 한국의 독일식 정부제도는 순수 의원내각제의 약점인 잦은 내각교체에 따른 정치불안을 피할 수 있으며, 특히 한국 87년 헌정체제의 제왕적 대통령 권력독식을 일거에 해소할 수 있다. 그러나 이건 피상적 관찰이다. 독일식 정부제도는 이를 주도하는 총리를 연방하원에서 선출한다는 점에서 의원내각제의 성격을 갖는 것도 부인할 수 없다. 주지하듯이 유럽 입헌군주국의 내각제는 예외 없이 통치권은 없으나 누구도 범접할 수 없는 전통적 존엄성(dignity)의 위상으로 숭배되고 초당적으로 군림하는 국왕이 존재한다. 국왕은 국정혼란이 국가혼란으로 비화되는 것을 막아주는 구심력 역할을 수행한다. 물론 독일식 정부형태에는 비록 간선이지만 의회-총리 간 충돌이 발생한 경우 이를 조정하는 초당적인 '대통령'이 존재한다. 그러나 한국의 독일식 정부제드에서 과연 간선 대통령이 국회-총리 간 정면충돌로 인해 국정이 난조에 빠지는 비상상태가 발생한 경우 이를 제대로 수습·조정할 수 있을지는 자못 회의적이다. 무릇 국가는 대내적으로 국민을 통합하고 대외적으로 국민을 대표하는 부동의 존엄한 국민직선 국가원수가 필요하다. 국민직선 대통령은 극단적인 남북갈등이 엄존하고 국왕이 존재하지 않는 대한민국 공화국에는 더욱 필수적인 헌법적 존재이다. 따라서 독일식 간선 대통령제는 한국의 대안적 정부제도로서 부적합하다.

현실적으로도 독일식 간선 대통령제-총리 중심 정부형태는 국민적 동의를 얻기가 쉽지 않다. 국민직선 대통령제는 한국 민주화운동의 상징이고 이제 한국화로 착근했으며 제도적 내구성을 갖게 되었다는 점에서 그렇다. 게다가 한국 재벌은 국민직선 대통령을 매수할 수는 없지만 한국 특유의 관료-언론-종교-법조계 등과 견고한 상층부 카르텔을 구축하고 총리(내각)와 의원을 정경유착의 연계 고리로 삼아 자신들에게 유리한 정책·입법을 압박할 경제적, 정치적 자원을 갖고 있다. 더욱이 현형 단순다수대표제-거대양당체제가 비례대표제-이념블록 다당체제로 재편되지 않는 정치지형 속에서 단순히 독일식 정부형태만을 도입할 경우 지역중심의 '새누리당 vs 새정치연합' 구도의 정치적 양극화는 재현될 것이 확실하며, 그 양대 정당의 이념적 지향성을 고려할 때 계급·계층 갈등의 조정정치 공간은 협소해질 밖에 없다. 바로 영국 내각제가 그렇다. 영국 권력구조는 예외적으로 보수당/자민당 연정(2010~2015년 5월)이 구성되기도 했지만 전통적으로 단순다수대표제-양당체제 틀 속에서 총리소속 집권당이 단독으로 의회-행정부를 동시에 장악하는 절대적 권력독점기제를 내장한다(Lijphart 2012: 10-15). 이로 인해 영국 권력구조는 제로섬게임의 정치적 양극화 현상을 보인 전형적인 다수제 헌정모델이다. 요컨대, 선거제도-정당체제가 합의제 모델에 접근하지 못한 한국 헌정체제의 독일식 정부형태는 제도적으로 '번지수'가 맞지 않다.

(2) 오스트리아 분권형 대통령제

오스트리아는 1919년 의원내각제를 채택했으나 정국불안이 가중되어 1929년 사회주의 진영과 가톨릭 진영 간의 정치적 타협으로 대통령-총리로 이원화된 합의제 권력구조인 분권형 대통령제 개헌을 단행했다. 이 헌법은 독일나치의 합병으로 잠시 폐기되었다가 전후 다시 부활했다. 대통령은 6년 임기로 국민직선 국가수반이다. 오스트리아 헌법은 대통령에게 의회소집·해산권, 긴급명령권·군통수권·외교권 등도 제한적으로 행사하도록 하고 있다. 이처럼 대통령은 상당한 헌법적 권한을 보유하고 있음에도 실제론 오스트리아의 역대 대통령은 그 헌법적 권한 행사를 자제하고 대외적으로 국가를 대표하는 데 치중하는 대통령문화의 전통을 보였다(Pelinka and Rosenberger 2000: 116; Müller 2003: 89-90). 반면 내각을 통할하는 총리는 전반적인 일반 내정권은 물론이고 사실상 국방권·비상대권까지 행사하며 외교권인 경우 EU 정상회의에도 참석한다. 총리·각료는 의회에서 불신임 투표에 의해 해임되며 관습적으로 내각은 만장일치제로 의사결정을 한다(Müller 2003: 104). 종합하면 오스트리아 권력구조는 헌법적으로나 실질적으로 대통령제적 특색이 약한 총리우위의 정부형태다.

그러나 정부구성·운영에서 대통령 권한행사가 전무하는 것으로 인식하는 것은 오해이다. 대통령은 법안 거부권을 보유하지 않지만 서명·공포한다. 또 대통령은 통상 하원 다수당 지도자를 정부수반인 총리로 임명하고 총리의 제청과 의회 동의를 얻어 각료 임면권을 행사한다. 특히 선거결과가 모호한 경우 연방대통령은 정부구성 과정에서 상당한 권한을 행사할 수 있고 총리를 포함한 정부구성을 주도할 인사(*formateur*)를 지명한다(Müller 2003: 90). 예컨대 1999년 총선결과 사민당이 다수당이고 자유당이 국민당을 압도하여 제2당이 되었을 때 연방대통령은 정부구성권을 국민당 대표에게 요구했다. 따라서 오스트리아 국민직선 대통령은 '군림하나 통치하지 않는' 유럽 의원내각제국가의 국왕과 같은 존재는 아니다. 그렇다고 오스트리아 정부제도에서 대통령에 대한 총리우위 현상이 희석된 것은 아니다.

한국의 오스트리아식 분권형 대통령제는 오스트리아 사민당/국민당 대연정처럼 새누리당/새정치연합 대연정을 제도적으로 강제하여 전형적인 합의제 정부유형을 유도할 수 있다. 그래서 현행 제왕적 대통령의 적폐에 비판적인 정치권(새정치연합·새누리당 일부)이 선호하는 듯하다(우윤근 2014: 62). 무엇보다 새누리당/새정치연합 대연정의 강점은 거대 양당이 정부구성에 참여함으로써 정부의 대표성을 높이며, 야당의 방해를 잠재우고 의회의 안정적 의석을 동원하여 정책개혁의 입법과정을 효율적으로 통제할 수 있다는 지점이다. 공무원연금개혁·무상복지재조정·노동유연화와 같은 복지재편-노동시장구조조정 등 비인기 정책개혁인 경우 새누리당-새정치연합 간 합의를 통해 정책개혁에 따른 정치적 책임·리스크를 분산·공유시킬 수 있다.

그러나 한국의 오스트리아식 분권형 대통령제는 제도적, 기능적 함정이 잠복돼 있다. 먼저 오스트리아식 분권형 대통령제가 구조적으로 강제하는 대연정은 지역할거 정치의 주역인 새누리당-새정치연합 간 '정치적 카르텔'의 고착화를 유발할 수 있다. 이로 인해 야권에는 정치력이 취약한 군소정당만 남게 되므로 실제로는 야당 부재현상과 정책적 대안의 실종을 초래한다. 또 새누리당/새정치연합 대연정은 무소불위의 권력을 남용할 수 있으며 양대 정당이 연정체제 내에서 갈등을 일으키는 경우 오히려 정책정체·교착(policy gridlock) 상태의 장기화를 불러올 수도 있다. 또 권력부패·횡포에 따른 만성적인 '대연정 피로'(grand coalition fatigue)가 누적되는 경우 극단적인 포퓰리즘 세력이 발호하여 한국 정치판이 요동칠 수 있다. 대연정의 이러한 재앙적 시나리오는 실제로 오스트리아 분권형 대통령제에서 장기간 지속된 사민당/국민당 대연정하에서 발생했다(제14장). 또 독일 총리우위 정부형태에서처럼 한국의 오스트리아식 총리우위 분권형 대통령제에서도 재벌은 새누리당-새정치연합-총리(내각) 사이에 정경유착의 끈끈한 '끼리끼리 커넥션'을 구축하여 거대한 권력형 부패구조를 낳을 소지가 상존한다.

둘째, 지역중심 거대양당 독과점체제-오스트리아식 분권형 대통령제 간 제도조합의 또 다른 악성 시나리오가 그려질 수 있다. 즉 새정치연합 호남출신 대통령-새누리당 영남출신 총리 간 조합방식의 동거정부가 구성되는 경우 대통령-총리 간 권력충돌에 따른 영호남 지역갈등이 확대 재생산될 것이 확실하다. 더욱이 대통령-총리 권력갈등은 국민과 국회에서 대통령 지지세력과 총리 지지세력 사이의 충돌을 촉발할 것이며, 이로 인해 국정과 시민사회는 걷잡을 수 없는 대재앙의 늪에 빠질 수 있다. 설령 다당제-오스트리아식 분권형 대통령제 간 조합인 경우라 하더라도 다당제의 정당정치가 이분법적으로 블록화 현상을 보이면 현행 한국 다수제 헌정체제의 양당제-대통령제-갈등정치 현상이 재현될 것이다. 실제로 국민당/자유당 연정(2000~06) 시기의 오스트리아 다당제-분권형 대통령제가 좌우 양대 이념블록 간 양극적 경쟁양상을 야기했고 의회-행정부 간 이념적 분극화와 갈등이 촉발되었음을 상기할 필요가 있다(제14장).

셋째, 오스트리아식 분권형 대통령제에서 대통령이 국방·외교 분야를 전담·전문화할 수 있다고 하지만, 영세중립국 지위를 가져 안보위협이 없는 오스트리아와는 달리 대한민국은 분단국가 위기에 지속적으로 노출되어 있다. 또 오스트리아식 분권형 대통령제에서의 외정과 내정의 경계도 모호하다. 예컨대 자유무역협정(FTA)체결·국가보안법개폐·남북관계는 외치의제인가 내치의제인가? 내치와 외치 간 영역 분쟁이 발생할 때 정치의 사법화 현상이 빈발할 수 있다. 이런 점에서 오스트리아식 분권형 대통령제 그 자체가 바로 합의제 정부형태로 치환될 수는 없다. 따라서 우리는 분권형 대통령제가 합의제 정당정치와 조합되었을 때 비로소 권력분점이라는 그 제도적 실효성을 기대할 수 있는 정부형태라는 점을 명심해야 한다.

결국 (1)과 (2)의 논의의 맥락에서 독일·오스트리아 합의제 헌정체제가 한국에 던지는 이론적, 경험적 메시지는 어떻게 선거제도 개혁을 통해 다당제-연합정치로 이어지는 수평적 권력분점을 제도화할 수 있느냐에 관한 새로운 인식이다.

4. 합의제 헌정체제의 하부구조

1) 독일식 권력분점 비례대표제

선거제도는 사회균열구조와 정당체제 형성을 상호 매개하는 기제이다. 사회갈등과 분열을 대표하고 관리하는 정당체제를 규정하는 독립변수가 선거제도이다. 선거제도의 변화는 정당체제의 변화를 불러오고 정당체제의 변화가 궁극적으로 헌정체제에 영향을 미친다.

선거제도에는 소선거구 다수대표제, 비례대표제, 소선거구-비례대표 혼합제 등 세 범주가 있다. 균열된 사회 혹은 정치적 대립과 긴장이 상존하는 사회에서 소선거구 다수대표제는 제로섬적인 경쟁을 유발하고 소수파의 권력 참여기회를 항구적으로 박탈시킬 개연성이 높다. 이념·계급·계층·지역·세대 등의 양극화 현상을 보인 사회에서 소수집단을 권력으로부터 무한정 배제한다면 이는 긴장과 갈등을 촉발시키는 요인이다(Diamond 1999: 104). 반면 비례대표제는 이념·계급·계층·지역·세대 등의 균열에 따른 모든 주요 그룹들이 비례성 원칙에 따라 의회에서 대표되도록 한다. 따라서 소수파도 자신들의 정치적 대표를 선출할 수 있다. 비례대표제를 선택하는 경우 최우선적으로 중요하게 고려해야 하는 기준은 높은 비례성-대표성 보장, 유권자-대표 간의 과도한 거리감을 불식하는 선거구 설정, 유권자가 명부상의 개별 후보자가 아닌 정당을 선택하는 폐쇄된 명부작성 등이다(Taagepera 2002: 257-258).

이런 관점에서 볼 때 소선거구 단순다수대표제와 비례대표제를 독립적으로 결합하는 현행 승자독식의 국회의원 선거제도를 개편하여 지역적 이해 이외에 시민사회-시장사회의 다양한 선호와 이익, 이에 따른 균열과 갈등이 정치사회에 반영·대표되도록 하는 선거제도가 필요하다. 즉 합의제 헌정모델의 첫 제도적 인과메커니즘인 정당명부 비례대표제 강화이다. 이는 양대 패권정당이 국회권력을 독과점하는 구도를 혁파하고 정당 간 입법권을 분점·공유하는 의회정치를 견인하기 위한 것이다. 거대 양당정치의 양극화와 원심력을 촉발하는 현행 승자독식 선거제도가 유지되는 한 제아무리 현미경적 공천 검증시스템을 통해 국회의원을 '천하의 인걸'들로 '바꿔봐야 그 놈이 그놈'이라는 게 일반적인 국민 정서이다. 한국의 국회의원 인물교체는 세계 유례를 찾을 수 없을 정도로 '물갈이' 되어 왔다. 그런데도 한국 정당-국회 정치의 작태는 "변하면 변할수록 옛 모습을 닮아가고" 있지 않는가. 그렇다면 이젠 '물통'을 바꿔야 할 시점이다. 대한민국 정치를 재건축하는 데 '목수'가 아니라 '연장'을 교체해야 한다.

이러한 문제의식에서 제18장은 정당 간의 국회권력 분점을 유인하는 고(高)비례성 선거제도로 독일식 권력분점 비례대표제를 상정한다. 즉 인물본위의 소선거구 단순다수대표제와 정당본위의 비례대표제가 유기적으로 결합하는 '2표 연동혼합형'이다(Schmidt 2007: 131-134).[9] 유권자는 선거에서 한 표는 지역구 후

9) 새누리당 일각에서 '권역별 비례대표 확대-지역구 축소 병립제'(일본식 병립혼합제)안을 제기하고 있다. 하지만 이 선거제도는 새누리당-새정치연합, 지역분할 중심의 폐쇄적인 거대 정당 독과점적 구조를 재현시킬 게 확실하다. 물론 형태는 권역별로, 내용은 직능·전문가·소수파·연

보(소선거구 투표)에게, 다른 한 표는 선호하는 정당(정당투표)에 행사한다. 정당투표는 전국적으로 합산된 후 정당별로 득표율에 비례하여 각 중앙당에게 의석수가 할당된다. 각 중앙당에게 할당된 의석수는 다시 각 권역별(주)의 득표율에 따라 주별 의석수를 각 권역별 지방당에게 배분된다. 그리고 권역별로 배분된 의석수에서 각 당의 지역구 당선자수를 빼면 권역별 각 당의 비례대표 의원수가 된다(선학태 2005: 177-178).

이러한 독일식 권력분점 비례대표제는 소선거구 단순다수대표제와 정당명부 비례대표제가 '독립적으로 결합'하는 현행 '2표 병립혼합제'와 일정 부분 유사한 측면이 있어 유권자들의 제도적 생소함·거부감을 불식하면서도 순수 비례대표제와 동일한 효과를 기대할 수 있다. 또 어느 정당이든 전국적으로 지지율만큼 의석을 점유함으로써 정당의 득표율-의석점유율이 거의 비례하며 정당중심의 비례대표제와 지역중심의 단순다수대표제 간의 유기적인 연계 기제가 작동하여 계층·세대·생태 대표성과 지역대표성이 절묘하게 조합된다. 이러한 의미에서 레이파트도 독일식 비례대표제를 갈등과 분열이 상존한 사회의 선거제도로 권고했다(Lijphart 2004: 101-102). 선거제도의 불비례성을 최소화하고 유권자-대표자 간의 거리를 좁힌다는 측면에서 신생민주주의가 채택할만한 제도라는 것이다. 하지만 한국의 독일식 선거제도 채택에 관한 몇 가지 쟁점이 제기되고 있다.

첫째, 비례대표 의석의 확대 문제이다. 지역구 축소, 아니면 현행 지역구 의석수를 유지하면서 전체 의원정수 확대로 접근할 것인가의 논쟁이다. 전자는 현역 의원들의 저항이 따르는 반면, 후자는 국민적 저항을 불러일으킨다. 그런데 인구규모, 국회업무량 등을 고려하여 전체 의원정수 확대가 전문가들의 공통된 견해이다. 다만 후자의 경우 국민적 저항을 고려하여 면책특권·의원세비·보좌관수 등 국회의원의 유무형 특권과 혜택을 유럽 소국들의 수준으로 대폭 축소하거나 폐지하여 국민적 설득과 동의를 얻어야 한다는 전제가 선행되어야 한다.[10]

령별로 명부를 작성하면 그 폐단을 극복할 수 있다는 시각도 있다. 그러나 영호남 지역구 투표 및 권역별 정당투표 모두 지역주의 투표로 인해 새누리당-새정치연합의 지역프리미엄이 권역별로 여전히 유지될 것이다. 2012년 말 총선에서 일본 자민당은 중의원 총 480석 가운데 소선거구(300석)에서 237석(79%)을 휩쓸었고 비례대표 의원을 합하면 근 300여 석을 독식했다.

10) 합의제 민주국가들의 정치인들에겐 별다른 특권과 기득권이 없다. 의원들이 자전거를 타고 출

둘째, 정당명부 후보·순위 작성방식이다. 비례대표 확대의 정치적 효과는 정당지도부의 하향식 방식이 아니라 일반 진성당원의 의사가 반영되는 상향식 방식이 전제되어야 한다. 상향식 명부 작성방식은 개방형과 폐쇄형 등의 논쟁이 있다. 전자인 경우 유권자에게 정당명부의 특정 후보에게 투표하게 함으로써 그들의 선호를 직접 비례대표 순위에 반영한다. 그러나 이 제도는 스위스·브라질 등 사례가 브여주듯이 유권자들의 인물본위 선택을 유도함으로써 정당투표의 정치적 효과를 반감시킬 우려가 있다. 이 점에서 후자가 비례대표제의 취지에 부합한다. 즉 당 공천심사위원회(혹은 공천배심원단)는 면접·토론을 통한 비례대표 명부 후보 자격만을 심사하고 후보 선정·순위 결정은 전적으로 일반 진성당원들의 투표에 의해 결정한다. 중앙당은 경선과정의 불공정 문제가 발생한 경우가 아니면 비토권을 행사하지 않고 최종적으로 추인하는 절차만 관장한다.

셋째, 정당의 지역구 후보 선정방식이다. 새누리당의 다수 유력 정치인들은 국회의원 후보 공천권을 국민에게 되돌려 주자는 명분으로 오픈프라이머리 도입을 주장한다. 심지어 그 법제화 조짐을 보인다. 당내 패권적 계파정치에 의한 공천방식을 청산하여 공천과정을 투명하게 하고 유권자의 정치참여를 확대함으로써 유권자와 소통하는 개방정당 등 상향식 정당민주주의를 촉진한다는 것이다.

하지만 오픈프라이머리는 유럽 합의제 민주국가에선 실시되지 않고 미국 다수제 모델의 전형적인 지지자 중심의 공천방식(33개 주)이다. 정치자금·조직 동원능력을 가진 현역의원·지역토호세력이 지역구 후보 독식 가능성이 높아지는 반면, 신진인사·신생정당의 무덤(진입장벽)이 될 공산이 크다. 무엇보다 정당정치를 붕괴시킨다. 공천과정에 아무런 권리행사 기회를 갖지 못하는 당원들이 당을 떠나고 당원 없는 정당공동화 현상으로 인해 최악의 경우 엘리트만 남는

퇴근하기에 의사당 주변에 주차장이 없는 덴마크, 보좌관·의원실·금배지가 없는 의원직을 그저 파트타임 봉사직으로 여기는 스위스, 서류가방을 챙겨 들고 걸어서 출퇴근하는 의원들이 영락없이 이웃집 아저씨의 인상으로 비쳐지는 네덜란드, 보좌관-관용차 등 특권은 없는데도 업무량이 많아 극회의원 이직율이 30%에 이르는 스웨덴, 대통령 관저 바로 앞으로 오고가는 수많은 차량과 인파로 넘쳐나는 핀란드, 엘리트 독무대였던 정치판의 이단아 룰라의 정치에 의해 87%라는 미증유 경이로운 지지율로 '영광과 기적의 8년 드라마'를 연출했던 브라질, 이 모두는 합의제 민주주의 국가들에서 볼 수 있는 풍경이다. 특권과 기득권, 권력과 부의 상징인 대한민국 국회의원-대통령과는 너무나도 다른 모습이지 않는가.

사태가 발생할 수도 있다. 또 정당들이 국민전체를 대표하는 존재로 경쟁해야 하기 때문에 이념적 정체성(정당의 영혼)을 갖고 사회 내 특수·부분 이익을 조직하고 대표하는 정당의 존립근거를 약화시킨다(박상훈 2007: 311). 그 경우 정당은 차별화된 정책비전과 가치를 갖고 사회의 계급·계층·세대·생태 등 특수이익, 특히 빈곤층·비정규노동과 같은 사회경제적 약자의 부분이익을 제대로 대표할 수 없다. 이러한 정당의 대표성 약화는 책임성 약화로 이어진다.

예컨대 빈곤층·비정규노동을 대표하는 진보좌파 정당의 국회의원 후보를, 당적 유무와는 관계없이 일반국민에 의해 결정한다면 당선된 후 그들 의원들은 소속정당의 대표성·책임성에 충실할 수 없다. 따라서 정당의 지역구 후보 선출방식도 합의제 정당정치모델에 부합해야 한다. 즉 비록 새누리당이나 새정치민주연합 모두 진성 당원 부족, 특정 지역정체성을 갖는 당원구조 등 현실적 한계가 존재함에도 일반 당원들의 자유투표에 의해 선출하는 방식이 정당정치의 정상화를 위해 필요하다. 그래야 각 정당의 진성 당원이 증가하고 정당정체성을 담지·공유한 인사가 후보로 선출되며 정당 간 정책·가치 경쟁을 통한 정당정치의 정상화를 꾀할 수 있다. 이 경우 선거과정에서 후보는 자신의 개인적인 정책·정치철학을 개진하는 것이 아니고 소속정당의 정강정책을 대변하며, 따라서 후보의 발언은 신뢰와 무게가 실려 유권자를 설득시킨다.

2) 권역별 비례대표-소선거구 연동제의 함정과 대안

독일식 비례대표제 관련하여 가장 중요한 쟁점은 2015년 2월 중앙선관리위원회가 제안한 '권역별 정당명부 비례대표제'이다. 전국을 6개 권역으로 나눠 인구수를 기준으로 권역별 의석수(지역구+비례)를 배정한 뒤, 각 정당은 권역별 득표율에 비례하여 의석수를 배분받고 그 의석수에서 권역 내 소선거구 의원당선자 수를 공제해서 비례대표 의원수로 확보하는 등 독일식 선거제도의 변형인 이른바 '권역별 비례대표-소선거구 연동제'이다. 이 선거제도는 사표 최소화, 투표가치의 평등, 지역민의 정치효능감 증진, 지역인물 발굴, 지역당 출현(정당법개정시), 지방정치 활성화, 유권자의 정당 선택 폭 확대, 특정정당의 특정지역 의석싹쓸이 차단, 영·호남에서의 경쟁정치 출현, 정당중심 선거운동·투표, 당권파의 비례대표 전리품 방지, 계파정치의 온상 제거 등 다목적 개혁카드이다. 무엇보다

소수정당의 국회진출 기회가 높아져 현행 거대 양당 권력독과점 체제가 혁파되고 표의 등가성·비례성을 높여 다당제-연합정치가 제도화되며, 이로써 한국 정당정치 패러다임이 양극적 갈등정치를 촉발하는 '다수제'(majoritarian)에서 구조적으로 협치(協治)할 수밖에 없는 상생공득의 '합의제'(consensual)로 바뀌는 변곡점이 마련될지 모른다. 따라서 작금 '권역별 비례대표-소선거구 연동제'를 파격적인 선거제도로 평가하는 야권·학계·시민단체의 공감대가 확산되고 있다.

중앙선관위의 권역별 비례대표제는 독일식 비례대표제와 차별성이 있다. 즉 독일식 비례대표제는 정당투표를 전국적으로 합산한 후 각 정당별 득표율에 비례하여 각 중앙당에 의석수를 할당하고 각 중앙당이 권역(주)별로 지방당의 득표율에 따라 의석수를 배분한다. 유사점은 권역별로 정당명부가 작성되는 데 있다. 독일의 권역별 정당명부제는 연방제-양원제의 반영이다. 연방상원은 연방하원을 통과한 법안에 대해 비토권을 행사할 수 있는데 이는 주의 이해관계를 보호해 주는 강력한 정치적 안전판이다. 따라서 정당명부가 권역별로 작성되어도 연방하원 비례의원들이 협소한 권역별 이해관계에 매몰되지 않고 전국민적 공공재 확대를 놓고 정책 경쟁한다. 독일사례는 권역별 정당명부제가 비록 제도적 인과관계까지는 아니어도 무릇 연방제-양원제와의 제도적, 기능적 친화성이 존재하고 있음을 시사한다. 그렇다면 중앙선관위의 권역별 비례대표제가 한국의 중앙집권제-단방제와 순기능적으로 조합될 수 있는가에 의문이 제기된다. 권한·재정이 중앙정부에 집중된 점을 고려할 때 숱한 역기능이 우려되고 있다.

① 권역별 유권자들이 지역구투표나 정당투표 모두 집단적으로 동일한 정당에 전략적 지역주의 투표를 행사하여 기존 양대 패권정당의 지역프리미엄이 권역별로 지속되고 결과적으로 지역분할 양당체제가 온존할 개연성이 높다. 이 구조에서 진보좌파 정당이 지속적으로 과연 국회 교섭단체 구성에 필요한 의석 획득에 성공할지는 회의적이다. ② 지역구투표에서 유권자들이 특정 정당후보들에게 지역주의적 몰표를 몰아주어 다수 초과의석이 발생할 경우 권역 내 비례대표 의원이 한 명도 없는 사태가 발생할 수도 있다. 권역별 비례대표제에서는 특정 정당이 권역별 득표율에 따라 배당된 의석수보다 더 많은 지역구 의석을 획득하는 경우가 발생할 수 있기 때문이다. 그 결과 일부 권역의 경우 특정

정당은 지역구 의원만 있지 비례대표 의원은 한 명도 채우지 못한다. 예컨대 초과의석이 발생한 경우 새정치연합은 호남권에서, 새누리당은 대구·경북권과 부산·경남권에서 비례대표 의원을 선출하지 못하는 경우이다. 권역을 대표하는 비례의원 선출을 목적으로 하는 제도에서 권역별 비례대표 의원을 한 명도 배출하지 못하는 사태는 권역별 비례대표제의 도입 근거를 무너뜨린다. ③ 새누리당-새정치연합 간 의석의 영·호남 교차배분(당선)을 통해 특정 정당의 지역 의석독식을 해소하는 대가로 기존 거대 양당의 폐쇄적인 국회권력 독과점구조는 크게 개선되지 않는다.

④ 지역구 의원이나 비례대표 의원 모두 경제민주화-경제성장-복지-생태 등 전국민적 공공재보다 권역별·지역구 현안사업·이슈(이해관계)를 챙기며 국가재정을 빼오는 정치브로커로 전락한다. 권역별 내 지역구·비례대표 의원들의 사활적인 목표는 재선과 정치생명 연장이다. 이를 위해 그들은 공공재의 정책의제화-입법화보다는 권역·지역구 홍보용 업적 쌓기에 전전반측 '불면의 밤'으로 지새운다. 여기엔 여야가 따로 없다. 순천·곡성 새누리당 이정현 의원의 '예산폭탄론'이 이를 상징한다. 바로 이런 정치행태가 지역주의 정치가 아니고 뭔가. 물론 지역대표성은 주요 가치이다. 그러나 지역개발은 '황금알'을 낳지 않으며, 지역 내 계급·계층·세대 간 불평등을 교정하지 못한다. 권역별 비례대표 의원들까지도 소선거구 단순다수대표 의원들과 유사하게 권역 내 협소한 이해관계에 집착하는 정치행태에 익숙해진다. 이러한 정치행태는 권역별 비례대표제하에서 지역패권 정당의 제2·3중대 정당들이 출몰하고 지역중심 정당 간 지역연합적 성격의 연립정부가 출현하는 경우 더 악화된다.[11] ⑤ 권역별 인구수를 고려할 때 호남·충청권 의석수가 급격히 줄어들고 인구밀집 수도권 의원들이 사실상 국회를 장악하여 권역별 대표성의 심각한 불평등이 발생한다.

이런 제도적 결손은 연방제-양원제 국가인 브라질·스위스의 권역(주)별 비례

11) 야권·전문가들은 권역별 비례대표제가 지역주의 정치구도를 청산할 것으로 인식한다. 그런데 1991년 반호남의 3당합당에 기반한 김영삼 정부, 1997년 DJP연합에 기반한 김대중 정부의 수립은 지역주의 구도를 악화시켰다. 특히 DJP연합은 호남을 중심으로 한 저항적 지역연합을 구축함으로써 호남-충청 지역연대 연립정부를 구성하는 데 성공했지만 지역정당 간에 오직 정권장악이라는 정략적 목표에 의해 형성되었기 때문에 되레 영호남의 균열구조는 악화되었다. 지역에 기반을 둔 연립정부는 정략적 유용성은 있을지 모르나 되레 지역균열구조를 고착시킬 우려가 높다.

대표제에서 현실화되었다. 브라질 하원의원들은 소속 주 유권자들의 다양한 요구와 압력에 시달리고 소속정당의 정체성을 따르기보다는 주의 지역적 이해관계에 충성하는 의정활동을 펼치며, 이로 인해 대통령은 입법지지 의원을 동원하기 위해 특정 주에 무리한 지역적 특혜를 쏟아 부어야한다. 게다가 의원-이익·연고집단 간의 수혜-후원 관계로 인한 부패구조가 고착화되고 있다, 스위스에서도 주 유권자들은 특정정당의 후보(선호투표)에게 집단적으로 투표함으로써 하원의원들이 극가적 정책의제보다는 주별 특정 이익·연고 집단들에 포획되고 지엽적 이해관계에 집착하곤 한다.

이와 같은 맥락을 고려할 때 중앙선관위의 권역별 비례대표제가 한국민주주의의 '골병'을 야기한 지역주의 정치에 균열을 가져 올 것이라는 많은 야권·정치논객들의 예측은 너무나 '일차원적'인 인식이고 '단세포적'인 사고이다. 권역별 비례대표제가 새누리당-새정치연합 간 영·호남 의석 교차당선을 통해 특정 정당의 지역 의석독식을 해소한다고 해서 이게 어떻게 지역주의정치 타파로 볼 수 있는가? 탈지역주의 정치의 해법으로 단순히 전국에서 의석을 가진다는 의미의 전국정당화를 시도하는 건 지역주의정치의 본질을 꿰뚫지 못한 대증요법에 불과하다.

중앙선관위의 권역별 비례대표제는 한국민주주의에 교각살우의 정치재앙을 불러올 선거제도이다. 권역별 비례대표제 하의 의원들은 재벌 경제력집중, 노동시장 이중구조, 청년실업, 비정규직차별, 소득·부 양극화, 수도권-지방 불균형 등 산적한 공공악재에 태클하기보다는 권역별 지역대표성에 충실하는 정치형태를 연출할 것이다. 결국 권역별 비례대표제는 중앙정부와 국회에 독점되고 있는 정책결정권-재정권-입법권에서 파생하는 각종 예산·이권·특혜를 쟁취하기 위한 '6개 권역별 지역이기주의의 춘추전국시대'를 제도적으로 뒷받침하는 제도이다. 한마디로 권역별·지역구 중심 정치의 중앙화이다.

이러한 정치적 불행한 사태를 차단하기 위해 비례대표 정당명부는 '권역별'이 아니라 '전국단위'로 작성하는 것이 한국 중앙집권제 틀과 제도적 상합(institutional congruence)을 갖는다. 전국단위의 정당명부제는 국회의원들로 하여금 협소한 지역의제보다 전국적 전사회적 정책의제 패키지 개발을 하도록 유도하는 제도적 인센티브로 작용한다(Stratmann and Baur 2002: 506, 513).[12] 따라서 한국의 독일식 권력분점 비례대표제는 전국단위의 정당명부-정당득표율-의석배분 방식으로 변형되는 것이 제도적, 논리적 순기능성을 갖는다. 이 경우 각 정당의 비례의석은 정당득표율에 비례하여 중앙당에 할당된 의석수에서 각 당의 지역구 당선자 총수를 뺀 의원수이다. 이 방식은 전국적 명사정치와 보스정치를 야기할 우려가 없지 않으나 비례대표 의원들로 하여금 '국민대표'의 역할에 충실하고 경제민주화-경제성장-복지-생태 등 전 국민적, 사회적인 보편적 공공재에 관심을 갖도록 유도한다. 독일식 비례대표제 하에서 정당은 공공재 생산에 관한 정책정당이 되는 것이 정치시장에서 살아남아 집권할 수 있는 유일한 길이다.

독일식 비례대표제를 변형시킨 이 같은 '전국단위 비례대표-소선거구 연동제'는 유권자의 전략적 투표를 줄이고 진성투표(sincere voting)를 유도하여 특정 정당이 과반의석을 차지하는 패권정당의 출현을 허용하지 않기 때문에 한국사회의 다양한 갈등과 분열을 조직하고 대표하는 정당체제를 창출한다.13) 이러한 정당체제는 실업·비정규직·소득불평등·보육·교육·브건의료·주택·환경·양로·장애·저출산·고령화 등 사회경제적 어젠다, 즉 '먹고사는' 생활이슈를 둘러싼 다종다양한 이해관계와 요구를 대표하도록 정책과 가치에 따라 경쟁하는 이념블록 다당제로 재편성된다.

---

12) T. Stratmann과 M. Baur는 권역별 비례대표-소선거구 연동제의 독일 선거제도에서 나타난 소선거구 의원들과 비례대표 의원들의 정치행태를 경험적으로 비교분석했다. 그들에 따르면 선심성 지역 예산배분정치(pork barrel politics)는 지역구에서의 재선에 유리한 예산배분·서비스 제공이 가능한 의회 상임위원회(건설·농업 등) 배정을 선호하는 소선거구 의원들의 정치행태이다. 반면 비례대표 의원들의 정치행태는 전국 정당득표율에 따라 의석배분이 결정되기 때문에 정당선거구(party constituencies), 즉 사실상 전국단위에 유리한 전사회적 정책의제 개발을 선호한다. 독일 정당들은 지역구 후보는 지방 명사를, 정당명부 후보는 정당의 이익그룹 전문가를 내세운다. 특히 정당명부인 경우 이익그룹이 정당명부상의 후보 순위를 결정하는데 영향력을 행사하기 때문에 비례대표 의원들은 이익그룹들의 이해관계를 해결해 줄 수 있는 상임위원회에 배치되고 싶어 하는 유인을 갖는다. 동시에 비례대표 의원들은 전국적 명성을 얻을 수 있는 상임위원회 배정을 희망한다. 전국적 명성은 권역별 정당명부 후보 순위를 결정하는 데 중요한 기준이 되기 때문이다(Stratmann and Baur 2002: 508). 이런 맥락에서 볼 때 선거제도는 의원들의 일상적 의정활동 패턴, 종국적으로 정책의제화-입법화에 중대한 영향을 미친다. 이런 관점에서 중앙선관위의 권역별 비례대표-소선거구 연동제인 경우 설령 정당명부는 권역별로 작성한다고 하더라도 정당의 의석배분은 독일처럼 반드시 전국단위의 득표율에 따라 이뤄져야 한다. 그래야 비례대표 의원들의 정치행태를 권역별 정책에서 전국적·전사회적 공공재 정책생산 선호로 바꿀 수 있다.

13) 물론 비례대표제에서도 '의석극대화' 혹은 '정책극대화'를 의도하는 전략적 투표가 발생할 수 있으나 선호한 연합정치 구성 확률을 높이기 위한 정책극대화 전략적 투표를 유도하는 경우가 많다(Hobolt and Karp 2010: 300, 302).

3) 이념블록 다당제

합의제 헌정모델의 관점에서 접근하는 정당체제는 민주주의의 사회적 맥락에서 천착한다. 이런 점에서 한국의 독일식 권력분점 비례대표제, 즉 전국단위 비례대표-소선거구 연동제는 뉴질랜드 사례가 보여주듯이 정당체제의 종(縱)적 차원에서 사회적 기반에 뿌리를 두고 비전·정책을 차별화하는 이념블록 다당제를 유인하는 기제이다. 이념블록 다당제는 한국사회의 계급·계층·이념·세대·환경·지역 등 복합적인 갈등과 분열을 조직·대표하고 정책과 가치에 따라 경쟁-협력 사이클이 작동하는 균형 잡힌 '진보좌파-중도-보수우파 블록'으로 재편되는 '무지개'(rainbow) 정당체제이다. 이는 대략 각기 30% 안팎 분포의 '진보좌파 vs 중도 vs 보수우파' 블록으로 다원화되고 있는 우리사회의 이념적 분화 현상을 반영하는 '포스트 87년 정당체제'이다. '포스트 87년 정당체제'는 현재 과잉 비대한 패권적 양당체제의 국회권력 독과점 현상을 축소하는 한편, 과도하게 왜소화된 진보좌파 세력의 정치적 외연 확장과 유의미한 국회진출을 요구한다. 독일식 권력분점 비례대표제는 그 방향으로 현행 왜곡된 비민주적인 87년 정당체제를 재편하는 선거제도이다.

정치권과 주류 정치학자의 일부는 다당제-대통령제 간 제도적 조합을 '죽음의 키스'로 인식한다. 제도적으로 충돌한다는 것이다. 이는 '단세포적'인 착시(錯視)이다. 1988년 13대 총선결과 집권당인 민정당(43.14%)이 원내 과반의석에 못 미쳐 DJ 평민당(23.75%), YS 통일민주당(20.07%), JP 공화당(11.70%) 등 야 3당이 과반을 차지하는 이른바 여소야대의 '4당분립체제'가 등장했다. 비록 지역주의 구도였지만 4당 간에 입법권 분점이 이뤄져 견제-균형, 협상-타협의 기제에 기초하는 '황금의 분할정치'가 작동했다. 소수 집권여당과 대통령은 법안 하나를 통과시키려 해도 야당의 협조가 필수적이었고 당시 통과된 법안들은 여야 합의에 의해 처리되었다. 다당제-대통령제 하의 분점정부가 합의제 모델식 국회-행정부 협치(協治) 기여했고 단점정부다 입법효율성을 높일 수 있음을 검증했다. 소선거구 단순다수대표제에선 비록 매우 '예외적'인 경우였지만 다당제-대통령 구조에서 정당 간 대화-타협정치가 작동한 것이다.

그러나 1990년 민정당-통일민주당-공화당 3당야합에 의해 민자당이라는 거대 여당이 등장하면서 국회는 여당의 날치기 통과, 야당(평민당)의 회의장 점거 등 변칙과 파행으로 얼룩졌다. 17대 국회(열린우리당 과반), 18대 국회(한나라당 과반)의 '막장드라마'도 이와 크게 다르지 않았다. 우리 정치사를 돌이켜보건대, 특정 정당이 단독 과반의석을 점유하고 단독 집권하면 제왕적 대통령은 야당과의 대화-상생 정치보다는 늘 '힘과 수의 논리'를 동원했다. 이런 맥락은 87년 헌정체제의 양당제-대통령제가 이념블록다당제-(분권형)대통령제의 제도적 조합으로 전환되어야 하는 이유이다.

다당제를 하부구조로 하는 이념블록의 정당체제는 이념적 '색깔'에 따라 정치인들의 '교통정리'가 이뤄진다. 즉 진보좌파 인사는 진보좌파 정당으로, 중도 인사는 중도정당으로, 보수우파 인사는 보수우파 정당으로 이동하여 가치지향성과 정책비전에 따른 정당정체성에 입각한 '포스트 87년 정당체제'로 재편된다. 바꿔 말하면 지역중심의 낡은 패권적인 거대 양당체제가 '탈지역적 계급·계층·세대·생태' 중심의 이념블록 다당체제로 전환된다. 이념블록 다당제는 국회-정부의 정치적 의사결정 과정에서 특정 정당의 권력 독과점화를 불허하여 대화-타협할 수밖에 없는 정치구조, 즉 포용-상생 원리가 작동하는 합의제 정치 공간을 확장한다. 특히 정치적 완충지대가 만들어져 이념적 양극화를 불식하고 보수우파 정당-진보좌파 정당 간 '비적대적 공존·상생' 정치도 가능하다. 또 정당투표에 따라 의석점유율이 결정되기 때문에 다당제 속의 각 정당들은 경쟁적으로 당 차원의 혁신을 하지 않으면 정치적 존립이 어려워진다. 인과론적 관점에서 볼 때 '정당 안'(intra-party)의 경쟁적 혁신은 정당 '사이'(inter-party), 즉 균형 잡힌 이념블록 다당제로의 정당체제 재편 속에서 촉진될 수 있다. 이념블록 다당제 하의 유권자들 또한 당선 가능한 후보에게 표를 던지는 전략적 투표가 아니라 정당의 정강정책을 보고 표를 주는 진성투표(sincere voting)를 행사한다. 이는 비례대표제 국가들의 유권자 투표행태에서 경험적으로 검증되었다.

나아가 이념블록 다당제는 지역주의 정치의 완화에 효과적인 정당체제이다. 노무현 정부의 지역균형발전정책-인사탕평책은 지역주의 정치의 완화에 성공하지 못했다. 이는 지역주의 정치가 비단 지역개발 차이와 인사차별의 시정만으로 극복될 수 없음을 시사한다. 특히 참여정부의 지역개발 정책은 중앙정부 예산과 개발이익을 둘러싸고 특정지역에 연고를 둔 정당 간, 지방정부 간에 긴장과 대립을 격화시켰다. 지역주의 정치는 지역에 기반을 둔 거대 양당체제의 폐쇄적인 기득권 독과점의 결과물이다. 따라서 탈(脫)지역주의 정치의 해법으로 단순히 전국(영호남 교차)에서 의석을 가진다는 의미의 전국정당화를 시도하는 것은 지역주의 정치의 본질을 꿰뚫지 못한 대증요법이지 원인요법이 아니다. 되레 그것은 독과점 양당체제를 강화할 우려가 높다. 따라서 탈지역주의 정치는 현재의 '탈계급적·탈계층적 지역' 중심의 양당체제를, 계급적·계층적 이해관계에 기초한 '탈지역적 계급·계층' 중심의 이념블록 다당체제로 접근해야 한다. 지역내부의 유권자가 계급·계층적 이해관계에 따라 정책프로그램을 보고 정당을 선택할 확률이 높아지기 때문이다.

5. 합의제 헌정체제의 상부구조

1) 이념블록 교차 연합정치-연정대통령제

선거제도는 사회균열-정당체제-의회-행정부를 이어주는 기제이다. 권력분점 비례대표제는 독일을 비롯한 서유럽 합의제 헌정체제에서 실제로 사회갈등-정당체제 사이를 매개하고 의회 입법권과 정부 행정권의 분점·공유를 상징하는 정당 간 연합정치의 제도화를 유인한다. 연합정치는 의회-행정부 관계를 조정하여 정책의 의제화·입법화를 통해 사회갈등을 조정 관리한다.

그런데 단순화하면 정당정치는 두 패턴이 존재한다(선학태 2005: 220-221). 영미식 다수제 정당정치(majoritarian party politics)는 양대 정당 간 제로섬적인 경쟁을 통해 다수의석을 획득하여 단독 정부구성과 운영을 추구한다. 그러나 이 과정에서 양대 정당 간, 정부-의회 간 갈등으로 인해 입법생산성은 낮다. 한국 정당정치는 전형적인 다수제 패턴이다. 다수제 정당정치의 안티테제는 합의제 정당정치(consensual party politics)이다. 즉 어느 정당도 과반의석 점유와 단독정부 구성이 제도적으로 불가능하여 정당 간 연합정치의 제도화를 꾀하는 전략이다. 합의제 정당정치에서는 정당 간 경쟁-협력 사이클을 매개하는 연합정치에 입각한 행정부-의회 거버넌스가 작동하여 입법효율성이 높다. 합의제 정당정치는 위기의 고비 고비마다 이념적, 정치적으로 대척점에 서 있는 좌우 정당들이 대화-타협, 관용-포용으로 '조금씩 주고 조금씩 얻은' 절충점을 탐색하며 상생-통

합정치를 연출한다.[14)]

실제로 서유럽 비례대표제 국가에서 노동과 자본을 대표하는 이념블록 정당체제가 구축되고 좌우 이념블록을 넘나드는 크로스오버 연합정치(cross-over coalition politics)가 작동한다(제3부). 이념블록 교차의 연합정치는 연정협약(coalition agreements)을 통해 의회-행정부 간 견제-협력 사이클을 효과적으로 조정하기 때문에 내각은 의회의 안정적 다수를 동원하여 정책입안-입법화 과정을 효율적으로 진행한다. 그러한 합의제 정당정치의 작동을 통해 시민사회에 존재하는 복합적 갈등관계를 조정 관리하고 사회통합을 구축한다. 결국 서유럽 국가들의 합의제 헌정체제가 던진 경험적 메시지는 합의제 민주주의의 하부구조인 합의제 정당정치가 제도적으로 연동되어야 합의제 민주주의의 상부구조인 합의제 정부 및 의회-행정부 관계가 순기능적으로 작동할 수 있음을 시사한다. 한국의 '포스트 87년 정당정치'가 합의제 정당정치 전략을 추구해야 하는 까닭이다. 이러한 의미에서 볼 때 한국 헌정체제의 최대 과제는 사회경제적 다양한 이익과 요구와 선호, 이로 인한 갈등과 분열을 투영하는 정치적 대표체계, 즉 선거제도 개혁을 통한 정당체제의 민주화 프로젝트를 실천하고 이를 토대로 국회-행정부 갈등조정을 유인하는 정당 간 연합정치를 제도화하는 데 있다.

정당체제의 횡(橫)적 차원에서 한국의 독일식 권력분점 비례대표제(전국단위 비례대표-소선거구 연동제)는 다당체제로 인해 정당 간 권력분점을 유인한다. 즉 국회 과반의석을 확보한 패권정당이 부재하는 다당체제는 정책결정 과정에서 가치와 정책비전에 따라 연합정치의 제도화를 견인하는 정치적 토대이다. 환언하면 노동·저소득층·빈곤층의 이익을 대표하며 안정성-복지정치(security-welfare politics)를 지향하는 진보좌파 정당도, 계층적 중간집단과 이념적 중도층을 대표하며 실용주의 정치를 지향하는 중도정당도, 기업·사용주·상류층의 이해를 대표하며 유연성·성장정치(flexibility-growth politics)를 지향하는 우파정당도 국회권력을 독과점하는 과반의석의 패권정당이 되는 것이 제도적으로 불가능하기 때

14) 예컨대 독일 메르켈 총리의 대연정은 부가세를 올리는 대신 사회보장 혜택을 축소했고, 최저임금제를 도입하면서 부자증세를 막았다. 오스트리아의 초이념블록 연합정치 또한 좌우합작을 통해 뿌리 깊은 '진영의식'에서 잉태됐다는 것은 자못 역설적이다. 진영의식에서 분출한 상호불신과 갈등이 자칫 공멸과 파국으로 비화할 수 있다는 우려와 공포가 상호협력을 낳았고 성공적인 좌우합작은 오스트리아 고질병인 진영의식의 퇴조를 이끌었다.

문에 행정부·국회의 정책의제화·입법화 과정에서 교차적 협조가 아니면 파국이 될 수밖에 없는 정치구조가 형성된다. 이는 진보좌파-중도, 보수우파-중도, 진보좌파-보수우파 등 가치와 정책에 따라 이념블록을 뛰어넘는 다양한 유형의 이념블록 교차 연합정치의 제도화를 유인한다.

이 정치시나리오는 단순다수대표제-양당제 중심의 다수제 헌정모델 국가였던 뉴질랜드에서 1993년 독일식 비례대표제를 도입한 후 현실화되었다(Vowles *et al.* 1988; Lijphart 2012: 20-26).[15] 비례대표제-연합정치 제도화의 조건에선 투표자들은 정책과 비전을 제시하는 정당과 후보를 선택하고 선거과정에서 식상하게 등장하는 무원칙한 선거공학적 '후보단일화' 작태는 발생하지 않는다. 또 각 정당은 정치시장에서 생존하기 위해 정책정당으로서 경쟁적으로 혁신할 수밖에 없다.

초(超)이념블록 연합정치에서 사회적(진보적) 자유주의를 지향하며 중간층(중위투표자)을 대변하는 중도정당(center party)의 피벗정당 역할이 중요하다(Müller

15) 1996년 이전 뉴질랜드 정치체제는 웨스트민스터 모델이 작동하는 대표적인 사례였다. 그러나 뉴질랜드에서 1996년 비례대표제를 채택하여 10월 총선을 실시함으로써 다수제 민주주의로부터 이탈해 가는 중대한 변화가 발생했다. 뉴질랜드 선거제도는 독일식 선거제도를 모델로 하여 하원 65명은 소선거구에서 단순다수대표제로 선출하고 55명은 정당명부식 비례대표제로 선출했다. 이에 따라 유권자는 지역구 후보와 정당명부에 던지는 2개의 투표권을 행사한다. 정당의 난립을 피하기 위해 정당은 지역구에서 적어도 1석 또는 정당명부 투표에서 최소한 5%의 지지를 얻도록 했다. 이러한 선거제도는 여러 가지 점에서 뉴질랜드정치의 즉각적인 변형을 유도해 냈다. 첫째, 선거는 예전의 다수대표제보다 훨씬 더 비례적인 결과를 가져 왔다. 최대 정당인 국민당(National party)은 총 투표의 33.8%와 총 의석의 36.7%를 차지했다. 이는 선거의 불비례성이 과거 선거에 비해 크게 낮아졌다는 것을 의미한다. 둘째, 선거는 6개의 정당을 의회에 진출시켜 진보좌파-중도-보수우파 구도의 다당체제를 창출했다. 셋째, 전후 다른 선거 때와는 달리 어떤 정당도 의석의 과반수를 획득하지 못했다. 넷째, 정당체제의 형성에 민족적 차원의 균열라인이 추가되었다. 즉 마오리(Maori)족에 의해 이끌어지고 17석을 차지하고 있는 뉴질랜드제1당(New Zealand First party)이 마오리 소수파를 대표하게 되었다. 또한 기독교연대(Christian Coalition)는 종교적 이슈 차원을 추가함으로써 정당체제에 다차원적 이슈를 투영시키는데 성공했다. 그러나 기독교연대의 득표력은 필요한 5% 진입장벽에 약간 못 미쳤다. 다섯째, 예전의 단일 정당 과반수 내각구성과는 대조적으로 국민당/뉴질랜드제1당 연립정부(1996~1999), 노동당 중심의 연립정부(1999~2007)가 수립되었다. 시민사회에서 분출하는 다양한 이해관계와 요구를 대표하는 이념블록다당제-연합정치가 제도화 된 것이다. 이와 같이 1996년 이후의 뉴질랜드정치는 영국식 웨스트민스터 모델의 사례로부터 이탈했다. 그러나 1996년 이후에 발생했던 뉴질랜드정치의 모든 변화는 다수제 모델의 정당-집행부 차원과 관련되고 있음을 간과해서는 안 된다. 따라서 뉴질랜드정치의 단방제-연방제 차원에서는 변화하는 것이 별로 없다. 그리고 영연방에 속하는 다른 대부분의 국가들은 여전히 웨스트민스터 모델의 제도를 압도적으로 채택하고 있다.

and Strøm 2008: 191).[16] 즉 과반의석을 좌우하며 캐스팅보트를 쥐고 때론 진보좌파 정당, 때론 보수우파 정당을 연정파트너로 번갈아 선택하는 등 초이념블록 연합정치의 절묘한 권력 균형추 역할을 한다. 이념블록 정당 간 교차파트너십(cross-partnership)이 이뤄지는 피벗 연합정치(pivotal party politics)의 틀 속에서 정당 간에 어제의 경쟁정당이 오늘의 연정파트너가 되며, 역으로 오늘의 연정파트너가 내일의 경쟁정당이 되는 사이클이 반복된다. 이러한 정당정치 사이클은 정당 간 갈등과 투쟁의 강도를 낮춘다. 무엇보다 독일식 권력분점 비례대표제의 강점은 여러 지역에 걸쳐 지지를 얻지만 그 지지가 사표로 처리되어 불이익을 받는 비지역주의 진보좌파정당이 연합정치의 파트너로 연립정부에 참여하는 정치적 공간을 확대하는 데 있다. 진보좌파정당의 권력접근은 사회경제적 약자집단의 삶의 질 개선을 위한 경제민주화-복지국가를 정책화-입법화하는 채널이다.

실제로 게르만유럽 합의제 민주국가들은 사회균열을 투영하는 비례대표제-이념블록다당제가 유인하는 연립정부 구성을 통해 시민사회에 존재하는 다민족·다문화·다언어·다종교·다계층·다지역 등에 연유한 다층적 복합적 갈등관계를 조정 관리하고 사회통합을 구축했다. 예컨대 독일의 이념블록 다당제에선 좌-우 양대 정당블록인 기민당/기사당/사민당 대연정(1966~69, 2005~09, 2013~현재)이 구성되었으며, 양대 정당 중 어느 정당도 구조적으로 과반의석을 획득할 수 없어 소수정당의 협력 없이는 독자적으로 정부구성이 어려운 구도가 통상적으로 나타난다. 이 때문에 메이저 정당 간 경쟁구도에서 역설적으로 소수정당인 자민당과 녹색당이 정치적 균형추 역할을 수행한다. 즉 기민당/기사당과 사민당 중 어느 정당을 연정파트너로 선택하느냐에 따라 집권당이 결정되는 킹메이커로 자리매김한다. 따라서 기민당/기사당과 사민당은 경쟁적으로 피벗 정당인 자민당 혹은 녹색당을 연정파트너로 획득하려 한다. 이처럼 독일의 권력분점 비례대표제-이념블록다당제는 피벗 연합정치를 제도화하며, 이러한 이

16) 비례대표제-다당제에서 중위투표자들은 중도정당에 투표하는 경향이 있으며, 따라서 중도정당은 독자적 정당을 견지하여 연립정부에 참여한다. 반면 다수제 선거제도-양당제에서 중위투표자들은 진보정당과 보수정당 중 어느 한 정당을 선택할 수밖에 없으며, 따라서 중도정당은 독자적 정체성을 유지하지 못하고 선거 전후를 계기로 기존 양대 정당 중의 하나로 편입 통합의 운명을 맞이한다.

념블록 교차 연합정치라는 합의제 의사결정 과정은 복지국가 확대정치(글로벌화 이전) 혹은 재편정치(글로벌화 이후)로 작동하여 사회경제적, 정치적 갈등을 조정·관리하는 데 우호적인 정치지형으로 작동한다.

독일식 권력분점 비례대표제가 유인하는 다당제-연합정치는 대통령제와의 제도적 조합이 불가능하다는 비판이 있다. 사실 1990년대 전반기까지 다당제-연합정치는 의원내각제와 제도적 친화성을 갖는 반면, 비례대표제-이념블록다당제-연합정치-대통령제 관계는 '어려운 조합'(difficult combination)으로 인식되었다(Mainwaring 1993; Mainwaring and Shugart 1997). 즉 행정부-입법부 교착상태와 정당 간 이념적 양극화를 격화시킴으로써 대통령제의 리스크를 악화시킬 것으로 예측되었다. 따라서 양당제-집권당단독정부-대통령제가 통치능력·효율성을 향상시키는 최상의 제도적 조합으로 평가되었다. 하지만 연립정부는 의원내각제만의 전유물이 아니며 영국에서 보듯 의원내각제가 반드시 연립내각을 선택한 것도 아니다. 대통령제 하의 연립정부는 대통령 소속정당이 의회에서 과반의석을 확보하지 못하는 소수정당일 경우에 구성된다. 물론 연립정부-대통령제 조합은 통상적이지는 않다. 그러나 비록 내각제보다 유인이 약하기는 하지만 그렇다고 연립정부-대통령제 조합이 불가능하거나 '예외적' 현상은 결코 아니다(Lijphart 2002a: 47; Cheibub *et al.* 2004: 574-576; Cheibub 2007: 82-86).[17] 연합정치-권력구조 관계에 필연적 논리나 제도적 인과성이 존재하지 않기 때문이다. 예컨대 브라질·우루과이·코스타리카 등 대부분의 남미국가 그리고 일부 동유럽의 (분권형) 대통령제 국가에서 권력분점 비례대표제가 유인하는 다당제-연립정부가 제도화되고 있다.

브라질의 비례대표제-다당제-연합정치는 한국형 합의제 헌정체제의 설계과정에 의미심장하다.[18] 브라질 헌정체제는 의원 개방형비례대표제-대통령 결선

17) 대통령제의 연립내각 구성방식은 획일적이지 않고 다양하다. 예컨대 대선에서의 정당후보 득표율 혹은 총선 정당별 득표율·의석율에 따라 각료직을 배분하여 주요 정당들에게 일정한 권력지분을 보장하는 방식을 상정해 볼 수 있다. 다만 연립정부의 구성협상 과정은 단순히 각료 배분에 그치면 안 되고 경제정책, 사회정책, 노동정책, 한반도 평화정책 등 종합적 정책비전이 제시되는 것이 연립정부의 정책적 효과를 높인다.

18) 거부권 행사자(veto player) 이론에 따르면 입법효율성은 대통령제 혹은 내각제 등 권력구조가 아니라 거부권자 수에 의해 영향 받는다(Hallerberg 2010 29-39; Müller and Meyer 2010: 101-108). 따라서 대통령제가 효율적 국정운영을 보장한다는 시각은 타당하지 않다. 대통령제

투표제-이념블록다당제-연합정치-연정대통령제(coalitional presidentialism)를 근간으로 작동한다. 사실 '1988년 헌법'에 기초한 브라질 헌정체제는 '제왕적 대통령제'를 용인했다. 그래서 종종 미국 주류 정치학자·정치인들에 의해 최악의 제도적 디자인으로 혹평을 받았다. 브라질 대통령제 위기를 초래할 수 있는 권력분점 비례대표제-이념블록다당제-연합정치의 심각한 제도적 원심력을 문제 삼은 것이다. 그렇지만 1988년 이후 브라질 헌정체제의 성과는 그들의 예측을 조롱하기라도 하듯 예상을 뛰어 넘었다. 예컨대 브라질 대통령들은 88년 이후 제정된 법안의 88%를 도입했고 이 법안 지지율은 80%에 육박했다. 브라질 대통령제 민주주의에서 어떻게 이러한 합의제 정치의 작동이 가능한가?

브라질의 경우 의회 개방형비례대표제(open-list proportional representation)-대통령 결선투표제로 인해 대통령 소속정당이 항상 의회의석 20% 이하를 차지하는 등 어떤 정당도 과반의석을 점유하지 못하는 다당제가 제도화된다. 따라서 다당제-대통령제(multiparty presidentialism)는 의원내각제처럼 작동한다(Power 2010: 23; Cheibub 2007: 128). 즉 대통령-집권당은 다른 정당들과의 연정협상을 시도한다. 예컨대 사민당(PSDB) 소속 카르도소(1995~2002) 대통령은 중도정당과 보수정당들과의 다당 연합정치를 구성했으며, 노동자당(PT)의 룰라 대통령(2003~2010)과 호세프 대통령(2010~현재) 또한 중도좌파에서 중도우파에 이르기까지 이념적 스펙트럼이 다양한 연립정부를 구성했다.[19] 이처럼 브라질의 권력분점 비례

가 효율적인 것처럼 보이는 이유는 한국 대통령제처럼 권력이 대통령에 집중되어 실질적 거부권 행사자 수가 적은 경우이다. 가장 효율적인 체제는 거부권자 수를 최소화하는 양당제-내각제이며, 가장 비효율적인 체제는 입법교착을 초래하는 다수 거부권자가 존재하는 다당제-대통령제이다. 그러나 반론이 있다. 브라질의 다당제-대통령제에서처럼 거부권자가 다수이면 그들 거부권 행사자들이 서로 타협하고 양보할 동기를 갖는다. 이 경우 다당제-대통령도 마치 다당제-의원내각제처럼 작동한다. 거부권 행사자가 하나라면 견지 없이 독단적으로 결정을 내린다. 그러나 거부권 행사자가 증가하면 타협을 통해 합의를 이끌어내야 한다. 타협하지 않으면 입법교착이라는 파국이 따른다. 거부권 행사자가 증가하면 의사결정 과정의 거래비용이 증가할 수 있으나 소수를 보호할 수 있다.

19) 현 호세프 대통령은 9여 개, 룰라 대통령은 10여 개의 군소 좌파정당·우파정당 간 연합정치를 구성했다. 따라서 브라질 대통령은 마치 의원내각제의 수상처럼 연정파트너 정당들의 득표율에 비례하는 권력지분과 합리적 예산배분을 통해 파트너 정당의 불만을 잠재우면서 정국안정을 꾀했다. 이를 통해 특히 룰라 대통령은 한편으로는 카르도스 정부의 친기업적인 신자유주의 정책을 계승 발전시키고, 다른 한편으로는 전임 정부가 만든 '빈민층 취학지원'(Bolsa Escola)프로그램을 확대하고 '기아제로'(Fome Zero)프로그램을 흡수하여 '가족기금제'(Bolsa Familia)를 실행했다. 이러한 정책패키지의 실행 결과 빈민층은 일자리를 구했고 소득도 늘었으며, 이는

대표제-결선투표제에 따른 이념블록 다당제는 대통령 소속정당과 군소 좌-우 정당 간의 초이념블록 연합정치에 기반을 둔 연정대통령제를 유인한다. 브라질 연립내각에선 집권당을 비롯한 어떤 정당도 자신의 가치와 정책만을 고집할 수 없기 때문에 연정파트너 정당 간의 정책조율·교환 메커니즘을 통해 대통령-의회 거버넌스가 작동한다(Figueiredo 2007: 190). 브라질의 연정대통령은 마치 의원내각제의 수상처럼 연정파트너 정당들의 득표율에 비례하는 권력지분과 합리적 예산배분을 보장함으로써 연정파트너 정당의 불만을 흡수하고 정국안정을 꾀한다.

비례대표제-이념블록다당제-좌우연합정치-연정대통령제의 제도적 조합에 따라 작동하는 브라질 대통령제 민주주의 사례에서 볼 때 주류 정치학자들의 주장은 타당하지 않다. 그들은 대통령제 하에서 다당제-연합정치는 작동할 수 없으며, 특히 다당제는 행정부-입법부 간의 교착상태를 촉발하여 대통령제의 위험성을 악화시키기 때문에 대신 양당제-집권당단독정부-대통령제의 제도적 조합만이 정상적으로 작동할 수 있다고 강변한다. 그러나 앞서 언급한 것처럼 연합정치-권력구조 관계에 필연적 논리나 제도적 인과성이 존재하지 않는다. 따라서 비례대표제-다당제-연합정치-연정대통령제 관계가 '어려운 조합'이라는 주류 정치학자들의 주장은 이론적, 경험적 근거가 희박하다. 오히려 독일식 권력분점 비례대표제-연합정치는 연정대통령제를 유인하는 촉매제이고 상호 제도적 정합성을 갖는다.

연합정치-연정대통령제는 정체성과 정책지향성이 차별화된 정당체제를 제도화한다. 주지하듯이 87년 정당체제에서는 한편으론 다양한 사회갈등과 분열에 따른 다당제를 요구하는 정치적 에너지가, 다른 한편으론 대통령직을 획득하는 경쟁과정에서 양당제를 압박하는 정치적 에너지가 교차한다. 이 때문에 형식적으로 다당제의 틀이 지속되는 가운데 분필구합(分必久合) 합필구분(合必久分)이

수요확대로 이어져 기업들의 투자와 고용을 촉진했다. 빈곤층의 비율은 2000년의 35%에서 2009년 22%로 줄었으며, 3천만 명 이상의 빈민층이 중간층으로 진입해 중간층의 비중이 26% 증가하는 반면, 하층은 15%나 줄었다(이성형 2011). 이는 두 개의 브라질, 즉 '가진자의 브라질 vs 가난한자의 브라질'을 통합하는 데 기여했다. 요컨대 비례대표제-다당제-연정대통령제가 성장과 배분의 선순환을 유도했다. 이로써 엘리트의 독무대였던 브라질 정치판의 이단아, 룰라의 정치는 87%라는 미증유 경이로운 지지율로 '영광과 기적의 8년 드라마'를 연출했다.

라는 말처럼 대선·총선을 전후해 선거공학적 이합집산이 변화무쌍하게 요동치는 등 끊임없이 불안정하다. 특히 한국 대통령제는 양당제를 견인하는 끈질긴 구심력을 내재하는 까닭에 유의미한 제3정당의 정치공간을 지속가능하게 하지 않고 결국 경쟁력 있는 유력한 후보를 내세우는 거대 양당만의 결사항전 정치투쟁이 전개된다.

그러나 연합정치-연정대통령제는 정체성과 정책지향성이 차별화된 정당체제를 구조화한다. 각 정당이 사회갈등과 분열을 조직·대표하며 경쟁-협력 사이클이 작동하는 안정적 다당제 정당체제의 제도화를 유인한다. 이념·계급·계층·세대·생태·지역 등 다수 사회블록으로 분열된 한국 갈등사회를 대표하는, 즉 "누구에 의한, 누구를 위한, 누구의" 정체성으로 차별화한 이념블록 다당제를 제도화할 수 있는 것이다. 특히 소수당도 연정파트너로 참여할 수 있는 정치적 공간이 열려 있어 해체되지 않고 자신의 정체성과 독자적 정책비전을 견지하며 내각구성에 참여한다. 만일 소수정당이라는 이유로 반항구적으로 정부의 정책결정·집행 과정에서 배제되고 정부 내각구성에 참여하는 제도적 공간이 마련되지 못하면 그것은 사회적 정치적 갈등의 원인이 된다. 연합정치-연정대통령제는 그러한 불씨를 제거하여 안정적 정당체제를 지속가능하게 작동시킨다.

2) 핀란드식 분권형 대통령제: 국회-정부/대통령-총리 갈등조정

대통령제의 리스크로 인해 권력구조 개편이 불가피하다면 독일식 권력분점 비례대표제가 유인하는 초이념블록 연합정치와 제도적 기능적으로 연동될 수 있는 한국의 대안적 합의제 정부모델은 무엇인가? 앞서 독일식·오스트리아식 정부형태의 한국적 한계를 주장한 바 있는 제18장은 분단국가 위기라는 지정학적 최악조건을 돌파해야 할 대한민국의 대안적 정부모델로서 핀란드식 '대통령우위 분권형 대통령제'를 제안한다. 프랑스의 분권형 대통령제도 사실은 핀란드로부터 수입한 것이라는 점에서 핀란드는 분권형 대통령제 국가의 원조라 할 수 있다.

핀란드는 전통적으로 좌우 이념적 간극이 크고 역사적으로 국가운명이 거대국가인 러시아(소련)와 유럽(특히 스웨덴) 사이에서 균형 잡힌 중립외교에 달려 있는 등 지정학적 리스크로 인해 외교·안보정책·국민통합이 국가정책 우선순위에 자리매김 되었다. 이 때문에 1919년 이래 핀란드 헌법은 국가원수인 실권 대통령과 정부수반인 실권 총리를 공존시키는 가운데 '대통령우위 분권형 대통령제'를 제도화하고 있다. 6년 임기의 중임 가능한 국민직선 대통령의 실권은 2000년 헌법개정으로 얼마간 재조정되었으나 여전히 대통령의 대(對)총리우위 분권형 정부형태를 유지하고 있다(Raunio 2011: 142-147). 즉 외교안보·군통수권은 대통령의 전적인 재량권으로 전문화시키고 있으며. 대통령은 국회동의를 전제로 선전포고권·계엄선포권·긴급명령 등 비상대권과 총리 제청에 의한 의회해산권 등을 행사한다. 특이한 것은 유럽연합 관련 업무는 전적으로 총리(내각)의 관할권에 귀속되지만 대통령은 유럽연합(EU) 정상회의에 참석한다는 점이다. 또 대통령은 의회동의를 전제로 유력 정당(보통 다수당) 인사를 총리로 지명하는 등 부분적인 인사권도 행사한다. 반면 정부수반으로서 의회에서 선출된 당파적인 총리는 경제·사회·문화·교육 등 분야에서 대통령과는 독립된 독자적인 실권인 내정권의 전담을 헌법적으로 보장받는다. 핀란드의 이 같은 대통령우위 분권형 대통령제는 지정학적 리스크가 상존했음에도 불구하고 장기적으로 순항하여 핀란드를 유럽 변방국가에서 강소국으로 부상시킨 제도적 동력으로 작용했다,

그러나 우리는 핀란드의 합의제 정부제도가 안정적으로 작동한 것은 대통령우위 분권형 대통령제 그 자체 때문이 아니라 핀란드의 합의제 정당정치와의 연동에 의해 가능했음을 간과해서는 안된다. 권력분점 비례대표제가 유인하는 핀란드 정당체제에는 득표율·의석율에서 30%를 상회하는 지배정당이 아예 존재하지 않는다(Raunio 2011: 113-115). 따라서 핀란드 정당정치는 글로벌화 이후 연립과반내각 혹은 연립과대규모내각(oversized coalition cabinets)을 하나의 패턴으로 제도화되고 있다(Nousiainen 2003: 264-267). 1991~95년 부르주아 연정을 제외한 역대 대부분의 내각은 좌우블록 정당들이 공동으로 참여하는 이념블록교차연정(cross-bloc coalitions)이 제도화된 것이다(제9장). 이념블록 교차 연정은 의회-행정부 거버넌스 공간을 확장하고 대통령·총리가 어느 정당 출신이든 상관없이 대통령-총리 간 권력갈등 및 정책갈등을 조정하는 기제이며, 각 정당이 자신의 특정 이념적 정향에 입각한 정책프로그램에 과도하게 집착하는 정치적 공간을 구조적으로 허용하지 않는다(Kangas 2007: 253). 설령 정당정치가 교착상태에 빠지는 경우에도 정당 간 긴장과 갈등을 관리하는 조정자 역할은 대통령의 초

당파성에 의해 수행된다. 중요한 지점은 핀란드 합의제 정당정치가 내각구성 및 의회 차원에서 이념블록을 넘나드는 연합과반·과대규모정치를 추구하여 대통령-총리 관계 및 의회-행정부 관계를 원활하게 조정한다는 데 있다.

대통령우위 분권형 대통령제와 순기능적으로 연동되는 핀란드의 합의제 정당정치는 한국 정당정치에 시사하는 바가 크다. 한국의 독일식 권력분점 비례대표제는 대통령·총리 소속정당이 국회 과반의석을 차지하여 단독정부를 구성하는 패권적 정치지형을 제도적으로 허용하지 않는다. 국회의 정당구조가 다당제화되어 대통령·총리소속 정당의 의석점유율이 낮을수록 핀란드식 분권형 대통령제는 순조로운 정책의제화·입법화 과정에 요구되는 국회 과반의석을 동원하기 위한 해법으로 연합정치의 제도화 필요성을 높인다(Power 2010: 25).[20] 실제 경험적으로 의회의 정당체제 파편화는 연립정부 구성을 촉진하는 인센티브를 강화시키는 데 이 현상은 어떤 정당도 의회의석의 1/3 이상을 점유하지 못할 때 내각제·대통형제 등 정부형태 구분 없이, 특히 분권형 대통령제에서 높아진다(Cheibub 2007: 81-82). 이러한 의미에서 권력분점 비례대표제-이념블록다당제-초이념블록연합정치는 핀란드식 분권형 대통령제와 순기능적으로 연동될 수 있다.

국회의원 독일식 권력분점 비례대표제에 대통령 결선투표제(핀란드·오스트리아 대선제도)가 결합하면 연합정치의 제도적 토대는 강화된다. 독일식 권력분점 비례대표제-결선투표제가 구조화하는 이념블록의 다당체제가 구심적 정당경쟁-협력(centripetal party competition-partnership) 사이클로 작동하는 연합정치의 제도화를 견인한 것이다(Colomer and Negretto 2005: 67-71). 이로써 87년 헌정체제의 지역중심 권력독과점 양당체제-제왕적대통령제는 권력분점 이념블록다당제-초이념블록연합정치-핀란드식 분권형대통령제를 중심축으로 하는 '포스트 87년

20) 순수 대통령제 국가에서도 집권당이 과반의석을 확보하지 못하는 의회구도가 발생한 경우 안정적인 의회정치의 운영을 위한 해법은 정당 간 연합정치 외에 다른 탈출구가 없다. 2005년 노무현 대통령의 대연정 제안은 다수제 정부를 합의제 정부로 바꾸려는 시도였다. 하지만 집권 초기, 아니면 2004년 열린우리당이 국회 과반의석을 확보했을 때에 시도했어야 했다. 지지율이 20% 안팎을 오르내리는 상황에서 대연정 제안은 국정책임 분산을 위한 정략적 발상에서 나온 것이라는 오비이락의 해석을 불러일으켰다. 오히려 정당명부 비례대표제 강화-비정규직 차별 시정 등을 매개 고리로 당시 민주노동당을 연정파트너로 선택하는 정치적 충격요법을 선택했다면 한국노총·민주노총을 노사정위원회에 복귀시킴으로써 노사정 간 노동유연화-조세·복지국가 간 정치적 교환의 대타협을 유도했을 분기점이 되었을지도 모른다.

헌정체제'로 전환된다.

초이념블록 연합정치-핀란드식 분권형대통령제는 사회의 다양한 이해관계를 대표하여 사회-국가 관계를 매개하는 한편, 대통령-총리 관계 및 국회-대통령(행정부) 관계를 조정하는 제도적 연결고리이다. 환언하면 그것은 87년 헌정체제의 고질적인 대통령-국회 간 첨예한 갈등·교착 장벽을 허물고 입법부-행정부 및 대통령-총리 관계를 협치(協治)의 틀로 전환하고 국정수행을 안정화하기 위한 제도적 전략적 기제이며(Colomer and Negretto 2005: 64, 65-67), 정치적 대표성을 높이고 정책책임성을 강화하는 정치예술이다(Crepaz and Birchfield 2000: 206-215). 대통령 혹은 총리 소속정당의 정책만을 고집할 수 없고 국회 차원에서 파트너정당 간 정책·입법 연합을 구축하여 국회-행정부 간 혹은 대통령-총리 간 융합·협력 공간을 확장할 수 있기 때문이다. 요컨대 권력분점 비례대표제-결선투표제-이념블록다당제와 제도적 기능적 친화성을 갖는 핀란드식 분권형대통령제는 초이념블록의 정당연합(party coalition)을 매개로 국회-행정부/대통령-총리 갈등을 조정하여 입법 효율성·생산성을 높이는 정부제도이다.[21)]

3) 사회적 대화: 성장-복지 선순환

초이념블록 연합정치-핀란드식 분권형대통령제는 합의제 모델의 또 다른 제도적 축인 사회적 대화 시스템의 정상적 작동을 유인하는 강력한 제도적 독립변수다. 사회적 대화는 시민사회-시장-국가 사이를 유기적으로 조합하는 수평적 의사결정 패러다임이며, 이익집단-정부 간의 정치적 교환(political exchange)을 통해 노사 이해집단들의 이익갈등을 조정하는 시스템이다. 서유럽 합의제 헌정국가들의 정부는 연금·실업보험과 같은 복지체제 재편과 노동유연화 등 사회갈등을 유발할 소지가 있는 정책의제나 이슈들을 곧바로 의회에서 다루지 않고

---

21) 합의제 헌정모델의 연합정치-핀란드식 분권형대통령제에선 입법과정의 '식물정치'(gridlock politics)를 구조화시키는 현행 '국회선진화법'은 불필요하다. 국회선진화법은 집권여당의 법안 날치기 통과를 막기 위해 국회의장 직권상정 제한, 안건조정위원회 설치, 안건 자동상정 등을 골자로 한다. 그동안 쟁점법안을 놓고 국회가 연출했던 '막장드라마'를 지켜 본 다수 국민이 이 법안의 필요성에 공감할 수도 있다. 그러나 법안을 표결도 없이 자동으로 통과시킨다는 것은 그 자체로 민주주의 원칙에 대한 심각한 훼손이다. 이런 점에서 국회선진화법은 다수제 헌정모델의 제왕적 대통령제에 내재한 국회-정부 간 극단적 갈등관계에 비정상적 장치로 일시적인 숨통을 터준 '산소호흡기'에 불과하다. 근본 처방이 아니다.

이해관계자들이 참여하는 사회적 파트너십시스템을 작동시켜 여기서 합의된 정책협약(policy pacts)을 의회에 법안으로 상정한다. 이는 의회의 입법과정에 압박으로 작용한다.

이러한 의미에서 볼 때 87년 헌정체제는 사회적 대화를 정상적으로 작동시킬 수 없는 제도적 한계를 내재한다. 제17장에서 논의했듯이 김대중-노무현 정부의 노사정 대화시스템은 정상적으로 작동하지 않았다. 당시 노사정위원회에서 합의된 정책협약이 국회의 입법화 과정에서 지역(구)중심의 반노동적인 거대 양당정치의 제동에 걸려 노동에게 더 불리한 방향으로 변질되거나 부결되었다. 결국 다수제 헌정모델의 지역(구) 중심 거대 양당정치는 노사정위원회에 노동참여를 독려할만한 아무런 정치적 인센티브를 제공하지 못했다. 반면 합의제 헌정체제의 연합정치-핀란드식 분권형대통령제는 노사 이익단체-행정부-국회 간 유기적 협력을 촉진하는 강력한 연결고리이며, 정책협약의 입법화 과정에서 국회·정부와 노사정 거버넌스 사이를 제도적 기능적으로 연동시킨다.

이론적 차원에서 볼 때 분권형 대통령제 하의 좌-우 이념블록 교차 연립정부는 노동과 자본을 평등하게 대표하여 '복지 vs 성장' '노동유연성(labor flexibility) vs 노동안정성(labor security)' 등 정책갈등을 조정하는 사회적 파트너십을 정상적으로 작동시킬 수 있는 기제이다(Andeweg and Timmermans 2008: 281-285; Andeweg 2011a: 197-198). 좌-우 이념블록 교차 연립정부인 경우 특정 이익단체에게만 편파적으로 우호적이거나 특혜를 일방적으로 부여할 수 없고, 중립적 입장에서 노사 등 사회적 파트너를 협상테이블에 견인하는 정치적 동력으로 작용하는 정부유형이다. 이익단체들 또한 초이념블록 연립정부 내 연정파트너 정당 간 역학관계상 특정 우호적인 정당을 상대로 로비정치를 통한 일방적인 이익관철의 시도가 불가능하다. 따라서 그들은 초이념블록 연립정부의 노사 이익조정 중립성을 신뢰하고 사회적 대화시스템에의 참여를 회피하지 않는다.

실제로 비례대표제가 유인하는 서유럽 합의제 헌정모델 국가들의 초이념블록 연합정치는 노사정 파트너십을 안정적으로 작동시켰다. 비례대표제로 인해 정당들이 이익단체와 정치적으로 연계되고 따라서 의회가 조합주의적 정책협약의 입법화에 제동을 걸 이유가 별로 없기 때문이다. 예컨대 핀란드는 정당체제의 파편화(약 10개 정당이 의회 진출) 속에서 사민당, 중앙당, 국민연합(CON) 등

세 메이저 정당들 중 두 정당과 군소정당들이 참여하는 이념블록 정당들이 교차하는 '무지개' 연립과반내각 혹은 연립과대규모내각을 통해 임금조정·실업급여·공공연금, 노동시장의 유연성-안정성 등 정책개혁에 접근하는 노사정 대화 시스템 작동을 촉진했다(Junger 2011; Kangas 2007)(제9장). 독일의 기민당/기사당/사민당 좌-우대연정(제12장), 그리고 오스트리아의 사민당/국민당 좌-우 대연정(제14장)이 노사(정) 대화시스템을 안정적으로 작동시켜 경제민주화-기민주의 복지국가를 구축했으며, 글로벌 시장의 충격에 대응하기 위한 노동시장·복지체제 재편을 큰 저항 없이 시도할 수 있었다(Schulze and Jochem 2007; Pelinka 2009; Schulze and Schludi 2007). 이처럼 사회적 대화는 정당정치 패턴에 좌우된다. 글로벌화 이후 네덜란드·아일랜드는 노조조직률이 스웨덴보다 훨씬 낮았음에도 노사정 정책협의가 제도화되었다(제10·15장). 네덜란드·아일랜드의 정당정치가 이념블록을 교차하는 연합정치로 작동했기 때문이다. 오스트리아의 경우 노조조직률·대표성이 네덜란드·아일랜드보다 훨씬 강력했음에도 국민당/자유당 연정(2000~2007)하에서 노사정 정책협의는 사실상 중단되었다(제14장). 이는 정당정치 패턴이 노조 조직률·대표성을 대체하며 사회적 대화의 제도화에 인과적 임팩트를 가하는 주요 변수임을 시사한다.

이러한 맥락에서 볼 때 '포스트 87년 헌정체제'의 정당정치가 진보좌파정당-중도정당 혹은 진보좌파정당-보수우파정당 등과 같은 초이념블록 연합정치-핀란드식 분권형 대통령제로 작동할 때 노사정 거버넌스가 안정적으로 작동하는데 우호적인 정치지형이다. 특히 진보좌파정당-보수우파정당 연립정부는 노동과 자본을 동등하게 대표하는 정치적 공간을 확장하여 성장-복지 간, 유연성-안정성 간 선순환 정책조합을 산출하는 노사정 대타협을 유인하는 강력한 인센티브이다. 독일식 권력분점 비례대표제로의 선거제도 개편으로 진보좌파정당이 국회에서 유의미한 의석을 점유하고 그 출신이 사회경제 관련 부처 장관으로 입각, 혹은 총리로 발탁되는 초이념블록 연합정치-핀란드식 분권형 대통령제 정치지형에선 재벌-사용자단체는 보수우파 정당에 대한 로비정치를 통해 일방적으로 노동유연화-성장 정책만을 요구하는 이익관철을 시도할 수 없다. 따라서 그들은 습관적으로 익숙한 대(對)정부 로비·압박정치를 철회하고 지배구조개선-조세·복지확대-투자확대-일자리창출-교육훈련강화-대(對)중소기업상생협력 등 양보·화답 스탠스를 통해 노동-정부와의 협상전략을 선택할 수밖에 없다.

초이념블록 연합정치-핀란드식 분권형 대통령제는 노동대중을 대표하는 진보좌파 정당의 양보·화답을 끌어내는 데 우호적이다. 진보좌파 출신 국회의원·장관들은 다른 연정파트너인 중도정당 혹은 보수우파 정당들과의 정책조율·교환 협상과정에서 소속 정당의 이념적 도그마에 빠져 전면무상의료·재벌해체 등 특정 급진적인 정책만을 고집할 수 없다. 대신 그들은 예컨대 임금인상 자제, 재벌대기업 경영권보장, 노동시장의 내부-수량적·기능적 유연화(internal numerical or functional flexibilization) 등 친기업적 신자유주의 정책을 일정 부분 수용할 수밖에 없다. 진보좌파 정당의 양보-타협 조치가 없으면 연정갈등(coalition conflicts)으로 인해 초이념블록 연합정치-핀란드식 분권형대통령제는 더 이상 정상적으로 작동할 수 없기 때문이다. 따라서 노동대중-진보좌파정당은 탄력적인 양보·타협 스탠스를 취할 수밖에 없으며, 이는 재벌·사용자단체를 노사정 대화시스템으로 견인하는 강력한 인센티브로 작용하고, 노사정 간에 복지-성장 선순환 정책조합을 일괄타결(package-deal)하는 사회적 대타협을 촉진한다.

6. 합의제 헌정체제의 제도화 가능성

1) 합의제 헌정체제 비판에 대한 반(反)비판

합의제 헌정체제의 양대 제도적 축인 연합정치-사회적 대화는 기능적 친화성과 구조적 유질동상(structural isomorphism)을 갖고 기술관료적, 다수결주의적 의사결정 양식이 아니라 정당 간, 이해관계자 간의 협력적 타협적 의사결정 양식을 지향한다. 환언하면 합의제 헌정체제는 정치영역에서 연합정치에 의한 정당 간의 수평적 권력분점·공유, 사회경제 영역에서 사회적 대화에 의한 사회적 파트너-정부 간 수평적 권력분점·공유를 제도화한다. 이를 통해 사회경제적 타협이 정치적 타협으로 전환되며, 역으로 정치적 타협이 사회경제적 타협을 촉진함으로써 사회 갈등과 대립을 해소하고 안정을 도모한다. 사회적 대화가 정당 간의 정책협의를 촉진하지만 그 반대로 정당 간의 정책협의가 사회적 대화를 촉진한다.

이처럼 상호보완적 선순환 메커니즘이 작동하는 합의제 헌정체제의 양대 제도적 시스템은 한국 사회의 소수와 약자와 비주류 세력을 사회 내로 통합시키고 정치세력과 사회경제세력 간의 타협과 협의와 합의를 통해 갈등을 조정·해결하는 포스트민주화 국가경영시스템이다. 따라서 한국형 합의제 헌정체제 디자인은 시민사회-시장-정치사회-국가 사이에 발생하는 갈등과 대립을 조정하여 한국민주주의 공고화, 한국민주주의의 민주화를 위한 프로젝트이다.

그러나 합의제 헌정체제의 양대 제도적 축은 학문적 담론의 주제가 된 이래 다수제 헌정체제론에 의해 비판의 표적이 되어 왔다. 우선 양대 제도적 시스템이 어느 정도 민주적이냐 하는 문제이다(van Schendelen 1984: 21-38). 양대 시스템에서는 엘리트들의 관계가 너무 밀착되고 밀실에서 그들 간의 정책결정이 이루어지면 자신들의 기득권만을 보호하려는 엘리트카르텔이 형성될 위험이 도사리고 있다는 것이다. 그러나 연합정치-사회적 대화가 반드시 폐쇄된 엘리트카르텔을 초래한 것은 아니다. 시민사회의 감시·견제시스템이 작동하면 엘리트카르텔은 최소화될 수 있다. 또한 국민·주민투표라는 장치가 활용되면 부당한 엘리트주의의 위험은 줄일 수 있고 그들을 충분히 견제할 수 있다. 국민·주민투표는 '경쟁적 요소'를 연합정치-사회적 대화에 가미시킬 수 있기 때문이다. 이처럼 시민사회·국민에게, 정치적 의사결정 과정을 통제하고 요구와 주장을 투입할 수 있는 기회를 허용하는 방향으로 제도적 장치를 만들 수 있다면 합의제 헌정체제의 약점으로 지적될 수 있는 엘리트카르텔 가능성은 최소화될 수 있다.

둘째, 다수제 헌정체제론은 연합정치-사회적 대화의 정치적 의사결정 과정과 절차가 너무 까다롭고 시간을 낭비하기 때문에 위기상황에 신속히 반응할 수 없다고 비판한다. 물론 연정내부에서 정치엘리트들의 협상은 의사결정을 지연시킬 수 있다. 사회적 대화시스템 또한 세계화 시대에 그 충격을 흡수하는 혁신성을 갖지 못하는 한계를 갖는다는 점이 지적되고 있을 뿐만 아니라 정부예산이 모든 이해 그룹과 사회경제적 집단을 만족시키려는 정치논리에 따라 낭비적이고 비생산적으로 배분되기 때문에 경제적으로 비효율적이라는 비판을 받는다. 요컨대 토론과 심의를 통해 합의에 도달하려는 합의제 헌정체제의 권력분점·공유제도로서의 연합정치-사회적 대화는 정책결정 과정이 비효율적이라는 것이다. 물론 모든 관련 이해관계 그룹들의 의견과 관점이 고려·투입되어야 하기 때문에 두 시스템의 정책결정 과정은 토론과 심의로 인한 긴 시간이 소요될 우려가 없지 않다. 또한 변화와 혁신이 상대적으로 느리고 어떤 정책을 신속하게 변화시킨다는 것이 쉬운 일이 아니다.

그러나 연합정치-사회적 대화의 작동을 통해서 일단 정책이 결정되면 별다른 저항과 갈등을 불러일으키지 않고 실행되기 때문에 사회적 정치적 갈등을 최소화할 수 있다. 이 점에서 양대 시스템은 단기적으로는 비효율성이 발생할지 모르지만 중장기적으로는 모두 기술관료적, 다수결주의적 의사결정에 따른 갈등·대립정치보다 훨씬 더 효율적이다. 또 양대 시스템의 정책결정은 혁신안을 마련할 수 있다. 서유럽 합의제 민주국가들은 사회경제적 정치적 위기국면에서 양대 시스템을 작동시켰으며 이를 통해 고실업·재정악화·인플레이션 등 사회경제 위기를 돌파하기 위한 혁신적인 프로그램을 만들어내는 데 성공했다. 예컨대 네덜란드는 1980년대 초반 복지프로그램을 노사정합의(바세나르협약)에 의해 재편할 수 있었다(제11장). 이러한 조치는 모든 주요 사회경제 주체들이 사회경제적 정치적 비용을 분담할 수 있었고 이를 우인하는 합의제 정당정치가 작동했기 때문에 가능했다.

나아가 합의제 헌정체제는 국가정책이 연정의 형태로 복수 정당 간의 상생과 협력에 기초한 결정과정을 경유하기 때문에 안정적이고 예측 가능하다(Colomer 2011). 반면 다수제 헌정체제는 정책이 갑작스럽게 중단·수정·역전되는 경향을 보인다. 정권이 경제적 정치적 문제에 대한 상이한 해법을 갖는 두 개의 거대 정당 간에 전면적으로 교체되면 정부정책의 안정성·일관성·예측가능성이 떨어진다. 정당 간에 행정권을 분담하는 연립정부의 수립이 보편화되고 이는 집권당에 의한 단독정부보다 더 많은 유권자들을 대표할 수 있다. 또한 연립정부는 다양한 정당 출신 내각각료들의 전문성과 책임성을 분장시킴으로써 정책공간에서 균형과 안정을 끌어 낼 수 있다. 결과적으로 합의제 헌정체제의 연합정치-사회적 대화 시스템은 민주주의의 주요 원리이고 평가 잣대인 정통성-효과성, 대표성-통치력, 투명성-책임성을 동시에 높일 수 있다.

다양한 분열과 갈등이 동시다발적으로 분출하는 한국사회에서는 소수와 약자와 비주류의 이익 및 가치 보호가 갈등해결의 제도화와 민주주의 공고화의 필수 요건이다. 이해관계와 지향가치가 분열되고 갈등하는 사회일수록 국가권력이 각 집단과 계층을 대표하는 정당 간에 분산·공유되어야 비로소 소수와 약자와 비주류의 권익이 보호될 수 있기 때문이다. 만일 소수파정당-다수파정당 간 관계가 뒤바뀔 정권교체의 가능성이 없다면 영구적인 소수와 약자와 비주류에 대한 특별한 배려가 필요하다. 이 경우 다수와 강자와 주류의 횡포를 방지하고 소수와 약자와 비주류의 권익을 보장할 수 있도록 헌정체제가 권력 분점적, 공유적이어야 한다. 특정 정파가 정권에 전혀 참여할 수 없어 항상 정치적으로 소외·배제되는 사회에서는 고착화된 이질적 분열과 갈등과 대립을 피할 수 없다. 이런 점에서 합의제 헌정모델에 입각한 권력분점·공유형 정치구조가 한국 헌정체제가 지향해야 할 포스트민주화 정치시스템이다. 이를 통해 사회분열과 갈등 조정에 부응하는 정책산출과 국정수행이 가능하고 한국민주주의는 공고화될 수 있다.

이러한 의미에서 합의제 헌정체제의 연합정치-사회적 대화는 분열과 갈등이 상존하는 한국사회에서 포스트민주화 사회경제·정치 발전을 위해 벤치마킹해야 할 수평적 권력분점제도이다. 말하자면 그것은 한국민주주의 공고화를 위한 제도적 장치를 디자인하기 위한 규범적 모델로서 적실성을 갖는다(Lijphart 2002b: 13; Andeweg 2000: 517). 레이파트도 사회경제적 거버넌스 시스템과 합의제 정치시스템이 분열사회를 안정시키기 위한 최적의 민주주의일 뿐만 아니라 특히 사회적 균열과 갈등이 상존한 신생민주주의국가들에서 실현 가능한 유일한 해법이라고 주장한다(Lijphart 2002a: 37). 한국민주주의는 양대 시스템을 통해 대표성과 통치력, 그리고 정당성과 효과성을 높여 공고화될 수 있다.

2) 문화-제드-엘리트 간 상호작용: 문화결정론적 비관론 탈피

과연 합의제 헌정체제의 양대 제도적 축인 연합정치-사회적 대화 시스템이 한국민주주의에서 정상적으로 작동할 수 있을까? 통상 민주주의제도가 작동하려면 이를 뒷받침하는 문화와의 상합(congruence)이 요구된다. 이 점에서 대화와 타협과 합의 지향적 문화가 뒷받침되었을 때 양대 제도적 시스템이 원활히 작동될 수 있는 가능성이 높아진다. 서유럽 합의제 민주국가들에서는 사회에 자리 잡고 있는 대화와 타협과 합의 지향적 문화가 양대 시스템을 작동시키는 토대가 되고 있다.

이런 점에서 보면 대화와 타협과 합의 문화가 존재하지 않을 때 연합정치-사회적 대화 시스템이 작동할 수 있겠는가 하는 의문이 제기된다. 사실 서유럽 합의제 민주국가들이 보여 주고 있듯이, 대화와 타협과 합의 지향적 문화가 연합정치-사회적 대화 시스템을 작동시킬 수 있는 토대를 마련해 주는 것은 분명하다. 그렇다면 한국 헌정체제가 연합정치-사회적 대화 시스템으로 디자인되었을 때 이것이 과연 제대로 작동할 수 있겠는가 라는 회의가 발생한다. 한국사회에는 대화와 타협과 합의 문화가 성숙해 있지 못하고 대중수준이나 엘리트수준의 행동문화가 매우 대결 지향적이기 때문이다.

그러나 대화와 타협과 합의 문화가 아직 성숙되어 있지 않은 한국민주주의에서도 연합정치-사회적 대화 시스템이 작동할 수 있다. 문화-제도의 관계를 인과론적 관점에서 바라보는 경향이 있지만 실제로는 그 양자 사이에 상호작용이 존재한다(Lijphart 2003b: 22-23, 2012: 301-302). 물론 앞서 지적한 것처럼 대화와 타협과 합의 문화가 두 시스템의 작동을 촉진할 수 있는 중요한 변수이다. 제도가 어떠한 문화적 토양에서 어떠한 성향의 정치행위자들에 의해 작동되느냐에 따라 동일한 제도도 다르게 작동한다. 예컨대 대통령제가 남미나 미국에서 다르게 기능한다. 사회적 대화시스템인 경우도 서유럽 국가들에서는 성공적으로 작동한 반면, 남미국가들에서는 실패했다. 이는 문화적 토양에 따라 제도적 시스템의 작동과정이 달라질 수 있음을 말해 준다.

그러나 이런 단순한 일방적인 인과론적 관점은 문화결정론에 근거한다. 문화결정론적 비관론은 문화의 고정 불변성을 전제하여 제도에 대한 문화의 일방적 영향을 가정하고 있다는 점에서 이론적으로나 경험적으로 설득력이 취약하다. 문화는 사회경제적 주체 및 정치행위자들의 전략적 선택(strategic choice)에 따라 도입된 제도의 변화와 혁신에 의해, 그리고 구성원들의 공동 제도적 학습(institutional learning)의 결과로서 변화할 수 있다. 제도적 혁신은 개인이나 집단의 행동을 규제하는 구속력을 갖기 때문에 제도가 문화를 변용시키기도 한다는 점을 잊어서는 안 된다. 정치문화의 성숙은 정교하고 섬세한 제도적 혁신을 통해서 가능하다. 이런 관점에서 볼 때 문화-제도는 일방적이 아닌 쌍방적 관계이다. 예컨대 연합정치-사회적 대화 시스템에 기초한 스위스 '콘코르단쯔'(*Konkordanz*)민주주의는 문화적 실체라기보다는 본질적으로 정치적 실체이다. 즉 오랜 세월에 걸쳐 형성된 문화의 산물이라기보다는 권력분점·공유의 합의제 헌정체제를 창출해 낸 정치엘리트·사회경제 주체들의 전략적 선택의 산물이다. 따라서 우리는 제도작동의 정치문화 결정론적 비관론에서 탈피해 한다.

계급·계층·이념·지역 등과 같은 사회적 분열과 갈등으로 인한 문화적 장애요인이 상존한 국가에서도 민주주의 공고화, 즉 합의제 헌정체제가 제도화될 수 있다. 비록 유리한 문화적 요소가 합의제 헌정체제 작동의 전망을 밝게 해주는 데 도움이 되는 것은 사실이지만 문화적 악조건 하에서도 민주주의의 잠재력에 관한 낙관론이 가능하다. 20세기의 전반기에 민주주의는 일반적으로 유리한 사회적, 경제적 문화적 조건을 가진 나라에 국한됐지만, 1970년대 중반 '제3의 민주화 물결' 이후 그런 유리한 조건을 갖추지 못한 많은 국가에서도 민주주의 실험을 경험했다(Diamond 2000). 이러한 경험은 문화적 악조건 하에서도 어떻게 하면 신생민주주의를 공고화시킬 것인가에 대한 관심을 고조시켰다. 헌정체제의 제도적 공학(institutional engineering)이 그러한 가능성으로 부상했다.

제도는 인간의 정치행위 내지 전략적 선택을 구속하는 효과를 가지며, 따라서 특정 정치적 패턴과 행위규범의 형성에 결정적인 영향력을 갖는다. 특히 상이한 분열집단들을 가진 갈등사회에서 헌정체제의 제도적 디자인이 어떻게 이루어지느냐 하는 문제가 문화형성에 영향을 주고 민주주의 발전을 좌우하는 요체이다. 갈등사회에서는 제도적 디자인이 특정 분열집단에 유리하게 혹은 불리하게 작용할 개연성이 높아지기 때문이다. 예컨대 소선거구 단순다수대표 선거제는 소수그룹, 특히 지리적으로 분산 거주하고 있는 사회그룹에 매우 불리하게 작용한다. 이런 점에서 헌정체제의 제도적 디자인 문제는 분열과 갈등이 상존한 한국사회에서 갈등을 민주적이고 효과적으로 관리·조정할 수 있느냐의 여부에 중대한 영향을 미치는 중요한 변수이다(Belmont *et al.* 2002: 3).

이런 점에서 연합정치-사회적 대화 시스템은 갈등적이고 대결적인 문화를 완화하고 대화와 타협과 합의 문화를 조성할 수 있는 잠재력을 갖는다. 독일의 경우 바이마르공화국 시절의 분열적이고 대립적인 정치문화가 전후 서독연방공화국에서는 대화와 타협과 합의 지향적 정치문화로 변화했다. 이는 정치교육을 통한 정치문화의 재창출에 기인하기도 하지만(Lijphart 1969: 224), 더욱 중요한 것은 전후 서독연방공화국 헌정체제의 안정은 동질적 정치문화의 창출에 기여한 합의제 민주주의의 제도적 장치를 도입했던 것에 힘입은 바가 컸다는 점이다.

바이마르공화국 헌정체제는 분열과 갈등과 대립이 만연했던 원심적(centrifugal) 민주주의이었지만 전후 서독연방공화국 헌정체제는 대화와 타협과 합의 문화가 정착된 구심적(centripetal) 민주주의로 발전한 것이다.[22] 스위스·오스트리아·벨기에·네덜란드 등과 같이 연합정치-사회적 대화 시스템을 성공적으로 작동시킨 서유럽 합의제 민주국가들은 오늘날 대화와 타협과 합의 문화를 정착시키고 있지만 그들 국가가 원래부터 대화와 타협과 합의 문화를 가졌던 것은 결코 아니다. 그들 나라는 언어·종교·이념·계급·계층·지역 등 사회적 균열이 구조화되어 사회집단 간에 대화와 타협과 합의보다는 분열과 갈등이 첨예하게 분출했다. 특히 스위스는 사회적 균열로 인해 16세기부터 19세기 중반까지 5번의 내전을 치렀으며 오스트리아 또한 이념갈등으로 1934년 유혈의 내전을 경험했고 이런 이념갈등은 2차 대전 이후에도 지속되었다(선학태 2005: 제7·10장). 이러한 사회분열과 갈등을 관리·조정하기 위해 그들 국가는 연합정치-사회적 대화 시스템을 작동시켰고 그 결과 분열집단 간 '상생·공존'을 위한 대화와 타협과 합의 문화를 점진적으로 창출해 냈다(Linder 2004: 14-15).

합의제 헌정체제의 권력분점·공유 제도는 비서유럽 국가에서는 생소하고 적절하지 않다는 견해가 있다. 그러나 이러한 비판은 비서유럽 국가들의 경험적 사례들을 간과하고 있다. 레바논·말레이시아·콜롬비아 등 비서유럽 국가들도 외부의 영향력이나 지원을 받지 않고 토착적 리더십에 의해 권력분점·공유 및 연방제적 자치제에 의해 정치안정을 이룩한 역사적 경험을 가졌다.[23] 브라질·

---

22) 미국의 경우 남부지역은 근 200년 동안 특유의 지역적 하위문화를 형성했고 이런 문화적 분절화는 내전으로까지 비화되었다. 그 후 남부지역에 고도의 자치권을 부여했고 남부지역의 지도자들에게 의회의 주요 상임위원회의 의장, 연방 의사결정에 주요 지위인 필리버스터(filibuster)의 제공 등 합의제 정치의 제도적 장치를 채택함으로써 동질적 정치문화를 창출했다.

23) 다수제 헌정체제론자들은 1975년 레바논의 권력분점·공유 시스템 실패를 강조한다(선학태 2005: 388). 그러나 레바논의 실패를 자세히 분석해 보면 이는 오히려 권력분점·공유 시스템의 강점을 입증한다. 1975년 레바논에서 내전이 발생했는데 그렇다고 이것이 1943~75년 레바논 권력분점·공유 시스템의 작동이 실패했다는 것을 의미한 것은 아니다. 레바논 권력분점·공유 시스템을 와해시킨 주요 원인은 권력분점·공유 시스템 그 자체에 의해 야기된 내부 문제가 아니라 중동의 국제무대에서 레바논이 처했던 불안한 위상, 특히 팔레스타인, 시리아·이스라엘의 반복된 침략이었다. 이런 점에서 1975년의 내전은 통상적인 내전이 아니라 레바논 영토에서 발발한 국제적 갈등이었다. 이것이 레바논 권력분점·공유 시스템을 붕괴시킨 것이다. 둘째, 레바논 권력분점·공유 시스템은 약간의 약점을 지니고 있었다는 점이 지적되어야 한다. 이슬람교도들이 점차로 인구의 대부분을 차지해 가고 있었음에도 불구하고 정부에서의 대표권과 영향력은 계속해서 기독교 세력들이 장악했다. 더욱이 가장 강력한 정치적 직위인 대통령직도 기독교도들에게 할당되었다.

인도·남아프리카 또한 합의제 헌정체제를 통해 비교적 민주정치를 정착시켰다(Stuligross and Varshney 2002: 429-458). 그들 국가도 합의제 헌정체제를 도입했던 당시 대화와 타협과 합의 문화가 존재하지 않았다. 되레 그들 국가의 정치문화는 매우 논쟁적이고 갈등적이었다.

그러나 그들 국가는 합의제 헌정체제를 채택해 갈등과 대결 지향적 문화를 크게 완화하여 정치안정과 신생민주주의를 공고화시켰다. 좌 vs 우, 보수 vs 진보, 빈곤층 vs 부유층, 노동 vs 자본 등 극단적으로 대립·갈등했던 브라질은 개방형 비례대표제-이념블록다당제-초이념블록연합정치-연정대통령제에 의해 대화·타협 정치문화를 정착시키고 있다. 인종·종교·언어 갈등이 상존한 인도에서도 권력분점 헌정체제를 채택하여 비교적 안정적인 민주주의를 정착시켰다. 특히 남아프리카의 정치지도자인 만델라는 집권 후 합의제 정치시스템을 채택하여 과거 흑·백 간 뿌리 깊은 적대감과 갈등이 상존하고 있었음에도 불구하고 흑·백 간 상생과 공존 문화를 만들어 냈다. 제도가 문화를 변화시킨 이 같은 비서유럽 국가들의 경험적 사례들은 정치엘리트들이 전략적으로 합의제 헌정체제를 선택하고 이를 실천한다면 상생·공존문화를 창출해낼 수 있다는 사실을 웅변한다. 이를 통해 우리는 문화적 갈등과 대립은 이분법적이 아닌, 변화의 연속선상에서 측정돼야 한다는 사실을 시사 받을 수 있다. 즉 정치문화는 제도적 혁신을 통해 변용의 길을 걷는다.

이런 맥락에서 볼 때 정치문화-정치제도 관계는 상호작용한다(Lijphart 2003b: 22-23). 최근 주요 제도적 개혁을 시도했던 뉴질랜드는 정치제도와 정치문화 간의 쌍방향 인과적 연계를 설명해 주는 좋은 경험적 사례이다. 뉴질랜드는 1996년 독일식 정당명부 비례대표제를 도입했다. 그 결과 즉각적으로 다당체제, 연립내각(1999년 이후 줄곧 연립내각 등장), 의회에 대한 집행부 우위 감소 등 선거제도의 파급효과가 나타났다(Lijphart 2012: 20-26). 뉴질랜드의 이 같은 합의제 헌정체제는 대화와 타협과 합의 정치문화를 조성했으며, 역으로 점진적으로 정착해 가는 대화와 타협과 합의 문화는 합의제 제도적 장치들을 정상적으로 작동시키는 토대가 되고 있다.

서유럽 국가들에서 사회적 대화시스템은 첨예한 대립과 갈등을 일삼았던 사회적 파트너들 사이에 상호 협력과 신뢰문화를 축적했으며, 역으로 그를 통해 축적된 신뢰와 협력에 기초한 사회적 자본은 사회적 대화시스템을 안정적으로 작동시켰다. 예컨대 네덜란드는 사회적 대화를 통해 1982년 바세나르협약(Wassenaar Accord)을 체결했다(제10장). 그것은 법적 구속력이 있는 사회협약이 아니고 노사가 준수하기를 희망하는 느슨한 권고사항에 불과했다. 그럼에도 불구하고 노조가 물가연동임금제를 포기하고 임금인상 자제를 통한 기업의 수익성 제고에 협조했고 기업들도 노조의 그러한 유화적인 양보에 상응하여 근로시간 단축을 통한 고용안정에 적극적인 노력으로 화답했다. 이러한 노동과 자본 사이의 양보와 보상을 통한 사회적 대화시스템은 네덜란드의 대화와 타협과 합의 지향적 문화를 창출했고 그러한 타협문화는 사회적 대화를 지속적으로 작동시킴으로써 여러 후속 사회협약을 끌어냈다. 말하자면 제도-문화 간에 선순환 관계를 이룬 것이다. 스페인에서도 좌파정당-노조의 연계는 여러 사회협약 체결을 위한 협상 테이블에서 노동의 권익이 좌파정당들에 의해 대표되었다(선학태 2007). 이를 통해 과격한 노동운동을 자제시키는 등 노조들의 절제와 타협적 태도를 이끌어내는데 공헌했다. 이러한 연대는 제도적 학습 효과가 발생하여 사회적 자본을 축적하는 데 기여했으며 이것은 또 다시 스페인 사회적 대화시스템을 촉진시키는 선순환 결과를 가져왔다.

그런데 합의제 헌정체제의 연합정치-사회적 대화는 '엘리트카르텔에 의한 정치'이다. 이런 점에서 양대 시스템이 한국 헌정체제에서 성공적으로 작동하기 위해서는 정치엘리트·사회적 파트너들의 협력의지와 문제해결능력이 요구된다. 다시 말하면 정치엘리트·사회적 파트너들이 한국사회에 존재하는 여러 사회집단과 계층의 상이한 이해관계와 요구를 조율·조정할 수 있는 역량과 의지를 가져야 한다. 연합정치-사회적 대화 시스템의 작동에서 엘리트의 전략적 선택을 중요시하는 자발주의적 시각(voluntarism)이 있다(Lijphart 1977b: 54). 자발주의적 시각에 따르면 모든 구조적 조건이 불리(혹은 부재)할 때도 연합정치-사회적 대화의 작동은 가능하다. 비록 두 시스템의 작동에 유리한 모든 배경 조건을 갖추고 있어도 엘리트들이 두 시스템을 채택할 의지나 능력을 결여하고 있으면 그것의 도입이나 성공을 담보하지는 않는다. 이런 관점에서 보면 합의제 헌정체제의 연합정치-사회적 대화시스템은 문화의 산물이 아니라 정치엘리트·사회적 파트너들의 의지가 투영된 전략적 선택이다(Lipset 1994: 18). 한국에서

1991년 지방의회의 구성은 중앙집권적 권위주의 문화가 어느 날 갑자기 사라지고 자치문화가 정착되었기 때문이 아니라 1987년 6월 시민항쟁 후에 들어선 당시 정치권력 기반의 변동에 따른 정치엘리트들의 전략적 선택의 결과이다.

레이파트는 연합정치-사회적 대화의 채택을 그 배경적 조건의 유무에 관계없이 신생민주주의국가인 인도·남아프리카에 강력히 권고한 바 있다. 앞서 지적한 바와 같이, 인종·종교·언어 균열과 갈등을 보이는 인도에서는 오스트리아·스위스·네덜란드처럼 비례성-대연정-분열집단자율성-소수파 비토권 등 권력분점·공유 시스템을 채택하여 비교적 안정적인 민주주의를 정착시켰다(Stuligross and Varshney 2002: 429-458). 또 합의제 헌정체제는 남아프리카공화국의 민주화에서도 중요한 역할을 했다. 즉 1994년 헌법은 인도와 유사한 권력분점 시스템을 도입하여 정치안정을 이룩했다(Lijphart 1998: 144-150). 이 맥락에서 한국민주주의의 민주화를 제도적으로 디자인하는 데 있어 규범적 모델로서의 합의제 헌정체제의 작동가능성은 결국 문화-제도-엘리트 간 상호작용에 의해 좌우되는 것으로 상정할 수 있다.

7. 합의제 헌정공학의 지향성과 선거제도 혁신의 선차성

합의제 헌정체제는 정치시장의 유연화(flexibilization of political market)에 바탕을 둔 이익·가치 조정정치(politics of accommodation) 기제의 작동을 유인하여 한국민주주의 공고화, 즉 사회 갈등조정과 사회통합 프로세스에 중요한 제도적 돌파구(institutional breakthrough)를 제공한다. 이런 관점에서 제18장은 국회의원 권력분점비례대표제-대통령결선투표제-이념블록다당제-이념블록교차연합정치-연정/분권형대통령제-사회적대화 사이에 유기적으로 연동하는 제도적 조합 틀을 내장하는 한국형 합의제 헌정체제를 설계했다. 한국형 합의제 헌정체제는 정치적 대표성-책임성을 연정파트너 정당과 사회경제적 파트너에게 공유·분산시킴으로써 경제민주화-경제성장-복지국가 간 선순환 과정의 비용·손실을 부담해야 하는 집단·계층·세대·지역의 반발과 저항과 갈등을 관리·흡수하는 데 우호적인 제도적 배열(institutional configuration) 구조이다. 요컨대 합의제 민주주의 동학은 절차적 민주주의-실질적 민주주의의 순환구조를 통해 국민통합을 견인하는 과정이다.

합의제 헌정체제는 위정척사(衛正斥邪)의 잣대가 아니라 화이부동(和而不同)의 잣대를 요구한다. 그것은 '정의'의 의사 및 정책결정이 아니라 변증법적 절차에 따른 '모두스 비벤디'(*modus vivendi*)의 의사결정을 지향한다. 한국사회에서 발생하는 가치갈등이나 이익갈등을 해소하기 위한 한국 합의제 헌정체제의 지향점은 '정의'가 아니라 '상생'이다. 다수파와 강자와 주류가 정의를 외칠 때 독선과 아집으로 흐르고 상대방, 특히 소수, 비주류 및 사회경제적 약자의 도덕적 정당성을 인정하지 않는 경향을 보이기 때문이다. '수(數)의 논리'와 '경쟁'으로 승부를 거는 한국민주주의의 다수제 헌정체제에서는 '승리문화'에 몰입하려는 열망이 크기 때문에 대화와 타협, 관용과 포용, 양보나 협상에 기초하는 상생문화는 자리잡을 수 없다. 상대방의 완패를 요구하는 '승리를 지향하는 민주주의'는 본질적으로 갈등과 대립과 불안정을 야기할 수밖에 없다. 그 대안으로 '정의의 비전'보다 '상생의 비전'을 지향하는 것이 합의제 헌정체제가 지향하는 '모두스 비벤디'적 정책결정의 특성이요 본질이다. 이를 통해서만이 한국민주주의는 공고화의 길을 걸을 수 있다. 한국사회는 갈등하고 대립하는 다양한 이해관계와 가치관이 존재한다. 이를 효과적으로 조정·관리하는 합의제 헌정체제는 오케스트라의 악기들이 각기 다른 소리를 내지만 지휘자의 리더십으로 불협화음 없이 우리의 영혼과 가슴을 파고드는 아름다운 다사불란(多絲不亂)의 하모니를 연출하는 이치와 같다.

앞서 논의한 것처럼 서유럽 국가들의 합의제 헌정체제는 대화·협상·타협의 문화적 토양 위에서 가능했던 것이 아니다. 정치인들이 언어·종교·이념·계급·계층·지역 등 복합적 사회균열을 관리·조정하기 위해 전략적으로 합의제 헌정모델을 창출했고 이를 통해 고착화된 갈등·대립 행동문화를 대화·타협의 정치문화로 점진적 변용을 시도했다. 비서유럽 국가 또한 합의제형 헌정체제를 통해 민주정치를 정착시켰다(Koelbe 2000: 129-153; Lijphart 1998: 144-150). 이 경험적 사례들은 정치엘리트들이 전략적, 선제적으로 합의제 헌정모델의 정치제도를 설계한다면 유권자·정당·정치인들의 행태를 변화시킬 수 있음을 시사한다. 교통법규가 바뀌면 교통문화가 변하듯이 합의제 정치제도로의 혁신은 패권적 정당문화를 불식하고 유권자의 투표행태와 정당·정치인의 정치경쟁 양식에 확실한 변화를 몰고 올 것이다. 특히 독일식 권력분점 비례대표제(전국단위비례대표-소선거구 연동제) 하의 비례대표 국회의원들은 소선거구 다수대표 선거제도에서 드러나는 협소한 지역(구) 개발프로젝트(parochialism)에 전념하는 정치브로커 역할에서 해방되어 전국적, 사회전체의 이해관계가 걸린 경제민주화-복지확대-증세 등과 같은 보편적 공공재 이슈에 보다 적극적으로 태클하는 동기를 갖는다(Crepaz and Birchfield 2000: 207-208).

평화적으로 "대한민국 세상을 갈아 뒤엎을 수 있는" 유일한 방법은 비례대표 선거제도가 견인하는 합의제 헌정체제로 민주주의패러다임을 바꾸는 것 외에 다른 도리가 없다. 합의제 헌정체제야말로 한국민주주의의 민주화, 한국민주주의의 르네상스 시대를 열어가는 시대정신으로 자리매김 되어야 한다. 그러므로 우리는 '포스트 87년 헌정체제'의 민주주의패러다임을, 합의제 헌정체제로 그랜드 디자인해야 할 시점에 놓여 있다.

합의제 헌정체제의 권력분점·공유의 제도적 공학(institutional engineering)에 접근하는 두 전략이 있다. ① 우선 독일식 권력분점 비례대표제로 전환하는 국회의원 선거법, 결선투표제를 도입하는 대통령 선거법 등 법률개정 수준에서 합의제 헌정모델로 접근한다. 그 다음 이 처방으로도 헌법적 권력구조(정부제도 등)의 한계로 인해 더 이상 한국민주주의 공고화를 기대할 수 없을 때 합의제 헌정모델에 입각한 개헌, 즉 연정형 권력구조(연정대통령제·분권형 대통령제 등)에 접근하는 수순을 밟는 방식이다. 이 전략은 선거제도 개혁과 권력구조 개편(개헌)은 선후 혹은 양자택일의 문제로 접근해서는 옳지 않다고 주장하는 논자들에 의해 비판 받을 소지가 있다. ② 선거법 등 법률개정·재정과 헌법적 권력구조 개편이 동시에 진행되는 투트랙 전략이다. 이 전략은 87년 헌정체제가 선거제도-정당체제와 헌법적 권력구조 사이의 조합에 바탕을 둔 기능적 연계성을 갖는 제도의 세트라는 이론적 근거를 정당화한다. ①과 ② 전략 중 어느 것이 더 효과적인 로드맵일까 하는 것은 사회적 공론화와 정치권의 정밀한 천착이 필요한 지점이다. 다만 ② 전략이 현실적으로 불가능하다면 한국민주주의의 상부구조(정부형태)를 바꾸는 개헌에 앞서 그 하부구조(선거제도-정당체제)를 재설계하는 것이 올바른 수순이다. 즉 소선거구 다수대표제와 정당명부 비례대표제가 유기적으로 결합하는 '전국단위비례대표-소선거구 연동제'를 통해 진보좌파-중도-보수우파 블록의 다당체제를 제도화해야 한다.

걸레는 빨아도 걸레다. 다수제 헌정모델의 제도적 틀 내에서 현미경적인 상향식 공천검증 시스템 등 제아무리 정교하고 섬세한 마부작침(磨斧作針)식 정치개혁을 시도해도 '헛발질' 태클이다. 더욱이 단순히 권력구조만의 개편은 87년 헌정체제의 정치적 양극화를 처방하기는커녕 되레 악화시킬 게 분명하다. 따라서 권력구조의 택일적 논쟁이 아니라, 독일식 권력분점 비례대표제가 유인하는 '화이부동(和而不同) 다당제' 창출이 '포스트 87년 헌정체제'의 선차적 혹은 동시적 프로젝트이다. 각 정당이 독자적 정체성을 견지하면서도 정당 간 협력-상생 기제가 작동하는 초이념블록 연합정치의 제도화를 견인하는 선거제도 개혁을 선행하거나, 아니면 권력구조 개편과 병행해서 접근해야 한다. 선거제도-정당체제와 권력구조가 순기능적으로 작동해야 하기 때문이다. 물론 권력분점 비례대표제가 1990년대 이후 스웨덴 정당정치가 보여주듯 이념적 간극에 따른 이분법적인 블록 정당정치를 촉발할 수도 있다는 점에서 '만병통치약'이 될 수는 없다. 정책의제화-입법화 과정에서 양극적 블록정치를 완충하는 피벗정당의 제도화가 필요한 이유이다. 피벗정당은 적대적 의존관계에 놓인 87년 헌정체제의 양대 패권정당 독과점구조에 임팩트를 투사하고 선거결과와 정책-입법 의제에 따라 시계추처럼 피벗팅(pivoting)하며 '포스트 87년 헌정체제'의 정상적 작동에 전략적 지렛대가 되어줄 것이다.

한국민주주의에 대한 올바른 인식이 중요하다. 많은 사람들, 특히 진보성향 인사들까지도 한국민주주의가 절차적 수준(정치적 평등)에서는 완성단계에 접어들었고, 이제는 실질적 민주주의(사회경제적 평등)의 정책콘텐츠인 경제민주화-복지국가 신장이 한국민주주의의 주요 과제로 이해하는 경향이 있다. 하지만 그것은 민주주의에 대한 인식의 오류이다(최장집 외 2007: 83-86). 한국민주주의의 과제는 단순히 실질적 민주주의 확대가 아니라 합의제 헌정체제의 권력분점, 즉 한국사회의 다양한 집단·계층·지역·세대, 특히 빈곤층·실직자·비정규직·영세자영업자·노령층·장애인 등 사회적 약자들의 '동등하고 효과적'인 정치(정책결정 과정)참여의 제도화를 촉진하는 절차적 민주주의를 발전시키는 데 있다. 절차적 민주주의가 보다 심화되고 정교화, 즉 합의제 헌정체제가 제도화될 때 실질적 민주주의도 신장될 수 있기 때문이다.

절차적 민주주의를, 자본주의 시장경제의 불평등·소외·차별·배제구조를 교정하는 실질적 민주주의로 연계시키는 매개 고리는 선거제도이다. 선거제도야말로 정당체제-의회권력관계-정부유형·이념성-의회·행정부관계-노사정관계-시장경제유형-조세·복지국가유형 등 제도적 매트릭스를 규정하는 독립변수이다. 종국적으로 한 나라의 민주주의 발전모델을 설계하는 가장 강력한 정치적 지렛대가 바로 선거제도이다. 그러나 선거제도가 갖는 막중한 정치적, 정치경제적 함의에도 불구하고 여야 정치권은 선거제도 개편을 단지 자당의 선거 유불리, 의석점유율 확대라는 선거공학적 차원에서만 접근한다. 그렇기 때문에 독일식 권력분점 비례대표제야말로 대한민국 헌정체제 패러다임을 교체하는 '제2 민주화' 운동의 핵심 제도적 아이템이다.

헌법개정보다 더 어렵다는 선거제도 개편 프로젝트, 누가 고양이 목에 방울을 달아야 하는가? 현재 국회는 새누리당이 과반의석을 차지하여 선거제도 개편의 높은 저지장벽이 가로놓여 있다. 실제로 현행 승자독식 단순다수대표제의 수혜집단인 거대 양당 국회의원들, 특히 새누리당 의원들은 현재 독일식 비례대표제에 조건반사적으로 거부반응을 보이고 있다. 자신의 정치적 미래에 대한 불확실성 때문이다. 소선거구 단순다수대표제 하에서 당선을 보장하는 안정적 지지그룹을 가진 국회의원들이 자신의 지역구에 축적해 놓은 정치적 기득권을 일거에 상실할지도 모를 선거제도 개혁을 수용하겠는가? 따라서 선거제도 혁신을 국회에 맡기는 것은 되레 개악될 수 있는 여지가 많다. 이 장벽을 뚫는 방법은 시민사회의 선거제도 개혁운동이다.[24] 시민단체들이 선거철에 후보자

24) 뉴질랜드의 독일식 권력분점 비례대표제 도입 과정은 한국 국회의원 선거제도 개혁에 시사하는 바가 크다(최태욱 2012). 뉴질랜드에서 1980년대 중반 이래 국민당-노동당 중심의 양대 패권정당의 독과점 구조가 신자유주의 정책의 충격을 해결하지 못한 상황에서 선거제도 개혁 문제가 중요한 정치의제로 부상했다. 그러나 국민당-노동당 의원들의 다수는 소선거구 단순다수대표제 개혁에 반대했다. 그래서 시민단체-노조-군소정당-언론 등이 '선거제도혁신동맹'을 구축하여 선거제도의 불비례성, 거대정당들의 과다대표, 군소정당들의 과소대표 등 소선거구 단순다수대표제의 비민주성을 공론화하고 독일식 권력분점 비례대표제로의 개혁 명분과 당위성 여론을 확산했으며 이를 정치권이 수용하도록 압박했다. 흥미롭게도 노동당이 아닌 보수당인 국민당 정권이 1993년 국민투표를 발의해서 독일식 권력분점 비례대표제로의 변경을 관철시켰다. 이는 한국 선거제도 개혁추진에 대한 경험적 벤치마킹 사례이다. 한국역사의 물꼬를 바꾼 것은 항상 권력의 변방 혹은 권력의 바깥에 있는 사람들의 몫이었다. 이러한 의미에서 국가권력의 횡적 종적 재편성을 위한 선거제도 개편을 주도할 세력은 시민단체-노조-군소정당-언론이다.

개개인의 도덕성 검증 및 자격요건을 따지고 '저비용-고효율 정치'로의 개혁을 요구하는 것은 한국 정치혁신의 본질이 아니다. 상처의 원인이 깊은 곳에 박혀 있는데 피부만 치료하고 원인을 내버려두는 것이나 다름없기 때문이다. 구조적이고 발본적인 정치혁신은 시민사회의 선거제도 개혁운동을 통해서 가능하다. 노동운동도 진정으로 생존권 투쟁을 하려면 임금과 같은 단기적 이익을 챙기는 데 시간과 에너지를 투입하는 것보다 선거제도의 개혁에 전력투구해야 한다. 선거제도가 정당체제를 바꿔 종국적으로 경제민주화-복지국가 수준을 좌우하기 때문이다.

그러나 종국적으로 칼자루는 국회가 쥐고 있다. 다사불란(多絲不亂)의 정치, 오케스트라 화음의 정치를 창출하는 합의제 모델이 녹아내리는 '포스트 87년 헌정체제'를 디자인하는 데 여야 정치인들의 '무서운' 결단과 예술가적 마인드가 요구되고 있는 시점이다. 특히 집권당인 새누리당은 다당체제로의 전환을 위한 선거제도 개혁 요구가 분출하는 상황에서 이를 수용하면서도 한국정치를 주도할 수 있는 전략적 경로와 선택을 고민해야 한다.

분열과 갈등의 정도가 심각한 사회에서 바람직한 헌정체제가 무엇인가에 대한 논의는 오랫동안 민주주의 이론에서 아주 중요한 테마였다. 제18장을 계기로 한국민주주의의 민주화를 창출하는 합의제형 헌정체제에 대한 정치학적 상상력과 연구의 지평을 넓히는 이성적, 공론적 논의가 발전되기를 기대한다. 특히 제18장의 전반에 걸쳐 관류하는 문제의식이 향후 개헌 정국에서 합의제 헌정모델의 '제도적 어젠다' 개발과 설정에 '한 장의 벽돌'이 됐으면 하는 소망이다. 하지만 합의제형 헌정체제는 국가정책 결정 과정에 참여자의 확대로 인해 복잡하고 시간을 소모하는 비생산적, 비효율적인 정치를 야기하여 사회경제적 실적과 성과 산출에 부정적으로 작용할 것이라는 비판이 없지 않다. 따라서 합의제형 헌정체제가 다수제형 헌정체제보다 사회경제적 성과와 실적 측면에서 '왜' 우월한지에 대해 그간 상당한 실증적 연구가 축적되어 있으나(제8장) 보다 심도 있는 과학적인 후속 연구가 진행되어야 할 필요가 있다.

제19장

합의제 헌정공학의 수직적 권력분점 제도

1. 문제의식

한국민주주의 발전을 제약하는 '87년 헌정체제'의 여러 문제 중 하나는 권력과 권한 그리고 돈줄을 중앙정부가 거머쥐고 있는 데 있다. 한국의 중앙집권 수준은 세계 유례를 찾을 수 없을 정도이다. 이런 중앙집권제의 틀 속에서 단지 제왕적 대통령 권력을 덜어내기 위해 대통령 4년 중임제냐 아니면 분권형 대통령제냐 등을 둘러싸고 전개되는 논쟁은 무의미하다. 어쩌면 그건 매우 위험한 접근일지도 모른다. 현행 대통령 5년 단임제보다 되레 더 큰 정치적 재앙을 불러 올 수도 있기 때문이다.

대통령은 중앙에 집중된 권력과 자원을 배분하는 과정에서 막강한 영향력을 행사할 수 있는 지위에 있다. 중앙집권의 상징인 대통령을 선출하는 선거에서 승리한 당선자·집권당이 중앙의 정치적, 경제적 자원을 독점하다시피 한다. 반면에 패배한 야당후보·정치인들은 정치적 허탈감·상실감에 빠지게 된다. 이런 까닭에 중앙권력의 정점에 있는 대통령직을 장악하는 게 새누리당-새정치민주연합, 양대 기득권 정당의 사활이 걸린 문제이다. 지역주민들도 자신들이 지지한 대통령으로부터 인사와 재정의 배분에서 특혜를 기대하고 '묻지마 투표'를 행사한다. 반면에 그 특혜의 네트워크에서 소외된 지역주민들은 자신들이 지지하지 않는 대통령의 정통성을 인정하지 않으려 한다.

한국정치는 중앙에 집중된 권력과 권한과 돈줄의 쟁취를 향해 소용돌이치는 투쟁 과정이라 말해도 지나치지 않다. 중앙정부와 중앙정치가 수행해야 할 업무와 기능의 과부하 현상으로 국가전략 수립과 국가적인 위기관리 능력이 현저하게 떨어지고 있다. 대통령을 축으로 한 중앙집권제의 틀이 유지되는 한 한국 정치의 양극화, 지역주의 구도를 깨고자 하는 어떤 처방도 '약발'이 서지 않는다. 그러므로 87년 헌정체제의 중앙집권제-단원제국회라는 국가 틀을 바꾸는 합의제 헌정공학 프로젝트가 시대적 과제로 떠오르고 있다. 대한민국이 합의제 민주국가를 창출하기 위해 국가 틀을 대개조하는 정치적 르네상스 드림을 꿔야 한다. 즉 중앙에 집중된 권력과 권한 그리고 재정을 지방으로 과감히 넘기고 소수지역의 이해를 보호하는 상원제를 설치하는 수직적 권력분점 틀을 디자인할 때가 도래하고 있다.

한국민주주의의 민주화 관점에서 볼 때, 합의제 헌정체제는 제18장에서 논의한 수평적 권력분점과 더불어 수직적 권력분점의 제도화를 요구한다. 수직적 권력분점제도는 연방제형 지방분권제-상하양원제이다. 한국사회에서 연방제형 지방분권제-양원제는 소수지역이 정치적 영향력을 행사할 수 있는 핵심적인 장치이다(Ghai 2002: 144-153). 이러한 문제인식을 갖고 제19장은 한국민주주의의 민주화를 위한 합의제 헌정공학의 수직적 권력분점 제도를 디자인한다.

2. 합의제 헌정체제의 수직적 권력분점

1) 연방제-양원제 제도적 조합

합의제 헌정체제는 국가 내부사회에서 여러 차원의 이질성이 수평적 다원성(horizontal plurality)보다는 수직적으로 분절된 하위문화(vertically segmented subculture)의 형태로 표출되는 서유럽 소국들(오스트리아·스위스·베네룩스 3국 등)의 전형적인 정치운영 틀이다. 그들 국가에서는 종교·언어·인종·문화·지역·계급·계층 등에 의해 수직적 분절상태가 존재한다.[1] 이러한 수직적 분절 상태는 블록 간 융합불능(impermeability between blocs) 논리가 강하게 작용함에도 불구하고 각 블록의 분절(부분)집단(segmental group)들은 평화와 민주주의를 유지하며 공동체 의식을 갖고 장기간 공존과 국민통합을 유지허 왔다. 사회적으로 파편화

1) 예컨대 벨기에는 불어권, 네덜란드어권, 독일어권 등으로 커다란 하위문화가 존재한다. 불어권은 네덜란드어권의 수적 우월성을 우려하고 네덜란드어권은 불어권의 문화적 지배를 우려하고 있다.

(fragmentation)되고 이데올로기적 분열(ideological compartmentalization)에 직면한 분절집단 간의 상호 주요 사활적인 이익을 최대한 보장하기 위해 권력분점(power-sharing)을 제도화함으로써 종국적으로 정치공동체로 통합시킨 것이다(Lijphart 1976: 6; Pappalardo 1981: 366). 합의제 헌정체제가 보여 주는 이런 통합력은 바로 다수파 지배의 논리를 견제하고 소수파 보호에 중점을 두는 제도적 장치에서 비롯된다.

무엇보다 합의제 헌정체제는 지역적 다양성의 인위적 합일보다는 지역다양성의 공존에 비중을 두고 인구 다수지역과 소수지역의 상생·협력을 지향한다. 환언하면 '지역다양성의 안정적 지역통합'(regional diversity into regional integration)을 이끌어내기 위해 소수지역과 다수지역이 공존·공영하는 조화로운 정치적 기예(art)이다. 각 지역이 국가의 정치적 의사결정 과정에서 배제와 소외를 당하지 않도록 하게 함으로써 지역갈등의 조정·해소를 달성하는 국민통합 메커니즘이다(Lijphart 1981: 4-8; Daalder 1974: 605-608; Steiner 1981: 345-351). '부분'과 '하위조직'에 대한 '전체'와 '상위조직'의 우위성을 강조한 단방국가체제(unitary state system)보다는 전체-부분 간, 상위조직-하위조직 간의 균형성에 기초한 지방주의의 기조를 수용한다. 이를 통해 각 분절지역들은 다른 분절지역들의 어떤 간섭 없이 통합된 사회에서 독자성과 자치권을 향유할 수 있으며, 지역적으로 분열된 사회에서도 정치적 안정과 민주주의가 제도적으로 정착되고 있다. 동시에 분절집단들이 자신의 내부 문제를 처리하는 데 필요한 상당한 자율성·자치권을 허용받기 때문에 중앙권력은 크게 제한된다.

합의제 헌정체제는 나라에 따라 차이를 보이지만 수직적 권력관계에서 다수제 헌정체제와는 대조적인 제도적 장치를 내장한다. 첫째, 집권당이 중앙정부뿐만 아니라 지방정부까지를 통제하는 다수제 헌정체제의 중앙집권적 단방정부와는 달리, 합의제 헌정체제는 중앙정부-지방정부 간에 권한을 분할하는 연방제를 내장한다. 연방제는 구체적으로 보충성 원칙(subsidiarity principle)에 입각해 중앙정부-지방정부 간에 권력을 분할하는 지방분권제로 나타난다.[2] 연방제

2) 보충성 원칙은 작은 단위의 공동체(지역)가 우선권을 가지며 상위의 공동체(예컨대 연방정부)는 하위 단위체가 수행하지 못한 영역에 한해서 도움 혹은 보조를 해 주는 원리를 의미한다(Linder and Vatter 2001: 95). 따라서 보충성 원칙은 분권적이고 하위 공동체의 자율성을 강조한다.

적 지방분권제는 중앙-지방 간에 권력분할이 이뤄지며 지방정부에 충분한 자율성·자치권을 부여한다(Lijphart 2012: 175-181). 중앙정부는 상위 권위, 예컨대 외교, 국방, 통화관리, 거시 경제·사회정책 수립·집행, 전국 규모의 국토개발, 지역개발불균형 시정 등에 대한 권한과 기능을 갖는다. 중앙정부-지방정부 간에 이 같은 권한과 기능의 배분은 전국적 통합성과 지방적 다양성을 동시에 추구한다(Bishay 1993: 81-83). 연방제적 지방분권제는 결정권이 중앙에 집중된 단방제가 지역갈등을 심화하는 것과는 달리, 중앙정부-지방정부 간 정책결정권의 분점을 통해 중앙-지역 간, 지역-지역 간 갈등을 조정하는 기제이다(Saunders 2003: 34; Lijphart 2008: 83-84).

둘째, 권력균형적인 상하양원제이다. 연방제는 다수제 모델의 단원제 입법부 대신에 입법권의 수직적 분점과 제도적 친화성을 갖는다. 즉 지역대표성은 연방상원에, 인민대표성은 연방하원에 각각 부여하는 권력균형적인 양원제로 제도화된다(Lijphart 2012: 201-202). 상원은 지역의 크기 및 인구규모에 관계없이 지역 등가대표성(parity representativeness)에 입각한 차등 혹은 동수의 대표자를 선출하여 구성한다. 그 주요 명분은 소수지역에 대한 동등한 대표권을 상원에 부여하여 지역 간 갈등을 조정하는 데에 있다.

요컨대 합의제 헌정체제는 제도적 기능적 친화성을 갖는 연방제-양원제라는 수직적 권력분점의 양대 제도적 중심축의 유기적 조합을 통해 작동하며, 이를 통해 사회통합을 구축한다.

2) 연방제-양원제의 권력분점 사례

스위스·벨기에·오스트리아·독일 등 게르만유럽 국가들은 연방제-양원제를 제도화하고 있다.[3] 스위스는 종교·언어·인종·계급·계층·지역 등 복합적 균열에

3) 미국 헌정체제는 적어도 수직적 권력관계에 관한 한 연방제-양원제라는 합의제 모델에 기초한다. 즉 연방정부-주정부 간 권한이 분점되고 있으며, 주의 평등성을 반영하는 지역대표성과 유권자의 평등성에 기초하는 인민대표성에 기초하는 상하 양원제이다. 미국 상원은 인구 및 면적과 관계없이 각 주마다 2명씩 선출되는 의원으로 구성되고 의교 국방 등 대외적인 문제를 입안 감독한다. 반면 연방하원은 인구비례에 따라 각 주마다 선출되는 의원으로 구성되고 국내 문제에 대한 권한을 갖는다. 이런 점에서 미국은 다수제-합의제 모델의 중간 지점(혼합)에 자리한다. 즉 행정권 집중, 양당제도, 최다득표제 등은 다수제적 요소인데 반면, 균형된 양원제, 연방주의 등은 합의제적 요소이다.

따른 갈등을 조정 관리하기 위해 협력적 연방제-권력균형 양원제 입법부를 채택했다(상세한 논의는 제13·20장 참조). 스위스 연방헌법은 중앙정부의 권한을 제한하고 언어·종교 균열로 인한 문화적 정체성의 차이를 보호하기 위해 캔톤정부에 자치권을 부여하는 수직적 권력분점 제도를 창출함으로써 분절집단의 평화적 공존과 사회통합을 꾀했다. 또 연방제와 제도적 친화성을 갖는 양원제에서 하원은 인구비례에 따라 선출되고 국민 전체를 대표하는 반면, 상원은 연방을 구성하는 모든 주를 동등하게 대표한다. 상원과 하원은 거의 동등한 권리와 의무를 갖는다.

오스트리아는 9개주로 구성된 중앙집권적 연방국가(*Zentralisierter Bundesstaat*)이다(안병영 2013: 121; Slomp 2011: 497; Norris 2008: 167). 따라서 오스트리아의 주정부는 주의회 의석비율에 따라 비례적 각료배분에 의한 연정으로 작동하면서 단지 연방정부의 결정사안의 집행의무만 갖는다. 주의회 권한 또한 제한적이고 경찰·교육 등은 물론이고 재정도 연방정부의 배타적 권한이다. 이 같은 오스트리아의 연방정부우위 연방제는 하원인 국민의회(*Nationalrat*)와 상원인 연방의회(*Bundesrat*) 등 양원제와 조합된다(Slomp 2011: 494-495). 국민의회는 국민대표성 원리, 연방의회는 주대표성 원리에 따라 작동한다. 국민의회 의원은 비례대표에 의해 4년 임기로 선출되며, 연방의회는 주의회(*Landtag*)에 진출한 각 당의 의석점유율에 따라 배분 선출되는 의원들로 구성되고 의원 임기는 주정부의 임기와 같다. 독일 연방상원과는 달리 오스트리아 연방의회는 국민의회에 통과한 법안에 거부권을 행사할 수 없으며 최대 8주 동안 법안을 지연시키는 등 단지 유보적 반대(suspensive objection)의사만 표명한다(Pelinka and Rosenberger 2000: 110). 따라서 오스트리아 의회제도는 하원우위의 비대칭적 양원제(asymmetrical bicameralism)이다(Lijphart 2012: 201-202).

결국 연방상원의 강력한 거부권을 인정한 독일 연방제-양원제와는 대조적으로 오스트리아 헌정체제는 연방제-양원제가 작동하고 있음에도 불구하고 그 수직적 권력분점의 낮은 수준으로 인해 비토지점(veto points)이 상대적으로 소수이다(Schulze and Schaludi 2007: 594). 환언하면 오스트리아의 연방제-양원제 간 제도적 조합에는 연방정부-연방의회의 정책입안과 입법화 과정에 비토권을 행사하는 강력한 제도적 플레이어가 존재하지 않는다. 또 오스트리아 합의제 헌정체제에서 과대규모연립정부(oversized coalition government) 형태로 나타난 대연정인 경우 국민의회에서 2/3 의석을 동원할 수 있어 비토지점(견제장치)로서의 의회(야당)를 무력화시키고 정치적으로 압도한다.

레이파트에 의하면 독일식 협력적 연방제-권력균형 양원제가 오스트리아식 연방정부우위연방제-하원우위양원제보다 신생민주주의 국가의 수직적 권력분점 제도를 설계하는 데 더 매력적이다(Lijphart 2008: 83-84). 우선 독일 합의제 헌정체제는 수직적 차원에서 국가권력을 분점·공유하는 연방제에 의해 작동한다(Schmidt 2007: 56-60). 즉 독일 헌법은 연방-주 간에 이뤄지는 입법·집행과정이 기능적으로 상호의존 관계에 있음을 규정한다. 이에 기초하여 연방-주 간은 말할 나위도 없고 주-주 간에도 정책협의·협력이 유기적으로 작동한다. 한마디로 독일연방제는 협력적 연방주의(*kooperativer Förderlismus*)이다(Lehmbruch 2002: 189).

독일 협력적 연방주의는 연방과 주의 독자성이 강하고 업무영역이 비교적 뚜렷이 구분되는 미국의 경쟁적 연방주의(competitive federalism)와 대조적이다. 실제로 독일 연방제에선 연방-주 간 협력적 의사결정시스템이 작동한다. 주정부는 연방상원(*Bundesrat*)을 통해 연방법률 제정에 참여하고 연방차원의 의사결정 과정에 영향력을 행사하며 정책결정의 결과에 책임을 공유한다. 또 연방-주 간 상호협상을 통해 결정된 안건들은 연방상원이나 주의회의 승인을 받도록 돼 있다. 그리고 연방총리-주지사 간, 연방정부-주정부의 행정부처 간 회동뿐만 아니라 '연방-주합동위원회'가 제도화돼 있다.

독일 협력적 연방제의 의사결정 시스템 작동과정은 비록 합의에 이르는 진입장벽은 높지만 협상-협력에 의한 공동결정이 이뤄져 집행과정에서의 저항과 갈등을 최소화한다. 즉 중앙정부-지방정부 간에 정책결정권의 분점·공유를 통해 중앙-지역 간, 지역-지역 간의 이해관계가 조정 관리되고 사회통합이 구축된다. 또 독일 협력적 연방제는 연방-주 간 입법권도 분점·공유한다(선학태 2005: 191). 연방만이 법을 제정할 수 있는 영역, 연방과 주가 경합적으로 입법할 수 있는 배타적인 영역, 연방이 원칙적 테두리를 정하고 구체적 사항은 주에 위임하는 위임입법 영역 등으로 나눠 있다. 연방고유의 입법사항은 외교, 국방, 통화, 관세·통상, 국적·이민, 철도·항공, 우편, 전신과 전화, 통계 등이며, 주 고유의 입법사항은 교육, 경찰, 문화예술 등을 포함한다.

나아가 독일 협력적 연방제는 입법권을 분점·공유하는 상하 양원제와 조합돼 있다(Schmidt 2007: 57-60, 82-83; 선학태 2005: 181-182). 합의제 헌정모델의 연방제-양원제는 제도적으로 친화성을 갖기 때문이다. 연방하원 의원은 임기 4년으로 비례대표제에 의해 선출되고 전 국민을 대표한다. 연방상원 의원은 주의회에 의해 추천되고 최종적으로 주정부에 의해 임명된다. 상원의원 수는 각 주의 인구에 비례에 따라 차등을 두고 있다. 즉 인구 200만 명 이하인 주는 3명, 200만 명 이상인 주는 4명, 600만 명 이상은 5명, 700만 명 이상은 6명이다. 그들은 주의회에 의해 추천되면 최종적으로 주정부에 의해 지명되고 보통 주의원 혹은 주정부 행정각료를 겸직한다. 16개의 주를 대표하는 연방상원은 정원 68명 의원으로 구성되는데 그들의 임기는 정해져 있지 않고 회기에 따라 주의 대표자로 참석한다.

양원제에서 인민대표성은 연방하원에, 지역(주)대표성은 연방상원에 각각 부여되는데 상·하원의 권력은 거의 균형상태에 근접한다. 물론 독일에서 상원-하원 권력관계는 의원내각제에 근접한 정부제도를 채택한 이유로 하원의 권한이 상원보다 약간 우위를 보이는 측면이 없지 않다. 하지만 상원도 하원을 통과한 법률안에 거부권을 행사하는 등 무시할 수 없는 실질적 권한을 행사한다. 특히 각 자치주(주정부)의 이해관계와 관련되는 재정이나 행정권에 관련되는 법안 등 연방헌법에 규정된 일정한 법률은 반드시 연방상원의 동의를 필요로 한다. 이를 통해 연방-주 간, 주-주 간 이해관계가 조정 관리된다. 연방정부는 다른 정당이 집권한 주와는 말할 나위 없고, 같은 정당이 집권하고 있는 주와도 사전에 긴밀히 정책협조를 구해야 안정정인 국정수행이 가능하다. 이런 제도적 기제는 연방정부의 일방통행식 국정운영에 강력한 제동을 걸고 연방정부-주정부 간의 협상과 타협을 유도한다(제12장).

이론적으로 독일의 연방상원은 정당의 이익보다는 지역균형발전 등 주의 이익을 대표한다. 그러나 현실정치에서 상원의 순기능이 사라지고 점차 권력획득을 위한 야당의 전략적 수단으로 남용되며 거부권 행사로 의사결정 과정을 마비시켜 정치적 안정성을 위협한다는 비판이 제기되었다. 따라서 독일 정치개혁의 선결과제는 상원개혁이었다. 실제로 2006년 연방개혁은 주가 연방상원의 입법과정을 통해 연방정부의 정책결정과정에 직접적으로 개입하여 주 이해를 관철시킬 수 있는 영향력을 축소시키고 연방정부의 권한을 부분적으로 강화했다(Moury and Ferguson 2014: 33). 즉 연방상원의 동의를 필요로 하는 연방법안의 건수를 종전 60%에서 35~40% 수준으로 하향 조정했다. 대신 독일의 개정 기본법은 주의 입법권을 확대하는 조치를 담았다. 결국 독일 연방제는 한편으로 중앙을 중심으로 결집하려는 구심력, 다른 한편으로 중앙으로부터 일정한 독자성과 자율성을 유지하려는 원심력이 평형점을 찾아가는 끊임없는 과정이라 할 수 있다.

3. 연방제형 지방분권화

1) 당위성

합의제 헌정체제는 국가권력을 정당 간에 분점하지도 하지만(제18장) 동시에 중앙정부-지방정부 간에 수직적으로도 분점한다. 이는 중앙집권제를 대체하는 연방제형 지방분권제를 말한다. 연방제형 지방분권제는 점점 탄력을 잃어 가는 정당정치나 의회중심의 대의제 민주주의를 보완하는 새로운 민주주의 기제에 대한 시대적 요청이다.

연방제형 지방분권제를 기반으로 하는 국가 틀을 구축하는 경우 두 가지 상반된 힘이 작용한다. 하나는 국가 전체의 통합성을 달성하기 위해 중앙에 권력·권한을 집중하려는 구심력이며, 다른 하나는 지역의 다양성을 보장하기 위해 지역에 권력을 분산(자치권)하려는 원심력이다. 연방제형 지방분권제는 이러한 중앙의 구심력과 지방의 원심력, 두 상반된 힘이 끊임없이 조화와 균형을 찾아가는 과정이다.

중앙정부에 권력과 권한이 집중된다는 건 곧 정책결정권이 중앙에 집중된다는 걸 뜻하는데, 이 경우 되레 국정능력이 떨어질 뿐만 아니라 인구가 밀집된 지역에게 유리한 정책(국정)으로 인해 지역 간 격차와 갈등이 야기될 개연성이 커진다. 반면 연방제형 지방분권제는 중앙정부-지방정부 간에 국가정책 결정권을 분점한다. 이로써 인구의 다수지역과 소수지역의 이해관계를 동시에 배려하여 통합과 다양성의 조화를 추구하려는 국가운영을 통해 중앙-지역 간, 지역-지역 간 갈등을 조정하는 민주주의 가치가 실현된다. 각 지역으로 하여금 자신의 문제를 중앙의 탓으로 돌리지 않고 "스스로 판단하고, 스스로 결정하고, 그 집행 결과에 스스로 책임진다."는 민주주의 철학에 기초한다.

한국사회는 다른 나라에서는 보기 힘들 정도로 지역정체성과 지역발전 욕구가 너무나도 강렬하다. 연방제형 지방분권화는 한국사회의 지역정체성과 이해관계를 조정 관리할 수 있는 매력적인 국가 틀이 될 수 있다. 그렇다면 '포스트 87년 헌정체제'를 모색하는 과정에서 연방제형 지방분권화가 왜 필요한가? 첫째, 민주화 이후 한국민주주의를 사실상 지배하는 지역주의 정치를 해소하기 위해서이다. 지역주의 정치는 중앙정부 재정이 지역개발 중심으로 지출되게 한다. 이 과정에서 중앙정부의 예산을 더 얻어오기 위해 지방정부 간에 갈등과 대립이 발생한다. 이를 최소화하기 위해서는 재정권을 비롯한 자치권을 지방정부에 과감히 이양함으로써 지역발전 문제를 중앙정부의 탓으로 돌리지 않고 지방정부가 스스로 책임지게 하는 연방제형 지방분권제가 요구된다.

둘째, 연방제형 지방분권화의 필요성을 제기하는 또 다른 요인은 글로벌 시장화이다. 글로벌 시장 시대에는 국가 간 뿐만 아니라 각 나라의 지방정부 간에 치열한 경쟁이 전개된다. 중앙정부가 모든 권력·권한·돈줄을 움켜쥐고 있는 중앙집권적 국가 틀로서는 이에 효율적으로 대응할 수 없다. 따라서 각 지방 하나하나가 정치·행정·경제 단위의 강력한 자치권을 갖고 세계의 각 지역과 경쟁할 수 있도록 국가 틀을 설계하는 연방제형 지방분권화가 필요하다.

셋째, 지역개발이나 산업클러스터 조성, 신성장 동력 발굴과 육성, 고급인력과 기업 유치 등 과거 중앙정부에서 수행하던 정책, 입법 및 조세 기능을, 이제는 지방정부가 지역주민들의 뜻에 따라 자신의 책임으로 실행할 것을 요구하고 있다. 지방정부가 지역실정과 특성에 맞는 신속한 정책 개발과 조정, 그리고 지역주민의 욕구에 부응하는 밀착형 행정·생활 서비스를 제공해야 한다. 이는 다양한 영역의 자치권을 행사할 수 있는 지방정부 차원의 대응이 더 효과적이다.

넷째, 연방제형 지방분권제는 글로벌화 시대에 국가경쟁력의 근간인 지방경쟁력을 높이는 데 필수적이다. 현재 지방은 지역자본 및 지역인재의 역외 유출, 지방대학의 와해 조짐, 지역경제의 침체 등 총체적 위기에 직면하고 있다. 이에 따른 수도권-지방 간 격차는 지방주민들에게 심각한 상대적 박탈감을 안겨 주고 이는 사회통합을 저해함으로써 민주주의의 지반을 흔들고 있다. 이를 극복하기 위해 지방정부는 지역 내에 거주하는 주민-대학-기업-시민단체 간의 긴밀한 네트워크 구축을 통해 자생적, 내발적인 지역발전 모델을 설계해야 한다. 또 지역의 자생력을 제고하기 위해서는 지역 간 정책경쟁과 조세경쟁이 가능하도록 해야 한다. 이 모든 것은 지방정부에게 충분한 자치권, 특히 지방정부의 배타적인 입법영역을 설정하여 자치입법권을 부여하는 틀이 설계될 때 가능해 질 수 있다. 연방제형 지방분권제가 이에 부응할 수 있다.

마지막으로 남북한 통합국가 틀을 준비하기 위해서이다. 현행 중앙집권제로는 남북한 통합과정의 충격을 흡수하기 어려울 것이다. 남북한 통합과정을 순조롭게 진행하기 위해서는 전체로서 국가의 통합성을 유지하면서도 지역문제에 관한 정치적인 결정을 자기책임 하에 처리할 수 있는 자치권을 부여하고 그 결과에 대한 리스크를 스스로 부담하도록 하는 국가 틀이 필요하다. 독일통일은 서독의 연방제에 힘입은 바 크다. 즉 독일통일은 서독이 동독을 흡수하는 형식이 아니라 서독 연방공화국의 연방제에 동독의 5개 주가 편입하는 형식을 취하였다. 통독 사례에서 남북한 통합 이전에 남한에서부터 선제적으로 연방제적 국가 틀을 먼저 제도화하고 이를 토대로 새로운 남북한 통합국가 모형을 설계하는 준비 작업이 필요하다.

2) 중앙정부-지방정부 및 국회-지방의회 권한·권력 분할

87년 헌정체제의 중앙집권제를 연방제형 지방분권제로 전환하는 합의제 헌정공학은 중앙정부-지방정부 간에 권한·권력을 분할하고 지방정부에 충분한 자율성과 자치권을 부여하는 것을 말한다. 우리는 이런 권한·권력 분할을 이미 경험했다. 즉 2006년 7월 제주도가 특별자치도로 새로운 출범을 알리는 제주특별자치제법이 발효됐다. 이 법은 외교 국방 사법 등을 제외하는 다양한 업무와 기능을 수행할 수 있는 자치권, 즉 자치입법권, 자치조직권, 자치인사권, 자치재정권, 자치행정권, 자치경찰제, 교육자치제 등을 부여하여 사실상 연방제형 지방분권제를 도입했고 이를 단계적으로 이양하도록 규정하고 있다. 제주자치도는 대한민국이 향후 연방제형 지방분권제로 나가기 위한 실험장이 될 수 있다.

다른 광역자치단체도 제주특별자치제와 동일한 수준의 권한·권력·재정을 이양 받음으로써 한국의 국가체제를 연방제형 지방분권국가로 바꿔 나갈 수 있다.

즉 중앙정부는 외교, 국방, 통일을 중심으로 국가통합 업무와 기능, 그리고 통화관리, 거시경제 및 사회정책 수립·집행, 전국규모의 국토개발, 지역개발불균형 시정 등 조정의 업무와 기능을 수행한다. 지방정부는 행정, 재정, 교육, 경찰, 문화, 노동, 복지, 산업, 주택, 교통, 환경, 지역산업경제정책 등에 관련된 업무와 기능을 독자적으로 수행한다. 이를 위해 지방정부가 법률의 위임이 없어도 그에 상응한 조례제정권, 지방정부가 지방행정 사무를 자율적으로 추진하는데 필요한 인·허가 중심의 자치행정권, 지역특성에 맞는 독자적 행정기구(사업소·출장소 등)를 설치할 수 있는 자치조직권, 지방인재를 등용하는 자치인사권 등의 행사가 가능하도록 지방자치법을 비롯한 관련 법률개정 작업이 이뤄져야 한다.

연방제형 지방분권제의 성패는 무엇보다 지방재정의 확보여부에 달려 있다. 지방정부가 재정권을 중앙정부에 의존하고 있는 한 아무리 인구규모가 크고 여타 자치권이 강화돼도 독자적인 지역발전은 기대하기 힘들다. 그러므로 지방정부에 지방세의 특정 세목과 세율 등을 독자적으로 결정하고 스스로 재원을 확보할 수 있도록 하는 과세자주권을 부여해야 한다. 특히 지자체가 지역특성에 맞는 지방세(관광자원세, 환경보전세, 지역개발세 등)를 신설해 주민의 조세부담을 늘리지 않고 자체 재원을 확충하는 것이 필요하다. 또한 중앙정부-지방정부 간의 현행 예산 점유비가 세출 면에서 7 : 3, 세입 면에서 8 : 2에 그치고 있다는 점을 고려하여 현재 국세인 직접세, 간접세의 일부에 대한 과세권을 지방정부에 이양하는 게 타당하다. 예컨대 특정 법인세, 부가가치세, 특별소비세의 일부 또는 전부를 지방세로 전환이 요구된다.

그렇지만 지방정부의 과세자주권과 국세-지방세 재조정만으로는 지방재정을 담보할 수 없다. 따라서 중앙정부로 하여금 재정자립도가 낮은 지역에 차등적으로 재정 지원을 하게 함으로써 경제기반이 취약한 지방을 보호해 줄 수 있는 장치가 만들어질 필요가 있다. 미국 연방정부는 주에 대해 재정지원을 차등 지원한다. 독일 연방정부의 주정부 간 재정배분 과정에서도 엄격하게 균등주의 원칙이 고수된다. 즉 연방 재정파이를 모든 주에 기계적으로 동일하게 배분하는 게 아니라 부유한 자치주와 가난한 자치주 사이에 차등적으로 배분하여 전 지역주민의 생활수준이 균등하게 유지된다는 의미이다. 한국도 이런 원칙을 도입해 소수지역이라 하더라도 중앙정부 재정 배분에서 일방적으로 소외받는 일이 사라지게 해야 한다.

그런데 연방주의에는 두 유형이 있다. 중앙정부-지방정부 간, 지방정부 간에 협력과 조정에 중점을 두는 협력적 연방주의이다(Lehmbruch 2002: 189; Linder and Vater 2001: 104). 정책결정 과정에서 참여와 협력을 중시하고 합의지향적인 전략을 선호한다. 하지만 세계화시대의 지역 간 경쟁에서 뒤쳐진다는 비판을 받고 있다. 그 대안으로서 경쟁적 연방주의(competitive federalism)가 있다(Linder 2004: 22). 지방정부 간 혹은 지방정부-중앙정부 간에 조세경쟁, 정책경쟁을 촉진하는 유형이다. 주민들은 지방정부가 제공하는 공공서비스를 품질과 가격을 비교하여 거주하고자 하는 자치주를 선택한다. 이런 맥락에서 볼 때 한국형 연방제형 지방분권화는 경쟁적 연방제-협력적 연방제의 절충이 바람직하다. 즉 지방정부로 하여금 정책·조세·복지 영역에서의 경쟁-협력구조 속에서 보다 효율적이고 주민에 특화된 공공서비스를 제공하도록 유도해야 한다.

나아가 연방제형 지방분권화는 정치적 분권(devolution)을 요구한다. 글로벌 시장이 진전됨에 따라 지방정치의 활성화가 요구되고 있기 때문이다. 우선 지방의회의 올바른 역할과 위상정립이다. 이를 위해 관료입법을 대체할 조례입법에서의 지방의원 입법을 강화하고 단체장에 대한 의회의 불신임권을 도입하여 정책집행에 대한 의회 의결권 확대를 제도화하는 것이다(조명래 2003: 230-235; 박재욱 2003: 210-215).[4] 무엇보다 지방의회(지방정부)가 일정 영역에서 입법권을 행사해야 한다. 이를 위해서는 국회(중앙정부)와 지방의회(지방정부) 간에 입법권의 재배분을 위한 헌법개정이 이뤄져야 한다. 국회-지방의회 간 입법권은 배타적인 입법권과 경합적인 입법권으로 구분되는 데 가정헌법은 국회에 입법권(외교 국방 통일 통화 국적 관세 통계 철도 등)이 부여되지 않는 경우 지역사정을 꿰뚫고 있는 지방의회(지방정부)가 입법권을 갖도록 하는 게 연방제형 지방분권제를 확실하게 담보하는 장치가 된다. 지역의 특수성과 잠재력을 잘 모르는 국회의 입법권 독점을 시정하기 위해서이다. 또 개정헌법은 지역주민이 당해 지방자치단체의 지방세에 대하여 납세 의무를 지는 구체적 법적 근거가 조세법률주의가 아니라 조세조례주의가 되도록 해야 한다. 즉 국가법률인 지방세법이 아니라

4) 정치권력의 매개체인 정당조직의 분권화가 진행될 필요가 있다. 정당조직의 분권화는 거대정당들 간에 전개되는 지역주의 대결의 완화에 기여할 수 있다.

당해 지방자치단체의 조례(혹은 지방의회 입법)로 하여 지역민의 납세 조례가 사실상 법률적 지위를 갖도록 하는 헌법상의 근거를 마련하는 게 연방제형 지방분권화로 가는 길이다.

그 밖에 연방제형 지방분권제를 위한 정치적 분권화는 주민발의제 도입이다. 그것은 지방정치 및 행정에 지역민의 직접 참여를 촉진하여 이미 도입된 주민소환제와 함께 현재의 실망스런 지방정부 운영의 문제점에 대한 해결책이 될 것이다. 또 지방분권은 중앙행정의 일부를 지방정부에 이양하는 것만이 아니라 지방정부가 중앙권력에 영향을 미칠 수 있을 때 가능하다. 현재 중앙정부는 지방정부를 공식적으로 통제할 수 있지만 역으로 지방정부는 중앙정부의 운영에 공식적으로 참여할 제도적 장치가 없다. 따라서 지방정부가 중앙 차원의 정치적 의사형성에 참여할 수 있는 제도적 장치를 만들어야 한다. 이를 위해서는 지자체의 이해관계가 걸려 있는 입법 및 정책결정과정의 사전청취절차에 참여와, 지방 관련 문제들에 대한 지방정부의 법률제안권 부여가 필요하다. 이상과 같은 지방분권화 전략은 연방제형 자치라는 대장정으로 가는 길목에서 지방자치의 하부구조를 구축하는 요소라 할 수 있겠다.

3) 광역자치단체의 광역화

현행 광역자치단체가 지역발전을 중앙정부에 의존하지 않으면서 자치 업무 및 기능을 감당할 수 있는 역량을 갖추기에는 적정한 규모가 아니다. 현재 서울과 경기도의 경우를 제외하고는 대부분의 도나 광역시는 외국의 광역자치단체에 비하여 규모 측면에서 너무 왜소하다. 국내적으로도 주민 수가 1000만 명이 넘는 서울이나 경기도를 상대로 해서 주민 200만 안팎의 광역시나 도가 경쟁을 하는 것은 마치 헤비급과 권투 경기를 하는 라이트급 선수의 처지와 다를 바 없다.

따라서 현행 광역자치단체를 보다 광역화할 필요가 있다. 이를 위해 행정구역은 역사적, 문화적, 사회적, 정치적인 정체성을 기준으로 하여 지역을 단계적으로 통합하는 게 바람직하다. 예컨대 현행 광역자치단체를 우선 인천·경기도, 대전·충남, 광주·전남북, 대구·경북, 부산·경남 등 광역시와 도를 통합하고 다음 단계로 도와 도를 통합하는 등 방안을 상정해 볼 수 있다. 이로써 광역자치단체가 경기주, 충청주, 호남주, 대경주, 부경주 등으로 편성될 수 있다. 다만 인구 등 지역적 특성을 감안하여 서울 강원도와 제주는 특별자치주로 하면 어떨까 싶다.

이 점에서 과거 여야 정치권(한나라당과 민주당)이 내놓았던 지방행정체제 개편 안은 문제가 아닐 수 없다. 그 개편안의 공통점은 16개 광역시·도를 폐지하고 전국을 70여개의 시군으로 묶어 60~70만 명 수준의 '통합시'로 하자는 게 핵심이다. 그러나 이런 규모의 통합시를 만들면 어떤 결과가 나올까? 중앙정부에 대한 지방정부의 의존도를 더욱 심화시키고 중앙정부의 지방정부 통제를 더욱 용이하게 하여 사실상 지방자치를 무의미하게 할 개연성이 높은 매우 위험한 개편안이었다. 참으로 시대정신에 정면으로 역행하는 제안이었다.

더욱이 그 개편안은 기존의 행정구역을 광역화하고 지방분권을 강화하는 선진국 추세에 역행하는 발상이었다. 영국은 1992년 지방정부법을 개정하여 중앙정부의 권한을 지역사회에 이양하고, 지역을 광역화하였다. 프랑스도 2000년 22개의 광역자치단체를 6개의 초광역자치단체로 통폐합하기로 하고 2003년 개헌으로 지방분권화를 강화하였다. 독일의 경우 1990년 동서독이 통일되고 유럽통합이 가속화되면서부터 경쟁력 있는 지역단위를 만들기 위해 16개주를 9개의 광역주로 재편성을 추진하고 있다. 일본도 '지역주권형 도주제'를 추진하면서 현행 47개의 도도부현(都道府縣) 대신 9~13개의 도주(道州)로 통합하려는 개편 논의가 일고 있다.

4) 연방제형 지방분권화의 기대효과

87년 헌정체제의 중앙집권적 단방제를 연방제형 지방분권제로 개편해 갈 때 여러 기대효과가 나타난다. 우선 연방제형 지방분권화는 국가권력의 공간적 배분을 통해 각 지방정부가 균등한 권력을 갖고 수평적으로 공존하므로 정치적 평등에 기초한 절차적 민주화를 촉진한다. 또 의사결정이 지역단위에서 신속하게 이뤄져 주민의 요구에 대한 정책 대표성과 반응성(responsiveness)을 높일 수 있다. 다시 말해 지역실정에 맞는 신속한 대응과 조정, 그리고 지역주민의 욕구에 부응하는 행정 및 생활 서비스를 제공하는 데 지방정부 차원의 대응이 더 효과적이다.

둘째, 지역주의 문제가 마치 봄날 눈 녹아내리듯이 해소될 것이다. 중앙정부의 권한과 재정이 줄어들수록 중앙정부를 관할하는 대통령권력을 쟁취하기 위해 지역에 기반을 둔 정치세력 간의 생사를 건 격렬한 대결정치가 완화될 것이기 때문이다. 또한 지역발전의 책임을 중앙정부가 아니라 지자체 스스로에게 부담시킬 수 있어 지역균형발전정책을 둘러싸고 더 많은 중앙정부의 재원을 확보하기 위한 지역주의 정당 간 혹은 지자체 간의 갈등과 대립을 줄이는 효과를 기대할 수 있다. 더불어 국가재정이 지역개발 못지않게 복지, 교육, 의료 등 사회개발에도 균형 있게 배분할 수 있는 정치공간이 열릴 수 있다.

셋째, 연방제형 지방분권화가 지역 간의 경쟁을 강화하여 국가 전체의 경쟁력과 효율성을 높일 수 있다. 다양한 영역의 자치권을 행사할 수 있는 지방정부는 중앙에 의지하고 통제를 받던 지방경제를, 글로벌 시장에 대응할 수 있는 지역 잠재력과 특성에 기반을 둔 자생적 내발적 경제발전 모델로 변모시켜 해외 여러 나라의 지방과 대도시들과 직접 경쟁하고 경제교류와 협력을 할 수 있다. 이렇게 해서 지역발전과 경쟁력을 높여 나갈 수 있고 수도권 집중화와 지방의 공동화(空洞化) 문제도 어느 정도 완화시킬 수 있을 것이다.

넷째, 모든 지역(자치주)이 개별 소국이나 다름이 없는 독자적 권한을 갖고 지역의 특성에 맞는 제도와 정책을 선택하여 경쟁한다. 어느 자치주는 신자유주의 시장경제 정책을 추진할 수 있고 어떤 자치주는 시장실패를 교정하는 촘촘한 사회안전망 정책을 강화할 수 있을 것이다. 또 교육자치가 실현되면 지방정부는 교육기회의 다양성을 강화하고 교육의 지역적 특성을 살릴 것이다. 이러한 자치교육 속에서 만일 호남 자치주가 교육의 공공성과 형평성을 중시하는 제도와 정책을 선택하면 고액 사교육비를 부담할 능력이 없는 서울을 비롯한 전국 학부모들은 호남주로 이사할지 모른다. 충청주가 교육의 수월성을 강조한 제도와 정책을 채택하면 이를 좋아하는 주민들은 그 쪽으로 이사할 것이다. 이렇게 각 자치주들이 차별화된 정책과 제도를 실행함으로써 서로 경쟁하면 정책과 제도에 대한 주민들의 자유 선택의 폭이 넓어지는 효과가 나타날 수 있다.

다섯째, 연방제형 지방분권화는 지역사회의 다양한 공공 어젠다에 관해 이해관계자들 간 파트너십과 네트워킹에 기초하는 로컬거버넌스 시스템을 작동시킬 수 있는 기제이다. 지방정부가 다양한 자치권을 행사할 수 있을 때 지역 사정에 둔감한 중앙정부의 획일적 정책에 의존하지 않고 지역사정을 꿰뚫고 있는 지역 시민사회단체들과의 대화와 소통, 정책협의를 통해 주민의 의사를 그때그때 반영하는 지역정책을 자율적으로 결정하고 자기의 책임 하에 집행할 수 있을 것이다. 로컬거버넌스의 어젠다는 수출시장 개척, 해외자본 유치, 일자리 창출, 지역경제 경쟁력 제고, 지역노동시장 유연화, 청년실업자, 직업훈련, 도심재개발 사업 등이다. 아동, 청소년, 노인, 장애인, 여성 등 사회취약계층에 대한 생활서비스 제공도 공공-민간 파트너십에 기초한 로컬거버넌스의 장을 마련하여 맞춤형·밀착형 원스톱 서비스체계로 개편될 수 있다. 나아가 지방정부 간의 경쟁과 협력을 통해 상·하수도, 쓰레기처리 등 공공서비스 생산과 공급을 추구하는 것도 로컬거버넌스를 통해 조정될 수 있다. 로컬거버넌스가 지역 사회경제 주체들 간의 서로 상반되는 이해를 조정하고 정책개발과 집행을 주도하면 지역사회의 갈등을 유발하지 않고 지역공동체의 발전에 효과적일 수 있다. 이는 지방분권화가 진행되었을 때 효과적으로 진행될 수 있다.

마지막으로 남한의 헌정체제가 남북통합국가 로드맵을 설계한다는 차원에서 선제적으로 연방제로 개편되고 이를 향후 남북한 통합국가 모형으로 제시한다면 이는 북한 정치세력에게 남한주도 흡수통합에 대한 불안감·공포감을 불식하는 시그널이 될 수 있다. 이는 남북한 통합과정을 순조롭게 진행시키는 전략이다. 남북한 통합의 절차·과정은 북한의 지방정부가 남북한 통합 연방정부의 구성단위로 편입함으로써 스스로 존립할 수 있는 공간을 제공받는 수순이 될 것이기 때문이다. 실제로 서독의 연방제가 동서독 통일과정을 순탄하게 진행시킨 제도적 인센티브로 작용했다. 동독은 서독에 흡수되지 않고 스스로의 선택으로 서독연방에 편입되는 절차를 밟았다. 동독 주민과 정치인들은 서독 연방제에서 주 자치권이 인정되기 때문에 통독 이후 연방정부 하에서 지역 차별과 소외를 받지 않을 것으로 판단하고 통일 대세에 저항하지 않고 순응했을 것이라는 분석이 가능하다. 이 점을 고려할 때 독일 연방제는 남북한 통합과정에 시사하는 바가 크다. 이러한 의미에서 남한의 선제적 연방제형 지방분권화 프로젝트는 향후 남북한 통합과정을 준비하는 과정이라 할 수 있다.

5) 연방제형 지방분권제 반론에 대한 재반론

우선 왕조문화와 강력한 중앙집권제의 오랜 전통을 가진 한국에서 연방제형 지방분권제를 도입하는 건 부적절하다는 견해이다. 일리가 있는 문제의식이다. 그렇다면 지방자치법을 개정해 과도기적으로 현행 지방자치제에 연방제적 요소를 도입하면서 점진적으로 지방분권의 강도를 강화해 가는 접근도 가능할 것이다. 그러나 역사적으로 한국처럼 중앙집권적 단방제를 채택해 온 스페인과 이탈리아도 헌법개정으로 연방제형 지방분권제를 채택했다(선학태 2005: 113-114; Slomp 2011: 405-406, 516). 스페인은 프랑코 군사독재 정권 하에서 자행된 극심한 지역차별로 인해 격화된 바스크, 까딸로니아 등의 지역주의 운동에 밀려 연방제형 지방분권제 헌법을 채택한 바 있다. 이탈리아도 부유한 북부 롬바르디아 산업지대와 빈곤한 남부 소외지역 간의 갈등 문제를 해결하기 위해 연방제형 지방분권제를 채택했다. 따라서 한국에서 전통적으로 중앙집권제를 유지해 왔다는 사실이 헌법개정을 통해 연방제형 지방분권제로 전환할 수 없다는 주장을 뒷받침하는 결정적인 사유는 되지 못한다. 이미 준연방적 권력과 권한을 부여한 제주특별자치제가 단계적으로 실시되고 있지 않는가. 다른 광역자치단체도 제주특별자치제와 동일한 수준의 권력과 권한을 이양함으로써 연방제형 지방분권제가 설계될 수 있다.

둘째, 좁은 국토를 가진 한국에서 연방제를 도입할 필요가 있느냐는 반론이 제기될 수 있다. 그러나 오스트리아·스위스·벨기에 등 소규모 국가일지라도 연방제를 실시하여 지역분열과 갈등을 완화하고 지역경쟁력에 기반을 둔 국가경쟁력을 높이고 있다(선학태 2005: 111-113, 제7·9·10장).

셋째, 연방제형 지방자치는 원래 인종·언어·민족 등으로 인한 문화적 정체성이 다양한 사회에서 발생하는 갈등과 대립을 완화하는 사회통합 메커니즘이며 (Saunder 2003: 34), 따라서 단일 언어와 민족, 동질적인 문화를 갖는 한국에서는 단방제가 적절하다는 주장이 제기된다. 그런데 독일 연방제는 단일 게르만민족이 강한 동질적인 문화적 정체성을 갖는 상황에서 인위적으로 설계된 사례이다. 미국 스위스 캐나다의 연방제처럼 문화적, 사회적 정체성의 다양성을 통합하려는 수단이 아니라는 말이다. 문화적 사회적 다양성보다는 단일민족 내 지역의 공간적 지배권 행사를 인정하기 위해 정치인들에 의해 인위적으로 설계된 독일 연방제는 단일민족을 이루고 있는 한국에 유익한 아이디어를 제공하고 있다.

요약컨대, 지역갈등이 구조화된 한국사회에서 연방제형 지방분권화는 지역정체성과 지역발전 욕구가 매우 강렬한 지역주민 간의 요구와 이해관계를 조율할 수 있는 매력적인 수직적 권력분점 제도이다.

4. 상하 양원제

1) 지역등권주의

연방제형 지방분권화가 제도화되면 되레 재정자립도가 낮은 지역의 저발전과 낙후를 가속화시키고 경제발전과 재정자립도의 차이를 보인 수도권과 지방 간, 지역과 지역 간에 불균형 발전구조를 더욱 심화시킬 것이라는 비판적 견해가 있다. 또 연방제형 지방분권제가 자칫 그들 간에 연방정부의 재정배분을 둘러싸고 전개되는 대립과 갈등을 격화시킬 우려도 없지 않다. 이런 비판과 우려를 불식하기 위해서는 중앙-지방 간, 혹은 지역-지역 간의 차별과 불균등발전, 이로 인한 갈등을 완화 해소하는 지역 등권주의를 실현하는 제도적 장치의 설계가 필요하다.

이를 위해서는 연방제형 지방분권제와 제도적으로 친화성을 갖는 상하 양원제 의회의 도입이 요구된다. 양원제 국회는 상원-하원 간에 상호 견제와 균형 메커니즘이 작동할 수 있도록 권력을 나누는 수직적 권력분점 제도이다. 양원제 국회를 설치해야 하는 가장 중요한 이유는 연방제형 지방분권제가 실행되는 경우 소외와 배제를 받을 여지가 있는 인구 소수지역을 보호하는 데 있다. 즉 소수지역의 이해관계를 반영할 수 있도록 하기 위해 상원에서 소수지역에 특별 대표권을 부여하여 진정한 지역균형발전을 유도하자는 것이다(Lijphart 2012: 190-192).

통상적으로 연방제 국가가 채택하는 양원제 국회에서 하원은 국민 전체를 대표하는 반면, 상원은 연방을 구성하는 각 자치주(州)를 대표한다. 하원은 연방국가를 구성하는 지역(자치주)단위 인구수에 따라 할당된 의원 수가 선출되어 국민을 대변하는 대표들로 구성되는 반면, 상원은 연방을 구성하는 각 지역(자치주)단위의 이해를 동등하게 대변하는 대표들로 구성된다(선학태 2005: 116-122). 현대 민주주의 국가들은 이러한 상하 양원제 의회를 채택함으로써 지역갈등을 효과적으로 관리 해소하고 지역균형발전을 지향하는 제도적 토대를 구축하고 있다.

2) 하원-상원 권력균형

한국 헌정체제가 현행 중앙집권적 단방제를 대체하는 연방제형 지방분권화를 지향한다면 이와 구조적으로 연계하는 상하 양원제 국회를 채택하는 게 제도적 순리이다. 연방제형 지방분권제와 상하 양원제는 제도적 친화성을 갖기 때문이다. 양원제에서 하원은 인민대표성을, 상원은 지역(자치주)대표성을 갖게 된다.

이러한 양원제인 경우 지역을 대표하는 상원 의원은 현행 지방자치 단체(예컨대 경기도, 강원도, 충남도, 충북도, 전남도, 전북도, 경남도, 경북도, 제주도, 서울 등)의 광역단위를 기준으로 하거나, 아니면 보다 더 큰 규모로 서울주, 호남주, 대경주, 부경주, 충청주 등으로 나누어 선출될 수 있다. 상원의원 정수와 선출 방식을 결정하는 데 있어서 미국과 스위스처럼 연방을 구성하는 각 주를 평등하게 대표시킬 것인가, 아니면 독일처럼 주의 인구수에 따라 차등적으로 대표시킬 것인가 하는 문제가 제기된다. 하지만 한국사회의 지역주의 문제 극복을 위해서는 미국과 스위스에서처럼 상원의원 선출방식은 하원의원 선출방식과 다른 기준이 적용되는 게 맞다. 즉 상원은 자치주 크기와 인구규모에 관계없이 지역 등가대표(parity representation) 원칙에 따라 자치주별 적정규모로 동일한 수의 의원을 주민 직선에 의해 선출하여 구성될 필요가 있다. 만일 독일처럼 자치주별 인구비례에 따라 차등적으로 각 자치주에 상원의원 수를 할당하고 간선으로 하면 인구가 많은 자치주의 대표성은 인구가 열세한 자치주의 대표성을 크게 압도하게 되는 심각한 불평등 상황이 올 수 있다. 이렇게 되면 상원은 지역통합에 역기능적으로 작용한다.

상원의원 선출에 적용되는 지역 등가대표 원칙은 모든 자치주의 상원의원들이 자치주의 크기 및 인구 규모에 관계없이 다른 자치주의 상원의원들과 동등하게 상원의 입법 및 정책결정 과정에 참여할 수 있도록 해 주는 데 목적이 있다. 인구비례에 따라 의원 수가 할당되는 의원들로 구성되는 하원의 법안 및 예산안 심의과정은 항상 상원에서 그 법안과 예산이 어떻게 재조정되고 제대로 통과될 것이냐 여부를 따지면서 진행될 수 밖에 없다. 이로써 인구규모가 큰 자치주 내 소선거구에서 선출된 하원의원들의 다수파 횡포를 견제할 수 밖에 없다.

상하 양원의 권력과 권한을 대등하게 할 것인가, 아니면 하원에게 우월성을 부여할 것인가는 그 국가의 권력구조 여하에 따라 달라진다. 연방제형 국가이면서 대통령제인 경우 상원과 하원에게 권력과 권한을 균등하게 배분하는 게 일반적이다. 상원은 하원과 균형된 권력과 권한을 가질 때 자치주의 재정·행정 등에 영향을 미치는 법안을 효과적으로 심의, 의결하고 지역공동체 간의 화합과 균형발전에 관해 토의하고 법제화하는 최고의 대의기구가 된다.

이 점에서 한국민주주의가 연방제형 지방분권제-양원제 국회를 조합하는 합의제 헌정체제의 수직적 권력분점을 지향할 경우 상원과 하원의 권력을 균등하게 하는 게 순리이다. 그 이유는 명료하다. 인구비례에 기초하여 구성되는 하원의 다수파 횡포를 견제하는 기제가 작동하도록 하기 위해서는 자치주를 대표하는 상원의 권력이 하원과의 균형을 이루는 구조가 형성되어야 하기 때문이다. 그래야 상원이 소수 자치주를 보호하는 정치적 안전판으로 작동한다. 나아가 향후 남북한 통합과정에서 북한 소수지역과의 효과적인 정치통합을 추진하기 위해 하원과 균형된 권력을 갖는 상원의 역할이 중요하다.

3) 연방상원의 비토권: 자치주의 정치적 안전망

합의제 헌정체제는 연방 차원의 정치적 의사결정과정에 대한 자치주의 평등한 협상기회를 보장하는 헌법적 기구로서 상원을 요구한다. 상원이 자치주(주정부)를 대표하여 연방정부의 정책결정과정에 영향력을 행사할 뿐만 아니라 연방 차원의 입법과정에 참여하는 데 매개 역할을 수행할 수 있어야 한다는 것이다. 특히 자치주의 이해관계와 관련되는 재정이나 행정권에 관한 법안 등 헌법에 규정된 일정한 법률은 반드시 상원의 동의를 얻드록 해야 한다. 이는 상원의 비토권 행사 가능성을 열어 놓는 것을 뜻한다.

상원의 비토권은 자치주의 이해관계를 보호하는 정치적 안전망이다. 상원의 비토권은 특히 상원의 정당구성이 연방정부 정당구성과 다를 때 그 진가를 발휘한다. 즉 연방정부 내각에 참여하지 않는 야당이 상원의 과반의석을 점유하는 경우 상원의 비토권 행사로 인해 연방정부는 국정운영 과정에서 상당히 어려운 정치적 난관에 봉착한다. 이 경우 연방정부를 구성하는 집권당은 상원의 다수당인 야당과의 정치적 타협이 불가피해진다. 그렇지 않는다면 연방정부의 국정능력은 떨어질 수밖에 없기 때문이다. 이런 까닭에 정상적인 국정수행을 위해서 연방정부의 집권여당은 야당과 대화와 소통, 타협을 하지 않으면 안 된다.

이러한 의미에서 자치주의 이해를 대표하는 상원의 비토권은 연방정부를 견제하는 제도적 안전망이다. 따라서 설령 총선결과로 하원의 정당 간 의석분포가 급격하게 재편되는 경우에도 연방 차원의 국정기조가 크게 흔들리지 않고 안정적으로 작동할 수 있다. 특히 상대적으로 인구규모가 열세하여 하원 의원수가 적은 자치주도 정치적 피해와 소외를 받을 소지를 제도적으로 줄여 나갈 수 있다. 또 하원에서 논의되는 주요 법안 처리절차는 상원의 거부권을 의식해 무리하게 진행되는 일이 없다. 뒤집어 말하면 상원의 거부권은 하원의 다수파에 의해 무리하게 진행되는 불합리한 입법과정에 제동을 걸 수 있다. 이는 상원의 거부권이 연방정부의 국정운영을 상원, 그리고 이에 의해 대표되는 자치주정부의 동의와 협조에 의존할 수밖에 없음을 뜻한다. 연방정부의 일방통행식 국정드라이브는 상상할 수 없다.

4) 양원제의 기대효과

의회는 사회여론을 수렴하여 입법과 정책에 반영하고 사회의 이해관계를 조정해 갈등과 대립을 해소하며 사회통합을 이끌어내는 장이다. 유감스럽게도 한국 국회는 이런 역할을 제대로 수행하지 못하고 있다. 이런 문제의식을 가졌던 18대 국회의 '국회헌법자문위원회'는 헌법개정안을 발표하면서 현 국회를 상하 양원제로 구성하자는 안을 제시한 바 있다. 그러나 현행 중앙집권제 틀 속에서 상하 양원제를 도입하는 건 그 효과가 반감되거나 무의미하다.

87년 헌정체제의 단원제국회 는 인구비례에 따라 지역별 의원 수가 결정되기 때문에 현재 우리 국회는 사실상 수도권 국회의원(약 110여 명), 영남권 국회의원(약 70여 명)에 의해 장악되고 있다고 말해도 지나치지 않다. 따라서 소수지역은 정치적으로 제대로 대표될 수도 보호될 수도 없고 결과적으로 지역주의를 불러일으킨다. 반면 양원제는 다양한 제도적 효과를 기대할 수 있다. 첫째, 양원제 국회에서는 인구비례가 아닌 자치주별로 동일한 의원수가 배정된 지역대표들로 구성되는 상원이 작동한다. 따라서 인구가 열세한 소수 자치주의 권익이 연방정치의 입법·예산심의 과정에 제대로 반영되는 정치적 공간이 열린다.

둘째, 양원제 국회는 연방제형 지방분권제로 인해 발생하는 수도권-지방 간 혹은 지역-지역 간의 이해대립과 경제력 격차를 조정 해소하는 기제이다. 양원제 국회에서 상원이 연방 차원의 정책결정과정에 대한 자치주의 평등한 협상기회를 보장하는 헌법적 기구라는 점에서 그렇다. 즉 상원은 자치주(혹은 주정부)를 대표하면서 연방정부의 행정 및 정책결정 과정에 영향력을 행사할 뿐만 아니라 자치주가 연방 차원의 입법활동에 참여하는 매개 역할을 수행한다. 이를 통해 상원은 연방정부의 일방통행식 국정운영 드라이브에 제동을 걸고 연방정부-주정부 간, 자치주-자치주 간의 이해관계를 협상과 타협으로 조정 관리한다. 이로써 지역갈등과 대립은 완화되고 지역균형발전을 견인한다. 특히 연방정부에 대한 연방상원의 거부권 행사 가능성은 지역, 특히 소수지역의 이해관계를 보호해 지역주의 문제를 조정하는 정치적 안전망이다.

셋째, 양원제 국회는 87년 헌정체제의 단원제-대통령 조합에서 파생된 여러 문제를 해결해 줄 수 있는 수직적 권력분점 제도이다. 현행 단원제-대통령제는 대통령 개인의 리더십이나 정치적 결정에 의해 국정이 좌우되고 있다는 점에서 매우 위험한 비민주적인 제도조합이다. 그렇기 때문에 이 제도조합은 우리 사회에서 분출하는 다양한 갈등과 분열과 긴장을 관리 조정하는 데는 근본적인 한계를 드러낸다. 일반적으로 대통령제-단원제 의회는 집권여당이 과반의석을 넘는 다수당일 경우에는 정치적 독주가 가능하고 집권여당이 소수당일 경우 여소야대의 정국 속에 책임정치를 구현하기가 쉽지 않다. 집권여당이 과반의석을 넘는 다수당인 경우도, 여소야대 국회인 경우도 대화-타협 정치는 실종되고 사사건건 날선 대립각으로 인해 입법생산성·효율성은 낮다. 이런 현상은 김대중-노무현 민주정부를 비롯한 역대 대통령제-단원제국회 에서 적나라하게 드러났다.

반면 양원제 국회를 통한 입법권 분점인 경우 상하원 간의 상호 균형-견제 메커니즘이 작동함으로 단원제국회 로 인한 여야 간의 극한 대립을 해소하고 하원에서 다수당의 횡포를 제어할 수 있는 정치적 효과가 발생한다. 물론 양원제 국회는 단원제국회 보다 입법이나 의사일정에 있어서 시간과 비용이 더 소요될 수 있어 단기적으로는 국정의 효율성을 떨어뜨리는 우려도 없지 않다. 그러나 상하 양원제 국회에서는 입법절차가 심의·토론 과정에서 신중히 진행될 수 있고 대통령(행정부)-의회(특히 하원) 간의 충돌을 조정 완화하는 기능을 함으로써 오히려 국정이 원활하게 작동할 수 있다. 물론 이러한 정치적 기제의 작동은 정당체제가 어느 정당도 과반의석을 넘지 않는 다당제가 전제되어야 한다. 이는 스위스·독일·벨기에 상하 양원제에 의해 검증되고 있다(제12·13장).

마지막으로 양원제 국회는 남북한 통합과정에 우호적이며, 향후 남북지역 간 갈등·분열을 조정하는 기제이다. 남북한 통합국가의 국회가 87년 헌정체제의 선거제도-의회제도에 따라 인구비례에 의해서만 구성되는 단원제 형태로 설계된다면 인구가 우세한 남한이 북한을 정치적으로 압도하여 남쪽에 기반을 둔 정치세력이 통일국회 의석을 독과점하는 사태가 발생한다. 이렇게 되면 북한 지역주민들은 정치적으로 소외되고 남북 지역갈등과 지역발전의 불균형은 심각해질 것이다. 양원제는 이런 사태를 막아주는 제도적 장치이다. 양원제 국회에는 소수지역의 권익을 보호하는 상원이 존재하기 때문이다. 남북한 통합국가에서 전체 국민을 대표하는 하원은 인구비례로 구성하고 지역을 대표하는 상원은 지역 등가대표 원칙에 따라 지역대표들로 구성되는 의회제도가 향후 남북 지역갈등 조정과 사회통합을 관리하는 데 효과적이다. 무엇보다 남북한 통합국가의 상원은 인구가 우세한 남쪽지역 출신 의원들의 독무대 공간이 될 소지가 있는 하원을 견제하며 북한지역의 권익을 입법과정에 반영시키는 지역대표성을 행사하여 북쪽 주민들의 정치적 소외감과 상실감을 덜어 주고 통합국가의 정치적 안정을 가져오는 제도적 기구이다.

실제로 옛 서독의 양원제는 통일과정을 유인하는 촉매제로 작용했다. 연방상원의 거부권은 연방정부를 견제하면서 주(정부)의 이익을 옹호할 수 있는 강력한 제도적 안전망이었다(제12장). 특히 소수지역의 이해관계를 보호해 지역갈등을 조정하는 기제로 작동했다. 연방정부의 정책결정 과정에 모든 주(지역)의 이해관계를 동등하게 대표하는 연방상원의 존재가 독일통일을 견인했다. 바꿔 말하면 연방제-양원제의 유기적 조합을 통해 특정 지역의 정치적 사회경제적 차별을 제거하고, 지역 간의 이해관계를 조율 관리하는 서독 합의제 헌정체제 틀이 동독 공산당에게 매우 매력적인 시스템으로 비춰진 것이다. 연방상원이 동독 주민-정치인들의 정치적 소외감과 상실감을 해소시킬 수 있는 제도적 장치가 존재했기 때문이다.

5. 호남정치력 복원: 제2 민주화운동

1) 호남정치 패러독스

호남정치의 아이콘은 광주 5·18 민주화 항쟁이다. 기존 질서에 대한 총체적 안티테제를 요구한 5·18 항쟁의 중심 담론과 가치지향점은 기본적인 자유권·참정권·국가권력통제권을 회복하는 절차적 민주주의, 사회경제적 지역차별 시정을 갈망하는 민중주의, 민족자주화와 남북한 교류·협력에 기반한 반전·반핵·군축 평화를 지향하는 민족주의 등 세 축으로 집약할 수 있다. 무엇보다 5·18 항쟁은 군부독재정권의 국가폭력에 저항하는 운동정치(movement politics)로 분출하여 87년 6월 민주항쟁의 진앙이 되어 '87년 헌정체제'(절차적 민주주의)라는 '제1의 민주화'를 이끌어내는 데 견인차 역할을 했다.[5] 따라서 5·18 민주화운동이야말로 한국 현대사의 나침판이고 한국정치의 이정표였으며 호남정치의 자존심이다. 그렇기에 5·18의 광주는 억압과 차별과 소외와 배제를 거부한 피로 쓴 저항민주주의의 메카이다.

'87년 헌정체제' 속에서 5·18항쟁으로 상징되는 호남정치는 현대 한국 정치사의 고비 고비마다 시대를 앞서가는 위대한 선택을 해 왔고 호남 선택은 표류하는 한국 정치의 방향키로 작용하여 정치적 변곡점을 만들곤 했다. 특히 호남정치는 불세출의 거목, 김대중·노무현을 선택하여 평화적 절차에 따라 이 땅에 최초로 정당 간 수평적 정권교체를 통해 걸출한 두 민주정부의 탄생을 주도했다.

김대중 대통령은 IMF 관리체제 하에서 민주주의와 시장경제를 병행 발전시키는 '민주적 시장경제'를 국정 비전으로 표방하고 이의 실현을 위한 정치전략으로 구조조정 정치, 노사정 사회적 대화정치, 생산적 복지정치를 제시했다. 노무현 대통령은 지역주의라는 프리즘을 통해 한국민주주의의 왜곡을 꿰뚫고 지역주의 정치의 청산을 위해 혁신도시·기업도시 건설 등을 통한 지역균형발전 정책을 실행했으며, 국회의장·대법원장·감사원장·국정원장 등 국가요직에 차별과 소외의 상징인 호남 출신 인사를 대거 포진시켰다. 나아가 그는 '제왕적 대통령' 문화 해소를 위한 탈권위주의 정치개혁, 사회통합적 노사관계 구축을

5) 작금 호남정치 복원이라는 담론이 활발하다. 이에 복원해야 할 호남정치의 제대로 된 내용이 있었나 하는 비판론이 제기되고 있다. 그러나 호남정치가 복원해야 할 정신은 5·18 정신이다.

국정 브랜드로 천명했다.

그러나 김대중·노무현 정권은 노동자·서민층에 정치적 부채를 지고 탄생했음에도 불구하고 지역중심의 보수·중도 독과점적 정치구조를 만들어내는 반노동적 '87년 헌정체제'의 혁파에 무관심했다. 바꿔 말하면 계급·계층갈등에 조응하는 정당체제로의 전환, 정치적, 경제적 의사결정 과정에 노동참여 등 절차적 민주주의의 내포적 심화를 외면했다. 결국 김대중·노무현 정부는 '87년 헌정체제'의 덫에 걸려 신자유주의적 시장경제의 충격을 완화·해소하는 데 실패하고 사회경제적 양극화를 야기했다. 그 결과 두 민주정부는 반노동적, 반서민적, 반중산층적인 정부로 낙인찍히면서 '잃어버린 10년' 구호가 새누리당의 재집권 프레임이 되어버린 어처구니없는 지경에 이르렀다. 민주정부의 아이러니가 아닐 수 없다.

호남정치는 민주·인권·평화로 집약되는 '5·18 정체성'에 남다른 자부심을 갖고 있다. 그러나 이명박-박근혜 보수정권 하에서 불행하게도 5·18 민주화운동의 왜곡이 자행되는 가운데 도대체 5·18 정신의 콘텐츠는 무엇인가라는 물음과 회의가 확산되고 있다. 민주주의 성지, 인권의 허브로 회자되는 호남정치가 그 동안 보여 준 게 뭐냐? 복원해야 할 호남정치가 무엇인가? 광주가 '민주화 이후 민주주의'에서도 여전히 성지인가? 호남정치가 과연 노동자·비정규직·실직자·다문화족 등 사회적 약자·소수자를 돌보는 따뜻한 호남 공동체를 가꿔 나가고 있는가? 심지어 광주 지역 내부에서조차 5·18 정신의 '박제화론'이 고개를 들고 있다. 5·18 정신에 알맹이는 없고 기껏 입신양명 출세꾼들의 '의식 행사화'(ritualization)에 머무르는 빈껍데기만 남아 있다는 것이다. 이런 비판과 포개지면서 최근 들어 호남정치력이 부지불식간 빠르게 고갈되고 있는 형국이다. 호남정치가 한국정치의 중심이 아니라 변방의 나락으로 빠져들면서 흔들리고 있다. 호남정치는 보수정권 하에서 뭉치면 뭉치수록 한국정치의 사각지대, '외딴섬'이 되어가는 것 같은 기현상이 연출된다. 한마디로 호남정치의 패러독스다.

호남정치는 여전히 지역주의 정치의 틀에 갇혀 있다. 특정 정당이 광역단체장·의회 및 기초단체장·의회 등 지방권력을 싹쓸이하고 2012년 말 대통령 선거에서도 특정 후보에게 '묻지마 투표'가 연출되었다. 물론 호남의 대선 지역주의 투표는 보수정권 재창출을 막기 위해선 '더운밥 식은밥' 가릴 경황이 없다는 절박감의 표출이라는 점에서 일정 부분 설득력을 갖는다. 하지만 특정 정당의 지방권력 독식은 5·18 정신의 본령은 아닐 것이다. 비호남 지역에선 아마도 "5·18 정신의 전국화?, 세계화? 웃기고 있네"하며 조롱할지 모른다. 돌이켜 보건대 무릇 지역주의 정치의 수혜층은 과거 민주정부 10년 동안 정치인·고위관료·기업인·측근들로 연결된 '끼리끼리 커넥션'이고 다수 호남지역민들은 그들의 '정서적 허위의식'에 취해 공연히 '헛배'만 불렀던 게 부인할 수 없는 사실이다. 심지어 호남지역 일부 교수·지식인·언론·시민단체들까지도 5·18정신-호남정치 부활 공론화라는 명분을 걸고 은근히 호남 지역주의 정치를 부추기는 듯한 언술을 서슴지 않는다. 한마디로 5·18 정신의 국지화-호남정치의 고립화를 자초하는 자승자박의 작태이다.

2) 정치제도 혁신의 의제설정: 비례대표제-연방제-양원제

호남정치는 지금 무엇을 해야 하는가? 호남정치력의 복원이다. 이 과업은 늘 현대 정치사의 물꼬를 바꾼 호남정치가 다른 지역에선 감히 발상해내지 못한 또 하나의 '위대한 선택'을 결단하는 데서 출발해야 한다. 말하자면 호남정치력 복원은 한국민주주의의 새판을 짜는 의제설정(agenda-setting) 능력 개발을 통해서 가능하다. 이런 의미에서 김대중·노무현 정권이 미완의 과제로 남긴 '포스트 87년 헌정체제'의 창출이 호남정치력 복원의 당위성과 정당성을 위한 정치적 프로젝트로 설정되어야 한다. 이제 호남정치는 경쟁·효율을 쫓아 승자-패자를 가르는 이분법적 정치를 야기하는 '87년 헌정체제'의 적실성·실효성에 대해 심각하게 회의하고 강렬한 문제의식을 제기해야 한다. 87년 헌정체제는 세계 유례가 없는 극단적인 승자독식 민주주의이기 때문이다. 승자독식 민주주의의 정치시장에서 권력배분 과정은 '유권자 수(數)의 경쟁'에서 절대적으로 열세한 호남지역에 거의 반(半)항구적으로 정치적 완패를 강제한다. 따라서 제1의 민주화운동을 견인했던 호남정치는 이제 '포스트 87년 헌정체제' 창출을 위한 '제2의 민주화 운동'을 전개해야 할 역사적 시점에 대면하고 있다.

그런데 국가비전을 세팅하는 데는 자유·경쟁·성장·효율성 가치패키지를 지향하는 아메리칸 드림, 그리고 평등·복지·사회적 연대·삶의 질·다양성 등 가치패키지를 지향하는 유러피언 드림이 존재한다(Rifkin 2004: 11-12; Alesina and

Glaeser 2007: 4·5장). 단순화하면 아메리칸 드림은 미국식 다수제 민주주의와 친화성을 갖는 반면, 유러피언 드림은 유럽식 합의제 민주주의를 통해 실현될 수 있다. 노무현 전 대통령은 유러피언 드림을 꾸었으나 이를 경제민주화-복지국가 정책조합 산출로 현실화하는 유럽식 합의제 민주주의를 제도적으로 디자인하는 데 인색했다. 되레 미국식 다수제 민주주의의 틀에 집착했다. 이게 사회경제적 양극화를 심화시킨 구조적 요인으로 작용했다. 노무현 정치의 아이러니이다. 노무현 정치의 미완의 과제는 호남정치가 풀어내야 한다.

호남정치의 에너지는 한국사회의 시대적 가치인 소통·공감·상생 원리, 참여·공유·협치 규범에 따라 작동하는 합의제 민주주의 경로를 개척하는 데 동원되어야 한다. 합의제 민주주의는 경쟁-수적논리에 의거한 권력배분과 다수파의 권력집중으로 얻어지는 정치효율성보다는 정치적, 경제적 자원이 열세한 계급·계층·세대, 특히 소수지역의 이익·가치를 보호·대표하는 권력지분을 보장하고 소수파의 정치적 완패를 방지함으로써 사회갈등·분열을 조정 관리하는 상생정치(win-win politics)를 민주주의의 본령으로 상정한다. 이 점에서 정치적 자원(유권자 규모, 국회의원 수, 재정자립도 등)이 현저하게 열세한 호남정치는 합의제 민주주의의 권력분점·공유 기제를 통해서만이 그 생명력과 존재감을 복원할 수 있다.[6] 한국정치는 권력공유(power-sharing)민주주의를 이 땅에 개척하는 선구자의 발걸음을 기다리고 있다. 호남정치가 이를 감행해야 한다.

그렇다면 소수지역을 보호하고 지역갈등 해소를 위한 합의제 정치제도적 조건은 무엇인가? 첫째, 득표율과 의석율을 일치시켜 정당 간 권력분점·공유를 유인하는 국회의원 비례대표제 강화이다. 비례대표제는 탈지역적 계급·계층·세대에 입각한 가치·정책에 바탕을 둔 진보-중도-보수 블록 다당제-연합정치의 제도화를 견인한다. 이러한 비례대표제-다당제-연합정치는 국회·정부 구성과정에서 호남정치의 안정적 권력지분을 담보하며, 호남 정치시장에서 특정 정당에 의한 지방권력 싹쓸이를 제도적으로 불가능하게 하여 지방 차원의 정당경쟁체

6) 권역별 인구분포는 서울시 1,010만 명, 경기권 1,240만 명, 충청권 526만 명, 호남권 525만 명, 영남권 1,320만 명 등으로 나타난다. 특기할 사실은 호남지역의 인구가 충청지역에 추월당하고 있다는 점이다. 향후 이 속도는 가속할 것이다. 따라서 현재와 같은 지역주의 정치구도에서 호남은 영원한 소수지역일 뿐이다.

제 부활과 연합정치 제도화를 유인한다. 특히 비례대표제-다당제는 어느 정당에게도 과반의석 점유를 허용하지 않는 구조를 만들기 때문에 호남지역에 지지기반을 둔 정당이 연립정부에 참여할 수 있는 정치공간을 확대한다. 무릇 소수지역이라는 이유 때문에 중앙정부의 정책결정·집행과정에서 배제되는 것은 지역갈등의 원인이 된다. 특정 지역에 기반을 둔 정당에 의해 행정권이 독점되는 일당단독정부는 지역갈등을 해소할 수 없음은 너무나도 자명하다. 소수지역을 대표하는 정당이 참여하는 연립정부는 정책결정과 재화배분 과정에서 소외된 지역을 가능한 최소화하고 그 결과로 높은 국민통합을 이룩한다. 게다가 비례대표제는 유러피언드림, 즉 경제민주화-복지국가 시대를 열어가는 정치제도적 인센티브이다. 따라서 호남지역 주민들은 호남이라는 소수지역에 거주해도 다른 지역과의 동등한 경제민주화-복지국가의 혜택을 향유할 수 있다.

둘째, 연방제에 준하는 지방분권화이다. 중앙집권적 국가체제는 지역주의 정치동원이 득세한 주요한 배경이다. 한국민주주의의 선거·정당·국회는 중앙집권적 국가권력 쟁취를 향해 소용돌이치는 사생결단의 투쟁 공간이다. 이로 인해 지역주의 정치동원이 구조화된다. 대통령을 축으로 한 중앙권력의 승자독식 구조는 지역발전의 부진이 재원과 결정권을 독과점하는 중앙정부의 탓으로 돌리고 지역주의의 정치동원을 흑백싸움으로 몰아가는 중요한 요인이다. 지역갈등 해결을 위한 지방분권화-양원제의 당위성이 바로 여기에 있다.

이러한 관점에서 현행 중앙집권적 지방자치제는 연방주의에 준하는 지방자치제로 전환되어야 한다. 연방주의적 지방자치제는 연방을 구성하는 지방정부간에 동등한 권력분할이 이루어지며, 지방정부에 자율성과 자치권을 부여한다(Lijphart 1984: 173-179; Lijphart 2012: 175). 연방정부-지방정부 간 권한배분은 전국적 통합성과 지방적 다양성을 동시에 추구한다(Bishay 1993: 81-83). 이러한 연방제적 지방분권화는 지역패권주의를 완화한다. 특정지역에 기반을 둔 정치세력이 권력을 독점하는 구조가 아니라 각 지방정부가 균등한 권한을 갖고 수평적으로 공존공영 하며 지역발전의 책임을 중앙정부가 아니라 지자체 스스로에게 전가시키기 때문이다.

셋째, 연방제적 지방분권제는 동등한 권력을 갖는 상-하 양원제와 제도적 친화성을 갖는다. 앞서 지적한 것처럼 상원은 모든 지역이 크기 및 인구규모에 관계없이 지역 등가대표성 원칙에 따라 동수의 대표자를 선출하여 구성한다. 그 명분은 소수지역에 대한 동등한 대표권을 상원에 부여하는 데에 있다. 상원은 자치지역의 이해관계가 걸린 재정·행정권 관련 법안 등 헌법에 규정된 일정한 법률은 반드시 상원의 동의를 얻도록 해야 한다. 이는 상원의 비토권이다. 상원의 비토권은 인구 우세인 다수지역의 횡포와 전횡을 제어하고 소수지역의 이해관계를 보호하는 정치적 안전망이다. 이에 힘입어 하원 의원수가 적은 소수지역도 정치적 피해와 소외를 받을 소지를 불식해 나갈 수 있다. 따라서 하원에서의 주요 법안 논의는 상원의 거부권을 의식해 무리하게 진행되는 일이 없다. 상원의 거부권이 하원의 다수파에 의해 무리하게 진행되는 불합리한 입법과정에 제동을 걸 수 있기 때문이다. 결국 연방정부의 국정운영은 소수지역을 대표하는 상원의 동의와 협조에 의존할 수밖에 없다.

호남정치 복원은 이기적인 지역개발보다는 중앙-지역 간 지배-종속관계를 청산하고 지역의 정치적 주권 회복, 즉 지역의 자율적인 정치적 선택권·결정권을 쟁취하는 운동을 주도하는 데서 출발해야 한다. 이를 위한 합의제 민주주의의 정치제도인 비례대표제-연방제-양원제는 제1 민주화 드라이브의 진앙지였던 호남정치가 추동하는 제2 민주화운동의 정치제도 혁신 의제로 설정·관철되어야 한다. 소수지역이 다수지역의 횡포를 견제하며 정치적으로 살아남고, 제도적으로 지역갈등을 조정 관리하는 대한민국 국민통합의 유일한 길이기 때문이다. 그 같은 정치제도 혁신 의제설정과 관철이야말로 비록 돌아가는 길이지만 호남정치력 복원, 즉 호남정치의 자존심인 5·18 정신을 발전적으로 승화시킬 수 있는 지름길이다. 정치제도 혁신의 의제설정에 바탕을 둔 호남정치의 선제적 제2 민주화 운동은 영남정치, 수도권 정치, 대한민국 정치의 변화를 선도하는 지렛대가 될 것이다.

그람시는 위기란 낡은 것은 죽어가는 데 새로운 것이 태어나지 않는 상황이라고 경고했다. 호남정치가 대한민국 민주주의 위기를 돌파하는 선도적 역할을 감행해야 한다. 전남북·광주지역의 풀뿌리 시민사회단체-진보운동단체-지식인단체 간 네트워킹을 구축하는 호남민주벨트는 정치제도 혁신운동을 '제2의 민주화 물결'로 동력화해야 한다. 바로 이것이 호남정치력을 복원하고 5·18 정신을 승화시키는 길이다. 불씨 하나가 광야를 태운다. 바라건대, 호남정치력 복원이라는 5·18 정신 부활을 겨냥하는 대장정의 합의제 민주주의 디자인 프로젝트에 나서는 정치제도 혁신 운동에 몸을 던져라.

6. 연방제형 지방분권화-양원제 국회의 지역갈등 조정기제

연방제-양원제는 '포스트 87년 헌정체제'를 디자인하는 또 다른 제도적 축이다. 따라서 80%의 예산과 권력을 틀어쥐고 있는 87년 헌정체제의 중앙집권적 단방제-단원제 국회를 연방제형 지방분권제-양원제 국회 틀로 바꾸는 합의제 국가시스템의 그랜드디자인이 시대적 과제로 떠오르고 있다.

민주주의는 '갈등을 해결하기 위한 세련된 규칙'이다(Rustow 1970: 362). 다수제 헌정체제를 합의제 헌정체제로 혁신하는 연방제형 자치분권제-양원제는 한국민주주의의 민주화 프로젝트이다. 이러한 수직적 권력분점 제도는 한국사회의 지역 간, 그리고 남북 지역 간 이익갈등을 조정·해결할 수 있는 틀이다. 지역갈등은 본질적으로 정치적 경제적 자원을 독과점한 패권지역과 배제된 소외지역 간에 전개되는 정치적 갈등의 성격을 갖기 때문이다. 정책결정·집행을 통해 갈등을 조정·해결할 수 있는 원천인 권력에 특정지역 정치세력의 동등한 참여가 제도화되지 못해 그 지역의 의사가 배제 또는 왜곡된다면 지역 간 정치적 갈등은 불가피해지며 사회통합은 기대할 수 없다. 국민통합 그리고 남북한 통합을 위한 한국민주주의의 민주화는 남한 내 지역이든, 남북 간 지역이든 상호이득과 손실의 공정한 분배를 유인하는 정치적 규칙과 규범, 즉 갈등조정·관리의 정치제도화를 통해서 가능하다. 중앙정부-지방정부 간, 국회-지방의회 간 연방제형 지방분권화-양원제 국회를 잇는 제도적 조합이 바로 그것이다. 무엇보다 연방제-양원제라는 합의제 권력구조는 남북한 통합국가모형을 설계하는 데에 유익하다. 남한이 선도적으로 남북한 통합국가 고형을 준비하는 선차적인 '밑그림'이라 할 수 있겠다.

연방제형 지방분권제-양원제 간 제도조합은 기능적으로 상호 연계되어 작동한다. 따라서 한 부분의 제도만을 선별적으로 발췌하여 개혁하고자 할 때 헌정체제의 작동이 민주주의 공고화에 미치는 효과는 반감되거나 무의미해진다. 연방제형 지방분권제-양원제의 추진방법은 국민투표(개헌)에 부쳐 전면적 시행,

단계적 시행 등과 같은 방법이 상정될 수 있다. 그러나 워낙 국가적 메가 프로젝트이고 추진과정에서의 마찰과 혼란을 최소화하기 위해서는 점진적으로 접근하는 게 타당하다. 현행 법 테두리 내에서 추진할 수 있는 사업, 법률개정으로 추진할 사업, 그리고 헌법개정으로 추진할 사업들로 구분해 그것도 주민들의 자결에 의한 사업 등, 단계적으로 추진해야 한다.

홍수를 막으려면 '샛강' 손질 수준이 아니라 큰 강의 물줄기를 바꿔야 한다. 한국민주주의의 역주행을 야기하는 '87년 헌정체제'의 중앙집권제-단원제를 연방제형 자치분권제-양원제 틀로 바꾸는 국가시스템의 그랜드 디자인은 시대적 과제이다. 국가시스템 혁신이야말로 시대정신을 투영한 '포스트민주화 헌정체제'를 구축하는 하나의 해법이다. 이를 통해 대한민국은 미합중국에 버금가는 한합중국(the United States of Korea)으로 웅비(雄飛)할 수 있으리라.

'포스트 87년 헌정체제'를 설계하는 과정에서 87년 헌정체제의 중앙집권제-단원제를 개편하는 수직적 권력분점의 제도화 프로젝트가 병행되지 않는다면, 수평적 권력분점의 제도적 공학 효과는 반감되거나, 심지어 87년 헌정체제의 정치적 양극화 현상을 재현시키고 그 어떤 정부형태 중심의 권력구조 개편도 무의미해 수 있다는 사실을 정치권은 명심해야 한다.

제20장

스위스 콘코르단츠 민주주의 관점에서 본 남북한 통합국가모형

1. 문제의식

한국인들은 남북한이 통합하면 민족공동체가 다시 복원될 것으로 가정한다. 그러나 분단국가의 통합이 자동적으로 분단민족의 재통합으로 이어지리라는 가정은 환상일지 모른다. 남북한 주민들은 공동의 혈통, 언어, 전통문화 등을 공유하고 있으나 70여 년 동안 대결, 반목, 증오의 역사 속에서 두 분단국가는 자유주의적 가치관과 사회주의적 가치관을 각각 내면화·습관화·생활화해 왔기 때문이다. 따라서 두 분단국가는 이미 '민족내부의 균열'을 고착화했다. 무엇보다도 향후 형성될 남북한 통합사회가 복합적인 균열구조를 갖는 '다원적 사회'(plural society)로 전개될 것이다. 이를 극복하고 안정된 남북한 통합국가의 창출을 위해서는 정치통합 과정에서 발생할 균열구조를 적절히 관리하지 않으면 안 된다. 이런 문제의식을 갖고 제20장은 남북한 통합국가의 제도적 장치를 디자인하고자 한다.

그런데 우리는 옛 서독 합의제 민주주의가 독일통일 드라마를 연출한 제도적 동력으로 작용했던 사실에 주목해야 한다. 만일 서독이 치열한 경쟁과 수적 우위로 정치적 승부를 가리는 다수제 민주주의를 작동시켰더라면 통독은 불가능했을 것이다. 주시하다시피 옛 동독은 서독에 비해 상대적으로 인구분포에서나 경제적으로 열세에 있었다. 이런 조건에서 승자독식의 다수제 민주주의, 즉 토착 동서독 인구비례에 의한 총선거를 통해 통일의회-통일정부를 수립하는 절차를 밟았다면 옛 서독에 지지기반을 둔 정치세력이 통일국가권력을 거의 싹쓸이하는 시나리오가 현실화 됐을 것이다. 옛 동독의 공산주의자들과 군부가 이런 사태를 그대로 좌시하고 감내할 수 있었을까?

동독 공산주의자들에게는 다수제 민주주의에 의한 동서독 통일이 곧 자신들의 정치적 사망선고로 인식되는 두려움과 공포심 그 자체였을 것이다. 따라서 그들은 아마도 군사적 대결의 유혈사태를 불사해서라도 서독이 주도한 통일을 필사적으로 저지했을 것이다. 하지만 서독 합의제 민주주의에는 비례대표제에 의해 공산당에게까지도 법적, 정치적, 이념적 공간을 허용하고 정치적 소수파도 연립정부에 연정파트너로 참여할 수 있는 길이 제도적으로 열려 있었다.[1] 게다가 서독 합의제 민주주의는 지역의 정치적, 경제사회적 차별을 제거하기 위해 연방정부의 정책결정과정에 모든 주(지역)의 평등한 협상기회와 영향력을 보장하는 협력적 연방제, 주(지역) 이해관계를 대변하는 연방상원의 강력한 비토권 등 합의제형으로 작동했다(제12·19장). 이런 서독 합의제 민주주의를 동독 공산당은 익히 인지하고 있었다. 따라서 그들은 당시 도도히 흐르는 통일 대세에 유혈 저항으로 맞서지 않고 서독 합의제 민주주의가 허용하는 합법적인 정치공간 속에서 미래를 기약하는 무저항의 차선책을 택한 것이다. 이런 관점에서 볼 때 동독은 서독에 흡수되지 않고 스스로의 선택으로 서독 연방체제를 구성하는 주(*Länder*)로 편입되었다는 해석이 가능하다. 요컨대 서독 합의제 민주주의는 내부 사회의 지역 간 이해를 조율하고 마침내 독일통일의 제도적 지렛대로 작용했다.

옛 서독 합의제 민주주의가 순탄한 독일통일을 촉진시킨 경험적 사례는 남북한 통일국가 모형을 디자인하는 데 시사하는 바가 크다. 그럼에도 기존 연구

---

1) 옛 서독의 합의제 민주주의는 좌우 정치세력이 공존하는 이데올로기적 관용성과 다양성을 보장했기 때문에 마르크스레닌주의라는 사상적 틀에 입각한 공산당까지도 활동할 수 있는 법적 정치적, 이념적 공간을 허용하는 정치적 유연성을 과시했다. 이는 동독인들, 특히 동독 공산주의자들에게 서독 합의제 민주주의체제의 매력을 배가시켰다. 실제로 통일독일에서 구동독에 지지기반을 두고 사회주의 이념을 담지한 좌파당(*die Linke*)이 비록 아직 연립정부 참여까지는 이르지 못하고 있으나 2009년 총선과 2013년 총선에서 10% 안팎의 득표율·의석율을 과시했다. 만일 서독 정치가 남한에서처럼 좌파 메카시즘적 정치상황을 조성하고 좌파정당을 불온시했다면 동독 공산주의자들은 '통일=자신들의 정치적 사망선고'로 인식하고 당시 동서독 통일에 온몸으로 저항했을 것이다.

들이 제시한 남북한 통합국가는 대부분 다수제 민주주의모델에 기초한다. 이 전략은 기본적으로 남북한 '토착 인구 비례에 의한 자유 총선거'를 통하여 통합국가권력을 배분 및 구성하는 방식으로 이루어지는 정치통합을 지칭한다. 그러나 이러한 접근은 우세한 인구 분포를 배경으로 한 남한 정치세력에 의한 통합국가권력의 독점 내지 과잉대표(over-representation)를 가져와 북한 주민 및 정치세력에게 항구적인 정치적 소수파로 남아 있기를 강제할 것이다. 결국 이러한 사태는 향후 남북한 통합국가의 안정성에 중대한 위협을 가할 것이다. 다시 말하면 남북한 정치통합에 대한 다수제 민주주의적 접근은 향후 통합과정에서 발생할 남북한 갈등관계의 해소에 본질적인 한계를 갖는다. 따라서 남북한 정치통합과정에서 남과 북의 공동이익이 관철될 수 있는 새로운 패러다임의 제도적 장치를 탐색해야 한다.

이를 위해 제20장은 다문화사회의 고질적 갈등을 해결하고 고도의 국민통합을 이룩하는 데 성공한 스위스 '콘코르단츠' 민주주의(*Konkordanz* democracy)로부터 그 해법을 얻고자 한다.[2] 스위스가 보여 준 '다문화사회의 정치통합'의 비결은 복합적인 사회적 균열을 다수제 민주주의로 해결하려 하지 않고 공동이익(positive-sum)을 창출해 내는 콘코르단츠 민주주의에 연유한다. 이런 점에서 스위스 콘코르단츠 민주주의는 향후 남북한 정치통합 과정에서 발생할 수 있는 균열과 갈등을 조정·관리하는 안정적인 남북한 통합국가의 제도적 장치를 디자인하는 데 벤치마킹할 수 있는 매우 유익한 경험적 사례로 떠오르고 있다.

제20장은 우선 스위스의 정치엘리트들이 사회에 존재했던 복합적 균열과 갈등을 조정·관리하기 위해 콘코르단츠 민주주의의 합의제 장치들을 어떻게 형성시켜 왔는가를 역사적 맥락에서 살펴보고 그 과정에서 기능적 연계성을 갖는 합의제 정치의 제도적 메커니즘의 특징을 설명한다. 다음 남북한 통합국가에 대한 콘코르단츠 민주주의적 접근 가능성을 타진하기 위해 향후 남북한 통합사회에서도 스위스 사회처럼 복합적 균열과 갈등이 전개될 것으로 예측·분석한다. 이를 토대로 남북한 통합사회가 갖는 스위스 사회와의 유사성과 차별성을

2) 스위스 콘코르단츠 민주주의는 사전적 의미로 화합(상생)민주주의를 지칭하는 가장 전형적인 합의제 모델이며, 스위스 지역에 처음으로 정착한 민족이 게르만민족 갈래의 켈트족 가운데 헬베티아족이었다는 점에서 '헬베티아 민주주의'(Helvetia democracy)라고도 칭한다.

'다원적 사회'라는 관점에서 분석하고 이를 관리하기 위해 다수제 민주주의의 위험성을 회피할 수 있는 콘코르단츠 민주주의의 합의제적 정치시스템의 적합성을 주장한다. 특히 여기에서 남북한 통합국가 모형을 디자인하는 데 있어 왜 스위스 콘코르단츠 민주주의를 선택했는지에 대한 논리적 주장을 할 것이다. 그리고 콘코르단츠 민주주의의 합의제 정치시스템에 기초해서 남북한 통합국가의 안정성을 높이기 위한 수직적·수평적 권력분점의 제도적 장치를 디자인한다. 마지막으로 남북한 통합국가에서 콘코르단츠 민주주의적 접근이 실현될 수 있는 선행조건을 두 가지 측면에서 제시한다.

2. 스위스 콘코르단츠 민주주의의 제도적 매트릭스

1) 복합적 사회균열에 대한 합의제적 접근

스위스는 중세 이래 복합적인 균열에 따른 심각한 갈등을 경험했다(Linder 2004 16-20). 종교적·언어적·인종적·계급적·계층적 균열이 지리적 경계와 반드시 일치하지 않고 상호 교차되어 드러난 문화적 정체성은 복잡하게 이질성과 다양성을 드러냈다. 스위스의 정치세력은 이런 복합적인 사회적 균열에 따르는 갈등을 합의제적 접근으로 관리·조정했다. 16~19세기에 걸쳐 가톨릭 캔톤(Canton)들과 프로테스탄트 캔톤들 간의 심각한 갈등이 여러 번의 내전으로까지 비화했지만 그러나 두 세력은 1848년에 국가권력을 수직적·수평적 차원에서 분점시키는 근대 스위스의 연방헌법을 제정했다. 이것은 다수파인 급진적 프로테스탄트와 소수파인 가톨릭 보수주의 세력 간에 대타협의 산물이었다.

스위스의 연방헌법은 중앙정부의 권력을 제한하고 언어·종교균열로 인한 문화적 정체성의 차이를 보호하기 위해 캔톤 정부에게 상당한 자치권을 부여하는 수직적 권력분점 시스템을 창출함으로써 분절집단의 평화적 공존과 사회통합을 꾀했다. 또한 수평적 권력분점체제의 확립을 위해 스위스 연방의회는 캔톤이 인구비례에 따라 대표되는 국민협의회(National Council, 하원)와 각 캔톤이 선출한 두 사람의 대표자로 구성되는 주협의회(Council of States, 상원)로 구성되었다. 프로테스탄트 자유주의 세력은 자유민주당을 창당했고 가톨릭 보수세력은 가톨릭보수당(현재 기민당)을 조직했다. 국민협의회의 의원 선출을 위한 단순다수대표제에 힘입어 자민당은 하원에서 안정적인 다수를 차지했다. 주협의회의 선거제도는 각 캔톤의 자유선택에 맡겨졌고 여기서도 자민당은 안정적인 다수당을 차지했다. 연방내각인 연방협의회(Federal Council)는 의회 양원의 합동회의에서 선출되었는데, 연방헌법은 연방각료의 수를 7명으로 규정했으며, 그들 각각료는 동등한 지위를 누렸다. 1848년 자민당은 의회 다수를 동원하여 자당 출신으로 7명의 모든 연방각료를 선출했다. 이에 따라 소수파인 가톨릭보수당은 거점 캔톤을 중심으로 자민당 정부의 주요 정책들에 저항하기 시작했다. 이러한 시도의 적절한 장치는 시민투표였다. 1876년에 개정된 연방헌법은 일정한 규모의 시민의 서명을 확보하면 법안 제출도 허용했으며 1891년의 개정된 연방헌법은 일정한 수의 시민의 서명만 확보하면 독자적인 헌법개정안을 제출하여 시민투표에 회부토록 했다. 이런 시민투표는 소수파인 가톨릭보수당이 연방수준에서 자민당의 정책에 저항하는 유용한 장치로 작동했다.

1891년 자민당은 연방협의회의 각료직 독식을 포기하고 가톨릭보수당에게 7명의 각료 중 1명을 양보했다. 이것은 두 정당 사이의 엄격한 경쟁적인 관계로부터 협의주의적 관계로 전환되는 조치였다. 자민당이 당시 의회의 다수당이었음에도 불구하고 그러한 정치적 조치를 단행했던 것은 종교적 갈등해결을 위해 두 정당 간의 정책적 차별성을 조율해야 되겠다는 인식에서 비롯하였다. 자민당과 가톨릭보수당 간에 협의주의적 정치패턴을 지향하는 추가적인 조치는 1차 대전 이후에 취해졌다. 즉 하원인 국민협의회의 선거제도가 단순다수결제에서 정당명부 비례대표제로 개혁되었다. 정당명부식 비례대표제는 소수파인 가톨릭보수당이 상당한 의석을 확보할 수 있는 계기를 만들었다. 이에 따라 가톨릭보수당은 1919년에 연방협의회에서 두 번째의 각료직을 획득했다.

세 개의 캔톤들로 출발한 스위스연합 초기에는 모두 독일어를 사용했지만 나폴레옹 군대의 침략 이후 프랑스계 인종의 프랑스어, 이탈리아계 인종의 이탈리아어, 로만슈계 인종의 로만쉬어를 사용하는 캔톤들이 스위스연합에 합류함에 따라 스위스에는 상이한 언어권·인종별로 형성된 문화적 정체성의 분파가 존재했다. 가장 큰 잠재적인 언어적 갈등은 독일어권과 프랑스어권 사이에 나타났는데, 스위스를 언어권별로 분할하자는 목소리까지 제기되었다. 이에 따라 1848년 근대 스위스가 출범했을 때 협의주의의 원칙은 즉각적으로 연방수준에서 언어 균열 해소 장치로 작동했다. 첫 각료 선출에서 연방의회는 5명의 독일어 사용자, 1명의 프랑스어 사용자, 1명의 이탈리아어 사용자를 각각 각료로 선출하여 연방협의회를 구성했다. 이처럼 프랑스어와 이탈리아어 두 소수 언어그룹에게 연방협의회의 각료직을 비례적으로 배분했다. 강력한 연방주의 또한 협의주의(consociationalism) 모델에 부합했다. 왜냐하면 연방주의는 소수 언어 캔톤들이 학교문제 등과 같이 언어와 민감한 관련이 있는 쟁점을 자율적으로 처리하도록 했기 때문이다. 언어그룹 간의 합의제 정치패턴이 스위스에서 언어그룹들의 관계를 보다 화합적으로 만드는 데 공헌했다. 만일 다수파인 독일어권이 단독으로 연방협의회의 모든 각료를 독식했거나 캔톤들에 강력한 자치권을 부여하는 연방주의가 부재했더라면 언어그룹 간의 갈등은 격화되었을 것이다.

산업혁명 전후 스위스에서 도시-농촌 균열은 정치적 영향력을 둘러싼 갈등을 초래했다. 제1차 세계대전 시기에 농촌과 보수적 가치를 강조했던 농민당(현재 스위스국민당)이 결성되었다. 농민당과 가톨릭보수당은 공히 농촌 보수주의적 문화를 드러냈지만 전자는 프로테스탄트 캔톤들, 후자는 가톨릭 캔톤들을 각각 대표했다. 1929년에는 농민당 출신이 연방협의회의 각료로 참여했다. 또한 스위스는 산업화 과정에서 사회경제적 불평등으로 인해 불거진 계급·계층갈등에 직면했다. 1차 대전 직후 부르주아 정당들이 노동에 대해 공통적으로 적대감을 보인 가운데 노동계급의 전투적인 총파업은 협의제 정치(consociational politics)를 지향하는 추가적인 조치에 영향을 주었다. 즉 노동을 대표하는 사민당이 1943년에 연방정부의 내각구성에 참여하는 데 성공함으로써 노사 갈등 해소에 기여했다. 이와 같이 스위스의 합의제 정치는 종교적·계급적 그룹 간의 안정과 화합에 공헌한 주요 요인으로 작용했다(Steiner 2002: 107).

2) 합의제 정치의 제도적 메커니즘

앞서 논의했듯이 스위스 정치는 종교·언어·인종·계급 균열을 대표하는 이질적인 정치세력 간에 수직적·수평적 권력공유를 통해 공동이익을 지향했다(Linder 1994: 166-168). 이로써 스위스는 다문화사회의 갈등을 조정하여 정치통합에 성공한 것이다. 그렇다면 스위스의 콘코르단츠 민주주의가 내장하는 주요 제도적 메커니즘은 무엇인가?

첫째, 지방분권적 연방제이다. 스위스 연방제는 연방, 26개의 캔톤, 약 3000개의 코뮌으로 구성되어 있는데 국가권력이 세 단계의 각 정부에 나누어져 있다. 연방제적 권한배분은 "명시적으로 연방정부에 위임한 권한을 제외한 모든 권한은 가능한 최하위 수준의 정부에 배정한다"는 보충성 원칙(subsidiarity principle)에 의거하고 있다(Linder and Vatter 2001: 95). 이로써 캔톤 및 코뮌들은 준주권적(semi-sovereign) 자치권을 향유할 수 있도록 설계되어 있다. 연방사무의 집행권은 가능한 캔톤정부와 코뮌정부에 위임한다. 캔톤정부의 코뮌정부에 대한 개입은 코뮌정부의 개입이 주민의 욕구를 충분히 충족시키지 못하는 경우에 한정한다. 한편, 연방정부는 외교, 국방, 관세, 화폐, 통화, 통신, 교통, 에너지, 사회보장에서 주도적 역할을 수행하며 캔톤의 연방법률 준수 여부를 감독한다. 역으로 캔톤은 연방의 정치적 의사형성에 참여한다. 즉 하나는 캔톤이 연방상원에 대표자를 진출시키는 방법이고 다른 하나는 연방 수준의 시민투표 및 시민발안에서 영향력을 행사하는 방법이다. 연방 수준의 시민투표에 회부된 사안이 통과되기 위해서는 투표자들의 과반수 지지와 함께 캔톤들의 과반수 지지가 필요하다. 이는 작은 캔톤의 비토권 장치로서 '이중 과반수'(double majority) 원칙이다. 그리고 캔톤은 자신의 이해관계가 걸려 있는 사안의 경우 연방 입법과정의 사전 청취절차에 참여할 수 있는 권리가 있다.

둘째, 다차원적 쟁점의 정당체제 및 비례대표제이다. 스위스의 다양한 사회적 균열은 스위스 정당체제의 다차원적 성격에 반영되는데, 이는 '다당제를 하부구조로 하는 보수·진보 블록구도'로 나타난다. 진보진영은 사민당(SP), 녹색당(GPS), 보수진영은 기민당(CVP), 국민당(SVP), 자민당 등으로 포진되어 있다. 이런 정당체제는 어떤 정당도 과반의석을 확보할 수 없어 정당들로 하여금 타협과 협력을 통한 공존의 길을 모색하게 한다. 그런데 대연정, 연방체제, 시민투표제는 정당체제를 제약한다(Lane 2001: 13). 4개의 정당으로 구성되는 연방정부의 대연정 내각은 4당 중심의 정당체제를 공고화시킨다. 또한 연방체제는 집권적인 중앙당의 등장을 불가능하게 하며 대신 캔톤의 지구당을 강화시킨다(Ladner 2001: 124). 나아가 연방 및 캔톤 수준에서 실시되는 시민투표는 정당들간의 지속적인 타협을 촉진하며 정당 내부조직의 전문화를 유도한다(Ladner 2001: 133). 스위스 비례대표제는 다중적인 사회적 균열을 다차원적 정당체제로 투영하게 한다. 이를 통해 다당체제가 형성되며 단일 정당이 과반 득표력을 넘는 다수당이 되는 것을 허용하지 않는다. 따라서 스위스 비례대표제는 큰 캔톤 선거구에서 작은 정당에게도 연방하원에 진출할 수 있는 기회를 준다.

셋째, 국민협의회-주협의회의 균형적 권한이다. 즉 양원은 동일한 권리와 의무를 갖고 있어 균형적이다. 200명의 하원의원은 각 캔톤을 하나의 선거구로 하는 26개 선거구에서 비례대표제에 따라 선출된다. 46명의 상원의원은 캔톤의 인구규모와 관계없이 20개의 일반 캔톤에게는 2명씩, 6개의 반캔톤에게는 1명씩 배정되어 선출된다. 이는 주협의회에서 상원에 소수파에 대한 특별대표권을 부여하여 작은 캔톤들의 이익을 최대한으로 보장하는 데 그 목적이 있다(Kries 2001: 64) 바꿔 말하면 상원의 구성은 각 캔톤의 인구비례에 의한 것이 아니라 각 캔톤 단위의 지역등가성(regional parity)을 바탕으로 한다. 따라서 작은 캔톤들이나 농촌 캔톤들은 하원에서보다는 상원에서 보다 더 강력하게 그리고 과다 대표된다. 이론적으로 스위스 총 인구의 불과 20%를 대표하는 가장 작은 캔톤들의 상원의원 23명은 스위스 의회의 어떤 결정에 대해서도 비토권을 행사할 수 있다. 특히 가톨릭, 부르주아, 농촌 캔톤 등의 정치세력은 주협의회에서의 과다 대표성을 이용하여 자신들에게 유리하게 법안을 처리하려고 한다. 스위스 상원은 독일 상원과는 달리 주 집행부를 대표하는 것이 아니고 캔톤 주민들의 요구와 이익에 반응한다.

넷째, 연방협의회의 화합시스템이다. 스위스는 균열구조로 인한 다원적인 분절집단 간 공존·화합·합의의 정치를 모색하기 위해 집단적(합의제적) 대통령직(collegial presidency)에 해당하는 연방협의회를 채택하고 있다(Klöti 2001: 22-29). 연방대통령을 포함한 7인의 각료로 구성된 스위스 중앙정부인 연방협의회는 '공동다수'(concurrent majority)의 지배를 가능케 하는 대연정 내각이다. 다시 말하면 연방의회의 대부분 의석을 차지하고 있는 4대 정당이 소위 '마술의 공식'(magic formula)이라는 2 : 2 : 2 : 1의 비율에 따라 집행권을 분점·공유한다. 스위스의 연방협의회의 의사결정 과정은 직접민주주의의 제약을 받는다. 즉 시민투표제가 정부로 하여금 지루한 토론과 절차를 밟도록 압박하기 때문에 연방협의회는 어떤 그룹이 시민투표로 비토하거나 변질시키지 못하도록 만장일치의 합의로 정척결정을 내린다(Klöti 2001: 21-22). 이런 점에서 연방협의회는 경쟁이 아닌 가장 전형적인 화합시스템이다.

마지막으로 스위스 직접민주주의는 시민이 정부와 의회의 의사결정에 대해 직접적인 통제권을 행사함으로써 정부활동 및 입법과정에 직접 참여하는 것을 제도화한다. 스위스의 직접민주주의의 상징은 캔톤 및 연방 수준에서 실시되는 시민투표제이다. 시민투표에는 모든 헌법개정과 중요한 국제조약을 대상으로 한 의무적 시민투표(mandatory referendum)와 일반 법률을 대상으로 하는 선택적 시민투표(optional referendum)가 있다(Linder 1994: 97-105). 선택적 시민투표의 경우 연방의회가 법안을 의결한지 90일 이내에 5만 명 이상의 유권자들이 서명해 요구하면 실시된다. 시민투표에서 투표자 과반수의 찬성을 얻지 못한 법안은 연방의회의 의결에도 불구하고 최종적으로 부결 처리된다. 캔톤과 코뮌 수준에서는 대부분의 법률과 중요한 정부행위(투자사업 등)가 의무적으로 시민투표에 회부되고 있다. 사실 앞서 논의한 정당, 의회, 정부 등 스위스의 모든 제도적 장치들은 주요 정치그룹 간에 타협을 이룩함으로써 시민투표 청원 가능성을 최소화하려 한다(Linder 2004: 4).

이상과 같은 제도적, 기능적 연계성을 갖는 스위스 콘코르단츠 민주주의는 동질적인 정치문화를 정치통합의 전제조건으로 보지 않고 균열구조가 존재하는 사회도 이를 조정·관리할 수 있는 세련된 제도적 장치를 통해 정치문화의 성숙을 창출함으로써 정치통합이 가능함을 가정한다. 그렇다고 스위스 콘코르단츠 민주주의의 결함에 대한 논의가 없는 것은 아니다. 예컨대 선거 및 시민투표 참여율의 저조, 의사결정의 비효율성, 혁신능력의 한계 등 제도적 동맥경화증을 치유하기 위한 제도적 개혁 목소리가 있다(Linder 2004: 25-26). 특히 연방정부의 구성에서 적용되는 '마술의 공식'은 정치에 경쟁시스템의 작동을 가로막는 부정적 영향 때문에 개혁될 필요가 있다는 주장이 제기되고 있다. 이와 같은 개혁 논의는 스위스 정치체제가 과도한 합의제 민주주의에서 탈피하여 다분히 다수제 민주주의의 요소를 도입하자는 데 그 초점이 모아지고 있다. 그러나 스위스가 만일 다수제 민주주의모델 방식으로 작동했다면, 복합적 사회균열의 잠복성으로 비춰 보건대, 정치사회적으로 엄청난 파국을 야기할 가능성이 매우 높다. 개혁의 목소리에도 불구하고 스위스 콘코르단츠 민주주의는 여전히 정상적으로 작동하고 있다.

3. 남북한 정치통합에 대한 콘코르단츠 민주주의적 접근 가능성

1) 향후 남북한 통합과정에서의 갈등관계

사회적 균열의 원인과 성격을 분석한 아자르(Edward Azar)에 따르면 집단적 균열은 "집합적 행위주체(종족·인종·언어·문화·정치·사회경제 집단 등)들 사이에 나타나는 이익(권력·지위·자원 등)과 문화적 정체성의 상충 현상"이라 규정했다(Azar 1990: 5-17). 이런 관점에서 볼 때 다양한 형태로 통합을 이룩한 베트남, 예멘 및 독일의 사례에서 우리가 주목해야 될 지점은 통합 이후의 균열구조이다. 베트남의 무력형 통합방식은 통합 이후 엄청난 정치·경제적 손실에 따른 심각한 사회적 균열을 초래했으며 흡수형 통합을 이룩한 독일은 통합 이후 경제적 부담과 지역적 균열을 겪고 있다. 합의형 통합을 이룩한 예멘의 경우도 통합 이후 전개된 합의 이행의 제반 문제점들로 인하여 정치적 혼란과 균열을 겪게 되었으며 무력에 의한 재통합이 이루어지게 되었다. 이와 같은 선행 통합사례들은 향후 남북한 통합사회에서 배태될 균열구조에 따른 갈등관계의 성격과 양상을 예측하는 데 중요한 경험적 함의를 갖는다. 이런 점에서 향후 남북한 통합사회는 다양한 '분절적 균열'의 선을 따라 나누어지는 '다원사회'가 될 것이다. 즉 남북한 통합과정에서 발생할 갈등관계를 이념적 갈등, 제도적 갈등, 지역적 갈등, 계급·계층적 갈등 그리고 엘리트 갈등 등의 측면에서 예측·분석할 수 있다.

첫째, 남북한 정치통합과정에서 북한이 개혁·개방을 추구한다면 북한 내부 권력엘리트, 즉 실용주의적 개혁성향의 권력층(대외적 협상파)과 군부를 포함한 보수강경파 간에 경제적, 정치적 자유화에 대한 정책의 속도 및 강도를 둘러싸고 이념적 갈등이 발생할 수 있다. 이러한 이념적 갈등은 북한사회를 지탱하고 정권을 유지하는 가장 강력한 접착제 역할을 해 온 주체사상 및 '우리식 사회주의' 등과 관련하여 이념적 고수론와 현실적 변형론으로 나누어지는 형태가 될 것이다. 이러한 현상은 자유민주주의와 시장경제의 수용 문제를 둘러싸고 북한 주민들 사이에 친남한적인 성향을 갖는 계층(또는 세력)과 반남한적인 성향을 갖는 계층(또는 세력) 사이로 확산될 것이다.

또 북지역 내부에는 계층갈등이 두 형태로 나타날 수 있다. 북한사회에는 주민들의 정치성향과 출신성분에 따라 나누어진 계층, 즉 핵심계층·기본계층·복잡계층 등이 존재하는데, 향후 통합과정에서는 그 동안 억제되었던 그들 계층간의 갈등이 권력층간의 이념적 갈등과 맞물리면서 분출할 것이다. 다른 하나는 북한의 국가주도 산업화에 따라 등장한 교육받은 도시 인텔리 계층인 신중간계층(사무직·전문직 종사자)이 경제적, 정치적 자유화를 요구하면서 점차 보수강경 정치세력 그리고 사회주의 핵심계층이었던 노동자 및 농민층과 갈등을 빚을 개연성도 없지 않다(서재진 외 1994 17). 동시에 통합과정에서 북한의 개혁·개방의 후유증, 즉 주민들에게 개혁·개방의 이익과 비용(손실) 배분에서 공평성보다는 차등성이 반영되어 '잃는 자'와 '얻는 자' 사이의 계층적 갈등을 증폭시킬 것이다. 이러한 계층적 갈등은 북한지역의 경제개발이 신의주, 개성, 나진 및 선봉 등 국경지역 및 해안지역의 경제특구 중심으로 이루어질 경우 경제발전을 둘러싼 지역 우월의식과 소외의식이 증폭됨으로서 북한 내 지역갈등과 중첩되어 나타날 것이다. 역설적으로 향후 남북한 통합과정에서 발생할 수 있는 북한지역 내부의 이상과 같은 이념적·제도적·권력엘리트·계층적·지역적 갈등은 정치통합 과정에서 진행될 북한체제 개혁·개방과 남북한 교류와 협력이 활성화됨에 따라 증대할 수 있다.

둘째, 남북한 통합과정에서 남한지역 내부의 다양한 갈등이 표출할 것이다. 현재 남한 사회 내부에서 보여지는 주요 갈등은 남북관계 및 한미관계를 둘러싸고 보혁갈등으로 현시되는 이념적 갈등, 선거정치를 통하여 확대 재생산되고 있는 지역적 갈등, 성장일변도의 산업화정책으로 구조화된 계급·계층갈등 등이 상존한다. 이 같은 다양한 갈등은 향후 남북한 통합과정에서 보다 복잡하게 시현할 수 있다. 물론 통합과정에서 남한에 존재하는 동서 간 지역갈등은 남북간 지역갈등으로 대체되면서 어느 정도 완화될 개연성도 없지 않다. 영·호남인간 서로에 대한 불만보다는 통합비용 부담을 둘러싸고, 높은 세금부담으로 인해 남한 주민들이 북한 주민들에 대해 갖는 불만이 커질 수 있기 때문이다. 그러나 남한의 기존 갈등구조는 남북한 통합과정에서도 재연될 것으로 예측되고 있다. 현재 남한에서는 지역갈등의 구성세력과 계급·계층갈등의 구성세력 그리고 보혁갈등의 구성세력 등이 복잡하게 짝을 이루어 가는 경향을 보인다. 이는 남북한 통합과정에서 영남과 기업인과 고소득층은 보수를 형성하고 호남과 노동층과 저소득층은 진보를 형성하는 구도로 나타날 것으로 예상된다(진영재

2002: 102). 이러한 구도 속에서 보수적 정치세력과 진보적 정치세력들 사이의 정치적 갈등, 영남과 호남 사이의 지역적 갈등, 노사 간 갈등 등과 같은 기존의 갈등관계는 남북한 통합과정에서도 복잡하게 맞물리면서 확산되어 나타날 수 있다.

셋째, 남북한지역 상호간의 갈등이 다층적으로 증폭할 것이다. 오랜 동안 철저하게 상이한 사회화(socialization) 및 이질적인 체제의 삶에서 파생된 주민 정체성, 문화의 괴리로 인해 남북지역 주민들 간에 심각한 갈등이 나타날 수 있다. 즉 남한의 시장경제-자유민주주의는 북한의 주체형 사회주의와 충돌하는 이념적 갈등이 예상된다. 동시에 통합과정의 정치적 경제적 사회적 통합과정에서도 그동안 존재했던 남북한의 이념적·제도적 이질성으로 인하여 심각한 갈등이 야기할 것이다

통합과정에서 발생할 수 있는 다양한 갈등 중 가장 심각한 것은 지역갈등이다. 지역갈등은 특히 남북한 경제력의 격차에 연유할 것이다. 북한 지역의 경제적 낙후에 따른 실업률과 상대적 박탈감이 남북의 지역갈등을 증폭시킬 것이다. 생활수준 향상에 대한 기대욕구를 충족하지 못한 북지역 주민 그리고 통합비용에 따른 과중한 세부담으로 경제적 불이익을 강요당하는 남지역의 기득권층 등은 통합국가의 신정부에 대해 경쟁적으로 정치적, 경제적인 보상을 요구하여 갈등관계를 노출할 것이며, 이 과정에서 북한 주민들에 대한 남한 주민들의 불만이 높아질 수 있다. 경제적으로 우세한 남한지역 주민과 경제적으로 열세한 북한지역 주민들 사이의 괴리감은 '일등시민과 이등시민'으로의 분화에 따른 계층갈등으로 비화할 것이다. 통합과정에서 남한의 기업인들은 북한 지역에서 새로운 천연자원과 관광자원을 발견할 것이고 특히 잘 훈련된 양질의 저임금 노동력을 확보할 수 있을 것이다. 반면에 남쪽 노동자들은 북한 기업들의 도산에 따른 대량실업과 이들 노동자의 대량유입으로 임금인하의 압력을 받을 것이고 조직적 힘이 약화되어 자본에 대한 협상력을 상실할 것이다. 이 때문에 계층·계급갈등이 남북지역을 횡단하여 계층·계급 간 연대를 형성하기보다는 남북의 지역갈등과 중첩되는 형태로 표출할 것이다. 이 경우 남쪽 노동자와 북쪽 노동자 간의 적대관계가 심각한 양상으로 분출될 것이다.

한편 남북한 통합과정에서 남한에서처럼 파워블록이 지역 간 분할 지배전략

에 의한 확고한 지지기반 확보를 위해 정치적 의사결정 과정에서 지역 간 차별화정책을 펼 개연성을 배제할 수 없다. 정치적, 경제적 자원의 지역적 불균형 배분, 즉 정치엘리트들의 폐쇄적 충원과 지역개발의 불균형이 발생한 경우, 특히 북지역 주민들의 반남(反南) 지역감정이 확산되어 통합국가의 신정부에 대한 그들의 저항이 폭발적으로 고양될 것이다. 투표과정에서 지지획득을 극대화하려는 정치인과 정당들은 지역주의에 기초한 지지표를 조직하려 할 것이며 그 결과 선거를 포함한 정치시장에는 지역패권주의와 기득권이 재생산될 것이다. 이에 따라 향후 정치통합과정을 주도한 남·북 지역 출신의 정치엘리트들 중 어느 일방(특히 북한지역 정치엘리트)이 정치과정에서 배제되면 그들은 새로운 정치적 불만세력으로 부상할 것이다.

2) 남북한 통합사회와 스위스 사회의 유사성과 차별성

향후 남북한 통합사회에서 예상되는 복합적 균열구조를 고려할 때 남북지역의 각 내부 그리고 남북 지역 상호간에 다중적 정체성을 가진 주민이 늘어나면서 복합문화(multi-culturalism)가 출현하고 사회적 균열이 구조화되는 '다원적 사회'가 출현할 것이다. 이 같은 남북한 통합사회의 다원성은 하위문화집단(subcultural group)들로 파편화되어 독자적 정체성을 갖고 갈등관계에 있었던 스위스의 '다원적 사회'와 유사한 특징을 공유하게 될 것이다. 여기서 '다원적 사회'란 이념·종교·언어·계급·계층·지역·문화 등과 같은 사회적 균열 라인에 따라 조직되는 분절집단(segmental group)들이 각기 정당, 이익집단 등을 구성하여 상이한 정책적 이해관계를 표출하고 대화와 타협이 어려운 갈등을 전개함으로써 시위, 투표 등의 정치참여 행태가 다르게 나타나는 사회를 지칭한다(Lijphart 1977a: 3-4).

그런데 다원적 사회를 유발하는 사회적 균열은 이것이 극단적으로 대치되어 있느냐, 아니면 느슨하게 대치되어 있느냐에 따라 수렴형(convergent) 균열과 발산형(divergent) 균열로 구분된다(김재한 2001: 35-40). 전자는 인구 분포상 밀집된 정점이 하나인 단극형 분포이며, 후자는 밀집된 정점이 둘 이상인 다극형 분포이다. 한편, 사회적 균열은 일치균열(coinciding cleavage)과 교차균열(cross-cutting cleavage)로 구분이 된다. 전자는 둘 이상의 균열 쟁점이 존재하나 이들 균열쟁점이 서로 포개져 실제로는 일차원적 쟁점의 균열만이 존재하는 효과가 나타나는 상태이다. 후자는 둘 이상의 다차원적 쟁점의 균열에 따른 분절집단 구성원들이 상호 교차적으로 겹치는 상태, 즉 균열쟁점에 따라 각 집단소속이 바뀌는 것을 의미한다. 이상의 두 균열유형를 통해 볼 때, 스위스 사회와 향후 남북한 통합사회의 균열구조는 발산형·교차균열 형태로 상정할 수 있다. 발산형·교차균열이 존재하는 다원적 사회는 지배적인 분절집단이 존재하거나 혹은 지배적 분절집단은 존재하지 않지만 분절집단들 간에 이해관계의 타협과 협상이 어려운 다차원적 쟁점을 갖는 사회를 지칭한다.

이런 점에서 스위스 사회는 종교·언어·인종·계급·계층 균열에 따른 다차원적 쟁점으로 인하여 시민들의 소속이 교차적으로 겹치는 분절집단들 간에 이해관계의 타협과 협상이 어려웠던 다원적 사회이다. 마찬가지로 향후 남북한 통합사회도 이념적·제도적·계급적·계층적·지역적 균열 등 다차원적 쟁점으로 인하여 주민들의 소속이 교차적으로 바뀌는 분절집단들 간에 이해관계의 타협과 협상이 쉽지 않은 다원적 사회가 전개될 것으로 예측되고 있다.

발산형·교차균열이 존재하는 다원적 사회에서 다수제 민주주의모델은 단순과반수가 단독으로 승자가 되고 소외된 소수 분절집단의 거부로 인하여 정치적으로 불안정한 상태를 초래한다. 이런 점에서 다원적 사회에서 특정 분절집단을 대표하는 정파가 국가권력에 참여하지 못하여 항상 소외된다면 분절집단들 간의 갈등은 다수제 정치모델에 의해서 정상적으로 관리되지 못한다는 것이 스위스 콘코르단츠 민주주의의 문제의식이다(Lijphart 2012: 33-37). 따라서 스위스 콘코르단츠 민주주의는 첫째, 다원적 사회에서 다수제 민주주의는 영구적 승자를 가져오고, 둘째, 소수의 이익이 그 영구적 승자의 정책에 반영되기 어려우며, 셋째, 자신의 이익이 정책에 반영되지 않으면 영구적 소수는 그 체제에 도전하며 정치적 불안정을 가져온다는 가정에 기초한다(김재한 2001: 54).

이런 관점에서 스위스 콘코르단츠 민주주의는 합의제 정치 모델만이 다원적 사회의 지속 가능한 정치통합을 가져다주는 유일한 대안으로 가정한다. 합의제 정치모델은 발산형·교차균열이 존재하는 다원적 사회의 소수 분절집단을 포용하게 됨으로써 정치적 불안정을 줄이고 정치통합을 실현할 수 있다는 것이다. 서로 이해관계가 다른 분절집단들을 가진 다원적 사회일수록 권력이 분산되어야 소수의 권익이 보호됨으로써 안정적 정치통합이 실현된다. 소수 보호는 국가권력에의 참여 가능성이 열려 있을 때 가능하다. 이 때문에 스위스는 앞서 논의했듯이 권력을 분점·공유시킴으로써 갈등과 대결을 유발할 개연성이 높은 다수제 민주주의모델, 즉 승자독식을 초래하는 영국식 웨스트민스터 정치(Westminster politics)를 피하고 가장 전형적인 합의제 정치모델을 작동시켰던 것이다. 만일 스위스처럼 발산형·교차균열이 존재하는 다원적 사회에서 다수제 민주주의모델이 작동되었다면 이는 위험한 파국을 초래했을 것이다.

향후 형성될 남북한 통합사회가 스위스와 유사한 발산형·교차균열이 존재하는 다원적 사회로 상정될 수 있다면 다수제 민주주의모델에 기초한 남북한 통합국가권력의 분배와 구성은 향후 안정적인 정치통합보다는 갈등과 분열을 증폭시킬 가능성이 매우 높다. 즉 남한의 특정 정치세력의 권력독점 내지 과잉대표를 초래한다면, 북한 정치세력에게 항구적인 정치적 소수파로 머물러 있기를 강요할 것이다. 이 경우 정치적, 경제적으로 우월한 다수파가 열등한 소수파집단을 영구적으로 지배하는 상황이 올 수 있다. 특히 소수파인 북한의 정치엘리트와 주민들을 영원한 정치적 패자의 지위로 강제하여 통합국가로부터 철수하려는 사태를 몰고 옴으로써 통합국가는 다시금 붕괴의 운명을 맞게 될 것이다. 따라서 정치적 경제적으로 소수파인 북한의 정치엘리트와 주민들을 남북한 통합과정으로 견인하고 통합사회에 계속 남을 수 있게 하기 위해서는 지금까지의 남북한 통합패러다임을 뛰어넘어 그들의 권리와 이익을 보장할 수 있는 혁신적인 남북한 통합국가 모형을 디자인해야 할 필요성이 제기되고 있다.

이상과 같은 맥락이 시사하는 바는 콘코르단츠 민주주의적 접근전략이 남북한 통합사회의 발산형·교차균열을 적절히 관리할 수 있는 통합국가 모형의 탐색에 매우 유용함을 뒷받침하는 논리적 근거가 되고 있다는 점이다. 주지하듯이 합의제 정치시스템의 본질은 다양한 사회적 균열이 존재하는 사회를 관리하기 위한 주요 정치세력들 간의 권력분점·공유이다. 앞서 논의했듯이 스위스 콘코르단츠 민주주의는 발산형·교차균열을 적절히 관리·조정하여 사회통합을 실현하기 위해 중앙정부와 지방정부 간의 수직적 권력분점체제와 더불어 중앙정치의 차원의 수평적 권력분점체제에서 가장 세련되고 정교하게 디자인된 시스템을 내장하고 있다. 따라서 스위스 콘코르단츠 민주주의의 제도적 메커니즘은 서유럽 합의제 민주주의모델 가운데 가장 모범적이고 전형적인 사례로 평가받고 있다(Lijphart 2012: 33-37).

바로 이 지점이 남북한 통합사회의 발산형·교차균열을 적절히 관리할 수 있는 정치통합 과정에서 스위스 콘코르단츠 민주주의적 접근전략이 요구되고 있는 이유이다. 특히 전술한 바 있는 연방의회를 구성하는 주요 4개 정당들이 권력을 분점·공유하는 대연정 정부형태인 스위스 합의제적 대통령제(collegial presidency)[3]는 서유럽의 강대국들로 둘러싸인 스위스의 지정학적 특수성으로 인한 외교안보상의 이유에서 강력한 국민통합의 절박성을 반영한 합의제 기제라는 점에서 남북한 통합국가의 권력구조를 디자인하는 데 시사하는 바가 크다. 왜냐하면 한반도 역시 스위스처럼 주변 강대국들로 둘러싸인 지정학적 특수성을 갖는다는 사실을 고려할 때, 후술할 대통령협의회는 향후 남북지역의 주요 정당들에게 남북한 통합국가의 대연립정부 참여를 허용함으로써 외교안보상 필요한 국민통합을 실현하는 데 효과적인 권력구조가 될 수 있기 때문이다. 이 점 또한 제20장에서 남북한 통합국가에 대한 스위스 콘코르단츠 민주주의적 접근을 시도한 이유이다.

한편 남북한 정치통합에 대한 스위스 콘코르단츠 민주주의적 접근전략의 유용성을 타진하기 위해서는 향후 형성될 남북 통합사회의 다원성과 스위스 사회의 다원성에는 편차가 있다는 점을 간과해서 안 된다. 양자 사이에는 균열과 분절의 유형이 다르기 때문이다. 즉 스위스 사회에는 종교·언어·인종·계급·계층 균열에 따른 갈등이라면, 남북한 통합사회에서는 이념·제도·계급·계층·지역 갈등이 전개될 것으로 예측되고 있다. 더욱이 스위스 사회의 균열은 이미 수립된 한 정치공동체 내부의 현상이며 스위스 콘코르단츠 민주주의는 통합국가의 안정성 강화에 기여했다. 반면 향후 남북 통합사회는 스위스 사회의 다원성처럼 통합된 기존 정치공동체 내부의 사회적 균열이 아니라 '사실상 두 개의 국가'(*de facto* two states)의 통합과정에서 발생할 수 있는 다층적 갈등관계이다. 특

3) 합의제적 대통령제인 스위스 연방협의회를 구성하는 각료들은 연방의회(상·하원)에서 선출되지만(내각제 성격) 연방의회의 불신임 결의에 의해 해임되지 않을 뿐만 아니라 대통령은 연방하원을 해산할 수 없다(대통령제 성격). 따라서 스위스는 의원내각제와 대통령제의 혼성체제를 채택하고 있다(선학태 2005: 317).

히 과도한 군사적 대결과 갈등을 경험한 남북한 간에 전개될 통합사회에서 예상되는 균열구조는 스위스 사회의 균열구조와는 강도가 다를 수 있다. 이와 같이 남북한 통합사회의 다원성은 스위스 사회의 다원성과 비교하여 그 균열의 유형과 강도에 있어 차이가 존재한다.

그러나 그러한 차이가 남북한 정치통합에 대한 스위스 콘코르단츠 민주주의적 접근 가능성에 결정적인 장애요소가 되는 것은 아니다. 사회적 균열의 강도와 유형의 동질성이 정치통합의 필수 선행조건 또는 충분조건이 아니기 때문이다(Etzioni 1962: 19, 23). 내전에 가까운 치열한 적대적인 무력충돌을 경험했던 남아프리카공화국이 흑·백공존을 위한 합의제 장치를 통해 정치통합을 이룩하고 있는 사례에서 보듯이, 남북한 간의 군사적 갈등 경험 역시 스위스 콘코르단츠 민주주의의 합의제 모델을 적용하는 데 걸림돌이 될 수 없다. 더욱이 앞서 지적했듯이 스위스에서도 종교적 분열로 한때 캔톤 사이에 내전이라는 극단적인 갈등관계에 있었던 사실을 주목할 필요가 있다.

스위스 콘코르단츠 민주주의적 접근은 국제 차원의 정치통합에도 유사하게 적용할 수 있다는 점에서 그것은 사실상 두 개의 국가인 남한과 북한 간의 정치통합을 촉진시킬 수 있다. 유럽국가들은 자율적이고 독자적인 정체성을 갖고 각 블록을 대표하는 엘리트들의 이해 조정을 통해 유럽연합이라는 초국가적인 정치체계를 창출했다(보론 참조). 현재 유럽연합은 미래 유럽연방국가(Euro-Federal State) 건설을 추동하고 있는데, 스위스 콘코르단츠 민주주의적 접근 프로젝트의 모범적 선례가 되고 있다(Lijphart 2012: 40-45). 사실 아직 선진 산업경제에 이르지 못한 과거 동구 공산권 국가들의 유럽연합 참여는 신·구 회원국들 간의 사회경제적 불평등과 경제적 자원의 재분배 시스템에 긴장을 초래하여 유럽연합 합의제 거버넌스의 안정적 작동에 심각한 문제를 야기할 것이라는 우려가 나왔다. 뿐만 아니라 철저한 전체주의적 독재체제를 유지했던 구 동구권 공산국가의 엘리트들은 타협과 화합의 전통을 체질화하지 못했으며, 따라서 동구권 국가들의 유럽연합에의 가입은 유럽연합 합의제 거버넌스의 안정적 작동을 방해할 것이라는 경고가 제기됐다. 그러나 동구권 국가들의 유럽연합 가입이 몰고 올지도 모를 사태에 대한 이 같은 우려와 경고에도 불구하고 유럽연합의 합의제 거버넌스는 안정적으로 작동하고 있다. 여기서 우리는 사실상 두 국가적 성격을 갖는 남한과 북한의 정치통합에 대한 스위스 콘코르단츠 민주주의적 접근 전략이 지닌 객관적, 경험적 정당성을 발견할 수 있다.

한편 스위스 콘코르단츠 민주주의의 합의제적 정치는 스위스와 같은 서유럽 정치문화에서 작동할 수 있는 모델에 불과하다는 주장이 제기될 수 있다. 따라서 합의제적 정치는 남북한 통합사회에서는 작동할 수 없다는 것이다. 그러나 이러한 비판은 비서유럽국가들의 경험적 사례들을 간과하고 있다. 레바논, 말레이시아, 콜롬비아 등 비서유럽 국가들의 다원적 사회에서도 토착적 지도력에 의해 권력분점·공유 시스템을 통해 정치안정을 이룩한 역사적 경험을 가졌다. 더욱이 라이파트는 스위스처럼 다원적 사회의 조건을 가진 비유럽 신생국가에게 콘코르단츠 민주주의의 합의제 공학(consensual engineering)을 적극적으로 권고한 바 있다. 예컨대 그는 분절집단 간의 심각한 문화적 이질성에도 불구하고 신생 독립국가로서 다원적 사회였던 인도와 남아프리카에 합의제 정치모델의 채택을 강력히 권고했다. 그 결과 인종·종교·언어 균열로 인한 격심한 갈등을 분출했던 인도에서는 스위스에서처럼 대연정, 비례성 원칙, 분절집단의 자율성, 소수파의 비토권 등 권력분점·공유 시스템을 채택하여 비교적 안정적인 민주주의를 정착시켰다(Lijphart 1996: 258-268; Stuligross and Varshney 2002: 429-458). 또한 합의제 정치모델은 치열한 흑·백 대결을 보인 남아프리카공화국의 민주화에서도 중요한 역할을 했다. 즉 1994년 헌법은 인도와 유사한 합의제 정치의 권력분점 시스템을 도입하여 안정적 정치통합을 이룩했다(Lijphart 1998: 144-150). 이런 비유럽 국가의 다원적 사회에 대한 합의제 정치 성공 사례들은 남북한 통합국가에 대한 스위스 콘코르단츠 민주주의적 접근 가능성을 옹호해 주는 객관적, 경험적 근거라 할 수 있겠다.

4. 남북한 통합국가의 합의제적 디자인

1) 분권적 연방국가

다원적 사회에서 소수지역에게 자치권을 인정하는 스위스 콘코르단츠 민주주의의 분권적 연방제는 향후 갈등관계가 예상되는 남북한의 정치통합과정에서 중요한 장치가 될 수 있다. 자치(self-rule)와 공치(shared- rule)가 결합하는 스위스의 분권적 연방제에 기초하여 남북한 통합국가를 건설할 때 이는 연방정부와 지방정부에 주권을 이원적으로 배분하는 방식이다. 스위스의 분권적 연방제가 중앙정부와 지방자치기구(캔톤내각, 캔톤의회 등)간의 권력과 기능배분에 있어 '보충성의 원리'에 기초하고 있는 것처럼 남북한 통합국가의 수직적 권한배분은 이 '보충성의 원리'에 기초한다. 즉 외부효과가 크고 일반이익의 성격이 강한 업무 — 국방, 외교, 거시경제관리, 통화관리, 계층 간 불균형 해소를 위한 재분배, 환경·복지·교육의 전국적 표준 설정, 지역경제 간 격차 해소, 전국적 규모의 균형적인 국토관리 등 — 은 연방정부에 귀속된다.

특히 정치통합의 최우선 순위인 군통합에 실패하여 재분단 위기를 경험했던 예멘의 교훈을 거울삼아 남북한 정치통합 과정에서 정치적·군사적 폭력사태 발생을 방지하기 위해 군대, 경찰 등 물리적 강제력을 행사하는 기구에 대한 연방정부의 통제권을 명백히 규정해야 한다. 나머지 지역 고유성과 개별성에 해당한 모든 문제 — 경제, 지역개발, 복지 교육, 환경, 주택, 도로 치안 등 — 는 지방자치기구(지방정부, 지방의회)가 관장할 수 있도록 입법권, 재정권, 과세권, 조직권, 인사권 및 행정권 등을 이양해야 한다. 이로써 각 지방자치기구가 지방 특성에 맞는 경제개발, 공공서비스(환경, 주택, 복지, 교통, 교육 등) 등을 제공하여 지방 주민들의 삶의 질을 개선할 수 있다.

스위스의 연방민주주의는 두 개의 단위정부로 구성된 거시연방제(macro-federation) 또는 10개 정도의 단위정부들로 이루어진 중범위연방제(meso-federation)가 아니라 26개의 캔톤들로 구성된 미시연방국가(micro-federal state)를 지향한다. 이런 점에서 남북한 통합국가도 남한과 북한이라는 두 개의 구성정부들이 결합된 거시연방제(macro-federation)보다는 현재 남북한에 존재하는 27개(남한 15개, 북한 12개)의 광역지역단체를 구성단위로 하는 미시연방국가(micro-federal state)가 향후 통합사회에서 발생할 수 있는 균열구조의 관리에 효과적이다. 그 논거는 세 가지 점이다.

첫째, 거시연방제는 통합국가의 안정성을 상실할 수 있다. 남북예멘이 상호 통합과정에서 남예멘 정부와 북예멘 정부로 구성된 거시 연방국가를 수립했지만 몇 년을 넘기지 못하고 내전으로 한때 분열의 운명을 맞았다. 거시연방제의 경우 남과 북의 두 자치정부가 대치하는 상황을 중화할 수 있는 완충지대가 없어 통합국가의 붕괴로 이어질 가능성이 높다. 둘째, 캐나다 연방에서 자급자족할 수 있는 규모의 인구와 경제력을 갖는 퀘벡의 분리운동이 발생한 사례에서 알 수 있듯이 남북한 거시연방제국가에서 연방 구성단위는 독자적 생존능력이 있기 때문에 연방으로부터 이탈할 가능성이 있다. 셋째, 주민들은 각자 자신이 속한 지방에 장기간 형성된 강한 정체성을 가지고 있으므로 중범위연방제보다는 미시연방제가 바람직하다.

미시연방국가체제를 구성하는 각 블록은 타블록의 간섭을 받지 않고 자치권·자결권을 보유한다. 따라서 연방국가체제에서 남한과 북한 어느 일방이 타방에 흡수통합을 당할지도 모른다는 불안감과 공포심을 가질 필요가 없다. 분권적 연방국가체제 하에서 지방자치기구는 균형적인 '내발적 발전'을 시도하여 지역주민들의 삶의 조건을 개선함으로써 특히 동서·남북 지역갈등을 해소하는 기제이다. 특정지역에 기반을 둔 정치세력이 권력을 독점하는 수직적 지배구조가 아니라, 각 지역자치정부가 균등한 권한을 갖고 수평적으로 공존공영하며 지역발전의 책임을 중앙정부에 전가하는 것이 아니라, 스스로가 부담할 수 있기 때문이다. 이는 스위스의 분권적 연방제가 상이한 문화적 정체성을 갖는 캔톤들을 공존하게 만드는 메커니즘이라는 사실에서 확인되고 있다.

2) 균형적 양원제-이념블록 정당체제-비례·등가대표제

스위스 콘코르단츠 민주주의는 권한이 균등한 하원과 상원으로 구성된 연방의회를 갖고 있다. 이는 스위스의 다원적 사회에서 소수지역 — 면적·인구규모가 작은 캔톤 — 에 대한 '특별대표권'을 상원에 부여하여 연방적 차원에서 정치통합을 이룩하자는 데 그 목적이 있다. 이런 점에서 향후 남북한 통합사회가 다원적 사회라는 점에 유의하여 연방체제를 구성하는 단위들의 이익을 대표하기 위한 상원이 필요하다. 즉 남북한 통합국가의 의회는 양원제를 제도화하는 것이 바람직하다. 그 이유는 상원에서 연방체제를 구성하는 작은 단위지역에게 '특수대표권'을 제공하여 연방의회의 차원에서 일종의 대연정을 실현하고자 하는 데 있다. 작은 연방구성 단위지역의 '특별대표권'을 위해서는 두 가지 조건이 충족되어야 한다. 즉 상원은 하원과는 다른 기준에 의해 의원이 선출되어야 하고 하원과 동등하고 대칭적인 권력을 보유해야 한다. 연방상원은 연방체제의 구성단위가 연방에 영향력을 행사하는 매개체로서 입법기능과 연방의 행정부문에 참여하며, 연방헌법에 규정된 일정한 법률은 반드시 연방상원의 동의를 얻도록 해야 한다. 특히 연방체제 구성단위의 주요 이익과 관련되는 재정이나 행정권에 관련되는 법안은 연방상원의 동의를 얻는 것이 필수적으로 제도화돼야 한다.

의회정치가 건전한 정책대결의 장으로 활성화되어 사회갈등 해결에 기여하기 위해서는 다양한 사회적 균열을 반영하는 정당체제가 수립되어야 한다. 스위스 콘코르단츠 민주주의에서는 당파적 차별성이 다차원적 쟁점에 따라 나타나고 있다. 즉 스위스의 정당체제는 언어·종교·인종·지역·계급 균열 등을 투영하여 '다당제를 하부형태로 한 보수-중도-진보 정당블록'으로 형성되어 있어 다문화사회의 갈등을 원만히 관리·해결하여 안정적인 정치통합에 기여하고 있다. 따라서 향후 남북한 통합국가에서의 정당체제는 통합사회에서 예상되는 다양한 균열구도를 반영하여 갈등해결에 도움이 될 수 있는 방향으로 편성될 필요가 있다. 즉 '다당제를 하부형태로 한 보수-중도-진보 정당블록체제'로 구축되는 것이 바람직하다. 이 같은 다차원적 정당체제는 어떤 정당도 과반수를 확보할 수 없는 상황에서 정당들로 하여금 타협과 협력을 통한 공존의 길로 유도할 수 있다.

정당체제를 보수-중도-진보 블록체제로 형성시키기 위해서는 선거제도의 효과를 적절히 활용해야 한다. 선거제도는 사회적 균열구조와 정당체제의 형성을 상호 매개하기 때문이다. 그런데 다수제 민주주의의 선거제도인 소선거구 단순다수대표제는 사회적 균열구조가 투영되는 정당체제의 형성을 불가능하게 할 뿐만 아니라 완승과 완패라는 제로섬적인 상황을 초래하여 정치통합을 저해한다. 대조적으로 스위스 콘코르단츠 민주주의는 비례 및 등가대표성의 원칙을 도입하고 있다. 스위스 비례대표제는 소수파 정당에게도 의회에 진출할 수 있는 기회를 마련하여 종국적으로 '다당제를 하부형태로 한 보수-중도-진보 정당블록체제'를 제도화하고 있다. 스위스 등가대표지 또한 상원에서 인구 및 면적이 작은 캔톤들에 대한 특별대표권을 부여하여 소수지역(작은 캔톤)의 이익을 최대한으로 보장하기 위한 것이다.

향후 남북한 통합사회에서 발생할 복합적이고 다층적 갈등을 관리·해소하고 안정적인 통합국가를 창출하기 위해서는 권력으로부터 소외될 가능성이 있는 세력, 집단 및 지역, 특히 북한지역 정치세력 및 주민들의 정치적 좌절감을 감소시키고 이들을 선거·정당·의회정치의 틀 내로 수용할 수 있어야 한다. 만일 남북한 통합사회에서 남북 노동자, 농민, 특히 북한지역 주민 등과 같은 정치적, 경제적인 열세집단과 세력의 이익이 선거·정당·의회정치의 장으로부터 소외된다면 계급적, 계층적 갈등과 결합된 지역적, 이념적 갈등 그리고 엘리트 갈등이 증폭되어 남북한 통합국가가 좌초되거나 심각한 혼란에 빠질 것은 너무나도 자명하다. 이런 사태를 방지하기 위해서는 남북 정치세력 중 다수파-소수파가 공존하는 상호 협력을 유인하는 선거제도가 절실히 필요하다. 이런 점에서 향후 안정적인 남북한 통합국가의 창출에 선거제도가 갖는 정치사회학적 함의는 막중하다. 선거제도는 선거·정당·의회정치가 격렬한 투쟁의 장으로 전락하는 사태를 막고 남북 지역주민 모두(민족구성원 대다수)의 진정한 정치적 이해와 다양한 의사를 연방의회의 의석배분에 반영할 수 있어야 한다. 스위스 콘코르단츠 민주주의의 비례성 및 등가대표성의 원칙은 그에 대한 적절한 처방이다.

우선 예상되는 남북한 통합사회의 다중적 균열구조를 투영하는 다차원적 정당체제를 견인하는 정당명부 비례대표 선거제도의 도입이 필요하다. 예컨대 독일식 권력분점 비례대표제는 정치적 소수파, 특히 북지역에 지지기반을 둔 정당들에게도 연방하원에서 일정한 권력지분을 제공하여 연방하원 차원의 입법·정책결정과정에 보다 실질적인 접근을 할 수 있도록 하여 정치적 소수파의 보호와 안전에 기여할 수 있다. 이로써 남북한 통합국가의 안정성을 기대할 수 있다. 또 독일식 권력분점 비례대표제는 북한 정치세력도 일정한 권력지분을 제공받고 남북한 통합국가의 연립정부 구성에 참여하여 남북한 통합국가의 안정화를 보장하는 제도적 인센티브이다(선학태 1998: 223-224).

북한지역이 남한에 비해 상대적으로 인구·경제력 등 정치적 자원에서 열세하다는 점을 고려할 때 향후 남북한 통합과정에서 북한지역에 지지기반을 둔 정치세력은 반항구적 소수파 세력으로 남게 될 공산이 크다. 만일 그들이 남북한 통합국가의 국회로부터 구조적으로 소외된다면 북한지역은 차별·소외·배제·억압을 상징하는 '제2 호남화'로 추락하고 통합국가의 정치시장은 생사가 걸린 격렬한 투쟁의 장으로 전락하는 사태를 맞을 것이다. 한마디로 민족의 대재앙이다. 따라서 예상되는 이런 비극적 시나리오에 대한 적절한 선제적 처방은 합의제 민주주의모델의 권력분점 비례대표제-다당제이다.[4] 이를 통해 북한 지역에 지지기반을 둔 실용주의적 개혁세력이 과소대표 현상에 직면하지 않고 북한주민들의 정치적 이해와 의사를 의석배분에 반영시키며, 남북한 통합국가의 연립정부-국회의 정책-입법과정에 남한 정치세력과의 동등한 접근이 가능해진다(Norris 2008: 106-107). 이건 향후 필연적으로 발생할 남북 지역갈등 조정 관리에 유의미한 제도적 처방이다.

나아가 남북한 통합사회에서 배태될 다중적인 갈등구조의 관리·해소에 초점을 두는 제도적 장치를 탐색할 경우 각 광역자치단체 대표들로 구성된 연방상원은 광역자치단체의 규모에 관계없이 등가대표 원칙에 따라 광역자치단체별로 동일 수의 의원 선출에 의하여 구성된다. 각 캔톤 별로 2명의 의원을 선출하는 스위스 연방상원처럼 구성단위의 지역·인구규모와 관계없이 대표를 균등화시키자는 것이다. 이 같은 등가대표제는 규모가 작은 지역단위의 소외를 방지하여 연방 차원에서 대등한 권리를 향유하도록 하는 제도이다. 특히 북한 지역들을 각각 대표하는 상원의원들이 지역단위의 크기·인구규모에 관계없이 남한 지역들을 각각 대표하는 상원의원들과 대등하게 상원의 입법·정책결정 과정에 참여할 수 있도록 해 줄 수 있다. 더욱이 스위스 연방상원에서 작은 캔톤은 과다대표 되고 큰 캔톤은 과소대표 되어 지역발전의 불균형을 완화하고 있는 것처럼 남북한 통합국가의 연방상원은 남북한 전국 차원에서 부유한 지역과 가난한 지역, 도시지역과 농촌지역 사이의 불평등을 완화하여 종국적으로 남북한 통합국가를 공고화시킬 수 있다.

비례·등가대표제는 남북한 정치통합을 지향하는 연방의회 구성을 위한 정치

---

4) 옛 서독의 보수-중도-진보 블록의 다당제는 옛 동독의 파트너 정당을 등장시키는 지렛대 역할을 했다. 즉 서독 사민당은 옛 동독의 사회주의 통일당(공산당) 후신인 민사당(현 좌파당), 서독 자민당은 동독의 자민당, 서독 기민당은 동독 기민당 등 자매 정당을 탄생시키는 촉매제가 된 것이다. 이러한 동서독 자매 정당들은 통일과정에서 이념적 가치와 정책에 따라 상호교류·접촉, 선거지원 등을 통하여 통일을 촉진하는데 결정적으로 기여했다. 이런 관점에서 볼 때 남북한 통합과정에서 북한 노동당은 '핵분열'할 가능성이 예측된다. 즉 노동당 노선을 승계한 극좌정당, 사민주의를 표방한 중도좌파 정당, 기업인으로 변신한 'Nomenklatura'를 중심으로 한 우파정당 등 다당제의 등장이다. 나아가 남한의 중도좌파 정당과 북한의 사민주의정당, 남한의 우파정당과 북한의 우파정당이 각각 자매정당, 또는 정당연합으로 발전할 시나리오를 그려볼 수 있다.

엘리트들의 충원에 있어 이념적·계급적·계층적·지역적 독점상태를 막고 주요 정당들이 연방의회의 입법·정책과정에 실질적으로 동등하게 접근하는 것을 가능케 할 수 있다. 특히 정치적 소수파가 연방의회에서 전면적 권력상실 내지 과소대표 현상에 직면하지 않고 자신들의 혜택과 이익을 반영할 수 있다. 동시에 그러한 선거제도는 향후 남북한 통합사회의 사회적 균열구조와 정당체제의 형성을 상호 매개하여 남북지역 주민들의 정치적 의사를 효율적으로 집약할 수 있는 이념블록 다당제를 구축할 수 있다. 만일 연방의회의 정치엘리트 충원에 있어 다수제 민주주의모델의 선거제도에 의해 특정 보수 지역정당에 편중되는 정치적 사태, 즉 남북한 노동자, 농민, 북한 지역주민들의 정치적 소외현상이 가중되고 연방의회가 남한 지역 출신 정치엘리트들에 의해 독과점된다면 통합사회에서 이념·계급·계층·지역·엘리트 갈등은 걷잡을 수 없이 증폭되어 통합국가는 좌초되고 말 것이다. 이러한 점에서 연방의회권력의 공정한 분배와 이익조정의 정치를 이끌어 낼 수 있는 선거제도야말로 결국 남북한 정치통합의 효과를 좌우하는 관건이라 할 수 있다.

비례·등가대표 선거제도에 의해 선출된 연방의원들은 정치를 제로섬적인 완승과 완패 게임보다는 '거래 및 협상'에 기초한 이익조정으로 인식하고 정책적 산출을 포지티브섬(positive-sum)의 시각으로 접근하려는 성향을 보인다(Lijphart 1969 216). 실제로 스위스 연방의회의 입법과정은 합의와 공생을 지향한다. 승자가 모든 것을 독식하지 않고 모두가 협상을 통해 조금씩 양보하고 조금씩 얻는 해결책을 모색하는 것이다. 이런 점에서 남북한 정치통합 과정에서 비례·등가대표 선거제도에 의해 선출된 정치엘리트들은 자신들이 대표하려는 하위집단 간에 이념적·계급적·계층적·지역적 차이로 인한 상이한 문화적 정체성이 존재함에도 불구하고 연방의회에서 조정과 타협을 통해 의정활동을 전개할 수 있을 것이다. 이로써 남북한 정치통합 과정에서 발생할 갈등구조를, 협의 및 공존구조로 전환하여 안정된 통합국가를 창출할 수 있다.

3) 대통령협의회

스위스 콘코르단츠 민주주의는 연방정부 차원에서 주요 정치세력 간에 집행권 분점·공유를 통해 다문화사회의 갈등을 정치적으로 통합시키고 있다. 이런 점에 비추어 볼 때 남북한 정치통합 과정에서 최다수당의 수중에 거의 모든 통합국가의 집행권을 집중시키는 다수제 민주주의모델의 정부는 남북한 통합사회의 다층적 갈등구조를 관리, 해결하는 데에 적절치 않다. 그러므로 향후 남북한 통합사회에서의 정당체제가 이념적 스펙트럼상 보수-중도-진보 블록의 다당제 구도로의 재편성 속에서 계급·계층이익과 지역이익이 중첩되는 매개 고리의 역할을 수행할 수 있는 정당들로 편성되는 경우 중요한 관건은 이들 주요 정당들이 행정권을 어떻게 분점하느냐 하는 것이다. 이 경우 남북한 정치통합 과정이 생사가 걸린 투쟁의 장이 되는 사태를 방지하기 위해서는 남북한 모든 주요 정치세력이 통합국가의 중앙정부 차원에서 이루어지는 정책결정·집행 과정에 참여하는 제도적 장치를 모색할 필요가 있다. 특히 정치통합 과정에서 정치적 소수파로 전락할 개연성이 높은 북지역 정치세력이 연방내각에서 일정한 권력지분을 보장받는 제도적 장치가 요구되고 있다.[5] 이에 대한 해법은 제로섬적인 다수제 민주주의의 경쟁성을 희석시키는 스위스 콘코르단츠 민주주의의 연방협의회라는 대연정이다. 스위스의 연방협의회는 주요 정당들이 행정권을 분점·공유하는 '합의제적 대통령직'(collegial presidency)에 근접한다.

향후 남북한 통합사회에서 갈등하는 지역 및 집단 간의 공존·화합의 정치를 모색하기 위해서는 대통령을 비롯한 각료들로 구성된 대통령협의회의 형태로 연방정부의 내각을 설치하는 것이 바람직하다. 이는 연방의회에서 순차적으로 다수 의석을 차지하고 있는 2~3개 혹은 3~4개 정당이 대연정 정부의 형태로

---

5) 옛 서독 합의제 민주주의가 정치적 소수파에게도 연립정부에 연정파트너로 참여할 수 있는 길을 제도적으로 보장한 것은 동독 공산주의자들에게 통일정부의 국정참여에 대한 기대감을 주었다. 옛 서독 연방정부에서는 중도우파 정당 간, 중도좌파 정당 간, 그리고 좌파정당과 우파정당 간에 이뤄지는 연립내각 작동이 제도화돼 있었다(제12장). 이런 까닭에 옛 동독 공산주의들은 통일 연방정부의 연립내각에 언젠가는 연정파트너로 참여하여 옛 동독 주민들의 권리와 이익을 보장할 수 있을 것으로 확신했다. 만일 옛 서독정치가 선거에서 승리한 최다수당만이 단독으로 내각을 구성하고, 소수정당이 항구적으로 연방정부의 정책결정 과정에서 배제하는 다수제 민주주의에 따라 작동되었다면, 옛 동독 공산주의자들은 서독과의 통일을 단호히 거부했을 것이다. 다수제형 통일시나리오가 현실화되면 인구분포에서 열세했던 동독 지역에 정치적 기반을 둔 자신들은 항구적 정치소수파로 남아 엄청난 정치적 상실감, 좌절감, 무력감을 강요받을 것으로 예상했을 것이기 때문이다. 하지만 옛 동독 공산주의자들은 서독 민주주의가 소수당도 제도적으로 연방정부 구성에 참여할 수 있는 일정한 권력지분을 보장하고 있다는 데 주목하고 자신들의 정치적 정체성과 독자성을 견지할 수 있을 것으로 기대하면서 통일 대세를 긍정적으로 수용한 것이다.

집행권을 분점·공유하는 것이다. 내각각료들은 연방 양원 합동회의에서 선출되며 연방의회에 대하여 공동으로 책임진다. 연방대통령과 부통령은 남북 지역 출신 정치엘리트들 중 윤번제로 상이하게 일정 정도의 임기로 선출되는 것을 제도적으로 보장하며 대통령협의회가 국가원수이고 동시에 행정권의 수반이 되도록 한다. 이로써 사실상 대통령협의회에서 이를 구성하는 대통령과 부통령 그리고 각료 사이에 정치적 서열이 존재하지 않도록 하는 것이 바람직하다.

대통령협의회는 향후 남북지역의 어떤 주요 정당도 연방정부의 내각으로부터 배제되지 않고 연방정부 차원에서 자신들의 정치고객 이익과 연관된 주요 문제해결 의사결정 과정에 직접 참여하자는 데 그 목적이 있다. 따라서 그것은 집행권의 차원에서 남한지역 출신 정치엘리트의 권력독점 현상과 북한지역 정치엘리트들의 전면적 권력상실을 방지함으로써 연방정부 하에서 남북지역의 인구격차로 인한 북지역 주민들의 정치적 소외와 상실감을 최소화할 수 있다. 특히 남북한 통합사회에서 체제개혁을 주도할 수 있는 정치세력, 예컨대 남지역의 진보세력과 북지역의 실용주의적 개혁세력 등이 연합세력을 형성함으로써 그들이 통합국가 집행권 분점의 형태로 대통령협의회를 구성하는 길이 열려 있어야 한다. 이 같은 '대연정에 의한 연방정부'는 향후 통합사회의 계급 간, 계층 간, 지역 간, 특히 남북 지역 간에 정치적, 경제적 자원을 보다 합리적으로 배분하여 통합사회에서 발생할 수 있는 다중적 갈등관계를 적절히 관리·조정하고 남북한 통합국가의 안정적 작동을 견인할 수 있다. 요약컨대 대통령협의회는 주요 정당 간에 "권력분점에 의한 공존정치 틀"을 창출하는 제도화된 이익조정 정치를 지향할 수 있다. 이로써 단순한 정치적 통합의 수준을 넘어 민족통합 단계에서 통합국가에 의한 국민적 일체감 형성에 도움이 된다.

4) 시민투표제

스위스 직접민주주의는 합의제적 정책결정 양식을 뒷받침하는 제도적 버팀목이다. 따라서 남북한 통합국가에서는 시민들에게 의회, 중앙정부 및 지방정부의 의사결정에 시민들의 참여를 부여하는 시민투표의 제도화가 요구된다. 시민투표에 부쳐질 가능성이야말로 남북 통합국가의 정치엘리트들로 하여금 이를 피하기 위해서라도 서로 타협하도록 압박한다. 이런 점에서 직접민주주의는 남북한 정치인들의 타협문화를 촉진시키는 지렛대 역할을 한다. 이것은 남북한 통합국가의 정책결정 과정에 대한 협의주의적 접근을 강화시킨 요인으로 작용한다. 동시에 통합국가의 정부와 의회도 시민투표를 추진할 수 있는 잠재력을 가진 모든 자발적 시민단체들과도 타협을 모색하는 데 인색하지 않을 것이다. 요컨대 향후 남북한 통합국가에서 제도화되는 시민투표제는 이를 피하려는 정치엘리트들 간의 협상과 타협을 유도해 낼 수 있을 뿐만 아니라 정부 및 의회의 의사결정의 투명성을 높여주며 전체 합의제적 시스템이 정상적 논리에 따라 작동하도록 해주는 비토 메커니즘이다.

5. 남북한 통합과정의 선행조건

제20장은 향후 남북한 통합사회를 발산형·교차균열이 존재하는 '갈등사회'로 상정하고 통합국가에 대한 스위스 콘코르단츠 민주주의적 접근을 통해 제도적 차원의 관리·조정메커니즘을 디자인했다. 이는 향후 남북한 통합사회의 다양한 균열로 인한 갈등구조와 통합국가의 고리는 서로 연계되어 불가분의 관계가 있다는 전제에서 출발한 것이다. 남북한 통합국가에 대한 콘코르단츠 민주주의적 접근은 북한 정치엘리트들에게 남한에 의한 북한 흡수통합의 공포감을 불식시켜 체제개혁에 박차를 가할 수 있는 계기를 마련해 줄 수 있다.

그렇지만 우리는 향후 남북한 정치통합국가에서 콘코르단츠 민주주의적 접근이 실현될 수 있는 선행조건에 관한 문제를 숙고해야 한다. 현재 북한은 세계 유례가 없는 중앙집권적 수령체제가 존속되고 있고 북핵 문제가 상징하듯이 남북한 간 첨예한 군사적 갈등은 여전히 상존한다. 이런 점을 고려할 때 향후 남북한 정치통합 과정에서 콘코르단츠 민주주의의 실현 가능성을 높이기 위한 일차적 선행조건은 우선 한반도 '반전·반핵·군축 평화체제' 구축이다. 그런데 북한정권의 사활적인 관심사는 생존본능(survival instinct)이다. 이를 위해 그들은 핵무기·미사일 개발에 집착한다. 따라서 북한의 핵·미사일 프로그램을 종식시키는 방법은 그들에게 핵무기가 없어도 생존할 수 있는 길을 열어주는 데서 찾아야 한다. 즉 북·미 간 평화협정 또는 불가침협정을 체결하거나 '남북기본합의서'(1991)를, 전쟁종식·평화체제를 명문화한 평화협정으로 격상시키는 조처가 이뤄져야 한다. 이러한 패키지·딜식 접근은 어느 일방의 안보희생을 강제하지 않고 상호 안보이익을 보장해 준다는 점에서 호혜적이다(선학태 2004: 249-265).

둘째, 남북한 정치통합과정의 제1단계 제도화이다. 즉 남북한 상호협정에 의거한 국가연합(confederation), 즉 '연합기구·2독립정부·2체제'에 기초한 남북연합 단계가 필수적이다.[6] 이 단계를 경유하지 않았던 통일 독일이 지역적·이념적·계층적 갈등 등 통일후유증을 겪고 있다는 점을 고려할 때 그렇다. 남북연합기구는 남북한 포지티브섬적인 공존공영의 평화관계를 정착시키기 위해 한반도 '반전 반핵 군축평화체제'를 구축하고 상호교류 및 협력을 통한 초보적 사회경제통합을 실현하는 데 그 목표를 두어야 한다. 이러한 남북연합 단계는 북한으로 하여금 남한에 의한 흡수통합에 대한 공포감 없이 체제 개혁 및 개방을 촉진하는 지렛대 역할을 수행할 수 있다. 이로써 남북한 체제 간의 구조적 상용성(structural compatibility)이 증대할 것이다. 이런 선행조건이 성숙되었을 때 향후 남북한 정치통합과정의 제2단계 제도화로서 비로소 스위스 콘코르단츠 민주주의에 기초해 디자인된 남북한 통합국가가 상정될 수 있다.

향후 콘코르단츠 민주주의의 실현을 가능케 하는 세 번째 선행조건은 제도와 문화의 관계에 관한 것이다. 일반적으로 민주적 정치제도는 정치문화와 상합(congruence)할 때 정상적으로 작동한다. 따라서 남북한 사회, 특히 정치엘리트들 간에 타협하고 협상하는 정치문화의 창출이야말로 콘코르단츠 민주주의의 합의제 정치시스템이 원활히 작동할 수 있는 중요한 조건이라 할 수 있다. 그렇다면 남북한 사회에 타협과 협상의 문화가 정착하지 않을 때 과연 콘코르단츠 민주주의의 합의제 정치시스템이 작동할 수 있겠는가 하는 의문이 제기된다. 사실 남한에서조차 대중 수준이나 엘리트 수준의 정치문화는 매우 갈등·대결 지향적이기 때문이다.

6) 과거 '한민족 공동체 통일방안'이 제시하고 있는 '남북정상회담', '남북각료회의', '남북평의회'(남북국회의원으로 구성) 등은 '남북연합기구'에 근접한다. 2000년 6월 남북 정상들이 합의한 '6·15 공동선언'의 2항은 남측의 남북연합제와 북측의 '낮은 단계의 연방제'는 서로 공통점이 있다고 인정했다. 남북 연합과 낮은 단계의 연방제가 각각 평화적 통일을 전제하고 실질적으로 실현된다면 그것은 스위스 콘코르단츠 민주주의에 기초해 향후 남북한 통합국가 수립을 향한 '과도기적' 성격을 갖게 될 것이다.

그러나 앞서 언급했듯이 인과론적 측면에서 정치문화와 정치제도 간의 관계는 상호의존적이다(Lijphart 2012: 301-302). 합의제 정치제도는 갈등적이고 대결적인 문화를 완화하여 보다 합의지향적 문화를 창출할 수 있는 잠재력을 갖는다. 스위스의 시민과 정치엘리트들이 원래부터 '협상과 타협' 문화를 가졌던 것은 아니다. 앞서 언급했듯이 스위스는 5번의 내전을 치렀을 뿐만 아니라 분절집단 간에 심각한 갈등적 대립적 문화가 지배했다. 스위스의 '타협과 협상' 문화는 콘코르단츠 민주주의의 합의제 정치제도의 전략적 선택에 의해 점진적으로 형성되었음을 주목할 필요가 있다. 예컨대 연방제, 대연정, 시민권제도 등의 권력분점·공유 시스템이 '협상과 타협을 통한 갈등해결' 행동양식에 중대한 영향을 미쳤던 제도적 변수이다(Linder 2004: 14-15).

이러한 맥락에서 타협과 협력의 정치문화가 아직 성숙되어 있지 않은 남북한 통합사회에서도 콘코르단츠 민주주의의 합의제 정치제도의 작동 가능성을 배제할 정당한 근거는 없다. 세련된 권력분점·공유 시스템은 점진적으로 '협상과 타협'문화를 성숙시킬 수 있기 때문이다. 문제는 스위스 콘코르단츠 민주주의의 합의제 정치제도를 선택할 수 있는 남북한 정치엘리트들의 전략적 의지이다(Andeweg 2000: 522). 콘코르단츠 민주주의의 합의제 정치제도는 문화의 산물이라기보다는 합의제 정치제도를 창출해 낸 정치엘리트들의 의지가 투영된 전략적 선택이기 때문이다. 이런 의미에서 남북한 정치세력들이 스위스 콘코르단츠 민주주의가 지향하는 가치들을 공유하겠다는 결의와 의지를 갖는 것이 남북한 통합국가의 합의제 장치를 개발하는 데 필수적인 선행조건이다. 특히 콘코르단츠 민주주의의 안티테제인 다수제 민주주의적 통합접근의 위험성에 대한 남한 정치엘리트들의 충분한 인식이 요구되고 있다.

보론

유럽통합의 합의제 거버넌스: '사회적 차원'과 동아시아 지역통합적 함의

1. 서론

유럽통합 과정은 외연적 확대와 내포적 심화를 겪으면서 한편으론 신자유주의적 재편을 통한 '경쟁적 유럽'(Competitive Europe) 비전과, 다른 한편으론 노동권·사회권 확대를 통한 '사회적 유럽'(Social Europe) 비전이 교차하는 긴장 속에서 진행되어 왔다. 관세장벽 제거에 따른 자유무역, 관세동맹, 생산요소(자본·노동)의 자유 이동 등으로 형성된 단일시장의 경제통합은 단일화폐, 공동 경제정책 수립·실행을 거치면서 재정통합에 이르렀다. 그러나 유럽연합의 신자유주의적 경제통합 과정은 이에 따른 노동권·사회권의 하향화 우려로 인해 '사회적 차원'(social dimension)의 확대를 요구했다. 여기서 '사회적 차원'이란 유럽공동체 내 노동권 신장, 직업훈련, 고용창출, 낙후지역 지원, 지역불평등 해소, 사회경제적 결속 및 노동력의 자유이동 등과 같은 유럽연합 차원의 사회정책레짐(노동·구조·지역·재분배의 정책조합)을 지칭한다. '사회적 차원'은 유럽연합의 정체성의 핵심이며, 유럽통합 과정에 기능적으로 작용한다(Vobruba 2005: 85).

유럽통합을 촉진하는 '사회적 차원'을 설명하는 기존 두 이론적 시각이 있다. 우선 유럽연합의 정치체제를 정부간주의 체제(intergovernmental system)로 상정하고 유럽통합의 '사회적 차원'을 회원국 정부 간 협상과 조정의 산물로 보는 시각이다(Moravcsik 1993). 따라서 정부간주의는 유럽연합 정치제도의 초국가성과 독자적 정책 자율성을 인식하지 못한다. 또 다른 이론적 시각은 유럽통합의 '사회적 차원'을 단일시장 프로젝트에서 파생된 확산(spillover) 과정의 결과물로 상정한다. 이러한 인식은 유럽통합의 사회정치(social politics)가 단일유럽시장의 형성이라는 '소극적 통합'(negative integration)의 영향에 의해 작동한다는 신기능주의적 관점이다(Falkner 1998; Leibfried 2005). 하지만 이 시각은 유럽통합의 '사회적 차원'에 영향을 주는 복합적인 정치제도와 행위자들의 권력관계를 고려하지 않는다.

이 같은 기존 시각들의 한계를 극복하기 위해 이 글은 유럽연합의 사회정치를 '초국적 차원'으로 이해하고 초국적인 사회정책 프로그램의 발전이 행위자들의 이익, 전략, 행동 등을 형성·규정하는 제도적 제약과 동학뿐만 아니라 어떤 맥락적 변수들에 연유하는 것으로 가정한다. 따라서 이 글은 신제도주의(neo-institutionalism)적 관점에서 정치적 행위에 영향을 미치고 행위자들 간의 권력관계를 구조화하는 정치제도에 관심을 둔다(Grofman 2000: 43-59; Thelen and Steinmo 1992: 2). 정치제도란 선택과 의사결정을 내리는 권력의 배분에 관한 공식적·비공식적인 규칙과 규범의 앙상블이자 그것들이 운영되는 과정과 절차를 의미한다. 정치적 행위, 즉 정책결정과 그 성과물에 대한 원인 분석에서 정치제도는 중요하다. 그렇다면 유럽통합의 '사회적 차원'은 유럽연합의 정치제도를 통해서 이해하고 설명할 수 있다. 이러한 접근은 유럽통합을 촉진하는 '사회적 차원'이 정치제도적 제약과 인센티브에 의해 구조화되면서 경제 상황과 같은 외부적 변수에 민감하다는 것을 뜻한다. 이 점에서 이 글은 유럽연합의 정치제도가 유럽통합의 '사회적 차원'을 확대한다는 관점에서 출발한다.

그런데 유럽연합의 정치제도는 합의제 정치(consensual politics)모델에 근접한다(Lijphart 2012: 40-45). 권력분점(power-sharing)을 특징으로 하는 합의제 정치모델은 정치체제를 구성하는 제도적 장치 간 혹은 국가와 사회 간의 파트너십과 네트워킹을 통해 이해관계와 사회갈등을 조정·관리하고 사회통합을 구축하는 거버넌스이다. 합의제 거버넌스(consensual governance)는 위계적인 정책결정 구조를 강조하는 국가주의(statism)의 대안적인 개념으로서 공적 행위자 간, 혹은 공적 행위자와 사적행위자 간의 상호작용에 기초하는 정치적 의사결정 기제이다. 유럽통합 과정은 여러 수준의 정치(경제)행위자들이 정치적 의사결정 과정에 참여하는 초국가적 합의제 거버넌스의 작동에 기초한다. 바꿔 말하면 유럽통합의 정치체제는 초국가적 행위자, 국가적 행위자, 하위국가적 행위자(지역정부)가 함께 정책결정권을 공유하고 공적행위자와 사적행위자(이익집단·전문가 등) 간의 정책네트워크를 형성하는 다층적 합의제 거버넌스이다. 이런 맥락에서 이 글은 유럽통합의 합의제 거버넌스가 권력분점에 기초한 정치적 의사결정의 절차적 복합체로 작동하면서 '사회적 차원'을 확대하는 것으로 가정한다.

선행 연구들은 유럽연합의 경제통합 과정에서 핵심 의제로 떠오른 '사회적 차원'의 정책콘텐츠가 무엇이냐에 초점을 맞춘다. 이런 까닭에 유럽통합을 유도하는 '사회적 차원'의 정치제도적 함의는 거의 주목을 받지 못한다. 바꿔 말하면 '사회적 차원'을 산출하는 유럽통합의 초국적 정치제도가 어떻게 작동했는가에 관해서는 관심이 없다. 이런 문제의식에서 이 글은 유럽연합의 초국적인 정치적 의사결정 절차에 주목하고 유럽통합을 추동하는 합의제 거버넌스 시스템이 어떻게 작동하고 어떤 '사회적 차원'을 어떻게 진전시켜 왔나를 추적하는 것이 목적이다. 나아가 이 글은 유럽통합 과정이 향후 진행될 동아시아 지역통합에 주는 의미에 주목한다. 유럽통합은 유럽연합의 초국적 정치제도, 즉 정치적 의사결정의 절차적 복합체를 통해 사회정책의 초국적 조절(transnational regulation) 양식을 제도화해 가는 주요 사례이다. 이러한 유럽통합 과정은 동아시아 지역통합의 벤치마킹 모델이 될 수 있다. 따라서 이 글은 유럽통합 과정이 동아시아 지역통합에 어떤 시사점을 주는가를 탐구해 보고자 한다.

이 같은 목적을 달성하기 위한 이 글은 2절에서 유럽연합 초국적 정치체제의 합의제 정치모델과의 유질동상(isomorphism)을 권력분점의 관점에서 접근한다. 3절에서는 유럽통합의 초국적 의사결정 네트워킹이 어떻게 작동하여 '사회적 차원', 즉 어떤 노동·구조·지역 정책패키지가 산출되었으며 유럽 사회적 대화-유럽(각료)이사회·집행위의 연동 프로세스가 어떤 사회협약을 체결·입법화했는가를 분석한다. 마지막으로 유럽통합 과정이 향후 동아시아 지역통합 과정에 어떤 시사점을 주는가를 탐색해 본다.

2. 유럽연합의 초국적 정치체제: 합의제 정치모델과의 유질동상

1) 유럽(각료)이사회-유럽의회-유럽집행위의 권력분점

사회적 균열을 가진 분절사회(segmented society)는 다수대표 선거제도, 양당체제, 단일정당 정부, 중앙집권제 등 다수제(majoritarian) 정치모델의 제도적 조합이 정상적으로 작동할 수 없는 불안정한 환경이다. 따라서 다수제 정치모델의 안티테제인 합의제 정치모델에 따르면, 문화적으로 분절된 사회에서 안정적인 민주적 거버넌스를 작동시키기 위해서는 특정 정치제도적 매트릭스가 요구된다(Lijphart 1977b; Lijphart 1996: 258-260). 첫째, 하위문화를 가진 분절집단들은 정부, 의회 등과 같은 정책결정기구에서 비례-등가대표성(proportional-parity representativeness)을 보장 받는다.[1] 둘째, 하위문화 분절집단을 대표하는 복수 정치세력(정당)이 정책결정 과정에 참여하는 연합정치(coalition politics)가 제도화된다. 셋째, 하위문화 집단은 자신의 본질적 권익이 축소·침해 될 우려가 있을 때 이를 견제하는 소수파 비토권(minority veto)을 행사한다. 넷째, 집행부와 집행부의 권력관계는 균형에 근접한다. 다섯째, 공통이익을 위해 모든 분절집단의 참여에 기초한 의사결정의 연방장치가 작동하지만 각 하위문화 집단(세력)은 자신의 주요 관심사항을 자율적으로 처리하는 자치권을 부여받는다.

이와 같은 제도적 장치들을 내장하는 합의제 정치모델의 관점에서 보면 유럽연합은 국가적 균열라인(national cleavage lines)에 따라 문화적으로 분절된 유럽사회에 기초한다. 여기서 분절된 '하위문화'를 '회원국'으로 대체하면 유럽연합의 각 회원국은 서로 다른 정치·결사체·언어·종교·문화 등 독자적 정체성을 지닌다(Gabel 1998: 466-467). 이러한 국가적 분절화(national segmentation)는 정치적 타협을 어렵게 해 유럽연합의 정상적 작동을 불안하게 할 수 있다. 그러나 국가적 분절화 현상에도 불구하고 유럽연합은 초국적 정치체제로 작동하면서 회원국 간에 정치적·사회적·문화적으로 분절된 유럽사회를 통합시킨 전형적인 사례이다.[2] 유럽연합의 초국적 정치체제가 국가적 분절화 현상을 관리 조정하는

1) 비례성 원칙은 정치적 자원이 열세한 소수파에겐 과소대표(under-representation)를, 정치적 다수파에겐 과잉대표를 방지해 준다(Steiner 1981: 346). 등가대표성 원칙은 인구규모 또는 지역면적에 관계없이 동일한 대표성을 보장한다.

2) 초국적 정치조직이 존재한다. 예컨대 초국적 정당은 유럽의회에 보낼 회원국 대표를 선정하고 초국적 이익단체는 유럽연합의 초국적 기구(유럽각료이사회 유럽집행위원회 등)를 상대로 로비활동을 전개한다. 그러나 이러한 조직들은 아직 유럽시민의 집단적 정체성을 확립하고 이익을 조직·대표하여 국경을 가로지르는 균열라인을 조성하는 데 한계가 있다. 또 유럽의회에 진출한 정당들은 회원국의 정당들보다 응집력과 기율 면에서 상당히 떨어지며 유럽시민들은 초국적이라기보다는 국가적 정체성에 충실하고 있다. 요컨대, 유럽연합의 초국적인 정치제도는 회원국의 정치적·사회적 제도에 비해 미발달 수준에 있다.

데 유용한 합의제 정치모델에 의해 설계되어 있기 때문이다. 뒤집어 말하면 합의제 정치모델의 제도적 매트릭스가 유럽연합의 초국적 정치체제에 내장한다(Lijphart 1996: 262; Gabel 1998: 467-469).

첫째, 비례대표제-다당체제이다. 1979년 이래 비례대표 선거제도에 의해 구성되는 유럽의회는 어떤 정당도 과반의석을 넘지 못하는 8개의 정당 분포를 갖는다(문진영 2009: 36).[3] 이는 유럽정당 간의 권력분점을 뜻한다. 물론 사민주의자들로 구성된 유럽사회당(Party of European Socialists)과 기민주의자들로 구성된 유럽국민당(European People's Party)이 상대적으로 다수 의석을 점유하며 전 유럽 수준에서 정책조율을 한다.[4]

둘째, 유럽연합의 초국적 정치체제는 대연정(grand coalition)과 유사한 권력분점에 기초한 합의제 의사결정 시스템으로 작동한다. 회원국들의 정상들로 구성되는 유럽이사회는 각 회원국이 한 이슈에서 양보하면 다른 이슈에서 혜택과 이익을 챙기게 하는 패키지-딜(package-deal) 방식에 의해 정책을 타결 짓는 합의지향적 절차에 따라 작동한다. 이를 통해 유럽이사회는 대강의 정책 가이드라인 형태로 합의점을 이끌어낸다. 유럽이사회의 정책 가이드라인은 각 회원국의 내각 출신 각료들로 구성되는 유럽각료이사회에서 정교하게 다듬어진다. 이를 위한 유럽각료이사회의 협상과정도 모든 회원국들이 수용할 수 있도록 패키지-딜 방식에 의해 합의점에 도달한다. 공동외교안보정책, 조세, 이민 정책과 같은 민감한 영역의 경우 각료이사회의 의사결정은 만장일치로 이뤄지는 반면, 대부분의 사안인 경우 각료이사회는 만장일치제와 단순다수결제의 중간적 성격을 갖는 가중다수결제(qualified majoritarian voting, 대략 2/3 다수)로 결정한다.[5] 이 경

3) 유럽의회 선거는 전 유럽 차원의 균열과 정책적 이슈가 경쟁하는 장이기보다는 오히려 회원국 정부의 인기도나 국내정책을 평가하는 예비선거의 성격이 강하다. 그 결과 유럽연합의 정책형성에 있어 유럽의회 선거의 영향력은 비결정적이다.

4) 유럽 차원의 정당들에 의해 조직·동원될 수 있는 갈등이 존재한다(김미경 2005: 73). 즉 유럽연합은 본질적으로 신자유주의적 경제통합 성격을 띠고 있어 자본과 노동 간의 갈등, 그리고 유럽연합의 새 회원국(남부·동유럽 국가) 가입에 따라 중심부와·주변부 간의 갈등, 유럽통합의 수혜집단과 통합비용의 부담집단 간의 갈등을 표현하는 친유럽연합과 반유럽연합이라는 새로운 균열이 존재한다.

5) 프랑스, 독일, 영국 및 이탈리아 등 4대 유럽대국은 각각 10개의 투표권, 스페인은 8개 투표권, 다른 국가들은 2-5개의 투표권을 행사한다. 그 결과 5대 유럽대국들의 연대뿐만 아니라 다른 모든 유럽소국들의 공조도 상대방을 압도할 수는 없다.

우 회원국은 어떤 정책이 자신의 사활적인 국가이익을 위협·침해하는 경우에 비토권 행사를 통한 유보조항을 요구할 수 있다. 이러한 유보조항은 유럽연합의 입법과정에서 합의제 정치모델에 부합하는 '소수자 보호'를 가능케 해 준다. 나아가 모든 회원국 정부가 임명한 위원들로 구성되는 유럽집행위원회는 포괄적 국제연정내각(international coalition cabinet)이다.[6] 결국 집행권 분점에 기초하는 유럽집행위는 사실상 유럽 정치적 스펙트럼의 좌파-중도-우파 모두가 참여하는 대연정의 성격을 갖는다.

셋째, 집행부-입법부 간 권력균형이다. 유럽의회는 유럽집행위의 권한(유럽각료이사회·유럽의회의 결정 사항 집행, 국제협정 체결 등)어 대한 견제권(정책질의, 집행위 해산 등), 예산심의권 등을 갖는다. 그러나 유럽연합 전체를 대표하는 유럽집행위와의 권력관계에서 볼 때 유럽의회는 비록 암스테르담조약(1997)에 의해 입법권이 강화되었다고 하더라도 아직 예속적 지우에 있는 것처럼 보인다. 따라서 유럽집행위의 활동은 독자적인 역동성을 발후한다. 즉 회원국 인구에 따라 직책을 안배한 관료제를 구축한 유럽집행위는 유럽(각료)이사회의 어젠다 설정 및 유럽법률을 입안·발의하며, 이를 위해 유럽 수준의 이익단체 및 회원국의 의회·정부와 협의한다. 그러나 유럽의회(하원)와 더불어 강력한 정책결정 기구인 유럽각료이사회(상원)를 추가적으로 고려하면 집행부-입법부 관계는 달라진다(Tsebelis and Money 1997: 180). 즉 유럽집행위는 합의제 정치모델의 특징인 입법부(유럽각료이사회·유럽의회)와의 권력균형 관계 속에서 작동한다.

넷째, 준(準)연방제-양원제 연계이다. 우선 유럽연합은 회원국들의 다양성(자치권)을 유지하면서 전 유럽이라는 보편성(초국가성)을 끌어내는 보충성(subsidiarity) 원칙에 입각한 준연방주의에 입각한다. 이로써 유럽연합은 초국가적 행위자이면서도 동시에 각 회원국의 정체성과 고유한 역사·문화·전통을 존중하는 분권적 성격을 갖는다. 또 유럽연합의 준연방주의는 양원제와 결합한다. 즉 상원에 해당하는 유럽각료이사회는 유럽연합의 주요 정책결정 기구로 회원국을 동등하게 대표(parity representation, 완전한 동수는 아니지만)하고 특정 회기에서 토의되는 의제에 따라 참석 각료가 달라진다. 예컨대 사회정책이 유럽각료이사회의 의

6) 독일, 영국, 프랑스, 이탈리아 및 스페인 등 거대 회원국들은 각각 2명의 위원을 임명하고 나머지 회원국들은 각각 1명을 임명한다.

제로 상정되면 회원국의 사회정책 관련 각료가 참여한다. 반면 하원에 해당하는 유럽의회는 회원국 유권자들에 의해 직선되고 그 의원 수는 회원국의 인구에 비례한다.[7] 유럽각료이사회와 유럽의회는 공동으로 유럽법률 제정권, 예산 결정권을 갖고 있으나 전자가 후자보다 더 강력하다. 이 점에서 유럽연합의 입법부(상원-하원 권력분점 관계)는 상원-하원 권력균형을 내장하는 합의제 정치모델에 완전히 일치한 것은 아니나 다수제 정치모델과는 훨씬 더 부합하지 않는다.

이와 같이 유럽연합의 초국적 정치체제가 합의제 정치모델과의 제도적 기능적 유사성을 갖는 것은 유럽통합을 유인하는 합의제 거버넌스 작동의 정치적 안정에 관한 인과적 추론을 끌어내는 근거이다. 유럽연합의 정치제도는 소국을 희생하고 대국의 과잉대표를 허용하지 않는 방식을 통해 회원국 간 갈등을 조정하며, 구속력 있는 정치적 의사결정이라는 측면에서 비록 연방국가에는 이르지 못하지만 결정사항을 회원국들에 일정 정도 강제할 수 있는 초국적 성격을 갖는다. 유럽연합의 합의제 거버넌스는 유럽통합 과정을 촉진하는 장치로 작동한다.

2) 유럽 사회적 대화: 노사(정) 간의 권력분점

합의제 정치모델은 노사(정) 간의 권력분점인 사회적 대화(social dialogue)를 내장한다(Lijphart 1999: 175-180). 사회적 대화가 유럽연합 차원에서 작동한다. 유럽 사회적 대화는 1985년 유럽집행위의 위원장인 들로르(J. Delors)에 의해 단일유럽시장의 '사회적 차원'을 강조하기 위한 수단으로 제안되었다. 이를 계기로 사회적 대화는 단일유럽의정서(SEA, 1987)의 정부 간 협상에 의해 도입되었다. 이어 마스트리히트 사회협정(1992)에 의해 사회적 대화의 법적, 제도적 지위가 강화되었다. 즉 유럽 수준의 노조와 사용자단체는 유럽연합의 사회정책 입안 과정에서 광범위한 자문의 권리를 획득했다. 이에 따라 회원국들의 사회적 파트너들은 전 유럽적 조정기구, 즉 유럽노동조합연맹(ETUC), 유럽산업사용자단체연합(UNICE), 그리고 유럽공공부문사용자연합(CEEP)을 설립하여 자신들의 이해관계를 투사하기 시작했다. 이로써 유럽연합은 유럽 수준의 노동-자본-(유럽집행위) 간의 정책협의체를 작동시키는 토대를 구축한다(Slomp 2000: 137). 이는 전

---

7) 유럽의회 의원 수는 회원국 크기에 따라 다양한데 예컨대 독일은 99명, 프랑스·영국·이탈리아는 87명이며 가장 작은 룩셈부르크는 6명 등이다.

유럽 수준에서 사회적 대화 시스템, 즉 유럽조합주의(Euro-corporatism)의 제도화를 의미한다. 특히 1980년대 후반부터 조합주의적 협상 방식을 선호한 유럽집행위는 비록 노사(정) 3자 협상을 제도화하지는 못했지만 그 후 노사(정) 협상 방식을 포기하지 않고 사회적 파트너들 간의 대화를 증진하고 의사결정 과정에 그들의 참여를 유도했다(Gorges 1996: 139).

유럽 수준의 노사(정) 간 사회적 대화는 유럽적 사회(European Society)모델과 '사회적 유럽'(Social Europe)의 기본 축 중의 하나이다(European Union 2011). 이는 유럽 사회정책의 목표로서 'EU작동조약'(Treaty on the Functioning of the EU)에 규정되었다. '유럽 전체 산업 사회적 대화 위원회'(European cross-industrial social dialogue committee)는 유럽수준의 노동과 자본에 영향을 주는 의제를 논의하기 위한 포럼이다. 전체 산업 사회적 대화의 발전에서 가장 획기적인 전환점은 1991년 말 합의된 마스트리히트 사회정책협정(MSFA)이다. MSPA에 따르면 유럽집행위가 유럽각료이사회에 구체적인 안건을 제출하기 전에 유럽수준의 노조와 사용자단체를 상대로 반드시 정책협의(policy concertation) 과정을 거쳐야 한다. 또 사회적 파트너들의 합의는 유럽의회를 거치지 않고도 유럽법률로 제정될 수 있는 새로운 입법형태가 도입되었다. 이를 통해 유럽의 근로자와 사용자는 사회입법 과정에 참여할 수 있는 기회를 제도화했다. 이를 계기로 노사 사회적 파트너들의 관계가 유럽통합의 핵심으로 자리매김 되었다(Threlfall 2007: 277; European Commission 2002: 2).

또 유럽 사회경제의 특정 부문에 관한 이슈들은 조약에 따라 1998년 5월 유럽집행위의 결정에 의해 설립된 유럽 '산별 사회적 대화 위원회'(sectoral social dialogue committee)의 의제이다. 유럽집행위는 산업별 차원의 사회적 대화를 적극 지원할 것임을 강조했다. 이에 따라 1990년대 말 이후 유럽 사회적 대화는 '산업별 사회적 대화 위원회' 설립을 계기로 산업별 수준으로 확산되었다. 유럽집행위는 교통, 에너지, 농업, 해양, 공공서비스 등 40여 개의 '산별 사회적 대화 위원회'를 설립했다.

나아가 유럽집행위는 1994년 9월 유럽직장평의회(European Works Councils, EWCs) 지침을 마련했다. 즉 회원국 내에서 최소한 1000명의 피고용인을 고용하는 다국적기업은 정보 요구와 자문의 권한을 갖는 자발적인 EWCs를 설립해야 한다는 것이다. 이는 유럽연합 수준의 초국적 조절양식(mode of transnational regulation)이다(구춘권 2008: 229). 2000년 이래 초국적 기업 수준에서 다양한 이슈에 관한 노사 간 협약 체결이 급증했다. EWCs는 유럽 초국적 기업들이 체결하는 거의 모든 협약에 서명한다는 점에서 초국적 협약 체결에 중요한 역할을 수행하는 주체이다. 초국적 기업 수준의 협약 체결은 유럽연합이 향후 초국적 사회적 대화를 수행하는 능력을 개발하는 데 중요한 요소이며 유럽통합 드라이브 과정이다.

이와 같이 유럽 전체 산업 및 산별 사회적 대화 위원회, EWCs는 고용과 사회정책에 관한 의사결정 및 집행을 시도하는 유럽연합의 핵심적인 합의제 거버넌스 구조이다. 바꿔 말하면 사회적 대화는 마스트리히트조약의 사회적 의정서(Social Protocol)가 1993년 시행된 이래 줄곧 유럽경제의 현대화와 유럽적 사회모델의 핵심 추동 메커니즘이다.

유럽적 사회모델에서 노사 사회적 파트너들의 중요한 역할은 'EU작동조약'(리스본 조약)에 규정되어 있고 회원국 차원의 사회적 대화와 산업관계를 조정·보완한다(European Union 2011: 173). 전체 산업의 사회적 파트너들과 유럽집행위 위원장 혹은 유럽이사회 의장이 참여하는 '3자 사회정책 정상회의'(Tripartite Social Summit)의 역할도 'EU작동조약'에 규정되어 있다. 조약에 따르면 유럽집행위는 사회정책 영역에서 사회적 파트너들의 자문을 요청하고 사회적 대화를 지원하는 조치를 취할 의무를 갖는다.

유럽연합 차원에서 구속력 있는 사회협약(social pacts)을 협상하는 과정도 'EU작동조약'에 규정되어 있다. 전체 산업 및 산별 사회적 파트너들은 유럽집행위의 자문에 응답하거나 혹은 독자적인 법안 발의에 관한 사회협약을 자유롭게 체결한다. 유럽 사회적 파트너들 수준에서 일단 협약이 채택되면 조약은 두 가지 가능성을 열어 놓고 있다(European Union 2011: 174). 첫째, 유럽 수준의 사회협약은 회원국의 노사(정)가 정해 놓은 절차에 따라 실행된다. 이는 사회협약 실행의 책임이 주로 회원국의 사회적 파트너들에 주어진다는 것을 의미한다. 또 유럽 사회적 파트너들은 회원국들의 사회협약 실행 여부를 모니터링 한다. 둘째, 유럽 사회적 파트너들은 유럽집행위로 하여금 자신들이 체결한 사회협약을 유럽(각료)이사회에 제출하여 최종 결정되도록 공동으로 요구할 수 있다. 관행적으로 이러한 절차는 사회적 파트너들의 사회협약에 근거한 유럽이사회 지침을 이끌어내고 유럽의회에 통고한다. 그 사회협약 규정들의 실행은 회원국들의 의무이고 유럽집행위는 이를 모니터링 한다. 또 'EU작동조약'은 회원국들로 하여금 지침 규정의 실행을 자국의 사회적 파트너들에게 부과하도록 하고 있다. 유럽 사회적 파트너들이 자신들의 이해관계에 관한 자율적인 사회협약을 체결하는 것에 방해를 받은 것은 아니지만 유럽이사회 지침의 실행은 'EU작동조약'에 규정된 사회정책 영역의 사회협약에만 가능토록 했다.

요컨대, 새로운 초국적 조절양식으로 급속히 확대되고 있는 유럽 사회적 대화는 유럽연합의 정책결정 체계로서 유럽통합의 합의제 거버넌스의 한 축이다. 바꿔 말하면 사회적 대화는 유럽 경제통합의 신자유주의적 재편 과정에서 발생하는 노동권과 사회권에 대한 위협을 최소화하려는 기능으로 작동하면서 유럽통합을 촉진하는 합의제 의사결정 시스템이다.

3. 유럽통합의 초국적 의사결정 네트워킹: '사회적 차원' 발전

1) 유럽(각료)이사회-유럽집행위의 사회정책

(1) 노동정책

유럽통합의 '사회적 차원'은 유럽연합의 정치제도가 갖는 사회정책의 산출능력에 기초한다. 이는 유럽통합을 진전시키기 위한 의사결정 방법에 초점을 맞춰 접근할 수 있다. 유럽통합을 진전시키는 데 기여하는 사회정책 결정과정은 특정 집단 및 회원국의 반대 등 거부점(veto points)을 극복하는 합의제 거버넌스 시스템에 의해 작동한다. 유럽통합의 '사회적 차원'은 유럽(각료)이사회-(유럽의회)-유럽집행위에 의해 체결·집행된 일련의 조약 및 프로그램 형태로 꾸준히 확대되어 왔다.

로마조약(1957)은 회원국 간의 자유무역지대를 넘어서 관세동맹으로 발전하는 법적 근거를 마련하여 유럽경제공동체(EEC)를 구축했으며 그 철학은 유럽사회정책이 자유주의 시장경제의 기능에서 유래된 확산효과에 있었다(Falkner 1998: 57). 1974년 1월 유럽각료이사회는 직업훈련 보조, 근로자의 안전·건강·보호를 위한 자문위원회 설치, 유럽사회기금위원회·상설고용위원회의 가동을 담은 '사회행동프로그램'(SAP)을 채택했다. 그러나 각료이사회에서의 만장일치를 얻어야 입법이 가능한 결정구조에서는 영국의 거부권 행사로 SAP가 구체화되지는 못했다.

1970년대의 케인즈주의적 정책 실패와 경제 불확실성은 경쟁적 자유주의와 경제개방에 관한 유럽 정치행위자들의 합의를 이끌어내고 유럽공동체의 정치적 어젠다 설정에서 통화주의 정책을 우선순위로 자리매김하는 계기가 되었다. 이 상황에서 체결된 단일유럽의정서(SEA, 1986)는 1992년까지 단일유럽시장 완성을 위한 '경제화폐동맹'(EMU)의 추진을 결의함과 더불어 공동체 내 경제·사회적 결속 강화를 포함했다. 또 SEA은 각료이사회의 사회정책 결정 방식을 만장일치제에서 가중다수결제로 바꿔 유럽통합을 촉진하는 결정적 계기가 되었다.

유럽집행위의 위원장인 들로르는 노동 우호적인 스탠스를 취하고 1985년 유럽통합의 '사회적 차원' 확대를 통해 '사회적 유럽'을 발전시키고자 했다. 이에 힘입어 1989년 유럽이사회는 SEA의 '사회적 차원'이라고 불리는 '노동자의 사회기본권 헌장'(the Charter of the Fundamental Social Rights of Workers)을 제정했다. 헌장은 공정임금, 근로조건 개선, 직업훈련, 안전한 작업환경, 노인의 적정 생활수준, 장애인 개선 등에 관한 유럽공동체의 사회적 원칙과 가치에 관한 합의를 모색하는 새로운 유럽통합의 틀로 작용했다. 단일유럽시장의 형성이 공동체 내 회원국 간의 사회적 격차를 키우고 사회보호 수준의 하향화를 초래할 것을 우려했기 때문이다. 헌장은 비록 개별 회원국들에게 실행을 강제할 수 있는 제도적 장치가 부재했으나 유럽공동체의 정치적 담론에서 중요한 의미를 갖는다(Wise and Gibb 1993: 149-150).

마스트리히트조약(1992)은 1999년까지 유럽중앙은행 설립, 유럽단일화폐 사용 등을 포함한 경제통합을 촉진하는 가운데 '사회적 차원'을 획기적으로 증대시킨 이정표이다.[8] 조약은 교육, 직업훈련, 청년, 공공건강 등에 관한 새로운 장을 포함하고 집행위가 유럽의 '사회적 차원'을 조성하는 일정한 역할을 하도록 했다. 이 내용을 담은 마스트리히트 사회정책협정(MSPA)은 영국의 거부권 행사로 인해 마스트리트조약의 부속문서로 처리되었다(Falkner 1996; Leibfried

8) 마스트리히트조약이 발효되는 1993년 11월 유럽공동체(EC)은 유럽연합(European Union)으로 개칭된다.

2005). MSPA은 절차적 개혁을 포함한다. 즉 협정은 각료이사회의 사회정책 결정 룰에서 가중다수결제의 적용을 근로조건, 노동자의 정보 및 자문권, 노동시장기회·직장처우의 남녀평등 등의 영역으로 확대했다.[9] 또 다른 절차적 개혁은 유럽(각료)이사회-유럽의회와는 독립적으로 노사 사회적 파트너들을 유럽 사회정책 결정 과정에 참여하는 새로운 주체로 인정하는 사회적 대화이다(Vobruba 1995; Threlfall 2007: 277).

암스테르담조약(1997)은 사회정책 분야의 시민권과 노동권이 보강되었다는 점에서 또 다른 '사회적 차원'의 이정표를 세웠다. 조약은 1989년의 노동권헌장을 기초로 유럽연합이 사회적 조화를 위해 성·인종·민족·종교·장애·연령 등에 관계없이 동등한 처우, 근로조건 개선, 적절한 사회적 보호, 인적자원 개발 등을 주요 목적으로 명시했다. 또 조약은 상설고용위원회를 창설하고 회원국간 고용협력을 증진하는 내용을 담았다.[10] 이러한 노동정책에 의한 유럽통합의 가속화는 1997년 집권한 친유럽연합적인 영국 노동당 정부가 과거 영국이 불참한 MSPA와는 달리 유럽의 '사회적 차원'에 관한 합의점을 수용했기 때문이다. 나아가 조약은 1994년 유럽각료이사회에 의해 채택된 새로운 '고용조정전략'인 '개방적 조정방식'(open method of coordination, OMC)이라는 거버너스를 도입했다(Hodson and Maher 2001; Klosse 2003: 197). 즉 유럽집행위는 유럽이사회가 작성한 가이드라인에 입각한 고용정책을, 회원국들에게 처음에는 권고하고 나중엔 압박하여 바람직한 사회경제적 공동목표를 달성토록 하는 조정권을 갖는다. 회원국들은 성과를 보고하여 자신들이 취한 '액션플랜' 조치에 대해 유럽집행위에 의해 모니터링과 조사를 받는다. 이러한 조정 절차는 1997년 11월 회원국들이 준수해야 할 '고용 가이드라인'을 발표한 유럽이사회의 결정에 의해 즉각 실행되었다. 이러한 OMC는 유연연합과 회원국의 관계가 단순히 협력 수준을 넘어 거버넌스적 조정으로 이동하고 있음을 뜻한다.

유럽이사회는 2000년 3월 리스본전략을 채택했다. 그 핵심은 유럽경제가 경쟁력, 고용, 사회적 결속(social cohesion) 간 선순환을 가져오는 '황금의 삼각형'

---

9) 마스트리히트조약은 사회정책의 가중다수결이 필요한 영역(근로환경, 보건과 안전보호 등)과 만장일치가 필요한 영역(사회보장, 사회보호, 역외 국민의 고용 조건 등)으로 구분했다.
10) 암스테르담조약은 회원국의 재정적 부담이 발생하는 사회정책에선 만장일치제를 고수했다.

(golden triangle)을 달성하는 것이다. 리스본전략은 창의적 기업, 중소기업 발전 등 친기업적 조치들을 제안했지만, 다른 한편 역동적인 지식사회의 실현을 위한 인적자본 투자, 적극적 노동시장정책, 사회적 안전망의 현대화 및 사회통합 촉진 등 친노동적 내용을 담았다(방청록 2008: 156-159). 또 리스본 유럽이사회는 암스테르담조약의 '개방적 조정방법'(OMC)을 고용정책 조정에 국한하지 않고 직업교육훈련, 연구와 개발, 사회적 포용, 환경, 건강 및 요양 등을 비롯한 모든 수준으로 확대했다(Klosse 2003: 200-202; Zeitlin 2005). 이를 통해 유럽연합은 유럽 복지망을 구축한다(De Burca 2005: 1).[11]

리스본전략에 따라 유럽집행위는 사회정책-경제정책-고용정책을 유기적으로 연계시키는 '사회정책의제'(social policy agenda)를 제출했고 이는 니스 유럽이사회(2000, 12)에서 채택되었다. 사회정책의제를 관통하는 핵심 원칙은 노동시장의 유연성과 안정성 간의 새로운 균형을 전제하고 유럽의 사회정책이 고용과 경제성장에 기여하는 '생산적 요소'를 강화한다는 것이다(Klosse 2003: 196). 또 니스 유럽이사회가 채택한 'EU기본권헌장'(the Charter of Fundamental Rights of the EU)은 직장 부당해고 방지, 노동자의 임금협상권·파업권 등 노동·사회 영역의 기본권 등을 포함했다. 더욱이 헌장은 노동시장과 연관이 없는 사회적 평등, 즉 노인·장애인·여성 등 광범위한 시민들을 유럽연합의 관심 대상으로 인정했다. 따라서 2000년 기본권헌장은 고용 관련 권리에 초점을 맞춘 1989년의 '근로자 기본권헌장'보다 더 포괄적이었으며, 2004년 유럽헌법에 편입되었다. 유럽의회는 헌장에 규정된 권리, 자유 및 원칙이 의회 활동을 지도하는 법이 될 것이라고 선언했다. 나아가 유럽통합은 노동정책의 수렴화를 통해 진전되고 있으며, 유럽시민들은 마치 단일 국가에서 사는 것처럼 생활 및 근로 조건 등에서 단일 사회안전망을 경험하는 지점에 이르렀다(Threlfall 2003).

요약컨대, 집행위를 비롯한 유럽연합의 정치제도들의 권능은 초국가화를 통하여 채택된 조치들에 의해 수혜 시민의 범주뿐만 아니라 사회정책 영역에서 점진적으로 확대되었다.

11) 유럽연합은 리스본전략을 실행 및 평가를 거친 후에 리스본조약(2007)을 체결했다. 조약에는 유럽의회의 권한이 강화되고 유럽집행위는 회원국 당 1명씩 배당되어 27명으로 구성되는데 회원국 크기에 비례하는 선출 방식으로 전환되었다.

(2) 구조·지역정책

유럽공동체의 초기 '사회적 차원'은 보통 유럽 시장형성의 횡포와 변덕을 교정하는 정책으로 논의되기도 하지만 그 대신 시장형성 과정의 일환으로 진행되는 것처럼 보인다(Leibfried 2005: 257). 따라서 초기의 유럽공동체에서 단일 시장 형성의 기능적 요구 조건(market compatibility requirement)을 초월하는 사회정책의 공간은 충분하지 않았다. 그러나 예외적인 사례가 있다. 로마조약(1957)은 공동체 내에 근로자들의 지리적 직업적 이동을 높이기 위한 유럽사회기금(ESF)을 도입했다. 이는 첫 번째의 진정한 유럽공동체의 재분배 사회정책이다. 또 북유럽 국가들의 가입으로 유럽공동체가 확대된 이후 1975년 설립된 낙후 지역에 제공하는 유럽지역개발기금(ERDF)과 1994년 설립된 결속기금(Cohesion Fund)은 점증하는 회원국들 간의 경제적 격차에 대응하고자 했다.[12] 따라서 유럽연합의 이러한 구조적 지역적 기금인 ESF, ERDF, CF는 '회원국 간 이전 메커니즘'(interstate transfer mechanism)으로 작동하여 유럽연합 사회정책의 초국가화(supranationalization) 현상이 점증했음을 뜻한다.

유럽집행위의 위원장인 들로르 재임 기간(1985~1994) 유럽연합의 구조기금은 재분배 역할을 수행해서 크게 재평가되었다. 들로르 패키지에 의해 도입된 구조기금의 개혁은 재분배 정책에 의해 유럽공동체 내 지역 간 불평등을 완화하려는 최초의 실질적인 시도이다.[13] 개혁안은 공동체의 자원을 키우고 이 기금을 보다 효과적으로 사용할 것을 제안했으며 무엇보다 유럽연합이 일종의 연방체제에서 볼 수 있는 지역 간 이전 메커니즘 작동에 헌신하도록 했다(Ross 1995: 365).

유럽연합의 총 예산 대비 구조기금 예산은 1980년 11.4%에서 1990년 21.8%로 두 배 증가했으며 2007 예산은 38.33%에 이르렀다(European Commission 2007). ESF가 사회 취약집단과 낙후지역의 구조적 실업문제 해소를 위해 집행되도록 유럽집행위는 기금의 조정자·컨트롤타워 역할을 수행했다(Hooghe and Keating

12) 마스트리히트조약에 삽입된 결속기금은 환경, 수송 인프라 등 사회적 인프라가 취약한 국가들에게 지원하며 구조기금과는 달리 지원대상이 국가이다.

13) 유럽공동체 내 중심지역과 주변지역 간의 격차와 불균형 문제는 남부유럽 3국과 동유럽 국가들의 회원국 가입으로 유럽 차원의 사회통합을 위해 해결해야 할 핵심 과제로 제기되었다. 이에 따라 유럽연합은 지역적 격차를 줄이기 위한 목적으로 해당지역에 재정지원을 제공하는 구조기금의 개혁(1988, 1993, 1999)을 단행했다.

1994: 371). 이 과정에서 저개발 회원국들은 단일유럽시장 프로그램에 대한 동의·참여의 대가로 재정적 보상을 요구하는 반면, 선진 회원국들은 단일유럽시장 형성에 따른 예상되는 이득을 고려하여 기꺼이 재정 지원에 나섰다. 이러한 변화는 단일유럽의정서(SEA, 1986)가 '결속'(cohesion) 개념을 도입한 후에 발생했다. 결속 개념은 회원국 간의 균형발전을 증진하고 유럽공동체의 '경제적 사회적 결속'을 강화하며 특히 저개발 지역에 재정지원을 함으로써 지역 간의 불평등과 낙후지역들의 후진성을 줄이기 위한 것이다(Hooghe and Keating 1994: 374). 이를 계기로 유럽집행위의 역할은 1988년 개혁 과정에서 크게 강화되었다. 즉 유럽집행위가 적극적으로 단일 프로그램을 만들고 감시하며 예산이 어디에, 무엇에 투입될 것인가를 자율적으로 결정한다. 이 과정에서 유럽집행위는 회원국 정부는 물론이고 지역 및 지방 정부와 협력하여 새로운 프로그램을 만들고 재정지원 수혜지역과의 협약을 협상한다. 이는 유럽연합이 유럽공동체의 경제적 사회적 결속을 증진하기 위해 내부 문제, 특히 불평등에 태클하기 위한 독자적인 사회(구조·지역)정책을 결정할 수 있음을 의미한다.

유럽연합의 사회정책은 1980년대 전반기까지는 앞에서 언급했듯이 시장 논리에 의해 지도되었다. 즉 유럽공동체의 '구조정치'(structural politics)는 회원국 간의 장벽을 허물어 단일유럽시장의 작동을 원활히 하고 단일유럽시장 내의 경쟁을 방해할지도 모를 경제적 격차를 완화하기 위한 것이었다(Börner 2012: 11-12). 따라서 유럽통합의 '사회적 차원'은 유럽공동체의 시장형성 프로젝트를 추진·보호하기 위한 일환이었다. 시장경제가 야기한 사회적 빈곤과 정치적 갈등에 대응하려는 국민국가의 사회정책과는 대조적으로 유럽연합의 사회정책은 유럽 공동시장에 반작용이 아니라 공동시장 형성과정과 병진하는 것으로 인식되었다.

반면 1980년대 후반 들어 공동체 내 지역 간 불균형의 시정 없이는 단일유럽시장이 형성되어도 유럽통합이 실현될 수 없다는 인식이 확산되었다. 이에 따라 단일유럽의정서(SEA, 1986)는 낙후지역의 경제를 발전시키고 역내 지역 간의 격차를 해소해 유럽통합을 촉진할 지역정책 개발을 유럽공동체의 기본 목표로 설정했다. 그 대상은 그리스, 스페인, 아일랜드, 포르투갈이 선정되었다. 1990~94년까지 5년간의 제1목표는 지역개발기금의 70%가 유럽연합 평균 GDP 75% 이하 지역의 사회 인프라 확충에 투입되는 것이었으며, 제2목표는 회원국

전역에서 전통적 산업이 사양화되면서 경제적으로 쇠퇴한 지역에 대한 지원이었다(이종서 2007: 126-130). 이처럼 유럽연합이 지역정책을 강조할 수밖에 없었던 이유는 향후 경제통합을 뛰어 넘는 사회적, 정치적 통합이 지역 격차가 심화되는 상황에선 달성되기 어려울 뿐 아니라 회원국 간 인적자본의 자유로운 이동을 보장하는 데도 필수적이기 때문이다. 지역정책 과정에서 유럽집행위는 유럽공동체 내의 대상지역을 주요 협력 파트너로 인정하고 있으며 지역 및 지방정부는 점진적으로 유럽통합 정치에 참여하는 새로운 행위자로 사회정책 결정과정에 참여한다. 이를 통해 유럽집행위는 결속정책을 적극적으로 활용하여 지역 및 지방의 요구를 충족시킨다(Hooghe and Keating 1994: 378).

또 1980년대 후반 이후 노동시장 조건의 변화와 실업 증가로 유럽사회기금은 노동자의 재교육, 장기 및 청년 실업과 같은 특수 집단에 집행된다. 그러므로 구조기금은 유럽연합의 경제통합 과정에서 발생한 부작용을 시정하기 위한 것으로 설계되었고 지역 간의 '재정 이전 메커니즘'으로 작용한다. 바꿔 말하면 유럽연합의 사회정책을 산출하는 구조·지역정치(Structural and Regional Politics)의 초국가적 정향은 경제통합 과정에서 발생하는 사회적 충격과 긴장을 완화하고 유럽연합의 사회적, 정치적 결속을 확보하는 성격으로 점진적 변화를 경험하고 있다(Börner 2012: 14).

2) 유럽 사회적 대화-유럽(각료)이사회·집행위의 제도적·기능적 연동

(1) 2008년 경제위기 이전

세계화와 유럽통합의 진행에 따라 사회적 파트너들 간의 협력이 유럽통합의 '사회적 차원'의 중요한 의사결정 축으로 등장한다. 1985년 유럽집행위는 유럽통합의 '사회적 차원'에 관한 합의를 이끌어냈다. 즉 사회적 대화를 통해 유럽집행위에 의해 제안된 사회정책 어젠다에 관한 합의에 도달하면 그러한 '사회적 파트너 협정'(social partner agreement)은 유럽집행위의 교정 절차 없이 곧바로 유럽(각료)이사회-(유럽의회)에 상정된다(Threlfall 2007: 284). 마스트리히트 사회정책협정(MSPA, 1992)도 사회적 파트너들이 단체협상 절차를 통한 합의에 다다를 경우 이를 유럽(각료)이사회의 결정으로 실행할 수 있는 제도적 장치를 마련했다. 이로써 사회적 파트너들의 합의가 법제화될 수 있는 길이 열렸다.

유럽통합의 초국적, 사회적 대화 절차는 사회정책에 관한 합의 도달 과정에서 발생할 지도 모를 유럽(각료)이사회의 정치적 어려움을 우회하고 유럽연합의 사회정책에 대한 초국가적 조절 카드를 제공한다. 실제로 1991년 10월 사회적 파트너들의 합의가 마스트리히트 유럽이사회에서 회원국들의 선호를 형성하는 데 결정적 역할을 했다. MSPA의 절차에 따라 노사 2자 및 노사정 3자 협의체의 형태로 작동하는 유럽 사회적 대화는 고용 및 사회정책 영역에서 토의, 협상, 공동행동, 공동성명, 협약 체결 등으로 작동한다. 이를 통해 사회적 파트너들은 일정 부분 정책 자율성을 획득했다. 그들은 양육휴가(1996), 파트타임노동 및 비정규직노동 차별금지 계약(1997), 기간제 계약(1999), 재택근무(2002), 직장 스트레스(2004), 직장 폭력 및 성희롱(2007) 등에 관한 합의(협약)에 도달했다. 이 합의들은 모두 MSPA의 절차에 따라 유럽각료이사회에 전달하여 동의를 받아 지침으로 시행되었다(Falkner 1998: 97-155; Guyet *et al.* 2012: 13). 자율적 협약 체결을 계기로 회원국들 내부의 사회적 파트너들은 유럽 차원의 사회협약 틀을 이행한다. 이처럼 MSPA 이후 유럽연합의 사회적 대화는 유럽의 경제적, 사회적 개혁의 추동력이고 유럽통합의 합의제 거버넌스 작동을 위한 메커니즘으로 작동한다.

유럽통합의 고용전략이 추진되면서 사회적 파트너들의 고용전략 참여가 촉진되었고 이것이 사회적 대화의 발전에 영향을 미쳤다(김학노 2005: 11). 앞서 언급한 바와 같이 2000년 3월 리스본 유럽이사회가 설정했던 유럽의 고용전략에서 사회적 파트너들이 의견을 개진할 수 있는 장치가 마련된 것이다. 즉 리스본 전략을 수행함에 있어 사회적 파트너들은 혁신, 사회보호, 건전한 거시경제 등이 핵심 요소임을 지적하고 이를 위해 건전한 노사관계 필요함을 역설했다. 이어지는 니스 유럽이사회(2000. 12)는 고용 증진을 위해 유연성과 안전성의 균형을 도모하는 적극적 노동시장정책(ALMP)이 필요하고 이를 위해 사회적 대화가 중요함을 합의했다(Klosse 2003: 198). 이는 유럽 고용전략을 위해 사회정책-경제정책-고용정책을 연계시키는 사회적 대화가 작동해야 함을 강조한 것이다.

2001년 사회적 파트너들은 레켄 유럽이사회에 대한 기고문인 "유럽 사회적 대화 과정의 미래에 관한 공동선언"(joint declaration on the future of the European social dialogue process)에서 노사정 3자 협의체 수립, 자율적인 사회적 대화를 추진하기 위한 실행프로그램 개발 등을 담았다. 또 2003년 6월 사회적 파트너들은 경영진이 노동자들과 그 대표에게 회사의 구조조정의 이유를 설명하고 노사 간 열린 토론과 상호 신뢰 구축이 중요하며 이를 위해 노동자들에게 충분한 정보를 제공하고 협의를 할 것을 합의했다. 게다가 사회적 파트너들은 2002년 11월 겐발 '사회정책정상회담'에 2003~05년 공동실헝프로그램(joint work program)을 제출했다(European Commission 2004: 72). 프로그램은 고용, 고용확대, 고용이동 등의 구체적인 실행방안을 제시했다. 이와 같이 사회적 파트너들은 노사 2자 대화를 통해 자율적 합의문, 가이드라인, 행동규범, 정책방향 등 다양한 형태로 유럽연합 기구와 회원국 정부들을 상대로 정책 제안을 했다.

나아가 유럽연합 차원의 노사정 3자 정책협의도 작동했다(European Commission 2004: 74-75; Guyet *et al.* 2012: 13). 첫째, 1999년 6월 콜론 유럽이사회의 결정에 따라 수립된 거시경제 대화(macroeconomic dialogue)로 경제·화폐·재정 등에 관해 3자 정책협의가 작동했다. 둘째, 앞서 언급한 겐발 3자 사회정책정상회담(2002, 11)은 매년 봄의 유럽이사회 직전에 회동하는 연례회동으로 자리 잡았다. 각료이사회(2003, 3)의 결정에 따라 '성장과 고용을 위한 3자 사회정책정상회담'(Tripartite Social Summit for Growth and Employment)으로 공식화되었다. 이 정상회담은 유럽각료이사회의 의장국과 유럽집행위의 위원장이 공동의장을 맡고 노사 양 진영에서 각각 10명의 대표가 참석한다. 셋째, 교육 및 기술훈련 분야에서 2002년 11월 각료이사회 결정에 따라 3자 대화가 제도화되었다.

이와 같이 사회적 파트너들은 유럽(각료)이사회의 사회정책 어젠다들에 관해 자신들의 의견을 반영할 수 있는 기회를 갖게 되었다. 이 과정에서 유럽 사회적 대화의 의제가 회원국 수준의 사회적 대화의 의제인 평생학습, 기회와 처우의 평등, 건강과 안전, 유연성과 고용안정성의 조화 등으로 다양화되었다. 이러한 이슈들에 대한 사회적 대화나 협약이 회원국 차원과 유럽 초국적 차원에서 동시에 발전하는 것은 양 차원의 사회적 대화나 협상이 긴밀히 연계하고 있음을 시사한다(김학노 2005: 32). 예컨대, 회원국의 전국 노조가 유럽노조연맹(ETUC)를 통해 정보를 교환하고 상호 협력함으로써 각국의 사회적 대화가 초국적으로 조율되었다.

(2) 글로벌 경제위기 국면

2008년의 미국발 글로벌 경제위기 속에서 유럽 사회적 대화 시스템은 유럽(각료)이사회-유럽집행위와의 연동되면서 다양한 범유럽적인 도전과 충격에 대응했다. 즉 경제적 구조조정, 노동시장과 고용, 직업훈련·기능계발, 유연안정성(flexicurity), 직장에서의 건강·안전, 노동자들의 이동 자유, 근로조건, 기업의 사회적 책임, 성 평등 등의 영역에서 경제위기에 대응하는 공동행동을 시도했다. 유럽 수준의 '사회적 대화 위원회'는 특히 글로벌 경제위기와 금융위기가 발단된 2008년 이후 어젠다별로 수많은 협약을 체결했다(European Union 2011: 199-202).

2009년 11월 유럽(각료)이사회-유럽집행위는 사회적 파트너들과 더불어 2011~20년까지의 지속가능하고 포용적인 성장전략인 '유럽2020전략'(Europe 2020 Strategy) 협상에 착수했다(European Union 2011: 178). 이 협상 과정에서 많은 유럽 수준 및 회원국의 사회적 파트너들의 의견이 접수되었다. 사회적 파트너들은 혁신에 투자하고 유럽경제의 기능적 인프라를 업그레이드할 필요성을 강조했다. 그들은 특히 양질의 교육이 공공 책임이고 경제의 수단일 뿐 아니라 사회적 결속, 평등, 적극적 시민권, 문화적 다양성에 중요한 역할을 한다고 주장했다. 더욱이 그들은 유럽집행위-유럽(각료)이사회로 하여금 유럽 차원의 최우선순위 정책으로서 현행 경제 및 금융 위기에서 벗어나는 출구전략을 취하도록 요구했다. 동시에 고용의 질 중시, 사회보장제의 현대화, 이민정책의 개선, 증가하는 불평등·빈곤·사회적 배제 등에 대한 효과적인 대책 등을 요구했다.

또 유럽노조연맹(ETUC)은 지속가능한 성장에 관한 유럽집행위의 인식이 노동시장을 경시하는 것으로 보았다. ETUC에 따르면 '유럽2020전략'이 문제의 우선순위를 제대로 처리하지 못하고 너무 장기적인 타임테이블에 맞추고 있다. 유럽이사회의 춘계 회의를 앞둔 2010년 3월, ETUC는 유럽연합과 회원국들의 정상들에게 전할 메시지를 발표하고 유럽이사회가 성장 지향적인 새로운 유럽 경제회복, 금융시장 조절 강화, 유럽의 '사회적 차원' 등에 정책의 우선순위를 즉각 부여하도록 요구했다. 유럽산업사용자단체연합(UNICE)도 '유럽2020전략'은 너무 장기적 성격을 갖는다는 ETUC의 견해를 공유하고 전략 문제의 절박성에 초점을 맞추도록 요구했다. 2010년 6월 제출한 공동문건에서 유럽 수준의 사회적 파트너들은 양질의 일자리 창출, 이를 위한 신성장 동력 발굴, 글로벌 금융체제 개혁, 기업가정신 증진, 단일유럽시장 활성화, 유럽 공통 산업정책 개발, 새로운 투자금융 지원 수단 지원, 빈곤·불평등 완화 등이 유럽의 일차적 목표가 되어야 한다는 점에 공감했다. 그들은 특히 유럽공동체의 사회적 결속과 통합을 역동적이고 지속가능한 경제회생의 전제조건으로 인식했다. 또 유럽 전체 산업 사회적 파트너들은 회원국이 유연성과 안정성이라는 정책조합(노동시장 유연화, 적극적 노동시장 정책, 평생학습정책, 사회보호체제)을 실행하도록 요구했다.

이와 같이 2008년 금융위기의 충격은 사회적 파트너들로 하여금 그에 반응하고 해법을 모색하도록 하는 압박이었으며 유럽 사회적 대화의 속도를 재촉했다. '유럽 전체 산업 사회적 대화'는 2009~10년의 자율적인 공동작업 프로그램, 2010년의 포용적인 노동시장 협약, 2009년의 출산휴가(1995) 수정, 2010년 이후 리스본전략을 위한 공동권고 등을 이끌어냈다. 또 사회적 파트너들은 위기 대응 및 경제 회생 지원 등의 해법에 관한 제안을 제출했고 유럽집행위의 정책에 반응했다. 위기국면에서 그들은 회원국들 간 행동조정, 경제회생을 위한 경제적 재정적 인센티브 등 공동이익을 추구했다(European Union 2011: 79). 2008년 유럽집행위에 의해 발의된 '소기업법'(Small Business Act)은 경제 및 금융위기의 여파로 중소기업들이 직면한 어려운 상황을 해결하기 위해 ETUC와 UNICE를 재촉하여 그들의 파트너십을 업그레이드하는 공동 프로젝트를 착수토록 했다. 나아가 심각한 재정위기 하에서 2011년 3월 유럽이사회는 유럽의 사회적 파트너들의 요구를 수용하여 유럽안정메커니즘(European Stability Mechanism)과 유로플러스협약(Euro Plus Pact)을 채택했다. 협약은 보다 강력한 경제정책 조정을 겨냥하고 있기 때문에 그 일반적인 목표는 경쟁력과 고용을 촉진하고 공공재정의 지속가능성에 기여하며 재정안정을 강화하자는 것이었다(Börner 2012: 22). 재정위기 국면은 장기적으로 새로운 단계의 유럽통합을 촉진하고 사회정책 형성의 추가적인 정당화를 재촉할지 모른다.

그러나 유럽경제회복계획(European Economic Recovery Plan)에 관한 합의를 이끌었음에도 불구하고 사회적 파트너들은 공동선언을 산출하는 데 실패했다. 위기의 심각성에 대한 그들의 의견이 상충했기 때문이다. UNICE는 지속적으로 시장원리, 서비스의 자유화, 구조조정, 비용절감 등을 옹호한 반면, ETUC는 사회적 위험, 근로자의 권리와 소득, 유럽복지 등에 초점을 맞췄다(Guyet *et al.* 2012:

14). 비록 일부 산별 사회적 파트너들은 가까스로 위기에 대한 대응책을 조율했지만 유럽 전체 산업 사회적 파트너들은 전체 산업 수준에서의 공동선언을 이끌어내지 못했다. 그러나 경제위기는 유럽 사회적 대화의 중심 테마였고 '유럽 전체 산업 사회적 대화 위원회'는 비록 구체적인 행동 혹은 구속력 있는 사회협약을 체결하지 못했지만 많은 공통 견해를 이끌어냈다.

한편, 유럽직장평의회(EWCs)도 작동한다. EWCs는 경제위기 국면에서 사회적 파트너들 간의 초국적 협력을 촉진하는 중요한 장치이다(Guyet *et al.* 2012: 16-19). 물론 위기국면에서 구조조정이 진행될 때 EWCs가 근로자들의 권리와 이익을 수호하는 역할을 수행하는 능력을 가졌느냐에 대해서는 의문이 있다. EWCs의 주요 목적은 초국적 기업들의 근로자들에게 특히 구조조정에 관한 정보 및 자문 요구권을 부여하는 데 있다. 그러나 EWCs는 종종 진정한 정보·자문 요구권을 위한 충분한 시간과 공간을 제공하지 못했다. 금융위기 국면에서 구조조정의 빈도가 증가하기 때문에 모든 수준의 사회적 파트너들 간의 긴장은 악화되고 이는 EWCs가 전반적인 구조조정 과정에 기여하는 것을 더 어렵게 했다. 그러나 위기국면은 많은 EWCs 하여금 구조조정 과정에 관한 공동 견해를 갖도록 했다. 많은 경우 구조조정 발표는 EWCs로 하여금 유럽 차원의 행동을 조직하도록 했다. 물론 EWCs는 초국적 사회적 대화의 제도적 장치임에도 사용자측의 구조조정 제안에 방어적으로 반응하고 전략적이고 미래지향적으로 행동할 기회를 포착하지는 못했다. 그렇다고 하더라도 위기에 반응하는 구조조정 과정을 경험하는 초국적 기업의 많은 EWCs는 유럽 수준의 근로자들의 권익을 방어하는 데 기여하고 있다.

이처럼 유럽 사회적 파트너들은 유럽통합의 '사회적 차원' 증진에 중요한 행위 주체이다. 2010년 3월 사회적 파트너들에 의해 발표된 자율적인 '포용적 노동시장에 관한 협약'(Agreement on Inclusive Labour Markets)은 그들 간의 수평적·수직적 시너지 효과가 가능한 한 사례이다(Guyet *et al.* 2012: 19). 기능훈련, 건강과 안전, 근로자의 자유이동, 성 평등 등과 같은 사회정책 이슈는 유럽 사회적 파트너들이 종극적으로 낮은 수준의 사회적 대화(산별·EWCs·회원국 등의 사회적 대화)로 분권화 하는 새로운 접근을 증진하는 데 중요한 역할을 했다. 그러한 공동 접근은 특히 목표를 달성하는 데 있어 사회적 대화의 역할을 강조하는 '유럽2020전략' 틀에서 중요하다. 앞서 언급했듯이 그 한계에도 불구하고 EWCs의 행위는 회원국의 사회적 대화에 영향을 미칠 역량을 갖는다. 글로벌 위기국면에서 실제로 초국적 기업들의 근로자들이 직면한 도전에 반응하는 과정에서 EWCs은 회원국 수준의 사회적 대화에 직접 영향을 미친다. 물론 유럽 수준의 사회적 대화와 회원국 수준의 사회적 대화 간의 조정은 위기국면 내내 취약했다. 하지만 유럽 사회적 대화의 성과를 단지 협약 틀과 같은 가시적인 결과만을 놓고 평가하는 것은 적절치 않다. 유럽통합 과정에서 사회적 대화의 역할은 사회경제적 정책이슈 논쟁의 공간을 마련하고 회원국의 행위자들이 집단적 학습과정에 참여할 수 있는 유럽 플렛폼을 제시하는 능력이 있느냐 하는 관점에서 평가되어야 한다.

결론적으로 2008년 이후 글로벌 경제위기 앞에서 유럽 사회적 대화 시스템은 유럽(각료)이사회-집행위와 제도적 기능적으로 연계하여 유럽통합의 합의제 거버넌스의 한 축으로 작동하면서 유럽 사회정책 결정 과정에서의 주요 역할을 수행했다. 유럽연합의 초국적 사회적 대화(transnational social dialogue)는 '3자 사회정책 정상회의', 전체 산업 수준 및 산별 사회적 대화 위원회, EWCs에 의해 강화되고 있다. 새로운 '산별 사회적 대화 위원회'의 지속적인 설립이 말해 주듯이, 유럽 사회적 파트너들이 사회적 대화에 참여하는 데 관심을 갖는 것은 회원국 수준의 산업관계를 보완하는 등 사회적 대화의 효과를 신뢰하고 있다는 증거이기도 하다. 이는 2008년 이래 체결된 일련의 사회협약에 의해 입증된다. 이 자율적 협약들은 유럽(각료)이사회-(유럽의회)의 결정에 의해 유럽연합 법률이 되고 유럽집행위에 의해 실행된다. 물론 거대 초국적 기업들이 지배하는 주요 부문은 유럽 전체 산업 및 산별 사회적 대화의 협상 과정에 별다른 주목을 하지 않는 경향을 보인다. 사회적 파트너들이 EWCs와 같은 초기업 수준의 직접 협상을 선호하기 때문이다. 하지만 전체 산업 혹은 산별 수준의 유럽 사회적 파트너들은 유럽 수준의 노동과 자본에 영향을 주는 문제를 가장 잘 정통하는 이해관계자들이다. 그러므로 그들은 해당 사회정칙 이슈를 해결하는 데 가장 좋은 위치에 있다. 그들이 유럽 수준의 사회정책 어젠다들에 관한 합의(협약)에 도달하면 그들의 행동은 앞서 언급한 'EU작동조약'의 사회정책 타이틀에 규정된 사회적 보충성(social subsidiarity)의 원칙을 구체화한다. 즉 사회정책 영역에서 사회적 대화에 의한 협약은 유럽연합 입법 활동에 대한 유용한 대안일 수 있다.

4. 유럽통합의 동아시아 지역통합에 대한 시사점

1) 동아시아 지역통합의 합의제 거버넌스 작동 가능성

지구화 경향은 1990년대 들어 지역주의(regionalism)의 발흥, 즉 지역경제의 블록화 현상과 중첩되어 나타난다. 유럽연합의 경제통합 과정은 '동아시아 지역경제 블록화'에 벤치마킹 모델이 될 수 있다. 유럽연합의 경제통합 과정을 고려할 때 지역경제 블록화는 역내에서 상품, 자본, 인력 등 교환의 규범을 독자적으로 생성해 가는 과정이다. 향후 동아시아 지역블록화 과정의 경제적 상호 의존관계는 관세장벽 제거에 따른 자유무역, 관세동맹, 생산요소(자본·노동)의 자유이동을 통한 경제공동체를 구축하고 공동의 경제정책을 수립·실행하는 등 경제통합의 수순으로 나아가는 로드맵을 밟을 것으로 상정할 수 있다. 이러한 동아시아 지역의 경제통합 과정은 사회정책을 중심으로 한 '사회적 차원'을 핵심 과제로 부상시킬 것이다.

유럽연합은 다른 지역통합보다 더 진일보한 '사회적 차원'을 구축하고 있다. 앞서 논의한 유럽통합의 '사회적 차원'은 당초 회원국들 간의 사회경제적 평준화를 추구하는 공동체로 출발했지만 신자유주의적 경제통합의 진전에 따르는 역내 회원국 간, 지역 간, 사회집단 간의 불평등 구조에 대한 대응의 성격을 갖는다. 유럽통합 과정의 경험에 비춰 볼 때 동아시아 지역의 경제통합 과정도 이익과 비용의 차등적 배분으로 인한 역내 국가적·사회적·지역적 불평등을 구조화시킬 가능성이 크다. 이러한 불평등 구조의 시정 없이는 단일동아시아시장 형성을 통한 경제통합이 진전되어도 동아시아 지역의 사회적(정치적) 통합으로 이어지기 어려울 것이다. 따라서 이러한 불평등 구조를 최소화하는 '사회적 차원' 강화는 향후 신자유주의적 경제통합 과정에서 발생할 사회적 충격과 긴장을 완화하고 동아시아 지역통합의 성패를 좌우하는 매우 중요한 시험대이다. 그렇다면 동아시아 지역통합의 '사회적 차원'은 어떤 의사결정 시스템을 요구하는가?

유럽통합은 앞서 논의했듯이, 유럽적 다원사회(plural society)를 전제한다. 언어·종교·인종·문화 등 장기간에 걸쳐 뿌리 깊은 유럽 국가별 이질성·분절성은 현재에도 존재하고 향후에도 소멸되지 않을 것이다. 이 같은 국가별 이질성·분절성을 조정·관리하는 유럽통합 과정은 비례·등가대표제, 대연정에 입각한 집행부, 만장일치제·가중다수결제, 분절국가의 자치권, 사회적 대화 등 합의제 거버넌스라는 정치적 의사결정의 제도적 매트릭스를 통해 '사회적 차원'의 초국적 조절을 제도화해 가는 사례이다. 바꿔 말하면 유럽통합의 초국적 정치체제는 비록 완전한 민주적 틀을 갖춘 것은 아니라고 하더라도 합의제 거버넌스 시스템으로 작동하면서 분절국가(segmented nations) 간의 이해관계·갈등을 조정·관리하는 초분절적 정체성(transsegmental identities)을 증진한다.[14] 이 같은 유럽통합의 합의제 거버넌스가 '사회적 차원'을 발전시켜 오고 있다.

이러한 유럽통합 과정의 경험은 향후 중·장기적으로 동아시아 지역통합 과정에 시사하는 바가 크다. 즉 합의제 거버넌스가 동아시아 지역의 국가적 분절화(national segmentation)를 조정 관리하고 동아시아 지역의 경제통합 과정에서 발생할 역내 회원국 간, 지역 간, 사회집단 간의 불평등 구조 심화를 완화시킬 '사회적 차원'을 강화하는 데 유용한 정치운영의 틀이 될 수 있다. 그런데 동아시아 지역은 통합과정을 진전시키기 위해 합의제 거버넌스 시스템이 작동되어야 하는 요인이 존재한다. 즉 유럽통합이 국가적 분절을 전제로 하는 것처럼 동아시아 지역도 상이한 역사·전통·종교·언어·문화 등 국가적 균열라인에 따르는 국민국가 간의 분절적 요소가 존재한다. 본시 합의제 정치모델은 사회의 균열과 분절적 요소를 전제로 한다(Lijphart 1971: 7-9). 합의제 정치모델의 기본 사고는 사회의 균열과 분절적 요소가 야기하는 원심적(centrifugal) 경향을 상쇄시키는 시스템을 구축한다면 균열·분절사회도 통합될 수 있다는 데 있다. 따라서 유럽연합의 국가적 분절화 현상이 합의제 거버넌스적 의사결정 틀에 의해 조정·관리되고 있다는 점에 비춰 볼 때 동아시아 지역의 국가적 균열라인에 따르

14) 물론 유럽연합의 '민주적 결손'(democratic deficit)이 존재한다. 달(R. Dahl)의 '폴리아키'(polyarchy) 이론의 핵심인 '참여와 경쟁'이 결여되어 있다(Schmidt 2002: 214-215). 우선 유럽집행위가 유럽시민에 의해 선출되거나 유럽의회에 의해 구성되지 않는다. 둘째, 유럽집행위와 유럽각료이사회의 정책결정 과정의 투명성이 매우 제한적이다(Gabel 1998: 467, 470). 예컨대 유럽각료이사회·유럽집행위는 초국가적 행위자로서 고도의 전문가적인 기술관료성을 갖고 정책을 입안한다. 이러한 기술관료적 합리성은 시민적 참여라는 민주주의의 이상에 부합하지 않는 일종의 엘리트주의의 반영이다. 따라서 유럽연합은 아직 관료적 협의제 국가(bureaucratic consociational state)의 틀 유형 사례의 성격이 없지 않다(Schmidt 2002b: 216-217).

는 분절 현상도 역내 구성국 간의 권력분점·공유에 기초하는 정치적 의사결정 과정을 통해 조정 관리되는 시스템을 요구한다. 한마디로 동아시아 지역통합, 즉 '다양성 속의 통합'(diversity into unity) 과정은 합의제 거버넌스의 작동을 통해서 가능하다.

그렇다면 동아시아 지역통합의 합의제 거버넌스 시스템이 정상적으로 작동되기 위해 어떤 조건이 필요한가? 유럽통합의 합의제 거버넌스 작동을 가능하게 하는 비례·등가 대표성, 대연정, 비토권(만장일치제·가중다수결제), 분절국가의 자율성, 사회적 협치(協治) 등의 정치시스템적 원리가 동아시아 지역통합의 초국적 정치제도를 디자인하는 데에 도입될 필요가 있다. 이는 동아시아 지역공동체에 참여하는 회원국 간의 권력분점을 유인하여 상대적으로 거대한 특정 회원국이 약소 회원국을 일방적으로 지배·통제할 수 없게 하는 메커니즘으로 작용한다. 바꿔 말하면 그것은 특정 회원국이 정치적 의사결정 및 행사 과정에서 배제 당하지 않고 '동등하고 효과적'으로 참여할 수 있는 채널이 제도적으로 보장됨으로써 이해관계·갈등을 조정하고 동아시아 지역통합에 기여할 수 있을 것이다(Steiner 1981: 345-351).

물론 동아시아 지역이 합의제 통합체로 전환하는 과정에 기능적으로 작용하는 조건이 결여되어 있는 것도 사실이다. 동아시아 지역처럼 역내 국가들 간에 경제 불평등과 많은 분절적 요소가 존재하고 일부 국가의 의회민주주적 전통이 결여되어 있는 경우 협상·타협·합의의 정치문화가 부재하고 안정적 합의제 통합체 창출을 어렵게 한다는 것이 합의제 정치모델의 가설이다. 이러한 관점에서 보면 동유럽 구 공산국가들의 가입을 통한 유럽연합의 외연 확대는 합의제 거버넌스의 안정적 작동에 불리하게 작용하는 요인이다. 그들 국가는 기존 회원국들과의 커다란 사회경제적 불평등과 이질적 하위문화를 지니고 있었을 뿐 아니라 타협·화합의 정치문화를 정착시키지 못한 전체주의 독재국가였기 때문이다. 그럼에도 유럽통합의 합의제 거버넌스는 정상적으로 작동하고 있다. 이는 합의제 정치모델이 상정하고 있는 사회통합의 저해 요인이 유럽통합의 합의제 거버넌스 작동에 요구되는 결정적 변수가 아님을 시사한다. 합의제 거버넌스 작동을 저해하고 촉진하는 요소들의 효과를 고려하면 유럽통합의 가능성은 특별히 양호하거나 특별히 불리한 것도 아니다(Schmidt 2002b: 221-222). 이 점을 고려할 때 동아시아 지역통합 과정에 합의제 거버넌스적 접근을 시도하는 것은 힘든 프로젝트이긴 하나 그렇다고 완전히 비현실적인 것만은 아니다.

2) 동아시아 지역통합의 정치적 의사결정 절차

유럽통합의 '사회적 차원'을 진전시키는 합의제 거버넌스적 접근은 동아시아 지역통합 과정의 정치적 의사결정 절차에 길잡이가 되고 있다. 유럽연합은 합의제 거버넌스를 통해 유럽통합을 가로막는 장애물을 극복하는 정치적 절차와 방법의 혁신을 시도했다. 이러한 의미에서 첫째, 이해관계와 갈등을 조정하는 동아시아 지역통합 과정은 합의제 거버넌스적 의사결정 기구 개발을 요구한다.[15] 유럽통합의 '사회적 차원'은 특정 집단의 저항과 특정 회원국의 비토권을 뛰어넘기 위한 수단인 (앞서 논의한) 비례 및 등가대표제가 유인하는 포괄적 국제연정에 입각한 집행권 분점, 집행부-입법부 권력균형, 보충성 원리에 입각한 준(準)연방제-양원제, 사회적 대화 등 권력분점에 기초한 다층적 합의제 거버넌스적 의사결정 기구에 의해 발전되어 왔다. 이 점에서 동아시아 지역통합의 '사회적 차원'도 유럽통합의 합의제 거버넌스 기구에 준하는 정치적 의사결정 기구의 창설을 통해서 진전될 수 있다. 합의제 거버넌스 기구는 권력분점에 기초하기 때문에 정치적 의사결정 과정을, 제로섬적인 완승과 완패가 아니라 '거래와 협상'에 의한 이익조정을 통해 사회정책 산출을 포지티브섬(positive-sum)적 시각으로 접근하도록 유도하기 때문이다. 요컨대, 초국적 조절양식으로 작동하는 합의제 거버넌스적 의사결정 기구의 존재 여부가 동아시아 지역통합을 촉진할 '사회적 차원'의 성패를 좌우할 것이다.

둘째, 유럽연합의 마스트리히트 사회정책협정(MSPA)은 향후 동아시아 지역통합 과정에서 주요 사회정책 의제에 대한 회원국들의 정치적 의지가 강력한데도 특정 회원국의 비토권 행사로 최종 의사결정의 합의가 불가능한 경우 이를 어떻게 처리했는가 하는 절차를 보여준다. 영국이 마스트리히트조약의 사회정책 초

15) 동아시아의 범위가 한·중·일, 동북아시아+동남아시아, 아세안+3(APT), 아시아·태평양경제 중 어느 것을 지칭하는지에 관한 논쟁이 있을 수 있다. 아시아 지역에는 여러 다자협력체들이 존재한다. 예컨대, 동아시아정상회의(EAS), APEC, ASEAN, 아시아지역포험(ARF) 등이 있다. 2009년 호주의 케빈 러드 총리는 아시아·태평양 영역을 단위로 유럽연합 수준의 포괄적인 제도화 구상을 내 놓았다. 또 같은 시기 일본의 하토야마 유키오 총리가 동아시아공동체 구성을 제안했다.

안을 반대하자 회원국들은 만장일치가 요구되는 사회정책 의제인 경우에 영국의 동의가 없이도 입법이 가능한 특별 의정서의 형태로 마스트리히트조약의 부속문건인 별개의 사회정책협정을 설계했다. 이러한 유럽연합의 사회정책 결정 사례는 동아시아 지역통합 과정에서 만장일치가 필요한 사회정책 영역과 가중다수결이 필요한 사회정책 영역으로 구분하는 특별 장치를 고안해낼 수 있다면 아마도 동아시아 지역통합의 사회정책도 효과적으로 이끌어낼 수 있을 것이다.

셋째, 유럽 수준의 노동·자본 단체와 의사결정권을 공유하는 사회적 대화는 동아시아 지역통합을 유인하는 또 하나의 사회정책 결정 절차가 될 수 있다. 유럽 수준의 사회적 대화 시스템이 유럽집행위에 의해 제안된 사회정책 어젠다에 관한 합의를 이끌어내면 그러한 사회적 파트너 협정(social partner agreement)은 유럽집행위의 교정 절차 없이 곧바로 유럽(각료)이사회-(유럽의회)에 상정된다. 이러한 사회적 대화 절차는 사회정책에 관한 합의 도달 과정에서 발생할지도 모를 유럽(각료)이사회-(유럽의회)의 정치적 어려움을 우회·완화하고 유럽연합의 사회정책을 이끌어내는 초국가적 조절 카드를 제공한다. 실제로 사회적 파트너들은 예컨대 1997년 6월 파트타임 노동자들의 차별을 금지하고 동등한 대우를 제도화하는 합의에 도달했고 (노동당 정부 출범 전)영국을 제외한 사회협정(Social Agreement)의 절차에 따라 유럽각료이사회에 전달하여 동의를 받았다.

이 사례에서 알 수 있는 바는 영국과 같은 특정 회원국의 위상이 유럽 수준의 사회적 파트너들의 연대에 의해 정치적으로나 법률적으로 훼손될 수 있으며 사회적 대화가 특정 회원국의 거부권 행사를 돌파할 수 있다는 점이다. 이 같은 유럽 차원의 사회적 대화의 발전과 단체협상의 유럽화 현상은 동아시아 지역통합의 의사결정 절차에 중요한 의미가 있다. 유럽통합 과정에서 노사(정) 간 대화와 타협이 합의를 끌어내듯이, 동아시아 지역통합 과정에서도 동아시아 수준의 사회적 파트너들 간 대화 시스템이 합의제 거버넌스의 한 축이 될 수 있다. 동아시아 수준의 사회적 파트너들은 향후 창설될 동아시아 지역통합기구가 추진하려고 하는 사회정책협의 과정에 참여할 권한이 있고 이를 통해 합의를 이끌어낼 수 있다. 요컨대, 동아시아 수준의 사회적 대화 형태의 의사결정 절차는 동아시아 지역통합의 사회정책 결정과정에서 직면할 수도 있는 정치적 교착상태를 피하기 위한 합의제 거버넌스의 한 축으로 작동할 수 있을 것이다.

마지막으로 사회정책 영역에서 유럽통합의 합의제 초국적 조절양식인 '개방적 조정방식'(OMC)도 동아시아 지역통합의 의사결정 절차에 도입될 수 있다. 유럽통합의 OMC에서 회원국들은 정책의제의 실행 과정에서 유럽집행위가 입안하고 유럽(각료)이사회가 검토한 가이드라인을 고려·반영한다. 한마디로 OMC는 유럽연합 정치기구와 회원국 간의 '협치'에 기초하는 유럽통합의 합의제 장치이다. 이 절차를 통해 유럽연합의 정치적 의사결정 과정의 어려움이 극복되고 유럽통합을 진전시키고 있다. 이러한 OMC 절차를 동아시아 지역통합 과정에 도입한다면 동아시아 지역통합기구가 전체 과정의 방향을 결정하는 공동의 목표를 설정하지만 이의 실행과 관련된 권한은 동아시아 지역공동체의 회원국이 보유할 수 있다. 또 동아시아 지역통합기구는 회원국들이 서로 협력하도록 압박하여 바람직한 정책목표를 달성하도록 영향력을 행사하면서 회원국들의 정책 실행 과정의 전반을 주도하고 감독하는 권한을 갖는다. 이처럼 OMC는 국민국가 수준의 정책 변화의 방향을 조건지우는 강력한 잠재력을 갖는다(Ferrera 2002: 227). 따라서 동아시아 지역통합기구는 회원국들이 특정 사회경제 목표를 달성하기 위한 정책을 결정하는 데 도움을 주기 위해 개입하고 모니터링 한다. 요컨대, OMC 절차는 동아시아 지역통합의 정치적 의사결정 과정의 어려움을 회피하여 동아시아 지역통합을 진전시키는 데 도움이 될 것이다.

이상과 같이, 서로 보완적 성격을 갖는 의사결정의 절차적 복합체인 합의제 거버넌스는 동아시아 지역통합의 '사회적 차원' 진전 과정에서 발생할지 모르는 정치적 어려움을 반영하는 시스템이라는 점에서 동아시아 지역통합 과정을 방해하는 정치적 기술적 장애물을 극복하는 정치적 메커니즘이 될 수 있다.

5. 결론

앞선 논의에서 알 수 있듯이, 1980년대를 변곡점으로 시장형성에서 시장보상(market-compensating)의 성격으로 전환되는 유럽통합의 '사회적 차원'에서 나타난 현상은 유럽연합의 초국적 의사결정 기구의 역할이 점점 커지고 회원국들이 국내 정책 우선순위 혹은 담론의 유럽화에 동의하고 있다는 점이다. 이는 회원국 수준과 유럽연합 수준에서 채택된 사회정책 법률의 균질화 혹은 근접을 유도하는 구속력 있는 초국적 의사결정 방식의 조절이 강화되고 특히 유럽 수준의 노동과 자본 등 비국가적 행위자들의 사회정책 결정과정에의 참여가 증가하는 현상과 무관하지 않다. 한마디로 합의제 거버넌스적 의사결정의 절차적 복합체는 유럽연합의 조약을 개정할 때마다 유럽통합의 초국적 '사회적 차원'을 강화·확대해 왔다.

이처럼 합의제 거버넌스적 의사결정 시스템에 의해 노동·구조·지역 정책 등 '사회적 차원'의 유럽화는 유럽통합 과정을 촉진하고 있다. 그러나 이에 대한 반론이 있다(이호근 2000: 285). 첫째, 단일유럽의정서의 시장통합과 마스트리히트조약의 경제화폐동맹(EMU)은 신자유주의적 경제통합 과정이다. 이것이 노동시장 및 임금의 유연화 등에 따르는 사회적 영역에 부정적 영향을 미쳤다는 것이다. 둘째, 유럽통합 과정에서 경제통합과 사회통합의 불균형이다. 마스트리히트-암스테르담 조약을 경유하면서 유럽통합의 '사회적 차원'이 확대되었으나 주로 경제적 효율성을 높이는 데에 초점이 맞추었지, 사회적 재분배는 유의미하게 시도되지 않았다는 주장이다. 셋째, 경쟁질서나 통화체제는 과도하게 초국화된 데 반해, 사회정책은 매우 제한적으로 초국화되었다는 것이다. 마지막으로 유럽통합의 '사회적 차원'은 유럽연합의 법률체계가 회원국의 법률체계보다 우월한 지위에 있지 않기 때문에 법적 구속력에 한계를 갖는 '상징적인' 것에 불과하다는 비판이다.

그러나 앞서 논의한 바와 같이 마스트리히트-암스테르담 조약 이후 유럽연합은 신자유주의적 경제통합의 충격을 완화하고 유럽결속을 강화하고 있다. 즉 사회적 불평등·실업 해소, 고용보호, 성평등, 노동자의 자유이동 등과 같은 전통적 영역과는 다른 새로운 차원의 이슈인 일자리 창출, 적극적 노동시장정책, 취업능력 제고, 사회적 포용, 노동시장 개혁, 사회적 대화 등을 통한 유럽통합이 진전되고 있다. 이러한 개혁들은 시장형성에 초점을 맞춘 전통적인 사고와 접근을 뛰어넘어 단일유럽시장의 희생자·낙오자에 대한 보상에 목표를 두고 유럽통합의 초국적 '사회적 차원'을 점진적, 지속적으로 확대하는 내적 '경로의존적 동학'(path-dependent dynamic)이라 할 수 있다.

이러한 파격적인 변화가 어떻게 가능했는가? 마스트리히트조약이 체결된 무렵 영국을 제외한 대부분의 회원국은 유럽통합의 '사회적 차원'을 중시하는 경향을 보였다. 이러한 정책 선호는 유럽집행위, 회원국, 유럽 수준의 노조, 유럽의회 등으로 구성되는 유럽 차원의 '친조화적 동맹'(pro-harmonization coalition)이라는 정치적 분위기와 맞아 떨어졌다(Falkner 1998: 65). 1990년대 이래 회원국들은 자신들의 사회경제적 문제를 단일유럽시장과 경제통화연맹(EMU) 형성에서 파생된 유럽 문제로 인식하고 공동 해법을 모색했다. 이는 유럽연합과 회원국들이 점진적으로 결속해 가는 과정이다. 즉 회원국들은 자신들의 국내 사회경제 문제가 점차 유럽 사회정책의 재분배 및 조절 양식에 의해 영향을 받고 있다는 인식을 갖고 새로운 정치지형에 순응하면서 자신들의 선호와 이익을 조정했다. 따라서 이해관계는 회원국 차원에서 배타적으로 실현되지 않고 유럽통합의 합의제 거버넌스에 의해 조정되고 있다(Börner 2012: 17). 유럽통합의 '사회적 차원'은 1980년대 이후 이제 더 이상 단지 공동시장 형성 과정에 기능적 역할에만 국한되지 않고 경제통합의 충격을 완화하고 결속을 증진하며 유럽통합의 정당성과 정체성을 창출하는 핵심 동인이다. 이 점에서 '유럽 사회적 공간의 창출'이라는 비전은 경제통합의 진전과 사회통합의 진전이 병진한다는 것을 의미한다. 유럽연합 차원에서 공동시장과 사회보장 간의 관계를 이렇게 정식화하는 것은 회원국 차원에서 나타나는 시장경제와 '사회적 차원' 사이의 선순환 메커니즘이 작동하는 것과 맥을 같이 한다. 이는 유럽통합의 초국적 '사회적 차원'을 정당화 한다.

유럽통합 과정은 역내 저개발 회원국들이 노동력을 이동하고 제품을 수출하며 구조기금과 같은 강력한 결속정책(cohesion policy)의 지원을 받을 수 있는 기회를 제공해 준다. 반면 유럽통합 과정은 부유한 회원국들로 하여금 단일유럽시장 내에서 시장경쟁의 왜곡과 '사회적 덤핑'(social dumping)을 못하도록 한다.[16] 또 정치적 측면에선 유럽통합 과정은 남부유럽 권위주의국가들의 민주화 이행과 민주주의 공고화(consolidating democracy)를 촉진했으며, 공산정권 붕괴 후 체제전환을 시도하는 동유럽 국가들에 민주주의와 시장경제를 정착시키는 데

16) 유럽지역의 경제통합이 심화되면서 사회정책의 균질화(uniform harmonization) 작업이 요구되고 있다(문진영 2008). 특히 유럽 사회통합의 기본적인 수단 중 하나인 노동력의 자유로운 이동을 보장하기 위해서는 유럽연합 회원국들의 사회보장제도가 균질하게 조정하는 작업이 전제되어야 한다. 그렇지 않으면 상대적으로 취약한 복지수준을 갖는 남부지역의 노동자들이 관대한 사회급여를 제공하는 북부지역으로 대거 이동하는 이른바 복지여행(welfare tourism) 현상을 통제할 수 없게 되기 때문이다. 따라서 향후 사회보장제도의 균질화 작업은 유럽통합의 성패를 결정하는 매우 중요한 시험대이다.

기여했다. 나아가 유럽통합 과정은 각 회원국의 유럽적 지역의식의 성장에 기여한다. 유럽통합의 지지자들은 유럽연합을, 유럽연방체제의 발단으로 보고 유럽국가들이 향후 연방정부 하에 평화공존 할 수 있는 다민족 그룹들의 통합체로 인식한다. 실제로 유럽연합은 역내 경제·사회정책 입안 및 집행을 넘어 국방·외교권까지 책임을 지는 유럽연방합중국(Federal United States of Europe)이라는 거대한 프로젝트 드림을 꾸고 있다. 고비 고비마다 도전과 시련이 따르겠지만 이것이 도도히 흐르는 유럽연방합중국의 강물을 막을 수는 없을 것이다. 유럽통합 과정은 각 단계마다 회원국의 이해가 상충하여 갈등과 반목을 거듭하다가도 '새로운 유럽' 건설이라는 대의를 향해 합의제 거버넌스 시스템을 통하여 양보하고 타협하는 전통을 갖고 있기 때문이다.

유럽통합 과정은 동아시아 지역통합 프로젝트에 의미심장하다. 유럽연합은 정치적 의사결정 과정에 회원국들 혹은 비국가적 사회적 파트너들의 평등한 정치참여를 지향하는 '프로세스'(how) 중심의 합의제 거버넌스(절차적 민주주의)가 '정책콘텐츠'(what)인 '사회적 차원'(실질적 민주주의)을 촉진하면서 회원국 간, 비국가적 행위자들 간의 이해관계·갈등 조정을 제도화시키고 있다. 이러한 유럽통합의 역동적 발전 경로는 합의제 거버넌스라는 절차적 민주주의의 선차성을 시사하고 있다

현재 동아시아 지역은 경제적 차원에선 상호 의존적인 '공동경제시장' 형성을 추진하려는 의지가 보이지만 역사·영토·안보 등의 '경성이슈'(hard issues)를 둘러싼 정치적 갈등을 겪고 있는 이른바 '동아시아 패러독스'의 덫에 갇혀 있다. 이 지점에서 등장하는 핵심적인 문제는 향후 동아시아 지역통합 과정을 진행시키려는 초국가적 권위체(supranational authority)를 어떻게 창설하고 이것이 개별 국민국가의 정책 자율성을 제약·조정할 수 있느냐 여부에 있다. 이 글은 동아시아 지역통합의 초국적 권위체는 합의제 거버넌스적 의사결정 제도로 디자인되는 것이 '동아시아 패러독스'를 극복하는 길이라고 주장한다. 합의제 거버넌스는 이질적인 국가적 균열라인에 따르는 분절국가(segmented nations) 간의 통합 과정에 작용하는 유리·불리한 조건보다 더욱 중요한 요소로 정치엘리트의 역할을 강조하고 이들의 정치적 의지와 기교가 불리한 요소를 제거할 수 있다(Lijphart 1985: 127). 이 관점은 행위자 중심의 제도주의적 이론

(actor-centered institutionalist theory)의 원칙을 강조한다. 즉 구조와 제도는 행위자의 전략적 선택(strategic choice)에 영향을 미치는 변수이지만 결정하지는 않는다. 이런 점에서 동아시아 지역통합 과정은 합의제 거버넌스라는 초국적 권위체를 창출하려는 정치엘리트들의 전략적 선택에 의해 좌우될 것이다.

동아시아 지역통합의 합의제 거버넌스는 역내 경제통합과 '사회적 차원'을 병진하는 정책 자율성을 가져야 한다. 동아시아 지역의 경제통합은 자유무역협정(FTA) 체결 등 신자유주의적 경로를 밟을 것인데 이 과정의 횡포와 변덕을 최소화하기 위해 동아시아 지역통합을 촉진하는 초국적인 '사회적 차원'은 강화되어야 한다. 회원국들의 사회 문제가 단순히 특정 회원국만의 문제가 아니라 동아시아 지역 문제로 인식되어야 한다. 동시에 동아시아 지역통합의 초국적 사회정책이 단지 단일동아시아시장 형성 과정에 기능적 역할에만 국한하지 않고 종국적으로 회원국 간, 역내 지역 간, 사회집단 간의 불평등 등 동아시아 지역 경제통합의 충격을 완화하고 결속을 증진하는 데 기여해야 한다. 나아가 사회정책 결정 과정은 회원국 간의 이해관계를 협상하는 과정 이상의 성격을 가져야 한다. 이는 동아시아 지역통합의 합의제 거버넌스적 기구가 독자성·자율성을 갖고 사회정책을 결정할 권능을 증대시키려 노력할 때 가능하다. 예컨대, 동아시아집행위는 '사회적 차원'을 동아시아 지역통합의 정체성 증진을 위한 정당화 수단으로 평가하는 것이다. 이 경우 동아시아 지역통합의 합의제 거버넌스 기구는 준국가 구조 수준에 근접할 것이다.

동아시아 지역통합 과정에서 구조기금과 같은 사회정책은 북한 등 역내 저개발 회원국들의 사회개발 노력을 지원하는 수단이 될 수 있다. 또 단일동아시아시장 내의 초국적 조절 양식은 부유한 회원국들에겐 시장경쟁의 왜곡과 더불어 '사회적 덤핑'을 방지해 주는 압력이 될 수 있다. 나아가 정치적 측면에서 독일통일이 유럽통합 과정에 의해 촉진되었듯이, 북한 참여를 유도하는 동아시아 지역통합 과정은 한반도의 반전·반핵·군축 평화구조의 제도화에 기여할 것이다.

참 고 문 헌

강명세. 2014. 『민주주의 복지국가 그리고 재분배』. 서울: 선인.

고상두. 2015. "독일의 정당연합과 정책변화." 여의도 연구원. 정책세미나 자료집.

고세훈. 1999. 『영국노동당사: 노동운동의 정치화 이야기』. 서울: 나남.

______. 2005. "노동 없는 민주주의: 서유럽의 경우." 고려대학교 아세아문제연구소. 『아세아연구』. 제48권 2호. 183-302.

곽진영. 2004. "미국 사회의 로컬 거버넌스 사례." 박찬욱 외. 『21세기 미국 사회의 거버넌스』. 서울: 서울대학교출판부. 353-385.

구춘권. 2007. "적녹연정의 유산과 대연정의 개혁프로그램." 국제정치학회. 『국제정치논총』. 47(3). 165-187.

______. 2008. "사회적 유럽과 유럽연합의 노동정책의 발전." 한국정치학회. 『한국정치학회보』. 42집 3호. 219-238.

김미경. 2005. "초국가적 수준에서의 다원주의적 민주주의와 유럽연합의 민주적 결손: 비교 민주주의의 관점에서." 한국정치학회. 『한국정치학회보』. 39집, 2호. 65-84.

김상철. 2015. "독일 복지국가의 조세정책과 조세개혁." 양재진 외. 『복지국가의 조세와 정치』. 서울: 집문당. 85-131.

김성수. 2011. "독일의 복지정책개혁과 정당구조 변화: 지난 10년의 현황과 전망." 한국사회와 행정연구. 제21권 제4호. 49-72.

김성훈. 2004. "메조레벨에서 노사장 간의 정책협의 실험." 『한국행정연구』. 제13권 제2호.(여름호). 31-64.

김수행. 2003. "블레어 '제3의 길'." 김수행 외. 『제3의 길과 신자유주의』. 서울: 서울대학교출판부. 65-103.

김연명. 2007. "사회투자정책과 한국 사회정책의 미래." 한국사회복지학회 · 한국사회정책학회 · 한국행정학회. 『한국 사회의 미래와 사회투자정책』. 2월 21일 프레스센터 국제회의장. 113-140.

김영순. 2013. "적대정치에서 합의정치로?: 블레어정부 이후 영국의 연금개혁에 관한 연구." 한국정치학회. 『한국정치학회보』. 47(5). 95-116.

김 원. 2006. "지방분권화 사회적 합의." 경기개발연구원. 『한국형 사회협약의 모색과 복지국가』. 146-170.

김재한. 2001. 『분열의 민주주의』. 서울: 소화.

김학노. 2005. "노사관계의 유럽화: 단체협상을 중심으로." 한국EU학회. 『EU학 연구』. 1-48.

김형기. 2006. "지속가능한 진보를 통한 지속가능한 한국의 실현," 좋은정책포럼, 발표논문. 1-15.

노중기. 2006. "노무현 정부의 노동정책: 평가와 전망." 『산업노동연구』. 제12권 제2호. 1-28.

문진영. 2009. 『유럽연합의 사회정책에 관한 연구』. 서울: 집문당.

박명림. 2008. "헌법개혁, 민주주의, 그리고 한국 국가관리의 비전." 연세대 국가관리연구원. 『한국의 국가관리 모델과 비전』. 5월 26일. 1-17.

박상훈. 2007. "'정당 없는 민주주의'는 왜 문제인가." 최장집·박찬표·박상훈. 『어떤 민주주의인가』. 서울: 후마니타스. 304-323.

박재욱. 2003. "지방분권과 지방의회의 개혁," 한국정치학회. 『한국정치, 안보, 지방정치』. 발표논문(12월). 198-219.

방청록. 2008. "EU의 정치협력과 사회적 차원." 이종원·황기식 편. 『EU27 유럽통합의 이해』. 서울: 해남 133-159.

백낙서. 1994. "예멘·독일의 통일사례에 비추어 본 남북한 관계의 현황과 전망." 『 인제대학교 인문사회과학논총』 1(1).

서재진 · 김병로. 1994. 『북한의 변화와 김정일 정권의 장래』. 서울: 민족통일연구원.

선학태. 1998. "남북한 갈등해결 메커니즘." 한국정치학회. 『한국정치학회보』.

______. 2003. 『한국정치경제론: 현상분석과 새로운 패러다임』. 서울: 심산.

______. 2004. 『갈등과 통합의 정치: 지역·계급·계층·남북 갈등의 해결 메커니즘』. 서울: 심산.

______. 2005. 『민주주의와 상생정치: 서유럽 다수제 모델 vs 합의제 모델』. 서울: 다산출판사.

______. 2006. 『사회협약정치의 역동성: 서유럽 정책협의와 갈등조정 시스템』. 서울: 한울아카데미.

______. 2007. "사회협약정치와 민주주의 공고화," 전남대학교 5·18 연구소. 『민주주의와 인권』. 229-265.

______. 2008. 『한국민주주의의 뉴패러다임』. 서울: 명인출판사.

______. 2011. 『사회적 합의제와 합의제 정치』. 전남대학교출판부

안병영. 2013. 『왜 오스트리아 모델인가』. 서울: 문학과 지성사.

안재흥. 2011. "한국복지자본주의의 쟁점과 과제: 비교정치경제학의 시각." 한국정치학회·관훈클럽 4월 발표

양재진. 2015. "결론" 양재진 외. 『복지국가의 조세와 정치』. 서울: 집문당. 245-257.

여유진. 2010. "주요 OECD 국가의 소득불평등." 『동양과 전망』. ??

우윤근. 2014. "토론문: 대한민국 통치구조." 한림국제대학원 정치경영연구소. 『개헌담론을 진단한다』. 49-65.

윤기석. 2004. "프랑스 지방분권제의 정치적 함의와 현황," 유럽정치연구회(편). 『유럽정치』. 서울: 백산서당, 187-212.

윤상우. 2007. "민주화 이후 관료독점적 정책생산구조의 변형과 재편." 『동향과 전망』. 제69호. 131-155.

윤홍식. 2011. "복지국가 조세체계의 변화와 쟁점." 한림국제대학원 정치경영연구소. 『복지국가 건설의 정치경제학』. 제4회 대안포럼. 47-61.

이병희. 2014. "노동시장 불평등과 가구소득불평등." 한국사회 보건연구원. 『보건복지포럼』. 제215호. 32-43.

이 선. 2008. 『노사관계론』. 한국기술교육대학교. HRD 클러스터.

이성형. 2011. "브라질 룰라 정부의 유산과 후세피 정부의 전망." Revista Iberoamericana. 22(1). 149-182.

이연호. 2003. "영국과 네덜란드의 산업관계 개혁 비교연구: 이해관계모델과 협의경제모델의 성공조건." 한국정치학회 추계 학술대회. 215-238.

이종서. 2007. "EU 지역정책 패러다임의 변화: 구조기금 개혁과정을 중심으로." 유럽학회. 『유럽연구』. 제25권 2호. 119-152.

이호근. 2000. "유럽 통합과정과 사회정책." 『한국정치학회보』. 34집 3호.

______. 2004. "독일 정치경제의 구조와 흐름." 유럽정치연구회,『유럽정치』. 서울: 백산서당. 67-94.

정영호. 2014. 『사회갈등지수 국제비교 및 경제성장에 미치는 영향』. 한국사회보건연구원. 12월.

정병기. 2000. “이탈리아 정치적 지역주의의 생성과 북부동맹의 변천.” 한국정치학회. 『한국정치학보』. 34집 4호. 397-419.

정원호. 2004. 『유럽의 유연안정성 전략 연구』. 한국직업능력개발원.

______. 2005. “덴마크의 유연안정성 정책에 관한 고찰.” 한국EU학회. 『EU학연구』. 10권, 2호. 41-73.

정희정. 2008. “네덜란드와 덴마크의 유연안정성 모델의 비교.” 한국노동연구원. 『국제노동브리프』. 23-36.

조명래. 2003. “참여정부 균형발전 및 분권시책의 비판적 검토: 권력의 공간적 민주화를 위하여.” 한국정치학회. 『한국정치, 안보, 지방정치』. 223-236.

조성복. 2013. “독일 사회조합주의의 변화와 그 제도적 요건.” 세계지역학회. 『세계지역연구논총』. 31(1). 311-334.

조현연. 2007. “민주화 · 세계화 이후 경제적 독점과 재벌의 사적 이해의 정치적 관철 과정 연구.” 성공회대학교 민주주의와 사회운동연구소. 『민주화 이행 후 한국민주주의 발전과 갈등구조』. 182-207.

진영재. 2002. “분단구조와 남한 내부의 정치갈등.” 문정인 외. 『남북한 정 치갈등과 통일』. 서울: 오름.

최장집. 2006. 『민주주의의 민주화: 한국민주주의의 변형과 헤게모니』. 서울: 후마니타스.

최장집·박상훈·박찬표. 2007. 『어떤 민주주의인가』. 서울: 후마니타스.

최태욱. 2012. “뉴질랜드의 선거제도 개혁과 정치기업가.” 서울대 한국정치연구소. 『한국정치연구』. 275-298.

허　만. 1998. “유럽연합의 통합정치와 그 경험: 아시아·태평양지역에의 적응과 한계성.” 유럽학회. 『유럽연구』. 제7호(여름호).

홍성대·김철주·김주일. 2009. “독일 복지국가의 재구조화의 양상과 성격.” 한독사회과학논총. 19(1). 59-88.

황태연. 2005. “유럽 분권형 대통령제에 관한 고찰.” 한국정치학회. 『한국정치학회보』. 39집 2호. 45-62.

Aldrich, John H., Brittany N. Perry, and David W. Rohde. 2013. “Richard Fenno's Theory of Congressional Committees and the Partisan Polarization of the House.” in Lawrence C. Dodd and Bruce I. Oppenheimer(eds.) *Congress Reconsidered*. 10th Edition. CQ Press.

Alesina, Albert and Edward L. Glaeser. 2007. *Fighting Poverty in the US and Europe: A World of Difference*. 2nd ed. Oxford: Oxford University Press.

Alford, Robert R. 1985. “Paradigm of Relations Between State and Society.” in Lindberg Leon, Robert Alford, Colin Crouch and Claus Offe(eds). *Stress and Contradiction in Modern Capitalism*. London: Lexington Books. 145-158.

Allern, Elin H., N. Aylott and F. J. Christiansen 2007. “Social Democrats and Trade Unions in Scandinavian.” *European Journal of Political Research*. 46. 607-635.

Andersen, T. M. and M. Svarer. 2007. *Flexicurity: The Labor Market Performance in Denmark*. CESifo Working Paper No. 2108. 1-32.

Anderson, K. 2007. “The Netherlands: Political Competition in a Proportional System.” in E. M. Immergut, K. M. Anderson and I. Schulze(eds.). *The Handbook of Western European Pension Politics*. Oxford: Oxford University Press. 713-757.

Anderson, Karen M. and Ellen M. Immergut. 2007. “Sweden: After Social Democratic Hegemony.” in Ellen M. Immergut, K. M. Anderson and I. Schulze(eds.). *The Handbook of West European*

Pension Politics. Oxford: Oxford University Press. 349-395.

Andeweg, R. B. 1999. "Parties, Pillars and the Politics of Accommodation: Weak or Weakening Linkages? The Case of Dutch Consociationalism." in K. R. Luther and K. Deschouwer(eds.). *Party Elites in Divided Societies: Political Parties in Consociational Democracy*. London: Routledge. 118-139.

______________. 2000. "Consociational Democracy." *Annual Review Political Science*. 3. 509-536.

______________. 2011a. "From Puzzles to Prospects for Coalition Theory." in R. B. Andeweg, L. Winter and P. Dumont(eds.). *Puzzles of Government Formation: Coalition Theory and Deviant Cases*. New York: Routl0edge. 190-203.

______________. 2011b. "Purple Puzzles: The 1994 and 1998 Government Formation in the Netherlands and Coalition Theory." in R. B. Andeweg, L. Winter and P. Dumont(eds.). *Puzzle of Government Formation: Coalition Theory and Deviant Cases*. New York: Routledge. 147-164.

Andeweg, R. B. and A. Timmermans. 2008. "Conflict Management in Coalition Government." in K. Strøm, W. C. Müller and T. Berg-man(eds.). *Cabinets and Coalition Bargaining: The Democratic Life Cycle in Western Europe*. Oxford: Oxford University Press. 269-300.

Andeweg, R. B. and Galen A. Irwin. 2009. *Governance and Politics of the Netherlands*. Palgrave Macmillan.

Andeweg, Rudy B., L. De Winter and W. C. Müller. 2008. "Parliamentary Opposition in Post-Consociational Democracy: Austrian, Belgium and the Netherlands." *The Journal of Legislative Studies*. 14(1/2). 77-112.

Anthonsen, M. and J. Lindvall. 2009. "Party Competition and the Re-silience of Corporatism." *Government and Opposition*. 44(2). 167-187.

Anthonsen, M., J. Lindvall, and U. Schmidt-Hansen. 2011. "Social De-mocrats, Unions and Corporatism: Denmark and Sweden Com- pared." *Party Politics*. 17(1). 118-134.

Armingeon, Klaus. 1997. "Swiss Corporatism in Comparative Perspective." *West European Politics*. 20(4). 164-179.

________________. 2001. "Institutionalizing the Swiss Welfare State." *West European Politics*. 24(2) 145-168.

________________. 2002a. "Interest Intermediation: The Cases of Consociational Democracy." in H. Keman(ed.). *Comparative Democratic Politics*. Sage Publications. 143-165.

________________. 2002b. "Cosociationalism and Economic Performance in Switzerland, 1968-1998: The Conditions of Muddling Through Successfully." *Acta Politica*. 37(2). 121-138.

Armingeon, Klaus, Fabio Bertozzi and Giuliano Bonoli. 2004. "Swiss Worlds of Welfare." *West European Politics*. 27(1)(January). 20-44.

Arter, David. 2004. "Parliamentary Democracy in Scandinavia." *Parliamentary Affairs*. 57(3). 581-600.

Avdagic, S., M. Rhodes and J. Visser(eds.). 2011. *Social Pacts in Europe: Emergence, Evolution, and Institutionalization*. Oxford: Oxford University Press.

Avdagic, Sabina. 2011. "The Condition for Pacts: A Fuzzy-Set Analysis of the Resurgence of Tripartite Concertation." in S. Avdagic, M. Rhodes, and J. Visser(eds.). *Social Pacts in Europe: Emergence, Evolution, and Institutionalization*. Oxford: Oxford University Press. 17-42.

Aylott, N. and T. Bergman. 2011. When Median-legislator Theory Fails: The Swedish Greens in 1998 and 2002. in Rudy B. Andeweg, Lieven D. Winter and Patrick Dumont. *Puzzles of Government Formation: Coalition Theory and Deviant Cases.* New York: Routlege Press. 44-64.

Aylott, Nicholas. 2011. "Parties and Party Systems in the North." in T. Bergman and K. Strøm(eds.). 2011. *The Madisonian Turn: Political Parties and Parliamentary Democracy in Nordic Europe*. Ann Arber: Michigan University Press. 297-328.

Aylott, Nicholas and Nikas Bolin. 2007. "Toward a Two-Party System? The Swedish Parliamentary Election of September 2006." *West European Politics*. 30(3). 621-632.

Azar, Edward. 1990. *The Management of Protracted Social Conflict: Theory and Cases.* Hampshire: Dartmouth

Baccaro, Lucio. 2003. "What is Alive and What is Dead in the Theory of Corporatism." *British Journal of Industrial Relations.* 41(4). 683-706.

Bale, Tim and Torbjorn Bergman. 2006. "Captives No Longer, but Servants Still? Contract Parliamentarism and the New Minority Governance in Sweden and New Zealand." *Government and Oppositions*." 41(3). 422-449.

Bartels, Larry M. 2008. *Unequal Democracy: The Political Economy of the New Gilded Age*. Princeton University Press.

Belmont, K., S. Mainwaring and A. Reynolds. 2002. "Introduction: Institutional Design, Conflict Management and Democracy." in A. Reynolds(ed.). *The Architecture of Democracy: Constitutional Design, Conflict Management and Democracy*." Oxford: Oxford University Press. 1-11.

Berger, Stefan. 2002a. "Germany in Historial Perspective: The Gap between Theory and Practice." in Stefan Berger and Hugh Compston(eds.). *Policy Concertation and Social Partnership in Western Europe*. New York: Berghan Books. 125-138.

____________. 2002b. "Social Partnership 1880-1989: The Deep Historical Roots of Diverse Strategies." in Stefan Berger and Hugh Compston(eds). *Policy Concertation and Social Partnership in Western Europe.* 335-352.

Berger, Stefan and Hugh Compson(eds.). 2002. *Policy Concertation and Social Partnership in Western Europe: Lessons for the 21st Century.* New York: Berghan Books.

Bergman, T and N. Bolin. 2011. "Swedish Democracy: Crumbling Political Parties, a Feeble Riksdag, and Technocratic Power Holders?" in Torbjorn Bergman and Kaare Ström(eds.). *The Madisonian Turn: Political Parties and Parliamentary Democracy in Nordic Europe*. Michigan University Press. 251-293.

Bergman, T. and Kaare Strøm(eds.). 2011a. *The Madisonian Turn: Political Parties and Parliamentary Democracy in Nordic Europe*. Michigan University Press.

__________________________. 2011b. "Nordic Europe in Comparative Perspective." in Torbjorn Bergman and Kaare Strøm(eds.). *The Madisonian Turn: Political Parties and Parliamentary Democracy in Nordic Europe*. Michigan University Press. 35-64.

Bille, L. and K. Pedersen. 2004. "Electoral Fortunes and Responses of the Social Democratic Party and Liberal Party in Denmark: Ups and Downs." in Peter Mair et al.(eds.). *Political Parties & Electoral Change*. SAGE. 1-29.

Birchfield, V. and M. M. L. Crepaz. 1998. "The Impact of Constitutional Structures and Collective and Competitive Veto Points on Income Inequality in Industrialized Democracies." *European Journal of Political Research.* 34. 175-200.

Bishay, S. 1993. "Conformist Federalism." *Telos*. 95. 78-98.

Bispinck, Reinhard and Thorsten Schulten. 2000. "Alliance for Job - Is Germany Following the Path of Competitive Corporatism?" in G. Fajertag and P. Pocher(eds.). *Social Pacts in Europe - new Dynamics*. 2nd edn. Brussels: European Trade Union. 187-218.

Blaschke, Sabine. 2006. "Restructuring as a Reaction to Growing Pressure on Trade Unionism: The Case of the Austrian OGB." *Industrial Relations Journal*. 37(2). 147-163.

Blomhansen, J. 2001. "Organized Interests and the State: A Disintegrating Relationship? Evidence from Denmark." *European Journal of Political Research*. 39.

Blondel, Jean. 1968. "Party Systems and Patterns of Government in Western Democracies." *Canadian Journal of Political Science*. 1(2)(June). 180-203.

Bonatti, L. and A. Fracasso. 2013. "The German Model and the European Crisis." *Journal of Common Market Studies*. 51(6). 1023-1039.

Bonoli. G. 2007. "Switzerland: The Impact of Direct Democracy." in E. M. Immergut *et al.*(eds.). *The Handbook of Western European Pension Politics*. Oxford: Oxford University Press. 713-757.

Börner, S. 2012. "In Search for the European Social Question: Historicizing European Social Policy." SEU Working Paper. 3. 1-26.

Boyler, Nigel. 2009. "The Malleable Politics of Activism Reform: The Harz Reforms in Comparative Perspective." Paper for 2009 EUSA Biennial Conference. April 25. Los Angeles. 1-21.

Bredgaard, T. 2012. "Flexibility and Security in Employment Regulation: What Can Be Learned from the Danish Case? in H. Arthurs and C. Stone(eds.) *Employment Regulation after the Standard Employment Contract: Innovation in Regulatory Design*." Russel Sage. 1-16.

Busch, Andreas. 1994. "Central Bank Independence and the Westminster Model." *West European Politics*. 17(1)(January). 53-72.

______________. 2009. "Schröder's Agenda 2010: From B to Lasting Legacy?" in Miskimmon, A. et al.(eds.). *Germany's Gathering Crisis*. Palgrave: Macmillan Publish.

Carlin., Wendy and David Soskice. 2009. "German Economic Performance: Disentangling the Role of Supply-Side Reforms, Macroeconomic Policy and Coordinated Economy Institutions." *Socio-Economic Review*. 7(1). 67-99.

Cawson, Alan. 1978. "Pluralism, Corporatism and the Role of the State." *Government and Opposition*. 13(2)(Spring). 179-198.

Cawson, Alan(ed.). 1985. *Organised Interests and the State: Studies in Meso- Corporatism*. Beverly Hills: Sage.

Charlwood, Andy. 2004. "The New Generation of Trade Union Leaders and Prospects for Union Revitalization." *British Journal of Industrial Relations*. 42(2). 379-397.

Cheibub, Jose Antonio. 2002. "Presidentialism and Democratic Performance." in Andrew Reynolds(ed.). *The Architecture of Democracy: Constitutional Design, Conflict Management, and Democracy*. Oxford: Oxford University Press. 104-140.

______________________. 2007: *Presidentialism, Parliamentarism, and Democracy*. Cambridge: Cambridge University Press.

Cheibub, Jose Antonio, Adam Przeworski and Sebastian M. Saiegh. 2004. "Government Coalitions and Legislative Success under Presidentialism and Parliamentalism." *British Journal of Political Science*. 34. 565-587.

Christiansen, Peter M. and Hilmar Rommetvedt. 1999. "From Corporatism to Lobbyism?

Parliaments, Executives, and Organized Interests in Denmark and Norway." *Scandinavian Political Studies*. 22(3). 195-220.

Church, Clive H. 2004. "The Swiss Elections of October 2003: Two Steps to System Change?" *West European Politics*. 27(3)(May). 519-534.

Clasen, Jochen. 2005. *Reforming European Welfare States: Germany and the United Kingdom Compared*. Oxford University Press.

Coates, David. 1985. *Labour in Power? A Study of the Labour Government*. London: Longman.

Cohen, Joshua and Joel Rogers. 1992. "Secondary Associations in Democratic Governance." *Politics and Society*. 20(4). 393-472.

Colomer, Josep M. 2011. "The More Parties, The Greater Policy Stability." *European Political Science*. 1-15.

Colomer Josep M. and Gabriel L. Negretto. 2005. "Can Presidentialism Work Like Parliamentarism." *Government and Opposition*. 40(1). 60-89.

Compston, Hugh. 2002a. "The Strange Perspective of Policy Concertation." in Stefan Berger and Hugh Compston(eds). *Policy Concertation and Social Partnership in Western Europe: Lessons for the 21st Century*. Oxford: Berghahn Books. 1-16.

Compston, Hugh. 2002b. "The Politics of Policy Concertation in the 1990s: The Role of Ideas." in Stefan Berger and Hugh Compston(eds.). *Policy Concertation and Social Partnership in Western Europe: Lessons for the 21st Century*. Oxford: Berghahn Books. 311-334.

Cox, Andrew. 1988. "The Failure of Corporatist State Forms and Policies in Post-war Britain." in A. Cox and N. O'Sullivans(eds.). *The Corporate State*. London: Aldershot. 201-220.

Crepaz, M. L. M. 2002a. "Global, Constitutional, and Partisan Determinants of Redistribution in Fifteen OECD Countries." *Comparative Politics*. 34(2). 169-188.

______________. 2002b. "Domestic and External Constraints on Austrian Corporatism: Challenge and Opportunities." *Acta Politica*. 37(2). 157-174.

Crepaz, M. L. M. and A. Lijphart. 1995. "Linking and Integrating Corporatism and Consensus Democracy: Theory, Concepts and Evidence." *British Journal of Political Science*. 25(2). 281-289.

Crepaz, M. L. M. and V. Birchfield. 2000. "Global Economics, Local Politics: Lijphart's Theory of Consensus Democracy and Politics of the Inclusion." in M. L. Crepaz, T. A. Koeble and D. Wilsford(eds.). *Democracy and Institutions: The Life Work of Arend Lijphart*. Ann Arbor, Michigan: The University of Michigan Press. 197-224.

Crepaz, Markus M. L and Ann W. Moser. 2004. "The Impact of Collective and Competitive Veto Points on Public Expenditures in the Global Age." *Comparative Political Sciences*. 37. 259-285.

Crepaz, Markus M. L. 1996. "Consensus versus Majoritarian Democracy: Political Institutions and Their Impact on Macroeconomic Performance and Industrial Disputes." *Comparative Political Studies*. 29(1)(February). 4-26.

Cressey, Peter. 1999. "New Labour and Employment, Training and Employee Relations." in Marrtin Powell(ed.). *New Labour, New Welfare State?: The Third Way in British Social Policy*. Bristol: The Politcy Press. 58-76.

Cusack T. R., T. Iversen and D. Soskice. 2007. "Economic Interests and the Origins of Electoral Systems." *American Political Science Review*. 101(3). 373-391.

Daalder, Hans. 1974. "The Consociational Democracy Theme." *World Politics*. 16(July). 604-621.

Dahl, Robert A.(ed.). 1971. *Polyarchy, Participation and Opposition*. New Haven, CT: Yale University Press.

Damgaard, E. 2000. "Denmark. The Life and Death of Government Coalitions." in W. Muller and K. Strøm(eds.). *Coalitions Governments in Western Europe.* Oxford University Press. 231-263.

____________. 2011. "Change and Challenge of Danish Parliamentary Democracy." in Torbjorn Bergman and Kaare Ström(eds.). *The Madisonian Turn: Political Parties and Parliamentary Democracy in Nordic Europe.* 67-111.

De Burca, G. 2005. *EU Law and the Welfare State: In Search of Solidarity.* Oxford: Oxford University Press.

Diamond, Larry. 1996. "Is the Third Wave Over?" *Journal of Democracy.* 7. 20-37.

____________. 1999. *Developing Democracy toward Consolidation*, Baltimore, MD: The Johns Hopkins University Press.

Doctor, M. 2007. "Lula's Development Council: Neo-Corporatism and Policy Reform in Brazil." *Latin American Perspectives.* 34(6). 131-148.

Dorey, Peter. 2002. "Britain in the 1990s: The Absence of Policy Concertation." in Stefan Berger and Hugh Compston(eds.). *Policy Concertation and Social Partnership in Western Europe: Lessons for the 21st Century.* Oxford: Berghahn Books. 63-76.

Due, J. and J. S. Madsen. 2008. "The Danish Model of Industrial Relations: Erosion or Renewal." *Journal of Industrial Relations.* 50(3). 513-529.

Dunphy, Richard. 2004. "In Search of an Identity: Finland's Left Alliance and the Experience of Coalition Government." *Contemporary Politics.* 13(1). 37-55.

Dyson, K. and T. Saalfeld. 2010. "Actors, Structure and Strategies; Policy Continuity and Change under the German Grand Coalition(2005-09)." *German politics.* 19(3/4). 269-282.

Dyson, Kenneth and Stephen Padgett. 2006. "Introduction: Global, Rhineland, or Hybrid Capitalism?" in Kenneth Dyson and Stephen Padgett(eds.). *The Politics of Economic Reform in Germany: Global, Rhineland, or Hybrid Capitalism?* London: Routledge. 1-10.

Dyson, Kenneth. 2006. "Binding Hands as a Strategy for Economic Reform: Government by Commission." in Kenneth Dyson and Stephen Padgett(eds.). *The Politics of Economic Reform in Germany: Global, Rhineland, or Hybrid Capitalism?* London: Routledge. 110-133.

Ebbinghaus, Bernhard and Ankel Hassel. 2000. "Striking Deals: Concertation in the Reform of Continental European Welfare States." *Journal of European Public Policy.* 7(1). 44-62.

Ebbinghaus, Bernhard. 2004. "The Changing Union and Bargaining Landscape: Union Concertation and Collectively Bargaining Trends." *Industrial Relations Journal.* 35(6). 574-587.

Eichhorst, W. and P. Marx. 2011. "Reforming German Labour Market Institutions: A Dual Path to Flexibility." *Journal of European Social Policy.* 21(1). 73-87.

Elazar, Daniel. J. 1984. *Federalism and Political Integration.* New York: University Press of America.

Elvander, Nils. 2002. "The Labour Market Regimes in the Nordic Countries: A Comparative Analysis." *Scandinavian Political Studies.* 25(2). 117-137.

Encarnacion, Omar G. 1997. "Social Concertation in Democratic and Market Transitions: Comparative Lessons from Spain." *Comparative Political Studies.* 30(4). 387-419.

____________. 2001. "Labour and Pacted Democracy: Post-Franco Spain in Comparative Perspective," *Comparative Politics.* 33(3) (April). 337-355.

Esping-Andersen, G. 1990. *The Three Worlds of Welfare Capitalism.* Princeton: Princeton University

Press.

Etzioni, Amitai. 1962. "A Paradigm for the Study of Political Unification." *World Politics.* 15(1).

European Commission. 2002. *The European Social Dialogue, A Force for Innovation and Change.* COM(2002) 341 final.

______. 2004. *Industrial Relations in Europe 2004.* Luxembourg: Office for the Official Publications of the European Communities.

______. 2007. *Cohesion Policy 2007-13. National Strategic Reference Frameworks.* Office for Official Publications of the European Communities. Luxembourg.

European Union. 2011. *Industrial Relations in Europe 2010.* Luxembourg: Publications. Office of the EU.

Falk, Richard. 2000. "Resisting Globalisation-from-Above through Globalisation-from-Below." in Barry K. Gills(ed.). *Globalisation and the Politics of Resistance.* London: Macmillan. 46-56.

Falkner, G. 1996. "The Maastricht Protocol on Social policy: Theory and Practice." *Journal of European Social Policy.* 6(1). 1-16.

______. 1998. *EU Social Policy in the 1990s: Towards a Corporatist Policy Community.* London and New York: Routledge.

Ferrera, M. 2002. "Open Coordination Against Poverty: The New EU Social Inclusion Process." *Journal of European Social Policy.* 12(3). 227-239.

Figueiredo, Argelina C. 2007. "Government Coalitions in Brazilian Democracy." *Brazilian Political Science Review.* 1(2). 182-206.

Fink, Marce and Emmerich Tálos. 2004. "Welfare State Retrenchment in Ignoring the Logic of Blame Avoidance?" *Journal of Societal & Social Policy.* 3.

Fleiner, Thomas, Walter Kälin, Wolf Linder and Cherly Saunders. 2003. "Federalism, Decentralization and Conflict Management in Multicultural Societies." in Raoul Blindenbachen and Arnold Koller(eds.). *Federalism in A Changing World: Learning from Each Other Countries.* London: McGill-Queen's University Press. 197-215.

Fleischer, J. 2010. "A Duel Centre? Executive Politics under the Second Grand Coalition in Germany." *German Politics.* 19(3). 353-368.

Flinders, Matthew. 2005. "Majoritarian Democracy in Britain: New Labour and the Constitution." *West European Politics.* 28(1)(January). 61-93.

Franklin, Mark N. 1996. "Electoral Participation." in L. LeDue, R. Niemi and P. Norris(eds.). *Comparing Democracies: Elections and Voting in Global Perspective.* London: Sage Publications.

Franzese, Robert J. 2002. "Electoral and Partisan Cycles in Economic Policies and Outcomes." *Annual Review of Political Science.* 5. 369-421

Gabel, M. J. 1998. "The Endurance of Supranational Governance: A Consociational Interpretation of the European Union." *Comparative Politics.* 30(July). 463-475.

Gallagher, Michael, Michael Laver and Peter Mair. 2006. *Representative Government in Modern Europe.* 4th edn. New York: McGraw.

Gamble, Andrew. 1988. *The Free Economy and the Strong State: The Politics of Thatcherism.* Basingstoke: Macmillan.

Ghai, Yash Pal. 2002. "Constitutional Asymmetries: Communal Representation, Federalism, and Cultural Autonomy." in Andrew Reynolds(ed.). *The Architecture of Democracy: Constitutional Design, Conflict Management, and Democracy,* Oxford: Oxford University

Press. 141-170.

Giddens, Antony. 2000. *The Third Way: The Renewal of Social Democracy.* Cambridge: Polity Press.

Gorges, M. J. 1996. *Euro-Corporatism? Interest Intermediation in the European Community.* Lanham, Md.: University Press of America.

Green-Pedersen, C. and L. H. Thomsen. 2005. "Block Politics vs. Broad Cooperation? The Functioning of Danish Minority Parliamentarism." *Journal of Legislative Studies.* 11(2). 153-169.

Green-Pedersen, Christoffer 2002. *The Politics of Justification: Party Competition and Welfare State Retrenchment in Denmark and the Netherlands from 1982 to 1998.* Amsterdam: Amsterdam University Press.

Grofman, B. 2000. "Arend Lijphart and the New Institutionalism." in M. L. Crepaz, T. A. Koeble and D. Wilsford(eds.). *Democracy and Institutions: The Life Work of Arend Lijphart.* Ann Arbor, Michigan: The University of Mi Buchigan Press. 43-73.

Guyet, R., D. Tarren and C. Triomphe. 2012. "Mapping European Social Dialogue." in R. Guyet, D. Tarren and C. Triomphe. *Social Dialogue in Times of Global Economic Crisis.* Luxembourg: EU Publications.

Hacker, Jacob S. and Paul Pierson. 2010. "Winner-Take-All Politics: Public Policy, Political Organization, and the Precipitous Rise of Top Incomes in the United States. *Politics and Society.* 38(2). 152-204.

Hallerberg, Mark. 2010. "Empirical Applications of Veto Player Analysis and Institutional Effectiveness." in Thomas König, George Tsebelis and Marc Debus(eds.). *Reform Processes and Policy Change: Veto Players and Decision-Making in Modern Democracies.* New York: Springer. 21-42.

Hamann, K and J. Kelly. 2007. "Party Politics and the Reemergence of Social Pacts in Western Europe." *Comparative Political Studies.* 40(8). 53-71

____________. 2011. *Parties, Elections, and Policy Reforms in Western Europe: Voting for Social Pacts.* London and New York: Loutledge.

Hamilton, Nora. 1982. *The limit of State Autonomy: Post Revolutionary Mexico.* Princeton: Princeton University Press.

Hancké, Bob and Martin Rhodes. 2005. "EMU and Labour Market Institutions in Europe: The Rise and Fall of National Social Pacts." *Work and Occupations.* 32(2). 196-228.

Hancock, M. Donald. 1989. *West Germany: The Politics of Democratic Corporatism.* New York: Chatham.

Hardiman, Niamh. 2002. "From Conflict to Co-ordination: Economic Governance and Political Innovation in Ireland." *West European Politics.* 25(4)(October). 1-24.

Hassel, Ankel. 2003. "The Politics of Social Pacts." *British Journal of Industrial Relations.* 41(4). 707-726.

____________. 2009. "Policies and Politics in Social Pacts in Europe." *European Journal of Industrial Relations.* 15(1). 7-26.

Häusermann, Silja, André Mach and Yannis Papadopoulos. 2004. "From Corporatism to Partisan Politics." *Swiss Political Science Review.* 10(2). 33-59.

Haverland, M. 1998. *Convergence of Packaging Waste Policies in the EU? Germany, the United Kingdom and the Netherlands Compared.* Amsterdam: Thelathesis.

Haverland, M. and S. Stiller. 2010. "The Grand Coalition and Pension and Health Care Reform."

German Politics. 19(3/4). 429-445.

Hays, J. C. 2003. "Globalization and Capital Taxation in Consensus and Majoritarian Democracies." *World Politics.* 56.

Heinish, Reinhard. 2000. "Coping with Economic Integration: Corporatist Strategies in Germany and Austria in 1990s." *West European Politics.* 23(3). 67-96.

________________. 2003. "Success in Opposition or Failure in Government: Explaining the Performance of Right-wing Popularist Parties in Public Office." *West European Politics.* 26(3). 91-130.

________________. 2012. "Austrian Social Policy Reform in the Era of Integration and Rising Populism." in Gary B. Cohen et al.(eds.). *Social Policy in the Smaller European Union States.* New York: Berghahn Books. 131-151.

Hellman, Joels S. 1998. "Winners Take All: The Politics of Partial Reform in Postcommunist Transitions." *World Politics.* 50(January). 203-234.

Helms, Ludge. 2007. "The German Federal Elections, September 2005." *Electoral Studies.* 26(1). 143-149.

Hemerijck, A. 2002. "The Netherlands in Historical Perspective: The Rise and Fall of Dutch Policy Concertation." in S. Berger and H. Compston(eds). *Policy Concertation and Social Partnership in Western Europe: Lessons for the 21st Century.* Oxford: Berghahn Books. 221-233.

Hemerijck, A. C. and M. I. Vail. 2004. "The Foreign Center: The State as Dynamic Actor in Corporatist Political Economies." *Mimeo.* 1-48.

Hemerijck, Anton. 1995. "Corporatist Immobility in the Netherlands." in Colin. J. Crouch and Franz. Traxler(eds.). *Organised Industrial Relations in Europe: What Future?* Aldershot: Avebury. 183-224.

________________. 2002. "The Netherlands in Historical Perspective: The Rise and Fall of Dutch Policy Concertation." in Stefan Berger and Hugh Compston(eds). *Policy Concertation and Social Partnership in Western Europe: Lessons for the 21st Century.* Oxford: Berghahn Books. 221-233.

Hemerijck, Anton and Jelle Visser. 2000. "Change and Immobility: Three Decades of Policy Adjustment in the Netherlands and Belgium." *West European Politics.* 23(2). 229-256.

Hermansson, Jörgen. 2004. "Power and Democracy in Sweden at the Turn of the Century." Paper prepared for the Conference on 'Small States in World Markets'. Seoul, Korea. October 14-15. 3-43.

Hirst, Paul. 1994. *Associative Democracy: New Forms of Economic and Social Governance.* Amherst: University of Massachusets Press.

Hobolt, Sara B. and Jeffrey A. Karp 2010. "Voters and Coalitions Governments." *Electoral Studies.* 29. 299-307.

Hodson, D. and I. Maher. 2001. "The New Open Method as A New Mode of Governance: The Case of Soft Economic Policy Coordination." *Journal of Common Market Studies.* 39(4). 719-746.

Hooghe, L. and M. Keating. 1994. "The Politics of European Union Regional Policy." *Journal of European Public Policy.* 1(3). 367-393.

House, J. D. and Kyla McGrath. 2004. "Innovative Governance and Development in the New Ireland: Social Partnership and the Integrative Approach." *An International Journal of Policy, Administrative, and Institutions.* 17(1)(January). 29-58.

Houwing, H., E. Verhulp and J. Visser 2007. "Netherlands." in B. Caruso and S. Sciarra(eds.). *Flexibility and Security in Temporary Work: A Comparative and European Debate*. 59-77.

Huber, E. and J. Stephens. 2001. *Development and Crisis of the Welfare State: Parties and Policies in Global Markets*. Chicago: University of Chicago Press.

Huber, Evelye, D. Rueschemeyer and John D. Stephens. 1997. "The Paradoxes of Contemporary Democracy: Formal, Participatory, and Social Democracy." *Comparative Politics*. 29(3). 323-342'

Huntington, Samuel P. 1991. *The Third Wave: Democratization in the Late Twentieth Century*. Norman: University of Oklahoma Press.

Im, Hyug-Baeg. 1992. "State, Labour and Capital in the Consolidation of Democracy: A Search for Post-Authoritarian Industrial Relations in South Korea." *Korea Social Science Journal*. 18. 7-25.

Immergut, Ellen M. 1998. "The Theoretical Core of the New Institutionalism." *Politics and Society*. 26(1)(March). 5-34.

Immergut, Ellen, M. 1992. *Health Politics: Interests and Institutions in Western Europe*. Cambridge: University Press.

Immergut, Ellen M. and Karen M. Anderson. 2007. "Editors' Introduction: The Dynamics of Pension Politics." in Ellen M. Immergut, K. M. Anderson and I. Schulze(eds.). *The Handbook of Western European Pension Politics*. Oxford: Oxford University Press. 1-45.

Inglehart, Ronald. 1997. *The Silent Revolution: Changing Values and Political Styles among Western Publics*. Princeton: Princeton University Press.

Iversen, T. 1998. "Wage Bargaining, Hard Money, and Economic Performance: Theory and Evidence for Organized Market Economies." *British Journal of Political Science*. 28. 31-61.

Iversen, Torben and David Soskice. 2006. "Electoral Institutions and the Politics of Coalition: Why Some Democracies Redistribute More Than Others." *American Political Science Review*. 100(2). 165-180.

____________________. 2008. "Partisan Politics, Welfare State, and Three Worlds of Human Capital Formation." *Comparative Political Studies*. 41(4/5). 600-637.

____________________. 2009. "Distribution and Redistribution: The Shadow of the 19 Century." *World Politics*. 61(3). 438-486.

____________________. 2010. "Dualism and Political Coalitions: Inclusionary versus Exclusionary Reforms in an Age of Rising Inequalities." Paper prepared for presentation at the annual Meeting of the American Political Science Association, Toronto. September 3-6. 1-35.

____________________. 2015. "Democratic Limits to Redistribution: Inclusionary versus Exclusionary Coalitions in the Knowledge Economy." *World Politics*. 67(2). 185-225.

Jensen, C. 2011. "Negotiated Expansion: Left Wing Governments, Corporatism and Social Expenditure in Mature Welfare State" *Comparative European Politics*. 9(2). 168-190.

Jensen, C. S. 2002. "Denmark in Historical Perspective: Towards Conflict-Based Consensus." in Stefan Berger and Hugh Compston(eds.). *Policy Concertation and Social Partnership in Western Europe: Lessons for the 21st Century*. Oxford: Berghahn Books. 77-82.

Jessop, Bob. 1994. "The Transition to Post-Fordism and the Schumpeterian Workfare State." in Roger Burrows and Brian Coader(eds.). *Towards a Post-Fordist Welfare State*. London: Routledge. 13-37.

Joop J. M., Van Holsteyn and Galen A. Irwin. 2004. "The Dutch Parliamentary Elections of 2003." *West European Politics.* 27(1)(January). 157-164.

Jungar, Ann-Cathrine. 2011. "The Rainbow Coalition: A Surplus majrity Coalition in Finland." in Rudy B. Andeweg, Lieven D. Winter and Patrick Dumont. *Puzzles of Government Formation: Coalition Theory and Deviant Cases.* New York: Routlege Press. 129-146.

Kangas, Olli. 2007. "Finland: Labor Markets against Politics." in Ellen M. Immergut, K. M. Anderson and I. Schulze(eds.). *The Handbook of West European Pension Politics.* Oxford: Oxford University Press. 248-296.

Katz, Richard S. 1997. *Democracy and Elections.* Oxford: Oxford University Press.

Katzenstein, Peter J. 2003. "Small States and Small States Revisited." *New Political Economy.* 8(1). 9-29.

__________________. 1984. *Corporatism and Change: Austria, Switzerland, and the Politics of Industry.* Ithaca: Cornell University Press.

__________________. 1985. *Small States in World Markets: Industrial Policy in Europe.* Ithaca/London: Cornell University Press.

Kaupinen, Timo. 2000. "Social Pacts in Finland." in G. Fjertag and P. Pochet(eds.). *Social Pacts in Europe - New Dynamics.* 2nd Brussel: European Trade Union Institute. 161-185.

Kavanagh, Dennis and Peter Morris. 1989. *Consensus Politic: From Atlee to Thatcher.* Oxford: Basil Blackwell.

Keeler, John T. S. and Martin A. Schain. 1997. "Institutions, Political Poker, and Regime Evolution in France." in Kurt von Mettenheim(ed.). *Presidential Institutions and Democratic Politics: Comparing Regional and National Contexts.* Baltimore, MD: The Johns Hopkins University Press. 84-105.

Keman, Hans and Paul Pennings. 1995. "Managing Political and Societal Conflict in Democracies: Do Consensus and Corporatism Matter?" *British Journal of Political Science.* 25(2). 271-281.

Kenworhty, Lane. 2003. "Quantitative Indicators of Corporatism." *International Journal of Sociology.* 33(3). 10-44.

Kiander, Jaakko. 2005. "The Evolution of the Finnish Model in the 1990s: From Depression to High-Tech Boom." in U. Becker and H. Schwarz(eds.). *Employment 'Miracle': A Critical Comparison of the Dutch, Scandinavian and Swiss Cases versus Germany and the US.* Amsterdam: Amsterdam University Press. 87-110.

Kim, Yeong-Soon. 2007. "How Politics Matters: Institutions of Interest Representation and Welfare Politics in south Korea since Democratization." Paper prepared for the International Conference on Labour, the Welfare State, and Democracy. The Asiatic Research Center, Korea University, Seoul, Korea. March. 1-34.

King, Anthony. 1994. "Chief Executives in Western Europe." in Ian Budge and David Mckay(eds.). *Developing Democracy: Comparative Research in Honour of J. F. P. Blondel.* London: Sage. 150-163.

Kitschelt, Herbert and Wolfgang Streeck. 2004. "From Stability to Stagnation: Germany at the Beginning of the Twenty-first Century." in H. kitschelt and W. Streeck(eds.). Germany: Beyond the Stable State. London: Frank Cass. 1-34.

Kittel, Bernhard. 2000. "Deaustrification? The Policy-Area-Specific Evolution of Austrian Social Partnership." *West European Politics.* 23(1). 108-129.

Klosse, S. 2003. "Flexibility and Security: A Feasible Combination?" *European Journal of Social Security.* 5(3). 191-213.

Klöti, Ulrich. 2001. "Consensual Government in a Heterogeneous Polity." *West European Politics.* 24(2)(April). 19-34.

Ko. Se-Hoon. 2007. "Reinventing Korean Welfare System: Still a Case 'for Politics against Market'." Paper prepared for the International Conference on Labour, the Welfare State, and Democracy. The Asiatic Research Center, Korea University, Seoul, Korea, March 15-16. 1-31.

Koole, R. and H. Daalder. 2002. "The Consociational Democracy Model and Netherlands: Ambivalent Allies?" *Acta Politica.* 37(2). 23-43.

Korpi, Walter. 2006. "Power Resources and Employer-centered Approach in Explanations of Welfare States and Varieties of Capitalism: Protagonists, Consenters, and Antagonists." *World Politics.* 58. 167-206.

Kriesi, Hansperter, 2001. "The Federal Parliament: The Limits of Institutional Reform." *West European Politics.* 24(2)(April). 59-76.

Kriesi, Hansperter and Alexander H. Trechsel. 2008. "Social Policy: the Swiss Welfare State." in Kriesi, Hansperter and Alexander H. Trechsel *The Politics of Switzerland: Continuity and Change in a Consensus Democracy.* Cambridge: Cambridge University Press. 155-171.

Kriesi, Hanspeer, Wolf Linder and Yannis Papadoulos(eds). *Handbook of Swiss Politics.* Zürich: Neue Zürcker Zeitung Publishing. 14-31.

Kvist, Jon and Lisbeth Pedersen. 2007. "Danish Labour Market Activation Policies." *National Institute Economic Review.* 202. 99-112.

Ladner, Andreas. 2001. "Swiss Political Parties: Between Persistence and Change." *West European Politics.* 24(2)(April). 123-146.

Lane, Jan-Erik. 2001. "Institution: Switzerland - Key Institutions and Behavioural Outcomes." *West European Politics.* 24(2)(April). 1-19.

Larsen, F. 2004. "The Importance of Institutional Regimes for Active Labour Market Policies: The Case of Denmark." Paper presented at the TLM Workshop, Rotterdam. April 26-27. 1-21.

Lawson, Stephanie. 1993. "Conceptual Issues in the Comparative Study of Regime Change and Democratization." *Comparative Politics.* 25(2)(January). 183-205.

Leaman, Jeremy. 2002. "Germany in the 1990s: The Impact of Reunification." in Stefan Berger and Hugh Compston(eds.). *Policy Concertation and Social Partnership in Western Europe: Lessons for the 21st Century.* Oxford: Berghahn Books. 139-153.

Lehmbruch, Gehard. 1979. "Consociational Democracy, Class Conflict and the New Corporatism." in P. Schmitter and G. Lehmbruch(eds.). *Trends Toward Corporatist Intermediation.* London: Sage. 55-67.

________________. 1984. "Concertation and the Structure of Corporatist Network." in J. Goldthrope(ed.). *Order and Conflict in Contemporary Capitalism.* Oxford: Oxford University Press. 61-80.

________________. 1993. "Consociational Democracy and Corporatism in Switzerland." *Publius.* 23(2)(Spring). 43-60.

________________. 1999. "The Intermediation of Interests in Agricultural Policy: Organized Interests and Policy Networks." in K. Frohberg and P. Weingarten(eds.) The Significance of Politics and Institutions for the Design and Formation of Agricultural Policies. Kiel: Wissenschaftsverlag Vauk. 92-104.

________________. 2002. "Quasi-Consociationalism in German Politics: Negotiated Democracy and the Legacy of the Westphalian Peace." *Acta Politica.* 37(2). 175-194.

__________. 2003. "Welfare State Adjustment between Consensual and Adversarial Politics: The Institutional Context of Reform in Germany." in Frans van Waarden and Gerhard Lehmbruch(eds.). *Renegotiating the Welfare State: Flexible Adjustment through Corporatist Concertation.* London: Routledge. 142-68.

Lehner, Franz. 1984. "Consociational Democracy in Switzerland: A Political-Economic Explanation and Some Empirical Evidence." *European Journal of Political Research.* 12(1)(March). 25-42.

Lehnert, M., E. Linhart and S. Shikano. 2010. "Never Say Never Again: Legislative Failure in German Bicameralism." *German Politics.* 17(3). 367-380.

Leibfried, S. 2005. "Social Policy: Left to the Judges and the Markets?" in W. Wallace, H. Wallace and M. Pollack(Eds.). *Policy-Making in the European Union.* Oxford: Oxford University Press. 243-278.

Levy, René. 2004. "Social and Economic Structure." in Ulrich Klöti, Poter Knoephel, Hanspeter Kriesi, Wolf Linder, and Yannis Papadoulos(eds.). *Handbook of Swiss Politics.* Zürich: Neue Zürcker Zeitung Publishing. 50-68.

Lewin, Lief. 1998. "Majoritarian and Consensus Democracy: The Swedish Experience." *Scandinavian Political Studies.* 21(3). 195-206.

Li, Q and R. Reuveny. 2003. "Economic Globalization and Democracy: An Empirical Analysis." *British Journal of Political Science.* 33(1). 29-54.

Lijphart, Arend. 1968. "Typologies of Democratic Systems." *Comparative Political Studies.* 1. 3-44.

__________. 1969. "Consociational Democracy: Type of Western Democratic Systems." *World Politics.* 20(January). 207-225.

__________. 1971. "Cultural Diversity and Theories of Political Integration." *Canadian Journal of Political Science.* 4(1)(March). 1-15.

__________. 1976. *Power-Sharing in South Africa.* Berkeley: Institute of International Studies.

__________. 1977a. *Democracy in Plural Societies.* New Haven: Yale University Press.

__________. 1977b. "Political Theories and the Explanation of Ethnic Conflict in the Western World: Falsified Predictions and Plausible Postdictions." in M. J. Esman(ed.). *Ethnic Conflict in the Western World.* Ithaca: Cornell University Press. 46-64.

__________. 1981. "Introduction: The Belgian Example of Cultural Coexistence in Comparative Perspective." in A. Lijphart(ed.). *Conflict and Coexistence in Belgium.* Berkely: Institute of International Studies. 1-12.

__________. 1984. *Democracies: Patterns of Majoritarian and Consensus Government in Twenty-One Countries.* New Haven and London: Yale University Press.

__________. 1985. *Power Sharing in South Africa, Institute of International Studies.* Berkeley: University of California.

__________. 1994. "Democracies: Form, Performance, and Consociational Engineering." *European Journal of Political Research.* 25(1). 1-17.

__________. 1996. "The Puzzle of Indian Democracy: A Consociational Interpretation." *American Political Science Review.* 90(2). 258-268.

__________. 1998. "South African Democracy: Majoritarian or Consociational?" *Democratization.* 5. 144-150.

__________. 2002a. "The Wave of Power-sharing Democracy." in Andrew Reynolds(ed.). *The*

Architecture of Democracy: Constitutional Design, Conflict Management, and Democracy. Oxford: Oxford University Press. 37-54.

____________. 2002b. "The Evolution of Consociational Theory and Consociational Practice, 1965-2000." *Acta Politica.* 37(2). 11-22.

____________. 2003a. "Definitions, Evidence, and Policy: A Response to Matthijs Bogaards' Critique." *Journal of Theoretical Politics.* 12(4). 425-431.

____________. 2003b. "Debate: Measurement Validity and Institutional Engineering - Reflections on Rein Taagepera's Meta-Study." *Political Studies.* 51(1). 20-25.

____________. 2004. "Constitutional Design for Divided Societies," *Journal of Democracy*, Vol. 15, No. 2(April), 96-109.

____________. 2008. "*Thinking about Democracy: Power-sharing and Majority Rule in Theory and Practice.* New York: Routledge.

____________. 2012. *Patterns of Democracy: Government Forms and Per- formance in Thirty-Six Countries.* 2nd ed. New Haven: Yale University Press.

Lijphart, A. and M. M. L. Crepaz. 1991. "Corporatism and Consensus Democracy in Eighteen Countries: Conceptual and Empirical Linkages." *British Journal of Political Science.* 21. 235-256.

Lind, J. and Iver H. Møller. 2006. "Activation for What Purpose? Lessons from Denmark." *International Journal of Sociology and Social Policy.* 26(1/2). 5-19.

Linder, Wolf and Adrian Vatter. 2001. "Institutions and Outcomes of Swiss Federalism: The Role of the Cantons in Swiss Politics." *West European Politics.* 24(2)(April). 95-122.

Linder, Wolf. 1994. *Swiss Democracy: Possible Solutions to Conflict in Multicultural Societies.* London: Macmillian Press.

____________. 2004. "Introduction." Ulrich, Klöti, Poter Knoephel, Hanspeter Kriesi, Wolf Linder and Yannis Papadoulos(eds). *Handbook of Swiss Politics.* Zürich: Neue Zürcker Zeitung Publishing. 14-31.

Lindvall, Johannes and Joakim Sebring. 2005. "Policy Reform and the Decline of Corporatism in Sweden." *West European Politics.* 28(5). 1057-1074.

Linz, Juan and Alfred Stepan. 1996. "Toward Consolidated Democracies." *Journal of Democracy.* 7(2). 15-33.

Linz, Juan J. 1994. "Presidential or Parliamentary Democracy: Does It Make a Difference?" in Juan Linz and Arturo. Valenzuela(eds.). *The Failure of Presidential Democracy: Comparative Perspective.* Baltimore, MD: The Johns Hopkins University Press. 3-87.

Lipset, Seymour Martin, and Stein Rokkan. 1967. "Cleavage Structures, Party Systems, and Voter Alignments: An Introduction." in Seymour M. Lipset and Stein Rokkan(eds.). *Party Systems and Voter Alignments: Cross-National Perspectives.* New York: Free Press. 1-64.

Lipset, Seymour Martin. 1994. "The Social Requisites of Democracy Revisited." *American Sociological Review.* 59(1). 1-22.

Locke, Richard. 1995. "The Abolition of the *Scala Mobile.*" in Carol Mershon and Gianfranco Pasquino(eds.). *Italian Politics: Ending the First Republic* Boulder: Boulder Press. 185-195.

Lustick, Ian. 1979. "Stability in Deeply Divided Societies: Consociationalism versus Control." *World Politics.* 31. 325-344.

Luther, K. R. 2003. "The Self-Destruction of A Right-Wing Populist Party? The Austrian Parliamentary Election of 2002." *West European Politics.* 26(2). 136-152.

____________. 2009. "The Revival of the Radical Right: The Austrian Parliamentary Election of 2008." *West European Politics*. 32(5). 1049-1061.

Luther, Kurt Richard and Wolfgang C. Müller. 1992. "Consociationalism and the Austrian Political System." *West European Politics*. 15(1)(January). 1-13.

Mach, André. 2004. "Interest Groups." in Ulrich Klöti, Peter Knoepfel, Hanspeter Kriesi, Wolf Linder and Yannis Papadopoulos(eds). *Handbook of Swiss Politics*. Zurich: Neue Züricher Zeitung Publishing. 279-313.

Madsen, P. K. 2004. "The Danish Model of Flexicurity: Experience and Lesson." *Transfer*. 10(2). 187-207.

Mailand, Mikkel. 2002. "Denmark in the 1990s: Status Quo or a More Self-Confident State?" in Stefan Berger and Hugh Compston(eds.). *Policy Concertation and Social Partnership in Western Europe: Lessons for the 21st Century*, Oxford: Berghahn Books, 83-95.

Mainwaring, Scott and Matthew S. Shugart. 1997. "Juan Linz, Presidentialism and Democracy. A Critical Appraisal." *Comparative Politics*. 29(4). 449-471.

Mainwaring, Scott. 1993. "Presidentialism, Multipartism and Democracy: the Difficult Combination." *Comparative Political Studies*. 26(2). 198-228.

Manow, Philip. 2002. "Consociational Roots of German Corporatism: The Bismarckian Welfare State and German Political Economy." *Acta Politica*. 37(2). 195-212.

Marquand, David. 1998. *The Unprincipled Society*. London: Longman.

Martin, C. J. and D. Swank. 2008. "The Political Origins of Coordinated Capitalism: Business Organizations, Party Systems, and State Structure in the Age of Innocence." *American Political Science Review*. 102(2). 181-198.

McCarthy, Nolan. 2007. "The Policy Effects of Political Polarization." in Paul Pierson and Theda Skocpol(eds.). *The Transformation of America Politics*. Princeton University Press.

McCarty, Nolan, Keith T. Poole and Howard Rosenthal. 2006. *Polarized America: The Dance of Ideology and Unequal Riches*. MIT Press.

McRae, K. 1979. "Comment: Federation, Consociation, Corporatism - An Addendum to Arend Lijphart." *Canadian Journal of Political Science*. 12. 517-522.

McRae, Kenneth D 1983. *Conflict and Compromise in Multilingual Societies: Switzerland*. Waterloo. Ont: Wilfrid Laurier University Press.

____________. 1986. *Conflict and Compromise in Multilingual Societies: Belgium*. Waterloo. Ont.: Wilfrid Laurier University Press.

____________. 1997. "Contrasting Styles of Democratic Decision-making: Adversarial versus Consensual Politics." *International Political Science Review*. 18(3). 279-295.

Menz, Georg. 2005. "Old Bottles - New Wine: The New Dynamics of Industrial Relations." in Kenneth Dyson and Stephen Padgett(eds). *The Politics of Economic Reform in Germany: Global, Rhineland, or Hybrid Capitalism?* London: Routledge. 82-93.

Miller, B. and W. C. Müller. 2010. "Managing Grand Coalitions: Germany 2005-2009." *German Politics*. 19(3/4). 332-352.

Minnich, Daniel. 2003. "Corporatism and Income Inequality in the Global Economy: A Panel Study of 17 OECD Countries." *European Journal of Political Research*. 42(1). 23-53.

Molina, Romo and Martin Rhodes. 2002. "Corporatism: The Past, Present, and Future of a Concept." *Annual Review of Political Science*. 5. 305-331.

Moravcsik, A 1993. "Preferences and Power in the European Community: A Liberal Intergovernmentalist Approach." *Journal of Common Market Studies.* 31(4). 473-523.

Moury, Catherine and M. Ferguson. 2014. "Case Study One: Germany." in C. Moury(ed.). *Coalitions Government and Party Mandate.* London: Routledge. 32-53.

Müller, W. C. and K. Strøm. 2003. "Coalition Governance in Western Europe; An Introduction." in W. C. Müller and K. Strøm. *Coalition Governments in Western Europe*. Oxford: Oxford university Press. 1-31.

____________________. 2008. "Coalition Agreements and Cabinet Governance." in K. Strøm, W. C. Müller and T. Bergman(eds.). *Cabinets and Coalition Bargaining: The Democratic Life Cycle in Western Europe*. Oxford: Oxford University Press. 159-199.

Müller, Wolfgang. 1993. "After the 'Golden Age': Research into Austrian Political Parties since the 1980s." *European Journal of Political Research.* 23. 439-463.

____________. 2003. "Austria: Tight Coalitions and Stable Government." in W. C. Müller and K. Strøm(eds.). *Coalition Governments in Western Europe.* Oxford: Oxford University Press. 86-125.

______________. 2006. "Towards a Liberal Market Economy?: Political Economy and Political Forces of Change in Austria." Proto-Paper prepared for the Conference Austria as a Mirror for Small States in the European Union. April 7. In Celebration of 15 Years of the Schumpeter Program at Harvard University. 1-15.

______________. 2011. "Successful Failure: Ill-conceived Pre-commitments and Welcome Bargaining Failure Paving the Way to Minority Government in Austria." in R. B. Andeweg, L. Winter and P. Dumont(eds.). *Puzzle of Government Formation: Coalition Theory and Deviant Cases.* New York: Routledge. 88-111.

Müller, Wolfgang C. and Franz Fallend. 2004. "Changing Patterns of Party Competition in Austria: From Multipolar to Bipolar System." *West European Politics.* 27(5). 801-835.

Müller, Wolfgang C. and Thomas M. Meyer. 2010. "Mutual Veto? How Coalitions Work." in Thomas König, George Tsebelis and Marc Debus(eds.). *Reform Processes and Policy Change: Veto Players and Decision-Making in Modern Democracies.* New York: Springer. 99-124.

Müller, Wolfgang C. et al. 1996. "Austria: Party Government within Limits." Jean Blondel and Maurizio Cotta(eds.). *Party and Government: an Inquire into the Relationship between Governments and Supporting Parties in Liberal Democracies.* London: Macmillan.

Müller, Wolfgang C., T. Bergman, and K. Strøm. 2008. "Coalition Theory and Cabinet Governance." in K. Strøm, W. C. Müller and T. Bergman(eds.). *Cabinets and Coalition Bargaining: The Democratic Life Cycle in Western Europe*. Oxford: Oxford University Press. 1-50.

Norris, Pippa. 2008. *Driving Democracy: Do Power-Sharing Institutions Work?* Cambridge: Cambridge University Press.

Nousiainen, Jaakko. 2003. "Finland: The Consolidation of parliamentary Government." in W. C. Müller and K. Srøm(eds.). *Coalition Governments in Western Europe.* New York: Cambridge University Press. 264-299.

Nygaard, Mikael. 2006. "Welfare-Ideological Change in Scandinavia: A Comparative Analysis of Partisan Welfare State Positions in Four Nordic Countries, 1970-2003." *Scandinavian Political Studies.* 29(4). 356-385.

Obinger, Herbert and Emmerich Tálos. 2010. "Janus-Faced Developments in a Prototypical Bismarckian Welfare State. Welfare Reform in Austria since the 1970s." in Bruno Palier(ed.). *A Long Goodbye to Bismarck? The Politics of Welfare Reform in Continental Europe.* Amsterdam: Amsterdam University Press. 101-128.

O'Connor, Emmet. 2002. "Ireland in Historical Perspective: The Legacies of Colonialism - Edging Towards Policy Concertation." in Stefan Berger and Hugh Compston(eds.). *Policy Concertation and Social Partnership in Western Europe: Lessons for the 21st Century.* Oxford: Berghahn Books. 155-166.

______________. 2004. "Social Partnership in Ireland." Paper prepared for the Conference on 'the Small State in World Market. Seoul, Korea. 84-101.

O'Donnell, Guillermo. 1996. "The Illusion of Consolidation." *Journal of Democracy.* 7(3). 30-49.

O'Donnell, Rory and Damian Thomas. 2002. "Ireland in the 1990s: Policy Concertation Triumphant." in Stefan Berger and Hugh Compston(eds.). *Policy Concertation and Social Partnership in Western Europe: Lessons for the 21st Century.* Oxford: Berghahn Books. 167-189.

O'Leary, Brendan. 2002. "The Belfast Agreement and the British-Irish Agreement: Consociational and Confederal Institutions, A Federacy and A Peace Process." in Andrew Reynolds(ed.). *The Architecture of Democracy: Constitutional Design, Conflict Management, and Democracy.* Oxford: Oxford University Press. 293-356.

Olson, Mancur. 1982. *The Rise and Decline of Nations.* New Haven: Yale University Press.

______________. 1986. "A Theory of the Incentives Facing Political Organization: Neo- Corporatism and the Hegemonic State." *International Political Science Review.* 7. 165-189.

Oorschot, v. W. 2004. "Flexible Work and Flexicurity Policies in the Netherlands: Trends and Experiences." *European Review of Labour and Research.* 10(2). 208-225.

Öberg, PerOla, Torsten Svesson, Peter M. Christiansen, Asbjørn S. Nørgaard, Hilmar Rommetvedt and Gunnar Thesen. 2011. "Disrupted Exchange and Declining Corporatism: Government Authority and Interest Group Capability in Scandinavia." *Government and Opposition.* 46(3). 365-391.

Palier, Bruno. 2006. "The Re-Orientation of European Social Policies toward Social Investment." http://www.cprn.org. 105-116.

Papadopoulos, Yannis. 2001. "How Does Direct Democracy Matter? The Impact of Referendum Votes on Politics and Policy-Making." *West European Politics.* 24(2). 35-58.

Pappalardo, Adriano. 1981. "The Conditions for Consociational Democracy : A Logical and Empirical Critique." *European Journal of Political. Research.* 9(Dec.). 365-390.

Parri, Leonardo. 1987. "Neo-Corporatist Arrangements, 'Konkordanz' and Direct Democracy: The Swiss Experience." in Ilja Scholten(ed.). *Political Stability and Neo-Corporatism: Corporatist Integration and Societal Cleavages in Western Europe.* London: Sage. 70-94.

Pelinka, Anton. 1998. *Austria, Out of the Shadow of the Past.* Boulder, Colorado: Westview Press.

______________. 2002. "Consociational Democracy in Austria: Political Change, 1968-1998." *Acta Politica.* 37(2). 139-156.

______________. 2009. "Changing Minds and Political Institutions: Political Development in Austria since 1945" http://www.doew.at/english/pdf/pelinka. 1-14.

Persson, Torsten and G. Tabellini. 2003. *The Economic Consequences of Constitutions.* MIT Press.

Pierson, Paul(ed.). 1996. "The New Politics of the Welfare State." *World Politics.* 48(January). 143-179.

______________. 2001. *The New Politics of the Welfare State.* Oxford: Oxford University Press.

Plasser, F. and P. A. Ulram. 1999. *The Analysis of National Election in 1999.* Vienna: Center for Applied Political Research.

Pontusson, J. 2005. *Inequality and Prosperity: Social Europe vs Liberal America.* Itahaca and

London: Cornell University Press.

Powell, G. Bingham. 2000. "Political Responsiveness and Constitutional Design." in Markus M. L. Crepaz, T. A. Koelble, and D. Wilsford(eds.). *Democracy and Institutions*. Ann Arbor: The University of Michigan Press. 9-41.

Power, Timothy J. 2010. "Optimism, Pessimism, and Coalitional Presidentialism: Debating the Institutional Design of Brazilian Democracy." *Bulletin of Latin America Research*. 29(1). 18-33.

Przeworski, Adam and Michael Wallerstein. 1988. "Structural Dependence of the State on Capital." *American Political Science Review*. 82(1)(March). 11-29.

Raunio, Tapio. 2011. "Finland: Moving in the Opposite Direction." in Torbjorn Bergman and Kaare Strøm(eds.). *The Madisonian Turn: Political Parties and Parliamentary Democracy in Nordic Europe*. 112-157.

Regini, Marino. 1984. "The Conditions for Political Exchange - How Concertation Emerged and Collapsed in Italy and Great Britain." in John H. Goldthorpe(ed.). *Order and Conflict in Contemporary Capitalism*. Oxford: Clarendon Press. 124-142.

______________. 2003. "Tripartite Concertation and Varieties of Capi- talism." *European Journal of Industrial Relations*. 9(3). 251-263.

Rehn, Gösta. 1991. "Sweden's Active Labour Market Policy." 고려대학교 노동문제 연구소(편). 『한국자본주의와 산업민주주의』, 101-153.

Reynolds, A. 2000. "Majoritarian or Power-sharing Government." in M. L. Crepaz, T. A. Koeble and D. Wilsford(eds.). *Democracy and Institutions*. Ann Arbor, Michigan: The University of Michigan Press. 155-195.

Rhodes, M. 2001. "The Political Economy of Social Pacts: 'Competitive Corporatism' and European Welfare Reform." in Paul Pierson(ed.). *The New Politics of the Welfare State*. Oxford: Oxford University Press. 165-196.

Rhodes, Martin. 2003. "National Pacts and EU Governance in Social Policy and the Labour Market." J. Zeitlin and David M. Trub(eds.). *Governing and Work and Welfare in a New Economy*. Oxford: Oxford University Press. 129-157.

Riegler, Josef. 2003. "Eco-social Economy as an European Innovation." Eco-social Forum of Europe. Vienna: Agric. Econ.

Rifkin, Jeremy. 2004. *The European Dream: How Europe's Vision of the Future is Quitely Eclipsing the American Dream*. Oxford: Blakwell Publisher. 이원기 역. 2009. 『유러피언 드림』. 민음사.

Roche, Willian. 2007. "Social Partnership in Ireland and New Social Pacts." *Industrial Relations*. 46(3). 395-425.

______________. 1998. "Between Regime Fragmentation and Realignment: Irish Industrial Relations in the 1990s." *Industrial Relations Journal*. 29(2). 110-125.

Roe, Mark J. 2003. *Political Determinants of Corporate Governance*. Oxford: Oxford University Press.

Rommetvedt, Hilmar, Gunnar Thesen, Peter M. Christiansen and Asbjørn S. Nørgaard. 2013. "Coping with Corporatism in Decline and the Revival of Parliament: Interest Group Lobbyism in Denmark and Norway, 1980-2005." *Comparative Political Studies*. 46(4). 457-485.

Rose, Richard. 2000. "The End of Consensus in Austria and Switzerland." *Journal of Democracy*. 11(2). 26-40.

Ross, Fiona. 2000. "Beyond Left and Right: The New Partisan Politics of Welfare." *Governance*. 13(2). 154-183.

Ross, G. 1995. "Assessing the Delors Era and Social Policy." in S. Leibfried and P. Pieron(eds). *European Social Policy: Between Fragmentation and Integration*. Washington, DC: Brookings Institution. 357-388.

Rothstein, 1987. "Corporatism and Reformism: The Social Democratic Institutionalization of Class Conflict." *Acta Sociologica*. 30. 295-311.

Royo, Sebastian. 2005. "From Contention to Social Bargaining: Labour Unions and Democratic Consolidation in Spain." *Democratization*. 12(1). 60-84.

Rudra, N. 2005. "Globalization and the Strengthening of Democracy in the Developing World." *American Journal of Political Science*. 49(4). 704-730.

Rueschemeyer, Dietrich, Evelyne Huber Stephens, and John D. Stephens. 1992. *Capitalist Development and Democracy*. Chicago: University of Chicago Press.

Rustow, Dankwart. 1970. "Transition to Democracy." *Comparative Politics*. 2(3). 337-363.

Saalfeld, Thomas. 2003. "Germany: Stable Parties, Chancellor Democracy, and the Art of Informal Settlement." in W. C. Müller and K. Strøm(eds.). *Coalition Governments in Western Europe*. Oxford: Oxford University Press. 32-85.

_______________. 2005. "Germany: Stability and Strategy in a Mixed-Member Proportional System." in Michael Gallagher and Paul Mitchell(eds.). *The Politics of Electoral Systems*. Oxford: Oxford University Press. 209-230.

Sadik, Nafis. 2003. "Federalism, Decentralization and Conflict Management in Multicultural Societies." in Raoul Blindenbachen and Arnold Koller(eds.). *Federalism in A Changing World: Learning from Each Other Countries*. London: McGill-Queen's University Press. 342-347.

Sartori, G. 1968. "Political Development and Political Engineering." in J. D. Montgomery and A. O. Hirschman(eds.). *Public Policy*. Cambridge, MA: Harvard University Press. 261-298.

Saunders, Cheryl. 2003. "Federalism, Decentralization and Conflict Management in Multicultural Societies." in R. Blindenbachen and A. Koller(eds.). *Federalism in A Changing World: Learning from Each Other Countries*. London: McGill-Queen's University Press. 33-38.

Schmidt, G. Reissert. 2002. *Unemployment Insurance and Active labour Market Policy: An International Comparison of Financing System*. Detroit: Wayne State University Press.

Schmidt, Manfred G. 2002a. "The Impact of Political Parties, Constitutional Structures and Veto Players on Public Policy." in Hans Keman(ed.). *Comparative Democratic Politics*. Sage Publications. 166-184.

__________________. 2002b. "The Consociational State, Hypotheses Regarding the Political Structure and Potential for Democratization of the European Union." *Acta Politica*. 37(2). 213-227.

__________________. 2005. "Still on the Middle Way: The Federal Republic of Germany in the Pre- and Post-1990 Period." Unpublished Paper, 1-34.

__________________. 2007. *Political Institutions in the Federal Republic of Germany*. Oxford: Oxford University Press.

Schmitter, Philippe C. 1981. "Interest Intermediation and Regime Governability in Contemporary Western Europe and North America." in Susanne D. Berger(ed.). *Organizing Interests in Western Europe*. New York: Cambridge University Press. 285-327.

__________________. 1982. "Reflections on Where the Theory of Neo-Corporatism Has Gone and Where the Praxis of Neo-Corporatism May Be Going." in Gerhard Lehmbruch and Philippe C. Schmitter(eds.). *Pattern of Corporatist Policy-making*. London: Sage. 259-279.

__________________. 1983. "Democratic Theory and Neo-Corporatist Practice." *Social Research*. 50(4)(Winter). 885-928.

__________________. 1989. "Corporatism is Dead? Long Live Corporatism?." *Government and Opposition*. 24(1). 54-73.

__________________. 1992. "The Consolidation of Democracy and Representation of Social Groups." *American Behavioral Scientist*. 35. 422-449.

Schneider, Ben Ross. 1995. "Democratic Consolidations: Some Broad Comparisons and Sweeping Arguments." *Latin American Research Review*. 30. 215-233.

Scholten, Ilja. 1987. "Introduction: Corporatis and Consociational Arrangements." in Ilja Scholten, *Political Stability and Neo-Corporatism: Corporatist Integration and Societal Cleavages in Western Europe*. London/Beverly Hills: Sage. 1-38.

Schulze, Isabelle and M. Schludi. 2007. "Austria: From Electoral Cartels to Competitive Coalition-Building." in Ellen M. Immergut et al(eds.). *The Handbook of West European Pension Politics*. Oxford: Oxford University Press. 555-603.

Schulze, Isabelle and Michael Moran 2007a. "United Kingdom Pension Poltics in an Adversary System." in Ellen M. Immergut et al(eds.). *The Handbook of West European Pension Politics*. Oxford: Oxford University Press. 49-96.

__________________________________. 2007b. "Ireland: Pensioning The Celtic Tiger." in Ellen M. Immergut et al(eds.). *The Handbook of West European Pension Politics*. Oxford: Oxford University Press. 758-801.

Schulze, Isabelle and S. Jochem. 2007. "Germany: Beyond Political Gridlock." in E. M. Immergut et al.(eds.). *The Handbook of Western European Pension Politics*. Oxford: Oxford University Press. 660-710.

Schumpeter, Joseph. 1950. *Capitalism, Socialism, and Democracy*. New York: Harper and Row.

Sciarini. P. 2004. "The Decision-Making Process." in U. Klöti *et al.*(eds.) *Handbook of Swiss Politics*. Zurich: Neue Zurcher Zeitung Publish. 510-562.

Seeleib-Kaiser, Martin. 2003. "The Welfare State: Incremental Transformation." in Stephen Padgett, William E. Patterson and Gordon Smith(eds.). *Developments in German Politics*, 3rd edn, Durham, NC: Duke university Press. 143-60.

Seeleib-Kaiser, Martin, Silke van Dyk and Martin Roggenkamp. 2009. *Party Politics and Social Welfare: Comparing Christian and Social Democracy in Austria, Germany and the Netherlands*, Cheltenham.

Senelle, Robert. 1996. "The Reform of the Belgian State." in Joachim Jens Hesse and Vincent Wright(eds.). *Federalizing Europe? The Costs, Benefits, and Preconditions of Federal Political Systems*. Oxford: Oxford University Press. 266-324.

Sherraden, Michael. 2003. "From the Social Welfare State to the Social Investment State." Shelterforce Online, Issue #128. March/April. National Housing Institute. 1-6.

Siaroff, A. 1999. "Corporatism in 24 Industrial Democracies: Meaning and Measurement." *European Journal of Political Research*. 36(2). 175-205.

Slomp, Hand. 2000. *European Politics into the Twenty-first Century: Integration and Division*. Westport, CT: Praeger.

____________. 2002. "The Netherlands in the 1990s: Towards 'Flexible Corporatism' in the Polder

Model." in Stefan Berger and Hugh Compston(eds.). *Policy Concertation and Social Partnership in Western Europe: Lessons for the 21st Century.* Oxford: Berghahn Books. 235-247.

____________. 2004. "The Netherlands: Changing Politics or Leaving Politics for the Market." Paper prepared for the Conference on 'Small States in World Markets'. Seoul, Korea, October 14-15. 65-83.

____________. 2011. *Europe, A Political Profile: An American Companion to European Politics.* California: ABC-CLLO. LLC.

Soskice, David. 1999. "Divergent Production Regimes: Coordinated and Uncoordinated Market Economies in the 1980s and 1990s." in H. Kitschelt, P. Lange, G. Marks and J. Stephens(eds.). *Continuity and Change in Contemporary Capitalism.* Cambridge: Cambridge University Press. 101-134.

Steiner, Jürg 1974. *Amicable Agreement Versus Majority Rule. Conflict Resolution in Switzerland.* Chapel Hill: University of North Carolina Press.

____________. 1981. "The Consociational Theory and Beyond." *Comparative Politics.* 13(3)(April). 339-353.

____________. 1995. *European Democracies.* New York: Longman Publishers.

____________. 2002. "Consociational Theory and Switzerland - Revisited." *Acta Politica.* 37(2). 104-120.

Stevis, Dimitris and Terry Boswell. 2000. "From National Resistance to International Labour Politics." in Barry K. Gills(ed.). *Globalisation and the Politics of Resistance.* London: Macmillan. 150-170.

Stratmann, Thomas and Martin Baur. 2002. "Plurality Rule, Proportional Representation, and the German *Bundestag*: How Incentives to Pork-Barrel Differ Across Electoral Systems." *American Journal of Political Science.* 46(3). 506-514.

Streeck, Wolfgang and Christine Trampusch. 2006. Economic Reform and the Political Economy of the German Welfare State." in Kenneth Dyson and Stephen Padgett(eds). *The Politics of Economic Reform in Germany: Global, Rhineland or Hybrid Capitalism?* London: Routledge. 60-81.

Streeck, Wolfgang and Philippe Schmitter. 1985. "Community, Market, State, Associations?" in W. Streeck and P. Schmitter(eds.). *Private Interest Government: Beyond Market and the State.* London: Sage. 1-29.

Strøm, Kaare. 1990. *Minority Government and Majority Rule.* Cambridge: Cambridge University Press.

Strøm, Kaare and T. Bergman. 2011. "Parliamentary Democracies under Siege?" in T. Bergman and K. Strøm(eds.). *The Madisonian Turn: Political Parties and Parliamentary Democracy in Nordic Europe.* 3-34.

Stuligross David and Ashutosh Varshney. 2002. "Ethnic Diversities, Constitutional Designs, and Public Policies in India." in Andrew Reynolds(ed). *The Architecture of Democracy: Constitutional Design, Conflict Management, and Democracy.* Oxford: Oxford University Press. 429-458.

Sun, Hak-Tae. 2001. *Democratic Consolidation and Labour Politics: Theoretical Model.* Kwangju: Chunnam National University Press.

Swank, Duane. 2002. *Global Capital, Political Institutions, and Policy Change in Developed Welfare State.* Cambridge: Cambridge University Press.

Taagepera, Rein. 2002. "Designing Electoral Rules and Waiting for an Electoral System to Evolve." in Andrew Reynolds(ed.). *The Architecture of Democracy: Constitutional Design, Conflict Management, and Democracy*. Oxford: Oxford University Press. 248-264.

______________. 2003. "Arend Lijphart's Dimensions of Democracy: Logical Connections and Institutional Design." *Political Studies*. 51(1). 1-19.

Taagepera, Rein and Matthew S. Shugart. 1989. *Seats and Votes: The Effect and Determinants of Electoral Systems*. New Haven and London: Yale University Press.

Tálos, Emmerich and Bernhard Kittel. 2002. "Austria in the 1990s: The Routine of Social Partnership in Question? in Stefan Berger and Hugh Compston(eds). *Policy Concertation and Social Partnership in Western Europe*. New York: Berghan Books. 35-50.

Tálos, Emmerich. 1996. "Corporatism: The Austrian Model." in V. Lauber(ed.). *Contemporary Austrian Politics*. Boulder, Co: Westview. 103-123.

Taylor-Goodby, Peter. 2007. "Social Investment in Europe: Bold Plan, Slow Progress and Implications for Korea." 한국사회복지학회·한국 사회정책학회·한국행정학회. 『한국사회의 미래와 사회투자정책』. 2월 21일 프레스센터 국제회의장. 발표논문. 6-50.

Thelen, Kathleen. 1992. "The Politics of Flexibility in the German Metal-working Industries." in Golden, Miriam and J. Pontusson(eds.). 1992. *Bargaining for Change: Union Politics in North America and Europe*. Ithaca: Cornell University Press. 215-246.

Thelen, Kathleen and Sven Steinmo. 1992. "Historical Institutionalism in Comparative Politics." in S. Steinmo, K. Thelen and F. Longstreth(eds.). *Structuring Politics: Historical Institutionalism in Comparative Analysis.* Cambridge: Cambridge University Press. 1-32.

Therborn, Goran. 1977. "The Rule of Capital and the Rise of Democracy." *New Left Review.* 103(May-June). 3-41.

________________. 1992. "Lessons from Corporatist Theorisation." in Jukka Pekkarinen(ed.). *Social Corporatism: A Superior Economic System?* Oxford: Clarendon Press. 24-43.

Threfall, M. 2003. "European Social Integration: Harmonization, Convergence, and Single Social Areas." *Journal of European Social Policy.* 13(2). 121-139.

__________. 2007. "The Social Dimension of the European Union: Innovative Methods for Advancing Integration." *Global Social Policy*. 7(3). 271-293.

Timonen, Virpi. 2003. *Restructuring the Welfare State: Globalization and Social Policy Reform in Finland and Sweden*. Cheltenham: Edward Elgar.

Topperwien, Nicole. 2004. "Participation in the Decision-Making Process as A Means of Group Accommodation." in G. Alan Tarr, Robert Williams and Josef Marko(eds.). *Federalism, Subnational Constitutions, and Minority Rights*. Westport: Praeger. 41-52.

Traxler, Franz. 1994. "Collective Bargaining: Levels and Coverage." in OECD(eds.). *Employment Outlook. July 1994*. Paris: OECD, 169-183.

_____________. 1995. "From Demand-Side to Supply-Side Corporatism? Austrian Labour Relations and Public Policy." in Colin Crouch and Franz Traxler(eds.). *Organised Industrial Relations in Europe: What Future*? England: Avebury. 271-286.

_____________. 1998. "Austria: Still the Country of Corporatism." in P. Edwards(et al.). *Changing Industrial Relations in Europe.* Blackwell. 239-261.

Tros, Frank. 2012. "Flexicurity in Europe." *Diritto delle Relazioni Industriali.* 20(3). 1-18.

Tsebelis, G. and J. Money. 1997. *Bicameralism.* Cambridge: Cambridge University Press.

Tsebelis, Geroge. 1995. "Decision-Making in Political Systems: Veto Players in Presidentialism,

Parliamentarianism, Multicameralism and Multipartism." *British Journal of Political Science.* 25(3). 289-325.

______________. 2002. *Veto Players: How Political Institutions Work.* Princeton: Princeton University Press.

van Schendelen, M. C. P. M. 1984. "The Views of Arend Lijphart and Collected Criticism." *Acta Politica.* 19. 19-55.

van Waarden, F. 2002. "Dutch Consociationalism and Corporatism: A Case of Institutional Persistence." *Acta Politica.* 37(2). 44-67.

Vandaele, Kurt. 2004. "In Search of Wage Moderation: Belgian Industrial Relations in a World of Change." Paper prepared for the Conference on 'Small States in World Markets'. Seoul, Korea. October 14-15, 45-61.

Vis, Barbara. 2009. "Governments and Unpopular Social Policy Reform: Biting the Buller or Steering Clear?" *European Journal of Political Research.* 48(1). 31-57.

Visser, J. and M. Rhodes 2011. "The Evolution of Social Pacts: Trajectories and Mechanisms of Institutionalization." in S. Avdagic, M. Rhodes, and J. Visser(eds.). *Social Pacts in Europe: Emergence, Evolution, and Institutionalization.* Oxford: Oxford University Press. 61-85.

Visser, J. and M. van der Meer. 2011. "The Netherlands: Social Pacts in a Concertation Economy." in S. Avdagic, M. Rhodes, and J. Visser(eds.). *Social Pacts in Europe: Emergence, Evolution, and Institutionalization.* Oxford: Oxford University Press. 203-231.

Visser, Jelle. 1995. "The Netherlands: the Return of Responsive Corporatism." in Anthony Ferner and Richard Hyman(eds.). *Changing Industrial Relations in Europe.* Oxford, Uk: Blackwell. 284-314.

__________. 1998. "Two Cheers for Corporatism, One for the Market: Industrial Relations, Wage Moderation and Job Growth in the Netherlands." *British Journal of Industrial Relations.* 36(2). 269-292.

Vobruba G. 1995. "Social Policy on Tomorrow's Euro-Corporatist Stage." *Journal of European Social Policy.* 5(4). 303-315.

__________. 2005. "The Irreversible Welfare State within the Globalization Dilemma." in B. Cantillon and I. Marx(eds). *International Cooperation in Social Security: How to Cope with Globalisation?* Antwerp and Oxford: Intersentia. 81-91.

Waddington, Jeremy. 2003. "Heightening Tension in Relations between Trade Unions and the Labour Government in 2002." *British Journal of Industrial Relations.* 41(2). 335-358.

Warwick, Paul V. 1994. *Government Survival in Parliamentary Democracies.* Cambridge: Cambridge University Press.

Wiarda, Howard J. 1997. *Corporatism and Comparative Politics: The Other Great 'Ism'.* New York: M. E. Sharpe.

Wiesenthal, Helmut. 2004. "German Unification and Model Germany: An Adventure in Institutional Conservatism." in H. Kitschelt and Wolfgang Streeck(eds.). *Germany: Beyond the Stable State.* London: Frank Cass. 37-58.

Williams, Chris. 2002. "Britain in Historical Perspective: From War Concertation to the Destruction of the Social Contract." in Stefan Berger and Hugh Compston(eds.). *Policy Concertation and Social Partnership in Western Europe: Lessons for the 21st Century.* Oxford: Berghahn Books. 51-62.

Wilthagen, T. and F. Tros. 2004. "The Concept of 'Flexicurity': A New Approach to Regulating Employment and Labour Markets." *European Review of Labour and Research.* 10. 166-186.

Wilthagen, T., F. Tros, and H. Lieshout. 2003. "Towards 'Flexicurity'?: Balancing Flexibility and Security in EU Member States." Invited paper for the 13th World Congress of the International Indu- strial Relations Association (IIRA). Berlin September. 2003. 1-27.

Wilthagen. T. 1998. "Flexicurity: A New Paradigm for Labour Market Policy Reform?" Berlin: WZB Discussion Paper. 1-15.

Woldendorp, J. 2011. Corporatism in Small North-West European Countries 1970-2006. Business as Usual, Decline or a New Phenomenon? Working Paper 30(2011-01). Amsterdam: Department of Political Science VU University. 1-51.

Woldendorp, J. and H. Keman. 2006. "The Contingency of Corporatist Influence: Income Policy in the Netherlands." *Journal of Public Policy*. 26(3). 301-329.

Wolf, Charles Jr. 1988. *Markets or Governments: Choosing between Imperfect Alternatives.* London: The MIT Press.

Wolinetz, Steven B. 1995. "The Dutch Parliamentary Elections of 1994." *West European Politics.* 18(1). 184-197.

Zeitlin, J. 2005. "The Open Method of Coordination in Action: Theoretical Promises, Empirical Realities, Reform Strategy." in J. Zeitlin, P. Pochet and L. Magnusson(eds.). *The Open Method of Coordination in Action: The European Employment and Social Inclusion Strategies.* Brussels: Peter Lang.

찾 아 보 기

【 ㄱ 】

가중다수결제 / 599
갈등공화국 / 424
갈등사회 / 424
갈등조정자 / 91
갈등조정의 제도화 / 30, 48
감독이사회 / 167, 267
강성조합주의 / 268
강한 양원제 / 128, 129
개념적 친화성 / 317
개방명부 비례대표제 / 64
개방형 비례대표제 / 511, 512, 527
개별적 최적전략 / 116, 416
개헌담론 / 485
거대 양당 독과점정치 / 390, 400
거대 양당 독과점체제 / 392, 403, 424, 488
거대 양당정치 / 497, 518
거대 양당체제 / 139, 493, 507
거리정치 / 419
거부권 정치 / 391
거부지점 / 184
거시연방제 / 584
거시연방제국가 / 585
거시적 사회협약 / 112
건강보험개혁 / 273, 286
건설적 불신임제 / 258, 492
게르만민족주의 / 324, 326
견제-협력 사이클 / 508
결사체-정당 간 융합 / 435
결선투표 QP 방식 / 463
결선투표제 / 91, 103, 463, 464, 517, 512
경로의존성 / 236, 313, 415
경영이사회 / 167, 267
경쟁-협력 사이클 / 256, 505, 507
경쟁력·일자리 프로그램 / 171
경쟁민주주의 / 251
경쟁적 연방주의 / 540, 546
경쟁적 유럽 / 595
경쟁적, 갈등적 노사(정) 관계 / 142, 143
경제민주주의 / 441
경제민주화 / 440, 442, 443, 467, 468
경제민주화-경제성장-복지국가 / 529
경제민주화-기민주의 복지국가 / 519
경제민주화-복지국가 / 20, 138, 143, 146, 148, 150, 153, 166, 173, 197, 390, 391, 425, 427, 429, 439, 444, 465, 473, 476, 479, 510, 532, 561
경제민주화-복지국가-사회통합 / 428
경제민주화-사민주의 복지국가 / 165
경제민주화-유연안정성 / 470
경제민주화-재분배정책 / 141
경제민주화-증세·복지국가 / 462
경제사회발전노사정위원회 / 402
경제사회발전위원회(CESD) / 473
경제사회진보프로그램 / 171
경제사회협의회 / 115, 459
경제양극화 / 442
경제효율성-사회형평성 / 420, 445
계급·계층갈등 / 419
계급·계층정치 / 422
계급적 이익정치 / 166
계층양극화 / 411
고(高)비례성 선거제도 / 497
고(高)세입-고복지 / 451
고비용·저효율 국토구조 / 422
고용안정성 / 224
고용유연성 / 236
고용조건정책협약 / 166, 242
공공복지지출 / 414
공공복지체계 / 353
공공부조제도 / 413
공공사회복지서비스 / 412
공공사회서비스 / 146, 153, 156, 157, 160, 163, 173, 245
공공사회지출 / 161, 414

공공의료체계 / 121
공공재 / 502
공급중심 사회적 대화 / 433
공급중심 사회협약 / 112
공급중심의 경제 / 360, 366
공동결정제 / 167, 168, 267, 339, 456
공동선언 / 234
공동체 자유주의 / 420
공적의료보장제도 / 413
공정거래위원회 / 409
공천배심원단 / 499
공천심사위원회 / 499
공치제도 / 492
과대규모내각 / 249
과대규모연립내각 / 97
과대규모연립정부 / 99, 540
과대규모연정내각 / 90, 100
과잉다수연정 / 89, 90
교육갈등 / 454
교육거버넌스 / 455
교차균열 / 422, 578
교차투표 / 95
구심적 정당경쟁 / 260
구심적 민주주의 / 526
구조·지역정치 / 610
구조기금 / 608
구조적 상관성 / 111, 142
구조적 상용성 / 593
구조적 유질동상 / 295, 317
구조적 특수성 / 91
구조적 힘 / 406
국가경제사회위원회 / 171, 369, 381
국가경제사회포럼 / 171, 370
국가노동시장위원회(AMS) / 161, 184, 404
국가도시계획위원회 / 184
국가연합 / 593
국가자율성 / 28
국가재건 프로그램 / 171, 369
국가적 균열라인 / 598
국가적 분절화 / 598, 618
국가주의적 정책결정 패러다임 / 430
국민기초생활보장제도 / 413
국민의회 / 321, 539
국민의회-연방의회 / 344
국민전선 / 83
국민협의회 / 298, 569, 573
국회-지방의회 / 564
국회-행정부 협치 / 489, 505
국회선진화법 / 394, 395, 405, 517
권력-책임 분점 / 451
권력공유 / 95
권력공유 민주주의 / 561
권력독점 단순다수대표제 / 250
권력독점·독치 / 392
권력분점 대통령 / 465, 485
권력분점 비례대표제 / 250, 258, 259, 266, 321, 483, 505 507, 510, 512, 515, 516, 517, 529, 531
권력분점 정부제도 / 486
권력분점·공유 민주주의 / 43
권력융합 / 92, 93
권력자원 / 2, 156, 202, 250, 270, 377, 406, 416
권역별 비례대표-소선거구 연동제 / 500, 501
권역별 비례대표제 / 501, 502, 503
권위주의-자유주의 균열 / 73
규모수익체증 / 2
균등공동결정 / 335
균열사회 / 41
균형적 양원제 / 128
그람시 / 563
근로연계복지 / 246
근로자경영참여 / 171
글로벌 시장의 역설 / 383
글로컬리제이션 / 124
급진민주당 / 82
기능적 대표성 / 170
기능적 유연성 / 223, 224
기민주의 복지국가 / 147, 153, 155, 157, 158, 160, 167, 222, 245, 451
기민주의 정당 / 63, 87
기본보충안정소득 / 349
기아제로 / 512
기업민주화 / 162
기업별 노조체제 / 416
기업신뢰 / 160, 377
기업지배구조 / 424
길거리 정치 / 483
깨끗한 손 / 67

【 ㄴ 】

낙수효과 / 415, 453, 454
남북기본합의서 / 592
남북한 통합국가 / 544, 550, 593
내각-의회의 권력관계 / 106
내각유형 / 88, 90
내부-수량적 유연성 / 223, 224, 242
냉혈 시장사회 / 411

냉혈 자본주의 / 10
네거티브 권력정치 / 464
네덜란드 기적 / 157, 199
네덜란드 민주주의 / 198, 199, 203, 205, 212, 214, 215, 216, 217, 218
네덜란드 병 / 115, 167, 198, 199, 207, 208, 213, 216
노동 없는 복지 / 208
노동-진보(좌파)블록 / 445
노동-진보좌파 정부 / 468
노동경영참여 / 160, 441, 468
노동시장 양극화 / 410
노동시장 유연성 / 244, 247, 446
노동시장 유연안정성 / 221
노동시장 유연화 / 160, 338
노동시장 정책네트워크 / 221
노동시장 조정패러다임 / 445
노동시장유연화-ALMP 연계 / 447
노동안정성 / 518
노동유연성 / 518
노동유연화 / 338, 448
노동자 경영참여 / 441
노동재단(FL) / 165, 207, 235, 236, 241, 242
노르딕민주주의 / 175, 176, 177, 179, 196, 197
노사 2자 정책협의체 / 235
노사 자발주의 / 373
노사(정) 사회적 협의 / 142
노사공동결정제 / 162, 188
노사정 3자 정책협의 / 164
노사정 거버넌스 / 277, 330, 345, 424, 454, 518
노사정 정책파트너십 / 20
노사정 정책협의 / 165, 169, 170, 171, 185, 355, 357, 439, 483
노사정 정책협의시스템 / 356, 360, 366, 372, 373, 377, 378, 381, 382
노사정 조합주의적 정책결정 / 193
노사정위원회 / 398, 458, 518
노사정협치 / 4
노조-사민당 연대 / 184
녹색정향 / 324, 333
눈물의 계곡 / 5, 479
뉴라이트 / 420

【 ㄷ 】

다당연정내각 / 88, 105
다당제-대통령제 / 505, 512
다당제-연합정치 / 175, 228, 496, 501, 511
다문화 사회 / 120, 122, 123
다수결주의적 정책결정 / 435
다수대표제-LME 생산체제 / 155
다수대표제-거대양당제 / 160
다수대표제-양당제 / 140, 141
다수제 모델 / 36-43, 53, 60-62, 65, 88, 89, 98, 108, 110, 119, 126, 142, 264, 355, 363, 364, 427
다수제 민주주의 / 11-13, 18, 19, 36, 86, 138, 143, 351, 388, 391, 425, 427, 509, 566
다수제 정당정치 / 507
다수제 정치제도 / 313
다수제 정치패러다임 / 376
다수제 제도적 배열 / 411, 412
다수제 헌정모델 / 479, 482, 483, 484, 485, 489, 517, 518
다수제형 통일시나리오 / 590
다양성 속의 통합성 / 122
다원적 사회 / 43
다원주의 노사정시스템 / 356, 359, 360
다원주의적 단체협상 / 374
다원주의적 이익대표체계 / 363, 367, 377
단기이양비례대표제 / 356
단방제-연방제 / 38, 119, 126
단원제-대통령제 / 556
단일유럽의정서 / 601, 609
단점정부 / 95, 393
대기업 중심의 생산체제 / 409
대기업-중소기업 상생협력 / 442, 443, 473
대연정 / 90, 103, 262, 286, 289, 326, 328, 331, 336, 337, 338, 339, 347, 349
대연정 연방정부 / 322
대연정 피로 / 495
대연정-사회적 파트너십 / 322
대연정-조합주의정치 / 346, 351
대처리즘 / 365
대통령 결선투표제 / 464, 529
대통령우위 대통령제 / 514
대통령우위 분권형 대통령제 / 515, 516
대통령제-중앙집권제-단원제 / 397
대통령협의회 / 589, 591
도구적·구조적 정책자율성 / 406
독일 합의제 민주주의 / 252, 253, 257
독일 합의제 헌정체제 / 492
독일민주주의 / 251, 265, 281, 288, 289, 291
독일식 권력분점 비례대표제 / 496, 497, 504, 508, 533
독점적 양당체제 / 391
동거정부 / 103, 487
동반발전형 사회적 대화 / 433

동아시아 지역통합 / 617, 622, 626
동아시아 패러독스 / 625
동일노동-동일임금 / 412, 440
동트방식 / 54
드골주의자 / 75
등가대표성 / 46

【 ㄹ 】

라이엔(von der Leyen) / 285
라퐁텐(O. Lafontaine) / 277
레이파트 학파 / 48, 178, 179, 197, 225, 252, 318, 478
렌(Rehn) 모델 / 161
렌베르크 합의 / 114, 162, 185
로비정치 / 257, 319, 404, 406, 467, 468, 469, 518
로비즘 정치 / 178, 197, 227
로젠바트합의 / 114, 185
로컬거버넌스 / 433, 458, 460, 466, 549, 550
룰라 대통령 / 473, 512
뤼륩위원회 / 280, 282, 283, 452
리스본전략 / 607

【 ㅁ 】

마술의 공식 / 298, 574
마스트리히트 사회협정 / 601
마스트리히트 조약 / 284, 340, 605, 608, 623
마이드너(Meidner) 모델 / 162
마이크로레벨 사회적 대화 / 432
마이크로레벨의 사회협약 / 454
마이크로레벨의 정책협의 / 458
맞춤형 고용복지 / 412
맞춤형 훈련교육 / 234
매크로 레벨 조합주의 정치 / 270
매크로레벨 사회적 대화 / 432, 457
매크로레벨 정책협의 / 457
메디슨(Madisonian) 모델 / 176, 177
메디케어 / 394
메디케이드 / 394
메르켈 총리 / 262
메르켈(Angela Merkel) 대연정 / 283
메조레벨 사회적 대화 / 433, 456
메조레벨의 정책협의 / 456
멜케르 일자리 / 247
모두스 비벤디 / 530
무지개 과잉과반 연정 / 193
무지개 정당체제 / 505
문화결정론적 비관론 / 523
문화적 정체성 / 551, 575
미국 다수제 민주주의 / 18
미국식 대통령제 / 485, 486, 489
미시연방국가체제 / 585
미시적 사회협약 / 112
미시적 조합주의 / 271
민족해방 / 420
민주적 시장경제 / 5, 14
민주적 이행 / 26
민주주의 공고화 / 48, 478, 481, 522, 525, 624
민주주의 패러다임 / 15
민주주의의 다양성 / 19
민주주의패러다임 / 426, 531
민주화 물결 / 49
민중주의 / 558

【 ㅂ 】

바세나르협약 / 115, 166, 208, 210, 213, 215, 234, 241, 244, 522, 528
바이마르공화국 / 43, 95, 262, 525
박물관 광장협약 / 210, 213, 215, 236, 242
박정희 모델 / 436
반신자유주의 / 13
반전·반핵·군축 평화체제 / 592, 593
방갈로 토의 / 168, 269, 274
배제의 정치 / 143, 484
버츠켈리즘 / 146, 366
보수-중도-진보 정당블록 / 586
보수우파 연립정부 / 405
보수우파 정당블록 / 99
보수우파 정당연합 / 404
보수적 자유주의 / 75, 76
보충성 원칙 / 119, 537, 572
복지-조세 연계정치 / 452
복지·노동시장 재편정치 / 319
복지·조세갈등 / 453
복지거버넌스 / 454
복지국가 정치경제 / 199, 293, 439, 440, 448
복지국가 조세체계 / 452
복지동맹 / 415
복지에서 노동 / 208
복지지체국 / 308
부당내부거래금지 / 440
부분체제 / 27, 29, 175, 201, 294, 480
부자·강자민주주의 / 391
북부동맹 / 69, 132
분권형 대통령제 / 91, 93, 97, 104, 105, 480, 487,

488, 489, 535
분배갈등 / 148
분배연합 / 209, 434
분배정치 / 148
분배협상 / 187
분산적 권력구조 / 97
분수효과 / 453, 454
분절사회 / 122
분점정부 / 394
불균형적 양원제 / 128
불만의 겨울 / 113, 170, 364
불비례성 / 55, 57, 58, 361, 389
불신임투표 / 105
불평등의 대가 / 426
브라질 헌정체제 / 511
블레어(T. Blair) / 138
블레처리즘 / 366
블록 간 연정 / 254, 318
블록 내 연정 / 226, 318, 482
블록 다당제 / 482
블록 연합정치 / 226, 227, 249, 254, 256, 257, 318-320
블록 정당정치 / 165, 177, 179
블록정치 / 163
블론델(Jean Blondel) / 58
비난분산정치 / 474
비난회피정치 / 177, 217, 218, 340, 474
비대칭적 양원제 / 135, 136, 539
비례대표제 / 52, 54, 57, 63, 65, 66, 135, 138, 151, 152, 174, 224, 225, 288, 296, 297, 321, 434
비례대표제-CME 생산체제 / 155, 156, 157
비례대표제-노사(정) 협의 / 142
비례대표제-다당제 / 140, 141, 159, 160, 252, 294, 419, 463
비례대표제-다당체제 / 599
비례대표제-연합정치 / 141, 221
비례대표제-연합정치-조합주의정치 / 174
비례대표제-이념블록다당제 / 511, 513
비례대표제-조정노동시장 / 243
비례대표제-조합주의정치 / 148
비례성-대표성 / 497
비버리지 보고서 / 170
비사회주의 연립소수정부 / 189
비스마르크형 복지국가 / 167
비스마르크형 사회보험제 / 216
비시장적 시장경제조정 / 174
비용감축경쟁전략 / 161
비적대적 공존·상생 / 506
비전 2040위원회 / 401, 402, 404
비정규직 보호법 / 400
비지리적 연방주의 / 131
비진성 투표 / 138
빈민층 취학지원 / 512
빔 코크(Wim Kok) / 215

【 ㅅ 】

사민당 소수정부 / 188
사민당/녹색당 연립정부 / 276
사민주의 복지국가 / 147, 157, 158, 159, 160, 222, 245, 451
사업신뢰 / 3, 110, 361, 411, 468
사업장 협약 / 271
사외이사제 / 409
사회갈등지수 / 422
사회경제적 양극화 / 11, 12, 19, 307, 399, 412, 422, 424, 439
사회경제협의체 / 235, 236, 242
사회경제협의회(SEC) / 165, 207
사회계약 / 113
사회보장행정집행위원회 / 342
사회서비스산업 / 443
사회안전망 / 121, 209, 424
사회적 균열 / 71, 73, 89
사회적 대타협 / 242, 402, 403, 405, 406
사회적 대화 / 221, 225-227, 230, 234, 235, 240, 243, 250, 399, 428, 432, 444, 446, 448, 453, 465-470, 472, 475, 517, 601, 606
사회적 대화-연합정치 / 435, 476, 477
사회적 덤핑 / 624
사회적 시장경제 / 146, 167, 253, 259, 266-268, 282
사회적 완충국가 / 436
사회적 유럽 / 595, 602, 605
사회적 임금 / 151, 366, 440
사회적 자본 / 379
사회적 자유주의 / 75, 231, 261
사회적 정책파트너십 / 317
사회적 정책협의 / 447
사회적 파트너십 / 17, 167, 271, 314, 318, 337
사회적 합의제 / 331
사회적 합의주의 / 78, 430, 431
사회정책의제 / 607
사회정책협정 / 620
사회투자국가 / 449, 473
사회투자정책 / 450, 461
사회학적 연방주의 / 124, 131

사회해체 / 411, 414, 437
사회행동프로그램 / 605
사회협약 / 109, 148, 178, 186, 200, 220, 248, 294, 295, 357, 369, 376, 382, 398, 400, 433, 476, 603
사회협약정치 / 150, 174, 207, 364, 420
산별 사회적 대화 위원회 / 602
산별임금조정 / 162
산업·지역별 임금협상제 / 164
산업별 연대임금제 / 267
산업별 임금협상 / 188
산업평화협약 / 300
살트세바덴협약 / 114, 300
상·하향식 피드백 / 474
상생발전형 시장경제모델 / 437, 438, 439
상향식 사회적 대화 / 457
생산성연합 / 112, 434
생산적 복지정책 / 10
생태사회적 시장경제 / 315
생활정치 / 460
서독 합의제 헌정체제 / 557
선심성 예산배분정치 / 412
선택적 시민투표 / 574
성공에 의한 자기잠식 / 324
성장-분배 선순환 / 436
성장을 위한 동맹 / 114
성장협약 / 190
세금민감도 / 418
세금인상-복지정책 / 151
소극적 노동시장정책(PLMP) / 315, 337
소극적 통합 / 596
소득대체율 / 187, 237, 337
소득불평등 / 413, 419, 426
소득안정성 / 224, 236
소득양극화 / 437
소득재분배 / 413
소선거구 다수대표제-양당제 / 140
소선거구다수대표제-양당제-단일정당정부 / 417
소선거구제-양당제 / 139, 140
소수연립내각 / 97
소수연립정부 / 101
소수파 비토권 / 598
소연정 / 262, 324, 326, 327, 334
소연정-조합주의정치 / 340
숍 스튜어드 / 375
수량적 유연화 / 146
수요중심 사회적 대화 / 433
수요중심 사회협약 / 112
수직적 권력분점제도 / 252, 254, 536, 552, 556, 564
수출산업-내수산업 양극화 / 410
수평적 권력분점제도 / 319
수평적 정권교체 / 408
슈뢰더 적/녹연정 / 276, 283
슘페터적 근로국가 / 436
스웨덴 민주주의 / 196
스웨덴동맹 / 190
스위스 민주주의 / 306
스위스 콘코르단츠 민주주의 / 568
스위스 합의제적 대통령제 / 581
스티글리츠(J. Stiglitz) / 426
승자독식 경제 / 19
승자독식 권력구조 / 422
승자독식 단순다수대표제 / 389, 391, 392
승자독식 단순다수대표제-양당체제 / 482
승자독식 민주주의 / 12, 13, 19
승자독식 선거제도 / 52, 138, 403, 497
승자독식 소선거구 단순다수대표제 / 391
승자독식 제왕적 권력구조 / 484
승자독식-양극화 사회경제 / 425
승자독식-양극화 정치 / 425
승자독식의 경제사회 / 8
시라크 우파대통령 / 103
시민투표 / 303, 307, 311, 312, 591
시장개혁 3개년 로드맵 / 409
시장경제-민주주의 / 420
시장실패 / 4
시장의 낙오자·열패자 / 419
시장의 회초리 / 9
시장임금 / 142, 151
시장적 권력배분 / 2
시장적 자원배분 / 1
시장차별적인 복지 / 161
시퀘스터 / 394
식물정치 / 517
신노동시간조정법 / 166
신노선 협약 / 115, 166, 209, 210, 213, 215, 235, 241, 242
신다원주의 정치 / 271
신생민주주의 / 48, 498, 523, 525, 527
신생민주주의 공고화 / 17, 48, 49
신자유주의 경제체제 / 8
신자유주의 독트린 / 168, 346
신자유주의 발전동맹 / 415
신자유주의 성장동맹 / 405
신자유주의 시장경제 / 356, 407, 412, 431
신자유주의 정책의제 / 169
신자유주의적 구조조정 / 16, 412, 414, 415, 419

신자유주의적 사회정책 / 349
신자유주의적 정책패러다임 / 168
신제도주의 / 358, 596
신조합주의론 / 249
신중도 / 168, 277
신케인즈주의 / 307
실질적 민주주의 / 294, 427, 429, 474, 475, 529, 533

【 ㅇ 】

아나키즘 / 76
아메리칸 드림 / 561
아일랜드 기적 / 383
아일랜드 정당정치 / 519
아일랜드 합의제 모델 / 358, 382, 383, 384
아일랜드민주주의 / 355, 356
안정성 정치 / 224
안정성-복지정치 / 508
안정성정책 / 223
알프스형 게르만국가 / 82
암스테르담조약 / 600
야누스적 복지개혁 / 350
약성조합주의 / 268
약한 양원제 / 128
양극단적 정당경쟁 / 405
양극적 갈등정치 / 501
양극적 이념블록 / 351, 466
양극적 정당블록 / 341
양극적 정당정치 / 277, 407
양당 권력독과점 체제 / 388, 411
양당 독과점정치 / 403
양당제-대통령제 / 506
양대 블록화 / 325
양대 패권정당 / 389, 403, 497
양원 합동위원회 / 306
양원제 / 40, 126, 127, 564
양원제 국회 / 552, 564
양원제-단원제 / 134
양원합동회의 / 106
어젠다 2010 / 169, 262, 263, 270, 280, 281, 282, 283, 284, 288
언립소수정부 / 229
언어-문화 균열 / 67
업종노사정협의회 / 458
에스핑-앤데슨(Esping-Andersen) / 147
엘리트 카르텔 / 46, 47, 528
역사적 제도론 / 358
연금-실업보험 / 305, 306
연금-실업보험 개혁과정 / 302
연대임금 / 156, 188, 440, 461, 473
연립과대규모내각 / 183, 515, 519
연립과대규모정부 / 180, 181, 195
연립과반정부 / 231
연립과잉과반정부 / 191
연립소수내각 / 226, 230
연립정부-대통령제 / 511
연방고용청 / 269
연방대통령 / 95, 264, 298, 491
연방의회-연방정부 / 293
연방정부-단방정부 / 134
연방정부-연방의회 / 304
연방정부-주정부 / 255, 264, 265, 289, 290, 318, 319
연방정부우위연방제 / 318, 540
연방제-양원제 / 47, 252, 253, 257, 305, 351, 392, 501, 502, 538, 539, 564
연방제형 지방분권제 / 536, 542, 544, 545, 547, 548, 550, 552, 556, 564
연방제형 지방분권화 / 543, 546, 549, 551-553, 564
연방주의 / 119, 122, 123, 125
연방하원-연방상원 / 255, 258, 318, 319
연방하원우위양원제 / 318
연방협의회 / 102, 298, 299, 304, 490, 573
연방회의 / 491
연성정치 / 433
연정 정책갈등 / 262
연정갈등 / 472, 520
연정관리 / 263
연정대통령제 / 507, 513, 527
연정위원회 / 262, 263, 291, 323, 336
연정협상 / 263, 470
연정협약 / 257, 263, 320, 326, 336, 348, 471, 473, 482, 508
연정협치 / 291
연정형 권력구조 / 531
연합기구·2독립정부·2체제 / 593
연합정당 / 157, 159
연합정치 / 4, 6, 7, 47, 143, 150, 153, 156, 159, 165, 195, 202, 215, 216, 217, 221, 224, 225, 248, 252, 292, 294, 295, 364, 384, 429, 434, 464, 475, 482, 507, 598
연합정치-사회적 대화 / 473, 521, 522, 523, 524, 525, 526, 528
연합정치-연정대통령제 / 511, 512, 513, 514
연합정치-조합주의정치 / 310, 311, 315, 319, 429
영국 다수제 모델 / 358, 382, 384

영국민주주의 / 355, 356, 362, 363
예산배분정치 / 140
예산폭탄론 / 502
오바마 대통령 / 394
오바마케어 / 394
오스트로-케인즈주의 / 323, 335, 343, 350
오스트리아 민주주의 / 322, 351
오스트리아 분권형 대통령제 / 494-496
오스트리아의 자유당 / 79
오픈프라이머리 / 87, 499
외부-수량적 유연성 / 223, 224, 237, 243, 244
우리식 사회주의 / 575
우파연립정부 / 256, 320
우파정당블록 / 351
운동정치 / 558
원심적 민주주의 / 322, 526
원심적 정당경쟁 / 260
월계수연맹 / 103
웨스트민스터 모델 / 91, 104, 176, 177, 196, 265, 314, 509
웨스트민스터 민주주의 / 40, 124, 322, 362, 363
웨스트민스터 정당정치 / 172, 229
위원회정치 / 271
위정척사 / 530
유러피언 드림 / 560, 561
유럽(각료)이사회 / 597, 610, 613
유럽2020전략 / 613, 616
유럽각료이사회 / 599, 600, 601, 602
유럽경제공동체 / 604
유럽경제회복계획 / 614
유럽단일시장화 / 315
유럽단일통화 / 338
유럽연방국가 / 26, 582
유럽연방합중국 / 625
유럽연합 / 80, 189, 337, 339, 598, 600, 607, 611, 616, 617, 623
유럽의 지진아 / 17, 172, 371
유럽의회 / 601
유럽이사회 / 611
유럽적 다원사회 / 617
유럽적 사회모델 / 603
유럽조합주의 / 602
유럽지역개발기금 / 608
유럽직장평의회 / 602, 615
유럽집행위원회 / 600
유럽통합 / 617, 623
유럽통화연맹(EMU) / 186
유럽헌법 / 607
유럽화 / 352
유연성 정치 / 224
유연성-안정성 연계 / 222
유연성-안정성 정책갈등 / 446
유연성-안정성법 / 242, 243
유연성·성장정치 / 508
유연성정책 / 223
유연안정성 거버넌스 / 446
유연안정성 모델 / 223, 443, 444
유연안정성 정책네트워킹 / 225
유연안정성 정책조합 / 220-222, 224, 225, 228, 234, 240, 248, 349, 444
유연안정성 정책콘텐츠 / 221
유연안정성 정책협상 / 473
유연안정성 정책협약 / 225, 227
유연안정성 정치동학 / 227, 250
유연안정성법 / 115
유연안정성협약 / 166, 209, 210, 213, 215, 242
유질동상 / 110, 181, 257, 435, 520, 597
의무적 시민투표 / 574
의식 행사화 / 559
의원내각제 / 61, 89, 93, 94, 95, 96, 104, 463, 484, 486, 489, 492
의회-행정부 거버넌스 / 177, 180, 182, 184, 238, 483
의회-행정부 융합 / 148
의회제 정부 / 91
의회협약 / 177, 238, 471
이념갈등 / 421
이념블록 교차 연정 / 183, 515
이념블록 교차 연합정치 / 476, 507, 509, 529
이념블록 교차 정당연합 / 180
이념블록 교차연정 / 189
이념블록 다당제 / 483, 484, 505, 506, 510, 513, 516, 527, 529
이념블록 다당체제 / 493, 507
이념블록 소수정부 / 188, 190
이념블록 양극화 / 229
이념블록 정당정치 / 166, 290
이념블록 정당체제 / 67, 508, 585
이념블록정치 / 168
이념적 스펙트럼 / 73, 140, 159, 248, 322, 420, 512, 590
이념적 양극화 / 322, 341
이념적 정체성 / 500
이원집정부제 / 489, 490, 492
이익대표체계 / 108, 113
이익상보성 / 25
이해관계자 자본주의 / 266, 456
이해관계자 지배구조 / 441

이해관계자 파트너십 / 456
이해관계자기업지배구조 / 153
인사이더-아웃사이더 불평등 / 158
인풋-아웃풋 간극 / 492
일반보충연금(ATP) / 161
일자리 나누기 / 208, 217
일자리 연대 / 168, 269, 274, 277, 278, 280
일치균열 / 422, 578
잃어버린 10년 / 15, 559
임금·물가균등위원회 / 330, 334
임금대체율 / 245, 339
임노동자기금제 / 441, 468
입법교착 / 264
입법연합 / 162, 177, 189, 469
입법연합정치 / 184, 190, 241
입법프로세스 / 395
입법협약 / 180, 190, 227

【 ㅈ 】

자기부정적 가정 / 45
자발주의적 시각 / 528
자본-보수우파블록 / 445
자본권력의 비대화 / 411
자본스트라이크 / 3, 405
자본주의 시장경제 / 1, 2, 5, 33, 144, 266, 408, 431
자유무역협정 / 420
자유주의 보수블록 / 404, 405
자유주의 복지국가 / 147, 148, 151, 160, 161, 165, 172, 174, 412, 414, 439, 451
자유주의 정당 / 37
자유주의 진보정당 / 407
자유주의 진보정부 / 398, 399, 400, 401, 403, 408, 409, 415
자주빛 연립정부 / 166, 204, 213
자치경찰제 / 544
자치인사권 / 544
자치입법권 / 124, 544
자치재정권 / 544
자치조직권 / 544
자치행정권 / 124, 544
작업장협의회 / 330
장미의 전쟁 / 188
재벌-사용자단체 / 406
재벌개혁 정치 / 442
재벌개혁-복지정책 / 405
재벌개혁실패-사회경제 양극화 / 407
재벌대기업-중소기업 양극화 / 409
재벌대기업중심의 생산체제 / 421
재벌중심의 생산체제 / 440
재상품화 / 365, 381
재오스트리아화 / 351
재정안정화 / 286, 337, 340
저(低)복지-저조세부담 국가 / 412
저(低)세입-저복지 / 450
저비용-고효율 정치 / 534
저출산·고령화대책거버넌스 / 455
저항민주주의 / 558
적/녹 소연정 / 263
적/녹 연립정부 / 261, 279
적/녹 연정 / 168, 270
적/녹 입법연합 / 194
적/녹 좌파연 / 277
적/녹연정 / 113, 278
적극적 노동시장정책(ALMP) / 112, 146, 344, 371, 382, 444, 473, 611
적극화 프로그램 / 240, 246
전국노동시장위원회(LAR) / 164, 233
전국단위비례대표-소선거구 연동제 / 531
전략적 분리투표 / 258
전략적 선택 / 358, 359, 524, 528, 626
전환의 비용 / 419, 431
절차적 민주주의 / 2, 4, 144, 200, 294, 427, 429, 466, 474, 475, 529, 533, 558
절차적 정당성 / 15
정규직-비정규직 상생협력 / 439
정규직-비정규직 양극화 / 410
정당 간 교차파트너십 / 148, 260
정당공동화 / 499
정당득표율-의석점유율 / 139, 140
정당명부 비례대표제 / 67, 388, 462, 465, 527
정당민주주의 / 499
정당블록체제 / 47
정당연합 / 150, 202, 296, 461, 463, 469, 517
정당정체성 / 62, 73, 139, 500
정당정치 사이클 / 510
정당정치 패러다임 / 501
정당정치-노사정정치 / 316
정당정치-조합주의정치 / 334
정당정치의 블록화 / 341
정당투표 / 258
정부연합 / 213, 323, 471
정책 패러다임 / 307
정책-입법연합 / 323
정책·입법 교착 / 418
정책교착 / 369
정책네트워크 / 163, 431

정책산출 / 20
정책스펙트럼 / 177, 261, 464
정책의제화-입법화 / 417, 425
정책인풋사이드 / 221
정책자율성 / 174, 180, 289
정책파트너십 / 21, 148, 332, 333, 336, 340
정책패러다임 / 308, 312, 343
정책패키지 / 337
정책학습 / 382
정책협약 / 483, 518
정책회로 / 312
정체성갈등 / 25
정치 다운사이징 / 8
정치경제학적 함의 / 173
정치사회학적 패러독스 / 250
정치시장의 유연화 / 529
정치적 교환 / 110, 143, 178, 200, 226, 234, 237, 294, 319, 333, 350, 366, 402, 430, 445, 517
정치적 대표성-책임성 / 529
정치적 민주주의 / 8, 9, 15
정치적 분권화 / 547
정치적 스펙트럼 / 73, 75, 81, 82, 84, 85, 348
정치적 시민권 / 28
정치적 안전망 / 554, 563
정치적 양극화 / 347, 388, 424, 467, 565
정치적 조정기제 / 145, 446
정치적 카르텔 / 495
정치제도적 배열 / 465
정치카르텔 / 391
제1의 민주화 / 558
제2 민주화 운동 / 560, 563
제2 호남화 / 587
제3의 길 / 168, 170, 188, 266, 282, 288, 289, 366, 377, 445
제3의 민주화 물결 / 525
제도적 공학 / 49, 525, 531
제도적 과잉 / 312
제도적 매트릭스 / 50, 392, 417, 424, 427, 434
제도적 배열 / 529
제도적 상합 / 503
제도적 어젠다 / 534
제도적 피로감 / 479
제도적 학습 / 524
제로섬적 분배갈등 / 109
제왕적 권력독점 / 488
제왕적 대통령 권력독식 / 492
제왕적 대통령제 / 392, 393, 464, 516, 517
제주특별자치제 / 396, 551
조세-복지국가 / 404
조세수입-복지지출 / 140
조스팽 좌파층리 / 103
조절이론 / 383
조정시장경제 / 5, 144, 252, 356, 398, 431, 432, 439
조정시장경제-기민주의 복지국가 / 165
조합주의 종언 / 189
조합주의적 거버넌스 / 163, 188, 202
조합주의적 노사정 정책협의 / 150, 444
조합주의적 노사정정치 / 148, 149, 151, 152, 156, 161-163, 165, 166, 168, 169, 171, 210, 212, 269, 290, 294, 295, 439, 444, 466, 469, 470, 476
조합주의적 노사정협치 / 439, 465
조합주의적 의사결정 / 282, 283, 303
조합주의적 이익교환 / 194
조합주의적 이익조정 / 201
조합주의적 정책결정 / 150, 188, 302, 346, 348, 441
조합주의적 정책교환 / 194
조합주의적 정책협상 / 193
조합주의적 정책협약 / 256, 320
조합주의적 정책협의 / 143, 148, 153, 159, 163-165, 167, 169, 181, 185, 189, 190, 201, 213, 214, 233, 290, 295, 296, 300, 302, 304, 379, 428, 439, 442, 445, 461, 470, 476
조합주의적 정책협의체 / 289, 320
조합주의적 정치교환 / 315, 452
조합주의적 조세정치 / 452
조합주의적 협상 / 148, 214
조합주의적 협약 / 305
조합주의적 협약정치 / 185, 187, 188, 192, 193, 195, 271
조합주의적 협의 / 267, 452
조합주의정치 / 7, 145, 148, 150, 153, 162, 164, 166, 167, 175, 252, 253, 256, 274, 287, 289, 290, 320, 331, 441, 470
종교균열 / 67, 84
좌-우 이념블록 교차 연립정 / 518
좌우 대연정 / 241, 315, 322, 347
좌우 스펙트럼 / 62
좌우 연립과대규모정부 / 192
좌우 연정대통령 / 473
좌우 이념블록 / 183, 322, 466, 508
좌우 초이념블록 / 263
좌파연립정부 / 256, 320
좌파정당블록 / 351
좌파-중도-우파 정당블록 / 297
주민발의제 / 547

주민참여제도 / 395
주인-대리인 문제 / 27, 430
주정부 연합체 / 278
주주모델 / 145
주체사상 / 575
주협의회 / 298, 569, 573
준(準)정책협약 / 249
준(準)합의제 민주주의 / 265, 290
준연방주의 / 600
준연정 / 89
중(中)세입-중복지 / 450
중도-우파 소연정 / 340
중도적 스펙트럼 / 138
중도적 정치스펙트럼 / 59
중도정당 / 157, 159, 166, 183, 226, 230, 232, 248, 461, 464, 470, 472, 509
중립화 통일독립국가 / 323
중범위연방제 / 584
중성조합주의 / 268
중앙임금조정·협상지 / 188
중앙임금조정-이해관계자 기업지배구조 / 146
중앙임금협상제 / 164, 184, 212, 217, 233, 293
중앙정부-지방정부 / 540, 542, 544, 564
중앙집권적 국가체제 / 422
중앙집권적 단방국가 / 127
중앙집권적 단방정부 / 120
중앙집권적 단방제 / 40, 548, 551, 553, 564
중앙집권적 수령체제 / 592
중앙집권적 연방국가 / 539
중앙집권적 지방자치제 / 562
중앙집권적 통치체제 / 120
중앙집권제-단방제 / 501
중앙집권제-단원제 / 392, 396, 565
중앙집권제-단원제국회 / 536
중위유권자 / 138, 462
중위의원 / 177, 183, 464
중위적 사회협약 / 112
중위정당 / 261
중위조합주의 / 268
중위투표 / 464
중위투표자 / 160
증세-복지국가 / 418
증세·복지강화-ALMP 연계 / 447
지니계수 / 410
지대추구 / 202, 296
지방분권적 연방제 / 572
지방분권적 지방행정체제 / 132
지방분권화 로드맵 / 396
지식기반경제 / 438
지식서비스산업 / 443
지역 등가대표성 / 538, 563
지역 예산배분정치 / 504
지역 이권배분정치 / 397
지역·업종노사정협의회 / 459
지역갈등 조장정치 / 396, 398
지역개발 프로젝트 / 390
지역개발불균형 / 545
지역균열 / 68
지역균형발전거버넌스 / 455
지역균형발전정책 / 506, 549
지역노동시장위원회(RAR) / 164, 233
지역노사정협의회 / 458
지역다양성 / 537
지역등권주의 / 552
지역별 노사정 협의회 / 442
지역분할 양당 독과점 정치 / 403
지역분할 양당체제 / 501
지역적 이익대표성 / 170
지역정체성 / 500
지역중심 권력독과점 양당체제 / 516
지역중심 독과점 양당정치 / 390
지역중심 보수-중도 양당제 / 400
지역토호세력 / 499
지역패권주의 / 421
지지획득정치 / 474
직업훈련교육 / 168, 239, 246
직장순환제 / 239
직장안정성 / 223
직장위원회 / 267
직장평의회 / 271
직접민주주의 / 299, 305, 310, 311, 313, 573, 591
진보-중도-보수 블록 / 561
진보적 자유주의 / 260, 420
진보좌파정당 / 472, 473
진보좌파정부 / 466
진성투표 / 461, 504, 506
진영의식 / 314, 322, 323, 324, 335
진입장벽 / 56, 65
집단적 대통령제 / 490
집단적 최적전략 / 116, 416
집정관제 / 490

【 ㅊ 】

차별시정거버넌스 / 454
초국가적 권위체 / 625
초국적 사회적 대화 / 616
초국적 정치체제 / 598, 599

초국적 조절 양식 / 603, 626
초분절적 정체성 / 618
초블록대연정 / 257, 320
초블록연합정치-조합주의정치 / 320
초이념블록 과대규모연합 / 188
초이념블록 내각 / 183
초이념블록 대연정 / 471
초이념블록 연립과대규모정부 / 196
초이념블록 연립과반 / 249
초이념블록 연립과반·과대규모내각 / 226
초이념블록 연립내각 / 230
초이념블록 연립소수내각 / 227, 248
초이념블록 연립정부 / 180, 468, 469, 518
초이념블록 연합소수정치 / 227
초이념블록 연합정치 / 195, 231, 232, 239, 243, 254, 257, 468, 469, 471, 483, 509, 510, 517, 519, 527
초이념블록 정당연합 / 470
초이념블록 정당정치 / 470
초이념블록 정부연합 / 195
초이념블록 피벗정치 / 229
초이념블록연합정치-조합주의정치 / 320
총리민주주의 / 490
최다득표자당선제 / 65
최대득표자당선제 / 39
최소과반수내각 / 90
최소승리내각 / 97, 129
최소승리연립내각 / 97
최소승리연정 / 89, 169, 177, 290
출자총액제한부활-순환출자금지 / 440

【 ㅋ 】

카르텔 천국 / 211
케인즈주의 복지국가 / 5, 163, 170, 366, 450, 453
켈트 호랑이 / 172, 372
콘센서스 모델 / 91
콘코르단츠 민주주의 / 524, 569, 571, 574, 579-583, 585, 587, 589, 590, 592-594
콜(H. Kohl)정부 / 265
크로스오버 연합정치 / 451, 476, 508
클로즈드숍 / 365

【 ㅌ 】

탈(脫)블록화 / 324
탈(脫)지역주의 정치 / 507
탈분극화 / 231
탈상품화 / 147, 309, 343, 353
탈오스트리아 / 324
탈정치화 / 45
탈조합주의 / 178, 196, 233, 319
탈조합주의 정치 / 197, 255
톱다운(top-dcwn)식 정책결정 / 430
통상거버넌스 / 454
통치능력 / 114
통치력 / 36
통합성 / 123
투표유동성 / 325
트라이앵글 정책조합 / 239
특별대표권 / 585

【 ㅍ 】

파트너십 2000 / 171, 371, 379
패권적 양당정치 / 329
패권적 양당체제 / 411, 505
패러다임 교체 / 19
패자전실 / 481, 485
패키지-딜 / 242
평화협정 / 592
폐쇄명부 비례대표제 / 64
포스트 87년 정당정치 / 508
포스트 87년 정당체제 / 505, 506
포스트 87년 헌정체제 / 426, 429, 477, 519, 531, 532, 543, 560, 564, 565
포스트 87년체제 / 13, 428
포스트 97년체제 / 428
포스트민주화 민주주의패러다임 / 426
포스트민주화 한국민주주의 / 385
포스트민주화 헌정체제 / 565
포스트포드주의 / 5, 125
포스트포드주의 생산방식 / 456
포용-상생 원리 / 506
포용의 정치 / 143, 484
포지티브섬 / 62, 223
폴더모델 / 199
폴뿌리민주주의 / 130
프랑스 분권형 대통령제 / 485, 488
피벗 연정파트너 / 335
피벗 연합정치 / 180, 226, 227, 232, 510
피벗 정당정치 / 177, 178, 180
피벗 정당체제 / 482
피벗다당제 / 226
피벗정당 / 177, 184, 248, 261, 483, 509
피벗정치 / 195, 230, 237, 239, 241, 464
핀란드 민주주의 / 196
핀란드 분권형 대통령제 / 519

핀란드 합의제 정당정치 / 516
핀란드식 분권형 대통령제 / 514, 516-518, 520
핀란드의 합의제 정부제도 / 515

【 ㅎ 】

하가타협 / 114
하르츠 위원회 / 169
하르츠개혁 / 284
하르츠법안 / 281, 282
하르츠위원회 / 279, 282, 283, 452
하원우위양원제 / 540
하이브리드 정치모델 / 288
하프준드 / 162, 185
하향식 사회적 대화 / 457
하향식 의사결정 / 428
학습복지 / 448
한국민주주의 공고화 / 11, 475, 523
한국민주주의 패러득스 / 7, 10, 11, 428
한국민주주의의 민주화 / 19, 20, 479, 531, 536
한국사회의 소득불평 / 410
한국형 조세-복지모형 / 402
한국형 조정노동시장 / 445
한합중국 / 565
합동조정위원회 / 265, 280
합리적 선택 제도론 / 358
합의제 거버넌스 / 582, 596, 597, 601, 611, 617, 618, 619, 620, 623, 625, 626
합의제 공학 / 583
합의제 모델 / 6, 36-38, 43, 45, 50, 52, 53, 60, 88, 89, 105, 108, 119, 142, 264, 314, 356
합의제 민주주의 / 17-21, 36, 44, 48, 50, 105, 145, 148-150, 152, 153, 175, 181, 199, 200, 202, 221, 251, 291, 314-317, 345, 350, 351, 385, 428, 429, 444, 465, 475, 508, 525, 529, 561, 566, 567
합의제 의사결정 / 232, 262, 266, 299, 511
합의제 정당정치 / 18, 20, 175, 176, 178, 181, 197, 199, 203-206, 232, 314, 318, 323, 324, 329, 336, 341, 347, 434, 439, 462, 507, 508
합의제 정치 / 115, 292, 295, 309, 310, 312, 313, 324, 329
합의제 정치공간 / 506
합의제 정치문화 / 205, 206, 232
합의제 정치제도 / 224, 313
합의제 헌정공학 / 489
합의제 헌정모델 / 479, 482, 484, 489, 505, 517, 530, 534
합의제 헌정체제 / 258, 263, 266, 321, 328, 483, 496, 507, 518, 520, 521-523, 525, 527, 529-532, 537, 554
합의제적 대통령제 / 93, 105
합의제적 연정 / 37
합의제적 정책결정 / 591
햇볕정책 / 420
행정권-입법권 균형 / 91
행정부-의회 거버넌스 / 194, 224, 507
행정부-입법부 교착 / 95
행정부-입법부 권력관계 / 91, 96, 106
헌정체제 디자인 / 48
헬베티아 민주주의 / 568
혁신-통합 / 438, 439
혁신형 중소기업 / 442
협력적 연방제 / 541
협력적 연방제-균형적 양원제 / 255, 265
협력적 연방주의 / 264, 265, 299, 540, 546
협상민주주의 / 251, 276, 283, 288
협의적 의사결정 / 206
협의제 정당정치 / 303
협의주의 / 571
협조행동 / 113, 168, 269, 270
호남정치 / 559
호남정치 패러독스 / 558
호남정치력 복원 / 563
환경거버넌스 / 455
환경주의 / 79
황금 트라이앵글 / 164, 234, 236
황제식 의사결정 경영방식 / 441
회전축 정치 / 213, 217, 462
횡적 블록화 / 198
후기물질주의 / 85, 86
흡수통일 / 420

【 기타 】

20 대 80의 '눈사람형' 구조 / 411
2016년을 향하여 / 379
2개의 국민 / 411
2중투표제 / 63, 64
2표 병립혼합제 / 388, 498
2표 연동형 비례대표제 / 467, 470
3fares 정책조합 / 449
386 젊은 피 / 479
3자 안정협약 / 191
3층 연금체제 / 301
486세대 / 421
4년중임 대통령제 / 480

5·18 민주화 항쟁 / 558
5·18 민주화운동 / 558
5·18 정체성 / 559
7포 세대 / 415
87년 정당체제 / 505, 513
87년 헌정체제 / 388, 391, 394, 395, 396, 397, 398, 407, 411, 412, 416, 417, 418, 419, 422, 424, 425, 479, 485, 488, 489, 492, 506, 516, 517, 518, 535, 536, 544, 548, 555, 556, 558, 559, 560, 564, 565
87년체제 / 7, 11, 12
97년체제 / 7, 9, 12
ALMP / 153, 154, 158, 161, 164, 166, 168, 170, 173, 185, 207, 209, 217, 234, 238-240, 242-244, 246, 247, 281, 306, 334, 337, 444, 447, 449
Blüm위원회 / 275
CME 생산체제 / 145, 146, 152, 160, 167, 168, 171
CME 생산체제-복지국가 / 444
CME 생산체제-사민주의 복지국가 / 156, 160, 161
EUR 프로그램 / 118
EU기본권헌장 / 607
EU작동조약 / 602-604
high road strategy / 145, 156
IMF 관리체제 / 398, 412, 439
IMF 구제금융 / 364
IT산업-비IT산업 양극화 / 410
LME 생산체제 / 146, 148, 151, 160, 170-172, 174
low road strategy / 145
MR 결선투표 / 463
M자형 사회 / 411
PLMP / 146, 153, 154, 161, 163, 164, 167, 207, 217, 238, 247, 447
Zeuthen위원회 / 164, 234, 237, 238